中國近代刑法立法文献汇编

赵秉志　陈志军　编

法律出版社
LAW PRESS·CHINA

中国近代刑法立法历程巡礼

——《中国近代刑法立法文献汇编》前言

中华民族，上下五千年，源远流长。五千年来，秉承自强不息的民族精神，中国各族人民在中华大地上繁衍生息，历经数十个朝代，创造了光辉灿烂的文明；其间有起有落、有兴有衰，波澜壮阔。一个民族的法律是民族历史发展的重要组成部分。回眸过去，五千年的中华历史，既是一部文明史，也是一部法制史、刑法史。从"夏有乱政，而作禹刑"到现代法治文明，从"德主刑辅"到"依法治国"，中华民族"立刑以明威，防患于未然"（《旧唐书·刑法》），创造了令世界瞩目的中华法制文明。清末的法律改革运动是中国刑法近代化乃至现代化的开端，经历了清末民初、民国政府到新中国的不断变革，实现了从传统刑法、近代刑法到现代刑法的历史性转变，完成了从理念到体系、从内容到技术的重大变革，建立起了理念先进、体系完善、结构合理、内容科学的现代刑法体系。古人云："以史为鉴，可以知兴替。"自民国以来，我国就采取以刑法典为主体，单行刑法、附属刑法等特别刑法为补充的刑法立法模式。考察清末法律改革运动为起点，直至民国时期的近代刑法立法演变的历程，对于总结历史经验、深入把握中国刑法发展的历史规律，并进一步推动当代中国刑法立法的发展与进步，都具有重大的意义。

一、清末的刑法立法

近现代中国刑法的百年变革始于清末。1911 年《大清新刑律》的颁布成为中国刑法走上近代化道路的标志，并成为中国法制从传统刑法向近现代刑法过渡的分水岭。清朝末年，西方列强的入侵引发了中国的民族危机，内忧外患交织，清政府的统治岌岌可危。为了继续维护其专制统治，清朝政府甚至"考虑在另外的基础上组织政体的可能性"。在此背景下，变法成为清王朝末年的必然选择。

1902年,时任直隶总督袁世凯、两江总督刘坤一、湖广总督张之洞联衔会奏,建议从速修订法律,并保举沈家本主持修律工作,得到清政府的应允。沈家本认为,"各法之中,尤以刑法为切要。"在修律过程中,他始终以制定新刑律为主要任务,并于1907年制定了《大清新刑律草案》。[1] 不过,由于沈家本的《大清新刑律草案》大量引进了资产阶级的刑法文化,草案的体例和内容较旧律变化极大,因而遭到了以张之洞为首的礼教派的激烈攻击,他们称沈家本"用夷制夏",违背了中国传统的礼教与民情。[2] 由于反对的声音太大,新刑律的修订工作被迫延缓。

不过,考虑到在当时的社会背景下,"旧律之删订,万难再缓",作为过渡,沈家本奏请清政府同意,对《大清刑律》进行删改和局部调整,并且根据"总目宜删除也"、"刑名宜厘正也"、"新章宜节取也"和"例文宜简易也"的"办法四则",于1909年10月12日编订成了《大清现行刑律》,并于1910年颁行。[3] 这部《大清现行刑律》在当时虽然只是一部过渡性的刑法,但它较之于旧律仍有两点突破:一是删除吏、户、礼、兵、刑、工等总目,并将纯粹的民事性质的条款析出,打破了中国古代长期以来的"诸法合体、民刑不分"的立法格局;二是以罚金、徒、流、遣、死取代原来的封建制五刑,并废除凌迟、枭首、戮尸、缘坐、刺字等酷刑,使得刑罚更加人道。[4]

而在删定现行刑律的过程中,《大清新刑律》的修订工作并未中断。为了适应世界法治文明发展的需要,清政府还从多种渠道引进了西方国家的刑法作为参照,并且聘请了日本法学博士冈田朝太郎"帮同考订,易稿数四"。[5] 1911年1月15日,清政府颁布了《大清新刑律》,议定1913年施行,但未施行,宣统皇帝就在辛亥革命的次年初宣布退位了。[6]

《大清新刑律》分总则和分则两编,共53章,411条,后附《暂行章程》。其中,总则共17章,88条;分则共36章,323条;《暂行章程》5条。[7] 尽管《大清新刑律》的最终颁布历经曲折,其内容也一改再改,但沈家本在1907年的《修订法律大臣沈奏修订刑律草案告成折》中所阐述的"更定刑名"、"酌减死罪"、"死刑惟一"、"删除比附"和"惩治教育"五个主张,仍基本得以保留。[8]

客观地说,受当时政治、经济、文化等各种因素的制约,《大清新刑律》的修订存在很大的局限性,如对于究竟是要"参酌各国法律"变革"义关伦常诸条"还是要维护作为"刑法之源"的礼教,清政府的态度前后矛盾。[9] 清政府1902年的上谕要求:"参酌各国法律,悉心考订,妥为拟议,务期中外通行,有裨治理。"(《大清法规大全·法律部》,卷首。)1909年的上

---

[1] 张晋藩著:《中国近代社会与法制文明》,中国政法大学出版社2003年版,第294页。
[2] 张晋藩著:《中国近代社会与法制文明》,中国政法大学出版社2003年版,第311页。
[3] 张晋藩著:《中国近代社会与法制文明》,中国政法大学出版社2003年版,第296~299页。
[4] 李贵连著:《沈家本与中国法律现代化》,光明日报出版社1989年版,第95~126页。
[5] 高铭暄、赵秉志著:《中国刑法立法之演进》,法律出版社2007年版,第17页。
[6] 周密著:《中国刑法史纲》,北京大学出版社1998年版,第352页。
[7] 李贵连著:《沈家本与中国法律现代化》,光明日报出版社1989年版,第127页。
[8] 李秀清:"法律移植与中国刑法的近代化——以《大清新刑律》为中心",载《法制与社会发展》2002年第3期。
[9] 周少元:"从《大清新刑律》看中西法律的冲突与融合",载《江苏社会科学》1997年第2期。

谕则称:“惟是刑法之源,本乎礼教。……凡我旧律义关伦常诸条,不可率行变革,庶以维天理民彝于不敝。”(《大清法规大全·法律部》,卷首)这使得在具体修律过程中,以张之洞为首的礼教派和以沈家本为首的法理派对“无夫奸”和“子孙违反教令”应否入律争论不休,并且双方最终不得不相互妥协,将维护礼教的“和奸无夫妇女罪”纳入了新刑律的《暂行章程》5条,而将有关“子孙违反教令”的“对尊亲属有犯不得适用正当防卫”规定不入律。[1]

不过,历史地看,由于沈家本修订《大清新刑律》是以德国、日本刑法为原型,奉行的是“我法之不善者当去之”和“彼法之善者当取之”的原则,(沈家本:《寄簃文存》卷四)因此,与中国传统的封建刑法相比,《大清新刑律》仍然具有很大的历史进步性。这主要体现在:(1)抛弃了旧律“诸法合体、民刑不分”的编纂形式,以罪名和刑罚等刑法范畴作为法典的惟一内容,是一部纯粹的刑法典。(2)抛弃了旧律的结构形式,采用近代西方刑法典的体例,将整部法典分为总则与分则两部分,实现了“总则为全编之纲领,分则为各项之事例”,[2]“显属刑法体系史上空前的变化和进步”。[3] (3)规定了罪刑法定、法律面前人人平等等现代刑法原则。而其对重法、酷刑的删除,对未成年人犯罪的惩治教育等,则体现刑罚的人道主义精神。[4] (4)以死刑、无期徒刑、有期徒刑、拘留、罚金为主刑,褫夺公权、没收为从刑,规定“死刑用绞,于狱内执行之”(《大清新刑律》第38条),“死刑非经法部复奏回报,不得执行”(《大清新刑律》第40条)。同时,在罪名方面,删除了封建刑律中的“八议”、“十恶”等名目,增加了一些新的罪名,是刑法史上的一大进步。

总之,《大清新刑律》是对中国古代刑律的一大突破,也是中西方刑法文化融合的产物,因此被称为中国刑法史上“古今绝续之交”的集大成之作,并为后世刑事立法奠定了基础。[5]

二、北洋政府时期的刑法立法

(一)暂行新刑律

1911年的辛亥革命一举推翻了清王朝的统治,也让《大清新刑律》胎死腹中,使其虽然颁布但未能施行。不过,《大清新刑律》的历史使命并未因此而终结。1912年3月10日,袁世凯在就任中华民国临时大总统的当天,即以《临时大总统令》指示:“现在民国法律未经议定颁布,所有以前施行之法律及新刑律(新刑律即《大清新刑律》——笔者注),除与民国国体抵触各条应失效外,余均暂行援用,以资遵守。”[6]1912年4月30日,在对《大清新刑律》予以直接删改的基础上,北洋政府颁布了《暂行新刑律》。

《暂行新刑律》除了删除《大清新刑律》中“侵犯皇帝罪”一章和《暂行章程》5条外,主要

---

〔1〕 张晋藩著:《中国近代社会与法制文明》,中国政法大学出版社2003年版,第326页。

〔2〕 赫善心:“中国新刑律论”,载王健编:《西法东渐——外国人与中国法的近代变革》,中国政法大学出版社2001年版,第141~150页。

〔3〕 蔡枢衡著:《中国刑法史》,广西人民出版社1983年版,第332页。

〔4〕 张晋藩著:《中国近代社会与法制文明》,中国政法大学出版社2003年版,第332~333页。

〔5〕 张国华、李贵连合编:《沈家本年谱初编》,北京大学出版社1989年版,第228页。

〔6〕 周密著:《中国刑法史纲》,北京大学出版社1998年版,第371页。

是把《大清新刑律》律文中的“帝国”、“臣民”、“复奏”、“恩赦”等具有封建色彩的词语改为“中华民国”、“人民”、“复准”、“赦免”等,同时还增加规定了一些反动内容,如专设“妨害国交罪”一章,严禁广大人民进行反帝爱国活动。[1] 此外,袁世凯政府还于1912年和1914年针对《暂行新刑律》颁布了《暂行新刑律施行细则》和《暂行新刑律补充条例》,大大加重了原定刑罚。

尽管对于《暂行新刑律》究竟是北洋政府颁布的还是南京临时政府尚存在不同观点,但毫无疑问,《暂行新刑律》的删修工作是由南京临时政府司法总长伍廷芳主持进行的,而伍廷芳的呈文是经孙中山同意后咨送参议院议决的。因此,《暂行新刑律》的颁行实际上是因为孙中山当时仍然面临着国内外反动势力的强大威胁和来自同盟会内部的妥协倾向的压力。为了保住“民国”形式,孙中山被迫在其他方面作出了妥协和让步,他对待清朝法律的态度也因此发生了转变。[2] 而北洋政府基于自身政权的统治基础以及现实形势的需要,既想对满清刑律中的礼教纲常予以保留,也需要做出适应新形势的变化。[3] 因此,《暂行新刑律》是孙中山与袁世凯之间斗争的妥协产物,其历史局限性也显而易见。

(二)两次刑法修正草案

1912年颁行《暂行新刑律》之后,北洋政府考虑到该法的过渡性,遂于1914年法律编查馆成立后,即着手对其进行修订。修正要旨有三,即“立法自必依乎礼俗”、“立法自必依乎政体”和“立法必视乎吏民之程度”。1915年,北洋政府的《刑法第一次修正案》起草完成。该草案分为总则、分则两编,共55章、432条。其结构、章目与《暂行新刑律》相比,变化不大,只是在总则中增加亲族加重一章,在分则首次增设侵犯大总统罪一章,并增加私盐罪一章。[4] 《刑法第一次修正案》的这些改变是当时袁世凯所强调的“以礼教号召天下,重典胁服人心”的体现,是一种政治需要的体现。它较之于《暂行新刑律》实际上是一种倒退。最终,这部刑法修正草案因袁世凯宣布恢复帝制而被搁置。

袁世凯政府垮台后不久,鉴于社会形势的变化,且当时的《暂行新刑律》内容陈腐不堪,不同时期颁布的特别法众多,导致法令体系繁杂,为此,北洋政府改定法律馆于1919年在《刑法第一次修正案》的基础上编成了《刑法第二次修正案》。该草案仍分为总则、分则两编,共49章393条。与该时期的《暂行新刑律》、《刑法第一次修正案》相比,《刑法第二次修正案》主要有四个方面的变化:一是确定了从新兼从轻的溯及力原则;二是采用外国刑法的先进经验和新立法例;三是克服了《暂行新刑律》和《刑法第一次修正案》的缺陷并弥补了其不足;四是改删《刑法第一次修正案》的“侵犯大总统罪”和“私盐罪”两章。

因《刑法第二次修正案》参考了西方晚近的立法例,大量移植了较符合当时潮流的西方法律制度和内容,“其修正内容,对于学说、法例,既概取其新,而习惯民情,则兼仍其旧,准酌

---

〔1〕 高铭暄、赵秉志著:《中国刑法立法之演进》,法律出版社2007年版,第18页。

〔2〕 柯钦:“《暂行新刑律》是南京临时政府颁布的吗?”,载《法学杂志》1987年第1期。

〔3〕 丁德春、陶昆:“传统的‘礼’与近代的‘法’——由《暂行新刑律》评北洋政府刑事立法”,载《安徽警官职业学院学报》2007年第3期。

〔4〕 高尚:“潮流与传统间的徘徊——20世纪早期的中国刑事立法”,载《人民法院报》2004年7月21日。

至善，采择极精，诚为一代法典之大观也。"[1] 因此，被认为"实较前有显著之进步，为民国以来最完备之刑法法典"。[2] 不过，因为种种原因，尤其是顾虑南京国民党政府未必首肯，该部刑法修正草案也终被搁置。[3]

三、南京国民政府时期的刑法立法

南京国民政府时期制定的1928年《中华民国刑法》和1935年《中华民国刑法》最为令人关注。同时期的共产党革命根据地也进行了不少刑法立法，这是新中国刑法的萌芽，其中有些立法后来成为新中国刑法立法的基础。

(一)1928年中华民国刑法

1927年，国民政府定都南京后，仍然沿用1912年北洋政府颁布的《暂行新刑律》，但同时任命司法部长王宠惠主持草拟刑法。王宠惠对北洋政府1919年曾拟定但未颁行的《刑法第二次修正案》详加研究，并略予增损后，编成了《刑法草案》。[4] 1928年2月，国民政府中央执行委员会在对王宠惠编订的刑法草案及其他委员具报的审查意见书一并进行讨论后，决议交付中央常委会审议。当时国民党政府法制局也就该草案及意见书存在的问题出具了意见书，呈请中央常务委员会核察改定，中央常务委员会即将该意见书交司法部核复。1928年3月10日，经国民党中央讨论通过后，由南京国民政府公布了《中华民国刑法》(史称"旧刑法")，同年9月开始施行。[5] 在体例上，该刑法典分总则、分则两编，共48章，387条。同年6月，南京国民政府还公布了《中华民国刑法施行条例》。

在国民政府时期的刑法立法中，1928年《中华民国刑法》实际上只是民国此前十多年刑事立法实践的持续，是《暂行新刑律》和1935年《中华民国刑法》之间的过渡。其编次、章次、章名与《刑法第二次修正案》并无大的差异。要论其进步之处，主要有二：一是删除了"侵犯大总统罪"一章，从而向人人平等的法律原则方面又迈进了一步；二是在罪刑法定原则、正当防卫与紧急避险的构成要件、故意与过失的概念方面吸收了当时最新的刑法理论和立法潮流。[6] 但该部刑法典的缺陷也显而易见，如其关于通奸罪之"有夫之妇与人通奸者"的规定，有违男女平等的原则；而其对杀害尊亲属规定较一般杀人罪更严厉的刑罚，则是对传统伦理的过度尊崇。[7] 这些都与现代法治的基本精神相悖。

(二)1935年中华民国刑法

作为国民政府立法的一个过渡，1928年的《中华民国刑法》实施后不久，即暴露出一系列问题：一是刑法条文繁复，施行以后应各地请求，最高司法机关不得不作出许多司法解释，

---

[1] 吴镇岳："对于改定刑法第二次修正案之意见"，载《法律评论》1923年第8期。

[2] 谢振民编著：《中华民国立法史》(下册)，中国政法大学出版社2000年版，第903页。

[3] 黄源盛："从传统律例到近代刑法——清末民初近代刑法典的编制与冈田朝太郎"，载《月旦法学杂志》2001年第8期。

[4] 段彩华著：《民国第一位法学家——王宠惠传》，近代中国出版社1982年版，第188页。

[5] 马克昌、杨春洗、吕继贵主编：《刑法学全书》，上海科学技术文献出版社1996年版，第540页。

[6] 高尚："潮流与传统间的徘徊——20世纪早期的中国刑事立法"，载《人民法院报》2004年7月21日。

[7] 高尚："潮流与传统间的徘徊——20世纪早期的中国刑事立法"，载《人民法院报》2004年7月21日。

影响了刑法的适用；二是由于时势的变化和刑事政策的变更，在刑法之外不断颁布各种刑事特别法虽然也能弥补刑法典之不足，但也造成了刑事立法和司法的混乱；三是随着《中华民国民法》于1931年的全面实施，刑法中体现传统重男轻女的宗族亲属制，与民法所规定的血亲与姻亲制存在矛盾。

鉴此，南京国民党政府很快着手对1928年的刑法进行修订、补充。经过一系列讨论和审议，新的刑法典最终于1935年1月1日正式公布（史称“新刑法”），同年4月还公布了《刑法施行法》，二者都于同年7月1日起施行。新刑法仍分总则和分则两编，共47章，357条。〔1〕

与1928年的旧刑法相比，1935年的新刑法主要有三点变化：一是参酌历年国际刑法会议精神及最新的外国立法例，包括1932年波兰刑法、1931年日本刑法修正案、1930年意大利刑法、1928年西班牙刑法、1927年德国刑法草案、1926年苏俄刑法等；二是考虑了当时中国各地的司法状况，按照法官程度、监狱设备、人民教育及社会环境等状况，进行了相应的修正；三是汲取了1930年国际刑法会议关于保安处分的决议，增设了“保安处分”专章。〔2〕不过，与1928年的旧刑法相同的是，1935年的新刑法仍然十分注重宗法伦理，并因其特定的阶级属性而体现出一定的反人民性。如该法规定，对于直系亲属犯“侵害坟墓尸体罪”、“遗弃罪”、“伤害罪”、“妨害自由罪”等，要“加重其刑至二分之一”。又如该法虽然规定了重婚罪，但由于国民党政府司法机关的判例认为：“娶妾不得谓为婚姻。故有妻复纳妾者，不成重婚之罪。”〔3〕这使得新刑法关于重婚罪的规定形同虚设，也有违男女平等的原则。而该刑法对“内乱罪”及其“预备犯”、“阴谋犯”的惩治，则具有明显的反人民性。〔4〕

（三）共产党革命根据地的刑法立法

第一次国内革命战争期间，国共两党的合作多于冲突。在此期间，为了维护工农民众的基本权益，一些工农运动高涨的南方革命根据地通过当时有共产党人参加的执行革命统一战线的国民党省党部、省政府制定了不少惩治土豪劣绅的条例。这其中主要有：1927年1月的《湖南省惩治土豪劣绅暂行条例》、1927年3月的《湖北省惩治土豪劣绅暂行条例》。在当时背景下，这些条例对惩治土豪劣绅起到了积极作用。

第二次国内革命战争期间，当时工农民主政权的主要任务是坚决及时地摧毁一切反革命组织，严厉打击各种反动破坏活动。这一时期，共产党革命根据地惩治反革命的刑事立法很多，主要有《中华苏维埃共和国惩治反革命条例》（1934年4月）、《赣东北惩治反革命条例》（1931年3月）、《闽西承办反革命条例》（1930年6月）、《闽西反动政治犯自首条例》（1931月2月）、《湘赣省苏区惩治反革命犯暂行条例》（1932年4月）等。这些刑事立法和刑事政策有力地打击了反革命犯罪分子，保护了革命成果。

抗日战争时期，许多地方都出现了汉奸并严重影响了抗日活动的开展。为此，各抗日根

---

〔1〕 张晋藩主编：《中国法制通史》（第9卷清末·中华民国），法律出版社2002年版，第648页。
〔2〕 高尚：“潮流与传统间的徘徊——20世纪早期的中国刑事立法”，载《人民法院报》2004年7月21日。
〔3〕 钱大群主编：《中国法制史教程》，南京大学出版社1987年版，第457页。
〔4〕 钱大群主编：《中国法制史教程》，南京大学出版社1987年版，第456页。

据地政府纷纷制定了惩治汉奸的立法。其中较有代表性的有陕甘宁边区政府1939年正式制定的《抗战时期惩治汉奸条例(草案)》。除此之外,抗日根据地政府还制定了有关盗匪罪、妨害军事罪与妨害公务罪、盗毁空室清野财物罪、破坏金融罪等的专门刑法。

第三次国内革命战争时期,各解放区人民政府根据"首恶者必办,胁从者不问,立功者受奖"的方针,分别制定了有关危害解放区秩序的紧急治罪办法(如1946年6月苏皖边区政府公布的《苏皖边区危害解放区紧急治罪暂行条例》),有关肃清土匪的治罪办法(如《辽北省惩治土匪罪犯暂行办法(草案)》),有关镇压地主恶霸的条例(如1948年1月晋冀鲁豫边区公布的《破坏土地改革治罪暂行条例》)。

总的来看,共产党领导的革命根据地的刑法立法还比较粗浅,零散而不成系统,并且很多都是临时性的。但这些立法是新中国刑法立法的萌芽,其中有些规定经过实践的摸索、检验和改造后,后来成为新中国刑法立法的重要内容。

经过长达七年时间的资料收集、整理、编纂,《中国近代刑法立法文献汇编》一书终于完成,期望对促进和丰富中国刑法立法理论和实务的相关研究有所裨益。特别需要提到的是,本书的资料来源于国家图书馆、中国政法大学图书馆、中国社会科学院法学研究所图书馆、中国人民公安大学图书馆所藏的有关书刊,在此谨表谢忱。此外,中国人民公安大学刑法专业硕士研究生杨淑超、贾曙光同学协助我们承担了一些编务工作,在此一并表示谢意。

赵秉志　陈志军

2016年3月12日

目录

Contents

Ⅰ. 清末的刑法立法文献

Ⅱ. 北洋政府时期的刑法立法文献

Ⅲ.南京国民政府时期的刑法立法文献

Ⅳ.共产党革命根据地时期的刑法立法文献

Ⅰ.清末的刑法立法文献

一、《刑律草案（稿本）》（1905 年）

《刑律草案（稿本）》

（1905 年）*

目　录

---

* 该草案由时任商部主事章宗祥和刑部郎中董康联合草拟，目前仅发现总则部分，现存于中国社会科学院法学研究所图书馆。从时间上来看，该草案早于由冈田朝太郎所主持完成的《刑律草案》。由此可见，这应该是由中国人自己主持起草的最早的近代意义上的刑法典草案。该稿本于 2009 年 9 月由中国社会科学院法学研究所孙家红副研究员发现于该所图书馆。见孙家红：《清末章董氏〈刑律草案〉稿本的发现和初步研究》，载《华中科技大学学报（社会科学版）》2010 年第 3 期。

第一编 总 则

案语

谨案东西各国法律,俱以总则弁首,或称为前加篇。中律沿北齐之制,则曰"名例"。窃思"名例"乃"刑名法例"之约词,仅就刑律而言,"名例"之与"总则",本无差异。然国家法律,名目正繁,如裁判诉讼、民律、商律之类,并不止刑律一项,若各律均袭旧称,殊嫌名实未符,如彼此异名,又涉歧出,是以改从今名,以昭划一。第"总则"乃总揭全编通常之规则,其有关于特别处分者,仍可斟酌情形分定于各条中,此编并不预为限制也。

第一章 法 例

案语

谨按此章定法律所及之权界,其事项凡三:一曰关于地,严率土也;一曰关于人,彰国籍也;一曰关于时,名因革也。纲纪内外,实不外是数端。至各项称谓,外国律学家谓之为法律解释,要亦统凡应有之义,别为一节,以附于后。

第一节 法律效力

第一条 凡在中国领地内犯罪者,不问何人,俱依本律处断。

在泊于外国之中国船舶内犯者,亦同。

案语

谨案国家既有独立体统,即有独立之法权。而法权向随领地以为范围,本国人无庸深论。假令国籍不同,旅居内地,既受本国法律保护之权力,即有应遵守本国法律管辖之义务,所谓属地主义是也。

至船舶一项,乃国际公法之问题,欧西学者,颇腾异说。英人谓商船虽揭有国旗,究系集股公司、民人之私产,在他国领海,本应遵守该国法律,故于英领海内船舶内犯罪,概从英律处治。法人则谓在领海内之船舶犯罪,除三种情形外,余俱认外人有治外法权:一、搭客犯罪及对于搭客犯罪者;二、船舶内犯罪系有害碇泊国之公安者;三、经被害人向碇泊国之官廨申诉者。自西历一千八百九十四年巴黎国际公法协会决议第六条曰:"于领海通行之船舶中,其驾驶员对同船内之人并物品犯重轻罪者,准其在沿岸领国裁判管辖以外。但其犯罪有害领土之权利及利益者,不在此限。"此例定后,遂为世界所公认,是以一并辑入,以昭信守。

第二条 凡中国人在外国对中国犯谋大逆与有关内乱、外患,及伪造货币、证券、御宝、官印、官文书等重罪轻罪者,虽于外国已受确定裁判,仍依本律处断。但已受之刑,准其于应受之刑内通算。外国人犯者,亦同。

案语

谨案国内犯罪,既予惩处,国外断无默视之理。况谋大逆等项,尤属公安之钜害,虽受外国之裁判,仍难逭本国之刑章,所谓属人主义及保护主义是也。惟本国法权不能及于他国领地之内,各国办法有开缺席审判者(犯人虽未到堂,仍按律宣告其罪,谓之缺席裁判),有另订索犯条约者。应于刑事诉讼法内,分别载明。

第三条 凡中国人在外国犯前条所载外之重罪轻罪,依该国法律亦应处罚者,仍应论罪。但出于左列[1]事由者,准予宽免:

一、本犯在外国已受确定裁判处刑者;

二、未经被害人告发者;

三、于犯罪之国曾遇赦宥或已免缉者。

案语

谨案除前条所载外,大率关于私益为多,虽属侨民,仍应保卫,自宜采属人主义,酌予创惩。惟所犯究较前条为轻,各国间有比较两国刑法,从轻处断者;果系业经裁判处刑,或未经告发及已遇赦宥并免缉者,自应准予宽免。此于保卫法权之中,寓矜恤之意也。

第四条 凡犯罪在新律颁布以前未判决者,比较新旧各律,从其轻者拟断。

案语

谨案犯罪依新律,中外从同。惟新律重而旧律轻者,作何拟断?中律并未议及,即各国亦参差不一。夫刑罚随世运为转移,未宜胶柱鼓瑟,司法者潜体国民程度,本可因时改革。第新旧之间,实轻重所判,旧律重而新律轻,固宜从轻,以为法律改良之实验;然新律重于旧律者,亦事所恒有,如舍其犯罪时之轻律,而科以判决时之重律,非惟不足折服本犯,且恐启深故之弊。检查比利时、巴西、细细利、日本四国刑法,俱有比较新旧二律,从轻处断明文,立意颇为深厚,兹特采入,以备引用。

第五条 凡律无正条者,不论何种行为,不得处罚。

案语

谨案比附加减,起自有隋,唐赵冬曦历陈其非,未能刊改。窃思科条愈简,而所赅愈广,愈详而致用愈疏。今律倍于《唐律》四分之三,比附之案,日出不穷。欧洲德、法、意、比等国刑法,不过数百条,未闻豪猾遁于纲纪之外。俄刑法一千七百余条,繁密等于中国,每有例无明文,援引他条,呈诸议院凭众评决之事,此其证也。夫法期于信,能信斯大责民以能守,若决生死于勘拟之抑扬,判轻重于司狱之憎爱,周内之害,实难罄述。既为各国所诟病,又为前哲所非议,亟应乘此时机,首予废止。兹拟准泰西文明之制,不论何种行为,概不得以未定之法律治之。法纲稍阔,容有失出之弊,然失出愈于失入,权衡弊之轻重,亦应尔也。

第六条 凡他项法律定有刑名者,仍依此总则办理。但本法有特别明文者,不在此限。

案语

谨案他项法律,如税则、商律、报律、出版律、诉讼章程并各项罚则,俱定有罚金及监禁等罪。其间执行并加减各法,均宜适用刑律总则,若有应从严者,乃系特别之规定,应仍依本法处断。

第七条 凡隶军籍应以军律论者,除军律无正条外,不用此律。

---

[1] 清朝和民国时期,直至新中国进行语言文字改革前,汉字采用竖排、和从右到左的书写方式。因此,晚清和民国时期法律中的"左列"相当于现代横排、从左到右的书写方式中的"下列"。——编者注。

案语

谨案隶军籍之军士,非有严重法律,难收统驭之效。各国军人、军属,犯罪向归军事裁判管辖,故军律均属单行。中律"兵律"一门,本未完备,现在改革兵制,已另辑军律,将次颁行。凡涉军事等项,自不宜羼入刑律,致令抵触。但规定军律,只以关于军事为限,不及常律之备。若犯常律,虽裁判不同,仍应科以常律之刑也。

第二节 称谓例

第八条 凡称乘舆、车驾及御者,太皇太后、皇太后、皇后同。称制者,太皇太后、皇太后同。

案语

谨案此条节录《现行律》,太皇太后、皇太后至尊,皇后齐礼,非臣下所宜直指。今世君主,各国刑法于君上有犯,称为对皇室罪,究嫌未当,不如仍循旧律,较为得宜。又天子之言曰"制",如诏旨、谕敕之类皆是。原文"称制者,太皇太后、皇太后、皇太子令并同。"恭查,本朝太皇太后、皇太后俱称"懿旨",并不称令;至皇太子一层,尚系沿用明旧,我朝家法,向不建储,亦与今制不符,是以一并节改。

第九条 凡称祖父母者,高、曾同。称孙者,曾、元同。称母者,嫡、继、慈、养同。称子者,男、女同。

案语

谨案家族之制,东西迥异。日本刑法,规仿欧制,独于伦纪之间,凡涉杀伤等项,较常人加严。夫纲常为风教所系,固不能舍我从人,然刑律范围,宜普被领土,如强人从我,削足适履,恐难收统治之效。拟请将直系亲属,著之于此,以示亲亲之义,其余期亲以下应加减者,仿日本亲族法,别辑专例,以备彼此永守。

第十条 凡称官吏者,在任各官,从事公务之议员、委员,及其余职员均是。称公署者,衙署及官吏奉行职务之局所均是。

案语

谨案《现行律》,职官犯罪曰"监临主守"、曰"风宪官",对于职官犯罪曰"制使本管官"、曰"衙署",科罪俱较常人为重。查各国刑法,职官犯罪,俱入官吏渎职,随所犯之情节,定罪名之重轻。盖各国死罪条款较少,官吏纵极从严,不能加至于死。即对于职官犯罪,除关于内乱者,从重治以内乱之罪外,其余大率同凡也。刻承明诏减轻刑律,以上各项人犯,似可准以为则。是以将从前名称俱行删除,统名之曰"官吏"、"公署",以归简易。

第十一条 凡称众者,三人以上。称谋者,二人以上。但谋状彰明者,虽一人,同二人法。

案语

谨案此条原本《唐律》,而泰西办法亦大致相同,惟各国刑法散见本条,总则无文。兹仍从旧制,特著为法,无事分条详载也。

第二章 刑 制

案语

谨案《现行律》首列五刑,然一切办法仍散见各门,未能荟萃于一。兹仿各国刑法,凡刑之种类及执行之大则,备辑于此,以免分歧。

第一节 刑 名

第十二条 凡死刑、流刑,为重罪主刑。

第十三条 凡徒役及三元以上之罚金,为轻罪主刑。

第十四条 凡拘留及二元以下之罚金,为违警罪主刑。

案语

谨案近百年来刑法之可考见者,约四十余国,其刑之种类不外生命、自由、财产、名誉四项,而复设重罪、轻罪、违警罪之畛域,以为限制。间有将违警罪一项提出单行者,如意大利新刑法及日本改正刑法草案是也。中国隋唐至今,俱以笞、杖、徒、流、死为五刑。自光绪十八年,刑部议覆晋抚赵尔巽条陈,变通遣军、流、徒,改习工艺。上年三月间,复经本馆议覆江督刘坤一等条奏,停止笞、杖。中外法律,渐跻大同,自不能仍拘五刑旧目。是以斟酌现在情形,分列三条,以端刑制统一之基。至罚金名称,轻罪与违警罪虽属并用,然罪之性质,则各自不同也。

第十五条 凡剥夺公权、管束、没收,为附加刑。

案语

谨案中律向有正刑、闰刑之别(闰刑如刺字、枷号、递籍管束之类),特未明定其目。各国主刑之外,俱以剥权、监视、没收为附加刑。监视即中国之严加管束,没收即给没赃物之一种,二者本为我所固有。至夺权一项,以名誉激发其羞恶之心,颇足补中法所未备,是以一并纂入。

第十六条 凡死刑为斩决、绞决、绞监候,俱于行刑场执行。

案语

谨案此条定死刑之制。东西各国死刑,大率斩、绞二种,合众国兼有用电杀者。法、德、比、奥用斩,英、巴西合众国、日本用绞,俄律只云死刑,而规则内系绞与枪毙,盖在临时酌量行之,此各国死刑之大较也。中国承明旧制,死刑为凌迟、枭首、斩、绞四项。本年三月二十日,恭奉上谕:我朝入关之初,立刑以斩罪为极重。顺治年间,修订律例,沿用前明旧制,始有凌迟等刑,虽以惩儆凶顽,究非国家法外施仁之本意。现在改订法律,嗣后凡死罪至斩决而止,凌迟及枭首、戮尸三项者,即永远删除。所有《现行律例》内,凌迟、斩、枭各条,俱改为斩决;其斩决各条,俱改为绞决;绞决各条,俱改为绞监候,入于秋审情实;斩监候各条,俱改为绞监候,与绞候犯人仍入于秋审,分别实缓办理等因。钦此!钦遵通行在案,是死刑仅止斩决及绞决、绞候三项,自应谨遵谕旨,恭纂入律。至死刑执行,各国有公行、密行之别,法、比、巴西、细细利采公行之主义,英、德、俄、瑞典采密行之主义也。论辟以止辟之义,本应肆诸市朝，以昭炯戒，然此等惨忍情状，在良懦容知怵惕，在暴徒易启凶残。明太祖所颁大诰，备极峻酷，乃弃市之尸未移，新犯大辟者即至，法之犯谋故杀、毒杀、放火各项重罪，未有不亲睹执行死刑者，均可谓经验上之明证。现经刑部会同巡警部采密行主义，通饬各省另建刑场，凡死罪人犯，俱于其中处决，除监视官吏及护决兵弁外，余人一概不准入视，此亦培养本原之一端也。

第十七条 凡死刑非经刑部复奏回报，不得处决。

案语

谨案死刑与他刑不同，一经处决，无可挽回。考《旧唐书·职官志》："凡决大辟罪，在京者，行决之司五复奏；在外者，刑部三复奏。若恶逆以上，即部曲、奴婢杀主者，一复奏。"逮至我朝，有交刑部议奏者，有交法司核议者，有交刑部会同九卿核议者，诚以人命至重，宜详慎也。自粤匪之乱，定有就地正法章程，至今未能概复旧制，已属非是。近来督抚且有于职官犯罪，亦有请旨即行正法者，并不将供勘咨部，逞一人之喜怒，示僚属以威福，违背宪章，莫此为甚。夫刑部乃执法之地，督抚乃行法之人，揆诸各国与司法、行政分立之义，正复相同，以行政官侵轶司法之权，非惟为外人所窃议，于收回治外法权有碍；且恐生杀自恣，酿成尾大不掉之患。亟需明定专条，严予限制，凡一应重罪，非奉准部复，不得擅自处决，此实为将来司法独立之基础。再查《现行律例》，尚有逆伦重案，及杀一家三人，恭请王命先行正法之例。此本恐程限往返，久羁显戮起见，现在电线交通，遇有以上各案，本可随时电奏，请部核复，无须拘泥旧例也。

第十八条 凡流刑分无期、有期，发边省监禁，令服定役。

有期流刑为六年以上、二十年以下。

案语

谨案此条定流刑之制。无期流刑以当旧例遣军，有期流刑以当三流，长期以二十年为限，恐过此将与无期流刑无异；短期起于六年者，以徒役长期止于五年也。

第十九条 凡妇女犯流刑者，留住内地习艺所，令服定役。

案语

谨案妇女体力薄弱，难与男子一体窜蹢遐荒。法、英、俄、埃及、日本等国，或入内地惩役场，或改监禁，办理最为允协，亦即《唐律》留住之法也。故采用其法，凡妇女流刑，概免遣配，留内地习艺所服役，以示矜恤。

第二十条 凡徒役，监禁内地习艺所，令服定役，其期限为二十日以上、五年以下。

案语

谨案此条定徒刑之制，以当旧例五徒。考《唐律》徒罪无配役之法，王溥《五代会要》曰："晋天福三年，左街从人韩延嗣徒二年半，刺面配华州，发运务。"今之配役，实自石晋始也。查各国徒役，名惩治刑，或称禁锢，又称工场禁狱，俱在内地惩役场作工，其制与《唐律》冥合。兹拟停配役之法，凡徒役人犯，概令入内地习艺所服役，有期流刑起于六年，故长期以五年为限也。

第二十一条 凡官吏犯流刑及徒役者，革职，分别监禁，俱免服役。

犯内乱外患之罪,应处流刑及徒役者,亦同。

案语

谨案官吏犯罪与齐民不同。《唐律》有官当之法,所谓罪轻不尽其官,留官收赎;官少不尽其罪,余罪收赎是也。宋时其法尚行(见《刑统赋疏》)。迨至本朝,职官犯流改发新疆当差,犯徒改发军台效力,虽系从重,究止当差效力,并非安置拘役,已寓矜全之至意。现在齐一刑制,固不能因系官吏,曲予优异,然亦不宜杂出当差效力各项名目,致兹纷扰。拟请凡官吏犯流刑、徒役等罪,即照原拟年限,分别监禁,免其执役,如此量为变通于新旧之间,两不背戾。至内乱、外患等项,各国谓之为国事犯,亦谓之为政治犯,他日收回治外法权,凡交犯、索犯专订条约,势必提议及之,此时虽不必袭其名,不能不存其实,此项人犯除死罪外,其余徒役以上,自应仿照官吏之例,概予免役,兼采德刑法城寨禁锢之意也。

第二十二条 凡罚金,三元以上、五百元以下。

案语

谨案此条定罚金之制。罚金即财产刑,为各国通例,意与埃及及有科至一万元(此据该国货币而言,意币名里乌耳,埃币名批亚司德耳)之文,英则凭裁判官之判断,西班牙以犯人之贫富为衡,其余有寡额而无多额。德刑第三百二条丁科至一万五千马克,法刑行使伪造货币,科至价额六倍以下。盖此项刑制,有科诸民事裁判者,有科诸其他罚则者,不仅用之刑事也。然罚金既列轻刑,似不宜漫无等差,兹从瑞典之例,以五百元为最上限,若有应特别加重者,仍依本条科断。

第二十三条 凡拘留,拘禁巡警厅之拘留所,不服定役,其期限为一日以上、十日以下。

案语

谨案此条定拘留之制。各国亦称违警罪,仅检束人身之自由,因期太短,故不服定役,以十日为长期,因徒役起于二十日也。

第二十四条 凡妇女犯流刑及徒役并拘留者,除不孝、奸、盗、诈伪、诬告等项,仍依律治罪外,余准纳一元至五百元之罚金,折算本刑。

案语

谨案妇女收赎,始于《明律》,国朝因之,盖即汉雇山遗制,于铨量轻重之中,寓保全名节之意,洵为朝廷宽大仁政,自应恭纂入律,以昭永守。惟检查《现行律》收赎图,满流仅四钱五分,较新章满杖折罚,不及三十分之一,殊嫌倒置。况人情诡诈百端,习知妇女犯罪可邀宽典,难保无贿买顶冒诸弊。兹拟酌加变通,凡妇女犯罪,准其纳一元至五百元之罚金,折算自由刑期,罚金完纳,即予释放。与收赎之义,正复相同。至不孝等项,情罪较重,在《现行律例》中,应实发及监禁者为多,岂得一律收赎,致令漫无轩轾,自应依原拟治罪也。

第二十五条 凡违警罪罚金,为百钱以上、二元以下。

案语

谨案此条定违警罪罚金之制。罚金本轻罪、违警罪所通用,比以一佛郎至二十五佛郎为违警罪,二十六佛郎以上为轻罪;德以一百五十马克,意以二百里乌耳(意币名)为轻罪、违警罪之分;日本以一元九十五钱以下为科料(即违警罪罚金),二元以上为罚金。各国金额多寡悬殊，盖基于风俗习惯也，惟此刑与拘留，究系惩治因诖误犯罪者而设，如其数过当，非惟失违警之本意，且恐有与轻罪抵牾者，故酌定以百钱为下限，二元为上限，过此则入轻罪罚金之范围矣。

第二十六条 凡完纳罚金，轻罪限判定后一月，违警罪限十日，如逾限不纳及纳未足额者，以一元折算一日改令服役，原定金额不及一元者，仍以一日计算。

易刑期内完纳罚金，扣除工作日数，补发余额，即予释放。

案语

谨案国民贫富不均，奚能视同一例？实系无力完缴，固不能强迫贷质，亦岂得径予豁免，致定例成为徒法。各国遇有此等情形，概以自由刑代其执行，名曰“易刑”，有易监禁者，有易拘留者。然罚金以征收金额为目的，如改为处监禁等刑，食用均待官给，与罚金本旨背驰，不如改令服役为宜，兹拟以一元折算一日，虽计庸未必偿原定之额，亦足稍资补救。若易刑期内完纳罚金，亦事所必有，自应准其扣除经过日数，缴补余剩全额，即予开释。

第二十七条 凡罚金改服役者，轻罪不得逾十日。

案语

谨案轻罪罚金以五百元为最上限，照前条折算，不过一年有余。然罚金之刑，他条之应特别加重，及按诸他项罚则，应从重征收，并按本条应依次累加者，不一而足，如以一元折算一日，恐与长期至徒役无殊。即违警罪罚金，各国刑法无论几犯，俱系并科，如留置之期过于延长，亦与违警之本意未符，是以各定年月，以示限制。

第二十八条 凡剥夺公权，失左列各项之资格：

一、会议政事、公事之资格；

二、为官吏之资格；

三、膺封锡、勋章、职衔、出身之资格；

四、入军籍之资格。

案语

谨案此条定剥夺公权之制。检查各国刑法，公权条目多寡互异，而以比之，官吏、选举、赏牌、证人、亲族、兵籍六权，为最简切易行。六者之列尤以选举为重，即议院是也。日本之国民，特权实隐指此项而言。考《唐律》有除名之法，《明律》、今律有罢职不叙之文，溯厥权舆已开斯例，虽风行草偃，春秋而后，庶人议政，阒焉无闻，然方今诏遣重臣，历聘列邦，考查政法，行见中外治术，循于一轨，议院国会，自必循叙踵行，奚能拘牵旧制，贻诮瓮天？兹从日本改正草案，酌拟四项，以备引用。第三项所谓“封锡”，如诰敕之类；“勋章”，如翊项宝星之类。至证人、亲族等项，或关诉讼，或关民律、商律，应于各律内另辑专条，似无庸赘入也。

第二十九条 凡剥夺公权，除死刑及无期流刑，俱终身剥夺外，有期流刑以本条定有明文，及因减轻二降为有期流刑者为限，其应处十年以上流刑者，为六年以上、十年以下，应处十年以下流刑者，为三年以上、五年以下，俱由主刑期满，或期满免缉及赦宥之日起算。

案语

谨案夺权之刑，本为激励羞恶之心而起，附加于重罪者，为剥夺公权；附加于轻罪者，为停止公权。故日本附加刑之列,于公权分剥夺、停止为二。窃思犯者既撄羁累,箝缚一切自由,停止公权自不待言,无须多立名称,致涉繁琐。至重罪之刑,固应附加,然亦宜权其情节之重罪,如尽人而科之,恐名载爰书,湔濯无自,将甘为恶人而不辞。日本改正草案将此条大加刊正,盖亦以此。兹从德制,除死刑及无期刑外,有期流刑悉以本条著有明文,或因减刑而降为有期流刑者为断。余从免例,以杜豁刻。

第三十条 凡管束,责付警察官厅随时稽察,其期限为六月以上、二年以下,由主刑期满,或期满免缉及赦宥之日起算。

犯罪之应加管束者,各于本条定之。

案语

谨案此条管束之制。是刑之设,本为预防再犯,惟各国于被管束者之自由钤束过甚,恒有窘迫,无以自存,因之复蹈刑辟者。兹从德制,凡罪例中如凶徒、棍徒、伪造货币、强窃盗、恐吓、窝主、放火、决水、奸、媒、赌博各项,均系情节重大,于本条内著明附加,余条俱予宽免。

第三十一条 凡没收之物,记列如左:

一、违禁之物。

二、供犯罪所用及预备之物。

三、因犯罪所得之物。

案语

谨案此条定没收之制。没收有普通及特别之分。普通没收,即籍没本犯财产全部;特别没收,只以属于本犯所有为限。今泰西主罚及一身,籍没之例久经停止。恭读上年三月上谕:"删除缘坐,是财产入官,亦因之而宽免。"中外办法已规一致,是以改从今名,酌定三项,除违禁物外,非属于犯人者,不得没收,亦即中例分别入官、给主之制也。

第二节 征　　偿

第三十二条 凡赃物,照数追给。其损害应赔偿者,由裁判官酌定其数,于判决书内声明。若数人共犯时,共犯之人俱有分任之责。

案语

谨案追偿不当之利益,与赔偿不正之损害,俱曰"征偿",各国皆隶民事裁判,而于刑事裁判被告人,仍有请求之权。中国征偿之法,散见《现行律》各门,大致不外追赃、断产、追埋三项。追赃办法,中外皆同,断产、追埋,虽近赔偿损害,然仅指已死及已成笃者而言,其寻常伤害身体及毁损名誉,并无其例,似不及各国之赅备。现在交涉各案赔偿之事,时有所闻,亟宜明定范围,严杜非分之邀求,是以辑录此条,已备援引。

第三十三条 凡应追赃物,及应征偿损害,犯人虽遇减免,犹征如律。若身死,仍对其遗产执行。

案语

谨案《唐律·名例》云:"会赦及降者,盗、诈、枉法,犹征正赃。"今例"给没赃物门":"断付死者财产,遇赦不得免追",与各国之例若合符节。至犯人身死,泰西多数之国,仍于相续人追征,似与中律身死勿征之义有背,不知各国之所谓征偿含义极广,不仅止赃物一项,证彼前规,既不能援赦降而同之减免,衡以通则,自难藉死亡而逭其追征。况死、流勿征,《唐律疏议》谓:“得罪既重,多破家业。”若尚有遗产可偿,自不妨仍责于相续之人也。

第三节 刑 期

第三十四条 凡刑期以日计者,阅二十四时;以月计者,阅三十日;以年计者,三百六十日。

案语

谨案《现行律》云:“凡称一日者,以百刻;计庸者,从朝至暮;称年者,以三百六十日。”而称月无明文,盖用《唐律》旧文,五徒俱以年计故也。现在普设工艺,刑期似宜因之推广。兹特增入计月一层,以补我之所未备。至计年之法,各国俱从历,然中外置闰不同,盈朒之间,易生偏倚,是以仍从旧律。

第三十五条 凡未决羁禁之日,得从左列算入刑期:

一、羁禁十日,抵流刑一日。

二、羁禁五日,抵徒役、拘留一日。

三、羁禁三日,抵罚金一元以下。

案语

谨案羁禁日数算入刑期,为今世学说所公认。盖遇重要案件,凡预审中检证等事,必须慎重,羁禁之期亦因之而长恒,有迟至数年始结者,久困圜扉,不无可悯,故立此法以拯其失。第各国折算之法,向无确定规则,悉凭裁判官酌夺,实易启恣擅之弊。兹从日本改正刑法,酌定折算之方,庶不致漫无准则也。

第四节 假 出 狱

第三十六条 凡处无期流刑逾二十年以上,有期流刑及徒役逾刑期四分之三,在期限内有悛悔实据者,由管狱官申达刑部,许假出狱。

案语

谨案假出狱与犹豫行刑,俱为各国新设之通例。犹豫行刑,虑轻罪人犯侵染狱中恶习,俾免入狱。假出狱则于狱中立狱囚功过录,调查行状之善恶,其良善者即与赏表,积至四赏表,经过例定时期,可获出狱之旷典。盖其目的,一则导狱囚湔濯之方,一则节国家监狱之费,公私之间,两有裨益。悔过迁善,中外同此一理,虽国民程度未逮文明,不能骤行犹豫之刑,而此例固不妨则效也。

第三十七条 凡假出狱者,责交警察管束,若假出狱中,复犯罚金以上之刑,或违背出狱章程者,随时停止出狱,期间日数不得算入刑期。

案语

谨案欧西各国于假出狱者,倍加注意,出狱之后,必付警察监视,即所谓特别监视是也。现在巡警已建专官,此项人犯自应责交管束。若复干刑典,不论何时,可先行逮捕入狱,然后再声请停止出狱。自出狱以迄入狱,其间日数,不得算入刑期,所以防伪饰诡免诸弊也。

第五节 期满免缉

第三十八条 凡犯罪逃亡者,经过左列年限,得期满免缉。但应剥夺公权、管束及没收者,仍依律附加:

一、死刑,四十年。

二、无期流刑,三十年。

三、十一年以上之流刑,二十年;十年以下之流刑,十年。

四、徒役,五年。

五、罚金,三年。

六、拘留及二元以下之罚金,一年。

案语

谨案期满免缉,乃东西各国通例。盖犯罪逋逃,经历若干年岁,证据湮没,世人亦渐遗忘,既未闻其续犯,即与悔过无殊。如仍按律治罪,集证既难,且恐伤社会之感情。中律"官文书稽程门":"通缉届四十年,即行查销,毋庸列于汇奏,后经缉获,仍行质明办理。""徒流人逃门":"遣犯脱逃,内有年老者,逾限未获,停缉。后经缉获,仍质明办理。"两条微与期满免缉相近,特缉获后仍须办理,为稍异耳。窃思人生犯罪,壮岁居多,既阅四十年之久,渐届老髦,犹复惩处,似失矜恤之本意。不如略师各国,权量轻重,酌定年限,概予免除为宜。至夺权、管束、没收三项,所以附于主刑执行者,取义各别,自难偕主刑一并援免也。

第三十九条 期满免缉,自裁判确定后,逃亡之日起算,其裁判时犯人已在逃者,自宣告刑名之日起算。

案语

谨案期满免缉起算之日,视犯人逃亡情形,不能一律。凡受对席裁判逃亡者,自应依逃亡之日为始。至受缺席裁判者,虽经过上诉期限,尚不得谓之确定,故本不应即起算期满免缉,然阅时过久,或反使犯人因公诉时效而免,则受缺席裁判者,较受对席裁判者,反获宽大之利益矣。故仿日本现行刑法主义,以宣告刑名之日,起算期满免缉,以示平允。

第四十条 凡被捕再逃者,期满免缉应自再逃之日起算。

案语

谨案犯人在逃,既一旦就捕,则时效自应中止。故再逃亡者,不得以初逃之日为始。

第六节 加减例

第四十一条 凡称加者,以加本刑四分之一为一等。但不得加入死刑及无期流刑。

第四十二条 凡称减者,以减本刑四分之一为一等。但有左列情形者,仍从左列:

一、应处死刑及无期徒刑者,得减入有期徒刑。

二、应处有期流刑者,减至短期五年以下时,得入徒役。

三、应处徒役者,减至短期十日以下时,得入拘留。

四、应处违警罪者,减尽之时,仍科本刑之短期及寡额。

案语

谨案此二条定加减之法。《现行律例》:“二死三流,同为一减,不得加至于死。”原本《唐律》。死刑至重,非有专条,不得于例外加严,此于惩肃之中,仍寓限制之意,与各国大致相同。中国死刑,向有斩、绞之殊,然其绝人生命则一,同为一减,尚称平允。至三流同减入徒,现在流刑已定期限,即与长期之徒役无异,如拘旧制,恐生偏倚之弊。兹拟采用日本现行刑法之制,以加减四分之一为一等,仍于应加者予以限制,于应减者减尽之时,得入轻刑之限域。虽兼含欧西之旨趣,实隐循中律之范围也。再,无期刑一项,准以中西各例,为死刑外最重之刑,如备加减之用,恐旧律应减流,暨加不至死,仍止满流者,于新律反入无期之刑,均涉过严,故援德制,以死刑与无期刑并举,若非本条有特定明文,不得列入加减之等差也。

第四十三条 凡有期流刑、徒役、拘留虽有加重之情形,仍不得逾左列年限:

一、有期流刑,二十五年。

二、徒役,七年。

三、拘留,一月。

案语

谨案加重之理由,不一而足。准以四分之一为一等之例,以次递加,恐刑期过长,与违警罪不得加入轻罪、轻罪不得加入重罪之本旨未符,是以分别定以限制。

第四十四条 凡因加减而所生刑期未满一日、金额未满百钱者,弃除之。

案语

谨案数有乘除,即生畸零,以之算入本刑,殊涉繁细,故概予弃除,以归简便。

第四十五条 凡附加刑,不随主刑加重减轻。

案语

谨案附加刑之意义,与主刑不同。主刑若有加减之情形,不得随之以为轻重也。

第四十六条 凡同时刑有应加重减轻者,先以加重者为本,次以轻者递减。

案语

谨案此条,日本谓之加减顺序,其现行刑法:一、再犯加重;二、宥恕减轻;三、自首减轻;四、酌量减轻。改正草案采用并合罪之制,略变其例:一、再犯加重;二、法律上之减轻;三、并合罪之加重;四、酌量减轻。泰西刑典以德意志为最新,于同时应加重、减轻者,未设专条,然以德刑法第五章“数罪俱发”之例例之,殆亦以重者为本也。本律加减之法,折衷中西,若不为明定次叙,恐启畸重畸轻之弊。兹拟以加重者为本,次以轻者递减,第轻重之衡,只争加减之先后,既以重者列先,其余减轻之例虽多,减之之法,同此一理,似可无庸分疏先后,此则用日本现行法而变通之也。

第七节 赦

第四十七条 凡赦,依恩诏条款,分别减免。但附加刑不在此限。

案语

谨案《唐律》著赦降之法,而疏议问答,兼及会虑。赦,则罪无轻重,悉予原免,犹今之恩赦;降,则减重就轻,犹今之常赦;虑,则奏免,犹今之上请。亦即泰西之大赦、特赦、减刑三项也。各国刑法,大赦,凡公诉及处刑之效力俱归消灭,实亦与民更新之意。考《文馆词林》,胪载唐以前赦诏最备,谋反、大逆,亦获原免;亦间有十恶不在赦例者。《唐律》:"犯十恶、故杀人、反逆缘坐,会赦犹除名。"虽异常犯,究邀宽典。故贞观中立皇太子赦诏:"大辟罪以下,罪无轻重,皆予赦除。"聿稽往古,揆诸西法,冥相符合。然管子谓:"赦者,小利大害。"我朝赦典频仍,几于十年再赦,似未可据为法则。拟仍用曩制,依临时条款处分。至附加之夺权、管束、没收等项,取义各别,既不能随主刑加减,自难并从赦原也。

第三章　行　　为

案语

谨案此章酌采各家学说,备辑各项行为。俱就犯罪者之一方而言,行为与犯罪微有不同。犯罪者,已达科刑之度。行为者,意思发见外界,甫生结果之时也。

第一节　罪责及减免

第四十八条　凡无犯意之行为,不论其罪。但本律有明文者,不在此限。

本应重而犯时不知者,不得从重论。本应轻者,听从本法。

不知法律,不得为无犯意。但酌其情节,得减轻本刑一等。

案语

谨案无犯意之行为,日本刑法亦谓之为不知事实,实即指过失而言,偶不注意,致蹈愆尤,似未宜遽予制裁。然过失犯于法律上之宜惩罚者,亦有三种:一、危害贵重之权利也。如制造有害养生物品及贩卖有毒药品致人死伤,私营医业误方疗治致人死伤,并过失杀伤、失火之类。二、官吏职务上怠忽也。如疏脱罪囚之类。三、违背警察规则也。凡此俱属例外,应从本条之处分。

至犯时不知,不得从重,中外相同。惟本应从轻者,各国无明文,兹从中律增入。

又罗马律云:"法律者,不论何人,不可不知。"盖法律乃一国之范模,凡属臣民,俱应遵奉。故《周官》:"大司寇布刑于邦国、都鄙,悬刑象之法于象魏。士师掌五禁,以木铎徇之于朝,书而悬于门闾。"即在今律,亦有"讲读律令"之文。如以不知法律与不知事实同论,恐启诡避之阶,是以特为申明。第法律之颁布有迟早,而人之品汇有贤愚,权衡其间,固不妨由本刑酌减也。

第四十九条　凡从本属上官之命令,依职务而行为者,不论其罪。

案语

谨案下属之于上官,本有服从之义务,故各国于职务上之行为,俱不科罚。例如执达吏遵民事诉讼法而强制执行,预审判事遵刑事诉讼法而搜索家宅,司狱官受司法大臣之命令而执行刑法是也。中律"同僚犯公罪"及"公事失错"两门,原本《唐律》,与今各国之例不同。

窃思长官以上临下,得以专制,以一人之过,波累同僚,实未平允。兹拟改从通例,凡从上官之命令,系依职务而行为者,俱不担其责任。若非职务上应行之事,虽系奉上官之命令,仍科如律。

第五十条 凡受不正之侵害,出于防卫自己或他人之生命、身体、财产而行为者,不论其罪。

其行为逾防卫程度外者,依本刑减轻一等或二等。

案语

谨案侵害人之权利,国家宜尽力保护,然当侵害猝来,未遑向官署申请援救,断无束手待毙之理。故法律畀以防卫特权,名曰"正当防卫"。中律"擅杀"各条,亦具正当防卫之意,惟散见各门,似嫌复杂。兹拟专设此例,将《现行律例》"擅杀"各条,酌量删除,以归划一。

再各国防卫之例,已之外,间有专指亲属者。考《唐律》"被人殴击"、"折伤"以上条之旁人亦得捕系送官;"追捕罪人"条之道路行人,"强盗及杀人"条之邻里不助,俱予科罪。即今律"强盗"各条,邻佑、地保、营汛亦有协拿之责,应防卫者,不仅亲属一项。是以改为"他人",以资赅备。

第五十一条 凡仓猝危难之行为,同第五十条之例。但自肇衅端,不在此限。

案语

谨案此条名"危难防卫",指天灾即意外之变而言。事起仓皇,避险趋夷,人之恒情,宜准前条,分别免减。若祸由己肇,贻害公众,固难复予矜原。即职务上有特别义务者,亦不能滥引斯例。

第五十二条 凡受不正之挑发,出于忿激而行为者,得减轻本刑一等。

案语

谨案不正挑发,各国刑法大率赅于正当防卫之内。惟意大利新刑法,析而为二。盖不正之侵害,迫切于外形,不正之挑发,激刺于内部,情节同一可原,究有急缓之分。中律虽无挑发之文,然秋审分别实缓,仍以事理曲直为衡,用意正同。兹特采入,俾法重情轻者,随时酌量援引,以归简易。

第五十三条 凡因精神障碍之行为,不论其罪。但酌量情节,得处以五年以下之禁锢。

酗酒滋事者,不得以精神障碍论。

精神耗弱者之行为,得减轻本刑一等或二等。

案语

谨案人之作为,悉凭精神为主宰。若精神不完备及未成熟者,俱属无意识之行为,各国刑法无犯罪之责任。中律"疯病杀人,永远监禁,取义正同。"第各国所谓精神障碍,不专指疯病,凡白痴、热病、神经病、关于精神作用者,俱包括于内。自宜改从今名,以昭赅备。精神障碍,于法律不应处罚,若概予释放,犹纵虎出柙,必贻公安之钜害。法于西历一千八百三十八年法律十八号,巴黎警视总监、地方县知事,以其职权,得将罹精神病者,监置疯疾院。英于此项被告人,裁判官亦有监置于监置场之权。日本明治三十三年法律第三十八号,设精神病监护法。他如意、俄等国,且明定处分,纂入刑法。近今各国,不设监置处分者,几希矣。

中国暂时虽无监置场所,自应遵曩制,以五年以下之期限,于狱中禁锢,限内医痊,可以随时释放也。

酒狂一项,本亦精神病之一。然藉醉构成犯罪者,所在多有,学者颇腾异说。窃思法律之认为犯罪,以有意、无意为断。如系无意,固当宥恕其刑;果系有意,是以酒为媒介,奚能骫法,曲为贷免?兹从俄例,附纂入律,以示区别。

精神耗弱,统指老疾昏眊而言。其状况,虽较障碍为稍轻;其情节,究较常人为可悯。是以依本刑减一等或二等也。

第五十四条 凡聋哑者之行为,无辨别是非知识者,不论其罪。但酌量情节,得于五年以下,留置于惩治场。

有辨别是非知识者,依本刑减轻一等。

案语

谨案聋哑者,生婴痼疾,不能承受教诲,各国向与未成年者同论,盖亦精神不完备之一也。中律聋哑赎于废疾,有犯自应收赎。惟近日教育制度,渐臻进步,聋哑学校之设,在指顾间,则聋哑一流可具普通之知识,如有不法行为,不能漫无区别。兹拟以无辨别知识者,予以勿论,其情节重者,于五年以下之时期,责付惩治场,俾获教育之益;有辨别知识者,依本刑减一等,亦仍就中外情形而增损也。

第五十五条 凡未满十二岁者之行为,不论其罪。但七岁以上,得于十年以下留置于惩治场。

第五十六条 凡十二岁以上、十五岁以下者之行为,依本刑减轻一等。

案语

谨案人之年龄,约分三期:一、无辨别也;二、辨别之在疑似也;三、辨别之分明也。而辨别之分明,仍晰分为二:一、辨别之发达不完全;二、发达完全。过此三期,斯达成年。检查泰西规制,法兰西幼年之法,以十六为限,十六岁以内,不为区分,法律疏未完备。其余各国,虽年龄之限不一,区分之法,大致从同。盖人之知识发育,以渐而增,而制定法律,亦宜因之。而判中国向以十六岁为及岁,事关户籍,国习相沿,自难骤改,则刑法之处分,宜仍绳旧制,以十五岁为衡。惟《现行律》尚有十岁以下一层。按礼,人生十岁曰幼。十岁之与七岁,虽有幼悼之别,而普通教育尚未周备,其间程途相距无几,故酌量变通,改为十二岁以下。

第五十七条 凡犯罪于未发以前,于官署或有告诉权自首者,得减轻本刑二等;闻拿投首者,减一等。但谋、故杀或于物不能赔偿者,不在此限。

亲属带同投首,亦同。

案语

谨案自首减轻,有普通与特别之分。普通自首者,依本刑减等,通用于寻常犯罪为多。特别自首者,免除本刑,仅用之于内乱、伪造货币两项,盖此类人犯,非特悬宽典,不足以解其胁从,破其诡谋,为国家消弭实祸也。各国惟日、俄于刑法总则载有明文,其余,止著特别自首之法于各本条内。中律自首免罪;自首不实及不尽者,以不实、不尽之罪罪之;损伤于人、于物,不可赔偿者,不在自首之例,原本《唐律》。窃思自首之法,本为悔过而设,若遽予免罪，易启奸人尝试之心；且未与特别自首者稍示区别，比挈之下，殊失权衡；而原文损伤于人，范围过广，虽设自首宽条，罕见引用，不如专指数项，较有依据；况现行例复设闻拿投首之例，与本律不无凿枘之处。以上各节，自应酌量变通，会辑于一，俾免纷歧。兹拟改为：事未发而首者，减本刑二等；闻拿投首者，减一等；其谋、故杀及关于人命各项，俱不得以自首论。庶各分限域，以昭划一。至不实、不尽一层，系对于免罪者而言，既改为减等问拟，若留此节，转滋窒碍，是以删除。

第五十八条 凡因发轻罪而首重罪，及因问被告之事，而别言余罪者，以闻拿投首论。

案语

谨案《唐律》无闻拿投首之法，疏议云："若有文牒言告官司，判令三审，虽未入局，即是其事既彰，虽欲自新，不得成首。"故因发轻罪而首重罪，及问所劾之事，别言余罪，俱准自首律援免，第此项人犯，俱在到官之后，与事未发而自首者，稍有不同。今既设闻拿投首之例，自应援照问拟，不宜与事未发而自首同论也。

第五十九条 凡犯罪之情状，有可矜悯者，得酌量减轻本刑一等。

第六十条 凡犯罪，虽同时依本条有加重或减轻者，仍得酌量减轻其刑。

案语

谨案刑法判犯罪之轻重，本依危害之程度而定。第犯罪之事实，变幻莫测，有大可恶者，有大可恕者，恒出于法律预想之外，势不能预设范围，以为待对。故予裁判官以特权，得以临时之意见，酌量处分，此各国之通例也。中国典刑钦恤，肇自《虞书》，疑狱务宽，颁从汉景，自唐迄明，遵循勿失。本朝秋审更设矜缓之条，方诸往代，尤为详慎。盖平宥之理，古今中外，同此一致。而《现行律例》："未辑明文者，以有比附加减在也。"现在比附之法既议删除，凡法重情轻者，亟应另设专条，以资援引。兹拟凡犯罪有可矜悯者，准予减等，听承审之员，随时酌量行之。若按法律，虽同时已俱有加重减轻之理由，衡情尚有可矜悯者，自应适用此例也。

第二节 未遂犯

第六十一条 凡谋犯重罪、轻罪，已行其事而未遂者，酌量情节，得减既遂之本刑一等或二等。但轻罪之未遂，以本条载有明文为限，始处刑。

违警罪之未遂犯，免其处刑。

案语

谨案近日学说，未遂犯之名称颇繁，约而言之，实分三项：一、欲谋犯罪也；二、已为犯罪之预备而未行也；三、已行其事而未遂也。第一项形迹尚未显露，第二项已显露尚未判然，此二项非事之重大危险者（如内乱、外患、伪造货币），不在处刑之列。第三项达犯罪之结果，相去仅间毫发，故各国俱著其法于总则中，如德意志与日本改正刑法，且分揭于本章之末。中律未遂犯无明文，然如谋杀之已行未伤及伤而未死，强、窃盗之未得财，强奸之未成等类，正与未遂犯无异。惟分隶各门，逐条分列，殊伤繁细。不如于总则特设专条，以资赅载，而归简要。兹拟从各国通例，除特别之加重或者减轻者，仍载明于各条外，其余重罪、轻罪，俱准此例,分别减等。但轻罪之未遂,揆诸事理,未必概宜惩创,应处刑者,仍以本条明文为限,庶免深入之弊。至违警罪,俱系出于怠忽,未遂之定义,实专指有意犯罪而言,其未遂犯自应概予毋论。再未遂犯之细目,向分着手未遂、实行未遂。着手未遂犯,因意外之障碍者;实行未遂犯,亦名缺效犯,因意外之舛错者。各国俱以实行重于着手,日本现行刑法、意大利新刑法亦以是区分轻重,然其中理由未尽可据,既已行其事,即有欲达犯罪目的之意,似应不问原因,俱以未遂犯论罪,虽有可原情节,宜广减等权限,以凭裁判官临时衡情处分也。

第六十二条 凡既遂犯本刑,应附加剥夺公权及管束者,未遂犯亦同。

案语

谨案夺权、管束两项,俱为案情重要者而设。未遂虽轻于既遂,而构成犯罪之思想则一,故德意志特设专例,日本虽无明文,而应附加者,揭于各章之末,实兼赅未遂犯于内,用意正复相同,自应准既遂之例,一体附加。

第六十三条 凡欲谋犯罪,于未行事以前自行中止者,免其处刑。

案语

谨案此条以学说上论之,名"中止犯",与未遂犯有已行、未行之判。从前各国并未特设专例,即有此项情形,以赅于犯罪无正条,不在处罚之列。今世刑法学者颇执处罚之主义,以为虽未着手,究于社会少有恶害,日本刑法改正案采用此说,于中止犯,比普通之未遂犯减轻其刑,或即免除。窃思法律本许人以自新,预备犯之科罚尚须以有明文为断,中止犯究较预备犯为轻,如一例处分,殊嫌倒置。德意志刑法第四十六条,不得依未遂犯罪处刑者,分别二项,一并无意外之障碍自行中止者,一由于悔悟而自行中止者,具有深意。虽任意中止与悔悟中止稍有不同,然以意象而判定是非,既涉琐细,且无实迹可凭,裁判官亦艰于斟校也。故从德例,以示区别。

第三节 共 犯

第六十四条 凡二人以上,共同实行犯罪者,皆为正犯。

案语

谨案犯罪有以人独犯者,有数人共犯者。一人独犯,依普通条文办理,毋庸深论。若数人共犯,则须凭犯时之情形与犯时个人之责任如何,应立共犯之规定也。泰西数人共犯,本犯与直接加功者,俱为正犯,依本罪处刑。盖因数人公同一致,而共实行一罪,自其平素蓄意,达于外形所为,即应以着手实行为断,不能因系加功于一部分而稍宽其责任。中律向分首从,然谋反、大逆、谋叛、强盗、谋杀、放火各项重罪,或不分首从,或首从同刑,用意与各国正同。现在甄采东西刑制,以冀划一而资统驭,虽各门仍宜酌中国政俗,以为重轻之标准,而大体则宜从同。共犯为全体中之第一关键,尤宜首先刊革。此次修订,本以减轻为宗旨,然轻重之间,在得其平。如仍绳曩制,势必有准以旧律及各国刑法,俱应重刑,而新例反获从轻,似非立法之本意,亟需设法以拯此失。此所以斟酌再三而改从各国通例也。

第六十五条 凡以嘱托、贿赂、强迫、威权、诱惑及煽动,故使他人犯罪者,为教唆犯。

教唆犯之刑,照其所知之犯罪,以被教唆者之刑处之。

案语

谨案犯罪实行者,为有形上之实行犯罪。教唆者,为无形上之实行犯罪。苟无教唆者之决心,则无被教唆者行为之结果,权衡轻重,实维同等。此各国准正犯科刑之原则也。中律"教令"、"造意"、"主使"等条,大致即教唆犯,惟名称繁多。是以增设此名,以昭划一。

第六十六条 凡以言语或行为帮助正犯者,为从犯。从犯之刑,依正犯减一等。

案语

谨案从犯与正犯之区别,视加功之程度为限域。加功于着手实行中,为正犯。加功于预备中,为从犯,亦名事前从犯,大致不外诱导、指示、贷给器具等项,自不能与正犯同论,故依正犯所处之刑减轻一等。若事后从犯乃独立罪(如窝藏及销赃之类,事前预约者仍以从犯论),应分定其罪于各本条中,不在此限。

第六十七条 凡违警罪之教唆及从犯,非有专例,不得处刑。

案语

谨案违警罪为通常之无意犯而设,罪质轻微,若止处违警罪之教唆犯、从犯,罪质更属轻微,无必应处罚之理由,故以特别明文者为限,其余概从宽免。

第六十八条 凡共犯罪而本罪别者,各依本律处刑。

案语

谨案此条中外相同。各国于此类情形,名身分与能力上之关系。所谓身分者,如子孙、官吏等项是。所谓能力者,如精神障碍、幼年等项是。凡此皆具加减之原因,自不得及于其他共犯之人。

第四节 数罪俱发

第六十九条 凡犯重罪、轻罪未经判决,二罪以上俱发者,从其重者论。相等者,从一科断。

案语

谨案数罪俱发,本中国旧制,为各国法制所采用者。考罗马法,"二罪以上同时并发者,私罪,各科以刑;公罪,则从一重论。"近日学者主张三说:一、并科主义,并科各罪相等之刑。日本现行法关于违警罪,其他特别法律,如《新闻条例》、《出版法》,俱用之。二、吸收主义,轻罪为重罪所吸收,即从一重罪论是。三、限制加重主义,以法律限之,于最重刑罚范围内酌加一分。德意志于重自由刑采此主义,轻自由刑采并科主义,日本改正刑法案同。以刑事政策而论,犯数罪与犯一罪同刑,似有导引犯罪之趋向,今世各国改数罪之法为合并刑,盖亦以此。然中国沿用重典,即使减轻,难以骤跻欧美地位,如行新制,反伤严刻,宜暂循曩轨,俟教育普被,再行议改。

第七十条 凡犯违警罪,二罪以上俱发者,各科其刑。若与重罪、轻罪俱发时,仍从其重者论。

案语

谨案违警罪为至轻之刑,纵使并科,未为严刻。况此罪出于轻忽各项规则为多,如从一重者论,恐有习知其刑之轻,故为尝试者。故采酌并科主义,以示惩儆。若与重罪、轻罪俱发时,仍准前例。

第七十一条 凡一罪先发,已经判决,余罪后发,其从轻或相等者不论,重者更论之,以先发之刑,通算后发之刑,若先发之刑为罚金已完纳者,依第二十六条例,折算后发之刑期。

若前罪判决时,未发之罪与再犯之罪俱发者,比较再犯,从其重者论,不通算先发之刑。

案语

谨案通算之法,本于《唐律》,今律与日本刑法俱因之。现在罚金既列正刑,自应增入此项,以资引用。至于未发之罪,与再犯之罪俱发者,中律无明文,如一体通算,势必致有未发之罪反轻于无未发之罪者(例如,先决之刑为四年徒役,再犯徒役一年,加一等,仍应徒役四年;而未发之刑,应徒役五年,从一重论,应科未发之刑,通算已决刑期,仅余一年之类是也),殊嫌权衡失当,故与再犯比较,从一重论,不得援通算之例也。

第七十二条 凡二罪以上俱发时,有一罪应科附加刑,及征偿者,仍尽本法。

案语

谨案夺权、管束,视犯罪之情节为准。没收,系法律禁制之物,及供犯罪所用并犯罪所生之物。即征偿处分,亦不系罪名之重轻。凡数罪中有一于此,自应各尽本法。

第五节 再 犯

第七十三条 凡犯重罪、轻罪,自刑期满后,或期满免缉及赦宥日起,于五年内复犯同性质之罪,且系同一之法律者,为再犯,依本刑加一等。

案语

谨案累犯加重,泰西罗马法,并中世纪德意志,及加鲁《第五刑事裁判法》已认之。惟仅盗窃一项,嗣意大利学者,倡习惯犯论及反复犯论,遂为通常加重之原因。然今世各国刑法处分,微有不同。如德、奥、葡萄牙,再犯与初犯非同类之罪,不以再犯论。法、意、日本则并不以同类为限。同类之说,学者赞成半,非议者亦半。窃思再犯予以特别之处分,本为严惩恶癖而起,若为异种之罪,以罪恶而论,无甚轩轾,以事实观之,究非一致。折衷其间,同类之说较为允协。检查中律,再犯只就已发、已配而言,已经论决者,并无明文,虽间有因次数而加重者,亦仅限于抢夺、窃盗、接买受寄赃物等条,立法之意,雅与德、奥、葡萄牙等国为近。兹故定再犯之法,以同性质之罪,又系同一法律为断,且定以五年之期限,庶不致于伤于严刻也。

第七十四条 凡左列各项,为同性质之罪:

一、内乱、外患罪。

二、伪造御宝、官印、货币及信用之证券罪。

三、官吏渎职罪。

四、妨害执行公务罪。

五、掩蔽罪迹、伪证及诬告罪。

六、关于风俗及紊乱亲族秩序罪。

七、妨害卫生罪。

八、杀伤及放火罪。

九、强盗、窃盗、抢夺、恐吓取财、诈欺取财、诈欺倒产，并各项诈欺及拒捕罪。

案语

谨案此条胪列各项，皆情节之重要者。既经惩戒之后，复干同一之科，是非从严，难期湔祓。若初犯甲罪，继犯乙罪，应仍科以后犯之罪，不得以再犯论也。

第七十五条 凡左列各项，不得适用前二条之例：

一、犯轻罪后，复犯重罪者。

二、经军事裁判者。但前犯系照常律处断时，不在此限。

三、经外国裁判者。

案语

谨案依前二条例，前后犯同一之罪，应以再犯论。然亦有虽系再犯，无必应加重之理由者。约举其例有三：一、犯轻罪后，复犯重罪者。初犯虽轻，通常刑未足以示惩，再犯重罪，或能收悛悔之效，亦未可定。况所犯之刑已重于前，如再加等，迹近深故。二、经军事裁判者。军律较常律为重，故各国俱不以再犯论。第军律范围不及常律之赅备，有仍依常律处断者，不能因军人、军属，曲予矜恤也。三、经外国裁判者。内、外法律不同，况文牍往还，调查罪迹，动需时日，势必致本犯有久羁囹圄者。以上三端，虽事实迥异，而可原之情则一，故不以再犯论也。

第七十六条 凡裁判决定后，于刑期内犯通行之罪者，依第七十三条例科断，比较二罪，以重罪者先执行之，轻者从后。

若刑期内犯异种之罪时，并科后犯之刑，执行之法亦同。

案语

谨案欧美刑法，无刑期内犯罪之明文，盖适用分房系留之法，非略也。兹仿日本现行刑法，增入此条，以备引用。至犯异种之罪，既未便照数罪之例，一罪归于消灭，亦未可将后罪遽予加等，致令刑期过于延长，故用并科主义，以剂其平。若裁判中复犯他罪者，仍以数罪俱发论。

第七十七条 凡三犯以上者，仍同再犯之例。

案语

谨案自第七十三条以迄前条，规定再犯之法。然积匪钜奸，有非普通法律所能钤束者。凡此，宜斟酌情形于本条或别设专例以惩治之。其余，虽三犯以上，仍准再犯之例，不必认为特别加重也。

二、《刑律草案》(1907 年)及相关立法资料

(一)《刑律草案》(1907 年)

《刑律草案》*

(1907 年)

目　录

---

* 1904 年 5 月,清朝政府正式成立"修订法律馆",由修律大臣沈家本负责法律修订。修订法律馆一方面对原有的《大清律例》进行删改,形成《大清现行刑律》,于 1910 年 5 月 15 日下诏颁行。《大清现行刑律》的内容虽然有所变化,但基本上没有超出《大清律例》的模式,只是一部作为新刑律颁布前的过渡性法律。另一方面,修订法律馆在日本顾问冈田朝太郎的协助下,参照大陆法系国家的立法例,着手起草新刑律。1907 年 10 月和 12 月,沈家本先后上奏《刑律草案(总则)》、《刑律草案(分则)》,这是大清新刑律的第一个体系完整的草案。

第十七章　文例(第八十一条至第八十七条)

第二编　分则

第一章　关于帝室之罪(第八十八条至第九十九条)

第二章　关于内乱之罪(第一百条至第一百零六条)

第三章　关于国交之罪(第一百零七条至第一百十九条)

第四章　关于外患之罪(第一百二十条至第一百三十条)

第五章　关于漏泄机务罪(第一百三十一条至第一百三十八条)

第六章　关于渎职之罪(第一百三十九条至第一百五十一条)

第七章　关于妨害公务之罪(第一百五十二条至第一百五十六条)

第八章　关于选举之罪(第一百五十七条至第一百六十二条)

第九章　关于骚扰之罪(第一百六十三条至第一百六十六条)

第十章　关于监禁者脱逃罪(第一百六十七条至第一百七十三条)

第十一章　关于藏匿罪人及湮没证据之罪(第一百七十四条至第一百七十七条)

第十二章　关于伪证及诬告之罪(第一百七十八条至第一百八十一条)

第十三章　关于放火决水及水利罪(第一百八十二条至第一百九十八条)

第十四章　关于危险物罪(第一百九十九条至第二百零五条)

第十五章　关于往来通信罪(第二百零六条至第二百十五条)

第十六章　关于秩序罪(第二百十六条至第二百二十三条)

第十七章　关于伪造通用货币之罪(第二百二十四条至第二百三十二条)

第十八章　关于伪造文书及印文之罪(第二百三十三条至第二百四十四条)

第十九章　关于伪造度量衡罪(第二百四十五条至第二百四十九条)

第二十章　关于祀典及坟墓罪(第二百五十条至第二百五十五条)

第二十一章　关于鸦片烟之罪(第二百五十六条至第二百六十四条)

第二十二章　关于赌博彩票之罪(第二百六十五条至第二百七十一条)

第二十三章　关于奸非及重婚之罪(第二百七十二条至第二百八十三条)

第二十四章　关于饮料水之罪(第二百八十四条至第二百九十二条)

第二十五章　关于卫生之罪(第二百九十三条至第二百九十八条)

第二十六章　关于杀伤之罪(第二百九十九条至第三百十六条)

第二十七章　关于堕胎之罪(第三百十七条至第三百二十三条)

第二十八章　关于遗弃之罪(第三百二十四条至第三百二十七条)

第二十九章　关于逮捕监禁之罪(第三百二十八条至第三百三十一条)

第三十章　关于略诱及和诱之罪(第三百三十二条至第三百三十九条)

第三十一章　关于名誉信用安全及秘密之罪(第三百四十条至第三百四十八条)

第三十二章　关于窃盗及强盗之罪(第三百四十九条至第三百六十一条)

第三十三章　关于诈欺取财罪(第三百六十二条至第三百六十八条)

第三十四章　关于侵占罪(第三百六十九条至第三百七十四条)

第三十五章　关于赃物罪(第三百七十五条至第三百七十九条)

第三十六章　关于毁弃损坏罪(第三百八十条至第三百八十七条)

第一编 总　则

第一章 法　例

第一条 凡本律自颁行以后之犯罪者,适用之。

若在颁行以前未经确定审判者,俱从本律处断。但颁行以前之律例不为罪者,不在此限。

第二条 凡本律不问何人,于在中国内犯罪者,适用之。

在中国外中国船舰内犯罪者,亦同。

第三条 凡本律于在中国外对于中国事物犯左列各罪者,适用之:

一、第八十八条至九十二条第一项、第九十三条关于行在所、第九十四条及第九十五条之罪。

二、第一百条及第一百零三条之罪。

三、第一百二十条及第一百二十二条至第一百二十五条之罪。

四、第一百五十二条及第一百五十三条之罪。

五、第二百二十四条及第二百二十六条第一项之罪。

六、第二百三十三条、第二百三十四条、第二百三十五条第二项、第二百三十六条及第二百三十七条之罪。

七、第三百八十条第二项之罪。

第四条 凡本律于在中国外犯左列各罪之中国吏员,适用之:

一、第一百三十一条及第一百三十三条之罪。

二、第一百三十九条及第一百四十条之罪。

三、第一百四十七条之罪。

四、第一百七十一条之罪。

五、第二百十三条之罪。

六、第二百二十一条之罪。

七、第二百三十五条之罪。

第五条 凡本律于在中国外犯左列各罪之中国臣民,适用之:

一、第一百七十八条及第一百七十九条之罪。

二、第一百八十二条至第一百八十四条及应照第一百八十二条至第一百八十四条之例处断之第一百八十七条之罪,并第一百八十八条及第一百八十九条之罪。

三、第二百零八条至第二百二十二条之罪。

四、第二百三十五条第二项、第三百三十六条及第二百三十八条至第二百四十条之罪。

五、第二百五十一条至第二百五十三条之罪。

六、第二百七十二条至第二百七十六条及第二百七十九条。

七、第二百九十九条至第三百零二条,及第三百零八条至第三百十二条之罪。

八、第三百十九条、第三百二十条第一项及第三百二十一条之罪。

九、第三百二十四条之罪。

十、第三百二十八条及第三百二十九条之罪。

十一、第三百三十二条至第三百三十六条之罪。

十二、第三百四十条至第三百四十三条之罪。

十三、第三百四十九条至第三百五十七条之罪。

十四、第三百六十二条至第三百六十五条之罪。

十五、第三百六十九条至第三百七十一条之罪。

十六、第三百七十五条之罪。

十七、第三百八十条第一项及第三百八十一条之罪。

其外国人对于中国臣民犯前项各款之罪时,亦同。

第六条 凡在外国犯罪者,虽经审判后,仍得依本律处断。但于外国受刑之宣告而得免除执行,或已执行刑之全部或一部者,得免除本律之刑,或减轻一等至三等。

第七条 凡可为罪之行为或结果之一部在中国领地或船舰内者,以在中国内犯罪论。

第八条 第二条、第三条及第五条至前条之规定,如国际上有特别条约、法规或惯例,仍从条约、法规或惯例办理。

第九条 本律总则于他项律例之定有刑名者,可适用之。但他项律例有特别规定时,不在此限。

第二章 不 论 罪

第十条 凡律例无正条者,不论何种行为,不得为罪。

第十一条 凡未满十六岁之行为,不为罪。但因其情节,得命以感化教育。

第十二条 凡精神病者之行为,不为罪。但因其情节,得命以监禁处分。

酗酒及精神病者之间断时,其行为不得适用前项之例。

第十三条 凡不出于故意之行为,不为罪。但应以过失论者,不在此限。

不知律例,不得为非故意。但因其情节,得减本刑一等或二等。

犯罪之事实与犯人所知有异时,从左列:

第一,所犯重于犯人所知或相等时,从其所知者处断。

第二,所犯轻于犯人所知时,从其犯者处断。

第十四条 凡依律例或正当业务之行为,或不背于公共秩序及善良风俗、习惯之行为,不为罪。

第十五条 凡对于现在不正之侵害,出于防卫自己或他人权利之行为,不为罪。

逾防卫程度之行为,得减本刑一等至三等。

第十六条 凡为避现在之危难及其它不能抗拒之强制,而出于不得已之行为,不为罪。但加过度之害时,得减本刑一等至三等。

于公务上或业务上有特别义务者,不得适用前项之规定。

第三章 未 遂 罪

第十七条 凡谋犯罪已着手,因意外之障碍不遂者,为未遂犯。其不能生结果之情形,亦同。

未遂犯之为罪,以分则各条定有明文为断。

未遂罪之刑,得减既遂罪之刑一等或二等。但褫夺公权及没收不在减等之限。

第十八条 凡谋犯罪已着手,而因己意中止者,得免除本刑或减二等或三等。

第四章 累 犯 罪

第十九条 凡已受徒刑之执行,更犯罪,应宣告有期徒刑者,为再犯,依本刑加一等。

但有期徒刑之执行既终,或受无期徒刑及有期徒刑执行一部免除后,逾五年而再犯者,不在加重之限。

第二十条 凡三犯以上者,依本刑加二等。

第二十一条 凡审判确定后于执行其刑之时发觉为累犯者,从前二条之分别,以定刑期。

第二十二条 凡依军律或外国审判厅受有罪审判者,不得用加重之例。

第五章 俱 发 罪

第二十三条 凡确定审判前犯数罪者,为俱发罪,宣告各罪之刑,从左列分别定应执行之刑期:

第一,俱发罪中如有宣告死刑或无期徒刑者,不执行他刑。

第二,如宣告俱系有期徒刑者,于合并各刑之长期以下、其中最长刑期以上,定应执行之刑期。

第三,如宣告俱系拘留者,照前款之例定应执行之刑期。

第四,如宣告俱系罚金者,合并各刑之最多金额以下、其中最多金额以上,定应执行之金额。

第五,从第二款应执行之有期徒刑与第三款之拘留、第四款之罚金,并执行之。有期徒刑、拘留及罚金各一罪互合者,亦同。

第六,褫夺公权及没收,并执行之。

第二十四条 凡一罪先发,既经确定审判,余罪后发,及数罪各别经确定审判者,从前条之分别定应执行之刑名、刑期及金额宣告之。因赦而最重刑援免,仍余数罪者,亦同。

若对于有期徒刑、拘留或罚金既受执行者,援用前条第二款至第四款通算之。

第二十五条 凡俱发罪与累犯互合时,其俱发照前条之例处断,与累犯之刑并执行之。

第二十六条 凡一行为而触数项罪名,或犯一罪之方法及结果而生他罪者,从其最重之一罪论。但于分则有特别规定者,不在此限。

第二十七条 凡犯罪之重轻,据各主刑中最重者定之。最重刑同等,据最轻者定之。轻重俱同者，据犯罪情节定之。

第二十八条 凡连续犯罪者，以一罪论。

第六章 共 犯 罪

第二十九条 凡二人以上共同实施犯罪之行为者，皆为正犯，各科其刑。

加功于实施犯罪之行为中者，准正犯。

第三十条 凡教唆他人实施犯罪之行为者，为造意犯，照正犯之例处断。

教唆造意犯者，准造意犯。

第三十一条 凡于实施犯罪之行为以前帮助正犯者，为从犯。其造意犯，亦同。

帮助从犯者，准从犯。

从犯之刑，得减正犯之刑一等或二等。

第三十二条 凡于前教唆或帮助，其后加入实施犯罪之行为者，照其所实行者处断。

第三十三条 凡因身分成立之罪，其加功者虽无身分，仍以共犯论。

因身分致罪有轻重时，其无身分者，以通常之罪论。

第三十四条 凡知情共同者，本犯虽或不知共同之情事，仍以共犯论。但于分则有特别规定者，不在此限。

第三十五条 凡关于过失犯，有共同过失者，以共犯论。

第三十六条 凡值犯人故意犯罪之际，因过失而助成其结果者，如按本条应罚以过失时，则过失帮助之人，亦准前条之例。

第七章 刑 名

第三十七条 凡刑分为主刑及从刑。

主刑之种类及重轻之次序如左：

第一，死刑。

第二，无期徒刑。

第三，有期徒刑。

一、一等有期徒刑，十五年以下、十年以上。但加重及并科时，以二十年为其最长刑期。

二、二等有期徒刑，十年未满、五年以上。

三、三等有期徒刑，五年未满、三年以上。

四、四等有期徒刑，三年未满、一年以上。

五、五等有期徒刑，一年未满、一月以上。

第四，拘留，一月未满、一日以上。

第五，罚金，银一钱以上。

从刑之种类如左：

第一，褫夺公权。

第二，没收。

第三十八条 凡死刑用绞,于狱内执行。

受死刑之宣告者,迄至其执行,与他囚人分别监禁。

第三十九条 凡死刑非经法部覆奏回报,不得执行。

第四十条 凡孕妇受死刑之宣告者,产后经一百日,非更受法部之命令,不得执行。

第四十一条 凡徒刑囚徒,监禁之于监狱,令服法定劳役。

监禁方法及劳役种类,从监狱则所定。

第四十二条 凡拘留囚徒,监禁之于监狱或巡警署内拘留场,不令服劳役。

第四十三条 凡受五等有期徒刑或拘留之宣告者,其执行上实有窒碍时,得以一日折算一元,易以罚金。

据前项规定受易刑处分者,法律上以受徒刑或拘留之执行者论。

第四十四条 凡罚金,以分则有明文者为限,与徒刑或拘留并科之。

第四十五条 罚金于裁判确定后,令一月以内完纳。逾限不究纳者,从左列:

第一,有资力者,强制令完纳之。

第二,无资力者,以一日折算半元,易监禁处分。

第三,监禁处分执行之于监狱。其日数未满二月者,得执行之于警察署内拘留场。

监禁处分日数,不得逾三年。

罚金缴纳一部分者,照前项第二款之例执行监禁处分。

罚金总额之比例逾三年之日数时,缴纳其一部分者,用按分比例定处分之日数。

据本条之规定受易刑处分者,除关于脱逃罪外,于法律上以受罚金之执行者论。

第四十六条 凡褫夺公权,以应宣告徒刑以上之刑者为限,从各分则所定,终身褫夺左列资格全部或一部:

一、为吏员之资格。

二、膺封锡、勋章、职衔、出身之资格。

三、入军籍之资格。

四、为学堂监督、提调、教习之资格。

五、为律师之资格。

第四十七条 凡于分则有得褫夺一部公权之规定者,以应宣告徒刑以上之刑为限,得褫夺现时所有之地位,或于一定期限内褫夺前条所揭资格一款以上。

第四十八条 凡没收之物如左:

一、违禁私造或私有之物。

二、供犯罪所有及预备之物。

三、因犯罪所得之物。

没收概以犯人以外无有权利者之物为限。

第八章 宥恕减轻

第四十九条 凡十六岁以上、二十岁未满之犯罪者,得减本刑一等。

第五十条 凡聋哑者，及满八十岁之犯罪者，得减本刑一等或二等。

第九章 自首减轻

第五十一条 凡犯罪于未发觉前，于官自首，就受审判者，得减本刑一等。

关于亲告罪，而于有告诉权者首服，就受官之审判者，亦同。

第五十二条 凡一罪既发，别首白未发余罪者，得减所首白余罪之刑一等。

第五十三条 凡为分则特定各罪之预备行为或阴谋者，于未实行之前于官自首者，得免除其刑，但没收不在此限。

第十章 酌量减轻

第五十四条 凡审判犯人之心术及犯罪之事实，其情轻者，得减本刑一等或二等。

第五十五条 凡于法律虽有加重或减轻之时，仍从前条之规定，得减轻其刑。

第十一章 加减例

第五十六条 凡死刑、徒刑、拘留，从第三十七条所揭次序加重、减轻。

不得加入死刑及无期徒刑。但一等有期徒刑应加一等者，为二十年以下、十年以上；应加二等者，为二十年以下、十五年以上。不得减徒刑或拘留入罚金。

第五十七条 凡分则定有二种以上有期徒刑，应加减者，俱按等加减之。徒刑或拘留并科罚金应加减时，亦同。

若定有死刑、无期徒刑及有期徒刑应加重者，只加重其最轻之刑。

若最轻之刑拘留，应减轻者，只减轻其最重之刑。

第五十八条 凡罚金从各分则所定多寡，以减四分之一为一等。

若只定有最多额，应减轻者，以四分之一为一等。

其与徒刑或拘留并科应加减者，亦同。

第五十九条 凡同时刑有加重、减轻者，互相抵之。

第六十条 凡有二种之应得减者，得合并减之。

第六十一条 凡因加减徒刑、拘留及罚金所生零数，未满一日及银十钱者，除去之。拘留减尽，免除之。罚金减尽，亦同。

第六十二条 凡从刑，不随主刑加重、减轻。

第十二章 犹豫行刑

第六十三条 凡具备左列要件者，受四等以下有期徒刑之宣告时，自审判确定日起，于五年以下、三年以上之期限内，得宣告犹豫执行：

一、未曾受拘留以上之刑者。

二、前受三等以下徒刑之宣告，执行既终或得免除执行后经过七年，或前受拘留之宣告，其执行既终或免除后经过三年者。

三、有一定住所及职业者。

四、有亲族或故旧监督犹豫中之品行者。

罚金不在犹豫执行之限。

第六十四条 凡受宣告犹豫行刑者，如有左列情形之一，应注销犹豫之宣告：

一、犹豫期限内更犯罪，受徒刑之宣告者。

二、因犹豫之宣告前所犯罪，受徒刑之宣告者。

三、前条第二款所揭要件有不备之事实，后经发觉者。

四、丧失住所、职业者。

五、监督者请求刑之执行，其言有理由者。

第六十五条 凡未注销犹豫之宣告者，逾犹豫期限，宣告之刑即无效力。

第十三章 假出狱

第六十六条 凡受徒刑之执行者，有悛悔实据时，无期徒刑逾十年后、有期徒刑逾刑期二分之一后，由监狱官申达法部，得许假出狱。但有期徒刑之执行未满三年者，不许假出狱。

第六十七条 凡假出狱者，如有左列情节之一，即停止出狱，出狱中日数不算入于刑期：

一、假出狱中更犯罪，受宣告拘留以上者。

二、因假出狱前所犯罪，受宣告拘留以上者。

三、因假出狱前所宣告，应执行拘留以上者。

四、犯假出狱管束规则中应停止出狱之条项者。

第十四章 恩赦

第六十八条 凡赦，依恩赦条款，临时、分别行之。

第十五章 时效

第六十九条 凡提起公诉权，自犯罪行为既终之日起算，于左列期限不行者，则因时效消灭：

一、应死刑者，十五年。

二、应无期徒刑或一等有期徒刑者，十年。

三、应二等有期徒刑者，七年。

四、应三等有期徒刑者，三年。

五、应四等有期徒刑者，一年。

六、应五等有期徒刑以下刑者，六月。

第七十条 凡二罪以上之提起公诉权，据最重刑，从前条之区别，定其时效期限。

第七十一条 凡本刑虽应加重或减轻者，提起公诉权之时效期限，仍据本刑计算。

第七十二条 凡提起公诉权之时效，因左列之行为中断，俟行为停止另行起算：

一、预审上诉讼行为。

二、公诉上诉讼行为。

三、搜查上强制行为。

前项行为对于一切共犯者有同一之效力。

第七十三条 凡被告人因罹精神病、其它重病停止公判间，提起公诉权之时效即行停止。

第七十四条 凡刑之宣告确定后，于左列期限内未受执行者，则因时效消灭其执行权：

一、死刑，三十年。

二、无期徒刑，二十五年。

三、一等有期徒刑，二十年。

四、二等有期徒刑，十五年。

五、三等有期徒刑，十年。

六、四等有期徒刑，五年。

七、五等有期徒刑，三年。

八、拘留、罚金，一年。

第七十五条 凡执行权之时效，依律例停止执行间，即行停止。

第七十六条 凡执行权之时效，因执行而逮捕犯人，即行中断。但余未发觉刑，不在此限。

罚金及没收之时效，因执行行为即行中断。

第十六章 时期计算

第七十七条 凡时期以日计者，阅二十四小时；以月计者，阅三十日；以年计者，阅十二月。

第七十八条 凡时期之初日，不论时刻，以一日论；终日，阅全一日。

放免有期徒刑囚人，于期限既满之次日行之。

第七十九条 凡刑期，自审判确定日起算。

审判虽经确定尚未受拘置之日数，不算入刑期。

第八十条 凡未决中监禁之日，依左列算入刑期：

一、监禁三日，抵徒刑、拘留一日

二、监禁二日，抵罚金半元。

第十七章 文 例

第八十一条 凡称乘舆、车驾、御及跸者，太皇太后、皇太后、皇后同。

称制者，太皇太后、皇太后同。

第八十二条 凡称尊亲族者，为左列各等：

一、祖父母，高、曾同。

二、父母。

妻于夫之尊亲族，与夫同。

三、外祖父母。

称亲族者，为左列各等：

一、夫妻。

二、本宗服图期服以下者。

三、妻为夫族服图大功以下者。

四、出嫁女为本宗服图大功以下者。

五、外姻服图小功以下者。

六、妻亲服图缌麻以下者。

第八十三条 凡称吏员者，官吏、公吏，依律例从事于公务之议员、委员、其他职员皆是。

称公署者，吏员奉行职务之衙署、局所皆是。

称公文书者，吏员及公署应制成之文书皆是。

第八十四条 凡称议会及选举者，依律例所设立中央及地方参政上议会及其议员之选举是。

第八十五条 凡援用别条所揭之罪，其罪应罚未遂、预备或阴谋，本条并援用之。造意犯及从犯，亦同。

第八十六条 凡本律称以下、以上、以内者，其起讫俱以本数为限。

第八十七条 凡称笃疾者，谓左列伤害：

一、毁败视能者。

二、毁败听能者。

三、毁败语能者。

四、毁败一肢以上，或终身毁败其机能者。

五、于精神或身体有不治之疾病者。

六、变更容貌且有重大不治之伤害者。

七、毁败阴阳者。

称废疾者，谓左列伤害：

一、减衰视能者。

二、减衰听能者。

三、减衰语能者。

四、减衰一肢以上之机能者。

五、于精神或身体有至三十日以上之疾病者。

六、三十日以上可废业务之疾病者。

称伤害者，除前二项所揭外，其余之疾病、损伤皆是。

第二编　分　　则

第一章　关于帝室之罪

第八十八条　凡加危害于乘舆、车驾及将加者，处死刑。

第八十九条　凡因过失致生前条所揭危害者，处二等或三等有期徒刑或三千元以下、三百元以上罚金。

第九十条　凡加危害于帝室缌麻以上之亲者，处死刑、无期徒刑或一等有期徒刑。

第九十一条　凡因过失致生前条所揭危害者，处四等以下有期徒刑、拘留或一千元以下罚金。

第九十二条　凡对于乘舆、车驾有不敬之行为者，处二等或三等有期徒刑。

对于太庙、皇陵有不敬之行为者，亦同。

第九十三条　凡对于帝室缌麻以上之亲有不敬之行为者，处四等以下有期徒刑、拘留或一千元以下罚金。

第九十四条　凡侵入太庙、皇陵、宫殿、离宫、行在所，或受命令而不退出者，处二等至四等有期徒刑或三千元以下、三百元以上罚金。

第九十五条　凡在前条所载各处射箭、放弹、投砖石者，处三等或四等有期徒刑或一千元以下、一百元以上罚金。

其在距离能到之地，自外向内有前项所揭行为者，亦同。

第九十六条　凡犯跸者，处四等以下有期徒刑、拘留或三百元以下罚金。

第九十七条　第九十条及第九十二条至前条之未遂罪，罚之。

第九十八条　凡预备或阴谋犯第九十条之罪者，处四等以下有期徒刑、拘留或一千元以下罚金。

第九十九条　因犯本章之罪而应宣告二等有期徒刑以上之刑者，褫夺公权。其余，得褫夺公权全部或一部。

第二章　关于内乱之罪

第一百条　凡以颠覆政府、僭窃土地或紊乱国宪为宗旨起暴动者，为内乱罪，从左列分别处断：

一、首魁，死刑或无期徒刑。

二、执重要之事务者，死刑、无期徒刑或一等有期徒刑。

三、附和随行者，二等至四等有期徒刑。

因前项所揭宗旨，聚众掠夺公署之兵器、弹药、船舰、钱粮、其它军需用品，及携带兵器公然占据都府、城寨、其它军用之土地者，均以内乱既遂论。

第一百零一条　前条之未遂罪，罚之。

第一百零二条　凡预备或阴谋为内乱者，处三等以上有期徒刑。

第一百零三条 凡知预备内乱之情，而供给兵器、弹药、船舰、钱粮及其余军需品者，处无期徒刑或二等以上有期徒刑。

第一百零四条 凡暴动者，违背战斗上国际成例，犯杀伤、放火、溢水、掠夺及其它罪者，援用该项条例，照第二十三条至第二十五条之例处断。

第一百零五条 因犯本章之罪而应宣告二等有期徒刑以上之刑者，褫夺公权。其余，得褫夺公权全部或一部。

第一百零六条 犯第一百零一条至第一百零三条之罪，未至暴动前自首者，免除其刑。

第三章 关于国交之罪

第一百零七条 凡对于留滞中国之外国君主、皇族或大统领加危害，或将加者，分别故意、过失，照第八十八条至第九十一条之例处断。

中国臣民在外国对其国之君主、皇族或大统领，或对留滞其国之第三国君主、皇族或大统领加危害，或将加者，亦同。

第一百零八条 凡对于留滞中国之外国君主、皇族或大统领有不敬之行为者，照第九十二条及第九十三条之例处断。

中国臣民在外国对其国之君主、皇族、皇陵或大统领，或对留滞其国之第三国君主、皇族或大统领有不敬之行为者，亦同。

第一百零九条 凡杀伤派至中国之外国代表者，照第三百条及第三百零二条之例处断。中国臣民在外国对于派至该国之本国或第三国代表者犯时，亦同。

若加暴行、胁迫或侮辱于派至中国之代表者，处四等以下有期徒刑或拘留。中国臣民在外国对于派至该国之本国或第三国代表者，亦同。

第一百十条 凡以侮辱外国为宗旨，损坏、除去、污秽外国之国旗及其余国章者，处四等以下有期徒刑、拘留或三百元以下罚金。

第一百十一条 凡滥用红十字记号作为商标者，处三百元以下罚金。

第一百十二条 凡中国臣民聚众以暴力僭窃外国领域者，照左列处断：

一、首魁，无期或一等有期徒刑。

二、执重要之事务者，二等或三等有期徒刑。

三、余人，三等以下有期徒刑或一千元以下、一百元以上罚金。

第一百十三条 凡私与外国开战斗者，照前条之例处断。

第一百十四条 凡外国交战之际，违背关于局外中立之命令者，处四等以下有期徒刑或拘留。

因而得利者，并科所得总额二倍以下、总额以上罚金；如二倍之数未达三百元时，并科三百元以下、所得总额以上罚金。

第一百十五条 第一百零八条、第一百零九条第一项、第二项、第一百十条及第一百十二条至前条之未遂罪，罚之。

第一百十六条 凡预备或阴谋犯第一百零九条第一项、第二项、第一百十一条及第一百十二条之罪者,处四等以下有期徒刑、拘留或一千元以下罚金。

第一百十七条 因犯本章之罪应宣告二等有期徒刑以上之刑者,褫夺公权。其余,得褫夺公权全部或一部。

第一百十八条 第一百零八条之罪,待外国政府之请求或同意,然后论之。

第一百零九条第三项及第四项之罪,待被害者之告诉,然后论之。

第一百十九条 凡预备或阴谋犯第一百十二条或第一百十三条之罪,于着手实行前自首者,免除其刑。

第四章 关于外患之罪

第一百二十条 凡受中国之命令、委任与外国商议者,若图自己或他人或外国之利益,故意议定不利中国之条约者,不同批准与否,处无期徒刑或二等以上有期徒刑。

第一百二十一条 凡中国之臣民,欲使藩地及其余领域属于外国,与外国开始商议者,处无期徒刑或二等以上有期徒刑。

第一百二十二条 凡通谋于外国,使对中国开战端,或与敌国抗敌中国者,处死刑或无期徒刑或一等有期徒刑。

第一百二十三条 凡以利敌国或害中国之宗旨,而有左列各款之行为者,处死刑或无期徒刑或一等有期徒刑:

一、以要塞、军港、船舰、兵器、弹药、钱粮、往来通信之材料及供军用之处所、营造物或物件交付敌国,或烧毁、损坏及设方法致全部或一部不能使用者。

二、用伪计及设方法于中国之陆军或海军内,煽令不和、反乱或逃脱者。

三、以关于中国军事上设备、计划之文书、图画交付敌国者。

四、为敌国之间谍或帮助敌国之间谍者。

五、诱导敌国之军队或船舰,使侵入或接近中国之领域者。

第一百二十四条 凡与外国交战之际,有负担中国军事上必应供给之义务者,当缔结契约时用伪计及其余不正行为,或缔结契约后不从本旨履行义务者,处无期徒刑或二等以上有期徒刑。

因而得利者,并科所得总额二倍以下、总额以上罚金;如二倍之数未达三百元时,并科三百元以下、所得总额以上罚金。

第一百二十五条 凡除二前条所揭之外,依其余行为,以军事上之利益与敌国或酿军事上之不利益于中国者,处二等或三等有期徒刑。

第一百二十六条 本章之未遂罪,罚之。

第一百二十七条 凡预备或阴谋犯第一百二十条、第一百二十一条或第一百二十四条之罪者,处四等以下有期徒刑、拘留或一千元以下罚金。其系第一百二十二条或第一百二十三条之罪,处三等以上有期徒刑。

第一百二十八条 中国之臣民犯本章之罪者,褫夺公权。其余,得褫夺公权全部或一部。

第一百二十九条 犯第一百二十七条之罪,于未着手实行前自首者,免除其刑。

第一百三十条 本章之规定,对于战时同盟国之行为,亦适用之。

第五章 关于漏泄机务罪

第一百三十一条 凡关于中国之内治或外交应秘密之政务而漏泄者,处三等或四等有期徒刑。

若暗通于外国时,处二等或三等有期徒刑。

因犯前项之罪,至与外国生纷议或战争者,处无期徒刑或一等有期徒刑。

第一百三十二条 凡知为军事上秘密之事项或图书、物件,而刺探、收集者,处三等以下有期徒刑或五百元以下、五十元以上罚金。

第一百三十三条 凡因职务知悉或收领军事上秘密之事项或图书、物件,漏泄于他人或公表者,处二等以上有期徒刑。

第一百三十四条 凡偶然知悉或收领军事上秘密之事项或图书、物件,漏泄于他人或公表者,处二等或三等有期徒刑。

第一百三十五条 凡未得许可,将军港、要港、防御港或堡垒、炮台、水雷卫所、其它因防御而建设之各项营造物,测量、模写、撮形或录取其状影者,处三等以下有期徒刑或五百元以下、五十元以上罚金。

第一百三十六条 第一百三十一条第二项及第一百三十二条至前条之未遂罪,罚之。

第一百三十七条 犯本章之罪者,得褫夺公权之全部或一部。

第一百三十八条 犯本章之罪因而得利者,没收之。如已费失者,追偿其偿额。

第六章 关于渎职之罪

第一百三十九条 凡吏员或公断人关于其职务,要求、预约或收受贿赂者,处三等以下有期徒刑。

因而为不正之行为,或不为正当之行为者,处三等以上有期徒刑。

第一百四十条 凡吏员或公断人关于其职务,而事后要求、预约或收受贿赂者,处四等以下有期徒刑。

因为不正之行为或不为正当之行为,而事后要求、预约或收受贿赂者,处二等或三等有期徒刑。

第一百四十一条 凡于第一百三十九条所揭情形,认允、预约或交付贿赂于吏员及公断人者,处四等有期徒刑、拘留或三百元以下罚金。

第一百四十二条 凡于第一百四十条所揭情形,认允、预约或交付贿赂于吏员及公断人者,处五等有期徒刑、拘留或一百元以下罚金。

第一百四十三条 凡行裁判或检察、警察、监狱、其余行政之职务或为辅助者,当行其职务时,对于被告人、嫌疑人或关系人为暴行或凌虐之行为者,处三等以下有期徒刑。因而致人死伤时,比较第三百零一条至第三百零五条,从重处断。

第一百四十四条 凡行检察或警察之职务或为辅助者，经人告有现被侵害权利之犯人，而不速为保护之处置者，处四等以下有期徒刑。

第一百四十五条 凡行检察或警察之职务者，于应受理或不应受理之刑事告诉、告发或自首，而不正受理、或不受理或不为必要之处分者，处四等以下有期徒刑、拘留或三百元以下罚金。

其裁判官不正受理或不受理民事或刑事之诉讼，或不审判者，亦同。

第一百四十六条 凡征收租税及各项入款之吏员，图他人或国库之利益，征收正数外之金谷及其余之物者，处三等以下有期徒刑。

若系图自己利益者，处二等或三等有期徒刑，并科征收正数外同额之罚金。

第一百四十七条 凡吏员于前数条所记载外，滥用其职权，使人行无义务之事，或妨害权利之施行者，处四等以下有期徒刑、拘留或三百元以下罚金。

第一百四十八条 第一百四十六条之未遂罪，罚之。

第一百四十九条 犯第一百三十九条、第一百四十条及第一百四十六条第二项之罪者，褫夺公权。其余，得褫夺公权全部或一部。

犯第一百四十三条至第一百四十七条之罪者，并免现职。

第一百五十条 犯第一百三十九条及第一百四十条之罪，所收受之贿赂，没收之；如已费失者，追征其价额。

第一百五十一条 犯第一百四十一条及第一百四十二条之罪自首者，得免除其刑。

第七章 关于妨害公务之罪

第一百五十二条 凡当吏员施行职务时加暴行或胁迫者，处四等以下有期徒刑、拘留或三百元以下罚金。

其出于使吏员为一定处分或不为一定处分，或使辞职之意，加暴行或胁迫，或用伪计者，亦同。

第一百五十三条 凡损坏或除去吏员所施之封印或查封之标示，或为违背其封印或查封效力之行为者，处四等以下有期徒刑、拘留或三百元以下罚金。

第一百五十四条 凡值吏员施行职务时当场为侮辱，或虽非当场而公然对其职务为侮辱者，不分有无事实，处五等有期徒刑、拘留或一百元以下罚金。

其对公署公然为侮辱者，亦同。

第一百五十五条 第一百五十三条之未遂罪，罚之。

第一百五十六条 犯本章之罪者，得褫夺公权全部或一部。

第八章 关于选举之罪

第一百五十七条 凡于选举人或被选举人资格所必要之事项，用伪计或其余不正之方法，使记载或变更于名簿者，处四等以下有期徒刑、拘留或三百元以下罚金。无资格而为投票者，亦同。

知情而为前项记载或变更之吏员，处三或四等有期徒刑或五百元以下、五十元以上罚金。

第一百五十八条 凡关于选举，有左记各款之行为者，处五等有期徒刑、拘留或一百元以下罚金：

一、以使自己或他人得票或减他人得票之宗旨，流布谣言或用伪计损坏其它候补议员之名誉者。

二、不分选举之前后，对于选举人或选举关系人认允、预约、交付川资及其余贿赂，或为之媒介者，或选举人及选举关系人要求、预约或收受之者。

三、以对于选举人或选举人之亲族，或于选举人有关系之寺院、学堂、公司、公所、市、村、镇之债权、债务及其它利害，诱导选举人，或为之媒介者，或选举人应其诱导者。

右列各款，凡既收受之金额及其它有价物，没收之。如已费失者，追征其价额。

第一百五十九条 凡关于选举，有左记各款之行为者，处三等以下有期徒刑或三百元以下、三十元以上罚金：

一、对于选举人及选举人之亲族或选举关系人加暴行或胁迫者。

二、对于选举人用暴行或胁迫，妨害选举会场之往来及其它选举权之行使者。

第一百六十条 凡有左记各款之行为者，处三等或四等有期徒刑：

一、对于有关选举之吏员或辅助之人，加暴行或胁迫者。

二、骚扰选举会场、投票所、开票所者。

三、抑留、损坏或夺取投票或投票函或关于选举之公文书者。

第一百六十一条 凡无故于投票所干涉选举人之投票，或于投票所、开票所刺探被选举人之姓名者，处五等有期徒刑、拘留或一百元以下罚金。

关于选举之吏员或辅助之人，犯前项之罪或漏泄被选举人之姓名者，处四等以下有期徒刑、拘留或三百元以下罚金。

第一百六十二条 凡犯本章之罪者，得褫夺公权全部或一部。

其应宣告三等有期徒刑以上之刑者，于刑消灭后，仍于十年以下、二年以上，丧失选举人及被选举人之资格。

第九章 关于骚扰之罪

第一百六十三条 凡聚众欲为暴行或胁迫，已受当该吏员解散之命，而仍不解散者，处四等以下有期徒刑、拘留或三百元以下罚金。

附和随行而仅助势者，处拘留或五十元以下罚金。

第一百六十四条 凡聚众为暴行或胁迫者，从左列分别处断：

一、首魁，无期徒刑或二等以上有期徒刑。

二、执重要之事务者，二等至四等有期徒刑或一千元以下、一百元以上罚金。

三、附和随行而助势者，五等有期徒刑、拘留或一百元以下罚金。

第一百六十五条 犯前条之罪应宣告二等有期徒刑以上之刑者，褫夺公权。其余，得褫夺公权全部或一部。

第一百六十六条 于第一百六十四条所揭情形，如犯杀伤、放火、溢水、损坏并别项罪者，则援各本条，首魁、教唆及下手者，照第二十三条至第二十五条之例处断。

第十章 关于监禁者脱逃罪

第一百六十七条 凡既决、未决之囚人脱逃者，处四等以下有期徒刑或拘留。

第一百六十八条 凡既决、未决之囚人，及其余按律监禁者，若损坏监禁处所、械具，或以暴行、胁迫，或三人以上共同脱逃者，处二等至四等有期徒刑。

第一百六十九条 凡盗取按律监禁人者，处二等至四等有期徒刑。

第一百七十条 凡欲使按律监禁人脱逃，而为易使脱逃之各种行为者，处四等以下有期徒刑；因而致监禁人脱逃者，处三等或四等有期徒刑。

以前项之宗旨而加暴行、胁迫者，处三等或四等有期徒刑；因而致监禁人脱逃者，处二等或三等有期徒刑。

第一百七十一条 凡看守或护送吏员或辅助之人，纵令按律监禁人脱逃者，处二等或三等有期徒刑。

第一百七十二条 本章之未遂罪，罚之。

第一百七十三条 犯第一百六十八条至第一百七十一条之罪者，得褫夺公权全部或一部。

犯第一百七十一条之罪者，并免现职；其情节重者，得褫夺其余之公权全部或一部。

第十一章 关于藏匿罪人及湮没证据之罪

第一百七十四条 凡藏匿脱逃之犯罪人及监禁者，处四等以下有期徒刑或三百元以下罚金。

以前项之宗旨而项替自首者，亦同。

第一百七十五条 凡湮灭关于他人刑事被告事件之证据，或伪造或行使伪造之证据者，处四等以下有期徒刑、拘留或三百元以下罚金。

第一百七十六条 犯本章之罪者，得褫夺公权全部或一部。

第一百七十七条 犯罪人或脱逃者之亲族，为犯罪人或脱逃者利益计，而犯本章之罪者，免除其刑。

第十二章 关于伪证及诬告之罪

第一百七十八条 凡因律例于司法或行政之公署为证人，而为虚伪之陈述者，处二等至四等有期徒刑。

因律例于司法或行政官署为鉴定人或通译人，而为虚伪之鉴定、通译者，亦同。

犯前二项之罪，能于结案前先行自白者，得免除其刑。

第一百七十九条 凡欲使人受刑事或惩戒处分，而为虚伪之告诉、告发或报告者，处二等至四等有期徒刑。

犯前项之罪,能于该案审判确定前或惩戒处分前先行自白者,得免除其刑。

第一百八十条 凡未指定犯人而诬告有犯罪事实者,处五等有期徒刑或拘留或一百元以下罚金。

第一百八十一条 除前条之外,犯本章之罪者,得褫夺公权全部或一部。吏员犯此者,并免现职。

第十三章 关于放火决水及水利罪

第一百八十二条 凡放火烧毁左列他人所有物一种以上者,处死刑、无期徒刑或一等有期徒刑:

一、在城镇及此外人烟稠密处所之营造物。

二、陈列、储藏多数宗教、科学、美术、工艺之贵重图书、物品之营造物。

三、宗教及历史之贵重营造物。

四、储藏硝磺、弹药或军需品之仓库及其余营造物。

五、多众执业或止宿之矿坑、兵营、学堂、病院、救济所、工场、寄宿舍、狱舍及其余营造物。

六、现有多人集会之寺院、戏场、旅店及其余营造物。

第一百八十三条 凡放火烧毁前条各款所记外他人所有营造物或矿坑者,处二等至四等有期徒刑。

因而致有前条所记损害之危险者,处二等以上有期徒刑;实有损害时,其刑同前条。

第一百八十四条 凡放火烧毁他人所有营造物、矿坑外之物者,处三等以下有期徒刑或一千元以下、一百元以上罚金。

因而致有前条第一项所记损害之危险者,处三等或四等有期徒刑;实有损害时,其刑同该项。

因而致有第一百八十二条所记损害之危险者,处二等以上有期徒刑;实有损害时,其刑同该条。

第一百八十五条 凡放火烧毁自己所有营造物、矿坑及其余之物者,从左列分别处断:

一、因而致有前条第一项所记损害之危险者,处五等有期徒刑、拘留或一百元以下罚金;实有损害时,其刑同该项。

二、因而致有第一百八十三条第一项所记损害之危险者,处三等或四等有期徒刑;实有损害时,其刑同该项。

三、因而致有第一百八十二条所记损害之危险者,处二等以上有期徒刑;实有损害时,其刑同该条。

第一百八十六条 凡失火因而致有第一百八十二条所记之损害者,处五等有期徒刑、拘留或一千元以下罚金。

因而致有第一百八十三条第一项所记损害者,处拘留或五百元以下罚金。

因而致有第一百八十四条第一项所记损害者，处三百元以下罚金。

失火烧毁自己所有营造物、矿坑及其余之物，因而致有前三项所记损害之危险者，处一百元以下罚金。

第一百八十七条 凡依火药、煤气、电气、蒸气之作用或此外方法，致营造物、矿坑及其余之物炸裂者，分别其损害或危险，照前条所记放火、失火之例处断。

第一百八十八条 凡故意溢水浸害第一百八十二条各款所记营造物、矿坑至一种以上，或他人所有田圃、牧场及此外利用之地者，处死刑、无期徒刑或一等有期徒刑。

第一百八十九条 凡决水使浸前条所记外之他人营造物、矿坑或土地者，处三等以下有期徒刑或一千元以下、一百元以上罚金。

因而致有前条所记损害之危险者，处二等至四等有期徒刑；实有损害时，其刑同前条。

第一百九十条 凡决水使浸自己所有之地，因而致有前条第一项所记损害之危险者，处五等有期徒刑、拘留或一百元以下罚金；实有损害时，其刑同该项。

因而致有第一百八十八条所记损害之危险者，处二等至四等有期徒刑；实有损害时，其刑同该条。

第一百九十一条 凡因过失决水，致有第一百八十八条所记损害者，处五等有期徒刑、拘留或一千元以下罚金。

因而致有第一百八十四条所记损害者，拘留或五百元以下罚金。

若因过失决水致有前二项所记损害之危险者，处一百元以下罚金。

第一百九十二条 凡犯放火、炸裂或溢水罪，因而致人于死伤者，比较第三百零一条及第三百零二条，从重处断。

第一百九十三条 凡于火灾、水灾之际，隐匿、损坏防御所需之器械，或阻遏从事防御之人，或依此外方法以妨害镇火、防水者，处三等以下有期徒刑或一千元以下、一百元以上罚金。

其关于第一百八十七条灾害，妨害防御者，亦同。

第一百九十四条 凡妨害他人灌溉田亩之水利，或图妨害者，处四等以下有徒刑、拘留或三百元以下罚金。决水时，仍适用决水罪之例。

故意荒废他人田亩，因而妨害水利者，处二等至四等有期徒刑。

因妨害水利致有前项损害者，处三等以下有期徒刑。

第一百九十五条 凡自己之所有物，若已受查封或负担物权或租贷于人，关于本章之罪，仍以他人之所有物论。

第一百九十六条 第一百八十二条、第一百八十三条第一项、第一百八十四条第一项、第一百八十八条、第一百八十九条第一项、第一百九十三条及第一百九十四条第一项、第二项之未遂罪，罚之。

第一百九十七条 关于他人所有物，为放火、炸裂或决水之预备或阴谋者，处五等有期徒刑、拘留或一百元以下罚金。但按其情节，得免除其刑。

第一百九十八条 犯第一百八十二条及第一百八十八条之罪者，褫夺公权。其余以故意犯本章之罪者,得褫夺公权全部或一部。

第十四章　关于危险物罪

第一百九十九条　凡为犯罪之用而制造、持有炸药、绵火药、雷汞及其余类此之爆裂物,或自外国贩运者,处二等或三等有期徒刑。

其以供给他人犯罪为宗旨者,亦同。

第二百条　凡未受公署之命令、许可或委任,制造、持有前条所载之爆裂物及自外国贩运之人,不能证明出于正当之宗旨者,处三等以下有期徒刑。

其能证明出于正当之宗旨者,处拘留或五十元以下罚金。

第二百零一条　凡未受公署之命令、许可或委任,而制造、持有军用枪炮或除第一百九十九条所载外军用爆裂物,及自外国贩运之者,处四等以下有期徒刑、拘留或三百元以下罚金。

第二百零二条　凡警察、税关吏员知有未受公署之命令、许可或委任,而制造、持有、贩运第一百九十九条所载爆裂物,或自有外国贩运之人,而不即与相当处分者,处三等以上有期徒刑。

其与犯人通谋者,亦同。

第二百零三条　凡漏逸或间隔煤气、电气、蒸气,因而致生危险于人之身体或财产者,处四等以下有期徒刑、拘留或三百元以下罚金。

因而致人于死伤者,照第三百零一条及第三百零二条处断。

第二百零四条　第一百九十九条、第二百条第一项及第二百零一条之未遂罪,罚之。

第二百零五条　犯第一百九十九条之罪者,褫夺公权。犯第二百零一条第一项之罪者,得褫夺公权全部或一部。

第十五章　关于往来通信罪

第二百零六条　凡损坏、壅塞陆路、水路、桥梁,因而妨害通行者,处四等以下有期徒刑、拘留或三百元以下罚金。

若损害重要之交通线,修复工钜者,处二等或三等有期徒刑。

犯本条之罪,因而致人死伤者,比较第三百零一条及第三百零二条,从重处断。

第二百零七条　凡损坏轨道、灯塔、标识及其它于汽车、电车、船舰往来上为危险之行为者,处二等至四等有期徒刑。

第二百零八条　凡冲撞、颠覆、破坏、沉没或搁坐载人之汽车、电车、船舰者,处无期徒刑或二等以上有期徒刑。

因而致人于死或多数受伤者,处死刑、无期徒刑或一等有期徒刑。

第二百零九条　犯第二百零七条之罪,因而冲撞、颠覆、破坏、沉没或搁坐载人之汽车电车、船舰者,照前条分别处断。

第二百十条　凡因过失致载人之汽车、电车、船舰生往来之危险者,处三百元以下罚金。

因过失而冲撞、颠覆、破坏、沉没或搁坐载人之汽车电车船舰者,处五百元以下罚金。

其从事此项业务之人犯本条第一项之罪,处四等以下有期徒刑、拘留或一千元以下罚金;犯第二项之罪,处三等以下有期徒刑或三千元以下、一百元以上罚金。

犯本条罪因而致死人伤者,比较第三百十条至第三百十二条,从重处断。

第二百十一条 凡因暴行、胁迫或伪计,以妨害邮便物或电报之递送、收发者,处四等以下有期徒刑、拘留或三百元以下罚金。

第二百十二条 凡损坏邮便专用及其余应用之物件者,处五等有期徒刑、拘留或一百元以下罚金。

损坏电信线、电话线及此外电信、电话之机器、营造物者,或依此外之方法以妨害其交通者,处三等以下有期徒刑或一千元以下、五十元以上罚金。

因过失犯本条罪者,处一百元以下罚金。

第二百十三条 凡从事于邮便、电信之职务者,犯第二百十一条或前条第一项之罪,处三等以下有期徒刑;犯前条第二项之罪,处二等或三等有期徒刑。其出于过失者,处三百元以下罚金。

第二百十四条 第二百零六条第一项、第二项、第二百零七条、第二百零八条第一项、第二项、第二百十一条、第二百十二条第一项、第二项及前条第一项之未遂罪,罚之。

第二百十五条 犯第二百零八条之罪者,褫夺公权。其余以故意犯本章之罪者,得褫夺公权全部或一部。

第十六章 关于秩序罪

第二百十六条 凡依文书、图画、演说或其余方法,公然煽惑他人犯罪者,从左列分别处断:

一、其罪最重之本刑为死刑或无期徒刑者,三等以下有期徒刑。

二、其罪最重之本刑为有期徒刑者,五等有期徒刑、拘留或一百圆以下罚金。

若以报纸或其余定期刊行之件,或以编纂他人论说之公刊、书册而犯本条之罪者,编辑人亦照前项处断。

第二百十七条 凡以暴行、胁迫或伪计妨害正当之集会者,处五等有期徒刑、拘留或一百元以下罚金。

第二百十八条 凡以暴行、胁迫或伪计为左列各款之行为者,处四等以下有期徒刑、拘留或三百元以下罚金:

一、妨害贩运谷类或其余公共所需之饮食物品者。

二、妨害贩运种子、肥料、原料或其余农业、工业所需之物品者。

三、妨害使用多数工人之工厂或矿坑之执业者。

第二百十九条 凡从事同一业务之工人同盟拒绝执业者,其首谋,处四等以下有期徒刑、拘留或三百元以下罚金;余人,处十元以下罚金。

聚众为暴行、胁迫,或将为者,以第一百六十三条至第一百六十六条论。

第二百二十条 凡无故入人所居住或现有看守之邸宅、营造物或船舰,或既受要求而不退去者,处四等以下有期徒刑、拘留或三百元以下罚金。

第二百二十一条 凡诈称吏员之资格,或僭用官吏之服饰、徽章及内外国勋章者,处四等以下有期徒刑、拘留或三百元以下罚金。

第二百二十二条 第二百十六条至第二百十八条及第二百二十条之未遂罪,罚之。

第二百二十三条 犯第二百十六条至第二百十八条第二百二十条及前条之罪者,得褫夺公权全部或一部。

第十七章 关于伪造通用货币之罪

第二百二十四条 凡伪造通用货币者,处无期徒刑或二等以上有期徒刑。

使自己所伪造通用货币,及意图行使而交付于人者,亦同。

经政府许可发行之银行券,以通用货币论。

第二百二十五条 凡伪造流通中国之外国通用货币者,处三等以上有期徒刑。

行使自己所伪造流通中国之外国通用货币,及意图行使而交付于人者,亦同。

流通中国之外国银行券,以外国通用货币论。

第二百二十六条 凡意图行使而减损金银币之分量者,处三等或四等有期徒刑。其行使及意图行使而交付于人者,亦同。

减损中国之外国金银币之分量者,处四等以下有期徒刑。其行使及意图行使而交付于人者,亦同。

第二百二十七条 凡意图行使收受他人所伪造通用之货币者,处三等以上有期徒刑。其收受后行使,及意图行使而交付于人或自外国贩运之者,处无期徒刑或二等以上有期徒刑。

其所收受系伪造流通中国之外国货币时,处二等至四等有期徒刑。其收受后行使,及意图行使而交付于人或自外国贩运之者,处三等以上有期徒刑。

第二百二十八条 凡意图行使收受他人所减损分量之金银币者,处四等以下有期徒刑。其收受后行使,及意图行使而交付于人或自外国贩运之者,处三等或四等有期徒刑。

其所收受系减损分量流通中国之外国金银币时,处五等有期徒刑或拘留。其收受后行使,及意图行使而交付于人或自外国贩运之者,处四等以下有期徒刑。

第二百二十九条 凡收受后方知为他人伪造之货币或减损分量之金银币,而仍行使或意图行使而交付于人者,处其价额三倍以下、价额以上罚金;若三倍之数未达五十元时,处五十元以下价额以上罚金。

第二百三十条 凡意图伪造通用货币或减损金银币分量,而预备各项器械或原料者,处三等以下有期徒刑。

第二百三十一条 第一百二十四条至第一百二十八条之未遂罪,罚之。

第二百三十二条 因犯本章之罪应宣告二等有期徒刑以上之刑者,褫夺公权。其余,得褫夺公权全部或一部。但犯第一百二十九条之罪者,不在此限。

第十八章　关于伪造文书及印文之罪

第二百三十三条　凡伪造制书者,处无期徒刑或一等有期徒刑。

行使伪造之制书,或意图行使而交付于人者,亦同。

第二百三十四条　凡伪造公文书或图样者,处二等至四等有期徒刑。

行使伪造之公文书或图样,或意图行使而交付于人者,亦同。

第二百三十五条　凡吏员明知虚伪之事实而据以制造所掌文书、图样,或行使此种文书、图样,及意图行使而交付于人者,皆照前条之例处断。

其中告虚伪之事实,而使吏员制造所掌之文书、图样,或行使此种文书、图样,及意图行使而交付于人者,亦同。

第二百三十六条　凡以虚伪之事实申告于吏员,而使交付文凭、捐照或护照,即使为不实之记载者,处五等有期徒刑、拘留或一百元以下罚金。

第二百三十七条　凡伪造有价证券者,处二等至四等有期徒刑。

行使伪造之有价证券,或意图行使而交付于人,或自外国贩运之者,亦同理由。

第二百三十八条　凡伪造可以证明他人权利义务事实之私文书或图样者,处三等以下有期徒刑。

行使伪造他人之私文书或图样,及意图行使而交付于人者,亦同。

第二百三十九条　凡对于他人可以证明权利义务事实之自己私文书,为虚伪之记载,或行使,及意图行使而交付于人者,照前条之例处断。

第二百四十条　凡医师于提示他人之诊断书、检案书或死亡证书,为虚伪之记载者,处四等以下有期徒刑或三百元以下罚金。

其嘱托或行使,及以行使之宗旨交付于人者,处拘留或五十元以下罚金。

第二百四十一条　凡伪造御玺、国玺、公私印文、署名,或盗用之者,照伪造制书或公私文书之例处断。

其行使伪造之御玺、国玺、公私印文、署名,或滥用真正之物者,照行使伪造之制书或公私文书之例处断。

第二百四十二条　凡以不正行使之宗旨而制作公印或私印者,处四等以下有期徒刑、拘留或三百元以下罚金。于未行使前能自破坏或自首者,免除其刑。

第二百四十三条　本章之未遂罪,罚之。

以行使之宗旨,收受本章所揭为伪造、盗用、滥用之制书、公私文书、印文、署名或公私印者,各依本条以未遂罪论。

第二百四十四条　因犯本章之罪应宣告二等有期徒刑以上之刑者,褫夺公权。其余,得褫夺公权全部或一部。

第十九章　关于伪造度量衡罪

第二百四十五条　凡以行使或贩卖之宗旨,而制作违背定规之度量衡,或变更真正度量衡之定规者,处四等以下有期徒刑并科五百元以下罚金。

知情而贩卖不平之度量衡者,亦同。

第二百四十六条　凡业务上常用度量衡之人知其不平而持有者,处五等有期徒刑、拘留或一百元以下罚金。

其行使不平之度量衡而得其利者,以诈欺取财论。

第二百四十七条　凡未受公署之委任或许可,以行使、贩卖之宗旨而制作度量衡者,倘未违背定规,处三十元以下罚金。

若贩卖者,处卖价二倍以下、卖价以上罚金;其二倍之数未达五十元时,处五十元以下、卖价以上罚金。

第二百四十八条　第二百四十五条之未遂罪,罚之。

第二百四十九条　犯第一百四十五条之罪者,得褫夺公权全部或一部。

第二十章　关于祀典及坟墓罪

第二百五十条　凡对坛庙、寺观、墓所、其余礼拜所有公然不敬之行为者,处五等有期徒刑、拘留或一百元以下罚金。

其妨害葬仪、说教、礼拜、其余宗教上之会合者,亦同。

第二百五十一条　凡损坏、遗弃或盗取死体、遗骨、遗发或棺内所藏之物者,处三等以下有期徒刑。

若损坏、遗弃或盗取尊亲属之死体、遗骨、遗发或棺内所藏之物者,处二等以上有期徒刑。

第二百五十二条　凡发掘坟墓者,处四等以下有期徒刑。

若发掘尊亲属之坟墓者,处三等或四等有期徒刑。

第二百五十三条　凡发掘坟墓而损坏、遗弃或盗取死体、遗骨、遗发或棺内所藏之物者,处二等或三等有期徒刑。

若发掘尊亲属坟墓而损坏、遗弃或盗取死体、遗骨、遗发或棺内所藏之物者,处无期徒刑或二等以上有期徒刑。

第二百五十四条　第二百五十二条之未遂罪,罚之。

第二百五十五条　犯第二百五十一条第二项、第二百五十二条第二项及第二百五十三条第二项之罪者,褫夺公权。其余,得褫夺公权全部或一部。

第二十一章　关于鸦片烟之罪

第二百五十六条　凡制造鸦片烟,或贩卖,及意图贩卖而持有,或自外国贩运者,处三等以下有期徒刑。

第二百五十七条 凡制造供吸食鸦片烟之器具,或贩卖,及意图贩卖而持有,或自外国贩运者,处四等以下有期徒刑。

第二百五十八条 凡税关官吏及辅助之人,自外国贩运鸦片烟或供吸食之器具,或容认他人贩运者,处二等或三等有期徒刑。

第二百五十九条 凡开设馆舍供人吸食鸦片烟以图利者,处四等以下有期徒刑并科三百元以下罚金。

第二百六十条 凡吸食鸦片烟者,处五等有期徒刑、拘留或一千元以下罚金。

第二百六十一条 凡警察官吏及辅助之人知有前五条之犯人,故不与以相当之处分者,亦照前五条之例处断。

第二百六十二条 凡持有专供吸食鸦片烟之器具者,处一百元以下罚金。

第二百六十三条 除前条之外,本章各条之未遂罪,罚之。

第二百六十四条 犯第二百五十六条至第二百六十一条之罪者,得褫夺公权全部或一部。若系吏员,并免现职。

第二十二章 关于赌博彩票之罪

第二百六十五条 凡赌博财物者,处一千元以下罚金。如以供一时娱乐用物为赌者,不在此限。

当场供赌博之器具及犯人持有之金钱,没收之。

第二百六十六条 凡以赌博为常业者,处四等以下有期徒刑。

第二百六十七条 凡聚众开设赌博场以图利者,处三等或四等有期徒刑,并科五百元以下罚金。

第二百六十八条 凡未得公署之许可而发行彩票者,处四等以下有期徒刑,并科三千元以下罚金。

为卖买前项所揭彩票之媒介者,处五等有期徒刑,并科一千元以下罚金。

第二百六十九条 凡知情购入未得公许发行之彩票者,处一百元以下罚金。因而得利者,处其价额二倍以下、价额以上罚金;若二倍之数未达一百元时,处一百元以下、价额以上罚金。

第二百七十条 第二百六十七条至前条之未遂罪,罚之。

第二百七十一条 犯第二百六十六条及第二百六十七条之罪者,褫夺公权。犯第二百六十五条及第二百六十八条之罪者,得褫夺公权全部或一部。

第二十三章 关于奸非及重婚之罪

第二百七十二条 凡对未满十二岁之男女为猥亵之行为者,处三等以下有期徒刑或三百元以下、三十元以上罚金。

若用暴行、胁迫或用药及催眠术并其余方法,致使不能抗拒,而犯前项之罪者,处二等或三等有期徒刑或五百元以下、一百元以上罚金。

第二百七十三条 凡对十二岁以上男女,用暴行、胁迫或用药及催眠术并其余方法,致使不能抗拒,而为猥亵之行为者,处三等以下有期徒刑或三百元以下、五十元以上罚金。

第二百七十四条 凡用暴行、胁迫或用药及催眠术并其余方法,致使不能抗拒,而奸淫妇女者,为强奸罪,处二等以上有期徒刑。

奸未满十二岁之幼女者,以强奸论。

第二百七十五条 凡乘人精神丧失或不能抗拒,而为猥亵之行为或奸淫者,照第二百七十二条第二项、第二百七十三条及前条之例处断。

第二百七十六条 凡犯前四条之罪,因而致人死伤者,从左列分别处断:

一、致死或成笃疾者,死刑、无期徒刑或一等有期徒刑。

二、致成废疾者,无期徒刑或二等以上有期徒刑。

其被害者因羞愤自杀,或欲图自杀而伤害者,照前项致死伤之例处断。

第二百七十七条 凡引诱良人卖奸以营利者,处五等有期徒刑、拘留或一百元以下罚金。

若以前项之犯罪为常业者,处三等以下有期徒刑,并科五百元以下罚金。

第二百七十八条 凡和奸有夫之妇者,处四等以下有期徒刑。其相奸者,亦同。

第二百七十九条 凡成婚之人重为婚姻者,处四等以下有期徒刑。其知为成婚之人而与婚姻者,亦同。

第二百八十条 凡贩卖猥亵之书画或物品,或因欲贩卖而持有及公然陈列之者,处五十元以下罚金。

因而得利者,处其价额二倍以下、价额以上罚金;若二倍之数未达五十元时,处五十元以下、价额以上罚金。

第二百八十一条 第二百七十二条至第二百七十五条之未遂罪,罚之。

第二百八十二条 第二百七十二条至第二百七十五条之罪,待被害者或其亲族之告诉,始论其罪。

第二百七十八条之罪,待其本夫之告诉,始论其罪。若本夫事前纵容或事后得利而私行和解者,虽告诉,不为审理。

第二百八十三条 犯本章之罪应宣告二等有期徒刑以上之刑者,褫夺公权。其余,得褫夺公权全部或一部。

第二十四章 关于饮料水之罪

第二百八十四条 凡污秽供人饮料之净水,因而致不能饮用者,处五等有期徒刑、拘留或一百元以下罚金。

第二百八十五条 凡污秽由水道以供给公众饮料之净水或其水源,因而致不能饮用者,处三等以下有期徒刑。

第二百八十六条 凡以有害养生之物混入供人饮料之净水内者,处四等以下有期徒刑。

第二百八十七条 凡以有害养生之物混入由水道以供公众饮料之净水内或其水源者,处三等以上有期徒刑。

第二百八十八条 凡犯前四条之罪,因而致人死伤者,比较第三百零一条及第三百零二条,从重处断。

第二百八十九条 凡损坏或壅塞水道或水源,以杜绝公众之饮料至二日以上者,处二等或三等有期徒刑。

第二百九十条 凡同谋杜绝供给公众饮料之净水至二日以上者,首谋,处四等以下有期徒刑、拘留或三百元以下罚金;余人,处十元以下罚金。

第二百九十一条 除第二百八十八条外,本章之未遂罪,罚之。

第二百九十二条 犯本章之罪应宣告二等有期徒刑以上之刑者,褫夺公权。其余,得褫夺公权全部或一部。

第二十五章 关于卫生之罪

第二百九十三条 凡违背预防传染病之禁令,而从进口之船舰登陆,或以物品搬运于陆地者,处五等有期徒刑、拘留或一百元以下罚金。

其指挥船舰之人或代理人自犯前项之罪,或知有人犯罪而不禁止者,处四等以下有期徒刑、拘留或三千元以下罚金。

第二百九十四条 凡知情而贩卖有害养生之饮食物、饮食用之器具或小儿之玩弄器者,处卖价二倍以下、卖价以上罚金;若二倍之数未达五十元时,处五十元以下、卖价以上罚金。

第二百九十五条 凡违背律例,而贩卖人身须用之药品者,处卖价二倍以下、卖价以上罚金;若二倍之数未达五十元,处五十元以下、卖价以上罚金。

第二百九十六条 凡未受公署之许可,以医为常业者,处五百元以下罚金。

第二百九十七条 第二百九十三条之未遂罪,罚之。

第二百九十八条 犯第二百九十三条第二项之罪者,得褫夺公权全部或一部。

第二十六章 关于杀伤之罪

第二百九十九条 凡杀人者,处死刑、无期徒刑或一等有期徒刑。

第三百条 凡杀尊亲属者,处死刑。

第三百零一条 凡伤害人之身体者,从左列分别处断:

一、因而致死或笃疾者,无期徒刑或二等以上有期徒刑。

二、因而致废疾者,三等以上有期徒刑。

三、因而致单纯伤害者,三等以下有期徒刑。

第三百零二条 凡伤害尊亲属之身体者,从左列分别处断:

一、因而致死或笃疾者,死刑、无期徒刑或一等有期徒刑。

二、因而致废疾者,无期徒刑或二等以上有期徒刑。

三、因而致单纯伤害者,二等至四等有期徒刑。

第三百零三条 凡犯前二条之罪,当场虽未下手而助势者,以从犯论。

第三百零四条 凡二人以上同时下手,伤害一人者,皆以共同正犯论。若同时伤害二人以上者,以最重之伤害为标准,皆以共同正犯论。

其当场助势,而下手未明者,以前二项之从犯论。

第三百零五条 凡对尊亲属加暴行,未致伤害者,处四等以下有期徒刑。

第三百零六条 凡决斗者,处四等以下有期徒刑、拘留或一百元以下罚金。因决斗致人死伤者,照第二百九十九条及第三百零一条之例处断。

若聚众预谋决斗者,以骚扰罪论。

第三百零七条 凡为决斗之人而会集于当场者,不分何等资格,处五等有期徒刑、拘留或一百元以下罚金。知情而供人以决斗之场所者,亦同。

第三百零八条 凡教唆或帮助他人使之自杀,或受人之嘱托、承诺而杀之者,处三等或四等有期徒刑。

其对于尊亲属者,处三等以上有期徒刑。

前二项之犯人若系谋为同死者,得免除其刑。

第三百零九条 凡受本人嘱托或承诺而伤害人者,处五等有期徒刑、拘留或一百元以下罚金。

其对于尊亲属者,处三等以下有期徒刑。

因而致死者,处四等以下有期徒刑;若系尊亲属时,处二等至四等有期徒刑。

第三百十条 凡因过失致人于死或笃疾者,处一千元以下罚金;致其余伤害者,处五百元以下罚金。

第三百十一条 凡因过失致尊亲属于死或笃疾者,处三等以下有期徒刑或一千元以下、一百元以上罚金。

致其余伤害者,处五等有期徒刑、拘留或五百元以下罚金。

第三百十二条 凡因怠忽业务上必应注意,致人死伤者,处四等以下有期徒刑、拘留或三千元以下罚金。

第三百十三条 第二百九十九条、第三百条、第三百零六条第一项、第三百零七条及第三百零八条之未遂罪,罚之。

第三百十四条 为第二百九十九条及第三百条之预备或阴谋者,处五等有期徒刑、拘留或一百元以下罚金。

为第三百零六条之预备、阴谋或其帮助者,处拘留或五十元以下罚金。

前二项之罪,得按其情节免除其刑。

第三百十五条 第三百零二条第三款、第三百零三条、第三百十条及第三百十一条第二项之罪,须待告诉,始论其罪。

第三百十六条 犯第三百条、第三百零二条第一项、第二项及第三百零八条第二项之罪者,褫夺公权。除第三百零九条及第三百十条外,犯其余各条之罪者,得褫夺公权全部或一部。

第二十七章　关于堕胎之罪

第三百十七条　凡怀胎妇女服药或用其它方法致堕胎者，处五等有期徒刑、拘留或一百元以下罚金。

第三百十八条　凡受妇女嘱托或承诺使之堕胎者，处四等以下有期徒刑。

第三百十九条　凡犯左列各款之罪者，处三等或四等有期徒刑：

一、以暴行、胁迫或伪计，使妇女自行堕胎者。

二、未受妇女之承诺，用暴行、胁迫或伪计，使之堕胎者。

三、因暴行、胁迫或伪计，而受妇女嘱托或承诺，使之堕胎者。

四、知为怀胎之妇女而加以暴行、胁迫，因致小产者。

第三百二十条　因犯第三百十八条之罪，致妇女于死者或笃疾者，处三等或四等有期徒刑。

因犯前条之罪，致妇女死伤者，比较第三百零一条及第三百零二条，从重处断。

第三百二十一条　凡医师、产婆、药剂师或药材商犯第三百十八条之罪者，处三等或四等有期徒刑。

其用伪计犯第三百十九条之罪者，处二等或三等有期徒刑。

第三百二十二条　第三百十九条第一款、第二款之未遂罪，罚之。

第三百二十三条　犯本章之罪者，得褫夺公权之全部或一部。

第二十八章　关于遗弃之罪

第三百二十四条　凡因律例或契约膺扶助、养育、保护老幼、不具或病者义务之人，而遗弃者，处三等以下有期徒刑。

若对尊亲属犯前项之罪者，处三等以上有期徒刑。

第三百二十五条　凡发现被遗弃之老幼、不具或病者，而不与以相当之保护，或不申告警察官吏或其余当该吏员者，处五等有期徒刑、拘留或一百元以下罚金。

若警察官吏或其余当该吏员不即与以相当之处分或保护者，处三等以下有期徒刑。

第三百二十六条　犯第三百二十四条之罪，因而致人死伤者，比较第三百零一条及第三百零二条，从重处断。

第三百二十七条　犯第三百二十四条第二项之罪者，褫夺公权。其余，得褫夺公权全部或一部。

第二十九章　关于逮捕监禁之罪

第三百二十八条　凡私擅逮捕或监禁人者，处三等以下有期徒刑。

对尊亲属有犯者，处二等或三等有期徒刑。

知为私擅之逮捕或监禁，应释放而不释放者，亦以前二项之例论。

第三百二十九条　凡行审判或检察、警察、司狱、其它行政之职务，或其辅助之人，滥用其职权而逮捕或监禁人者，处二等或三等有期徒刑。

对尊亲属有犯者，处二等以上有期徒刑。

知为滥用职权之逮捕或监禁，应释放而不释放者，亦以前二项之例论。

第三百三十条 凡犯前二条罪，因而致人死伤者，比较第三百零一条及第三百零二条，从重处断。

第三百三十一条 犯本章之罪者，得褫夺公权全部或一部。

第三十章 关于略诱及和诱之罪

第三百三十二条 凡用暴行、胁迫或伪计，拐取未满二十岁男女者，为略诱罪，处二等或三等有期徒刑。

若系和诱者，处三等以下有期徒刑。

和诱未满十六岁之男女者，仍以略诱论。

第三百三十三条 凡移送自己所略诱之未满二十岁男女于外国者，处无期徒刑或二等以上有期徒刑。

若系和诱者，处二等或三等以下有期徒刑。

第三百三十四条 凡以营利之宗旨，略诱未满二十岁男女者，处无期徒刑或二等以上有期徒刑。

若系和诱者，处二等或三等有期徒刑。

第三百三十五条 凡以营利之宗旨，移送自己所略取未满二十岁男女于国外者，处无期徒刑或一等有期徒刑。

若系和诱者，处无期徒刑或二等以上有期徒刑。

第三百三十六条 凡预谋收受或藏匿被略诱、和诱之人者，照前四条之例处断。

若未预谋者，从左列分别处断：

一、收受或藏匿第三百三十二条、第三百三十三条第二项及第三百三十四条第二项之被略诱、和诱之人者，三等以下有期徒刑。

二、收受或藏匿第三百三十三条第一项、第三百三十四条第一项及前条之被略诱、和诱之人者，三等以上有期徒刑。

第三百三十七条 本章之未遂罪，罚之。

第三百三十八条 第三百三十二条及第三百三十六条之罪，须待告诉，始论其罪。犯人与被略诱人或被和诱人为婚姻者，在婚姻继续之间，其告诉为无效。

第三百三十九条 以营利之宗旨犯本章之罪者，褫夺公权。其余，得褫夺公权全部或一部。

第三十一章 关于名誉信用安全及秘密之罪

第三百四十条 凡摘示事实公然侮辱人者，不论其事实之有无，处四等以下有期徒刑、拘留或三百元以下罚金。

摘示诬罔死者之事实而侮辱其亲属者,亦同。

第三百四十一条 凡流布虚伪之风说或用其余伪计,而损他人或其业务之信用者,处四等以下有期徒刑、拘留或三百元以下罚金。

第三百四十二条 凡以加害于生命、身体、自由、名誉或财产之事相胁迫者,处五等有期徒刑、拘留或一百元以下罚金。

其以加害亲族相胁迫者,亦同。

第三百四十三条 凡加暴行或用前条所揭胁迫,而使人为无义务之事或妨害其权利之实施者,处四等以下有期徒刑、拘留或三百元以下罚金。

第三百四十四条 凡无故开拆他人封固之信函,或藏匿及毁弃他人之信函者,处四等以下有期徒刑、拘留或三百元以下罚金。

无故公表他人所秘密之文书、图画者,亦同。

第三百四十五条 凡为僧道、医师、药剂师、药材商、产婆、律师、公证人,或曾任此项地位之人,因其职业得知他人之秘密,无故而漏泄者,处五等有期徒刑、拘留或一百元以下罚金。若无故而公表者,处四等以下有期徒刑、拘留或三百元以下罚金。

第三百四十六条 第三百四十一条及第三百四十三条之未遂罪,罚之。

第三百四十七条 第三百四十条至第三百四十二条、第三百四十四条及第三百四十五条之罪,须待告诉,始论其罪。

第三百四十八条 犯本章之罪者,得褫夺公权全部或一部。

第三十二章　关于窃盗及强盗之罪

第三百四十九条 凡以自己或第三者之所有为宗旨,而窃取他人所有之财物者,为窃盗罪,处三等以下有期徒刑。

第三百五十条 凡犯窃盗罪者,关于左列各款之一以上者,处二等或三等有期徒刑:

一、侵入现有人居住或看守之邸宅、营造物、矿坑或船舰内者。

二、结伙三人以上者。

若窃取御物者,处无期徒刑或二等以上有期徒刑。

第三百五十一条 凡以自己或第三者之所有为宗旨,而用暴行、胁迫或使人昏迷,而强取他人所有之财物者,为强盗,处三等以上有期徒刑。

第三百五十二条 凡犯窃盗者,为防护赃物或图免逮捕或湮灭罪迹之故,临时用暴行或胁迫者,以强盗论。

第三百五十三条 凡用暴行、胁迫或使人昏迷,除第三百五十一条及第三百五十七条所揭外,得其余财产上不法之利益或使他人得之者,以强盗论。

第三百五十四条 凡犯强盗之罪,关于左列各款之一以上者,处无期徒刑或二等以上有期徒刑:

一、侵入现有人居住或看守之邸宅、营造物、矿坑、船舰内者。

二、结伙三人以上者。

三、于盗所强奸妇女者。

四、伤害人而未致死及笃疾者。

第三百五十五条 凡犯强盗之罪,关于左列各款之一以上者,处死刑、无期徒刑或一等有期徒刑:

一、强取御物者。

二、结伙三人以上在途行劫者。

三、在海洋行劫者。

四、因而致人于死或笃疾或伤害至二人以上者。

第三百五十六条 凡犯强盗之罪故意杀人者,处死刑或无期徒刑。

第三百五十七条 凡本于共有权、质权及其余物权或官署之命令,他人以善意所管有自己之共有物或所有物,若窃取之者,处该物价额二倍以下、价额以上之罚金;如二倍之数未达五十元时,处五十元以下、价额以上之罚金。

侵入现有人居住或看守之邸宅、营造物、矿坑、船舰内犯前项之罪者,处五等有期徒刑或拘留,照前项之例并科罚金。

若强取之者,处四等以下有期徒刑或拘留,照第一项之并科罚金。

第三百五十八条 关于本章之罪,若为禁止私有之物件或电气,以所有物论。

第三百五十九条 第三百四十九条至第三百五十三条、第三百五十四条第一款至第三款、第三百五十五条第一款至第三款、第三百五十六条及第三百五十七条之未遂罪,罚之。

第三百六十条 犯第三百五十条、第三百五十一条至第三百五十六条之罪者,褫夺公权。其余,得褫夺公权全部或一部。

第三百六十一条 于本支亲属或配偶者及同居亲属之间犯第三百四十九条、第三百五十条、第三百五十七条之罪者,免除其刑。

于其余亲属间犯前项所指之罪者,须待告诉,始论其罪。

非亲属而与亲属为共同之犯,不用前二项之例。

第三十三章 关于诈欺取财罪

第三百六十二条 凡以自己或第三者之所有为宗旨,用欺罔或恐吓使人以所有之财物交付于己者,为诈欺取财,处三等以下有期徒刑。

以前项之方法而得财产上不法之利益或使他人得之者,亦同。

第三百六十三条 凡为他人处理事务,以图自己或第三者利益,或以加害为宗旨,背其义务而损害本人之财产者,处三等以下有期徒刑或一千元以下、一百元以上罚金。

第三百六十四条 凡乘未满十六岁之幼者或他人精神错乱之际,而使以本人或第三者所有财物交付于己,或得财产上不法之利益,或使他人得之,及加本人以财产上之损害者,从前二条之例处断。

第三百六十五条 凡三人以上共犯本章之罪者,处二等或三等有期徒刑。

吏员当处理公务之际,以图自己或他人之利益,或加害于国家或公所之宗旨,背其职务,损害国家或公所财产者，亦同。

若系御物，处无期徒刑或二等以上有期徒刑。

第三百六十六条 本章之未遂罪，罚之。

第三百六十七条 犯第三百六十五条之罪者，褫夺公权。其余，得褫夺公权全部或一部。

第三百六十八条 第三百五十七条第一项、第三百五十八条及第三百六十一条，关于本章之罪，亦准用之。

第三十四章 关于侵占罪

第三百六十九条 凡因律例或契约或因照料他人事务之管有、共有物或属于他人所有权、抵当权、其余物权之财物，而侵占者，处三等以下有期徒刑。

虽系自己之所有物或管有物，其因官署之命令归自己看守之时而侵占者，亦同。

第三百七十条 凡在公务或业务之管有共有物或属于他人所有权、抵当权、其余物权之财物者而侵占者，处二等或三等有期徒刑。

其不在公务、业务之人，而与之为共同者，即适用第三十三条第一项。

第三百七十一条 凡侵占遗失物、漂流物或属于他人物权而离于其管有之财物者，处该物价额二倍以下、价额以上之罚金；若二倍之数未达五十元时，处五十元以下、价额以上之罚金。

因自己错误而以善意取得管有之他人所有物，及因他人错误而交付于自己之他人所有物，以遗失物论。

第三百七十二条 第三百六十九条及第三百七十条之未遂罪，罚之。

第三百七十三条 犯第三百六十九条及第三百七十条之罪者，得褫夺公权全部或一部。

第三百七十四条 第三百五十八条至第三百六十一条，关于本章之罪，亦准用之。

第三十五章 关于赃物罪

第三百七十五条 凡受人赠与赃物者，处四等以下有期徒刑、拘留或三百元以下罚金。

搬运、受寄、牙保或故买赃物者，处二等至四等有期徒刑。

犯前项之罪因以获利者，并科其所得价额二倍以下、价额以上之罚金；如二倍之数未达五十元时，并科五十元以下、价额以上之罚金。

第三百七十六条 关于第三百五十七条或其余准用之赃物，而犯前条之罪者，照第三百五十七条第一项之例，处以罚金。

第三百七十七条 本章之未遂罪，罚之。

第三百七十八条 犯第三百七十五条第二项之罪者，褫夺公权。犯第三百七十五条第一项及第三百七十六条之罪者，得褫夺公权全部或一部。

第三百七十九条 第三百五十八条及第三百六十一条第一项并第三项，关于本章之罪，亦准用之。

第三十六章　关于毁弃损坏罪

第三百八十条　凡毁弃关于他人权利义务之文书者,处三等以下有期徒刑或三百元以下五十元以上罚金。

若毁弃制书或公署或吏员所持有之公文书者,处二等至四等有期徒刑。

第三百八十一条　凡损坏他人所有营造物、矿坑、船舰者,处三等以下有期徒刑或一千元以下、一百元以上罚金。

若损坏第一百八十二条所揭之矿坑或营造物,处二等或三等有期徒刑。

因犯本条之罪致人于死伤者,比较第三百零一条及第三百零二条,从重处断。

第三百八十二条　凡犯左列各款之一者,处四等以下有期徒刑、拘留或三百元以下罚金:

一、除前条所揭外,损坏、伤害他人之物者。

二、泄漏他人所有之煤气、蒸气、其余气体及流动物,致丧失效用者。

三、纵逸他人所有之动物,致令丧失者。

第三百八十三条　凡自己所有物负担他人物权,或本于公署之命令他人管有或自身看守之时,损坏、伤害、泄漏或丧失之者,处该物价额二倍以下、价额以上之罚金;若二倍之数未达五十元时,处五十元以下、价额以上之罚金。

第三百八十四条　第三百五十八条及第三百六十一条,关于第三百八十条第一项、第三百八十一条第一项、第二项及前条之罪,亦准用之。

第三百八十五条　第三百八十条、第三百八十一条第一项、第二项、第三百八十二条及前条之未遂罪,罚之。

第三百八十六条　因犯本章之罪,应宣告二等有期徒刑以上之刑者,褫夺公权。其余,得褫夺公权全部或一部。

第三百八十七条　第三百八十二条及第三百八十三条之罪,须待告诉,始论其罪。

(二)修订法律大臣沈家本等奏进呈《刑律(总则)[1]草案》折

修订法律大臣沈家本等奏进呈《刑律(总则)草案》折

(1907年10月3日)[2]

修订法律大臣法部右侍郎沈家本跪奏:为刑律草案告成,分期缮具清单恭呈御览,并敬陈修订大旨,恭折仰祈圣鉴事。

窃臣恭膺简命修订法律,材疏任重,深惧弗胜。本年五月,奏请将法律馆归并,请限三个月清理交代等因,仰蒙俞允,钦遵在案。伏查臣自开馆以来,三阅寒暑。初则专力翻译,继则派员调查。而各法之中,尤以刑法为切要,乃先从事编辑。上年九月间,法律学堂开课,延聘日本法学博士冈田朝太郎主讲刑法,并命该教习兼充调查员,帮同考订,易稿数四。前后编定总则十七章、分则三十六章,共三百八十七条。

考泰西十九世纪,学者称为法典革新时代。创之者,为法兰西;继之者,为希腊、奥大利;近如比利时、德意志、意大利、荷兰、瑞士,尤声价之卓著者。君相协谋于上,国民讨论于下,学列专科,人兢撰述。统计法系,约分法、德、英为三派。若日本,则又折衷法国与唐、明律暨我朝刑律,一进而为模范德意志者也。风气所趋,几视为国际之竞争事业。而我中国介于列强之间,迫于交通之势,盖有万难守旧者,敬为我皇太后、皇上缕析陈之。

国家既有独立体统,即有独立法权。法权向随领地以为范围,各国通例,惟君主、大统领、公使之家属、从官,及经承认之军队、军舰,有治外法权;其余侨居本国之人民,悉遵本国法律之管辖,所谓属地主义是也。独对于我国藉口司法制度未能完善,予

[1] 原文为《刑事草案》,实为刑律总则草案。——编者注。
[2] 光绪三十三年八月二十六日。——编者注。

领事以裁判之权。英规于前,德踵于后,日本更大开法院于祖宗发祥之地。主权日削,后患方长。此毖于时局,不能不改者也。

方今各国政治日跻于大同,如保和会、红十字会、监狱协会等,俱以万国之名组织成之。近年,我国亦有遣使入会之举。传闻此次海牙之会,以我国法律不同之故,抑居三等,敦盘减色,大体攸关,此鉴于国际,不能不改者也。

景教流行,始于唐代,有大秦、摩尼、祆神之别。言西教者,喜为依托。自前明以至国初,利玛窦、熊三拔、汤若望、南怀仁之流,藉其数学传教中国,虽信从者众,而与现在情形迥异。教案为祸之烈,至今而极。神甫、牧师,势等督抚;入教愚贱,气凌长官。凡遇民教讼案,地方官闇于交涉,绌于因应,审判既失其平,民教之相仇益亟。盖自开海禁以来,因闹教而上贻君父之忧者,言之滋痛。推原其故,无非因内、外国刑律之轻重失宜,有以酿之。此又惩于教案,而不能不改者也。

职是数者,修订之难,十倍曩时。臣审察现时之民俗,默验大局之将来,综核同异,挈校短长。窃以为,旧律之宜变通者,厥有五端:

一曰更定刑名。自隋开皇定律,以笞、杖、徒、流、死为五刑,历唐至今因之。及泰西各国,初亦未能逾此范围。迄今,交通日便,流刑渐失其效,仅俄、法二国行之。至笞、杖,亦惟英、丹留为惩戒儿童之具。故各国刑法,死刑之次,自由刑及罚金居其多数。自由刑之名称,大致为惩役、禁锢、拘留三种。中国三流外有充军、外遣二项,近数十年以来,此等人犯逃亡者,十居七八。安置既毫无生计,隐匿复虑滋事端,历来议者百计图维,迄无良策。事穷则变,亦情势之自然。光绪二十九年,刑部奏请删除充军名目,奉旨允准。只以新律未经修定,至今仍沿用旧例。是年,刑部又议准升任山西巡抚赵尔巽条奏军遣流徒酌改工艺。三十一年,复经臣与伍廷芳议覆前两江总督刘坤一等条奏改笞、杖为罚金。均经通行在案,是以与各国办法无异。兹拟改刑名为死刑、徒刑、拘留、罚金四种。其中徒刑分为无期、有期。无期徒刑惩役终身,以当旧律遣军。有期徒刑三等以上者,以当旧律三流;四等及五等,以当旧律五徒。拘留专科轻微之犯,以当旧律笞、杖。罚金性质之重轻,介在有期徒刑与拘留之间,实亦仍用赎金旧制也。

一曰酌减死罪。死罪之增损,代各不同。唐沿隋制,太宗时,绞刑之属五十,改加役流,史志称之。宋用刑统,而历朝编敕,隶于大辟之属者,更仆难数,颇伤烦细。元之刑政废弛,问拟死罪者,大率永系狱中。《明律》斩、绞始分立决、监侯,死刑阶级,自兹益密。欧美刑法备极单简,除意大利、荷兰、瑞士等国废止死刑外,其余若法、德、英、比等国,死刑仅限于大逆、内乱、外患、谋杀、放火、溢水等项。日本承用中国刑法最久,亦止二十余条。中国死刑条目较繁,然以实际论之,历年实决人犯,以命、盗为最多。况秋审制度详核实缓,倍形慎重,每年实予勾决者,十不逮一,有死刑之名,而无死罪之实。特较东西各国,亦累黍之差尔。兹拟准《唐律》及国初并各国通例,酌减死罪。其有因囿于中国之风俗,一时难予骤减者,如强盗、抢夺、发冢之类,别辑《暂行章程》,以存其旧,视人民程途进步,一体改从新律。顾或有谓罪重法轻,适足召乱者,不知刑罚与教育互为消长,格免之判,基于道齐。有虞画象,亦足至垂拱之治;秦法诛及偶语,何能禁胜、广之徒起于草泽;明洪武时所颁大诰,至为峻酷,乃弃市之尸未移，新犯大辟者即至。征诸载籍，历历不爽。况举行警察为之防范，普设监狱为之教养，此弊可无顾虑也。

一曰死刑惟一。旧律死刑以斩、绞分重轻。斩则有断脰之惨，故重；绞则身首相属，故轻。然二者俱属绝人生命之极刑，为有重轻者，乃据炯戒之意义言之尔。查各国刑法，德、法、瑞典用斩，奥大利、匈牙利、西班牙、英、俄、美用绞，俱系一种。惟德之斩刑通常用斧，亚鲁沙斯、卢连二州用机械，盖二州前属于法而割界德国者，犹存旧习也。惟军律所科死刑，俱用铳杀，然其取义不同，亦非谓有轻重之别。兹拟死刑仅用绞刑一种，仍于特定之行刑场密行之。如谋反、大逆及谋杀祖父母、父母等条，俱属罪大恶极，仍用斩刑，则别辑专例通行；至开战之地，颁布戒严之命令，亦可听临时处分。但此均属例外也。

一曰删除比附。考《周礼·大司寇》有悬刑象于象魏之法，又《小司寇》之宪刑禁，《士师》之掌五禁，俱徇以木铎。又《布宪》执旌节，以宣布刑禁，诚以法者与民共信之物，故不惮反复申告，务使椎鲁互相警诫，实律无正条不处罚之明证。《汉书·刑法志》："高帝诏：'狱疑者，廷尉不能决，谨具奏附所当比律令以闻'。"此为比附之始。然仅限之于疑狱而已。至隋著为定例，《唐律》出罪者举重以明轻，入罪者举轻以明重是也。《明律》改为引律比附加减定拟，《现行律》同。在唐神龙时，赵冬曦曾上书痛论其非，且曰："死生罔由于法律，轻重必因乎爱憎，受罚者不知其然，举事者不知其法。"诚为不刊之论。况定例之旨，与立宪尤为抵牾，立宪之国，立法、司法、行政三权鼎峙，若许署法者以类似之文致人于罚，是司法而兼立法矣。其弊一。人之严酷慈祥，各随禀赋而异，因律无正条而任其比附，轻重偏畸，转使审判不能统一。其弊又一。兹拟删除此律，而各酌定上下之限，凭审判官临时审定，并别设酌量减轻、宥恕减轻各例，以补其缺。虽无比附之条，而援引之时亦不致为定例所缚束。论者谓人情万变，断非科条数目所能赅载者。不知法律之用，简可驭繁，例如谋杀应处死刑，不必问其因奸因盗。如一事一例，恐非立法家逆臆能尽之也。

一曰惩治教育。犯罪之有无责任，俱以年龄为衡。各国刑事丁年，自十四以迄二十二不等，各随其习俗而定。中国幼年犯罪，向分七岁、十岁、十五岁为三等，则刑事丁年为十六岁以上可知。夫刑罚为最后之制裁。丁年以内，乃教育之主体，非刑法之主体。如因犯罪而拘置于监狱，薰染囚人恶习，将来矫正匪易。如责付家族，恐生性桀骜，又非父兄所能教育。且有家本贫窭，无力教育者，则惩治教育为不可缓也。按惩治教育始行之于德国，管理之法略同监狱，实参以公同学校之名义，一名强迫教育，各国仿之，而英尤厉行不怠，颇著成绩。兹拟采用其法，通饬各直省设立惩治场，凡幼年犯罪，改为惩治处分，拘置场中，视情节之重轻，定年限之长短，以冀渐收感化之效，明刑弼教，盖不外是矣。

编辑蒇事，复命馆员逐条详考沿革，诠述大要，并着引用之法，以析疑义。除分则续行呈进外，仅将总则一编先行缮具清单，恭呈御览。伏祈饬下宪政编查馆照章考核，请旨施行。抑臣更有请者，作事艰于谋始，徒法不能自行。修订法律，就时局而论，至为密切，而殊不便于畏难苟安之州县、蹈常袭故之刑幕。将欲实行新律，必先造就人材。近年各省遵旨设立法政学堂，迭见奏报，拟请明谕各督抚认真考核，力筹推广，务使阖省官绅均有法律知识，则一切新政可期推行无弊，实与预备立宪大有关系。此尤臣一得之愚，旦夕企望者也。所有进呈刑律草案并陈明编辑宗旨缘由,谨恭折具陈,伏乞皇太后、皇上圣鉴。谨奏。

谨将酌拟刑律草案缮具清单,恭呈御览:

第一编 总 则

总则之义,略与名例相似。往古法制无总则与名例之称,各国皆然。其在中国,李悝《法经》六篇,殿以具法。《汉律》益户、兴、厩三篇,为九章,而具法列于第六。《魏律》始改称刑名,居十八篇之首。《晋律》分刑名、法例为二。北齐始合而为一,曰名例。厥后历隋、唐、宋、元、明,洎于我朝,沿而不改。是编以刑名、法例之外,凡一切通则,悉宜赅载,若仍用名例,其义过狭,故仿欧美及日本各国刑法之例,定名曰总则。

第一章 法 例

本章系规定刑法之效力,如关于时之效力(第一条)、关于人及地之效力(第二条至第八条)及刑法总则对于此外罚则之效力(第九条)等,故曰法例。与《晋律》所谓法例,语同而义异。

第一条 本律于凡犯罪在本律颁行以后者,适用之。

若在颁行以前未经确定审判者,亦同。但颁行以前之法律不以为罪者,不在此限。

沿革

按唐文法之名凡四:一曰律,二曰令,三曰格,四曰式,皆断罪所资援引者。《唐律》:"诸律、令、式,不便于事者,皆须申尚书省议定奏闻。"然律以正刑定罪,四者之中,视律尤为重。制敕临时处分,尚不得引为后比,于十二章之外,故未以律之名加于他法令也。明时始有犯罪依新颁律之文,若犯在颁降以前者,并依新律拟断。自是以后,凡随时纂定之例章,皆属于新律范围之内。国朝承明之旧,乾隆五年增入小注,其旨与本律微异矣。

理由

本条定刑法效力之关于时者。

第一项规定本于刑法不溯既往之原则,与第十条规定采用律无正条不处罚之原则,相辅而行,不宜偏废也。

第二项前半指犯罪在新律施行前,审判在施行后,定新旧二律之中,孰当引用也。关乎本题之立法例有二:一为比较新旧二法,从其轻者处断之主义。《法国刑法》第四条、《比国刑法》第二条、《德国刑法》第二条、《匈牙利刑法》第二条、《荷兰刑法》第一条第二项、《纽约刑法》第二条、《日本现行刑法》第三条第二项、《日本改正刑法》第六条、《意国刑法》第二条第三项、《布加利亚刑法》第二条第二项、《那威刑法》第三条等,皆本乎是。二即不分新旧二法,概从新法处断之主义。英国用之,我国《明律》亦主此义。本朝虽有第一主义之例,然律之本文,仍有"犯在以前,并依新律拟断"之规定。议者谓:被告犯罪之时,已得有受当时法律所定之刑之权利。诚如此说,应一概科以旧律之刑,不应复分新旧二律之轻重也。况臣民对于国家,并无所谓有受刑权利之法理也。或又谓:若使新律重于旧律,而旧律时代之犯人科以新律之重刑,则与旧律时代受旧律轻刑之同种犯人相较,似失其平。诚如此说,则使新律施行之后,仅此旧律时代之同种犯人科以旧律之轻刑,彼新律时代之犯人据新律而科重刑者，若互相比较，则又失其平矣。或又谓：刑失之严，不如失之宽，从新律之轻者，所以为宽大也。然刑不得为沽恩之具，非可严，亦非可宽者。夫制定法律，乃斟酌国民之程度以为损益，既经裁可颁布，即垂为一代之宪章，不宜复区别轻重、宽严也。欧美及日本各国多数之立法例所以采用第一主义者，盖受法国刑法之影响。而法国刑法之规定，则其时代之反动耳，于今日故无可甄择者。我国自古法理，本有第二主义之立法例，此本案所以不与多数之例相雷同，而仍用第二主义也。

第二项后半"颁行以前之律例不为罪者，不在此限"，其旨与前微异。盖一则新旧二律俱属不应为之罪恶，不过轻重之差，一则新律虽为有罪，而旧律实认许其行为，因判决在后，遽予惩罚，有伤豁刻也。

注意

第一项既采用刑法不溯既往之原则，新刑律施行以前之行为，在新刑律虽酷似有罪之行为，不得据新律之规定而罚之。

第二项指未经确定裁判者，虽已有宣告，仍得依上诉而变更之。凡案件具此情节，检察官即得上诉，而请求引用新律。其上诉方法及其限制，一以诉讼法而为据。

第二条至第八条总说

沿革

按《唐律》云："诸化外人，同类自相犯者，各依其俗处置；异类相犯者，以法律论。"此种规则似用属人主义。然《明律》改为："凡化外人犯罪，并依律拟断。"我朝因之，于蒙古则有专例。是又类属地主义。惟以上各律，本国人在国外犯罪，皆未有处分之法也。

理由

自第二条至第八条所以定刑律效力关于人者。关乎本题之制有三：一属人主义。不问犯地在国内、国外，但使犯罪系本国臣民，即得用本国刑法。古代法律往往如此。二属地主义。不问犯人国籍之如何，但系犯罪于本国领域以内，即用本国刑法。中世法律往往如此。三折衷主义。本国刑法非第国内犯罪之内外国人，得一律适用。即本国人之在国外者及国外人之犯一定之罪者，亦适用之。近今欧美及日本各国皆取此主义，揆之法理，亦最相符，本案故采用之。

第二条 凡本律不问何人，于在中国内犯罪者，适用之。

在中国外中国船舰内犯罪者，亦同。

理由

本条所以表示第二条至第八条总说第三号所谓折衷主义之一端，即本国刑律为国内犯罪之内外国人，一律适用是也，是仍不外乎主权普及于国内之效力耳。其第二项规定，亦系世界通例，或谓今各国多半依条约得领事裁判权矣。是本条且类具文，然实不思之甚也。本条之适用盖如左：

第一，无国籍之外国人。

第二，无特别条约之外国人。

第三，条约改正后之外国人。

盖刑律乃国之常宪,特别条约则一时不得已之所为耳。

注意

第一项虽不问何人,然国内公法之原则,至尊为神圣不可犯侵,则刑律不能一律适用,自不恃言。又国际公法之原则,有治外法权之人,不能适用本律,如第六条所定者是。

第三条 凡本律于在中国外对于中国事物犯左列各罪者,适用之:

一、第八十八条至第九十二条第一项、第九十三条关于行在所、第九十四条及第九十五条之罪。

二、第一百条及第一百零三条之罪。

三、第一百二十条及第一百二十二条至第一百二十五条之罪。

四、第一百五十二条及第一百五十三条之罪。

五、第二百二十四条及第二百二十六条第一项之罪。

六、第二百三十三条、第二百三十四条、第二百三十五条第二项、第二百三十六条及第二百三十七条之罪。

七、第三百八十条第二项之罪。

理由

本条例列举各罪于中国之存立、信用、财政、经济等有重大之损害或危险,故采用国外犯罪亦适用本律之主义。

注意

本条无内外国人之别。在国外犯中国之罪者,虽非中国臣民,仍须据本条处断。国外犯罪据本律处断者,此其犯人或系自行回国,或由外国交付,或为缺席裁判,三者必居其一。其自行回国系事实上之问题,法律不必为之规定;交付之要件,定自国际条约,不属刑法范围;缺席裁判之事宜,另详刑事诉讼法。

第四条 凡本律于在中国外犯左列各罪之中国吏员,适用之:

一、第一百三十一条及第一百三十三条之罪。

二、第一百三十九条及第一百四十条之罪。

三、第一百四十七条之罪。

四、第一百七十一条之罪。

五、第二百十三条之罪。

六、第二百二十一条之罪。

七、第二百三十五条之罪。

理由

此条列举各罪,皆直接或间接污辱吏员之职务及名誉者,故中国吏员犯此种罪,虽在外国为之,仍不可不适用此律。

第五条 凡本律于在中国外犯左列各罪之中国臣民,适用之:

一、第一百七十八条及第一百七十九条之罪。

二、第一百八十二条至第一百八十四条及应照第一百八十二条至第一百八十四条之例处断之第一百八十七条之罪,并第一百八十八条及第一百八十九条之罪。

三、第二百零八条至第二百二十二条之罪。

四、第二百三十五条第二项、第三百三十六条及第二百三十八条至第二百四十条之罪。

五、第二百五十一条至第二百五十三条之罪。

六、第二百七十二条至第二百七十六条及第二百七十九条。

七、第二百九十九条至第三百零二条,及第三百零八条至第三百十二条之罪。

八、第三百十九条、第三百二十条第一项及第三百二十一条之罪。

九、第三百二十四条之罪。

十、第三百二十八条及第三百二十九条之罪。

十一、第三百三十二条至第三百三十六条之罪。

十二、第三百四十条至第三百四十三条之罪。

十三、第三百四十九条至第三百五十七条之罪。

十四、第三百六十二条至第三百六十五条之罪。

十五、第三百六十九条至第三百七十一条之罪。

十六、第三百七十五条之罪。

十七、第三百八十条第一项及第三百八十一条之罪。

其外国人对于中国臣民犯前项各款之罪时,亦同。

理由

本条第一项列举各罪,害人生命、身体、自由、名誉及财产,皆破廉耻之事,故中国臣民在外国犯此种之罪,仍适用此律,所以整饬臣民规律也。第二项中国臣民在外国因此种犯罪被其害时,其加害者虽为外国人,亦适用此律,所以保护中国臣民之权利也。

第六条 凡在外国犯罪者,虽经审判后,仍得依本律处断。但于外国受刑之宣告而得免除执行,或已执行刑之全部或一部者,得免除本律之刑,或减轻一等至三等。

理由

外国裁判其对于中国不过为一种事实,不能与中国裁判同视。故本条特设规定,凡在外国受确定裁判之行为,得再依本律处分。本人在外国曾受全部或一部刑之执行者,不必再因中国裁判而执行本律所定刑之全部,本条末语之意在是。

注意

于外国已受刑之全部执行者,若中国审判官认其所执行之刑,核之中国法律不足以昭惩肃足可仍命执行中国法律所定刑之全部;其在外国仅受刑之一部执行,若审判官认为已足者,即可免除中国法律所定刑之全部;若其情节在中国法律可减为一等至三等者,亦可由此理推之。凡此情节,必实际上有一定之案件,仍得以外国裁判及其刑之执行与中国法律上相当之规定互相比较,而后得之,非法文所能预定,故本条于此一任审判官之查勘为准。

第七条 凡可为罪之行为或结果之一部在中国领地或船舰内者,以在中国内犯罪论。

理由

行为者,发生结果之身体举动也;结果者,本于行为之外界影响也。凡一切犯罪,未有不本于行为与结果而成立者。惟可以为罪之行为(例如放枪)与可以为罪之结果,倘异地而发生,究以何地为犯地?亟应定明也。解决本题之议论有三:一以行为之地为犯地,一以结果之地为犯地,一以行为之地、结果之地并认为犯地。夫行为与结果并属犯罪成立之要件,无舍此取彼之理,故本条取第三种之议,凡行为与结果苟有一于中国国内,即认为在中国犯罪者。

注意

设有自中国境内或自外国船舰放枪,杀伤在中国境内或船舰内之人,是犯一罪界于两国之间而成立,若是者,在中国既有本条规定,则犯人须照中国法律处断。而犯人系在外国,其逮捕、探访、致罚等事务,应照第三条注释第二款所述之例办理。反是,若犯人在中国境内或船舰内放枪杀伤外国境内或船舰内之人,在中国因本条规定即有致罚之权,故其犯人虽系外国之人,而无庸更俟外国交付也。本国臣民无因处罚之故交付外国者,是为今日各国之通例。

第八条　第二条、第三条及第五条至前条之规定,如国际上有特别条约、法规或惯例,仍从条约、法规或惯例办理。

理由

本条乃本于国内法不得变更国际条约及惯例之原则而定。

注意

本条之限制有随于全体刑法者,有限于一定之犯罪事宜者。

因国际条约而制限刑法全体之适用者,即领事裁判权是。中国司法制度尚待整饰,故暂准各国领事有裁判之权。此不得已之办法,非常制也。

因国际条约而制限刑法全体之适用者,惟在中国之外国代表人及其家族、随员与住宅内,及经承认而来之军队、军舰之类。凡此等人及其区域,不待特别条约,即有治外法权,此为今日各国通例。

因国际条约而于本律认以为之一定事宜制限其适用者,例如分则第二十一章"输入及买卖鸦片烟"之类是。此类必须条约改正之后,乃得完全适用也。

因国际条约而于一定之事宜制限本律之适用者,例如:国有外患,凡居于敌人占据地界内之中国臣民,应敌国正当之征发,不能处罚之类是。此乃出于战时之国际惯例,并非特别条约之结果。以上各种事宜,不可不详察国际条约、法规及惯例,以昭慎重。纤忽之差,国际之复杂问题即因此而起矣。

第九条　本律总则于他项律例之定有刑名者,可适用之。但他项律例有特别规定时,不在此限。

理由

本律为刑罚法令之根本,故本条之总则,可适用于无反对规定之一切罚则。

注意

所谓罚则设有反对之规定者,如违警律内许其拘留与罚金并科之类。

第二章至第六章总说

自第二章至第六章,皆规定犯罪一般之成立要件(第二章)及犯罪成立之特种情节(第三章至第六章)。

隋唐以来历代之律,其名例内与本案相当者如左:

一、断罪者无正条。(本案第十条)

二、本条别有罪名。(本案第十三条第三项)

三、老小废疾收赎、犯罪时未老疾。(本案第十一条、第十二条、第五十一条、第五十二条)

四、二罪俱发以重论。(本案第二十四条至第二十九条)

五、共犯分首从。(本案第三十条至第三十七条)

其中于法理间有未当者,本案复酌加改正,详各本章,兹不赘。

本案中之规定,其系名例律中所无者如左:

一、故意与过失之区别。(第十三条第一项)

二、正当行为。(第十四条至第十五条)

三、不得已行为。(第十六条)

四、未遂罪。(第十七条至第十九条)

五、累犯罪。(第二十条至第二十三条)

以上各类,旧律亦往往散见各条。惟此种性质涉及犯罪全体,故兼赅于总则。欧美各国及日本之立法例亦大都然也(参考第十五条理由)。罪与刑之次序,欧美与日本各国之刑法,均先刑而后罪,日本改正刑法亦然。现行法中以罪首列者,惟墨西哥西历一千八百七十一年十二月颁布刑法。夫有罪而后有刑,先刑后罪,理所非宜。各国刑法未免不揣本末,为沿革所牖,识者讥之。本案故不与多数事例相雷同,特按学理而次序之。

第二章 不论罪

凡一切犯罪成立所必须之事宜,特于本章列举之。如律无正条者,即无论何等之罪,皆不得而为成立;未满十六岁之所为,亦不得为罪之成立。其余各项,亦莫不然。如此类者,于学理谓之犯罪之普通成立要件。

第十条 凡律例无正条者,不论何种行为,不得为罪。

沿革

按《唐律》:"断罪无正条,其应出罪者,则举重以明轻;其应入罪者,则举轻以明重。"《明律》:"凡律令赅载不尽事理,若断罪无正条者,引律比附。应加应减,定拟罪名,议定奏闻。"《现行律》同。考《新唐书·赵冬曦传》,神龙初,上书曰:"古律条目千余。隋时奸臣侮法,著律曰:'律无正条者,出罪举重以明轻,入罪举轻以明重。'一辞而废条目数百,自是轻重沿爱憎,被罚者不知其然。"是隋时始用比附。然《汉书·高帝纪》:"廷尉所不能决,谨具奏附所当比律令以闻。"此制于汉已然,盖至隋时始著为法也。

理由

本条所以示"一切犯罪,须有正条乃为成立",即刑律不准比附援引之大原则也。凡刑律于正条之行为,若许比附援引及类似之解释者,其弊有三:

第一,司法之审判官得以己意,于律无正条之行为,比附类似之条文,致人于罚,是非司法官,直立法官矣。司法、立法混而为一,非立宪国之所应有也。

第二,法者,与民共信之物,律有明文,乃知应为与不应为,若刑律之外参以官吏之意见,则民将无所适从。以律无明文之事,忽援类似之罚,是何异于以机阱杀人也?

第三,人心不同,亦如其面,若许审判官得据类似之例科人以刑,即可恣意出入人罪,刑事裁判难期统一也。

因此三弊,故今惟英国视习惯法与成文法为有同等效力。此外欧美及日本各国无不以比附援引为例禁者,本案故采此主义,不复袭用旧例。

第十一条至第十三条总说

此三条所规定,于学理谓之无责任行为。凡犯罪,必精神上与身体上各要件相合而成立,若精神上之要件不备,即为无责任行为。

第十一条 凡未满十六岁之行为,不为罪。但因其情节,得命以感化教育。

沿革

按《唐律》:年七十以上、十五以下及废疾,犯流罪以下,收赎。八十以上、十岁以下及笃疾,犯反逆、杀人应死者,上请;盗及伤人者,亦收赎;余皆勿论。九十以上、七岁以下,虽有死罪不加刑。即有人教令,坐其教令者。若有赃应备,受赃者备之。《明律》及《现行律》同。

理由

本条系规定,凡未满十六岁之行为,不问大小、轻重,均无刑事上之一切责任。罪之成否,以年岁为标准。在中国,刑律原分十五以下、十岁以下、七岁以下三项矜恤之例。各国亦皆有幼者无罪或减轻之规定。惟此制尚有四种区别也:

责任年龄表

	国名	绝对无责任	相对无责任	减轻时代	刑事丁年
第一种	俄罗斯	七岁未满	七——一四	一四——二一	二一以上
	葡萄牙	七岁未满	七——一四	一四——二〇	二〇以上
	罗马尼亚	七岁未满	八——一五	一五——二〇	二〇以上
	意大利	九岁未满	九——一四	一四——一八 一八——二一	二——以上
	西班牙	九岁未满	九——一五	一五——一六	一八以上
	澳地利[1]	一〇岁未满	一〇——一四	一四——二〇	二〇以上
	丹墨[2]	一〇岁未满	一〇——一五	一五——一六	一八以上
	那威[3](旧法)	一〇岁未满	一〇——一五	一五——一六	一八以上
	佛雷伊	一四岁未满	一四——一八	一八——二三	二三以上
	日本(现行法)	一二岁未满	一二——一六	一六——二〇	二〇以上

---

〔1〕 现译为奥地利。——编者注

〔2〕 现译为丹麦。——编者注

〔3〕 现译为挪威。——编者注

续表

第二种	英吉利	七岁未满	七——一四	无	一四以上
	纽约[1]	七岁未满	七——一二	无	一二以上
	墨西哥	九岁未满	九——一四	无	一四以上
	希腊	一〇岁未满	一〇——一四	无	一四以上
	荷兰	一〇岁未满	一〇——一六	无	一六以上
	仇南勃	一〇岁未满	一〇——一六	无	一六以上
	布加里亚[2]	一〇岁未满	一〇——一七	无	一七以上
	巴那	一二岁未满	一二——一六	一六以上	无
	裴里伏	一二岁未满	一二——一六	一六以上	无
	匈牙利	一二岁未满	一二——一六	一六以上	无
	德意志	一二岁未满	一二——一八	一八以上	无
	伏特	一四岁未满	一四——一八	一八以上	无
第三种	那威(新法)	一四岁未满	无	无	一四以上
	日本(改正法)	一四岁未满	无	无	一四以上
第四种	法兰西	无	一六岁未满	无	一六以上
	比利时	无	一六岁未满	无	一六以上
	里克隆勃儿[3]	无	一六岁未满	无	一六以上
	土耳其	无	一五岁未满	无	一五以上

从来,学者恒依右表所揭之区别,谓年龄未及之人不能辨别是非,故无责任;其辨别心未充满者,应当减轻。此第一种至第二种表之主义也。然此说至近年已为陈腐,盖犯罪如杀伤、贼盗之类,虽四、五岁童稚,无不知其为恶事者。以是非善恶之知与不知,而定责任年龄,不可谓非各国法制之失当也。

夫刑者,乃出于不得已,而为最后之制裁也。幼者可教而不可罚,以教育涵养其德性,而化其恶习,使为善良之民,此明刑弼教之义也。凡教育之力所能动者,其年龄依各国学校及感化场之实验,以十六七岁之间为限。故本案舍辨别心之旧说,而以能受感化之年龄为主,用十六岁以下无责任之主义,诚世界中最进步之说也。

注意

因其情节而命以感化教育,盖以未满十六岁者,虽有触罪行为,不应置诸监狱,而应置诸特别之学校。至感化场规则,当另行纂定,不在刑律之内。所谓情节者,非指罪状轻重而言,乃指无父兄,或有父兄而不知施教育者。感化教育者,国家代其父兄而施以德育是也。

---

〔1〕 指美国纽约州。——编者注

〔2〕 现译为保加利亚。——编者注

〔3〕 现译为卢森堡。——编者注

第十二条 凡精神病者之行为,不为罪。但因其情节,得命以监禁处分。

酗酒及精神病者之间断时,其行为不得适用前项之例。

沿革

按《汉律》:"狂易杀人,得减重论。"(见《后汉书·陈宠传》)"狂易,谓狂而易性也。"《元典章·四十二·诸杀表》内:"斗杀心风者,上请"。《元史·刑法志》:"诸病风狂,殴伤人致死,免罪,征烧埋银"。唐、明律无明文。本朝康熙年间,始定有疯病杀人追取埋葬银十二两四钱二分之例,盖准过失杀办理。乾隆二十年,定锁锢之例,删去收赎,改照斗杀。

理由

本条系规定痴与疯狂等精神病人,虽有触罪行为,全无责任。精神病人之行为,非其人之行为,乃疾病之作为,故不应加刑,而应投以药石;若于必要之时,可命以监禁。各国之规定,皆与本条同。

注意

第一项酗酒之人,在病理上只属一时之精神病,此种病系人力所自能裁抑,乃竟藉酗酒以逞非行,法律所不许也。若系全无意识之行为,而非出于故意者,可援第十三条断为无罪,亦非以酗酒之故,遂为无罪也。

有间断之精神病人,其精神有时与平生无异,故其行亦非法律所许。其人为精神病者与否,审判官当召医生至法庭鉴定之。(参考第一百七十八条之说明)

第十三条 凡不出于故意之行为,不为罪。但应以过失论者,不在此限。

不知律例,不得为非故意。但因其情节,得减本刑一等或二等。

犯罪之事实与犯人所知有异时,从左列:

第一,所犯重于犯人所知或相等时,从其所知者处断。

第二,所犯轻于犯人所知时,从其犯者处断。

沿革

按《唐律》:"本应重,而犯时不知者,依凡论;本应轻者,听从本。"《明律》及《现行律》同。

理由

本条系确立"无犯意即非犯罪"之原则,并规定例外者得以过失处罚。凡非由故意,不得谓为其人之行为,即不得为其人犯有罪恶,本条第一项所以有前半之规定者,以此。虽非出于故意,惟因其人不知注意,致社会大受损害,如死伤、火灾、水灾等类,不可置之不问,本项后半之规定以此。

律例既已颁布,人民即有应知之义务。若因不知律例之故,为无犯意,作为无罪,则法律无实施之日矣,本条第二项前半之规定以此。虽然现代社会固极复杂,律例亦綦烦琐,人固有偶然不明法律致所犯不足深责者,本条第二项后半之规定以此。

本条第三项第一款规定,系自第一项前半规定而生。惟第一项前半情形,其人于犯罪事实之全部,毫末未知;而第三项之情形,则仅一部未知耳。全部虽与一部不同,至其未知则同,故应仍无责任。

本条第二项第三款之规定,系本于无犯行即非犯罪之原则,人固有谋之甚重,而行之甚轻者,则使负其所行之责任足矣。

注意

本条第三项非第用于单独罪,即共犯罪亦得适用。

第十四条及第十五条总说

此二条指明,凡以正当行为之故,虽外形与犯罪相同,其性质实非犯罪。

第十四条 凡依律例或正当业务之行为,或不背于公共秩序及善良风俗、习惯之行为,不为罪。

理由

本条所揭之行为,皆系正当,故不为罪。但实际上,刑律与其余律例相冲突之时,或刑律与律例上准许之业务上行为相冲突之时,及刑律与习惯上准许之行为相冲突之时,究应先从何者,以断定其罪之有无?不无疑义。故特设本条,以断其疑。

注意

依律例不以为罪之行为者,如死伤敌兵、执行死刑、逮捕监禁人犯、没收财产,系出于从本属长官之命令,尽自己之职务者,或此种行为系本于律例上直接所与之权限者。总之,据律例规定不以为罪之一切行为是也。依正当业务不以为罪之行为者,如医师以诊外科之病断人手足,不得谓为伤害罪之类。不背公共秩序及习惯不以为罪之行为者,如因习惯于一定日期在路间开设商市,不得为妨害往来罪之类。不背善良风俗不以为罪之行为者,如祭日、祝日,虽终夜施放爆竹,不得为妨害安眠罪之类是也。其余,以此类推。

第十五条 凡对于现在不正之侵害,出于防卫自己或他人权利之行为,不为罪。

逾防卫程度之行为,得减本刑一等至三等。

沿革

按《唐律》:"诸夜无故入人家,笞四十。主人登时杀者,勿论。若知非侵犯而杀伤者,减斗杀伤二等。其已就拘执而杀伤者,各以斗杀伤论。致死者,加役流。"《明律》于笞四十改为杖八十,加役流改为满徒,《现行律》同。又《现行律例》擅杀奸盗凶徒各条,散见各门,亦含有正当防卫之意。

理由

对于不正之加害,防卫自己或他人之权利所必要之行为,刑律不得而罚之。本条之规定以此。学术上,此种行为谓之正当防卫。

注意

正当防卫一层,在中国旧制,亦往往散见于各种规则之中。法国刑法及日本现行刑法等,惟遇有杀伤情事,乃照特别不论罪之例办理。然苟使防卫行为出于至当,则一切皆应不问其罪。故本案纂入总则之中,且不以何等行为为限,凡系防卫所必要之行为,于审判上一切皆不论罪。

若他人遇有不正之加害,将致损失权利者,发现之人,不问其人系亲族、知交与否,即得代为执行防卫之劳,是为公许之义,盖将以奖励义侠也。

虽然其防卫不论为己、为人,若所用方法逾越防卫所必要之程度者,是以暴易暴,仍属不正之行为,其刑虽得减轻,而不必一定减轻。如他人之儿童将窃采瓜果,是即加以严斥,已足逐去,乃竟滥加杀伤,仍应照寻常之例,受杀伤之刑。倘其情节实系可恕,乃得从本条第二项减轻之例。

第十六条 凡为避现在之危难及其它不能抗拒之强制,而出于不得已之行为,不为罪。但加过度之害时,得减本刑一等至三等。

于公务上或业务上有特别义务者,不得适用前项之规定。

理由

本条所规定,系不得已之行为或放任之行为。与前条正当防卫情形不同,非由于驱斥他人侵害,乃由于水、火、雷、震及其余自然之厄,或由于自己力所不能抵抗之人力强制,不得已而为之者,刑律即不加以罚,盖本于法律不责人所不能之原则也。

本条第二项之限制,例如军人临战脱逃,及船长见船将近覆没自先脱逃上陆之类,此为违背职务、业务上特别业务之行为,不得以不得已之理由谓为无罪。

注意

遇水、火、雷、震及其余变故,窜身避免,致使他人死伤,如因强盗以死伤相胁迫,乃导至财物所在之处之类,皆属本条之范围。

本条所揭之行为,无论出于故意与否。凡一切被不能抵抗之强力所强制者,皆赅于其中。其虽出故意者,仍得因本条之故不论其罪,以非法之力所能及也。

第三章 未 遂 罪

未遂罪者,即分则所定之犯罪行为,着手而未完结,或已完结而未生即遂之结果者是也。

第十七条 凡谋犯罪已着手,因意外之障碍不遂者,为未遂犯。其不能生结果之情形,亦同。

未遂犯之为罪,以分则各条定有明文为断。

未遂罪之刑,得减既遂罪之刑一等或二等。但褫夺公权及没收不在减等之限。

沿革

《现行律》所载,有谋杀已行未伤及伤而未死,强、窃盗未得财,强奸未成等,皆属未遂罪之规定,惟散见各门,并不列诸名例。隋唐以降,后先一轨。然此固不应仅属二三种犯罪,实系通乎全体之规则,本案故列于总则之中,欧美各国及日本之法殆莫不然也。

理由

未遂罪若于着手实行之后,因意外障碍以致不遂者,其罪仍为成立。本条第一项前半即声明此义,而限定未遂罪成立之要件者也。

规定未遂罪者,照原则皆在应罚之列,然各分则之规定中,既含有事不确实或事甚轻微可以不罚之义,故特设本条第二项之制限。

未遂罪致罚之主义有二:一未生既遂之结果,损害尚属轻微,于法律必减轻一等或二等。一犯人因遭意外障碍,乃至不得遂而止,其危及社会与既遂犯无异,故刑不必减,惟各按其情节，抑或可减轻。此二主义，前者谓之客观主义，后者谓之主观主义。客观主义已属陈腐，为世所非，近时学说及立法例大都偏于主观主义，本案亦即采此主义。本条第三项即此义也。惟其罪当褫夺公权或没收者，在其规定之性质上已无从再为减轻，故亦附揭于此。

注意

本条第一项所谓意外之障碍者，不问出于自然，抑由于人力，苟非因犯人自己意思而中止者，皆包于此。

第十八条 凡谋犯罪已着手，而因己意中止者，得免除本刑或减二等或三等。

理由

本条定学术上中止犯之名及处分。中止犯者，犯罪着手实行之际，虽无障碍足以阻止之，而因自己意思不再续行或自阻止其结果之发生。此其性质与未遂犯不同，故必须定其处分。关于中止犯有二例：一以奖励自止之意，纯为无罪者。一以自止中有可恕者、有不可恕者，如其人为欲待时而动、忽而自止，即无可恕之理，故有免除其刑或仅减轻者。然后例较前例于理为优，本案故采用之。

第四章　累　犯　罪

凡已受刑之执行，复再犯罪，此其人习于为恶，实为社会之大憝，若仍绳以初犯之刑，有乖刑期无刑之义，故本章特设规定。

第十九条 凡已受徒刑之执行，更犯罪，应宣告有期徒刑者，为再犯，依本刑加一等。

但有期徒刑之执行既终或受无期徒刑及有期徒刑执行一部而免除后，逾五年而再犯者，不在加重之限。

沿革

按《唐律》，有犯罪已发及已配条，即为严惩累犯而设。明以后改为"徒流人又犯罪"，然俱指已发配者而言。其论决后以犯数加重者，《现行律例》中仅限于抢夺、窃盗、接买受寄赃物等条而已。

理由

按本条，累犯之刑加重一等，此其要件有四：一、初犯为徒刑；二、再犯为应宣告之有期徒刑；三、初犯有期徒刑之全部既终，执行或无期徒刑及有期徒刑之一部免除执行；四、执行后未过五年。凡此四者，各有一定之理由：

甲、本案主刑仅死刑、徒刑、拘留、罚金四种。被执行死刑者，自无从再犯，不必赘论。其拘留及罚金者，倘若再犯，但宣告为最长期及最多额足矣，实际并不必加一等。本条再犯加重，故以徒刑为限。本条所谓徒刑者，兼赅有期、无期徒刑而言。惟无期徒刑执行既毕，即不能复生再犯之问题，故其一部免除执行者，始有加一等之情形。

乙、初犯、再犯情罪相同，是为再犯加重之要件，至于再犯、三犯者，即所谓习惯犯也。虽然人固有乘机为恶，不拘杀伤、贼盗、放火、溢水、损坏、掠诱、奸非等，苟有机可乘，即无所不为，要皆可以危险社会者。此种凶徒，即不必拘定再犯之例，决不可宽假其刑。本条故不限犯罪之种类，惟以前后同种之刑罚也。

丙、初犯之刑虽受宣告未执行者,若有再犯,大都仍照加重之例。至其受法庭宣告而未在狱中受执行者,此种之犯,其为刑法效力所能及与否,未易遽决。故本案惟初犯徒刑全部或一部执行既终者,乃得用再犯加重之例。

丁、再犯加重,惩罚其人无悛悔之意。然比较各国统计知,初犯之刑消灭以后再犯之者,其实行多在二年以内,亦间有在三年以内者。其在四年、五年内者,既足证明其人前此所被之刑已极有效力,足以严惩之矣。故本条初犯之刑执行后逾五年之再犯,不复加重。

第二十条 凡三犯以上者,依本刑加二等。

理由

三犯以上,各国刑法大率俱照再犯之例。然再犯已加一等,则三犯必加二等,此亦至显之理。至四犯、五犯者,任审判官裁定,以加二等刑之最长期、最多额宣告之可矣。

注意

三犯以上加重之要件,在律未有明文,即准用前条之四种要件。

第二十一条 凡审判确定后于执行其刑之时发觉为累犯者,从前二条之分别,以定刑期。

理由

确定审判本取不易变动为原则,然累犯之刑必须加重者,缘审判上之形式不可不尊。故本条于审判确定后,仍许变动而加重之。惟其可以不变动者,自不得仅就其执行刑之期间,而遽至变其罪名,或改更其审判之全部。

第二十二条 凡依军律或外国审判厅受有罪审判者,不得用加重之例。

理由

违背军律之罪,与违反常律之罪性质不同,亦犹外国审判厅之有罪审判,不得与中国审判厅之有罪审判同视也。故本条设此规定。

第五章 俱发罪

中国隋唐以来,刑律向取吸收主义。查各国俱发罪之处分,除吸收主义外,有二主义:一并科主义,一制限加重主义。并科主义者,并科以数罪俱发之本刑。制限加重主义者,就俱发各罪中,以最重之刑为本刑,参以他罪之刑而加重之,但以不逾法律所预定之制限为主。

三者相较,吸收主义犯罪之人屡犯同等或较轻之罪,曾于其刑毫无损益,颇有奖劝犯罪之趋向,各国中惟属于法国法系者采之。并科主义犯罪次数多者,必至其刑异常繁重,逾越一定之程度。且因刑之执行迟延之故,至授以重犯他罪之机会,即国家亦不能谓不分任其责也,今惟巴西国刑法中之一例采之。然则重于其最重之刑,而轻于其应并科之刑,酌乎其中,殆俱发罪处分之原理所当然者,制限加重主义即由此原理而生,多数之学说及立法例皆所认许。虽然加重之程度,仍须按其案情,审判后始得定之,非法律所能预定也,故本案采用之。

第二十三条 凡确定审判前犯数罪者,为俱发罪,宣告各罪之刑,从左列分别定应执行之刑期:

第一,俱发罪中如有宣告死刑或无期徒刑者,不执行他刑。

第二，如宣告俱系有期徒刑者，于合并各刑之长期以下、其中最长刑期以上，定应执行之刑期。

第三，如宣告俱系拘留者，照前款之例定应执行之刑期。

第四，如宣告俱系罚金者，合并各刑之最多金额以下、其中最多金额以上，定应执行之金额。

第五，从第二款应执行之有期徒刑与第三款之拘留、第四款之罚金，并执行之。有期徒刑、拘留及罚金各一罪互合者，亦同。

第六，褫夺公权及没收，并执行之。

沿革

按《唐律》："二罪俱发，以重者论，等者从一。"《明律》及《现行律》同。

理由

本条规定即本折衷主义，更参以必要之规则四种：

甲、不就俱发各罪之种类而确定其所当科之刑，非但不能知其罪状之重轻，若更因上诉或恩赦之故，致所犯最重之罪经审判有所变更或竟归消灭，则所犯次重之罪，日后势不得不再事查定矣，故本案于各罪须一一宣告其刑期、金额。

乙、俱发罪之处分应比重罪之刑重、各罪并科之刑轻，然使其最重之刑为死刑，则无从再为加重。又无期徒刑未尝不可加重至于处死刑。然死刑为最后之处分，况无期刑与死刑性质上之差别，非第加一等而已（参照第六十五条）。故本条第一款其俱发各罪之刑倘有一系死刑或无期徒刑者，即不得再执行他种之刑。

丙、本条第二款至第四款本折衷主义，其应宣告有期徒刑、拘留或罚金二罪以上，于最重者以上、并科以下，仍宣告其应当执行之刑期、金额。

丁、虽系拘留、罚金之刑，然使一切并科，未免失之过重，故即有第三款及第四款所定之制限。但若依此制限而定其应当执行之刑期、金额，将使有期徒刑与有期徒刑并科，不免失于过重之弊，其系有期徒刑、拘留及罚金各种互合者亦然，故特设第五款之规定。

戊、褫夺公权与没收本从刑，旨在并科，故特设第六款之规定。

注意

本条第二款至第四款，当处断之时，宜酌核本案情节应否宣告以执行最重之刑，抑或宣告以执行并科之刑，或于中间别定刑期、金额，宣告执行。例如犯窃盗三次，甲罪赃额不满十两，应科三月有期徒刑，乙罪亦不满十两，应科三月有期徒刑，而丙罪系三人共同夜间侵入他人邸宅，窃取钜万，以重窃盗论，应科刑期十年。以十年之罪加以一、二个月，其效与不加同，此际即仅命执行十年之有期徒刑亦可。又如甲、乙、丙三罪，皆应科一年徒刑，倘仅命以执行一年徒刑，自难获效，故虽并科以三年徒刑亦未嫌过重也。凡此类，皆须任审判官临时决定。

第二十四条　凡一罪先发，既经确定审判，余罪后发，及数罪各别经确定审判者，从前条之分别定应执行之刑名、刑期及金额宣告之。因赦而最重刑援免，仍余数罪者，亦同。

若对于有期徒刑、拘留或罚金既受执行者，援用前条第二款至第四款通算之。

沿革

按《唐律》"二罪以上俱发"条:"若一罪先发,已经论决,余罪后发,其轻若等,勿论;重者,更论之,通计前罪,以充后数。"《明律》及《现行律》同。

注意

甲、一罪先发,既经确定审判,余罪后发,应依前条之例,分别更定应执行之刑名、刑期、金额者。例如犯窃盗甲罪与窃盗乙罪,甲罪先发,受宣告三年有期徒刑,方执行时,乙罪后发,亦应三年有期徒刑,即据前条第二款,于六年以下、三年以上之范围内,定执行刑期四年是也。倘先发之罪既经执行一年,则据本条第二项统算,而执行其余之刑期三年。

乙、数罪各别既经确定审判,依前条之分别更定应执行之刑名、刑期、金额者。例如在天津犯甲罪,受宣告三年徒刑,未及执行,逃入京师,更犯乙罪,亦应徒刑三年,方执行时,天津宣告罪后发,则应在京师审判厅,于六年以下、三年以上之范围内,处徒刑四年是也。

丙、因赦而最重刑援免,仍余数罪亦同者。例如宣告甲罪,科无期徒刑,乙罪及丙罪俱科徒刑三年,方其据前条第一款执行无期徒刑时,其无期徒刑遇赦援免,则其所余之刑应于六年以下、三年以上之范围内,定执行刑期四年是也。

丁、本条第二项者,系规定既经执行之刑期、金额与后来之刑统算之例,非惟用于方执行之时,即执行既终,亦适用之。

第二十五条　凡俱发罪与累犯互合时,其俱发照前条之例处断,与累犯之刑并执行之。

注意

俱发罪与累犯罪互合者,例如犯甲、乙两罪,其甲罪应处徒刑三年,尚未发觉,仅以乙罪受宣告徒刑五年,执行既终,后再犯丙罪,值审判之际,同甲罪一并发觉是也。此种情形应据本条规定,先按其甲、乙两罪,而援用前二条,以甲罪之徒刑三年与乙罪比较,于八年以下、五年以上之范围内定执行刑期六年,以前此五年执行既终,故以其余刑一年与再犯丙罪之刑合并执行。

第二十六条　凡一行为而触数项罪名,或犯一罪之方法及结果而生他罪者,从其最重之一罪论。但于分则有特别规定者,不在此限。

沿革

按《唐律》"二罪以上俱发"条:"其一事分为二罪,罪法若等,则累论;罪法不等者,则以重法并满轻法。累并不加重者,止从重论。其应除、免、倍、没、备偿、罪止者,各尽本法。"《明律》删。

理由

俱发罪之处分,惟犯二种以上之独立罪内一重罪责则然,本条之情形迥异:一其性质上止系一种之犯罪,一犯人心术上本未怀二种独立罪之恶意,故本案于此特从重论。

注意

凡一行为而触数项罪名者,例如聚众用暴行、胁迫妨害吏员施行职务,即因此兼触骚扰罪、妨害公务罪是也。

犯一罪方法或结果而触他罪者,例如以夺被监禁人(第一百六十九条)之方法侵入公署(第二百二十条),或杀人(第二百九十九条)而遗弃死体于别所(第二百五十一条)之类是也。

分别有特别规定者,例如谋为内乱之人,为军需之故掠夺良民财物,不据本条前半规定从重论,应据第一百零五条特别规定,须援用第二十三条至第二十五条之类是也。

第二十七条 凡犯罪之重轻,据各主刑中最重者定之。最重刑同等,据最轻者定之。轻重俱同者,据犯罪情节定之。

注意

本条为适用前条所必需之规定,即俱发罪处分之外,若有必须知其犯罪之重轻,亦不可不据本条之规定。

各主刑中据最重者定之者,例如甲罪属二等至四等有期徒刑,而乙罪系三等或四等有期徒刑,以甲罪为重之类是也。

最重刑同等,据最轻者定之者,例在甲罪为二等以上有期徒刑,而乙罪为三等以上有期徒刑,则以甲罪为重是也。

轻重俱同等,据犯罪情节定之者,例如以暴行加于看守吏员而损坏其印封等罪(第一百五十二条、第一百五十三条)。本刑虽系同等,傥其暴行为徒刑二年,而损坏印封为徒刑一年者,则以前者为重是也。

第二十八条 凡连续犯罪者,以一罪论。

理由

连续犯罪者,犯人预谋以数次犯同一之罪,故本案规定照一罪处分之。

注意

连续犯罪乃继续犯罪之一种,例如于仓库内连日窃盗财物之类,其大体为窃盗之方法,不过分数次而犯之,故加以一罪之刑。

第六章 共犯罪

共犯罪之处分,于《现行律例》无甚差异,故就其间有变更或增加之处,揭其理由,余从略。

第二十九条 凡二人以上共同实施犯罪之行为者,皆为正犯,各科其刑。

加功于实施犯罪之行为中者,准正犯。

第三十条 凡教唆他人实施犯罪之行为者,为造意犯,照正犯之例处断。

教唆造意犯者,准造意犯。

第三十一条 凡于实施犯罪之行为以前帮助正犯者,为从犯。其造意犯,亦同。

帮助从犯者,准从犯。

从犯之刑,得减正犯之刑一等或二等。

理由

从犯之刑比正犯之刑减一等,此本中国《现行律例》之原则。然从犯仍有应科主刑者,如颠覆巨舰,非一人之力所能及,当有图谋之际,从犯之人忽给以水雷(即事前供给器具之从犯),其情节不得谓轻于正犯。甚或事前帮助之人情节重于正犯者,亦颇有之(第一百零三条之类)。故本案对于后者,则就分则设特别处分,而同时认此种从犯为不得照一般从犯减轻之例。从犯之刑比正犯减一等或得减一等,各国刑法多数皆同。然恒有不过帮助以一二无足轻重之语言者,情节究轻,倘照减一等或得减一等,未能适合,本案故特定得减一等或二等之例。

第三十二条 凡于前教唆或帮助,其后加入实施犯罪之行为者,照其所实行者处断。

第三十三条 凡因身分成立之罪,其加功者虽无身分,仍以共犯论。

因身分致罪有轻重时,其无身分者,以通常之罪论。

注意

因身分成立之罪者,谓其身份为犯罪构成之一要件也,如第一百三十九条、第一百四十条、第一百四十三条、第一百四十七条之罪。居于附从之列者,虽无身分,仍以共犯论,例如常人教唆吏员收受贿赂,其教唆与吏员处分相同。(其赠贿之人,另据分则有特别之处分)。

因身分致罪有轻重,无身分以通常之罪论者,例如常人与吏员共同探听被选举人姓名,则对于常人援用第一百六十一条第一项,对于吏员援用本条第二项之类。中国现行之律例,其原则亦然。

第三十四条 凡知情共同者,本犯虽或不知共同之情事,仍以共犯论。但于分则有特别规定者,不在此限。

理由

本条定学术上称为"一方共犯"之处分也。此项若无专例,疑议滋多,于实际殊多未便,本案设立之意以此。

注意

例如甲谋侵入乙某之室,意图杀乙。邻室之丙虽未与甲通谋,而心颇赞成之,乃为自户外锁扉,防乙脱走。甲并不知丙之为助,然竟以杀乙。丙应属共犯与否,各国学说及判决例皆未有定论。兹有本条之明文,则丙仍为甲之共犯,盖揆诸事理亦应尔也。

第三十五条 凡关于过失犯,有共同过失者,以共犯论。

理由

过失罪之有无共犯,各国学说与判决例亦多有不同,本案取积极之论,例如二人共弄火器,致人于死伤或肇火灾,应照过失杀伤或失火之共犯处分也。

第三十六条 凡值犯人故意犯罪之际,因过失而助成其结果者,如按本条应罚以过失时,则过失帮助之人,亦准前条之例。

理由

前条虽定有过失罪之共犯,然故意之犯罪与过失罪二者是否得为共犯,未甚明晰,故本条特设积极之规定。例如甲故意放火,乙因此过失注之以油,致火势张盛;又如甲谋杀人,乙医师以过失传毒于所谋之人,致其毙命。此在各本条亦应任失火及杀之责,但其性质究非共犯,故以本条有应科过失罚为限,准前条予以过失共犯之处分也。

第七章　刑　　名

本案分刑为主刑、从刑二种。死刑、徒刑、拘留、罚金,为主刑。褫夺公权及没收,为从刑。夫刑名,乃刑律之全体,所关至重,故必详细调查各国组织之法,折衷甄择,庶臻完美也。

一、死刑

世界全废死刑之国,殆居多数。在欧罗巴,若意大利、瑞士联邦中之七邦、罗马尼亚、葡萄牙、荷兰、那威。在美洲北部者,若密机勘、罗土爱兰、维斯康新、哥伦比亚、蔑印;在中部,若洪条拉司、夸对马、尼加拉加、波兰基利;在南部,若委内瑞拉。然在中国若使全废,必非所宜,且在法理固有以死刑科元恶首者,本案故所采用之。至执行之方法,拟采绞罪在狱内密行之主义。兹将各国行用死刑之例,列表比较之如左:

法兰西	斩	照原则密行
德意志	斩	密行
瑞典	斩	密行
塞鲁华脱	枪毙	公行
波利维亚	枪毙	公行或密行
爱加特	枪毙	公行
乌鲁魁	枪毙	或公行或密行
日本	绞	密行
英吉利	绞	密行
布加利亚	绞	密行
奥地利	绞	密行
匈牙利	绞	密行
英属东印度	绞	密行
加拿大	绞	密行

右列各国不外斩、绞、枪毙三种。而用枪毙之国,皆系维持往昔西班牙殖民地之旧惯,非以此法有所独优也。斩、绞二者,各有短长,然身首异处,非人情所忍见,故以绞为优。今用绞之国独多,殆为此也。故本案拟专用绞刑。

死刑公行,乃肆诸朝市与众共弃之意,其后变其意为警戒众人使不敢犯。然按之古来各国之实验,非惟无惩肃之效力,适养成国民残忍之风,故用绞之国,无不密行者,本案亦然。

二、自由刑

自由刑于本案,为徒刑、拘留刑二种。盖于刑罚实占多数,是今世各国之通则也。

甲、无期徒刑。

徒刑分无期、有期二种。凡因人受无期徒刑之宣告者,则监禁于监狱,使服法定之劳役。无期之自由刑与死刑同,在各国有全废止之者,如葡萄牙、墨西哥、委内瑞拉、乌鲁魁、爱加脱等是。然人有凶恶次于死刑者,必处以无期徒刑,以防其再犯。且如以上数国之外,各国大都仍而不废。夫固有不能轻于废止者,本案故亦采用此意。受无期徒刑之人,若能湔濯前愆,仍许其有出狱之望(第六十六条),盖使国家能因此多一良民,未始非一国之福也。

乙、有期徒刑。

有期徒刑之最长期以十五年为限,最短期以一月为限。更别为五等,各皆有长期、短期,如第三十七条所列者然。

有期徒刑之最长者,各国不同。其最长者三十年,如白来齐、乌鲁魁刑法是。其最短者,如加拿大之七年、洪条拉司之十年是。除此等长短两端之中定为十五年,各国之例实以此为多数。故本案定为十五年者,此也。

有期徒刑之最短期,各国之例愈益分歧。在本案,次于徒刑者,为拘留刑。拘留之最长期不满一月,以便与违警律衔接。则徒刑之最短期,即宜以一月为准。

有期徒刑分为五等,各等又附以最长期、最短期。因人之犯罪情节万殊,必须揆损害之程度,酌善恶之性质。本案除一二例外,其余之刑特设上下之限,庶应用之际,情理毫末不爽。此亦今世各国之通例也。

丙、不采无定役自由刑。

现今各国之立法例,往往以无定役自由刑与有定役自由刑并行,其始意不过出于优待非破廉耻之囚人(即国事犯)。而本案不采用者,其理由有四:拘置人于监狱,动经岁月,若不加以劳动,非优待,实痛楚之耳,一也。各国为无定役刑辩护者,恒谓因人身体不胜定役,果系属实,监狱规则可以特定免除之例,若使一切尽处以无定役刑,在刑法实非所宜,二也。劳动与人身分、地位固不尽相宜,然既经犯罪,则应以罪为其刑之标准,不应再顾其人之身分及地位,况以劳动为贱民之卑业,则社会之讬业于劳动者,又将何说,三也。监狱之费用浩繁,无非支拨于国帑,实则仰赖国民之供给,课囚徒以劳动,可以减少良民之担负,四也。况犯罪之人大率游惰成性,于此更可养成其劳动之习,庶赦免之后藉以谋生,不再犯罪,此定役尤所以必需也。

外国唱议废止无定役刑者,近来日甚,本案察刑事政策之趋势,故自由刑除拘留外,不取无定役之说也。

丁、废止流刑。

流刑之制,最古在使凶恶之徒猎居远方,然南朔东西皆中国土地也,与之相接者皆中国人民也,其中得失无待缕述。流刑废止,实无可疑。即使有无期或最长期徒刑之囚,必应移诸边境者,从监狱规则以实施之可矣。于徒刑外另置流刑,诚为无益,本案故删除之。

三、罚金

本案总则于罚金定其最少额,而于其最多额未尝明示,盖其额有无从预定者。例如第一百二十四条、第二百二十九条、第二百六十九条、第二百八十条、第二百九十五条、第三百五十七条、第三百七十一条、第三百七十五条、第三百七十六条、第三百八十三条等。

分则定三千元为罚金之最多额,初疑失之过钜,然此种应科多额罪(例如第一百零七条、

第二百九十三条第二项、第三百十二条)之犯人,以其地位而论,其固有与少额之罚金不相适者,且易重大之自由刑,亦必以钜额乃能相抵也。

其余情形,其最多额与最少额之距约在十倍以上,因人之贫富不同,审判官当查勘其境遇而定,庶其刑方有效力。例如过失伤人(第三百十条),贫人宣告百元亦觉力有不逮,若在富人,则五百元犹太仓之一粟。此为刑律之精神,背乎精神,其裁判为不当矣。

四、褫夺公权

即第四十六条所列举丧失资格之从刑。凡分则规定为褫夺公权者,丧失公权之全部;若其规定为得褫夺全部或一部者,终身丧失公权之全部或一部。以上(第四十七条是)均无不可,其区别全由审判官之鉴衡为准。

应否褫夺公权,不可拘泥犯罪之大小,须洞察犯人之心术,所犯虽轻,苟出于无廉耻者,亦应褫夺;所犯虽重,苟有可恕之理,即不褫夺可也。

此从刑非被宣告徒刑以上之刑不得科之,故拘留及罚金不在此限,然受死刑之宣告者,仍应科之,而使丧其资格也。

五、没收

古有籍没之例,今各国已皆废止。盖籍没者没收全部,累及他人,大戾刑止于一身之原则。本案没收仅限于三种之物件:一、私造及私有违禁之物,是所以禁止人使不私造、私有危险之物品也。二、供犯罪所用及预备之物,使民不留犯罪之纪念、易于悛改之政策也。三、因犯罪而得之物,使人不能以犯罪为自利也。

第三十七条 凡刑分为主刑及从刑。

主刑之种类及重轻之次序如左:

第一,死刑。

第二,无期徒刑。

第三,有期徒刑。

一、一等有期徒刑,十五年以下、十年以上。但加重及并科时,以二十年为其最长刑期。

二、二等有期徒刑,十年未满、五年以上。

三、三等有期徒刑,五年未满、三年以上。

四、四等有期徒刑,三年未满、一年以上。

五、五等有期徒刑,一年未满、一月以上。

第四,拘留,一月未满、一日以上。

第五,罚金,银一钱以上。

从刑之种类如左:

第一,褫夺公权。

第二,没收。

沿革

按五刑之制,始于《舜典》,旧说谓即墨、劓、剕、宫、大辟是也,合之流刑、鞭刑、朴刑、赎刑,亦谓九刑。追后,夏以大辟、膑辟、宫辟、墨、劓为五刑,周以墨、劓、宫、刖、杀为五刑。自隋开皇定新律,始定笞、杖、徒、流、死五种,历唐至今未改。

死刑之制,代各异制。唐虞名大辟。周有斩、杀、膊、辜、焚、车、轘、磬,俱详《周礼·秋官》,然轘屡见于《春秋》,膊、辜、焚缺焉。秦有斩、戮尸、枭首、车裂、弃市、腰斩、凿颠、抽胁、镬烹、斫、夷三族等名,合前后二千余年,殆无如嬴氏残酷之甚者。汉兴,沿秦之旧,尚有夷三族之令,至高后元年始除。景帝又改斫曰弃市,勿复磔,存弃市及腰斩、枭首各刑。魏死刑三,而谋反、大逆,或污潴、枭首、夷三族,皆因严决恶迹,不在律令之内。晋死刑为斩、枭、弃市,史志周顗等复肉刑议,截头、绞颈尚不能禁,盖其时以绞为弃市也。梁为枭首、弃市。后魏有斩、绞、腰斩、轘、沉渊五种,按《太和新律》,死罪止于枭首,是时腰斩等刑当已废之矣。北周死刑五,一磬,二绞,三斩,四枭,五裂。北齐轘、枭、斩、绞,凡四等。至隋始定死刑二,为斩、绞。唐因之,太宗时简死罪五十条为断右趾,后复除断趾令,改为加役流。德宗之世,改斩、绞为重杖处死。宋用《唐律》,复加凌迟之刑。仁宗天圣六年诏:"如闻荆湖杀人祭鬼,自今首谋加功者,凌迟斩之。"又《刑法志》:"入内供奉官杨守珍使陕西督捕盗贼,因请'擒获盗贼致死者,望以付臣凌迟,用戒凶恶'"。诏:"捕贼送所属,依法论决,毋庸凌迟。"陆游《渭南文集》有请除凌迟之状,是凌迟临时用以惩戒者,非定制也。辽于斩、绞、凌迟外有腰斩、戮尸、投高崖、轘、枭、砾、生瘞、射鬼箭、炮掷、支解等刑,盖起于朔方,以用武立国,故刑多残暴。金《泰和律》死刑仅斩、绞。(见[元]王元亮《唐律纂例》五刑图)。元之死刑,载籍互异,按《刑法志》谓斩与凌迟二种,孙承泽《春明梦余录》言死刑用绞,《元典章·刑制》只言死刑,而"训义"及所载旧案,绞、斩并行,实犹承《宋刑统》之遗。《元典章》为元人旧著,当以此书为允。《明律》死刑斩、绞之外,设凌迟、枭首,用以科恶逆不道诸罪。又有杂犯斩、绞,以总徒四年、准徒五年贷之,有死罪之名,无死罪之实也。《现行律》同。迨光绪三十一年三月,恭奉上谕删除凌迟、枭首、戮尸三项,仁风普被,累代残酷之习至是湔濯无迹矣。

自由刑始于《周礼·圜土》,所谓上罪三年而舍,中罪二年而舍,下罪一年而舍是也。秦为城旦,汉为城旦舂、鬼薪、白粲、罚作、输作,耐完皆名异而实同。魏晋之间,其制大致相类,俱以年区别其定称,故亦称年刑。

罚金即唐虞赎金之遗制,历代相沿,或以谷,或以缣,或以金,或以绢,或以铜,或以钞,其制不一。然汉晋之间,罚金列为正刑,其制自四两迄二片不等。

第三十八条 凡死刑用绞,于狱内执行。

受死刑之宣告者,迄至其执行,与他囚人分别监禁。

第三十九条 凡死刑非经法部覆奏回报,不得执行。

第四十条 凡孕妇受死刑之宣告者,产后经一百日,非更受法部之命令,不得执行。

沿革

按《汉书·刑法志》:"景帝诏:'孕而未乳,当鞠系者,皆颂系之。'"又《王莽传》:"莽子宇以血洒莽门,饮药死。宇妻怀子系狱,须产子,乃杀于室。"《晋书》:"毋邱俭起兵被诛,其孙女适刘氏,以孕系廷尉。"《北史》:"崔浩定律令,妇人当刑而有孕者,许产后百日乃决。"盖孕妇缓刑本汉、魏之制,至元魏时始定为律也。《唐律》:"妇人犯死罪,怀孕当决者,听产后一百日乃行刑。"《元史·刑法志》:"孕妇有罪,产后百日决遣,临产之月,听令召保,产后二十日,复追入禁。无保及犯死罪者,产时令妇人入侍。"《明律》:"孕妇犯死罪,听令稳婆入禁,亦听产后百日行刑。"《现行律》同。

第四十一条 凡徒刑囚徒,监禁之于监狱,令服法定劳役。

监禁方法及劳役种类,从监狱则所定。

第四十二条 凡拘留囚徒,监禁之于监狱或巡警署内拘留场,不令服劳役。

第四十三条 凡受五等有期徒刑或拘留之宣告者,其执行上实有窒碍时,得以一日折算一元,易以罚金。

据前项规定受易刑处分者,法律上以受徒刑或拘留之执行者论。

理由

本条之规定系据最新之学理而设。自由刑易为罚金刑,本为学者所非议,以其乖于刑罚之宗旨故也。然亦未必尽然,例如外国船舶之水手于碇泊地犯轻微之罪,科以数日之拘留,该船势难久待,一旦启碇归航,在本船既失之必需之水手,在本人又失归航之便,而本国反因此增一飘零无业之异国游民,际此情形,则易罚金为宜。英国判决例此事数见,其它属于此类之事例者,亦复不少。故本案辑为专例,以剂情法之平。

注意

本条之适用,务宜于必要之程度,故所设制限有三:一、被告之刑为五等有期徒刑或拘留,且以实有窒碍为限。二、以一日纳为一元之罚金。三、凭审判官之裁酌是也。

第四十四条 凡罚金,以分则有明文者为限,与徒刑或拘留并科之。

第四十五条 罚金于裁判确定后,令一月以内完纳。逾限不究纳者,从左列:

第一,有资力者,强制令完纳之。

第二,无资力者,以一日折算半元,易监禁处分。

第三,监禁处分执行之于监狱。其日数未满二月者,得执行之于警察署内拘留场。

监禁处分日数,不得逾三年。

罚金缴纳一部分者,照前项第二款之例执行监禁处分。

罚金总额之比例逾三年之日数时,缴纳其一部分者,用按分比例定处分之日数。

据本条之规定受易刑处分者,除关于脱逃罪外,于法律上以受罚金之执行者论。

第四十六条 凡褫夺公权,以应宣告徒刑以上之刑者为限,从各分则所定,终身褫夺左列资格全部或一部:

一、为吏员之资格。

二、膺封锡、勋章、职衔、出身之资格。

三、入军籍之资格。

四、为学堂监督、提调、教习之资格。

五、为律师之资格。

第四十七条 凡于分则有得褫夺一部公权之规定者,以应宣告徒刑以上之刑为限,得褫夺现时所有之地位,或于一定期限内褫夺前条所揭资格一款以上。

第四十八条 凡没收之物如左:

一、违禁私造或私有之物。

二、供犯罪所有及预备之物。

三、因犯罪所得之物。

没收概以犯人以外无有权利者之物为限。

第八章　宥恕减轻

宥恕减轻,各国刑法大率附于“勿论罪”之后。然勿论罪乃纯粹之无罪。宥恕者,已负责任,不过较普通犯罪之责任应减轻耳。故本案析为一章。

第四十九条　凡十六岁以上、二十岁未满之犯罪者,得减本刑一等。

理由

此条采责任年龄表第一种,定未成年者于减轻时代治罪之处分。余详第十一条,兹不赘及。

第五十条　凡聋哑者,及满八十岁之犯罪者,得减本刑一等或二等。

沿革

按《周礼》“三赦之法”有蠢愚,郑注:“蠢愚,生而痴呆童昏者。”实即指聋哑而言。嗣汉有师侏儒,晋有笃癃病,唐以后有笃疾、废疾,盖聋哑亦括于内。至八十以上,列代相沿皆同。

理由

聋哑、精神不完备者,八十岁以上精神渐昏眊者,二者自不能与普通犯罪者同论,故酌量情节,减轻本刑一等或二等。

注意

聋哑有生而聋哑者、因疾病或受伤而聋哑者。生而聋哑,乃自来痼疾,不能承受教育,能力薄弱,故各国等诸幼年之列。若因疾病或受伤而聋哑者,不过肢体不具,其精神、知识与普通无异,则不能适用用此例,即有可原情形,自有宥恕之例在也。

第九章　自首减轻

第五十一条　凡犯罪于未发觉前,于官自首,就受审判者,得减本刑一等。

关于亲告罪,而于有告诉权者首服,就受官之审判者,亦同。

沿革

按《汉律》:“先自告,除其罪。”(见《汉书·衡山王传》)《唐律》:“犯罪未发而自首者,原其罪。其轻罪虽发,因首重罪者,免其重罪。即因所劾之事而别言余罪者,亦如之。即遣人代首,若于法得相容隐者,为首及相告言者,各听如罪人身自首法,其闻首告,被追不赴者,不得原罪。即自首不实及不尽者,以不实、不尽之罪罪之,致死者,听减一等。其知人欲告及亡叛而自首者,减罪二等坐之。即亡叛者,虽不自首,能遂归本所者,亦同。其于人损伤,于物不可备偿,即事发逃亡,若越度关及奸,并私习天文者,并不在自首之限。”《宋刑统》于“私习天文”下增“居丧嫁娶”。《明律》及现行律与《唐律》同,而无“闻首告不赴”一层,复增入强窃盗、诈欺自首之法。

理由

自首减刑，为奖励犯罪者悔过投诚而设。各国多数之例惟认特别自首者，著之于分则，其有规定于总则者，盖缘于中国法系也。自首必须备具四要件：一、自己之犯罪。二、必于觉前。若于发觉后告言己罪，乃自白，非自首。三、告知于官。惟例外告知被害者，亦准自首法。四、于官署就审判。四者不备，即不得准予自首也。

注意

得减云者，悉由审判官之鉴衡，并非必减之谓。至若谋杀、故杀及侵损于人等项，自不能援以为例。

第五十二条 凡一罪既发，别首白未发余罪者，得减所首白余罪之刑一等。

第五十三条 凡为分则特定各罪之预备行为或阴谋者，于未实行之前于官自首者，得免除其刑，但没收不在此限。

理由

犯罪之程度，始阴谋，次预备，次行事，次已遂，至是犯罪始为完成。惟阴谋及预备之为罪，分则中仅限于事之重大危险者，其例较未遂犯为尤尠。然此类人犯亟宜解其胁从，破其诡谋，故采特别自首之法，准予免刑，以宽典而消弭钜患，此亦刑事政策必应之处分也。至没收之刑，性质迥异，自不在援减之限。

第十章 酌量减轻

酌量减轻，不问所犯何罪，审判官可原谅其情状，以其职权减轻其刑。于学说，名审判上之减轻。

第五十四条 凡审判犯人之心术及犯罪之事实，其情轻者，得减本刑一等或二等。

理由

为裁抑犯罪，制定分则以下各条，然同一犯罪，情节互异，若株守一致，则法律之范围过狭，反致有伤苛刻，故予裁判官以特权，临时酌量犯人之心术与犯罪之事实，减一等或二等也。

注意

审按犯人之心术者，例如于屋外犯五元以下之窃盗罪，实因迫于贫困，情可矜悯之类是。审按犯罪之事实者，例如窃取物品仅一枝花，情甚轻微之类是。二者之情事虽不同，其应减轻则一也。

第五十五条 凡于法律虽有加重或减轻之时，仍从前条之规定，得减轻其刑。

注意

法律上之加重，如再犯及俱发之类。法律上之减轻，如未遂、从犯及宥恕、自首之类。虽各项情形竞合，苟有减轻之情形，仍宜准前条办理。

第十一章 加减例

此章定加重、减轻之次序与其分量。

第五十六条 凡死刑、徒刑、拘留,从第三十七条所揭次序加重、减轻。

不得加入死刑及无期徒刑。但一等有期徒刑应加一等者,为二十年以下、十年以上;应加二等者,为二十年以下、十五年以上。不得减徒刑或拘留入罚金。

沿革

按《唐律》:"称加者,就重次;称减者,就轻次。惟二死、三流,各同为一减。加者,数满乃坐,又不得加至于死;本条加入死者,依本条。加入绞者,不加至斩。其罪止有半年徒,若应加杖者,杖一百;应减者,以杖九十为次。"《明律》删去"半年徒"一层,《现行律》同。

注意

第一项从第三十七条加重、减轻者,其加重,例如有期徒刑三等加为二等,二等加为一等是也;其减轻,例如死刑减一等为无期徒刑,无期徒刑减一等为一等有期徒刑,一等有期徒刑以下依次递减是也。

第二项不得加入死刑及无期徒刑者,因死刑与无期徒刑具有特别之性质,若无期徒刑加一等绝其生命,一等有期徒刑加一等致终身缧绁,均于法理未协。故特设制限,凡分则科无期徒刑者,虽经再犯,不能科以死刑,仍科无期徒刑;其科一等有期徒刑者,仍为一等有期徒刑,但加重一等时,可至二十年以下、十年以上,加重二等时,可至二十年以下、十五年以上,庶两得其平也。

不得减入罚金者,因罚金之性质亦与自由刑不同,故除分则处徒刑、拘留或罚金及并科罚金各规定外,凡规定为处徒刑或拘留者,若须减轻,不得依第三十七条之次序,由拘留降入罚金之列。

第五十七条 凡分则定有二种以上有期徒刑,应加减者,俱按等加减之。徒刑或拘留并科罚金应加减时,亦同。

若定有死刑、无期徒刑及有期徒刑应加重者,只加重其最轻之刑。

若最轻之刑拘留,应减轻者,只减轻其最重之刑。

注意

第一项前半,例如于分则处二等以上有期徒刑,减一等即为二等有期徒刑或三等有期徒刑;又如二等或三等有期徒刑,加一等为二等以上有期徒刑;又如四等以下有期徒刑或拘留、五等有期徒刑或拘留,加一等即为四等或三等有期徒刑。

并科徒刑或拘留与罚金应加减时,亦同之加减者。例如处五等有期徒刑或拘留,而与一千元以下罚金并科(如第二百六十八条),若加重一等即为四等或五等有期徒刑,并科一千二百五十元以下、一钱以上罚金。

第二项,例如处死刑、无期徒刑或一等有期徒刑(第二百九十九条),加一等即为死刑或无期徒刑;又如,无期徒刑或二等以上有期徒刑,加一等即为无期徒刑或一等有期徒刑,加二等即为惟一之无期徒刑。

第三项,例如四等以下有期徒刑或拘留,减一等为五等有期徒刑或拘留,减二等为拘留。

第五十八条 凡罚金从各分则所定多寡,以减四分之一为一等。

若只定有最多额,应减轻者,以四分之一为一等。

其与徒刑或拘留并科应加减者,亦同。

注意

例如一千元以下、一百元以上,减一等为七百五十元以下、七十五元以上,加一等为一千二百五十元以下、一百二十五元以上。

第五十九条 凡同时刑有加重、减轻者,互相抵之。

注意

例如再犯之加重一等与自首之减轻一等同时并发,则互相抵消,毋庸加减。

第六十条 凡有二种之应得减者,得合并减之。

沿革

按《唐律》:"若从坐减、自首减、故失减、公坐相承减,又以议请减之类,得累减。"《明律》无"以议请减"一层,《现行律》同。

注意

例如,从犯之得减一等,与自首之得减一等同时并发,则得减二等。

第六十一条 凡因加减徒刑、拘留及罚金所生零数,未满一日及银十钱者,除去之。拘留减尽,免除之。罚金减尽,亦同。

注意

拘留及罚金减四等,即得全部免除。然是,亦仅刑之全免,非谓其无罪也。故因此而受损害之人,仍属犯罪之被告人,可以提起私诉。

第六十二条 凡从刑,不随主刑加重、减轻。

注意

从刑为褫夺公权及没收二者,一则夺其资格,一则没收其特定之物件,此其性质非可有所加减,故特设本条之规定。如此,惟褫夺公权可因审判官之斟酌而加减之,得为同一之适用。详见第四十七条理由。

第十二章 犹豫行刑

按泰西往昔,裁判官权限极广,不待律例之明文,凡犯人情节可恕者,一任裁判官酌定暂缓其刑之执行,各国之例皆然。近年各国定为专例,盖始于美国玛赛秋裁州,行之尚无弊实,今用为成文法者,其国如左:

一、北美合众国玛赛秋裁州	一八七八年
二、英国	一八八七年
三、比利时	一八八八年
四、意大利	一八九〇年
五、法国	一八九一年
六、那戛特尔	同年

续表

七、修乃浦	一八九二年
八、那威	一八九四年
九、德意志多数联邦(用恩赦之形式)	一八九五至一九〇二年
十、瑞士多数州	一八九七年以降
十一、北美合众国二十七州	一九〇一年
十二、日本	一九〇五年

凡此皆定为成文法之国也。此外若奥地利及匈牙利刑法草案、瑞士统一刑法草案、丹墨、瑞典、俄罗斯等,亦皆欲采用此制,是为世界所公认矣。

习染罪恶、不思湔濯,虽不乏人,然亦有出于一时之错误者,若遽投监狱,官吏监督偶弛,往往互相谈论罪恶,是监狱乃研究犯罪之学校也。按列国统计,以平均计算,罪犯百人之中,累犯者居四五十人。而采用此种制之国,于轻微之初犯及本案第六十三条第二款之再犯,不投之于监狱,但警告将来以试验之,其在试验期内犯罪者,常平均计算,百人中十五六人,二者相衡,利害得失,瞭如观火,则此制度为今世舆论所归固宜,故本案采用之也。

本章各条规定,无庸特别论明,惟适用时所当助意者有五,试揭如左:

一、轻微之初犯及第六十三条第二款之罪犯,其应否适用行刑犹豫,并非其人应有之权利,一视裁判官鉴定。

二、可许以犹豫行刑之情节,条例虽无明文,例如血气未定,偶因酒色堕落,乃窃取或强占少额之金钱者,或酗醉殴人致负微伤者,或因受他人挑拨毁坏器物、杀伤牛马者,凡此等罪,以出于一时偶发为限,均相宜也。

三、既宣告犹豫,付诸试验,固由第六十三条第四款之亲族或故旧监督其品行。其司指挥行刑之检察官,应藉警察官之辅助,常默察其动静,若一经昭著,反不足以奖励悛改,务使他人不知本人居于试验之中。

四、犹豫中傥有第六十四条各款事宜之一,迅即执行所犹豫之刑。若系该条第一款、第二款之情形,亦可并科。

五、试验期限在五年以下、三年以上之内,审判官可为适宜之宣告。若在此期限内不犯第六十四条所列各项,致注销犹豫宣告者,则前此宣告之刑即无效力,执行权亦全归消灭。试验期限内再行犯罪与否,即其人利与不利之判,彰彰若此,故自愿悛改者,十恒居其八九,此制之良,实隐契于"刑期无刑"之古训也。

第六十三条 凡具备左列要件者,受四等以下有期徒刑之宣告时,自审判确定日起,于五年以下、三年以上之期限内,得宣告犹豫执行:

一、未曾受拘留以上之刑者。

二、前受三等以下徒刑之宣告,执行既终或得免除执行后经过七年,或前受拘留之宣告,其执行既终或免除后经过三年者。

三、有一定住所及职业者。

四、有亲族或故旧监督犹豫中之品行者。

罚金不在犹豫执行之限。

第六十四条 凡受宣告犹豫行刑者，如有左列情刑之一，应注销犹豫之宣告：

一、犹豫期限内更犯罪，受徒刑之宣告者。

二、因犹豫之宣告前所犯罪，受徒刑之宣告者。

三、前条第二款所揭要件有不备之事实，后经发觉者。

四、丧失住所、职业者。

五、监督者请求刑之执行，其言有理由者。

第六十五条 凡未注销犹豫之宣告者，逾犹豫期限，宣告之刑即无效力。

第十三章 假出狱

假出狱者，乃既经入狱之人，其在执行之中尚有悛改之状，姑与以暂行出狱之法，以奖其改悔也。盖入人于狱，古时原欲以痛苦惩戒其人，近年惟以使人迁善为宗旨，故执行刑法之时，倘有人有改过迁善之实，即不妨暂令出狱，此其制之所由生也。

按各国之例，为法国于公历千七百年之末，于年幼囚行之。其对于一般自由刑囚徒采用此制者，自英国始，尔来各国袭用之者，其次序大概如左：

一、英国	一八五三年八月二十日单行法
二、塞尔维亚	一八六九年五月二十二日单行法
三、瑞士多数州	一八七〇年以降
四、德意志	一八七一年一月一日刑法第二三条
五、丹墨	一八七三年二月十三日单行法
六、克洛亚	一八七五年四月二十二日单行法
七、美国各州	一八七七年以降
八、匈牙利	一八七五年五月刑法第四八条以下
九、荷兰	一八八一年三月三日刑法第一五条以下
十、日本	一八八二年一月一日刑法
十一、法兰西	一八八五年八月十四日单行法
十二、奥地利	一八八六年六月三日布告
十三、意大利	一八九〇年刑法第一六条以下
十四、葡萄牙	一八九三年七月六日监狱则第八条以下

此外若瑞典，虽无特别之法，然依恩赦之形式，故实际上制度仍相同耳(假恩赦)而此恩赦乃成为一种习惯法，惟俄国于一八八三年刑法草案第二十一条曾有此种规定。是欧美、日本各国不采用此制度者，殆稀也。

第六十六条 凡受徒刑之执行者，有悛悔实据时，无期徒刑逾十年后、有期徒刑逾刑期二分之一后,由监狱官申达法部,得许假出狱。但有期徒刑之执行未满三年者,不许假出狱。

第六十七条 凡假出狱者,如有左列情节之一,即停止出狱,出狱中日数不算入于刑期:

一、假出狱中更犯罪,受宣告拘留以上者。

二、因假出狱前所犯罪,受宣告拘留以上者。

三、因假出狱前所宣告,应执行拘留以上者。

四、犯假出狱管束规则中应停止出狱之条项者。

第十四章 恩 赦

恩赦基于宪法,现在宪法尚未制定,暂依《现行律例》,辑为一章,俟将来再行修订。

第六十八条 凡赦,依恩赦条款,临时、分别行之。

沿革

按汉代恩赦有赦、除、减等、听赎各法。《唐律》著赦降之例,疏议兼及会虑。宋《刑统赋解》云:"赦者,全免;降者,减轻;虑者,特旨放一人罪。"《明律》"常赦所不原"条,即本《唐律》,《现行律》同。亦即今之东西各国大赦、特赦、减刑三项也。

第十五章 时 效

时效云者,乃泰西旧语,惟本案则新采用也。凡既经过律例所预定之时限,则生取得权利或免除义务之效力,此制度谓之时效,而前者谓之得权时效或谓之取得时效,后者谓之免责时效。

按权利、义务若因人之地位,而于法律上永无确定者,必于国家、社会多有不便,例如:家藏珍宝,历传数世,忽有人称此物数世前属于伊祖,所持有证据,攫之以去,此岂人情所能甘心。故于一定之时限内,有持有珍宝之事实者,在法律不可不确定其取得之方法。亦因此故,凡负有义务者,若既过履行期限,权利亦已抛弃、遗忘,阅时既久,则亦不可无免除之法。欧美各国及日本行政法、民法、商法、诉讼法等一切法律皆设时效之规定,而未尝竟无此事,即中国实亦有此习惯也。

时效有得权时效、免责时效二种,然在刑事法之范围内,无有与得权时效相匹者,惟有属于免责时效一部之公诉时效与行刑时效二种而已。

公诉云者,要求审判厅决定其嫌疑之人是否有罪,如有罪则科以一定之刑之谓。此种词诉应使国家机关(检察官)执行之,不能一任私人之取舍,是为现今之原则,故通例称之为公诉。公诉提起之权,自犯罪行为既终之日起算,若已空过本案第六十九条所定之期限,即时效集因而消灭。盖在该条所定年月之间而不为起诉及第七十二条诉讼之行为,则有罪之证据与嫌疑人有利之证据均已散逸,势不得以不确实之证据而审理、判决不确实之人,暧昧科罚,最为刑事所忌。故本案特以第六十九条确定公诉提起权之时效期限也。

第六十九条所揭者,系犯罪行为既终后,对于国家未有诉讼行为而方始起诉者之时效期限也,若遇有第七十二条所揭之处分,则必其处分已止之后,该条之时效期限方始进行。故遇有元恶大憝,罪无可逭者,仍得因第七十二条处分,致起诉权永不消灭,所以杜逃刑之弊也。

行刑权之时效(第七十四条)与起诉权之时效不同,须俟有罪之事实既明,刑之宣告已经确定之后,方始适用,故不虞证据散逸,是以其期限较起诉权时效期限延长一倍。有罪之事实既明,刑之宣告已经确定,虽经易数年,仍应执行。然使犯人在第七十四条之长年月之间不受执行,而照常生计于社会,其因此所生之普通生计关系,必已不胜枚举。例如:人于二十岁时受死刑宣告,乃脱逃后经三十年,是其人年岁已满五十,此其时或已立家室,或已就正业得有相当之地位。傥于此际以三十年前之罪致之大辟,是直破坏三十年间普通生计关系,犯人以外之人虽未身被其刑,而所受恶果或更有甚者,是使人忘刑之威严而但觉刑之残酷,实非刑事政策所宜。死刑如此,其余可类推矣。故行刑权者,傥自宣告确定后已过法定之期限,其权即为消灭。盖法律上于人之地位,亦不可无确定之法也。如因其人之恶万无可恕,可合天下之警察以逮捕之,既经捕获,则既往之时效期限即属消灭(第七十六条)。若历二十九年方始捕获,而再脱逃者,非仍逾三十年,不得为时效。搜查三十年不获,始行废止,盖搜查机关非为一人而设者也。

关于刑事法上时效规定之地位,有左列三种:

第一主义,以时效全部属于刑事诉讼法之中。例《法国刑诉法》第六百三十五条以下。盖起诉权固不待论,即行刑权亦属裁判执行权之一,皆诉讼法之事也。

第二主义,以起诉权之时效属于刑事诉讼法之中,而行刑权之时效则以刑法定之。例《日本现行刑事诉讼法》第八条、同《改正草案》第二百四条以下、《现行刑法》第五十八条以下、《改正刑法》第三十二条。盖以起诉权之时效惟属诉讼法之关系,然行权之时效关乎科刑之时限,故为关系于刑法也。

第三主义,以其全部属于刑法之中。盖以刑法虽为各种犯罪定其所科之刑而设,然入起诉权及行刑权之时效者,其科刑不必实施,故其时效即属刑法上一种科刑之制限矣。

以上三种主义之中,其第三最为适于条理,故《德意志刑法》第六十三条以下、《匈牙利刑法》第一百零六条以下、《荷兰刑法》第七十条以下、《布加利亚刑法》第七十二条以下、《墨西哥刑法》第二百六十二条以下、《意大利刑法》第九十一条以下、《芬兰刑法》第八章之第七条、《那威刑法》第六十七条以下,凡此多数之立法例皆采此主义,故本案亦然。

第六十九条 凡提起公诉权,自犯罪行为既终之日起算,于左列期限不行者,则因时效消灭:

一、应死刑者,十五年。

二、应无期徒刑或一等有期徒刑者,十年。

三、应二等有期徒刑者,七年。

四、应三等有期徒刑者,三年。

五、应四等有期徒刑者,一年。

六、应五等有期徒刑以下刑者,六月。

第七十条 凡二罪以上之提起公诉权,据最重刑,从前条之区别,定其时效期限。

第七十一条 凡本刑虽应加重或减轻者,提起公诉权之时效期限,仍据本刑计算。

第七十二条 凡提起公诉权之时效,因左列之行为中断,俟行为停止另行起算:

一、预审上诉讼行为

二、公诉上诉讼行为

三、搜查上强制行为。

前项行为对于一切共犯者有同一之效力。

第七十三条 凡被告人因罹精神病、其它重病停止公判间,提起公诉权之时效即行停止。

第七十四条 凡刑之宣告确定后,于左列期限内未受执行者,则因时效消灭其执行权:

一、死刑,三十年。

二、无期徒刑,二十五年。

三、一等有期徒刑,二十年。

四、二等有期徒刑,十五年。

五、三等有期徒刑,十年。

六、四等有期徒刑,五年。

七、五等有期徒刑,三年。

八、拘留、罚金,一年。

第七十五条 凡执行权之时效,依律例停止执行间,即行停止。

注意

依律例停止执行者,指因第六十三条以下所定犹豫行刑、第六十六条以下所定假出狱及其它诉讼法等依切律例之各规定停止执行刑罚之情形而言。于此等情形,则系律例定为不应执行,非第七十四条所谓不受执行者,故于此期限内,执行权之时效亦停止之,名曰行刑时效之停止。

行刑时效之停止与次条所定行刑时效之中断有异,停止者,通算停止先后之时间,以充第七十四条所定期限之数;中断者,惟以中断后之时间,充第七十四条所定期限之数。

第七十六条 凡执行权之时效,因执行而逮捕犯人即行中断,但余未发觉刑,不在此限。

罚金及没收之时效,因执行行为即行中断。

第十六章 时期计算

本案凡刑期、时效、犹豫行刑、假出狱及累犯各例,时期盈朒,关系至重,故规定计算之法。

第七十七条 凡时期以日计者,阅二十四小时;以月计者,阅三十日;以年计者,阅十二月。

沿革

按《唐律》:"称日者,以百刻;计功庸者,从朝至暮;称年者,以三百六十日。"《明律》及《现行律》同。

第七十八条 凡时期之初日,不论时刻,以一日论;终日,阅全一日。

放免有期徒刑囚人,于期限既满之次日行之。

第七十九条 凡刑期,自审判确定日起算。

审判虽经确定尚未受拘置之日数,不算入刑期。

第八十条 凡未决中监禁之日,依左列算入刑期:

一、监禁三日,抵徒刑、拘留一日。

二、监禁二日,抵罚金半元。

理由

未决监禁日数算入刑期,为今世学说所公认。盖遇重要案件,凡预审中检证等事必须慎重,监禁之期亦因之延长,恒有迟至数年始结者,久困圜扉,不无可悯,本案特立此例,以补救之。惟未决中之监禁,究与囚人有异,故计算之法较普通之刑期,定为三倍或四倍之比例也。

第十七章 文　例

此章揭刑律中用语之意义,规定其范围之制限也。盖比较各国刑法,有定明期限计算法及制限公务员名称之范围等例,皆不过散见于一二条文,并不多备。然为便于实施起见,特专设为此种条文者,亦非无其例,如那威及荷兰刑法是,本案亦即仿此。文例之位置,《那威刑法》为总则中之凡例,《荷兰刑法》则居总则之后独立为一章,各有得失。按文例之规定,不仅关于刑律总则之用语,其关于分则之用语为多,故本案仿《荷兰刑法》,列于总则之后另成一章。

第八十一条 凡称乘舆、车驾、御及跸者,太皇太后、皇太后、皇后同。

称制者,太皇太后、皇太后同。

沿革

按《唐律》:"称'乘舆'、'车驾'及御者,太皇太后、皇太后、皇后并同。称'制'、'敕'者,太皇太后、皇太后、皇后、皇太子令,减一等。"《明律》改"减一等"为"并同",《现行律》因之。

第八十二条 凡称尊亲族者,为左列各等:

一、祖父母,高、曾同。

二、父母。

妻于夫之尊亲族,与夫同。

三、外祖父母。

称亲族者,为左列各等:

一、夫妻。

二、本宗服图期服以下者。

三、妻为夫族服图大功以下者。

四、出嫁女为本宗服图大功以下者。

五、外姻服图小功以下者。

六、妻亲服图缌麻以下者。

第八十三条 凡称吏员者,官吏、公吏,依律例从事于公务之议员、委员、其他职员皆是。

称公署者,吏员奉行职务之衙署局所皆是。

称公文书者,吏员及公署应制成之文书皆是。

第八十四条 凡称议会及选举者,依律例所设立中央及地方参政上议会及其议员之选举是。

第八十五条 凡援用别条所揭之罪,其罪应罚未遂、预备或阴谋,本条并援用之。造意犯及从犯,亦同。

第八十六条 凡本律称以下、以上、以内者,其起讫俱以本数为限。

第八十七条 凡称笃疾者,谓左列伤害:

一、毁败视能者。

二、毁败听能者。

三、毁败语能者。

四、毁败一肢以上,或终身毁败其机能者。

五、于精神或身体有不治之疾病者。

六、变更容貌且有重大不治之伤害者。

七、毁败阴阳者。

称废疾者,谓左列伤害:

一、减衰视能者。

二、减衰听能者。

三、减衰语能者。

四、减衰一肢以上之机能者。

五、于精神或身体有至三十日以上之疾病者。

六、三十日以上可废业务之疾病者。

称伤害者,除前二项所揭外,其余之疾病、损伤皆是。

(三)修订法律大臣沈家本等奏进呈《刑律分则草案》折

修订法律大臣沈家本等奏进呈《刑律分则草案》折

(1907年12月30日)[1]

修订法律大臣法部右侍郎沈家本跪奏:为刑律分则草案告成,缮具清单,恭折仰祈圣鉴事。

窃臣于本年八月间进呈《刑律草案总则》清单,请旨饬交宪政编查馆考核,并附片陈请展限一月,将分则续行呈进等因,均仰蒙俞允,钦遵在案。嗣臣恭膺简命,复领斯职,乃分饬馆员一面部署新馆事宜,一面仍将分则昕夕校录,以竟前绪。

查刑律总则为全编之纲领,分则为各项之事例,夷考中国刑书之目次,以李悝《法经》为最古,所谓盗、贼、囚、捕、杂、具六篇是也。汉萧何益为九章,叔孙通益为十八章。复得马融、郑康成诸儒为之章句,资于诵习,功侔六经。虽其书散亡,而分析之源流具详《晋书·刑法志》。即《汉律》之佚文剩意,犹散见经疏史注,尚可裒集成帙。历魏晋以迄南北朝,世有增损。唐贞观时,诏长孙无忌等循武德之旧撰《唐律》,分名例、卫禁、职制、户婚、厩库、擅兴、贼盗、斗讼、诈伪、杂律、捕亡、断狱为十二篇,文例加密。其后《大中统类》、宋之《建隆刑统》、元之《圣政典章》、明之《明律》及《问刑条例》等,卒莫能轶其绳墨之外,此古今沿革之大较也。

窃维法律之损益,随乎世运之递迁,往昔律书体裁虽专属刑事,而军事、民事、商事以及诉讼等项错综其间。现在兵制既改,则军律已属陆军部之专责,民商及诉讼等律,钦遵明谕,特别编纂,则刑律之大凡自应专注于刑事之一部。推诸穷通久变之理,实今昔之不宜相袭也。是编修订大旨折衷各国大同之良规,兼采

[1] 光绪三十三年十一月二十六日。——编者注。

近世最新之学说,而仍不戾乎我国历世相沿之礼教民情,集类为章,略分序次。

《春秋》之义,首重尊王,故以关于帝室之罪弁冕简端。内政、外交为国家治安之基本,而选举尤立宪国之通例也,故以内乱、国交、外患、泄漏机务、渎职、妨害公务、选举次之。为维持社会之交际,宜注重于公益,故以骚扰、囚捕、伪证、诬告、水火、危险物品、交通、秩序、货币、官私文书、度量衡、祀典、鸦片又次之。文明进步,端于风俗,验于生计,故次以赌博、奸非、水道、水源卫生。而国民之私益应沐法律保护者,莫如生命、身体、财产,故以杀伤、堕胎、遗弃、逮捕、监禁、略诱、和诱、名誉、信用、安全、秘密、窃盗、强盗、诈欺、侵占、赃物、毁弃、损坏缀其后焉。事增于前,文省于旧,合诸总则凡五十三章,三百八十七条。

顾或有以国民与审判之程度未足者,窃以为颛蒙之品汇不齐,而作育大权实操自上。化从之效,如草偃风,陶铸之功,犹泉受笵,奚得执一时之风习,而制限将来之涂辙。此不足虑者一。各省政法政学堂依次推广,审判人材渐已储备,即使骤乏良选,正可因试行新法之故而尽力于培养之方,不宜惩羹止沸,遂咎新法之难期实行,此不足虑者又一。况列强竞峙,非藉法律保障,不足以均一权势而杜觊觎。本年荷兰海牙保加会议提议公断员一事,各国以我法律不同,抑居三等,幸经外务部暨专使陆征祥等往复抗辩,悬而未决。然来届会期为时甚速,虽贻亡羊之悔,宜为蓄艾之谋,此尤臣所鳃鳃过计者也。编辑既竣,仍依总则体例,分沿革、理由、注意三项,逐条诠识。敬谨缮具清单,恭呈御览,伏祈饬下宪政编查馆归入前案,一律照章考核,请旨施行。所有进呈刑律分则草案缘由,谨恭折具陈,伏乞皇太后、皇上圣鉴。谨奏。

仅将酌拟《刑律分则草案》缮具清单,恭呈御览:

第二编　分　　则

分则者,所以定各种犯罪成立之要件,然必待总则所定普通要件完备之后,始可论罪。各国立法例俱规定各罪分为数大类,有以对国家罪、对个人罪、对身体罪、对财产罪等举其大纲者,更有以害公安罪、害生命罪、害身体罪、窃盗罪、诈欺取财罪等立其细目者。例如法兰西及日本现行刑法等。然如此分别纲目,其宗旨于学理未能贯彻,于警察、检察及裁判等之实务上亦属毫无利益。故本案不据此例,直揭各种罪名而列举之。惟其次序,仍以直接有害国家存立之条件者居于首项(第一章至第八章),其害个人而间接害及国家社会者又次之(第二十六章至第三十六章)。是盖按各罪配列之次序而斟酌以定之,非学理上有此特质也。

第一章　关于帝室之罪

本章于旧律之大逆、大不敬外,更规定对于宗室之危害罪、不敬罪,不过修正文词及处分之阶级,以冀较旧律为明确,至于大旨,固无增损也。

第八十八条　凡加危害于乘舆、车驾及将加者,处死刑。

沿革

《汉书·晁错传》:"大逆无道,当腰斩,父母、妻子、同产无少长,皆弃市。"此《汉律》也。

《晋书·刑法志》:"魏法,制《新律》,改贼律,但以言语及犯宗庙、园陵,谓之大逆无道,腰斩,家属从坐,不及祖父母、孙。又贾充定法律,除谋反,适养母、出嫁女皆不复还坐,父母弃市。"

《唐律》:"诸谋反及大逆,皆斩;父子年十六以上,皆绞。十五以下及母女、妻妾(子妻妾亦同)、祖孙、兄弟、姊妹,若部曲、资财、田宅,并没官;男夫年八十及笃疾,妇人年六十及废疾者,并免;伯叔兄弟之子,皆流三千里,不限籍之同异。即虽谋反,词理不能动众、威力不足率人者,亦皆斩;父子、母女、妻妾并流三千里,资财不在没限。其谋大逆者,绞。"《疏议》曰:"上文'大逆'即据逆事已行,此为谋而未行,惟得绞罪。"

《元史·刑法志》:"诸大臣谋危社稷者诛。诸无故议论谋逆,为倡者处死,和者流。诸假托神异,狂谋犯上者,处死。"《元典章·刑部三·诸恶》:"伪写国号,妖说天兵,为头的妄造妖言,首从知情并处死。"

《明律》:"凡谋反及大逆,但凡共谋者,不分首从,皆凌迟处死。祖父、父、子、孙、兄、弟及同居之人,不分异姓,及伯叔父兄弟之子,不限籍之同异,年十六以上,不论笃疾、废疾,皆斩;其十五以下及母女、妻妾、姊妹,若子之妻妾,给付功臣之家为奴,财产入官;若女许嫁已定,归其夫;子孙过房与人及聘妻未成者,俱不追坐。知情故纵隐藏者,斩;不首者,杖一百、流三千里。"

《现刑律》与《明律》同。

注意

将加危害者,非第指未遂者而言,凡预备、阴谋亦赅于其中,即《现行律例》中之"谋为大逆"之义,惟须出于故意方是。若仅出于过失,则属第八十九条之范围。

第八十九条 凡因过失致生前条所揭危害者,处二等或三等有期徒刑或三千元以下、三百元以上罚金。

理由

前条乃罪恶中之罪恶,于律例所当严惩。然亦有偶近乘舆,天威咫尺,进退失其常度,出于过失者,究与大逆有间,故本条特宽其刑。

第九十条 凡加危害于帝室缌麻以上之亲者,处死刑、无期徒刑或一等有期徒刑。

第九十一条 凡因过失致生前条所揭危害者,处四等以下有期徒刑、拘留或一千元以下罚金。

第九十二条 凡对于乘舆、车驾有不敬之行为者,处二等或三等有期徒刑。

对于太庙、皇陵有不敬之行为者,亦同。

理由

《现行律》"十恶"条"大不敬"下注有:"谓盗窃大祀及乘舆服御之物、盗及伪造御宝、和合御药不依本方及封题错误、若造御膳,误犯食禁、御幸舟船,误不坚固"等语,于本案分别此等罪恶,如盗取御物,列于第三百五十条及第三百五十五条贼盗罪之中,以其罪质非特欲侵犯禁虆尊严,仍不外侵害财产也;盗用及伪造御宝,列于第二百四十一条伪造文书罪中,以其罪质非有不敬之特征,仅有伤于制书、玺印之信用耳。以上二罪虽关涉帝室,然从其特质、特征起见,不得不如此分别。至于误和御药,不依本法以下各罪,皆因过失而生危害,则属前条之范。

本条第一项所谓"不敬之行为",系指因言语、文书、举动而故意干冒乘舆之尊严者而言。是《现行律例》所未备,而实不敬之大者也。各国立法之例于此,无不设有专条。盖其词句虽与不敬相同,而意义则与《现行律》迥异。

第九十三条 凡对于帝室缌麻以上之亲有不敬之行为者,处四等以下有期徒刑、拘留或一千元以下罚金。

第九十四条 凡侵入太庙、皇陵、宫殿、离宫、行在所,或受命令而不退出者,处二等至四等有期徒刑或三千元以下、三百元以上罚金。

沿革

汉贾谊《新书》"等齐"篇:"天子宫门曰司马,阑入司马门者,为城旦。殿门阑入之罪,弃市。"

《汉书·功臣表》:"山都嗣侯王当,坐阑入甘泉上林,免。"此汉时,阑入离宫之罪与宫殿异。

《唐律》:"诸阑入太庙门及山陵兆域门者,徒二年;越垣者,徒三年。太社,各减一等。诸阑入宫门,徒二年;殿门,徒二年半;持杖者,各加二等。入上阁内者,绞;若持杖及至御在所者,斩;迷误者,上请。即应入上阁内,但杖不入而持寸刃入者,亦以阑入论;不应带横刀而带入者,减三等。及阑入御膳所者,流三千里。入禁苑者,徒一年;诸阑入者,以逾域为限。至阈未逾者,杖八十,殿门以内,递加一等。其越殿垣者,绞;宫垣,流三千里;皇城减宫垣,一等;京城,又减一等。"

《元典章·刑三部》:"送下监修官也速迷儿丁呈:捉获跳过太液池围子禁墙人楚添儿。法司拟:阑入禁苑,徒一年,杖六十。部拟:五十七下。都省准拟。"《明律》:"凡擅入太庙门及山陵兆域门者,杖一百;太社门,杖九十。未过门限者,各减一等。凡擅入皇城午门、东华、西华、玄武门及禁苑者,各杖一百。擅入宫殿门,杖六十,徒一年。擅入御膳所及御在所者,绞。未过门限者,各减一等。若无门籍冒名而入者,罪亦如之。"

《现行律》与《明律》同。

第九十五条 凡在前条所载各处射箭、放弹、投砖石者,处三等或四等有期徒刑或一千元以下、一百元以上罚金。

其在距离能到之地,自外向内有前项所揭行为者,亦同。

沿革

《唐律》:"诸向宫殿内射宫垣,徒二年;殿垣,加一等。箭入者,各加一等。即箭入上阁内者,绞;御在所者,斩。放弹及投瓦石者,各减一等。杀伤人者,以故杀论。"《明律》:"凡向太庙、宫殿射箭、放弹、投砖石者,绞;向太社,杖一百,流三千里。但伤人者,斩。"《现行律》与《明律》同。

第九十六条 凡犯跸者,处四等以下有期徒刑、拘留或三百元以下罚金。

沿革

《汉书·张释之传》注令乙:"跸先至而犯者,罚金四两。"又《江充传》注:令乙:"骑乘车马行驰道中,已论者没入车马被具。"又《功臣表》:"高苑嗣侯丙信,坐出入属车间,免。"注:"师古曰:'天子出行,陈列属车,而辄至于其间'。"《唐律》:"诸车驾行,冲队,徒一年;冲三卫仗者,徒二年。误者,各减二等。"《明律》:"凡车驾行处,除近侍及宿卫护驾官军外,其余军民并须回避,冲入仪仗内者,绞;若在郊野之外,一时未能回避者,听俯伏以待。其文武百官,非奉宣唤,无故辄入仪仗内者,杖一百。"《现行律》与《明律》同。

理由

自第九十四条系至第九十六条,系皆采用《现行律》,惟酌改刑名之等差。

第九十七条 第九十条及第九十二条至前条之未遂罪,罚之。

第九十八条 凡预备或阴谋犯第九十条之罪者,处四等以下有期徒刑、拘留或一千元以下罚金。

第九十九条 因犯本章之罪而应宣告二等有期徒刑以上之刑者,褫夺公权。其余,得褫夺公权全部或一部。

第二章 关于内乱之罪

内乱之义,与第四章"外患"相对,但凡以暴力紊乱国家内部存立之条件者,谓之内乱,即《现行刑律》十恶之"谋反"是也。旧律以"谋反"为"谋危社稷",本案改为内乱,因其事不仅谋危社稷一项,凡关于国权、国土、国宪,滥用暴力冀谋变更者均是,故范围较前加广。内乱之罪,往昔之见解,以为臣民对于祖国而谋不轨之谓,自今世法律思想推之,关于一国之内政而犯大罪,应不问犯者之是否己国臣民。故本案并不限定何国之国籍,援第二条之例,虽为外国人,亦必须遵用本章也。

第一百条 凡以颠覆政府、僭窃土地或紊乱国宪为宗旨起暴动者,为内乱罪,从左列分别处断:

一、首魁,死刑或无期徒刑。

二、执重要之事务者,死刑、无期徒刑或一等有期徒刑。

三、附和随行者,二等至四等有期徒刑。

因前项所揭宗旨,聚众掠夺公署之兵器、弹药、船舰、钱粮、其它军需用品,及携带兵器公然占据都府、城寨、其它军用之土地者,均以内乱既遂论。

沿革

《唐律》、《明律》、《现行律》俱附见第八十八条。《元史·刑法志》:"诸潜谋反乱者,处死;宅主及邻佑知而不首者,同罪;内能悔过自首者,免罪给赏;不应捕人首告者官之。诸谋反,已有反状,为首及同情者,凌迟处死;为从者,处死;知情不首者,减为从一等,流远并没入其家。其相须连作者,各以其罪罪之。"《元典章·刑部三》断例:"写立文字,说大言语,典刑转递号令。"

理由

颠覆政府者,谓变更中央之国权。僭窃土地者,谓占领境内之全部或一部。紊乱国宪者,谓变更国家之成宪。三者皆关系国内之存立,故为内乱罪。

第一百零一条 前条之未遂罪,罚之。

第一百零二条 凡预备或阴谋为内乱者,处三等以上有期徒刑。

第一百零三条 凡知预备内乱之情,而供给兵器、弹药、船舰、钱粮及其余军需品者,处无期徒刑或二等以上有期徒刑。

理由

本条所揭之行为,自其性质而论,乃助人预备内乱之从犯,其处分应与前条相同或减一等。然其于预备或阴谋内乱之人,有供以行事所需资料之虞,故必特设处分。

第一百零四条 凡暴动者违背战斗上国际成例,犯杀伤、放火、溢水、掠夺及其它罪者,援用该项条例,照第二十三条至第二十五条之例处断。

理由

违背战时国际法规惯例之罪者,如交战之时无故杀戮妇女老稚,烧毁寺院、美术馆、博物馆,荒废良民之田圃、牧场,掠夺金银及有价物品以自利之类,皆乘内乱而起,不能仅以内乱论,应援用该项条例与内乱罪照俱发例加重其刑也。

注意

本条据战斗上国际成例,于凡乘内乱所起之杀伤及其余罪,特为分别,有吸收于内乱之中者,有不在吸收之中者。然并非以此规定,直认内乱为国际法上之国内战争也。凡内乱应否认为国内战争,及应否适用战时国际法,此则专属国际法之范围,与刑法无涉。

第一百零五条 因犯本章之罪而应宣告二等有期徒刑以上之刑者,褫夺公权。其余,得褫夺公权全部或一部。

第一百零六条 犯第一百零一条至第一百零三条之罪,未至暴动前自首者,免除其刑。

第三章 关于国交之罪

近年,往来日就便利,列国交际益繁。本章所揭,皆损害国家睦谊,而影响及全国之利害者,兹特设为一章,是最新之立法例也。

第一百零七条 凡对于留滞中国之外国君主、皇族或大统领加危害,或将加者,分别故意、过失,照第八十八条至第九十一条之例处断。

中国臣民在外国对其国之君主、皇族或大统领,或对留滞其国之第三国君主、皇族或大统领加危害,或将加者,亦同。

第一百零八条 凡对于留滞中国之外国君主、皇族或大统领有不敬之行为者,照第九十二条及第九十三条之例处断。

中国臣民在外国对其国之君主、皇族、皇陵或大统领,或对留滞其国之第三国君主、皇族或大统领有不敬之行为者,亦同。

理由

君主、皇族、皇陵、大统领互相同等,乃现今国际上之通例,故定此二例,揆之法理,亦一贯之义也。

前条第一项及本条第一项不分犯人之为中外国人,盖犯人虽为外国人,其对于留滞中国之外国君主、皇陵及大统领加以此种非行,亦能使我国际上发生重害,与本国人无异也。

前条第二项及本条第二项专以规定中国臣民之行为,按第八十八条至第九十三条之例,俱不问犯罪者之国籍如何,而此仅限于中国臣民者,以外国臣民在外国犯此罪,于中国之国交无害也。又第八十八条至第九十三条虽为外国人,亦服同等之刑,故对于其国之君主、皇族、及大统领,或留滞其国第三国之君主、皇族或大统领,仍服同等之刑,并不以领地而异其科,为辑绥之故,固宜如此也。

第一百零九条 凡杀伤派至中国之外国代表者，照第三百条及第三百零二条之例处断。中国臣民在外国对于派至该国之本国或第三国代表者犯时，亦同。

若加暴行、胁迫或侮辱于派至中国之代表者，处四等以下有期徒刑或拘留。中国臣民在外国对于派至该国之本国或第三国代表者，亦同。

理由

慎重国交，则代表一国之使臣不得不重，其对于此而有犯杀伤及其余之罪者，应较对于常人加一等，故本条特设独立之规定。其照第三百条及第三百零二条之例处断者，盖用同等之处分，非谓其罪质之相同也。照例处断者，及准用其处分之意，与所云以论者不同。

第一百十条 凡以侮辱外国为宗旨，损坏、除去、污秽外国之国旗及其余国章者，处四等以下有期徒刑、拘留或三百元以下罚金。

第一百十一条 凡滥用红十字记号作为商标者，处三百元以下罚金。

理由

滥用红十字之记章以为商标，亦足生列国之异议，而有害国交之虞者，本案故特为加入。将来各国刑典上必须有之规定也。

第一百十二条 凡中国臣民聚众以暴力僭窃外国领域者，照左列处断：

一、首魁，无期或一等有期徒刑。

二、执重要之事务者，二等或三等有期徒刑。

三、余人，三等以下有期徒刑或一千元以下、一百元以上罚金。

第一百十三条 凡私与外国开战斗者，照前条之例处断。

第一百十四条 凡外国交战之际，违背关于局外中立之命令者，处四等以下有期徒刑或拘留。

因而得利者，并科所得总额二倍以下、总额以上罚金；如二倍之数未达三百元时，并科三百元以下、所得总额以上罚金。

注意

本条之规定，惟外国互相开战而中国布告局外中立时，乃用之。

第一百十五条 第一百零八条、第一百零九条第一项、第二项、第一百十条及第一百十二条至前条之未遂罪，罚之。

第一百十六条 凡预备或阴谋犯第一百零九条第一项、第二项、第一百十一条及第一百十二条之罪者，处四等以下有期徒刑、拘留或一千元以下罚金。

第一百十七条 因犯本章之罪应宣告二等有期徒刑以上之刑者，褫夺公权。其余，得褫夺公权全部或一部。

第一百十八条 第一百零八条之罪，待外国政府之请求或同意，然后论之。

第一百零九条第三项及第四项之罪，待被害者之告诉，然后论之。

第一百十九条 凡预备或阴谋犯第一百十二条或第一百十三条之罪，于着手实行前自首者，免除其刑。

第四章 关于外患之罪

本章所规定即旧律“谋叛”之罪,但旧律犯人以本国臣民为限,而本案第二条之适用,不分国籍如何之主义为异也。盖本章所定之罪恶,乃于本国之对外关系大有不利者,故犯人不复分别中外也。本案采对于外国人加以同等之刑之主义,然第八条之适用则有国际上特别之条约、法规或惯例,有不得不从其制限者,故如捕获间谍,在本案虽以第一百二十三条第四款或军律论罪,然捕获敌之斥候,则不得不以捕虏待遇之也。

第一百二十条 凡受中国之命令、委任与外国商议者,若图自己或他人或外国之利益,故意议定不利中国之条约者,不同批准与否,处无期徒刑或二等以上有期徒刑。

注意

有中国吏员之资格,受上官之指挥,谓之命令。无吏员资格之中外臣民,受中国之嘱托,谓之委任。批准,即签押互换之谓。既经议定,即拒绝批准,于实际殊为不便。本条所指乃不正只议定者,身膺重寄,甘为奸壬以卖国,勿论其曾经批准与否,及距批准与否之时期如何,应直科以本条之刑。

第一百二十一条 凡中国之臣民,欲使藩地及其余领域属于外国,与外国开始商议者,处无期徒刑或二等以上有期徒刑。

理由

无政府之命令或委任而为本条之行为者,于国际法上固无效力,然于中国之对外关系上易生损害,故应科以重刑。

第一百二十二条 凡通谋于外国,使对中国开战端,或与敌国抗敌中国者,处死刑或无期徒刑或一等有期徒刑。

沿革

《唐律》:“诸谋叛者,绞。已上道者,皆斩(谓协同谋计乃坐,被驱率者非),妻、子流二千里。若率部众百人以上,父母、妻、子流三千里。所率虽不满百人,以故为害者,以百人以上论。(害,谓有所攻击、掳掠者)即亡命山泽,不从追唤者,以谋叛论。其抗拒将吏者,以已上道论。”

《元典章·刑部三》断例:“作反叛乱,为头的、一同商量的、理会得不首告的,都一般处死,断没家产。”

《明律》:“凡谋叛,但共谋者,不分首从,皆斩,妻妾、子女给付功臣之家为奴,财产并没入官。父母、祖孙、兄弟不限籍之同异,皆流二千里安置。知情故纵、隐藏者,绞;有能告捕者,将犯人财产全给充赏;知而不首者,杖一百,流三千里。若谋而未行,为首者绞;为从者,皆杖一百,流三千里;知而不首者,杖一百,徒三年。若逃避山泽,不服追唤者,以谋叛未行论;其拒敌官兵者,以谋叛已行论。”

《现行律》与《明律》同,雍正三年增入“女许嫁已定、子孙过房与人、聘妻未成者,俱不坐”等句。

注意

本条以下所谓敌国,从国际法之原则,指与本国开始战争之外国而言。其在开衅以前既生争论，虽互有敌视之意，不得称为敌国。

第一百二十三条 凡以利敌国或害中国之宗旨，而有左列各款之行为者，处死刑或无期徒刑或一等有期徒刑：

一、以要塞、军港、船舰、兵器、弹药、钱粮、往来通信之材料及供军用之处所、营造物或物件交付敌国，或烧毁、损坏及设方法致全部或一部不能使用者。

二、用伪计及设方法于中国之陆军或海军内，煽令不和、反乱或逃脱者。

三、以关于中国军事上设备、计划之文书、图画交付敌国者。

四、为敌国之间谍或帮助敌国之间谍者。

五、诱导敌国之军队或船舰，使侵入或接近中国之领域者。

沿革

《唐律》："诸密有征讨而告贼消息者，斩，妻、子流二千里。其非征讨而作间谍，若化外人来为间谍，或传书信与化内人并受，及知情容止者，并绞。"《明律》："凡闻知朝廷及总兵将军调兵讨袭外蕃，及收捕反逆贼徒机密大事，而辄漏泄于敌人者，斩。若边将报到军情重事而漏泄者，杖一百，徒三年。仍以先传说者为首，传至者为从，减一等。"《现行律》与《明律》同，原附吏律"公式"，顺治初，移入兵律"军政"。

注意

本条及前后所记之行为，有应受军律之处断者，即应从军律。惟不从军律者，乃得照此二条之例处断。

第一百二十四条 凡与外国交战之际，有负担中国军事上必应供给之义务者，当缔结契约时用伪计及其余不正行为，或缔结契约后不从本旨履行义务者，处无期徒刑或二等以上有期徒刑。

因而得利者，并科所得总额二倍以下、总额以上罚金；如二倍之数未达三百元时，并科三百元以下、所得总额以上罚金。

注意

供给军事上必需之义务者，非第供给军械、军衣、粮食及其余物品，即供给劳动之义务，如从军者，亦赅于此。不从本旨履行义务者，如契约载明供给米石若干或牲只若干，而以腐败之米石及病羸之牲只充数是也。

第一百二十五条 凡除二前条所揭之外，依其余行为，以军事上之利益与敌国或酿军事上之不利益于中国者，处二等或三等有期徒刑。

注意

本条之义所赅者，例如以新闻纸故意传布不实之报告，以阻丧本国士气，或泄漏军费不足，与敌人以继续之动机等。凡故意利敌国、害本国之行为，皆含与此。

第一百二十六条 本章之未遂罪，罚之。

第一百二十七条 凡预备或阴谋犯第一百二十条、第一百二十一条或第一百二十四条之罪者，处四等以下有期徒刑、拘留或一千元以下罚金。其系第一百二十二条或第一百二十三条之罪，处三等以上有期徒刑。

第一百二十八条 中国之臣民犯本章之罪者,褫夺公权。其余,得褫夺公权全部或一部。

第一百二十九条 犯第一百二十七条之罪,于未着手实行前自首者,免除其刑。

第一百三十条 本章之规定,对于战时同盟国之行为,亦适用之。

第五章 关于漏泄机务罪

本章所定,为保障政务秘密所必需之罚则。第一百三十一条,除军事外,漏泄其余政务之秘密者。第一百三十二条至第一百三十五条,于军事上有漏泄之虞及漏泄之行为者。而在战时漏泄军事于敌国,属第一百二十三条第四款之范围,其在平时,则属于本章也。

第一百三十一条 凡关于中国之内治或外交应秘密之政务而漏泄者,处三等或四等有期徒刑。

若暗通于外国时,处二等或三等有期徒刑。

因犯前项之罪,至与外国生纷议或战争者,处无期徒刑或一等有期徒刑。

第一百三十二条 凡知为军事上秘密之事项或图书、物件,而刺探、收集者,处三等以下有期徒刑或五百元以下、五十元以上罚金。

第一百三十三条 凡因职务知悉或收领军事上秘密之事项或图书、物件,漏泄于他人或公表者,处二等以上有期徒刑。

沿革

《周礼·士师》:"'邦汋'注:郑司农云:国汋者,斟汋盗取国家密事,若今时刺探尚书事。疏:汉时尚书掌机密,有刺探尚书密事,斟酌私知。"《后汉书·杨伦传》:"有司奏伦探知密事,徼以求直。坐不敬,给鬼薪。"《汉书·元帝纪》:"建昭二年,淮阳王舅张博、魏郡太守京房坐窥诸侯王,以邪意漏泄省中语,博腰斩,房弃市。又《陈咸传》:"石显奏咸漏泄省中语,下狱治,减死,髡为城旦。"《唐律》:"诸漏泄大事应密者,绞(大事,谓潜谋讨袭及收捕谋叛之类);非大事应密者,徒一年半。漏泄于蕃国使者,加一等。仍以初传者为首,传至者为从。即转传大事者,杖八十;非大事者,勿论。"《明律》:"凡诸衙门官吏,若与内官及近侍人员互相交结,漏泄事情,夤缘作弊,而符同奏启者,皆斩,妻、子流二千里安置。"《现行律》与《明律》同。

第一百三十四条 凡偶然知悉或收领军事上秘密之事项或图书、物件,漏泄于他人或公表者,处二等或三等有期徒刑。

第一百三十五条 凡未得许可,将军港、要港、防御港或堡垒、炮台、水雷卫所、其它因防御而建设之各项营造物,测量、模写、撮形或录取其状影者,处三等以下有期徒刑或五百元以下、五十元以上罚金。

第一百三十六条 第一百三十一条第二项及第一百三十二条至前条之未遂罪,罚之。

第一百三十七条 犯本章之罪者,得褫夺公权之全部或一部。

第一百三十八条 犯本章之罪因而得利者,没收之。如已费失者,追偿其偿额。

第六章 关于渎职之罪

本章除第一百四十一条及第一百四十二条外,皆所以罚吏员之行为有害于其职务之尊严及信用者,而此二条之罪,亦直接有关于渎职之行为,故以类辑之。除本章之外,关系吏员职务之行为,其例亦见于他章,然散见于他章者,以其人为吏员,故刑当较重耳,至本章所定,则专以吏员为限也。

第一百三十九条 凡吏员或公断人关于其职务,要求、预约或收受贿赂者,处三等以下有期徒刑。

因而为不正之行为,或不为正当之行为者,处三等以上有期徒刑。

注意

称"不正"者,与不法、不当字义不同,乃明知违背律例而故意为不正当之行为者也。于其余各条之用例,亦同。例如明知不属自己管辖而为曲庇或陷害被告,故意受理其刑事案件;又如明知属自己管辖之民事诉讼,而为曲庇被告,欲使原告失败,故意不为受理。凡此等者,皆属本条之范围。

第一百四十条 凡吏员或公断人关于其职务,而事后要求、预约或收受贿赂者,处四等以下有期徒刑。

因为不正之行为或不为正当行为,而事后要求、预约或收受贿赂者,处二等或三等有期徒刑。

沿革

《汉书·外戚恩泽侯表》:"平丘侯王迁,地节二年,坐平尚书,听请受赃六百万,自杀。如淳曰:律,诸为人请求于吏以枉法,而事已行,为听行者,皆为司寇。师古曰:有人私请求,而听受之。"又《刑法志》:"文帝十三年定律:吏坐受赇枉法,守县官财物而即盗之,已论命复有笞罪者,皆弃市。"注:晋灼曰:"命者,名也,成其罪也。"师古曰:"守县官财物而即盗之,即今律所谓主守自盗者也。"又《景帝纪》:"元年令:吏及诸有秩受其官属所监、所治、所行、所将,其与饮食,计偿费,勿论。它物,若买故贱,卖故贵,皆坐赃为盗,没入赃县官。吏迁徙免罢,受其故官属所将、监、治送财物,夺爵为士伍,免之。无爵,罚金二斤,令没入所受。"

《唐律》:"诸受人财而为请求者,坐赃论,加二等;监临势要,准枉法论。与财者,坐赃论,减三等。若官人以所受之财,分求余官,元受者,并赃论,余各依已分法。诸有事以财行求,得枉法者,坐赃论;不枉法者,减二等。即同事共与者,首则并赃论,从者各依已分法。诸监临主司受财而枉法者,一尺杖一百,一匹加一等,十五匹绞;不枉法者,一尺杖九十,二匹加一等,三十匹加役流。无禄者,各减一等;枉法者,二十匹绞;不枉法者,四十匹加役流。诸有事先不许财,事过之后而受财者,事若枉,准枉法论;事不枉者,以受所监临财物论。诸监临之官,受所监临财物者,一尺笞四十,一匹加一等;八匹徒一年,八匹加一等,五十匹流二千里;与者,减五等,罪止杖一百。乞取者,加一等;强乞取者,准枉法论。诸官人因使,于使所受送馈及乞取者,与监临同;经过处取者,减一等(纠弹之官不减)。即强乞取者,各与监临罪同。"

《宋刑统赋解·职制律》:"枉法受财者,八十贯,绞。其有受财不枉法,以酒果之类请求却枉法,物虽轻,重于情也。若枉法杀人,不问财物多少,并如杀人论之。又监临官受部民瓜果,坐赃论,一贯笞三十,五贯加一等,五十贯徒一年,罪止徒二年。去而受馈,减二等。又监临乞取部民财物者,以受所监临财物论,一贯,笞四十,罪止徒四年。亲故、同僚交往,无罪。"

《元典章·刑部八》:"大德三年,诸职官及有出身人等,今后因事受财,依条断罪。枉法者,除名不叙;不枉法官,须殿三年,再犯不叙。无禄官,减一等,以至元钞为则,枉法:一贯至十贯,笞四十七下;不满贯者,量情断罪,依例除名;一十贯以上至二十贯,五十七下;二十贯以上至五十贯,七十七下;五十贯以上至一百贯,八十七下;二百贯之上,一百七下。不枉法:一贯至二十贯,四十七下,本等叙;不满贯者,量情断罪;解见任,别行求仕;二十贯以上至五十贯,五十七下,注边远一任;五十贯以上至一百贯,六十七下,降一等;一百贯以上至一百五十贯,七十七下,降二等;一百五十贯以上至二百贯,八十七下,降三等;二百贯以上至三百贯,九十七下,降四等;三百贯以上,一百七下,除名不叙。"

《明律》:"凡官吏受财者,计赃科断;无禄人各减一等,官追夺除名,吏罢役,俱不叙。说事过钱者,有禄人减受钱人一等;无禄人减二等;罪止杖一百,各迁徙。有赃者,计赃从重论。有禄人枉法,赃各主者,通算全科,一贯以下,杖七十;一贯之上至五贯,杖八十;一十贯,杖九十;一十五贯,杖一百,二十贯,杖六十,徒一年;二十五贯,杖七十,徒一年半;三十贯,杖八十,徒二年;三十五贯,杖九十,徒二年半;四十贯,杖一百,徒三年;四十五贯,杖一百,流二千里;五十贯,杖一百,流二千五百里;五十五贯,杖一百,流三千里;八十贯,绞。不枉法,赃各主者,通算折半科罪,一贯以下,杖六十;一贯之上至十贯,杖七十(以下每十贯加一等,一百二十贯,罪止杖一百,流三千里)。无禄人枉法,一百二十贯,绞;不枉法,一百二十贯之上,罪止杖一百,流三千里。""凡有事先不许财,事过之后而受财,事若枉断者,准枉法论;事不枉断者,准不枉法论。""凡诸人有事以财行求,得枉法者,计所与财,坐赃论。若有避难就易,所枉重者,从重论。""凡官吏听许财物,虽未接受,事若枉者,准枉法论;事不枉者,准不枉法论,各减一等。所枉重者,各从重论。""凡监临官吏挟势及豪强之人借贷所部内财物者,并计赃,准不枉法论,强者,准枉法论,财物给主。""凡官吏人等,非因事受财,坐赃致罪;各主者通算,折半科罪,与者,减五等。一贯以下,笞二十;一贯之上至二十贯,笞三十。以下每十贯加一等,罪止满徒。"

《现行律》与《明律》同,惟"官吏受财"条:"说事过钱,无禄人,罪止杖一百"改为"杖一百,徒二年","有禄人不枉法赃,加至绞罪",计赃之数俱改"贯"为"两"。

理由

此二条系规定吏员收贿之罪,前条为事前收贿,后条为事后收贿。自来未有苞苴公行而政务能得其宜者,此二条实改新国政所必需也。

第一百四十一条 凡于第一百三十九条所揭情形,认允、预约或交付贿赂于吏员及公断人者,处四等有期徒刑、拘留或三百元以下罚金。

第一百四十二条 凡于第一百四十条所揭情形,认允、预约或交付贿赂于吏员及公断人者,处五等有期徒刑、拘留或一百元以下罚金。

注意

自第一百三十九条至本条,所谓吏员者,非第赅有普通官吏及公吏,即第八十三条之中央官吏及地方议员皆在其中,将来若施行宪政及自治制,组织中央议会及直省议会之时,其议员若犯罪,不得免此四条之制裁。所谓公断人者,即从律例或习惯之所定,而审查、裁定诉讼及此外争议事件之人。

第一百四十三条 凡行裁判或检察、警察、监狱、其余行政之职务或为辅助者,当行其职务时,对于被告人、嫌疑人或关系人为暴行或凌虐之行为者,处三等以下有期徒刑。因而致人死伤时,比较第三百零一条至第三百零五条,从重处断。

沿革

《汉书·宣帝纪》:"其令郡国岁上系囚,以掠笞,若瘐死者,所坐罪名、县、爵、里,丞相、御史课殿最以闻。"

《唐律》:"诸囚应禁而不禁,应枷、锁、杻而不枷、锁、杻,及脱去者,杖罪笞三十,徒罪以上递加一等;回易所著者,各减一等。即囚自脱去,回易所著者,罪亦如之。若不应禁而禁,及不应枷、锁、杻而枷、锁、杻者,杖六十。诸考囚不得过三度,数总不得过二百,杖罪以下不得过所犯之数。考满不承,取保放之。若考过三度,及杖外以它法考掠者,杖一百;杖数过者,反坐所剩;以故致死者,徒二年。即有疮病,不待差而考者,亦杖一百。若决杖笞者,笞五十;以故致死者,徒一年半。若依法考决,而邂逅致死者,勿论;仍令长官等勘验,违者杖六十(考决之失、立案、不立案等)。诸监临之官因公事,自以杖捶人致死,及恐迫人致死者,各从过失杀人法;若以大杖及手足殴击,折伤以上,减斗杀伤罪二等。虽是监临主司,于法不合行罚及前人不合捶考而捶考者,以斗杀伤论;致死者,加役流。即用刃者,各从斗杀伤法。诸狱结竟,徒以上,各呼囚及其家属,具告罪名,仍取囚服辨;若不服者,听其自理,更为审详,违者,笞五十;死罪,杖一百。诸囚应请给衣食、医药而不请给,及应听家人入视而不听,应脱去枷、锁、杻而不脱去者,杖六十;以故致死者,徒一年。即减窃囚食,笞五十;以故致死者,绞。"

《元典章·刑部十六》断例:"枉勘平民身死,达鲁花赤为主意,决三十七,除名不叙。县尹为从,决一十七,解现任,期年降等叙。县丞为从,决一十七,解任,期年降等叙。执民为盗,禁死,达鲁花赤、治中各决三十七,解见任,期年之后,降先职一等叙用。知事又权司狱事,决五十七,罢职,除名不叙;推官决八十七,除名不叙;县尉一百七,仍与本路判署官吏,均征烧埋银。"

《元史·刑法志》:"诸有司非法用刑者,重罪之。诸鞫狱不能正其心,和其气,感之以诚,动之以情,推之以理,辄施大披挂及王侍郎绳索,并法外惨酷之刑者,悉禁止之。诸捕盗官捕获强窃盗贼,不即牒发,淹禁死亡者,杖七十七,罢职。诸弓兵、祗候、狱卒,辄殴死罪囚者,为首杖一百七,为从减一等,均征烧埋银给苦主。诸有司承告被盗,辄将警迹人非理枉勘身死,却获正贼者,正问官笞五十七,解职,期年后,降先职一等叙;首领官及承吏,各五十七,罢役不叙;均征烧埋银给苦主。"

《明律》:"凡狱囚应禁而不禁,应枷、锁、杻而不枷、锁、杻,及脱去者,若囚该杖罪,笞三十;徒罪,笞四十;流罪,笞五十;死罪,杖六十。若应枷而锁,应锁而枷者,各减一等。若囚自脱去,及司狱官、典狱卒私与囚脱去枷、锁、杻者,罪亦如之。提牢官知而不举者,与同罪;不知者,不坐。其不应禁而禁,及不应枷、锁、杻而枷、锁、杻者,各杖六十;若受财者,并计赃以枉法从重论。""凡官吏怀挟私仇,故禁平人者,杖八十;因而致死者,绞。提牢官及司狱官、典狱卒知而不举者,与同罪;致死者,减一等;不知者,不坐。若因公事,干连平人在官无招,误禁致死者,杖八十;有文案应禁者,勿论。若故勘平人者,杖八十;折伤以上,依凡斗伤论;因而致死者,斩。同僚官及狱卒知情共勘者,与同罪;致死者,减一等;不知情,及依法拷讯者,不坐。若因公事,干连平人在官,事须鞫问,及罪人赃状证佐明白,不服招承,明立文案,依法拷讯,邂逅致死者,勿论。凡狱囚情犯已完,监察御史、提刑按察司审录无冤,别无追勘事理,应断决者,限三日内断决;应起发者,限一十日内起发。若限外不断决、起发者,当该官吏,三日,笞二十;每三日加一等,罪止杖六十。因而淹禁致死者,若囚该死罪,杖六十;流罪,杖八十;徒罪,杖一百;杖罪以下,杖六十,徒一年。""凡狱卒非理在禁,凌虐、殴伤罪囚者,依凡斗伤论;克减衣粮者,计赃以监守自盗论;因而致死者,绞。司狱官、典狱卒及提牢官,知而不举者,与同罪;致死者,减一等。""凡狱囚应请给衣粮、医药而不请给,患病应脱去枷、锁、杻而不脱去,应保管出外而不保管,应听家人入视而不听,司狱官、典狱卒,笞五十。因而致死者,若囚该死罪,杖六十;流罪,杖八十;徒罪,杖一百;杖罪以下,杖六十,徒一年。提牢官知而不举者,与同罪。若已申禀上司,不即施行者,一日笞一十;每一日加一等,罪止笞四十。因而致死者,若囚该死罪,杖六十;流罪,杖八十;徒罪,杖一百;杖罪以下,杖六十,徒一年。"

《现行律》于"淹禁"条,"监察御史"之字改为"法司督抚",余与《明律》同。

注意

为辅助者,指无独立行司法或行政之职权,而有辅助司法官或行政官之职务者而言。例如书记、廷丁、巡查、看守、押丁之类是。凌虐之行为者,屏去饮食、衣服或妨止睡眠,凡违背律例之一切残酷行为也。现今中国未废拷讯,故于程序规则范围之内为拷讯者,不得适用本条之例。然其故意不守程序而拷讯者,及将来已经废止之后仍故意实行之者,即不得不受本条之制裁。

第一百四十四条 凡行检察或警察之职务或为辅助者,经人告有现被侵害权利之犯人,而不速为保护之处置者,处四等以下有期徒刑。

沿革

《晋书·刑法志》:"魏法,制《新律》序:张汤、赵禹始作监临部主见知故纵之例,其见知而故不举劾,各与同罪,失不举劾,各以赎论,其不见不知,不坐。"《唐律》:"诸强盗及杀人贼发,被害之家及同伍即告其主司,若家人、同伍单弱,比伍为告,当告而不告,一日杖六十;主司不即言上,一日杖八十,三日杖一百;官司不即检校、捕逐及有所推避者,一日徒一年。窃盗,各减二等。诸监临主司知所部有犯法,不举劾者,减人罪三等;纠弹之官,减二等。"《宋刑统赋解·斗讼律》:"监临之官,知所部内有犯法,不即鞫问者,减罪人罪三等。纠弹之官,推减二等。"《贼盗律》:"诸有强盗,官司及邻佑人等,知而不即救助者,徒一年。登时科罪,若检校、捕逐有违者,一日,徒一年。经宿乃坐。"《元典章·刑部十六》断例:"承告不即救捕,捕长官以下,决三十七,盗官杖,决五十七,别行求仕。"

第一百四十五条 凡行检察或警察之职务者,于应受理或不应受理之刑事告诉、告发或自首,而不正受理、或不受理或不为必要之处分者,处四等以下有期徒刑、拘留或三百元以下罚金。

其裁判官不正受理或不受理民事或刑事之诉讼,或不审判者,亦同。

沿革

《唐律》:"诸越诉及受者,各笞四十。若应合为受,推仰而不受者,笞五十,三条加一等,十条杖九十。即邀车驾及挝登闻鼓,若上表诉,而主司不即受者,加罪一等。其邀车驾诉而入部伍内,杖六十。"《元史·刑法志》:"诸民犯弑逆,有司称故不听理者,杖六十七,解现任,殿三年,杂职叙。"《明律》:"凡告谋反、逆叛,官司不受理掩捕者,杖一百,徒三年;以致聚众作乱,攻陷城池及劫掠人民者,斩。若告恶逆不受理者,杖一百;告杀人及强盗不受理者,杖八十;斗殴、婚姻、田宅等事不受理者,各减犯人二等。并罪止杖八十。受财者,计赃以枉法从重论。若词讼原告被论在两处州县者,听原告就被论官司告理归结,推故不受理者,罪亦如之。"《现行律》与《明律》同。

第一百四十六条 凡征收租税及各项入款之吏员,图他人或国库之利益,征收正数外之金谷及其余之物者,处三等以下有期徒刑。

若系图自己利益者,处二等或三等有期徒刑,并科征收正数外同额之罚金。

沿革

《唐律》:"诸率敛所监临财物馈遗人者,虽不入己,以受所监临财物论。"《元史·刑法志》:"诸职官行田,受民户齐敛钱者,以多科断。"《明律》:"凡有司官吏人等非奉上司明文,因公擅自科敛所属财物,及管军官吏、总旗、小旗,科敛军人钱粮赏赐者,杖六十;赃重者,坐赃论。入己者,并计赃以枉法论。其非因公科敛人财物入己者,计赃以不枉法论。若馈送人者,虽不入己,罪亦如之。"《现行律》删"总旗、小旗"四字,余与《明律》同。

理由

国家岁入正供,秋毫不能侵犯。假有吏员,并非营私,专为国库利益,故意于额外征收,虽不背奉公之大义,而违法敛怨,贻误国家,实非浅鲜。是本条所以有第一项之规定也。至第二项侵蚀肥己,更无论矣。

第一百四十七条 凡吏员于前数条所记载外,滥用其职权,使人行无义务之事,或妨害权利之施行者,处四等以下有期徒刑、拘留或三百元以下罚金。

第一百四十八条 第一百四十六条之未遂罪,罚之。

第一百四十九条 犯第一百三十九条、第一百四十条及第一百四十六条第二项之罪者,褫夺公权。其余,得褫夺公权全部或一部。

犯第一百四十三条至第一百四十七条之罪者,并免现职。

第一百五十条 犯第一百三十九条及第一百四十条之罪,所收受之贿赂,没收之;如已费失者,追征其价额。

第一百五十一条 犯第一百四十一条及第一百四十二条之罪自首者,得免除其刑。

第七章 关于妨害公务之罪

第一百五十二条 凡当吏员施行职务时加暴行或胁迫者,处四等以下有期徒刑、拘留或三百元以下罚金。

其出于使吏员为一定处分或不为一定处分,或使辞职之意,加暴行或胁迫,或用伪计者,亦同。

沿革

《唐律》:"诸拒州县以上使者,杖六十;殴者,加二等;伤重者,加斗伤一等。谓有所征摄,权时拒捍不从者。即被禁掌,而拒捍及殴者,各加一等。"《明律》:"凡官司差人追征钱粮、勾摄公事,而抗拒不服,及殴所差人者,杖八十。若伤重至内损吐血以上,及本犯重者,各加二等,罪止杖一百,流三千里;至笃疾者,绞;死者,斩。"《现行律》与《明律》同。又例:"不服拘拏,不遵审断或怀挟私仇,及假地方公事,挺身闹堂,杀害本官者,不分首从,斩立决;已伤者,为首,斩决;为从下手者,绞候(乾隆二十三年例)。"

注意

本条第一项之罪,凡对于施行职务之吏员,加以暴行、胁迫即为成立。其为出于妨害职务与报复私怨,俱为妨害职务之行为,无彼此之区别也。

第一百五十三条 凡损坏或除去吏员所施之封印或查封之标示,或为违背其封印或查封效力之行为者,处四等以下有期徒刑、拘留或三百元以下罚金。

注意

查封之标示者,指未用印封,但用记章,一切而指定其为查封之物者而言,例如仓库闭锁之后,虽未施以印封,但揭有在查封中之文字者,即属查封之标示。为违背封印及查封效力之行为,例如禁止行使舟车,施以查封标示,乃损坏或除去其印封标示,而行使其舟车者之类是。

第一百五十四条 凡值吏员施行职务时当场为侮辱,或虽非当场而公然对其职务为侮辱者,不分有无事实,处五等有期徒刑、拘留或一百元以下罚金。

其对公署公然为侮辱者,亦同。

沿革

《唐律》"詈制使、本属府主、刺史、县令"条:"詈者,各减殴罪三等。"《宋刑统》同。《明律》:"凡奉制命出使而官吏骂詈,如部民骂本属知府、知州、知县,军士骂本管指挥、千户、百户,若卒吏骂本部五品以上长官,杖一百;若骂六品以下长官,各减三等;骂佐贰官、首领官,又各递减一等。"《现行律》与《明律》同。雍正三年改"本管指挥、千户、百户"为"本管官"。

理由

公然侮辱罪吏员之职务,如不加以制裁,往往一倡百和,虚实混淆。非惟损公职之威严,即于施行上,亦诸多不便。故本条特为此种非行而定其罚也。

第一百五十五条 第一百五十三条之未遂罪,罚之。

第一百五十六条 犯本章之罪者,得褫夺公权全部或一部。

第八章 关于选举之罪

凡选举事宜,以纯正、狷洁、安全为要义。尚纯正,则用各种伪计者有罚。尚狷洁,则用各种诱惑者有罚。尚安全,则用各种强暴者皆有罚。选举为立宪之首务,故本案采各国立法例方针，而定为本章如左：

第一百五十七条 凡于选举人或被选举人资格所必要之事项，用伪计或其余不正之方法，使记载或变更于名簿者，处四等以下有期徒刑、拘留或三百元以下罚金。无资格而为投票者，亦同。

知情而为前项记载或变更之吏员，处三或四等有期徒刑或五百元以下、五十元以上罚金。

第一百五十八条 凡关于选举，有左记各款之行为者，处五等有期徒刑、拘留或一百元以下罚金：

一、以使自己或他人得票或减他人得票之宗旨，流布谣言或用伪计损坏其它候补议员之名誉者。

二、不分选举之前后，对于选举人或选举关系人认允、预约、交付川资及其余贿赂，或为之媒介者，或选举人及选举关系人要求、预约或收受之者。

三、以对于选举人或选举人之亲族，或于选举人有关系之寺院、学堂、公司、公所、市、村、镇之债权、债务及其它利害，诱导选举人，或为之媒介者，或选举人应其诱导者。

右列各款，凡既收受之金额及其它有价物，没收之。如已费失者，追征其价额。

第一百五十九条 凡关于选举，有左记各款之行为者，处三等以下有期徒刑或三百元以下、三十元以上罚金：

一、对于选举人及选举人之亲族或选举关系人加暴行或胁迫者。

二、对于选举人用暴行或胁迫，妨害选举会场之往来及其它选举权之行使者。

第一百六十条 凡有左记各款之行为者，处三等或四等有期徒刑：

一、对于有关选举之吏员或辅助之人，加暴行或胁迫者。

二、骚扰选举会场、投票所、开票所者。

三、抑留、损坏或夺取投票或投票函或关于选举之公文书者。

第一百六十一条 凡无故于投票所干涉选举人之投票，或于投票所、开票所刺探被选举人之姓名者，处五等有期徒刑、拘留或一百元以下罚金。

关于选举之吏员或辅助之人，犯前项之罪或漏泄被选举人之姓名者，处四等以下有期徒刑、拘留或三百元以下罚金。

第一百六十二条 凡犯本章之罪者，得援夺公权全部或一部。

其应宣告三等有期徒刑以上之刑者，于刑消灭后，仍于十年以下、二年以上，丧失选举人及被选举人之资格。

第九章 关于骚扰之罪

本章规定，系聚众以暴行、胁迫害地方安静之罪也。从刑法普通之原则，可不问其宗旨所在。故其中非但赅有妨害信教、阻止营业、威服个人等不法之宗旨，即对于公署提出诉愿、对于吏员要求相当之处分，其事虽系合法，苟聚众以暴行、胁迫之方法思遂其志者，亦皆含于此。本章之罪，固不问宗旨之如何，然于他项条文所定之制限，仍宜参用。以内乱罪与本罪之外形相类者,皆不外乎聚众而逞暴动,惟其出于紊乱政典之宗旨者,即照第一百条明文以内乱罪论;其无此宗旨者,即为骚扰罪之成立。又使意在妨害公务或选举实施,彼此俱发于无形之间,即因第二十六条从重处断。

第一百六十三条 凡聚众欲为暴行或胁迫,已受当该吏员解散之命,而仍不解散者,处四等以下有期徒刑、拘留或三百元以下罚金。

附和随行而仅助势者,处拘留或五十元以下罚金。

理由

本条为妨害未然之策,果能应吏员之命即时解散,即全为无罪,此其义也。

第一百六十四条 凡聚众为暴行或胁迫者,从左列分别处断:

一、首魁,无期徒刑或二等以上有期徒刑。

二、执重要之事务者,二等至四等有期徒刑或一千元以下、一百元以上罚金。

三、附和随行而助势者,五等有期徒刑、拘留或一百元以下罚金。

沿革

《现行例》:"刁民假地方公事强行出头,逼勒平民、约会抗粮,聚众联谋、敛钱构讼,及借事罢考、罢市,或果有冤抑,不于上司控告,擅自聚众至四五十人,尚无闹堂、塞署并未殴官者,为首,斩立决;为从,绞监候。如闹堂、塞署、逞凶殴官,为首,斩决,枭示其同谋;聚众、转相、纠约、下手殴官者,斩立决;其余从犯,俱绞监候;被胁同行者,各杖一百。"(康熙五十三年、雍正二年、乾隆十三年定例,经乾隆五十三年修并,嘉庆十四年改定)

第一百六十五条 犯前条之罪应宣告二等有期徒刑以上之刑者,褫夺公权。其余,得褫夺公权全部或一部。

第一百六十六条 于第一百六十四条所揭情形,如犯杀伤、放火、溢水、损坏并别项罪者,则援各本条,首魁、教唆及下手者,照第二十三条至第二十五条之例处断。

注意

例如多众逼拥公署门前,首魁指挥于外,附和之人入门殴打吏员至于废疾,其首魁及下手者,即系犯第一百六十四条第一款、第三百零一条第二款之罪;而下手者,即系犯第一百六十四条第三款、第三百零一条第二款之罪为基础,而适用第二十三条至第二十五条之类是也。

第十章 关于监禁者脱逃罪

第一百六十七条 凡既决、未决之囚人脱逃者,处四等以下有期徒刑或拘留。

沿革

《汉律·捕亡》:"亡没为官奴婢"。至晋始去其制(见《晋书·刑法志》)。《唐律》:"诸流徒囚,役限内而亡者(犯流、徒应配及移乡人,未到配所而亡者,亦同)。一日笞四十,三日加一等;过杖一百,五日加一等。主守不觉失囚,减囚罪三等;即不满半年徒者,一人笞三十,三人加一等,罪止杖一百。监当官司,各减三等;故纵者,各与同罪。"《宋刑统赋解·捕亡律》:"亡去罪人,立限百日之内,若他人捕或自获囚人,并除其罪。又徒囚亡者,一日笞三十,罪止徒五年。若在禁亡者,流二千里。"《元史·刑法志》:"诸犯罪流远逃归,再获,仍流。

若中路遭乱而逃，不再犯，及已老病并会赦者，释之。”“诸主守失囚者，减囚罪三等。”(《元典章·脱囚监守》罪例引作二等)“长押流囚官中路失囚者，视提牢官减主失罪四等，既断还职。”《元典章·刑部十六》断例：“脱失监囚断例：获伪钞贼，转令弓手监押在逃、强盗劫狱在逃，司狱决四十七。失囚走杀人贼，首领官决五十七。强盗劫狱逃走，牢子决六十七。押送贼在逃之监事人、失囚走讫杀人贼之禁子、强盗劫狱在逃之押狱，俱决八十七。”《明律》：“凡徒、流、迁徙囚人，役限内而逃者，一日笞五十，每三日加一等，罪止杖一百，仍发配所。其徒囚照依原犯徒年，从新拘役，役过月日，并不准理。若起发以断决徒、流、迁徙、充军囚徒，未到配所，中途在逃者，罪亦如之。主守及押解人不觉失囚者，一名杖六十，每一名加一等，罪止杖一百，皆听一百日内追捕。提调官及长押官，减主守及押解人罪三等。限内能自捕得，或他人捕得，若囚已死，及自首，皆免罪。故纵者，各与囚同罪。受财者，计赃以枉法从重论。”《现行律》与《明律》同。雍正三年，于“迁徙”下增“充军”二字。

注意

既决、未决之囚人，于刑事上既受有罪之确定审判，为将受执行而监禁者，及在审判确定前受监禁者皆是。故虽系处以罚金之犯，然既系适用第四十五条而易以监禁，亦赅于既决囚人之中。

第一百六十八条 凡既决、未决之囚人，及其余按律监禁者，若损坏监禁处所、械具，或以暴行、胁迫，或三人以上共同脱逃者，处二等至四等有期徒刑。

沿革

《汉书·酷吏义纵传》：“注引律：诸囚徒私解脱桎梏钳赭，加罪一等；为人解脱，与同罪。”《唐律》：“诸被囚禁拒捍官司而走者，流二千里；伤人者，加役流；杀人者，斩，从者，绞。若私窃逃亡，以徒亡论。事发未囚而亡者，亦同。”《元史·刑法志》：“诸已断囚人，在禁未发，反狱殴伤禁子，已逃复获者，处死；未出境者，杖一百七，发已拟流所。诸囚徒反狱而逃，主守减犯人罪二等，提牢官又减主守四等。随时捉获及半以上者，罚俸一月。”《明律》：“凡犯罪被囚禁而脱监，及解脱自带枷锁越狱在逃者，各于本罪上加二等。因而窃放他囚，罪重者，与囚同罪，并罪止杖一百，流三千里。本犯应死者，依常律。若罪囚反狱在逃者，皆斩；同牢囚人不知情者，不坐。”《现行律》与《明律》同。

注意

其它因律例被监禁人者，例如战时捕虏之类。

第一百六十九条 凡盗取按律监禁人者，处二等至四等有期徒刑。

沿革

《汉书·王子侯表》：“攸舆侯则，太初元年，坐篡死罪囚，弃市。”《晋书·刑法志》：“魏法，制《新律》序：正篡囚弃市之制，断凶强为义之踪也。”是篡囚，本汉律之旧。《唐律》：“诸劫囚者，流三千里；伤人及劫死囚者，绞；杀人者，皆斩。但劫即坐，不须得囚。若窃囚而亡者，与囚同罪，窃而未得，减二等。以故杀伤人者，从劫囚法。”《宋刑统赋解·贼盗律》：“诸劫囚者，徒五年；伤人，及劫囚去者，斩。但劫即坐，不必得囚。”《明律》：“凡劫囚者，皆斩。若私窃放囚人逃走者，与囚同罪。致死者，减一等。窃而未得囚者，减二等。因而伤人者，绞;杀人者,斩。为从,各减一等。"《现行律》与《明律》同。

注意

盗取者,虽不分窃取、强取。然因加暴行、胁迫,致监禁者自行脱逃,则属次条第二项后半之范围。于本条之盗取者,乃盗取之人将被监禁者自行劫夺也。

第一百七十条 凡欲使按律监禁人脱逃,而为易使脱逃之各种行为者,处四等以下有期徒刑;因而致监禁人脱逃者,处三等或四等有期徒刑。

以前项之宗旨而加暴行、胁迫者,处三等或四等有期徒刑;因而致监禁人脱逃者,处二等或三等有期徒刑。

沿革

《唐律》:"诸以踉金刃及他物,可以自杀及解脱,而与囚者,杖一百;若因以故逃亡及自伤、伤人者,徒一年;自杀、杀人者,徒二年。若因本犯流罪以上,因得逃亡,虽无杀伤,亦准此。即囚因逃亡未断之间,能自捕得及他人捕得,若囚自首及已死,各减一等。即子孙以可以解脱之物与祖父母、父母,部曲、奴婢与主者,罪亦同。"《明律》:"凡狱卒,以金刃及他物可以自杀及解脱枷锁之具,而与囚者,杖一百。因而致囚在逃,及自伤,或伤人者,并杖六十,徒一年,若囚自杀者,杖八十,徒二年。致囚反狱及杀人者,绞。其囚在逃。未断之间,能自捕得及他人捕得,若囚已死及自首者,各减一等。若常人以可解脱之物与人,及子孙与祖父母、父母,奴婢、雇工人与家长者,各减一等。若司狱官、典狱卒及提牢官,知而不举者,与同罪;致死者,减一等。若受财者,计赃以枉法从重论。"《现行律》与《明律》同。

第一百七十一条 凡看守或护送吏员或辅助之人,纵令按律监禁人脱逃者,处二等或三等有期徒刑。

沿革

《唐律》:"主守故纵者,不给捕限,即以其罪罪之。未断决间,能自捕得及他人捕得,若囚已死及自首,各减一等。"《宋刑统赋解·捕亡律》:"主守故纵囚徒而亡者,与囚同罪,不给捕限。其有指画方略教导囚徒而亡者,于罪人罪上加一等。"《明律》本于《唐律》,增入"受财者,计赃,以枉法从重论",《现行律》同。

第一百七十二条 本章之未遂罪,罚之。

第一百七十三条 犯第一百六十八条至第一百七十一条之罪者,得褫夺公权全部或一部。

犯第一百七十一条之罪者,并免现职;其情节重者,得褫夺其余之公权全部或一部。

第十一章 关于藏匿罪人及湮没证据之罪

本章所定之罪,及用伪证以曲庇犯人,并关于赃物之罪,虽有照事后共犯以定处分之例,然犯罪行为既经终结之后,在法理上不应复为共犯,故本案于此视为独立之罪。

第一百七十四条 凡藏匿脱逃之犯罪人及监禁者,处四等以下有期徒刑或三百元以下罚金。

以前项之宗旨而项替自首者,亦同。

沿革

《汉书·淮南厉王传》:"亡之诸侯、游宦事人,及舍匿者,论皆有法。注:师古曰:'舍匿,谓容止而藏隐也'。"《后汉书·梁统传》:"武帝重首匿之科。注:凡首匿者,言为谋首而藏匿罪人。"《汉书·王子侯表》:"修故侯福,坐首匿群盗,弃市。毕梁侯婴,坐首匿罪人,为鬼薪。安郭于侯崇,坐者首匿死罪,免。"《唐律》:"诸捕罪人,有漏露其事,令得逃亡者,减罪人罪一等。未断之间能自捕得,除其罪;相容隐为捕得,亦同。余条相容隐为捕得,准此。即他人捕得,若罪人已死及自首,又各减一等。""诸知情藏匿罪人,若过致资给(谓事发被追及亡叛之类),令得隐藏者,各减罪人罪一等;罪人有数罪者,只坐所知。"《明律》:"凡知情犯罪事发,官司差人追唤而藏匿在家,不行捕告,及指引道路、资给衣粮、送令隐避者,各减罪人罪一等。其展转相送而隐匿罪人,知情者,皆坐;不知者,勿论。若知官司追捕罪人,而泄漏其事,致令罪人得以逃避者,减罪人一等;未断之间能自捕得者,免罪。若他人捕得及罪人已死,若自首,又各减一等。"《现行律》与《明律》同。

注意

藏匿者,使人难于发现或不能发现之谓,其为隐秘于己之家屋,或指使逃于他所,皆不为之区别也。本条第二项,令本犯逃避搜捕,而自己项替到官出首者,此其妨害官之搜索、逮捕,与藏匿之性质相同,故科以同一之刑。

第一百七十五条 凡湮灭关于他人刑事被告事件之证据,或伪造或行使伪造之证据者,处四等以下有期徒刑、拘留或三百元以下罚金。

注意

本条所谓证据者,其于刑事被告人有利或不利,皆不为之区别,而处分亦不预定其轻重,其旨悉与次章伪证罪同。

第一百七十六条 犯本章之罪者,得褫夺公权全部或一部。

第一百七十七条 犯罪人或脱逃者之亲族,为犯罪人或脱逃者利益计,而犯本章之罪者,免除其刑。

沿革

《汉书·宣帝纪》:"地节四年令,子首匿父母、妻匿夫、孙匿大父母,皆勿坐。其父母匿子、夫匿妻、大父母匿孙,罪殊死,皆上请。"《唐律》:"诸同居大功以上亲及外祖父母、外孙,若孙之妇、夫之兄弟,及兄弟妻,有罪相为隐;部曲、奴婢为主隐,皆勿论。及漏露其事,及擿语消息,亦不坐。其小功以下相隐,减凡人三等。""若犯谋叛以上者,不用此律。"《宋刑统赋解》"外祖父母"改"婚姻之家","部曲、奴婢为主隐"句改"奴为主隐,不为奴隐",余与《唐律》同。《明律》于外孙下增"妻之父母、女婿","部曲"改"雇工人","凡人三等"下增"无服之亲减一等"。《现行律》同。

第十二章 关于伪证及诬告之罪

伪证与诬告之罪,其性质分为两种:一则认为直接对于原告、被告之罪。法典之用此主义者,有民事、刑事之别。其关于刑事一端,更分为曲庇被告、陷害被告两意。又复于陷害已成者,就其被告所受刑罚之轻重,以为犯人刑罚之差等。一则认为直接对于公署讯问,违背陈述真实义务之罪。法典之用此主义者,于凡对于公署为伪证、为诬告,俱处以同一之刑。但其处分之轻重,一任审判官按其情节而定。今按此二论者,其第一种殊有纰误。盖审判及行政之处分,系司法官或行政官所定,非证人所能直接而自定之,乃竟以证人为可以直接定处分者,其误一也。司法官与行政官并无尽用证人所言之义务,应察其真伪而定真切之判断,此其义务也。即使误用证言,亦不能使证人负其全部之责任,其误二也。不得以不正加害于他人,是人民一体所负之义务。违此义务,自成他项犯罪,详于各章规定之中,非本章所得而规定者。且审判厅及一定之行政官署,当其征求人言之际,其人之见闻必无有隐蔽、无有夸大、无有变更,如有违此真实供述之义务者,必致诸罚。今不能贯通此义,其误三也。有此三者,故本案特据第二之说以定处分也。

第一百七十八条 凡因律例于司法或行政之公署为证人,而为虚伪之陈述者,处二等至四等有期徒刑。

因律例于司法或行政官署为鉴定人或通译人,而为虚伪之鉴定、通译者,亦同。

犯前二项之罪,能于结案前先行自白者,得免除其刑。

沿革

《唐律》:"诸证不言情,及译人诈伪,致罪有出入者,证人减二等,译人与同罪"(谓夷人有罪,译传其对者)。《明律》:"若鞫囚而证佐之人不言实情,故行诬证,及化外人有罪,通事传译番语不以实对,致罪有出入者,证佐人减罪人二等,通事与同罪。"《现行律》与《明律》同。

注意

证人,有得依民刑诉讼法及其余律例为证人者,及不得为证人者,从其区别而谓之曰适法之证人。例如律例虽有近亲不得为证人之说,然近亲为证人者,纵陈述虚伪,不得以本条拟之。司法之公署。审判厅也。行政之公署讯问证人者,如中国将来设有行政审判厅或拿捕船舰审检所,方有其例。鉴定人者,以自己之学识或特技,于审判厅鉴别事物凭判定者也。例如医师、理化学者判定加害者之健康状态有无精神病与否,或有无血痕之类。凡审判官于法学之力所不能及之处,必须有特别之学识或技术之人为之辅助,即可命之为鉴定人,与传出之证人同有供述自己真实见解之义务。通译人,亦同。

第一百七十九条 凡欲使人受刑事或惩戒处分,而为虚伪之告诉、告发或报告者,处二等至四等有期徒刑。

犯前项之罪,能于该案审判确定前或惩戒处分前先行自白者,得免除其刑。

沿革

《汉书·宣帝纪》:"元康四年诏:自今以来,诸年八十以上,非诬告杀伤人,他皆勿坐。"

《三国志·曹真传》注引律:"诬告人反坐。"

《晋书·刑法志》:"魏法,制《新律》序:囚徒诬告人反,罪及亲属,异于善人,所以累之,使省刑息诬也。又张裴《注律表》:诬告谋反者,反坐。"《唐律》:"诸诬告谋反及大逆者,斩;从者,绞。若事容不审,原情非诬者,上请。若告谋大逆、谋叛不审者,亦如之。诸诬告人者,各反坐。即纠弹之官,挟私弹事不实者,亦如之。""若告二罪以上,重事实及数事等,但一事实,除其罪;重事虚,反其所剩。即罪至所止者,所诬虽多,不反坐。其告二人以上,虽实者多，犹以虚者反坐。若上表告人，已经闻奏，事有不实，反坐罪轻者，从上书诈不实论。诸告小事虚，而狱官因其告，检得重事、反事等者，若类其事，则除其罪；离其事，则以诬论。""诸诬告人流罪以下，前人未加考掠，而告人引虚者，减一等；若前人已考者，不减。即掠证人，亦是。诬告期亲、尊长、外祖父母、夫、夫之祖父母，及奴婢、部曲诬告主之期亲、外祖父母者，虽引虚，各不减。"

《元史·刑法志》："诸告人罪者，须注名明年月，指陈事实，不得称疑。诬告者，抵罪反坐。诸告言重事实，轻事虚，免坐；轻事实，重事虚，反坐。"

《明律》："凡诬告人笞罪者，加所诬罪二等；流、徒、杖罪，加所诬罪三等；各罪止杖一百，流三千里。若所诬徒罪人已役，流罪人已配，虽经改正放回，验日于犯人名下追征，用过路费给还。若曾经典卖田宅者，着落犯人备价取赎。因而致死随行有服亲属一人者，绞，将犯人财产一半，断付被诬之人。至死罪，所诬之人已决者，反坐以死罪；未决者，杖一百，流三千里，加役三年。其犯人如果贫乏，无可备偿路费、取赎田宅，亦无财产断付者，止科其罪。其被诬之人，诈冒不实，反诬犯人者，亦抵所诬之罪。犯人止反坐本罪，若告二事以上，重事告实，轻事招虚，及数事罪等，但一事告实者，皆免罪。若告二事以上，轻事告实，重事招虚，或告一事、诬轻为重者，皆反坐所剩。若已论决，全抵剩罪；未论决，笞、杖收赎，徒、流止杖一百，余罪亦听收赎。至死罪，而所诬之人已决者，反坐以死罪；未决者，止杖一百，流三千里。若律该罪止者，诬告虽多，不反坐。其告二人以上，但有一人不实者，罪虽轻，犹以诬告论。若各衙门进呈实封诬告人，及风宪官挟私，弹事有不实者，罪亦如之。若反坐及加罪轻者，从上书诈不实论。""凡为人作词状，增减情罪诬告人者，与犯人同罪。若受雇诬告人者，与自诬告同。受财者，计赃以枉法从重论。""凡诬告充军者，民告，抵充军役；军告，发边远充军。""凡囚在禁，诬指平人者，以诬告人论。其本犯罪重者，从重论。"

《现行律》与《明律》同，惟"诬告充军"条改为"诬告充军者，照所诬地理远近抵充军役"，并于本条内加"诬告人罪应迁徙者，于比流减半，准徒二年以上，加所诬罪三等，并入所得杖罪通论。"

理由

惩戒处分者，吏员于其职务如有失错或玷其品行，加以行政之处分也。中国惩戒之法附于处分则例，尚无独立之律例。本案于吏员职务上失错之罚则殆全部删除，应俟将来另定处分之法。至诬告吏员者，仍不免于本条之制裁。盖惩戒处分法虽未制定，然刑法之实质上有惩戒处分之性质者。不少故意诬告吏员，以非行致令免官停职罚俸者，自应受本条之处分也。

第一百八十条 凡未指定犯人而诬告有犯罪事实者，处五等有期徒刑或拘留或一百元以下罚金。

注意

本条所规定者，系虚伪之告诉、告发之罪，以其不指明犯人，尚不致因此而被其损害，故与狭义之诬告罪者不同。然使当该吏员徒为无益之搜查，即不得不予惩处。所谓当该吏员者，凡有搜查、逮捕职务之警察官、检察官、预审推事等皆是。

第一百八十一条 除前条之外，犯本章之罪者，得褫夺公权全部或一部。吏员犯此者，并免现职。

第十三章　关于放火决水及水利罪

本章之罪虽属于危害他人财产,然本罪之特质不第胁迫财产已也,且危及人之生命、身体,并贻祸于公众。故本案采对于公众之方针,以危害之大小而区别轻重焉。

第一百八十二条　凡放火烧毁左列他人所有物一种以上者,处死刑、无期徒刑或一等有期徒刑:

一、在城镇及此外人烟稠密处所之营造物。

二、陈列、储藏多数宗教、科学、美术、工艺之贵重图书、物品之营造物。

三、宗教及历史之贵重营造物。

四、储藏硝磺、弹药或军需品之仓库及其余营造物。

五、多众执业或止宿之矿坑、兵营、学堂、病院、救济所、工场、寄宿舍、狱舍及其余营造物。

六、现有多人集会之寺院、戏场、旅店及其余营造物。

沿革

《晋书·刑法志》:"张裴《注律表》:贼燔人庐舍积聚,盗赃五匹以上,弃市;即燔官府积聚盗,亦当与同。"

《唐律》:"诸故烧官府廨舍及私家舍宅,若财物者,徒三年;赃满五匹,流二千里;十匹,绞。杀伤人者,以故杀伤论。"

《宋刑统赋解·杂律》:"诸烧官府廨舍及积聚之物者,同强盗法。三贯以上,徒四年。十贯以上,及伤人者,绞。其对主故烧非积聚之物者,止同弃毁人物,准盗科罪,一贯,杖六十,五贯加一等,罪止徒四年。"

《元典章·刑部十二》断例:"无人居止空闲房屋,并损坏财物、畜产及田场积聚之家,比同窃盗。故烧官府廨舍、私家宅舍之家,比同强盗。终非正犯,拟免刺字。皇庆新例:今后若有故烧官府廨宇及有人居止宅舍,无问屋宇大小、财物多寡,比同强盗,免刺,决一百七下,徒役三年;因而杀伤人者,依例科断;其无人居止空房及田场积聚之物,比同窃盗,验赃依例决遣,仍各追赔所烧货物。敢有再犯,决配,役满,徙千里之外。""又至元年间引旧例:故烧家舍宅者,绞。若无人居止,但损害财物畜产者,徒五年。赃满二十贯之数,亦绞。"

《元史·刑法志》:"诸故烧太子诸王房舍者,处死。诸挟仇放火,随时扑灭,不曾延燎者,比强盗不曾伤人不得财,杖七十七,徒一年半,免刺。虽亲属相犯,比同常人。"

《明律》:"若放火故烧官民房屋及公廨仓库,系官积聚之物者,皆斩。其故烧人空闲房屋及田场积聚之物者,各减一等。"

《现行律》与《明律》同。雍正七年定"图财放火及挟仇放火"之例,经乾隆、嘉庆、道光节次修改,具较律加重。

理由

本条为放火罪中之最重者,盖火势所及,非人力所能预测。而本条胪举各款,尤公共最巨之危害,故科以重刑。

第一百八十三条 凡放火烧毁前条各款所记外他人所有营造物或矿坑者,处二等至四等有期徒刑。

因而致有前条所记损害之危险者,处二等以上有期徒刑;实有损害时,其刑同前条。

理由

除前条各款之外,烧毁其余营造物或矿坑者,均照本条处罚。例如烧毁山间、林内孤立之家屋,或试采之际使用少数工人之矿坑等类是也。虽放火于孤立之营造物,而有延烧人家稠密处所之危者,则据本条第二项加重之。若实际生前条列记之损害,虽非出于预谋,仍受前条处分。盖以火力非人所能测定,故既生之损害,不分预谋与否,必须故意放火者负其责。次条以下之规定,宗旨亦同。

注意

危险,指有损害之虞而言;实有损害,乃损害发生之候。势分缓急,故刑有轻重也。

第一百八十四条 凡放火烧毁他人所有营造物、矿坑外之物者,处三等以下有期徒刑或一千元以下、一百元以上罚金。

因而致有前条第一项所记损害之危险者,处三等或四等有期徒刑;实有损害时,其刑同该项。

因而致有第一百八十二条所记损害之危险者,处二等以上有期徒刑;实有损害时,其刑同该条。

沿革

附见第一百八十二条。

注意

营造物、矿坑以外之物,例如烧毁海岸之积货、山林之竹木、田野之柴草皆是,但焚他人所属薪炭、枯草以资取暖,而不能肇火灾者,不在此例。

第一百八十五条 凡放火烧毁自己所有营造物、矿坑及其余之物者,从左列分别处断:

一、因而致有前条第一项所记损害之危险者,处五等有期徒刑、拘留或一百元以下罚金;实有损害时,其刑同该项。

二、因而致有第一百八十三条第一项所记损害之危险者,处三等或四等有期徒刑;实有损害时,其刑同该项。

三、因而致有第一百八十二条所记损害之危险者,处二等以上有期徒刑;实有损害时,其刑同该条。

沿革

《明律》:"凡放火故烧自己房屋者,杖一百。若延烧官民房屋及积聚之物者,杖一百,徒三年。因而盗取财物者,斩。杀伤人者,以故杀伤论。"《现行律》同。

理由

自己财物本可自由处分,然因烧毁之故而致危险或损害及于他人,不得不以犯罪论,本条之规定以此。

第一百八十六条 凡失火因而致有第一百八十二条所记之损害者,处五等有期徒刑、拘留或一千元以下罚金。

因而致有第一百八十三条第一项所记损害者,处拘留或五百元以下罚金。

因而致有第一百八十四条第一项所记损害者,处三百元以下罚金。

失火烧毁自己所有营造物、矿坑及其余之物,因而致有前三项所记损害之危险者,处一百元以下罚金。

沿革

《唐律》:"诸于山陵兆域内失火者,徒二年;延烧林木者,流二千里;杀伤人者,减斗杀伤一等。其在外失火而延烧者,各减一等。""诸失火及非时烧田野者,笞五十。延烧人舍宅及财物者,杖八十;赃重者,坐赃论减三等;杀伤人者,减斗杀伤二等。""其行道燃火不灭,而致延烧者,各减一等。""诸于官府廨院及仓库内失火者,徒二年;在宫内,加二等(庙、社内,亦同)。损害赃重者,坐赃论;杀伤人者,减斗杀伤一等。延烧庙及宫阙者,绞;社,减一等。"

《元史·刑法志》:"诸遗火延烧系官房舍,杖七十七;延烧民房舍,笞五十七;因致伤人命者,杖八十七。所毁房舍财畜,公私俱免征偿。烧自己房舍,笞二十七,止坐失火之人。诸煎盐草地,辄纵野火延烧者,杖八十七,因致阙用者,奏取圣裁。邻接管民官,专一关防禁治。诸纵火围猎,延烧民房舍、钱谷者,断罪勒偿,偿未尽而会赦者,免征。"

《元典章·刑部十九》:"至元十七年,遗漏者,但犯,于市曹内枷项号令,断决四十七下。延烧人家,少者,七十七下;多者,一百七下。烧讫系官廨舍、钱粮及致伤人命者,别议施行。又至大元年,刑部议得:诸人失火,若沿烧人舍及财物畜产者,笞五十七下。财物虽多,罪止八十七下。因而致伤人命者,依过失例论罪。其所损房屋财产既是误犯,不须征偿。"

《明律》:"凡失火烧自己房屋者,笞四十;延烧官民房屋者,笞五十;因而致伤人命者,杖一百,罪坐失火之人。若延烧宗庙及宫阙者,绞;社,减一等。若于山陵兆域内失火者,杖八十,徒二年;延烧林木者,杖一百,流二千里。若于官府公廨及仓库内失火者,亦杖八十,徒二年。主守之人因而侵欺财物者,计赃以监守自盗论。其在外失火而延烧者,各减三等。"

《现行律》与《明律》同。

理由

失火出于过失,比之故意放火,其罪恶迥异。故本条处分从轻。

第一百八十七条 凡依火药、煤气、电气、蒸气之作用或此外方法,致营造物、矿坑及其余之物炸裂者,分别其损害或危险,照前条所记放火、失火之例处断。

理由

本条所揭之炸裂,其害所及,与火灾无异,故其处分悉准放火、失火之例。

第一百八十八条 凡故意溢水浸害第一百八十二条各款所记营造物、矿坑至一种以上,或他人所有田圃、牧场及此外利用之地者,处死刑、无期徒刑或一等有期徒刑。

沿革

《唐律》:"诸盗决堤防者,杖一百。若毁害人家及漂失财物,赃重者,坐赃论;以故杀伤人者,减斗杀伤罪一等。若通水入人家,致毁害者,亦如之。其故决堤防者,徒三年。漂失赃重者,准盗论;以故杀伤人者,以故杀伤论。"《明律》:"凡盗决河防者,杖一百。盗决圩岸、陂塘者,杖八十。若毁害人家及漂失财物、淹没田禾,计物价重者,坐赃论。因而杀伤人者,各减斗杀、伤罪一等。若故决河防者,杖一百,徒三年;故决圩岸、陂塘,减二等。漂失赃重者,准窃盗论,免刺。因而杀伤人者,以故杀伤论。"《现行律》与《明律》同。

第一百八十九条 凡决水使浸前条所记外之他人营造物、矿坑或土地者,处三等以下有期徒刑或一千元以下、一百元以上罚金。

因而致有前条所记损害之危险者,处二等至四等有期徒刑;实有损害时,其刑同前条。

第一百九十条 凡决水使浸自己所有之地,因而致有前条第一项所记损害之危险者,处五等有期徒刑、拘留或一百元以下罚金;实有损害时,其刑同该项。

因而致有第一百八十八条所记损害之危险者,处二等至四等有期徒刑;实有损害时,其刑同该条。

第一百九十一条 凡因过失决水,致有第一百八十八条所记损害者,处五等有期徒刑、拘留或一千元以下罚金。

因而致有第一百八十四条所记损害者,拘留或五百元以下罚金。

若因过失决水致有前二项所记损害之危险者,处一百元以下罚金。

理由

自第一百八十八条至本条规定决水之危害水灾,与火灾无别,故其处分亦宜有从同。但其性质有火灾无其例,而水灾有其例者,如荒废他人利用之地是也。以水灾可荒废几千万方里之禾稼,故特附揭其情形。

第一百九十二条 凡犯放火、炸裂或溢水罪,因而致人于死伤者,比较第三百零一条及第三百零二条,从重处断。

注意

本条规定火灾、水灾害及人之生命、身体者之处分,其主义在保护生命、身体,故所烧毁、炸裂虽系自己之物(第一百八十五条、第一百八十七条),溢水虽在自己之地(第一百九十条),苟害及他人生命、身体者,应仍照本条之例处分。

第一百九十三条 凡于火灾、水灾之际,隐匿、损坏防御所需之器械,或阻遏从事防御之人,或依此外方法以妨害镇火、防水者,处三等以下有期徒刑或一千元以下、一百元以上罚金。

其关于第一百八十七条灾害,妨害防御者,亦同。

沿革

《唐律》:"诸见火起,应告不告,应救不救,减失火罪二等(谓从本失罪减)。其守卫宫殿、仓库及掌囚者,皆不得离所守救火,违者杖一百。"

理由

水灾等灾难非己肇,而乘事变之际,故意陷害人之防御,其行为亦为独立之罪。

第一百九十四条 凡妨害他人灌溉田亩之水利,或图妨害者,处四等以下有徒刑、拘留或三百元以下罚金。决水时,仍适用决水罪之例。

故意荒废他人田亩,因而妨害水利者,处二等至四等有期徒刑。

因妨害水利致有前项损害者,处三等以下有期徒刑。

注意

本条第二项预谋荒废他人田亩、其第三项因妨害水利之结果,致生荒废之损害,并非预谋,故二者处罚之轻重不同。

第一百九十五条 凡自己之所有物,若已受查封或负担物权或租贷于人,关于本章之罪,仍以他人之所有物论。

注意

物权之种类不一,即各国亦不尽从同,其大致作为物权者,如质权是。例如将物押抵于乙,乙于甲之物上握有权利,即甲之物负担物权是也。

第一百九十六条 第一百八十二条、第一百八十三条第一项、第一百八十四条第一项、第一百八十八条、第一百八十九条第一项、第一百九十三条及第一百九十四条第一项、第二项之未遂罪,罚之。

第一百九十七条 关于他人所有物,为放火、炸裂或决水之预备或阴谋者,处五等有期徒刑、拘留或一百元以下罚金。但按其情节,得免除其刑。

第一百九十八条 犯第一百八十二条及第一百八十八条之罪者,褫夺公权。其余以故意犯本章之罪者,得褫夺公权全部或一部。

第十四章 关于危险物罪

本章第一百九十九条至第二百零二条列记之物件,皆不许民间存有者,故予以一定之制裁,禁止其持有。但有公署命令或委任,以正当之宗旨而持有者,不在此限。其第二百零三条所载之物件,虽非禁民间存有者,若有一定犯罪行为,即生重大危险,故附定于本章中。

第一百九十九条 凡为犯罪之用而制造、持有炸药、绵火药、雷汞及其余类此之爆裂物,或自外国贩运者,处二等或三等有期徒刑。

其以供给他人犯罪为宗旨者,亦同。

第二百条 凡未受公署之命令、许可或委任,制造、持有前条所载之爆裂物及自外国贩运之人,不能证明出于正当之宗旨者,处三等以下有期徒刑。

其能证明出于正当之宗旨者,处拘留或五十元以下罚金。

沿革

《唐律》:"诸私有禁兵器者,徒一年半(谓非弓、箭、刀、盾、短矛者),弩一张,加二等;甲一领及弩三张,流二千里;甲三领及弩五张,绞。私造者,各加一等;造未成者,减二等。即私有甲、弩,非全成者,杖一百;余非全成者,勿论。"

《宋刑统赋解·擅兴律》:"私有军器者,徒一年半,谓弓、箭、刀。若甲全副,绞。若更造者,私有罪上加一等。"

《元史·刑法志》:"诸私藏甲全副者,处死;不成副者,笞五十七,徒一年;零散甲片不堪穿系御敌者,笞三十七。枪若刀若弩私有十件者,处死;五件以上,九十七,徒三年;四件以下，七十七，徒二年；不堪使用者，笞五十七。弓箭私有十副者，处死；五副以上，杖九十七，徒三年；四副以下，杖七十七，徒二年；不成副，笞五十七。凡弓一、箭三十，为一副。”

《明律》：“凡民间私有人马甲、傍牌、火筒、火炮、旗纛、号带之类应禁军器者，一件杖八十，每一件加一等。私造者，加私有罪一等，各罪止杖一百，流三千里。非成全者，并勿论，许令纳官。其弓、箭、枪、刀、弩及鱼叉、禾叉，不在禁限。”

《现行律》与《明律》同，其特因火器而加严者，如例内：康熙十九年定有私铸红衣大小炮例，四十七年定有私造鸟枪、竹铳，雍正十年定有私贩硫磺、焰硝各等例是也。

第二百零一条 凡未受公署之命令、许可或委任，而制造、持有军用枪炮或除第一百九十九条所载外军用爆裂物，及自外国贩运之者，处四等以下有期徒刑、拘留或三百元以下罚金。

第二百零二条 凡警察、税关吏员知有未受公署之命令、许可或委任，而制造、持有、贩运第一百九十九条所载爆裂物，或自有外国贩运之人，而不即与相当处分者，处三等以上有期徒刑。

其与犯人通谋者，亦同。

第二百零三条 凡漏逸或间隔煤气、电气、蒸气，因而致生危险于人之身体或财产者，处四等以下有期徒刑、拘留或三百元以下罚金。

因而致人于死伤者，照第三百零一条及第三百零二条处断。

第二百零四条 第一百九十九条、第二百条第一项及第二百零一条之未遂罪，罚之。

第二百零五条 犯第一百九十九条之罪者，褫夺公权。犯第二百零一条第一项之罪者，得褫夺公权全部或一部。

第十五章 关于往来通信罪

往来及通信，乃社会发达之要端。其便与不便，足以卜国民发达之程度。对于此项事宜，如有加阻害，固法律之所当罚也。

第二百零六条 凡损坏、壅塞陆路、水路、桥梁，因而妨害通行者，处四等以下有期徒刑、拘留或三百元以下罚金。

若损害重要之交通线，修复工钜者，处二等或三等有期徒刑。

犯本条之罪，因而致人死伤者，比较第三百零一条及第三百零二条，从重处断。

沿革

《唐律》“不修堤防”条：“其津济之处，应造桥、航及应置船、筏，而不造置，及擅移桥济者，杖七十；停废行人者，杖一百。”《明律》：“凡桥梁、道路，府、州、县佐贰官、提调，于农隙之时，常加点视修理，务要坚完平坦。若损坏、失于修理，阻碍径行者，提调官吏，笞三十。若津渡之处，应造桥梁而不造、应置渡船而不置者，笞四十。”《现行律》与《明律》同。

注意

本条第二项，例如甲地与乙地相通，仅惟一之陆路或水路，因损坏、壅塞，欲图复旧，非多数时日、多额经费之类是也。

第二百零七条 凡损坏轨道、灯塔、标识及其它于汽车、电车、船舰往来上为危险之行为者,处二等至四等有期徒刑。

第二百零八条 凡冲撞、颠覆、破坏、沉没或搁坐载人之汽车、电车、船舰者,处无期徒刑或二等以上有期徒刑。

因而致人于死或多数受伤者,处死刑、无期徒刑或一等有期徒刑。

第二百零九条 犯第二百零七条之罪,因而冲撞、颠覆、破坏、沉没或搁坐载人之汽车电车、船舰者,照前条分别处断。

第二百十条 凡因过失致载人之汽车、电车、船舰生往来之危险者,处三百元以下罚金。

因过失而冲撞、颠覆、破坏、沉没或搁坐载人之汽车电车船舰者,处五百元以下罚金。

其从事此项业务之人犯本条第一项之罪,处四等以下有期徒刑、拘留或一千元以下罚金;犯第二项之罪,处三等以下有期徒刑或三千元以下、一百元以上罚金。

犯本条罪因而致死人伤者,比较第三百十条至第三百十二条,从重处断。

第二百十一条 凡因暴行、胁迫或伪计,以妨害邮便物或电报之递送、收发者,处四等以下有期徒刑、拘留或三百元以下罚金。

第二百十二条 凡损坏邮便专用及其余应用之物件者,处五等有期徒刑、拘留或一百元以下罚金。

损坏电信线、电话线及此外电信、电话之机器、营造物者,或依此外之方法以妨害其交通者,处三等以下有期徒刑或一千元以下、五十元以上罚金。

因过失犯本条罪者,处一百元以下罚金。

第二百十三条 凡从事于邮便、电信之职务者,犯第二百十一条或前条第一项之罪,处三等以下有期徒刑;犯前条第二项之罪,处二等或三等有期徒刑。其出于过失者,处三百元以下罚金。

第二百十四条 第二百零六条第一项、第二项、第二百零七条、第二百零八条第一项、第二项、第二百十一条、第二百十二条第一项、第二项及前条第一项之未遂罪,罚之。

第二百十五条 犯第二百零八条之罪者,褫夺公权。其余以故意犯本章之罪者,得褫夺公权全部或一部。

第十六章 关于秩序罪

凡犯罪,无不害公共之秩序或善良之风俗者,然本章中专指以害秩序之故而成立之犯罪也。

第二百十六条 凡依文书、图画、演说或其余方法,公然煽惑他人犯罪者,从左列分别处断:

一、其罪最重之本刑为死刑或无期徒刑者,三等以下有期徒刑。

二、其罪最重之本刑为有期徒刑者,五等有期徒刑、拘留或一百圆以下罚金。

若以报纸或其余定期刊行之件,或以编纂他人论说之公刊、书册而犯本条之罪者,编辑人亦照前项处断。

注意

教唆犯罪与煽惑犯罪，二者似是而非。教唆者，使人生起犯意，故谓之造意，且在被教唆者犯罪之时，即属共犯之一种。煽惑者，不分是否生起人之犯意与实行，但以其人曾煽惑他人犯罪者，即应以独立之罪处罚之。第二项编纂他人论说之公刊、书册，指虽非自行撰述，而编辑他人撰述有煽惑犯罪之文字而言。其撰述而无公刊之意者，不处罚；所罚者，其彼此通谋刊布者也。

第二百十七条 凡以暴行、胁迫或伪计妨害正当之集会者，处五等有期徒刑、拘留或一百元以下罚金。

注意

本条除他条有特别规定，如妨害选举之集会（第一百六十条第二款）、妨害说教、礼拜等宗教上之集会（第二百五十条第二款）等类之外，其余妨害一切正当集会，例如用暴力以解散学堂听讲之人，或紊乱得公署许可所开之演说会等类，皆属于本条范围。

第二百十八条 凡以暴行、胁迫或伪计为左列各款之行为者，处四等以下有期徒刑、拘留或三百元以下罚金：

一、妨害贩运谷类或其余公共所需之饮食物品者。

二、妨害贩运种子、肥料、原料或其余农业、工业所需之物品者。

三、妨害使用多数工人之工厂或矿坑之执业者。

注意

本条所定乃妨害商业及农工业之罪，惟其害及于公共者，乃在此限。例如妨止海运、河运之类，虽属本条第一款之罪，若仅妨害交付于一商店内一定之人者，则不得援用该款。第二款以下准此。

第二百十九条 凡从事同一业务之工人同盟拒绝执业者，其首谋，处四等以下有期徒刑、拘留或三百元以下罚金；余人，处十元以下罚金。

聚众为暴行、胁迫，或将为者，以第一百六十三条至第一百六十六条论。

注意

同盟罢工者，系就业之人，必欲贯彻其一定之要求，而有此实施者也。其要求之宗旨虽非无理，而因此共同一致拒不就业，是与社会以损害，而为后来之厉阶，应在必罚之列。惟此类之非行，其首谋之人固须重惩，而附和雷同者，则应从轻。所谓首谋者，为首及参与重要之谋议者也。

第二百二十条 凡无故入人所居住或现有看守之邸宅、营造物或船舰，或既受要求而不退去者，处四等以下有期徒刑、拘留或三百元以下罚金。

沿革

汉《贼律》："无故入人室宅、庐舍，上人车船，牵引人欲犯法者，其时格杀之，无罪。"（《周礼·秋官·朝士》："郑司农注：孔疏云：先郑举汉《贼律》。"）《唐律》："诸夜无故入人家者，笞四十。主人登时杀者，勿论；若知非侵犯而杀伤者，减斗杀伤二等。其已拘执而杀伤者，各以斗杀伤论，致死者，加役流。"《元史·刑法志》："诸寅夜潜入人家，被殴伤而死者，勿论。"《明律》："凡夜无故入人家内者，杖八十。主家登时杀死者，勿论。其已就拘执，而擅杀伤者,减斗杀伤罪二等;致死者,杖一百,徒三年。"《现行律》与《明律》同。

理由

家宅,即私人之城廓、营垒,所以安其生命而全其财产者。且家内平和为社会、国家平和之本,倘有侵害,即关系公共之秩序,故有成文宪法之国,率以不可侵入家宅揭明宪法之中。中国宪法虽未制定,然自汉迄今,俱有"无故入人室宅,格杀无罪"之例。则重视家内之平和,古今中外,同此一理也。本条之设以此。

第二百二十一条 凡诈称吏员之资格,或僭用官吏之服饰、徽章及内外国勋章者,处四等以下有期徒刑、拘留或三百元以下罚金。

沿革

《唐律》:"诸诈假官,假与人官,及受假者,流二千里。其于法不应为官,而诈求得官者,徒二年。若诈增减功过年限而预选举,因之以得官者,徒一年。流外官,各减一等。求而未得者,又各减二等。""诸诈为官及称官所遣而捕人者,流二千里。为人所犯害,而诈称官捕,及诈追摄人者,徒一年。未执缚者,各减三等。其应捕摄,无官及官卑诈称高官者,杖八十。即诈称官及冒官人姓字,权有所求为者,罪亦如之。""诸营造舍宅、车服、器物及坟茔、石兽之属,于令有为者,杖一百。虽会赦,皆令改去之,坟则不改。"

《元典章·刑部十四》:"至元十五年,益都路郑均诈造到牌,用金纸裹做金牌,作名廉暗察事。法司拟旧例:诈为官人,徒二年。郑均合徒二年,量决七十七下。又例,济南军户李良诈称监察等事,法司拟:所犯系无官诈称有官,部断七十七下,省断六十七下。"

《元史·刑法志》:"一应服色等第,上得兼下,下不得僭上,违者,职官解现任,期年后降一等叙;余人,五十七。"

《明律》:"凡诈假官、假与人官者,斩。其知情受假官者,杖一百,流三千里;不知者,不坐。若无官而诈称有官,有所求为,或诈称官司差遣而捕人,及诈冒官员姓名者,杖一百,徒三年。若诈称现任官子孙、弟侄、家人、总领,于按临部内有所求为者,杖一百。为从者,各减一等。若得财者,并计赃准窃盗从重论。""若诈称内使及都督府、四辅、谏院等官,六部监察御史、按察司官,在外体察事务、欺诳官府、煽惑人民者,斩。知情随行者,减一等。""若诈称使臣乘驿者,杖一百,流三千里;为从者,减一等。""凡官民房舍、车服、器物之类,各有等第,若违式僭用,有官者,杖一百,罢职不叙;无官者,笞五十,罪坐家长;工匠,并笞五十。若僭用违禁龙凤文者,官民各杖一百,徒二年;工匠杖一百。"

《现行律》于"诈称内使"条内"都督府等官"改为"内阁、六科、六部、都察院",余与《明律》同。

第二百二十二条 第二百十六条至第二百十八条及第二百二十条之未遂罪,罚之。

第二百二十三条 犯第二百十六条至第二百十八条第二百二十条及前条之罪者,得褫夺公权全部或一部。

第十七章 关于伪造通用货币之罪

往昔认伪造货币罪之本质为侵害主权,科以死刑者居多。然据现今之法律及政法思想而论，政府专握制造货币之权，亦如邮便、电报、盐法、铁路（凡此种类，因国而异）等事业，以国家秩序及利益计之，不过独有权之一种，其侵害之罪虽大，不必科以死刑。况民之趋利甚于身命，虽蹈汤赴火，亦所不辞，欲杜私铸，是在政府维持得宜，断非仅特严刑峻罚所能获效。观于汉贾谊之议，其理益信。故本案仿欧美各国及日本通例，而以无期徒刑为最重之刑也。

第二百二十四条 凡伪造通用货币者，处无期徒刑或二等以上有期徒刑。

使自已所伪造通用货币，及意图行使而交付于人者，亦同。

经政府许可发行之银行券，以通用货币论。

沿革

《汉书·食货志》："文帝五年，除盗铸钱令，使民放铸。贾谊谏曰：法使天下公得顾租铸铜锡为钱，敢杂以铅铁为它巧者，其罪黥。又曰：曩禁铸钱，死罪积下；今公铸钱，黥罪积下。是盗铸本死罪，放铸之后，惟殽杂为巧者，始当黥罪也。"又《景帝纪》："六年，定铸钱伪黄金弃市律。"应劭注："听民放铸，律尚未除。"尽至是，始复旧制。

《唐律》："诸私铸钱者，流三千里；作具已备，未铸者，徒二年；作具未备者，杖一百。若磨错成钱，令薄小，取铜以求利者，徒一年。"

《元典章·户部六》："皇庆定例：伪造宝钞，首谋、起意，并雕版抄纸，收买颜料，书填字号，窝藏印造，但同情者，皆处死，仍没其家产。两邻知而不首者，杖七十七；坊（里）正、主首、社长失觉察，并巡捕军兵，各决四十七；捕盗官及镇守巡捕军官，各决三十七。买使伪钞，不分首从，初犯，杖一百七，徒一年；再犯，杖一百，决流远。"

《元史·刑法志》："初犯，杖一百七；再犯，加徒一年；三犯，科断流远。又延佑新定：挑剜、补凑、描改宝钞，以真作伪，初犯，依例杖一百七，徒一年；再犯，断罪流远。两邻知而不首，九十七；再犯，加等科断。知情买使，六十七，窝主同罪。坊（里）正、主首、社长，并捕盗官吏，及镇守兼捕军官、军人失于察觉者，随事量情究治。又至元七年，都省议得：印造伪钞未曾使用，比为首印造伪钞已成，减死一等。"《元史·刑法志》："诸伪造宝钞，印板不全，杖一百七。诸烧造伪银者，徒。"

《明律》："凡伪造宝钞，不分首从，及窝主若知情行使者，皆斩，财产并入官。里长知而不首者，杖一百。巡捕、守把官军，知情故纵者，与同罪。若将宝钞挑剜、补凑、描改，以真作伪者，杖一百，流三千里。为从及知情行使者，杖一百，徒三年。""凡私铸铜钱者，绞，匠人罪同。为从及知情买使者，各减一等。里长知而不首者，杖一百。若将时用铜钱剪错薄小，取铜以求利者，杖一百。若伪造金银者，杖一百，徒三年；为从及知情买使者，各减一等。"

《现行律》无"伪钞"一条，其"私铸"条与《明律》同。而康熙定例："为首及匠人，加至斩决；为从及知情买使，绞决；知情不首，照为首例，立斩。"雍正三年，将知情不首改绞决，地方官知情故纵者，皆斩决；十一年，又照强盗例分别法所难宥者，立决；情有可原者，发遣。乾隆五年，将地方官改为斩候。十四年，节次修改为"十千以上或虽不及十千，而私铸不止一次，为首及匠人，斩候；为从及知情买使，拟遣；受些微雇值挑水、打炭，及停工散局之后贪其价贱偶为买使者，满徒，不及十千，复以次递减。"五十三年，修并一条，地方官斩候之例亦即删去，较律虽重，而视康熙、雍正之例稍轻。又康熙年间《现行例》："毁化制钱、铸造私钱者，依私铸例,为首及匠人,斩决;为从,绞决。"乾隆十八年将"剪边图利者,照私铸治罪",追私铸之例改轻,而私铸之例未改,私销遂重于私铸矣。

注意

货币,指在中国有强制通用力(又谓之法定通用力)之真币(金、银、铜三等)及纸币(政府发行之金、银、铜票)而言,以下各条仿此。第二项所谓行使者,以伪造货币作为真正货币之用也。意图行使而交付于人者,谓对于有意行使之人,告以伪造之情而交付之是也。告以伪造之情,虽非由自己充为真货之用,与狭隘之行使有间,然已履使他人行使之第一阶段,故与行使者同等。第三项经政府许可发行之银行券者,非政府自己所发行,乃经其许可而发行之银行纸币之谓,至于汇兑票等,则属第二百三十七条之范围,与本章无涉。

第二百二十五条 凡伪造流通中国之外国通用货币者,处三等以上有期徒刑。

行使自己所伪造流通中国之外国通用货币,及意图行使而交付于人者,亦同。

流通中国之外国银行券,以外国通用货币论。

理由

流通中国之外国通用货币,乃中国律例未禁制其通行,而民间亦任意行使之外国货币。例如墨西哥、日本银元及兑换银行券等是也。此等货币之伪造,虽无损中国之信用,而于中国市面颇足扰害,是以科以前条次重之刑。

第二百二十六条 凡意图行使而减损金银币之分量者,处三等或四等有期徒刑。其行使及意图行使而交付于人者,亦同。

减损中国之外国金银币之分量者,处四等以下有期徒刑。其行使及意图行使而交付于人者,亦同。

沿革

《明律》、《现行律》附见第二百二十四条。

理由

减损贵金属货币之事,各国皆有之,于法制名曰"变造",本案特指摘其行为之外形,而以本条拟定其刑。

第二百二十七条 凡意图行使收受他人所伪造通用之货币者,处三等以上有期徒刑。其收受后行使,及意图行使而交付于人或自外国贩运之者,处无期徒刑或二等以上有期徒刑。

其所收受系伪造流通中国之外国货币时,处二等至四等有期徒刑。其收受后行使,及意图行使而交付于人或自外国贩运之者,处三等以上有期徒刑。

注意

第二百二十四条伪造货币,已行、未行,其刑同等。本条分别已行、未行者,因收受他人伪造货币,与自己伪造有间,故刑较彼条为轻。至行使之后,则不论为他人伪造、自己伪造,厥害维均,故科以彼条同一之刑也。

第二百二十八条 凡意图行使收受他人所减损分量之金银币者,处四等以下有期徒刑。其收受后行使,及意图行使而交付于人或自外国贩运之者,处三等或四等有期徒刑。

其所收受系减损分量流通中国之外国金银币时，处五等有期徒刑或拘留。其收受后行使，及意图行使而交付于人或自外国贩运之者，处四等以下有期徒刑。

第二百二十九条 凡收受后方知为他人伪造之货币或减损分量之金银币，而仍行使或意图行使而交付于人者，处其价额三倍以下、价额以上罚金；若三倍之数未达五十元时，处五十元以下价额以上罚金。

理由

自第二百二十七条至第二百二十九条，皆指收受者而言，知情收受伪造或减损货币而行使，其情比伪造为轻，收受后方知情，而仍行使，其情更轻。故胪列三条，而递宽其刑之等差也。

第二百三十条 凡意图伪造通用货币或减损金银币分量，而预备各项器械或原料者，处三等以下有期徒刑。

第二百三十一条 第一百二十四条至第一百二十八条之未遂罪，罚之。

第二百三十二条 因犯本章之罪应宣告二等有期徒刑以上之刑者，褫夺公权。其余，得褫夺公权全部或一部。但犯第一百二十九条之罪者，不在此限。

第十八章 关于伪造文书及印文之罪

本章所谓公私文书、图样、印文、署名及印者，皆有关律例上权力、权利、义务或事实上证据之用者而言，其余私家撰述不在此列。

第二百三十三条 凡伪造制书者，处无期徒刑或一等有期徒刑。

行使伪造之制书，或意图行使而交付于人者，亦同。

沿革

《汉书·功臣表》："袁浩侯王恢，坐使酒泉矫制害当死，赎罪免。如淳曰：律，矫诏大害，腰斩。有矫诏害，矫诏不害。"《唐律》："诸诈为制书及增减者，绞（口诈传及增减，亦是）。未施行者，减一等。其收捕谋叛以上，不容先闻而矫制有功者，奏裁；无功者，流二千里。"《宋刑统赋解·诈伪律》："若诈伪制书及有所增减者，绞。若口诈传者，与诈造者无异。"《元史·刑法志》："诸妄增减制书者，处死。诸近侍官辄传上旨者，杖一百七，除名不叙。"《元典章·刑部十四》断例："诈传制书，犯人流远；诈令旨，犯人八十七。"《明律》："凡诈为制书及增减者，皆斩；未施行者，绞。传写失错者，杖一百。""凡诈传诏旨者，斩；皇后懿旨、皇太子令旨、亲王令旨者，绞。"《现行律》于"诈传诏旨"条删"亲王令旨"四字，余与《明律》同。

第二百三十四条 凡伪造公文书或图样者，处二等至四等有期徒刑。

行使伪造之公文书或图样，或意图行使而交付于人者，亦同。

沿革

《唐律》："诸诈为官文书及增减者，杖一百。准所规避，徒罪以上，各加本罪二等；未施行，各减一等。即主司自有所避，违式造立及增减文案，杖罪以下，杖一百；徒罪以上，各加所避罪一等（造立即坐）。若增减以避稽者，杖八十。"《元典章·刑部十四》断例："伪造官文书、伪县印，首，六十七；从，五十七。又行省令史诈传省官钧旨，犯人五十七，罢役，别行求仕。"《明律》："诈伪将军、总兵官、五军都督府、六部都察院、都指挥使司、内外各卫指挥使司、守御紧要隘口千户所文书,套画押字,盗用印信,及空纸用印者,皆绞;察院、布政司、按察司、府、州、县衙门者,杖一百,流三千里;其余衙门者,杖一百,徒三年。未施行者,各减一等。若有规避事重者,从重论。""若诈传一品、二品衙门官言语,于各衙门分付公事,有所规避者,杖一百,徒三年;三品、四品衙门官言语者,杖一百;五品以下衙门官言语者,杖八十。为从者,各减一等。若得财者,计赃以不枉法;因而动事曲法者,以枉法,各从重论。"《现行律》于"诈制书"条"将军、总兵官"等二十三字改为"六部、都察院、将军、督抚、提镇",其"千户所"三字改为"衙门",余与《明律》同。

第二百三十五条 凡吏员明知虚伪之事实而据以制造所掌文书、图样,或行使此种文书、图样,及意图行使而交付于人者,皆照前条之例处断。

其中告虚伪之事实,而使吏员制造所掌之文书、图样,或行使此种文书、图样,及意图行使而交付于人者,亦同。

沿革

《明律》"诈为制书及诈传诏旨"条:"当该官司知而听行,各与同罪;至死,减一等。不知者不坐。"《现行律》同。

理由

本条所揭之行为,在刑法学上谓之为"无形之伪造"。其第一项所揭,系吏员本身之行为,第二项所揭,系申告之人蒙混吏员之行为。一则事实非自造,而文书等系自造;一则文书等非自造,而事实系自造。第观其表面,文书等项均出自有制作资格之人,而论其内容,实为虚伪而已,故曰无形之伪造。此其可罚之情节,与伪造无分轻重,故其刑亦与有刑之伪造同。第二项之情形罪坐申告之人,吏员不坐。至第二百三十九条,系私文书之无形伪造也。

第二百三十六条 凡以虚伪之事实申告于吏员,而使交付文凭、捐照或护照,及使为不实之记载者,处五等有期徒刑、拘留或一百元以下罚金。

理由

本条所载不过前条第二项无形伪造之一种,然为情轻之公文书,故特分列专条。

第二百三十七条 凡伪造有价证券者,处二等至四等有期徒刑。

行使伪造之有价证券,或意图行使而交付于人,或自外国贩运之者,亦同理由。

理由

有价证券者,其证券关系于债权之发生、存续、转移、消灭者之谓,例如汇兑票、期票、支票、栈单、船单之类。其便于流通,殆与纸币相近,其伪造、行使之处分,应重于伪造、行使寻常私文书,而轻于伪造行使纸币,并本案所采之方针也。

第二百三十八条 凡伪造可以证明他人权利义务事实之私文书或图样者,处三等以下有期徒刑。

行使伪造他人之私文书或图样,及意图行使而交付于人者,亦同。

注意

可以证明事实之私文书,虽无证明权利义务之效力,而足以证明一定之事实,例如寻常人所制日用帐簿之类是也。凡其伪造可以充证明之用者,即不可不加以刑。

第二百三十九条 凡对于他人可以证明权利义务事实之自己私文书，为虚伪之记载，或行使，及意图行使而交付于人者，照前条之例处断。

第二百四十条 凡医师于提示他人之诊断书、检案书或死亡证书，为虚伪之记载者，处四等以下有期徒刑或三百元以下罚金。

其嘱托或行使，及以行使之宗旨交付于人者，处拘留或五十元以下罚金。

沿革

《唐律》："诸医违方诈疗病，而取财物者，以盗论。诸有诈病及死伤，受使检验不实者，各依所欺减一等；若实病死及伤，不以实验者，以故入人罪论。"《明律》："凡检验尸伤，若牒到托故不即检验，致令尸变，及不亲临监视，转委吏卒，若初复检官吏相见，符同尸状，及不为用心检验，移易轻重，增检尸伤不实，定执致死根因不明者，正官杖六十，首领官杖七十，吏典杖八十。仵作、行人检验不实，符同尸状者，罪亦如之。因而罪有增减者，以失出入人罪论。若受财故检验不实者，以故出入人罪论。赃重者，计赃以枉法从重论。"《现行律》与《明律》同。

注意

诊断书即病结及脉案；检案书即尸格；死亡证书，指定患者因何疾而死之书也。

第二百四十一条 凡伪造御玺、国玺、公私印文、署名，盗用之者，照伪造制书或公私文书之例处断。

其行使伪造之御玺、国玺、公私印文、署名，或滥用真正之物者，照行使伪造之制书或公私文书之例处断。

沿革

《唐律》："诸伪造皇帝八宝者，斩。太皇太后、皇太后、皇后、皇太子宝者，绞。皇太子妃宝，流三千里。伪造，不录所用，但造即坐。诸伪写官文书印者，流二千里；余印，徒一年。（写，谓仿效而作，亦不录所用。）即伪写前代官文书印，有所规求、封用者，徒二年。诸伪写官殿门符、发兵符、传符者，绞；使节及皇城门、京城门符者，流二千里；余符，徒二年。诸以伪宝、印、符、节及得亡宝、印、符、节，假人，若出卖，及所假若买者封用，各以伪造、写论。即以伪印印文书施行，若假与人，及受假者施行，亦与伪写同；未施行，及伪写印、符、节未成者，各减三等。诸盗用宝、印、符、节封用，即所主者盗封用及以假人，若出卖，所假及买者封用，各以伪造、写论。主司不觉人盗封用者，各减封用罪五等；印，又减二等。即事直及避稽而盗用印者，各杖一百；事虽不直，本法应封用印而封用者，加一等。主司不觉，笞五十；故纵者，各与同罪。"

《元史·刑法志》："诸主谋伪造符宝，及受财铸造者，皆处死。同情转募工匠，及受募刻字者，杖一百七。伪造制敕者，与符宝同。"

《元典章·刑部十五·断例》："伪造省印敕牒，为首，处死；余人，杖断。伪造税印，但犯，八十七。伪造印信、县印，首，六十七；从，五十七。行省印，一百七。"

《明律》："凡伪造诸衙门印信、历日、符验、夜巡铜牌、茶盐引者，斩。有能捕告者，官给赏银五十两。伪造关防印记者，杖一百，徒三年。告捕者，官给赏银三十两。为从及知情行用者,各减一等。若造而未成者,各又减一等。其当该官司知而听行,与同罪;不知者,不坐。”

《现行律》“印信下”改为“时宪书”三字,又删去“夜巡铜牌”四字,余与《明律》同。

第二百四十二条 凡以不正行使之宗旨而制作公印或私印者,处四等以下有期徒刑、拘留或三百元以下罚金。于未行使前能自破坏或自首者,免除其刑。

注意

凡以印文及印供公私证据之用,中国及日本较之欧美各国为盛行。然按日本刑法,其伪造、行使之规定,与文书有别,于印文及印之区别则不甚明晰。今据法理而论,印文者,镌一定文字之文书也。现日本刑法以图样与文书同论,故本案于此定为以文书论。况用为证据以坚定信用之效力者,此非印,乃印文也,此印文与印之所以区别也。

盗用,谓以不正而钤押真正之印文,并非盗窃印件。滥用印文,谓以钤押真正印文而为不正之行使。盗用署名,谓使人署名于非本意之文书。滥用署名,谓将人署名证明非是人本意之事实是也。

第二百四十三条 本章之未遂罪,罚之。

以行使之宗旨,收受本章所揭为伪造、盗用、滥用之制书、公私文书、印文、署名或公私印者,各依本条以未遂罪论。

第二百四十四条 因犯本章之罪应宣告二等有期徒刑以上之刑者,褫夺公权。其余,得褫夺公权全部或一部。

第十九章 关于伪造度量衡罪

度量衡之正确与否,与本国之农工商业及此外一切事宜,关系至巨。故欧美各国及日本皆政府制作,而使民间贩卖,或民间制作,经政府查验之后始许贩卖。中国现奉明谕,较勘度量衡之制,则私造度量衡(第二百四十五条)及持有不合之度量衡而使用之于业务上者,自应有一定之制裁,以收齐一之效。此本章之所由设也。

第二百四十五条 凡以行使或贩卖之宗旨,而制作违背定规之度量衡,或变更真正度量衡之定规者,处四等以下有期徒刑并科五百元以下罚金。

知情而贩卖不平之度量衡者,亦同。

沿革

《唐律》:“诸校斛斗称度不平,杖七十。监校者不觉,减一等;知情,与同罪。诸私作斛斗,称度不平,而在市执用者,笞五十;因而增减者,计所增减,准盗论。即用斛斗称度出入官物而不平,令有增减者,坐赃论;入己者,以盗论。其在市用斛斗称度虽平,而不经官私印者,笞四十。”

《元典章·刑部十九》断例:“禁私斛斗秤尺,犯人决五十七,止坐见发之家。亲民司、县正官禁治不严,初犯罚俸一月,再犯各决二十七,三犯别议。亲民州部与(司)县同。路府州县达鲁花赤长官不为用心提调,初犯,罚俸二十日,再犯,别议定罪。”《元史·刑法志》同。

《明律》:“凡私造斛斗秤尺不平,在市行使,及将官降斛斗秤尺作弊增减者,杖六十。工匠同罪。若官降不如法者,杖七十。提调官失于校勘者,减一等。知情,与同罪。其在市行使斛斗秤尺虽平,而不经官司较勘印烙者,笞四十。若仓库官吏,私自增减官降斛斗、秤尺,收支官物,而不平者,杖一百;以所增减物计赃重者坐赃论。因而得物入己者,以监守自盗论。工匠杖八十。监临官知而不举者,与犯人同罪;失觉察者,减三等,罪止杖一日。"

第二百四十六条 凡业务上常用度量衡之人知其不平而持有者,处五等有期徒刑、拘留或一百元以下罚金。

其行使不平之度量衡而得其利者,以诈欺取财论。

第二百四十七条 凡未受公署之委任或许可,以行使、贩卖之宗旨而制作度量衡者,徜未违背定规,处三十元以下罚金。

若贩卖者,处卖价二倍以下、卖价以上罚金;其二倍之数未达五十元时,处五十元以下、卖价以上罚金。

第二百四十八条 第二百四十五条之未遂罪,罚之。

第二百四十九条 犯第一百四十五条之罪者,得褫夺公权全部或一部。

第二十章　关于祀典及坟墓罪

中律祀典向隶《礼律·祭祀》,凡丘坛、寺观俱赅于内,查各国刑法,宗教特立一门,盖崇奉神明之意,中外同此一理。既根于全国之习惯,既为社会秩序所关系,故仍设为专章。至各国正教亦附于后,以符信自由之原则。发掘坟墓,大率利其棺内财物,自唐以后,俱列贼盗,然就广义言之,或挟仇示辱,或贪图吉壤,或指称旱魃,原因复杂,不仅财物一项。兹从各国通例,移辑本章之后。

第二百五十条 凡对坛庙、寺观、墓所、其余礼拜所有公然不敬之行为者,处五等有期徒刑、拘留或一百元以下罚金。

其妨害葬仪、说教、礼拜、其余宗教上之会合者,亦同。

沿革

《汉书·功臣表》:"牧邱侯石德,坐为太常失法罔上,祠不如令,完为城旦。"《唐律》:"诸盗毁天尊像、佛像者,徒三年。即道士、女官盗毁天尊像,僧、尼盗毁佛像者,加役流。真人、菩萨,各减一等。盗而供养者,杖一百。""诸弃毁大祀神御之物,若御宝、乘舆服物及非服而御者,各以盗论。亡失及误毁者,准盗论减二等。""诸大祀丘坛将行事,有守卫而毁者,流二千里;非行事日,徒一年。壝门,各减二等。""诸毁人碑碣及石兽者,徒一年;即毁人庙主者,加一等。其有用功修造之物,而故毁损者,计庸坐赃论,各令修立。误损毁者,但令修立,不坐。"《元史·刑法志》:"诸伪僧窃取佛像腹中装者,以盗论。"《明律》:"凡大祀丘坛而毁损者,杖一百,流二千里;壝门,减二等。若弃毁大祀神御之物者,杖一百,徒三年。遗失及误毁者,各减三等。"《现行律》与《明律》同。

注意

坛庙、寺观,指载列祀典或志乘者而言。礼拜所,凡回教及各国正教载在约章,应行保护之礼拜堂均是。他如淫祠邪教,本所严禁,自难援用。

第二百五十一条 凡损坏、遗弃或盗取死体、遗骨、遗发或棺内所藏之物者,处三等以下有期徒刑。

若损坏、遗弃或盗取尊亲属之死体、遗骨、遗发或棺内所藏之物者,处二等以上有期徒刑。

注意

死体未脱化者,与单纯之人骨不同。遗骨及遗发,可代死体埋葬,礼拜及其余宗教上崇为仪式者均是。

第二百五十二条 凡发掘坟墓者,处四等以下有期徒刑。

若发掘尊亲属之坟墓者,处三等或四等有期徒刑。

第二百五十三条 凡发掘坟墓而损坏、遗弃或盗取死体、遗骨、遗发或棺内所藏之物者,处二等或三等有期徒刑。

若发掘尊亲属坟墓而损坏、遗弃或盗取死体、遗骨、遗发或棺内所藏之物者,处无期徒刑或二等以上有期徒刑。

沿革

《唐律》:"诸残害死尸(谓焚烧、支解之类),及弃尸水中者,各减斗杀罪一等(缌麻以上尊长不减)。弃而不失,及髡发若伤者,各又减一等。即子孙于祖父母、父母,部曲、奴婢于主者,各不减。诸穿地得死人不更埋,及于冢墓熏狐狸而烧棺椁者,徒二年;烧尸者,徒三年。缌麻以上尊长,各递加一等;卑幼,各依凡人递减一等。若子孙于祖父母、父母,部曲、奴婢于主坟冢熏狐狸者,徒二年;烧棺椁者,流三千里;烧尸者,绞。""诸发冢者,加役流(发彻即坐,招魂而葬,亦是)。已开棺椁者,绞;发而未彻者,徒三年。其冢先穿,及未殡而盗尸柩者,徒二年半;盗衣服者,减一等。器物、砖、版者,以凡盗论。"

《元典章·刑部十二》:断例"已发坟冢,比同窃盗;开棺见尸,比同强盗;残毁尸首,同伤人论。依例刺字。"(《元史·刑法志》无"依例刺字"四字,而有"仍于犯人家属征烧埋银"一层)"子孙掘祖宗坟内财物,虽是自首,亦行没官。子孙发掘祖宗坟冢,盗取财物、货卖茔地,验所犯轻重断罪;移弃尸骸,不为祭祀,同恶逆结案。买地人知情,减犯人罪二等;不知情,临时详决。"《元史·刑法志》:"诸挟仇发冢,盗弃其尸首,处死。诸发冢得财不伤尸,杖一百七,刺配。诸盗发诸王、驸马坟寝者,不分首从,皆处死;看守禁地人,杖一百七,三分家产,一分没官;同看守人,杖六十七。"

《明律》:"凡发掘坟冢,见棺椁者,杖一百,流三千里;已开棺椁见尸者,绞;发而未至棺椁者,杖一百,徒三年。招魂而葬亦是。若冢先穿陷,及未殡埋而盗尸柩者,杖九十,徒二年半;开棺椁见尸者,亦绞。其盗取器物、砖石者,计赃,准凡盗论,免刺。若卑幼发尊长坟冢者,同凡人论;开棺椁见尸者,斩。若弃尸卖坟地者,罪亦如之。买地人、牙保知情者,各杖八十,追价入官,地归同宗亲属;不知者,不坐。若尊长发卑幼坟冢,开棺椁见尸者,缌麻,杖一百,徒三年;小功以上,各递减一等。发子孙坟冢开棺椁见尸者,杖八十;其有故而依礼葬者,俱不坐。若毁他人死尸,及弃尸水中者,各杖一百,流三千里。若毁弃缌麻以上尊长死尸者,斩;弃而不失,及髡发若伤者,各减一等。缌麻以上卑幼,各依凡人递减一等。毁弃子孙死尸者，杖八十。其子孙毁弃祖父母、父母及奴婢、雇工人毁弃家长死尸者，斩。若穿地得死尸不即掩埋者，杖八十。若于他人坟墓熏狐狸，因而烧棺椁者，杖八十，徒二年；烧尸者，杖一百，徒三年。若缌麻以上尊长，各递加一等；卑幼，各依凡人递减一等。若子孙于祖父母、父母及奴婢、雇工人于家长坟墓熏狐狸者，杖一百；烧棺椁者，杖一百，徒三年；烧尸者，绞。若平治他人坟墓为田园者，杖一百。于有主坟地内盗葬者，杖八十，勒限移葬。若地界内有死人，里长地邻不申报官司检验，而辄移他处及埋葬者，杖八十；以致失尸者，杖一百；残毁及弃尸水中者，杖六十，徒一年。弃而不失，及髡发若伤者，各减一等。因而盗取衣服者，计赃，准窃盗论，免刺。"

《现行律》与《明律》同。顺治、康熙年间定"发掘贝勒、贝子、公、夫人等及历代帝王陵寝"之例，同治九年复定"发掘常人坟墓，为首，分别斩决、绞决；为从，绞候"之例，俱较律加严。

理由

发冢之罪，自唐迄明本重，今益严厉，故本条第一项所定之刑，较各国之立法例为重。第二项照《现行律例》，亦应科死刑，今改以无期徒刑为其最重之刑。盖以此种虽属大罪，而究与生存之尊亲加以暴力者有别，故罚当稍轻，其理一也。发掘尊属亲之坟墓，而盗其葬具，此种狂暴之行为，实教化未普之证，然刑与教化相对待，徒峻其刑，必不能绝此种非行之迹，故废其剥夺生命之刑，而使服感化主义之自由刑，其理二也。

第二百五十四条 第二百五十二条之未遂罪，罚之。

第二百五十五条 犯第二百五十一条第二项、第二百五十二条第二项及第二百五十三条第二项之罪者，褫夺公权。其余，得褫夺公权全部或一部。

第二十一章 关于鸦片烟之罪

鸦片之贻害中土，垂五十一年。一经传染，萎痹终身，其因此而失业、亡家者，触目皆是。萃全国有用之国民，日沉湎鸩毒之乡而不悔。是非独一身一家之害，直社会国家之巨蠹也。方今禁烟明诏，涣布中外，自应严定罪例，以资援引。本罪之害个人健康者，不过法理上之一端，而为害于社会、国家，乃其特质。故本案以传播恶习为重（第二百五十六条至第二百五十九条），而以个人之行为为轻。至可以制止此等行为而故意放任之者，其罚与自身犯吸食者同等（第二百五十八条及第二百六十一条），此则本于实际，不得已而出此者也。其有贩运、贩卖等所关之特别条约及律例者，于未改正废止之前，不能即遵用本律，另详本律施行法。

第二百五十六条 凡制造鸦片烟，或贩卖，及意图贩卖而持有，或自外国贩运者，处三等以下有期徒刑。

第二百五十七条 凡制造供吸食鸦片烟之器具，或贩卖，及意图贩卖而持有，或自外国贩运者，处四等以下有期徒刑。

第二百五十八条 凡税关官吏及辅助之人，自外国贩运鸦片烟或供吸食之器具，或容认他人贩运者，处二等或三等有期徒刑。

第二百五十九条 凡开设馆舍供人吸食鸦片烟以图利者，处四等以下有期徒刑并科三百元以下罚金。

沿革

雍正七年例:"兴贩鸦片烟,照收买违禁货物例,枷号一个月,发近边充军。如私开鸦片烟馆引诱良家子弟者,照邪教惑众律,拟绞监候;为从,杖一百,流三千里。船户、地保、邻佑人等,俱杖一百,徒三年。如兵役人等藉端需索,计赃,照枉法律治罪。失察之泛口地方文武各官,并不行监察之海关监督,均交部严加议处。"《现行例》:"洋药客商在铺开馆,及别铺并住户开设烟馆,照开场聚赌例治罪。在馆吸食之人,照违制律,杖一百。房主知情,将房屋入官;不知者,不坐。"(道光二十年例,同治九年修改)

第二百六十条 凡吸食鸦片烟者,处五等有期徒刑、拘留或一千元以下罚金。

沿革

《现行例》:"官员及兵丁吸食洋药,俱拟绞监候。系旗人,销本身旗档。失察之该管官,交部议处。"(道光二十年例,同治九年修改)

第二百六十一条 凡警察官吏及辅助之人知有前五条之犯人,故不与以相当之处分者,亦照前五条之例处断。

第二百六十二条 凡持有专供吸食鸦片烟之器具者,处一百元以下罚金。

第二百六十三条 除前条之外,本章各条之未遂罪,罚之。

第二百六十四条 犯第二百五十六条至第二百六十一条之罪者,得褫夺公权全部或一部。若系吏员,并免现职。

第二十二章 关于赌博彩票之罪

凡所处分虽系自己财产,而能贻社会以损害,皆为律所当禁。本章之规定即为此类之非行而设。

第二百六十五条 凡赌博财物者,处一千元以下罚金。如以供一时娱乐用物为赌者,不在此限。

当场供赌博之器具及犯人持有之金钱,没收之。

沿革

魏李悝《杂法》有"博戏"之目,见《晋书·刑法志》,《汉律》当同。《汉书·功臣表》:"安丘嗣侯张拾,坐搏揜,完为城旦。师古曰:搏字或作博,一曰六博也。揜,意钱之属也。皆为戏而取人财也。又邔嗣侯黄遂坐揜搏夺公主马,髡为城旦。又樊嗣侯蔡辟方坐搏揜,完为城旦。"

《唐律》:"诸博戏赌财物者,各杖一百(举博为例,余戏皆是)。赃重者,各依已分,准盗论。输者,亦依已分为从坐。其停止主人,及出九,若和合者,各如之。赌饮食者,不坐。"

《元典章·刑部十九》断例:"赌博钱物,犯人名下均征钞二十五两,发付捕告人充赏。亲民职官赌博断讫,解现任,期年后杂职内定夺,依例准附相应,追至元钞一百两,与元告人充赏。元告人言语若虚呵,要罪过。又大德六年,刑部议得:捉获赌博钱物,不许展转扳指在前同赌人数,止理见发人等。又皇庆二年,刑部议得:两邻知而不首,杖决四十七下。其虽非同日赌博,当场既有输准田产、孳畜之类可为证验者,一体追断。又延佑五年,刑部议得:先犯开置兑坊等罪，累经钦遇诏赦，今次不悛，又行纠集人伴赌博罪犯，断讫，准拟加徒。”

《元史·刑法志》：“诸赌博钱物，杖七十七，钱物没官，有官者，罢现任，期年后杂职内叙。开张博房之家，罪亦如之，再犯，加徒一年。应捕故纵，笞四十七，受财者同罪。赌饮食者，不坐。”

《明律》：“凡赌博财物者，皆杖八十，摊场钱物入官。其开张赌坊之人，同罪。止据见发为坐。职官加一等。若赌饮食者，勿论。”

《现行律》与《明律》同。康熙年间，节次定例改为“枷号，满杖；赌饮食，照不应重律论”。

第二百六十六条　凡以赌博为常业者，处四等以下有期徒刑。

第二百六十七条　凡聚众开设赌博场以图利者，处三等或四等有期徒刑，并科五百元以下罚金。

沿革

《现行例》：“民人将自己银钱开场，引诱赌博，经旬累月，聚集无赖，放头抽头者，初犯，杖一百，徒三年；再犯，杖一百，流三千里。存留赌博之人，初犯，杖八十，徒二年；再犯，杖一百，徒三年。”（雍正四年例）

第二百六十八条　凡未得公署之许可而发行彩票者，处四等以下有期徒刑，并科三千元以下罚金。

为卖买前项所揭彩票之媒介者，处五等有期徒刑，并科一千元以下罚金。

第二百六十九条　凡知情购入未得公许发行之彩票者，处一百元以下罚金，因而得利者，处其价额二倍以下、价额以上罚金；若二倍之数未达一百元时，处一百元以下、价额以上罚金。

第二百七十条　第二百六十七条至前条之未遂罪，罚之。

第二百七十一条　犯第二百六十六条及第二百六十七条之罪者，褫夺公权。犯第二百六十五条及第二百六十八条之罪者，得褫夺公权全部或一部。

第二十三章　关于奸非及重婚之罪

奸非之罪，自元以后，渐次加重。窃思奸非虽能引起社会、国家之害，然径以社会、国家之故科以重刑，于刑法之理论未协。例如现时并无制限泥饮及惰眠之法，原以是等之行为非行罚所能为力也。奸非之性质亦然，惟礼教与舆论足以防闲之，即无刑罚之制裁，此种非行亦未必因是增加。此本案删旧律奸罪各条，而仅留单纯之奸非罪也。

第二百七十二条　凡对未满十二岁之男女为猥亵之行为者，处三等以下有期徒刑或三百元以下、三十元以上罚金。

若用暴行、胁迫或用药及催眠术并其余方法，致使不能抗拒，而犯前项之罪者，处二等或三等有期徒刑或五百元以下、一百元以上罚金。

注意

猥亵行为，指违背风纪，未成奸以前之行为而言，与第二百七十四条之奸淫、第二百七十八条之犯奸不同。至鸡奸一项，自唐迄明，均无明文，即揆诸泰西各国刑法，虽有其例，亦不认为奸罪。故本案采用其意，赅于猥亵行为之内，而不与妇女并论。下条准此。

第二百七十三条 凡对十二岁以上男女,用暴行、胁迫或用药及催眠术并其余方法,致使不能抗拒,而为猥亵之行为者,处三等以下有期徒刑或三百元以下、五十元以上罚金。

第二百七十四条 凡用暴行、胁迫或用药及催眠术并其余方法,致使不能抗拒,而奸淫妇女者,为强奸罪,处二等以上有期徒刑。

奸未满十二岁之幼女者,以强奸论。

第二百七十五条 凡乘人精神丧失或不能抗拒,而为猥亵之行为或奸淫者,照第二百七十二条第二项、第二百七十三条及前条之例处断。

沿革

《汉书·王子侯表》:"庸嗣侯端,坐强奸人妻,会赦免。"又《功臣表》:"土军嗣侯宣生,坐与人妻奸,免。又祏至嗣侯许福,坐为奸,为鬼薪。"《公羊传·桓公六年》何休注引律:"立子奸母,见乃得杀之。"

《晋书·刑法志》:"贾充定法律:淫寡女,三岁刑。"

《唐律》:"诸奸者,徒一年半;有夫者,徒二年。部曲、杂户、官户奸良人者,各加一等;即奸官私婢者,杖九十(奴奸婢,亦同)。奸他人部曲妻、杂户、官户妇女者,杖一百。强者,各加一等。折伤者,各加斗折伤罪一等。""诸和奸,本条无妇女罪名者,与男子同。强者,妇女不坐。其媒合奸通,减奸者罪一等。"

《元典章·刑部七》断例:"诸和奸无夫妇人,七十七;有夫妇人,八十七。犯奸经断再犯,于本罪上加二等,男女同罪。媒合人,减一等。十岁以下女,虽和,同强论。强奸无夫妇人、十岁以上女,一百七;有夫妇人、十岁以下女,处死,妇人不坐。"

《元史·刑法志》:"和奸、诱奸妇逃者,加一等。未成者,减四等。强奸未成,减一等。媒合及容止者,各减三等,止理建发之家。私和者减四等。"

《明律》:"凡和奸,杖八十;有夫,杖九十。刁奸,杖一百。强奸者,绞;未成者,杖一百,流三千里。奸幼女十二岁以下者,虽和,同强论。其和奸、刁奸者,男女同罪。奸生男女,责付奸夫收养,奸妇从夫嫁卖,其夫愿留者听。若嫁卖与奸夫者,奸夫、本夫,各杖八十,妇人离异归宗,财物入官。强奸者,妇女不坐。若媒合容止通奸者,各减犯人罪一等。私和奸事者,减二等。其非奸所捕获,及指奸者,勿论。若奸妇有孕,罪坐本妇。"

《现行律》与《明律》同。雍正三年,定照"轮奸,照光棍例,分别首从定拟"之例。

第二百七十六条 凡犯前四条之罪,因而致人死伤者,从左列分别处断:

一、致死或成笃疾者,死刑、无期徒刑或一等有期徒刑。

二、致成废疾者,无期徒刑或二等以上有期徒刑。

其被害者因羞愤自杀,或欲图自杀而伤害者,照前项致死伤之例处断。

理由

本条第二项之情形,非亲手杀伤,加害人于被害人异于直接之因果。顾被害人之自杀及伤害,匪惟有独矢之贞心,不甘侮辱,实亦由加害人之肆其强暴,迫而出此。被害人之精神不啻受加害人之指挥,故其处罚应与直接之因果无异。此例在现今立法上诚不多见,然以理论及事实而论,在所必有也。

第二百七十七条 凡引诱良人卖奸以营利者，处五等有期徒刑、拘留或一百元以下罚金。

若以前项之犯罪为常业者，处三等以下有期徒刑，并科五百元以下罚金。

沿革

《明律》："凡娼优乐人，买良人子女为娼优，及娶为妻、妾，或乞养为子女者，杖一百；知情嫁卖者，同罪；谋合人，减一等。财礼入官，子女归宗。"《现行律》同。

第二百七十八条 凡和奸有夫之妇者，处四等以下有期徒刑。其相奸者，亦同。

第二百七十九条 凡成婚之人重为婚姻者，处四等以下有期徒刑。其知为成婚之人而与婚姻者，亦同。

沿革

《唐律》："诸有妻更娶妻者，徒一年；女家，减一等。若欺妄而娶者，徒一年半；女家不坐。各离之。"《元史·刑法志》："诸有妻妾复娶妻妾者，笞四十，离之。在官者，解职记过，不追聘财。"《明律》："若有妻更娶妻者，杖九十，离异。"《现行律》与《明律》同。

注意

凡既成婚之人重为婚姻，虽不同居，然于律例上完备后次婚姻成立之要件，即为本罪之既遂。

第二百八十条 凡贩卖猥亵之书画或物品，或因欲贩卖而持有及公然陈列之者，处五十元以下罚金。

因而得利者，处其价额二倍以下、价额以上罚金；若二倍之数未达五十元时，处五十元以下、价额以上罚金。

第二百八十一条 第二百七十二条至第二百七十五条之未遂罪，罚之。

第二百八十二条 第二百七十二条至第二百七十五条之罪，待被害者或其亲族之告诉，始论其罪。

第二百七十八条之罪，待其本夫之告诉，始论其罪。若本夫事前纵容或事后得利而私行和解者，虽告诉，不为审理。

第二百八十三条 犯本章之罪应宣告二等有期徒刑以上之刑者，褫夺公权。其余，得褫夺公权全部或一部。

第二十四章 关于饮料水之罪

本章所揭之罪，不专属于有害人之健康。因饮料水之不良而致废弃业务、损害财产，且致起各项之损害者不少，故认为对公共之一种独立犯罪也。本章所赅，以有害公共之行为为限，若犯第二百八十四条等，系妨害专供特定之一人或数人之用者，不在此列。

第二百八十四条 凡污秽供人饮料之净水，因而致不能饮用者，处五等有期徒刑、拘留或一百元以下罚金。

第二百八十五条 凡污秽由水道以供给公众饮料之净水或其水源，因而致不能饮用者，处三等以下有期徒刑。

注意

前条系寻常井水等类,饮用较少。本条系水道、水源,范围较广,故处分加重。

第二百八十六条 凡以有害养生之物混入供人饮料之净水内者,处四等以下有期徒刑。

第二百八十七条 凡以有害养生之物混入由水道以供公众饮料之净水内或其水源者,处三等以上有期徒刑。

第二百八十八条 凡犯前四条之罪,因而致人死伤者,比较第三百零一条及第三百零二条,从重处断。

第二百八十九条 凡损坏或壅塞水道或水源,以杜绝公众之饮料至二日以上者,处二等或三等有期徒刑。

第二百九十条 凡同谋杜绝供给公众饮料之净水至二日以上者,首谋,处四等以下有期徒刑、拘留或三百元以下罚金;余人,处十元以下罚金。

第二百九十一条 除第二百八十八条外,本章之未遂罪,罚之。

第二百九十二条 犯本章之罪应宣告二等有期徒刑以上之刑者,褫夺公权。其余,得褫夺公权全部或一部。

第二十五章 关于卫生之罪

关于卫生之罚则,不仅本章所揭之数端,兹特举其普通者。至此外各节,自有民政部所特定之规则在也。

第二百九十三条 凡违背预防传染病之禁令,而从进口之船舰登陆,或以物品搬运于陆地者,处五等有期徒刑、拘留或一百元以下罚金。

其指挥船舰之人或代理人自犯前项之罪,或知有人犯罪而不禁止者,处四等以下有期徒刑、拘留或三千元以下罚金。

第二百九十四条 凡知情而贩卖有害养生之饮食物、饮食用之器具或小儿之玩弄器者,处卖价二倍以下、卖价以上罚金;若二倍之数未达五十元时,处五十元以下、卖价以上罚金。

第二百九十五条 凡违背律例,而贩卖人身须用之药品者,处卖价二倍以下、卖价以上罚金;若二倍之数未达五十元,处五十元以下、卖价以上罚金。

沿革

《唐律》:"诸以毒药药人及卖者,绞(谓堪以杀人者。虽毒药,可以疗病,买者将毒人,卖者不知情,不坐)。即卖买而未用者,流二千里。脯肉有毒,曾经病人,有余者,速焚之,违者,杖九十;若故与人食并出卖,令人病者,徒一年,以故致死者,绞;即人自食致死者,从过失杀伤人法。(盗而食者,不坐)"

《元典章·刑部十九》:"至元九年,禁治买卖毒药例:今后如砒礵、巴豆、乌头、附子、大戟、芫花、黎萎、甘遂这般毒药,治痛的药里多用着,全禁断呵,不宜也者。如今买药的,每根底严切整治。外头收采这般毒药将来呵,药铺里卖与者,医人每买有毒的药治病呵,著证见买者,卖的人文历上标记着卖与者。买的、卖的人每根底,各杖六十七下,并追至元钞一百两,与原告人充赏者。又街市造酒面里,这般毒药休用者。不通医术的人每,合着假药至街市货卖的也禁治者。首告的人每,言语若虚呵,也依体例要罪过。又至大四年,禁治毒药例:于前开药品内加侧子、天雄、乌喙、莨菪子四种。"

《明律》:"用毒药杀人者,斩;买而未用者,杖一百,徒三年。知情卖药者,与同罪;不知者,不坐。"

《现行律》与《明律》同。乾隆三十年例:"诸色铺户人等货卖砒礵(信石),若不究明来历,贪利混卖,致成人命者,杖八十。"

第二百九十六条 凡未受公署之许可以医为常业者,处五百元以下罚金。

第二百九十七条 第二百九十三条之未遂罪,罚之。

第二百九十八条 犯第二百九十三条第二项之罪者,得褫夺公权全部或一部。

第二十六章 关于杀伤之罪

本章删并《现行律》人命、斗杀各条,其理由详各本条之后。

第二百九十九条 凡杀人者,处死刑、无期徒刑或一等有期徒刑。

沿革

《汉书·高帝纪》:"与父老约法三章耳:杀人者死,伤人及盗抵罪。"又《功臣表》:"章武嗣侯窦常生,坐谋杀人,未杀,免。"

《文献通考·刑考八》:"后魏宣武帝时引律:谋杀人而发觉者流,从者,五岁刑。已伤及杀而还苏者,死;从者,流。已杀者,斩;从而加功者,死,不加功者,流。"

《唐律》:"诸谋杀人者,徒三年;已伤者,绞;已杀者,斩。从而加功者,绞;不加功者,流三千里。造意者,虽不行,仍为首;雇人杀者,亦同。即从者不行,减行者一等。""诸以毒药药人及卖者,绞。即卖买而未用者,流二千里。"

《宋刑统赋解·贼盗律》:"谋杀人者,徒三年。杀人为首者,斩。从而加功者,绞;不加功者,徒五年。"其"故杀"条内无从坐之罪,故杀有首从者,并依谋杀之例科罪。"七杀":一曰谋杀,谓潜形谋计。二曰斗杀,谓相争斗。三曰故杀,谓挟仇而杀,或因斗殴,刃于要害处杀者,同。或因斗殴各散,声不相接,而再来殴,亦同。四曰误杀,谓因击甲而误中于乙,减斗杀伤一等。五曰戏杀,谓以力共戏,减斗杀伤二等。六曰劫杀。"诸劫囚者,徒五年;伤人及劫死囚者,绞;杀人者,斩。"七曰过失,以收赎。谓耳目所不闻,思虑所不到或击禽兽以致杀人者,当以收赎也。

《元典章·刑部四》断例:"劫杀、谋杀,犯人处死。故杀,犯人处死;不死,九十七。俱征烧埋银两。"《元史·刑法志》:"诸杀人者,死,仍于家属征烧埋银五十两给苦主,无银者,征中统钞一十锭,会赦免罪者,倍之。"

《明律》:"凡谋杀人,造意者,斩;从而加功者,绞;不加功者,杖一百,流三千里,杀讫乃坐。若伤而不死,造意者,绞;从而加功者,杖一百,流三千里;不加功者,杖一百,徒三年。若谋而已行,未曾伤人者,杖一百,徒三年;为从者,各杖一百,但同谋者,皆坐。其造意者,身虽不行,仍为首论;从者不行,减行者一等。若因而得财者,同强盗,不分首从论,皆斩。""凡采生折割人者,凌迟处死,财产断付死者之家。妻、子及同居家口,虽不知情,并流二千里安置。

为从者,斩。若已行而未曾伤人者,亦斩,妻、子流二千里;为从者,杖一百,流三千里。里长知而不举者,杖一百;不知者,不坐。告获者,官给赏银二十两。""凡造畜蛊毒,堪以杀人,及教令者,斩,造畜者,财产入官。妻、子及同居家口,虽不知情,并流二千里安置。若以蛊毒毒同居人,其被毒之人,父母、妻妾、子孙不知造蛊情者,不在流远之限。若里长知而不举者,各杖一百;不知者,不坐。告获者,官给赏银二十两。若造魇魅、符画、咒诅,欲以杀人者,各以谋杀论;因而致死者,各依本杀法;欲令人疾苦者,减二等。其子孙于祖父母、父母,奴婢、雇工人于家长者,各不减。若用毒药杀人者,斩。买而未用者,杖一百,徒三年。知情卖药者,与同罪;不知者,不坐。""故杀者,斩。"

《现行律》与《明律》同。乾隆二十九,复定"火器杀人,以故杀论"之例。

理由

本案除分则第一章及第三章危害既遂罪,并第三百零八条等特别之情形外,所有普通杀人罪,惟本条规定之其刑为死刑、无期徒刑或一等有期徒刑三种,其重轻悉任审判官按情节而定。

杀人者死,虽古今东西不易之常经,然各国法典并未加以制限,即以中律而观,妻之于夫、与夫之于妻,其间轻重悬绝,推而至于尊长卑幼、良贱,亦复如此区分,此本条所赅不仅死刑之理由也。即论犯罪之情节,有大可恶者,有大可恕者,于杀人之犯为更甚,例如为父兄复仇,虽非当场,究属情有可原,又如因细故而逞忿残杀,虽死者小有不直,亦属法无可贷。此中情变万端,绝非二三十条之例可以赅载,奚能执一以绳之也,此本条所科不仅死刑之又一理由也。

《现行律例》"杀人罪"各条有可就删削者,兹附揭其理由如左:

第一,谋杀、故杀之别,东西各国刑法皆同。然其刑之轻重,实非法律所能预为分判,其理有三:一、有预谋之杀意与无预谋之杀意,法理上不能有正确之分别。二、即使可分,而同一杀人,刑法究无轻重之差。三、因犯意出于预谋而加重其刑,何以别种犯罪俱无特予以重刑之规定,则预谋之杀伤自无应处重罚之理由也。

第二,毒杀、非毒杀之别。此种区别亦不用,其故有三:一、毒物、非毒物之界限,虽在理化学最进步之国,难得正确之判别。二、即使能为判别,仍不能于无限杀人手段之中,特指用毒为独应重罚。三、用毒之手段,虽属可恶,然犯人之情节仍有可恕之分,则刑罚仍不能一例也。

第三,谋杀制使及本管长官。此类情节,因属罪大恶极,然死刑已为极刑,有犯自可援用,无须于杀人之外多立名称。

第四,误杀。按贼盗罪、诱略罪,并无误盗、误略之明文,独于杀伤特设规定,何也?征诸刑法之学理,手段与目的物之错误,不得变更罪质、罪名,故其处分亦不得与未错误者有所区别也。

第五,杀子孙、奴婢及妻妾。凡臣民者,国家之元质,其生命非父母、尊长、本夫所能夺,此为欧美各国公认之原则。子孙、奴婢、妻妾若无应死之罪,固不待论,即有应死之罪,自有审判官在,非常人所能专擅也。

要之，凡杀人有应科死行者，有仅科一等有期徒刑已足惩戒者，其间之差等，非法律所能预定，故此条仅称为杀人者，不复设以上各项区别，而其科以死刑、无期徒刑或一等有期徒刑，均任审判官之秉公鞫劾而已。

第三百条　凡杀尊亲属者，处死刑。

沿革

《元吏·刑法志》："诸子孙弑其祖父母、父母者，凌迟处死；因疯狂者，处死。诸子弑其父母，虽瘐死狱中，仍支解其尸以徇。"《明律》："凡谋杀祖父母、父母，及期亲尊长、外祖父母、夫、夫之祖父母、父母，已行者，皆斩；已杀者，皆凌迟处死。谋杀缌麻以上尊长，已行者，杖一百，流二千里；已伤者，绞；已杀者，皆斩。"《现行律》与《明律》同。

理由

五伦君亲并重，故杀直系尊亲属，援第八十八条，处惟一死刑。

第三百零一条　凡伤害人之身体者，从左列分别处断：

一、因而致死或笃疾者，无期徒刑或二等以上有期徒刑。

二、因而致废疾者，三等以上有期徒刑。

三、因而致单纯伤害者，三等以下有期徒刑。

沿革

《汉书·薛宣传》："律曰：'斗以刃伤人，完为城旦，其贼加罪一等，与谋者同罪，诏书：无以诋欺成罪'。传曰：'遇人不以义而见憨者，与痏人之罪钧，恶不直也。'注：应邵曰：'以杖手殴击人，剥其皮肤，肿起青黑而无创瘢者，律谓疻痏。遇人不以义为不直，虽见殴，罪同殴也。"

《唐律》："诸斗殴人者，笞四十（谓以手足击人者）；伤及以他物殴人者，杖六十（见血为伤，非手足者，其余皆为他物，即兵不用刃亦是）；伤及拔发方寸以上，杖八十。若血从耳目出及内损吐血者，各加二等。诸斗殴人，折齿，毁缺耳鼻，眇一目及折手足指（眇，谓亏损其明而犹见物）若破骨，及汤火伤人者，徒一年；折二齿、二指以上及髡发者，徒一年半。诸斗以兵刃斫射人，不着者，杖一百（兵刃，谓弓、箭、刀、矟、矛、穳之属）即殴罪重者，从殴法。若刃伤（刃谓金铁，无大小之限，堪以杀人者）及折人肋，眇其两目，堕人胎，徒二年（堕胎者，谓辜内子死，乃坐。若辜外死者，从本殴伤论）诸斗殴折跌人肢体及瞎其一目者，徒三年（折支者，折骨；跌体者，骨差跌，失其常处）：辜内平复者，各减二等。即损二事以上，及因旧患令致笃疾，若断舌及毁败人阴阳者，流三千里。诸斗殴杀人者，绞。以刃及故杀人者，斩。虽因斗，而用兵刃杀者，与故杀同。为人以兵刃逼己，因用兵刃拒而伤杀者，依斗法。不因斗，故殴伤人者，加斗殴伤罪一等。虽因斗，但绝时而杀伤者，从故杀伤法。""诸斗殴，两相殴伤者，各随轻重，两论如律；后下手理直者，减二等（致死者，不减）。""诸以物置人耳、鼻及孔窍中，有所妨者，杖八十。其故屏去人服用、饮食之物，以故杀伤人者，各以斗杀伤论。"

《宋刑统赋解·斗讼律》："拳手殴人者，笞四十，伤及他物殴人者，杖六十；伤者，杖八十。若拳手殴人内损吐血者，亦杖八十。又若用蛇蝎、蜂螫害人者，同斗殴法。又诸两相斗殴，后下手理直者，减二等。又故殴人者，加一等。"又《贼盗律》："若以物置人耳鼻及孔窍中,有所妨碍者,杖八十。其故屏去人服用、饮食,以故杀伤人者,以斗杀伤论之。"

《元典章·刑部四》断例:"斗杀,心风、老幼者,上请。蒙古札死汉人,五十七。因争控扼人衣领致死,五十七。父被人殴,子踢死殴人,八十七。因斗推人磕死、笃疾殴死人一百七。斗殴杀人,处死,征烧埋银。汉儿殴死蒙古人,断付正犯人家产,余人并征烧埋银。"又《刑部六·诸殴》:"故殴无伤二十七。拳手伤人,三十七。他物伤人,四十七。刀刃伤人,五十七。折指、折牙、眇目、毁缺耳鼻、破骨、汤火伤及秃鬓,各决七十七。刀伤、他物折肋、眇两目、堕胎、秽物污人头面,各决八十七。折跌支体、瞎一目,各决九十七。损二事以上,因患致笃疾、断舌、毁拜阴阳,各决一百七。旧例斗殴罪:故殴二十七。手足故伤,他物故殴(见血为伤),各三十七下。他物故伤,拔发方寸以上、耳目出血、手足内损吐血,各四十七下。他物内损吐血、兵刃斫体不着,各五十七下;折一指一齿、眇一目、毁缺耳鼻、破骨、汤火伤及秃发鬓,各六十七下;折跌支体(辜内平复,各减二等)、瞎一目者,各八十七下。损二事以上,因旧患疾致笃疾、断舌、毁伤阴阳,各一百七下。按旧例与《元史·刑法志》同。"《元史·刑法志》:"诸因斗殴,以刃杀人,及他物殴死人者,并同故杀。"又《元史·王约传》:"因议斗殴杀人者,宜减死一等,著为令。"

《明律》:"凡斗殴杀人者,不同手足、他物、金刃,并绞。""凡以他物置人耳鼻及孔窍中,若故屏去人服用、饮食之物,而伤人者,杖八十(谓寒月脱去人衣服,饥渴之人绝其饮食,登高乘马私去梯辔之类);致成残废疾者,皆杖一百,徒三年;令致笃疾者,杖一百,流三千里,将犯人财产一半,给付笃疾之人养赡;至死者,绞。若故用蛇蝎毒虫咬伤人者,以斗殴伤论;因而致死者,斩。""凡斗殴,以手足殴人,不成伤者,笞二十;成伤,及以他物殴人,不成伤者,笞三十;成伤者,笞四十(青赤肿为伤;非手足者,其余皆为他物,即兵不用刃,亦是);拔发方寸以上,笞五十。若血从耳目中出,及内损吐血者,杖八十。以秽物污人头面者,罪亦如之。折人一齿及手足一指,眇人一目,抉毁人耳鼻,若破人骨及用汤火、铜铁汁伤人者,杖一百。以秽物灌入人口鼻内者,罪亦如之。折二齿、二指以上及髡发者,杖六十,徒一年。折人肋,眇人两目,堕人胎,及刃伤人者,杖八十,徒二年。折跌人肢体,及瞎人一目者,杖一百,徒三年。瞎人两目,折人两肢,损人二事以上,及因旧患令致笃疾,若断人舌,及毁败人阴阳者,并杖一百,流三千里,仍将犯人财产一半,断付被伤笃疾之人养赡。若因斗互相殴伤者,各验其伤之轻重定罪。后下手理直者,减二等,至死及殴兄妹、伯叔者,不减。"

《问刑条例》:"凶徒因事忿争,执持枪、刀、弓箭、铜铁简、剑、鞭、斧、扒头、流星、骨朵、麦穗、秤锤凶器,但伤人及误伤旁人,与凡剜瞎人眼睛、折跌人肢体、全抉人耳鼻口唇、断人舌、毁败人阴阳者,俱问发边卫充军。"

《现行律》与《明律》同,例析为二:"凶器伤人"条于乾隆二十五、三十二、四十七等年增"库刀"等项名目,而删"秤锤"二字;于"折跌人肢体"条俱改"近边"("笃疾,边远;五十以上,仍近边")。

第三百零二条 凡伤害尊亲属之身体者,从左列分别处断:

一、因而致死或笃疾者,死刑、无期徒刑或一等有期徒刑。

二、因而致废疾者,无期徒刑或二等以上有期徒刑。

三、因而致单纯伤害者，二等至四等有期徒刑。

沿革

汉董仲舒决狱曰："殴父也，当枭首。"（《御览·六百四十》）《唐律》："诸詈祖父母、父母者，绞；殴者，斩；过失杀者，流三千里；伤者，徒三年。诸妻妾詈夫之祖父母、父母者，徒三年（须舅姑告，乃坐）；殴者，绞；伤者，皆斩；过失杀者，徒三年，伤者，徒二年半。"《元史·刑法志》："诸殴伤祖父母、父母者，处死。诸醉后殴其父母，父母无他子，告乞免死养老者，杖一百七，居役百日。《明律》："凡子孙殴祖父母、父母，及妻、妾殴夫之祖父母、父母者，皆斩；杀者，皆凌迟处死；过失杀者，杖一百，流三千里；伤者，杖一百，徒三年。"《现行律》与《明律》同。

理由

前条及本条即律例所谓殴伤之罪，今直按其结果改曰伤害。因而致死者，并无杀意，其结果非其人所预见之谓也。若出于预见，即属杀人罪之范围矣。

第三百零三条 凡犯前二条之罪，当场虽未下手而助势者，以从犯论。

第三百零四条 凡二人以上同时下手，伤害一人者，皆以共同正犯论。若同时伤害二人以上者，以最重之伤害为标准，皆以共同正犯论。

其当场助势，而下手未明者，以前二项之从犯论。

沿革

《唐律》："诸同谋共殴伤人者，各以下手重者为重罪，元谋减一等，从者又减一等；若元谋下手重者，余各减二等；至死者，随所因为重罪。其不同谋者，各依所殴伤杀论；其事不可分者，以后下手为重罪。若乱殴伤，不知先后轻重者，以谋首及初斗者为重罪，余各减二等。即威力使人殴击，而致死伤者，虽不下手，犹以威力为重罪，下手者减一等。"

《明律》："若同谋共殴人，因而致死者，以致命伤为重，下手者绞，原谋者杖一百，流三千里，余人各杖一百。"万历十六年复定有"原谋及助殴伤重之人，监毙在狱或中途病故，准其抵命"之例。又《律》："若以威力主使人殴打，而致死伤者，并以主使之人为首，下手之人为从，论减一等。"

《现行律》与《明律》同。乾隆五年，将律后总注纂为定例，以补律所未备，共分三层：一当时身死，以后下手当其重罪；过后身死，以伤重者坐罪。一原谋亦有致命重伤，以原谋为首，伤轻，仍照律拟流。一乱殴不知先后、轻重，有原谋，坐原谋；无原谋，坐初斗。二十五年，定"两家互殴致死一命，其律应拟抵，正凶被死者无服亲属殴死，将凶手拟流"之例。道光二年，复定械斗之例。

理由

前条及本条定共同伤人之例。二人以上共同伤人，各国之立法例颇有从其伤害之重轻，科以独立之刑者。然共同既出于故意，则不能以伤害之轻重为之轩轾。今试以强盗例为比：甲、乙共同抢夺丙财物，甲殴丙未至成伤，乙掠财物而未用暴行，断不能分甲、乙为两罪，科甲拘留而乙处窃盗刑之理。共同伤人之罪亦然：甲、乙共同致丙于笃疾，甲断丙右手，乙断丙左手，亦不能因甲、乙二人所断仅一肢，而各以废疾论罪。权衡其间，得失彰著，本案矫正其弊，而一宗于适当理论也。

第三百零五条 凡对尊亲属加暴行，未致伤害者，处四等以下有期徒刑。

沿革

见三百零三条。

第三百零六条 凡决斗者,处四等以下有期徒刑、拘留或一百元以下罚金。因决斗致人死伤者,照第二百九十九条及第三百零一条之例处断。

若聚众预谋决斗者,以骚扰罪论。

理由

"决斗"与中律"械斗"微异,械斗者,召集多众,约期互斗,中国江南、福建、广东、湖南等处有之。决斗者,仅止二人,彼此签押,并会集多人,临场以为佐证。此俗欧洲盛行。然风气所感,异日难保无踵而行之者,本条之设以此。

第三百零七条 凡为决斗之人而会同于当场者,不分何等资格,处五等有期徒刑、拘留或一百元以下罚金。知情而供人以决斗之场所者,亦同。

注意

本例赅载,凡以一定之资格参列决斗场之会同人(谓会同于决斗场,监察其决斗之人),至普通之旁观者,不在此例。

第三百零八条 凡教唆或帮助他人使之自杀,或受人之嘱托、承诺而杀之者,处三等或四等有期徒刑。

其对于尊亲属者,处三等以上有期徒刑。

前二项之犯人若系谋为同死者,得免除其刑。

沿革

《现行例》:"奸夫、奸妇商谋同死,奸妇当即殒命,奸夫业经自戕,因人救阻,医治伤痊,确有证据者,奸夫减斗杀罪一等,杖一百,流三千里。"(乾隆二十九年例)

理由

各国往昔自杀之罚颇多,现今此种罚例已不复见,但以自杀教唆他人,或帮助之,或为自杀之人动手者,仍不能无罚。本条之设以此。若谋为同死,遇救得生,其实与自杀无殊,故得裁夺情形,免其处罚也。

第三百零九条 凡受本人嘱托或承诺而伤害人者,处五等有期徒刑、拘留或一百元以下罚金。

其对于尊亲属者,处三等以下有期徒刑。

因而致死者,处四等以下有期徒刑;若系尊亲属时,处二等至四等有期徒刑。

沿革

《唐律》:"若故自伤残者,徒一年半(有避、无避等)。其受雇请,为人伤残者,与同罪;以故致死者,减斗杀罪一等。"《明律》:"若犯罪待对,故自伤残者,杖一百,徒三年。""所避事重者,各从重论。若无避故,自伤残者,杖八十。其受雇请,为人伤残者,与犯人同罪。因而致死者,减斗杀罪一等。"《现行律》与《明律》同。

理由

伤人出于本人之嘱托或承诺者,此其行为照第十四条,往往以为无罪。然除总则之制限外,凡伤人之行为仍不能无罚,若不设有明文,必如欧美各国及日本,于有罪无罪之间纷争莫决,于实际殊形未便也。

第三百十条 凡因过失致人于死或笃疾者,处一千元以下罚金;致其余伤害者,处五百元以下罚金。

沿革

《周礼·司刺》:"注引汉律:过失杀人,不坐死。"

《唐律》:"诸过失杀伤人者,各依其状,以赎论。谓耳目所不及,思虑所不到;共举重物,力所不制;若乘高履危足跌,及因击禽兽,以致杀伤之属。若皆是。"按:以赎论,即赎铜一百二十斤也。

《宋刑统赋解·斗讼律》:"过失杀人者,以收赎。"

《元典章·刑部四》断例:"过失杀,犯人收赎,征赎罪钞给主。"

《明律》:"若过失杀伤人者,各准斗杀伤罪,依律收赎,给付其家。过失,谓耳目所不及,思虑所不到,如弹射禽兽,因事投掷砖瓦,不期而杀人者,或因升高险,足有蹉跌,累及同伴,或驾船使风,乘马鹜走,驰车下坡,势不能止,或共举重物,力不能制,损及同举重物者。凡初无害人之意,而偶致杀伤人者,皆准斗殴杀人罪,依律收赎,给付被杀、被伤之家,以为茔葬及医药之资。"又《问刑条例》:"收赎过失人,绞罪,追钞三十三贯六百文,铜钱八贯四百文,与被杀之家,茔葬。"

《现行律》与《明律》同,其赎项改为银十二两四钱二分,缘明例原系四十二贯,以时分为率,钞八钱二,故应追钞三十三贯六百文、钱八贯四百文,复以钞一贯值银一分二厘五毫、钱七百文值银一两,折算合得此数,非有异也。乾隆三十九年,定围场内射伤平人罚银之例:"致死,如系前锋护军、亲军及甲兵领催,追给一百两银;跟役,追给五十两。伤而未死,前锋等项及甲兵,头等伤,本犯鞭一百,罚银四十两;二等伤,鞭八十,罚银三十两;三等伤,鞭七十,罚银二十两。跟役,各减十两,给与被伤之人。"

第三百十一条 凡因过失致尊亲属于死或笃疾者,处三等以下有期徒刑或一千元以下、一百元以上罚金。

致其余伤害者,处五等有期徒刑、拘留或五百元以下罚金。

沿革

《御览·六百四十》:"汉董仲舒决狱:甲父乙与丙争言相斗,丙以佩刀刺乙,甲即以杖击丙,误伤乙,甲当何论?或曰殴父也,当枭首。议曰:臣愚以为,父子至亲也,闻其斗,莫不有怵怅之心,扶杖而救之,非所以诟父也。《春秋》之义,许止父病,进药于其父而卒,君子原心,赦而不诛。甲非律所谓殴父也,不当坐。"唐、明等律,附见第三百零二条。《现行律》:"子孙过失杀祖父母、父母,及子孙之妇过失杀夫之祖父母、父母者,俱拟绞决。"(乾隆二十八年例,道光二十三年修改)又"戏杀、误杀、过失杀"条:"定案时仍照本例,问拟绞决。法司核其情节,实系耳目所不及,思虑所不到,与律注相符者,夹签声明,恭候钦定,改为拟绞监候。"

第三百十二条 凡因怠忽业务上必应注意,致人死伤者,处四等以下有期徒刑、拘留或三千元以下罚金。

注意

自第三百十条至本条，共分三种，即寻常过失、对尊亲属过失与业务上过失是也。三者情形不同，故分轻重之差。业务上过失致人死伤者，医师误认毒药为普通药剂，致患者身死，或矿师怠于预防，因煤气暴发，致多数工人死伤之类。

第三百十三条　第二百九十九条、第三百条、第三百零六条第一项、第三百零七条及第三百零八条之未遂罪，罚之。

第三百十四条　为第二百九十九条及第三百条之预备或阴谋者，处五等有期徒刑、拘留或一百元以下罚金。

为第三百零六条之预备、阴谋或其帮助者，处拘留或五十元以下罚金。

前二项之罪，得按其情节免除其刑。

第三百十五条　第三百零二条第三款、第三百零三条、第三百十条及第三百十一条第二项之罪，须待告诉，始论其罪。

第三百十六条　犯第三百条、第三百零二条第一项、第二项及第三百零八条第二项之罪者，褫夺公权。除第三百零九条及第三百十条外，犯其余各条之罪者，得褫夺公权全部或一部。

第二十七章　关于堕胎之罪

堕胎之行为，戾人道，害秩序，损公益，本案故效欧美日本各国通例，拟以适当之罚则。

第三百十七条　凡怀胎妇女服药或用其它方法致堕胎者，处五等有期徒刑、拘留或一百元以下罚金。

沿革

《现行例》："妇人因奸有孕，畏人知觉，与奸夫商谋用药打胎，以至堕胎身死者，奸夫比照'以毒药杀人，知情卖药者，至死减一等'，律，杖一百，流三千里。若有服制名分，本罪重于流者，仍照本律从重科断。和奸妇自请他人买药，奸夫果不知情，止科奸罪。"

第三百十八条　凡受妇女嘱托或承诺使之堕胎者，处四等以下有期徒刑。

第三百十九条　凡犯左列各款之罪者，处三等或四等有期徒刑：

一、以暴行、胁迫或伪计，使妇女自行堕胎者。

二、未受妇女之承诺，用暴行、胁迫或伪计，使之堕胎者。

三、因暴行、胁迫或伪计，而受妇女嘱托或承诺，使之堕胎者。

四、知为怀胎之妇女而加以暴行、胁迫，因致小产者。

第三百二十条　因犯第三百十八条之罪，致妇女于死者或笃疾者，处三等或四等有期徒刑。

因犯前条之罪，致妇女死伤者，比较第三百零一条及第三百零二条，从重处断。

第三百二十一条　凡医师、产婆、药剂师或药材商犯第三百十八条之罪者，处三等或四等有期徒刑。

其用伪计犯第三百十九条之罪者，处二等或三等有期徒刑。

第三百二十二条 第三百十九条第一款、第二款之未遂罪，罚之。

第三百二十三条 犯本章之罪者，得褫夺公权之全部或一部。

第二十八章 关于遗弃之罪

遗弃者，凡不尽扶助，养育及保养义务之谓。惟加害之人已离被害人之身际者，乃在本章规定之中，其未离者不在此例。

第三百二十四条 凡因律例或契约膺扶助、养育、保护老幼、不具或病者义务之人，而遗弃者，处三等以下有期徒刑。

若对尊亲属犯前项之罪者，处三等以上有期徒刑。

沿革

《唐律》："诸子孙违犯教令及供养有阙者，徒二年。谓可从而违，堪供而阙者。须祖父母、父母告，乃坐。"《明律》："凡子孙违犯祖父母、父母教令，及奉养有缺者，杖一百。（注与《唐律》同）天顺八年例：子贫，不能养赡其父母，致其父自缢死者，杖一百，流三千里。"《现行律》与《明律》同。乾隆三十二年，将例内"其父"改"父母"。

注意

因律例而膺义务云者，指一定之亲族及其余之人而言，其在次条第二项者，不在此限。因契约而膺义务云者，指受人薪给之养老院、育婴场、医院监督、执务员及其余运送人等而言。不具者，不能为自己生命所必需之行动者是。

第三百二十五条 凡发现被遗弃之老幼、不具或病者，而不与以相当之保护，或不申告警察官吏或其余当该吏员者，处五等有期徒刑、拘留或一百元以下罚金。

若警察官吏或其余当该吏员不即与以相当之处分或保护者，处三等以下有期徒刑。

第三百二十六条 犯第三百二十四条之罪，因而致人死伤者，比较第三百零一条及第三百零二条，从重处断。

第三百二十七条 犯第三百二十四条第二项之罪者，褫夺公权。其余，得褫夺公权全部或一部。

第二十九章 关于逮捕监禁之罪

本章为违法以夺人自由之罪，但其属一私之行为，为私擅逮捕监禁，第三百二十八条规定之；属吏员之行为，为滥权逮捕监禁，第三百二十九条规定之。

第三百二十八条 凡私擅逮捕或监禁人者，处三等以下有期徒刑。

对尊亲属有犯者，处二等或三等有期徒刑。

知为私擅之逮捕或监禁，应释放而不释放者，亦以前二项之例论。

沿革

《唐律》："诸以威力制缚人者，各以斗殴论，因而殴伤者，各加斗殴伤二等。""诸被人殴击折伤以上，若盗及强奸，虽旁人，皆得捕系以送官司。（捕格法，准上条。即奸同籍内，虽和,听从捕格法。)若余犯,不言请而辄捕系者,笞三十;杀伤人者,以故杀伤论;本犯应死而杀者,加役流。"《明律》:"凡争论事理,听经官陈告。若以威力制缚人及于私家拷打监禁者,并杖八十;伤重至内损吐血以上,各加凡斗伤二等;因而至死者,绞。"《现行律》与《明律》同。

注意

本条第三项"应释放者",统赅二项:一指自为逮捕、监禁之事者。例如始信其人为可以逮捕监禁之人,遂实施逮捕、监禁,迨后知为错误,仍不肯释放。自发现错误之时起,其以后之行为,即属私擅逮捕、监禁。一指为他人所逮捕、监禁者。例如自己应行监督之任者,被他人制缚,既经发现,乃不为释放,亦属私擅逮捕、监禁也。

第三百二十九条 凡行审判或检察、警察、司狱,其它行政之职务,或其辅助之人,滥用其职权而逮捕或监禁人者,处二等或三等有期徒刑。

对尊亲属有犯者,处二等以上有期徒刑。

知为滥用职权之逮捕或监禁,应释放而不释放者,亦以前二项之例论。

沿革

《唐律》:"若不应禁而禁,及不应枷、锁、杻而枷、锁、杻者,杖六十。"《元典章·刑部十六·断例》:"枉执民为盗,禁死,达鲁花赤各决三十七,解现任,期年降等叙。知事又权司狱事,决五十七,罢职,除名不叙。推官决八十七,除名不叙。县尉决一百七,仍与本路判署官吏。均征烧银埋。"《明律》:"其不应禁而禁,及不应枷、锁、杻而枷、锁、杻者,各杖六十。""凡官吏怀挟私仇,故勘平人者,杖八十;因而致死者,绞。提牢官及司狱官、典狱卒知而不举首者,与同罪;至死者,减一等;不知者,不坐。若因公事,干连平人在官无招,误禁致死者,杖八十。有文案应禁者,勿论。""凡狱囚情犯已完,监察御史、提刑按察司审录无冤,别无追勘事理,应断决者,限三日内断决;应起发者,限一十日内起发。若限外不断决、不起发者,当该官吏,三日,笞二十;每三日加一等,罪止杖六十。因而淹禁致死者,若囚该死罪,杖六十;流罪,杖八十;徒罪,杖一百;杖罪以下,杖六十,徒一年。"《现行律》"监察御史"四字改为"法司督抚",余与《明律》同。

第三百三十条 凡犯前二条罪,因而致人死伤者,比较第三百零一条及第三百零二条,从重处断。

第三百三十一条 犯本章之罪者,得褫夺公权全部或一部。

第三十章 关于略诱及和诱之罪

此章之罪分略诱、和诱,凡对于未满十六岁之幼者,虽和同略。略诱与和诱,均以出于移送外国及营利之宗旨者,加重其刑。若以营利之宗旨,而移送外国者,更重其刑,以期保刑罚之权衡也。收受或藏匿被略诱、和诱之人,有出于事前预谋者,有出于事后者,情节各有不同。预谋者,为纯然之共犯,彼此刑罚无分轻重(第三百三十六条第一项);事后之收受、藏匿,则全属独立之一罪,其情稍轻,故本案即轻其刑(第三百三十六条第二项)。

第三百三十二条 凡用暴行、胁迫或伪计,拐取未满二十岁男女者,为略诱罪,处二等或三等有期徒刑。

若系和诱者,处三等以下有期徒刑。

和诱未满十六岁之男女者,仍以略诱论。

沿革

《汉书·功臣表》:“曲逆嗣侯陈何,坐略人妻,弃市。”《晋书·刑法志》:“魏法制《新律》序:盗律有和卖买人。案此,则《汉律》盗篇有卖人之条。”《后汉书》:“建武二年诏:民有嫁妻卖子,欲归父母者,恣听之,敢拘执,论如律。又七年诏:吏人遭饥乱及为青、徐贼所略微奴婢、下妻,欲去留者,恣听之。敢拘执不还,以卖人法从事。”《文献通考·刑考八》:“引《后魏律》,卖子,一岁刑;五服内亲属卖尊长者,死;卖周亲及妾与子妇者,流。”

《唐律》:“诸略人、略卖人(不和为略。十岁以下,虽和,亦同略法)为奴婢者,绞;为部曲者,流三千里;为妻妾子孙者,徒三年。因而杀伤人者,同强盗法。和诱者,各减一等。若和同相卖为奴婢者,皆流二千里;卖未售者,减一等。(下条准此。)即略、和诱及和同相卖他人部曲者,各减良人一等。诸略奴婢者,以强盗论;和诱者,以窃盗论,各罪止流三千里。虽监临主守,亦同。即奴婢别赍财物者,自从强、窃法,不得累而科之。若得逃亡奴婢,不送官而卖者,以和诱论;藏隐者,减一等坐之。即私从奴婢买子孙及乞取者,准盗论;乞卖者,与同罪。虽以为良,亦同。诸略卖期亲以下卑幼为奴婢者,并同斗殴杀法;无服之卑幼亦同。即和卖者,各减一等。其卖余亲者,各从凡人和略法。诸知略、和诱、和同相卖,及略、和诱部曲、奴婢而买之者,各减卖者罪一等。知祖父母、父母卖子孙及卖子孙之妾,若己妾而买者,各加卖者罪一等。展转知情而买,各与初买者同。虽买时不知,买后知而不言者,亦以知情论。”

《元典章·刑部十六》:“大德八年新例:诸略卖良人为奴婢者(略,谓设方略,不和而取。十岁以下,虽和,亦同略法),一人,断一百七,流远;二人以上,处死。为妻妾子孙者,一百七,徒三年。因而杀伤人者,同强盗法。见血为伤,因略杀伤旁人者,亦同。若略而未卖者,减一等。和诱者(诱谓和同),又各减一等。谓诱一人卖为奴婢者,于流罪上减二等;一人以上,于死罪上减三等。为妻妾子孙者,亦准此。及和同相卖为奴婢者,各断一百七。略诱奴婢,货卖为奴婢者,各减诱略良人罪一等。为妻妾子孙者,七十七,徒一年半。知情娶卖及藏匿受钱者,各递减犯人罪一等。(递减谓知情娶卖,减犯人一等,窝藏,又减一等)假以过房乞养为名,因而货卖为奴婢者,杖九十七,引领牙保知情,减二等,价钱没官,人给团聚。如无元买契书、官司公据,务司辄行税契者,决四十七。有司不应给据而辄给者,依务司断罪。及承告不即追捕者,决四十七。关津过所主司知而受财纵放者,减犯人罪三等,仍除名不叙;失检察者,笞二十七(谓关津渡口应盘去处)如能告获者,略人,每人给赏三十贯,和诱,每人二十贯,以至元钞为则,于犯人名下追征;无财者,征及知情安主、牙保,应捕人减半给之。其事未发而自首者,原其罪。若同伴能悔过自首,擒获其徒党者,免罪,仍减半给赏。再犯及因略伤人者,不在首原之列。”《元史·刑法志》同。

《明律》:“凡设方略而诱取良人,及略卖良人为奴婢者,杖一百,流三千里。为妻、妾、子、孙者,杖一百,徒三年。因而伤人者,绞;杀人者,斩。被略之人不坐,给亲完聚。若假以乞养过房为名,买良家子女转卖者,罪亦如之。若和同相诱,及相卖良人为奴婢者,杖一百,徒三年。为妻、妾、子、孙者,杖九十,徒二年半。被诱之人,减一等。未卖者,各减一等。十岁以下,虽和,亦同略诱法。若略卖、和诱他人奴婢者,各减略卖、和诱良人一罪一等。若略卖子孙为奴婢者,杖八十;弟妹及侄、侄孙、外孙,若已之妾、子孙之妇者,杖八十,徒二年;子孙之妾,减二等;同堂弟妹、堂侄及堂侄孙者,杖九十,徒二年半。和卖者,减一等。未卖者,又减一等。被卖卑幼不坐,给亲完聚。其卖妻为婢,及卖大功以下亲为奴婢者,各从凡人和略法。若窝主及买者知情,并与犯人同罪。牙保各减一等。并追价入官。不知者,俱不坐,追价还主。"《问刑条例》:"略诱良人,与略卖良人子女,不分已卖、未卖,俱问发边卫充军。"

《现行律》与《明律》同。顺治九年例:"诱拐妇人、子女,被诱之人不知情,改拟绞候。邪术迷拐幼小子女,为首,立绞;为从,发宁古塔,给穷批甲人为奴。"康熙十九复定"伙众开窖,诱取妇人、子女,为首,照光棍例斩决;为从,发黑龙江等处,给批甲人为奴"之例。

第三百三十三条 凡移送自己所略诱之未满二十岁男女于外国者,处无期徒刑或二等以上有期徒刑。

若系和诱者,处二等或三等以下有期徒刑。

第三百三十四条 凡以营利之宗旨,略诱未满二十岁男女者,处无期徒刑或二等以上有期徒刑。

若系和诱者,处二等或三等有期徒刑。

第三百三十五条 凡以营利之宗旨,移送自己所略取未满二十岁男女于国外者,处无期徒刑或一等有期徒刑。

若系和诱者,处无期徒刑或二等以上有期徒刑。

沿革

《明律》:"若将人口、军器出境及下海者,绞。"《现行律》同。又同治九年例:"内地奸民及在洋行充当通事、买办,设计诱骗愚民,雇与洋人承工。其受雇之人,并非情甘出口,因被拐卖威逼,致父子兄弟离散者,不论所拐系男妇子女,及良人、奴婢,已卖、未卖,曾否上船出洋,及有无藉洋人为护符,但系诱拐已成,为首,斩立决;为从,绞立决。"

第三百三十六条 凡预谋收受或藏匿被略诱、和诱之人者,照前四条之例处断。

若未预谋者,从左列分别处断:

一、收受或藏匿第三百三十二条、第三百三十三条第二项及第三百三十四条第二项之被略诱、和诱之人者,三等以下有期徒刑。

二、收受或藏匿第三百三十三条第一项、第三百三十四条第一项及前条之被略诱、和诱之人者,三等以上有期徒刑。

沿革

附见第三百三十二条。

第三百三十七条 本章之未遂罪,罚之。

第三百三十八条 第三百三十二条及第三百三十六条之罪,须待告诉,始论其罪。犯人与被略诱人或被和诱人为婚姻者,在婚姻继续之间,其告诉为无效。

第三百三十九条 以营利之宗旨犯本章之罪者,褫夺公权。其余,得褫夺公权全部或一部。

第三十一章　关于名誉信用安全及秘密之罪

第三百四十条　凡摘示事实公然侮辱人者，不论其事实之有无，处四等以下有期徒刑、拘留或三百元以下罚金。

摘示诬罔死者之事实而侮辱其亲属者，亦同。

沿革

附见第一百七十九条。

注意

此条系规定害人名誉之事，但详征他人之丑事、恶行，公然肆其辱侮，为此罪成立之要件。至谩骂他人，则另属违警处分。已死之人与社会长别，已不复有狭义之名誉，然前此之名誉，与现存亲属之名誉颇有关系，故立第二项以保护之。

第三百四十一条　凡流布虚伪之风说或用其余伪计，而损他人或其业务之信用者，处四等以下有期徒刑、拘留或三百元以下罚金。

沿革

《唐律》："诸投匿名书告人罪者，流二千里。谓绝匿姓名及假人姓名，以避己作者。弃置、悬之俱是。得书者，皆即焚之，若将送官司者，徒一年；官司受而为理者，加二等；被告者，不坐。辄上闻者，徒三年。"《元典章·刑部十五·断例》："无头匿名文字写得轻呵，将本人流远，他的媳妇孩儿断与拿住的人，更赏钞五十定；若是写的重呵，将本人敲了，将他媳妇孩儿断与拿住的人，更赏钞一百定。不曾见撇的人呵，不教告，随时败获者，依条处断。得书者即便焚毁，将送入官者，减犯人罪二等。官司受而为理者，减二等。"《明律》："凡投隐匿姓名文书，告言人罪者，绞。见者，即便烧毁。若将送入官司者，杖八十；官司受而为理者，杖一百。被告言者，不坐。若能连文书捉获解官者，官给银一十两充赏。"《现行律》与《明律》同。

理由

信用为处世最要之端，凡有违法而侵害之者，固属必罚之行为，非但被害之人一身所受之损害应有要求致罚之道而已。夫信用之性质，不外名誉之一种，故其处分与前条同。

第三百四十二条　凡以加害于生命、身体、自由、名誉或财产之事相胁迫者，处五等有期徒刑、拘留或一百元以下罚金。

其以加害亲族相胁迫者，亦同。

第三百四十三条　凡加暴行或用前条所揭胁迫，而使人为无义务之事或妨害其权利之实施者，处四等以下有期徒刑、拘留或三百元以下罚金。

沿革

《明律》："凡因事威逼人致死者，杖一百。若官吏公使人等，非因公务而威逼平民致死者，罪同，并追埋葬银一十两。若威逼期亲尊长致死者，绞；大功以下，递减一等。若因奸盗而威逼人致死者，斩。"《现行律》于"威逼期亲尊长"改为"因事迫逼期亲尊长"，余与《明律》同。

理由

前条及本条,皆扰害他人安全之罪,一为胁迫罪,一为强制罪。强制罪,除擅用职权(第一百四十七条)、强盗(第三百五十一条)、恐吓取财(第三百六十二条)等有特别之规定外,凡以暴行、胁迫强制他人使行非义务之事(例如使辞雇佣)或妨害其权利之实施(例如妨害正当之诉讼)等一切非行,皆赅于此。

第三百四十四条 凡无故开拆他人封固之信函,或藏匿及毁弃他人之信函者,处四等以下有期徒刑、拘留或三百元以下罚金。

无故公表他人所秘密之文书、图画者,亦同。

沿革

《明律》:"凡铺兵递送公文,若磨擦及破坏封皮,不动原封者,一角笞二十,每三角加一等,罪止杖六十。若损坏公文,一角笞四十,每二角加一等,罪止杖八十。若沈匿公文,及拆动原封者,一角杖六十,每一角加一等,罪止杖一百。若事干军情机密文书,不拘角数,即杖一百,有所规避者,各从重论。其铺司不告举者,与犯人同罪。若已告举,而所在官司不即受理施行者,各减犯人罪二等。"《现行律》同。

第三百四十五条 凡为僧道、医师、药剂师、药材商、产婆、律师、公证人,或曾任此项地位之人,因其职业得知他人之秘密,无故而漏泄者,处五等有期徒刑、拘留或一百元以下罚金。若无故而公表者,处四等以下有期徒刑、拘留或三百元以下罚金。

理由

前条及本条,皆侵害他人秘密之罪,而前条第一项所保护乃信函之秘密。在成文立宪国,大率于宪法内定明不得妄侵信函之秘密,是为通例。本条所揭系违背职业上秘密义务之罪,此种非行若不加以一定之刑,世人于此特种之职业,必失其依赖之便益,而有此种职业之人,于此间亦坠其信用,其危害社会非浅鲜也。

第三百四十六条 第三百四十一条及第三百四十三条之未遂罪,罚之。

第三百四十七条 第三百四十条至第三百四十二条、第三百四十四条及第三百四十五条之罪,须待告诉,始论其罪。

第三百四十八条 犯本章之罪者,得褫夺公权全部或一部。

第三十二章 关于窃盗及强盗之罪

《现行律例》盗贼门,条分缕析,规定綦详,然其成立所必需之要件尚未揭明。故本案第三百四十九条及第三百五十一条所以规定盗罪成立之要件,第三百五十七条复从侧面以揭其要件,第三百六十二条以下及第三百六十九条以下之规定,则盗罪之范围益明。

本案窃盗及强盗之要件有四:一曰以自己或第三者之所有为宗旨。若暂时使用他人之物,例如使用车马即还原主之类,非盗罪也。二曰原则上系他人之所有物。若所盗系自己之所有物,即因第三百五十七条而轻其刑。三曰窃取、强取之行为,必以他人持有,移为自己所持有,若其物早经自己持有者,则属第三十四章侵占之罪,不得以盗论。又使他人丧失持有,而未尝取为自己持有,则属第三百八十二条毁损之罪,亦不得以盗论。四曰必系持有可以移转之物,若发掘土地、房屋而盗取土块,或损坏土地、房屋而盗取其木片、瓦石者,不得即以盗土地、房屋本体之罪论也。

本章之罪,专以不法移取他人所有之财物,为自己或第三者之所有为要端,如《现行律例》之劫囚及略人、略卖人等不关乎财物者,又恐吓、欺诈之特种手段,得无效之承诺藉以取其财物者,又发冢及夜无故入人家之特种之罪恶等,皆不在此章之列。

《现行律例》于贼盗罪,及此外对于财产罪之类,俱以赃之价额而分罪之重轻,殊与现今法理未惬。夫以赃物之价额而论,富人之万金与贫人之一钱轻重相匹。又自犯人之心术而论,有夺富人万金而罪在可恕,有夺贫人一钱而罪不胜诛者。是不能为定刑之准,无容疑也。故本案不过设关于窃盗及强盗普通之规定(第三百四十九条、第三百五十一条),以便审判后得宣告与各种情节适合之刑罚(窃盗,得于五年以下、二月以上,强盗,得于十五年以下、五年以上之范围内,因各种情节而伸缩其刑期),更列举理论上及实际上情节之重轻,以拟定法律上处刑之重轻(第三百五十条、第三百五十四条、第三百五十七条)。本案之义如此,欧美日本亦莫不然也。

第三百四十九条　凡以自己或第三者之所有为宗旨,而窃取他人所有之财物者,为窃盗罪,处三等以下有期徒刑。

沿革

《汉书·高帝纪》:"元年,沛公入咸阳,与父老约法三章耳:杀人者死,伤人及盗抵罪。注李奇曰:伤人有曲直,盗赃有多少,不可预定,故言抵罪。"《后汉书·光武纪》:"十八年,诏曰:今边郡盗谷五十斛,罪至于死,开残吏妄杀之路,其蠲除此法。"

《文献通考·刑考四》:"北齐神武秉东魏政,迁都于邺,群盗颇起,遂立严制:诸强盗杀人者,首从皆斩,妻子、同籍配为乐户。其不杀人,及赃不满五匹,魁首斩,从者死,妻子亦为乐户。小盗赃满十匹以上,魁首死,妻子配驿,从者流。"

《唐律》:"诸窃盗,不得财笞五十;一尺杖六十,一匹加一等;五匹徒一年,五匹加一等,五十匹加役流。"(按《新唐书·刑法志》:"武宗时,窃盗赃满千钱者,死。至宣宗,乃罢之。")"诸山野之物,已加功力刈伐积聚,而辄取者,各以盗论。""诸盗缌麻、小功亲财物者,减凡人一等;大功,减二等;期亲,减三等。杀伤者,各依本杀伤论。此谓因盗而误杀者。若有所规求,而故杀期以下卑幼者,绞。余条准此。""诸同居卑幼,将人盗己家财物者,以私辄用财物论加二等;他人,减常盗罪一等。若有杀伤者,各依本法。他人杀伤,纵卑幼不知情,仍从本杀伤法坐之。诸因盗而过失杀伤人者,以斗杀伤论,至死者,加役流(得财、不得财等,财主寻逐,遇他死者非)其共盗,临时有杀伤者,以强盗论;同行人不知杀伤情者,止依窃盗法。""诸共盗者,併赃論。造意及从,行而不受分,即受分而不行,各依本首从法。""若造意者不行,又不受分,即以行人专进止者为首,造意者为从,至死者减一等。从者不行,又不受分,笞四十;强盗,杖八十。若本不同谋,相遇共盗,以临时专进止者为首,余为从坐。共强盗者,罪无首从。主遣部曲、奴婢盗者,虽不取物,仍为首;若行盗之后,知情受财,强盗、窃盗,并为窃盗从。诸共谋强盗,临时不行,而行者窃盗,共谋者受分,造意者为窃盗首,余并为窃盗从;若不受分,造意者为窃盗从,余并笞五十。若共谋窃盗,临时不行,而行者强盗,其不行者,造意、受分,知情、不知情,并为窃盗首;造意者不受分,及从者受分,俱为窃盗从。诸盗经断后,仍更行盗,前后三犯徒者,流二千里;三犯流者,绞。三盗止数赦后为坐。其于亲属相盗者,不用此律。诸盗,公取、窃取皆为盗。器物之属须移徙,阑圈系闭之属须绝离常处,放逸飞走之属须专制,乃成盗。若畜产伴类随之,不并计。即将入已及盗其母而子随者,皆并计之。""诸盗官司牛马而杀者,徒二年半。"

《旧五代史·刑法志》:"周太祖广顺三年诏:犯窃盗者,计赃绢满三匹已上者,并集众格杀,其绢依本处上估价为定。不满三匹者,等第决断"。

《文献通考·刑考五》:"广顺五年敕:诸盗经断后,仍更行盗,并曾经官司推问伏罪者,不问赦前后、赃少多,并决杀。"

《宋刑统赋解·贼盗律》:"窃盗,一贯,杖六十;二贯,加一等;十贯,徒一年;二十贯,加一等;一百贯,徒五年。其持杖者,加二等。又盗亲属财物者,若盗缌麻亲者,减凡盗一等;小功,减二等;大功,减三等;期年,减四等。若诈欺亲属财物者,与盗一体减。又器物之属须离常处,阑圈之属须移徙,为盗。其盗砖瓦、木植之类,非人力所运,虽已成,犹为未成,不得便因盗法科罪。"

《元典章·刑部十一》:"大德六年原例:诸窃盗,始谋未行者,四十七;已行而不得财,五十七。十贯以下,六十七,至二十贯,七十七。每二十贯加一等。一百贯,徒一年。每一百贯加一等,罪止徒三年。盗库藏钱物者,比常盗加一等,赃满至五百贯已上者,流。诸共盗者并赃论,仍以造意之人为首,随从者各减一等。二罪以上俱发,从其重者论之。诸盗经断后仍更为盗,前后三犯杖者,徒;三犯徒者,流。流而再犯者,死。强盗两犯,亦死(须据赦后为坐)。诸窃盗,初犯刺左臂(谓已得财者),再犯刺右臂,三犯刺项。强盗,初犯刺项,并充警迹人,官司拘检关防一如旧法。其蒙古人有犯,及妇人犯者,不在刺字之例。诸评盗赃者,皆以至元宝钞为则。除正赃外,仍追倍赃。其有未获贼人,及虽获无可追偿,并于有者名下均征。诸犯徒者,徒一年,杖六十七;一年半,杖七十七;二年,杖八十七;二年半,杖九十七;三年,杖一百七。皆先决讫,然后发遣合属,带镣居役。应配役人,逐有金银铜铁洞冶、屯田、堤岸、桥道一切工役去处,听就工作,令人监视。日计工程,满日疏于,充警迹人。诸盗未发而自首者,原其罪,能捕获同伴者,仍依例给赏;其于事主有所损伤,及准首再犯,不在首原之例。至大四年例:今后豁开车子的,初犯呵,追了倍赃,打一百七下;再犯呵,追了倍赃,打一百七,流远者;三犯呵,敲了者。又外头偷盗骆驼、马匹、牛只的,初犯呵,追九个倍赃,打一百七者。内若有旧贼每呵,数他每先做来的次数,依已定来的例,合配役的交配役,合出军的交出军者。先不曾做贼的每,开读圣旨之后,再犯呵,追了倍赃,打一百七,流远者;三犯呵,敲了者。偷盗钱物、羊口、驴畜的,依先已定来的例,要罪过者。杀了人的,敲了者。皇庆三年复定分别首从之例。"

《元史·刑法志》所引,大致与大德、至大例同。延佑二年新例:"豁车子、剜房子的贼每,伤事主的、起意的、下手的,敲;为从的,断一百七,出军。不曾伤事主,但得财,皆断一百七,出军;于内有旧贼呵,敲。不曾得财,为首的,断一百七,徒三年;为从的,断九十七,徒二年半;于内有旧贼呵,出军。又初犯怯列司里偷盗驼马牛贼每,为首的,敲;为从的,断一百七,出军。于内,在先作贼,第二遍于怯列司里偷大头口的,敲。又初犯偷盗驼马牛贼每,为首的,断一百七,出军;为从的,断九十七,徒三年。于内若有旧贼呵,敲。又偷盗驴骡贼人,为首的,断八十七,徒二年;为从的,断七十七,徒一年半。又偷盗羊、猪贼人,为首的,断七十七,徒一年半;为从的,断六十七,徒一年。又偷财物贼人,三百贯以上者,断一百七,出军。一百贯以上者,断一百七,徒三年。八十贯以上者,断九十七,徒二年半。六十贯以上者,断八十七,徒二年。四十贯以上者,断七十七,徒一年半。十贯以上者,断六十七,徒一年。十贯以下者,六十七,断放。为从者,皆减一等断配。以至元钞为则。又已行而不得财者,断五十七。始谋而未行者,四十七,断放。又偷盗系官头口、钱物,比常人加等断罪。又曾经出军配役来的,再做贼呵,敲。经断放,偷盗十贯以下的,再做贼呵,为首,出军;为从,徒三年。合刺的,依旧例刺字。除这的外,该载不尽事理,依旧例行。"

《明律》:"凡窃盗已行而不得财,笞五十,免刺。但得财者,以一主为重,并赃论罪。为从者,各减一等。以一主为重,谓如盗得二家,从一家赃多者科罪。初犯并于又小臂膊上刺'窃盗'二字,再犯刺左小臂膊,三犯者,绞。以曾经刺字为坐掏摸者,罪同。若军人为盗,虽免刺字,三犯一体处绞。一贯以下,杖六十。一贯之上至一十贯,杖七十。二十贯,杖八十。三十贯,杖九十。四十贯,杖一百。五十贯,杖六十,徒一年。六十贯,杖七十,徒一年半。七十贯,杖八十,徒二年。八十贯,杖九十,徒二年半。九十贯,杖一百,徒三年。一百贯,杖一百,流二千里。一百一十贯,杖一百,流二千五百里。一百二十贯,杖罪止杖一百,流三千里。"万历十六年定"三犯,赃数不多,改遣"之例。又《律》:"凡盗马、牛、驴、骡、猪、羊、鸡、犬、鹅、鸭者,并计赃,以窃盗论。若盗官畜产者,以常人盗官物论。若盗牛、马而杀者,杖一百,徒三年;驴、骡,杖七十,徒一年半。若计赃重于本罪者,各加盗罪一等。""凡盗田野谷麦、菜果及无人看守器物者,并计赃,准窃盗论,免刺。若山野柴草、木石之类,他人已用工力斫伐、积聚,而擅取者,罪亦如之。""凡各居亲属相盗财物者,期亲减凡人五等,大功减四等,小功减三等,缌麻减二等,无服之亲减一等并免刺。若行强盗者,尊长犯卑幼,亦各依上减罪。卑幼犯尊长,以凡人论。若有杀伤者,各依杀伤尊长、卑幼本律从重论。若同居卑幼,将引他人盗己家财物者,卑幼依私擅用财物论,加二等,罪止杖一百;他人减凡盗罪一等,免刺。若有杀伤者,自依杀伤尊长、卑幼本律科罪。他人纵不知情,亦依强盗论。若他人杀伤人者,卑幼纵不知情,亦依杀伤尊长、卑幼本律,从重论。其同居奴婢、雇工人,盗家长财物,及自相盗者,减凡盗罪一等,免刺。""凡共谋为强盗,临时不行,而行者却为窃盗,共谋者,分赃、造意者,为窃盗首;余人并为窃盗从。若不分赃,造意者为窃盗从,余人并笞五十,以临时主意上盗者为窃盗首。其共谋为窃盗,临时不行,而行者为强盗,其不行之人造意者,分赃,知情不知情,并为窃盗首;造意者不分赃,及余人分赃,俱为窃盗从。以临时主意及共为强盗者,不分首从论。""凡盗,公取、窃取皆为盗。器物、钱帛之类,需移徙已离盗所,珠玉宝货之类,据入手隐藏,纵未将行,亦是。其木石重器,非人力所胜,虽移本处,未驮载间,犹未成盗。马牛驼骡之类,须出阑圈;鹰犬之类,须专制在己,乃成为盗。若盗马一匹,别有马随,不合并科计为罪。若盗其母,子随者皆,并计为罪。"

《现行律》于"窃盗"条改"贯"为"两"。顺治四年,定"窃盗,赃一百二十两,绞候"。康熙十一年,改为"一百二十两,杖一百,流三千里;一百二十两以上,绞候。"雍正三年,删去"军人为盗"一节,七年定"积匪、猾贼,发云贵、两广极边烟瘴"之例,十一年,改万历十六年例为"三犯,五十两以下,拟遣;五十两以上,绞候。"乾隆二十五,定再犯加枷之例。余条与《明律》同。

注意

第三者,除盗取人及被害人之外,其余之人皆是。

第三百五十条 凡犯窃盗罪者,关于左列各款之一以上者,处二等或三等有期徒刑:

一、侵入现有人居住或看守之邸宅、营造物、矿坑或船舰内者。

二、结伙三人以上者。

若窃取御物者,处无期徒刑或二等以上有期徒刑。

沿革

《汉书·张释之传》:"其后人有盗高庙座前玉环,得,文帝怒,下廷尉治。释之按盗宗庙服御物者为奏,当弃市。"《尚书·微子·正义》:"汉魏以来著律皆云:敢盗郊祀宗庙之物,无多少,皆死。"

《唐律》:"诸盗大祀神御之物者,流二千五百里。谓供神御者,帷帐、几杖,亦同。其拟供神御(谓营造未成者)及供而废阕,若飨荐之具已馔呈者,徒二年(飨荐,谓玉币、牲牢之属。馔呈,谓已入祀所,经祀官省视者)。未馔呈者,徒一年半。已阕者,杖一百(已阕,谓接神礼毕)。若盗釜、甑、刀、匕之属,并从常盗之法。诸盗御宝者,绞;乘舆服御物者,流二千五百里(谓供奉乘舆之物,服通、衾茵之属,真副等。皆须监当之官部分拟进,乃为御物)。其拟供服御及供而废阕,若食将御者,徒二年(将御,谓已呈监当之官)。拟供食御及非服而御者,徒一年半。"

《元史·刑法志》:"诸盗乘舆、服御、器物者,不分首从,皆处死。知情领买,克除价钱者,减一等。"《明律》:"凡盗大祀神祇御用祭器、帷帐等物,及盗飨荐玉帛、牲牢、馔具之属者,皆斩。谓在殿内及已至祭所而盗者。其未进神御,及营造未成,若已奉祭讫之物及其余官物,皆杖一百,徒三年。若计赃重于本罪者,各加盗罪一等(谓监守常人盗者,各加监守常人盗一等),并刺字。""凡盗内府财物者,皆斩。盗御宝及乘舆、服御物皆是。"《问刑条例》:"盗内府财物者,系杂犯死罪准赎外,盗乘舆服、御物者,仍作真犯死罪。"

《现行律》与《明律》同。乾隆五年,将《问刑条例》"乘舆"字上加"御宝"二字,并增"其余监守盗银三十两,常人盗银六十两,俱问边远充军。"

注意

本条第一款,系自外侵入之犯,若同居雇工盗取雇主物品,属前条之范围,不在此限。第二款如为无责任能力者,不得加为三人之义。第二项之御物,不分已未进御,俱赅括于内。

第三百五十一条 凡以自己或第三者之所有为宗旨,而用暴行、胁迫或使人昏迷,而强取他人所有之财物者,为强盗,处三等以上有期徒刑。

沿革

《晋书·刑法志》:"诸张裴《注律表》:若加威势下手取财,为强盗。又贼燔人室、庐舍、积聚，盗赃五匹以上，弃市；即燔官府积聚盗，亦当与同。"

《文献通考·刑考八》："引周武帝《刑书要制》：持杖群盗一匹以上，不持杖群盗五匹以上，监临主掌自盗二十匹以上，盗及诈请官物三十匹以上，正长隐五户及十丁以上及地三顷以上，皆死。"《宋书·何承天传》："寻劫制，同籍期亲补兵，大功不在此例。"又《何尚之传》："新制，凡劫身斩刑，家人弃市。"

《唐律》："诸强盗，谓以威若力而取其财，先强后盗、先盗后强等。若与人药酒及食，使狂乱取财，亦是。即得阑遗之物，殴击财主而不还；及窃盗发觉，弃财逃走，财主追捕，因相拒捍。如此之类，事有因缘者，非强盗。不得财徒二年；一尺徒三年，二匹加一等；十匹及伤人者，绞；杀人者，斩。杀伤奴婢亦同。虽非财主，但因盗杀伤，皆是。其持仗者，虽不得财，流三千里；五匹，绞；伤人者，斩。""诸故烧人舍屋及积聚之物而盗者，计所烧减价，并赃以强盗论。诸本以他故殴击人，因而夺其财物者，计赃以强盗论，至死者，加役流；因而窃取者，以窃盗论加一等。若有杀伤者，各从故斗法。"

《文献通考·刑考五》："晋天福十二年敕：应天下凡关强盗捉获，不计赃物多少，按验不虚，并宜处死。"

《宋刑统赋解·贼盗律》："强盗者，以威力劫取其财，一贯，徒三年。十贯，及伤人者，绞。杀人者，斩。若因盗奸人，亦同伤人之坐，其同行人，止依本律。若用药于茶酒内或饮食内使人昏迷而取其财者，从强盗法；至死者，加一等。"

《元典章·刑部十一》："大德原例：诸强盗持杖，但伤人者，虽不得财，皆死。不曾伤人者，不得财，徒二年半；但得财，徒三年。至二十贯，为首者死，余人流远。其不持杖伤人者，惟造意及下手者死。不曾伤人者，不得财，徒一年半，十贯以下，徒二年，每十贯加一等，至四十贯，为首者死，余人各徒三年。若因盗而奸，亦同伤人之坐其同行人止依本法。谋而未行者，于不得财罪上各减一等坐之。延佑新例："今后强盗持杖伤人的，虽不得财，皆死。不曾伤人，不得财，断一百七，徒三年；但得财，断一百七，交出军。至二十贯，为首的，敲；为从的，一百七，交出军。不持杖，伤人，造意、为首、下手的，敲；不曾伤人，不得财，断八十七，徒二年。十贯以下，断九十七，徒二年半。至二十贯，断一百七，徒三年。至四十贯，为首的敲，余人断一百七，出军。因盗而奸，同强盗伤人，敲；余人依例断罪。两遍作贼的，敲。始谋而未行与不曾得财，减等断罪。"

《明律》："凡强盗已行，而不得财者，皆杖一百，流三千里。但得财者，不分首从，皆斩。若以药迷人图财者，罪同。若窃盗，临时有拒捕及杀伤人者，皆斩。因盗而奸者，罪亦如之。共盗之人，不曾助力，不知拒捕、杀伤人及奸情者，止依窃盗论。其窃盗，事主知觉，弃财逃走，事主追逐，因而拒捕者，自依罪人拒捕律科罪。"《问刑条例》："强盗杀伤人，放火烧人房屋，奸污人妻女，打劫牢狱仓库，及干系城池衙门，并积至百人以上，不分曾否伤人，俱随即奏请审决，枭首示众。增例：响马强盗，执有弓矢军器，白日邀劫，不分人数多寡，曾否杀伤，枭首。"又《律》："凡白昼抢夺人财物者，杖一百，徒三年。计赃重者，加窃盗罪二等。伤人者，斩。为从，各减一等。并于右小臂膊上，刺抢夺二字。若因失火及行船遭风着浅，而乘时抢夺人财物及拆毁船只者，罪亦如之。其本与人斗殴，或勾捕罪人，因而窃取财物者，计赃准窃盗论;因而夺去者,加二等,罪止杖一百,流三千里,并免刺。若有杀伤者,各从故斗论。"

《现行律》与《明律》同。康熙五十年于增例内增入"江洋行劫大盗",五十四年,钦奉谕旨:"凡强盗重案,着大学士会同三法司,将此内造意、为首及杀伤人者,于各本案内一、二人正法,余俱照例减等发遣。钦此。"雍正五年,复经九卿遵旨定议:"嗣后盗案,自州、县以及巡抚,务令严行究审,将法所难宥及情有可原者,一一分晰,于疏内声明,照律不分首从,定拟斩决。具题大学士会同三法司详议,将应正法者正法,应发遣者发遣。"等因,遵照在案。乾隆八年修纂入律,同治九年删除,是年复定"聚众抢夺,分别十人以上、十人以下治罪"之例。

注意

胁迫,指暴行相胁,而目前有急迫之害者而言。其以将来之害或不急迫之害,使人畏惧而交付财物者,属于第三百六十二条恐吓取财之范围。使人昏迷,例如使人饮服药九,或施催眠术,凡暴行、胁迫以外,使人不能抗拒之一切方法皆是。

第三百五十二条 凡犯窃盗者,为防护赃物或图免逮捕或湮灭罪迹之故,临时用暴行或胁迫者,以强盗论。

沿革

《现行例》:"窃盗临时盗所拒捕,及虽未得财而未离盗所,逞凶拒捕,或虽离盗所而临时护赃格斗杀人者,为首,斩决。为从帮殴,刃伤及折伤以上,绞候。伤非金刃,又非折伤,云贵两广极边烟瘴充军。未经帮殴,极边足四千里充军。伤人未死,如刃伤及折伤以上,首犯斩候,为从近边。伤非金刃,伤轻平复,首犯边远;年在五十以上,近边。拒捕未经成伤者,首犯近边充军,为从杖一百,徒三年。""窃盗弃财逃走,与未得财逃走,被追拒捕,或伙贼携赃先逃,后,逃之贼被追拒捕,及见伙犯被获,帮护拒捕杀人者,首犯,斩候。为从帮殴,刃伤及折伤以上者,绞候;伤非金刃又非折伤者,附近充军。未经帮殴成伤者,杖一百,流三千里。伤人未死,刃伤及折伤以上,首犯,绞候;从犯,拟流。"(嘉庆六年例)其余互见第三百五十一条。

第三百五十三条 凡用暴行、胁迫或使人昏迷,除第三百五十一条及第三百五十七条所揭外,得其余财产上不法之利益或使他人得之者,以强盗论。

理由

第三百五十一条为对于他人所有物之强盗,第三百五十七条为对于自己所有物之强盗,本条则指为自己或第三者得此外财产上不法之利益而言,例如以暴行放逐本人而强占其房屋或使他人居之,或强占其田土而耕种之类是也。

第三百五十四条 凡犯强盗之罪,关于左列各款之一以上者,处无期徒刑或二等以上有期徒刑:

一、侵入现有人居住或看守之邸宅、营造物、矿坑、船舰内者。

二、结伙三人以上者。

三、于盗所强奸妇女者。

四、伤害人而未致死及笃疾者。

沿革

附见第三百五十一条。

注意

本条第三款系规定强盗罪与强奸罪俱发之特别处分，若被害之妇女羞愤自尽，则援用第二百七十六条第二项及第三百五十五条第四款，其本刑为死刑、无期徒刑或一等有期徒刑。

第三百五十五条　凡犯强盗之罪，关于左列各款之一以上者，处死刑、无期徒刑或一等有期徒刑：

一、强取御物者。

二、结伙三人以上在途行劫者。

三、在海洋行劫者。

四、因而致人于死或笃疾或伤害至二人以上者。

沿革

附见第三百五十条。

注意

本条第二款在途行劫，其结队持械横行之强劫者，自不待言。第三款所谓海洋，系国际法上不归中国、外国管领之海面。第四款致人于死与次条之故意杀人，以有无杀意为判，即故意杀人，亦无预谋与临时之分也。

第三百五十六条　凡犯强盗之罪故意杀人者，处死刑或无期徒刑。

沿革

附见第三百五十一条。

第三百五十七条　凡本于共有权、质权及其余物权或官署之命令，他人以善意所管有自己之共有物或所有物，若窃取之者，处该物价额二倍以下、价额以上之罚金；如二倍之数未达五十元时，处五十元以下、价额以上之罚金。

侵入现有人居住或看守之邸宅、营造物、矿坑、船舰内犯前项之罪者，处五等有期徒刑或拘留，照前项之例并科罚金。

若强取之者，处四等以下有期徒刑或拘留，照第一项之并科罚金。

注意

本条系规定对于自己所有物而为强、窃盗，其要件有当注意者如左：

第一，系他人所管有是也。若自己管有之自己所有物，纵令他人担负物权（例如抵当品），不得为此条之罪之客体。

第二，他人之管有权必系本于共有权（与他人共同之所有权）、质权（指担保权利管有之物权）及其余物权（直接于物上之权利也，其种类于未有成文民法之时，可按习惯法，以判其性质而定之）而有之管有权。若因于寄托契约、加工契约、恩惠之使用权等，及债权债务之关系，而窃取人管有之自己所有物者，不得以此条罪论之。又管有权之出于官之命令者，亦与出于物权者同。

第三，他人必系本于物权，而以善意管有之者。若取还他人以恶意所管有之自己所有物,例如索还被盗之赃物者,固不在此条之列也。

盗取自己所有物,具备以上三要件,虽系为盗,而其情不过纯欲垄断财产上之利益,故照原则,仅科罚金,惟有时情节稍重者,乃始科以体刑。

第三百五十八条 关于本章之罪,若为禁止私有之物件或电气,以所有物论。

理由

凡人于禁止私有之物件,虽不能有民法上之权利,惟究系有一定价值之物品,亦无任他人盗取之理。又电气,本力之一种,非有体之物,然其效用与有体物无异,故本条对于此类,设为特别之规定。

第三百五十九条 第三百四十九条至第三百五十三条、第三百五十四条第一款至第三款、第三百五十五条第一款至第三款、第三百五十六条及第三百五十七条之未遂罪,罚之。

第三百六十条 犯第三百五十条、第三百五十一条至第三百五十六条之罪者,褫夺公权。其余,得褫夺公权全部或一部。

第三百六十一条 于本支亲属或配偶者及同居亲属之间犯第三百四十九条、第三百五十条、第三百五十七条之罪者,免除其刑。

于其余亲属间犯前项所指之罪者,须待告诉,始论其罪。

非亲属而与亲属为共同之犯,不用前二项之例。

第三十三章 关于诈欺取财罪

第三百六十二条 凡以自己或第三者之所有为宗旨,用欺罔或恐吓使人以所有之财物交付于己者,为诈欺取财,处三等以下有期徒刑。

以前项之方法而得财产上不法之利益或使他人得之者,亦同。

沿革

《汉书·王子侯表》:“葛魁嗣侯戚,坐缚家吏恐猲受赇,弃市。师古曰:‘猲,谓以威力胁人也。赇,枉法以财相谢。’又承乡嗣侯德天,坐恐猲国人,受财臧五百以上,免。”又《赵广汉传》:“富人苏回为郎,二人劫之。师古曰:‘劫取其身为人质,令家将财物赎之’。”

《后汉书·桥玄传》:“凡有劫质,皆并杀之,不得赎以财宝。”

《晋书·刑法志》:“张裴《注律表》:若加威势下手取财,为强盗,不自知亡为缚守,将中有恶言为恐猲,不以罪名呵为呵人,以罪名呵为受赇,劫名其财持质。此六者,以威势得财而名殊者。”(按“恐猲”,《汉书》、《晋书》作“猲”,《唐律》作“喝”,《明律》作“吓”。)

《唐律》:“诸恐喝取人财物者(口恐喝亦是),准盗论加一等;虽不足畏忌,财主惧而自与,亦同。展转传言而受财者,皆为从坐。若为人所侵损,恐喝以求备偿,事有因缘之类者,非。若财未入者,杖六十。即缌麻以上自相恐喝者,犯尊长,以凡人论(强盗亦准此);犯卑幼,各依本法。”“诸有所规避,而执持人为质者,皆斩。部司及邻伍知见,避质不格者,徒二年。质期以上亲及外祖父母者,听身避不格。”“诸诈欺官私以取财物者,准盗论。诈欺百端,皆是。若监主诈取者,自从盗法;未得者,减二等。下条准此。知情而取者,坐赃论;知而买者,减一等;知而为藏者,减二等。”

《元典章·刑部十九》:"延佑五年'局骗钱物'例:今后有犯,拟合依窃盗首从例,计赃断配,免刺,不追倍赃。其信从啜入局被骗之人,量事轻重断罪。"

《明律》:"凡恐吓取人盗物者,计赃,准窃盗论,加一等,免刺。若期亲以下,自相恐吓者,卑幼犯尊长以凡人论;尊长犯卑幼,亦依亲属相盗论,递减科罪。""凡用计诈欺官私以取财物者,并计赃,准窃盗论,免刺。若期亲以下,自相诈欺者,亦依亲属相盗律,递减科罪。若监临主守,诈取所监守之物者,以监守自盗论。未得者,减二等。若冒认及诓赚局骗、拐带人财物者,亦计赃,准窃盗论,免刺。"

《现行律》与《明律》同。嘉庆二十五年定"捉人勒索"之例,节经道光三年、十四年、二十三年、二十四年、光绪二十四年加重,改依强盗律治罪。

注意

欺有欺罔与恐吓二意。欺罔者,虚构事物而使他人误信。恐吓者,欲人恐惧者,但未至胁迫之程度。使他人因误信或畏惧而允交付财物,是为本罪之主要也。第二项得财产上不法之利益或使他人得之者,除使他人交付以财物者外,凡不法以取本人及其余之财产利益或使第三者取之之总称,例如欺罔或恐吓,使于有价证券上为不利之签记,或使让与其设立公司之权利,或使让与其渔业权、伐木权等之债权者,皆属此类。至于使人交付契据,仍属第一项之范围。

第三百六十三条 凡为他人处理事务,以图自己或第三者利益,或以加害为宗旨,背其义务而损害本人之财产者,处三等以下有期徒刑或一千元以下、一百元以上罚金。

注意

凡以此条致罚者,如公司办事员,受人贿赂而抛弃公司利益所关之诉讼。又如生命保险公司之医员,图得垂死病人之利益,而给以健全之诊视书,致被保人死亡而亏折保险金。又如幼者之后见人,以自己对第三者所负之债务,与幼者对第三者所有之债权相抵,使幼者受其损失等是。

第三百六十四条 凡乘未满十六岁之幼者或他人精神错乱之际,而使以本人或第三者所有财物交付于己,或得财产上不法之利益,或使他人得之,及加本人以财产上之损害者,从前二条之例处断。

第三百六十五条 凡三人以上共犯本章之罪者,处二等或三等有期徒刑。

吏员当处理公务之际,以图自己或他人之利益,或加害于国家或公所之宗旨,背其职务,损害国家或公所财产者,亦同。

若系御物,处无期徒刑或二等以上有期徒刑。

注意

本条第二项,指吏员因职务处理国家或自治团体之事务时,而为第三百六十三条之行为也。

第三百六十六条 本章之未遂罪,罚之。

第三百六十七条 犯第三百六十五条之罪者,褫夺公权。其余,得褫夺公权全部或一部。

第三百六十八条 第三百五十七条第一项、第三百五十八条及第三百六十一条，关于本章之罪，亦准用之。

第三十四章 关于侵占罪

此章所规定之侵占罪，若其成立系对于自己管有之他人所有物（第三百六十九条第一项及第三百七十条）及准此之财物（第三百六十九条第二项），并已离他人管有之财物等者，则其罪之性质与盗罪及诈欺取财罪有异。侵占之情形各有不同，或擅自处分自己管有之他人所有物，或变易管有之意为所有之意而径为所有人之行为，或以所有之意而取得遗失物之管有，杂凡此之类皆是。故行为之外形虽各有不同，而凡不法之处分行为或领有行为，皆属侵占也。

第三百六十九条 凡因律例或契约或因照料他人事务之管有、共有物或属于他人所有权、抵当权、其余物权之财物，而侵占者，处三等以下有期徒刑。

虽系自己之所有物或管有物，其因官署之命令归自己看守之时而侵占者，亦同。

沿革

《唐律》："诸受寄财物，而辄费用者，坐赃论，减一等。诈言死失者，以诈欺取财物论，减一等。""诸侵巷街、阡陌者，杖七十。若种植垦食者，笞五十，各令复故。虽种植，无所妨废者，不坐。""诸占固山野陂湖之利者，杖六十。"

《明律》："凡盗卖换易及冒认，若虚钱实契典卖及侵占他人田宅者，田一亩，屋一间以下，笞五十，每田五亩、屋三间，加一等，罪止杖八十，徒二年。系官者，各加二等。若强占官民山场、湖泊、茶园、芦荡及金银铜场铁冶者，杖一百，流三千里。若将互争及他人田产妄作己业，朦胧投献官豪势要之人，与者、受者，各杖一百，徒三年。田产及盗卖过田价，并递年所得花利，各还官给主。""凡受寄人财物、畜产而辄费用者，坐赃论，减一等，诈言死失者，准窃盗论，减一等。并返物还主。"《现行律》与《明律》同。

注意

因律例而管有之财物者，除次条因公务以管有之物外，指其余以律例负担义务因而管有他人之财物，例如幼者及禁治产人之法定代理人管有之财产。因契约而管有之财物者，指受寄之财物、借用物、典押物、加工之材料等凡因契约而管有之他人财产也。照料他人事务者，即日本民法所谓事务管理之义。凡知交、亲族及其余人等，虽无契约而以善意管理其事务之类，例如有深交之邻人于旅行之际，以友谊托其代任修理房屋之劳是也。凡此等财物，虽在自己管理之时，不得侵占，自不待言。于此条拟之以罚，亦即就旧律所谓费用受寄财物及冒认他人财物等条，而扩其范围也。

第三百七十条 凡在公务或业务之管有共有物或属于他人所有权、抵当权、其余物权之财物者而侵占者，处二等或三等有期徒刑。

其不在公务、业务之人，而与之为共同者，即适用第三十三条第一项。

沿革

《汉书·陈万年传》："注引律：主守而盗，值十金，弃市。"

《宋书·王宏传》："主守偷五匹，常偷四十匹，并加大辟，议者咸以为重，宜进主守偷十

四、常偷五十四，死；四十四降，以补兵。”

《唐律》：“诸监临主守自盗，及盗所监临财物者（若亲王财物，而监守自盗，亦同），加凡盗二等，三十四绞。本条已有加者，亦累加之。”

《元典章·刑部九》：“仓库官吏人等，盗所主守钱粮，一贯以下，决五十七；至十贯，杖六十七。每二十贯，加一等。一百二十贯，徒一年。每三十贯，加半年。二百四十贯，徒三年。三百贯，处死。计赃以至元钞为则，诸物依当时估价。应犯徒一年，杖六十七，每半年加杖一十，三年杖一百七，皆决讫居役。”

《明律》：“凡监临主守，自盗仓库钱粮等物，不分首从，并赃论罪，并于右小臂膊上刺‘盗官钱（粮物）’三字。一贯以下，杖八十。一贯之上至二贯五百文，杖九十。五贯，杖一百。七贯五百文，杖六十，徒一年。一十贯，杖七十，徒一年半。一十二贯五百文，杖八十，徒二年。一十五贯，杖九十，徒二年半。一十七贯五百文，杖一百，徒三年。二十贯，杖一百，流二千里。二十二贯五百文，杖一百，流二千五百里。二十五贯，杖一百，流三千里。四十贯，斩。”《集解》：“杂犯死罪，不刺字。”《问刑条例》分四等：“宣府、大同、甘肃、宁夏、榆林、辽东、四川、建昌、松潘、广西、贵州，并各沿边、沿海，有监守盗粮二十石、草四百束、银二十两、钱帛等物值银一十两以上（常人盗加倍，下同），边卫充军。两京各卫门、漕运及京、通、临、准、徐、德六仓，并腹里节差、给事中、御史倍之。其余腹里节差、巡守等官又倍之。盗沿边、沿海粮四百石、草八千束、银二百两、钱帛等物值银两百两以上，不分监守、常人，俱斩首示众。”又《律》：“若监临主守，将增出钱粮私下销补别项事故亏折之数，瞒官作弊者，并计赃，以监守自盗论。”“凡各衙门收支钱粮等物，已有文案勘合，若监临主守不正收正支，那移出纳，还充官用者，并计赃，准监守自盗论。罪止杖一百，流三千里，免刺。”

《现行律》改“贯”作“两”，“文”作“钱”，余与《明律》同。乾隆五年定例（经嘉庆六年修并）：“一百两以下，至四十两，准徒五年。一百以上至三百三十两，杖一百，流三千里。六百六十两，杖一百，流二千五百里。一千两，杖一百，流三千里。一千两以上，斩。二年不完，徒流发配。死罪人犯监禁，三年不完，永远监禁。”

注意

侵占公务上管有他人财物者，即旧律之监守自盗。惟侵占自己管有物罪，究与夺他人持有以归于已者不同，故由贼盗分析于此章之内。业务上管有之他人财物者，如营质业者管有之质物、营仓库业、运送业者所被人委托之财物等，凡此皆因各种业务而管有他人之财物也，虽非监守自盗之吏员可比，然其侵占之情，无纤芒之轻重，故予以同一之处分。

第三百七十一条　凡侵占遗失物、漂流物或属于他人物权而离于其管有之财物者，处该物价额二倍以下、价额以上之罚金；若二倍之数未达五十元时，处五十元以下、价额以上之罚金。

因自己错误而以善意取得管有之他人所有物，及因他人错误而交付于自己之他人所有物，以遗失物论。

沿革

《唐律》：“诸于他人地内得宿藏物，隐而不送者，计合还主之分，坐赃论，减三等。若得古器形制异,而不送官者,罪亦如之。诸得阑遗物,满五日不送官者,各以亡失罪论。赃重者,坐赃论。私物,坐赃论,减二等。”

《元典章·刑部十八·断例》:“县官隐占孛兰奚人口在家使唤,决一十七,标注私罪过名。隐占孛兰奚鹰犬,背地飞放的,决三十七,断没一半。丢失人、焉诸人、收住不送官者,一日,七下,二日,一十七下,三日二十七,送兵马司,令人认识。至元十三年,地内掘得埋藏之物,令得物之人与地主停分。若租田私田宅者,例同业主。如得古器珍宝奇异之物,随即申告进献,约量给价。如有隐没,其物全追入官。”

《明律》:“凡得遗失之物,限五日内送官。官物还官,私物召人识认。于内一半给与得物者人充赏,一半给还失物人。如三十日内,无人识认者,全给。限外不送官者,坐赃论,私物减二等,其物一半入官,一半给主。若于官司地内,掘得埋藏之物者,并听收用。若有古器、钟鼎、符印异常之物,限三十日内送官。违者,杖八十,其物入官。”

《现行律》与《明律》同。

注意

遗失物者,无抛弃权利之意,而丧失所持有物之谓。若人饲养之动物,出于平常往复之地域以外,亦是。漂流物者,指水上之遗失物,及因水流至水边之遗失物。

第二项因自己错误而以善意取得管有之他人所有物者,误信他人所有物为自己所有物,而以之归于自己持有也。因他人错误而交付于自己之他人所有物者,他人误认自己为别人,而以应交别人之物交付于自己也。凡此等财物,既发现其应属他人,即应申报公署或径还本主,倘有侵占,即应处罚,惟其管有之初,尚非出于恶意,实由于他人误交,故属侵占遗失物之一种。

第三百七十二条 第三百六十九条及第三百七十条之未遂罪,罚之。

第三百七十三条 犯第三百六十九条及第三百七十条之罪者,得褫夺公权全部或一部。

第三百七十四条 第三百五十八条至第三百六十一条,关于本章之罪,亦准用之。

第三十五章 关于赃物罪

因犯罪而取得所有权或管有权之财物,谓之赃物。知情而为之搬运、受寄、牙保、故买者,中外法律皆所必罚。虽有时情节较轻,然故买人等实为暴掠之源、奸盗之本,故处罚不可从轻。及征诸各国之实验,凡以故买赃物为常业者,俱予严罚,迨后,除金钱外,其窃取或强取其余财物之罪,因之减少,是其先例也。

第三百七十五条 凡受人赠与赃物者,处四等以下有期徒刑、拘留或三百元以下罚金。

搬运、受寄、牙保或故买赃物者,处二等至四等有期徒刑。

犯前项之罪因以获利者,并科其所得价额二倍以下、价额以上之罚金;如二倍之数未达五十元时,并科五十元以下、价额以上之罚金。

沿革

《文献通考·刑考八》:“后魏宣武帝时引律:知人掠盗之物而故买者,以随从论。”

《唐律》:“诸知略、和诱及强盗、窃盗而受分者,各计所受赃,准窃盗论,减一等。知盗赃而故买者,坐赃论,减一等;知而为藏者,又减一等。”

《宋刑统赋解·贼盗律》:“若买人盗、诈、枉法赃者,杖一百。知而故藏者,杖九十。其余之赃,知而故买及藏者,律无别例,从不应为科罪。流以上从重;徒以下从轻。”

《明律》:“其知人略卖和诱人,及强窃盗后而分赃者,准窃盗为从论,免刺。若知强窃盗赃而故买者,计所买物坐赃论。知而寄赃者,减一等。各罪止杖一百。其不知情误买及受寄者,俱不坐。”

《问刑条例》:“知强窃盗赃而接买、受寄,若马、骡等畜至二头匹以上,银贷坐赃至满贯者,俱问罪,不分初犯、再犯,枷号一个月发落;若三犯以上,不拘赃数多寡,与知强盗后而分赃至满贯者,俱免枷号,发边卫充军。”

《现行律》与《明律》同。乾隆三年,“边卫”改“近边”。嘉庆十八年,定“洋盗案内知情接买盗赃,一次,满徒;二次,近边;三次以上,发新疆为奴”之例。同治九年,定“强盗案内知情接买盗赃,照洋盗例,分别次数定拟”之例。

第三百七十六条 关于第三百五十七条或其余准用之赃物,而犯前条之罪者,照第三百五十七条第一项之例,处以罚金。

第三百七十七条 本章之未遂罪,罚之。

第三百七十八条 犯第三百七十五条第二项之罪者,褫夺公权。犯第三百七十五条第一项及第三百七十六条之罪者,得褫夺公权全部或一部。

第三百七十九条 第三百五十八条及第三百六十一条第一项并第三项,关于本章之罪,亦准用之。

第三十六章 关于毁弃损坏罪

毁弃、损坏财物、证书之类,中外法律俱属应罚,无待烦言。然亦有虽非毁弃、损坏而罪质纯与之相同者,故本案揭于第三百八十二条第二款及第三款,庶于实际无疑议也。

第三百八十条 凡毁弃关于他人权利义务之文书者,处三等以下有期徒刑或三百元以下五十元以上罚金。

若毁弃制书或公署或吏员所持有之公文书者,处二等至四等有期徒刑。

沿革

汉《金布律》有“毁伤、亡失县官财物”,魏分为“毁亡律”。(见《晋书·刑法志》引魏《新律》序)《唐律》:“诸弃毁制书及官文书者,准盗论。亡失及误毁者,各减二等。(毁,须失文字。若欲动事者,从诈增减法。)其误毁失符、移、解牒者,杖六十(谓未入所司而有本案者)。”《明律》:“凡弃毁制书及起马御宝圣旨、起船符验,若各衙门印信及夜巡铜牌者,斩。若弃毁官文书者,杖一百。有所规避者,从重论。事干军机钱粮者,绞。当该官吏,知而不举,与犯人同罪;不知者,不坐。误毁者,各减三等。其因水火盗贼毁失,有显迹者,不坐。凡遗失制书、圣旨、符验、印信、铜牌者,杖九十,徒二年半。若官文书,杖七十。事干军机钱粮者,杖九十,徒二年半。俱停俸,责寻三十日,得见者,免罪。”《现行律》于首节删“起马御宝”等十一字并“及夜巡铜牌”五字,次节删“铜牌”二字,余与《明律》同。

第三百八十一条 凡损坏他人所有营造物、矿坑、船舰者,处三等以下有期徒刑或一千元以下、一百元以上罚金。

若损坏第一百八十二条所揭之矿坑或营造物,处二等或三等有期徒刑。

因犯本条之罪致人于死伤者,比较第三百零一条及第三百零二条,从重处断。

沿革

《唐律》:"诸弃毁大祀神御之物,若御宝、乘舆服御物及非服而御者,各以盗论;亡失及误毁者,准盗论减二等。""诸弃毁符、节、印及门钥者,各准盗论;亡失及误毁者,各减二等。""诸于官私田园,辄食瓜果之类,坐赃论;弃毁者,亦如之;即持去者,准盗论。主司给与者,加一等。强持去者,以盗论。主司即言者,不坐。非应食官酒食而食者,亦准此。诸弃毁官私器物及毁伐树木、稼穑者,准盗论。即亡失及误毁官物者,各减三等。诸毁人碑碣及石兽者,徒一年,即毁人庙主者,加一等。其有用功修造之物而故损毁者,计庸,坐赃论,各令修立;误损毁者,但令修立,不坐。诸弃毁、亡失及误毁官私器物者,各备偿(谓非在仓库而别持守者)。诸故杀官私马牛者,徒一年半,赃重及杀余畜产,若伤者,计减价,准盗论,各偿所减价;价不减者,笞三十。其误杀伤者,不坐,但偿其减价。主自杀马牛者,徒一年。"

《宋刑统赋解·杂律》:"失亡官私器物者,坐罪。失亡私家器物者,偿而不坐。"

《明律》:"凡拆毁申明亭房屋及毁板榜者,杖一百,流三千里。""凡弃毁人器物及毁伐树木、稼穑者,计赃,准窃盗论,免刺;官物加二等。若遗失及误毁官物者,各减三等,并验数追偿;私物者,偿而不坐罪。若毁人坟墓内碑碣、石兽者,杖八十。毁人神主者,杖九十。若毁损人房屋、墙垣之类者,计合用修造雇工钱,坐赃论,各令修立;官屋加二等。误毁者,但令修立,不坐罪。""凡于他人田园,擅食瓜果之类,坐赃论。弃毁者,罪亦如之。其擅将去及食系官田园瓜果,若官造酒食者,加二等。主守之人,给与及知而不举者,与同罪。若主守私自将去者,并以监守自盗论。""凡私宰自己马牛者,杖一百;驼、骡、驴,杖八十。误杀者,不坐。若病死而不申官开剥者,笞四十,筋角皮张入官。若故杀他人马牛者,杖七十,徒一年半;驼、骡、驴,杖一百。若计赃重于本罪者,准盗论。若伤而不死,不堪乘用,及杀猪羊等畜者,计减价,亦准盗论。各追赔所减价钱。价不减者,笞三十。其误杀伤者,不坐罪,但追赔减价。为从者,各减一等。若故杀缌麻以上亲马、牛、驼、骡、驴者,与本主私宰罪同。杀猪羊等畜者,计减价,坐赃论。罪止杖八十。其误杀及故伤者,俱不坐,但各追赔减价。若官私畜产毁食官私之物,因而杀伤者,各减故杀伤三等,追赔所减价,畜主赔偿所毁食之物。若放官私畜产损食官私物者,笞三十,赃重者,坐赃论;失者,减二等。各赔所损物。若官畜产毁食官物者,止坐其罪,不在赔偿之限。若畜产欲触抵踢咬人,登时杀伤者,不坐罪,亦不赔偿。"

《现行律》于"宰杀马牛条"首节"杖八十下"二十四字改为"筋角皮张入官,误杀及病死者不坐",余与《明律》同。

第三百八十二条 凡犯左列各款之一者,处四等以下有期徒刑、拘留或三百元以下罚金:

一、除前条所揭外,损坏、伤害他人之物者。

二、泄漏他人所有之煤气、蒸气、其余气体及流动物,致丧失效用者。

三、纵逸他人所有之动物,致令丧失者。

第三百八十三条 凡自己所有物负担他人物权,或本于公署之命令他人管有或自身看守之时,损坏、伤害、泄漏或丧失之者,处该物价额二倍以下、价额以上之罚金;若二倍之数未达五十元时,处五十元以下、价额以上之罚金。

第三百八十四条 第三百五十八条及第三百六十一条,关于第三百八十条第一项、第三百八十一条第一项、第二项及前条之罪,亦准用之。

第三百八十五条 第三百八十条、第三百八十一条第一项、第二项、第三百八十二条及前条之未遂罪,罚之。

第三百八十六条 因犯本章之罪,应宣告二等有期徒刑以上之刑者,褫夺公权。其余,得褫夺公权全部或一部。

第三百八十七条 第三百八十二条及第三百八十三条之罪,须待告诉,始论其罪。

附:

《律目考》

李悝《法经》六篇:一盗法,二贼法,三囚法,四捕法,五杂法,六具法。《唐律疏议》云:"一、盗法,今贼盗律是也;二、贼法,今诈伪律是也;三、囚法,今断狱律是也;四、捕法,今捕亡律是也;五、杂法,今杂律是也;六、具法,今名例律是也。

按贼盗二字,义本不同,故法经分为二篇。左氏文十八年传:"周公作《誓命》曰:毁则为贼,窃贿为盗。"杜注:"毁则,坏法也。"昭四年传:"叔问曰:已恶而掠美为昏,贪以败官为墨,杀人不忌为贼。"《夏书》曰:"昏墨贼杀,皋陶之刑也。"此皆法家言之最古者。说文:"贼",败也,从戈则声,败毁也。与毁则为贼之义合,乃谐声兼会意字。盗,私利物也,从氵欠氵欠欲皿者,乃会意字。二字之本义如此,初不相通也。《荀子·修身篇》:"害良曰贼,窃贷曰盗。"晋《张裴律注》:"无变斩击谓之贼,取非其物谓之盗。"《周礼·朝士疏》盗贼并言者:"盗,谓盗取人物,贼,谓杀人曰贼。"二字连文。唐以前人分别甚明,绝不相蒙,其贼盗单言者。贼为贼害,如《孟子》:"贼仁者谓之贼"。以及《汉书》、《吕览》、《淮南》、《楚辞》诸书之注释皆同。杀人乃贼害之甚者,故叔向曰:"杀人不忌为贼。"又《大戴礼记·曾子立事篇》:"杀人而不戚也,贼也。"以及《书·舜典·传》、《吕览》、《后汉书注》,并言杀人曰贼,与贼害之义相引伸也。盗为盗窃,如《谷梁传》(定八年):"非其所取而取之谓之盗。"《庄子·山木篇》注:"盗窃者,私取之谓也。"足与说文之义相发明。其余诸书,不胜枚举。《玉篇·广韵·贼下》始有盗也一训。盖二书为宋人所乱,已失顾野王孙缅之旧,非古义也。盗法、贼法,李悝本为二事。汉律因之,盗则盗窃、劫略之类,贼则叛逆、杀伤之类。魏于盗律内分立劫略律。晋无劫略,则仍入盗律。梁为盗劫律,贼律则曰贼叛律。北齐始合二律为一曰贼盗。周随时合时分。唐复合而为一,故叛逆、杀伤诸事,皆在其中。元于贼盗外,别立杀伤之目。明又改为人命。盖大失古律之本义矣。《疏议》谓盗法,今盗贼律,贼律,今诈伪律,俱未谛当。唐之贼盗,兼盗法、贼法在内。诈伪律,魏由贼律分出,而贼律固不止诈伪一事也。又按《周礼·士师》"八成":一曰邦汋,二曰邦贼,三曰邦谍,四曰犯邦令,五曰桥邦令,六曰为邦盗,七曰为邦朋,八曰为邦诬。注:郑司农云:八成者,行事有八篇,若今时决事比。据先郑注则周代刑法,此其篇目之可考者,然究非全体也。"邦贼"注云:为逆乱者;"为邦盗"注云:窃取国之宝藏者。贼盗分为二事,盖古法皆然。

汉律九章

《晋书·刑法志》:"李悝撰次诸国法著《法经》。以为王者之政,莫急于盗贼,故其律始于盗、贼。盗、贼须劾捕,故着囚捕二篇。其轻狡、越城、博戏、借假不廉、淫侈、逾制以为杂律一篇。又以其('其'疑是'具'之误)律具其加减。是故所著六篇而已,然皆罪名之制也。商君受之以相秦。汉承秦制,萧何定律,除参奏连坐之罪,增部主见知之条,益事律兴、厩、户三篇,合为九篇。叔孙通盗律所不及,傍章十八篇,张汤《越宫律》二十七篇,赵禹《朝律》六篇,合六十篇。又汉时决事,集为《令甲》,以下三百余篇。及司徒鲍昱撰嫁娶辞讼决为《法比都目》,凡九百六卷。"《唐律疏议》序:"汉相萧何更加悝所造户兴厩三篇,谓之九章之律。"按汉律久亡,而律目之见于《魏新律·序略》者,如盗律有劫略、恐猲、和买卖人、受所监、受财枉法、勃辱强贼、还赃畀主;贼律有欺谩、诈伪、逾封、矫制、贼伐树木、杀伤人畜产、诸亡印、储峙不辨、但以言语及犯宗庙园陵;囚律有诈伪生死、告劾传覆、系囚鞫狱断狱;杂律有假借不廉;具律有出卖呈(未详其义);兴律有上狱擅兴徭役、乏徭、稽留烽燧;厩律有告反讯受(一作逮受,一作逮验)、乏君之兴、上言变事、惊事告急。其可考者如此,序略又谓旧律因秦《法经》,就增三篇,而具律不移,因在第六,其篇次亦尚可考也。李悝杂律为轻狡、越城、博戏、假借、不廉、淫侈、逾制七端,汉贼律之逾封、矫制即杂律之逾制,此与李悝不同。其余假借不廉,仍在杂律,则轻狡、越城、博戏、淫侈四者,亦当与李悝同也。

魏律十八篇

《魏志·刘劭传》:"明帝即位,征拜骑都尉,与议郎庾嶷、荀诜等定科令,作新律十八篇。"《晋书·刑法志》载:其序略曰:旧律因秦《法经》,就增三篇,而具律不移,因在第六。罪条例既不在始,又不在终,非篇章之义。故集罪例以为刑名,冠于律首。盗律有劫略、恐猲、和卖买人,科有持质,皆非盗事,故分以为劫略律。贼律有欺谩、诈伪、逾封、矫制,囚律有诈伪生死,《令丙》有诈自复免,事类众多,故分为诈律。贼律有贼伐树木、杀伤人畜产及诸亡印,金布律有毁伤、亡失县官财物,故分为毁亡律。囚律有告劾、传覆,厩律有告反逮(玉海引作"讯")受,科有登闻道辞,故分为告劾律。囚律有系囚、鞫狱、断狱之法(通考玉海引同通典,引无"断狱"二字),兴律有上狱之事,科有考事报谳,宜别为篇,故分为系讯、断狱律。盗律有受所监受财枉法,杂律有假借不廉,《令乙》呵人受钱,科有使者验赂,其事相类,故分为请赇律。盗律有勃辱强贼,兴律有擅兴徭役,具律有出卖呈,科有擅作修舍事,故分为兴擅律。兴律有乏徭稽留,贼律有储峙不辨,厩律有乏军之兴,及旧典有奉诏不谨、不承用诏书。汉氏施行,有小愆之反("之反"《通典》作"乏",及《通考》之亦作"乏")不如令,辄劾以不承用诏书乏军腰斩,又减以丁酉诏书。丁酉诏书,汉文所下,不宜复以为法,故别为之(之当作乏)留律。秦世旧有厩置、乘传、副车、食厨,汉初承秦不改,后以费广稍省,故后汉但设骑置而无车马,律犹着其文,则为虚设,故除厩律,取其可用合科者,以为邮驿令。其告反逮验,别入告劾律。上言变事,以为《变事令》,为惊事告急,与《兴律》烽燧及科令(“令”疑合之“讼”)者,以为惊事律。盗律有还赃畀主,金布律有罚赎入责,以呈黄金为价(通典“价”作“偿”),科有平庸坐赃事,以为偿赃律。律之初制,无免坐之文,张汤、赵禹始作监临部主、见知故纵之例。其见知而故不举劾,各与同罪,失不举劾,各以赎论,其不见不知,不坐也,是以文约而例通。科之为制,每条有违科,不觉不知从坐之免,不复分别,而免坐繁多,宜总为免例,以省科文,故更制定其由例,以为免坐律。诸律令中有其教制,本条无从坐之文者,皆从此取法也。凡所定增十三篇,就故五篇,合十八篇,于正律九篇为增,于旁章科令为省矣。改汉旧律不行于魏者,皆除之,更依古义制为五刑。其死刑有三,髡刑有四,完刑作刑各三,赎刑十一,罚金六,杂抵罪七,凡三十七名,以为律首。又改贼律,但以言语及犯宗庙园陵,谓之大逆无道,腰斩,家属从坐,不及祖父母、孙。至于谋反大逆,临时捕之,或污潴,或枭菹,夷其三族,不在律令,所以严绝恶迹也。贼斗杀人,以劾而亡,详依古义,听子弟得追杀之。会赦及过误相杀,不得报仇,所以止杀害也。正杀继母,与亲母同,防继假之隙也。除异子之科,使父子无异财也。殴兄姊加至五岁刑,以明教化也。囚徒诬告人反,罪及亲属,异于善人,所以累之,使省刑息诬也。改投书弃市之科,所以轻刑也。正篡囚弃市之罪,断凶强为义之踪也。二岁刑以上,除以家人乞鞫之制,所以省烦狱也。改诸郡不得自择伏日,所以齐风俗也。斯皆魏世所改,其大略如是。按《唐六典》言,魏增汉律劫掠、诈伪、毁亡、告劾、系讯、断狱、请赇、惊事、偿赃等九篇也,以《晋志》核之,诈伪即诈律(疑《志》夺伪字),此外有留律(按当作“乏留律”)、免坐律。留律,《志》言别为之,当不在正律之内;而免坐律,亦魏所增,合前九篇,共得十篇。盗律、贼律、囚律、杂律,并有分出之事;具律改为刑名,擅兴当即兴律所改,是改定者凡六篇,仍有旧者止捕律、户律二篇,除厩律一篇改为邮驿令不计外,合而计之,与十八篇之数相符。惟《晋志》言所定增十三篇,就故五篇合十八篇,核与前数不合。《六典》言魏增九篇,与十篇之数亦不合。未详其故。

晋律二十篇

《唐六典》:“晋命贾充等十四人,损增汉、魏律为二十篇:一刑名,二法例,三盗律,四贼律,五诈伪,六请赇,七告劾,八捕律,九系讯,十断狱,十一杂律,十二户律,十三兴律,十四毁亡,十五卫宫,十六水火,十七厩律,十八关市,十九违制,二十诸侯。凡一千五百三十条。”《晋书·刑法志》:“贾充定法律,就汉九章增十一篇,改旧律(‘旧’疑‘具’之讹)为刑名法例,辨囚律为告劾、系讯、断狱,分盗律为请赇、诈伪、水火、毁亡。因事类为卫宫违制,撰写周官为诸侯律,合二十篇。”按晋律就汉律九章增定,故与魏律不同,无魏律之劫略、惊事、偿赃、免坐四篇,而增法例、卫宫、水火、关市、违制、诸侯六篇,复汉之厩律一篇,而无囚律。此增损之数也。

梁律二十篇

《隋书·刑法志》:“梁武帝得齐时旧郎济阳蔡法度,齐武时删定郎王植之集注张杜旧律合为一书,凡一千五百三十条,事未施行。于是以法度为兼尚书删定郎,使损益植之旧本,以为梁律,定为二十篇:一曰刑名,二曰法例,三曰盗劫,四曰贼判,五曰诈伪,六曰受赇,七曰告劾,八曰讨捕,九曰系讯,十曰断狱,十一曰杂,十二曰户,十三曰擅兴,十四曰毁亡,十五曰卫宫,十六曰水火,十七曰仓库,十八曰厩,十九曰关市,二十曰违制。按盗劫、贼叛、受赇、讨捕、擅兴,并梁所改又增仓库而删诸侯,此梁代律目之异于晋者。”

北齐律十二篇

《隋书·刑法志》:“齐河清三年,尚书令赵郡王叡等奏上齐律十二篇:一曰名例,二曰禁卫,三曰婚户,四曰兴擅,五曰违制,六曰诈伪,七曰斗讼,八曰贼盗,九曰捕断,十曰毁损,十一曰厩牧,十二曰杂。”按元魏改律,史无明文。北齐律,大约承晋律而改定之。省併者,刑名、法例曰名例,盗律、贼律曰贼盗,捕律、断狱曰捕断。改者,卫宫曰禁卫,户曰婚户,兴曰擅兴,告劾曰斗讼(斗事疑从贼律分出),毁亡曰毁损,厩曰厩牧。删者,请赇、系讯、水火、关市、诸侯五篇。其目视晋律为简矣。

周大律二十五篇

《隋志》:“周文帝以赵肃为廷尉卿,撰定法律,保定三年三月庚子乃就,谓之大律,凡二十五篇:一曰刑名,二曰法例,三曰祀享,四曰朝会,五曰婚姻,六曰户禁,七曰水火,八曰兴缮,九曰卫官,十曰市廛,十一曰斗竞,十二曰劫盗,十三曰贼叛,十四曰毁亡,十五曰违制,十六曰关津,十七曰诸侯,十八曰厩牧,十九曰杂犯,二十曰诈伪,二十一曰请求,二十二曰告言,二十三曰逃亡,二十四曰系讯,二十五曰断狱。”按此于晋律增祀享、朝会、婚姻、斗竞四篇,分关市为市廛、关津二篇,故得二十五篇也。其改者,户曰户禁,兴曰兴缮,盗曰劫盗,贼曰贼叛,厩曰厩牧,杂曰杂犯,告劾曰告言,捕曰逃亡。盖视晋目繁矣。

隋开皇律十二卷

《隋志》:“开皇元年,更定新律凡十二卷:一曰名例,二曰卫禁,三曰职制,四曰户婚,五曰厩库,六曰擅兴,七曰贼盗,八曰斗讼,九曰诈伪,十曰杂律,十一曰捕亡,十二曰断狱。”按此盖用北齐律目,改禁卫为卫禁,婚户为户婚,违制曰职制,厩牧为厩库。而分捕断为二篇。删毁损一篇。《唐律》目实因之。

隋大业律十八篇

《隋志》:“炀帝即位,又敕修律令,三年新律成,凡五百条,为十八篇,谓之大业律:一曰名例,二曰卫宫,三曰违制,四曰请求,五曰户,六曰婚,七曰擅兴,八曰告劾,九曰贼,十曰盗,十一曰斗,十二曰捕亡,十三曰仓库,十四曰厩牧,十五曰关市,十六曰杂,十七曰诈伪,十八曰断狱。”按此分开皇律之户婚、厩库、贼盗为二,增请求、告劾、关市三篇也。

唐律

《唐六典》:“武德中定律令,其篇目一准隋开皇之律(《册府元龟·卷三》:唐顺宗讳诵,宪宗元和二年八月刑部奏改律卷第八为斗竞律)。”

宋刑统

《玉海·六十六》:“刑统凡三十一卷,二百十三门。律十二卷,五百二条。”按宋律一本于唐,其篇目当同。

金律

《金史·刑志》:“泰和元年十二月,所修律成,凡十二篇,实《唐律》也。”

元律

见《元史·刑法志》。按元代刑法载入元史志者,其目:一名例,二卫禁,三职制,四祭令,五学规,六军律,七户婚,八食货,九大恶,十奸非,十一盗贼,十二诈伪,十三诉讼,十四斗殴,十五杀伤,十六禁令,十七杂犯,十八捕亡,十九恤刑,二十平反。《元典章》目录以诏令、圣政、朝纲、台纲居前,而吏、户、礼、兵、刑、工六部分条于后隐为。《明律》:"六部分列之权舆,其刑部之目曰:刑制、刑狱、诸恶、诸杀、殴詈、诸奸、诸赃、诸盗、诈伪、诉讼、权犯、阑遗、诸禁凡十三。"与元志不同者,职制、户婚等项已分属于吏户礼兵各部。且《元志》多本《大元通制》,与《元典章》各自为书,故标目亦异,犹之自晋讫唐之令目与律目多不相同。元又有《经世大典》,纂于文宗天历中,共十篇,其臣事之目六,曰:治典、赋典、礼典、政典、宪典、工典。亦以六曹分类其宪典之目,凡二十二:一名禁,盖即《元志》之名例。二至十八与志全同,无恤刑,而平反居十九。二十赦宥,二十一狱空,二十二附录,此三目为志所无。虽小有差异,然即此可见《元志》之目,出于《大元通制》,后来纂述亦不越此范围也。

明律

刘惟谦进《大明律》表,洪武六年冬十一月受诏,明年二月书成,篇目一准之于唐。《明史·刑法志》:"洪武二十二年,刑部言比年条例,增损不一,以致断狱失当,请编类颁行,俾中外知所遵守。遂命翰林院同刑部官取比年所增者,以类附入,改名例律,冠于篇首,为卷凡三十,为条四百有六十。名例一卷;吏律二卷,曰职制,曰公式;户律七卷,曰户役,曰田宅,曰婚姻,曰仓库,曰课程,曰钱债,曰市廛;礼律二卷,曰祭祀,曰仪制;兵律五卷,曰官卫,曰军政,曰关津,曰厩牧,曰邮驿;刑律十一卷,曰贼盗,曰人命,曰斗殴,曰骂詈,曰诉讼,曰受赃,曰诈伪,曰犯奸,曰杂犯,曰捕亡,曰断狱;工律二卷,曰营造,曰河防。"按洪武七年律篇目准于唐,而名例移于篇末,盖用古法也。迨十三年罢丞相不设,析中书之政归六部,故二十二年修律,亦遂分六曹,实时为之也。相沿已久,便于检阅,故国朝因之而不改。既分六曹,卫禁退入兵律,厩库分属户兵二律为仓库、厩牧,擅兴律析出工作诸事,杂律内析出河防诸事别为工律。仍以名例冠首。名例之后,吏律居前,而职制析出公式。次户律,户婚析为二,曰户役、曰婚姻,又析出田宅、课程,又于杂律析出钱债、市廛。次礼律,祭祀、仪制从各律采集。次兵律,卫禁改为官卫而析出关津,擅兴改为军政而增邮驿。次刑律,于贼盗析出人命,析斗讼为二,曰斗殴、诉讼,杂犯析出犯奸,而增骂詈、受赃、断狱,本总结各律,而其后工律赘焉。盖大非《唐律》之旧矣。刘惟谦表言,"篇目悉依唐旧",而《明志》言"名例移于篇末,殆既进之后所改",故表与志不符。

明律目源流

名例即李悝之具法也。古人序例都在全书之后故具法居终,商君改法为律,汉增三章,而六法之次序不改。魏改具律为刑名,而移于律首。晋析为刑名法例二篇。北齐合刑名法例为一曰名例。后周复分为二。隋仍合为一,唐因于隋相承不改。

职制,盖即李悝杂律之逾制也。汉贼律有逾封矫制,魏改入诈律,《晋志》言因事类为违制,疑即逾制及逾封矫制之事,梁齐周因之。隋开皇改为职制,唐以后相承不改。

公式,古无此目。明从职制分出。隋唐令皆有公式篇。

户役。汉户律为萧何所增,三章之一。魏晋梁承之。北齐曰婚户,盖以婚事附之。后周分为户禁、婚姻。隋开皇以户在婚前,改为户婚,唐宋元皆承用之。明乃分为户役、田宅、婚姻三篇。

田宅,唐宋元皆在户婚律中,明始分出。

婚姻,北齐合于户律曰婚户。后周分出为婚姻。隋开皇又合于户,大业分出曰婚。唐用开皇律,仍曰户婚,宋元因之,明复分出。

仓库,汉贼律有储峙不辨,盖即仓库之事。魏在乏留律。金布律有毁伤亡矣县官财物。魏在毁亡律。梁律始有仓库之名。隋开皇律,併库于厩曰厩库,大业律分为仓库、厩牧。唐用开皇律,故仍曰厩库。宋仍《唐律》。元无其目。明分厩库厩入兵律,而库在户律曰仓库。

课程,古无其目。《唐律》散见各律,然无盐茶诸法也。元有食货一篇,凡私盐私茶皆入之,明改为课程。

钱债,古无此目。唐在杂律。明始分立此篇。李悝杂法有假借之名,汉律因之,魏分入请赇律,未知是钱债之事否。元在禁令门内。

市廛。晋律有关市,梁因之。后周律分为关津、市廛。隋开皇律删之,大业律又有关市。唐用开皇律,故关津之事在卫禁,市廛之事在杂律。明又分出。

祭祀。后周律有祀享,元有祭令,唐散见各律。明始类而为一。

仪制。后周律有朝会,唐散见各律,明始立此篇。盖以尔时政归六部,故以六曹分类,不得不立此二目。隋唐令皆有仪制篇。

宫卫。晋律始立卫宫之名,梁及后周皆承用之。北齐附以关禁,更名禁卫。隋开皇改为卫禁,大业律为卫官。唐用开皇律曰卫禁,宋元承之。明改为宫卫,而关禁事别入关津律。汉有宫卫令。

军政。此即汉之兴律也,魏附以擅事曰擅兴,晋复去擅为兴,梁仍为擅兴,北齐改为兴擅,后周合于缮事曰兴缮,隋开皇复为擅兴,唐承之,元改为军律,明复改此名。

关津。梁为关市,后周分关津、市廛二篇,隋开皇仍入卫禁,大业律复为关市,唐用开皇律入卫禁,宋元因之。明复分出,市廛属户,关津属兵。

厩牧,即汉之厩律,魏除厩律而别为邮驿令。《唐律疏议》云:"晋以牧事合之,名为厩牧律(唐六典所引晋律曰:厩律无牧字)。"自宋及梁复名厩律。后魏太合年名牧产律,至正始年复名厩牧律。北齐后周更无改作。隋开皇以库事附之,更名厩库,大业律分为仓库、厩牧。唐用开皇律,仍合为一,名厩库。明复分为二,而以厩牧属兵律。

邮驿。魏律序略谓秦世旧有厩置乘传副车食副,汉初承秦不改,后以费广稍省,故后汉但设骑置,而无车马,律犹著其文,故除厩律,取其可用合科者以为邮驿令。此邮驿之名起于魏也。《唐律》在职制律中,元律亦然,明始分立此篇。

贼盗,二字之义,说已见前。李悝盗法、贼法分为二篇。自汉以下因之,惟魏分劫略等项为劫略。晋无此篇,盖仍入盗律。梁曰盗劫、贼叛。北齐始合二律为一曰贼盗。后周仍分为劫盗、贼叛,隋开皇律又合之,大业律复分之。唐用开皇律,仍合为贼盗,自是以后其名不改。元将杀人之事分出,别标杀伤。明别为人命一篇,是名同而义不同矣。

人命。古无此目,其事统于贼律之内,明始别立此名。

斗殴。《唐律疏议》云:"斗讼律者,首论斗殴之科,次言告讼之事。"从秦汉至晋,未有此篇。至后魏太和年分系讯律,为斗律。至北齐以讼事附之,名为斗讼律。后周为斗竞律。隋开皇依齐斗讼名,至今不改。按大业律分斗讼为二,曰告劾,曰斗。唐用开皇律,仍为斗讼。元分为诉讼、斗殴。《明律》盖因于元。

骂詈,前代殴詈兼言,明乃分为此篇。骂詈亦斗事,分出殊可不必。

诉讼。汉囚律有告劾之事,魏分立告劾律,晋梁因之。北齐合于斗律曰斗讼。后周曰告言。隋开皇律仍曰斗讼,大业律复分之。唐用开皇律,仍为一篇。元始分为诉讼,明因之。

受赃。汉盗律有受所监受财枉法之条。魏分为请赇律,晋因之。梁曰受赇,后周曰请求。北齐无此目,隋开皇律因之,大业律复曰请求。唐用开皇律,故无此篇,其事在职制律内,元亦然。明乃立此篇。

诈伪。汉囚律有诈伪生死之条。魏分为诈律,亦曰诈伪。晋又分盗律为诈伪。自后历代相承,迄明不改。

犯奸。前代在杂律中,元始分为奸非,明改此名。

杂犯。自李悝有杂法,历代相因,惟后周为杂犯,隋仍为杂律。元又为杂犯,明因之不改,其事则多分为他篇,非其旧矣。

捕亡。自李悝有捕法,历代因之,梁曰讨捕,北齐曰捕断,盖附以断狱事。后魏名捕亡律。(见《唐律疏议》)后周曰逃亡(《唐律疏议》作逃捕)。隋复名捕亡,自后相承不改。

断狱。汉囚律有断狱之法。魏分为断狱律,晋梁因之。北齐合于捕律为捕断。后周仍为断狱,隋唐相仍不改。元改为恤刑、平反二篇。明仍改为断狱。

营造。汉作兴律,本该造作之事。唐在擅兴律中。明始分立此篇(唐令有营缮篇)。

河防。古无此目,唐在杂律中。明始分立此篇。盖既分六曹,不得无一律目,礼工二律皆从各律采集以充数也。

按《明律》目三十,内古无而明增者,公式、田宅、课程、钱债、仪制、邮驿、人命、骂詈、营造、河防凡十。

法经次序

详《晋书·刑法志》,见前汉律九章下。

晋律次序

《晋志》:"张裴《注律表》曰:律始于刑名者,所以定罪制也;终于诸侯者,所以毕其政也。王政布于上,诸侯举于下,礼乐抚于中,故有三才之义焉,其相须而成,若一体焉。刑名所以经略罪法之轻重,正加减之等差,明发众篇之多义,补其章条之不足,较举上下纲领。其犯盗贼、诈伪、请赇者,则求罪于此,作役、水火、畜养、守备之细事,皆求之作本名。告讯为之心舌,捕系为之手足,断狱为之定罪,名例齐其制。自始及终,往而不穷,变动无常,周流四极,上下无方,不离于律法之中也。"

唐律次序

一名例。名者,五刑之罪名;例者,五刑之体例。名训为命,例训为比,命诸篇之刑名,比诸篇之法例。但名因罪立,事由犯生,命名即刑应,比例即事表,故以名例为首篇。二卫禁。卫者,言警卫之法;禁者,以关禁为名。但敬上防非,于事尤重,故次名例之下,居诸篇之首。

三职制。言职司法制,备在此篇。宫卫事了,设官为次,故在卫禁之下。四户婚。既论职司事讫,即户口、婚姻,故次职制之下。五厩库。厩者,鸠聚也,马牛之所聚;库者,舍也,兵甲财帛之所藏。户事既终,厩库为次,故在户婚之下。六擅兴。大事在于军戎,设法须为重防。厩库足讫,须备不虞,故此论兵次于厩库之下。七贼盗。前禁擅发兵马,此须防止贼盗,故次擅兴之下。八斗讼。贼盗之后,须防斗讼,故次于贼盗之下。九诈伪。斗讼之后,须防诈伪,故次斗讼之下。十杂律。诸篇罪名,各有条例。此篇拾遗补阙,错综成文,班杂不同,故次诈伪之下。十一捕亡。此篇以上,质定刑名。若有逃亡,恐其滋蔓,故须捕系,以寘疏纲,故次杂律之下。十二断狱。诸篇罪名,各有类例,讯捨出入,各立章程。此篇错综一部条流,以为决断之法,故承众篇之下。(节录《疏议》)

按汉律九章,于李悝六篇不移其次,所增附于后。魏虽改具律为刑名,而冠于篇首,并新增九篇间厕其中,然汉律次序仍在,故首篇之后,即继以盗律贼律。晋、梁皆同。北齐始改汉之次序,改户兴居于前,合贼盗而退居第八。后周略同。隋开皇律则并厩库亦改居于前,已非复汉律之次序,第贼盗虽合为四卷,而前二卷为贼事,后二卷为盗事,故甚分明。迨元析杀伤,明改人命,而贼事遂不全,更非古律之面目矣。

律之次序,李悝六篇以盗贼居前,系民事,杂法亦多民事,囚捕二法,与盗贼相因,具法总各律之加减,皆与国政无关。汉增兴厩户三章,系国政而列于六篇之后,其殆有重民之义欤。魏刑名虽冠篇首,而盗律、贼律即继之,是仍以盗贼居首。晋梁皆然,未改汉律之次序也。北齐名例之后,继以禁卫、婚户(婚民事而可赅于户)、兴擅、违制,国政也;次以诈伪斗讼贼盗,民事也;捕断毁损厩牧,则国政民事兼有之;杂则补各律之遗,故厕于末。隋开皇律,改厩牧为厩库,而移于前,于是国政皆居前而民事皆居后。唐律因之。盖用尊王之义,故与梁以前之次序不同。明改归六部,而律亦分六部,与重民尊王之义皆不合矣。

三、《修正刑律草案》(1910年)

《修正刑律草案》*

(1910年2月2日)

目　录

* 沈家本于1907年将《刑律草案》上奏后,清朝政府下谕向中央及地方官员征求意见。由于几乎全盘仿效西方的立法模式,与中国固有的律例模式相去甚远,引起了广泛的批评和反对。清朝政府集中这些意见后,要求修律大臣沈家本斟酌修改。这就是清末法律变革运动中的礼法之争。为了折衷这种争论,修订法律馆会同法部进行了斟酌修改,于宣统元年12月23日(公元1910年2月2日)上奏。这是大清新刑律的第二次草案。

第二章　关于内乱之罪
第三章　关于国交之罪
第四章　关于外患之罪
第五章　关于漏泄机务之罪
第六章　关于渎职之罪
第七章　关于妨害公务之罪
第八章　关于选举之罪
第九章　关于骚扰之罪
第十章　关于监禁者脱逃之罪
第十一章　关于藏匿罪人及湮没证据之罪
第十二章　关于伪证及诬告之罪
第十三章　关于放火决水及水利之罪
第十四章　关于危险物之罪
第十五章　关于往来通信之罪
第十六章　关于秩序之罪
第十七章　关于伪造通用货币之罪
第十八章　关于伪造文书及印文之罪
第十九章　关于伪造度量衡之罪
第二十章　关于祀典及坟墓之罪
第二十一章　关于鸦片烟之罪
第二十二章　关于赌博彩票之罪
第二十三章　关于奸非及重婚之罪
第二十四章　关于饮料水之罪
第二十五章　关于卫生之罪
第二十六章　关于杀伤之罪
第二十七章　关于堕胎之罪
第二十八章　关于遗弃之罪
第二十九章　关于逮捕监禁之罪
第三十章　关于略诱及和诱之罪
第三十一章　关于安全信用名誉及秘密之罪
第三十二章　关于窃盗及强盗之罪
第三十三章　关于诈欺取财之罪
第三十四章　关于侵占之罪
第三十五章　关于赃物之罪
第三十六章　关于毁弃损坏之罪

第一编 总　　则

第一章 法　　例

第一条 凡犯罪在本律颁行以后者,俱依本律处断。其在颁行以前,未经确定审判者,亦同。但颁行以前之律例不以为罪者,不在此限。

第二条 凡在中国内犯罪者,不论何人,俱依本律处断。

其在中国外中国船舰内犯罪者,亦同。

第三条 凡在中国外,对于中国犯左列各罪者,不论何人,俱依本律处断:

一、第八十八条至第九十二条第一项、第九十三条、第九十四条第二项及第九十五条第二项之罪。

二、第一百条及第一百零三条之罪。

三、第一百十六条之罪。

四、第一百二十六条及第一百二十八条至第一百三十一条之罪。

五、第一百五十六条及第一百五十七条之罪。

六、第二百三十一条及第二百三十三条第一项之罪。

七、第二百四十条、第二百四十一条第一款、第二款、第二百四十二条及第二百四十三条之罪。

八、第四百条及第四百零一条之罪。

第四条 凡中国臣民在中国外犯左列各罪者,俱依本律处断:

一、第一百零七条至第一百十五条之罪。

二、第一百三十六条至第一百三十八条之罪。

三、第一百四十三条及第一百四十四条之罪。

四、第一百四十七条及第一百五十一条之罪。

五、第一百七十五条之罪。

六、第二百十九条之罪。

七、第二百二十八条之罪。

八、第二百四十一条第三款之罪。

第五条 凡中国臣民在中国外犯左列各罪者,俱依本律处断:

一、第一百八十四条及第一百八十五条之罪。

二、第一百八十八条至第一百九十条、第一百九十四条及第一百九十五条之罪。

三、第二百十四条至第二百十八条之罪。

四、第二百四十一条第四款、第二百四十二条、第二百四十四条至第二百四十五条之罪。

五、第二百五十八条至第二百六十三条之罪。

六、第二百八十三条至第二百八十七条及第二百九十条之罪。

七、第三百一十条至第三百十三条,及第三百十九条至第三百二十五条之罪。

八、第三百三十三条、第三百三十四条及第三百三十六条第一项之罪。

九、第三百三十八条及第三百三十九条之罪。

十、第三百四十三条至第三百四十六条之罪。

十一、第三百四十九条至第三百五十三条之罪。

十二、第三百五十七条至第三百六十条之罪。

十三、第三百六十六条至第三百七十六条之罪。

十四、第三百八十一条至第三百八十五条之罪。

十五、第三百八十九条至第三百九十一条之罪。

十六、第三百九十五条之罪。

十七、第四百零二条及第四百零三条之罪。

其外国人对于中国臣民犯前项各款之罪时,亦同。

第六条 凡在外国犯罪者,虽经审判后,仍得依本律处断。但在外国受刑之宣告,而得免除执行,或已执行刑之全部或一部者,得免除或减轻本律之刑。

第七条 凡可为罪之行为或结果之一部在中国领地或船舰内者,以在中国内犯罪论。

第八条 第二条、第三条及第五条至前条之规定,如国际上有特别条约、法规或惯例,仍从条约、法规或惯例办理。

第九条 本律总则于他项律例之定有刑名者,可适用之,但他项律例有特别规定时,不在此限。

第二章 不 论 罪

第十条 凡律例无正条者,不论何种行为,不为罪。

第十一条 凡未满十五岁人之行为,不为罪。但因其情节,得命以感化教育。

第十二条 凡精神病者之行为,不为罪。但因其情节,得命以监禁处分。

于酗酒或精神病者之间断时,其行为不得用前项规定。

第十三条 凡非故意之行为,不为罪。但应论过失者,不在此限。

不知律例,不得为非故意。但因其情节,得减本刑一等或二等。

犯罪之事实与犯人所知有异时,依左列:

第一,所犯重于犯人所知或相等时,从其所知者处断。

第二,所犯轻于犯人所知时,从其所犯者处断。

第十四条 凡依律例或正当业务之行为,或不背于公共秩序及善良风俗、习惯之行为,不为罪。

第十五条 凡对于现在不正之侵害,出于防卫自己或他人权利之行为,不为罪。

逾防卫程度之行为,得减本刑一等至三等。

第十六条 凡避不能抗拒之危难、强制,而有不得已之行为者,不为罪。但加过分之损害者,得减本刑一等至三等。

于公务上或业务上有特别义务者,不得适用前项之规定。

第三章 未 遂 罪

第十七条 凡谋犯罪已着手,因意外之障碍不遂者,为未遂犯。其不能生结果之情形时,亦同。

未遂犯之为罪,以分则各条定有明文为断。

未遂罪之刑,得减既遂罪之刑一等或二等。

第十八条 凡谋犯罪,已着手而因己意中止者,得免除或减轻本刑。

第四章 累 犯 罪

第十九条 凡已受徒刑之执行,更犯罪,应宣告有期徒刑者,为再犯,依本刑加一等。

若该当左列各款者,不在加重之限:

一、有期徒刑之执行既终,逾五年而再犯者。

二、无期徒刑或有期徒刑之执行一部免除后,逾五年而再犯者。

第二十条 凡三犯以上者,依本刑加二等,仍用前条第二项之限制。

第二十一条 凡审判确定后,于执行其刑之时发觉为累犯者,从前二条之分别,以定刑期。

第二十二条 凡依军律或外国审判厅受有罪审判者,不得用加重之例。

第五章 俱 发 罪

第二十三条 凡确定审判前犯数罪者,为俱发罪,宣告各罪之刑名、刑期、金额,及依左列分别定应执行者:

第一,俱发罪中,如有宣告死刑者,不执行他刑。如有二以上死刑,宣告一应执行者。

第二,如有宣告无期徒刑者,不执行他刑。如有二以上无期徒刑,宣告一应执行者。

第三,如有宣告俱系有期徒刑者,于合并各刑期以下、其中最长刑期以上,定应执行之刑期,但不得逾二十年。

第四,如有宣告俱系拘役者,依前款之例,定应执行之刑期。

第五,如有宣告俱系罚金者,合并各刑之最多金额以下、其中最多之金额以上,定应执行之金额。

第六,依第三款应执行之有期徒刑,与第四款之拘役、第五款之罚金并执行之。有期徒刑、拘役及罚金各一罪互合者,亦同。

第七,褫夺公权及没收,并执行之。

第二十四条 凡一罪先发,既经确定审判,余罪后发,及数罪各别经确定审判者,依前条之分别,定应执行之刑名、刑期及金额宣告之。其应执行最重之刑消灭,仍余数罪者,亦同。

若对于徒刑、拘役或罚金既受执行者,援用前条第二款至第五款通算之。

第二十五条 凡俱发罪与累犯互合者,其俱发罪援用前二条处断,与累犯罪之刑并执行之。

第二十六条 凡一行为而触数项罪名或犯一罪之方法及结果而生他罪者,以其最重之一罪论,但于分则有特别规定者,不在此限。

第二十七条 凡犯罪之重轻,比较各主刑中最重者而定之,最重刑同等,比较最轻者而定之。

轻重俱同者,据犯罪情节定之。

第二十八条 凡连续犯罪者,以一罪论。

第六章 共犯罪

第二十九条 凡二人以上共同实施犯罪之行为者,皆为正犯,各科其刑。

于实施犯罪行为中帮助正犯者,准正犯论。

第三十条 凡教唆他人使之实施犯罪之行为者,为造意犯,依正犯之例处断。

教唆造意犯者,准造意犯论。

第三十一条 凡于实施犯罪之行为以前帮助正犯者,为从犯。

从犯之教唆者或帮助者,皆准从犯论。

从犯之刑得减正犯之刑一等或二等。

第三十二条 凡于前教唆或帮助,其后加入实施犯罪之行为者,从其所实施者处断。

第三十三条 凡因身分成立之罪,其教唆及帮助者虽无身分,仍以共犯论。

因身分刑有轻重时,其无身分者适用通常之刑。

第三十四条 凡知情共同者,本犯虽或不知共同之情事,仍以共犯论。

第三十五条 凡关于过失犯,有共同过失者,以共犯论。

第三十六条 凡值犯人故意犯罪之际,因过失而助成其结果者,如按本条应罚以过失时,则过失帮助之人,准过失犯论。

第七章 刑名

第三十七条 凡刑分为主刑及从刑。

主刑之种类及重轻之次序如左:

第一,死刑。

第二,无期徒刑。

第三,有期徒刑。

一、一等有期徒刑:十五年以下、十年以上。

二、二等有期徒刑:十年未满、五年以上。

三、三等有期徒刑:五年未满、三年以上。

四、四等有期徒刑:三年未满、一年以上。

五、五等有期徒刑:一年未满、二月以上。

第四,拘役:二月未满、一日以上。

第五，罚金：银一元以上。

从刑之种类如左：

第一，褫夺公权。

第二，没收。

第三十八条 凡死刑用绞，于狱内执行。

受死刑之宣告者，迄至执行，与他囚人分别监禁。

第三十九条 凡死刑非经法部覆奏回报，不得执行。

第四十条 凡孕妇受死刑之宣告者，产后经一百日，非更受法部之命令，不得执行。

第四十一条 凡宣告徒刑及拘役，不得在一日以下，罚金不得在一元以下。

第四十二条 凡徒刑囚徒，监禁于监狱，令服法定劳役。

监禁方法及劳役种类，依监狱法则所定。

第四十三条 凡拘役囚徒，监狱之于监狱或警察署内拘留所，令服劳役，但因其情节得免劳役。

第四十四条 凡受五等有期徒刑或拘役之宣告者，其执行若实有窒碍时，得以一日折算一元，易以罚金。

依前项规定受易刑处分者，法律上以受徒刑或拘役之执行者论。

第四十五条 罚金于审判确定后，令一月以内完纳。逾期不完纳者，依左列：

第一，有资力者，强制令完纳之。

第二，无资力者，一日折算一元，易监禁处分。

第三，监禁处分执行之于监狱，其日数未满二月者，得执行之于警察署内拘留场。监禁处分日数不得逾三年。

罚金缴纳一部分者，依前项第二款之例，执行监禁处分。

罚金总额之比例，逾三年之日数时，缴纳其一部分者，用按分比例，定处分之日数。

依本条之规定受易刑处分者，除关于脱逃罪外，余法律上以受罚金之执行者论。

第四十六条 凡褫夺公权，以应宣告徒刑以上之刑者为限，从各分则所定，终身褫夺左列资格全部或一部：

一、为吏员之资格。

二、为选举人之资格。

三、膺封赐、勋章、职衔、出身之资格。

四、入军籍之资格。

五、为学堂监督、提调、教习之资格。

六、为律师之资格。

第四十七条 凡于分则有得褫夺公权之规定者，以应宣告徒刑以上之刑为限，得褫夺现时所有之地位，或于一定期限内褫夺前条所揭资格一款以上。

第四十八条 凡没收之物如左：

一、违禁私造或私有之物。

二、供犯罪所用及预备之物。

三、因犯罪所得之物。

第四十九条 凡没收,概以犯人以外无有权利者之物为限。

第八章 宥恕减轻

第五十条 凡聋哑者,及满八十岁之犯罪者,得减本刑一等或二等。

第九章 自首减免

第五十一条 凡犯罪未发觉前,于官自首,就受审判者,得减本刑一等。

关于亲告罪,而于有告诉权者首服,就受官之审判者,亦同。

第五十二条 凡一罪既发,别首、白未发余罪者,得减所首、白余罪之刑一等。

第五十三条 凡为分则特定各罪之预备行为或阴谋者,于未实行之前于官自首就受审判者,得免除或减轻其刑,但没收不在免除之限。

第十章 酌量减轻

第五十四条 凡审按犯人之心术及犯罪之事实,其情轻者,得减本刑一等或二等。

第五十五条 凡于法律虽有加重或减轻之时,仍依前条得减轻其刑。

第十一章 加减例

第五十六条 凡死刑、徒刑、拘役,依第三十七条所揭次序加重、减轻。

徒刑不得加入死刑。

拘役不得减入罚金及免除之。

第五十七条 凡分则定有二种以上主刑,应加减者,依第三十七条所揭次序,俱按其等加减之。

最重主刑系死刑,如应加重者,止加重其徒刑;系无期徒刑,如应加重者,止加重其有期徒刑。

最轻主刑系拘役,如应减轻者,止减轻其徒刑;徒刑减尽者,止处拘役。

第五十八条 凡罚金,依分则所定之多寡,以加减各四分之一为一等。

其止定有最多额,如应减轻者,亦以四分之一为一等。

第五十九条 凡分则所定并科之罚金,若徒刑应加减者,亦加减之。

其易科之罚金,如应减轻徒刑,亦减轻之。

第六十条 凡同时刑有加重、减轻者,互相抵之。

第六十一条 凡有二种之应得减者,得累减之。

第六十二条 凡从刑,不随主刑加重、减轻。

第十二章 缓　刑

第六十三条 凡具备左列要件者，受四等以下有期徒刑或拘役之宣告时，自审判确定日起，于五年以下、三年以上之期限内，得宣告缓刑：

一、未曾受拘役以上之刑者。

二、前受三等至五等有期徒刑之宣告，执行既终或得免除执行后，经过七年；或前受拘役之宣告，其执行既终或免除后，经过三年者。

三、有一定之住所及职业者。

四、有亲族或故旧监督缓刑中之品行者。

罚金不在缓刑之限。

第六十四条 凡受宣告犹豫行刑者，如有左列情形之一，应注销缓刑之宣告：

一、缓刑期限内更犯罪，受拘役以上之宣告者。

二、因缓刑前所犯罪，受拘役以上之宣告者。

三、前条第二款所揭要件，有不备之事实，后经发觉者。

四、丧失住所、职业者。

五、监督者请求刑之执行，其言有理由者。

第六十五条 凡未注销缓刑之宣告，而逾缓刑期限者，刑之宣告失其效力。

第十三章 暂　释

第六十六条 凡受徒刑之执行者，有悛悔实据时，无期徒刑逾十年后、有期徒刑逾刑期二分之一后，由监狱官申达法部，得准暂释。但有期徒刑之执行未满三年者，不在准暂释之限。

第六十七条 凡暂释者，如有左列情节之一，即停止出狱，出狱中日数，不算入刑期之内：

一、因暂释中所犯罪，受宣告拘役以上者。

二、因暂释前所犯罪，受宣告拘役以上者。

三、因暂释前所受宣告，应执行拘役以上者。

四、犯暂释人管束规则中应停止出狱之条项者。

若不依前项之规定而停止出狱者，出狱中日数，算入刑期之内。

第十四章 恩　赦

第六十八条 凡赦，依恩赦条款临时分别行之。

第十五章 时　效

第六十九条 凡提起公诉权，自犯罪行为既终之日起算，于左列期限不行者，则因时效消灭：

一、应死刑者,十五年。

二、应无期徒刑或一等有期徒刑者,十年。

三、应二等有期徒刑者,七年。

四、应三等有期徒刑者,三年。

五、应四等有期徒刑者,一年。

六、应五等有期徒刑以下者,六月。

第七十条 凡二罪以上之提起公诉权,据最重刑,依前条之区别定其时效期限。

第七十一条 凡本刑虽应加重或减轻者,提起公诉权之时效期限仍据本刑计算。

第七十二条 凡提起公诉权之时效,因左列行为中断,俟行为停止另行起算:

一、搜索及预审上强制处分。

二、公判上诉讼行为。

前项行为,对于一切共犯者有同一之效力。

第七十三条 凡被告人罹精神病、其余重病停止公判间,提起起诉权之时效即行停止。

第七十四条 凡刑之宣告确定后,于左列期限内未受执行者,因时效消灭其执行权:

一、死刑,三十年。

二、无期徒刑,二十五年。

三、一等有期徒刑,二十年。

四、二等有期徒刑,十五年。

五、三等有期徒刑,十年。

六、四等有期徒刑,五年。

七、五等有期徒刑,三年。

八、拘役、罚金,一年。

第七十五条 凡执行权之时效,依律例停止执行间,即行停止。

第七十六条 凡执行权之时效因执行而逮捕犯人即行中断,但余未发觉刑不在此限。

罚金及没收之时效,因执行行为即行中断。

第十六章 时期计算

第七十七条 凡时期以日计者,阅二十四小时;以月计者,阅三十日;以年计者,阅十二月。

第七十八条 凡时期之初日,不论时刻,以一日论;最终之日,阅全一日。

放免有期徒刑囚人,于期限既满之次日午前行之。

第七十九条 凡刑期自审判确定日起算。

审判虽经确定,尚未受拘置之日数,不算入刑期。

第八十条 凡未决中监禁之日,依左列算入刑期:

一、监禁三日抵徒刑拘役一日。

二、监禁二日抵罚金一元。

第十七章　文　　例

第八十一条　凡称乘舆、车驾、御及跸者，太皇太后、皇太后、皇后同。

称制者，太皇太后、皇太后同。

第八十二条　凡称尊亲族者，为左列各等：

一、祖父母。高、曾同。

二、父母。

妻于夫之尊亲族与夫同。

称亲族者，为尊亲属及左列各人：

一、夫妻。

二、本宗服图期服以下者。

三、妻为夫族服图大功以下者。

四、出嫁女为本宗服图大功以下者。

五、外姻服图小功以下者。

六、妻亲服图缌麻以下者。

第八十三条　凡称吏员者，官吏、公吏、依律例从事于公务之议员、委员、其他职员皆是。

称公署者，吏员奉行职务之衙署、局所皆是。

称公文书者，吏员及公署应制成之文书皆是。

第八十四条　凡称议员及选举者，依律例所设立中央及地方参政上议会及其议员之选举是。

第八十五条　凡援用别条所揭之罪，其罪应罚未遂、预备、阴谋者，本条并援用之。

造意犯及从犯，亦同。

第八十六条　凡本律称以下、以上、以内者，其起讫俱以本数为限。

第八十七条　凡称笃疾者，谓左列伤害：

一、毁败视能者。

二、毁败听能者。

三、毁败语能者。

四、毁败一肢以上或终身毁败其机能者。

五、于精神、身体有重大不治之病者。

六、变更容貌且有重大不治之伤害者。

七、毁败阴阳者。

称废疾者，谓左列伤害：

一、减衰视能者。

二、减衰听能者。

三、减衰语能者。

四、减衰一肢以上之机能者。

五、于精神或身体有至三十日以上之疾病者。

六、三十日以上可废业务之疾病者。

称轻微伤害者,除前二项所揭外,其余之疾病、损伤皆是。

第二编 分 则

第一章 关于帝室之罪

第八十八条 凡加危害于乘舆、车驾或将加者,处死刑。

第八十九条 凡因过失致生危害于乘舆、车驾者,处二等或三等有期徒刑。

第九十条 凡加危害于帝室缌麻以上之亲者,处死刑、无期徒刑或一等有期徒刑。

第九十一条 凡因过失致生危害于帝室缌麻以上之亲者,处四等以下有期徒刑、拘役或一千元以下罚金。

第九十二条 凡对于乘舆、车驾有不敬之行为者,处二等或三等有期徒刑。

对于太庙、皇陵有不敬之行为者,亦同。

第九十三条 凡对于帝室缌麻以上之亲有不敬之行为者,处三等至五等有期徒刑。

第九十四条 凡侵入太庙、皇陵、宫殿、离宫,或受命令而不退者,处二等至四等有期徒刑或二千元以下、二百元以上罚金。

其于行在所有前项所揭行为者,亦同。

第九十五条 凡在前条第一项所揭各处,或于距离能到之地,自外向内射箭、放弹、投砖石者,处三等至五等有期徒刑或一千元以下、一百元以上罚金。

其在行在所有前项所揭行为者,亦同。

第九十六条 凡犯跸者,处四等以下有期徒刑、拘役或三百元以下罚金。

第九十七条 第九十条及第九十二条至第九十六条之未遂罪,罚之。

第九十八条 预备或阴谋犯第九十条之罪者,处四等以下有期徒刑或拘役。

第九十九条 因犯本章之罪,而宣告二等有期徒刑以上之刑者,褫夺公权,其余得褫夺公权全部或一部。

第二章 关于内乱之罪

第一百条 凡意图颠覆政府、僭窃土地及其余紊乱国宪,起暴动者,为内乱罪,依左列分别处断:

一、首魁,死刑或无期徒刑。

二、执重要之事务者,死刑、无期徒刑或一等有期徒刑。

三、附和随行者,二等至四等有期徒刑。

因前项所揭宗旨,伙众掠夺公署之兵器、弹药、船舰、钱粮、其余军需品,及携带兵器公然占据都府、城寨、其余军用之地者,均以内乱既遂论。

第一百零一条 第一百条之未遂罪,罚之。

第一百零二条 预备、阴谋犯内乱者,处一等至三等有期徒刑。

第一百零三条 知预备内乱之情而供给兵器、弹药、船舰、钱粮及其余军需品者,处无期徒刑或二等以上有期徒刑。

第一百零四条 暴动者违背战斗上国际成例,犯杀伤、放火、决水、掠夺及其余罪者,援用所犯各条,依第二十三条处断。

第一百零五条 因犯本章之罪而应宣告二等有期徒刑以上之刑者,褫夺公权,其余得褫夺公权全部或一部。

第一百零六条 犯第一百零一条至第一百零三条之罪,未至暴动而自首者,免除其刑。

第三章 关于国交之罪

第一百零七条 凡加危害于外国君主、大统领或将加者,处死刑。

第一百零八条 凡因过失致生危害于外国君主、大统领者,处二等至四等有期徒刑或二千元以下、二百元以上罚金。

第一百零九条 凡加危害于外国皇族者,处死刑、无期徒刑或一等有期徒刑。

第一百一十条 凡因过失致生危害于外国皇族者,处四等以下有期徒刑、拘役或一千元以下罚金。

第一百十一条 凡对于外国君主、太庙、皇陵、大统领有不敬之行为者,处二等至四等有期徒刑或二千元以下、二百元以上罚金。

第一百十二条 凡对于外国皇族有不敬之行为者,处三等至五等有期徒刑或一千元以下、一百元以上罚金。

第一百十三条 凡杀外国代表者,处死刑。

第一百十四条 凡伤害外国代表者之身体者,依左列分别处断:

一、因而致死、笃疾者,死刑或无期徒刑。

二、因而致废疾者,死刑、无期徒刑或一等有期徒刑。

三、因而致轻微伤害者,一等至三等有期徒刑。

第一百十五条 凡对于外国代表者,有左列各款之行为者,处三等至五等有期徒刑或一千元以下、一百元以上罚金:

一、加暴行未至伤害者。

二、以加害生命、身体、自由、名誉、财产之事相胁迫者。以加害外国代表者之亲族相胁迫者,亦同。

三、公然侮辱者。流布虚伪之风说,或以其余伪计损外国代表者之信用,亦同。

第一百十六条 凡对于派遣外国之中国代表者,有杀伤、暴行、胁迫、侮辱之行为者,依第一百十三条至前条之例,分别处断。

第一百十七条 凡以侮辱外国为宗旨,损坏、除去、污秽外国之国旗及其余国章者,处四等以下有期徒刑、拘役或三百元以下罚金。

第一百十八条 凡滥用红十字记号作为商标者,处三百元以下罚金。

第一百十九条 凡中国臣民,伙众以暴力潜窃外国领域者,依左列分别处断:

一、首魁,无期徒刑或一等有期徒刑。

二、执重要之事务者,一等或二等有期徒刑。

三、余人,三等至五等有期徒刑或一千元以下、一百元以上罚金。

第一百二十条 凡私与外国开战斗者,依前条之例分别处断。

第一百二十一条 凡外国交战之际,违背关于局外中立之命令者,处四等以下有期徒刑或拘役。

因而得利者,并科所得总额二倍以下、总额以上罚金;如二倍之数未达三百元时,并科三百元以下、所得总额以上罚金。

第一百二十二条 第一百零九条、第一百十一条至第一百十三条、第一百十七条及第一百十九条至第一百二十一条之未遂罪,罚之。

第一百二十三条 预备或阴谋犯第一百零九条、第一百十三条、第一百十四条、第一百十九条及第一百二十条之罪者,处四等以下有期徒刑、拘役或一千元以下罚金。若预备、阴谋犯第一百十九条、第一百二十条之罪,于未着手实行前自首者,免除其刑。

第一百二十四条 因犯本章之罪,应宣告二等有期徒刑以上之刑者,褫夺公权,其余得褫夺公权全部或一部。

第一百二十五条 第一百十一条及第一百十二条之罪,待外国政府之请求或同意,然后论之。

第一百十五条之罪,待被害者之告诉,然后论之。

第四章 关于外患之罪

第一百二十六条 凡受中国之命令、委任与外国商议,若图自己或他人或外国之利益,故意议定不利中国之条约者,不问批准与否,处无期徒刑或二等以上有期徒刑。

第一百二十七条 凡中国之臣民欲使中国领域属于外国,与外国开始商议者,处无期徒刑或二等以上有期徒刑。

第一百二十八条 凡通谋于外国,使对中国开战端,或与敌国抗敌中国者,处死刑、无期徒刑或一等有期徒刑。

第一百二十九条 凡以利敌国或害中国之宗旨,而有左列各款之行为者,处死刑、无期徒刑或一等有期徒刑:

一、以要塞、军港、军队、船舰、兵器、弹药、钱粮、往来通信之材料及供军用之处所、营造物或物件交付敌国,或烧毁、损坏及设方法致全部或一部不能使用者。

二、用伪计及设方法于中国之陆军或海军内煽令不和、反乱或脱逃者。

三、以中国军事上设备、计划之文书、图画交付敌国者。

四、为敌国之间谍或帮助敌国之间谍者。

五、诱导敌国之军队、船舰,使侵入或接近中国之领域者。

第一百三十条 凡与外国交战之际,负担中国军事上必应供给之义务者,当缔结契约时,用伪计及其余不正行为,或缔结契约后,不照本旨履行义务者,处无期徒刑或二等以上有期徒刑。

因而得利者,并科所得总额二倍以下、总额以上罚金;若二倍之数未达三百元时,并科三百元以下、所得总额以上罚金。

第一百三十一条 凡除前二条所揭之外,依其余行为,以军事上之利益与敌国,或酿军事上之不利益于中国者,处二等或三等有期徒刑。

第一百三十二条 本章之未遂罪,罚之。

第一百三十三条 预备或阴谋犯第一百二十六条、第一百二十七条及第一百三十一条之罪者,处四等以下有期徒刑、拘役或一千元以下罚金。其系第一百二十八条或第一百二十九条之罪者,处一等至三等有期徒刑。

犯本条之罪,于未着手实行前自首者,免除其刑。

第一百三十四条 中国之臣民犯本章之罪者,褫夺公权,其余得褫夺公权全部或一部。

第一百三十五条 本章之规定,对于对战时同盟国之行为,亦适用之。

第五章　关于漏泄机务之罪

第一百三十六条 凡关于中国之内治、外交应秘密之政务而漏泄者,处三等或四等有期徒刑。若暗通于外国者,处二等或三等有期徒刑。

因犯前项之罪,至与外国生纷议、战争者,处无期徒刑或一等有期徒刑。

第一百三十七条 凡知为军事上秘密之事项、图书、物件,而刺探收集者,处三等至五等有期徒刑或五百元以下、五十元以上罚金。

第一百三十八条 凡知悉、收领军事上秘密之事项、图书、物件,漏泄于他人或公表者,处二等或三等有期徒刑。

其系因职务而得知悉、收领者,处一等或二等有期徒刑。

第一百三十九条 凡未得许可,将军港、要港、防御港、堡垒、炮台、水雷卫所、其余因防御而建设之各项营造物,测量、模写、摄照、录取其形状者,处三等至五等有期徒刑或五百元以下、五十元以上罚金。

未得许可,或用伪计而得许可入于堡垒、炮台、水雷卫所、其余因防御而建设之各项营造物内者,亦同。

第一百四十条 第一百三十六条第一项及第一百三十七条至前条之未遂罪,罚之。

第一百四十一条 犯本章之罪者,得褫夺公权之全部或一部。

第一百四十二条 犯本章之罪,因而得利者,没收之。若已费失者,追征其价额。

第六章　关于渎职之罪

第一百四十三条 凡吏员、公断人,关于其职务、要求约定、收受贿赂者,处四等以下有期徒刑或拘役。

因而为不正之行为,或不为正当之行为者,处一等至三等有期徒刑。

第一百四十四条 凡吏员、公断人,关于其职务事后要求贿赂,或约定或收受者,处四等以下有期徒刑或拘役。

因为不正之行为或不为正当之行为,而事后要求贿赂或约定或收受者,处二等至四等有期徒刑。

第一百四十五条 凡于第一百四十三条所揭情形,行求贿赂,或约定或交付于吏员及公断人者,处四等以下有期徒刑、拘役或三百元以下罚金。

第一百四十六条 凡于第一百四十四条所揭情形,行求贿赂,或约定或交付于吏员及公断人者,处五等有期徒刑、拘役或一百元以下罚金。

第一百四十七条 凡行审判或检察、警察、监狱、其余行政之职务,或为其佐理者,当行其职务时,对于被告人、嫌疑人、关系人为暴行、凌虐之行为者,处三等至五等有期徒刑。因而致人死伤时,援用伤害人身各条,依第二十三条处断。

第一百四十八条 凡行检察、警察之职务,或为其佐理者,经人告有现被侵害权利之犯人,而不速为保护之处置者,处四等或五等有期徒刑。

第一百四十九条 凡行检察、警察之职务者,于应受理、不应受理之刑事告诉、告发、自首而不正受理、不受理或不为必要之处分者,处四等以下有期徒刑、拘役或三百元以下罚金。

其裁判官不正受理、不受理民事、刑事之诉讼,或为审判者,亦同。

第一百五十条 凡征收租税及各项入款之吏员,图他人或国库之利益,征收正数外之金谷及其余之物者,处三等至五等有期徒刑。

若系图自己利益者,处二等或三等有期徒刑,并科征收正数外同额之罚金。

第一百五十一条 凡吏员于前数条所揭外,滥用其职权,使人行无义务之事,或妨害权利之施行者,处四等以下有期徒刑、拘役或三百元以下罚金。

第一百五十二条 凡第一百五十条之未遂罪,罚之。

第一百五十三条 犯第一百四十三条、第一百四十四条及第一百五十条第二项之罪者,褫夺公权,其余得褫夺公权全部或一部。

犯第一百四十七条至第一百五十一条之罪者,并免现职。

第一百五十四条 犯第一百四十三条及第一百四十四条之罪者,所收受之贿赂,没收之。若已费失者,追征其价额。

第一百五十五条 凡犯第一百四十五条及第一百四十六条之罪,自首者,得免除其刑。

第七章 关于妨害公务之罪

第一百五十六条 凡当吏员施行职务时,加暴行、胁迫或用伪计者,处四等以下有期徒刑、拘役或三百元以下罚金。

其意图使吏员为、不为一定处分、使辞其职,加暴行、胁迫或用伪计者,亦同。

犯本条之罪因而致人死伤者,援用伤害人身各条,依第二十三条处断。

第一百五十七条 凡损坏、除去、污秽吏员所施之封印、查封之标示,或为违背其封印、查封效力之行为者,处四等以下有期徒刑、拘役或三百元以下罚金。

第一百五十八条 凡当吏员施行职务时，当场侮辱，或虽非当场而对其职务公然侮辱者，不论有无事实，处四等以下有期徒刑、拘役或三百元以下罚金。

其对公署公然侮辱者，亦同。

第一百五十九条 第一百五十七条之未遂罪，罚之。

第一百六十条 犯本章之罪者，得褫夺公权全部或一部。

第八章 关于选举之罪

第一百六十一条 凡于选举人、被选举人资格所必要之事项，用伪计或其余不正之方法，使登载名簿者，或于名簿内变更者，处四等以下有期徒刑、拘役或三百元以下罚金。无资格而为投票者，亦同。

吏员知情而为前项之登载或变更者，处三等至五等有期徒刑或五百元以下、五十元以上罚金。

第一百六十二条 凡关于选举，有左列各款之行为者，处五等有期徒刑、拘役或一百元以下罚金：

一、意图自己、他人得票，减少他人得票，而流布谣言、施用伪计、其余损坏后备议员之名誉者。

二、不论选举之前后，对于选举人、选举关系人行求、约定、交付川资及其余贿赂、为之媒介，或选举人、选举关系人要求、约定或收受之者。

三、以对选举人、选举人之亲族，或与选举人有关系之寺院、学堂、公司、公所、城镇、乡、市、村、镇之债权债务及其余利害，诱导选举人为之媒介，或选举人应其诱导者。

右列各款者，凡既收受之金额及其余有价物，没收之。若已费失者，追征其价额。

第一百六十三条 凡关于选举，有左列各款之行为者，处三等至五等有期徒刑或三百元以下、三十元以上罚金：

一、对于选举人、选举人之亲族、选举关系人加暴行、胁迫者。

二、对于选举人以暴行、胁迫，妨害其于选举会场之往来及其余选举权之行使者。

第一百六十四条 凡有左列各款之行为者，处三等或四等有期徒刑：

一、对于有关选举之吏员或辅助之人加暴行、胁迫者。

二、骚扰选举会场、投票所、开票所者。

三、抑留、损坏、夺取选举票、投票柜、关于选举之公文书者。

第一百六十五条 凡无故于投票所干涉选举人之投票，于投票所、开票所刺探被选举人之姓名者，处五等有期徒刑、拘役或一百元以下罚金。

关于选举之吏员或辅助之人犯前项之罪，或漏泄被选举人之姓名者，处四等以下有期徒刑、拘役或三百元以下罚金。

第一百六十六条 犯本章之罪者，得褫夺公权全部或一部。

其应宣告三等有期徒刑以上之刑者，于刑消灭后，仍于十年以下、二年以上，丧失选举人、被选举之资格。

第九章　关于骚扰之罪

第一百六十七条　凡伙众欲为暴行、胁迫，已受当该吏员解散之命，而仍不解散者，处四等以下有期徒刑、拘役或三百元以下罚金。

附和随行，仅止助势者，处拘役或五十元以下罚金。

第一百六十八条　凡伙众为暴行、胁迫者，从左列分别处断：

一、首魁，无期徒刑或二等以上有期徒刑。

二、执重要之事务者，一等至三等有期徒刑或一千元以下、一百元以上罚金。

三、附和随行，仅止助势者，四等以下有期徒刑、拘役或一百元以下罚金。

第一百六十九条　于前条所揭情形，如犯杀伤、放火、决水、损坏及其余罪者，援用所犯各条，分别首魁、教唆及实施，依第二十三条处断。

第一百七十条　犯第一百六十八条之罪，应宣告二等有期徒刑以上之刑者，褫夺公权，其余得褫夺公权全部或一部。

第十章　关于监禁者脱逃之罪

第一百七十一条　凡既决、未决之囚，及其余按律逮捕、监禁之人脱逃者，处四等以下有期徒刑或拘役。

第一百七十二条　凡既决、未决之囚，及其余按律逮捕、监禁之人，损坏监禁处所、械具，或以暴行、胁迫脱逃者，处二等至四等有期徒刑。

其伙众以暴行、胁迫脱逃者，首魁及教唆者，处死刑或无期徒刑；其余，处无期徒刑或二等以上有期徒刑。

第一百七十三条　凡盗取既决、未决之囚及其余按律逮捕、监禁之人者，处三等至五等有期徒刑。

其有损坏情形或用暴行、胁迫者，依前条之例分别处断。

第一百七十四条　凡为易使脱逃之行为，因而致既决、未决之囚及其余逮捕、监禁之人脱逃者，处三等至五等有期徒刑。

其有损坏情形或用暴行、胁迫者，依第一百七十二条之例分别处断。

第一百七十五条　凡看守或护送吏员或辅助之人，纵令既决、未决之囚及其余按律逮捕、监禁之人脱逃者，处二等至四等有期徒刑。

第一百七十六条　凡本章之未遂罪，罚之。

第一百七十七条　预备或阴谋犯第一百七十二条第二项之罪，或依该项之例处断之罪者，处四等以下有期徒刑或拘役。

第一百七十八条　犯第一百七十二条至第一百七十四条之罪，因而致人死伤者，援用伤害人身各条，依第二十三条处断。

第一百七十九条　犯第一百七十二条至第一百七十五条之罪者，得褫夺公权全部或一部。

犯第一百七十五条之罪者，并免现职。其情节严重者，得褫夺其余之公权或一部。

第十一章　关于藏匿罪人及湮没证据之罪

第一百八十条　凡藏匿被追摄人或脱逃之逮捕、监禁人者，处四等以下有期徒刑、拘役或三百元以下罚金。

以前项之宗旨而顶替自首者，亦同。

第一百八十一条　凡湮灭关于他人刑事被告事件之证据，或伪造或行使伪造之证据者，处四等以下有期徒刑、拘役或三百元以下罚金。

第一百八十二条　犯本章之罪者，得褫夺公权全部或一部。

第一百八十三条　犯罪人或脱逃者之亲族，为犯罪人或脱逃者利益计，而犯本章之罪者，免除其刑。

第十二章　关于伪证及诬告之罪

第一百八十四条　凡因律例于司法、行政之公署为证人，而为虚伪之陈述者，处二等至四等有期徒刑。

因律例于司法或行政官署为鉴定人、通译人，而为虚伪之鉴定、通译者，亦同。

犯前二项之罪，能于结案前先行自白者，得免除其刑。

第一百八十五条　意图他人受刑事处分、惩戒处分，而为虚伪之告诉、告发、报告者，处二等至四等有期徒刑。

犯前项之罪，能于该案审判确定前、惩戒处分前先行自白者，得免除其刑。

第一百八十六条　凡未指定犯人，而诬告有犯罪事实者，处五等有期徒刑、拘役或一百元以下罚金。

第一百八十七条　犯第一百八十四条及第一百八十五条之罪者，得褫夺公权全部或一部。吏员犯此者，并免现职。

第十三章　关于放火决水及水利之罪

第一百八十八条　凡放火烧毁左列他人所有物一种以上者，处死刑、无期徒刑或一等有期徒刑：

一、在城镇及其余人烟稠密处所之营造物。

二、陈列、储藏多数宗教、科学、美术、工艺之贵重图书、物品、营造物。

三、宗教或历史上之贵重营造物。

四、储藏硝磺、弹药或军需品之仓库及其余营造物。

五、伙众执业或止宿之矿坑、兵营、学堂、病院、救济所、工场、寄宿舍、狱舍及其余营造物。

六、现有多人集会之寺院、戏场、旅店及其余营造物。

第一百八十九条　凡放火烧毁前条各款所揭外他人所有营造物、矿坑者，处二等至四等有期徒刑。

因而致有前条所揭损害之危险者,处一等或二等有期徒刑;实有损害时,其刑同前条。

第一百九十条 凡放火烧毁他人所有营造物、矿坑外之物者,处三等至五等有期徒刑或一千元以下、一百元以上罚金。

因而致有前条第一项所揭损害之危险者,处三等或四等有期徒刑;实有损害时,其刑同该项。

因而致有第一百八十八条所揭损害之危险者,处二等以上有期徒刑;实有损害时,其刑同该条。

第一百九十一条 凡放火烧毁自己所有营造物、矿坑及其余之物者,依左列分别处断:

一、因而致有前条第一项损害之危险者,处五等有期徒刑、拘役或一百元以下罚金;实有损害时,其刑同该项。

二、因而致有第一百八十九条第一项所揭损害之危险者,处三等或四等有期徒刑;实有损害时,其刑同该项。

三、因而致有第一百八十八条所揭损害之危险者,处一等或二等有期徒刑;实有损害时,其刑同该条。

第一百九十二条 凡失火因而致有第一百八十八条所揭之损害者,处五等有期徒刑、拘役或一千元以下罚金。

因而致有第一百八十九条第一项所揭损害者,处拘役或五百元以下罚金。

因而致有第一百九十条第一项所揭损害者,处三百元以下罚金。

失火烧毁自己所有营造物、矿坑及其余之物,因而致有前三项所揭损害之危险者,处一百元以下罚金。

第一百九十三条 凡依火药、煤气、电气、蒸汽之作用或此外方法,致营造物、矿坑及其余之物炸裂者,分别其损害或危险,依前数条所揭放火、失火之例处断。

第一百九十四条 凡决水浸害第一百八十八条各款所揭营造物、矿坑至一种以上,或他人所有田圃、牧场及此外利用之地者,处死刑、无期徒刑或一等有期徒刑。

第一百九十五条 凡决水浸害前条所揭外之他人营造物、矿坑、土地者,处三等至五等有期徒刑或一千元以下、一百元以上罚金。

因而致有前条所揭损害之危险者,处二等至四等有期徒刑;实有损害时,其刑同前条。

第一百九十六条 凡决水浸害自己所有之地,因而致有前条第一项所揭损害之危险者,处五等有期徒刑、拘役或一百元以下罚金;实有损害时,其刑同该项。

因而致有第一百九十四条所揭损害之危险者,处二等至四等有期徒刑;实有损害时,其刑同该条。

第一百九十七条 凡因过失决水,致有第一百九十四条所揭损害者,处五等有期徒刑、拘役或一千元以下罚金。

因而致有第一百九十五条所揭损害者,处拘役或五百元以下罚金。

若因过失决水,致有前二项所揭损害之危险者,处一百元以下罚金。

第一百九十八条 凡当火灾、水灾时，隐匿、损坏防御所需之器械，或阻遏从事防御之人，或以此外方法妨害镇火、防水者，处三等至五等有期徒刑或一千元以下、一百元以上罚金。其关于第一百九十三条灾害妨害防御者，亦同。

第一百九十九条 凡妨害他人灌溉田亩之水利者，处四等以下有期徒刑、拘役或三百元以下罚金。决水时，仍用决水罪之例。

故意妨害水利，荒废他人田亩者，处二等至四等有期徒刑。

因妨害水利，致令他人田亩荒废者，处三等至五等有期徒刑。

第二百条 凡自己之所有物，若已受查封，或负担物权，或租赁于人，关于本章之罪，仍以他人所有物论。

第二百零一条 第一百八十八条、第一百八十九条第一项、第一百九十条第一项、第一百九十四条、第一百九十五条第一项、第一百九十八条及第一百九十九条第一项、第二项之未遂罪，罚之。

第二百零二条 关于他人所有物，放火、炸裂或决水之预备或阴谋者，处五等有期徒刑、拘役或一百元以下罚金。但按其情节，得免除其刑。

第二百零三条 犯放火、炸裂、决水罪，因而致人死伤者，援用伤害人身各条，依第二十三条处断。

其因过失生火灾、水害、炸裂及死伤者，援用过失致死伤各条，依第二十三条处断。

第二百零四条 犯第一百八十八条及第一百九十四条之罪者，褫夺公权。其余以故意犯本章之罪者，得褫夺公权全部或一部。

第十四章 关于危险物之罪

第二百零五条 凡为犯罪之用而制造或持有炸药、绵火药、雷汞及其余类此之爆裂物，或自外国贩运者，处二等或三等有期徒刑。

其意图以供给他人犯罪为宗旨者，亦同。

第二百零六条 凡未受公署之命令、许可或委任，而制造或持有前条所揭之爆裂物，及自外国贩运之人，不能证明出于正当之宗旨者，处三等至五等有期徒刑。

其能证明出于正当之宗旨者，处拘役或五十元以下罚金。

第二百零七条 凡未受公署之命令、许可、委任，而制造或持有军用枪炮、除第二百零五条所揭外之军用爆裂物，或自外国贩运者，处四等以下有期徒刑、拘役或三百元以下罚金。

第二百零八条 凡警察、税关吏员知有未受公署之命令、许可、委任，而制造、持有、贩运第二百零五条所揭爆裂物，或自外国贩运之人，而不即与以相当处分者，处一等至三等有期徒刑。

其与犯人通谋者，亦同。

第二百零九条 凡漏逸、间隔煤气、电气、蒸汽，因而致生危险于他人身体、财产者，处四等以下有期徒刑、拘役或三百元以下罚金。

因而致人死伤者，援用伤害人身各条，依第二十三条处断。

第二百一十条 第二百零五条、第二百零六条第一项、第二百零七条及前条第一项之未遂罪,罚之。

第二百十一条 凡犯第二百零五条之罪者,褫夺公权;犯第二百零六条第一项及第二百零八条之罪者,得褫夺公权全部或一部。

第十五章 关于往来通信之罪

第二百十二条 凡损坏、壅塞陆路、水路、桥梁,因致有往来之危险者,处四等以下有期徒刑、拘役或三百元以下罚金。

若损害重要之交通线、修复工钜者,处二等或三等有期徒刑。

犯本条之罪,因而致人死伤者,援用伤害人身各条,依第二十三条处断。

第二百十三条 凡损坏轨道、灯塔、标识及其余于气车、电车、船舰往来上为危险之行为者,处二等至四等有期徒刑。

第二百十四条 凡冲撞、颠覆、破坏、沉搁载人之气车、电车、船舰者,处无期徒刑或二等以上有期徒刑。

因而致人于死或多数受伤者,处死刑、无期徒刑或一等有期徒刑。

第二百十五条 犯第二百十三条之罪,因而致载人之气车、电车、船舰之冲撞、颠覆、破坏、沉搁者,依前条之例分别处断。

第二百十六条 凡因过失致载人之气车、电车、船舰生往来之危险者,处三百元以下罚金。

因过失冲撞、颠覆、破坏、沉搁载人之气车、电车、船舰者,处五百元以下罚金。

其从事此项业务之人犯本条第一项之罪者,处四等以下有期徒刑、拘役或一千元以下罚金。

犯第二项之罪者,处三等至五等有期徒刑或二千元以下、一百元以上罚金。

犯本条之罪,因而致人死伤者,援用过失死伤各条,依第二十三条处断。

第二百十七条 凡以加暴行、胁迫或用伪计妨害邮便物、电报之递送、收发者,处四等以下有期徒刑、拘役或三百元以下罚金。

第二百十八条 凡损坏邮便专用及其余应用之物件者,处五等有期徒刑、拘役或一百元以下罚金。

损坏电信线、电话线、电信、电话之机器、营造物,或依此外方法,妨害其交通者,处三等至五等有期徒刑或一千元以下、五十元以上罚金。

因过失犯本条之罪者,处一百元以下罚金。

第二百十九条 凡从事于邮便、电信之职务者,犯第二百十七条或前条第一项之罪,处三等至五等有期徒刑;犯前条第二项之罪,处二等或三等有期徒刑。

其因过失者,处三百元以下罚金。

第二百二十条 第二百十二条第一项、第二项、第二百十三条,第二百十四条第一项、第二百十七条、第二百十八条及前条第一项之未遂罪,罚之。

第二百二十一条 预备或阴谋犯第二百十四条之罪者,处四等以下有期徒刑、拘役或三百元以下罚金。

第二百二十二条 犯第二百十四条之罪者,褫夺公权。其余以故意犯本章之罪者,得褫夺公权全部或一部。

第十六章 关于秩序之罪

第二百二十三条 凡依文书、图画、演说或其余方法公然煽惑他人犯罪者,依左列分别处断:

一、其罪最重之本刑为死刑、无期徒刑者,三等至五等有期徒刑或三百元以下、三十元以上罚金。

二、其罪最重之本刑为有期徒刑者,五等有期徒刑、拘役或一百元以下罚金。

若以报纸或其余定期刊行之件,或以编纂他人论说之公刊书册,而犯本条之罪者,编辑人亦依前项处断。

第二百二十四条 凡以暴行、胁迫、伪计妨害正当之集会者,处五等有期徒刑、拘役或一百元以下罚金。

第二百二十五条 凡以暴行、胁迫、伪计为左列各款之行为者,处四等以下有期徒刑、拘役或三百元以下罚金:

一、妨害贩运谷类、其余公共所需之饮食物品者。

二、妨害贩运种子、肥料、原料、其余农业、工业所需之物品者。

三、妨害使用多数工人之工厂、矿坑之执业者。

第二百二十六条 凡从事同一业务之工人,同盟拒绝执业者,为首谋,处四等以下有期徒刑、拘役或三百元以下罚金;余人,处拘役或三十元以下罚金。

伙众为暴行、胁迫或将为者,依第一百六十七条至第一百七十条分别处断。

第二百二十七条 凡无故入人所居住或现有看守之邸宅、营造物、船舰,或既受要求而不退去者,处四等以下有期徒刑、拘役或三百元以下罚金。

第二百二十八条 凡诈称吏员之资格、僭用官吏之服饰、徽章、内外国勋章者,处四等以下有期徒刑、拘役或三百元以下罚金。

第二百二十九条 凡第二百二十三条至第二百二十五条及第二百二十七条之未遂罪,罚之。

第二百三十条 犯第二百二十三条至第二百二十五条、第二百二十七条及第二百二十八条之罪者,得褫夺公权全部或一部。

第十七章 关于伪造通用货币之罪

第二百三十一条 凡伪造通用货币者,处无期徒刑或二等以上有期徒刑。

行使自己所伪造通用货币,及意图行使而交付于人者,亦同。

经政府许可发行之银行券,以通用货币论。

第二百三十二条 凡伪造流通中国之外国通用货币者,处一等至三等有期徒刑。

行使自己所伪造流通中国之外国通用货币,及意图行使而交付于人者,亦同。

流通中国之外国银行券,以外国通用货币论。

第二百三十三条 凡意图行使而减损金银币之分量者,处三等至五等有期徒刑。其行使及意图行使而交付于人者,亦同。

减损流通中国之外国金银币之分量者,处四等或五等有期徒刑。其行使及意图行使而交付于人者,亦同。

第二百三十四条 凡意图行使,收受他人所伪造通用货币者,处一等至三等有期徒刑。其收受后行使,及意图行使而交付于人,或自外国贩运之者,处无期徒刑或二等以上有期徒刑。

其所收受系减损分量流通中国之外国货币时,处二等至四等有期徒刑。其收受后行使,及意图行使而交付于人,或自外国贩运者,处一等至三等有期徒刑。

第二百三十五条 凡意图行使,收受他人所减损分量之金银币者,处四等以下有期徒刑或拘役。其收受后行使,及意图行使而交付于人,或自外国贩运者,处三等至五等有期徒刑。

其所收受系减损分量流通中国之外国金银币时,处五等有期徒刑或拘役。其收受后行使,及意图行使而交付于人,或自外国贩运者,处四等以下有期徒刑或拘役。

第二百三十六条 凡收受后方知为他人伪造之货币或减损分量之金银币,而仍行使,或意图行使而交付于人者,处其价额三倍以下、价额以上之罚金。若三倍之数未满五十元时,处五十元以下、价额以上之罚金。

第二百三十七条 第二百三十一条至第二百三十五条之未遂罪,罚之。

第二百三十八条 意图伪造通用货币、减损金银币分量,而预备各项器械或原料者,处三等至五等有期徒刑。

第二百三十九条 因犯本章之罪,应宣告二等有期徒刑以上之刑者,褫夺公权,其余得褫夺公权全部或一部。

第十八章 关于伪造文书及印文之罪

第二百四十条 凡伪造制书者,处无期徒刑或一等有期徒刑。

行使伪造之制书,或意图行使而交付于人者,亦同。

第二百四十一条 凡有左列各款之行为者,处二等至四等有期徒刑:

一、伪造公文书或图样者。

二、行使伪造之公文书或图样,或意图行使而交付于人者。

三、吏员明知虚伪之事实,而据以制作所掌文书、图样;行使此种文书、图样;意图行使而交付于人者。

四、申告虚伪之事实,而使吏员制作所掌之文书、图样;行使此种文书、图样;意图行使而交付于人者。

第二百四十二条 凡以虚伪之事实申告于吏员,而使交付文凭、执照、护照,及使为不实之登载者,处五等有期徒刑、拘役或一百元以下罚金。

第二百四十三条 凡伪造有价证券者,处二等至四等有期徒刑。

行使伪造之有价证券,或意图行使而交付于人,或自外国贩运者,亦同。

第二百四十四条 凡伪造私文书、图样,足以证明他人权利义务事实者,处三等至五等有期徒刑。

行使伪造他人之私文书、图样,及意图行使而交付于人者,亦同。

对于他人可以证明权利义务事实之自己私文书、图样为虚伪之记载、行使此种文书图样、意图行使而交付于人者,皆依本条处断。

第二百四十五条 凡医师、检验吏于提示他人之诊断书、检案书、死亡证书为虚伪之登载者,处四等以下有期徒刑、拘役或三百元以下罚金。

其嘱托或行使,及意图行使交付于人者,处拘役或五十元以下罚金。

第二百四十六条 凡伪造御玺、国玺之文、公私印文、署名,或盗用之者,依伪造制书、公私文书之例处断。

其行使伪造之御玺、国玺之文、公私印文、署名,或滥用真正之物者,依行使伪造制书或公私文书之例处断。

第二百四十七条 凡伪造御玺、国玺者,处一等至三等有期徒刑。

第二百四十八条 凡伪造公印者,处三等至五等有期徒刑。

第二百四十九条 凡伪造私印者,处四等以下有期徒刑、拘役或三百元以下罚金。

若于本行使前能自破坏或自首者,免除其刑。

第二百五十条 凡本章之未遂罪,罚之。

意图行使、收受本章所揭伪造、盗用、滥用之制书、御玺、国玺之文、公私文书、印文、署名、公私印者,各依本条,以未遂罪论。

第二百五十一条 因犯本章之罪,应宣告二等有期徒刑以上之刑者,褫夺公权,其余得褫夺公权全部或一部。

第十九章 关于伪造度量衡之罪

第二百五十二条 凡意图行使、贩卖而制作违背定规之度量衡,或变更真正度量衡之定规者,处四等以下有期徒刑、拘役,并科三百元以下罚金。

知情而贩卖不平之度量衡者,亦同。

第二百五十三条 凡业务上常用度量衡之人,知其不平而持有者,处拘役或五十元以下罚金。

其行使不平之度量衡而得利者,以诈欺取财论。

第二百五十四条 凡意图行使、贩卖,未受公署之委任或许可,而制作度量衡,倘未违背定规者,处三十元以下罚金。

若贩卖者,处卖价二倍以下、卖价以上罚金。其二倍之数未满五十元时,处五十元以下、卖价以上罚金。

第二百五十五条 第二百五十二条之未遂罪,罚之。

第二百五十六条 犯第二百五十二条之罪者,得褫夺公权全部或一部。

第二十章　关于祀典及坟墓之罪

第二百五十七条　凡对坛庙、寺观、墓所、其余礼拜所有公然不敬之行为者，处五等有期徒刑、拘役或一百元以下罚金。

其妨害葬礼、说教、礼拜、其余宗教上之会合者，亦同。

第二百五十八条　凡损坏、遗弃、盗取死体者，处二等至四等有期徒刑。

若损坏、遗弃、盗取遗骨、遗发、其余棺内所藏之物者，处三等至五等有期徒刑。

第二百五十九条　凡损坏、遗弃、盗取尊亲属之死体者，处无期徒刑或二等以上有期徒刑。若损坏、遗弃、盗取尊亲属之遗骨、遗发、其余棺内所藏之物者，处一等至三等有期徒刑。

第二百六十条　凡发掘坟墓者，处四等以下有期徒刑、拘役或三百元以下罚金。

第二百六十一条　凡发掘尊亲属之坟墓者，处二等至四等有期徒刑。

第二百六十二条　凡发掘坟墓，而损坏、遗弃、盗取死体者，处一等至三等有期徒刑。

若发掘坟墓而损坏、遗弃、盗取遗骨、遗发、其余棺内所藏之物者，处二等至四等有期徒刑。

第二百六十三条　凡发掘坟墓，而损坏、遗弃、盗取尊亲属之死体者，处死刑、无期徒刑或一等有期徒刑。

若发掘坟墓而损坏、遗弃、盗取尊亲属之遗骨、遗发、其余棺内所藏之物者，处无期徒刑或二等以上有期徒刑。

第二百六十四条　第二百五十八条至第二百六十一条之未遂罪，罚之。

第二百六十五条　犯第二百五十九条、第二百六十一条及第二百六十三条之罪者，褫夺公权，其余得褫夺公权全部或一部。

第二十一章　关于鸦片烟之罪

第二百六十六条　凡制造鸦片烟，或贩卖，及意图贩卖而持有，或自外国贩运者，处三等至五等有期徒刑。

第二百六十七条　凡制造吸食鸦片烟之器具，或贩卖，及意图贩卖而持有，或自外国贩运者，处四等以下有期徒刑或拘役。

第二百六十八条　凡税关吏员及辅助之人，自外国贩运鸦片烟或供吸食之器具，或纵令他人贩运者，处二等或三等有期徒刑。

第二百六十九条　凡开设馆舍供人吸食鸦片烟以图利者，处四等以下有期徒刑或拘役，并科三百元以下罚金。

第二百七十条　凡意图制造鸦片烟而播种罂粟者，处四等以下有期徒刑、拘役或三百元以下罚金。

第二百七十一条　凡吸食鸦片烟者，处五等有期徒刑、拘役或一千元以下罚金。

第二百七十二条　凡警察、官吏及其辅助之人，于执行职务之时，知有前六条之犯人，故不与以相当之处分者，亦依前六条之例分别处断。

第二百七十三条　凡持有专供吸食鸦片烟之器具者，处一百元以下罚金。

第二百七十四条　除前二条之外，本章各条之未遂罪，罚之。

第二百七十五条　犯第二百六十六条至第二百七十二条之罪者，得褫夺公权全部或一部；若系吏员，并免现职。

第二十二章　关于赌博彩票之罪

第二百七十六条　凡赌博财物者，处一千元以下罚金。但以供人暂时娱乐之物为赌者，不在此限。

当场赌博之器具及犯人持有之金钱，以供犯罪之物论。

第二百七十七条　凡以赌博为常业者，处三等至五等有期徒刑。

第二百七十八条　凡聚众开设赌博场以图利者，处三等或四等有期徒刑，并科五百元以下罚金。

第二百七十九条　凡未得公署之许可而发行彩票者，处四等有期徒刑、拘役，并科二千元以下罚金。

为买卖前项所揭彩票之媒介者，处五等有期徒刑、拘役，并科一千元以下罚金。

第二百八十条　凡知情人购入未得公许发行之彩票者，处一百元以下罚金。

因而得利者，处其价额二倍以下、价额以上之罚金。若二倍之数未满一百元时，处一百元以下、价额以上之罚金。

第二百八十一条　凡第二百七十八条至前条之未遂罪，罚之。

第二百八十二条　犯第二百七十七条及第二百七十八条之罪者，褫夺公权。犯第二百七十六条级第二百七十九条之罪者，得褫夺公权全部或一部。

第二十三章　关于奸非及重婚之罪

第二百八十三条　凡对未满十二岁之男女为猥亵之行为者，处三等至五等有期徒刑或三百元以下、三十元以上罚金。

以暴行、胁迫、药剂、催眠术及其余方法，至使不能抗拒，而为前项之罪者，处二等或三等有期徒刑或五百元以下、一百元以上罚金。

第二百八十四条　凡对十二岁以上男女以暴行、胁迫、药剂、催眠术及其余方法，致使不能抗拒，而为猥亵之行为者，处三等至五等有期徒刑或三百元以下、三十元以上罚金。

第二百八十五条　凡以暴行、胁迫、药剂、催眠术及其余方法，至使不能抗拒，而奸淫妇女者，为强奸罪，处一等或二等有期徒刑。

奸未满十二岁之幼女者，以强奸论。

第二百八十六条　凡乘人精神丧失或不能抗拒，而为猥亵之行为或奸淫者，依第二百八十三条第二项、第二百八十四条及前条之例分别处断。

第二百八十七条　凡犯前四条之罪因而致人死伤者，依左列分别处断：

一、致死、笃疾者，死刑、无期徒刑或一等有期徒刑。

二、致废疾者,无期徒刑或二等以上有期徒刑。

其被害者羞忿自杀、意图自杀而伤害,依前项致死伤之例分别处断。

第二百八十八条 凡引诱良家妇女卖奸以营利者,处五等有期徒刑、拘役,并科一百元以下罚金。

若以前项之犯罪为常业者,处三等至五等有期徒刑,并科五百元以下罚金。

第二百八十九条 凡和奸有夫之妇者,处四等或五等有期徒刑。其相奸者,亦同。

第二百九十条 凡成婚之人重为婚姻者,处三等至五等有期徒刑。其知为成婚之人而与婚姻者,亦同。

第二百九十一条 凡贩卖猥亵之书画、物品,意图贩卖而持有者,处拘役或五十元以下罚金。其公然陈列之者,亦同。

因而得利者,处其价额二倍以下、价额以上之罚金。若二倍之数未满五十元时,处五十元以下、价额以上之罚金。

第二百九十二条 第二百八十三条至第二百八十六条之未遂罪,罚之。

第二百九十三条 第二百八十三条至第二百八十六条之罪,待被害人或其亲族之告诉,始论其罪。

第二百八十九条之罪,待其本夫之告诉,始论其罪。若本夫事前纵容或事后得利而私行和解者,虽告诉,不为审理。

第二百九十条之罪,须妇女之尊亲属或本夫告诉乃论。

第二百九十四条 犯本章之罪,应宣告二等有期徒刑以上之刑者,褫夺公权,其余得褫夺公权全部或一部。

第二十四章 关于饮料水之罪

第二百九十五条 凡污秽供人饮料之净水,因而致不能饮用者,处五等有期徒刑、拘役或一百元以下罚金。

第二百九十六条 凡污秽由水道以供公众饮料之净水或其水源,因而致不能饮用者,处三等至五等有期徒刑。

第二百九十七条 凡以有害养生之物混入供人饮料之净水内或其水源者,处四等或五等有期徒刑。

第二百九十八条 凡以有害养生之物混入由水道以供公众所饮之净水内或其水源者,处一等至三等有期徒刑。

第二百九十九条 凡损害、壅塞水道或水源,以杜绝公众之饮料至二日以上者,处二等或三等有期徒刑。

第三百条 凡同谋杜绝供给公众饮料之净水至二日以上者,首谋处四等以下有期徒刑、拘役或三百元以下罚金,余人处十元以下罚金。

第三百零一条 前六条之未遂罪,罚之。

第三百零二条 犯第二百九十五条至第二百九十八条之罪,因而致人死伤者,援用伤害人身各条，依第二十三条处断。

第三百零三条 犯本章之罪，应宣告二等有期徒刑以上之刑者，褫夺公权，其余得褫夺公权全部或一部。

第二十五章 关于卫生之罪

第三百零四条 凡违背预防传染病之禁令，而从进口之船舰登陆，或以物品搬运于陆地者，处五等有期徒刑、拘役或一百元以下罚金。

其指挥船舰之人或代理人，自犯前项之罪，或知有人犯罪而不禁止者，处四等以下有期徒刑、拘役或二千元以下罚金。

第三百零五条 凡知情贩卖有害养生之饮食物、饮食用之器具、孩童之玩具者，处卖价二倍以下、卖价以上罚金。若二倍之数未达五十元时，处五十元以下、卖价以上罚金。

第三百零六条 凡违背律例贩卖药品者，处其卖价二倍以下、卖价以上罚金。若二倍之数未满五十元时，处五十元以下、卖价以上罚金。

第三百零七条 凡未受公署之许可，以医为常业者，处五百元以下罚金。

第三百零八条 第三百零四条之未遂罪，罚之。

第三百零九条 犯第三百零四条第二项之罪者，得褫夺公权全部或一部。

第二十六章 关于杀伤之罪

第三百十条 凡杀人者，处死刑、无期徒刑或一等有期徒刑。

第三百十一条 凡杀尊亲属者，处死刑。

第三百十二条 凡伤害他人身体者，依左分别处断：

一、因而致死或笃疾者，无期徒刑或二等以上有期徒刑。

二、因而致废疾者，一等至三等有期徒刑。

三、因而致轻微伤害者，三等至五等有期徒刑。

第三百十三条 凡伤害尊亲属之身体者，依左列分别处断：

一、因而致死或笃疾者，死刑或无期徒刑。

二、因而致废疾者，死刑、无期徒刑或一等有期徒刑。

三、因而致轻微伤害者，一等至三等有期徒刑。

第三百十四条 凡犯前二条之罪，当场虽未下手而助势者，以从犯论。

第三百十五条 凡二人以上同时下手伤害一人者，皆以共同正犯论。

若同时伤害二人以上者，以最重之伤害为标准，皆以共同正犯论。

其当场助势，而下手未明者，以前二项之从犯论。

第三百十六条 凡对尊亲属施加暴行未至伤害者，处三等至五等有期徒刑或五百元以下、五十元以上罚金。

第三百十七条 凡决斗者，处四等以下有期徒刑、拘役或三百元以下罚金。

因而杀伤人者，依故意杀伤之例分别处断。

若伙众决斗者,以骚扰罪论。

第三百十八条 凡为决斗之人到场聚会者,不论何种资格,处五等有期徒刑、拘役或一百元以下罚金。知情而供人以决斗之场所者,亦同。

第三百十九条 凡教唆他人使之自杀,或受人之承诺杀之者,处二等至四等有期徒刑。

帮助他人使之自杀,或受人之嘱托而杀之者,处三等至五等有期徒刑。

本条之犯人,若系谋为同死者,得免除其刑。

第三百二十条 凡教唆尊亲属使之自杀,或受尊亲属之承诺而杀之者,处无期徒刑或二等以上有期徒刑。

帮助尊亲属使之自杀,或受尊亲属之嘱托而杀之者,处一等至三等有期徒刑。

本条之犯人,若系谋为同死者,得免除其刑。

第三百二十一条 凡教唆他人使之自伤,或受人之承诺而伤之者,依左列分别处断:

一、因而致死、笃疾者,三等至五等有期徒刑。

二、因而致废疾者,四等以下有期徒刑、拘役或三百元以下罚金。

三、因而致轻微伤害者,五等有期徒刑、拘役或一百元以下罚金。

帮助他人使之自伤,或受人之嘱托而伤之者,依左列分别处断:

一、因而致死或笃疾者,四等以下有期徒刑、拘役或三百元以下罚金。

二、因而致废疾者,五等有期徒刑、拘役或一百元以下罚金。

三、因而致轻微伤害者,拘役或五十元以下罚金。

第三百二十二条 凡教唆尊亲属使之自伤,或得其承诺而伤之者,依左列分别处断:

一、因而致死、笃疾者,一等至三等有期徒刑。

二、因而致废疾者,二等至四等有期徒刑。

三、因而致轻微伤害者,三等至五等有期徒刑。

帮助尊亲属使之自伤,或受其嘱托而伤之者,依左列分别处断:

一、因而致死、笃疾者,二等至四等有期徒刑。

二、因而致废疾者,三等至五等有期徒刑。

三、因而致轻微伤害者,四等以下有期徒刑、拘役或三百元以下罚金。

第三百二十三条 凡因过失致人死伤者,依左列分别处断:

一、因而致死、笃疾者,五百元以下罚金。

二、因而致废疾者,三百元以下罚金。

三、因而致轻微伤害者,一百元以下罚金。

第三百二十四条 凡因过失致尊亲属死伤者,依左列分别处断:

一、因而致死、笃疾者,三等至五等有期徒刑或一千元以下、一百元以上罚金。

二、因而致废疾者,四等以下有期徒刑、拘役或五百元以下罚金。

三、因而致轻微伤害者,五等有期徒刑、拘役或三百元以下罚金。

第三百二十五条 凡因怠忽业务上必应注意,致人死伤者,处四等以下有期徒刑、拘役或二千元以下罚金。

第三百二十六条 凡第三百十一条、第三百十一条、第三百十八条、第三百十九条及第三百二十条之未遂罪,罚之。

第三百二十七条 预备或阴谋犯第三百一十条之罪者,处五等有期徒刑、拘役或一百元以下罚金。

预备或阴谋犯第三百十七条之罪者,处拘役或五十元以下罚金。

前二项之罪,得按其情节免除其刑。

第三百二十八条 预备或阴谋犯第三百十一条之罪者,处三等至五等有期徒刑。

第三百二十九条 第三百十三条第三款、第三百十六条及第三百二十四条第三款之罪,须待告诉,始论其罪。

第三百三十条 犯第三百十一条、第三百十三条第一款、第二款及第三百二十条之罪者,褫夺公权。除第三百二十一条及第三百二十三条外,犯其余各条之罪者,得褫夺公权全部或一部。

第二十七章 关于堕胎之罪

第三百三十一条 凡怀胎妇女服药或用其他方法致堕胎者,处五等有期徒刑、拘役或一百元以下罚金。

第三百三十二条 凡受妇女嘱托、承诺,使之堕胎者,处四等或五等有期徒刑。

第三百三十三条 凡犯左列各款之罪者,处三等或四等有期徒刑:

一、以暴行、胁迫、伪计使妇女自行堕胎者。

二、以暴行、胁迫、伪计,而受妇女嘱托、承诺,使之堕胎者。

三、未受妇女之承诺,以暴行、胁迫、伪计使之堕胎者。

四、知为怀胎之妇女而加以暴行、胁迫,因致小产者。

第三百三十四条 凡医师、产婆、药剂师、药材商犯第三百三十二条之罪者,处三等或四等有期徒刑。

其用伪计犯第三百三十三条之罪者,处二等或三等有期徒刑。

第三百三十五条 第三百三十三条第一款、第二款之未遂罪,罚之。

第三百三十六条 犯第三百三十二条之罪,因而致妇女死、笃疾者,处三等至四等有期徒刑。

犯第三百三十三条之罪,因而致妇女死伤者,援用伤害人身各条,依第二十三条处断。

第三百三十七条 犯本章之罪者,得褫夺公权之全部或一部。

第二十八章 关于遗弃之罪

第三百三十八条 凡因律例、契约膺扶助、养育、保护老幼、残废、疾病者义务之人而遗弃者,处三等以下有期徒刑。

第三百三十九条 凡遗弃尊亲属者,处无期徒刑或二等以上有期徒刑。

第三百四十条 凡发见被遗弃之老幼、残废、疾病者于自己经管地内,而不与以相当之保护、不报明警察官吏、其余当该吏员者,处五等有期徒刑、拘役或一百元以下罚金。

若警察、官吏、其余当该吏员当执行职务时,不即与以相当之处分、保护者,处三等至五等有期徒刑。

第三百四十一条 犯第三百三十八条或第三百三十九条之罪,因而致人死伤者,援用伤害人身各条,依第二十三条处断。

第三百四十二条 犯第三百三十九条之罪者,褫夺公权,其余得褫夺公权全部或一部。

第二十九章 关于逮捕监禁之罪

第三百四十三条 凡私擅逮捕或监禁人者,处三等至五等有期徒刑。

第三百四十四条 凡私擅逮捕或监禁尊亲属者,处一等至三等有期徒刑。

第三百四十五条 凡行审判或检察、警察、司狱、其余行政之职务,或其辅助之人,滥用其职权而逮捕或监禁人者,处二等或三等有期徒刑。

第三百四十六条 凡前条所揭之人滥用其职权而逮捕或监禁尊亲属者,处无期徒刑或二等以上有期徒刑。

第三百四十七条 犯前四条之罪,因而致人死伤者,援用伤害人身各条,依第二十三条处断。

第三百四十八条 凡犯本章之罪者,得褫夺公权。

第三十章 关于略诱及和诱之罪

第三百四十九条 凡以暴行、胁迫、伪计拐取女子、未满二十岁男子者,为略诱罪,处二等或三等有期徒刑。

若系和诱者,处三等至五等有期徒刑。

和诱未满十六岁之男女者,仍以略诱论。

第三百五十条 凡移送自已所略诱之女子、未满二十岁男子于外国者,处无期徒刑或二等以上有期徒刑。

若系和诱者,处二等或三等有期徒刑。

第三百五十一条 凡意图营利,略诱女子、未满二十岁男子者,处无期徒刑或二等以上有期徒刑。

若系和诱者,处二等或三等有期徒刑。

第三百五十二条 凡意图营利,移送自已所略取之女子、未满二十岁男子于外国者,处无期徒刑或一等有期徒刑。

若系和诱者,处无期徒刑或二等以上有期徒刑。

第三百五十三条 凡预谋收受、藏匿被略诱、和诱人者,依前四条之例分别处断。

若未预谋者,依左列分别处断:

一、收受、藏匿第三百四十九条、第三百五十条第二项及第三百五十一条第二项所揭被略诱、和诱之人者,三等至五等有期徒刑。

二、收受、藏匿第三百五十条第一项、第三百五十一条第一项及前条所揭被略诱、和诱之人者,一等至三等有期徒刑。

第三百五十四条 本章之未遂罪,罚之。

第三百五十五条 第三百四十九条及第三百五十三条之罪,须待告诉,始论其罪。

犯人于被略诱人、被和诱人为婚姻者,在婚姻继续之间,其告诉为无效。

第三百五十六条 意图营利犯本章之罪者,褫夺公权,其余得褫夺公权全部或一部。

第三十一章 关于安全信用名誉及秘密之罪

第三百五十七条 凡以害人生命、身体、自由、名誉、财产之事相胁迫者,处五等有期徒刑、拘役或一百元以下罚金。

其以害人亲族相胁迫者,亦同。

第三百五十八条 凡以暴行、胁迫,而使人为无义务之事,或妨害其权利之实施者,处四等以下有期徒刑、拘役或三百元以下罚金。

第三百五十九条 凡流布虚伪之风说或用其余伪计,而损害他人或其业务之信用者,处五等有期徒刑、拘役或一百元以下罚金。

第三百六十条 凡摘示事实,公然侮辱人者,不论其事实之有无,处五等有期徒刑、拘役或一百元以下罚金。

摘示诬罔死者之事实,而侮辱其亲属者,亦同。

第三百六十一条 凡无故开拆、藏匿、毁弃他人封固之信函者,处五等有期徒刑、拘役或一百元以下罚金。

无故公表他人所秘密之文书、图画者,亦同。

第三百六十二条 凡为僧道、医师、药剂师、药材商、产婆、律师、公证人、曾居此等地位之人,因其职业得知他人之秘密,无故漏泄者,处五等有期徒刑、拘役或一百元以下罚金。

其无故公表者,处四等以下有期徒刑、拘役或三百元以下罚金。

第三百六十三条 第三百五十八条及第三百五十九条之未遂罪,罚之。

第三百六十四条 除第三百五十八条外,本章之罪,须待告诉,始论其罪。

第三百六十五条 犯本章之罪者,得褫夺公权全部或一部。

第三十二章 关于窃盗及强盗之罪

第三百六十六条 凡意图为自己或第三者之所有,而窃取他人所有物者,为窃盗罪,处三等至五等有期徒刑。

第三百六十七条 凡窃盗该当左列各款者,处二等或三等有期徒刑:

一、侵入现有人居住或看守之宅邸、营造物、矿坑、船舰内者。

二、结伙三人以上者。

第三百六十八条 凡窃取御物者,处无期徒刑或二等以上有期徒刑。

第三百六十九条 凡意图为自己或第三者之所有,而以暴行、胁迫强取他人所有物者,为强盗罪,处一等至三等有期徒刑。

其以药剂、催眠术、其余方法,至使不能抗拒而强取者,亦同。

第三百七十条 凡窃盗为防护赃物、图免逮捕、湮灭罪迹之故,当场加暴行、胁迫者,以强盗论。

第三百七十一条 凡用暴行、胁迫,除第三百六十九条、第三百七十四及第三百七十六条所揭外,得其余财产上不法之利益,或使他人得之者,以强盗论。

以药剂、催眠术、其余方法,至使不能抗拒,而为前项之行为者,亦同。

第三百七十二条 凡强盗该当左列各款者,处无期徒刑或二等以上有期徒刑:

一、侵入现有人居住或看守之宅邸、营造物、矿坑、船舰内者。

二、结伙三人以上者。

三、伤害人而未致死、笃疾者。

第三百七十三条 凡强盗该当左列各款者,处死刑、无期徒刑或一等有期徒刑:

一、结伙三人以上在途行劫者。

二、在海洋行劫者。

三、因而致人死、笃疾,或伤害至二人以上者。

四、于盗所强奸妇女者。

第三百七十四条 凡强取御物者,处死刑、无期徒刑或一等有期徒刑。

第三百七十五条 凡犯强盗之罪故意杀人者,处死刑或无期徒刑。

第三百七十六条 凡窃取因共有权、质权、其余物权或奉官署之命令他人以善意所管有自己之共有物或所有物者,处该物价额二倍以下、价额以上之罚金;若二倍之数未达五十元时,处五十元以下、价额以上之罚金。

侵入现有人居住或看守之宅邸、营造物、矿坑、船舰内犯前项之罪者,处五等有期徒刑或拘役,依前项之例并科罚金。

若强取之者,处四等以下有期徒刑或拘役,依第一项之例并科罚金。

第三百七十七条 关于本章之罪,若为禁止私有之物及电气,以所有物论。

第三百七十八条 除第三百七十二条第三款及第三百七十三条第三款外,本章之未遂罪,罚之。

第三百七十九条 犯第三百六十七条至第三百七十五条之罪者,褫夺公权,其余得褫夺公权全部或一部。

第三百八十条 于本支亲属、配偶者、同居亲属之间犯第三百六十六条、第三百七十六条之罪者,免除其刑。

于其余亲属间犯前项所揭各条之罪者,须待告诉,始论其罪。

非亲属而与亲属为共同之犯,不得依前二项之例论。

第三十三章　关于诈欺取财之罪

第三百八十一条 凡意图为自己或第三者之所有,以欺罔、恐吓使人以所有之财物交付于己者,为诈欺取财罪,处三等至五等有期徒刑。

以前项之方法而得财产上不法之利益或使他人得之者,亦同。

第三百八十二条 凡为他人处理事务,以图自己或第三者利益,或意图加害,背其义务,而损害本人之财产者,处三等至五等有期徒刑或一千元以下、一百元以上罚金。

第三百八十三条 凡乘未满十六岁之幼者或他人精神错乱之际,而使其以本人或第三者所有物交付于己,或得财产上不法之利益,或使他人得之,及加本人以财产上之损害者,依前二条之例分别处断。

第三百八十四条 凡三人以上共犯本章之罪者,处二等或三等有期徒刑。

吏员当处理公务之际,以图自己或他人之利益,或图害国家、公所之宗旨,背其职务损害国家或公所财产者,亦同。

第三百八十五条 凡关于御物,犯前三条之罪者,处无期徒刑或二等以上有期徒刑。

第三百八十六条 本章之未遂罪,罚之。

第三百八十七条 犯第三百八十四条或第三百八十五条之罪者,褫夺公权,其余得褫夺公权全部或一部。

第三百八十八条 第三百七十六条第一项、第三百七十七条及第三百八十条关于本章之罪,亦准用之。

第三十四章 关于侵占之罪

第三百八十九条 凡侵占因律例、契约照料他人事务之管有物、共有物、属于他人所有权、抵当权、其余物权之财物者,处三等至五等有期徒刑。

虽系自己所有物、管有物,其因公署之命令时,而侵占者,亦同。

第三百九十条 凡侵占在公务、业务之管有物、共有物、属于他人所有权、抵当权、其余物权之财物者,处二等或三等有期徒刑。

其不在公务、业务之人而与之为共同者,即依第三十三条第一项处断。

第三百九十一条 凡侵占遗失物、漂流物、属于他人物权而离于其管有之财物者,处该物价额二倍以下、价额以上之罚金。若二倍之数未达五十元时,处五十元以下、价额以上之罚金。

因自己错误而以善意取得管有之他人所有物,及因他人错误而交付于自己之他人所有物,以遗失物论。

第三百九十二条 第三百八十九条及第三百九十条之未遂罪,罚之。

第三百九十三条 犯第三百八十九条及第三百九十条之罪者,得褫夺公权全部或一部。

第三百九十四条 第三百七十七条及第三百八十条关于本章之罪,亦准用之。

第三十五章 关于赃物之罪

第三百九十五条 凡受人赠与赃物者,处四等以下有期徒刑、拘役或三百元以下罚金。

搬运、受寄、牙保、故买赃物者,处二等至四等有期徒刑。

犯前项之罪因以获利者,并科其所得价额二倍以下、价额以上之罚金。若二倍之数未满五十元时,并科五十元以下、价额以上之罚金。

第三百九十六条 关于第三百七十六条及其准用之赃物,犯前条之罪者,照第三百七十六条第一项之例,处以罚金。

第三百九十七条 本章之未遂罪,罚之。

第三百九十八条 犯第三百九十五条第二项之罪者,褫夺公权。犯第三百九十五条第一项及第三百九十六条之罪者,得褫夺公权全部或一部。

第三百九十九条 第三百七十七条及第三百八十条第一项并第三项关于本章之罪,亦准用之。

第三十六章 关于毁弃损坏之罪

第四百条 凡毁弃制书者,处一等至三等有期徒刑。

第四百零一条 凡毁弃公署或吏员所管有之公文书者,处二等至四等有期徒刑。

第四百零二条 凡毁弃关于他人权利义务之文书者,处三等至五等有期徒刑或三百元以下、五十元以上罚金。

第四百零三条 凡损坏他人所有营造物、矿坑、船舰者,处三等至五等有期徒刑或一千元以下、一百元以上罚金。

若损坏第一百八十八条所揭之营造物、矿坑,处二等或三等有期徒刑。

犯本条之罪因而致人于死伤者,援用伤害人身各条,依第二十三条处断。

第四百零四条 凡犯左列各款之一者,处四等以下有期徒刑、拘役或三百元以下罚金:

一、除前条所揭外,损坏、伤害他人之物者。

二、漏泄他人所有之煤气、蒸汽、气体及流动物,或以其他方法致丧失效用者。

三、纵逸他人所有之动物,致令丧失者。

第四百零五条 凡损坏、伤害、泄漏、丧失负担他人物权或奉公署之命令由他人管有或由自看守之自己所有物者,应处该物价额二倍以下、价额以上之罚金。若二倍之数未达五十元时,处五十元以下、价额以上之罚金。

第四百零六条 第三百七十七条及第三百八十条,关于第四百零二条、第四百零三条第一项、第二项及前条之罪,亦准用之。

第四百零七条 第四百条至第四百零二条、第四百零三条第一项、第二项、第四百零四条及前条之未遂罪,罚之。

第四百零八条 因犯本章之罪,应宣告二等有期徒刑以上之刑者,褫夺公权,其余得褫夺公权全部或一部。

第四百零九条 凡第四百零四条及第四百零五条之罪,须待告诉,始论其罪。

四、《钦定大清刑律》(1911 年)

《钦定大清刑律》*

(1911 年 1 月 25 日)

目　次

---

* 1909 年《修正刑律草案》上奏后，奉旨送宪政编查馆复核，由宪政编查馆在此进行增删，1910 年秋完成形成《新刑律草案》。这是大清新刑律的第三次草案。1910 年 11 月宪政编查馆大臣奕劻上奏《新刑律草案》建议交资政院审议，获准。1910 年 12 月，《新刑律草案》总则编二读即获得资政院审议通过，但在当年会期结束时未能完成分则编的审议程序，本应留待来年新会期继续审议。但根据 1908 年清廷颁布的《逐年筹备事宜清单》排定 1910 年必须公布新刑律。奕劻等人上奏建议先行颁布。公元 1911 年 1 月 25 日(农历 1910 年 12 月 25 日)，清廷下诏准许，颁行新刑律总则编、分则编暨暂行章程。这就是《钦定大清刑律》。除暂行章程 5 条外，总则 17 章、88 条，分则 36 章、323 条，共 411 条。中国大陆学界也习惯将《钦定大清刑律》称为《大清新刑律》。

第十六章　时例
第十七章　文例
第二编　分则
第一章　侵犯皇室罪
第二章　内乱罪
第三章　外患罪
第四章　妨害国交罪
第五章　漏泄机务罪
第六章　渎职罪
第七章　妨害公务罪
第八章　妨害选举罪
第九章　骚扰罪
第十章　逮捕监禁人脱逃罪
第十一章　藏匿罪人及湮灭证据罪
第十二章　伪证及诬告罪
第十三章　放火决水及妨害水利罪
第十四章　危险物罪
第十五章　妨害交通罪
第十六章　妨害秩序罪
第十七章　伪造货币罪
第十八章　伪造文书印文罪
第十九章　伪造度量衡罪
第二十章　亵渎祀典及发掘坟墓罪
第二十一章　鸦片烟罪
第二十二章　赌博罪
第二十三章　奸非及重婚罪
第二十四章　妨害饮料水罪
第二十五章　妨害卫生罪
第二十六章　杀伤罪
第二十七章　堕胎罪
第二十八章　遗弃罪
第二十九章　私滥逮捕监禁罪
第三十章　略诱及和诱罪
第三十一章　妨害安全、信用、名誉及秘密罪
第三十二章　窃盗及强盗罪
第三十三章　诈欺取财罪
第三十四章　侵占罪
第三十五章　赃物罪

第一编　总　　则

第一章　法　　例

第一条　本律于凡犯罪在本律颁行以后者适用之。

其颁行以前未经确定审判者，亦同。但颁行以前之法律不以为罪者，不在此限。

第二条　本律于凡在帝国内犯罪者，不问何人适用之。

其在帝国外之帝国船舰内犯罪者，亦同。

第三条　本律于凡在帝国外对于帝国犯左列各罪者，不问何人，适用之：

一、第八十九条至第九十三条第一项、第九十四条、第九十五条第二项及第九十六条第二项之罪。

二、第一百零一条及第一百零四条之罪。

三、第一百零八条及第一百十条至第一百十二条之罪。

四、第一百二十五条之罪。

五、第一百五十三条及第一百五十五条之罪。

六、第二百二十九条及第二百三十一条第一项之罪。

七、第二百三十八条、第二百三十九条、第二百四十一条及第二百四十二条之罪。

八、第四百零二条及第四百零三条之罪。

第四条 本律于帝国臣民在帝国外犯左列各罪者适用之：

一、第一百十八条至第一百二十四条之罪。

二、第一百三十三条及第一百三十五条之罪。

三、第一百四十条及第一百四十一条之罪。

四、第一百四十四条及第一百四十八条之罪。

五、第一百七十二条之罪。

六、第二百十七条之罪。

七、第二百二十六条之罪。

八、第二百四十条第一项之罪。

第五条 本律于帝国臣民在帝国外，或外国人在帝国外，对帝国臣民犯左列各罪者，适用之：

一、第一百八十一条至第一百八十三条之罪。

二、第一百八十六条至第一百八十八条、第一百九十二条及第一百九十三条之罪。

三、第二百十一条至第二百十六条之罪。

四、第二百四十条第二项、第二百四十一条、第二百四十三条至第二百四十五条之罪。

五、第二百五十八条至第二百六十三条之罪。

六、第二百八十三条至第二百八十七条及第二百九十一条之罪。

七、第三百十一条至第三百十四条及第三百二十条至第三百二十六条之罪。

八、第三百三十四条、第三百三十五条及第三百三十七条第一项之罪。

九、第三百三十九条及第三百四十条之罪。

十、第三百四十四条至第三百四十六条之罪。

十一、第三百四十九条至第三百五十三条之罪。

十二、第三百五十七条至第三百六十一条之罪。

十三、第三百六十七条至第三百七十七条之罪。

十四、第三百八十二条至第三百八十七条之罪。

十五、第三百九十一条至第三百九十三条之罪。

十六、第三百九十七条之罪。

十七、第四百零四条及第四百零五条之罪。

第六条 犯罪者虽经外国确定审判，仍得依本律处断。但已受其刑之执行或经免除者，得免除或减轻本律之刑。

第七条 犯罪之行为或其结果，有一在帝国领域或船舰内者，以在帝国内犯罪论。

第八条 第二条、第三条、第五条及第六条之规定，若因国际上有成例而不适用者，仍依成例。

第九条 本律总则于其他法令之定有刑名者，亦适用之。但有特别规定时，不在此限。

第二章　不　为　罪

第十条　法律无正条者,不问何种行为,不为罪。

第十一条　未满十二岁人之行为,不为罪。但因其情节,得施以感化教育。

第十二条　凡精神病人之行为,不为罪。但因其情节,得施以监禁处分。

前项之规定,于酗酒或精神病间断时之行为,不适用之。

第十三条　非故意之行为不为罪,但应论过失者,不在此限。

不知法令不得为非故意,但因其情节,得减本刑一等或二等。

犯罪之事实与犯人所知有异者,依左列处断:

第一,所犯重于犯人所知或相等者,从其所知。

第二,所犯轻于犯人所知者,从其所犯。

第十四条　依法令或正当业务之行为,或不背公共秩序、善良风俗、习惯之行为,不为罪。

第十五条　对现在不正之侵害而出于防卫自己或他人权利之行为,不为罪。但防卫行为过当者,得减本刑一等至三等。

第十六条　避不能抗拒之危难、强制而出于不得已之行为,不为罪。但加过当之损害者,得减本刑一等至三等。

前项之规定于有公务上或业务上特别义务者,不适用之。

第三章　未　遂　罪

第十七条　犯罪已着手而因意外之障碍不遂者,为未遂犯。其不能生犯罪之结果者,亦同。

未遂犯之为罪,于分则各条定之。

未遂罪之刑,得减既遂罪之刑一等或二等。

第十八条　犯罪已着手而因己意中止者,准未遂犯论,得免除或减轻本刑。

第四章　累　犯　罪

第十九条　已受徒刑之执行,更犯徒刑以上之罪者,为再犯,加本刑一等。但有期徒刑执行完毕、无期徒刑或有期徒刑执行一部而免除后逾五年而再犯者,不在加重之限。

第二十条　三犯以上者,加本刑二等,仍依前条之例。

第二十一条　审判确定后,于执行其刑之时,发觉为累犯者,依前二条之例更定其刑。

第二十二条　依军律或于外国审判衙门受有罪审判者,不得用加重之例。

第五章　俱　发　罪

第二十三条　确定审判前犯数罪者,为俱发罪,各科其刑,而依左列定其应执行者:

第一,科死刑者,不执行他刑;科多数之死刑者,执行其一。

第二，科无期徒刑者，不执行他刑；科多数之无期徒刑者，执行其一。

第三，科多数之有期徒刑者，于各刑合并之刑期以下、其中最长之刑期以上，定其刑期。但不得逾二十年。

第四，科多数之拘役者，依前款之例定其刑期。

第五，科多数之罚金者，于各刑合并之金额以下、其中最多之金额以上，定其金额。

第六，依第三款至第五款所定之有期徒刑、拘役及罚金，并执行之。有期徒刑、拘役及罚金各科其一者，亦同。

第七，褫夺公权及没收，并执行之。

第二十四条 一罪先发已经确定审判，余罪后发或数罪各别经确定审判者，依前条之例更定其刑。

其最重刑消灭，仍余数罪者，亦同。

第二十五条 俱发与累犯互合者，其俱发罪依前二条之例处断，与累犯罪之刑并执行之。

第二十六条 以犯一罪之方法或其结果而生他罪者，从一重处断。但于分则有特别规定者，不在此限。

第二十七条 犯罪之重轻，比较各罪最重主刑之重轻定之。最重刑相等者，比较其最轻主刑之重轻定之。

主刑重轻俱等者，据犯罪情节定之。

第二十八条 连续犯罪者，以一罪论。

第六章　共　犯　罪

第二十九条 二人以上共同实施犯罪之行为者，皆为正犯，各科其刑。

于实施犯罪行为之际帮助正犯者，准正犯论。

第三十条 教唆他人使之实施犯罪之行为者，为造意犯，依正犯之例处断。

教唆造意犯者，准造意犯论。

第三十一条 于实施犯罪行为以前帮助正犯者，为从犯，得减正犯之刑一等或二等。

教唆或帮助从犯者，准从犯论。

第三十二条 于前教唆或帮助，其后加入实施犯罪之行为者，从其所实施者处断。

第三十三条 因身份成立之罪，其教唆或帮助者虽无身份，仍以共犯论。

因身份致刑有重轻者，其无身份之人仍科通常之刑。

第三十四条 知本犯之情而共同者，虽本犯不知共同之情，仍以共犯论。

第三十五条 于过失罪有共同过失者，以共犯论。

第三十六条 值人故意犯罪之际，因过失而助成其结果者，准过失共同正犯论。但以其罪应论过失者为限。

第七章 刑 名

第三十七条 刑分为主刑及从刑。

主刑之种类及重轻之次序如左：

第一，死刑。

第二，无期徒刑。

第三，有期徒刑。

一、一等有期徒刑：十五年以下、十年以上。

二、二等有期徒刑：十年未满、五年以上。

三、三等有期徒刑：五年未满、三年以上。

四、四等有期徒刑：三年未满、一年以上。

五、五等有期徒刑：一年未满、二月以上。

第四，拘役：二月未满、一日以上。

第五，罚金：一元以上。

从刑之种类如左：

第一，褫夺公权。

第二，没收。

第三十八条 死刑用绞，于狱内执行之。

第三十九条 受死刑之宣告者，迄至执行，与他囚人分别监禁。

第四十条 死刑非经法部覆奏回报，不得执行。

第四十一条 宣告徒刑及拘役，不得未满一日，罚金不得未满一元。

第四十二条 徒刑之囚于监狱监禁之，令服法定劳役。其监禁方法及劳役种类，依监狱法之规定。

第四十三条 拘役之囚，于监狱监禁之，令服劳役，但因其情节得免劳役。

第四十四条 受五等有期徒刑或拘役之宣告者，其执行若实有窒碍，得以一日折算一元，易以罚金。

据前项之例易罚金者，于法律以受徒刑或拘役之执行者论。

第四十五条 罚金于审判确定后，令一月以内完纳。逾期不完纳者，依左列处断：

第一，有资力者，强制令完纳之。

第二，无资力者，以一元折算一日，易以监禁。

第三，监禁于监狱内附设之监禁所执行之。

监禁日数不得逾三年。

罚金纳一部者，计其余额，依第一项第二款之例易以监禁。

罚金总额之比例逾三年之日数，而已纳其一部者，以按分比例定监禁日数。

依本条之例易监禁者，除脱逃罪外，于法律以受罚金之执行者论。

第四十六条 褫夺公权者，终身剥夺其左列资格之全部或一部：

一、为官员之资格。

二、为选举人之资格。

三、膺封赐、勋章、职衔、出身之资格。

四、入军籍之资格。

五、为学堂监督、职员、教习之资格。

六、为律师之资格。

第四十七条　于分则有得褫夺公权之规定者,得剥夺现在之地位,于一定期限内剥夺前条所列资格之全部或一部。但以应科徒刑以上之刑者为限。

第四十八条　没收之物如左:

一、违禁私造私有之物。

二、供犯罪所用及预备之物。

三、因犯罪所得之物。

第四十九条　没收之物,以犯人以外无有权利者为限。

第八章　宥　　减

第五十条　瘖哑人或未满十六岁人或满八十岁人犯罪者,得减本刑一等或二等。

第九章　自　　首

第五十一条　犯罪未发觉而自首于官受审判者,得减本刑一等。

犯亲告罪而向有告诉权之人首服,受官之审判者,亦同。

第五十二条　一罪既发,别首、白未发余罪者,得减所首、白余罪之刑一等。

第五十三条　凡为分则特定各罪之预备行为或阴谋者,于未实行之前于官自首就受审判者,得免除或减轻其刑,但没收不在免除之限。

第十章　酌　　减

第五十四条　审按犯人之心术及犯罪之事实,其情轻者,得减本刑一等或二等。

第五十五条　依法律加重或减轻者,仍得依前条之例减轻其刑。

第十一章　加　减　例

第五十六条　死刑、徒刑、拘役,依第三十七条所列次序加重、减轻之。

徒刑不得加至死刑。

拘役不得减至罚金及免除之。

罚金不得加至拘役及徒刑。

第五十七条　分则定有二种以上主刑,应加减者,依第三十七条所列次序按等加减之。

最重主刑系死刑,应加重者,止加重其徒刑;无期徒刑应加重者,止加重其有期徒刑。

最轻主刑系拘役,应减轻者,止减轻其徒刑;徒刑减尽者,止处拘役。

第五十八条 罚金依分则所定之额,以四分之一为一等加重、减轻之。

罚金应加减者,最多额与最少额同加减之,其仅定有最多额者,止加减其最多额。

第五十九条 分则所定并科之罚金,若徒刑应加减者,亦加减之。

其易科之罚金,若徒刑应减轻者,亦减轻之。

第六十条 同时刑有加重、减轻者,互相抵销。

第六十一条 有二种以上应减者,得累减之。

第六十二条 从刑不随主刑加重、减轻。

第十二章 缓 刑

第六十三条 具有左列要件,而受四等以下有期徒刑或拘役之宣告者,自审判确定之日起,得宣告缓刑五年以下、三年以上。

一、未曾受拘役以上之刑者。

二、前受三等至五等有期徒刑执行完毕或免除后逾七年、受拘役执行完毕或免除后逾三年者。

三、有一定之住所及职业者。

四、有亲属或故旧监督缓刑期内之品行者。

第六十四条 受缓刑之宣告,而有左列情形之一者,撤销其宣告:

一、缓刑期内更犯罪,受拘役以上之宣告者。

二、因缓刑前犯罪,而受拘役以上之宣告者。

三、不备前条第二款之要件,后经发觉者。

四、丧失住所及职业者。

五、监督人请求刑之执行,其言有理由者。

第六十五条 逾缓刑之期而未撤销缓刑之宣告者,其刑之宣告为无效。

第十三章 假 释

第六十六条 受徒刑之执行而有悛悔实据者,无期徒刑逾十年后、有期徒刑逾二分之一后,由监狱官申达法部,得许假释出狱。但有期徒刑之执行未满三年者,不在此限。

第六十七条 假释出狱而有左列情形之一者,撤销其假释,其出狱日数不算入刑期之内:

一、假释期限内更犯罪,受拘役以上之宣告者。

二、因假释前所犯罪而受拘役以上之宣告者。

三、因假释前所受拘役以上之宣告而应执行者。

四、犯假释管束规则中应撤销假释之条项者。

未经撤销假释者,其出狱日数算入刑期之内。

第十四章　恩　　赦

第六十八条　恩赦,依恩赦条款临时分别行之。

第十五章　时　　效

第六十九条　提起公诉权之时效期限,依左列定之:

一、系死刑者,十五年。

二、系无期徒刑或一等有期徒刑者,十年。

三、系二等有期徒刑者,七年。

四、系三等有期徒刑者,三年。

五、系四等有期徒刑者,一年。

六、系五等有期徒刑、拘役或罚金者,六月。

前项期限自犯罪行为完毕之日起算,逾期不起诉者,其起诉权消灭。

第七十条　二罪以上之起诉权之时效期限,据最重刑依前条之例定之。

第七十一条　本刑应加重或减轻者,起诉权之时效期限仍据本刑计算。

第七十二条　起诉权之时效,遇有左列行为之一中断之,俟行为停止更行起算:

一、侦查及预审上强制处分。

二、公判上诉讼行为。

前项行为于一切共犯有同一之效力。

第七十三条　起诉权之时效遇被告人罹精神病、其他重病而停止公判者,停止之。

第七十四条　行刑权之时效期限,依左列定之:

一、死刑,三十年。

二、无期徒刑,二十五年。

三、一等有期徒刑,二十年。

四、二等有期徒刑,十五年。

五、三等有期徒刑,十年。

六、四等有期徒刑,五年。

七、五等有期徒刑,三年。

八、拘役、罚金,一年。

前项期限,自宣告确定之日起算,逾期不行刑者,其行刑权消灭。

第七十五条　行刑权之时效,遇因执行而犯人已就逮捕者中断之。但其他未知悉之刑,不在此限。

罚金及没收之时效,遇有执行行为,中断之。

第七十六条　行刑权之时效,遇有依法律停止执行者,停止之。

第十六章　时　例

第七十七条　时期以日计者，阅二十四小时。以月计者，阅三十日。以年计者，阅十二月。

第七十八条　时期之初日，不计时刻，以一日论。最终之日，阅全一日。

放免有期徒刑及拘役之囚人，于期满之次日午前行之。

第七十九条　刑期自审判确定之日起算。

审判虽经确定而尚未受监禁者，其日数不算入刑期。

第八十条　未决期内羁押之日数，得以二日抵徒刑拘役一日或抵罚金一元。

第十七章　文　例

第八十一条　称乘舆、车驾、御及跸者，太上皇帝、太皇太后、皇太后、皇后同。

称制者，太上皇帝敕旨，太皇太后、皇太后懿旨同。

第八十二条　称尊亲属者，谓左列各人：

一、祖父母，高、曾同。

二、父母。

妻于夫之尊亲属与夫同。

称亲属者，谓尊亲属及左列各人：

一、夫妻。

二、本宗服图期服以下者。

三、外亲服图小功以下者。

四、妻亲服图缌麻以下者。

五、妻为夫族服图期服以下者。

六、出嫁女为本宗服图大功以下者。

第八十三条　称官员者，谓职官、吏员及其他依法令从事于公务之议员、委员、职员。

称公署者，谓官员奉行职务之衙署、局所。

称公文书者，谓官员及公署应制作之文书。

第八十四条　称议会及选举者，谓依法令所设立中央及地方参与政事之议会及其议员之选举。

第八十五条　称僧道者，谓僧尼、道士、女冠及其他宗教师。

第八十六条　依分则援用别条处断，而别条之罪应论未遂、预备或阴谋者，于处断本条之未遂、预备或阴谋犯，并援用之。

于造意犯及从犯，亦同。

第八十七条　称以下、以上、以内者，俱连本数起算。

第八十八条　称笃疾者，谓左列伤害：

一、毁败视能者。

二、毁败听能者。

三、毁败语能者。

四、毁败一肢以上或终身毁败其机能者。

五、于精神或身体有重大不治之病者。

六、变更容貌且有重大不治之伤害者。

七、毁败阴阳者。

称废疾者,谓左列伤害:

一、减衰视能者。

二、减衰听能者。

三、减衰语能者。

四、减衰一肢以上之机能者。

五、于精神或身体有至三十日以上之病者。

六、有致废业务至三十日以上之病者。

称轻微伤害者,谓前二项所列以外之疾病、损伤。

第二编　分　则

第一章　侵犯皇室罪

第八十九条　加危害于乘舆、车驾或将加者,处死刑。

第九十条　因过失致生危害于乘舆、车驾者,处二等或三等有期徒刑。

第九十一条　加危害于皇帝缌麻以上之亲者,处死刑、无期徒刑或一等有期徒刑。

第九十二条　因过失致生危害于皇帝缌麻以上之亲者,处四等以下有期徒刑、拘役或一千元以下罚金。

第九十三条　对乘舆、车驾有不敬之行为者,处二等或三等有期徒刑。

对太庙、山陵有不敬之行为者,亦同。

第九十四条　对皇帝缌麻以上之亲有不敬之行为者,处三等至五等有期徒刑。

第九十五条　阑入太庙、山陵、宫殿、禁苑或受命令而不退出者,处二等至四等有期徒刑或二千元以下、二百元以上罚金。

于行在所有前项行为者,亦同。

第九十六条　于前条第一项所列各处,或于距离能到之地自外向内射箭、放弹、投砖石者,处三等至五等有期徒刑或一千元以下、一百元以上罚金。

于行在所有前项行为者,亦同。

第九十七条　犯跸者,处四等以下有期徒刑、拘役或三百元以下罚金。

第九十八条　第九十一条及第九十三条至第九十七条之未遂犯,罪之。

第九十九条　预备或阴谋犯第九十一条之罪者,处四等以下有期徒刑或拘役。

第一百条　犯本章之罪,宣告二等有期徒刑以上之刑者,褫夺公权,其余得褫夺之。

第二章　内　乱　罪

第一百零一条　凡意图颠覆政府、僭窃土地及其他紊乱国宪而起暴动者，为内乱罪，依左列处断：

一、首魁，死刑或无期徒刑。

二、执重要事务者，死刑、无期徒刑或一等有期徒刑。

三、附和随行者，二等至四等有期徒刑。

意图内乱，聚众掠夺公署之兵器、弹药、船舰、钱粮及其他军需品，或携带兵器公然占据都市、城寨及其他军用之地者，均以内乱既遂论。

第一百零二条　第一百零一条之未遂犯，罪之。

第一百零三条　预备或阴谋犯第一百零一条之罪者，处一等至三等有期徒刑。

第一百零四条　知预备内乱之情而供给兵器、弹药、船舰、钱粮及其他军需品者，处无期徒刑或二等以上有期徒刑。

第一百零五条　暴动者违背战斗上国际成例，犯杀伤、放火、决水、掠夺及其他各罪者，援用所犯各条，依第二十三条之例处断。

第一百零六条　犯本章之罪宣告有期徒刑以上之刑者，褫夺公权，其余得褫夺之。

第一百零七条　犯第一百零二条至第一百零四条之罪，未至暴动而自首者，免除其刑。

第三章　外　患　罪

第一百零八条　受帝国之命令、委任与外国商议，图利自己或他人或外国，故意议定不利帝国之条约者，不问批准与否，处无期徒刑或二等以上有期徒刑。

第一百零九条　帝国臣民意图使帝国领域属于外国，而与外国开始商议者，处死刑、无期徒刑或一等有期徒刑。

第一百十条　通谋外国，使对帝国开战端，或与敌国抗敌帝国者，处死刑。

第一百十一条　意图利敌国或害帝国而有左列行为之一者，处死刑、无期徒刑或一等有期徒刑：

一、将要塞、军港、军队、船舰及其他军用处所、建筑物或兵器、弹药、钱粮、交通材料及其他军需品交付敌国，或烧毁、损坏及设法致不堪用者。

二、以诈术或他法，于陆海军内煽令不和、反乱或脱逃者。

三、将关涉军略之文书、图画交付敌国者。

四、为敌国间谍或帮助敌国间谍者。

五、诱导敌国军队、船舰，使侵入或接近帝国领域者。

第一百十二条　于帝国与外国交战之际，负担供给军需之义务者，以诈术或其他不正行为缔结契约或缔结后不照契约履行者，处无期徒刑或二等以上有期徒刑。

因而得利者，并科所得总额二倍以下、总额以上罚金；若二倍之数未满三百元，并科三百元以下、所得总额以上罚金。

第一百十三条 除前二条所列外,以其他行为将军事上之利益与敌国或酿成军事上之不利益于帝国者,处二等或三等有期徒刑。

第一百十四条 本章之未遂犯,罪之。

第一百十五条 预备或阴谋犯第一百零八条、第一百零九条及第一百十三条之罪者,处四等以下有期徒刑、拘役或一千元以下罚金。

预备或阴谋犯第一百十条及第一百十一条之罪者,处一等至三等有期徒刑。

犯本条之罪,未着手而自首者,免除其刑。

第一百十六条 帝国臣民犯本章之罪者,褫夺公权,其余得褫夺之。

第一百十七条 本章之规定,对凡对战时同盟国有犯者,亦适用之。

第四章 妨害国交罪

第一百十八条 加危害于外国君主或大统领者,处死刑。

第一百十九条 因过失致生危害于外国君主或大统领者,处二等至四等有期徒刑或二千元以下、二百元以上罚金。

第一百二十条 对外国君主或大统领有不敬之行为者,处二等至四等有期徒刑或二千元以下、二百元以上罚金。

第一百二十一条 杀外国使节者,处死刑或无期徒刑。

第一百二十二条 伤害外国使节者,依左列处断:

一、致死或笃疾者,死刑、无期徒刑或一等有期徒刑。

二、致废疾者,无期徒刑或二等以上有期徒刑。

三、致轻微伤害者,二等至四等有期徒刑。

第一百二十三条 对外国使节有强暴或胁迫之行为者,处三等至五等有期徒刑或一千元以下、一百元以上罚金。

第一百二十四条 对外国使节有侮辱之行为者,处四等以下有期徒刑、拘役或五百元以下罚金。

第一百二十五条 对派至外国之帝国使节有杀伤、强暴、胁迫或侮辱之行为者,依第一百二十一条至第一百二十四条之例处断。

第一百二十六条 意图侮辱外国而损坏、除去、污秽外国之国旗及其他国章者,处四等以下有期徒刑、拘役或三百元以下罚金。

第一百二十七条 私与外国开战者,处一等至三等有期徒刑。

第一百二十八条 于外国交战之际,违背局外中立之命令者,处四等以下有期徒刑或拘役。

因而得利者,并科所得总额二倍以下、总额以上罚金;如二倍之数未满二百元,并科三百元以下、所得总额以上罚金。

第一百二十九条 第一百十八条、第一百二十一条、第一百二十二条、第一百二十七条及第一百二十八条之未遂犯,罪之。

第一百三十条 预备或阴谋犯第一百十八条之罪者,处二等至四等有期徒刑。

预备或阴谋犯第一百二十一条及第一百二十七条之罪者,处四等以下有期徒刑、拘役或一千元以下罚金。

系犯第一百二十七条之罪,未着手而自首者,免除其刑。

第一百三十一条 犯本章之罪,宣告二等有期徒刑以上之刑者,褫夺公权,其余得褫夺之。

第一百三十二条 第一百二十条及第一百二十六条之罪,须外国政府请求或得其同意乃论。

第一百二十四条之罪,须被害人请求乃论。

第五章 漏泄机务罪

第一百三十三条 漏泄帝国内治、外交应秘密之政务者,处三等至五等有期徒刑。若潜通于外国者,处二等或三等有期徒刑。

第一百三十四条 知为军事上秘密之事项、图书、物件而刺探、收集者,处三等至五等有期徒刑或五百元以下、五十元以上罚金。

第一百三十五条 知悉、收领军事上秘密之事项、图书、物件而漏泄或公表者,处二等或三等有期徒刑。

其因职务知悉、收领而漏泄或公表者,处一等或二等有期徒刑。

第一百三十六条 未受允准,将军港、要港、防御港、堡垒、炮台、水雷卫所及其他防御而设之建筑物测量、摹绘、摄照或记录其形状者,处三等至五等有期徒刑或五百元以下、五十元以上罚金。

未受允准或以诈术得受允准而入堡垒、炮台、水雷卫所及其他为防御而设之建筑物内者,亦同。

第一百三十七条 第一百三十三条第一项及第一百三十四条之第一百三十六条之未遂犯,罪之。

第一百三十八条 犯本章之罪者,得褫夺公权。

第一百三十九条 因犯本章之罪而得利者,没收之。若已费失者,追征其价额。

第六章 渎 职 罪

第一百四十条 官员、公断人于其职务要求贿赂或期约或收受者,处三等至五等有期徒刑。

因而为不正之行为或不为正当之行为者,处一等至三等有期徒刑。

第一百四十一条 官员、公断人于其职务事后要求贿赂或期约或收受者,处四等以下有期徒刑或拘役。

因为不正之行为或不为正当之行为,事后要求贿赂或期约或收受者,处二等至四等有期徒刑。

第一百四十二条 对官员、公断人行求贿赂或期约或交付者,处四等以下有期徒刑、拘役或三百元以下罚金。

第一百四十三条 对官员、公断人事后行求贿赂或期约或交付者,处五等有期徒刑、拘役或一百元以下罚金。

第一百四十四条 审判或检察、巡警、监狱及其他行政官员或其佐理当执行职务时,对被告人、嫌疑人或关系人有强暴、凌虐之行为者,处三等至五等有期徒刑。

因而致人死伤者,援用伤害罪各条,依第二十三条之例处断。

第一百四十五条 检察、巡警官员或其佐理经人告现有侵害其权利之犯人,而不速为保护之处分者,处四等以下有期徒刑或拘役。

第一百四十六条 检察、巡警官员于刑事告诉、告发、自首,不应受理而受理,应受理而不受理或不为必要之处分者,处四等以下有期徒刑、拘役或三百元以下罚金。

审判官于民事、刑事诉讼不应受理而受理、应受理而不受理或不为审判者,亦同。

第一百四十七条 征收租税及各项入款之官员图利国库或他人,而于正数以外浮收金谷、物件者,处三等至五等有期徒刑。

系图利自己者,处二等或三等有期徒刑,并科与浮收同额之罚金。

第一百四十八条 官员于前四条所列情形外,滥用职权使人行无义务之事或妨害人行使权利者,处四等以下有期徒刑、拘役或三百元以下罚金。

第一百四十九条 第一百四十七条之未遂犯,罪之。

第一百五十条 犯第一百四十条、第一百四十一条及第一百四十七条第二项之罪者,褫夺公权,其余得褫夺之。

犯第一百四十四条至第一百四十八条之罪者,并免现职。

第一百五十一条 犯第一百四十条及第一百四十一条之罪者,所收受之贿赂,没收之。若已费失者,追征其价额。

第一百五十二条 犯第一百四十二条及第一百四十三条之罪而自首者,得免除其刑。

第七章 妨害公务罪

第一百五十三条 于官员执行职务时,施强暴、胁迫或用诈术者,处四等以下有期徒刑、拘役或三百元以下罚金。

意图使官员为一定之处分或不为一定之处分或使官员辞职,而施强暴、胁迫或诈术者,亦同。

因而致人死伤者,援用伤害罪各条,依第二十三条之例处断。

第一百五十四条 损坏、除去、污秽官员所施之封印及查封之标示或为违背其效力之行为者,处四等以下有期徒刑、拘役或三百元以下罚金。

第一百五十五条 于官员执行职务时,当场侮辱或虽非当场而对其职务公然侮辱者,不问有无事实,处四等以下有期徒刑、拘役或三百元以下罚金。

对公署公然侮辱者,亦同。

第一百五十六条 第一百五十四条之未遂犯,罪之。

第一百五十七条 犯本章之罪者,得褫夺公权。

第八章 妨害选举罪

第一百五十八条 将选举人、被选举人资格所必要之事项,以诈术或其他不正方法使登载名簿或于名簿内变更者,处四等以下有期徒刑、拘役或三百元以下罚金。无资格而投票者,亦同。

官员知情而为前项之登载或变更者,处三等至五等有期徒刑或五百元以下、五十元以上罚金。

第一百五十九条 于选举有左列行为之一者,处五等有期徒刑、拘役或一百元以下罚金:

一、意图自己或他人得票或减少他人得票,而散布流言、施用诈术及其他损坏备选议员之名誉者。

二、不问选举前后,对于选举人、选举关系人行求川资及其他贿赂,或交付或为之媒介,或选举人、选举关系人要求、期约或收受之者。

三、将选举人、选举人亲属或与选举人有关系之寺院、学堂、公司、公所、城镇乡之债权、债务及其他利害诱导选举人,或为之媒介,或选举人应其诱导者。

犯右列各罪者,所收受之钱财及其他有价物品,没收之。若已费失者,追征其价额。

第一百六十条 于选举有左列行为之一者,处三等至五等有期徒刑或三百元以下、三十元以上罚金:

一、对选举人、选举人亲属或选举关系人施强暴、胁迫者。

二、对选举人以强暴、胁迫妨害其于选举会场之往来及其他选举权之行使者。

第一百六十一条 于选举有左列行为之一者,处三等至五等有期徒刑:

一、对有关选举之官员或其佐理施强暴、胁迫者。

二、骚扰选举会场、投票所、开票所者。

三、阻留、损坏、夺取选举票、投票柜或有关选举之公文书者。

第一百六十二条 无故于投票所干涉投票,或于投票所、开票所刺探被选举人姓名者,处五等有期徒刑、拘役或一百元以下罚金。

有关选举之官员或其佐理,犯前项之罪或漏泄被选举人姓名者,处四等以下有期徒刑、拘役或三百元以下罚金。

第一百六十三条 犯本章之罪者,得褫夺公权。

其宣告三等有期徒刑以上之刑者,于本刑消灭后,仍于十年以下、二年以上丧失其选举、被选举之资格。

第九章 骚 扰 罪

第一百六十四条 聚众意图为强暴、胁迫,已受当该官员解散之命令仍不解散者,处四等以下有期徒刑、拘役或三百元以下罚金。

附和随行，仅止助势者，处拘役或五十元以下罚金。

第一百六十五条 聚众为强暴、胁迫者，依左列处断：

一、首魁，无期徒刑或二等以上有期徒刑。

二、执重要事务者，一等至三等有期徒刑或一千元以下、一百元以上罚金。

三、附和随行，仅止助势者，四等以下有期徒刑、拘役或三百元以下罚金。

第一百六十六条 于前条所列情形内犯杀伤、放火、决水、损坏及其他各罪者，援用所犯各条，分别首魁、教唆、实施，依第二十三条之例处断。

第一百六十七条 犯第一百六十五条之罪，宣告二等有期徒刑以上之刑者，褫夺公权，其余得褫夺之。

第十章 逮捕监禁人脱逃罪

第一百六十八条 既决、未决之囚及其他按律逮捕、监禁人脱逃者，处四等以下有期徒刑或拘役。

第一百六十九条 既决、未决之囚及其他按律逮捕、监禁人，损坏监禁处所、械具或以强暴、胁迫脱逃者，处二等至四等有期徒刑。

其聚众以强暴、胁迫脱逃者，首魁及教唆者处死刑或无期徒刑，余人处无期徒刑或二等以上有期徒刑。

第一百七十条 盗取既决、未决之囚及其他按律逮捕、监禁人者，处三等至五等有期徒刑。

其有损坏情形或施强暴、胁迫者，依前条之例处断。

第一百七十一条 为便利脱逃之行为因而致既决、未决之囚及其他按律逮捕、监禁人脱逃者，处三等至五等有期徒刑。

其有损坏情形或施强暴、胁迫者，依第一百六十九条之例处断。

第一百七十二条 看守、护送官员或其佐理，纵令既决、未决之囚及其他按律逮捕、监禁人脱逃者，处二等至四等有期徒刑。

第一百七十三条 本章之未遂犯，罪之。

第一百七十四条 预备或阴谋犯第一百六十九条第二项之罪及应依该项处断之罪者，处四等以下有期徒刑或拘役。

第一百七十五条 因犯第一百六十九条至第一百七十一条之罪致人死伤者，援用伤害罪各条，依第二十三条之例处断。

第一百七十六条 犯第一百六十九条至第一百七十二条之罪者，得褫夺公权。

犯第一百七十二条之罪，并免现职。

第十一章 藏匿罪人及湮灭证据罪

第一百七十七条 藏匿被追摄人或脱逃之逮捕、监禁人者，处四等以下有期徒刑、拘役或三百元以下罚金。

意图犯前项之罪而顶替自首者,亦同。

第一百七十八条 湮灭关系他人刑事被告事件之证据,或伪造或行使伪造之证据者,处四等以下有期徒刑、拘役或三百元以下罚金。

第一百七十九条 犯本章之罪者,得褫夺公权。

第一百八十条 犯罪人或脱逃人之亲属,为犯罪人或脱逃人利益计而犯本章之罪者,免除其刑。

第十二章 伪证及诬告罪

第一百八十一条 依法令于司法或行政公署为证人而为虚伪之陈述者,处二等至四等有期徒刑。

依法令于司法或行政公署为鉴定人、通译人而为虚伪之鉴定、通译者,亦同。

犯前二项之罪未至确定审判而自白者,得免除其刑。

第一百八十二条 意图他人受刑事处分、惩戒处分而为虚伪之告诉、告发、报告者,处二等至四等有期徒刑。

犯前项之罪,未至确定审判或惩戒而自白者,得免除其刑。

第一百八十三条 意图尊亲属受刑事处分、惩戒处分而为虚伪之告诉、告发、报告者,处一等或二等有期徒刑。

第一百八十四条 诬告有犯罪事实而未指定犯人者,处五等有期徒刑、拘役或一百元以下罚金。

第一百八十五条 犯第一百八十一条至第一百八十三条之罪者,得褫夺公权。官员犯者,并免现职。

第十三章 放火决水及妨害水利罪

第一百八十六条 放火烧毁他人所有物,当左列之一者,处死刑、无期徒刑或一等有期徒刑:

一、在城镇及其他人烟稠密处所之建筑物。

二、陈列、储藏多数宗教、科学、美术、工艺上贵重图书、物品之建筑物。

三、宗教或历史上之贵重建筑物。

四、储藏硝磺、弹药或军需品之仓库及其他建筑物。

五、多众执业或止宿之矿坑、兵营、学堂、病院、救济所、工场、寄宿舍、狱舍及其他建筑物。

六、现有多众集会之寺院、剧场、旅店及其他建筑物。

七、现有多众乘坐之船舰。

第一百八十七条 放火烧毁前条所列以外之他人所有建筑物、矿坑、船舰者,处二等至四等有期徒刑。

因而致有前条损害之危险者,处一等或二等有期徒刑。实有损害者,其刑与前条同。

第一百八十八条 放火烧毁他人所有建筑物、矿坑、船舰以外之物者,处四等以下有期徒刑、拘役或一千元以下罚金。

因而致有前条第一项损害之危险者,处三等至五等有期徒刑。实有损害者,其刑与该项同。

因而致有第一百八十六条损害之危险者,处一等或二等有期徒刑。实有损害者,其刑与该条同。

第一百八十九条 放火烧毁自己所有建筑物、矿坑、船舰及其他各物者,依左列处断:

一、因而致有前条第一项损害之危险者,处五等有期徒刑、拘役或一百元以下罚金。实有损害者,其刑与该项同。

二、因而致有第一百八十七条第一项损害之危险者,处三等至五等有期徒刑。实有损害者,其刑与该项同。

三、因而致有第一百八十六条损害之危险者,处一等或二等有期徒刑。实有损害者,其刑与该条同。

第一百九十条 因失火而致有第一百八十六条之损害者,处五等有期徒刑、拘役或一千元以下罚金。

因而致有第一百八十七条第一项之损害者,处拘役或五百元以下罚金。

因而致有第一百八十八条第一项之损害者,处三百元以下罚金。

失火烧毁自己所有建筑物、矿坑、船舰及其他各物,因而致有前三项损害之危险者,处一百元以下罚金。

第一百九十一条 以火药、煤气、电气、蒸汽之作用或他法致建筑物、矿坑、船舰及其他各物炸裂者,分别损害危险,依放火、失火各条之例处断。

第一百九十二条 决水浸害第一百八十六条所列建筑物、矿坑之一或他人所有田圃、牧场及其他利用之地者,处死刑、无期徒刑或一等有期徒刑。

第一百九十三条 决水浸害前条所列以外之他人建筑物、矿坑或土地者,处三等至五等有期徒刑或一千元以下、一百元以上罚金。

因而致有前条损害之危险者,处二等至四等有期徒刑。实有损害者,其刑与前条同。

第一百九十四条 决水浸害自己所有之地,因而致有前条第一项损害之危险者,处五等有期徒刑、拘役或一百元以下罚金。实有损害者,其刑与该项同。

因而致有第一百九十二条损害之危险者,处二等至四等有期徒刑。实有损害者,其刑与该条同。

第一百九十五条 因过失决水而致有第一百九十二条之损害者,处五等有期徒刑、拘役或一千元以下罚金。

因而致有第一百九十三条之损害者,处拘役或五百元以下罚金。

因过失决水而致有前二项损害之危险者,处一百元以下罚金。

第一百九十六条 于火灾、水灾之际,隐匿、损坏防御之器械、阻遏从事防御之人,或以他法妨害镇火、防水者,处三等至五等有期徒刑或一千元以下、一百元以上罚金。

其于第一百九十一条之灾害而妨害防御者，亦同。

第一百九十七条 妨害他人灌溉田亩之水利者，处四等以下有期徒刑、拘役或三百元以下罚金。决水者，仍依决水之例处断。

故意妨害水利，荒废他人田亩者，处二等至四等有期徒刑。

因妨害水利致令他人田亩荒废者，处三等至五等有期徒刑。

第一百九十八条 于自己所有物犯本章之罪，而其物已受查封或担负物权或租赁于人者，以他人所有物论。

第一百九十九条 第一百八十六条、第一百八十七条第一项、第一百八十八条第一项、第一百九十二条、第一百九十三条第一项、第一百九十六条及第一百九十七条第一项、第二项之未遂犯，罪之。

第二百条 于他人所有物预备或阴谋犯放火、炸裂、决水之罪者，处五等有期徒刑、拘役或一百元以下罚金。但因其情节，得免除其刑。

第二百零一条 因犯放火、炸裂、决水之罪致人死伤者，援用伤害罪各条，依第二十三条之例处断。

因过失生火灾、炸裂、水害致人死伤者，援用过失致死伤罪各条，依第二十三条之例处断。

第二百零二条 犯第一百八十六条及第一百九十二条之罪者，褫夺公权。其余以故意犯本章之罪者，得剥夺之。

第十四章　危险物罪

第二百零三条 意图为犯罪之用而制造、收藏炸药、绵火药、雷汞及其他类此之爆裂物或自外国贩运者，处二等或三等有期徒刑。

其意图供给他人犯罪而制造、收藏或贩运者，亦同。

第二百零四条 未受公署之命令、允准、委任而制造、收藏前条所揭之爆裂物或自外国贩运，而不能证明出于正当之理由者，处三等至五等有期徒刑。

其能证明出于正当之理由者，处拘役或五十元以下罚金。

第二百零五条 未受公署之命令、允准、委任而制造、收藏军用枪炮、第二百零三条以外之军用爆裂物，或自外国贩运者，处四等以下有期徒刑、拘役或三百元以下罚金。

第二百零六条 巡警、税关官员知有人未受公署之命令、允准、委任而制造、收藏、贩运第二百零三条之爆裂物或自外国贩运，而不即与以相当之处分者，处一等至三等有期徒刑。

其与犯人同谋者，亦同。

第二百零七条 漏逸、间隔煤气、电气、蒸汽因而致生危险于他人身体、财产者，处四等以下有期徒刑、拘役或三百元以下罚金。

因而致人死伤者，援用伤害罪各条，依第二十三条之例处断。

第二百零八条 第二百零三条、第二百零四条第一项、第二百零五条及第二百零七条第一项之未遂犯，罪之。

第二百零九条 犯第二百零三条之罪者,褫夺公权。犯第二百零四条第一项及第二百零六条之罪者,得剥夺之。

第十五章 妨害交通罪

第二百十条 损坏、壅塞陆路、水路、桥梁,因而致有往来之危险者,处四等以下有期徒刑、拘役或三百元以下罚金。

损坏重要之交通线,修复工钜者,处二等或三等有期徒刑。

因犯本条之罪致人死伤者,援用伤害罪各条,依第二十三条之例处断。

第二百十一条 损坏轨道、灯塔、标识、其他于气车、电车、船舰往来上为危险之行为者,处二等至四等有期徒刑。

第二百十二条 冲撞、颠覆、破坏、搁沉载人之气车、电车、船舰者,处无期徒刑或二等以上有期徒刑。

因而致人于死或多众受伤者,处死刑、无期徒刑或一等有期徒刑。

第二百十三条 因犯第二百十一条之罪致载人之气车、电车、船舰冲撞、颠覆、破坏、搁沉者,依前条之例处断。

第二百十四条 因过失致载人之气车、电车、船舰生往来之危险者,处三百元以下罚金。

因过失冲撞、颠覆、破坏、搁沉载人之气车、电车、船舰者,处五百元以下罚金。

从事此等业务之人犯本条第一项之罪者,处四等以下有期徒刑、拘役或一千元以下罚金。犯第二项之罪者,处三等至五等有期徒刑或二千元以下、一百元以上罚金。

犯本条之罪因而致人死伤者,援用过失致死伤罪各条,依第二十三条之例处断。

第二百十五条 以强暴、胁迫或诈术妨害邮件、电信之递送、收发者,处四等以下有期徒刑、拘役或三百元以下罚金。

第二百十六条 损坏邮政专用及其他应用之物者,处五等有期徒刑、拘役或一百元以下罚金。

损坏电信线、电话线、电信、电话之机器、建筑物或以他法妨害其交通者,处三等至五等有期徒刑或五百元以下、五十元以上罚金。

因过失犯本条之罪者,处一百元以下罚金。

第二百十七条 从事邮政、电信职务之人犯第二百十五条、第二百十六条第一项之罪者,处三等至五等有期徒刑。犯第二百十六条第二项之罪者,处二等或三等有期徒刑。

其因过失者,处三百元以下罚金。

第二百十八条 第二百十条第一项、第二项、第二百十一条,第二百十二条第一项、第二百十五条、第二百十六条及第二百十七条第一项之未遂犯,罪之。

第二百十九条 预备或阴谋犯第二百十二条之罪者,处四等以下有期徒刑、拘役或三百元以下罚金。

第二百二十条 犯第二百十二条之罪者,褫夺公权。其余以故意犯本章之罪者,得剥夺之。

第十六章　妨害秩序罪

第二百二十一条　以文书、图画、演说或他法公然煽惑他人犯罪者，依左列处断：

一、其罪之最重刑为死刑、无期徒刑者，三等至五等有期徒刑或三百元以下、三十元以上罚金。

二、其罪之最重刑为有期徒刑者，五等有期徒刑、拘役或一百元以下罚金。

以报纸及其他定期刊行之件，或以编纂他人论说之公刊书册，而犯本条之罪者，编辑人亦依前项之例处断。

第二百二十二条　以强暴、胁迫或诈术妨害正当之集会者，处五等有期徒刑、拘役或一百元以下罚金。

第二百二十三条　以强暴、胁迫或诈术为左列行为之一者，处四等以下有期徒刑、拘役或二百元以下罚金：

一、妨害贩运谷类及其他公共所需之饮食物品者。

二、妨害贩运种子、肥料、原料及其他农业、工业所需之物品者。

三、妨害使用多数工人之工厂及矿坑之职业者。

第二百二十四条　从事同一业务之工人同盟罢工者，首谋，处四等以下有期徒刑、拘役或三百元以下罚金；余人，处拘役或三十元以下罚金。

聚众为强暴胁迫或将为者，依第一百六十四条至第一百六十七条之例处断。

第二百二十五条　无故入现有居住或看守之第宅、建筑物、船舰，或受阻止而不退去者，处四等以下有期徒刑、拘役或三百元以下罚金。

第二百二十六条　诈称官员、僭用官员服饰、徽章、内外国勋章者，处四等以下有期徒刑、拘役或三百元以下罚金。

第二百二十七条　第二百二十一条至第二百二十三条及第二百二十五条之未遂犯，罪之。

第二百二十八条　犯第二百二十一条至第二百二十三条、第二百二十五条及第二百二十六条之罪者，得褫夺公权。

第十七章　伪造货币罪

第二百二十九条　伪造通用货币者，处无期徒刑或二等以上有期徒刑。

行使自己伪造之通用货币，或意图行使而交付于人者，亦同。

经政府命令允准或委任而发行之银行券，以通用货币论。

第二百三十条　伪造流通帝国之外国通用货币者，处一等至三等有期徒刑。

行使自己伪造之流通帝国之外国通用货币，或意图行使而交付于人者，亦同。

流通帝国之外国银行券，以外国通用货币论。

第二百三十一条　意图行使而减损金银币之分量者，处三等至五等有期徒刑。其行使或意图行使而交付于人者，亦同。

减损流通帝国之外国金银币之分量者,处四等以下有期徒刑或拘役。其行使或意图行使而交付于人者,亦同。

第二百三十二条 意图行使而收受他人伪造之通用货币者,处一等至三等有期徒刑。其收受后行使,或意图行使而交付于人,或自外国贩运者,处无期徒刑或二等以上有期徒刑。

意图行使而收受他人伪造之流通帝国之外国货币者,处二等至四等有期徒刑。收受后行使,或意图行使而交付于人,或自外国贩运者,处一等至三等有期徒刑。

第二百三十三条 意图行使而收受他人减损分量之金银币者,处四等以下有期徒刑或拘役。

其收受后行使,或意图行使而交付于人或自外国贩运者,处三等至五等有期徒刑。

意图行使而收受他人减损分量之流通帝国之外国金银币者,处五等有期徒刑或拘役;收受后行使,或意图行使而交付于人,或自外国贩运者,处四等以下有期徒刑或拘役。

第二百三十四条 收受后方知为他人伪造之货币或减损分量之金银币,而仍行使,或意图行使而交付于人者,处其价额三倍以下、价额以上罚金。若三倍之数未满五十元,处五十元以下、价额以上罚金。

第二百三十五条 第二百二十九条至第二百三十三条之未遂犯,罪之。

第二百三十六条 意图伪造通用货币、减损金银币分量而预备各项器械或原料者,处三等至五等有期徒刑。

第二百三十七条 犯本章之罪宣告二等有期徒刑以上之刑者,褫夺公权,其余得褫夺之。

第十八章 伪造文书印文罪

第二百三十八条 伪造制书者,处无期徒刑或一等有期徒刑。

行使伪造之制书或意图行使而交付于人者,亦同。

第二百三十九条 伪造公文书或图样者,处二等至四等有期徒刑。

行使伪造之公文书或图样或意图行使而交付于人者,亦同。

第二百四十条 官员明知虚伪之事实而据以制作所掌文书、图样,或行使此种文书、图样,或意图行使而交付于人者,处二等至四等有期徒刑。

陈告虚伪之事实而使官员制作所掌之文书、图样,或行使此种文书、图样,或意图行使而交付于人者,亦同。

第二百四十一条 以虚伪之事实陈告于官员而使交付文凭、执照、护照或使为不实之登载者,处五等有期徒刑、拘役或一百元以下罚金。

第二百四十二条 伪造有价证券者,处二等至四等有期徒刑。

行使伪造之有价证券,或意图行使而交付于人,或自外国贩运者,亦同。

第二百四十三条 伪造私文书或图样,足以证明对于他人之权利义务之事实者,处三等至五等有期徒刑。

行使伪造之私文书或图样,或意图行使而交付于人者,亦同。

第二百四十四条 于自己私文书、图样为虚伪之登载，足以证明对于他人之权利义务之事实，或行使此种文书、图样，或意图行使而交付于人者，依前方之例处断。

第二百四十五条 医师、检验吏于出具他人之诊断书、检案书、死亡证书为虚伪之登载者，处四等以下有期徒刑、拘役或三百元以下罚金。

嘱托或行使或意图行使而交付于人者，处拘役或五十元以下罚金。

第二百四十六条 伪造御玺、国玺文、公私印文、署押，或盗用之者，依伪造制书、公私文书各条之例处断。

行使伪造之御玺、国玺文、公私印文、署押，或滥用真正之物者，依行使伪造制书、公私文书各条之例处断。

第二百四十七条 伪造御玺、国玺者，处一等至三等有期徒刑。

第二百四十八条 伪造公印者，处三等至五等有期徒刑。

第二百四十九条 伪造私印者，处四等以下有期徒刑、拘役或三百元以下罚金。

第二百五十条 本章之未遂犯，罪之。

意图行使而收受、伪造、盗用、滥用之制书、御玺、国玺文、公私文书、印文、署押、公私印者，各依本条之例，以未遂罪论。

第二百五十一条 犯本章之罪宣告二等有期徒刑以上之刑者，褫夺公权，其余得褫夺之。

第十九章　伪造度量衡罪

第二百五十二条 意图行使、贩卖而制作违背定程之度量衡或变更真正度量衡之定程者，处四等以下有期徒刑或拘役，并科三百元以下罚金。

知情而贩卖不平之度量衡者，亦同。

第二百五十三条 业务上常用度量衡之人，知其不平而收藏者，处拘役或五十元以下罚金。

行使不平之度量衡而得利者，以诈欺取财论。

第二百五十四条 意图行使、贩卖，未受公署之允准，而制作度量衡，尚未违背定程者，处三十元以下罚金。贩卖者，处卖价二倍以下、卖价以上罚金。若二倍之数未满五十元，处五十元以下、卖价以上罚金。

第二百五十五条 第二百五十二条之未遂犯，罪之。

第二百五十六条 犯第二百五十二条之罪者，得褫夺公权。

第二十章　亵渎祀典及发掘坟墓罪

第二百五十七条 对坛庙、寺观、坟墓及其他礼拜所有公然不敬之行为者，处五等有期徒刑、拘役或一百元以下罚金。

妨害葬礼、说教、礼拜及其他宗教上之会合者，亦同。

第二百五十八条 损坏、遗弃、盗取尸体者，处二等至四等有期徒刑。

损坏、遗弃、盗取遗骨、遗发及殓物者,处三等至五等有期徒刑。

第二百五十九条 损坏、遗弃、盗取尊亲属尸体者,处无期徒刑或二等以上有期徒刑。

损坏、遗弃、盗取尊亲属遗骨、遗发及殓物者,处一等至三等有期徒刑。

第二百六十条 发掘坟墓者,处四等以下有期徒刑、拘役或三百元以下罚金。

第二百六十一条 发掘尊亲属坟墓者,处二等至四等有期徒刑。

第二百六十二条 发掘坟墓而损坏、遗弃、盗取遗骨、遗发及殓物者,处二等至四等有期徒刑。

发掘坟墓而损坏、遗弃、盗取遗骨、遗发及殓物者,处二等至四等有期徒刑。

第二百六十三条 发掘尊亲属坟墓而损坏、遗弃、盗取其尸体者,处死刑、无期徒刑或一等有期徒刑。

发掘尊亲属坟墓而损坏、遗弃、盗取其遗骨、遗发及殓物者,处无期徒刑或二等以上有期徒刑。

第二百六十四条 第二百五十八条至第二百六十一条之未遂犯,罪之。

第二百六十五条 犯第二百五十九条、第二百六十一条及第二百六十三条之罪者,褫夺公权,其余得褫夺之。

第二十一章 鸦片烟罪

第二百六十六条 制造鸦片烟,或贩卖,或意图贩卖而收藏,或自外国贩运者,处三等至五等有期徒刑,并科五百元以下罚金。

第二百六十七条 制造吸食鸦片烟之器具,或贩卖,或意图贩卖而收藏,或自外国贩运者,处四等以下有期徒刑或拘役。

第二百六十八条 税关官员或其佐理,自外国贩运鸦片烟或吸食鸦片烟器具,或纵令他人贩运者,处二等或三等有期徒刑,并科一千元以下罚金。

第二百六十九条 开设馆舍供人吸食鸦片烟者,处四等以下有期徒刑或拘役,并科三百元以下罚金。

第二百七十条 意图制造鸦片烟而栽种罂粟者,处四等以下有期徒刑、拘役或三百元以下罚金。

第二百七十一条 吸食鸦片烟者,处五等有期徒刑、拘役或一千元以下罚金。

第二百七十二条 巡警、官员或其佐理,当执行职务时知有前六条之犯人,故意不即与相当之处分者,亦依前六条之例处断。

第二百七十三条 收藏专供吸食鸦片烟之器具者,处一百元以下罚金。

第二百七十四条 第二百六十六条至第二百七十一条之未遂犯,罪之。

第二百七十五条 犯第二百六十六条至第二百七十二条之罪者,得褫夺公权。官员犯者,并免现职。

第二十二章 赌博罪

第二百七十六条 赌博财物者,处一千元以下罚金。但以供人暂时娱乐之物为赌者,不在此限。

当场赌博器具及犯人所有钱财,以供犯罪之物论。

第二百七十七条 以赌博为常业者,处三等至五等有期徒刑。

第二百七十八条 聚众开设赌场以营利者,处三等至五等有期徒刑,并科五百元以下罚金。

第二百七十九条 发行彩票者,处四等以下有期徒刑或拘役,并科二千元以下罚金。

为买卖彩票之媒介者,处五等有期徒刑或拘役,并科一千元以下罚金。

第二百八十条 购买彩票者,处一百元以下罚金。

因而得利者,处其价额二倍以下、价额以上罚金;若二倍之数未满一百元,处一百元以下、价额以上罚金。

第二百八十一条 第二百七十八条至第二百八十条之未遂犯,罪之。

第二百八十二条 犯第二百七十七条及第二百七十八条之罪者,褫夺公权。犯第二百七十九条之罪者,得剥夺之。

第二十三章 奸非及重婚罪

第二百八十三条 对未满十二岁之男女为猥亵之行为者,处三等至五等有期徒刑或三百元以下、三十元以上罚金。

以强暴、胁迫、药剂、催眠术或他法,至使不能抗拒,而为猥亵之行为者,处二等或三等有期徒刑或五百元以下、五十元以上罚金。

第二百八十四条 对十二岁以上男女以强暴、胁迫、药剂、催眠术或他法,致使不能抗拒,而为猥亵之行为者,处三等至五等有期徒刑或三百元以下、三十元以上罚金。

第二百八十五条 对妇女以强暴、胁迫、药剂、催眠术或他法,致使不能抗拒,而奸淫之者,为强奸罪,处一等或二等有期徒刑。

奸未满十二岁之幼女者,以强奸论。

第二百八十六条 乘人精神丧失或不能抗拒,而为猥亵之行为或奸淫者,依第二百八十三条第二项、第二百八十四条及第二百八十五条之例处断。

第二百八十七条 因犯前四条之罪致人死伤者,依左列处断:

一、致死或笃疾者,死刑、无期徒刑或一等有期徒刑。

二、致废疾者,无期徒刑或二等以上有期徒刑。

致被害人羞忿自杀或意图自杀而伤害者,依前项之例处断。

第二百八十八条 引诱良家妇女卖奸以营利者,处五等有期徒刑、拘役,并科一百元以下罚金。

以前项犯罪为常业者,处三等至五等有期徒刑,并科五百元以下罚金。

第二百八十九条 和奸有夫之妇者,处四等以下有期徒刑或拘役。其相奸者,亦同。

第二百九十条 本宗缌麻以上之亲属相和奸者,处二等至四等有期徒刑。

第二百九十一条 有配偶而重为婚姻者,处四等以下有期徒刑或拘役。其知为有配偶之人而与为婚姻者,亦同。

第二百九十二条 贩卖猥亵之书画、物品,或意图贩卖而制造或收藏,或自外国贩运者,处拘役或五十元以下罚金。其公然陈列者,亦同。

因而得利者,处其价额二倍以下、价额以上罚金。若二倍之数未满五十元,处五十元以下、价额以上罚金。

第二百九十三条 第二百八十三条至第二百八十六条之未遂犯,罪之。

第二百九十四条 第二百八十三条至第二百八十六条之罪,须被害人或其亲属告诉乃论。

第二百八十九条之罪,须本夫告诉乃论。但本夫事前纵容或事后得利而和解者,其告诉为无效。

第二百九十条之罪,须妇女之尊亲属或本夫告诉乃论。

第二百九十五条 犯本章之罪宣告二等有期徒刑以上之刑者,褫夺公权,其余得褫夺之。

第二十四章 妨害饮料水罪

第二百九十六条 污秽供人所饮之净水,因而致不能饮者,处五等有期徒刑、拘役或一百元以下罚金。

第二百九十七条 污秽由水道以供公众所饮之净水或其水源,因而致不能饮者,处三等至五等有期徒刑。

第二百九十八条 以有害卫生之物混入由水道以供公众所饮之净水内或其水源者,处一等至三等有期徒刑。

第二百九十九条 损害、壅塞水道、水源,以杜绝公众所饮之净水至二日以上者,处二等或三等有期徒刑。

第三百条 同谋杜绝供公众所饮之净水至二日以上者,首谋,处四等以下有期徒刑、拘役或三百元以下罚金;余人,处拘役或三十元以下罚金。

第三百零一条 第二百九十六条至第三百零一条之未遂犯,罪之。

第三百零二条 因犯第二百九十六条至第二百九十九条之罪致人死伤者,援用伤害罪各条,依第二十三条之例处断。

第三百零三条 犯本章之罪宣告二等有期徒刑以上之刑者,褫夺公权,其余得褫夺之。

第二十五章 妨害卫生罪

第三百零四条 违背预防传染病之禁令,从进口船舰登陆或将物品搬运于陆地者,处五等有期徒刑、拘役或一百元以下罚金。

指挥船舰之人或其代理，自犯前项之罪，或知有人犯罪而不禁止者，处四等以下有期徒刑、拘役或二千元以下罚金。

第三百零五条 知情贩运有害卫生之饮食物、饮食用器具或孩童玩具者，处其卖价二倍以下、卖价以上罚金。若二倍之数未满五十元，处五十元以下、卖价以上罚金。

第三百零六条 违背法令贩卖药品者，处其卖价二倍以下、卖价以上罚金。若二倍之数未满五十元，处五十元以下、卖价以上罚金。

第三百零七条 未受公署之允准，以医为常业者，处五百元以下罚金。

第三百零八条 第三百零五条之未遂犯，罪之。

第三百零九条 犯第三百零五条第二项之罪者，得褫夺公权。

第二十六章 杀 伤 罪

第三百十条 杀人者，处死刑、无期徒刑或一等有期徒刑。

第三百十一条 杀尊亲属者，处死刑。

第三百十二条 伤害人者，依左列处断：

一、致死或笃疾者，无期徒刑或二等以上有期徒刑。

二、致废疾者，一等至三等有期徒刑。

三、致轻微伤害者，三等至五等有期徒刑。

第三百十三条 伤害尊亲属者，依左列处断：

一、致死或笃疾者，死刑或无期徒刑。

二、致废疾者，死刑、无期徒刑或一等有期徒刑。

三、致轻微伤害者，一等至三等有期徒刑。

第三百十四条 犯前二条之罪，当场助势而未下手者，以从犯论。

第三百十五条 二人以上同时下手伤害一人者，皆以共同正犯论。

同时伤害二人以上者，以最重之伤害为标准，皆以共同正犯论。

其当场助势而下手未明者，以前二项之从犯论。

第三百十六条 对尊亲属施强暴未至伤害者，处三等至五等有期徒刑。

第三百十七条 决斗者，处四等以下有期徒刑、拘役或三百元以下罚金。

因而杀伤人者，依故意杀伤罪各条之例处断。若聚众决斗者，以骚扰罪论。

第三百十八条 为决斗之人到场参预者，不问何种资格，处五等有期徒刑、拘役或一百元以下罚金。知情而供人以决斗之会场者，亦同。

第三百十九条 教唆他人使之自杀，或得其承诺而杀之者，处二等至四等有期徒刑。

帮助他人使之自杀，或受其嘱托而杀之者，处三等至五等有期徒刑。

谋为同死而犯本条之罪者，得免除其刑。

第三百二十条 教唆尊亲属使之自杀，或得其承诺而杀之者，处无期徒刑或二等以上有期徒刑。

帮助尊亲属使之自杀，或受其嘱托而杀之者，处一等至三等有期徒刑。

第三百二十一条 教唆他人使之自伤，或得其承诺而伤之者，依左列处断：

一、致死或笃疾者，三等至五等有期徒刑。

二、致废疾者，四等以下有期徒刑、拘役或三百元以下罚金。

三、致轻微伤害者，五等有期徒刑、拘役或一百元以下罚金。

帮助他人使之自伤，或受其嘱托而伤之者，依左列处断：

一、致死或笃疾者，四等以下有期徒刑、拘役或三百元以下罚金。

二、致废疾者，五等有期徒刑、拘役或一百元以下罚金。

三、致轻微伤害者，拘役或五十元以下罚金。

第三百二十二条 教唆尊亲属使之自伤，或得其承诺而伤之者，依左列处断：

一、致死或笃疾者，一等至三等有期徒刑。

二、致废疾者，二等至四等有期徒刑。

三、致轻微伤害者，三等至五等有期徒刑。

帮助尊亲属使之自伤，或受其嘱托而伤之者，依左列处断：

一、致死或笃疾者，二等至三等有期徒刑。

二、致废疾者，三等至五等有期徒刑。

三、致轻微伤害者，四等以下有期徒刑、拘役或三百元以下罚金。

第三百二十三条 因过失致人死伤者，依左列处断：

一、致死或笃疾者，五百元以下罚金。

二、致废疾者，三百元以下罚金。

三、致轻微伤害者，一百元以下罚金。

第三百二十四条 因过失致尊亲属死伤者，依左列处断：

一、致死或笃疾者，三等至五等有期徒刑或一千元以下、一百元以上罚金。

二、致废疾者，四等以下有期徒刑、拘役或五百元以下罚金。

三、致轻微伤害者，五等有期徒刑、拘役或三百元以下罚金。

第三百二十五条 因玩忽业务上必要之注意致人死伤者，处四等以下有期徒刑、拘役或二千元以下罚金。

第三百二十六条 第三百十一条、第三百十二条、第三百十八条第一项、第三百十九条至第三百二十一条之未遂犯，罪之。

第三百二十七条 预备或阴谋犯第三百十一条之罪者，处五等有期徒刑、拘役或一百元以下罚金。

预备或阴谋犯第三百十八条之罪者，处拘役或五十元以下罚金。

前二项之罪，得因其情节免除其刑。

第三百二十八条 预备或阴谋犯第三百十二条之罪者，处三等至五等有期徒刑。

第三百二十九条 第三百十四条第三款、第三百十七条及第三百二十五条第三款之罪，须告诉乃论。

第三百三十条 犯第三百十二条、第三百十四条第一款、第二款及第三百二十六条之罪者,褫夺公权。除第三百二十四条外,犯其余各条之罪者,得剥夺之。

第二十七章　堕　胎　罪

第三百三十一条　怀胎妇女服药或以他法堕胎者,处五等有期徒刑、拘役或一百元以下罚金。

第三百三十二条　受妇女之嘱托或得其承诺使之堕胎者,处四等以下有期徒刑或拘役。

第三百三十三条　有左列行为之一者,处三等至五等有期徒刑:

一、以强暴、胁迫或诈术,使妇女自行堕胎者。

二、以强暴、胁迫或诈术而受妇女之嘱托或得其承诺,使之堕胎者。

三、未得妇女之承诺,以强暴、胁迫或诈术使之堕胎者。

四、知为怀胎妇女而施以强暴、胁迫,致小产者。

第三百三十四条　医师、产婆、药剂师、药材商犯第三百三十三条之罪者,处三等至五等有期徒刑。

其以诈术犯第三百三十四条之罪者,处二等或三等有期徒刑。

第三百三十五条　第三百三十四条第一款至第三款之未遂犯,罪之。

第三百三十六条　因犯第三百三十三条之罪,致妇女死或笃疾者,处三等至五等有期徒刑。

因犯第三百三十四条之罪,致妇女死伤者,援用伤害罪各条,依第二十三条之例处断。

第三百三十七条　犯本章之罪者,得褫夺公权。

第二十八章　遗　弃　罪

第三百三十八条　依法令、契约担负扶助、养育、保护老幼、残废、疾病人之义务而遗弃之者,处三等至五等有期徒刑。

第三百三十九条　遗弃尊亲属者,处无期徒刑或二等以上有期徒刑。

第三百四十条　于自己经管地内发见被遗弃之老幼、残废、疾病人而不与以相当之保护,又不报明巡警官员及其他该管官员者,处五等有期徒刑、拘役或一百元以下罚金。

巡警官员及其他该管官员当执行职务时不即与以相当之处分或保护者,处三等至五等有期徒刑。

第三百四十一条　因犯第三百三十九条及第三百四十条之罪致人死伤者,援用伤害罪各条,依第二十三条之例处断。

第三百四十二条　犯第三百四十条之罪者,褫夺公权,其余得褫夺之。

第二十九章　私滥逮捕监禁罪

第三百四十三条　私擅逮捕或监禁人者,处三等至五等有期徒刑。

第三百四十四条　私擅逮捕或监禁尊亲属者,处一等至三等有期徒刑。

第三百四十五条　审判或检察、巡警、监狱及其他行政官员或其佐理,滥用职权逮捕或监禁人者,处二等或三等有期徒刑。

第三百四十六条 因犯本章之罪致人死伤者,援用伤害罪各条,依第二十三条之例处断。

第三百四十七条 犯本章之罪者,得褫夺公权。

第三十章 略诱及和诱罪

第三百四十八条 以强暴、胁迫或诈术拐取妇女或未满二十岁之男子者,为略诱罪,处二等或三等有期徒刑。

和诱人者,处三等至五等有期徒刑。

和诱未满十六岁之男女者,以略诱论。

第三百四十九条 移送自已略诱之妇女或未满二十岁之男子于帝国外者,处无期徒刑或二等以上有期徒刑。

系和诱者,处二等或三等有期徒刑。

第三百五十条 意图营利略诱妇女或未满二十岁之男子者,处无期徒刑或二等以上有期徒刑。

和诱者,处二等或三等有期徒刑。

第三百五十一条 意图营利移送自已略诱之妇女或未满二十岁之男子于帝国外者,处死刑、无期徒刑或一等有期徒刑。

系和诱者,处无期徒刑或二等以上有期徒刑。

第三百五十二条 预谋收受、藏匿被略诱、和诱人者,依前四条之例处断。

未预谋者,依左列处断:

一、收受、藏匿第三百四十九条、第三百五十条第二项及第三百五十一条第二项之被略诱、和诱人者,三等至五等有期徒刑。

二、收受、藏匿第三百五十条第一项、第三百五十一条第一项及第三百五十二条之被略诱、和诱人者,一等至三等有期徒刑。

第三百五十三条 本章之未遂犯,罪之。

第三百五十四条 第三百四十九条及第三百五十三条之罪,须告诉乃论。

被略诱、和诱人与犯人为婚姻者,非离婚后,其告诉为无效。

第三百五十五条 意图营利犯本章之罪者,褫夺公权,其余得褫夺之。

第三十一章 妨害安全、信用、名誉及秘密罪

第三百五十六条 对人以加害生命、身体、自由、名誉、财产之事相胁迫者,处五等有期徒刑、拘役或一百元以下罚金。

以加害其亲属相胁迫者,亦同。

第三百五十七条 以强暴、胁迫使人行无义务之事或妨害人行使权利者,处四等以下有期徒刑、拘役或三百元以下罚金。

第三百五十八条 散布流言或以诈术损害他人或其业务之信用者,处五等有期徒刑、拘役或一百元以下罚金。

第三百五十九条 指摘事实公然侮辱人者,不问其事实之有无,处五等有期徒刑、拘役或一百元以下罚金。

第三百六十条 对尊亲属犯第三百五十七条、第三百五十九条及第三百六十条之罪者,处四等以下有期徒刑或拘役。

犯第三百五十八条之罪者,处三等至五等有期徒刑。

第三百六十一条 无故开拆、藏匿、毁弃他人封缄之信函者,处五等有期徒刑、拘役或一百元以下罚金。

无故公表他人秘密之文书、图画者,亦同。

第三百六十二条 僧道、医师、药剂师、药材商、产婆、律师、公证人或曾居此等地位之人,因其职业得知他人之秘密,无故漏泄者,处五等有期徒刑、拘役或一百元以下罚金。无故公表者,处四等以下有期徒刑、拘役或三百元以下罚金。

第三百六十三条 第三百五十八条及第三百五十九条之未遂犯,罪之。

第三百六十四条 除第三百五十八条外,本章之罪须告诉乃论。

第三百六十五条 犯本章之罪者,得褫夺公权。

第三十二章 窃盗及强盗罪

第三百六十六条 意图为自己或第三人之所有而窃取他人所有物者,为窃盗罪,处三等至五等有期徒刑。

第三百六十七条 窃盗有左列行为之一者,处二等或三等有期徒刑:

一、侵入现有人居住或看守之第宅、建筑物、矿坑、船舰内者。

二、结伙三人以上者。

第三百六十八条 窃取御物者,处无期徒刑或二等以上有期徒刑。

第三百六十九条 意图为自己或第三人之所有,而以强暴、胁迫强取他人所有物者,为强盗罪,处一等至三等有期徒刑。

以药剂、催眠术或他法使人不能抗拒而强取者,亦同。

第三百七十条 窃盗因防护赃物、脱免逮捕、湮灭罪证而当场施强暴、胁迫者,以强盗论。

第三百七十一条 除第三百七十条、第三百七十五及第三百七十七条外,以强暴、胁迫得其他财产上不法之利益或使第三人得之者,以强盗论。

以药剂、催眠术或他法使人不能抗拒而犯前项之罪者,亦同。

第三百七十二条 强盗有左列行为之一者,处无期徒刑或二等以上有期徒刑:

一、侵入现有人居住或看守之第宅、建筑物、矿坑、船舰内者。

二、结伙三人以上者。

三、伤害人而未致死及笃疾者。

第三百七十三条 强盗有左列行为者,处死刑、无期徒刑或一等有期徒刑:

一、结伙三人以上在途行劫者。

二、在海洋行劫者。

三、致人死或笃疾或伤害至二人以上者。

四、于盗所强奸妇女者。

第三百七十四条 强取御物者,处死刑、无期徒刑或一等有期徒刑。

第三百七十五条 犯强盗之罪故意杀人者,处死刑或无期徒刑。

第三百七十六条 窃取他人依共有权、质权及其他物权或公署之命令而以善意所管有之自己共有物或所有物者,处其价额二倍以下、价额以上之罚金;若二倍之数未满五十元,处五十元以下、价额以上罚金。

侵入现有人居住或看守之第宅、建筑物、矿坑、船舰内犯前项之罪者,处五等有期徒刑或拘役,依前项之例并科罚金。

若强取者,处四等以下有期徒刑或拘役,依第一项之例并科罚金。

第三百七十七条 于禁止私有之物及电气犯本章之罪者,以所有物论。

第三百七十八条 除第三百七十三条第三款及第三百七十四条第三款外,本章之未遂犯,罪之。

第三百七十九条 犯第三百六十八条至第三百七十六条之罪者,褫夺公权,其余得褫夺之。

第三百八十条 于直系亲属、配偶或同居亲属之间犯第三百六十七条及第三百七十七条第一项之罪者,免除其刑。

对其他亲属犯前项所列各条之罪者,须告诉乃论。

前二项之规定于非亲属而与亲属为共犯者,不适用之。

第三十三章 诈欺取财罪

第三百八十一条 意图为自己或第三人之所有,以欺罔、恐吓使人将所有物交付于己者,为诈欺取财罪,处三等至五等有期徒刑。

以前项方法得财产上不法之利益或使第三人得之者,亦同。

第三百八十二条 为他人处理事务,图利自己或第三人,或图害本人,背其义务而损害本人之财产者,处三等至五等有期徒刑或一千元以下、一百元以上罚金。

第三百八十三条 乘人未满十六岁或精神错乱之际,使将本人或第三人所有物交付于己,或因而得财产上不法之利益,或使第三人得之,或损害本人之财产者,依前二条之例处断。

第三百八十四条 三人以上共犯前三条之罪者,处二等或三等有期徒刑。

第三百八十五条 官员处理公务图利自己或第三人,或图害国家公署,背其职务损害国家公署之财产者,处二等或三等有期徒刑。

第三百八十六条 于御物犯第三百八十二条至第三百八十五条之罪者,处无期徒刑或二等以上有期徒刑。

第三百八十七条 本章之未遂犯,罪之。

第三百八十八条 犯第三百八十五条至第三百八十七条之罪者,褫夺公权,其余得褫夺之。

第三百八十九条 第三百七十七条第一项、第三百七十八条及第三百八十一条之规定于本章之罪,亦准用之。

第三十四章 侵 占 罪

第三百九十条 侵占自己依法令、契约照料他人事务之管有物、共有物或属于他人所有权、抵当权及其他物权之财物者,处三等至五等有期徒刑。

虽系自己所有物、管有物,若依公署之命令归自己看守而侵占之者,亦同。

第三百九十一条 侵占公务上或业务上之管有物、共有物或属于他人所有权、抵当权及其他物权之财物者,处二等或三等有期徒刑。其不在公务、业务之人与共犯者,依第三十三条第一项之例处断。

第三百九十二条 侵占遗失物、漂流物或属于他人物权而离其管有之财物者,处其价额二倍以下、价额以上罚金。若二倍之数未满五十元,处五十元以下、价额以上罚金。

因自己错误而以善意取得管有之他人所有物,或因他人错误而交付于自己之他人所有物,以遗失物论。

第三百九十三条 第三百九十一条及第三百九十二条之未遂犯,罪之。

第三百九十四条 犯第三百九十一条及第三百九十二条之罪者,得褫夺公权。

第三百九十五条 第三百七十七条、第三百七十八条及第三百八十一条之规定于本章之罪,亦准用之。

第三十五章 赃 物 罪

第三百九十六条 受人赠与赃物者,处四等以下有期徒刑、拘役或三百元以下罚金。

搬运、受寄、故买或为牙保者,处二等至四等有期徒刑。

因犯前项之罪获利者,并科所得价额二倍以下、价额以上罚金。若二倍之数未满五十元,并科五十元以下、价额以上罚金。

第三百九十七条 对于第三百七十七条或其他准用该条规定各条之赃物犯前条之罪者,依第三百七十七条第一项之例,处以罚金。

第三百九十八条 本章之未遂犯,罪之。

第三百九十九条 以第三百九十七条第二项之罪为常业者,褫夺公权。其余犯本章之罪者,得褫夺之。

第四百条 第三百七十七条及第三百八十一条第一项及第三项之规定于本章之罪,亦准用之。

第三十六章　毁弃损坏罪

第四百零一条　毁弃制书或损坏御玺、国玺者，处一等至三等有期徒刑。

第四百零二条　毁弃公署或官员所管有之公文书，或损坏公印者，处二等至四等有期徒刑。

第四百零三条　毁弃关系他人权利义务之文书者，处三等至五等有期徒刑或三百元以下、三十元以上罚金。

第四百零四条　损坏他人所有建筑物、矿坑、船舰者，处三等至五等有期徒刑或一千元以下、一百元以上罚金。

损坏第一百八十六条之建筑物、矿坑、船舰者，处二等或三等有期徒刑。

因犯本条之罪致人死伤者，援用伤害罪各条，依第二十三条之例处断。

第四百零五条　有左列行为之一，处四等以下有期徒刑、拘役或三百元以下罚金：

一、损坏、伤害前条所列以外之他人所有物者。

二、漏逸他人所有之煤气、蒸汽及其他气体或流动物，或以他法致令丧失效用者。

三、纵逸他人所有之动物致令丧失者。

第四百零六条　损坏、伤害、漏逸、丧失担负他人物权之自己所有物，或依公署之命令由他人管有或自己看守之物者，处其价额二倍以下、价额以上罚金。若二倍之数未满五十元，处五十元以下、价额以上罚金。

第四百零七条　第三百七十八条及第三百八十一条之规定，于第四百零四条、第四百零五条第一项、第二项之罪，亦准用之。

第四百零八条　第四百零二条至第四百零四条、第四百零五条第一项、第二项、第四百零六条及第四百零八条之未遂犯，罪之。

第四百零九条　犯本章之罪，宣告二等有期徒刑以上之刑者，褫夺公权，其余得褫夺之。

第四百十条　第四百零六条及第四百零七条之罪，须告诉乃论。

暂行章程

第一条　犯第八十九条、第一百零一条、第一百十条、第一百十一条、第三百十二条、第三百十四条处以死刑，仍用斩。

第二条　犯第二百五十八条第一项、第二百五十九条、第二百六十一条至第二百六十三条之罪，应处二等以上徒刑者，得因其情节仍处死刑。

第三条　犯第三百七十条应处一等有期徒刑，及第三百七十一条至第三百七十三条之刑者，得因其情节仍处死刑。

第四条　犯第二百八十九条之罪为无夫妇女者，处五等有期徒刑、拘役或一百元以下罚金。其相奸者，亦同。

前项犯罪需妇女尊亲属告诉乃论，但尊亲属事前纵容或事后得利而和解者，其告诉为无效。

第五条　对尊亲属有犯，不得适用正当防卫之例。

Ⅱ. 北洋政府时期的刑法立法文献

一、《暂行新刑律》(1912年)

《暂行新刑律》*

(1912年4月)

目　录

---

* 1912年3月10日,袁世凯就任临时大总统,同日发布命令:"民国法令未经审议颁布,所有从前施行之法律及新刑律,除与民国国体抵触各条应失去效力外,余均暂行援用。"北京政府根据上述总统令,于1912年3月30日针对《钦定大清刑律》进行删改,完成了《暂行新刑律》,于1912年4月3日以政府公报的形式公布施行。1912年4月29日,临时参议院以决议的形式正式通过《暂行新刑律》。

第一编　总　　则

第一章　法　　例

第一条　本律于凡犯罪在本律颁行以后者，适用之。

其颁行以前未经确定审判者,亦同。但颁行以前之法律不以为罪者,不在此限。

第二条 本律于凡在中华民国内犯罪者,不问何人,适用之。

其在中华民国外之中华民国船舰内犯罪者,亦同。

第三条 本律于凡在中华民国外对于中华民国犯左列各罪者,不问何人,适用之:

(一)(此款删除)

(二)第一百零一条及第一百零四条之罪。

(三)第一百零八条及第一百十条至第一百十二条之罪。

(四)第一百二十五条之罪。

(五)第一百五十三条及第一百五十五条之罪。

(六)第二百二十九条及第二百三十一条第一项之罪。

(七)第二百三十九条、第二百四十一条及第二百四十二条之罪。

(八)第四百零三条之罪。

第四条 本律于中华民国人民在中华民国外左列之罪者,适用之:

(一)第一百十八条及第一百二十四条之罪。

(二)第一百三十三条及第一百三十五条之罪。

(三)第一百四十条及第一百四十一条之罪。

(四)第一百四十四条及第一百四十八条之罪。

(五)第一百七十二条之罪。

(六)第二百十七条之罪。

(七)第二百二十六条之罪。

(八)第二百四十条第一项之罪。

第五条 本律于中华民国人民在中华民国外,或外国人在中华民国外对中华民国人民犯左列各罪者,适用之:

(一)第一百八十一条至第一百八十三条之罪。

(二)第一百八十六条至第一百八十八条之罪、第一百九十二条及第一百九十三条之罪。

(三)第二百十一条至第二百十六条之罪。

(四)第二百四十条第二项、第二百四十一条、第二百四十三条至第二百四十五条之罪。

(五)第二百五十八条至第二百六十三条之罪。

(六)第二百八十三条至第二百八十七条及第二百九十一条之罪。

(七)第三百十一条至第三百十四条及第三百二十条至第三百二十六条之罪。

(八)第三百三十四条、第三百三十五条及第三百三十七条第一项之罪。

(九)第三百三十九条及第三百四十条之罪。

(十)第三百四十四条至第三百四十六条之罪。

(十一)第三百四十九条至第三百五十三条之罪。

(十二)第三百五十七条至第三百六十一条之罪。

（十三）第三百六十七条至第三百七十七条之罪。

（十四）第三百八十二条至第三百八十六条之罪。

（十五）第三百九十一条至第三百九十三条之罪。

（十六）第三百九十七条之罪。

（十七）第四百零四条及第四百零五条之罪。

第六条 凡犯罪者，虽经外国确定审判后，仍得依本律处断。但已受其刑之执行或经免除者，得免除或减轻本律之刑。

第七条 犯罪之行为或其结果有一项在中华民国领域或船舰内者，以在中华民国领域内犯罪论。

第八条 第二条、第三条、第五条及第六条之规定，若因国际上有成例而不适用者，仍依成例。

第九条 本律总则于其他法令之定有刑名者，亦适用之。但有特别规定时，不在此限。

第二章 不为罪

第十条 法律无正条者，不问何种行为，不为罪。

第十一条 凡未满十二岁人之行为，不为罪。但因其情节，得施以感化教育。

第十二条 精神病人之行为，不为罪。但因其情节，得施以监禁处分。

前项之规定，于酗酒或精神病间断时之行为，不适用之。

第十三条 非故意之行为，不为罪。但应论过失者，不在此限。

不知法令不得为非故意。但因其情节，得减本刑一等或二等。

犯罪之事实与犯人所知有异者，依左列处断：

第一，所犯重于犯人所知或相等者，从其所知。

第二，所犯轻于犯人所知者，从其所犯。

第十四条 依法令或正当业务之行为，或不背公共秩序、善良风俗、习惯之行为者，不为罪。

第十五条 对现在不正之侵害而出于防卫自己或他人权利之行为，不为罪。但逾防卫行为过当者，得减本刑一等至三等。

第十六条 避不能抗拒之危难、强制，而出于不得已之行为，不为罪。但加过当之损害者，得减本刑一等至三等。

前项之规定，于有公务上或业务上特别义务者，不适用之。

第三章 未遂罪

第十七条 犯罪已着手而因意外之障碍不遂者，为未遂犯。其不能生犯罪之结果者，亦同。

未遂犯之为罪，于分则各条定之。

未遂罪之刑，得减既遂罪之刑一等或二等。

第十八条 犯罪已着手而因己意中止者,准未遂犯论,得免除或减轻本刑。

第四章 累 犯 罪

第十九条 已受徒刑之执行,更犯徒刑以上之罪者,为再犯,加本刑一等。但有期徒刑执行完毕、无期徒刑或有期徒刑执行一部而免除后,逾五年而再犯者,不在加重之限。

第二十条 三犯以上者,加本刑二等,仍适用前条之例。

第二十一条 凡审判确定后,于执行其刑之时发觉为累犯者,依前二条之例更定其刑。

第二十二条 依军律或于外国审判衙门受有罪审判者,不得用加重之例。

第五章 俱 发 罪

第二十三条 确定审判前犯数罪者,为俱发罪,各科其刑,并依左列定其应执行者:

第一,科死刑者,不执行他刑;科多数之死刑者,执行其一。

第二,科无期徒刑者,不执行他刑;科多数之无期徒刑者,执行其一。

第三,科多数之有期徒刑者,于各刑合并之刑期以下、其中最长之刑期以上,定其刑期,但不得逾二十年。

第四,科多数之拘役者,照前款之例定其刑期。

第五,科多数之罚金者,于各刑合并之金额以下、其中最多之金额以上,定其金额。

第六,依第三款至第五款所定之有期徒刑、拘役及罚金,并执行之。有期徒刑、拘役及罚金各科其一者,亦同。

第七,褫夺公权及没收,并执行之。

第二十四条 一罪先发,已经确定审判,余罪后发,或数罪各别经确定审判者,从前条之例更定其刑。

其最重刑消灭,仍余数罪者,亦同。

第二十五条 俱发与累犯互合者,其俱发罪依前二条之例处断,与累犯罪之刑并执行之。

第二十六条 以犯一罪之方法或其结果而生他罪者,从一重处断。但于分则有特别规定者,不在此限。

第二十七条 犯罪之重轻,比较各罪最重主刑之重轻定之;最重刑相等者,比较其最轻主刑之重轻定之。

主刑重轻俱等者,据犯罪情节定之。

第二十八条 凡连续犯罪者,以一罪论。

第六章 共 犯 罪

第二十九条 二人以上共同实施犯罪之行为者,皆为正犯,各科其刑。

于实施犯罪行为之际帮助正犯者,准正犯论。

第三十条 教唆他人使之实施犯罪之行为者,为造意犯,依正犯之例处断。

教唆造意犯者,准造意犯论。

第三十一条 于实施犯罪行为以前帮助正犯者,为从犯,得减正犯之刑一等或二等。

教唆或帮助从犯者,准从犯论。

第三十二条 于前教唆或帮助,其后加入实施犯罪之行为者,从其所实施者处断。

第三十三条 因身分成立之罪,其教唆或帮助者,虽无身分,仍以共犯论。

因身分致刑有重轻者,其无身分之人仍科通常之刑。

第三十四条 知本犯之情而共同者,虽本犯不知共同之情,仍以共犯论。

第三十五条 于过失罪有共同过失者,以共犯论。

第三十六条 值人故意犯罪之际,因过失而助成其结果者,准过失共同正犯论,但以其罪应论过失者为限。

第七章 刑 名

第三十七条 刑分为主刑及从刑。

主刑之种类及重轻之次序如左:

第一,死刑。

第二,无期徒刑。

第三,有期徒刑。

(一)一等有期徒刑:十五年以下、十年以上。

(二)二等有期徒刑:十年未满、五年以上。

(三)三等有期徒刑:五年未满、三年以上。

(四)四等有期徒刑:三年未满、一年以上。

(五)五等有期徒刑:一年未满、一日以上。

第四,拘役:二月未满、一日以上。

第五,罚金:一元以上。

从刑之种类如左:

第一,褫夺公权。

第二,没收。

第三十八条 死刑用绞,于监狱内执行之。

第三十九条 受死刑之宣告者,迄至执行,与他囚人分别监禁。

第四十条 凡死刑非经法部覆准回报,不得执行。

第四十一条 宣告徒刑及拘役,不得未满一日;罚金,不得未满一元。

第四十二条 徒刑之囚于监狱监禁之,令服法定劳役。其监禁方法及劳役种类,依监狱法之规定。

第四十三条 拘役之囚于监狱监禁之,令服劳役。但因其情节,得免劳役。

第四十四条 受五等有期徒刑或拘役之宣告者,其执行若实有窒碍,得以一日折算一元,易以罚金。

依前项之例易罚金者,于法律以受徒刑或拘役之执行者论。

第四十五条 罚金于审判确定后,令一月以内完纳。逾期不完纳者,依左列处断:

第一,有资力者,强制令完纳之。

第二,无资力者,以一元折算一日,易以监禁。

监禁于监狱内附设之监禁所执行之。

监禁日数不得逾三年。

罚金已纳一部者,计其余额,依第一项第二款之例,易以监禁。

罚金总额之比例逾三年之日数,而已纳其一部者,以按分比例定监禁日数。

依本条之例易监禁者,除脱逃罪外,于法律以受罚金之执行者论。

第四十六条 褫夺公权者,终身夺其左列资格之全部或一部:

(一)为官员之资格。

(二)为选举人之资格。

(三)膺勋章之资格

(四)入军籍之资格。

(五)为学堂监督、职员、教习之资格。

(六)为律师之资格。

第四十七条 于分则有得褫夺公权之规定者,得褫夺现在之地位,或于一定期限内褫夺前条所列资格之全部或一部,但以应科徒刑以上之刑者为限。

第四十八条 没收之物如左:

(一)违禁私造、私有之物。

(二)供犯罪所用及预备之物。

(三)因犯罪所得之物。

第四十九条 没收之物,以犯人以外无有权利者为限。

第八章 宥 减

第五十条 瘖哑人或未满十六周岁人或满八十岁人犯罪者,得减本刑一等或二等。

第九章 自 首

第五十一条 犯罪未发觉而自首于官受审判者,得减本刑一等。

犯亲告罪而向有告诉权之人首服,受官之受审判者,亦同。

第五十二条 一罪既发,别首未发余罪者,得减所首余罪之刑一等。

第五十三条 预备或阴谋犯分则特定各条之罪,未至实行而自首于官受审判者,得免除或减轻其刑。但没收不在免除之限。

第十章 酌 减

第五十四条 审按犯人之心术及犯罪之事实,其情轻者,得减本刑一等或二等。

第五十五条 依法律加重或减轻者,仍得依前条之例减轻其刑。

第十一章 加 减 例

第五十六条 死刑、徒刑、拘役,依第三十七条所列次序加重、减轻之。

徒刑不得加至死刑。

拘役不得减至罚金及免除之。

罚金不得加至拘役及徒刑。

第五十七条 分则有二种以上主刑应加减者,依第三十七条所列次序,按等加减之。

最重主刑系死刑应加重者,止加重其徒刑。无期徒刑应加重者,止加重其有期徒刑。

最轻主刑系拘役应减轻者,止减轻其徒刑;徒刑减尽者,止处拘役。

第五十八条 罚金依分则所定之额,以四分之一为一等,加重、减轻之。

罚金应加减者,最多额与最少额同加减之;其仅定有最多额者,止加减其最多额。

第五十九条 分则所定并科之罚金,若徒刑应加减者,亦加减之。

其易科之罚金,若徒刑应减轻者,亦减轻之。

第六十条 同时刑有加重、减轻者,互相抵销。

第六十一条 有二种以上应减轻者,得累减之。

第六十二条 从刑不随主刑加重、减轻。

第十二章 缓 刑

第六十三条 具有左列要件而受四等以下有期徒刑或拘役之宣告者,自审判确定之日起,得宣告缓刑五年以下、三年以上:

(一)未曾受拘役以上之刑者。

(二)前受三等至五等有期徒刑,执行完毕或免除后,逾七年;或前受拘役,执行完毕或免除后,逾三年者。

(三)有一定之住所及职业者。

(四)有亲属或故旧监督缓刑期内之品行者。

第六十四条 受缓刑之宣告而有左列情形之一者,撤销其宣告:

(一)缓刑期内更犯罪,受拘役以上之宣告者。

(二)因缓刑前所犯罪,而受拘役以上之宣告者。

(三)不备前条第二款之要件,后经发觉者。

(四)丧失住所及职业者。

(五)监督人请求刑之执行,其言有理由者。

第六十五条 逾缓刑之期而未撤销缓刑之宣告者,其刑之宣告为无效。

第十三章 假 释

第六十六条 受徒刑之执行而有悛悔实据者,无期徒刑逾十年后、有期徒刑逾二分之一后,由监狱官申达法部,得许假释出狱。但有期徒刑之执行未满三年者,不在此限。

第六十七条 假释出狱而有左列情形之一者,撤销其假释,其出狱日数不算入刑期之内:

(一)假释期限内更犯罪,受拘役以上之宣告者。

(二)因假释前所犯罪而受拘役以上之宣告者。

(三)因假释前所受拘役以上之宣告而应执行者。

(四)犯假释管束规则中应撤销之条项者。

未经撤销假释者,其出狱日数算入刑期之内。

第十四章 赦　免

第六十八条 赦免依赦免条例,临时分别行之。

第十五章 时　效

第六十九条 提起公诉权之时效期限,依左列定之:

(一)系死刑者,十五年。

(二)系无期徒刑或一等有期徒刑者,十年。

(三)系二等有期徒刑者,七年。

(四)系三等有期徒刑者,三年。

(五)系四等有期徒刑者,一年。

(六)系五等有期徒刑或拘役、罚金者,六月。

前项期限,自犯罪行为完毕之日起算。逾期不起诉者,其起诉权消灭。

第七十条 二罪以上之起诉权之时效期限,据最重刑,依前条之例定之。

第七十一条 本刑应加重或减轻者,起诉权之时效期限,仍据本刑计算。

第七十二条 起诉权之时效遇有左列行为之一,中断之,俟行为停止,更行起算:

(一)侦查及预审上强制处分。

(二)公判上诉讼行为。

前项行为于一切共犯,有同一之效力。

第七十三条 起诉权之时效遇被告人罹精神病及其他重病而停止公判者,停止之。

第七十四条 行刑权之时效期限,依左列定之:

(一)死刑者,三十年。

(二)无期徒刑,二十五年。

(三)一等有期徒刑,二十年。

(四)二等有期徒刑,十五年。

(五)三等有期徒刑,十年。

(六)四等有期徒刑,五年。

(七)五等有期徒刑,三年。

(八)拘役、罚金,一年。

前项期限,自宣告确定之日起算。逾期不行刑者,其行刑权消灭。

第七十五条 行刑权之时效,遇因执行而犯人已就逮捕者,中断之。但其他未知悉之刑,不在此限。

罚金及没收之时效,遇有执行行为,中断之。

第七十六条 行刑权之时效,遇有依法律停止执行者,停止之。

第十六章 时 例

第七十七条 时期以日计者,阅二十四小时。以月计者,阅三十日。以年计者,阅十二月。

第七十八条 时期之初日,不计时刻,以一日论。最终之日阅全一日。放免有期徒刑及拘役之囚人,于期满之次日午前行之。

第七十九条 刑期,自审判确定之日起算。

审判虽经确定其尚未受监禁者,其日数不算入刑期。

第八十条 未决期内羁押之日数,得以二日抵徒刑、拘役一日或抵罚金一元。

第十七章 文 例

第八十一条 (此条删除)

第八十二条 称尊亲属者,谓左列各人:

(一)祖父母,高、曾同。

(二)父母。

妻与夫之尊亲属,与夫同。

称亲属者,谓尊亲属及左列各人:

(一)夫妻。

(二)本宗服图期服以下者。

(三)外亲服图小功以下者。

(四)妻亲服图缌麻以下者。

(五)妻为夫族服图期服以下者。

(六)出嫁女为本宗服图大功以下者。

第八十三条 称官员者,谓职官、吏员及其他依法令从事于公务之议员、委员、职员。

称公署者,谓公务员奉行职务之衙署、局所。

称公文书者,谓官员及公署应制作之文书。

第八十四条 称议会及选举者,谓依法令所设立中央及地方参与政事之议会及其议员之选举。

第八十五条 称僧道者,谓僧尼、道士、女冠及其他宗教师。

第八十六条 依分则援用别条处断,而别条之罪应论未遂、预备或阴谋者,于处断本条之未遂、预备或阴谋犯,并援用之。

于造意犯及从犯,亦同。

第八十七条 称以下、以上、以内者,俱连本数计算。

第八十八条 称笃疾者,谓左列伤害:

(一)毁败视能者。

(二)毁败聪能者。

(三)毁败语能者。

(四)毁败一肢以上或终身毁败其机能者。

(五)于精神或身体有重大不治之病者。

(六)变更容貌且有重大不治之伤害者。

(七)毁败阴阳者。

称废疾者,谓左列伤害:

(一)减衰视能者。

(二)减衰聪能者。

(三)减衰语能者。

(四)减衰一肢以上之机能者。

(五)于精神或身体有至少三十日以上之病者。

(六)有致废弃业务至三十日以上之病者。

称轻微伤害者,谓前二项所列以外之疾病、损伤。

第二编 分 则

第一章 侵犯皇室罪(删除)

第八十九条至第一百条均删除。

第二章 内 乱 罪

第一百零一条 意图颠覆政府、僭窃土地及其他紊乱国宪而起暴动者,为内乱罪,依左列分别处断:

(一)首魁,死刑或处无期徒刑。

(二)执重要事务者,死刑、无期徒刑或一等有期徒刑。

(三)附和随行者,二等至四等有期徒刑。

意图内乱,聚众掠夺公署之兵器、弹药、船舰、钱粮及其他军需品,或携带兵器占据都市、城寨及其他军用之地者,均以内乱既遂论。

第一百零二条 第一百零一条之未遂犯,罪之。

第一百零三条 预备或阴谋犯第一百零一条之罪者,处一等至三等有期徒刑。

第一百零四条 知预备内乱之情而供给兵器、弹药、船舰、钱粮及其他军需品者,处无期徒刑或二等以上有期徒刑。

第一百零五条 暴动者违背战斗上国际成例,犯杀伤、放火、决水、掠夺及其他各罪者,援用所犯各条,依第二十三条之例处断。

第一百零六条 犯本章之罪宣告二等有期徒刑以上之刑者,褫夺公权;其余,得褫夺之。

第一百零七条 犯第一百零一条至第一百零四条之罪,未至暴动而自首者,免除其刑。

第三章 外 患 罪

第一百零八条 受中华民国之命令委任与外国商议,图利自己或他人或外国,故意议定不利中华民国之条约者,不问批准与否,处无期徒刑或二等以上有期徒刑。

第一百零九条 中华民国人民意图使中华民国领域属于外国,而与外国开始商议者,处死刑、无期徒刑或一等有期徒刑。

第一百十条 通谋外国,使对中华民国开战端或与敌国抗敌中华民国者,处死刑。

第一百十一条 意图利敌国或害中华民国而有左列行为之一者,处死刑、无期徒刑或一等有期徒刑:

(一)将要塞、军港、军队、船舰及其他军用处所、建筑物或兵器、弹药、钱粮、交通材料及其他军需品交付敌国,或烧毁、毁坏及设法致不堪用者。

(二)以诈术或他法于陆海军内煽令不和、反乱或脱逃者。

(三)将关涉军略之文书、图画交付敌国者。

(四)为敌国间谍,或帮助敌国间谍者。

(五)诱导敌国军队、船舰,使侵入或接近中华民国领域者。

第一百十二条 于中华民国与外国交战之际,担负供给军需之义务者,以诈术或其他不正行为缔结契约,或缔结后不照契约履行者,处无期徒刑或二等以上有期徒刑。

因而得利者,并科所得总额二倍以下总额以上罚金;若二倍之数未满三百元,并科三百元以下、所得总额以上罚金。

第一百十三条 除前二条所列外,以其他行为,将军事上之利益与敌国或酿成军事上之不利益于中华民国者,处二等或三等有期徒刑。

第一百十四条 本章之未遂犯,罪之。

第一百十五条 预备或阴谋犯第一百零八条、第一百零九条及第一百十三条之罪者,处四等以下有期徒刑、拘役或一千元以下罚金。

预备或阴谋犯第一百十条及第一百十一条之罪者,处一等至三等有期徒刑。

犯本条之罪,未着手而自首者,免除其刑。

第一百十六条 中华民国人民犯本章之罪者,褫夺公权;其余,得褫夺之。

第一百十七条 本章之规定于凡对战时同盟国有犯者,亦适用之。

第四章 妨害国交罪

第一百十八条 加危害于外国君主或大统领者,处死刑。

第一百十九条 因过失致生危害于外国君主或大统领者，处二等至四等有期徒刑或二千元以下二百元以上罚金。

第一百二十条 对外国君主或大统领有不敬之行为者，处二等至四等有期徒刑或二千元以下、二百元以上罚金。

第一百二十一条 杀外国使节者，处死刑或无期徒刑。

第一百二十二条 伤害外国使节者，依左列处断：

（一）致死或笃疾者，死刑、无期徒刑或一等有期徒刑。

（二）致废疾者，无期徒刑或二等以上有期徒刑。

（三）致轻微伤害者，二等至四等有期徒刑。

第一百二十三条 对外国使节有强暴或胁迫之行为者，处三等至五等有期徒刑或一千元以下、一百元以上罚金。

第一百二十四条 对外国使节有侮辱之行为者，处四等以下有期徒刑、拘役或五百元以下罚金。

第一百二十五条 对派至外国之中华民国使节有杀伤、强暴、胁迫或侮辱之行为者，依第一百二十一条至第一百二十四条之例处断。

第一百二十六条 意图侮辱外国而损坏、除去、污秽外国之国旗及其他国章者，处四等以下有期徒刑、拘役或三百元以下罚金。

第一百二十七条 私与外国开战者，处一等至三等有期徒刑。

第一百二十八条 于外国交战之际，违背局外中立之命令者，处四等以下有期徒刑或拘役。

因而得利者，并科所得总额二倍以下总额以上罚金；若二倍之数未满三百元，并科三百元以下、所得总额以上罚金。

第一百二十九条 第一百十八条、第一百二十一条、第一百二十二条、第一百二十七条及第一百二十八条之未遂犯，罪之。

第一百三十条 预备或阴谋犯第一百十八条之罪者，处二等至四等有期徒刑。

预备或阴谋犯第一百二十一条及第一百二十七条之罪者，处四等以下有期徒刑、拘役或一千元以下罚金。

犯第一百二十七条之罪，未着手而自首者，免除其刑。

第一百三十一条 犯本章之罪宣告二等有期徒刑以上之刑者，褫夺公权；其余，得褫夺之。

第一百三十二条 第一百二十条及第一百二十六条之罪，须外国政府请求或得其同意乃论。

第一百二十四条之罪，须被害人请求乃论。

第五章 漏泄机务罪

第一百三十三条 漏泄中华民国内治、外交应秘密之政务者，处三等至五等有期徒刑。

若潜通于外国者,处二等或三等有期徒刑。

因而致与外国生纷议、战争者,处无期徒刑或一等有期徒刑。

第一百三十四条 知为军事上秘密之事项、图书、物件而刺探、收集者,处三等至五等有期徒刑或五百元以下、五十元以上罚金。

第一百三十五条 知为军事上秘密之事项、图书、物件而漏泄或公表者,处二等或三等有期徒刑。

其因职务执行、收领而漏泄或公表者,处一等或二等有期徒刑。

第一百三十六条 未受允准,将军港、要港、防御港、堡垒、炮台、水雷卫所及其他为防御而设之建筑物测量、摹绘、摄照或记录其形状者,处三等至五等有期徒刑或五百元以下、五十元以上罚金。

未受允准或以诈术得受允准而入堡垒、炮台、水雷卫所及其他为防御而设之建筑物内者,亦同。

第一百三十七条 第一百三十三条第一项及第一百三十四条至第一百三十六条之未遂犯,罪之。

第一百三十八条 犯本章之罪者,得褫夺公权。

第一百三十九条 因犯本章之罪而得利者,没收之;若已费失者,追征其价额。

第六章 渎 职 罪

第一百四十条 官员、公断人于其职务要求贿赂,或期约或收受者,处三等至五等有期徒刑。

因而为不正之行为或不为相当之行为者,处一等至三等有期徒刑。

第一百四十一条 官员、公断人于其职务,事后要求贿赂,或期约或收受者,处四等有期徒刑或拘役。

因为不正之行为或不为相当之行为,事后要求贿赂或期约或收受者,处二等至四等有期徒刑。

第一百四十二条 对官员、公断人行求贿赂,或期约或交付者,处四等以下有期徒刑、拘役或三百元以下罚金。

第一百四十三条 对官员、公断人,事后行求贿赂,或期约或交付者,处五等有期徒刑、拘役或一百元以下罚金。

第一百四十四条 审判或检察、巡警、监狱及其他行政官员或其佐理,当执行职务时,对被告人、嫌疑人或关系人有强暴、凌虐之行为者,处三等至五等有期徒刑。

因而致人死伤者,援用伤害罪各条,依第二十三条之例处断。

第一百四十五条 检察、巡警官员或其佐理,经人告现有侵害其权利之犯人,而不速为保护之处分者,处四等以下有期徒刑或拘役。

第一百四十六条 检察、巡警官员,于刑事告诉、告发、自首,不应受理而受理、应受理而不受理或不为必要之处分者,处四等以下有期徒刑、拘役或三百元以下罚金。

审判官于民事、刑事诉讼,不应受理而受理、应受理而不受理或不为审判者,亦同。

第一百四十七条 征收租税及各项入款之官员,图利国库或他人,而于正数以外浮收金谷、物件者,处三等至五等有期徒刑。

系图利自己者,处二等或三等有期徒刑,并科与浮收同额之罚金。

第一百四十八条 官员于前四条所列情形外滥用职权,使人行无义务之事或妨害人行使权利者,处四等以下有期徒刑、拘役或三百元以下罚金。

第一百四十九条 第一百四十七条之未遂犯,罪之。

第一百五十条 犯本章第一百四十条、第一百四十一条及第一百四十七条第二项之罪者,褫夺公权;其余,得褫夺之。

犯第一百四十四条至第一百四十八条之罪者,并免现职。

第一百五十一条 犯第一百四十条及第一百四十一条之罪者,所收受之贿赂,没收之;若已费失者,追征其价额。

第一百五十二条 犯第一百四十二条及第一百四十三条之罪而自首者,得免除其刑。

第七章 妨害公务罪

第一百五十三条 于官员执行职务时,施强暴、胁迫或诈术者,处四等以下有期徒刑、拘役或三百元以下罚金。

意图使官员为一定之处分或不为一定之处分,或使官员辞职而施强暴、胁迫或诈术者,亦同。

因而致人死伤者,援用伤害罪各条,依第二十三条之例处断。

第一百五十四条 损坏、除去、污秽官员所施之封印及查封之标示,或为违背其效力之行为者,处四等以下有期徒刑、拘役或三百元以下罚金。

第一百五十五条 于官员执行职务时当场侮辱,或虽非当场而对其职务公然侮辱者,不问有无事实,处四等以下有期徒刑、拘役或三百元以下罚金。

对公署公然侮辱者,亦同。

第一百五十六条 第一百五十四条之未遂犯,罪之。

第一百五十七条 犯本章之罪者,得褫夺公权。

第八章 妨害选举罪

第一百五十八条 将选举人、被选举人资格所必要之事项,以诈术或其他不正方法,使登载名簿或于名簿内变更者,处四等以下有期徒刑、拘役或三百元以下罚金。无资格而投票者,亦同。

官员知情而为前项之登载或变更者,处三等至五等有期徒刑或五百元以下五十元以上罚金。

第一百五十九条 于选举有左列行为之一者,处三等至五等有期徒刑或五百元以下五十元以上罚金:

(一)意图自己或他人得票或减少他人得票,而散布流言、施用诈术及其他损坏备选议员之名誉者。

(二)不问选举前后,对选举人、选举关系人行求川资及其他贿赂,或期约或交付,或为之媒介,或选举人、选举关系人要求、期约或收受之者。

(三)将选举人、选举人亲属或与选举人有关系之寺院、学堂、公司、公所、城、镇、乡之债权债务及其他利害,诱导选举人或为之媒介,或选举人应其诱导者。

犯右列各罪所收受之钱财及其他有价物品,没收之;若已废失者,追征其价额。

第一百六十条 于选举有左列行为之一者,处五等有期徒刑、拘役或一百元以下罚金:

(一)对选举人、选举人亲属或选举关系人施强暴、胁迫者。

(二)对选举人以强暴、胁迫妨害其于选举会场之往来及其他选举权之行使者。

第一百六十一条 于选举有左列行为之一者,处三等至五等有期徒刑:

(一)对有关选举之官员或其佐理施强暴、胁迫者。

(二)骚扰选举会场、投票所、开票所者。

(三)阻留、损坏、夺取选举票、投票匭或有关选举之公文书者。

第一百六十二条 无故于投票所干涉投票,或于投票所、开票所刺探被选举人姓名者,处五等有期徒刑、拘役或一百元以下罚金。

有关选举之官员或其佐理,犯前项之罪或漏泄被选举人姓名者,处四等以下有期徒刑、拘役或三百元以下罚金。

第一百六十三条 犯本章之罪者,得褫夺公权。

其罪宣告三等有期徒刑以上之刑者,于本刑消灭后,仍于十年以下、二年以上,丧失其选举、被选举之资格。

第九章 骚扰罪

第一百六十四条 聚众意图为强暴、胁迫,已受该管官员解散之命令仍不解散者,处四等以下有期徒刑、拘役或三百元以下罚金。附和随行仅止助势者,处拘役或五十元以下罚金。

第一百六十五条 聚众为强暴、胁迫者,依左列处断:

(一)首魁,无期徒刑或二等以上有期徒刑。

(二)执重要事务者,一等至三等有期徒刑或一千元以下一百元以上罚金。

(三)附和随行,仅止助势者,四等以下有期徒刑、拘役或三百元以下罚金。

第一百六十六条 于前条所列情形内犯杀伤、放火、决水、损坏及其他各罪者,援用所犯各条,分别首魁、教唆、实施,依第二十三条之例处断。

第一百六十七条 犯第一百六十五条之罪宣告二等有期徒刑以上之刑者,褫夺公权;其余,得褫夺之。

第十章　逮捕监禁人脱逃罪

第一百六十八条　既决、未决之囚及其他按律逮捕、监禁人脱逃者,处四等以下有期徒刑或拘役。

第一百六十九条　既决、未决之囚及其他按律逮捕、监禁人,损坏监禁处所、械具或以强暴、胁迫脱逃者,处二等至四等有期徒刑。

其聚集以强暴、胁迫脱逃者,首魁及教唆者,处死刑或无期徒刑;其余人者,处无期徒刑或二等以上有期徒刑。

第一百七十条　盗取既决、未决之囚及其他按律逮捕、监禁人者,处三等至五等有期徒刑。

其有损坏情形或施强暴、胁迫者,依前条之例处断。

第一百七十一条　为便利脱逃之行为,因而致既决、未决之囚及其他按律逮捕、监禁人脱逃者,处三等至五等有期徒刑。

其有损坏情形或施强暴、胁迫者,依第一百六十九条之例处断。

第一百七十二条　看守、护送官员或其佐理纵令既决、未决之囚及其他按律逮捕、监禁人脱逃者,处二等至四等有期徒刑。

第一百七十三条　本章之未遂犯,罪之。

第一百七十四条　预备或阴谋犯第一百六十九条第二项之罪及应依该项处断之罪者,处四等以下有期徒刑或拘役。

第一百七十五条　因犯第一百六十九条至第一百七十一条之罪致人死伤者,援用伤害罪各条,依第二十三条之例处断。

第一百七十六条　犯第一百六十九条至第一百七十二条之罪者,得褫夺公权。

犯第一百七十二条之罪者,并免现职。

第十一章　藏匿罪人及湮灭证据罪

第一百七十七条　藏匿被追摄人或脱逃之逮捕、监禁人者,处四等以下有期徒刑、拘役或三百元以下罚金。

意图犯前项之罪而顶替自首者,亦同。

第一百七十八条　湮灭关系他人刑事被告案件之证据,或伪造或行使伪造之证据者,处四等以下有期徒刑、拘役或三百元以下罚金。

第一百七十九条　犯本章之罪者,得褫夺公权。

第一百八十条　犯罪人或脱逃人之亲属,为犯罪人或脱逃人利益计而犯本章之罪者,免除其刑。

第十二章　伪证及诬告罪

第一百八十一条　依法令于司法或行政公署为证人而为虚伪之陈述者,处二等至四等有期徒刑。

依法令于司法或行政公署为鉴定人、通译人而为虚伪之鉴定、通译者,亦同。

犯前二项之罪未至确定审判而自白者,得免除其刑。

第一百八十二条 意图他人受刑事处分、惩戒处分,而为虚伪之告诉、告发、报告者,处二等至四等有期徒刑。

犯前项之罪,未至确定审判或惩戒而自白者,得免除其刑。

第一百八十三条 意图尊亲属受刑事处分、惩戒处分,而为虚伪之告诉、告发、报告者,处一等或二等有期徒刑。

第一百八十四条 诬告有犯罪事实而未指定犯人者,处五等有期徒刑、拘役或一百元以下罚金。

第一百八十五条 犯第一百八十一条至第一百八十三条之罪者,得褫夺公权;官员犯者,并免现职。

第十三章 放火、决水及妨害水利罪

第一百八十六条 放火烧毁他人所有物,当左列之一者,处死刑、无期徒刑或一等有期徒刑:

(一)在城镇及其他人烟稠密处所之建筑物。

(二)陈列、储藏多数宗教、科学、美术、工艺上贵重图书、物品之建筑物。

(三)宗教或历史上之贵重建筑物。

(四)储藏硝磺、弹药或军需品之仓库及其他建筑物。

(五)多众执业或止宿之矿坑、兵营、学堂、病院、救济所、工场、寄宿舍、狱舍及其他建筑物。

(六)现有多众集会之寺院、戏场、旅店及其他建筑物。

(七)现有多众乘坐之船舰。

第一百八十七条 放火烧毁前条所列以外之他人所有建筑物、矿坑、船舰者,处二等至四等有期徒刑。

因而致有前条损害之危险者,处一等或二等有期徒刑;实有损害者,其刑与前条同。

第一百八十八条 放火烧毁他人所有建筑物、矿坑、船舰以外之物者,处四等以下有期徒刑、拘役或一千元以下罚金。

因而致有前条第一项损害之危险者,处三等至五等有期徒刑;实有损害者,其刑与该项同。

因而致有第一百八十六条损害之危险者,处一等或二等有期徒刑;实有损害者,其刑与该条同。

第一百八十九条 放火烧毁自已所有建筑物、矿坑、船舰及其他各物者,依左列处断:

(一)因而致有前条第一项损害之危险者,处五等有期徒刑、拘役或一百元以下罚金;实有损害者,其刑与该项同。

(二)因而致有第一百八十七条第一项损害之危险者,处三等至五等有期徒刑;实有损害者,其刑与该项同。

(三)因而致有第一百八十六条损害之危险者,处一等或二等有期徒刑;实有损害者,其刑与该条同。

第一百九十条 因失火而致有第一百八十六条之损害者,处五等有期徒刑、拘役或一千元以下罚金。

因而致有第一百八十七条第一项之损害者,处拘役或五百元以下罚金。

因而致有第一百八十八条第一项之损害者,处三百元以下罚金。

失火烧毁自己所有建筑物、矿坑、船舰及其他各物,因而致有前三项损害之危险者,处一百元以下罚金。

第一百九十一条 以火药、煤气、电气、蒸气之作用或他法,致建筑物、矿坑、船舰及其他各物炸裂者,分别损害、危险,依放火、失火各条之例处断。

第一百九十二条 决水浸害第一百八十六条所列建筑物、矿坑之一或他人所有田圃、牧场及其他利用之地者,处死刑、无期徒刑或一等有期徒刑。

第一百九十三条 决水浸害前条所列以外之他人建筑物、矿坑或土地者,处三等至五等有期徒刑或一千元以下一百元以上罚金。

因有致前条损害之危险者,处二等至四等有期徒刑;实有损害者,其刑与前条同。

第一百九十四条 决水浸害自己所有之地,因而致有前条第一项损害之危险者,处五等有期徒刑、拘役或一百元以下罚金;实有损害者,其刑与该项同。

因而致有第一百九十二条损害之危险者,处二等至四等有期徒刑;实有损害者,其刑与前条同。

第一百九十五条 因过失决水而致有第一百九十二条之损害者,处五等有期徒刑、拘役或一千元以下罚金。

因而致有第一百九十三条之损害者,处拘役或五百元以下罚金。

因过失决水而致有前二项损害之危险者,处一百元以下罚金。

第一百九十六条 于火灾、水灾之际,隐匿、损坏防御之器械、阻遏从事防御之人或以他法妨害镇火、防水者,处三等至五等有期徒刑或一千元以下一百元以上罚金。

其于第一百九十一条之灾害而妨害防御者,亦同。

第一百九十七条 妨害他人灌溉田亩之水利者,处四等以下有期徒刑、拘役或三百元以下罚金。决水者,仍依决水之例处断。

故意损妨水利,荒废他人田亩者,处二等至四等有期徒刑。

因妨害水利致令他人田亩荒废者,处三等至五等有期徒刑。

第一百九十八条 于自己所有物犯本章之罪,而其物已受查封或担负物权或租贷于人者,以他人所有物论。

第一百九十九条 第一百八十六条、第一百八十七条第一项、第一百八十八条第一项、第一百九十二条、第一百九十三条第一项、第一百九十六条及第一百九十七条第一项、第二项之未遂犯,罚之。

第二百条 于他人所有物,预备或阴谋犯放火、炸裂、决水之罪者,处五等以下有期徒刑、拘役或一百元以下罚金。但因情节,得免除其刑。

犯第一百二十七条之罪,未着手而自首者,免除其刑。

第二百零一条 因犯放火、炸裂、决水之罪致人死伤者,援用过失致死伤罪各条,依第二十三条之例处断。

第二百零二条 犯第一百八十六条及第一百九十二条之罪者,褫夺公权;其余,以故意犯本章之罪者,得褫夺之。

第十四章 危险物罪

第二百零三条 意图为犯罪之用,而制造、收藏炸药、绵火药、雷汞或其他类此之爆裂物或自外国贩运者,处二等或三等有期徒刑。

其意图供给他人犯罪而制造、收藏或贩运者,亦同。

第二百零四条 未受公署之命令、允准、委任,而制造、收藏前条所揭之爆裂物或自外国贩运,而不能证明出于正当之理由者,处三等至五等有期徒刑。

其能证明出于正当之理由者,处拘役或五十元以下罚金。

第二百零五条 未受公署之命令、允准、委任,而制造、收藏军用枪炮、第二百零三条以外之军用爆裂物或自外国贩运者,处四等以下有期徒刑、拘役或三百元以下罚金。

第二百零六条 巡警、税关官员知有人未受公署之命令、允准、委任而制造、收藏、贩运第二百零三条之爆裂物或自外国贩运,而不即予以相当之处分者,处一等至三等有期徒刑。

其与犯人同谋者,亦同。

第二百零七条 漏逸、间隔煤气、电气、蒸气,因而致生危险于他人身体、财产者,处四等以下有期徒刑、拘役或三百元以下罚金。

因而致人死伤者,援用伤害罪各条,依第二十三条之例处断。

第二百零八条 第二百零三条、第二百零四条第一项、第二百零五条及第二百零七条第一项之未遂犯,罚之。

第二百零九条 犯第二百零三条之罪者,褫夺公权;犯第二百零四条第一项及第二百零六条之罪者,得褫夺之。

第十五章 妨害交通罪

第二百十条 损坏、壅塞陆路、水路、桥梁,因而致有往来之危险者,处四等以下有期徒刑、拘役或三百元以下罚金。

损害重要之交通线,修复工钜者,处二等或三等有期徒刑。

因犯本条之罪致人死伤者,援用伤害罪各条,依第二十三条之例处断。

第二百十一条 损坏轨道、灯塔、标识及其他于汽车、电车、船舰往来上为危险之行为者,处二等至四等有期徒刑。

第二百十二条 冲撞、颠覆、破坏、搁沉载人之汽车、电车、船舰者，处无期徒刑或二等以上有期徒刑。

因而致人于死或多众受伤者，处死刑、无期徒刑或一等有期徒刑。

第二百十三条 因犯第二百十一条之罪，致载人之汽车、电车、船舰冲撞、颠覆、破坏、搁沉者，依前条之例处断。

第二百十四条 因过失致载人之汽车、电车、船舰生往来之危险者，处三百元以下罚金。

因过失冲撞、颠覆、破坏、搁沉载人之汽车、电车、船舰者，处五百元以下罚金。

从事此等业务之人犯本条第一项之罪者，处四等以下有期徒刑、拘役或一千元以下罚金；犯第二项之罪者，处三等至五等有期徒刑或二千元以下、一百元以上罚金。

犯本条之罪因而致人死伤者，援用过失致死伤罪各条，依第二十三条之例处断。

第二百十五条 以强暴、胁迫或诈术妨害邮件、电信之递送、收发者，处四等以下有期徒刑、拘役或三百元以下罚金。

第二百十六条 损坏邮政专用及其他应用之物者，处五等有期徒刑、拘役或一百元以下罚金。

损坏电信线路、电话线、电信电话之机器、建筑物或以他法妨害其交通者，处三等至五等有期徒刑或五百元以下、五十元以上罚金。

因过失犯本条之罪者，处一百元以下罚金。

第二百十七条 从事邮政、电信职务之人犯第二百十五条、第二百十六条第一项之罪者，处三等至五等有期徒刑；犯第二百十六条第二项之罪者，处二等或三等有期徒刑；其因过失者，处三百元以下罚金。

第二百十八条 第二百十条第一项、第二项、第二百十一条、第二百十二条第一项、第二百十五条、第二百十六条及第二百十七条第一项之未遂犯，罪之。

第二百十九条 预备或阴谋犯第二百十二条之罪者，处四等以下有期徒刑、拘役或三百元以下罚金。

第二百二十条 犯第二百十二条之罪者，褫夺公权；其余，以故意犯本章之罪者，得褫夺之。

第十六章 妨害秩序罪

第二百二十一条 以文书、图画、演说或他法公然煽惑他人犯罪者，依左列处断：

（一）其罪之最重刑为死刑、无期徒刑者，三等至五等有期徒刑或三百元以下、三十元以上罚金。

（二）其罪之最重刑为有期徒刑者，五等有期徒刑、拘役或一百元以下罚金。

以报纸及其他定期刊行之件或以编纂他人论说之公刊书册，而犯本条之罪者，编辑人亦依前项之例处断。

第二百二十二条 以强暴、胁迫或诈术妨害正当之集会者，处五等有期徒刑、拘役或一百元以下罚金。

第二百二十三条 以强暴、胁迫或诈术为左列行为之一者,处四等以下有期徒刑、拘役或二百元以下罚金:

(一)妨害贩运谷类及其他公共所需之饮食物品者。

(二)妨害贩运种子、肥料、原料及其他农业、工业所需之物品者。

(三)妨害使用多数工人之工厂或矿坑之执业者。

第二百二十四条 从事同一业务之工人同盟罢工者,首谋,处四等以下有期徒刑、拘役或三百元以下罚金;余人,处拘役或三十元以下罚金。

聚众为强暴、胁迫或将为者,依第一百六十四条至第一百六十七条之例处断。

第二百二十五条 无故入现有人居住或看守之第宅、建筑物、船舰,或受阻止而不退去者,处四等以下有期徒刑、拘役或三百元以下罚金。

第二百二十六条 诈称官员、僭用官员服饰、徽章、内外国勋章者,处四等以下有期徒刑、拘役或三百元以下罚金。

第二百二十七条 第二百二十一条至第二百二十三条及第二百二十五条之未遂犯,罪之。

第二百二十八条 犯第二百二十一条至第二百二十三条、第二百二十五条及第二百二十六条之罪者,得褫夺公权。

第十七章 伪造货币罪

第二百二十九条 伪造通用货币者,处无期徒刑或二等以上有期徒刑。

行使自己伪造之通用货币,或意图行使而交付于人者,亦同。

经政府命令、允准或委任而发行之银行券,以通用货币论。

第二百三十条 伪造流通中华民国之外国通用货币者,处一等至三等有期徒刑。

行使自己伪造之流通中华民国之外国通用货币,或意图行使而交付于人者,亦同。

流通中华民国之外国银行券,以外国通用货币论。

第二百三十一条 意图行使而减损金银币之分量者,处三等至五等有期徒刑。其行使或意图行使而交付于人者,亦同。

减损流通中华民国之外国金银币之分量者,处四等以下有期徒刑或拘役。其行使或意图行使而交付于人者,亦同。

第二百三十二条 意图行使而收受他人伪造之通用货币者,处一等至三等有期徒刑。其收受后行使,或意图行使而交付于人,或自外国贩运者,处无期徒刑或二等以上有期徒刑。

意图行使而收受他人伪造之流通中华民国之外国通用货币者,处二等至四等有期徒刑。收受后行使,或意图行使而交付于人,或自外国贩运者,处一等至三等有期徒刑。

第二百三十三条 意图行使而收受他人减损分量之金银币者,处四等以下有期徒刑或拘役。其收受后行使,或意图行使而交付于人,或自外国贩运者,处三等至五等有期徒刑。

意图行使而收受他人减损分量之流通中华民国之外国金银币者,处五等有期徒刑或拘役。收受后行使,或意图行使而交付于人,或自外国贩运者,处四等以下有期徒刑或拘役。

第二百三十四条 收受后方知为他人伪造之货币或减损分量之金银币，而仍行使或意图行使而交付于人者，处其价额三倍以下、价额以上罚金；若三倍之数未满五十元，处五十元以下、价额以上罚金。

第二百三十五条 第二百二十九条至第二百三十三条之未遂犯，罪之。

第二百三十六条 意图伪造通用货币、减损金银币分量，而预备各项器械或原料者，处三等至五等有期徒刑。

第二百三十七条 犯本章之罪宣告二等有期徒刑以上之刑者，褫夺公权；其余，得褫夺之。

第十八章 伪造文书及印文罪

第二百三十八条 此条删除

第二百三十九条 伪造公文书或图样者，处二等至四等有期徒刑。

行使伪造之公文书或图样，或意图行使而交付于人者，亦同。

第二百四十条 官员明知虚伪之事实，而据以制作所掌文书、图样，或行使此种文书、图样，或意图行使而交付于人者，处二等至四等有期徒刑。

陈告虚伪之事实，而使官员制作所掌文书、图样，或行使此种文书、图样，或意图行使而交付于人者，亦同。

第二百四十一条 以虚伪之事实陈告于官员，而使交付文凭、执照、护照或使为不实之登记者，处五等有期徒刑、拘役或一百元以下罚金。

第二百四十二条 伪造有价证券者，处二等至四等有期徒刑。

行使伪造之有价证券，或意图行使而交付于人或自外国贩运者，亦同。

第二百四十三条 伪造私文书或图样，足以证明他人权利义务之事实者，处三等至五等有期徒刑。

行使伪造之私文书或图样，或意图行使而交付于人者，亦同。

第二百四十四条 于自己私文书或图样为虚伪之登载，足以证明对他人之权利义务事实，或行使此种文书、图样，或意图行使而交付于人者，依前条之例处断。

第二百四十五条 医师、检验吏于出具他人之诊断书、检案书、死亡证书，为虚伪之登载者，处四等以下有期徒刑、拘役或三百元以下罚金。

嘱托或行使或意图行使而交付于人者，处拘役或五十元以下罚金。

第二百四十六条 伪造公私印文、署押或盗用之者，依伪造公私文书各条之例处断。

行使伪造之公私印文、署押或滥用其真正之物者，依行使伪造公私文书各条之例处断。

第二百四十七条 此条删除

第二百四十八条 伪造公印者，处三等至五等有期徒刑。

第二百四十九条 伪造私印者，处四等以下有期徒刑、拘役或三百元以下罚金。

第二百五十条 本章之未遂犯，罪之。

第二百五十一条 犯本章之罪宣告二等有期徒刑以上之刑者，褫夺公权；其余，得褫夺之。

第十九章 伪造度量衡罪

第二百五十二条 意图行使、贩卖,而制作违背定程之度量衡或变更真正度量衡之定程者,处四等以下有期徒刑或拘役,并科三百元以下罚金。

知情而贩卖不平之度量衡者,亦同。

第二百五十三条 业务上常用度量衡之人,知其不平而收藏者,处拘役或五十元以下罚金。

行使不平之度量衡而得利者,以诈欺取财论。

第二百五十四条 意图行使、贩卖,未受公署之允准而制作度量衡,尚未违背定程者,处三十元以下罚金。贩卖者,处卖价二倍以下、卖价以上罚金;若二倍之数未满五十元,处五十元以下、卖价以上罚金。

第二百五十五条 第二百五十二条之未遂犯,罪之。

第二百五十六条 犯第二百五十二条之罪者,得褫夺公权。

第二十章 亵渎祀典及毁掘坟墓罪

第二百五十七条 对于坛庙、寺观、坟墓或及其他礼拜所有公然不敬之行为者,处五等有期徒刑、拘役或一百元以下罚金。

妨害葬礼、说教、礼拜及其他宗教上之会合者,亦同。

第二百五十八条 损坏、遗弃、盗取尸体者,处二等至四等有期徒刑。

损坏、遗弃、盗取遗骨、遗发及殓物者,处三等至五等有期徒刑。

第二百五十九条 损坏、遗弃、盗取尊亲属尸体者,处无期徒刑或二等以上有期徒刑。

损坏、遗弃、盗取尊亲属遗骨、遗发及殓物者,处一等至三等有期徒刑。

第二百六十条 发掘坟墓者,处四等以下有期徒刑、拘役或三百元以下罚金。

第二百六十一条 发掘尊亲属坟墓者,处二等至四等有期徒刑。

第二百六十二条 发掘坟墓而损坏、遗弃、盗取尸体者,处一等至三等有期徒刑。

发掘坟墓而损坏、遗弃、盗取遗骨、遗发及殓物者,处二等至四等有期徒刑。

第二百六十三条 发掘尊亲属坟墓而损坏、遗弃、盗取其尸体者,处死刑、无期徒刑或一等有期徒刑。

发掘尊亲属坟墓而损坏、遗弃、盗取其遗骨、遗发及殓物者,处无期徒刑或二等以上有期徒刑。

第二百六十四条 第二百五十八条至第二百六十一条之未遂犯,罪之。

第二百六十五条 犯第二百五十九条、第二百六十一条及第二百六十三条之罪者,褫夺公权;其余,得褫夺之。

第二十一章 鸦片烟罪

第二百六十六条 制造鸦片烟,或贩卖,或意图贩卖而收藏,或自外国贩运者,处三等至五等有期徒刑,并科五百元以下罚金。

第二百六十七条 制造吸食鸦片烟之器具,或贩卖,或意图贩卖而收藏,或自外国贩运者,处四等以下有期徒刑或拘役。

第二百六十八条 税关官员或其佐理自外国贩运鸦片烟或吸食鸦片烟器具,或纵令他人贩运者,处二等或三等有期徒刑,并科一千元以下罚金。

第二百六十九条 开设馆舍供人吸食鸦片烟者,处四等以下有期徒刑或拘役,并科三百元以下罚金。

第二百七十条 意图造鸦片烟而栽种罂粟者,处四等以下有期徒刑、拘役或三百元以下罚金。

第二百七十一条 吸食鸦片烟者,处五等有期徒刑、拘役或一千元以下罚金。

第二百七十二条 巡警官员或其佐理当执行职务时,知有前六条之犯人,故意不即与相当之处分者,亦依前六条之例处断。

第二百七十三条 收藏专用吸食鸦片烟之器具者,处一百元以下罚金。

第二百七十四条 第二百六十六条至第二百七十一条之未遂犯,罪之。

第二百七十五条 犯第二百六十六条至第二百七十二条之罪者,得褫夺公权;官员犯者,并免现职。

第二十二章 赌 博 罪

第二百七十六条 赌博财物者,处一千元以下五十元以上罚金。但以供人暂时娱乐之物为赌者,不在此限。

当场赌博器具及犯人所有钱财,以供犯罪之物论。

第二百七十七条 以赌博为常业者,处三等至五等有期徒刑。

第二百七十八条 聚众开设赌场以营利者,处三等至五等有期徒刑,并科五百元以下罚金。

第二百七十九条 发行彩票者,处四等以下有期徒刑或拘役,并科二千元以下罚金。

为买卖彩票之媒介者,处五等有期徒刑或拘役,并科一千元以下罚金。

第二百八十条 购买彩票者,处一百元以下罚金。

因而得利者,处其价额二倍以下、价额以上罚金;若二倍之数未满一百元,并科一百元以下、价额以上罚金。

第二百八十一条 第二百七十八条至第二百八十条之未遂犯,罪之。

第二百八十二条 犯第二百七十七条及第二百七十八条之罪者,褫夺公权;犯第二百七十九条之罪者,得褫夺之。

第二十三章　奸非及重婚罪

第二百八十三条　对未满十二岁之男女为猥亵之行为者，处三等至五等有期徒刑或三百元以下、三十元以上罚金。

以强暴、胁迫、药剂、催眠术或他法，致使不能抗拒，而为猥亵之行为者，处二等或三等有期徒刑或五百元以下、五十元以上罚金。

第二百八十四条　对十二岁以上男女，以强暴、胁迫、药剂、催眠术或他法，致使不能抗拒，而为猥亵之行为者，处三等至五等有期徒刑或三百元以下、三十元以上罚金。

第二百八十五条　对妇女以强暴、胁迫、药剂、催眠术或他法，致使不能抗拒，而奸淫之者，为强奸罪，处一等或二等有期徒刑。

奸未满十二岁之幼女者，以强奸论。

第二百八十六条　乘人精神丧失或不能抗拒，而为猥亵之行为或奸淫者，依第二百八十三条第二项、第二百八十四条及第二百八十五条之例处断。

第二百八十七条　因犯前四条之罪致人死伤者，依左列处断：

（一）致死或笃疾者，死刑、无期徒刑或一等有期徒刑。

（二）致废疾者，无期徒刑或二等以上有期徒刑。

致被害人羞忿自杀或意图自杀而伤害者，依前项之例处断。

第二百八十八条　引诱良家妇女卖奸以营利者，处五等有期徒刑或拘役，并科一百元以下罚金。

以前项犯罪为常业者，处三等至五等有期徒刑，并科五百元以下罚金。

第二百八十九条　和奸有夫之妇者，处四等以下有期徒刑或拘役。其相奸者，亦同。

第二百九十条　本宗缌麻以上之亲属相和奸者，处二等至四等有期徒刑。

第二百九十一条　有配偶而重为婚姻者，处四等以下有期徒刑或拘役。其知为有配之人而与为婚姻者，亦同。

第二百九十二条　贩卖猥亵之书画、物品，或意图贩卖而制造或收藏，或自外国贩运者，处拘役或五十元以下罚金。其公然陈列者，亦同。

因而得利者，处其价额二倍以下、价额以上罚金；若二倍之数未满五十元，并科五十元以下、价额以上罚金。

第二百九十三条　第二百八十三条至第二百八十六条之未遂犯，罪之。

第二百九十四条　第二百八十三条至第二百八十六条之罪，须被害人或其亲属告诉乃论。

第二百九十五条　犯本章之罪宣告二等有期徒刑以上之刑者，褫夺公权；其余，得褫夺之。

第二十四章　妨害饮料水罪

第二百九十六条　污秽供人所饮之净水，因而致不能饮者，处五等有期徒刑、拘役或一百元以下罚金。

第二百九十七条 污秽由水道以供公众所饮之净水或其水源,因而致不能饮者,处三等至五等有期徒刑。

第二百九十八条 以有害卫生之物混入供人所饮之净水内者,处四等以下有期徒刑或拘役。

第二百九十九条 以有害卫生之物混入由水道以供公众所饮之净水内或其水源者,处一等至三等有期徒刑。

第三百条 损坏、壅塞水道、水源,以杜绝供公众所饮之净水至二日以上者,处二等或三等有期徒刑。

第三百零一条 同谋杜绝供公众所饮之净水至二日以上者,首谋,处四等以下有期徒刑、拘役或三百元以下罚金;余人,处拘役或三十元以下罚金。

第三百零二条 第二百九十六条至第三百零一条之未遂犯,罪之。

第三百零三条 因犯第二百九十六条至第二百九十九条之罪,致人死伤者,援用伤害罪各条,依第二十三条之例处断。

第三百零四条 犯本章之罪宣告二等有期徒刑以上之刑者,褫夺公权;其余,得褫夺之。

第二十五章 妨害卫生罪

第三百零五条 违背预防传染病之禁令,从进口船舰登陆或将物品搬运于陆地者,处三等至五等有期徒刑、拘役或一百元以下罚金。

指挥船舰之人或其代理人,自犯前项之罪或知有人犯罪而不禁止者,处四等以下有期徒刑、拘役或二千元以下罚金。

第三百零六条 知情贩卖有害卫生之饮食物、饮食用器具或孩童玩具者,处其卖价二倍以下、卖价以上罚金;若二倍之数未满五十元,处五十元以下、卖价以上罚金。

第三百零七条 违背法令贩卖药品者,处其卖价二倍以下、卖价以上罚金;若二倍之数未满五十元,处五十元以下、卖价以上罚金。

第三百零八条 未受公署之允准,以医为常业者,处五百元以下罚金。

第三百零九条 第三百零五条之未遂犯,罪之。

第三百十条 犯第三百零五条第二项之罪者,得褫夺公权。

第二十六章 杀 伤 罪

第三百十一条 杀人者,处死刑、无期徒刑或一等有期徒刑。

第三百十二条 杀尊亲属者,处死刑。

第三百十三条 伤害人者,依左列处断:

(一)致死或笃疾者,无期徒刑或二等以上有期徒刑。

(二)致废疾者,一等至三等有期徒刑。

(三)致轻微伤害者,三等至五等有期徒刑。

第三百十四条 伤害尊亲属者,依左列处断:

(一)致死或笃疾者,死刑或无期徒刑。

(二)致废疾者,无期徒刑或一等有期徒刑。

(三)致轻微伤害者,一等至三等有期徒刑。

第三百十五条 犯前二条之罪,当场助势而未下手者,以从犯论。

第三百十六条 二人以上同时下手伤害一人者,皆以共同正犯论。

同时伤害二人以上者,以最重之伤害为标准,皆以共同正犯论。

其当场助势而下手未明者,以前二项之从犯论。

第三百十七条 对尊亲属施强暴,未至伤害者,处三等至五等有期徒刑。

第三百十八条 决斗者,处四等以下有期徒刑、拘役或三百元以下罚金。

因而杀伤人者,依故意杀伤罪各条之例处断。若聚众决斗者,以骚扰罪论。

第三百十九条 为决斗之人到场参与者,不问何种资格,处五等有期徒刑、拘役或一百元以下罚金。知情而供人以决斗之会场者,亦同。

第三百二十条 教唆他人使之自杀,或得其承诺而杀之者,处二等至四等有期徒刑。

帮助他人使之自杀,或受其嘱托而杀之者,处三等至五等有期徒刑。

谋为同死而犯本条之罪者,得免除其刑。

第三百二十一条 教唆尊亲属使之自杀,或得其承诺而杀之者,处无期徒刑或二等以上有期徒刑。

帮助尊亲属使之自杀,或受其嘱托而杀之者,处一等至三等有期徒刑。

第三百二十二条 教唆他人使之自伤,或得其承诺而伤之者,依左列处断:

(一)致死或笃疾者,三等至五等有期徒刑。

(二)致废疾者,四等以下有期徒刑、拘役或三百元以下罚金。

(三)致轻微伤害者,五等有期徒刑者、拘役或一百元以下罚金。

帮助他人使之自伤,或受其嘱托而伤之者,依左列处断:

(一)致死或笃疾者,四等以下有期徒刑、拘役或三百元以下罚金。

(二)致废疾者,处五等有期徒刑、拘役或一百元以下罚金。

(三)致轻微伤害者,拘役或五十元以下罚金。

第三百二十三条 教唆尊亲属使之自伤,或得其承诺而伤之者,依左列处断:

(一)致死或笃疾者,一等至三等有期徒刑。

(二)致废疾者,二等至四等有期徒刑。

(三)致轻微伤害者,三等至五等有期徒刑。

帮助尊亲属使之自伤,或受其嘱托而伤之者,依左列处断:

(一)致死或笃疾者,二等至三等有期徒刑。

(二)致废疾者,三等至五等有期徒刑。

(三)致轻微伤害者,四等以下有期徒刑、拘役或三百元以罚金。

第三百二十四条 因过失致人死伤者,依左列处断:

(一)致死或笃疾者,五百元以下罚金。

(二)致废疾者,三百元以下罚金。

(三)致轻微伤害者,一百元以下罚金。

第三百二十五条 因过失致尊亲属死伤者,依左列处断:

(一)致死或笃疾者,三等至五等有期徒刑或一千元以下、一百元以上罚金。

(二)致废疾者,四等以下有期徒刑、拘役或五百元以下罚金。

(三)致轻微伤害者,五等有期徒刑、拘役或三百元以下罚金。

第三百二十六条 因玩忽业务上必要之注意致人死伤者,处四等以下有期徒刑、拘役或二千元以下罚金。

第三百二十七条 第三百十一条、第三百十二条、第三百十八条第一项、第三百十九条至第三百二十一条之未遂犯,罪之。

第三百二十八条 预备或阴谋犯第三百十一条之罪者,处五等有期徒刑、拘役或一百元以下罚金。

预备或阴谋犯第三百十八条之罪者,处拘役或五十元以下罚金。

前二项之罪,得因其情节免除其刑。

第三百二十九条 预备或阴谋犯第三百十二条之罪者,处三等至五等有期徒刑。

第三百三十条 第三百十四条第三款、第三百十七条及第三百二十五条第三款之罪,须告诉乃论。

第三百三十一条 犯第三百十二条、第三百十四条第一款、第二款及第三百二十一条之罪者,褫夺公权;除第三百二十四条外,犯其余各条之罪者,得褫夺之。

第二十七章 堕胎罪

第三百三十二条 怀胎妇女服药或以他法堕胎者,处五等有期徒刑、拘役或一百元以下罚金。

第三百三十三条 受妇女之嘱托或得其承诺,使之堕胎者,处四等以下有期徒刑或拘役。

第三百三十四条 有左列行为之一者,处三等至五等有期徒刑:

(一)以强暴、胁迫或诈术,使妇女自行堕胎者。

(二)以强暴、胁迫或诈术而受妇女之嘱托或得其承诺,使之堕胎者。

(三)未得妇女之承诺,以强暴、胁迫或诈术使之堕胎者。

(四)知为怀胎妇女而施以强暴、胁迫,致小产者。

第三百三十五条 医师、产婆、药剂师、药材商犯第三百三十三条之罪者,处三等至五等有期徒刑。

其以诈术犯第三百三十四条之罪者,处二等或三等有期徒刑。

第三百三十六条 第三百三十四条第一款至第三款之未遂犯,罪之。

第三百三十七条 因犯第三百三十三条之罪,致妇女死或笃疾者,处三等至五等有期徒刑。

第三百三十八条 犯本章之罪者,得褫夺公权。

第二十八章 遗 弃 罪

第三百三十九条 依法令、契约担负扶助、养育、保护老幼、残废、疾病人之义务,而遗弃之者,处三等至五等有期徒刑。

第三百四十条 遗弃尊亲属者,处无期徒刑或二等以上有期徒刑。

第三百四十一条 于自己经管地内发见被遗弃之老幼、残废、疾病人,而不与以相当之保护,又不报明巡警官员及其余该管官员者,处五等有期徒刑、拘役或一百元以下罚金。

第三百四十二条 因犯第三百三十九条及第三百四十条之罪,致人死伤者,援用伤害罪各条,依第二十三条之例处断。

第三百四十三条 犯第三百四十条之罪者,褫夺公权;其余,得褫夺之。

第二十九章 私擅逮捕监禁罪

第三百四十四条 私擅逮捕或监禁人者,处三等至五等有期徒刑。

第三百四十五条 私擅逮捕或监禁尊亲属者,处一等至三等有期徒刑。

第三百四十六条 审判或检察、巡警、监狱及其他行政官员或其佐理,滥用职权逮捕或监禁人者,处二等或三等有期徒刑。

第三百四十七条 因犯本章之罪,致人死伤者,援用伤害罪各条,依第二十三条之例处断。

第三百四十八条 犯本章之罪者,得褫夺公权。

第三十章 略诱及和诱罪

第三百四十九条 以强暴、胁迫或诈术拐取妇女或未满二十岁之男子者,为略诱罪,处二等或三等有期徒刑。

和诱者,处三等至五等有期徒刑。

和诱未满十六岁之男女者,以略诱论。

第三百五十条 移送自已略诱之妇女或未满十二岁之男子于中华民国外者,处无期徒刑或二等以上有期徒刑。

系和诱者,处二等或三等有期徒刑。

第三百五十一条 意图营利,略诱妇女或未满二十岁之男子者,处无期徒刑或二等以上有期徒刑。

和诱者,处二等或三等有期徒刑。

第三百五十二条 意图营利,移送自已略诱之妇女或未满二十岁之男子于中华民国外者,处无期徒刑或一等有期徒刑。

系和诱者,处无期徒刑或二等以上有期徒刑。

第三百五十三条 预谋收受、藏匿被略诱、和诱人者,依前四条之例处断。

未预谋者,依左列处断:

(一)收受、藏匿第三百四十九条、第三百五十条第一项及第三百五十一条第二项之被略诱、和诱人者,三等至五等有期徒刑。

(二)收受、藏匿第三百五十条第一项、第三百五十一条第一项及第三百五十二条之被略诱、和诱人者,一等至三等有期徒刑。

第三百五十四条 本章之未遂犯,罪之。

第三百五十五条 第三百四十九条及第三百五十三条之罪,须告诉乃论。被略诱和诱人与犯人为婚姻者,非离婚后,其告诉为无效。

第三百五十六条 意图营利犯本章之罪者,褫夺公权;其余,得褫夺之。

第三十一章 妨害安全、信用、名誉及秘密罪

第三百五十七条 对人以加害生命、身体、自由、名誉、财产之事相胁迫者,处五等有期徒刑、拘役或一百元以下罚金。

以加害其亲属相胁迫者,亦同。

第三百五十八条 以强暴、胁迫使人行无义务之事或妨害人行使权利者,处四等以下有期徒刑、拘役或三百元以下罚金。

第三百五十九条 散布流言或以诈术损害他人或其业务之信用者,处五等有期徒刑、拘役或一百元以下罚金。

第三百六十条 指摘事实公然侮辱人者,不问其事实之有无,处五等有期徒刑、拘役或一百元以下罚金。

第三百六十一条 对尊亲属犯第三百五十七条、第三百五十九条及第三百六十条之罪者,处四等以下有期徒刑或拘役;犯第三百五十八条之罪者,处三等至五等有期徒刑。

第三百六十二条 无故开拆、藏匿、毁弃他人封缄之信函者,处五等有期徒刑、拘役或一百元以下罚金。

无故公表者他人秘密之文书、图画者,亦同。

第三百六十三条 僧道、医师、药剂师、药材商、产婆、律师、公证人或曾居此等地位之人,因其职务得知他人之秘密,无故漏泄者,处五等有期徒刑、拘役或一百元以下、十元以上罚金。无故公表者,处四等以下有期徒刑、拘役或三百元以下罚金。

第三百六十四条 第三百五十八条及第三百五十九条之未遂犯,罪之。

第三百六十五条 除第三百五十八条外,本章之罪须告诉乃论。

第三百六十六条 犯本章之罪者,得褫夺公权。

第三十二章 窃盗及强盗罪

第三百六十七条 意图为自己或第三人之所有,而窃取他人所有物者,为窃盗罪,处三等至五等有期徒刑。

第三百六十八条 窃盗有左列行为之一者,处二等或三等有期徒刑:

(一)侵入现有人居住或看守之第宅、建筑物、矿坑、船舰内者。

(二)结伙三人以上者。

第三百六十九条 此条删除

第三百七十条 意图为自己或第三人之所有,而以强暴、胁迫强取他人所有物者,处一等至三等有期徒刑。

以药剂、催眠术或他法使人不能抗拒而强取者,亦同。

第三百七十一条 窃盗因防护赃物、脱免逮捕、湮灭罪证,而当场施强暴、胁迫者,以强盗论。

第三百七十二条 除第三百七十条、第三百七十五条及第三百七十七条以外,以强暴、胁迫得其他财产上不法之利益或使第三人得之者,以强盗论。

以药剂、催眠术或他法使人不能抗拒而犯前项之罪者,亦同。

第三百七十三条 强盗有左列行为之一者,处无期徒刑或二等以上有期徒刑:

(一)侵入现有人居住或看守之第宅、建筑物、矿坑、船舰内者。

(二)结伙三人以上者。

(三)伤害人而未致死及笃疾者。

第三百七十四条 强盗有左列行为之一者,处死刑、无期徒刑或一等有期徒刑:

(一)结伙三人以上在途行劫者。

(二)在海洋行劫者。

(三)致人死或笃疾或伤害至二人以上者。

(四)于盗所强奸妇女者。

第三百七十五条 此条删除

第三百七十六条 犯强盗之罪故意杀人者,处死刑或无期徒刑。

第三百七十七条 窃取他人依共有权、质权及其他物权或公署之命令而以善意所管有之自己共有物或所有物者,处其价额二倍以下、价额以上罚金;若二倍之数未满五十元,处五十元以下、价额以上罚金。

侵入现有人居住或看守之第宅、建筑物、矿坑、船舰内,犯前项之罪者,处五等有期徒刑或拘役,依前项之例并科罚金。

若强取者,处四等以下有期徒刑或拘役,依第一项之例并科罚金。

第三百七十八条 于禁止私有之物及电气,犯本章之罪者,以所有物论。

第三百七十九条 除第三百七十三条第三款及第三百七十四条第三款外,本章之未遂犯,罪之。

第三百八十条 犯第三百六十八条至第三百七十八条之罪者,褫夺公权;其余,得褫夺之。

第三百八十一条 于直系亲属、配偶或同居亲属之间,犯第三百六十七条及第三百七十七条第一项之罪者,免除其刑。

对其他亲属犯前项所列各条之罪者,须告诉乃论。

前二项之规定,于非亲属而与亲属为共犯者,不适用之。

第三十三章 诈欺取财罪

第三百八十二条 意图为自己或第三人之所有,以欺罔、恐吓使人将所有物交付于己者,为诈欺取财罪,处三等至五等有期徒刑。

以前项方法得财产上不法之利益或使第三人得之者,亦同。

第三百八十三条 为他人处理事务,图利自己或第三人或图害本人,背其义务而损害本人之财产者,处三等至五等有期徒刑或一千元以下、一百元以上罚金。

第三百八十四条 乘人未满十六岁或精神错乱之际,使将本人或第三人所有物交付于己,或因而得财产上不法之利益或使第三人得之,或损害本人之财产者,依前二条之例处断。

第三百八十五条 三人以上共犯前三条之罪者,处二等或三等有期徒刑。

第三百八十六条 官员处理公务,图利自己或第三人或图害国家公署,背其职务,损害国家公署之财产者,处二等或三等有期徒刑。

第三百八十七条 此条删除。

第三百八十八条 本章之未遂犯,罪之。

第三百八十九条 犯第三百八十五条至第三百八十六条之罪者,褫夺公权;其余,得褫夺之。

第三百九十条 第三百七十七条第一项、第三百七十八条及第三百八十一条之规定,于本章之罪,亦准用之。

第三十四章 侵 占 罪

第三百九十一条 侵占依法令、契约照料他人事务之管有物、共有物或属于他人所有权、抵当权及其他物权之财物者,处三等至五等有期徒刑。

虽系自己所有物、管有物,若依公署之命令归自己看守而侵占之者,亦同。

第三百九十二条 侵占公务上或业务上之管有物、共有物或属于他人所有权、抵当权及其他物权之财物者,处二等或三等有期徒刑。

其不在公务、业务之人与共犯者,依第三十三条第一项之例处断。

第三百九十三条 侵占遗失物、漂流物或属于他人物权而离其管有之财物者,处其价额二倍以下、价额以上罚金;若二倍之数未满五十元,处五十元以下、价额以上罚金。

第三百九十四条 第三百九十一条及第三百九十二条之未遂犯,罪之。

第三百九十五条 犯第三百九十一条及第三百九十二条之罪者,得褫夺公权。

第三百九十六条 第三百七十七条第一项、第三百七十八条及第三百八十一条之规定,于本章之罪,亦准用之。

第三十五章　赃　物　罪

第三百九十七条　受人赠与赃物者，处四等以下有期徒刑、拘役或三百元以下罚金。

搬运、受寄、故买或为牙保者，处二等至四等有期徒刑。

因犯前项之罪获利者，并科所得价额一倍以下、价额以上罚金；若二倍之数未满五十元，并科五十元以下、价额以上罚金。

第三百九十八条　对于第三百七十七条或其他准用该条第一项规定各条之赃物，犯前条之罪者，依第三百七十七条第一项之例，处以罚金。

第三百九十九条　本章之未遂犯，罪之。

第四百条　以第三百九十七条第二项之罪为常业者，褫夺公权；其余犯本章之罪者，得褫夺之。

第四百零一条　第三百七十七条第一项及第三百八十一条第一项及第三项之规定，于本章之罪，亦准用之。

第三十六章　毁弃损坏罪

第四百零二条　此条删除

第四百零三条　毁弃公署或官员所管有之公文书，或损坏公印者，处二等至四等有期徒刑。

第四百零四条　毁弃关系他人权利、义务之文书者，处三等至五等有期徒刑或三百元以下三十元以上罚金。

第四百零五条　损害他人所有建筑物、矿坑、船舰者，处三等至五等有期徒刑或一千元以下、一百元以上罚金。

损坏第一百八十六条之建筑物、矿坑、船舰者，处二等或三等有期徒刑。

因犯本条之罪致人死伤者，援用伤害罪各条，依第二十三条之例处断。

第四百零六条　有左列行为之一者，处四等以下有期徒刑、拘役或三百元以下罚金：

（一）损坏、伤害前条所列以外之他人所有物者。

（二）漏逸他人所有之煤气、蒸气及其他气体或流动物，或以他法致令丧失效用者。

（三）纵逸他人所有之动物，致令丧失者。

第四百零七条　损坏、伤害、漏逸、丧失担负他人物权之自己所有物或依公署之命令由他人管有或自己看守之物者，处其价额二倍以下、价额以上罚金；若二倍之数未满五十元，处五十元以下、价额以上罚金。

第四百零八条　第三百七十八条及第三百八十一条之规定，于第四百零四条、第四百零五条第一项、第二项之罪，亦准用之。

第四百零九条　第四百零三条至第四百零四条、第四百零五条第一项、第二项、第四百零六条及第四百零八条之未遂犯，罪之。

第四百十条　犯本章之罪宣告二等有期徒刑以上之刑者，褫夺公权；其余，得褫夺之。

第四百十一条　第四百零六条及第四百零七条之罪，须告诉乃论。

二、《暂行新刑律施行细则》(1912年)

《暂行新刑律实行细则》

(1912年8月12日公布)

第一条 在旧刑律时,一罪先发,已经确定审判,余罪在新刑律施行后始发者,依该律第二十四条第一项规定,更定其刑。

第二条 在旧刑律时已经确定审判之案,于《暂行新刑律》施行后发觉为累犯者,依该律第十九条、第二十条规定,更定其刑。

第三条 在旧刑律时一罪先发,已经确定审判,余罪在《暂行新刑律》施行后始发,并与累犯互合者,依该律第二十五条之例处断。

第四条 新刑律未施行前,已经确定审判而未执行,及遣、流、徒案件在执行中者,按照《暂行新刑律》之规定,分别执行如左:

(一)现决人犯,无论斩绞,均处绞刑。

(二)秋后人犯,例入情实者,处绞刑。

(三)秋后人犯,情实,例应声叙免勾或改缓,及例入缓决者,处无期徒刑。

(四)秋后人犯,例应减遣者,处一等有期徒刑十二年。

(五)秋后人犯,例应减流者,处一等有期徒刑十年;应减徒者,处三等有期徒刑三年。

(六)永远监禁人犯,仍处无期徒刑,其监禁若干年者,按照所定年限处有期徒刑,但不得逾十五年。

(七)遣刑人犯,例应实发者,处一等有期徒刑十二年。

(八)流刑人犯,例应实发满流者,处一等有期徒刑十年;流二千五百里者,处二等有期徒刑八年;流二千里者,处二等有期徒刑六年。

(九)遣流人犯,例不实发者,均照原定年限处有期徒刑。

(十)徒刑人犯,按照徒役年限处有期徒刑。

（十一）监候待质人犯，已定罪者，无庸待质，按照所定之刑，依以上各项，分别执行。其未定罪者，再行审理，宣告其罪刑或放免之。

（十二）凡改处徒刑人犯，从前受刑期日，均准算入刑期。

第五条 前条第一款、第二款，应候覆准文到三日内执行。其余各款，于颁布本则之公报到后七日内执行。

第六条 前条及《暂行新刑律》第四十条之覆准，由司法部行之。

第七条 死刑案件，如犯人系孕妇或罹精神病，虽经覆准，非产后百日，或精神病愈后，不得执行。

第八条 特赦减刑或复权，由司法总长呈请于大总统，或由大总统交司法总长议覆后，宣告之。

第九条 无期徒刑以下各刑，除第五条所规定外，于审判确定次日执行，但须报告于司法部。

报告程式，以司法部令定之。

第十条 本则于《暂行新刑律》施行法颁布后废止之。

三、《暂行新刑律补充条例》(1914 年)

《暂行新刑律补充条例》

(1914 年 12 月 24 日大总统令公布　法律 23 号)

第一条　刑律第十五条于尊亲属,不适用之。但有左列情事之一者,不在此限:

(一)嫡母、继母出于虐待之行为者。

(二)夫之尊亲属出于义绝或虐待之行为者。

第二条　藏匿刑事暂保释人者,处四等以下有期徒刑、拘役或三百元以下罚金。

意图犯前项之罪而顶替自首者,亦同。

刑事暂保释人之亲属为暂保释人利益计,而犯前二项之罪者,免除其刑。

第三条　二人以上共犯刑律第二百八十五条之罪及第二百八十六条关于奸淫之罪,而均有奸淫行为者,处死刑或无期徒刑。

第四条　犯强奸之罪故意杀人者,处死刑。

第五条　强制亲属卖奸或为娼者,依左列处断:

(一)女、孙女及子孙之妇,五等有期徒刑或拘役。

(二)妻及在监督权内同居之卑幼,三等以下有期徒刑。

第六条　和奸良家无夫妇女者,处五等有期徒刑或拘役。其相奸者,亦同。

前项之罪,须相奸者之尊亲属告诉乃论。但尊亲属事前纵容或事后得利而和解者,其告诉为无效。

第七条　犯刑律第二百八十九条、第二百九十条或前条第一项之罪,虽未经有告诉权者之告诉,而因奸酿成其他犯罪时,仍应论之。

第八条　尊亲属伤害卑幼,仅致轻微伤害者,得因其情节免除其刑。

第九条　依法令、契约担负扶助、养育、保护义务,而强卖、和卖其被扶助、养育、保护之人者，依刑律第三百四十九条、第三百五十一条、第三百五十二条及第三百五十五条处断。

其预谋收受或藏匿被强卖、和卖人者，依前项各条处断。未预谋者，依刑律第三百五十三条第二项处断。

第十条 三人以上携带凶器，共同犯刑律第三百四十九条至第三百五十二条各第一项之罪者，各依本刑加一等。其本刑系无期徒刑者，得加至死刑。

第十一条 行亲权之父或母，得因惩戒其子请求法院施以六个月以下之监禁处分。但有第一条第一款情事者，不在此限。

第十二条 刑律第八十二条第二项及第三项第一款称妻者，于妾准用之。第二百八十九条称有夫之妇者，于有家长之妾准用之。

本条例第一条第二款称夫之尊亲属者，于妾之家长尊亲属准用之。第五条称妻、子孙之妇及同居之卑幼者，于已之妾、子孙之妾及同居卑幼之妾，准用之。第八条称卑幼者，于卑幼之妾准用之。

第十三条 第九条之未遂犯，罪之。

第十四条 犯第四条及意图营利犯第九条之罪者，褫夺公权；犯第二条第一项、第二项、第五条、第九条之罪者，得褫夺之。

第十五条 本条例自公布日施行。

四、《修正刑法草案》(1915 年)及相关立法资料

(一)《修正刑法草案》

《修正刑法草案》*

(1915 年 2 月)

目　录

* 1914 年 3 月,袁世凯政府成立法律编查会,启动对《暂行新刑律》的修正。在冈田朝太郎的参与下,1915 年 2 月,《修正刑法草案》完成。总则 17 章、分则 38 章,共 432 条。

第一章　侵犯大总统罪
第二章　内乱罪
第三章　外患罪
第四章　妨害国交罪
第五章　漏泄机务罪
第六章　渎职罪
第七章　妨害公务罪
第八章　妨害选举罪
第九章　骚扰罪
第十章　脱逃罪
第十一章　湮灭证据罪
第十二章　伪证诬告罪
第十三章　放火罪
第十四章　决水罪
第十五章　危险物罪
第十六章　妨害交通罪
第十七章　妨害秩序罪
第十八章　伪造货币罪
第十九章　伪造度量衡罪
第二十章　私盐罪
第二十一章　伪造文书罪
第二十二章　亵渎祀典罪
第二十三章　鸦片吗啡罪
第二十四章　赌博罪
第二十五章　奸非重婚罪
第二十六章　妨害饮料水罪
第二十七章　妨害卫生罪
第二十八章　杀伤罪
第二十九章　堕胎罪
第三十章　遗弃罪
第三十一章　逮捕拘禁罪
第三十二章　略诱和诱罪
第三十三章　妨害安全信用名誉秘密罪
第三十四章　窃盗强盗罪
第三十五章　诈欺取财罪
第三十六章　侵占罪
第三十七章　赃物罪
第三十八章　毁弃损坏罪

第一编 总 则

第一章 法 例

第一条 本法于犯罪在本法施行以后者,适用之。

其施行以前未经确定裁判者,亦同。但施行以前之法律不以为罪者,不在此限。

第二条 本法于凡在民国内犯罪者,适用之。

其在民国外之民国船舰内犯罪者,亦同。

第三条 本法于凡在民国外对于民国犯左列各罪者,不问何人,适用之:

(一)第八十七条至第八十九条之罪。

(二)第九十一条及第九十四条之罪。

(三)第九十七条至第一百零四条及第一百零八条之罪。

(四)第一百十六条之罪。

(五)第一百四十六条之罪。

(六)第一百六十三条至第一百六十四条之罪。

(七)第二百二十八条之罪。

(八)第二百三十一条及第二百三十四条之罪。

(九)第二百五十七条至第二百五十九条、第二百六十条第二项及第二百六十四条之罪。

(十)第四百二十二条之罪。

第四条 本法于民国人民在民国外左列之罪者,适用之:

(一)第一百零九条至第一百十五条之罪。

(二)第一百二十四条至第一百二十七条之罪。

(三)第一百三十三条及第一百三十四条之罪。

(四)第一百三十七条、第一百四十条及第一百四十一条之罪。

(五)第一百六十五条之罪。

(六)第一百七十六条第一项之罪。

(七)第二百六十条第一项之罪。

(八)第二百八十条及第二百八十二条之罪。

(九)第二百八十九条之罪。

(十)第三百零三条及第三百零六条之罪。

第五条 本法于民国人民在民国外或外国人在民国外对于民国人民犯左列各罪者,适用之:

(一)第一百七十九条、第一百八十条及以故意所犯第一百八十四条之罪。

(二)第一百九十一条及第一百九十二条之罪。

(三)第二百二十条之罪。

(四)第二百六十一条至第二百六十三条及第二百六十五条之罪。

(五)第二百七十一条至第二百七十四条之罪。

(六)第二百九十五条至第三百条、第三百零四条及第三百零五条之罪。

(七)第三百二十六条、第三百二十七条、第三百三十一条至第三百三十四条之罪。

(八)第三百四十二条、第三百四十三条及第三百四十五条之罪。

(九)第三百四十七条及第三百四十九条之罪。

(十)第三百五十二条至第三百五十五条之罪。

(十一)第三百五十七条至第三百六十六条之罪。

(十二)第三百七十一条至第三百七十五条之罪。

(十三)第三百八十一条至第三百八十八条之罪。

(十四)第三百九十五条至第三百九十九条之罪。

(十五)第四百零六条至第四百零八条之罪。

(十六)第四百十七条及第四百十八条之罪。

(十七)第四百二十三条及第四百二十四条之罪。

第六条 犯罪虽经外国确定裁判者,仍依本法处断。但已受其刑之执行或经免除者,得免除或减轻本法之刑。

依前项处断者,得免除主刑,专科褫夺公权。

第七条 犯罪之行为或其结果有一项在民国领域或船舰内者,以在民国内犯罪论。

第八条 第二条、第三条、第五条及第六条之规定,若国际上有成例者,仍依成例。

第九条 本法总则于其他法令之定有刑名者,亦适用之。但有特别规定者,不在此限。

第二章 不为罪

第十条 法律无正条者,不问何种行为,不为罪。

第十一条 凡未满十五岁人之行为,不为罪。但因其情节,得施以感化教育。

第十二条 精神病人之行为,不为罪。但因其情节,得施以监禁处分。

前项之规定,于酗酒或精神病间断时间,不适用之。

第十三条 非故意之行为,不为罪。但应论过失者,不在此限。

不知法令不得为非故意。但因其情节,得减本刑一等或二等。

犯罪之事实与犯人所知有异者,依左列各款处断:

一、所犯重于犯人所知或相等者,从其所知。

二、所犯轻于犯人所知者,从其所犯。

第十四条 依法令或正当业务之行为,或不背公共秩序、善良风俗之行为,不为罪。

第十五条 对于现在不正之侵害而出于防卫权利之行为,不为罪。但防卫过当者,减本刑一等或二等。

前项之规定,除左列各款外,对于直系尊亲属之防卫行为,不适用之:

一、嫡母、继母出于虐待之行为者。

二、夫之直系尊亲属出于义绝或虐待之行为者。

第十六条 避紧急危难而出于不得已之行为,不为罪。但避难行为过当者,减本刑一等或二等。

前项之规定,于公务上或业务上有特别义务人之行为,不适用之。

第三章 未遂罪预备罪阴谋罪

第十七条 犯罪已着手而因意外之障碍不遂者,为未遂犯。其不能发生结果而危险者,亦同。

未遂犯之为罪,于分则各条定之。

未遂罪之刑,得减既遂罪之刑一等或二等。

犯罪已着手而因已意中止者,准未遂罪论,得免除或减轻本刑。

第十八条 预备犯及阴谋犯之为罪,于分则各条定之。

预备罪及阴谋罪之刑,除有特别规定外,其余减既遂之刑三等。

预备、阴谋犯罪,而于未着手实行以前因已意中止者,免除其刑。

第四章 累 犯 罪

第十九条 有罪裁判确定后之犯罪,为累犯。

第二十条 因初犯受徒刑之执行,而再犯者,加本刑一等;三犯以上者,加本刑二等。但累犯罚金之罪者,不在此限。

累犯之加重,以前犯之有期徒刑执行完毕或无期徒刑、有期徒刑其一部执行、免除后未逾五年者为限。

第二十一条 裁判确定后,于执行其刑之时发觉为累犯者,依前条更定其刑。

第二十二条 前犯依陆海军法或于外国法院受有罪裁判者,不加重累犯之刑。

第五章 俱 发 罪

第二十三条 有罪裁判确定前之数罪,为俱发罪。

第二十四条 犯罪之方法或其结果关系他项条文者,从一重处断。但于分则有特别规定者,不在此限。

第二十五条 犯罪规定之重轻,比照本刑之重轻定之。

科死刑之规定与科死刑或无期徒刑之规定,以科死刑之规定为重。

同等有期徒刑,以并科罚金、褫夺公权者为重,以易科罚金者为轻。

主刑轻重俱等者,据犯罪情节定之。

第二十六条 继续犯罪者,以一罪论。

第二十七条 俱发各罪,加本刑一等,从一重处断。

俱发罪中有科褫夺公权者,并科之。有无期褫夺公权及有期褫夺公权者,并科一无期褫夺公权。没收,并科之。

第二十八条 一罪先发，已经确定审判，余罪后发，或数罪各别经确定审判者，依前条更定其刑。

其最重刑消灭仍余数罪者，亦同。

第二十九条 俱发罪与累犯罪互合者，其俱发罪依前二条处断，与累犯之刑并科之。

第六章 共 犯 罪

第三十条 二人以上共同实施犯罪之行为者，皆为正犯，各科其刑。

实施犯罪中帮助正犯者，准正犯论。

第三十一条 教唆他人，使之实施犯罪之行为者，为造意犯，准正犯论。

教唆造意犯者，准造意犯论。

第三十二条 实施犯罪以前帮助正犯者，为从犯，得减本刑一等。

教唆或帮助从犯者，准从犯论。

第三十三条 于前教唆，而后加入实施犯罪者，从其所实施者加本刑一等。

于前帮助，而后加入实施犯罪者，从其所实施者处断。

第三十四条 因身分成立之罪，其教唆或帮助者虽无身分，仍以共犯论。

因身分致刑有重轻者，其无身分之人，仍科通常之刑。

第三十五条 知本犯之情而共同者，虽本犯不知共同之情，仍以共犯论。

第三十六条 于过失罪有共同过失者，以共犯论。

第三十七条 因过失而助成故意犯罪者，准过失共犯论，但以其罪应论过失者为限。

第七章 刑 名

第三十八条 刑分为主刑及从刑。

主刑之种类及重轻之次序如左：

一、死刑。

二、无期徒刑。

三、有期徒刑。

（一）一等有期徒刑：十二年以下、九年以上。

（二）二等有期徒刑：九年未满、六年以上。

（三）三等有期徒刑：六年未满、三年以上。

（四）四等有期徒刑：三年未满、三月以上。

（五）五等有期徒刑：三月未满、一日以上。

四、罚金：一角以上。

从刑之种类如左：

一、褫夺公权。

二、停止公权。

三、没收。

第三十九条　死刑用绞,于监狱内执行之。

第四十条　死刑非经司法部回报,不得执行。

第四十一条　宣告徒刑,不得未满一日;罚金,不得未满一角。

第四十二条　徒刑之囚于监狱拘禁之,令服劳役。

拘禁方法及劳役种类,依监狱法之规定。

五等有期徒刑之囚,因其情节,得免除劳役。

第四十三条　宣告一年以下之有期徒刑者,其执行若实有窒碍,得以一日折算一元,易以罚金。

依前项易罚金者,法律上以受徒刑之执行论。

第四十四条　罚金于裁判确定后,令一月以内完纳。逾期不完纳者,依左列各款处断:

一、有资力者,强制令完纳之。

二、无资力者,以一元折算一日,易以监禁。宣告未满一元者,亦同。名曰"易科监禁"。

易科监禁,于监狱内附设之监禁所执行之。

易科监禁,日数不得逾三年。

罚金纳一部者,计其余额,依第一项第二款易以监禁。

罚金总额之比例逾三年之日数而已纳其一部者,以按分比例定监禁日数。

依本条易监禁者,法律上以受罚金之执行论。

第四十五条　褫夺公权,褫夺左列资格全部:

(一)为公务员之资格。

(二)为选举人之资格。

(三)膺荣典之资格

(四)入军籍之资格。

(五)为学校校长、职员、教习之资格。

(六)为律师之资格。

第四十六条　褫夺公权分为有无期及有期:

一、宣告一等有期徒刑以上之刑者,并科无期褫夺公权。

二、宣告二等至四等有期徒刑者,依分则所定,并科无期或有期褫夺公权。

有期褫夺公权,褫夺十年以下、刑期以上前条所列资格。限满,回复之。

褫夺公权,宣告之。

褫夺公权,于裁判确定时发生效力。

第四十七条　宣告二等至四等有期徒刑而不科褫夺公权,及宣告五等有期徒刑者,执行从刑完毕以前,停止公权之行使。

第四十八条　没收之物如左:

(一)违禁私造、私有之物。

(二)供犯罪所用及预备之物。

(三)因犯罪所得之物。

第四十九条 没收之物,以犯人以外无有权利者为限。

第八章 亲属加重

第五十条 对于直系尊亲属犯罪者,依分则所定加重本刑二等。

对于旁系尊亲属犯罪者,依分则所定加重本刑一等。

依本条加重者,不依第五十六条第二项及第四项之限制。

第九章 宥 减

第五十一条 满八十岁人或瘖哑人犯罪者,得减本刑一等。

第十章 自 首

第五十二条 犯罪未发觉而自首于官受裁判者,得减本刑一等。

向被害人自首而受官之裁判者,亦同。

第五十三条 一罪既发,别首未发余罪者,得减所首余罪之刑一等。

第五十四条 犯预备罪或阴谋罪而未着手实行以前,自首于官受裁判者,免除其刑。

第十一章 酌加酌减

第五十五条 审按犯人之心术、犯罪之损害及其他情节,得加重或减轻本刑一等或二等。

依法律加重或减轻者,仍得依前项减轻其刑。

第十二章 加 减 例

第五十六条 死刑、徒刑,依第三十八条所列次序加重、减轻之。

徒刑不得加至死刑。

徒刑减尽者,科一百元以下罚金。徒刑减尽仍余并科罚金者,科其罚金。

罚金,不得加至及徒刑;减尽者,得免除之。

第五十七条 分则有处死刑或无期徒刑字样,应加重者,只处死刑;应减轻者,依第三十八条所列,按等减轻之。

第五十八条 罚金依分则所定之额,四分之一为一等,加重、减轻之。其科比例罚金者,亦同。

罚金应加减者,最多额与最少额同加减之;其仅定有最多额者,只加减其最多额。

第五十九条 分则所定并科或易科之罚金,若徒刑应加减者,亦加减之。

第六十条 同时刑有加重、减轻者,互相抵销。

第六十一条 二种以上之加减,累加减之。

第六十二条 从刑不随主刑加重、减轻。

主刑免除者,不免除没收。

第十三章 缓　　刑

第六十三条 具有左列要件者,得宣告自裁判确定之日起五年以下、三年以上之缓刑:

(一)受四等、五等有期徒刑或易科监禁者。

(二)未曾受死刑或徒刑之宣告者,或者前受三等有期徒刑、其执行完毕或免除后逾五年者。

(三)有一定之住所或职业者。

(四)有人监督缓刑期内品行者。

第六十四条 受缓刑之宣告而有左列各款之情形者,撤销其宣告:

(一)因缓刑期内更犯罪,而受死刑、徒刑或易科监禁之宣告者。

(二)因缓刑前犯罪,而受死刑、徒刑或易科监禁之宣告者。

(三)不备前条第二款之要件,后经发觉者。

(四)丧失住所或职业者。

(五)监督人请求刑之执行,其言有理由者。

第六十五条 逾缓刑之期而未撤销缓刑之宣告者,其行刑权消灭。

第十四章 假　　释

第六十六条 受徒刑之执行而有悛悔实据者,无期徒刑逾十年后、有期徒刑逾二分之一后,由监狱官申达司法部,得许假释出狱。但有期徒刑之执行未满三年者,不在此限。

第六十七条 假释出狱而于左列各款之情形者,撤销其假释,其出狱日数不算入刑期之内:

(一)因假释期限内更犯罪,受死刑、徒刑或易科监禁之宣告者。

(二)因假释前所犯罪,而受死刑、徒刑或易科监禁之宣告者。

(三)因假释前所受死刑、徒刑或易科监禁之宣告而应执行者。

(四)犯假释管束规则中应撤销之条项者。

未经撤销假释者,其出狱日数算入刑期之内。

第十五章 时　　效

第六十八条 公诉权之时效期限,依左列各款定之:

(一)系死刑者,十五年。

(二)系无期徒刑或一等有期徒刑者,十年。

(三)系二等有期徒刑者,七年。

(四)系三等有期徒刑者,三年。

(五)系四等有期徒刑者,一年。

(六)系五等有期徒刑或罚金者,六个月。

前项期限,自犯罪行为完毕之日起算;逾期不提起或实行者,其公诉权消灭。

第六十九条 二罪以上之公诉权之时效期限,据最重刑,依前条定之。

第七十条 本刑应加重或减轻者,公诉权之时效期限,仍据本刑计算。

第七十一条 公诉权之时效遇有左列各款之行为,中断之,俟行为停止,更行起算:

(一)侦查及预审上强制处分。

(二)公判上诉讼行为。

前项行为于一切共犯,有同一之效力。

第七十二条 公诉权之时效,遇被告人罹精神病或其他重病而停止公判者,停止之。

第七十三条 行刑权之时效期限,依左列各款定之:

(一)死刑,三十年。

(二)无期徒刑,二十五年。

(三)一等有期徒刑,二十年。

(四)二等有期徒刑,十五年。

(五)三等有期徒刑,十年。

(六)四等有期徒刑,五年。

(七)五等有期徒刑,三年。

(八)罚金及专科没收,一年。

前项期限,自裁判确定之日起算;逾期不行刑者,其行刑权消灭。

第七十四条 行刑权之时效遇因执行而犯人已就逮捕者,中断之。但其他未知悉之刑,不在此限。

罚金及没收之时效,遇有执行行为,中断之。

第七十五条 行刑权之时效遇有依法律停止执行者,停止之。

第十六章 时　　例

第七十六条 时期以日计者,阅二十四小时。以月计者,阅三十日。以年计者,从历。

第七十七条 时期之初日,不计时刻,以一日论;最终之日,阅全一日。

放免徒刑之囚人,于期满之次日午前行之。

第七十八条 刑期,自裁判确定之日起算。裁判虽经确定而尚未受拘禁者,其日数不算入刑期。

第七十九条 未决期内拘禁之日数,得以二日抵徒刑一日或抵罚金一元。

第十七章 文　　例

第八十条 称直系尊亲属者,谓左列各人:

(一)高、曾祖父母。

(二)祖父母。

(三)父母。

(四)外祖父母。

为人后,于本生直系尊亲属,除前项第四款外,仍以直系尊亲属论。

称旁系尊亲属者,谓本宗左列各人:

(一)伯叔祖父母及在室祖姑。

(二)伯叔父母、姑、堂伯叔父母及在室堂姑。

(三)兄姊、堂兄姊、再从兄及在室再从姊。

为人后,于本生亲属降等者,以所降之等论。

妻与夫之尊亲属,与夫同。

称亲属者,谓尊亲属及左列各人:

(一)夫妻。

(二)本宗服图期服以下者。

(三)外亲服图小功以下者。

(四)妻亲服图缌麻以下者。

(五)妻为夫族服图大功以下者。

(六)出嫁女为本宗服图大功以下者。

称尊亲属者,兼包直系、旁系而言。

称本宗缌麻以上亲属者,兼包其妻而言。

第八十一条　称公务员者,谓职官、吏员及其他依法令从事于公务之议员、委员、职员。

称公署者,谓公务员执行职务之处所。

称公文书者,谓公务员及公署应制作之文书。

第八十二条　称议会及选举者,谓依法令所设立中央及地方参与政事之议会及其议员之选举。

第八十三条　称僧道者,谓僧尼、道士、女冠及其他宗教师。

第八十四条　本法中一条援用他条,而他条之罪有未遂、预备或阴谋为罪之规定者,以并援用其规定论。

于造意犯及从犯,亦同。

第八十五条　称以下、以上、以内者,俱连本数计算。

第八十六条　称笃疾者,谓左列伤害:

(一)毁败视能者。

(二)毁败听能者。

(三)毁败语能者。

(四)终身毁败一肢以上之机能者。

(五)于精神或身体有重大不治之病者。

(六)变更容貌且有重大不治之伤害者。

(七)毁败阴阳者。

称废疾者,谓左列伤害:

(一)减衰视能者。

(二)减衰听能者。

(三)减衰语能者。

(四)减衰一肢以上之机能者。

(五)于精神或身体有至三十日以上之病者。

(六)有致废业务至三十日以上之病者。

称轻微伤害者,谓前二项所列以外之疾病、损伤。

第二编　分　　则

第一章　侵犯大总统罪

第八十七条　对于大总统加危害或将加者,处死刑。

第八十八条　对于大总统,因过失致生危害者,处四等有期徒刑或一千元以下一百元以上罚金。

第八十九条　对于大总统有不敬之行为者,处四等有期徒刑或一千元以下一百元以上罚金。

第九十条　犯本章之罪,宣告二等至四等有期徒刑者,并科有期褫夺公权。

第二章　内　乱　罪

第九十一条　意图紊乱国宪而起暴动者,依左列各款分别处断:

(一)首谋,死刑。

(二)参与机密者,死刑或无期徒刑。

(三)指挥群众或执行要务者,一等有期徒刑;其情节轻者,二等有期徒刑。

(四)附和随行者,三等有期徒刑。

意图内乱,聚众掠夺公署之兵器、弹药、船舰、钱粮及其他军需品,或携带兵器公然占据都市、城塞及其他军用之地者,均以内乱既遂论。

第九十二条　第九十一条之未遂犯,罪之。

第九十三条　预备或阴谋犯第九十一条之罪者,处二等有期徒刑。

第九十四条　知预备内乱之情而供给兵器、弹药、船舰、钱粮及其他军需品者,处二等有期徒刑。

第九十五条　犯内乱人违背战斗上国际成例,而犯杀伤、放火、决水、掠夺及其他各罪者,援用所犯各条,依第二十七条处断。

第九十六条　犯本章之罪,宣告二等至四等有期徒刑者,并科有期褫夺公权。

第三章　外　患　罪

第九十七条　受政府之命令委任与外国商议,图利自己或他人或外国,故意议定不利民国之条约者,不问批准与否,处无期徒刑。

第九十八条 意图使民国领域属于外国,而与外国开始商议者,处死刑或无期徒刑。

第九十九条 通谋外国,使对于民国开始战端者,处死刑或无期徒刑。

第一百条 与外国抗敌民国者,处死刑。

第一百零一条 背叛民国而附属敌兵者,处无期徒刑。

第一百零二条 意图利敌国或害民国,而有左列各款之行为者,处死刑或无期徒刑:

(一)将要塞、军港、军队、船舰及其他军用处所、建筑物或兵器、弹药、钱粮、交通材料及其他军需品交付敌国,或烧毁、损坏及设法致不堪用者。

(二)以诈术或他法于陆海军内煽令不和、反乱或脱逃者。

(三)将关涉军略之文书、图画交付敌国者。

(四)为敌国间谍,或帮助敌国间谍者。

(五)诱导敌国军队、船舰,使侵入或接近民国领域者。

第一百零三条 值民国与外国交战之际,以不正行为缔结供给军需之契约,或缔结后不照契约原意履行者,处一等有期徒刑。

因而得利者,并科所得总额二倍以下、总额以上罚金;若二倍之数未满三百元,并科三百元以下、所得总额以上罚金。

第一百零四条 除前二条所列外,以其他行为,将军事上之利益与敌国,或酿成军事上之不利益于民国者,处二等有期徒刑。

第一百零五条 本章之未遂犯,罪之。

第一百零六条 本章之预备犯及阴谋犯,罪之。

第一百零七条 犯本章之罪,宣告二等至四等有期徒刑者,并科有期褫夺公权。

第一百零八条 本章之规定,于对于战时同盟国有犯者,准用之。

第四章 妨害国交罪

第一百零九条 对于外国君主或大总统加危害者,处死刑。

第一百十条 对于外国君主或大总统,因过失致生危害者,处四等有期徒刑或一千元以下、一百元以上罚金。

第一百十一条 对于外国君主或大总统有不敬之行为者,处四等有期徒刑或一千元以下、一百元以上罚金。

第一百十二条 杀外国代表者,处死刑。

第一百十三条 伤害外国代表者,依左列各款处断:

(一)致死者,无期徒刑。

(二)致笃疾者,一等有期徒刑。

(三)致废疾者,二等有期徒刑。

(四)致轻微伤害者,三等有期徒刑。

第一百十四条 逮捕或拘禁外国代表者,处三等有期徒刑。

第一百十五条 对于外国代表有强暴、胁迫或侮辱之行为者,处四等有期徒刑或三百元以下三十元以上罚金。

第一百十六条 第一百十二条至于第一百十五条之规定，于在民国外对于民国代表有杀伤、不敬、逮捕或拘禁、强暴、胁迫或侮辱之行为者，准用之。

第一百十七条 意图侮辱外国而损坏、除去、污秽或滥用外国之国旗及其他国章者，处五等有期徒刑，并科或易科一百元以下罚金。

第一百十八条 私与外国开战者，处一等至三等有期徒刑。

第一百十九条 于外国交战之际，违背局外中立之命令者，处四等有期徒刑。

因而得利者，并科所得总额二倍以下、总额以上罚金；若二倍之数未满三百元，并科三百元以下、所得总额以上罚金。

第一百二十条 第一百零九条、第一百十二条、第一百十四条、第一百十八条及第一百十九条之未遂犯，罪之。

第一百二十一条 第一百零九条、第一百十二条、第一百十四条及第一百十八条之预备犯及阴谋犯，罪之。

预备或阴谋犯第一百十三条之罪者，处五等有期徒刑，并科或易科一百元以下罚金。

第一百二十二条 犯本章之罪，宣告二等至四等有期徒刑者，得科有期褫夺公权。

第一百二十三条 第一百十一条、第一百十五条及第一百十七条之罪，须请求乃论。

第五章 漏泄机务罪

第一百二十四条 潜通于外国而漏泄民国所应秘密之内治、外交者，处二等有期徒刑。

其未潜通于外国者，处三等有期徒刑。

因而致生民国重大损害或与外国生纷议、战争者，加本刑一等。

第一百二十五条 漏泄、公表民国军事上秘密之事项、图书、物件者，处二等有期徒刑。

第一百二十六条 因职务知悉、收受民国军事上秘密之事项、图书、物件，而漏泄、公表者，处一等有期徒刑。

第一百二十七条 刺探、收集民国军事上秘密之事项、图书、物件者，处三等有期徒刑或五百元以下五十元以上罚金。

第一百二十八条 未受允准，将民国军港、要港、防御港、堡垒、炮台、水雷卫所及其他为防御而设之建筑物测量、摹绘、摄照或记录其形状者，处四等有期徒刑或三百元以下、三十元以上罚金。其不知情者，亦同。

第一百二十九条 未受允准或以强暴、胁迫或诈术得受允准，而入堡垒、炮台、水雷卫所及其他为防御而设之建筑物内者，处四等有期徒刑或三百元以下、三十元以上罚金。其不知情者，亦同。

第一百三十条 第一百二十四条第一项、第二项及第一百二十五条至第一百二十九条之未遂犯，罪之。

第一百三十一条 犯第一百二十六条之罪，宣告二等至四等有期徒刑者，并科无期褫夺公权；犯其余本章之罪，宣告二等至四等有期徒刑者，科有期褫夺公权。

第一百三十二条　因犯本章之罪取得财物而已费失者,追征其价额。

第六章　渎　职　罪

第一百三十三条　公务员、公断人于其职务,事前要求、期约、收受贿赂者,处二等有期徒刑。

因而为不正之行为或不为相当之行为者,处一等有期徒刑。

第一百三十四条　公务员、公断人于其职务,事后要求、期约、收受贿赂者,处四等有期徒刑。

因为不正之行为或不为相当之行为,事后要求、期约、收受贿赂者,处三等有期徒刑。

第一百三十五条　对于公务员、公断人,事前行求、期约、交付贿赂者,处四等有期徒刑或三百元以下三十元以上罚金。

第一百三十六条　对于公务员、公断人,事后行求、期约、交付贿赂者,处五等有期徒刑,并科或易科一百元以下罚金。

第一百三十七条　审判官或检察、警察、监狱及其他行政员或其佐理人,因执行职务,对于被告人、嫌疑人或其他关系人有强暴、凌虐之行为者,处四等有期徒刑。

因而致人死伤者,援用伤害罪各条,依第二十七条处断。

第一百三十八条　检察、警察之公务员或其佐理人,经人告现有侵害自己或他人权利之犯人,而不速为保护之处分者,处五等有期徒刑,并科或易科一百元以下罚金。

第一百三十九条　审判官或检察、警察之公务员或其佐理人,关于民事或行使诉讼案件,图害当事人或他人,故意为不法或不当之处分者,处四等有期徒刑或三百元以下、三十元以上罚金。

第一百四十条　征收租税及各项入款之公务员,图利国库或他人,而于正数以外浮收金谷、物件者,处四等有期徒刑。

公务员未受政府命令或允准,缔结借款契约者,亦同。

图利自己而犯本条之罪者,处二等有期徒刑。

第一百四十一条　公务员于第一百三十七条至第一百四十条所列情形外滥用职权,使人行无义务之事或妨害人行使权利者,处五等有期徒刑,并科或易科一百元以下罚金。

第一百四十二条　第一百四十条之未遂犯,罪之。

第一百四十三条　犯第一百三十三条、第一百三十四条、第一百三十七条第二项或第一百四十条第三项之罪,宣告二等至四等有期徒刑者,并科无期褫夺公权。

犯其余本章之罪,宣告二等至四等有期徒刑者,并科有期褫夺公权者。

第一百四十四条　因犯第一百三十三条、第一百三十四条或第一百四十条第三项之罪取得财物而已费失者,追征其价额。

第一百四十五条　犯第一百三十五条或第一百三十六条之罪而自首者,得免除其刑。

第七章　妨害公务罪

第一百四十六条　于公务员执行职务时，施强暴、胁迫或诈术者，处四等有期徒刑或三百元以下三十元以上罚金。

意图使公务员为一定之处分，或不为一定之处分，或使之辞职，而施强暴、胁迫或诈术者，亦同。

因而致人死伤者，援用伤害罪各条。依第二十七条处断。

第一百四十七条　损坏、除去、污秽公务员所施之封印及查封之标示，或为违背其效力之行为者，处五等有期徒刑，并科或易科一百元以下罚金。

第一百四十八条　于公务员执行职务时当场侮辱，或虽非当场而对其职务公然侮辱者，不问有无事实，处五等有期徒刑，并科或易科一百元以下罚金。

对于公署公然侮辱者，亦同。

第一百四十九条　第一百四十七条之未遂犯，罪之。

第一百五十条　犯本章之罪，宣告二等至四等有期徒刑者，得科有期褫夺公权。

第八章　妨害选举罪

第一百五十一条　以不正行为使公务员或其佐理人于名簿内登载或变更选举人、被选举人资格所必要之事项，或自行登载或变更者，处四等有期徒刑或三百元以下、三十元以上罚金。无资格而投票者，亦同。

公务员或其佐理人知情而为不正之登载或变更者，处三等有期徒刑或五百元以下、五十元以上罚金。

第一百五十二条　关于选举，犯左列各款之罪者，处五等有期徒刑，并科或易科一百元以下罚金：

（一）意图自己或他人得票，或减少备选议员得票，而散布流言、施用诈术及其他损坏备选议员之名誉者。

（二）不问选举前后，对于选举人、选举关系人行求、期约、交付川资及其他贿赂，或选举人、选举关系人为其要求、期约、收受，或第三人为其媒介者。

（三）将选举人、选举关系人、其亲属或与此等人有关礼拜所、学校、公司、公所、城、镇、乡之债权债务及其他利害，诱导选举人、选举关系人，或选举人、选举关系人应其诱导，或第三人为其媒介者。

因犯前项之罪取得财物而若已废失者，追征其价额。

第一百五十三条　关于选举，犯左列各款之罪者，处四等有期徒刑或三百元以下、三十元以上罚金：

（一）对于选举人、选举关系人或其亲属施强暴、胁迫者。

（二）以强暴、胁迫妨害选举人往来选举会场或其他行使选举权者。

第一百五十四条　关于选举，犯左列各款之罪者，处四等有期徒刑：

(一)对于关于选举之公务员或其佐理人施强暴、胁迫者。

(二)骚扰选举会场、投票所、开票所者。

(三)阻留、损坏、夺取选举票、投票匦或有关选举之公文书者。

第一百五十五条 无故于投票所干涉投票,或于投票所、开票所刺探被选举人姓名者,处五等有期徒刑,并科或易科一百元以下罚金。

关于选举之公务员或其佐理人,犯前项之罪或漏泄被选举人姓名者,处四等有期徒刑或三百元以下、三十元以上罚金。

第一百五十六条 犯本章之罪,宣告二等至四等有期徒刑者,得科有期褫夺公权。

第九章 骚 扰 罪

第一百五十七条 聚众以强暴、胁迫骚扰地方者,依左列各款处断:

(一)首谋,二等有期徒刑。

(二)指挥群众或执行重要事务者,三等有期徒刑或五百元以下、五十元以上罚金。

(三)附和随行者,五等有期徒刑,并科或易科一百元以下罚金。

第一百五十八条 聚众意图犯前条之罪,已受该管公务员解散之命令仍不解散者,首谋,处四等有期徒刑或三百元以下、三十元以上罚金。

附和随行者,处一百元以下罚金。

第一百五十九条 骚扰人犯杀伤、放火、决水、损坏及其他各罪者,援用所犯各条,依第二十七条处断。

第一百六十条 犯本章之罪,宣告二等至四等有期徒刑者,得科有期褫夺公权。

第十章 脱 逃 罪

第一百六十一条 既决、未决之囚及其他依法逮捕或拘禁之人脱逃者,处四等有期徒刑。

第一百六十二条 既决、未决之囚及其他依法逮捕或拘禁之人,损坏拘禁处所、械具或以强暴、胁迫脱逃者,处三等有期徒刑。

聚众犯前项之罪者,首谋,处死刑或无期徒刑;余人,处一等有期徒刑。

第一百六十三条 盗取既决、未决之囚及其他依法逮捕或拘禁之人者,处四等有期徒刑。

损坏拘禁处所、械具或以强暴、胁迫盗取者,处三等有期徒刑。

聚众犯前项之罪者,首谋,处死刑或无期徒刑;余人,处一等有期徒刑。

第一百六十四条 为便利脱逃之行为,因而致既决、未决之囚及其他依法逮捕或拘禁之人脱逃者,处四五等有期徒刑。

损坏拘禁处所、械具或以强暴、胁迫使脱逃者,处三等有期徒刑。

聚众犯前项之罪者,首谋,处死刑或无期徒刑;余人,处一等有期徒刑。

第一百六十五条 看守员、护送员或其佐理人纵令既决、未决之囚及其他依法逮捕或拘禁之人脱逃者,处三等有期徒刑。

第一百六十六条 本章之未遂犯,罪之。

第一百六十七条 第一百六十二条第二项、第一百六十三条第三项及第一百六十四条第三项之预备犯及阴谋犯,罪之。

第一百六十八条 因犯第一百六十二条至第一百六十四条之罪致人死伤者,援用伤害罪各条,依第二十七条处断。

第一百六十九条 犯第一百六十五条之罪,宣告二等至四等有期徒刑者,并科无期褫夺公权。

犯其余本章之罪宣告二等至四等有期徒刑者,得并科有期褫夺公权。

第十一章 湮灭证据罪

第一百七十条 藏匿被追摄人、被保释人、脱逃犯人者,处四等有期徒刑或三百元以下三十元以上罚金。

意图犯前项之罪而顶替自首者,亦同。

第一百七十一条 将关系他人刑事或惩戒事件之证据湮灭、伪造,或行使伪造之证据者,处四等有期徒刑或三百元以下、三十元以上罚金。

第一百七十二条 犯本章之罪,宣告二等至四等有期徒刑者,得并科有期褫夺公权。

第一百七十三条 亲属图利被追摄人、被保释人、脱逃犯人或被付惩戒人而犯本章之罪者,免除其刑。

第十二章 伪证诬告罪

第一百七十四条 依法令于司法或行政公署为证人、鉴定人、通译人,已具结而为虚伪之证言、鉴定或通译者,处三等有期徒刑或三百元以下、三十元以上罚金。

于供述后具结者,亦同。

犯前本条之罪,于裁判宣告前自白者,得免除其刑。

第一百七十五条 意图他人受刑事或惩戒处分,而为虚伪之告诉、告发、报告者,处四等有期徒刑或三百元以下、三十元以上罚金。

犯前本条之罪,于裁判宣告或惩戒议决前自白者,得免除其刑。

第一百七十六条 意图陷害尊亲属而犯第一百七十四条及第一百七十五条之罪者,加重本刑。

亲属图利诉讼当事人或被付惩戒人而犯第一百七十四条之罪者,免除其刑。

第一百七十七条 向官诬告有犯罪事实而未指定犯人者,处五等有期徒刑,并科或易科一百元以下罚金。

第一百七十八条 犯第一百七十四条或第一百七十五条之罪,宣告二等至四等有期徒刑者,得并科有期褫夺公权。

犯第一百七十六条第一项之罪,宣告二等至四等有期徒刑者,并科无期褫夺公权。

第十三章 放 火 罪

第一百七十九条 放火烧毁左列各款之他人所有物者,处死刑或无期徒刑:

(一)在城镇及其他人烟稠密处所之建筑物。

(二)陈列、储藏多数宗教、科学、美术、工艺上贵重图书、物品之建筑物。

(三)宗教或历史上之贵重建筑物。

(四)储藏硝磺、弹药或军需品之仓库及其他建筑物。

(五)多众执业或止宿之矿坑、兵营、学校、病院、救济所、工场、寄宿舍、狱舍及其他建筑物。

(六)现有多众集会之寺院、戏场、旅店及其他建筑物。

(七)现有多众乘坐之船舰。

第一百八十条 放火烧毁前条所列以外之他人所有建筑物、矿坑、船舰者,处二等有期徒刑。

因而致有前条损害之危险者,处一等有期徒刑;实有损害者,其刑与前条同。

第一百八十一条 放火烧毁他人所有建筑物、矿坑、船舰以外之物者,处四等有期徒刑或三百元以下、三十元以上罚金。

因而致有前条第一项损害之危险者,处三等有期徒刑;实有损害者,其刑与该项同。

因而致有第一百七十九条损害之危险者,处一等有期徒刑;实有损害者,其刑与该条同。

第一百八十二条 放火烧毁自己所有建筑物、矿坑、船舰及其他各物者,依左列各款处断:

(一)因而致有前条第一项损害之危险者,处五等有期徒刑,并科或易科一百元以下罚金;实有损害者,其刑与该项同。

(二)因而致有第一百八十条第一项损害之危险者,处三等至五等有期徒刑;实有损害者,其刑与该项同。

(三)因而致有第一百七十九条损害之危险者,处一等有期徒刑;实有损害者,其刑与该条同。

第一百八十三条 因失火而致有第一百七十九条之损害者,处五等有期徒刑,并科或易科一千元以下罚金。

因而致有第一百八十条第一项之损害者,处五百元以下罚金。

因而致有第一百八十一条第一项之损害者,处三百元以下、三十元以上罚金。

失火烧毁自己所有建筑物、矿坑、船舰及其他各物,因而致有前三项损害之危险者,处一百元以下罚金。

第一百八十四条 以火药、煤气、电气、蒸气之作用或他法,致建筑物、矿坑、船舰及其他各物炸裂者,分别损害、危险,准用放火、失火各条处断。

第一百八十五条 于火灾或炸裂灾害之际,隐匿、损坏防御之器械、阻遏从事防御之人或以他法妨害镇火或防御者,处三等有期徒刑或五百元以下、五十元以上罚金。

第一百八十六条 自己所有物犯已受查封、属于他人物权或租贷于人者,关于本章之罪,以他人所有物论。

第一百八十七条 第一百七十九条、第一百八十条第一项、第一百八十一条第一项及第一百八十五条之未遂犯,罪之。

第一百八十八条 第一百七十九条、第一百八十条及准用该二条炸裂罪之预备犯及阴谋犯,罪之。

第一百八十九条 犯放火或炸裂之罪,因而致人死伤者,援用伤害罪各条,依第二十七条处断。

因过失生火灾或炸裂致人死伤者,援用过失致死伤罪各条,依第二十七条处断。

第一百九十条 犯第一百七十九条之罪,宣告二等至四等有期徒刑者,并科有期褫夺公权。

故意犯其余本章之罪,宣告二等至四等有期徒刑者,得科有期褫夺公权。

第十四章 决 水 罪

第一百九十一条 决水浸害第一百七十九条所列各款之建筑物、矿坑或他人所有田圃、牧场及其他利用之地者,处死刑或无期徒刑。

第一百九十二条 决水浸害前条所列以外之他人建筑物、矿坑或土地者,处三等有期徒刑或五百元以下、五十元以上罚金。

因有致前条损害之危险者,处二等有期徒刑;实有损害者,其刑与前条同。

第一百九十三条 决水浸害自己所有之地,因而致有前条第一项损害之危险者,处五等有期徒刑,并科或易科一百元以下罚金;实有损害者,其刑与该项同。

因而致有第一百九十一条损害之危险者,处二等有期徒刑;实有损害者,其刑与该条同。

第一百九十四条 因过失决水者而致有第一百九十一条之损害者,处五等有期徒刑,并科或易科一千元以下罚金。

因而致有第一百九十二条之损害者,处五百元以下罚金。

因过失决水而致有前二项损害之危险者,处一百元以下罚金。

第一百九十五条 于水灾之际,隐匿、损坏防御之器械、阻遏从事防御之人或以他法妨害防水者,处三等有期徒刑或五百元以下、五十元以上罚金。

第一百九十六条 妨害他人灌溉田亩之水利者,处五等有期徒刑,并科或易科一百元以下罚金。

妨害水利,因而致令田亩荒废者,处四等有期徒刑或三百元以下、三十元以上罚金。

第一百九十七条 妨害水利故意荒废他人田亩者,处三等有期徒刑。

第一百九十八条 自己所有物犯已受查封、属于他人物权或租贷于人者,关于本章之罪,以他人所有物论。

第一百九十九条 第一百九十一条、第一百九十二条第一项、第一百九十三条第一项、第一百九十五条、第一百九十六条第一项及第一百九十七条之未遂犯,罪之。

第二百条　第一百九十一条及第一百九十二条之预备犯及阴谋犯,罪之。

第二百零一条　犯决水之罪因而致人死伤者,援用伤害罪各条,依第二十七条处断。

因过失生水害致人死伤者,援用过失致死伤罪各条,依第二十七条处断。

第二百零二条　犯第一百九十一条之罪,宣告二等至四等有期徒刑者,并科有期褫夺公权。

故意犯其余本章之罪,宣告二等至四等有期徒刑者,得科有期褫夺公权。

第十五章　危险物罪

第二百零三条　意图供自己或他人犯罪之用,而制造、持有炸药、绵火药、雷汞或其他类此之爆裂物,或自外国输入者,处二等或三等有期徒刑。

第二百零四条　未受政府之命令、允准、委任,而制造、持有前条所揭之爆裂物或自外国输入,而不能证明出于正当之理由者,处三等有期徒刑。

其能证明出于正当之理由者,处一百元以下罚金。

第二百零五条　未受政府之命令、允准、委任,而制造、持有军用枪炮或第二百零三条以外之军用爆裂物,或自外国输入者,处四等有期徒刑或三百元以下、三十元以上罚金。

第二百零六条　警察员或税关员知有人犯第二百零三条、第二百零四条第一项或第二百零五条之罪,而不即予以相当之处分者,处四等有期徒刑三百元以下、三十元以上罚金。

第二百零七条　漏逸、间隔煤气、电气、蒸气,因而致生危险于他人身体、财产者,处四等有期徒刑或三百元以下、三十元以上罚金。

因而致人死伤者,援用伤害罪各条,依第二十七条处断。

第二百零八条　第二百零三条、第二百零四条第一项、第二百零五条及第二百零七条第一项之未遂犯,罪之。

第二百零九条　犯第二百零三条之罪,宣告二等至四等有期徒刑者,并科无期褫夺公权。

犯第二百零四条第一项及第二百零六条之罪,宣告二等至四等有期徒刑者,并科有期褫夺公权。

第十六章　妨害交通罪

第二百十条　意图妨害交通而损坏、壅塞陆路、水路、桥梁者,处四等有期徒刑或三百元以下、三十元以上罚金。

损害,修复工钜者,处三等有期徒刑。

因而致人死伤者,援用伤害罪各条,依第二十七条处断。

第二百十一条　损坏轨道、灯塔、标识及其他于汽车、电车、船舰往来上为危险之行为者,处四等有期徒刑或三百元以下、三十元以上罚金。

因而致载人之汽车、电车、船舰冲撞、颠覆、破坏、搁沉者,处三等有期徒刑。

因而致人于死或多众受伤者,处一等有期徒刑。

第二百十二条 冲撞、颠覆、破坏、搁沉载人之汽车、电车、船舰者,处一等有期徒刑。

因而致人于死或多众受伤者,处死刑或无期徒刑。

第二百十三条 因过失致载人之汽车、电车、船舰生往来之危险者,处一百元以下罚金。

因过失冲撞、颠覆、破坏、搁沉载人之汽车、电车、船舰者,处三百元以下、三十元以上罚金。

因而致人死伤者,援用过失致死伤罪各条,依第二十七条处断。

第二百十四条 从事交通业务之人因过失致载人之汽车、电车、船舰生往来之危险者,处五等有期徒刑,并科或易科一百元以下罚金。

因过失冲撞、颠覆、破坏、搁沉载人之汽车、电车、船舰者,处四等有期徒刑或三百元以下、三十元以上罚金。

因而致人死伤者,援用过失致死伤罪各条,依第二十七条处断。

第二百十五条 以强暴、胁迫或诈术妨害邮件、电信之递送、收发者,处四等有期徒刑或三百元以下、三十元以上罚金。

第二百十六条 损坏邮政专用之物者,处五等有期徒刑,并科或易科一百元以下罚金。

第二百十七条 损坏电信线路、电话线、电信电话之机器、建筑物者,处四等有期徒刑或三百元以下、三十元以上罚金。

因而致生电信、电话交通之妨害者,处三等有期徒刑或五百元以下、五十元以上罚金。

第二百十八条 损坏电信线路、电话线、电信电话之机器、建筑物,或以他法,故意妨害其交通者,处三等有期徒刑。

第二百十九条 从事邮政、电信职务之人因过失损坏电信线路、电话线、电信电话之机器、建筑物,而生交通之妨害者,处三百元以下罚金。

第二百二十条 第二百十条第一项、第二项、第二百十一条第一项、第二百十二条第一项、第二百十五条、第二百十七条第一项及第二百十八条之未遂犯,罪之。

第二百二十一条 第二百十二条第一项之预备犯及阴谋犯,罪之。

第二百二十二条 犯第二百十二条之罪,宣告二等至四等有期徒刑者,并科有期褫夺公权。

故意犯其余本章之罪,宣告二等至四等有期徒刑者,得并科有期褫夺公权。

第十七章 妨害秩序罪

第二百二十三条 以文书、图画、演说或他法公然煽惑他人犯罪者,依左列各款处断:

(一)所煽惑其罪最重刑为死刑、无期徒刑者,处四等有期徒刑或三百元以下三十元以上罚金。

(二)所煽惑其罪最重刑为有期徒刑者,处五等有期徒刑,并科或易科一百元以下罚金。

以定期刊行之件或以编纂他人论说之公刊书册,而犯前项之罪者,编辑人亦依前项处断。

第二百二十四条 以强暴、胁迫或诈术妨害正常之集会者,处五等有期徒刑,并科或易科一百元以下罚金。

第二百二十五条 以强暴、胁迫或诈术为左列各款之行为者,处五等有期徒刑,并科或易科一百元以下罚金:

(一)妨害贩运谷类及其他公共所需之饮食物品者。

(二)妨害贩运种子、肥料、原料及其他农业、工业所需之物品者。

(三)妨害使用多数工人之工厂或矿坑之执业者。

第二百二十六条 从事同一业务之工人议决同盟罢工者,首谋,处四等有期徒刑或三百元以下、三十元以上罚金;余人,处五等有期徒刑,并科或易科一百元以下罚金。

因犯前项之罪聚众为强暴、胁迫或将为者,依第一百五十七条至第一百六十条处断。

第二百二十七条 无故入现有人居住或看守之第宅、建筑物、船舰,或受阻止而不退去者,处五等有期徒刑,并科或易科一百元以下罚金。

第二百二十八条 诈称公务员、律师、兵卒,僭用公务员、律师、兵卒服饰、徽章、内外国勋章者,处五等有期徒刑,并科或易科一百元以下罚金。

第二百二十九条 第二百二十三条至第二百二十五条及第二百二十七条之未遂犯,罪之。

第二百三十条 犯本章之罪,宣告二等至四等有期徒刑者,得并科有期褫夺公权。

第十八章 伪造货币罪

第二百三十一条 伪造通用货币者,处一等有期徒刑。

行使自己伪造或仿造之通用货币,或意图行使而交付于人者,亦同。

经政府之命令、允准、委任而发行之银行券,以通用货币论。

第二百三十二条 伪造流通民国之外国通用货币者,处三等有期徒刑。

行使自己伪造或仿造之流通民国之外国通用货币,或意图行使而交付于人者,亦同。

流通民国之外国银行券,以外国通用货币论。

第二百三十三条 伪造不流通民国之外国通用货币或纸币者,处四等有期徒刑。

第二百三十四条 意图行使而减损通用金银币之分量者,处三等有期徒刑。

行使前项之金银币或意图行使而交付于人者,亦同。

第二百三十五条 意图行使而减损流通民国之外国金银币之分量者,处四等有期徒刑。

行使前项之金银币或意图行使而交付于人者,亦同。

第二百三十六条 意图行使而知情收受他人伪造或仿造之通用货币者,处三等有期徒刑。

行使前项之货币,或意图行使而交付于人,或自外国输入者,处二等有期徒刑。

第二百三十七条 意图行使而知情收受他人伪造或仿造之流通民国之外国货币者,处四等有期徒刑。

行使前项之货币,或意图行使而交付于人,或自外国输入者,处三等有期徒刑。

第二百三十八条 意图行使而知情收受他人减损分量之通用金银币者,处四等有期徒刑。

行使前项之金银币，或意图行使而交付于人，或自外国输入者，处三等有期徒刑。

第二百三十九条 意图行使而知情收受他人减损分量之流通民国之外国金银币者，处其价额二倍以下、价额以上罚金；若二倍之数未满五十元，处五十元以下、价额以上罚金。

行使前项之金银币，或意图行使而交付于人，或自外国输入者，处四等有期徒刑。

第二百四十条 收受后方知为他人伪造或仿造之货币或减损分量之金银币，而仍行使或意图行使而交付于人者，处其价额三倍以下、价额以上罚金；若三倍之数未满五十元，处五十元以下、价额以上罚金。

第二百四十一条 第二百三十一条至第二百三十八条及第二百三十九条第二项之未遂犯，罪之。

第二百四十二条 意图伪造货币、减损金银币分量，而预备各项器械或原料者，处四等有期徒刑。

第二百四十三条 犯第二百三十一条、第二百三十二条、第二百三十四条、第二百三十五条或第二百四十二条之罪，宣告二等至四等有期徒刑者，并科无期褫夺公权。

犯其余本章之罪，宣告二等至四等有期徒刑者，得科有期褫夺公权。

第十九章 伪造度量衡罪

第二百四十四条 意图行使、贩卖，而制造、持有或自外国输入违背定程之度量衡，或变更真正度量衡之定程者，处五等有期徒刑，并科一百元以下罚金。

知情而贩卖不平之度量衡者，亦同。

第二百四十五条 业务上当用度量衡之人知其不平而持有者，处一百元以下罚金。

行使不平之度量衡而得利者，以诈欺取财论。

第二百四十六条 意图行使、贩卖，未受政府允准、委任而制造、持有或自外国输入度量衡，尚未违背定程者，处五十元以下罚金。贩卖者，处卖价二倍以下、卖价以上罚金；若二倍之数未满五十元，处五十元以下、卖价以上罚金。

第二百四十七条 第二百四十四条之未遂犯，罪之。

第二百四十八条 犯第二百四十四条之罪，宣告二等至四等有期徒刑者，得科有期褫夺公权。

第二十章 私 盐 罪

第二百四十九条 未受政府之允准、委任，而制造、持有或自外国输入私盐者，处五等有期徒刑，并科价额二倍以下、价额以上罚金；若二倍之数未满五十元，处五十元以下、价额以上罚金。

知情而贩卖私盐者，亦同。

虽系官盐，并非应销之引地，以私盐论。

第二百五十条 犯前条之罪而有左列各款情形者，处四等有期徒刑，并科价额二倍以

下、价额以上罚金;若二倍之数未满五十元,处五十元以下、价额以上罚金:

(一)携带凶器者。

(二)二人以上同实行者。

二人以上共同实行,一人携带凶器者,俱处三等有期徒刑。

第二百五十一条 犯第二百四十九条之罪而有左列各款情形者,处一等有期徒刑:

(一)聚众于江湖、河港,用船舰实行者。

(二)防护私盐或脱免逮捕,当场施强暴、胁迫者。

第二款情形犯骚扰、杀伤、损坏及其他各罪者,援用所犯各条,依第二十七条处断。

第二百五十二条 税关员或其佐理人自外国输入私盐或纵令他人输入者,处三等有期徒刑,并科五百元以下罚金。

盐务员或其佐理人贩卖或自外国输入私盐,或纵令他人贩卖或输入者,亦同。

第二百五十三条 警察员或其佐理人当执行职务时,知有第二百四十九条至第二百五十二条之犯人,故意不即与相当之处分者,处四等有期徒刑或三百元以下、三十元以上罚金。

第二百五十四条 第二百四十九条或第二百五十二条之未遂犯,罪之。

第二百五十五条 犯第二百五十一条至第二百五十二条之罪,宣告二等至四等有期徒刑者,并科有期褫夺公权;公务员犯者,并科无期褫夺公权。

犯其余本章之罪,宣告二等至四等有期徒刑者,得科有期褫夺公权。

第二百五十六条 犯私盐罪人持有之盐,以私盐论。

第二十一章 伪造文书罪

第二百五十七条 伪造公文书或图样者,处三等有期徒刑。

行使伪造或不实之公文书、图样,或意图行使而交付于人者,亦同。

第二百五十八条 伪造公署之凭照者,处五等有期徒刑,并科或易科一百元以下罚金。

行使伪造或不实之凭照,或意图行使而交付于人者,亦同。

第二百五十九条 伪造医师或检验吏之诊断书、检验书或死亡证书者,处五等有期徒刑,并科或易科一百元以下罚金。

行使伪造或不实之诊断书、检验书、死亡证书,或意图行使而交付于人者,亦同。

第二百六十条 左列各款行为,以伪造论,依第二百五十七条至第二百五十九条处断:

(一)公务员或医师据虚伪之事实,而制作所掌文书、图样或登载虚伪之事实者。

(二)对于公务员或医师陈告虚伪之事实,而使之制作所掌文书、图样或登载虚伪之事实者。

第二百六十一条 伪造有价证券者,处三等有期徒刑。

行使伪造或不实之有价证券,或意图行使而交付于人或自外国输入者,亦同。

第二百六十二条 伪造可以证明权利或义务之他人私文书或图样者,处四等有期徒刑或三百元以下、三十元以上罚金。

伪造可以证明事实之他人私文书或图样者,处五等有期徒刑,并科或易科一百元以下罚金。

行使伪造或不实之他人私文书或图样，或意图行使而交付于人者，亦同。

第二百六十三条 据虚伪之事实制作可以证明权利、义务或事实之自己私文书、图样，或登载虚伪之事实者，以伪造论，依第二百六十一条或第二百六十二条处断。

第二百六十四条 伪造公署或公务员之印文、署押，或盗用真正之公印文、署押者，处二等有期徒刑。

行使伪造或不实之公印文、署押，或盗用真正之公印文、署押者，亦同。

印花、邮票、邮片，以公印文论。

第二百六十五条 伪造私印文、署押或盗用真正之私印文、署押者，处三等有期徒刑。其情轻者，处四等有期徒刑或三百元以下、三十元以上罚金。

行使伪造或不实之私印文、署押，或盗用真正之私印文、署押者，亦同。

第二百六十六条 伪造公印者，处四等有期徒刑。

第二百六十七条 伪造私印者，处五等有期徒刑，并科或易科一百元以下罚金。

第二百六十八条 本章之未遂犯，罪之。

意图行使而知情收受伪造、盗用或不实之公私文书、印文、署押、公私印者，各依本条以行使未遂罪论。

第二百六十九条 犯本章之罪，宣告二等至四等有期徒刑者，得科有期褫夺公权。

第二十二章 亵渎祀典罪

第二百七十条 对于坛庙、寺观、坟塚或及其他礼拜所有公然不敬之行为者，处五等有期徒刑，并科或易科一百元以下罚金。

妨害葬礼、说教、礼拜及其他宗教上之会合者，亦同。

第二百七十一条 损坏、遗弃、盗取尸体者，处二等有期徒刑。

损坏、遗弃、盗取遗骨、遗发及殓物者，处三等有期徒刑。

第二百七十二条 发掘坟塚见棺椁者，处三等有期徒刑或五百元以下、五十元以上罚金。

第二百七十三条 发掘坟塚而损坏、遗弃、盗取尸体者，处一等有期徒刑。

发掘坟塚而损坏、遗弃、盗取遗骨、遗发及殓物者，处二等有期徒刑。

第二百七十四条 关于尊亲属之尸体、遗骨、遗发、殓物或坟塚，犯第二百七十条至第二百七十三条之罪者，加重其本刑。

第二百七十五条 第二百七十一条至第二百七十三条之未遂犯，罪之。

第二百七十六条 犯第二百七十四条之罪，宣告二等至四等有期徒刑者，并科无期褫夺公权。

犯其余本章之罪，宣告二等至四等有期徒刑者，得科有期褫夺公权。

第二十三章　鸦片吗啡罪

第二百七十七条　制造鸦片、吗啡、高根、安洛因及其化合质料,或贩卖,或意图贩卖而持有,或自外国输入,或输出于禁止输入之国者,处三等有期徒刑,并科五百元以下罚金。

第二百七十八条　制造专供吸食鸦片烟之器具,或贩卖,或意图贩卖而持有,或自外国输入,或输出于禁止输入之国者,处四等有期徒刑,并科三百元以下罚金。

第二百七十九条　税关员或其佐理人自外国输入鸦片、吗啡、高根、安洛因及其化合质料,或纵令他人输入或输出于禁止输入之国者,处二等有期徒刑,并科一千元以下罚金。

输入专供吸食鸦片之器具,或纵令他人输入或输出于禁止输入之国者,处三等有期徒刑,并科五百元以下罚金。

第二百八十条　以馆舍供人吸食鸦片者,处四等有期徒刑,并科三百元以下罚金。

第二百八十一条　意图制造鸦片、吗啡或高根而栽种罂粟或高根叶者,处三等有期徒刑,并科五百元以下罚金。

贩卖罂粟种子,或意图贩卖而收藏、搬运者,处五等有期徒刑,并科或易科一百元以下罚金。

第二百八十二条　吸食鸦片或施打吗啡或使用高根、安洛因及其化合质料者,处四等有期徒刑或一千元以下罚金。

第二百八十三条　为人施打吗啡针者,处三等有期徒刑,并科五百元以下罚金。

第二百八十四条　警察员或其佐理人当执行职务时,知有第二百七十七条至第二百八十三条之犯人,故意不即与相当之处分者,处四等有期徒刑或三百元以下、三十元以上罚金。

第二百八十五条　持有鸦片、吗啡、高根、安洛因及其化合质料或专供吸食鸦片之器具者,处五等有期徒刑,并科或易科一百元以下罚金。

第二百八十六条　第二百七十七条至第二百八十三条之未遂犯,罪之。

第二百八十七条　犯第二百七十七条至第二百八十四条之罪,宣告二等至四等有期徒刑者,并科有期褫夺公权;公务员犯者,并科无期褫夺公权。

第二十四章　赌　博　罪

第二百八十八条　赌博财物者,处五等有期徒刑或一千元以下罚金。但以供人暂时娱乐之物为赌者,不在此限。

当场赌博器具及犯人所持钱财,可认为赌物者,以供犯罪之物论。

第二百八十九条　以赌博为常业者,处四等有期徒刑。

第二百九十条　聚众开设赌场以营利者,处四等有期徒刑,并科三百元以下罚金。

第二百九十一条　未经政府允准、委任而发行彩票者,处四等有期徒刑,并科一千元以下罚金。

为买卖前项彩票之媒介者,处五等有期徒刑,并科五百元以下罚金。

第二百九十二条　购买前条彩票者,处一百元以下罚金。

因而得利者,处其价额二倍以下、价额以上罚金;若二倍之数未满一百元,处一百元以下、价额以上罚金。

第二百九十三条 第二百八十八条、第二百九十条至第二百九十二条之未遂犯,罪之。

第二百九十四条 犯第二百八十九条、第二百九十条之罪,宣告二等至四等有期徒刑者,并科无期褫夺公权。

犯第二百九十一条之罪,宣告二等至四等有期徒刑者,得科有期褫夺公权。

第二十五章 奸非重婚罪

第二百九十五条 对于未满十二岁之男女为猥亵之行为者,处四等有期徒刑或三百元以下、三十元以上罚金。

以强暴、胁迫、药剂、催眠术或他法,致使不能抗拒,而为猥亵之行为者,处三等有期徒刑或五百元以下、五十元以上罚金。

第二百九十六条 对于十二岁以上男女,以强暴、胁迫、药剂、催眠术或他法,致使不能抗拒,而为猥亵之行为者,处三等有期徒刑或五百元以下、五十元以上罚金。

第二百九十七条 对于妇女以强暴、胁迫、药剂、催眠术或他法,致使不能抗拒,而奸淫者,处二等有期徒刑。

二人以上共同者,处一等有期徒刑。

奸未满十二岁幼女者,以强奸论。

第二百九十八条 第二百九十五条第二项、第二百九十六条及第二百九十七条之规定,于乘人精神丧失或不能抗拒而为猥亵之行为或奸淫者,准用之。

第二百九十九条 犯第二百九十五条至第二百九十八条之罪,致人死伤者,依左列各款处断:

(一)致死者,死刑。

(二)致笃疾者,无期徒刑。

(三)致废疾者,一等有期徒刑。

二人以上共同致笃疾者,死刑或无期徒刑;致废疾者,无期徒刑。

二人以上共同,均有奸淫行为者,死刑或无期徒刑。

被害人羞忿自杀或意图自杀而伤害者,仍以犯人致死伤论。

第三百条 因犯第二百九十条至第二百九十八条之罪故意杀人者,处死刑。

第二百九十五条至第二百九十八条各罪及杀人,其一未遂者,仍以本罪既遂论;皆未遂者,以本罪未遂论。

第三百零一条 意图营利而引诱良家妇女卖奸者,处四等有期徒刑,并科三百元以下罚金。

第三百零二条 以前条之犯罪为常业者,处三等有期徒刑,并科五百元以下罚金。

第三百零三条 尊亲属强制卑幼卖奸或为娼者,处四等有期徒刑或三百元以下、三十元以上罚金。

夫强制妻卖奸或为娼者,亦同。

第三百零四条 有夫之妇通奸者,处四等有期徒刑。其知情相奸者,亦同。

第三百零五条 重为婚姻者,处四等有期徒刑。其知情相婚者,亦同。

第三百零六条 本宗缌麻以上之亲属相和奸者,处四等有期徒刑;有夫之妇,处三等有期徒刑。其知情相奸者,亦同。

第三百零七条 奸通良家无夫之妇女者,处五等有期徒刑,并科或易科一百元以下罚金。

第三百零八条 贩卖猥亵之书画、物品,或意图贩卖而制造、持有,或自外国输入者,处五等有期徒刑,并科或易科一百元以下罚金。其公然陈列者,亦同。

因而得利者,处其价额二倍以下、价额以上罚金;若二倍之数未满五十元,处五十元以下、价额以上罚金。

第三百零九条 第二百九十五条至第二百九十八条、第三百条、第三百零一条、第三百零三条至第三百零八条之未遂犯,罪之。

第三百十条 第二百九十五条、第二百九十八条、第三百零一条、第三百零二条、第三百零四条、第三百零六条及至第三百零七条之罪,须告诉乃论。

第三百十一条 犯第二百九十七条、第二百九十九条、第三百条至第三百零四条之罪,宣告二等至四等有期徒刑者,并科无期褫夺公权。

犯其余本章之罪,宣告二等至四等有期徒刑者,得科有期褫夺公权。

第二十六章 妨害饮料水罪

第三百十二条 污秽供人所饮之净水,因而致不能饮者,处五等有期徒刑,并科或易科一百元以下罚金。

第三百十三条 污秽由水道以供公众所饮之净水或其水源,因而致不能饮者,处四等有期徒刑或三百元以下、三十元以上罚金。

第三百十四条 以有害卫生之物混入供人所饮之净水内者,处四等有期徒刑或三百元以下、三十元以上罚金。

第三百十五条 以有害卫生之物混入由水道以供公众所饮之净水内或其水源者,处三等有期徒刑。

第三百十六条 损坏、壅塞水道、水源,以杜绝供公众所饮之净水至二日以上者,处三等有期徒刑。

第三百十七条 同谋杜绝供公众所饮之净水至二日以上者,首谋,处五等有期徒刑,并科或易科一百元以下罚金;余人,处五十元以下罚金。

第三百十八条 本章之未遂犯,罪之。

第三百十九条 犯第三百十二条至第三百十五条之罪,因而致人死伤者,援用伤害罪各条,依第二十七条处断。

第三百二十条 犯本章之罪,宣告二等至四等有期徒刑者,得科有期褫夺公权。

第二十七章　妨害卫生罪

第三百二十一条　违背预防传染病之禁令，从进口船舰登陆或将物品搬运于陆地者，处五百元以下罚金。

指挥船舰之人或其代理人自犯前项之罪，或知有人犯罪而不禁止者，处一千元以下罚金。

第三百二十二条　知情贩卖有害卫生之饮食物、饮食用器具或孩童玩具者，处其卖价二倍以下、卖价以上罚金；若二倍之数未满五十元，处五十元以下、卖价以上罚金。

第三百二十三条　违背法令贩卖药品者，处其卖价二倍以下、卖价以上罚金；若二倍之数未满五十元，处五十元以下、卖价以上罚金。

第三百二十四条　未受公署之允准，以医为常业者，处五百元以下罚金。

第三百二十五条　第三百二十一条至第三百二十三条之未遂犯，罪之。

第二十八章　杀　伤　罪

第三百二十六条　杀人者，处死刑或无期徒刑；其情轻者，处一等有期徒刑。

第三百二十七条　伤害人者，依左列各款处断：

（一）致死者，一等有期徒刑。

（二）致笃疾者，三等有期徒刑。

（三）致废疾者，四等有期徒刑。

（四）致轻微伤害者，五等有期徒刑，并科或易科一百元以下罚金。

第三百二十八条　对于尊亲属施强暴，未至伤害者，处四等有期徒刑。

第三百二十九条　决斗者，处五等有期徒刑，并科或易科一百元以下罚金。

因而杀伤人者，依故意杀伤罪各条处断。

聚众决斗者，以骚扰罪论。

第三百三十条　为决斗之人到场参预者，不问何种资格，处五等有期徒刑，并科或易科一百元以下罚金。

知情供人决斗之场所者，亦同。

第三百三十一条　教唆或帮助他人使之自杀，或受其承诺或嘱托而杀之者，处三等有期徒刑或五百元以下、五十元以上罚金。

谋为同死而犯本条之罪者，得免除其刑。

第三百三十二条　教唆或帮助他人使之自伤，或受其承诺或嘱托而伤之者，依左列各款处断：

（一）致死者，四等有期徒刑或三百元以下、三十元以上罚金。

（二）致笃疾者，五等有期徒刑，并科或易科一百元以下罚金。

（三）致废疾者，一百元以下罚金。

（四）致轻微伤害者，五十元以下罚金。

第三百三十三条 因过失致人死伤者,处五百元以下罚金。

第三百三十四条 玩忽业务上必要之注意,因而致人死伤者,处五等有期徒刑或一千元以下罚金。

第三百三十五条 对于尊亲属犯第三百二十六条、第三百二十七条、第三百二十九条或第三百三十一条至第三百三十四条之罪者,加重本刑。

谋为同死而犯第三百三十一条之罪者,得免除其刑。

第三百三十六条 第三百二十六条、第三百二十九条第一项、第三百三十条及第三百三十一条之未遂犯,罪之。

第三百三十七条 第三百二十六条之预备犯及阴谋犯,罪之。

预备或阴谋对于尊亲属犯第三百二十七条之罪者,处五等有期徒刑,并科或易科一百元以下罚金。

预备、阴谋或要求犯第三百二十九条之罪者,处一百元以下罚金。

第三百三十八条 左列各罪,须告诉乃论:

(一)第三百二十八条及其他对于尊亲属所犯第三百二十七条第四款、第三百三十三条、第三百三十四条之罪,须告诉乃论。

(二)要求犯第三百二十九条之罪。

第三百三十九条 对于尊亲属犯第三百二十六条、第三百二十七条第一款、第三百三十一条、第三百三十二条或第三百三十七条第二款之罪,宣告二等至四等有期徒刑者,并科无期褫夺公权。

故意犯其余本章之罪,宣告二等至四等有期徒刑者,得科有期褫夺公权。

第二十九章 堕胎罪

第三百四十条 怀胎妇女服药或以他法堕胎者,处五等有期徒刑,并科或易科一百元以下罚金。

第三百四十一条 受妇女之嘱托或得其承诺,使之堕胎者,处五等有期徒刑,并科或易科一百元以下罚金。

第三百四十二条 医师、产婆、药剂师、药材商犯前条之罪者,处四等有期徒刑或三百元以下、三十元以上罚金。

第三百四十三条 有左列各款之行为者,处四等有期徒刑:

(一)以强暴、胁迫或诈术使妇女自行堕胎者。

(二)以强暴、胁迫或诈术而受妇女之嘱托或承诺,使之堕胎者。

(三)未得妇女之承诺,以强暴、胁迫或诈术使之堕胎者。

(四)知为怀胎妇女而施以强暴、胁迫,致小产者。

医师、产婆、药剂师、药材商以诈术犯者,处三等有期徒刑。

第三百四十四条 第三百四十三条第一款至第三款之未遂犯,罪之。

第三百四十五条 犯第三百四十一条至第三百四十三条之罪,因而致妇女死伤者,援用伤害罪各条，依第二十七条处断。

第三百四十六条 犯本章之罪，宣告二等至四等有期徒刑者，得科有期褫夺公权。

第三十章 遗 弃 罪

第三百四十七条 依法令、契约担负扶助、养育、保护老幼、残废、疾病人之义务，而遗弃之者，处四等有期徒刑或三百元以下三十元以上罚金。

第三百四十八条 对于尊亲属犯前条之罪者，加重本刑。

第三百四十九条 犯第三百四十七条或第三百四十八条之罪，因而致人死伤者，援用伤害罪各条，依第二十七条处断。

第三百五十条 于自已经管地内发见被遗弃之老幼、残废、疾病人，而不与以相当之保护，或不报明警察员及其余该管公务员者，处五等有期徒刑，并科或易科一百元以下罚金。

警察员及其余该管公务员当执行职务时，不即与以相当之处分或保护者，亦同。

第三百五十一条 犯第三百四十八条、第三百五十条第二项之罪，宣告二等至四等有期徒刑者，并科无期褫夺公权。

犯其余本章之罪，宣告二等至四等有期徒刑者，得科有期褫夺公权。

第三十一章 逮捕拘禁罪

第三百五十二条 私擅逮捕或拘禁人者，处四等有期徒刑或三百元以下、三十元以上罚金。

第三百五十三条 审判官或检察、警察、监狱及其他行政员或其佐理人，滥用职权逮捕或拘禁人者，处四等有期徒刑。

第三百五十四条 对于尊亲属犯第三百五十二条或第三百五十三条之罪者，加重本刑。

第三百五十五条 犯本章之罪，因而致人死伤者，援用伤害罪各条，依第二十七条处断。

第三百五十六条 对于尊亲属犯第三百五十二条或第三百五十三条之罪，宣告二等至四等有期徒刑者，并科无期褫夺公权。

犯本章其余之罪，宣告二等至四等有期徒刑者，得科有期褫夺公权。

第三十二章 略诱和诱罪

第三百五十七条 以强暴、胁迫或诈术略诱妇女或未满二十岁之男子者，处三等有期徒刑。

和诱未满十六岁之男女，以略诱论。

第三百五十八条 意图营利、犯奸非或移送于民国外，而略诱之妇女或未满十二岁之男子者，处二等有期徒刑。

第三百五十九条 意图营利或犯奸非，而移送自己略诱之妇女或未满二十岁之男子于民国外者，处无期徒刑。

第三百六十条 第三百八十六条至第三百八十八条之规定，于略诱罪准用之。

第三百六十一条 和诱妇女或未满二十岁之男子者,处四等有期徒刑或三百元以下、三十元以上罚金。

第三百六十二条 意图营利、犯奸非或移送于民国外,而和诱之妇女或未满十二岁之男子者,处三等有期徒刑。

第三百六十三条 意图营利或犯奸非,而移送自己和诱之妇女或未满二十岁之男子于民国外者,处一等有期徒刑。

第三百六十四条 依法令、契约担负扶助、养育、保护义务而强卖、和卖其被扶助、养育、保护之人者,准用略诱、和诱各条处断。

第三百六十五条 尊亲属强卖卑幼者,处四等有期徒刑或三百元以下、三十元以上罚金。

夫强卖妇者,亦同。

和卖者,处五等有期徒刑,并科或易科一百元以下罚金。

和卖未满十六岁之男女者,以强卖论。

第三百六十六条 于前通谋而收受、藏匿被略诱、和诱、强卖、和卖人者,准用略诱、和诱各条或第三百六十五条处断。

未通谋者,各减一等。

第三百六十七条 第三百五十七条至第三百五十九条及第三百六十一条至第三百六十六条之未遂犯,罪之。

第三百六十八条 第三百五十八条至第三百六十条及准用该三条之罪,其预备犯及阴谋犯罪之。

第三百六十九条 第三百五十七条第二项、第三百六十一条至第三百六十三条及准用此等条项之罪,须告诉乃论。

第三百七十条 犯第三百五十八条至第三百六十条、第三百六十二条、第三百六十三条或准用该五条之罪,宣告二等至四等有期徒刑者,并科无期褫夺公权。

犯其余本章之罪,宣告二等至四等有期徒刑者,得科有期褫夺公权。

第三十三章 妨害安全信用名誉秘密罪

第三百七十一条 对于人以加害生命、身体、自由、名誉、财产之事相胁迫者,处五等有期徒刑,并科或易科一百元以下罚金。

以加害其亲属相胁迫者,亦同。

第三百七十二条 以强暴、胁迫使人行无义务之事或妨害人行使权利者,处四等有期徒刑或三百元以下三十元以上罚金。

第三百七十三条 意图损害他人或其业务之信用,而散布流言或施诈术者,处五等有期徒刑,并科或易科一百元以下罚金。

第三百七十四条 指摘事实公然侮辱人者,不问其事实之有无,处五等有期徒刑,并科或易科一百元以下罚金。

第三百七十五条 对于尊亲属犯第三百七十一条至第三百七十四条之罪者,加重本刑。

第三百七十六条 无故开拆、藏匿、毁弃他人封缄之信函者,处五等有期徒刑,并科或易科一百元以下罚金。

无故公表者他人秘密之文书、图画者,亦同。

第三百七十七条 僧道、医师、药剂师、药材商、产婆、律师、公证人或曾居此等地位之人,因其职务得知他人之秘密,无故漏泄者,处五等有期徒刑,并科或易科一百元以下罚金。

无故公表者,处四等有期徒刑或三百元以下三十元以上罚金。

第三百七十八条 第三百七十二条之未遂犯,罪之。

第三百七十九条 本章之罪,须告诉乃论。

第三百八十条 犯本章之罪,宣告二等至四等有期徒刑者,得科有期褫夺公权。

第三十四章 窃盗强盗罪

第三百八十一条 意图为自己或第三人之所有,而窃取他人所有物者,处四等有期徒刑。

第三百八十二条 窃盗有左列各款之行为者,处四等有期徒刑:

(一)侵入现有人居住或看守之第宅、建筑物、矿坑、船舰内者。

(二)携带凶器者。

(三)二人以上共同实行者。

二人以上共同实行,一人携带凶器者,皆处二等有期徒刑。

第三百八十三条 意图为自己或第三人之所有,而以强暴、胁迫强取他人所有物者,处二等有期徒刑。

以药剂、催眠术或他法使人不能抗拒而强取者,亦同。

第三百八十四条 窃盗因防护赃物、脱免逮捕、湮灭罪证,而当场施强暴、胁迫者,以强盗论。

第三百八十五条 以强暴、胁迫霸占土地或建筑物者,以强盗论。

以药剂、催眠术或他法使人不能抗拒而霸占者,亦同。

第三百八十六条 强盗有左列各款之行为者,处一等有期徒刑:

(一)侵入现有人居住或看守之第宅、建筑物、矿坑、船舰内者。

(二)携带凶器者。

(三)二人以上共同实行者。

二人以上共同实行,一人携带凶器者,皆处无期徒刑。

第三百八十七条 强盗有左列各款之行为者,处死刑或无期徒刑:

(一)在江、湖、海洋实行者。

(二)致人死伤者。

第三百八十八条 强盗于犯所有左列各款之行为者,处死刑:

(一)放火者。

(二)故意杀人者。

(三)强奸妇女者。

强盗放火、杀人、强奸,其一未遂者,仍以本罪既遂论;皆未遂者,以本罪未遂论。

第三百八十九条 自己所有物已受查封或依物权由他人善意持有者,关于本章之罪,以他人所有物论。

第三百九十条 禁止私有之物,关于本章之罪,以所有物论。

电、气以物论。

第三百九十一条 除第三百八十七条第二款外,本章之未遂犯,罪之。

第三百九十二条 第三百八十二条、第三百八十三条、第三百八十六条至第三百八十八条之预备犯及阴谋犯,罪之。

第三百九十三条 犯本章之罪,宣告二等或三等有期徒刑者,并科无期褫夺公权。

宣告四等有期徒刑者,得科有期褫夺公权。

第三百九十四条 于直系亲属、配偶或同居亲属之间犯第三百八十一条之罪者,免除其刑。

对于其他亲属犯第三百八十一条之罪者,须告诉乃论。

前二项之规定,于非亲属而与亲属为共犯者,不适用之。

第三十五章 诈欺取财罪

第三百九十五条 意图为自己或第三人之所有,以欺罔、恐吓使人将本人或第三人所有物交付于己者,处四等有期徒刑。

以前项方法得财产上不法之利益或使第三人得之者,亦同。

第三百九十六条 为他人处理事务,图利自己或第三人或图害本人,背其义务而损害本人之财产者,处四等有期徒刑。

第三百九十七条 乘人未满十六岁或精神错乱之际,使将本人或第三人所有物交付于己或因而得财产上不法之利益或使第三人得之或损害本人之财产者,依前二条处断。

第三百九十八条 公务员处理公务,图利自己或第三人或图害国家、公署,背其职务,损害国家、公署之财产者,处三等有期徒刑。

非公务员而共犯者,亦同。

第三百九十九条 二人以上共犯第三百九十五条至第三百九十八条之罪者,加重本刑一等。

第四百条 第三百八十九条及第三百九十条之规定,于本章之罪,准用之。

第四百零一条 本章之未遂犯,罪之。

第四百零二条 第三百九十九条之预备犯及阴谋犯,罪之。

第三百零三条 因犯本章之罪,伪造、行使、毁弃文书、图样、印文者,援用所犯各条,依第二十七条处断。

第四百零四条 犯第三百九十八条第一项之罪,宣告二等至四等有期徒刑者,并科无期褫夺公权。

犯其余本章之罪，宣告二等或三等有期徒刑者，并科有期褫夺公权。

犯其余本章之罪，宣告四等有期徒刑者，得科有期褫夺公权。

第四百零五条 第三百九十四条之规定，于本章之罪，准用之。

第三十六章 侵 占 罪

第四百零六条 侵占自己依法令、契约、事务管理所持有之他人所有物者，处四等有期徒刑。

第四百零七条 侵占公务上或业务上所持有之他人所有物者，处三等有期徒刑。

不在公务、业务之人共犯者，亦同。

第四百零八条 二人以上共犯第四百零六条或第四百零七条之罪者，加重本刑一等。

第四百零九条 侵占遗失物、漂流物、埋藏物或属于他人物权而离其持有之财物者，处其价额二倍以下、价额以上罚金；若二倍之数未满五十元，处五十元以下、价额以上罚金。

因自己错误而以善意取得管有之他人所有物，或因他人错误而交付于自己之他人所有物，以遗失物论。

第四百十条 自己所持有之自己所有物，已受查封或属于他人物权者，关于本章之罪，以他人所有物论。

第四百十一条 第三百九十条之规定，于本章之罪，准用之。

第四百十二条 第四百零六条及第四百零七条之未遂犯，罪之。意图犯本章之罪而携带财物潜逃者，以既遂罪论。

第四百十三条 二人以上所共同第四百零七条之预备犯及阴谋犯，罪之。

第四百十四条 因犯本章之罪，伪造、行使、毁弃文书、图样、印文者，援用所犯各条，依第二十七条处断。

第四百十五条 犯第四百零七条第一项之罪，宣告二等至四等有期徒刑者，并科无期褫夺公权。

犯其余本章之罪，宣告二等或三等有期徒刑者，并科有期褫夺公权。

犯其余本章之罪，宣告四等有期徒刑者，得科有期褫夺公权。

第四百十六条 第三百九十四条之规定，于本章之罪，准用之。

第三十七章 赃 物 罪

第四百十七条 赃物受赠、受寄、搬运、故买或牙保者，处五等有期徒刑，并科或易科一百元以下罚金。

其系强盗、窃盗赃物者，处四等有期徒刑或三百元以下三十元以上罚金。

因而得利者，并科所得总额二倍以下、总额以上罚金；若二倍之数未满一百元，并科一百元以下、总额以上罚金。

第四百十八条 以故买赃物或牙保为常业者，处三等有期徒刑。

因而得利者,并科所得总额二倍以下、总额以上罚金;若二倍之数未满二百元,并科二百元以下、总额以上罚金。

第四百十九条 第四百十七条第一项、第二项之未遂犯,罪之。

第四百二十条 犯第四百十七条之罪,宣告二等至四等有期徒刑者,得科有期褫夺公权。

犯第四百十八条之罪,宣告二等至四等有期徒刑者,并科无期褫夺公权。

第四百二十一条 第三百九十四条之规定,于本章之罪,准用之。

第三十八章 毁弃损坏罪

第四百二十二条 毁弃、损坏公文书、公印文或公印者,处四等有期徒刑。

公务员自犯者,处三等有期徒刑。

第四百二十三条 毁弃关系他人权利、义务之文书者,处四等有期徒刑或三百元以下、三十元以上罚金。

第四百二十四条 损害他人所有建筑物、矿坑、船舰者,处四等有期徒刑或一千元以下、一百元以上罚金。

损坏第一百七十九条之建筑物、矿坑、船舰者,处三等有期徒刑。

犯本条之罪,因而致人死伤者,援用伤害罪各条,依第二十七条处断。

第四百二十五条 有左列各款之行为者,处五等有期徒刑,并科或易科一百元以下罚金:

(一)损坏、伤害前条所列以外之他人所有物者。

(二)漏逸他人所有之煤气、蒸气及其他气体或流动物,或以他法致令丧失效用者。

(三)纵逸他人所有之动物,致令丧失者。

第四百二十六条 自己所有物已受查封或属于他人物权者,关于本章之罪,以他人所有物论。

第四百二十七条 第三百九十条第一项之规定,于本章之罪,亦准用之。

第四百二十八条 第四百二十二条、第四百二十三条及第四百二十四条第一项、第二项之未遂犯,罪之。

第四百二十九条 第四百二十四条第二项之预备犯及阴谋犯,罪之。

第四百三十条 犯本章之罪,宣告二等至四等有期徒刑者,得科有期褫夺公权。

第四百三十一条 第四百二十五条之罪,须告诉乃论。

第四百三十二条 第三百九十四条之规定,于第四百二十三条及第四百二十五条之罪,准用之。

(二)为修正刑法草案呈大总统文及大总统批令

为修正刑法草案呈大总统文及大总统批令

(1915年4月13日)

上大夫、参政院参政法律编查会副会长　汪有龄
中卿衔少卿、司法总长、法律编查会会长　章宗祥　谨呈:
少卿、大理院院长、法律编查会副会长　董　康

为修正刑律理由一律编齐,谨缮单呈览,仰祈钧鉴事:

窃宗祥等于本年二月十二日呈进《修正刑法草案》,声明所有修正理由书,应俟编齐后,送至法制局查核。嗣奉批令:"呈悉。缕陈各节,深中肯綮。所呈《修正刑法草案》存俟审核后,再行提交议决。其修正理由书,仍督饬会员迅即编竣,呈候参核。此批。"等因,遵即督同会员赶紧汇辑。

伏查编纂刑律,始于前清光绪季年,初次草案即拟具沿革、理由、注意三种,一律缮单进呈。二次草案复将内外衙门签注,分别从违,加具按语。民国初建,删去与国体抵触各条,用以颁行,名曰《暂行刑律》。此次修正即依据颁行之本,其间得失、利病,较然可见。故外观世变、内审国情,大都于旧律之适用者,则保而存之,于新律之未惬者,则变而通之,第求其适合民情而不矜言学理。综计修改各条约居十分之五、六,而其损益之故、改变之由,一于理由书中疏通明晰,分为二编,装缮四册。其中仍旧各条,从前两次编纂时业经逐加诠释,原书俱在,毋庸复赘;再前次呈进各条文因时间仓猝,容或有遗漏、讹误之处,兹复逐加校正审核。交议之时,拟请以此次缮本为定。所有编辑修正刑法草案理由书缘由,理合呈请大总统鉴核施行。谨呈。

中华民国四年四月十三日

大总统批令:"呈悉。理由书存览。此批。"

（三）修正刑法草案理由书

修正刑法草案理由书

原案沿前清之旧名，曰“刑律”。《民国约法》第五条第一款：“人民之身体，非依法律不得处罚。”则法律、命令业经区判，今故省略其词曰“刑法”。（各条原称律者，皆准此。）

本案之修正，凡关于新旧不同之点，俱详晰诠释，若仅止剪裁词句及分则中之选定刑名，无关宏旨者，一概从略。

第一编　总　　则

第一章　法　　例

第一条　本法于犯罪在本法施行以后者，适用之。

其施行以前未经确定裁判者，亦同。但施行以前之法律不以为罪者，不在此限。

理由

“施行”原作“颁行”，然颁行兼包颁布、施行，本条定关于时之效力，其效力自施行日发生，与颁行日期无涉也，故改为“施行”。

又“裁判”原作“审判”，按审判兼包审理、裁判，适用刑法与否之问题，以业经裁判与否为断，与审理事务无直接关系，故改为“裁判”。（他条称“审判”者，皆准此。）

第二条　本法于凡在民国内犯罪者，适用之。

其在民国外之民国船舰内犯罪者，亦同。

理由

“民国”即“中华民国”之略称。又原案有“不问何人”四字，其指刑法适用于本国及外国人民而言，第就刑法之效力论，或依国内法，或依国际法，对于各国元首或代表等仍无效力，此四字似未允协，是以节删，即欲统治外人，条文内“凡”字固赅之矣。（他条之称“中华民国”及“不问何人”者，皆准此。）

第三条 本法于凡在民国外对于民国犯左列各罪者，不问何人，适用之：

（一）第八十七条至第八十九条之罪。

（二）第九十一条及第九十四条之罪。

（三）第九十七条至第一百零四条及第一百零八条之罪。

（四）第一百十六条之罪。

（五）第一百四十六条之罪。

（六）第一百六十三条至第一百六十四条之罪。

（七）第二百二十八条之罪。

（八）第二百三十一条及第二百三十四条之罪。

（九）第二百五十七条至第二百五十九条、第二百六十条第二项及第二百六十四条之罪。

（十）第四百二十二条之罪。

第四条 本法于民国人民在民国外左列之罪者，适用之：

（一）第一百零九条至第一百十五条之罪。

（二）第一百二十四条至第一百二十七条之罪。

（三）第一百三十三条及第一百三十四条之罪。

（四）第一百三十七条、第一百四十条及第一百四十一条之罪。

（五）第一百六十五条之罪。

（六）第一百七十六条第一项之罪。

（七）第二百六十条第一项之罪。

（八）第二百八十条及第二百八十二条之罪。

（九）第二百八十九条之罪。

（十）第三百零三条及第三百零六条之罪。

第五条 本法于民国人民在民国外或外国人在民国外对于民国人民犯左列各罪者，适用之：

（一）第一百七十九条、第一百八十条及以故意所犯第一百八十四条之罪。

（二）第一百九十一条及第一百九十二条之罪。

（三）第二百二十条之罪。

（四）第二百六十一条至第二百六十三条及第二百六十五条之罪。

（五）第二百七十一条至第二百七十四条之罪。

（六）第二百九十五条至第三百条、第三百零四条及第三百零五条之罪。

（七）第三百二十六条、第三百二十七条、第三百三十一条至第三百三十四条之罪。

（八）第三百四十二条、第三百四十三条及第三百四十五条之罪。

（九）第三百四十七条及第三百四十九条之罪。

(十)第三百五十二条至第三百五十五条之罪。

(十一)第三百五十七条至第三百六十六条之罪。

(十二)第三百七十一条至第三百七十五条之罪。

(十三)第三百八十一条至第三百八十八条之罪。

(十四)第三百九十五条至第三百九十九条之罪。

(十五)第四百零六条至第四百零八条之罪。

(十六)第四百十七条及第四百十八条之罪。

(十七)第四百二十三条及第四百二十四条之罪。

理由

自第三条至第四条所列举分则条文,悉依本案之条数厘正,意义与原案无异。第五条并增民国人民在民国外对外国人有犯一层。

第六条 犯罪虽经外国确定裁判者,仍依本法处断。但已受其刑之执行或经免除者,得免除或减轻本法之刑。

依前项处断者,得免除主刑,专科褫夺公权。

理由

在民国外既经确定裁判之案,在民国应否提起公诉,应由检察官视有无实益断之。其经起诉者,审判官不能不依本法处断,而无不依本法处断之权。原案第一项"仍得依本法处断"句之"得"字应删去,以明彼此权限。

又在外国既受裁判,在民国免除本刑者,专科褫夺公权本无不可,惟原案浑称之曰"免除本刑",稍涉疑问,故增为第二项,以期明晰。至没收,自应照第六十二条第二项办理。

第七条 犯罪之行为或其结果有一项在民国领域或船舰内者,以在民国内犯罪论。

第八条 第二条、第三条、第五条及第六条之规定,若国际上有成例者,仍依成例。

第九条 本法总则于其他法令之定有刑名者,亦适用之。但有特别规定者,不在此限。

第二章 不 为 罪

第十条 法律无正条者,不问何种行为,不为罪。

第十一条 凡未满十五岁人之行为,不为罪。但因其情节,得施以感化教育。

理由

责任年龄原案作"十二岁",今改为"十五岁",理由详见第一次草案。或以现无感化场,不良少年仍须送至监狱者,不知年少之人拘置监狱,害多利少,此从东西各国实验而来。芟夷恶性、减少罪人,感化教育实为唯一之良图,其在未设感化专场,附属于监狱内改组少年感化场,以施教育,亦从权之一策也。

第十二条 精神病人之行为,不为罪。但因其情节,得施以监禁处分。

前项之规定,于酗酒或精神病间断时间,不适用之。

第十三条 非故意之行为,不为罪。但应论过失者,不在此限。

不知法令不得为非故意。但因其情节,得减本刑一等或二等。

犯罪之事实与犯人所知有异者，依左列各款处断：

一、所犯重于犯人所知或相等者，从其所知。

二、所犯轻于犯人所知者，从其所犯。

第十四条 依法令或正当业务之行为，或不背公共秩序、善良风俗之行为，不为罪。

理由

原案“风俗”下有“习惯”二字，按风俗之广义原包有习惯在内，赘文今删。

第十五条 对于现在不正之侵害而出于防卫权利之行为，不为罪。但防卫过当者，减本刑一等或二等。

前项之规定，除左列各款外，对于直系尊亲属之防卫行为，不适用之：

一、嫡母、继母出于虐待之行为者。

二、夫之直系尊亲属出于义绝或虐待之行为者。

理由

泛言“防卫权利”，不问为自己或他人之意，已属了然。第一项原有“自己或他人”五字，赘文今删。又防卫过当究非衅由己肇，原案系得减，并非必减，仍可照各本条之刑问拟，未免过严，应节删“得”字（次条之删“得”字，亦准此）。第二项依《刑律补充条例》第一条增。

第十六条 避紧急危难而出于不得已之行为，不为罪。但避难行为过当者，减本刑一等或二等。

前项之规定，于公务上或业务上有特别义务人之行为，不适用之。

理由

原案首句作“避不能抗拒之危难、强制”，按本条情形在刑法学上称“紧急状态”或“紧急行为”，改为“紧急”较为简明。又危难原包有天然及人为两层，原案“强制”二字赘文，今删。

第三章 未遂罪预备罪阴谋罪

第十七条 犯罪已着手而因意外之障碍不遂者，为未遂犯。其不能发生结果而危险者，亦同。

未遂犯之为罪，于分则各条定之。

未遂罪之刑，得减既遂罪之刑一等或二等。

犯罪已着手而因己意中止者，准未遂罪论，得免除或减轻本刑。

理由

本条第一项末段，刑法学上名“不能犯”，仍以未遂犯论者，以防不能犯无罪之谬论也。惟不能发生结果之情形，公益上仍有危险与否之分，若并无危险，自不在处罚之限，故于原案“不能发生结果”下加“而危险”三字以别之。

第四项即原案第十八条，既已准未遂犯论，亦即未遂犯之一种，无须独立，应合并为一。

第十八条 预备犯及阴谋犯之为罪，于分则各条定之。

预备罪及阴谋罪之刑，除有特别规定外，其余减既遂之刑三等。

预备、阴谋犯罪，而于未着手实行以前因己意中止者，免除其刑。

理由

此条原案无文,总则既设未遂犯,则预备犯及阴谋犯自不可少,故仿未遂犯之例设第一项之规定。其危害之程度究较未遂犯为小,应予再减一等以示平允,此为原则;其属于例外者,仍于各分则内特设专条。

又预备及阴谋概须必罚,反促犯人实行犯罪,是以复设第三项,奖其自行中止。

第四章 累 犯 罪

第十九条 有罪裁判确定后之犯罪,为累犯。

理由

原案无累犯罪之定义,恐与俱发罪混淆,故增本条之规定以便适用。

第二十条 因初犯受徒刑之执行,而再犯者,加本刑一等;三犯以上者,加本刑二等。但累犯罚金之罪者,不在此限。

累犯之加重,以前犯之有期徒刑执行完毕或无期徒刑、有期徒刑其一部执行、免除后未逾五年者为限。

理由

本条为原案第十九条及第二十条,其加重之法与再犯,不过程度之差,并非必须分立,故合并为一。

第二十一条 裁判确定后,于执行其刑之时发觉为累犯者,依前条更定其刑。

理由

原案前二条既经合并,则"前二条"之"二"字应删,并节去"之例"二字,以归简洁。(他条删"之例"二字,亦准此)

第二十二条 前犯依陆海军法或于外国法院受有罪裁判者,不加重累犯之刑。

理由

原案"陆海军法"作"军律",按"军律"二字相沿,有严刑重典之意,本条实专指陆海军刑法及成文法令而言,恐涉误会,故修正明晰。又约法第四十四条指称审判衙门曰"法院",亦改从一律。

第五章 俱 发 罪

第二十三条 有罪裁判确定前之数罪,为俱发罪。

理由

原案将俱发之定义及处分合并一条,今依第十九条、第二十条之例,分析为二。

第二十四条 犯罪之方法或其结果关系他项条文者,从一重处断。但于分则有特别规定者,不在此限。

理由

犯一罪之方法或结果,有时生他罪,有时不生他罪,从一重处断之规定,本包括此两种情形,原案"生他罪"三字意义稍狭,今改为"关系他项条文",以资赅备。

第二十五条 犯罪规定之重轻，比照本刑之重轻定之。

科死刑之规定与科死刑或无期徒刑之规定，以科死刑之规定为重。

同等有期徒刑，以并科罚金、褫夺公权者为重，以易科罚金者为轻。

主刑轻重俱等者，据犯罪情节定之。

理由

本条比较之法系照分则各条修正。原案科刑数等，本案除犯罪情节轻重不等，科以死刑或无期徒刑外，余俱科刑一等，原则不同，则比较之法自不能不因之而异也。

第二十六条 继续犯罪者，以一罪论。

理由

本条情形本含有绵续经久之意，原案作"连续"，尚未适切，今改"继续"。自第二十四条至本条，皆属于罪状之规定，凡刑法上罪名、罪状为先，刑罚处分次之。故移原案第二十六条至第二十八条于俱发罪处分法之前，以符原理。

第二十七条 俱发各罪，加本刑一等，从一重处断。

俱发罪中有科褫夺公权者，并科之。有无期褫夺公权及有期褫夺公权者，并科一无期褫夺公权。

没收，并科之。

理由

原案俱发罪处分用裁定加重主义，于学理虽协，而程序殊涉烦难，且就施行《暂行刑律》以来之经验言之，所宣告之刑仍与加重最重刑无异，不如改用吸收主义以归简易。

又原案第七款仅规定褫夺公权并执行之，而于二罪以上各有褫夺公权处分无明文，兹特增第二项，杜适用时之疑义。

第二十八条 一罪先发，已经确定裁判，余罪后发，或数罪各别经确定裁判者，依前条更定其刑。

其最重刑消灭仍余数罪者，亦同。

第二十九条 俱发罪与累犯罪互合者，其俱发罪依前二条处断，与累犯之刑并科之。

理由

末句原案作"并执行之"，按执行刑罚属于执行裁判之一种，详见诉讼法草案，刑罚专定科刑之法，故改"并科"，以清权限。

第六章 共 犯 罪

第三十条 二人以上共同实施犯罪之行为者，皆为正犯，各科其刑。

实施犯罪中帮助正犯者，准正犯论。

第三十一条 教唆他人，使之实施犯罪之行为者，为造意犯，准正犯论。

教唆造意犯者，准造意犯论。

理由

原案第一项末句作"依正犯之例处断"，按造意犯非正犯，因其罪状无异，不能不准正犯论,应改为"准正犯论"较为简洁。

第三十二条 实施犯罪以前帮助正犯者,为从犯,得减本刑一等。

教唆或帮助从犯者,准从犯论。

理由

本案自由裁量之范围缩小,则从犯减等之法亦宜一律,第一项原案"或二等"句今删。

第三十三条 于前教唆,而后加入实施犯罪者,从其所实施者加本刑一等。

于前帮助,而后加入实施犯罪者,从其所实施者处断。

理由

原案依各国通例,教唆于前而后加入实施者,从其所实施者处断。然造意而兼实施,罪状殆与俱发罪等,旧律亦重造意,故改用加重主义。

至帮助于前而后加入实施,从其实施处断,虽无加重之名,已有加重之实,应仍其旧。又原案连贯作一项,今因处分之不同,析分两项。

第三十四条 因身分成立之罪,其教唆或帮助者虽无身分,仍以共犯论。

因身分致刑有重轻者,其无身分之人,仍科通常之刑。

第三十五条 知本犯之情而共同者,虽本犯不知共同之情,仍以共犯论。

第三十六条 于过失罪有共同过失者,以共犯论。

第三十七条 因过失而助成故意犯罪者,准过失共犯论,但以其罪应论过失者为限。

理由

原案首句作"值人故意犯罪之际,因过失而助成其结果者",其意义仅包括助成故意犯罪实施中及实施后之结果两项,实施前促进或帮助故意犯罪未能赅载。平心而论,此类情形亦应认为过失共同之一,今改为浑括之词,不论实施中、实施后或实施前,均应一律处罚也。

第七章 刑　名

第三十八条 刑分为主刑及从刑。

主刑之种类及重轻之次序如左:

一、死刑。

二、无期徒刑。

三、有期徒刑。

(一)一等有期徒刑:十二年以下、九年以上。

(二)二等有期徒刑:九年未满、六年以上。

(三)三等有期徒刑:六年未满、三年以上。

(四)四等有期徒刑:三年未满、三月以上。

(五)五等有期徒刑:三月未满、一日以上。

四、罚金:一角以上。

从刑之种类如左:

一、褫夺公权。

二、停止公权。

三、没收。

理由

原案第一项第三款有期徒刑之一等有期徒刑为十五年以下、十年以上，查初犯年龄，二十五六岁最居多数，而人生平均年龄不过四十一二岁，若对于二十五岁科以最长期十五年，至四十岁始能释放，殆与武器徒刑无异。旧律遣罪折改工作，亦止十二年，今遽加为十五年，相距太远。且原案裁量期间，一等与二等各为五年，三等与四等各为二年，长短不齐，故改一等最长期为十二年，二等以下裁量期间均改三年，以昭顳一。

又原案第四款为拘役二月未满、一日以上，从实质而论，本即最短期之徒刑，兹拟扩充五等有期徒刑，最下限删去此项名目，专以备《违警律》之刑名，庶刑事罚与行政罚有区别也。（原各条称“拘役”者，皆准此。）

又原案第五款罚金为一元以上，查民国三年教令第一百四十二号《违令罚法》第二条“罚则令”第一条第三款至第五款定罚金最寡额为一角，其额虽微，亦属有制裁之效力，应修改一律。（原第四十一条称“一元”者，准此。）

又原案从刑仅有褫夺公权，查徒刑之囚虽未受褫夺公权，究未便关与选举、佩带勋章，作种种公权之行使，执行期间，当然停止公权，故于第三项增入停止公权一款。

第三十九条 死刑用绞，于监狱内执行之。

第四十条 死刑非经司法部回报，不得执行。

第四十一条 宣告徒刑，不得未满一日；罚金，不得未满一角。

第四十二条 徒刑之囚于监狱拘禁之，令服劳役。

拘禁方法及劳役种类，依监狱法之规定。

五等有期徒刑之囚，因其情节，得免除劳役。

理由

第一项“拘禁”原作“监禁”，按监禁本一种制裁之称，例如第四十四条第二款“易科监禁”是也，则剥夺自由之行为应改为拘禁，以示区别。（他条称“监禁”，意义相同者，皆准此。）

又原案第四十三条规定拘役得免除劳役之例，今既删除拘役，自应修并为一。

第四十三条 宣告一年以下之有期徒刑者，其执行若实有窒碍，得以一日折算一元，易以罚金。

依前项易罚金者，法律上以受徒刑之执行论。

第四十四条 罚金于裁判确定后，令一月以内完纳。逾期不完纳者，依左列各款处断：

一、有资力者，强制令完纳之。

二、无资力者，以一元折算一日，易以监禁。宣告未满一元者，亦同。名曰“易科监禁”。

易科监禁，于监狱内附设之监禁所执行之。

易科监禁，日数不得逾三年。

罚金纳一部者，计其余额，依第一项第二款易以监禁。

罚金总额之比例逾三年之日数而已纳其一部者,以按分比例定监禁日数。

依本条易监禁者,法律上以受罚金之执行论。

理由

本条第一项第二款明订"易科监禁"之名称,以便援用第六项。依本条易监禁者,下原有"除脱逃罪外"句,按第二编第十章脱逃罪各条,明订一切依法拘禁之人脱逃者为罪,则易科监禁人自被包举无疑,故此处从删。

第四十五条 褫夺公权,褫夺左列资格全部:

(一)为公务员之资格。

(二)为选举人之资格。

(三)膺荣典之资格。

(四)入军籍之资格。

(五)为学校校长、职员、教习之资格。

(六)为律师之资格。

理由

原案为终身褫夺公权且采裁定主义,今分为有期、无期,则"终身"二字应删。依法律之规定或裁判之宣告应褫夺公权者,于本条所列六款中未易分割,故废止褫夺一部公权之制度。

又原第一款"官员",依第八十一条改为"公务员";第三款"膺勋章",依约法之用语改为"膺荣典";第五款"为学堂监督、职员、教习",依现制改为"学校校长、职员、教习"。

第四十六条 褫夺公权分为有无期及有期:

一、宣告一等有期徒刑以上之刑者,并科无期褫夺公权。

二、宣告二等至四等有期徒刑者,依分则所定,并科无期或有期褫夺公权。

有期褫夺公权,褫夺十年以下、刑期以上前条所列资格。限满,回复之。

褫夺公权,宣告之。

褫夺公权,于裁判确定时发生效力。

理由

原案褫夺公权以裁定主义为主,其有期褫夺公权之期间,以及全部、一部之区别,亦依审判判定者居多,此种主义,据施行以后之经验颇多不便。本案于第一项第一款宣告死刑、无期徒刑及一等有期徒刑人犯,采用法定并科褫夺公权,于第二款宣告二等至四等有期徒刑人犯,分别依分则法定或裁定并科无期或有期褫夺公权,而于第二项明订有期褫夺公权之期间,以杜宣告刑期过长之弊。

第四十七条 宣告二等至四等有期徒刑而不科褫夺公权,及宣告五等有期徒刑者,执行从刑完毕以前,停止公权之行使。

理由

此条新增,理由附见第三十八条。

第四十八条 没收之物如左:

（一）违禁私造、私有之物。

（二）供犯罪所用及预备之物。

（三）因犯罪所得之物。

第四十九条 没收之物，以犯人以外无有权利者为限。

理由

本章原案删去一条：

原第三十九条 受死刑之宣告者，迄至执行，与他囚人分别监禁。

删除理由

本条性质属于刑事诉讼法内之执行裁判或监狱法，不宜列于刑法之内，故删去。

第八章 亲属加重

第五十条 对于直系尊亲属犯罪者，依分则所定加重本刑二等。

对于旁系尊亲属犯罪者，依分则所定加重本刑一等。

依本条加重者，不依第五十六条第二项及第四项之限制。

理由

吾国素重伦纪，卑幼对尊属除祖父母、父母外，即期、功亦较常人加严。原案分则中关于尊亲属俱设特别规定，所以未著盘膝尊属者，以科刑采裁量主义，本可临时择定，初非故予轻科。今既缩小范围，自应增纂以免疏漏而释疑义，第散见各斗稍涉繁复，故于总则特设一章，仍别亲疏为加二等、一等之法，复设第三项，不受第五十六条第二项及第四项加重之限制，则重可加至死刑或徒刑，旧律之精神包举靡遗矣。

然旧律期、功尊属虽从重比，仍系衡情核定，是以斗杀之案并非有心干犯、谋故杀之案并非无故逞凶干犯，例得声叙改为监候，此类人犯秋审向系邀恩免勾。即如火器误杀期、功尊属，在常人仍以故杀入实，在卑幼反因服制而免与实抵，是名为死刑实与无期徒刑无殊。本案试以旁系尊属加重论之，犯第三百二十六条之杀人罪本有死刑，即犯第三百二十七条之伤害罪之第一款，依第五十五条之规定，亦得加入死刑（分则第二十二章同），仍须参较新旧，亭比得宜，否则反召变本加厉之弊，故附志于此，藉供参考。

第九章 宥 减

第五十一条 满八十岁人或瘖哑人犯罪者，得减本刑一等。

理由

原案有未满十六岁一层，惟第十一条责任年龄既加至十五岁，则未满十六岁人自无宥减之必要，故从删。

第十章 自 首

第五十二条 犯罪未发觉而自首于官受裁判者，得减本刑一等。

向被害人自首而受官之裁判者，亦同。

第五十三条 一罪既发,别首未发余罪者,得减所首余罪之刑一等。

第五十四条 犯预备罪或阴谋罪而未着手实行以前,自首于官受裁判者,免除其刑。

理由

本条原案但书删去,理由附见第六十一条。

第十一章 酌加酌减

第五十五条 审按犯人之心术、犯罪之损害及其他情节,得加重或减轻本刑一等或二等。

依法律加重或减轻者,仍得依前项减轻其刑。

理由

本案分则改原案之自由裁量,诚恐审判官无酌夺之余地,难为公平之审判,故特设酌加一等或二等之规定,藉剂其穷。或疑酌加之法为各国通例所无,窃谓有酌减而无酌加,乃沿博爱时代之遗习,并非根据学理,既许酌减,何独不准酌加?如虑滥用此种权限,是在用人之当否,法固不任咎也。

又第二项即原案之第五十五条,实前项之附属规定,应修并一条,并将"减轻其刑"句改为"加减本刑",以归一贯。

第十二章 加减例

第五十六条 死刑、徒刑,依第三十八条所列次序加重、减轻之。

徒刑不得加至死刑。

徒刑减尽者,科一百元以下罚金。徒刑减尽仍余并科罚金者,科其罚金。

罚金,不得加至及徒刑;减尽者,得免除之。

理由

原案本条第三项规定"拘役不得减至罚金及免除之",则减轻拘役无余数,仍应科至少一日之拘役,此种规定于实际上颇多未便,故本案改定"徒刑减尽者,科一百元以下之罚金"。

又原案无徒刑并科罚金减等之法,不免解释分歧,兹复定为"徒刑减尽仍余并科罚金者,科其罚金",例如犯第二百九十条开赌营利罪,因减轻二等徒刑减尽者,仍得专科一百五十元以下之罚金是也。又原案罚金减尽者可否免除无明文,今于第四项增"减尽者得免除之"七字,以杜疑义。

第五十七条 分则有处死刑或无期徒刑字样,应加重者,只处死刑;应减轻者,依第三十八条所列,按等减轻之。

理由

本案分则原则上只科一种并一级本刑,惟例外有科死刑、无期徒刑二种者,本条准此修改,其宗旨则无变更也。

第五十八条 罚金依分则所定之额,四分之一为一等,加重、减轻之。其科比例罚金者,亦同。

罚金应加减者，最多额与最少额同加减之；其仅定有最多额者，只加减其最多额。

理由

比例罚金，系指分则各条不明示数额，仅言“所得总额二倍以下、总额以上罚金”之类，此项罚金应否加减，原案无明文，故增纂明晰，以杜疑义。

第五十九条 分则所定并科或易科之罚金，若徒刑应加减者，亦加减之。

理由

本条原案第二项易科罚金，止有减轻之规定，义理未协，今并为一项，与并科之罚金并举，以明均得酌加、酌减也。

第六十条 同时刑有加重、减轻者，互相抵销。

第六十一条 二种以上之加减，累加减之。

理由

原案只有累犯加重之一种，本案于累犯之外，复有俱发罪加重、酌量加重、分则所定加重之三种，故于本条增累加之规定。

第六十二条 从刑不随主刑加重、减轻。

主刑免除者，不免除没收。

理由

依第四十八条所列之没收物性质观之，不应随主刑免除之理，故增第二项以为通例，此即《唐律》会赦及降，盗、诈、枉法，犹征正赃之意也。原案他条没收不免除之规定，一概从删。

第十三章 缓　　刑

第六十三条 具有左列要件者，得宣告自裁判确定之日起五年以下、三年以上之缓刑：

（一）受四等、五等有期徒刑或易科监禁者。

（二）未曾受死刑或徒刑之宣告者，或者前受三等有期徒刑、其执行完毕或免除后逾五年者。

（三）有一定之住所或职业者。

（四）有人监督缓刑期内品行者。

理由

受四等以下有期徒刑或拘役之宣告，原为要件之一，原案列第一项，应移为第一款；又易科监禁依第四十四条第三项，不得逾三年，即期限同于四等、五等有期徒刑，其有时必须暂缓执行之理亦无异，故今一并增入。

又原案第一、第二两款无区别之必要，今并为一。

原第三款“及”字今改“或”字，尽一定住所或职业，有一于此即足符缓刑之条件，无须兼备。

原第四款“亲属或故旧”今改为“人”字，因本款重在监督，有人固不必问其人为谁也。

第六十四条 受缓刑之宣告而有左列各款之情形者，撤销其宣告：

(一)因缓刑期内更犯罪,而受死刑、徒刑或易科监禁之宣告者。

(二)因缓刑前犯罪,而受死刑、徒刑或易科监禁之宣告者。

(三)不备前条第二款之要件,后经发觉者。

(四)丧失住所或职业者。

(五)监督人请求刑之执行,其言有理由者。

第六十五条 逾缓刑之期而未撤销缓刑之宣告者,其行刑权消灭。

理由

原案末句作"其刑之宣告为无效",按缓刑无非鼓励犯人悔罪迁善,不至累犯,欲达此旨,则消灭行刑权即可,故采用行刑消灭主义,不必将有效之宣告沦为无效也。

第十四章 假　　释

第六十六条 受徒刑之执行而有悛悔实据者,无期徒刑逾十年后、有期徒刑逾二分之一后,由监狱官申达司法部,得许假释出狱。但有期徒刑之执行未满三年者,不在此限。

第六十七条 假释出狱而于左列各款之情形者,撤销其假释,其出狱日数不算入刑期之内:

(一)因假释期限内更犯罪,受死刑、徒刑或易科监禁之宣告者。

(二)因假释前所犯罪,而受死刑、徒刑或易科监禁之宣告者。

(三)因假释前所受死刑、徒刑或易科监禁之宣告而应执行者。

(四)犯假释管束规则中应撤销之条项者。

未经撤销假释者,其出狱日数算入刑期之内。

理由

本条依今定刑制,修正第一项前三款,增入易科监禁。以此刑既为罚金之代,其假释期内或假释前犯者,亦应撤销其假释而仍监禁也。

原第十四章赦免,今删。

原第六十八条　赦免,依赦免条款临时分别行之。

删除理由

按约法第二十八条,赦有大赦、特赦、减刑、复权四种,除大赦须经立法院同意外,余均属于大总统之特权,则各种赦免自应依特别法施行,刑法无置此规定之必要,故从删。

第十五章 时　　效

第六十八条 公诉权之时效期限,依左列各款定之:

(一)系死刑者,十五年。

(二)系无期徒刑或一等有期徒刑者,十年。

(三)系二等有期徒刑者,七年。

(四)系三等有期徒刑者,三年。

(五)系四等有期徒刑者,一年。

（六）系五等有期徒刑或罚金者，六个月。

前项期限，自犯罪行为完毕之日起算；逾期不提起或实行者，其公诉权消灭。

理由

原案首句有“提起”二字，按公诉行为有提起与实行之分，广义之“提起公诉权”或“起诉权”字样固可此两种行为，然仍不如分析为宜，故节删，并有第二项分别明示。（原案第六十九条至第七十三条用广义字样概括者，俱准此。）

第六十九条 二罪以上之公诉权之时效期限，据最重刑，依前条定之。

第七十条 本刑应加重或减轻者，公诉权之时效期限，仍据本刑计算。

第七十一条 公诉权之时效遇有左列各款之行为，中断之，俟行为停止，更行起算：

（一）侦查及预审上强制处分。

（二）公判上诉讼行为。

前项行为于一切共犯，有同一之效力。

第七十二条 公诉权之时效，遇被告人罹精神病或其他重病而停止公判者，停止之。

第七十三条 行刑权之时效期限，依左列各款定之：

（一）死刑，三十年。

（二）无期徒刑，二十五年。

（三）一等有期徒刑，二十年。

（四）二等有期徒刑，十五年。

（五）三等有期徒刑，十年。

（六）四等有期徒刑，五年。

（七）五等有期徒刑，三年。

（八）罚金及专科没收，一年。

前项期限，自裁判确定之日起算；逾期不行刑者，其行刑权消灭。

理由

第八款之专科没收，原案无文，按没收既为从刑，其执行时效期间应同主刑，自不待言。惟免除主刑而专科没收者，其执行时效期间如何，不可不为规定，是以增入。

第七十四条 行刑权之时效遇因执行而犯人已就逮捕者，中断之。但其他未知悉之刑，不在此限。

罚金及没收之时效，遇有执行行为，中断之。

第七十五条 行刑权之时效遇有依法律停止执行者，停止之。

第十六章　时　　例

第七十六条 时期以日计者，阅二十四小时。以月计者，阅三十日。以年计者，从历。

理由

原案以阴历置闰不同，恐有偏重之弊，故定以年计者，阅十二月；今已改用阳历，应该从颁定之历，科省积算之繁。

第七十七条 时期之初日,不计时刻,以一日论;最终之日,阅全一日。

放免徒刑之囚人,于期满之次日午前行之。

第七十八条 刑期,自裁判确定之日起算。裁判虽经确定而尚未受拘禁者,其日数不算入刑期。

理由

"裁判虽经确定"以下,原作第二项,惟词意紧承上文,自应修并为一。

第七十九条 未决期内拘禁之日数,得以二日抵徒刑一日或抵罚金一元。

理由

原案系得只凭审判官临时裁量,乃施行以来审判官视为具文,罕有适用此项规定者,故节删"得"字,改用必抵主义也。

第十七章 文　　例

第八十条 称直系尊亲属者,谓左列各人:

(一)高、曾祖父母。

(二)祖父母。

(三)父母。

(四)外祖父母。

为人后,于本生直系尊亲属,除前项第四款外,仍以直系尊亲属论。

称旁系尊亲属者,谓本宗左列各人:

(一)伯叔祖父母及在室祖姑。

(二)伯叔父母、姑、堂伯叔父母及在室堂姑。

(三)兄姊、堂兄姊、再从兄及在室再从姊。

为人后,于本生亲属降等者,以所降之等论。

妻与夫之尊亲属,与夫同。

称亲属者,谓尊亲属及左列各人:

(一)夫妻。

(二)本宗服图期服以下者。

(三)外亲服图小功以下者。

(四)妻亲服图缌麻以下者。

(五)妻为夫族服图大功以下者。

(六)出嫁女为本宗服图大功以下者。

称尊亲属者,兼包直系、旁系而言。

称本宗缌麻以上亲属者,兼包其妻而言。

理由

亲属例原案仅尊亲属及亲属两项,至为单简,今亲属加重,不仅限于直系,自应分别规定。兹大旨分为三层:一、直系尊亲属,原案无外祖父母一款,外祖父母服虽小功,究系母之父母，在旧律犯谋杀，与祖父母、父母同科，犯殴杀亦同期亲属长，原案以母系而斥之，误也，今增入。二、旁系尊亲属，本宗服图旁及缌麻、无服，而旧律实际之加重，仅限于期、功，故从前秋审服制册，缌麻不在其列。兹师其意，仍以功服为断，既区直系、旁系，则泛称尊亲，自兼包两项而言矣。三、亲属通称，仍依原案，并准旧制增入为人后之对于本生尊亲属及旁系降等之规定。

又妻于夫之尊亲属，与夫同，原指直系，查旧律谋杀祖父母父母条、妻妾与夫亲属相殴条，皆同于夫，则旁系尊亲属亦宜一律，应移于旁系尊亲属后，作为第五项，藉资赅载。

又第三百零六条有和奸本宗缌麻以上亲属之规定，案旧律亲属相奸条并及其妻，名分所关，防范尤切，并非只严于血族，兹并诠释明晰，以免疑义。

本条经此次增补，旧律之精神无累黍之差矣。

第八十一条 称公务员者，谓职官、吏员及其他依法令从事于公务之议员、委员、职员。

称公署者，谓公务员执行职务之处所。

称公文书者，谓公务员及公署应制作之文书。

理由

原案第一项作"官员"，此二字意义稍狭，未能赅载，今改为"公务员"。第二项"衙、署、局、所"等列举，仍有未尽，今改为"处所"。第三项公务员职务上亦自有其应制作之文书，原文"及"字今改为"或"字。

第八十二条 称议会及选举者，谓依法令所设立中央及地方参与政事之议会及其议员之选举。

第八十三条 称僧道者，谓僧尼、道士、女冠及其他宗教师。

第八十四条 本法中一条援用他条，而他条之罪有未遂、预备或阴谋为罪之规定者，以并援用其规定论。

于造意犯及从犯，亦同。

理由

原案首句作"依分则援用别条"云云，按本法援用他条未遂犯、预备犯、阴谋犯、造意犯及从犯之规定，不仅分则，即总则第三至第五等条亦是，故改为"本法中一条援用他条"，词意较前周密。

第八十五条 称以下、以上、以内者，俱连本数计算。

第八十六条 称笃疾者，谓左列伤害：

（一）毁败视能者。

（二）毁败听能者。

（三）毁败语能者。

（四）终身毁败一肢以上之机能者。

（五）于精神或身体有重大不治之病者。

（六）变更容貌且有重大不治之伤害者。

（七）毁败阴阳者。

称废疾者,谓左列伤害:

(一)减衰视能者。

(二)减衰听能者。

(三)减衰语能者。

(四)减衰一肢以上之机能者。

(五)于精神或身体有至三十日以上之病者。

(六)有致废业务至三十日以上之病者。

称轻微伤害者,谓前二项所列以外之疾病、损伤。

理由

第四款原案以“毁败一肢以上”句与“终身毁败其机能”相对待,意指毁败一肢以上之体质,然毁败体质则其机能自必终身毁败,应仿前三款,概就其结果之毁败机能状态而设规定,以归一致。

第二编 分 则

分则中修正处最要之点为缩小裁量范围,其中惟第九十一条第二款、第九十八条、第九十九条、第一百零二条、第一百六十二条至第一百六十四条、第一百七十九条、第一百九十一条、第二百十二条、第二百九十二条及第三百二十六条,有死刑或无期徒刑两种;第九十一条第三款及第三百二十六条许以特别酌减一等;余则皆可唯一主刑,即予裁量,亦仅有易科罚金而已。盖因原案范围广漠,实施以来颇感不便,既有酌加、酌减之规定以济其穷,不妨以科一级之刑为原则也。又五等有期徒刑一律加以并科或易科一百元以下之罚金,与原案不同,为完刑罚之作用、调剂情法之平,故采斯制。

第一章 侵犯大总统罪

第八十七条 对于大总统加危害或将加者,处死刑。

第八十八条 对于大总统,因过失致生危害者,处四等有期徒刑或一千元以下一百元以上罚金。

第八十九条 对于大总统有不敬之行为者,处四等有期徒刑或一千元以下一百元以上罚金。

第九十条 犯本章之罪,宣告二等至四等有期徒刑者,并科有期褫夺公权。

理由

约法第十四条:大总统为国之元首。元首之生命、身体、名誉,国家全体之休戚系焉,则对于元首有犯,自难与常人一律,此本章各条之所以设也。

第二章 内 乱 罪

第九十一条 意图紊乱国宪而起暴动者,依左列各款分别处断:

(一)首谋,死刑。

(二)参与机密者,死刑或无期徒刑。

(三)指挥群众或执行要务者,一等有期徒刑;其情节轻者,二等有期徒刑。

(四)附和随行者,三等有期徒刑。

意图内乱,聚众掠夺公署之兵器、弹药、船舰、钱粮及其他军需品,或携带兵器公然占据都市、城塞及其他军用之地者,均以内乱既遂论。

理由

原案第一项"意图"下有"颠覆政府、僭窃土地及其他紊乱国宪而起暴动者,为内乱罪"等句,按颠覆政府及僭窃土地均系紊乱国宪之事例,既有紊乱国宪概括规定,无须列举;且"为内乱罪"四字,不过为确定罪名,与本条之内容及审判之实施并无关系,亦应删去,以归简洁。(他条称为某罪者,皆准此。)

又第一款"首谋"原作"首魁",查内乱犯中主谋要犯往往不仅一人,"首魁"二字恐易误会为为首之人,不如首谋之可以概括(他条准此)。既为主谋要犯,尤非专科死刑不足当其罪,若情节轻则可依酌减法从轻处断也。

又第二款原作"执重要事务"而无"参与机密"一层,查向来犯内乱罪必有秘密机关图谋不轨,其情节实较执行要务为尤重,不过次首谋一等,兹增入此层,定其刑为死刑或无期徒刑,而将原案"执重要事务"改为"指挥群众或执重要事务"作为第三款,以免漏略。若首谋及参与机密而兼指挥群众或执行要务者,自论其首谋或参与机密之罪从重处断。其立于首谋或参与机密者命令之下,而专从事于指挥群众或执行要务,则其情较轻,故科以一等有期徒刑;惟所指挥之群众多寡不同、所执行之要务重轻有差,仍应规定情节,轻者处以二等有期徒刑,此为总则所定酌减外之特别酌减。本条不科两等徒刑者,因分则各条除间有科死刑或无期徒刑及易科罚金外,余均只科一级死刑、徒刑或罚金,本款未便歧出也。(他条称情节轻者,皆此。)

第九十二条 第九十一条之未遂犯,罪之。

第九十三条 预备或阴谋犯第九十一条之罪者,处二等有期徒刑。

第九十四条 知预备内乱之情而供给兵器、弹药、船舰、钱粮及其他军需品者,处二等有期徒刑。

第九十五条 犯内乱人违背战斗上国际成例,而犯杀伤、放火、决水、掠夺及其他各罪者,援用所犯各条,依第二十七条处断。

第九十六条 犯本章之罪,宣告二等至四等有期徒刑者,并科有期褫夺公权。

本章原案删除一条:

原第一百零七条 犯第一百零二条之罪,未至暴动而自首者,免除其刑。

删除理由

第十八条第三项已有预备或阴谋之中止犯免刑之规定,无须复载,应删。(他条附见自首者,皆准此。)

第三章 外 患 罪

第九十七条 受政府之命令委任与外国商议,图利自己或他人或外国,故意议定不利民国之条约者,不问批准与否,处无期徒刑。

理由

命令、委任皆出于政府名义行之,原案"中华民国"句改为"政府"较为简当。

第九十八条 意图使民国领域属于外国,而与外国开始商议者,处死刑或无期徒刑。

理由

原案首句冠以"中华民国人民",按本章各条均依保护本国主义,初不问其国籍如何,则本条亦不应以本国人为限,故节删。(原第一百十六条称"中华民国"者,亦准此。)

第九十九条 通谋外国,使对于民国开始战端者,处死刑或无期徒刑。

第一百条 与外国抗敌民国者,处死刑。

理由

以上两条原作一条,然情势迥异,即罪名亦微判轻重,应分为二。

第一百零一条 背叛民国而附属敌兵者,处无期徒刑。

理由

原案无文,有犯仍科抗敌民国之罪。然附属敌兵,从事诸般职业,未必概可以抗敌民国论也,特增辑此条,以示区别。

第一百零二条 意图利敌国或害民国,而有左列各款之行为者,处死刑或无期徒刑:

(一)将要塞、军港、军队、船舰及其他军用处所、建筑物或兵器、弹药、钱粮、交通材料及其他军需品交付,或烧毁、毁坏及设法致不堪用者。

(二)以诈术或他法于陆海军内煽令不和、反乱或脱逃者。

(三)将关涉军略之文书、图书交付敌国者。

(四)为敌国间谍或帮助敌国间谍者。

(五)诱导敌国军队、船舰,使侵入或接近民国领域者。

第一百零三条 值民国与外国交战之际,以不正行为缔结供给军需之契约,或缔结后不照契约原意履行者,处一等有期徒刑。

因而得利者,并科所得总额二倍以下、总额以上罚金;若二倍之数未满三百元,并科三百元以下、所得总额以上罚金。

第一百零四条 除前二条所列外,以其他行为,将军事上之利益与敌国,或酿成军事上之不利益于民国者,处二等有期徒刑。

第一百零五条 本章之未遂犯,罪之。

第一百零六条 本章之预备犯及阴谋犯,罪之。

第一百零七条 犯本章之罪,宣告二等至四等有期徒刑者,并科有期褫夺公权。

第一百零八条 本章之规定,于对于战时同盟国有犯者,准用之。

第四章　妨害国交罪

第一百零九条　对于外国君主或大总统加危害者，处死刑。

第一百十条　对于外国君主或大总统，因过失致生危害者，处四等有期徒刑或一千元以下、一百元以上罚金。

第一百十一条　对于外国君主或大总统有不敬之行为者，处四等有期徒刑或一千元以下、一百元以上罚金。

第一百十二条　杀外国代表者，处死刑。

第一百十三条　伤害外国代表者，依左列各款处断：

（一）致死者，无期徒刑。

（二）致笃疾者，一等有期徒刑。

（三）致废疾者，二等有期徒刑。

（四）致轻微伤害者，三等有期徒刑。

理由

原案以致死及笃疾为一款，由审判官裁定处分，今既缩小范围，故分析为二。（他条准此）

第一百十四条　逮捕或拘禁外国代表者，处三等有期徒刑。

理由

原案无文，本编第三十一章规定私擅逮捕之事，则对于外国代表亦不可无此项规定，故增。

第一百十五条　对于外国代表有强暴、胁迫或侮辱之行为者，处四等有期徒刑或三百元以下三十元以上罚金。

理由

原案强暴、胁迫及侮辱分为两项，处刑轻重酌分一等，按强暴、胁迫之行为不过侮辱之情节较重者，宜并为一条，虽刑罚仅为一级，而易科罚金仍有裁量之余地也。

第一百十六条　第一百十二条至于第一百十五条之规定，于在民国外对于民国代表有杀伤、不敬、逮捕或拘禁、强暴、胁迫或侮辱之行为者，准用之。

第一百十七条　意图侮辱外国而损坏、除去、污秽或滥用外国之国旗及其他国章者，处五等有期徒刑，并科或易科一百元以下罚金。

第一百十八条　私与外国开战者，处一等至三等有期徒刑。

第一百十九条　于外国交战之际，违背局外中立之命令者，处四等有期徒刑。

因而得利者，并科所得总额二倍、以下总额以上罚金；若二倍之数未满三百元，并科三百元以下、所得总额以上罚金。

第一百二十条　第一百零九条、第一百十二条、第一百十四条、第一百十八条及第一百十九条之未遂犯，罪之。

第一百二十一条　第一百零九条、第一百十二条、第一百十四条及第一百十八条之预备犯及阴谋犯,罪之。

预备或阴谋犯第一百十三条之罪者,处五等有期徒刑,并科或易科一百元以下罚金。

第一百二十二条 犯本章之罪,宣告二等至四等有期徒刑者,得科有期褫夺公权。

第一百二十三条 第一百十一条、第一百十五条及第一百十七条之罪,须请求乃论。

第五章 漏泄机务罪

第一百二十四条 潜通于外国而漏泄民国所应秘密之内治、外交者,处二等有期徒刑。

其未潜通于外国者,处三等有期徒刑。

因而致生民国重大损害或与外国生纷议、战争者,加本刑一等。

理由

原案第三项仅限于与外国生纷议战争,然未逮此程度而致民国生重大之损害,亦应在加重之列,故增入此层,以资引用。

第一百二十五条 漏泄、公表民国军事上秘密之事项、图书、物件者,处二等有期徒刑。

第一百二十六条 因职务知悉、收受民国军事上秘密之事项、图书、物件,而漏泄、公表者,处一等有期徒刑。

理由

本条即原案前条之第二项职员漏泄公表机务,与普通人犯相较,情节重轻悬殊,故分析为二,亦与别章体例画一也。

第一百二十七条 刺探、收集民国军事上秘密之事项、图书、物件者,处三等有期徒刑或五百元以下五十元以上罚金。

第一百二十八条 未受允准,将民国军港、要港、防御港、堡垒、炮台、水雷卫所及其他为防御而设之建筑物测量、摹绘、摄照或记录其形状者,处四等有期徒刑或三百元以下、三十元以上罚金。其不知情者,亦同。

理由

外人游历观光之际,不知情而实施本条之行为者不鲜,其漏泄军机之危险初无二致,故于本条之末增入不知情一层,以期完密而资防范。(下条准此)

第一百二十九条 未受允准或以强暴、胁迫或诈术得受允准,而入堡垒、炮台、水雷卫所及其他为防御而设之建筑物内者,处四等有期徒刑或三百元以下、三十元以上罚金。其不知情者,亦同。

理由

本条即原案前条之第二项。侵入行为与测量、摹绘等性质不同,故分析为二。

第一百三十条 第一百二十四条第一项、第二项及第一百二十五条至第一百二十九条之未遂犯,罪之。

第一百三十一条 犯第一百二十六条之罪,宣告二等至四等有期徒刑者,并科无期褫夺公权;犯其余本章之罪,宣告二等至四等有期徒刑者,科有期褫夺公权。

第一百三十二条 因犯本章之罪取得财物而已费失者,追征其价额。

第六章 渎 职 罪

第一百三十三条 公务员、公断人于其职务,事前要求、期约、收受贿赂者,处二等有期徒刑。

因而为不正之行为或不为相当之行为者,处一等有期徒刑。

第一百三十四条 公务员、公断人于其职务,事后要求、期约、收受贿赂者,处四等有期徒刑。

因为不正之行为或不为相当之行为,事后要求、期约、收受贿赂者,处三等有期徒刑。

理由

民国改建,贪墨之风较前为炽,是以上年六月五日颁布《官吏犯赃条例》,枉法赃,逾五百元处死刑,不枉法赃,逾一千元处无期徒刑,预定适用之期限,本为惩创一时,殊非中典。惟原案前条第一项之徒刑为三等至五等,第二项为一等至三等,此条第一项为四等一下,第二项为二等至四等,似涉轻纵,兹分别加重其刑,亦仍不外澄叙官方之意也。

第一百三十五条 对于公务员、公断人,事前行求、期约、交付贿赂者,处四等有期徒刑或三百元以下三十元以上罚金。

第一百三十六条 对于公务员、公断人,事后行求、期约、交付贿赂者,处五等有期徒刑,并科或易科一百元以下罚金。

第一百三十七条 审判官或检察、警察、监狱及其他行政员或其佐理人,因执行职务,对于被告人、嫌疑人或其他关系人有强暴、凌虐之行为者,处四等有期徒刑。

因而致人死伤者,援用伤害罪各条,依第二十七条处断。

第一百三十八条 检察、警察之公务员或其佐理人,经人告现有侵害自己或他人权利之犯人,而不速为保护之处分者,处五等有期徒刑,并科或易科一百元以下罚金。

第一百三十九条 审判官或检察、警察之公务员或其佐理人,关于民事或行使诉讼案件,图害当事人或他人,故意为不法或不当之处分者,处四等有期徒刑或三百元以下、三十元以上罚金。

理由

原案作"不受理或不为必要之处分",盖采用旧律告状不受理律文,然此类事件从前仍由吏部议处居多,既属惩戒问题,刑法自无需赘设。惟旧律出入人罪治罪甚严,原案泛言不为必要之处分,殊涉含糊,兹拟改为图害当事人或第三人,故意为不法、不当之处分,以赅旧律之故出故入,定其刑为四等有期徒刑或三百元以下、三十元以上罚金;若故入死罪,仍可依第二十四条之规定,从一重依第三百二十六条处断,比较旧律入罪至死坐以死罪之律,相去不远。

又"故意"系犯罪普通要件,既有第十三条之规定,本条似无须复揭,第无此二字恐有置故意于不雇,但就客观而论罪者,故申言之。

第一百四十条 征收租税及各项入款之公务员,图利国库或他人,而于正数以外浮收金谷、物件者,处四等有期徒刑。

公务员未受政府命令或允准,缔结借款契约者,亦同。

图利自己而犯本条之罪者,处二等有期徒刑。

理由

原案无第二项,按公务员未受政府命令或允准,缔结内外借款契约,亦足以紊乱财政,不可无惩肃之方,是以增入。

第一百四十一条 公务员于第一百三十七条至第一百四十条所列情形外滥用职权,使人行无义务之事或妨害人行使权利者,处五等有期徒刑,并科或易科一百元以下罚金。

第一百四十二条 第一百四十条之未遂犯,罪之。

第一百四十三条 犯第一百三十三条、第一百三十四条、第一百三十七条第二项或第一百四十条第三项之罪,宣告二等至四等有期徒刑者,并科无期褫夺公权。

犯其余本章之罪,宣告二等至四等有期徒刑者,并科有期褫夺公权者。

第一百四十四条 因犯第一百三十三条、第一百三十四条或第一百四十条第三项之罪取得财物而已费失者,追征其价额。

第一百四十五条 犯第一百三十五条或第一百三十六条之罪而自首者,得免除其刑。

第七章 妨害公务罪

第一百四十六条 于公务员执行职务时,施强暴、胁迫或诈术者,处四等有期徒刑或三百元以下三十元以上罚金。

意图使公务员为一定之处分,或不为一定之处分,或使之辞职,而施强暴、胁迫或诈术者,亦同。

因而致人死伤者,援用伤害罪各条。依第二十七条处断。

第一百四十七条 损坏、除去、污秽公务员所施之封印及查封之标示或为违背其效力之行为者,处五等有期徒刑,并科或易科一百元以下罚金。

第一百四十八条 于公务员执行职务时当场侮辱,或虽非当场而对于其职务公然侮辱者,不问有无事实,处五等有期徒刑,并科或易科一百元以下罚金。

对于公署公然侮辱者,亦同。

第一百四十九条 第一百四十七条之未遂犯,罪之。

第一百五十条 犯本章之罪,宣告二等至四等有期徒刑者,得科有期褫夺公权。

第八章 妨害选举罪

第一百五十一条 以不正行为使公务员或其佐理人于名簿内登载或变更选举人、被选举人资格所必要之事项,或自行登载或变更者,处四等有期徒刑或三百元以下、三十元以上罚金。无资格而投票者,亦同。

公务员或其佐理人知情而为不正之登载或变更者,处三等有期徒刑或五百元以下、五十元以上罚金。

第一百五十二条 关于选举,犯左列各款之罪者,处五等有期徒刑,并科或易科一百元以下罚金：

（一）意图自己或他人得票，或减少备选议员得票，而散布流言、施用诈术及其他损坏备选议员之名誉者。

（二）不问选举前后，对于选举人、选举关系人行求、期约、交付川资及其他贿赂，或选举人、选举关系人为其要求、期约、收受，或第三人为其媒介者。

（三）将选举人、选举关系人、其亲属或与此等人有关礼拜所、学校、公司、公所、城、镇、乡之债权债务及其他利害，诱导选举人、选举关系人，或选举人、选举关系人应其诱导，或第三人为其媒介者。

因犯前项之罪取得财物而若已废失者，追征其价额。

第一百五十三条　关于选举，犯左列各款之罪者，处四等有期徒刑或三百元以下、三十元以上罚金：

（一）对于选举人、选举关系人或其亲属施强暴、胁迫者。

（二）以强暴、胁迫妨害选举人往来选举会场或其他行使选举权者。

第一百五十四条　关于选举，犯左列各款之罪者，处四等有期徒刑：

（一）对于关于选举之公务员或其佐理人施强暴、胁迫者。

（二）骚扰选举会场、投票所、开票所者。

（三）阻留、损坏、夺取选举票、投票匭或有关选举之公文书者。

第一百五十五条　无故于投票所干涉投票，或于投票所、开票所刺探被选举人姓名者，处五等有期徒刑，并科或易科一百元以下罚金。

关于选举之公务员或其佐理人，犯前项之罪或漏泄被选举人姓名者，处四等有期徒刑或三百元以下、三十元以上罚金。

第一百五十六条　犯本章之罪，宣告二等至四等有期徒刑者，得科有期褫夺公权。

理由

原案第二项宣告三等有期徒刑，于刑期满后定立期限，丧失被选举之资格，仍含有必应褫夺公权之义，限制稍严，恐于事实有疑，兹疑删除，由临时裁定。

第九章　骚　扰　罪

第一百五十七条　聚众以强暴、胁迫骚扰地方者，依左列各款处断：

（一）首谋，二等有期徒刑。

（二）指挥群众或执行重要事务者，三等有期徒刑或五百元以下、五十元以上罚金。

（三）附和随行者，五等有期徒刑，并科或易科一百元以下罚金。

理由

原案无“骚扰地方”四字，按内乱、外患乃骚扰国家者，侵入住宅乃骚扰家庭者，本罪实介于二者之间，然不揭示明晰，恐解释过广，是以增入。

第一百五十八条　聚众意图犯前条之罪，已受该管公务员解散之命令仍不解散者，首谋，处四等有期徒刑或三百元以下、三十元以上罚金。

附和随行者,处一百元以下罚金。

第一百五十九条 骚扰人犯杀伤、放火、决水、损坏及其他各罪者,援用所犯各条,依第二十七条处断。

第一百六十条 犯本章之罪,宣告二等至四等有期徒刑者,得科有期褫夺公权。

第十章 脱逃罪

原案标题有"逮捕监禁人"五字,脱逃之行为,其罪人之资格亦已明显,本案标题务主简净,故从删。

第一百六十一条 既决、未决之囚及其他依法逮捕或拘禁之人脱逃者,处四等有期徒刑。

第一百六十二条 既决、未决之囚及其他依法逮捕或拘禁之人,损坏拘禁处所、械具或以强暴、胁迫脱逃者,处三等有期徒刑。

聚众犯前项之罪者,首谋,处死刑或无期徒刑;余人,处一等有期徒刑。

第一百六十三条 盗取既决、未决之囚及其他依法逮捕或拘禁之人者,处四等有期徒刑。

损坏拘禁处所、械具或以强暴、胁迫盗取者,处三等有期徒刑。

聚众犯前项之罪者,首谋,处死刑或无期徒刑;余人,处一等有期徒刑。

第一百六十四条 为便利脱逃之行为,因而致既决、未决之囚及其他依法逮捕或拘禁之人脱逃者,处四五等有期徒刑。

损坏拘禁处所、械具或以强暴、胁迫使脱逃者,处三等有期徒刑。

聚众犯前项之罪者,首谋,处死刑或无期徒刑;余人,处一等有期徒刑。

理由

以上两条第二项及第三项,原案作依某条之例处断,兹分析为两项,均明揭其处分。

第一百六十五条 看守员、护送员或其佐理人纵令既决、未决之囚及其他依法逮捕或拘禁之人脱逃者,处三等有期徒刑。

第一百六十六条 本章之未遂犯,罪之。

第一百六十七条 第一百六十二条第二项、第一百六十三条第三项及第一百六十四条第三项之预备犯及阴谋犯,罪之。

第一百六十八条 因犯第一百六十二条至第一百六十四条之罪致人死伤者,援用伤害罪各条,依第二十七条处断。

第一百六十九条 犯第一百六十五条之罪,宣告二等至四等有期徒刑者,并科无期褫夺公权。

犯其余本章之罪宣告二等至四等有期徒刑者,得并科有期褫夺公权。

第十一章 湮灭证据罪

原案标题有"藏匿罪人"四字,就诉讼法原理言,罪人不外证据之一种,藏匿罪人即包举于湮灭证据文内,故从删。

第一百七十条 藏匿被追摄人、被保释人、脱逃犯人者,处四等有期徒刑或三百元以下三十元以上罚金。

意图犯前项之罪而顶替自首者,亦同。

理由

第一项依《刑律补充条例》第二条,增"被保释人"一层(第一百七十三条准此)。

第一百七十一条 将关系他人刑事或惩戒事件之证据湮灭、伪造,或行使伪造之证据者,处四等有期徒刑或三百元以下、三十元以上罚金。

理由

原案无"惩戒事件"一层,按惩戒处分亦须凭证据而定,湮灭此项证据,其情节与刑事相同,今惩戒法规已颁行施行,自应保障证据,是以增入。(第一百七十三条、第一百七十五条及第一百七十六条,皆准此。)

第一百七十二条 犯本章之罪,宣告二等至四等有期徒刑者,得并科有期褫夺公权。

第一百七十三条 亲属图利被追摄人、被保释人、脱逃犯人或被付惩戒人而犯本章之罪者,免除其刑。

第十二章 伪证诬告罪

第一百七十四条 依法令于司法或行政公署为证人、鉴定人、通译人,已具结而为虚伪之证言、鉴定或通译者,处三等有期徒刑或三百元以下、三十元以上罚金。

于供述后具结者,亦同。

犯前本条之罪,于裁判宣告前自白者,得免除其刑。

理由

证人及鉴定人、通译人性质相同,原案分为二项未协,今合并为一。又原案为虚伪之陈述、鉴定、通译,并无其结前后之分,适用时恐生疑义,兹增入供述后具结一项,以期完密。

第一百七十五条 意图使他人受刑事或训戒处分,而为虚伪之告诉、告发、报告者,处四等有期徒刑或三百元以下、三十元以上罚金。

犯前本条之罪,于裁判宣告或惩戒议决前自白者,得免除其刑。

第一百七十六条 意图陷害尊亲属而犯第一百七十四条及第一百七十五条之罪者,加重本刑。

亲属图利诉讼当事人或被付惩戒人而犯第一百七十四条之罪者,免除其刑。

理由

对尊亲属有犯,加重本刑,即第五十条直系加二等、旁系加一等是也,总则既规定明晰,故分则浑括其词也(他条称亲族加重者,准此)。

又第一百七十三条设图利亲属犯湮灭证据免刑之规定,则图利亲属犯第一百七十四条之罪,事同一例,原案任诸审判官酌减,不足以昭情法之平,今增第二项,以期必免。

第一百七十七条 向官诬告有犯罪事实而未指定犯人者,处五等有期徒刑,并科或易科一百元以下罚金。

第一百七十八条 犯第一百七十四条或第一百七十五条之罪,宣告二等至四等有期徒刑者,得并科有期褫夺公权。

犯第一百七十六条第一项之罪,宣告二等至四等有期徒刑者,并科无期褫夺公权。

第十三章 放 火 罪

原案此章及次章合并为一,按此两罪害及公共之性质虽相似,而火灾与水害其危险状态相去悬殊,仍以分析为宜。

第一百七十九条 放火烧毁左列各款之他人所有物者,处死刑或无期徒刑:

(一)在城镇及其他人烟稠密处所之建筑物。

(二)陈列、储藏多数宗教、科学、美术、工艺上贵重图书、物品之建筑物。

(三)宗教或历史上之贵重建筑物。

(四)储藏硝磺、弹药或军需品之仓库及其他建筑物。

(五)多众执业或止宿之矿坑、兵营、学校、病院、救济所、工场、寄宿舍、狱舍及其他建筑物。

(六)现有多众集会之寺院、戏场、旅店及其他建筑物。

(七)现有多众乘坐之船舰。

第一百八十条 放火烧毁前条所列以外之他人所有建筑物、矿坑、船舰者,处二等有期徒刑。

因而致有前条损害之危险者,处一等有期徒刑;实有损害者,其刑与前条同。

第一百八十一条 放火烧毁他人所有建筑物、矿坑、船舰以外之物者,处四等有期徒刑或三百元以下、三十元以上罚金。

因而致有前条第一项损害之危险者,处三等有期徒刑;实有损害者,其刑与该项同。

因而致有第一百七十九条损害之危险者,处一等有期徒刑;实有损害者,其刑与该条同。

第一百八十二条 放火烧毁自己所有建筑物、矿坑、船舰及其他各物者,依左列各款处断:

(一)因而致有前条第一项损害之危险者,处五等有期徒刑,并科或易科一百元以下罚金;实有损害者,其刑与该项同。

(二)因而致有第一百八十条第一项损害之危险者,处三等至五等有期徒刑;实有损害者,其刑与该项同。

(三)因而致有第一百七十九条损害之危险者,处一等有期徒刑;实有损害者,其刑与该条同。

第一百八十三条 因失火而致有第一百七十九条之损害者,处五等有期徒刑,并科或易科一千元以下罚金。

因而致有第一百八十条第一项之损害者,处五百元以下罚金。

因而致有第一百八十一条第一项之损害者,处三百元以下、三十元以上罚金。

失火烧毁自己所有建筑物、矿坑、船舰及其他各物,因而致有前三项损害之危险者,处一百元以下罚金。

第一百八十四条 以火药、煤气、电气、蒸气之作用或他法,致建筑物、矿坑、船舰及其他各物炸裂者,分别损害、危险,准用放火、失火各条处断。

第一百八十五条 于火灾或炸裂灾害之际,隐匿、损坏防御之器械、阻遏从事防御之人或以他法妨害镇火或防御者,处三等有期徒刑或五百元以下、五十元以上罚金。

理由

原案将炸裂灾害作为次项,因属防御之事项,且处分从同,无分立之必要,故修并为一,以昭简洁。

第一百八十六条 自己所有物犯已受查封、属于他人物权或租贷于人者,关于本章之罪,以他人所有物论。

第一百八十七条 第一百七十九条、第一百八十条第一项、第一百八十一条第一项及第一百八十五条之未遂犯,罪之。

第一百八十八条 第一百七十九条、第一百八十条及准用该二条炸裂罪之预备犯及阴谋犯,罪之。

理由

原案有但书免刑之规定,查放火危险最钜,虽为预备、阴谋,亦应力予防止,纵有可原,应依第五十五条酌减,似无须再予轻典,故从删(第二百条准此)。

第一百八十九条 犯放火或炸裂之罪,因而致人死伤者,援用伤害罪各条,依第二十七条处断。

因过失生火灾或炸裂致人死伤者,援用过失致死伤罪各条,依第二十七条处断。

第一百九十条 犯第一百七十九条之罪,宣告二等至四等有期徒刑者,并科有期褫夺公权。

故意犯其余本章之罪,宣告二等至四等有期徒刑者,得科有期褫夺公权。

第十四章　决　水　罪

第一百九十一条 决水浸害第一百七十九条所列各款之建筑物、矿坑或他人所有田圃、牧场及其他利用之地者,处死刑或无期徒刑。

第一百九十二条 决水浸害前条所列以外之他人建筑物、矿坑或土地者,处三等有期徒刑或五百元以下五十元以上罚金。

因有致前条损害之危险者,处二等有期徒刑;实有损害者,其刑与前条同。

第一百九十三条 决水浸害自己所有之地,因而致有前条第一项损害之危险者,处五等有期徒刑,并科或易科一百元以下罚金;实有损害者,其刑与该项同。

因而致有第一百九十一条损害之危险者,处二等有期徒刑;实有损害者,其刑与该条同。

第一百九十四条 因过失决水者而致有第一百九十一条之损害者,处五等有期徒刑,并科或易科一千元以下罚金。

因而致有第一百九十二条之损害者,处五百元以下罚金。

因过失决水而致有前二项损害之危险者,处一百元以下罚金。

第一百九十五条 于水灾之际,隐匿、损坏防御之器械、阻遏从事防御之人或以他法妨害防水者,处三等有期徒刑或五百元以下、五十元以上罚金。

第一百九十六条 妨害他人灌溉田亩之水利者,处五等有期徒刑,并科或易科一百元以下罚金。

妨害水利,因而致令田亩荒废者,处四等有期徒刑或三百元以下、三十元以上罚金。

第一百九十七条 妨害水利故意荒废他人田亩者,处三等有期徒刑。

理由

本条原案为前条之第二项,故意荒废他人田亩,较前条意在妨害水利者情节稍异,故析出另为一条。

第一百九十八条 自己所有物犯已受查封、属于他人物权或租贷于人者,关于本章之罪,以他人所有物论。

第一百九十九条 第一百九十一条、第一百九十二条第一项、第一百九十三条第一项、第一百九十五条、第一百九十六条第一项及第一百九十七条之未遂犯,罪之。

第二百条 第一百九十一条及第一百九十二条之预备犯及阴谋犯,罪之。

第二百零一条 犯决水之罪因而致人死伤者,援用伤害罪各条,依第二十七条处断。

因过失生水害致人死伤者,援用过失致死伤罪各条,依第二十七条处断。

第二百零二条 犯第一百九十一条之罪,宣告二等至四等有期徒刑者,并科有期褫夺公权。

故意犯其余本章之罪,宣告二等至四等有期徒刑者,得科有期褫夺公权。

第十五章 危险物罪

第二百零三条 意图供自己或他人犯罪之用,而制造、持有炸药、绵火药、雷汞或其他类此之爆裂物,或自外国输入者,处二等或三等有期徒刑。

理由

原案以自己、他人分为二项,今修并为一,以归简洁。

第二百零四条 未受政府之命令、允准、委任,而制造、持有前条所揭之爆裂物或自外国输入,而不能证明出于正当之理由者,处三等有期徒刑。

其能证明出于正当之理由者,处一百元以下罚金。

第二百零五条 未受政府之命令、允准、委任,而制造、持有军用枪炮或第二百零三条以外之军用爆裂物,或自外国输入者,处四等有期徒刑或三百元以下、三十元以上罚金。

第二百零六条 警察员或税关员知有人犯第二百零三条、第二百零四条第一项或第二百零五条之罪,而不即予以相当之处分者,处四等有期徒刑三百元以下、三十元以上罚金。

理由

本条原案为一等至三等有期徒刑,虽为严惩故纵而设,究涉过重,本案凡关于此类事例,如第二百五十三条(私盐罪)、第二百八十四条(鸦片吗啡罪)不与相当处分,均处四等有期徒刑或三百元以下、三十元以上罚金,则此条自应改从一致,庶免出入。

又原案第二项与犯人同谋者亦同,因该条前项所定之刑重于原第二百零三条,故与犯同谋仍从重。依本条科罪之意,今既改轻,若有与犯同谋情形,自应以第二百零三条之共犯及本条之罪,依第二十七条加等处断。即以为未足蔽辜,仍可适用第五十五条酌加之法,裁量之范围更广,正不必一事一例也,故从删。

第二百零七条 漏逸、间隔煤气、电气、蒸气,因而致生危险于他人身体、财产者,处四等有期徒刑或三百元以下、三十元以上罚金。

因而致人死伤者,援用伤害罪各条,依第二十七条处断。

第二百零八条 第二百零三条、第二百零四条第一项、第二百零五条及第二百零七条第一项之未遂犯,罪之。

第二百零九条 犯第二百零三条之罪,宣告二等至四等有期徒刑者,并科无期褫夺公权。

犯第二百零四条第一项及第二百零六条之罪,宣告二等至四等有期徒刑者,并科有期褫夺公权。

第十六章 妨害交通罪

第二百十条 意图妨害交通而损坏、壅塞陆路、水路、桥梁者,处四等有期徒刑或三百元以下、三十元以上罚金。

损害重要之交通线,修复工钜者,处三等有期徒刑。

因而致人死伤者,援用伤害罪各条,依第二十七条处断。

第二百十一条 损坏轨道、灯塔、标识及其他于汽车、电车、船舰往来上为危险之行为者,处四等有期徒刑或三百元以下、三十元以上罚金。

因而致载人之汽车、电车、船舰冲撞、颠覆、破坏、搁沉者,处三等有期徒刑。

因而致人于死或多众受伤者,处一等有期徒刑。

理由

第二项为原案第二百十三条,本章各条皆引申其义,连类而及,本条独前后分见,体例未能一致,今修并为一。又前二项所揭,既生危险且实有冲撞等情,致人死伤,亦属应有之事,原案无文,系属漏略,今并增为第三项。

第二百十二条 冲撞、颠覆、破坏、搁沉载人之汽车、电车、船舰者,处一等有期徒刑。

因而致人于死或多众受伤者,处死刑或无期徒刑。

第二百十三条 因过失致载人之汽车、电车、船舰生往来之危险者,处一百元以下罚金。

因过失冲撞、颠覆、破坏、搁沉载人之汽车、电车、船舰者,处三百元以下、三十元以上罚金。

因而致人死伤者,援用过失致死伤罪各条,依第二十七条处断。

第二百十四条 从事交通业务之人因过失致载人之汽车、电车、船舰生往来之危险者,处五等有期徒刑,并科或易科一百元以下罚金。

因过失冲撞、颠覆、破坏、搁沉载人之汽车、电车、船舰者,处四等有期徒刑或三百元以下、三十元以上罚金。

因而致人死伤者,援用过失致死伤罪各条,依第二十七条处断。

理由

本条为原案第二百十四条之第三项,既因从事业务加重其刑,应析处作为专条。

第二百十五条 以强暴、胁迫或诈术妨害邮件、电信之递送、收发者,处四等有期徒刑或三百元以下、三十元以上罚金。

第二百十六条 损坏邮政专用之物者,处五等有期徒刑,并科或易科一百元以下罚金。

第二百十七条 损坏电信线路、电话线、电信电话之机器、建筑物者,处四等有期徒刑或三百元以下、三十元以上罚金。

因而致生电信、电话交通之妨害者,处三等有期徒刑或五百元以下、五十元以上罚金。

理由

以上二条原作一条,惟事例轻重微异,应分析为二。又原案又过失一层,无处罚之必要,今删。

第二百十八条 损坏电信线路、电话线、电信电话之机器、建筑物,或以他法,故意妨害其交通者,处三等有期徒刑。

前条第二项因损坏而致妨害,本条为妨害之故而损坏,情节相似,而犯罪之故意迥异,原案浑括其词,同处第二百十六条第二项之刑,今既缩小裁量范围,自不能不详细区别之也。

第二百十九条 从事邮政、电信职务之人因过失损坏电信线路、电话线、电信电话之机器、建筑物,而生交通之妨害者,处三百元以下罚金。

理由

原案尚有从事邮政职务之人犯第二百十五条及第二百十六条第一项之罪之规定,按第五十五条酌加之法,本有裁量余地,无须赘设致涉苛细,故酌留过失一项,余均节删。

第二百二十条 第二百十条第一项、第二项、第二百十一条第一项、第二百十二条第一项、第二百十五条、第二百十七条第一项及第二百十八条之未遂犯,罪之。

第二百二十一条 第二百十二条第一项之预备犯及阴谋犯,罪之。

第二百二十二条 犯第二百十二条之罪,宣告二等至四等有期徒刑者,并科有期褫夺公权。

故意犯其余本章之罪,宣告二等至四等有期徒刑者,得并科有期褫夺公权。

第十七章 妨害秩序罪

第二百二十三条 以文书、图画、演说或他法公然煽惑他人犯罪者,依左列各款处断:

(一)所煽惑其罪最重刑为死刑、无期徒刑者,处四等有期徒刑或三百元以下三十元以上罚金。

(二)所煽惑其罪最重刑为有期徒刑者,处五等有期徒刑,并科或易科一百元以下罚金。

以定期刊行之件或以编纂他人论说之公刊书册,而犯前项之罪者,编辑人亦依前项处断。

第二百二十四条 以强暴、胁迫或诈术妨害正常之集会者,处五等有期徒刑,并科或易科一百元以下罚金。

第二百二十五条 以强暴、胁迫或诈术为左列各款之行为者,处五等有期徒刑,并科或易科一百元以下罚金:

(一)妨害贩运谷类及其他公共所需之饮食物品者。

(二)妨害贩运种子、肥料、原料及其他农业、工业所需之物品者。

(三)妨害使用多数工人之工厂或矿坑之执业者。

第二百二十六条 从事同一业务之工人议决同盟罢工者,首谋,处四等有期徒刑或三百元以下、三十元以上罚金;余人,处五等有期徒刑,并科或易科一百元以下罚金。

因犯前项之罪聚众为强暴、胁迫或将为者,依第一百五十七条至第一百六十条处断。

第二百二十七条 无故入现有人居住或看守之第宅、建筑物、船舰,或受阻止而不退去者,处五等有期徒刑,并科或易科一百元以下罚金。

第二百二十八条 诈称公务员、律师、兵卒,僭用公务员、律师、兵卒服饰、徽章、内外国勋章者,处五等有期徒刑,并科或易科一百元以下罚金。

第二百二十九条 第二百二十三条至第二百二十五条及第二百二十七条之未遂犯,罪之。

第二百三十条 犯本章之罪,宣告二等至四等有期徒刑者,得并科有期褫夺公权。

第十八章 伪造货币罪

第二百三十一条 伪造通用货币者,处一等有期徒刑。

行使自己伪造或仿造之通用货币,或意图行使而交付于人者,亦同。

经政府之命令、允准、委任而发行之银行券,以通用货币论。

第二百三十二条 伪造流通民国之外国通用货币者,处三等有期徒刑。

行使自己伪造或仿造之流通民国之外国通用货币,或意图行使而交付于人者,亦同。

流通民国之外国银行券,以外国通用货币论。

第二百三十三条 伪造不流通民国之外国通用货币或纸币者,处四等有期徒刑。

理由

本条原案无文,按外国货币,如英之磅、法之佛郎、德之马克、日本之金元等,于中国虽日有市价,不得以通用货币论,若有伪造此类货币,实属有害经济,亦应处罚,故增本条之规定。

第二百三十四条 意图行使而减损通用金银币之分量者,处三等有期徒刑。

行使前项之金银币或意图行使而交付于人者,亦同。

第二百三十五条 意图行使而减损流通民国之外国金银币之分量者,处四等有期徒刑。

行使前项之金银币或意图行使而交付于人者,亦同。

理由

以上二条原作一条,惟第二百三十一条及第二百三十二条系以中、外分立,则减损分量事同一律,故析分为二(后四条准此)。

第二百三十六条 意图行使而知情收受他人伪造或仿造之通用货币者,处三等有期徒刑。

行使前项之货币,或意图行使而交付于人,或自外国输入者,处二等有期徒刑。

第二百三十七条 意图行使而知情收受他人伪造或仿造之流通民国之外国货币者,处四等有期徒刑。

行使前项之货币,或意图行使而交付于人,或自外国输入者,处三等有期徒刑。

第二百三十八条 意图行使而知情收受他人减损分量之通用金银币者,处四等有期徒刑。

行使前项之金银币,或意图行使而交付于人,或自外国输入者,处三等有期徒刑。

第二百三十九条 意图行使而知情收受他人减损分量之流通民国之外国金银币者,处其价额二倍以下、价额以上罚金;若二倍之数未满五十元,处五十元以下、价额以上罚金。

行使前项之金银币,或意图行使而交付于人,或自外国输入者,处四等有期徒刑。

第二百四十条 收受后方知为他人伪造或仿造之货币或减损分量之金银币,而仍行使或意图行使而交付于人者,处其价额三倍以下、价额以上罚金;若三倍之数未满五十元,处五十元以下、价额以上罚金。

第二百四十一条 第二百三十一条至第二百三十八条及第二百三十九条第二项之未遂犯,罪之。

第二百四十二条 意图伪造货币、减损金银币分量,而预备各项器械或原料者,处四等有期徒刑。

第二百四十三条 犯第二百三十一条、第二百三十二条、第二百三十四条、第二百三十五条或第二百四十二条之罪,宣告二等至四等有期徒刑者,并科无期褫夺公权。

犯其余本章之罪,宣告二等至四等有期徒刑者,得科有期褫夺公权。

第十九章　伪造度量衡罪

本章原列伪造文书及印文罪后,惟伪造货币及本章并私盐罪均本于侵害政府专有权而成立者,故移列于前。

第二百四十四条 意图行使、贩卖,而制造、持有或自外国输入违背定程之度量衡,或变更真正度量衡之定程者,处五等有期徒刑,并科一百元以下罚金。

知情而贩卖不平之度量衡者,亦同。

第二百四十五条 业务上当用度量衡之人知其不平而持有者,处一百元以下罚金。

行使不平之度量衡而得利者,以诈欺取财论。

第二百四十六条 意图行使、贩卖,未受政府允准、委任而制造、持有或自外国输入度量衡,尚未违背定程者,处五十元以下罚金。贩卖者,处卖价二倍以下、卖价以上罚金;若二倍之数未满五十元,处五十元以下、卖价以上罚金。

第二百四十七条 第二百四十四条之未遂犯,罪之。

第二百四十八条 犯第二百四十四条之罪,宣告二等至四等有期徒刑者,得科有期褫夺公权。

第二十章 私 盐 罪

盐法本属税则,《唐律》并无私盐治罪明文,故原案此项罪名未经纂入。然因私盐而牵及其他各罪如骚扰、杀伤之类所在多有,于盐法未改以前,固刑法上纯粹之一种犯罪,兹依三年十二月公布之《私盐治罪法》斟酌损益,辑为一章。该法第二条仍准盐斤厘定刑罚,此沿昔日计赃旧例,与本法宗旨抵触,窃谓此项区别用为判决成例备裁量时之标准则可,如为法文轻重之定衡,界于以上、以下之间,前人亦有议其未能允协者,是以未能采用。惟旧例贫难小民及妇女孤独,许其日赴盐场买盐四十斤挑卖,如无额定斤数,易开讦告之阶,此宜于施行法内详细规定,自能杜绝斯弊,正条仍宜从略。

第二百四十九条 未受政府之允准、委任,而制造、持有或自外国输入私盐者,处五等有期徒刑,并科价额二倍以下、价额以上罚金;若二倍之数未满五十元,处五十元以下、价额以上罚金。

知情而贩卖私盐者,亦同。

虽系官盐,并非应销之引地,以私盐论。

第二百五十条 犯前条之罪而有左列各款情形者,处四等有期徒刑,并科价额二倍以下、价额以上罚金;若二倍之数未满五十元,处五十元以下、价额以上罚金:

(一)携带凶器者。

(二)二人以上同实行者。

二人以上共同实行,一人携带凶器者,俱处三等有期徒刑。

第二百五十一条 犯第二百四十九条之罪而有左列各款情形者,处一等有期徒刑:

(一)聚众于江湖、河港,用船舰实行者。

(二)防护私盐或脱免逮捕,当场施强暴、胁迫者。

第二款情形犯骚扰、杀伤、损坏及其他各罪者,援用所犯各条,依第二十七条处断。

第二百五十二条 税关员或其佐理人自外国输入私盐,或纵令他人输入者,处三等有期徒刑,并科五百元以下罚金。

盐务员或其佐理人贩卖或自外国输入私盐,或纵令他人贩卖或输入者,亦同。

第二百五十三条 警察员或其佐理人当执行职务时,知有第二百四十九条至第二百五十二条之犯人,故意不即与相当之处分者,处四等有期徒刑或三百元以下、三十元以上罚金。

第二百五十四条 第二百四十九条或第二百五十二条之未遂犯,罪之。

第二百五十五条 犯第二百五十一条至第二百五十二条之罪,宣告二等至四等有期徒刑者,并科有期褫夺公权;公务员犯者,并科无期褫夺公权。

犯其余本章之罪,宣告二等至四等有期徒刑者,得科有期褫夺公权。

第二百五十六条 犯私盐罪人持有之盐,以私盐论。

第二十一章　伪造文书罪

原案标题作"文书及印文",按"文书"二字,广义兼摄印文,故节删以归简洁。

第二百五十七条　伪造公文书或图样者,处三等有期徒刑。

行使伪造或不实之公文书、图样,或意图行使而交付于人者,亦同。

第二百五十八条　伪造公署之凭照者,处五等有期徒刑,并科或易科一百元以下罚金。

行使伪造或不实之凭照,或意图行使而交付于人者,亦同。

理由

原案于文凭、执照、护照特揭出私人使官员制作此项文书之处分,而于自己伪造者,仍依原案第二百三十九条科刑,未免过严,本条特著自行伪造之法,酌量减科其刑。

称凭照者,省文也,如有使公务员制作情形,依第二百六十条第二款,亦援用本条处断。

第二百五十九条　伪造医师或检验吏之诊断书、检验书或死亡证书者,处五等有期徒刑,并科或易科一百元以下罚金。

行使伪造或不实之诊断书、检验书、死亡证书,或意图行使而交付于人者,亦同。

理由

本条理由略与前条同。

第二百六十条　左列各款行为,以伪造论,依第二百五十七条至第二百五十九条处断:

(一)公务员或医师据虚伪之事实,而制作所掌文书、图样或登载虚伪之事实者。

(二)对于公务员或医师陈告虚伪之事实,而使之制作所掌文书、图样或登载虚伪之事实者。

理由

原案第二百四十条、第二百四十一条及第二百四十五条,学说上谓为无形伪造公私文书之规定,今荟为一条,平分二款,以便援引而免繁冗。

第二百六十一条　伪造有价证券者,处三等有期徒刑。

行使伪造或不实之有价证券,或意图行使而交付于人或自外国输入者,亦同。

第二百六十二条　伪造可以证明权利或义务之他人私文书或图样者,处四等有期徒刑或三百元以下、三十元以上罚金。

伪造可以证明事实之他人私文书或图样者,处五等有期徒刑,并科或易科一百元以下罚金。

行使伪造或不实之他人私文书或图样,或意图行使而交付于人者,亦同。

理由

事实一层,原案贯于第一项权利义务以下,今析为第二项,酌轻其刑。

第二百六十三条　据虚伪之事实制作可以证明权利、义务或事实之自己私文书、图样,或登载虚伪之事实者,以伪造论,依第二百六十一条或第二百六十二条处断。

第二百六十四条　伪造公署或公务员之印文、署押,或盗用真正之公印文、署押者,处二等有期徒刑。

行使伪造或不实之公印文、署押,或盗用真正之公印文、署押者,亦同。

印花、邮票、邮片,以公印文论。

理由

公印文与私印文亦有轻重之差,今准公私印规定分列之例,将伪造私印文析为次条,并增第三项以释疑义。

第二百六十五条 伪造私印文、署押,或盗用真正之私印文、署押者,处三等有期徒刑。其情轻者,处四等有期徒刑或三百元以下、三十元以上罚金。

行使伪造或不实之私印文、署押或盗用真正之私印文、署押者,亦同。

第二百六十六条 伪造公印者,处四等有期徒刑。

第二百六十七条 伪造私印者,处五等有期徒刑,并科或易科一百元以下罚金。

第二百六十八条 本章之未遂犯,罪之。

意图行使而知情收受伪造、盗用或不实之公私文书、印文、署押、公私印者,各依本条以行使未遂罪论。

第二百六十九条 犯本章之罪,宣告二等至四等有期徒刑者,得科有期褫夺公权。

第二十二章 亵渎祀典罪

原案标题有"发掘坟墓"字样,按"祀典"广义实赅"坟墓",无须复载,故从删。

第二百七十条 对于坛庙、寺观、坟塚或及其他礼拜所有公然不敬之行为者,处五等有期徒刑,并科或易科一百元以下罚金。

妨害葬礼、说教、礼拜及其他宗教上之会合者,亦同。

第二百七十一条 损坏、遗弃、盗取尸体者,处二等有期徒刑。

损坏、遗弃、盗取遗骨、遗发及殓物者,处三等有期徒刑。

第二百七十二条 发掘坟塚见棺椁者,处三等有期徒刑或五百元以下、五十元以上罚金。

第二百七十三条 发掘坟塚而损坏、遗弃、盗取尸体者,处一等有期徒刑。

发掘坟塚而损坏、遗弃、盗取遗骨、遗发及殓物者,处二等有期徒刑。

第二百七十四条 关于尊亲属之尸体、遗骨、遗发、殓物或坟塚,犯第二百七十条至第二百七十三条之罪者,加重其本刑。

第二百七十五条 第二百七十一条至第二百七十三条之未遂犯,罪之。

第二百七十六条 犯第二百七十四条之罪,宣告二等至四等有期徒刑者,并科无期褫夺公权。

犯其余本章之罪,宣告二等至四等有期徒刑者,得科有期褫夺公权。

第二十三章 鸦片吗啡罪

标题原作"鸦片烟",查鸦片所以成立罪名者,因其贻毒社会,不论其为生药、为熟膏、为烟、为灰，厥害相等，是以《海牙禁止鸦片公约》分别生、熟两项办理，若仅举"烟"字，反滋遗漏。

又上年四月所颁之《吗啡治罪条例》与本章系属一事，亦宜酌加损益散入各条，故删去"烟"字，即用鸦片、吗啡标题以志其实，其公约内关于取缔事宜，应由内务部另订专章也。

第二百七十七条 制造鸦片、吗啡、高根、安洛因及其化合质料，或贩卖，或意图贩卖而持有，或自外国输入，或输出于禁止输入之国者，处三等有期徒刑，并科五百元以下罚金。

理由

《海牙禁止鸦片公约》凡签约各国均禁止将鸦片、吗啡输出，吾国既与签约之列，自应一律办理方合报施之义，故增入输出一层，其未经申禁之各国，自无禁止输出之必要也(下二条，准此)。

第二百七十八条 制造专供吸食鸦片烟之器具，或贩卖，或意图贩卖而持有，或自外国输入，或输出于禁止输入之国者，处四等有期徒刑，并科三百元以下罚金。

理由

供吸食鸦片用之器具不少，即如常用之洋灯、火柴等均可充用，而法律所欲禁者，则为专供吸食之一项，原案第二百七十三条有专供明文，此条缺略，每生疑问，今一律增入。

第二百七十九条 税关员或其佐理人自外国输入鸦片、吗啡、高根、安洛因及其化合质料，或纵令他人输入或输出于禁止输入之国者，处二等有期徒刑，并科一千元以下罚金。

输入专供吸食鸦片之器具，或纵令他人输入或输出于禁止输入之国者，处三等有期徒刑，并科五百元以下罚金。

第二百八十条 以馆舍供人吸食鸦片者，处四等有期徒刑，并科三百元以下罚金。

理由

本条立法之意，凡以馆舍供人吸食即为罪之成立，不仅指开设烟馆一项，原案作"开设馆舍"，恐人误会，改为"以馆舍"，以昭赅备。

第二百八十一条 意图制造鸦片、吗啡或高根而栽种罂粟或高根叶者，处三等有期徒刑，并科五百元以下罚金。

贩卖罂粟种子，或意图贩卖而收藏、搬运者，处五等有期徒刑，并科或易科一百元以下罚金。

理由

第二项依民国三年十二月二十日"司法部遵议贩卖罂粟种子罪刑文"增入。

第二百八十二条 吸食鸦片或施打吗啡或使用高根、安洛因及其化合质料者，处四等有期徒刑或一千元以下罚金。

第二百八十三条 为人施打吗啡针者，处三等有期徒刑，并科五百元以下罚金。

第二百八十四条 警察员或其佐理人当执行职务时，知有第二百七十七条至第二百八十三条之犯人，故意不即与相当之处分者，处四等有期徒刑或三百元以下、三十元以上罚金。

理由

本案所揭情形，原案即照各该条处断，未免过严，今依第二百零六条之规定改为四等，以期平允。

第二百八十五条　持有鸦片、吗啡、高根、安洛因及其化合质料或专供吸食鸦片之器具者,处五等有期徒刑,并科或易科一百元以下罚金。

第二百八十六条　第二百七十七条至第二百八十三条之未遂犯,罪之。

第二百八十七条　犯第二百七十七条至第二百八十四条之罪,宣告二等至四等有期徒刑者,并科有期褫夺公权;公务员犯者,并科无期褫夺公权。

第二十四章　赌　博　罪

第二百八十八条　赌博财物者,处五等有期徒刑或一千元以下罚金。但以供人暂时娱乐之物为赌者,不在此限。

当场赌博器具及犯人所持钱财,可认为赌物者,以供犯罪之物论。

第二百八十九条　以赌博为常业者,处四等有期徒刑。

第二百九十条　聚众开设赌场以营利者,处四等有期徒刑,并科三百元以下罚金。

第二百九十一条　未经政府允准、委任而发行彩票者,处四等有期徒刑,并科一千元以下罚金。

为买卖前项彩票之媒介者,处五等有期徒刑,并科五百元以下罚金。

理由

发行彩票固宜禁止,然政府有特别情形以命令特许发行者,自应分别办理,故于第一项首句加"未经政府允准、委任",第二项加"前项",并第二百九十二条加"前条"等字,以示区别。

第二百九十二条　购买前条彩票者,处一百元以下罚金。

因而得利者,处其价额二倍以下、价额以上罚金;若二倍之数未满一百元,处一百元以下、价额以上罚金。

第二百九十三条　第二百八十八条、第二百九十条至第二百九十二条之未遂犯,罪之。

第二百九十四条　犯第二百八十九条、第二百九十条之罪,宣告二等至四等有期徒刑者,并科无期褫夺公权。

犯第二百九十一条之罪,宣告二等至四等有期徒刑者,得科有期褫夺公权。

第二十五章　奸非重婚罪

第二百九十五条　对于未满十二岁之男女为猥亵之行为者,处四等有期徒刑或三百元以下、三十元以上罚金。

以强暴、胁迫、药剂、催眠术或他法,致使不能抗拒,而为猥亵之行为者,处三等有期徒刑或五百元以下、五十元以上罚金。

第二百九十六条　对于十二岁以上男女,以强暴、胁迫、药剂、催眠术或他法,致使不能抗拒,而为猥亵之行为者,处三等有期徒刑或五百元以下五十元以上罚金。

第二百九十七条 对于妇女以强暴、胁迫、药剂、催眠术或他法,致使不能抗拒,而奸淫者,处二等有期徒刑。

二人以上共同者,处一等有期徒刑。

奸未满十二岁幼女者,以强奸论。

理由

旧律称"众"者,三人以上,称"谋"者,二人以上,而结伙三人加重之法仅见之于贼盗。本案严惩共犯,窃盗、强盗章原案以三人为条件,概改为二人,则强奸自应一律,故增第二项之规定(第二百九十九条第二项准此)。

第二百九十八条 第二百九十五条第二项、第二百九十六条及第二百九十七条之规定,于乘人精神丧失或不能抗拒而为猥亵之行为或奸淫者,准用之。

第二百九十九条 犯第二百九十五条至第二百九十八条之罪,致人死伤者,依左列各款处断:

(一)致死者,死刑。

(二)致笃疾者,无期徒刑。

(三)致废疾者,一等有期徒刑。

二人以上共同致笃疾者,死刑或无期徒刑;致废疾者,无期徒刑。

二人以上共同,均有奸淫行为者,死刑或无期徒刑。

被害人羞忿自杀或意图自杀而伤害者,仍以犯人致死伤论。

理由

旧律犯奸例:"轮奸良家妇女已成,为首绞决,为从同奸绞候,余犯烟瘴地方安置。"治罪甚严。原案无文,有犯仍科强奸之罪,殊涉轻纵,兹采用《刑律补充条例》第三条,增第三项之规定,以惩淫恶而安良善。

第三百条 因犯第二百九十条至第二百九十八条之罪故意杀人者,处死刑。

第二百九十五条至第二百九十八条各罪及杀人,其一未遂者,仍以本罪既遂论;皆未遂者,以本罪未遂论。

理由

第一项依《刑律补充条例》第四条,增入旧律"强奸毙命不论已未成奸,概拟绞刑",盖因其人已死,不能以本罪未遂而宽之也。本案此次修正宗旨大半采用旧律,如于此类事例不规定明文,恐适用第二十三条之结果不得科唯一之死刑,名为加重反致轻纵,故设第二项之规定(第三百八十八条之增第二项,亦准此)。

第三百零一条 意图营利而引诱良家妇女卖奸者,处四等有期徒刑,并科三百元以下罚金。

理由

原案作"引诱良家妇女卖奸以营利者",细释语意,非得利后不能处罚,本案认为远因上一种要件,故改为"意图营利",移冠于首,虽未得利,仍应处罚也。

第三百零二条 以前条之犯罪为常业者,处三等有期徒刑,并科五百元以下罚金。

理由

原案为前条之次项，惟他章常业罪俱为专条，本项之罪事同一律，故析出。

第三百零三条 尊亲属强制卑幼卖奸或为娼者，处四等有期徒刑或三百元以下、三十元以上罚金。

夫强制妻卖奸或为娼者，亦同。

理由

依《刑律补充条例》第五条增补而折中其处分。

第三百零四条 有夫之妇通奸者，处四等有期徒刑。其知情相奸者，亦同。

第三百零五条 重为婚姻者，处四等有期徒刑。其知情相婚者，亦同。

理由

原案首句作"有配偶而重为婚姻者"，似指已婚者言，若同时重婚，应否处罚颇涉疑问，今节删"有配偶"一层，则同时重婚者，亦在处罚之列也。

第三百零六条 本宗缌麻以上之亲属相和奸者，处四等有期徒刑；有夫之妇，处三等有期徒刑。其知情相奸者，亦同。

第三百零七条 奸通良家无夫之妇女者，处五等有期徒刑，并科或易科一百元以下罚金。

理由

此条本旧律增入，所以维持风纪也。

第三百零八条 贩卖猥亵之书画、物品，或意图贩卖而制造、持有，或自外国输入者，处五等有期徒刑，并科或易科一百元以下罚金。其公然陈列者，亦同。

因而得利者，处其价额二倍以下、价额以上罚金；若二倍之数未满五十元，处五十元以下、价额以上罚金。

第三百零九条 第二百九十五条至第二百九十八条、第三百条、第三百零一条、第三百零三条至第三百零八条之未遂犯，罪之。

第三百十条 第二百九十五条、第二百九十八条、第三百零一条、第三百零二条、第三百零四条、第三百零六条及至第三百零七条之罪，须告诉乃论。

理由

原案第一项规定亲告罪之人，第二项规定告诉之无效条件。查刑法及刑事诉讼法关于亲告之事例颇多，告诉人后先之次第并告诉之有无效力，拟于施行法内另辑告诉细则，本条但言其为亲告罪，与他条体例一致，余均从略。

第三百十一条 犯第二百九十七条、第二百九十九条、第三百条至第三百零四条之罪，宣告二等至四等有期徒刑者，并科无期褫夺公权。

犯其余本章之罪，宣告二等至四等有期徒刑者，得科有期褫夺公权。

第二十六章 妨害饮料水罪

第三百十二条 污秽供人所饮之净水，因而致不能饮者，处五等有期徒刑，并科或易科一百元以下罚金。

第三百十三条 污秽由水道以供公众所饮之净水或其水源,因而致不能饮者,处四等有期徒刑或三百元以下、三十元以上罚金。

第三百十四条 以有害卫生之物混入供人所饮之净水内者,处四等有期徒刑或三百元以下、三十元以上罚金。

第三百十五条 以有害卫生之物混入由水道以供公众所饮之净水内或其水源者,处三等有期徒刑。

第三百十六条 损坏、壅塞水道、水源,以杜绝供公众所饮之净水至二日以上者,处三等有期徒刑。

第三百十七条 同谋杜绝供公众所饮之净水至二日以上者,首谋,处五等有期徒刑,并科或易科一百元以下罚金;余人,处五十元以下罚金。

第三百十八条 本章之未遂犯,罪之。

第三百十九条 犯第三百十二条至第三百十五条之罪,因而致人死伤者,援用伤害罪各条,依第二十七条处断。

第三百二十条 犯本章之罪,宣告二等至四等有期徒刑者,得科有期褫夺公权。

第二十七章 妨害卫生罪

第三百二十一条 违背预防传染病之禁令,从进口船舰登陆或将物品搬运于陆地者,处五百元以下罚金。

指挥船舰之人或其代理人自犯前项之罪,或知有人犯罪而不禁止者,处一千元以下罚金。

第三百二十二条 知情贩卖有害卫生之饮食物、饮食用器具或孩童玩具者,处其卖价二倍以下、卖价以上罚金;若二倍之数未满五十元,处五十元以下、卖价以上罚金。

第三百二十三条 违背法令贩卖药品者,处其卖价二倍以下、卖价以上罚金;若二倍之数未满五十元,处五十元以下、卖价以上罚金。

第三百二十四条 未受公署之允准,以医为常业者,处五百元以下罚金。

第三百二十五条 第三百二十一条至第三百二十三条之未遂犯,罪之。

理由

本章原案删去一条:

原第三百十条 犯第三百零五条第二项之罪者,得褫夺公权。

删除理由

该条及本案之第三百二十一条,现已改为罚金,自不在褫夺公权之列,故删。

第二十八章 杀 伤 罪

第三百二十六条 杀人者,处死刑或无期徒刑;其情轻者,处一等有期徒刑。

理由

故意杀人,情节至为复难,即在旧律,科刑轻重咸备。惟生命至重,以原则而论,本刑不应在无期徒刑下,故以死刑或无期徒刑为本刑,而以酌减为例外;至尊亲属杀卑幼,斟酌情形,仍有第五十五条减一、二等之规定,与从前办法并无出入也。

第三百二十七条 伤害人者,依左列各款处断:

(一)致死者,一等有期徒刑。

(二)致笃疾者,三等有期徒刑。

(三)致废疾者,四等有期徒刑。

(四)致轻微伤害者,五等有期徒刑,并科或易科一百元以下罚金。

理由

本条各款处分重加厘正,虽第一款与第二款其间无二等之设置,而依第五十五条之加减裁量,其间仍不患无聊络也。

第三百二十八条 对于尊亲属施强暴,未至伤害者,处四等有期徒刑。

第三百二十九条 决斗者,处五等有期徒刑,并科或易科一百元以下罚金。

因而杀伤人者,依故意杀伤罪各条处断。

聚众决斗者,以骚扰罪论。

第三百三十条 为决斗之人到场参预者,不问何种资格,处五等有期徒刑,并科或易科一百元以下罚金。

知情供人决斗之场所者,亦同。

理由

第二项原附第一项之末,今析为二。

第三百三十一条 教唆或帮助他人使之自杀,或受其承诺或嘱托而杀之者,处三等有期徒刑或五百元以下、五十元以上罚金。

谋为同死而犯本条之罪者,得免除其刑。

理由

帮助原作第二项,今并入第一项以归简洁(下条准此)。

第三百三十二条 教唆或帮助他人使之自伤,或受其承诺或嘱托而伤之者,依左列各款处断:

(一)致死者,四等有期徒刑或三百元以下、三十元以上罚金。

(二)致笃疾者,五等有期徒刑,并科或易科一百元以下罚金。

(三)致废疾者,一百元以下罚金。

(四)致轻微伤害者,五十元以下罚金。

第三百三十三条 因过失致人死伤者,处五百元以下罚金。

理由

原案区别伤害处分,分五百、三百、一百以下为三款,兹拟节删,悉归临时裁量。

第三百三十四条 玩忽业务上必要之注意,因而致人死伤者,处五等有期徒刑或一千元以下罚金。

第三百三十五条 对于尊亲属犯第三百二十六条、第三百二十七条、第三百二十九条或

第三百三十一条至第三百三十四条之罪者,加重本刑。

谋为同死而犯第三百三十一条之罪者,得免除其刑。

理由

原案无对于尊亲属决斗之文,然人情万变,且亲属加重推而致旁系,范围已宽,如对尊亲属犯杀伤加重、决斗,仍依常例,立法宗旨未能一贯。至玩忽业务致尊亲属死伤,其应加重更不待言,故于第一项增入第三百二十九条及第三百三十四两条以昭赅备(第三百五十四条内增第三百五十三条,准此)。

又亲属间谋为同死悻而得生之案,其情亦属科悯,今增第二项得免之规定,以凭临时裁量,藉剂情法之平,并非失之宽纵也。

第三百三十六条 第三百二十六条、第三百二十九条第一项、第三百三十条及第三百三十一条之未遂犯,罪之。

第三百三十七条 第三百二十六条之预备犯及阴谋犯,罪之。

预备或阴谋对于尊亲属犯第三百二十七条之罪者,处五等有期徒刑,并科或易科一百元以下罚金。

预备、阴谋或要求犯第三百二十九条之罪者,处一百元以下罚金。

第三百三十八条 左列各罪,须告诉乃论:

(一)第三百二十八条及其他对于尊亲属所犯第三百二十七条第四款、第三百三十三条、第三百三十四条之罪,须告诉乃论。

(二)要求犯第三百二十九条之罪。

理由

第二款原案无文,今增。

第三百三十九条 对于尊亲属犯第三百二十六条、第三百二十七条第一款、第三百三十一条、第三百三十二条或第三百三十七条第二款之罪,宣告二等至四等有期徒刑者,并科无期褫夺公权。

故意犯其余本章之罪,宣告二等至四等有期徒刑者,得科有期褫夺公权。

本章原案删去二条:

原第三百十五条

犯前二条之罪,当场助势而未下手者,以从犯论。

原第三百十六条

二人以上同时下手伤害一人者,皆以共同正犯论。

同时伤害二人以上者,以最重之伤害为标准,以共同正犯论。

其当场助势而下手未明者,以前二项之从犯论。

删除理由

原案关于伤害罪取重视结果主义,故当场助势人,准从犯得以论减。本案因欲贯彻第三十条第二项犯罪实施中帮助人准正犯之主义,无须此例外之规定。又第二条前二项不过解释疑义,虽无明文,法理解释亦仍应尔,故两条一并删除。

第二十九章　堕　胎　罪

第三百四十条　怀胎妇女服药或以他法堕胎者,处五等有期徒刑,并科或易科一百元以下罚金。

第三百四十一条　受妇女之嘱托或得其承诺,使之堕胎者,处五等有期徒刑,并科或易科一百元以下罚金。

第三百四十二条　医师、产婆、药剂师、药材商犯前条之罪者,处四等有期徒刑或三百元以下、三十元以上罚金。

第三百四十三条　有左列各款之行为者,处四等有期徒刑:

(一)以强暴、胁迫或诈术使妇女自行堕胎者。

(二)以强暴、胁迫或诈术而受妇女之嘱托或承诺,使之堕胎者。

(三)未得妇女之承诺,以强暴、胁迫或诈术使之堕胎者。

(四)知为怀胎妇女而施以强暴、胁迫,致小产者。

医师、产婆、药剂师、药材商以诈术犯者,处三等有期徒刑。

理由

第二项医师等原系独立一条,今分附各条之次,以便翻检。

第三百四十四条　第三百四十三条第一款至第三款之未遂犯,罪之。

第三百四十五条　犯第三百四十一条至第三百四十三条之罪,因而致妇女死伤者,援用伤害罪各条,依第二十七条处断。

第三百四十六条　犯本章之罪,宣告二等至四等有期徒刑者,得科有期褫夺公权。

第三十章　遗　弃　罪

第三百四十七条　依法令、契约担负扶助、养育、保护老幼、残废、疾病人之义务,而遗弃之者,处四等有期徒刑或三百元以下、三十元以上罚金。

第三百四十八条　对于尊亲属犯前条之罪者,加重本刑。

第三百四十九条　犯第三百四十七条或第三百四十八条之罪,因而致人死伤者,援用伤害罪各条,依第二十七条处断。

第三百五十条　于自己经管地内发见被遗弃之老幼、残废、疾病人,而不与以相当之保护,或不报明警察员及其余该管公务员者,处五等有期徒刑,并科或易科一百元以下罚金。

警察员及其余该管公务员当执行职务时,不即与以相当之处分或保护者,亦同。

第三百五十一条　犯第三百四十八条、第三百五十条第二项之罪,宣告二等至四等有期徒刑者,并科无期褫夺公权。

犯其余本章之罪,宣告二等至四等有期徒刑者,得科有期褫夺公权。

第三十一章　逮捕拘禁罪

第三百五十二条　私擅逮捕或拘禁人者,处四等有期徒刑或三百元以下、三十元以上罚金。

第三百五十三条 审判官或检察、警察、监狱及其他行政员或其佐理人,滥用职权逮捕或拘禁人者,处四等有期徒刑。

第三百五十四条 对于尊亲属犯第三百五十二条或第三百五十三条之罪者,加重本刑。

第三百五十五条 犯本章之罪,因而致人死伤者,援用伤害罪各条,依第二十七条处断。

第三百五十六条 对于尊亲属犯第三百五十二条或第三百五十三条之罪,宣告二等至四等有期徒刑者,并科无期褫夺公权。

犯本章其余之罪,宣告二等至四等有期徒刑者,得科有期褫夺公权。

第三十二章 略诱和诱罪

本章各条,原案为便于对照起见,将略诱及和诱罪并入一条,然二罪性质不同,仍以分别规定为宜。故本案以第三百五十七条至第三百五十九条规定各种略诱情形,以第三百六十一条至第三百六十三条规定各种和诱情形。

第三百五十七条 以强暴、胁迫或诈术略诱妇女或未满二十岁之男子者,处三等有期徒刑。

和诱未满十六岁之男女,以略诱论。

第三百五十八条 意图营利、犯奸非或移送于民国外,而略诱之妇女或未满十二岁之男子者,处二等有期徒刑。

第三百五十九条 意图营利或犯奸非,而移送自己略诱之妇女或未满二十岁之男子于民国外者,处无期徒刑。

第三百六十条 第三百八十六条至第三百八十八条之规定,于略诱罪准用之。

理由

本条原案无。按劫人与劫货情无二致,苟备具第三百八十六条至第三百八十八条强盗罪之各款情形,略诱罪亦宜准用之,以加重其处分也。

第三百六十一条 和诱妇女或未满二十岁之男子者,处四等有期徒刑或三百元以下、三十元以上罚金。

第三百六十二条 意图营利、犯奸非或移送于民国外,而和诱之妇女或未满十二岁之男子者,处三等有期徒刑。

第三百六十三条 意图营利或犯奸非,而移送自己和诱之妇女或未满二十岁之男子于民国外者,处一等有期徒刑。

第三百六十四条 依法令、契约担负扶助、养育、保护义务而强卖、和卖其被扶助、养育、保护之人者,准用略诱、和诱各条处断。

理由

本条依《刑律补充条例》第九条,增凡旧律略卖卑属不入下条之范围内及略卖尊属者,悉依本条处断也。

第三百六十五条 尊亲属强卖卑幼者,处四等有期徒刑或三百元以下、三十元以上罚金。

夫强卖妇者，亦同。

和卖者，处五等有期徒刑，并科或易科一百元以下罚金。

和卖未满十六岁之男女者，以强卖论。

理由

本条各刑亲属，《刑律补充条例》亦赅入第九条之内，仍科以原案通常之刑。惟名分较近且系以尊犯卑，处分未免过严，兹从前条析出，增纂此例，并折中其刑罚，庶与旧律精神不甚相远也。

第三百六十六条 于前通谋而收受、藏匿被略诱、和诱、强卖、和卖人者，准用略诱、和诱各条或第三百六十五条处断。

未通谋者，各减一等。

第三百六十七条 第三百五十七条至第三百五十九条及第三百六十一条至第三百六十六条之未遂犯，罪之。

第三百六十八条 第三百五十八条至第三百六十条及准用该三条之罪，其预备犯及阴谋犯罪之。

理由

本条所揭各条，情罪均重，预备及阴谋犯亟应处罚，原案无文，系属疏漏，是以增入。

第三百六十九条 第三百五十七条第二项、第三百六十一条至第三百六十三条及准用此等条项之罪，须告诉乃论。

理由

原案第二项规定被略诱人与犯人为婚姻，非离婚后，其告诉无效，此宜并入施行法内告诉细则，故节删。

第三百七十条 犯第三百五十八条至第三百六十条、第三百六十二条、第三百六十三条或准用该五条之罪，宣告二等至四等有期徒刑者，并科无期褫夺公权。

犯其余本章之罪，宣告二等至四等有期徒刑者，得科有期褫夺公权。

第三十三章 妨害安全信用名誉秘密罪

第三百七十一条 对于人以加害生命、身体、自由、名誉、财产之事相胁迫者，处五等有期徒刑，并科或易科一百元以下罚金。

以加害其亲属相胁迫者，亦同。

第三百七十二条 以强暴、胁迫使人行无义务之事或妨害人行使权利者，处四等有期徒刑或三百元以下三十元以上罚金。

第三百七十三条 意图损害他人或其业务之信用，而散布流言或施诈术者，处五等有期徒刑，并科或易科一百元以下罚金。

第三百七十四条 指摘事实公然侮辱人者，不问其事实之有无，处五等有期徒刑，并科或易科一百元以下罚金。

第三百七十五条　对于尊亲属犯第三百七十一条至第三百七十四条之罪者,加重本刑。

第三百七十六条　无故开拆、藏匿、毁弃他人封缄之信函者,处五等有期徒刑,并科或易科一百元以下罚金。

无故公表者他人秘密之文书、图画者,亦同。

第三百七十七条　僧道、医师、药剂师、药材商、产婆、律师、公证人或曾居此等地位之人,因其职务得知他人之秘密,无故漏泄者,处五等有期徒刑,并科或易科一百元以下罚金。

无故公表者,处四等有期徒刑或三百元以下三十元以上罚金。

理由

第二项原案误连为一,今析为二。

第三百七十八条　第三百七十二条之未遂犯,罪之。

第三百七十九条　本章之罪,须告诉乃论。

第三百八十条　犯本章之罪,宣告二等至四等有期徒刑者,得科有期褫夺公权。

第三十四章　窃盗强盗罪

第三百八十一条　意图为自己或第三人之所有,而窃取他人所有物者,处四等有期徒刑。

第三百八十二条　窃盗有左列各款之行为者,处四等有期徒刑:

(一)侵入现有人居住或看守之第宅、建筑物、矿坑、船舰内者。

(二)携带凶器者。

(三)二人以上共同实行者。

二人以上共同实行,一人携带凶器者,皆处二等有期徒刑。

理由

窃盗携带凶器,危险较甚,故增第二款之规定。

第三款原作"三人",按三人之共同与二人之共同,其易犯难防情节相等,故改为二人以上。

又第二项原案无文,按旧律,持械伙窃,罪至外遣,如与普通之窃盗同论,似涉轻纵,且本案总则徒刑期限缩短,尤应设特别惩创之法,故设本项之规定,科以二等有期徒刑。

第三百八十三条　意图为自己或第三人之所有,而以强暴、胁迫强取他人所有物者,处二等有期徒刑。

以药剂、催眠术或他法使人不能抗拒而强取者,亦同。

第三百八十四条　窃盗因防护赃物、脱免逮捕、湮灭罪证,而当场施强暴、胁迫者,以强盗论。

第三百八十五条　以强暴、胁迫霸占土地或建筑物者,以强盗论。

以药剂、催眠术或他法使人不能抗拒而霸占者,亦同。

理由

第一项原案作"财产上不法利益",范围太广,未便适用,兹改为霸占土地或建筑物,以应实际上之必要。

第三百八十六条　强盗有左列各款之行为者,处一等有期徒刑:

(一)侵入现有人居住或看守之第宅、建筑物、矿坑、船舰内者。

(二)携带凶器者。

(三)二人以上共同实行者。

二人以上共同实行,一人携带凶器者,皆处无期徒刑。

理由

第三百八十二条携带凶器及二人以上共同实行携带凶器,次第加重其刑,则犯强盗自应一律,故准该条增第二款及第二项之规定。

又原案尚有伤害人一款,情节较重,在旧律抢夺拒捕伤人,兼有处死刑者,应析入下条之内。

第三百八十七条 强盗有左列各款之行为者,处死刑或无期徒刑:

(一)在江、湖、海洋实行者。

(二)致人死伤者。

第三百八十八条 强盗于犯所有左列各款之行为者,处死刑:

(一)放火者。

(二)故意杀人者。

(三)强奸妇女者。

强盗放火、杀人、强奸,其一未遂者,仍以本罪既遂论;皆未遂者,以本罪未遂论。

理由

以上两条,大致融会原案第三百七十三条、第三百七十四条及第三百七十六条,酌核情节,厘定处分,其本无死刑者增入死刑,本系死刑与徒刑并处者改为唯一死刑,无非采治乱刑重之意也。

又放火一款,旧律在六项之列,上年经政治会议议准加入,故列于次条各款之首。

第三百八十九条 自己所有物已受查封或依物权由他人善意持有者,关于本章之罪,以他人所有物论。

理由

原案本条分别窃取、侵入、强取三项递加其刑,兹不问情节如何,概以窃取他人所有物论,科以普通盗罪,其理由有三:此种情形在放火、决水各罪,如第一百八十六条、第一百九十八条,均与他人所有物同视,则盗罪自无特别从轻处分,惟夺回租贷物不属盗罪范围内,斯与放火、决水罪略有辩耳,此其一。所有权不过一种物权,他人既依物权善意持有之,则对于其物之保护,不宜视所有权为过薄,此其二。原案别为专条,只能于法定范围内审择处分,不能有详密之加重,科以普通盗罪,得采用本章加重各条以为公平,此其三。若谓盗取自己所有物情节究较普通盗罪为轻,此在审判官利用酌减之职权有以调剂之耳。

第三百九十条 禁止私有之物,关于本章之罪,以所有物论。

电、气以物论。

理由

本条原作一项,系为解释而设,然盗禁止物品可否以所有物论,及盗电气可否以有体物论,仍是二事,故析为二。

第三百九十一条　除第三百八十七条第二款外,本章之未遂犯,罪之。

第三百九十二条　第三百八十二条、第三百八十三条、第三百八十六条至第三百八十八条之预备犯及阴谋犯,罪之。

理由

所揭各条皆情罪之轻重者,亦应罚及预备、阴谋、以资惩肃。原案无文,今增。(第四百零二条、第四百十三条,皆准此。)

第三百九十三条　犯本章之罪,宣告二等或三等有期徒刑者,并科无期褫夺公权。

宣告四等有期徒刑者,得科有期褫夺公权。

第三百九十四条　于直系亲属、配偶或同居亲属之间犯第三百八十一条之罪者,免除其刑。

对于其他亲属犯第三百八十一条之罪者,须告诉乃论。

前二项之规定,于非亲属而与亲属为共犯者,不适用之。

第三十五章　诈欺取财罪

第三百九十五条　意图为自己或第三人之所有,以欺罔、恐吓使人将本人或第三人所有物交付于己者,处四等有期徒刑。

以前项方法得财产上不法之利益或使第三人得之者,亦同。

第三百九十六条　为他人处理事务,图利自己或第三人或图害本人,背其义务而损害本人之财产者,处四等有期徒刑。

第三百九十七条　乘人未满十六岁或精神错乱之际,使将本人或第三人所有物交付于己或因而得财产上不法之利益或使第三人得之或损害本人之财产者,依前二条处断。

第三百九十八条　公务员处理公务,图利自己或第三人或图害国家、公署,背其职务,损害国家、公署之财产者,处三等有期徒刑。

非公务员而共犯者,亦同。

理由

原案无第二项,然此条亦系因身份而成立之罪,依第三十四条第一项,仍应以共犯论,恐议者依与官吏渎职不同,适用之时效致生疑问,故增纂入例以期明晰。(第四百零七条之增第二项,准此。)

第三百九十九条　二人以上共犯第三百九十五条至第三百九十八条之罪者,加重本刑一等。

理由

本条原列上条之前,惟常人共犯本章之罪应加重,有身份者,共犯亦宜加重也,故移列于后以资包括。三人改为二人,其理由见前。

第四百条　第三百八十九条及第三百九十条之规定,于本章之罪,准用之。

理由

第三百八十九条即自己之物受查封或依物权以他人所有物论,第三百九十条即禁止私有物以所有物论、电气以物论。此类情形不惟盗罪有之,即诈欺罪亦有之也。故设准用之规定。(第四百十一条、第四百二十六条及第四百二十九条,皆准此。)

第四百零一条 本章之未遂犯,罪之。

第四百零二条 第三百九十九条之预备犯及阴谋犯,罪之。

第四百零三条 因犯本章之罪,伪造、行使、毁弃文书、图样、印文者,援用所犯各条,依第二十七条处断。

理由

原案无文。犯诈欺取财之罪,伪造、行使、毁弃文书、图样、印文者甚多,揆厥犯罪之性质,实系二罪俱发,如依第二十四条以犯罪之方法或结果从一重处断,尚嫌轻纵,故设本条规定,依第二十七条加等科之。(第四百十四条之增,亦准此。)

第四百零四条 犯第三百九十八条第一项之罪,宣告二等至四等有期徒刑者,并科无期褫夺公权。

犯其余本章之罪,宣告二等或三等有期徒刑者,并科有期褫夺公权。

犯其余本章之罪,宣告四等有期徒刑者,得科有期褫夺公权。

第四百零五条 第三百九十四条之规定,于本章之罪,准用之。

第三十六章 侵 占 罪

第四百零六条 侵占自己依法令、契约、事务管理所持有之他人所有物者,处四等有期徒刑。

第四百零七条 侵占公务上或业务上所持有之他人所有物者,处三等有期徒刑。

不在公务、业务之人共犯者,亦同。

第四百零八条 二人以上共犯第四百零六条或第四百零七条之罪者,加重本刑一等。

理由

侵害物权,性质与窃盗、强盗、诈欺取财相似,故增纂本条,规定二人以上共犯亦加重本刑一等;惟拾得遗失物罪,其情较轻,无加重之必要也。

第四百零九条 侵占遗失物、漂流物、埋藏物或属于他人物权而离其持有之财物者,处其价额二倍以下、价额以上罚金;若二倍之数未满五十元,处五十元以下、价额以上罚金。

因自己错误而以善意取得管有之他人所有物,或因他人错误而交付于自己之他人所有物,以遗失物论。

第四百十条 自己所持有之自己所有物,已受查封或属于他人物权者,关于本章之罪,以他人所有物论。

理由

原案第三百九十一条第二项:侵占自己所持有之所有物、管有物,已受公署之命令看守者,处分亦同于前项。按侵占之性质与窃盗、强盗、诈欺相同,关于该项所揭情形,在前二章俱以他人所有物论,则本章自应一致,各增本条之规定,而将该项删除。

第四百十一条 第三百九十条之规定,于本章之罪,准用之。

第四百十二条 第四百零六条及第四百零七条之未遂犯,罪之。意图犯本章之罪而携带财物潜逃者,以既遂罪论。

理由

携带财物潜逃已达侵占之目的,应以既遂本罪论,恐生解释上之疑问,故增第二项之规定。

第四百十三条 二人以上所共同第四百零七条之预备犯及阴谋犯,罪之。

第四百十四条 因犯本章之罪,伪造、行使、毁弃文书、图样、印文者,援用所犯各条,依第二十七条处断。

第四百十五条 犯第四百零七条第一项之罪宣告二等至四等有期徒刑者,并科无期褫夺公权。

犯其余本章之罪,宣告二等或三等有期徒刑者,并科有期褫夺公权。

犯其余本章之罪,宣告四等有期徒刑者,得科有期褫夺公权。

第四百十六条 第三百九十四条之规定,于本章之罪,准用之。

第三十七章 赃 物 罪

第四百十七条 赃物受赠、受寄、搬运、故买或牙保者,处五等有期徒刑,并科或易科一百元以下罚金。

其系强盗、窃盗赃物者,处四等有期徒刑或三百元以下三十元以上罚金。

因而得利者,并科所得总额二倍以下、总额以上罚金;若二倍之数未满一百元,并科一百元以下、总额以上罚金。

第四百十八条 以故买赃物或牙保为常业者,处三等有期徒刑。

因而得利者,并科所得总额二倍以下、总额以上罚金;若二倍之数未满二百元,并科二百元以下、总额以上罚金。

理由

原案无文,查故买赃物及牙保多为强窃盗、诈欺、侵占等罪之诱因,常业者其危险尤甚,故增本条之规定,亦加重其处分。

第四百十九条 第四百十七条第一项、第二项之未遂犯,罪之。

第四百二十条 犯第四百十七条之罪,宣告二等至四等有期徒刑者,得科有期褫夺公权。

犯第四百十八条之罪,宣告二等至四等有期徒刑者,并科无期褫夺公权。

第四百二十一条 第三百九十四条之规定,于本章之罪,准用之。

本章原案删除一条:

原第三百九十八条

对于第三百七十七条或其他准用该条规定各条之赃物犯前条之例者,依第三百七十七条第一项之例处断。

删除理由

原案既经修改,本条自应删除。

第三十八章　毁弃损坏罪

第四百二十二条　毁弃、损坏公文书、公印文或公印者，处四等有期徒刑。

公务员自犯者，处三等有期徒刑。

第四百二十三条　毁弃关系他人权利、义务之文书者，处四等有期徒刑或三百元以下、三十元以上罚金。

第四百二十四条　损害他人所有建筑物、矿坑、船舰者，处四等有期徒刑或一千元以下、一百元以上罚金。

损坏第一百七十九条之建筑物、矿坑、船舰者，处三等有期徒刑。

犯本条之罪，因而致人死伤者，援用伤害罪各条，依第二十七条处断。

第四百二十五条　有左列各款之行为者，处五等有期徒刑，并科或易科一百元以下罚金：

(一)损坏、伤害前条所列以外之他人所有物者。

(二)漏逸他人所有之煤气、蒸气及其他气体或流动物，或以他法致令丧失效用者。

(三)纵逸他人所有之动物，致令丧失者。

第四百二十六条　自己所有物已受查封或属于他人物权者，关于本章之罪，以他人所有物论。

第四百二十七条　第三百九十条第一项之规定，于本章之罪，亦准用之。

第四百二十八条　第四百二十二条、第四百二十三条及第四百二十四条第一项、第二项之未遂犯，罪之。

第四百二十九条　第四百二十四条第二项之预备犯及阴谋犯，罪之。

第四百三十条　犯本章之罪，宣告二等至四等有期徒刑者，得科有期褫夺公权。

第四百三十一条　第四百二十五条之罪，须告诉乃论。

第四百三十二条　第三百九十四条之规定，于第四百二十三条及第四百二十五条之罪，准用之。

五、《刑法第二次修正案》(1918 年)

《刑法第二次修正案》*

(1918 年)

目　　录

---

* 段祺瑞主导的北京政府为了显示与袁世凯政权的不同，以再造共和为口号，于1918 年 7 月设立修订法律馆，针对 1915 年《修正刑法草案》重新修订，编成《刑法第二次修正案》，总则 14 章、分则 35 章，共 377 条。

第一编　总　　则

本编章数、章名、章次，照原案及修正案有所更移损益，列表如左：[1]

原案	修正案	本案
第一章　法例	同前	第一章　法例
第十七章　文例	同前	第二章　文例

〔1〕 表格为编者所加，原文只有文字。

续表

原案	修正案	本案
第十六章　时例	同前	第三章　时例
第二章　不为罪	第二章　同前	第四章　刑事责任之减免
第八章　宥减	第九章　同前	
第九章　自首	第十章　同前	
第三章　未遂罪	第三章　未遂罪预备罪阴谋罪	第五章　未遂罪
第六章　共犯罪	同前	第六章　共犯
第七章　刑名	同前	第七章　刑名
	第八章　亲属加重	
第四章　累犯罪	同前	第八章　累犯
第五章　俱发罪	同前	第九章　并合论罪
第十章　酌减	第十一章　酌加酌减	第十章　刑之酌科
第十一章　加减例	第十二章　同前	第十一章　加减例
第十二章　缓刑	第十三章　同前	第十二章　缓刑
第十三章　假释	第十四章　同前	第十三章　假释
第十四章　赦免		
第十五章　时效	第十二章　同前	第十四章　时效

第一章　法　　例

第一条　行为时之法律无明文科以刑罚者，其行为不为罪。

理由

原案第一条系规定关于刑法典之施行，故拟改入刑法施行法中。

本案将原案第十条改为第一条者，以本条为刑法之根本主义，不许比附援引，即学者所谓罪刑法定主义。凡行为受法律科罚者为罪，否则不为罪是也，原案将此条列入不为罪章，似未允当(不为罪章名亦未允当，理由详后)。各国刑法典对于罪刑法定主义之条文均不列入该章，如日本旧刑法第二条、德国第二条及其委员会刑法草案第一条、瑞士刑法准备草案第一条、法国第四条、俄国第一条、比利时第二条、暹罗第七条、布加利亚第三条、意大利第二条、荷兰第一条皆其例也。

原案第十条"法律无正条者不为罪"云云，其字句系沿用旧律，但意义不甚明晰，兹拟改作"行为时之法律无明文科以刑罚者，其行为不为罪"，似较显豁，且"行为时"三字尤能显出刑律不追溯既往之意，故行为时法律不为罪者，以后新法虽以为罪，亦不科罚。

第二条　行为时之法律与裁判时之法律遇有变更，依裁判时之法律处断。但行为时法律之刑较轻者，适用较轻之刑。

理由

刑法关于时之效力者,问题有三:

一、行为时之法律不为罪,而行为后之法律以为罪者。

二、行为时与行为后之法律皆以为罪,而有异同者。

第一问题,本案第一条已有规定;第二问题,原案采概从新法主义,本案亦拟采从新主义,惟与原案微有不同,兹先述各国立法例如左:

一、不论新旧法之轻重,概从旧法(即新法概不追溯既往行为)。采此主义者,为英国及美国数州(前法律馆草案理由谓,英国为从新先例,似属未确,英律关于时之效力无明文规定,惟判例则皆主从旧,查一千八百七十八年士提反氏所编英国刑法草案系集合判例而成者,其第二条规定从旧主义)。

二、从旧法,但新法较轻者,从轻(即新法不追溯既往行为,但新法较轻时,则为例外)。采此主义者为德国、法国、比利时、意大利、丹麦、荷兰、挪威、瑞典、西班牙、匈牙利、葡萄牙、瑞士数州、布加利亚、日本、暹罗、埃及、美国数州、智利、阿根廷、墨西哥、温妮苏、依辣等国,此外见诸草案而尚未实行者,为奥国及瑞士刑法准备草案。

三、从新法,但旧法较轻者,从轻(即新法追溯既往行为,但旧法较轻时,则为例外)。采此主义者,为奥国及瑞士数州。

四、不论新旧法之轻重,概从新法(即新法概追溯既往刑)。采此主义者为中国、俄国(但有例外)及瑞士数州。

上表第二、第三主义有概名为从轻主义者,然表面同而实际不同。法律变更遇有轻重时,例如刑法采第二与第三主义均无区别,若其他问题无轻重之别或不能判别其孰轻孰重者,如文例或犯罪之定义等,则第二主义适用旧法,第三主义适用新法,此其实际之不同也。

世界各国多从第二主义,原案从第四主义,修正案改从第二主义,然此四主义何舍何从,有不能不研究者。第一主义概从新法,第四主义概从旧法,皆趋极端,兹先述之。

第一主义概从旧法,有谓犯人于犯罪之时已得有受当时法律制裁之权利,此说欠通,诚如前法律馆草案所云,人民对于国家不能以受刑权利之理,况新法既颁,则已认旧法为不合时宜,若概从旧法岂不骈枝,故此主义已成陈说。

第四主义概从新法,似免第一主义之弊而又流于相对之极端,即我国暂行律所采用之主义也。概从新法弊多利少,如新旧法轻重相等或新法轻于旧法,其结果与第二、第三主义无异,如新法重于旧法概从新法则流弊易生。盖刑罚追溯既往,则人民生命安全常为立法者所左右,今日所犯罪明日将为重罪,人民常怀疑惧,则刑罚所以保护者,适以危害之是,岂立法者之本意?晚近法、意两国多持此说力取从轻主义,此非空谈,数年以来我国已有期事实,犯赃条例、强盗条例、发掘坟墓条例等是其明证,况我国近年特别法多出于一时之主张,稍嫌新法偏轻,特别法即改作死刑,尤为世界立法例所无,其危害更不可胜言矣,西儒非议第四主义者,尤有一说谓可藉从新主义,为政敌深陷人罪之谋,立法者固不能不预防也。德国刑法准备草案此条之调查主任杜力加氏尝提议概从新法主义,而草案卒不采用,以其科犯人以事后之重刑为欠平允。

第二、第三主义均系从轻,前法律馆草案理由非议之,曰:“若使新律重于旧律,而旧律时代之犯人科以新律之重刑,则与旧律时代受旧律轻刑之同种犯人相较,似失其平。诚如此说,则使新律施行之后,仅此旧律时代之同种犯人科以旧律之轻刑,彼新律时代之犯人据新律而科重刑者,若互相比较,则又失其平”。

等语,然考之外国采从轻主义以为不如是,不足以示公平,所谓公平者,系比较行为在旧法施行期内而裁判在新法施行之后,此种犯人应科新刑后科旧刑乃为公平,前法律馆草案理由则以行为及裁判皆在旧法时代或皆在新法时代,犯人所受之刑罚为比较谓失其平,不知行为及裁判皆在旧法时代当然受旧法制裁,行为及裁判皆在新法时代当然受新法制裁,无公平与不平等之问题也。理由又谓刑不得为沽恩之具,故不从轻,然法儒加劳曰:“从轻主义者,因公平非沽恩也。”以此之故,各国多采从轻主义。然从轻主义复有第二、第三主义之不同,本案拟采第三主义以从新为本旨,以从轻为例外。盖新法既颁,自应收新法之利,但旧法较新法轻者,从轻者。从轻以符公平之说,如是则得所折中矣。

从轻主义须注意者尚有两端:其一、所谓轻重,专就刑而言,抑兼就刑以外之事项(例如时效)而言;其二、专就行为时与裁判时两律比较择其轻者而言,抑兼就两时期内颁行之法律比较择其最轻者而言。专就刑比较而适用其轻者,日本、比利时、智利、丹麦、墨西哥、葡萄牙等是也;专就刑以外之事项比较,而适用其轻者,德国、法国、意大利、挪威、瑞典、奥国、瑞士(刑法准备草案)、暹罗、埃及等是也。本案拟采专就刑比较而适用其轻者之先例,盖如此可以缩小从轻之范围而扩充从新之范围,况刑以外之事项孰轻孰重颇难决定,若专就刑比较,则刑之轻重有明文规定,可免条文上解释之困难。专就行为时与裁判时之法律比较轻重者,挪威、暹罗、瑞士(刑法准备草案)等是也;兼就两时期内颁行之法律比较轻重而择其最轻者,德国、日本、法国(一千八百十三年判例)、意大利、匈牙利等是也。主张后说者,谓犯罪后既有中间轻法,即犯人取得轻法权利,故裁判时中间轻法虽经废止,仍应援用不得夺其已得之权利,然此已成陈说(详前),意大利刑法理由更立一说,谓如于中间法律尚未废止时裁判犯人,则犯人当得受中间法律之利益,此说于理未允,盖裁判果不延迟,则行为时之法律自可适用,何俟中间之轻法,况裁判迟延多因犯人自行隐蔽,咎不在执法者。故关于此问题,惟有比较行为时与裁判时法律之轻重,而择其适用者,中间法律未能勉强牵入,故本案拟从前说。

第三条 本法于凡在民国领域内犯罪者,适用之。

在民国领域外之民国船舰内犯罪者,以在民国领域内犯罪论。

第四条 犯罪之行为在民国领域内而其结果在民国领域外,或犯罪之行为在民国领域外而其结果在民国领域内者,以在民国领域内犯罪论。

第五条 本法于凡在民国领域外,犯左列各罪者,适用之:

一、第九十一条及第九十二条之侵犯大总统罪。

二、第九十四条至第九十六条之内乱罪。

三、第九十八条至第一百十条之外患罪。

四、第二百零四条至第二百零九条之伪造货币罪。

五、第二百十九条至第二百二十一条、第二百二十五条、第二百二十七条及第二百二十九条之伪造文书印文罪。

六、第三百四十三条及第三百四十四条之海盗罪。

理由

刑法适用范围以属地主义为原则,本条及后二条即其例外。

本条列举各罪,不论本国人或外国人在国外犯罪者,均适用本国法律,即学说上所谓自卫主义,诚如前法律馆草案理由所言,于中国之存立、信用、财政、经济等有重大之损害或危险故也。关于此问题,万国国际法学会屡经讨论其结果与草案理由所举略同,而原案第三条规定之罪有不尽然者,例如妨害国交罪、妨害公务罪、毁弃损坏罪亦皆增入范围,未免过广,而修正案复增入脱逃罪及妨害秩序罪则与原意相去更远矣。本案拟一律删去而以侵犯大总统罪、内乱罪、外患罪、伪造货币罪、伪造文书印文罪及海盗罪为限,庶免处罚国外犯罪之权过于扩充反生障碍。

侵犯大总统罪原案无,本案从修正案增入。又原案内乱罪,遗漏未遂罪、预备罪及阴谋罪,此种行为亦应处罚。至海盗罪,法律上认为万国之公罪,不论何国皆得罚之,即学说上所谓世界主义,故本案亦一律增入。

第六条 本法于民国公务员在民国领域外犯左列各罪者,适用之:

一、第一百十九条、第一百二十条、第一百二十二条、第一百二十四条、第一百二十六条、第一百二十七条、第一百三十条及第一百三十一条之渎职罪。

二、第一百六十三条之脱逃罪。

三、第二百二十四条之伪造文书罪。

理由

本条前法律馆草案规定,处罚在国外犯罪之本国公务员不以国籍为限,故外人为中国公务员亦得适用,其修正案改为中国臣民,则以国籍为限,而外人服务于中国者,竟无从处罚,故本案拟仍从前法律馆草案。

原案第四条所列举之罪为妨害国交罪、漏泄机务罪、渎职罪、脱逃罪、妨害交通罪、妨害秩序罪、伪造文书印文罪,修正案删去妨害交通罪、妨害秩序罪,而增入鸦片罪、赌博罪、奸非及重婚罪,未具理由均失本条原意,故本案拟以渎职罪、脱逃罪、伪造文书罪为限。

第七条 本法于民国人民在民国领域外犯前二条以外之罪,具备左列情形者,适用之:

一、所犯之罪其最轻本刑为有期徒刑以上者。

二、犯罪地之法律以为罪者。

三、犯人在外国未受无罪之确定裁判,或虽受有罪之确定裁判而其刑未经执行完毕或免除者。

前项之规定,于在民国领域外对于民国人民犯罪之外国人,准用之。

理由

本条前法律馆草案作两项,第一项凡本国人在国外犯所列各罪者,适用之,不问被害人为本国人或外国人,即学说上所谓属人主义。第二项外国人对于本国人在国外犯罪者,适用之，视为扩充保护主义以及于本国人民，二者用意不同，宪政编查馆核定案始以两项并为一项，以致读者将后句被害人国籍混合前句，殊失本条之原意，故本案仍从前法律馆草案分作两项以其显豁。

原案第五条仿日本刑法而扩充其范围，例如伪证及诬告罪、妨害交通罪、亵渎祀典及发掘坟墓罪、毁坏损弃罪皆日本所无者，修正案复有损益，但所列举者在外国犯罪之外国人皆得处罚，且依原案第六条虽经外国法院论罪者，在本国仍得处罚，不独使犯人自觉不平，恐与外国国权或至冲突，一千八百八十六年葛丁之案其前车也（美人葛丁在美国对于墨西哥人犯妨害名誉罪后，因事抵墨，墨法院适用墨法处罚，美国抗议，卒酿成重大交涉，墨国不得已释放之）。考外国立法例对于前二条列举以外之罪，在国外犯者，本国处罚类多附以条件，本案略仿其意，规定本条其第一款不涉及轻微罪，第二、第三款则使犯人泯不平之憾，庶几参酌中外情形求适中之办法。

第八条 除前条之规定外，同一行为虽经外国确定裁判，仍得依本法处罚。但在外国已受刑之执行或经免除者，减轻或免除本法之刑。

理由

原案第六条犯罪者虽经外国确定，审判仍得依本律处断，“犯罪者”三字拟改为“同一行为”，尽本条之适用以同一行为为准，非以同一罪名为准（同一行为而法律罪名不同者，各国往往有之），若用“犯罪”二字，恐于同一行为在外国被处罚之罪名与在本国应处罚之罪名不同，至有不适用本条之误会，故以行为言之。日本修正刑法各草案用“犯人”二字或有用“事件”二字者，后始改作“行为”（参照德国第七条及其刑法准备草案第七条）。

又原案本条修正案删去“得”字，其理由谓：“在民国外既经确定裁判之案，在民国应否提起公诉，应由检察官视有无实益断之。其经起诉者，审判官不能不依本法处断而无不依本法处断之权，原案‘仍得依本律处断’句之‘得’字应删去，以明彼此权限。”等语，案本条系对于在外国确定裁判之行为在本国能否再行处罚而设，似不至牵及检察官、审判官之权限，本案拟仍用“得”字，若虑“处断”二字专指裁判官之审判而言，则参照日本刑法第五条改为“处罚”二字可免误解。

又原案“得免除或减轻本律之刑”句，本案拟将“得”字删去，尽各国立法例对于在外国已受处罚之犯人应否减轻，本国法律之刑有听裁判官自由决定者（例如日本），有以在外国所受之刑照算入本国法律之刑内相抵者（例如瑞士刑法准备草案第四条第二项、第八条第一项），由前例恐有一罪两罚之失，由后例各国刑名不同难于比较，若照算入本国刑内又恐畸轻畸重，故本案拟折中，其间将得减改为必减，至所减之额仍听法官酌情定夺。

修正案第六条第二项“依前项处断者，得免除主刑，专科褫夺公权”句，本案拟改入刑名章，理由详该章。

附删去原案第八条之理由

原案第八条之条文曰：“第二条、第三条、第五条及第六条之规定，若因国际上有成例而不适用者，仍依成例。”案此条前法律馆草案本作国际上特别条约法规或惯例，其修正案及宪政编查馆核订案均改为国际上特别成例，暂行律又改为国际上成例，但无论如何修改仍不外包括特别条约及国际惯例而言，此条起草时已多聚讼，今犹未已，是不可不详为研究者也。

前邮传部签注反对此条，谓刑法与国际法截然两物，牵彼入此实为大谬，而前法律馆驳之曰："刑律与国际法如有冲突之时，则刑律不免受国际法之限制，本条即为声明此项限制而设，并非牵国际法入于刑律之内"等语。案所驳之理由姑无论当否，虽或足证明该条并非牵国际法入于刑法之内，而未足证明刑法上有规定该条之必要。

又签注谓此条若作正文，于国权体面大有伤害，条约上之权利开战可以失效，今将变条约上之权利而以刑律定之，于我国所损滋多。而前法律馆驳之曰："本条所定不专关乎条约，凡国际法规惯例均包内内，仅就条约一端言之，已失原案之旨，且条约亦不仅因战时而失效，更有因战时而效力始发生者，故此条之规定万不可少，金特定此例于国权国体并无损伤"等语。案所驳之理由亦仅足证明该条包含条约及国际法规惯例，并战时之关系于条约效力之发生及消灭等项，仍未足以证明刑法上有规定该条之必要，前法律馆草案理由谓，此条乃本于国内法不得变更国际条约及惯例之原则而定，然亦不过声明此条之基于某原则，未尝论及此原则何以必当列为刑法正文。

国内法不得变更条约及国际法惯例之原则，实基于国际法而非基于国内法，而刑法为国内法之一种，故此原则不因列入刑法而始有效，亦不因不列入刑法而失其效，是著为条文与否其效力如故也，尽此原则为世界所公认，而各国刑法典未有规定受国际法限制之条文，然亦未见因此而破坏国际法之限制，此就各国立法例而言，若更就我国国际上特殊之地位而言，则为外人之领事裁判权，但此节决不足以为设立该条之理由，外人与我国订立条约允许俟修正法律时撤回领事裁判权者，已有数国，是领事裁判权未尝无撤回之希望，似不宜立此条文垂为常典，查暹罗新刑律颁行时尚未撤回领事裁判权而亦无类似此条之规定，故就理论及立法例言之，皆应删去。

第九条 本法总则于其他法律之定有刑名者，亦适用之。但有特别规定者，不在此限。

第二章 文 例

第十条 称以上、以下、以内者，俱连本数或本刑计算。

第十一条 称直系尊亲属者，谓左列各亲：

一、父母。

二、祖父母、曾祖父母、高祖父母及高祖以上祖父母。

三、外祖父母。

称旁系尊亲属者，谓左列各亲：

一、胞伯叔父母、在室胞姑。

二、母之胞兄弟姐妹。

三、胞兄妹。

前二项尊亲属于出嗣人所后，与本生同。

妻于夫之尊亲属，从夫。

理由

服制图自本身上数高祖五世为止,但毁掘坟墓罪对于六世以上有犯之者,刑律岂能与毁掘常人之坟墓等视乎?即其他罪对于六世以上虽属罕见,然不能决其必无,故本案于第一项第二款加入高祖以上祖父母。

外祖坟墓在旧律谋杀祖父母、父母及殴期亲属长、骂尊长均与祖父母同,故前法律馆草案、修正案及宪政编查馆核订案皆以外祖父母列入尊亲属中,嗣经资政院议决删除,其意谓外祖父母为妻亲已包括于亲属之内,而不知对于尊亲属犯罪则刑有加重,而对于亲属犯罪则只有免除及减轻,其用意不同,故本案拟于尊亲属增入外祖父母。

第十二条 称亲属者,谓尊亲属及左列各亲:

一、夫妻。

二、四亲等内之宗亲。

三、三亲等内之外亲。

四、二亲等内之妻亲。

已身所从出或从已身所出者,为直系亲;非直系亲而与已身或妻出于同源之祖若父者,为旁系亲。

第一项亲等,直系亲从已身上下数以一世为一亲等。旁系亲从已身或妻数至同源之祖若父,并从所指之亲属数至同源之祖若父,其世数相同者,以一方之世数定之,世数不相同者,从其多者定之。

理由

旧律亲属范围向以服制图为根据,服制图衍自丧礼,其制特详,中国数千年来以礼教立国,出乎礼者即入乎刑,故刑罚之轻重以服制之远近为比例,本案亲属范围拟不用服制图而用亲等计算法,其理由如左:

一、服制图期、功、缌麻等差昭然,故旧律刑罚,亦因之为加减。原案除尊亲属外刑罚同一(原案亦有加减,然以犯罪人之素行、犯罪时之心术而定,不以服制为加减),已无区别之必要,故不如将服制图专让之于礼制,而刑律亲属之范围,则用亲等计算法。

二、旧律服制图,为图凡七,烦复细密,既非庸愚所能周知,即贤智亦难猝记;亲等计算法,较为简易,不必按图即能定其亲疏远近。

三、《民律草案》,虽未施行,而其亲属范围,亦以亲等计算法为准,近来法院引用之条理、学校教授之讲义,大部准诸《民律草案》,则亲等一端,亦不失为习见习闻之事,即将来改订草案,自当以亲等计算为宜,故不如于刑律中先求适用,俾民刑两法之合符。

四、礼制为一国所自有,不妨从异,法律则须审取他国之良例以为衡。亲属范围,各国均用亲等计算法,即日本亦适用此法,而废弃旧有之制,故我国亦宜采用,以示择善而从之意。

亲等计算之法有二种:一为罗马法计算法,一为寺院法计算法。罗马法计算法,于直系亲属,则算其间之世数而定亲等,故世代之数与亲等之数适合,如亲子间为一世,则为一亲等;祖父母与孙之间为二世,则为二亲等;高曾祖父母与曾元孙之间,亦准是推之。于旁系亲属，则由同出之始祖，下降于旁系之各方合算其世数而定亲等，盖由旁系亲属之一方，溯诸同源始祖，再同源始祖，更下数至他方合算其世数，以定亲等。如兄弟姐妹间之亲等，先从一方溯诸同源之父母，作为一等，更从父下至他方，又加一等，故兄弟姐妹为二亲等之旁系；伯叔与侄间之亲等，先由侄溯诸其父母，作为一等，更由其父母溯诸同源之祖父母，又加一等，由祖父母更下至伯叔，再加一等，故伯叔与侄为三亲等之旁系亲，从兄弟姐妹为四亲等之旁系亲，此罗马法之亲等计算法也。

寺院法之计算法，于直系亲与罗马法计算法同，于旁系亲则不合算双方之世数，但算较多世数一方之世数而定亲等，从始祖下至旁系亲之各方，其世数双方方相等者，无论从何方均同。若双方世数不相等，则从其多者，如兄弟姐妹从其同源之父母起算，无论下至何方，均是一世，单依其一方之世数，定为一亲等之旁系亲；至伯叔与侄从其同源之始祖起算，下至伯叔为一世，下至于侄为二世，则从其多者定为二亲等之旁系亲，从兄弟姐妹亦为二亲等旁系亲，其余以此类推，此寺院法之计算法也。

欧西各国及日本均用罗马法计算法，我国《民律草案》，则用寺院法计算法，其理由以为中国直系亲，由已上数至高祖下数至元孙，均以四世为止，旁系亲则族兄弟与再从侄，亦认其在亲属范围内，若取了罗马法计算法，其直系亲以一世为一等，应以四等亲为限，至旁系亲则须依八等亲限，于理殊为不合，故不如采用寺院法计算法，直系旁系，均以四等亲为限，则与旧律服制宗亲之范围适合云云。本案虽不用服制图，而用亲等计算法，然亲属范围，仍多根据服制图，故拟准诸《民律草案》，以寺院法计算法定之。

亲属范围原案及修正案，均依服制图，本案既采用亲等计算法，其范围之广狭，亦当有一定之界限。故宗亲以四亲等为限，外亲以三亲等为限，妻亲以二亲等为限，则不独与服制图适符，且与民律草案相合。

又本案拟从修正案添入旁系尊亲属而于分则各条设加重之规定，庶与我国尊亲之观念有符。

第十三条 称公务员者，谓职官、吏员及其他依法令从事于公务之议员及职员。

称公署者，谓公务员执行职务之处所。

称公文书者，谓公务员职务上制作之文书。

附删去原案第八十四条之理由

原案第八十四条称议会及选举者，谓依法令设立中央及地方参与政事之议会及其议员之选举，本案拟删去此条。盖原案起算时，尚未有议会及选举事，民国建立，两项名称亦已习闻，当不至误解。况此条于分则中惟适用于妨害选举罪，且议会之名称亦未见诸律文，似无设立文例专条之必要。

附删去原案第八十五条之理由

原案第八十五条称僧道者，谓僧尼、道士、女冠及其他宗教师。此条为前法律馆及宪政编查馆各案所无，而经资政院增入者。盖沿旧律文复加入"其他宗教师"一语，前清现行刑律名例斗律云，凡称道士、女冠者，僧尼同；若于其受业师与伯叔、父母同；其于弟子与兄弟之子同。律注：如道士、女冠犯奸，加凡人罪二等，僧尼亦然。又如俗人骂伯叔、父母徒一年，道冠骂师罪同受业师,谓于寺观之内,亲承经教,合为师主者。又如俗人殴杀兄弟之子徒三年,道冠、僧尼殴杀弟子同罪。案旧律以僧道犯罪,因有特别身份之关系,故科刑与俗人异。然原案分则只第三百六十三条以僧道泄漏人之秘密罪可适用之,其非普通文例与前条理由同,故本案拟删去而于该条“僧道”二字,改为“宗教师”三字,自无误解之虞矣。

附删去原案第八十六条之理由

原案第八十六条第一项依分则援用别条处断,而别条之罪应论未遂、预备或阴谋者,于处断本条之未遂、预备或阴谋犯,并援用之;第二项于造意犯及从犯亦同。修正案将第一项改作本法分则中一条,援用他条而他条之罪有未遂、预备或阴谋罪之规定,以并援用其规定,论比原案较为明了。案前法律馆修正案语谓此条指分则各条内依某条处断,或以某罪论而言,正犯既援用本条,若未遂或共犯等均无不援用本条云云,诚如所言,则属援用条文当然之解释,而此条转为赘文。又文例章乃为解释律文所用之名称而设,本条系规定条文之援用,而非解释名称之意义,故本条拟删去之。

第十四条 称重伤者,谓左列伤害:

一、毁败一目或二目之视能。

二、毁败一耳或二耳之听能。

三、毁败语能。

四、毁败一肢以上之机能。

五、于身体或健康有重大不治之伤害。

六、变更容貌且有重大不治之伤害。

七、毁败阴阳。

理由

原案分笃疾、废疾及轻微伤害为三种,本案拟改为伤害及重伤二种。重伤者,即原案之笃疾;伤害者,即原案之废疾及轻微伤害。盖损害而至重伤者,显而易见,法律预定其范围,处以较重之刑,未为不善,至于其余伤害,若非逐案审察,恐有强入轻重之虞。原案所称之废疾,于案件中最多援用者,为第八十八条第二项第五、第六款,疾病日数及废业日数。然以日数相去为轻重之标准,未见的确,譬同一伤害,得良医则获痊愈较速,否则逾法定日数,或仍未逾,若以此判别,难得公平。况现时诉讼统计,以伤害罪为多,必俟逾法定日数,然后判罪之轻重,则案件之责压停滞,所不能免,于国家及犯人均无便宜;若未满法定日数,预行判罪,又恐涉违法之嫌。

考外国立法例,分析伤害罪,最详细者为意大利(计分四种),最简单为日本(只用“伤害”二字包括轻重)。若法国、挪威、瑞士(刑法准备草案)分三种;德国、英国、美国、荷兰分两种,其以日数为标准者,始自法国,而意大利、荷兰从之。晚近德国刑法准备草案及其委员会刑法草案,亦将伤害分为两种,日本新刑法理由书,谓此种细密之区别,不独裁判上发生不便,即实际上亦难期正确,德国刑法准备草案理由书,亦有评论,大意相同。

本案关于此条,颇嫌原案之过于细密,亦嫌日本之过于概括,故拟折衷各国立法例,择其伤害重大,如原案所谓笃疾者,改为重伤,以示标准,处以较重之刑。其余伤害由法官临时酌斟轻重科断，故将原案废疾及轻微伤害，统名曰“伤害”，庶免事前强定之失。

第三章 时 例

第十五条 期以日计者，阅二十四小时；以月计者，阅三十日；以年计者，阅十二月。

刑之执行以年计者，从历。

理由

原案“以年计者，阅十二月”句，修正案改为“以年计者，从历”，以省计算之繁。但本案以若干分之几为加减，若以年计者，从历，乘除之际，反形不便，故拟仍从原案并增入第二项，则执行刑期易于计算。

第十六条 时期之初日，不计时刻，以一日论，最终之日，须阅全日。

放免囚犯，于期满之次日午前行之。

理由

原案第二项作放免有期徒刑及拘役之囚，本案将“有期徒刑及拘役”字句删去，似可包括易科监禁。

第十七条 刑期自裁判确定之日起算。

裁判虽经确定其尚未受拘禁之日数，不算入刑期内。

附原案第八十条改入刑名章之理由

原案第八十条未决期内羁押之日数，得以二日抵徒刑、拘役一日或抵罚金一元案，此条用意原非规定时间起迄之计算，乃规定抵刑之标准，故拟改入刑名章。

第四章 刑事责任及刑之减免

原案本章不为罪之名称未尽妥善，前法律馆草案及修正案原名不论罪，但不论罪者指有罪而不论，似不能包括该章各条，即如依法令或正当业务之行为谓为有罪而不论于常情及法理均有未允。宪政编查馆核定案始改名不为罪章，但不为罪之名称亦不能包括各条，与不论罪之失相等，如原案第十一条未满十二岁人之行为不为罪云云，第十二条精神病人之行为不为罪云云，按照共犯之解释，教唆及帮助犯其罪成立与否一依正犯之罪为准，质言之，即共犯为附属正犯之性质，不能独立自成一罪（理由详共犯章），若谓未满年龄人及精神病人之行为不为罪，则帮助此等人之行为照共犯之解释亦当然不为罪，将使帮助幼年及精神病人犯罪者无所顾忌，恐非立法者之本意。况不为罪章条文中亦有规定为罪处罚者，如第十三条之但书及其他减刑若干等之条文，均系有罪而处罚者，此不为罪之名称应当改正者也，又宥减章及自首章关于减等或免除各条与不为罪章减等各条旨意相类，故本案拟将宥减、自首两章并入不为罪，名曰刑事责任及刑之减免章。

第十八条 非故意之行为，不罚。但应论过失者，以有特别规定为限。

理由

原案第十三条第二项不知法令不得为非故意云云，本案拟另为一条，详后。第三项规定，所犯重于犯人所知或相等者，从其所知；所犯轻于犯人所知者从其所犯两例，案第一例与分则因发生特别结果(如犯某罪因而致人死伤者,处以某刑)而加重本刑各条,未免抵触。第二例规定处罚不以犯意而以犯罪之行为为准,乃属刑律当然之解释,似不必著为条文,故本案拟删去原案第三项,至犯人对于犯罪构成之事实,若何为故意,若何为过失,于下两条另行规定。

第十九条 犯人对于构成犯罪之事实,明知及有意使其发生者,为故意。

犯人对于构成犯罪之事实,预见其发生,而其发生并不违背犯人本意者,以故意论。

理由

原案于故意及过失之范围未尝确定,解释上一伸一缩,即易出入人罪,其关系非浅。且故意与过失法家学说各有不同,若不确定其范围,匪独律文之解释不能尽一,而犯人之处罚尤患失平。近年立法例如意大利、俄国、暹罗等国刑法典及瑞士前后各草案,德国刑法准备草案与委员会刑法草案,皆于条文规定故意及过失之定义,故本案拟从之。

关于故意之解释学说不一,其最要者有二派,一为意欲主义,一为认识主义。此二主义互相辩论,而以意欲主义为最多学者所主张及外国立法例所采用,故本案从之,于本条第一项规定直接之故意,第二项规定间接之故意,此外皆不得以故意论。

第二十条 犯人虽非故意,但按其情节应注意与能注意而不注意者,为过失。

犯人对于构成犯罪之事实,虽能预见其发生,而确信其不发生者,以过失论。

理由

本案增入本条之理由与前条同,第一项之规定即学说上所谓不认识之过失,第二项之规定即学说上所谓认识之过失。

第二十一条 不得因不知法律而免除刑事责任,但因其情节得减轻本刑二分之一。

理由

原案第十三条第二项不知法令不得为非故意,但因其情节得减轻本刑一等或二等,此项之规定即学说上所谓法律错误。但法律错误与刑事责任之关系不独故意罪有之,即过失罪亦有之,原案与法律错误专限于故意,似未概括,故本案拟加修正。

第二十二条 犯罪因发生一定之结果而加重其刑者,若犯人不能预见其发生时,不得从重处断。

理由

原案分则,于犯某罪因而发生其他结果者加重其刑等条文颇多。案科刑专以结果为断,不问犯人之罪责如何,此为古代刑法,近世学者深非之。盖犯罪所生之结果,其在犯人意中者,科以较重之刑,未为不当。若意外之结果,其发生之原因,至为复杂,因偶然之事实,使犯人负此意外之结果,不独受罚者自痛不平,即刑事政策亦不应尔尔。一千九百零二年万国刑法学会议决,犯人对于犯罪行为之结果,所负之刑事责任,应以其能预见者为限,晚近立法,例如挪威、俄国刑法典及奥国、瑞士、德国各刑法准备草案,与暹罗国委员会刑法草案,皆规定犯人只对于其能预见之结果而负其责任,故本案拟增入本条。

第二十三条 未满十二岁人之行为,不罚。但因其情节,得施以感化教育,或令其监护人缴纳相当之保证金,监督其品行三年。

十二岁以上、未满十六岁,或满八十岁人之行为,得减轻本刑二分之一。

理由

未及年岁人犯罪,不应处罚,但得施以感化教育,为各国之善制。我国感化院尚未设立,故本案拟仿暹罗、埃及等国规定,由监护人纳相当之保证金,自行监督,以济其穷。原案第五十条瘖哑人或未满十六岁人或满八十岁人犯罪者,得减本刑一等或二等。本案于聋哑人拟另为一条。至年龄一层因与本条有关,故拟改入本条第二项。

第二十四条 心神丧失人之行为,不罚。但因其情节,得施以监禁处分。

心神耗弱人之行为,减轻本刑。但因其情节,得于执行完毕或免除后,施以监禁处分。

理由

本条第二项原案无。惟心神丧失人犯罪不处罚,而常人犯罪则处罚,若心神耗弱人,其重者几与心神丧失等,轻者或与常人同,既不应处以通常之刑,又不应全免其刑事责任,故不能不有特别之规定,此为各国刑法家及医学家所公认者也。外国刑法典有类似之规定者,如意大利、挪威、西班牙、丹麦、瑞典、芬兰、希腊、日本等国刑法典及瑞士、德国刑法准备草案,与德国委员会刑法草案,皆有心神耗弱之条文,一千九百零五年万国刑法学会议决,亦赞成对于心神耗弱人科以较轻之刑,本案故增入本条,至其刑期比常人较短。于执行完毕或免除后,若听其自由行动,恐遗害社会,故因其情节,得施以监禁处分。

第二十五条 前条之规定,于酗酒人之行为不适用之。但酗酒非出于己意者,不在此限。

理由

本条但书原案无,本案增入。又原案第十二条第二项对于精神病间断时之行为不适用精神病人之规定,本案拟删,盖本章所不罚之行为如年龄精神病等各条皆以行为时为准,故精神间断时当然不适用关于精神病人之规定。

第二十六条 瘖哑人之行为,减轻本刑。

第二十七条 依法律或正当业务之行为,不罚。

理由

原案第十四条"依法令或正当业务之行为或不背公共秩序、善良风俗习惯之行为不为罪",本案拟删去"或不背公共秩序、善良风俗习惯之行为"句,盖分则所规定无非罚其违背公共秩序、善良风俗习惯之行为,此外则属本案第一条不为罪之行为,似不必有此规定。

第二十八条 依所属高级公务员命令之职务上行为,不罚。

理由

本条原案无,本案拟仿意大利、荷兰、埃及及暹罗等国增入。

第二十九条 对于现在不法之侵害,而出于防卫自己或他人权利之行为,不罚。但防卫行为过当者,得减轻或免除本刑。

理由

本条之规定,即学说上所谓正当防卫,各国刑法皆以不法之侵害为限,其侵害既属不法,即未至不得已时,亦得防卫,与次条紧急状态之行为微有不同。日本刑法扩充防卫之范围,以不正之侵害为准,又恐防卫误用,遂加以不得已之条件,原案亦以不正之侵害为限,但遗漏"不得已"等字样,其范围较日本更广矣。就日本刑法而论,对于不法之侵害,亦须待至不得已时,方予以防卫,事实上既有所不能,而于立法者,保护法益之意,亦有所未尽。故本案拟从多数国立法例,凡不法之侵害,即得正当防卫,于不得已之条件,概无所取。又原案防卫行为过当者,得减本刑若干等,修正案删去"得"字,改从必减主义,本案拟仍用"得"字,以免藉口防卫而加以过当之危害,但防卫行为,法官于事后纵容论断,以为过当者,在犯人当时,急不暇待,或以为非过当,往往有之,且过当之程度,仍有轻重之分,若少有过当,即科以刑罚,未免近苛,故本案于减轻后增入"或免除"字样,以便法官裁夺。

又修正案第十五条第二项正当防卫之规定,对于直系尊亲属不适用之。此项为原案所无,系依《刑律补充条例》增入者,本案拟删。盖尊属之于卑属,当然有相当之惩责权,此为东西各国之所同,当执行惩责权势,断不得视为不法之侵害。

第三十条 因救护自己或他人生命、身体、自由、财产之紧急危难,而出于不得已之行为,不罚。但救护行为过当者,得减轻或免除本刑。

前项关于救护自己之规定,于公务上或业务上有特别义务人之行为,不适用之。

理由

本条之规定,即学说上所谓紧急状态,非如前条之有一违法侵害人可比。质言之,与有关系之人,皆为无过,但因紧急情状,得以牺牲第三者之法益,以保全自己或他人之法益,故其适用范围不得漫无限制,本案拟从多数国立法例,以关于生命、身体、自由、财产为限。又本条但书本案拟增入"或免除"三字,理由与前条同。

第三十一条 对于未发觉之罪,自首于该管公务员受裁判者,得减所首罪之刑三分之一。

向被害人或犯亲告罪或请求罪,而向有告诉权或请求权之人自首,受裁判者,亦同。

理由

原案第五十一条第一项规定,一罪未发觉而自首,第五十二条规定,一罪既发别首未发余罪,本案拟并作一条,为本条第一项。又原案第五十一条第二项:"犯亲告罪而向有告诉权之人首服,受官之裁判者,亦同。"修正案改为:"向被害人自首,而受官之裁判者,亦同。"未具理由,殆欲扩充自首之范围,而不以亲告罪为限。我国警察及侦探犯人各机关,多未设备,扩充自首,俾罪有所归,用意本善,但以向本害人自首为限,于亲告罪反形缩小,本案拟将此二义一并规定,更增入请求罪,似较完密。

附删去原案第五十三条之理由

原案第五十三条规定预备及阴谋罪之自杀,本案拟删,理由详次章。

第五章 未 遂 罪

修正案将原案未遂罪改为未遂罪、预备罪、阴谋罪章,但预备罪及阴谋罪之处罚惟三数特别重罪,似不必著为总则条文,故本案拟从原案。

第三十二条 已着手于犯罪之实行而不遂者,为未遂罪。其不能发生犯罪之结果者,亦同。

未遂罪之处罚,以有特别规定者为限。

理由

未遂罪之定义,分为两派:一法国派,因意外之障碍而未遂者,为未遂罪。从此派者,为比利时、荷兰、意大利、西班牙、葡萄园及瑞士数州。一德国派,不问未遂罪之原因,是否出于意外,皆为未遂罪。从此派者,为挪威、布加利亚、瑞士(刑法准备草案)、瑞士数州、日本(旧刑法采法国派,新刑法采德国派)、墨西哥、智利等国,两派定义不同,故对于学说上所谓中止犯,大有分别。盖未遂罪若以出于意外者为限,则中止犯当然不能以未遂罪论,原案中止犯处罚,则未遂罪之定义,自应改从德派,删去“因意外之障碍”句,以免抵触。

原案本条第一项“其不能发生犯罪结果者,亦同”句,修正案改为“其不能发生结果而危险者,亦同”,本案拟仍从原案,理由祥次条。

第三十三条 未遂罪之刑,得减既遂罪之刑二分之一。但犯罪之方法不问如何情形不能发生犯罪结果者,得减轻或免除本刑。

理由

学说上所谓不能犯,应否处罚,为刑法学者数十年来最剧烈之争点,至今尚未定论。主观之说,谓既着手实行犯罪,无论其能否发生犯罪事实,皆足危害社会,故应处罚。客观之说,谓不能发生犯罪事实时,其行为与犯罪相去甚远,罚之恐涉处罚犯罪意思,而非处罚犯罪行为之嫌。两说虽各有理由,极其所主张,均有未当。是以最近立法例,对于不能犯,多采主观说,科以刑罚,而以绝对不能犯为例外,庶免趋于极端。原案纯采主观说,修正案不能犯之处罚,以有危险为限,外国学说,虽有主张之者,然适用上恐生困难,故各国刑律罕有采用,本案拟从不能犯处罚主义,但对于绝对不能犯,由法官斟酌情节,得减轻或免除本刑。

第三十四条 已着手于犯罪之实行,而因己意中止者,减轻或免除本刑。

理由

外国立法例对于中止犯多不科罚,原案规定准未遂罪论,得减轻或免除本刑,但因己意中止其情节较轻,故本案拟删去原案“得”字改从必减,以奖励犯人之自行中止。

第六章 共　犯

原案本章名共犯罪,但恐误以为特种罪名,故本案改为共犯。

共犯最要之意义,为主观说及客观说所公认者,即一切共犯除原案第二十九条第一项共同正犯外,皆有附属之性质,其罪之成立与否,一以正犯为准,虽或因特种情形,如原案第二十九条第二项科以正犯之刑,然其性质仍为从犯。又第三十条教唆犯,科以正犯之刑,然其性质仍为教唆犯,原案“准正犯论”及“依正犯之例处断”等字样,于共犯之意义,未能显达,故本案于各条拟改为“处以正犯之刑”。

第三十五条 二人以上共同实施犯罪之行为者,皆为正犯。

理由

原案第二十九条第二项于实施犯罪行为之际帮助正犯者,准正犯论,本案拟改入第三十七条第三项但书,理由详该条。

第三十六条 教唆他人使之实施犯罪之行为者,为教唆犯。教唆教唆者,亦同。

教唆犯处以正犯之刑。

第三十七条 帮助正犯者,为从犯。

教唆从犯者,以从犯论。

从犯之刑减正犯之刑二分之一。但于实施犯罪行为之际,为直接及重要之帮助者,处以正犯之刑。

理由

共同正犯与从犯之区别,主观说谓犯意为共同实施犯罪行为,则为共同正犯;犯意为帮助他人犯罪,则为从犯。客观说,谓其行为为犯罪结果发生之原因者为共同正犯,其行为仅为犯罪结果发生之条件者为从犯。顾理论虽如此,而事实未易划分。从主观说,则犯意殊难辨别;从客观说,则原因与条件亦无标准。因此,遂有以事前、事中为从犯科刑之轻重者,其事中帮助犯与正犯同罚,事前帮助犯得减轻其刑。盖谓事中帮助,犯意较重,应科以重刑,此即原案所采用者也。然事中帮助,不问其行为与犯罪之关系如何,概科以正犯之刑,亦未见其平允。本案拟仿俄国、法国、意大利、布加利亚等国,仍从原案事中从犯与正犯同罚之制,而以直接及重要之帮助者为限,此外事中之帮助与事前之帮助,概科以从犯之刑。

原案从犯与正犯同罚,但得减轻若干等。本案既规定事中直接及重要之从犯处以正犯之刑,对于其他从犯,改从必减主义。盖从犯责任,依主观及客观说,皆较正犯为轻,若谓从犯情节有较正犯重大或相等者,此为例外,不得因此例外,而推翻原则。我旧律亦采从犯减轻之制,本案改从必减,与旧律亦相符合。

又原案第三十一条第二项教唆或帮助从犯者,准从犯论,本案拟删去“或帮助”三字,以免从犯之范围过于扩充。

附删去原案第三十二条之理由

原案第三十二条:“于前教唆或帮助,其后加入实施犯罪之行为者,从其所实施者处断”,修正案改为:“于前教唆而后加入实施犯罪者,从其所实施者加本刑一等。”其理由谓:“造意而兼实施,罪状殆与俱发罪等”,此盖指两罪而言,例如教唆他人犯一罪而本身实施亦犯一罪,于前罪为教唆犯,于后罪为正犯,当然适用俱发罪之规定。若教唆与实施均系一罪,则教唆实为犯一罪之方法,当然依其实施者处断,不应从修正案加重其刑,故本案拟将此条删去。

第三十八条 因身分成立之罪,其教唆或帮助者虽无身分,仍以教唆犯或从犯论。

因身分致刑有重轻者或免除其刑者,其无身分之人,仍科通常之刑。

理由

因身份致免除其刑,情节与第二项同,故本案增入免除一项。

第三十九条 知正犯之情而帮助正犯者，虽正犯不知共同之情，仍以从犯论。

第四十条 二人以上于过失罪有共同过失者，皆为过失正犯。

理由

原案第三十五条于过失罪有共同过失者，以共犯论，然必有正犯始有共犯，若依原案以共犯论，则难定孰为正犯，孰为共犯，且过失罪有无共犯，学者争论至今仍无定评，故本案拟仿原案第二十九条共同正犯之例规定其为过失正犯，各科以其过失之刑，不使其负他人过失之责任。

附删去原案第三十六条之理由

原案第三十六条："值人故意犯罪之际，因过失而助成其结果者，准过失共同正犯论，但以其罪应论过失者为限。"修正案改为："因过失而助成故意之犯罪者，准过失共犯论"，较原案明了，但双方皆为过失犯依过失共犯论已有未当，况本条之规定一方为故意犯，一方为过失犯，而以过失共犯论于理论上尤觉不协，果有过失自应负其过失之责任，若使对于他人故意行为之结果而负其责任，殊欠公平，故本案拟删去此条。

第七章 刑 名

第四十一条 刑分为主刑及从刑。

主刑之种类如左：

一、死刑。

二、无期徒刑。

三、有期徒刑：二月以上、十五年以下。但遇有加减时，得减至二月以下或加至二十年。

四、拘役：一日以上、尚未满二月，但遇有加重时，得加至二月以上。

五、罚金：一元以上。

从刑之种类如左：

一、褫夺公权。

二、停止公权。

三、没收。

理由

原案将有期徒刑，分为五等如左：

一等有期徒刑：十五年以下、十年以上。

二等有期徒刑：十年未满、五年以上。

三等有期徒刑：五年未满、三年以上。

四等有期徒刑：三年未满、一年以上。

五等有期徒刑：一年未满、二月以上。

有期自由刑，以年月规定，为各国通例。原案采等级制，不能无失，兹分别论之。

有期徒刑分为五等，便于加减，惟以等为加减，则加必一等，减必一等，其中恐有畸轻畸重，例如二等有期徒刑，加一等，则高度加半，低度加倍；三等有期徒刑，加一等，则高度加倍，低度加三分之二,余可类推。又如一等有期徒刑,加一等,变为无期徒刑,相差更远,若祇欲加重数年,使不至于无期,则无法处之,即拘役,加一等变为五等有期徒刑,其相差亦远,此亦其不平者也。

有期自由刑,分为五等,于立法上诸形不便,盖分则及各单行法所科之刑期,惟以此五等为标准,而罪者轻重各有不同,必以此五者绳之,则所规定之刑,恐有不失于酷,即失于宽之病。考各国刑法科二年以下或六月以下之徒刑者尚多,即如日本刑法科二年以下惩役者,计十余条;科六月以下惩役者,计数条照原案徒刑之等级,欲科二年以下或六月以下,即无可规定,其余介乎各等级之年期,亦复如是。不若废去等级,各定年月,而以若干分之几为加减,既无定刑失当之虞,并免加减相显之失,且分则及单行法各条徒刑,明定年月,则一目了然,无俟检查等级表,即知刑期之短长,较为便利,此本案所以不采用等级制也。

原案有期徒刑之最高度为十五年,修正案改为十二年,其理由谓:“初犯年龄二十五、二十六岁最居多数,而人生平均年龄不过四十一、四十二龄,若对于二十五岁科以最长刑期十五年,至四十岁始能释放,殆与无期徒刑无异。”云云。案法律所科有期徒刑之最高度,实际上于犯人之关系各有不同,年老衰弱之人,科以数年徒刑,或竟近于无期;年力少壮者,科以十五年,非无出狱之希望,此皆事实上犯人本身之问题,似不足据以为缩短法定刑期之标准也。况有假释之制,以救长期自由刑之弊,犯人果能迁善,不必待至刑期满后始出狱,否则科以十五年,为社会及个人防范起见,未为过也。且科刑时有最高度及最低度之规定,法官可以酌量于其间,非必科以最高度。原案定十五年,实从多数国刑期而采其罪适中者,故本案拟仍从原案。

本条第二项第三款及第四款但书,系指加减与并合论罪之例外而言,前法律馆草案,本有但书,其修正案及宪政编查馆核定案,将但书改入俱发罪章,似未妥善,盖此例外,若不规入刑名,则属非刑,故本案拟修正之。

本条第三项第二款“停止公权”,原案无,本案从修正案增入。

第四十二条 依第八条免除主刑者,得专科褫夺公权。

主刑免除者,得专科没收。

理由

从刑为主刑之附属刑,故通例必科以主刑方能科以从刑,本条即其例外。第一项即修正案第六条第二项,第二项即修正案第六十一条第二项,为原案所无,而修正案增入者,本案拟并为一条,规定于本章。

第四十三条 主刑之重轻,依第四十一条规定之次序定之。

同为死刑或无期徒刑者,据犯罪情节定其重轻。

同种之刑,以最高度之较长者或最多额之较多者为重。最高度或最多额相等者,以最低度之较长者或最少额之较多者为重。

最高度或最多额与最低度或最少额俱等者,据犯罪情节定其重轻。

理由

关于主刑重轻,原案于俱发罪章第二十七条规定之。惟该章外之事项,有时亦须定其重轻者,即如修正案第一条第二项(本案第二条),新旧两法从轻处断是也。本案既于有期徒刑废等,则此项重轻标准,自应随之而改,故拟规定于本章,以求概括。

第四十四条 死刑用绞,于监狱内执行之。

死刑非经司法部覆准,不得执行。

理由

本案将原案第四十条改为本条第二项。

附删去原案第三十九条之理由

原案第三十九条关于监狱法,本案拟从修正案删去。

附删去原案第四十一条之理由

原案第四十一条:"宣告徒刑及拘役不得未满一日,罚金不得未满一元",前法律馆修正案案语谓:"拘役短期为一日,罚金寡额为一元,则因减轻而至一日或一元以下者,若即免除不足以昭惩创,是以增补入律,俾姿引用。"云云。原案减轻以等,徒刑减等变为拘役,至拘役则竟无从而减,是所谓未满一日者,本不适用。本案以若干分之几为加减,则不满一日之时间及不满一元之金额如何科断,于加减章规定之,故拟删去此条。又易科监禁之计算,间亦有此种情状者,拟于该条另行规定。

第四十五条 徒刑及拘役之囚犯,于监狱内拘禁之。

徒刑及拘役之囚犯,令服劳役。但拘役之囚犯得因其情节免服劳役。

理由

原案第四十二条后段监禁方法及劳役种类依监狱法之规定,本案以其属当然之事,故拟删去。

附删去原案第四十四条之理由

原案第四十四条:"受五等有期徒刑或拘役之宣告者,其执行若实有质疑,得以一日折算一元,易以罚金。"案本条以罚金易自由刑,有背刑罚之本旨,为他国刑法所无者,前法律馆草案所举:"外国船舶之水手于碇泊地犯轻微之罪,科以数日之拘留,该船势难久待,一旦启碇归航,在本船既失必需之水手,在本人又失归航之便,而本国反因此增一飘零无业之异国游民,际此情形,则易罚金为宜。英国判决例此事数见,其他属于此类之事例者亦复不少。"云云,据所举之事例,实因便宜起见,而与条文所云执行实有质疑之说未免不符。且所谓犯轻微之罪科以数日之拘役,而条文则扩充至一年以下之徒刑,以一元折算一日,则数百元可以赎一年以下徒刑之罪,又未免失科刑之本旨。况原案科罚金之条文,一百有奇,其中科自由刑罚金者,八十有奇(余皆并科),是轻微罪皆可径科罚金,无俟宣告自由刑后始易以罚金也,若谓执行实有质疑,即在一年以上之徒刑亦或有之,科依执行法办理。至所云英国判决例,殆依据一千八百六十一年之刑律合并法及一千八百七十九年之简易诉讼法,其大致对于所规定自由刑之罪,法官得按其情节并科以罚金或不科以自由刑而仅科以罚金,其用意系在扩充罚金之适用范围,与原案扩充罚金至百余条之多实相暗合,非宣告自由刑后因执行质疑而易以罚金也,故本案拟删去之。

第四十六条 罚金于裁判确定后,令一月以内完纳之。但因其情节,得令一年以内分期缴纳。

缴纳期满而不缴纳者,强制令其缴纳,但确知其不能缴纳者,不在此限。

未缴纳之罚金,以一元以上、三元以下之额数折算一日易科监禁,但不得逾一年。

缴纳期内经本人之承诺者,得执行易科监禁。

易科监禁之期间,于裁判时并宣告之。

易科监禁,于监狱内附设追监禁所执行之。

易科监禁,令服劳役,但因其情节得免服劳役。

缴纳期满而未缴纳者,易科监禁,并得取消其分期缴纳。

易科监禁期内纳罚金者,依所纳之数折算入易科监禁期内。

罚金总额逾一年之日数者,以罚金总额与一年之日数比例折算。

不满易科监禁一日之金额,不得纳之;易科监禁不满一日之时间,不算。

理由

罚金为轻微之刑,对于社会及个人之防范,本无夺犯人自由之必要,故于不能缴纳罚金时,易科监禁,实为万不得已之办法,各国学长在及立法例,皆谋所以便利罚金之执行。最近一千八百九十一年万国刑法学会及一千九百零五年万国监狱会,先后议决,便利罚金执行之方法如左:

一、分期缴纳。

二、以工易罚。

三、酌定金额。

以上所举三种方法,各国有兼用之者、有仅用其一二者,兹分别论之。

分期缴纳之制,其用意为犯人一时不能缴满全额者,分期或能缴纳,实行此制者,为英国、俄国、挪威、荷兰、纽恩勃(瑞士州名)、布加利亚(准展期三月,与此制略有不同,其用意则一)、墨西哥,其见诸草案者,为西班牙刑法草案(一八八四年)、瑞士及德国刑法准备草案,本案以此制易于实行,故拟从之。以工易罚之制,分为两种:一作工而不限制其自由,一作工而限制其自由。其已实行此制者,为挪威、滑特(瑞士州名)、边(瑞士州名)、纽恩勃(瑞士州名)、墨西哥、意大利、匈牙利、法国、德国(法德两国系依森林法)。其见诸草案者,为瑞士及德国刑法准备草案。本案以此制在我国情形,难于实行,故不采。

酌定金额之制,详于刑之酌科章。

原案第四十五条第一项规定,易科监禁,以一元折算一日,本案拟改为一元以上、三元以下之额数,折算一日,俾法官得审察其不缴纳之原因,以定其标准。又原案易科监禁日数,最长者以三年为限,查各国规定,此限期限,或以数月(瑞典六十日,芬兰九十日,英国三月,挪威四月半,比利时、布加利亚、印度皆六月,荷兰八月)、或以一年(日本、暹罗、西班牙、俄国、德国)。日本旧律原定二年,新律改为一年,且得随时假释出狱。最近草案,如瑞士及德国刑法准备草案,皆以一年为期。是各国此项规定,最长为一年,本案拟从之。

缴纳期满而不缴纳,照本条第二项,先强制执行,但确知执行无效者,可省执行之手续,而径科以监禁。又缴纳期内,预知其强制执行无效者,若得本人承诺,不必俟期满,即可科以

监禁，以免迁延。此本案所以增入第四项也。(参照日本第十八条第五项)

原案采用确定期限制，以一元折算一日，本案既采用酌定期限制，以一元以上、三元以下折算一日，故增入第五项易科监禁之时间，于裁判时并宣告之，以省手续。(参照日本第十八条第四项)

易科监禁，日本执行之于劳役场，原案未声明应否服劳役，故本案增入第七项。

第十一项原案无，本案增入。又原案第六项系当然之解释，拟删。

第四十七条 褫夺公权者，褫夺左列资格：

一、为公务员之资格。

二、依法律所定之中央及地方选举为选举人及被选举人之资格。

三、膺荣典之资格。

四、入军籍之资格。

五、为官立、公立学校校长、职员、教员之资格。

六、为律师之资格。

褫夺公权分为无期及有期。

有期褫夺公权，以一年以上、十五年以下为限。

宣告死刑或无期徒刑者，其褫夺公权为无期。

宣告十年以上有期徒刑者，其褫夺公权为无期或有期。

宣告六月以上、十年未满有期徒刑者，其褫夺公权不得逾十年。

宣告六月未满有期徒刑、拘役或罚金者，不得褫夺公权。

因过失犯罪者，不得褫夺公权。

褫夺公权，于裁判时并宣告之。

褫夺公权于裁判确定时发生效力。但有期褫夺公权之期限，自主刑执行完毕或免除之日起算。

理由

原案第四十六条第二款，单列选举人资格，意谓被选举人资格，依文例章之规定，包含在第一款内，但被选举人于选举之时，尚未知其当选与否，断不能以第一款包含之，日本刑法修正案，既列公务员之资格，复列选举人及被选人之资格。(日本现行法关于公权之规定概委以特别法)可供参考，故本案于第二项增入被选举人。

原案第五项，学校校长职员教员之资格，应以官立公立学校为限，若私立之学校，非属公权，故本案加入“官立、公立”字样。

原案褫夺公权之规定，似过于繁难，盖就分则各条而言，公权有必褫夺及得褫夺两例，其必褫夺与得褫夺之标准，又至不一，以国籍为标准者，如原案第一百十六条，以犯人之业务为标准者，如原案第三百二十六条，以被害人之身份为标准者，如原案第三百十四条，以犯人之身份为标准者，如原案第一百二十六条，以受刑轻重为标准者，如原案第一百零六条，以犯罪之目的为标准者，如原案第三百五十六条，其余之标准不一而足，更就得褫夺一例而论，原案第四十七条，谓于分则有得褫夺公权之规定者，得褫夺现在之地位或于一定期限内褫夺前条所列资格之全部或一部云云,夫既曰得褫夺现在地位,则有不必褫夺者,身既如狱,安有不褫夺现在地位之理?而所谓现在地位,是否包现任官职而言,亦未分明,盖原案分则中,明定免现职者凡四条,第一百五十条官员犯渎职罪者,第一百七十六条第二项官员犯脱逃罪者,第一百八十五条官员犯伪证及诬告罪者,第二百七十五条官员犯鸦片烟罪者,均有并免现职之明文,然则犯其余之罪而夺公权者,应否并免现职,未见规定。又所云一定期限内褫夺,而期限之长短,复无限制,独于第一百六十三条选举罪,则有十年以下、二年以上,丧失选举被选举资格之规定,此外尚有全部及一部之分,其条文实觉分歧,本案拟仿修正案废去一部分之褫夺,明定有期褫夺之期限,并确立应科有期及科无期之标准,至其应夺与否,一并取裁量主义。

第四十八条 宣告有期徒刑而不科褫夺公权者,执行完毕以前,停止前条第一项之公权。

本条原案无,本案从修正案增入。

第四十九条 没收之物如左:

一、违禁物。

二、供犯罪所用及犯罪预备之物。

三、因犯罪所得之物。

前项第一款之物,不问属于犯人与否,没收之。第二款、第三款之物以属于犯人者为限,得没收之。

最重本刑为拘役或罚金者,非有特别之规定,不得没收。但第一项第一款之物不在此限。

没收,于裁判时并宣告之。

不问属于犯人与否,应行没收之物,得专科没收。

理由

没收为从刑,所以防范将来犯罪之凭借,原案采必科主义,多数国立法例,均主得科,本案除第一项第一款外,拟从得科主义。又对于犯轻微罪者,除第一项第一款外,若不斟酌案情,而概行没收,恐失之太过,以致从刑反重于主刑,故本案拟参照日本刑法第二十条及德国刑法准备草案第五十四条,增入第三项。又第四、第五项原案无,本案增入。

第五十条 裁判确定前拘禁之日数,以二日抵徒刑或拘役一日或抵罚金一元。

理由

原案于"抵"字上有"得"字,修正案理由谓因施行以来审判官视为具文,罕有适用此项规定,本案拟从修正案确定抵刑之标准,删去"得"字。

附删去修正案第八章之理由

修正案第八章名亲属加重,为原案所无,本案拟从原案于分则各条规定其加重之刑,故删。

第八章 累 犯

原案本章名累犯罪，本案删去"罪"字，理由见第六章。

第五十一条 受有期徒刑之执行完毕，或受无期徒刑或有期徒刑一部之执行而免除后，五年内再犯有期徒刑以上之罪者，为累犯。

理由

法律所规定累犯，以旧曾犯罪为条件之一，各国立法例可分两派：一为法国派，以有罪裁判确定后之犯罪为标准。二为德国派，以执行完毕后之犯罪者为标准。主法派者，谓裁判一经宣告，犯人即应有所警戒，受警戒而复犯罪者，应加重其刑；主德派者，谓裁判宣告，尚未受刑，果足为犯人之警戒，则宣告以前，刑律具在，亦足以警戒之，何待裁判之宣告，故必以实体上受刑全部之执行或一部之执行而经免除者，方足为犯人之警戒，受刑后复犯罪，可证明通常刑之不足以惩治其特别恶性，而有加重其刑之必要。两派主张，自以第二派为优，故本案规定累犯之定义，拟仍从原案第十九条，而将但书之累犯条件，列入定义内，较为确当。

第五十二条 累犯不同一之罪或左列不同款之罪一次者，加重本刑三分之一；二次以上者，加重本刑二分之一。

累犯同一之罪或左列同款之罪一次者加，加重本刑二分之一；二次以上者，加重本刑一倍：

一、侵犯大总统罪、内乱罪、外患罪、妨害国交罪。

二、渎职罪、妨害公务罪、妨害选举罪、妨害秩序罪。

三、脱逃罪、藏隐犯人及湮灭证据罪、伪证及诬告罪。

四、公共危险罪。

五、伪造货币罪、伪造度量衡罪、伪造文书印文罪。

六、妨害风化罪、妨害婚姻及家庭罪。

七、妨害宗教罪。

八、妨害商务罪。

九、鸦片罪、赌博罪。

十、杀人罪、伤害罪、堕胎罪、遗弃罪。

十一、妨害自由罪、妨害名誉及信用罪、妨害秘密罪。

十二、窃盗罪、抢夺强盗及海盗罪、侵占罪、诈欺及背信罪、恐吓罪、赃物罪、毁弃损坏罪。

理由

累犯之处罚，可分两种：一普通累犯，即所犯之罪性质不同者。二特别累犯，即所犯之罪为同一或类似者。特别累犯有特别之恶性，最难惩戒，故较普通累犯，自应特别加重，本案拟分别两义以规定之。

第五十三条 裁判确定后发觉为累犯者，依前条之规定，更定其刑。

前项之规定，于执行完毕或免除后发觉者，不适用之。

理由

原案:"裁判确定后,于执行其刑之时,发觉为累犯者,依前二条之例,更定其刑。"其意谓裁判确定后,始发觉者,得变更其裁判,而重新科罪。但执行完毕或免除后,则不得变更其裁判,是两点:一得变更其裁判,一不得变更其裁判。原案将此两层,合为一句,设于判定之后、执行之前发觉为累犯者,恐有不能变更其刑之误解,故本案拟将此条,分为两项。

第五十四条 累犯之规定,于前所犯罪依军法或于外国法院受裁判者,不适用之。

第九章 并合论罪

原案本章名俱发罪,沿用旧律之名称。但本章之规定,非限于数罪俱发,即数罪各别发觉,亦得适用,是以日本旧刑法,名为数罪俱发,新刑法改为并合罪,然所谓并合罪,并废非将数罪并合为一罪,其各罪仍独立存在,不过并合处断之耳,故本案改为并合论罪。

第五十五条 裁判宣告前犯数罪者,并合论罪。

理由

原案以裁判确定前所犯之罪为并合论罪之标准,修正案于"裁判"二字上加"有罪"二字,但并合论罪系规定二罪以上处断之法,故"有罪"二字似可删去。

关于并合论罪之范围,各国立法可分三派:一以裁判宣告前所犯之罪为限,德国、俄国也是。二以裁判确定前所犯之罪为限,中国、日本、葡萄牙、匈牙利是也。三以执行未毕前所犯之罪为限,芬兰、瑞典、意大利是也。第三派在执行期内犯罪者,推翻以前之裁判,使犯人得享并合论罪之利益,无异奖励犯法,故此派为学者所非议。第二派缩小并合论罪之范围,而以裁判确定前为限,较第三派略优,但裁判宣告后,确定前之期间内犯罪者,与裁判宣告前之罪并合论罪,亦无充分之理由。盖裁判既经宣告而于未确之前,虽或有变更之必要(如上诉等),然断不能纯因宣告后犯罪而变更其裁判,迁就犯人,使其得享并合论罪之利益,故本案拟从第一派,以裁判宣告前之罪为限。

第五十六条 并合论罪,分别宣告其罪之刑,依左列定其应执行者:

一、宣告之最重刑为死刑者,不执行他刑,但从刑不在此限。

二、宣告之最重刑无期徒刑者,不执行他刑,但罚金及从刑不在此限。

三、宣告多数之有期徒刑者,于各刑中之最长期以上、各刑合并之刑期以下,定其刑期,但不得逾二十年。

四、宣告多数之拘役者,依前款之例定其刑期。

五、宣告多数之罚金者,于各刑中之最多额以上、各刑合并之金额以下,定其金额。

六、宣告多数之有期褫夺公权者,止执行其中最长期之褫夺公权;宣告多数之没收者,并执行之。

七、依第三款至第六款所定之刑,并执行之。

理由

并合论罪之处分,有三主义:一为吸收主义,即于数罪中科以最重之刑。二为并科主义,即以数罪之刑一并科断之。三为限制加重主义,即于法定范围内就其中最重之刑加重之,以为合并之刑。此三者,最轻为吸收、最重为并科,折中其间者,为限制加重主义,即原案所采用者也。修正案改为俱发各罪加本刑一等,从一重处断,但所谓"加重本刑一等也",不独意义不明,且科断之法,亦失平允,例如俱发各罪,轻重相悬,据其轻者为本刑,则加重一等转轻于吸收,据其重者为本刑,则加一等又转重于并科。且俱发各罪,亦有多寡之殊,设不论其罚之多寡,加重一等以吸收之,则是奖励犯法;如其不然,于每罪加重一等,则或重于并科,或轻于吸收,本案故拟仍从原案,而略加修正。

原案第二十三条第一款,科死刑者,不执行他刑,本案拟加"但从刑不在此限"句,以为例外,盖从刑性质与主刑不同,不妨并科之。第二款,科无期徒刑者,不执行他刑,本案拟加"但罚金及从刑不在此限"句,其关于从刑理由与前同,至罚金于死刑不并科,而于无期徒刑则并科者,因既执行死刑,其受罚者,不在犯人本身,而在继承遗产之人矣。若无期徒刑,事实上虽近于死刑,而法律上有出狱希望,与死刑大异(如假释),故科以罚金,仍作为犯人本身所受之刑罚。又宣告多数之有期褫夺公权,本案拟从吸收主义,执行其最长期者,盖褫夺期间,自出狱之日起算,加以在狱之期间,已属不短,故不采并科主义。

第五十七条 并合论罪,有已经裁判及未经裁判者,就未经裁判之罪处断。

理由

本条及次条规定数罪各别发觉处断之法。原案第二十四条第一项"一罪先发,已经确定审判,余罪后发或数罪各别经确定审判者"云云,以裁判确定为标准,似未妥善。盖裁判既已宣告,虽未至确定,不应因发觉他罪而取消,当就未经裁判之罪科刑,依下条处断,较为简当。

第五十八条 并合论罪有二裁判以上者,依第五十六条之规定处断。

第五十九条 并合论罪,既经处断,若各罪中有受赦免者,余罪仍依第五十六条之规定处断。

理由

原案第二十四条第二项:"其最重刑消灭仍余数罪者,亦同。"云云,"最重刑"三字范围太狭,盖次重之刑消灭仍余各罪,当然依原案第二十三条科断,故本案拟修正之。

附删去原案第二十五条之理由

原案第二十五条俱发与累犯互合者,其俱发罪依前二条之例处断,与累犯罪之刑并执行之云云。按此条之规定,似有误解。前法律馆草案理由所举之"例如犯甲乙两罪,甲罪应处徒刑三年,尚未发觉,仅以乙罪受宣告徒刑五年,执行既终后,再犯丙罪,值审判之际,同甲罪一并发觉是也。此种情形,应据本条规定,先按其甲乙两罪而援用前二条,以甲罪之徒刑三年,与乙罪比较,于八年以下、五年以上之范围内,定执行刑期六年,以前此五年执行既终,故以其余刑一年与再犯丙罚之刑合并之刑"等语。案所犯之丙罪,系在裁判后,依俱发罪之定义,自应独立科刑、分别执行,如具累犯条件,则科以加重之刑,否则科以通常之刑,然则丙罪与其他各罪分别执行,固不以累犯为限,是故本条之用意,系俱发罪与非俱发罪互合时,其非俱发罪应独立科刑,而与俱发罪之刑一并执行,此乃俱发罪定义当然之解释,故本案拟删去之。

第六十条 一行为而犯数项罪名，或以犯一罪之方法或其结果而犯他项罪名者，从一重处断。

理由

本条之规定，即学说上所谓想象上之数罪竞合，其所以异于实体上之数罪竞合者(原案第二十三条)，谓以一行为，而同时犯数项罪名，或犯一罪而同时触犯他项罪名者，故本案从前法律馆草案加入“一行为而犯数项罪名”句。又原案第二十六条“以犯一罪之方法，或其结果而生他罪者，从一重处断”，修正案将“生他罪”三字，改为“关系他项条文”六字，其理由谓：“犯一罪之方法或结果有时生他罪，有时不生他罪，从一重处断之规定，本包括此两种情形。”案并合论罪，指实体上或想象上多于一罪而言，若犯一罪而不犯他项罪名，则非并合论罪，修正案所谓关系他项条文者，意义未免太广，故本案拟仍从原案而加以修正。又原案但书，本案拟删。

第六十一条 连续数行为而犯同一之罪名者，以一罪论。

理由

本条之规定，即学说上所谓继续犯，盖以一罪论者，必以犯同一之罪名为准，原案第二十八条“连续犯罪”句，包括不同一之罪名，范围太广，故本案拟加入“犯同一之罪名”句，较为确当。

第十章 刑之酌科

原案本章名“酌减”，修正案改为“酌加酌减”，其理由谓：“原案分则各刑，高低额相悬，三等之自由裁量既改为一等，恐审判官无酌夺之余地，故特设酌加一等或酌减一等或二等之规定，藉济其穷。”然以修正案所改，其结果殆与原案三等之刑，无甚区别，故本案于分则各罪仍多从原案三等刑而略加修正，俾审判官得自由裁量，不至有穷于酌夺之虞矣。

又谓：“酌加之法，虽为各国通例所无，然有酌减无酌加，乃沿博爱时代之遗习，并非根据学说，既许酌减，何独不许酌加?”云云。夫刑罚为国家无上之权，古代刑罚，不由法定，法官得以自由科刑，其为害于社会，自不待言，故近代皆采法定刑主义，以防滥用。

夫犯罪而有恶性者，科以法定之刑可矣，犯罪而无恶性者，其情节至不一端，科以法定之刑，或过于酷，故得酌减，例如奸所杀死奸夫与图财害命，依法律条文，其为杀人罪虽同，而所应科之刑则异，故凡行为虽属犯罪，而情节确有可原者，裁判上则有酌减之例，行政上则有特赦之权，盖以此也。更证以各国刑法法典之体例，犯罪因特别情节，应加重者，皆于分则各罪规定之，例如原案分则各罪加重之情节，至为繁密，有因犯人身份者(第一百四十条)、有因被害人身份者(第一百八十三条)、有因犯罪目的者(第一百零一条)、有因犯罪人数者(第三百六十八条)、有因发生一定之结果者(第一百三十三条)、有因被害法益者(第一百八十六条)、有因犯罪之方法者(第二百八十三条)、有因以犯罪未常业者(第二百七十七条)、有因职务上犯罪者(第一百三十五条)、有因犯罪之程度者(第一百四十条)，其余各条之加重，类多以此为准。是应加重各情节，既科以加重之刑，似不当于总则中，再设酌加之规定。故本案拟将修正案酌加之条文删去，并增入科刑之标准，改章名为刑之酌科。

第六十二条 科刑时应审酌一切情形之轻重，为法定刑内科刑轻重之标准。应特别审酌之事项如左：

一、犯罪之心术。

二、犯罪之原因。

三、犯罪之目的。

四、犯罪所受之激刺。

五、犯人本身之关系。

六、犯人生活之状况。

七、犯人平日之品行。

八、犯人智识之程度。

九、犯罪之结果。

十、犯罪后之态度。

科罚金时，除前项规定各情形外，并应审酌犯人之财产关系。

理由

刑期及罚金，定高低相悬之额，俾法官得斟酌情节，科以适当之刑，为近世刑法不易之理。原案于各罪科刑之范围，其高度与低度相悬三等，即此意也。然因范围太广，故施行以来，法官援用或未尽得当；修正案改为一等刑，又未免失之太狭。本案于科刑各条，拟参采原案，并于法定刑范围内，示法官以用刑之标准。

科刑得当，诚非易事，惟经验日久，能细心推勘情节，且具有判断力，及不偏蔽之法官能之，故最近瑞士及德国刑法准备草案，皆于总则中特设专条，胪举科刑时，应审酌事项，以指导法官之留意。瑞士草案第四十七条规定，法官于科刑时，须审酌犯人之犯意，与犯罪之动机，犯罪以前之品行及犯人地位之关系。德国草案及委员会刑法草案，采用其制，而情节更加详细，本案略师其意，规定本条。

本条第四款，所谓犯人所受之刺激，例如犯人为人愚惑，偶尔为之，或因一时被谤，盛气犯罪者；第五款所谓犯人本身之关系，例如年龄之高低、官骸之完缺及犯人与被害人有无亲戚、友谊、主仆等关系者；第六款所谓犯人生活之状况，例如犯人因贫乏不能自存或纯因贪欲而犯财产罪者；第十款所谓犯罪后之态度，例如犯人犯罪后，因悔悟而力谋恢复原状，或赔偿损害者。

罚金之刑，酌科得当，较他刑为尤难，尽所科过重，至犯人不能缴纳，则易科监禁，遂失罚金执行之本旨；所科过轻，则易于缴纳，无关痛苦，亦失罚金惩戒之用意。人之贫富，相去甚远，同一金额，贫者纳之，或破产不足，富者纳之，则若损毫末，其不平孰甚，既不能尽免此弊，惟有斟酌犯人财产之关系，以为罚金酌科之标准，亦求比较上之平允耳。一千八百九十一年万国刑法学会议决，科罚金，除审酌各情形外，兼审酌犯人财产上之关系，外国法律以此定为标准者，挪威、西班牙、丹麦、葡萄牙、瑞士数州及中南美洲诸国，最近如奥国及德国刑法准备草案，与德国委员会刑法草案，均有此种规定，故本案拟从之。

第六十三条 犯罪之情状可悯恕者，得酌减本刑。

第六十四条 依法律加重或减轻者,仍得依前条之规定酌减本刑。

第十一章 加 减 刑

原案加减以等,本案以若干分之几为加减,故原案加减例一律照改,以便计算。

第六十五条 死刑不得加重。

死刑减轻三分之一者,为无期徒刑;减轻二分之一者,为十二年以上、二十年以下有期徒刑。

第六十六条 无期徒刑不得加重。

无期徒刑减轻三分之一者,为十年以上、十五年以下有期徒刑;减轻三分之一者,为七年以上、十二年以下有期徒刑。

第六十七条 有期徒刑应加减者,其最高度及最低度同时加减之。

第六十八条 拘役应加减者,止加减其最高度。

第六十九条 罚金应加减者,止加减其最高度。

第七十条 减轻本刑而无若干分之几之规定者,减轻本刑至二分之一以下。

理由

本条原案无,本案增入。

第七十一条 有二种以上之主刑应加减者,同时并加减之。

第七十二条 同时刑有同等分数之加重及减轻者,互相抵销。

同时刑有不同等分数之加重及减轻轻者,先加后减。

第七十三条 有二种以上应加或应减者,递加或递减之。

有二种以上不同等分数之减轻者,先依较少之分数减轻之。

第七十四条 徒刑或拘役因加减有不满一日之时间者,不计。

罚金因加减有不满一角之额数者,亦同。

第七十五条 从刑不随主刑加重、减轻。

第十二章 缓 刑

第七十六条 受二年以下有期徒刑、拘役或罚金之宣告,而有左列情形之一者,得同时宣告自裁判确定之日起三年以上、五年以下之缓刑:

一、未曾受拘役以上刑之宣告者。

二、前受拘役,执行完毕或免除后,逾三年;或前受五年以下有期徒刑,执行完毕或免除后,逾五年者。

理由

原案"自审判确定之日起"句,在"得宣告缓刑"句前,恐误解以为审判确定之后,随时得宣告缓刑,其实科刑与缓刑,须同时宣告,故本案于"宣告"句前,加"同时"二字,并拟从修正案"将自裁判确定之日起"句,改置"同时宣告"句下。

修正案将原"未受四等以下有期徒刑或拘役之宣告"句,与缓刑各款之要件并列,而于所缓之刑，未能明白标准，故拟从原案较为清楚。又缓刑之期，本为较轻之罪而设，原案以四等有期徒刑（三年未满）为缓刑之范围，证诸各国立法例，未免失之太广，故本案拟改为二年。

罚金能否缓刑，为刑法上一争论之问题，盖缓刑初旨，原欲奖励犯人迁善，故其刑之执行与否，全视犯人之素行为断。十九世纪末叶，欧洲刑法家，力倡废止短期自由刑，缓刑之制，乃大受影响，于是缓刑奖励犯人之旨，一变而为免除短期自由刑之旨，由是缓刑与自由刑，并为一谈，罚金之不能缓刑，其实由此。原案罚金，不在缓刑之列，修正案添入易科监禁，准予缓刑。然易科监禁，法律上以罚金论，其能缴纳罚金者，则不获受缓刑之益，其不能缴纳罚金者，则予以缓刑，似于情理尚欠公平，凡此皆不免偏重于短期自由刑之观念，而于奖励犯人向善一层，未尝顾及。盖可以迁善之轻犯，一施刑后，或使其终身为犯罪之人，若予以缓刑，于刑罚将施而未施之时，其迁善之勇，或较诸施刑之收效为佳，故外国刑法将缓刑扩充至罚金者，不少其例。况罚金轻于拘役、徒刑，犯拘役、徒刑，尚准其缓刑，而犯较轻之罪，反不畀以自新，是于刑事政策有所未协，故本案拟添入罚金一层。

原案第六十三条第三、第四款，为缓刑之要件，殊觉太苛，若犯人果有迁善之希望，即不备有三、四两款，亦当予以缓刑，以观其后，此二款只可为法官事实上酌量之要件，不应为法定要件，故本案拟删。

第七十七条 受缓刑之宣告而有左列情形之一者，得撤销其宣告：

第十四条缓刑期内更犯罪，受拘役以上刑之宣告者。

第十五条因缓刑前犯他罪，在缓刑期内受拘役以上刑之宣告者。

第十六条除前条第二款外，因缓刑前犯他罪，曾受拘役以上刑之宣告，在缓刑期内始发觉者。

理由

原案第六十四条第一、第二、第三款，为缓刑必须撤销之要件，但拘役实轻微罪，故本案拟于“撤销”字上加一“得”字。又原案第四、第五款照前条理由拟删。

第七十八条 缓刑期满而缓刑之宣告未经撤销者，其刑之宣告为无效。

理由

各国刑法，对于缓刑期满，未撤销缓刑之犯人所出地位，略分两派：

其一刑之宣告作为无效，以未尝犯罪论。其二所缓之刑，以既执行论。两者区别，于犯人所处法律上地位，实有关系，原案采第一派修正案，将其“刑之宣告为无效”句，改作“其行刑权消灭”，似采第二派。多数国采第一派，权其利害，亦以第一派为优。盖受缓刑者，既不复犯罪，则涤荡旧耻，勉力自新，故外国立法例，有不独以刑之宣告为无效者，且更有以刑事判决录完全注销者，其意亦使犯人免存留恶迹，贻玷将来，故本案拟仍从原案。

第十三章 假 释

第七十九条 受徒刑之执行而有悛悔实据者，无期徒刑逾十年后、有期徒刑逾二分之一后，由监狱官申司法部，得许假释出狱。但有期徒刑之执行未满二年者，不在此限。

前项执行期限，依左列定之：

一、所宣告之刑系无期徒刑者,不适用第五十条之规定。

二、所宣告之刑系有期徒刑者,遇有第五十条之情形时,以所余之刑期计算。

理由

原案第六十六条但书规定,三年之期限,略觉过久,因犯人既有后悔之实据,必待三年方予假释,于国家与犯人,两无裨益,外国立法例,对于此种期限,其趋势皆从缩短,以一年为限者,如德国、布加利亚、波士尼亚、粗列殊(瑞士州名)刑法及瑞士、奥国刑法准备草案;以三月为限者,如法国、比利时及鲁全(瑞士州名);无期限者,为日本、果鲁亚斯亚及美国数州。原案所规定,无期徒刑逾十年,有期徒刑逾二分之一,为假释之期限,折中各国,尚见平允,独于但书所规定之期限,较他国为特长,未免轻重失均,故本案拟改为二年。

假释条件,所定之执行刑期,应否适用本案第五十条以裁判确定前之拘禁日数算入,原案并未规定,外国学说,有主张算入者(挪威、瑞典有明文规定),但主张不算入者,居其多数,因假释条件,所定之执行期限,指事实上执行,俾知罪人受刑后,是否实能悔改,若以拘禁日数算入,是与缓刑之意背驰。故本案从德国刑法准备草案,增入第二项,例如科无期徒刑者,裁判前拘禁二年,若以之抵徒刑一年,算入十年之执行期内,则九年后即可假释,本案拟仍算足执行十年,又加科有期徒刑十年二分之一为五年,裁判前受拘禁二年,若以抵徒刑一年,算入五年期内,则四年后即可假释,依本案所拟计算,十年期内除去拘禁相抵之一年是,事实上执行之期限为九年,二分之一则为四年半,方可假释。照此计算,与假释之本旨,较为符合。

第八十条 假释期内有左列情形之一者,得撤销其假释:

一、更犯罪,受拘役以上刑之宣告者。

二、犯假释管束规则者。

假释撤销后,其出狱日数不算入刑期内。

理由

原案第六十七条第一项,规定假释撤销之条件及撤销之效力,本案拟分为两项。又原案第二项,规定未经撤销假释之效力,本案另规定于第八十二条。

原案规定有本条所列之情形者,必须撤销其假释,本案加一"得"字,俾法官于适用此条时,有酌量余地,多数国立法,大率如此。

修正案于原案本条第一款,加入易科监禁撤销之条件,但易科监禁,于法律上以罚金论,而罚金轻于拘役,若以罚金为标准,则应改为罚金以上,而"拘役以上"句,自应删去;若以拘役为标准,则罚金不能为撤销之条件,两者不宜并立。况同一罚金罪,其有力缴纳与否,关系于假释之撤销,案之理论,与刑事政策,皆有未允,故本案拟仍从原案。至修正案,加入易科监禁理由,谓此刑既为罚金之代,其假释期内或假释前犯者,亦应撤销其假释,而仍监禁等语,案易科监禁,似可独立执行,不必撤销假释,亦得为之,至执行之期间,依次条之规定,不算入假释期内。又原案第二、第三款,规定假释前之犯罪,为假释撤销之条件,未免太酷,盖以犯人既有悔改前罪之实据,然后予以假释,不宜复因其既往之罪,又撤销之,至于假释前之犯罪,自应独立执行其刑,不必互相牵涉,故本案拟删。

第八十一条 假释期内因他罪受刑之执行者，其执行之期间不算入假释期内。

理由

本条原案无，本案增入。

第八十二条 假释期满而未经撤销假释者，其未执行之刑期，以既执行论。

附删去原案第十四章之理由

原案第十四章仅有第六十八条，前法律馆起算时亦尝声明，当时未有宪法，故规定于刑法中，将来再行修订等语，按约法第二十八条规定大赦、特赦、减刑、复权四种，自应依特别法办理，无须列入刑法，故本案拟从修正案删去。

第十四章 时 效

第八十三条 公诉权逾左列期限而不行使者，因公诉权因时效而消灭：

一、死刑或无期徒刑者，二十年。

二、十年以上有期徒刑者，十五年。

三、五年以上、十年未满有期徒刑者，十年。

四、一年以上、五年未满有期徒刑者，五年。

五、一年未满有期徒刑、拘役或罚金者，一年。

前项期限，自犯罪成立之日起算，但第六十一条之连续犯罪，自犯罪最终之日起算。

理由

原案第六十九条第二项后段"逾期不起诉者，其起诉权消灭"句，拟改置第一项，于时效之意义，较为明显。又"逾期不起诉"句，似与原案第七十二条"侦查为起诉权时效中断"之规定不符，若侦查在期限内，而起诉在期限外，照原案第六十九条第二项，则期限已满，公诉权消灭，而第七十二条则期限未满，公诉权仍未消灭，两者互相抵触，故拟将"提起"二字，改为"行使"二字，较为概括，因侦查为行使公诉权最初之手续，当然包含在内也。

外国立法例，公诉权之时效，期限最多者，分为七项；最少者，分为二项，多数国以五项为准，本案拟从多数国。又最长期限中，其最长者为三十年，最短者为十年，多数国以二十年为准，原案规定十五年，为期略短，况中国地大，交通不便，侦探犯人之机关未备，尤不宜立此短期，故本案拟从多数国，定为二十年。又最短期限中，其最长者为五年，最短者为二月，多数国以一年为准，原案规定六个月，亦觉为期略短，故本案拟从多数国，定为一年。其余各项时限，均酌量最长及最短期限中分配。

原案第六十九条第二项，规定时效期限，自犯罪行为完毕之日起算，与德国现行刑律第六十七条第四项，大致相同。于此有不能无疑者，盖公诉权之时效，为消灭刑罚权而设，故时效必以刑罚权为根据，若于行为完毕之日起算，不问行为结果发生于何日，恐刑罚权尚未发生，而时效之起算先已进行，例如杀伤行为完毕后，一阅月被害人始死亡，则杀人罪于一月后始成立，而其时效乃于杀伤行为之日起算，案之理论及刑事政策，均有未妥，是以德国法学家，反对此种计算，不遗余力，故本案拟修正之。

第八十四条 公诉权之时效期限，据本刑之最高度计算，有二种以上之主刑者，据最重主刑之最高度计算。

理由

前法律馆修正案及宪政编查馆核订案，于前条所规定各项时效期间，皆冠以“最重主刑”四字，盖所以定期限适用之标准也。原案删去此四字，似失其标准，故本案拟增入本条，以补其缺。

附删去原案第七十条之理由

原案第七十条，二罪以上之起诉权之时效期限据最重刑，依前条之例定之，未附理由，若谓指数行为而成立数罪(即学说上所谓实体之数罪竞合)，自应依原案第二十三条分别定其时效期限，不得据数罪中之最重刑定之。若谓指一行为而成立数罪(即学说上所谓想象之数罪竞合)，自应依原案第二十六条从最重之刑处断，无俟本条之规定，故本案拟将此条删去。

第八十五条 本刑依总则应加重或减轻者，公诉权之时效期限仍据本刑计算。

第八十六条 起诉权之时效遇有侦查、预审、公诉及公判之程序时，中断之。

前项程序，于一切已发觉及未发觉之共犯，有同一之效力。

时效中断时，自第一项程序停止之日起，从新计算，但自时效期限最初起算之日起，逾原定期限一倍之后，其时效及为期满。

理由

原案第七十二条第一项规定，时效中断之原因即中断之结果，本案拟分为两项。又原案于公诉进行时之期间，并未有时效中断之规定，似属遗漏，故本案拟增入“公诉”二字。

原案于时效中断后从新起算，而中断之次数又绝无限制，此盖沿于法国判例(法国刑法原文本声明于时效期限内中断时从新起算，是期限外不得再有中断，然则于时效将满时中断之，则最长逾一倍之后，其时效即为成立，而法国判例不以为然，学者每非此之)，而为他国所袭取者也。夫时效之设，虽学说各有不同，而因历时久远，刑罚权从而消灭，则一若中断后从新起算，而中断之次数无穷，则时效恐称虚设，将永无成立之日。是故近世各国学者多以为时效应有最后确定之期限，逾期其时效即为成立，其主张有二：一、将时效中断之制并入时效停止之制(时效停止时，其已经过之时间照算入期限内，故时效停止较中断易于成立)，采此主张者为智利、挪威等国。二、延长时效期限，逾此期限则时效成立不得再有中断，采此主张者为比利时(一千八百七十八年四月十七日法律)、铁成(瑞士州名)、意大利、俄国、墨西哥等国，其见诸草案者，为西班牙草案(一千八百八十五年)、瑞士及德国刑法准备草案，本案于六条第三项之但书，即从第二主张。

第八十七条 公诉权之时效，遇有依法律不能开始或继续前条第一项之程序时，停止之。

时效停止时，自停止原因消灭之日起，与停止前已经过之时效期间一并计算。

亲告罪或请求罪逾时效期限而未经告诉或请求者，其时效即为期满。

理由

原案第七十三条：“起诉权之时效，遇被告人罹精神病其他重病而停止公判者，停止之。”其规定未免太狭，分别论之于下：一依法律停止公判者，不限于犯人重病一端，例如议员于会期中未得本院之许可，不受司法之裁制，此为各国法律之所同，依法律不能行使公诉权之期间，自应不计入时效期限内。二原案以公判之停止为时效停止之原因，然公判前之侦查预审及公诉之程序，依法律应停止时，时效亦应停止，故本案拟概括规定之。

停止与中断其期限计算之法各有不同，原案于时效之中断已有规定，而于时效之停止则无之，故本案拟增入第二项。

亲告罪必待告诉，司法手续方能进行，若逾期限而未经告诉者，依第一项之规定其时效仍在停止之中，然亲告罪乃较轻微之罪，其时效当易成立，故本案增入第三项为第一项之例外。

第八十八条 行刑权逾左列期限而不行使者，其行刑权因时效而消灭：

一、死刑或无期徒刑者，三十年。

二、十年以上有期徒刑者，二十年。

三、五年以上、十年未满有期徒刑者，十年。

四、一年以上、五年未满有期徒刑者，五年。

五、一年未满有期徒刑、拘役、罚金或专科没收者，二年。

前项期限，自裁判确定之日起算。

理由

原案行刑权时效，规定八项，较诸各国为多，本案拟参照第八十三条理由，从多数国先例，减为五款。又原案期限最短为一年，拟改为二年。

第五款专科没收，原案无，修正案理由，谓没收既为从刑，其执行时效期限，应同主刑，惟免除主刑，而专科没收者，其执行时效期限，并未规定，本案依修正案增入。

第八十九条 行刑权之时效，遇有执行行为时，中断之。

时效中断时，自前项行为停止之日起，从新计算。但自时效期限最初起算之日起逾原定期限一倍之后，其时效即为期满。

理由

关于行刑权时效中断之规定，各国立法例略分两派：一、因执行而犯人已逮捕，始为时效中断，中国、日本及比利时均采用此主义。惟必待犯人事实上之逮捕，方能中断时效。若因一时逃亡，而时效期满后虽被逮，竟无从处罚，而于较短之时效期限尤易幸免，似近奖恶，此第一主义之不足采也。二、凡执行行为（例如发捕状）皆为时效中断之原因，不问犯人事实上逮捕与否，德国、意大利及日本旧刑法皆采此主义，日本新刑法不采之。盖以发出捕状时，即得中断时效，若时时发捕状则时时中断，恐时效永无成立之日，与设立时效之本旨背驰，本案既有时效最后成立期限之规定，当可免此失，故拟改从第二主义。

第九十条 行刑前之时效，遇有依法律不能开始或继续执行时，停止之。

时效停止时，自停止原因消灭之日起，与停止前已经过之期间一并计算。

理由

本条理由与第八十七条同。

第二编　分　则

本编章数、章名、章次照原案及修正案有所更移损益,列表如左:[1]

<table>
<tr><th>原案</th><th>修正案</th><th>本案</th></tr>
<tr><td></td><td>第一章　侵犯大总统罪</td><td>第一章　侵犯大总统罪</td></tr>
<tr><td>第二章　内乱罪</td><td>同前</td><td>第二章　内乱罪</td></tr>
<tr><td>第三章　外患罪</td><td>同前</td><td rowspan="2">第三章　外患罪</td></tr>
<tr><td>第五章　泄漏机务罪</td><td>同前</td></tr>
<tr><td>第四章　妨害国交罪</td><td>同前</td><td>第四章　妨害国交罪</td></tr>
<tr><td>第六章　渎职罪</td><td>同前</td><td>第五章　渎职罪</td></tr>
<tr><td>第七章　妨害公务罪</td><td>同前</td><td>第六章　妨害公务罪</td></tr>
<tr><td>第八章　妨害选举罪</td><td>第八章　妨害议会选举罪</td><td>第七章　妨害选举罪</td></tr>
<tr><td>第九章　骚扰罪</td><td>同前</td><td rowspan="2">第八章　妨害秩序罪</td></tr>
<tr><td>第十六章　妨害秩序罪</td><td>第十七章　同前</td></tr>
<tr><td>第十章　逮捕监禁人脱逃罪</td><td>第十章　脱逃罪</td><td>第九章　脱逃罪</td></tr>
<tr><td>第十一章　藏匿罪人及湮没证据罪</td><td>第十一章　湮灭证据罪</td><td>第十章　藏匿犯人及湮灭证据罪</td></tr>
<tr><td>第十二章　伪证及诬告罪</td><td>同前</td><td>第十一章　伪证诬告罪</td></tr>
<tr><td rowspan="2">第十三章　放火、决水及妨害水利罪</td><td>第十三章　放火罪</td><td rowspan="6">第十二章　公共危险罪</td></tr>
<tr><td>第十四章　决水罪</td></tr>
<tr><td>第十四章　危险物罪</td><td>第十五章　同前</td></tr>
<tr><td>第十五章　妨害交通罪</td><td>第十六章　同前</td></tr>
<tr><td>第二十四章　妨害饮料水罪</td><td>第二十六章　同前</td></tr>
<tr><td>第二十五章　妨害卫生罪</td><td>第二十七章　同前</td></tr>
<tr><td>第十七章　伪造货币罪</td><td>第十八章　同前</td><td>第十三章　伪造货币罪</td></tr>
<tr><td>第十九章　伪造度量衡罪</td><td>第十九章　同前</td><td>第十四章　伪造度量衡罪</td></tr>
<tr><td></td><td>第二十章　私盐罪</td><td></td></tr>
<tr><td>第十八章　伪造文书及印文罪</td><td>第二十一章　伪造文书罪</td><td>第十五章　伪造文书印文罪</td></tr>
<tr><td>第二十三章　奸非及重婚罪
第三十章　略诱及和诱罪</td><td>第二十五章　奸非及重婚罪
第三十二章　略诱及和诱罪</td><td>第十六章　妨害风化罪
第十七章　妨害婚姻及家庭罪</td></tr>
<tr><td>第二十章　亵渎祀典及发掘坟墓罪</td><td>第二十二章　同前</td><td>第十八章　妨害宗教罪</td></tr>
<tr><td></td><td></td><td>第十九章　妨害商务罪</td></tr>
</table>

〔1〕 表格为编者所加,原文只有文字。

续表

原案	修正案	本案
第二十一章　鸦片烟罪	第二十三章　鸦片罪	第二十章　鸦片罪
第二十二章　赌博罪	第二十四章　同前	第二十一章　赌博罪
第二十六章　杀伤罪	第二十八章　同前	第二十二章　杀人罪
		第二十三章　伤害罪
第二十七章　堕胎罪	第二十九章　同前	第二十四章　堕胎罪
第二十八章　遗弃罪	第三十章　同前	第二十五章　遗弃罪
第二十九章　私擅逮捕监禁罪	第三十一章　私擅逮捕拘禁罪	第二十六章　妨害自由罪
第三十一章　妨害安全、信用、名誉及秘密罪	第三十三章　同前	第二十七章　妨害名誉及信用罪
		第二十八章　妨害秘密罪
第三十二章　窃盗及强盗罪	第三十四章　同前	第二十九章　窃盗罪
		第三十章　抢夺强盗及海盗罪
第三十四章　侵占罪	第三十六章　同前	第三十一章　侵占罪
第三十三章　诈欺取财罪	第三十五章　同前	第三十二章　诈欺及背信罪
		第三十三章　恐吓罪
第三十五章　赃物罪	第三十七章　同前	第三十四章　赃物罪
第三十六章　毁弃损坏罪	第三十八章　同前	第三十五章　毁弃损坏罪

第一章　侵犯大总统罪

本章原案无，修正案增入。考共和国刑法若法若美，侵犯大总统与侵害常人同罪。法国一千八百八十一年七月二十九日报律虽有诽谤大总统之条文，而于其他侵犯大总统罪，仍科以通常之刑，故对于大总统有特别保护，共和国实罕其例。惟原案妨害国交罪章，外国元首有特别保护，则本国元首亦应有相等之规定，故拟从修正案增入本章。

修正案侵犯大总统罪，凡三条，第八十六条加危害或将加危害者，第八十七条因过失致生危害者，第八十八条有不敬之行为者，较诸欧洲各国侵犯君主罪为重。本案对于大总统予以特别保护者，为生命、身体、自由及名誉，用意与修正案同，但修正案规定犯罪行为如所谓加危害或将加危害者，因过失致生危害或有不敬之行为者，与通常侵害生命、身体、自由及名誉罪判然不同。本案拟不采特别犯罪行为之制，而以通常犯罪行为为标准，加重其刑。

第九十一条　对于大总统犯故意杀人罪者，处死刑。

本条之未遂罪，处无期徒刑。

预备或阴谋犯本条之罪者，处一年以上、七年以下有期徒刑。

第九十二条　对于大总统犯故意伤害罪、妨害自由罪及妨害名誉罪者，加重本刑三分之一。

第九十三条 犯本章之罪者,得褫夺公权。

第二章 内 乱 罪

第九十四条 意图以非法之方法变更国宪或僭据土地而着手实行者,为内乱罪,处七年以上有期徒刑。首谋者,处无期徒刑。

预备或阴谋犯本条之罪者,处六月以上、五年以下有期徒刑。

理由

原案"起暴动"三字,系采诸日本,依日本解释,多数人为强暴、胁迫,方谓之暴动,而犯内乱罪方法,除暴动外,尚有其他非法之行为。德国规定"暴力"二字,学者谓暴力应包含各种非法行为而言;法国无明文规定,而学说上亦以非法方法,犯内乱,即构成本罪;若荷兰、挪威则迳规定非法方法,为犯罪之手段矣,故本案以非法之方法,为构成内乱罪,而以暴动犯之者,于次条科以较重之刑。

犯罪目的,原案规定有三:一、颠覆政府,二、僭窃土地,三、其他紊乱国宪。修正案删并为紊乱国宪一项,盖政府乃依据国宪所组织,国宪可以包括政府,故本案拟从修正案,将"颠覆政府"句删去。至土地与国宪本为两事,变更国宪者,非必僭据土地;而僭据土地者,亦非必变更国宪,故本案拟仍从原案。

原案于内乱罪之既遂及未遂,分别规定,但既遂与未遂,学说上颇多争论,盖谓内乱既遂,则无从处罚,况此罪之目的,系根本推翻国家,为各罪之最重者,在国家方面,无所谓既遂未遂,故英国派及欧洲大陆派对于此罪,凡着手实行者,不问其目的达否,其内乱罪即成立,故本案拟将原案第一百零一条第二项及第一百零二条删去,而以着手实行者,为犯罪之成立。

原案第一百零一条,科刑分三款:一、首魁,二、执重要事务者,三、附和随行者,比之第一百零三条,预备及阴谋罪,轻重失均,盖以实行犯罪,其情节重于预备及阴谋,而原案实行附和内乱者,处二等至四等有期徒刑,预备及阴谋者,则处一等至三等有期徒刑故也。本案科刑拟分首谋与非首谋两项,至犯人与内乱之关系,于法定刑内,酌情定夺,庶免事前强定之失。

第九十五条 以暴动犯内乱罪者,处无期徒刑或七年以上有期徒刑。首谋者,处死刑或无期徒刑。

预备或阴谋犯本条之罪者,处一年以上、七年以下有期徒刑。

第九十六条 供给军械、弹药、钱粮或以其他行为帮助前二条之罪者,处一年以上、七年以下有期徒刑。

理由

原案第一百零四条关于帮助内乱行为,有"知预备内乱之情"句,是实行内乱时,不适用本条,恐失规定之原意,且预备之帮助犯科刑反重于预备之正犯,故本案拟删。

附删去原案第一百零五条之理由

原案第一百零五条"暴动者,违背战斗上国际成例,犯杀伤、放火、决水、掠夺及其他各罪者,援用所犯各条,依第二十三条之例处断。”前法律馆草案理由谓:“违背战时国际法规惯例之罪者,如交战之时,无故杀戮妇女老稚、烧毁寺院、美术馆、博物馆、荒废良民之田圃牧场、掠夺金银及有价物品以自利之类,皆乘内乱而起,不能仅以内乱论,应援用该项条例与内乱罪照俱发例加重其刑。”其注意谓:“凡乘内乱所起之杀伤及其余罪,特为分别,有吸收于内乱之中者,有不在吸收之中者。”云云,据其说,则属俱发罪当然之解释。盖犯内乱罪而兼犯他罪与内乱无关系者,自应依原案第二十三条处断,若所犯其他罪为犯内乱罪必然之手段者,亦应依原案第二十六条吸收于内乱罪之中,两种情形均不必有本条之规定,况所谓战时国际成例只适用于国与国或交战团体间之关系,似不应列为国内刑法正文,故本案拟删。

第九十七条 犯本章之罪者,得褫夺公权。

第三章 外 患 罪

原案第五章漏泄机务罪,所规定各条,过于严酷,为他国法律所无,即较诸我国庶民不议之时代,亦无如此重法。查外国立法例,如德国、奥国、意大利、荷兰、挪威等国,凡漏泄秘密,皆规定于外患罪章,而以有损害于国家之安全,致贻外患者为限。本案拟仿其意,改入本章。

第九十八条 通谋外国政府或其派遣之人,意图使该国或他国对于民国开战端者,处死刑或无期徒刑。

本条之未遂罪,罚之。

预备或阴谋犯本条之罪者,处一年以上、七年以下有期徒刑。

理由

原案第一百十条,用“外国”字样,似未明晰,欧洲多数国刑法,用“外国政府”字样,但犯此罪者,多系与外国政府秘密遣派之人通谋,而所遣派者,又不限于外国人,故法国、英国、暹罗刑法及瑞士刑法准备草案,皆用“外国政府或其遣派之人”字样,本案从之。

第九十九条 通谋外国政府或其派遣之人,意图使民国领域属于该国或他国者,处死刑、无期徒刑或十年以上有期徒刑。

本条之未遂罪,罚之。

预备或阴谋犯本条之罪者,处一年以上、七年以下有期徒刑。

理由

原案第一百零九条以中华民国人民犯本罪者为限,本案从外国立法例,将国籍之限制删去。

第一百条 民国人民在敌军执役,或与敌国械抗民国或其同盟国者,处死刑或无期徒刑。

本条之未遂罪,罚之。

预备或阴谋犯本条之罪者,处一年以上、七年以下有期徒刑。

理由

本条第一项修正案,分为两条,本案以其性质相类,拟并为一,而略加修正。

本条之罪,依原案总则第三条,外国人在外国亦得犯之,范围未免太广,本案从多数国立法例,以本国人犯罪为限。

第一百零一条 在与外国开战或将开战期内,以军事上之利益供敌国,或以军事上之不利益害民国或其同盟国者,处五年以上、十二年以下有期徒刑。

本条之未遂罪,罚之。

预备或阴谋犯本条之罪者,处三年以下有期徒刑。

理由

凡交战过开战后,皆有严重之取缔,故犯本条之罪者,多在外交吃紧,将开战而未开战之期内。本案拟仿挪威、俄国刑法及瑞士、奥国、德国刑法准备草案,增入"或将开战期内"句。

第一百零二条 犯前条第一项之罪,而有左列情形之一者,处死刑或无期徒刑:

一、将要塞、军港、军营、军用船舰及其他军用处所、建筑物,与供民国军用之军械、弹药、钱粮及其他军需品,或桥梁、铁路、电线、电机、电局及其他转运之器物,交付敌国,或毁坏,或致令不堪用者。

二、代敌国招募军队,或煽惑军人使其降敌者。

三、煽惑军人不执行职务或不守纪律或逃叛者。

四、以关于要塞、军港、军营、军用船舶及其它军用处所建筑物或军略之秘密、文书、图书、消息或物品,泄漏或交付于敌国者。

五、为敌国之间谍,或帮助敌国之间谍者。

本条之未遂罪,罚之。

预备或阴谋犯本条之罪者,处一年以上、七年以下有期徒刑。

理由

本条第二款原案无,本案增入。又原案第一百十一条第五款系间谍行为之一,故删。

第一百零三条 在与外国开战或将开战期内,非供民国军用之军械、弹药、其他可直接供战斗用之物品交付敌国者,处无期徒刑或五年以上有期徒刑。

本条之未遂罪,罚之。

预备或阴谋犯本条之罪者,处三年以下有期徒刑。

理由

供军用之军械、弹药等物已规定于前条,非供军用者情节较轻,故特为规定。

第一百零四条 在与外国开战或将开战期内,不履行供给军需之契约或不照契约履行者,处五年以下有期徒刑,得并科五千元以下罚金。

因过失犯前项之罪者,处二年以下有期徒刑、拘役或一千元以下罚金。

理由

原案第一百十二条"以诈术或其他不正行为缔结契约"句,本案拟删。盖本条系规定不依契约供给军需,至生军事上不利而设,若在缔约时,有诈术及不正行为者,或发生民事上之赔偿损失,或发生刑事上之诈欺罪,与外患罪无涉。

第一百零五条 泄漏或交付关于民国国防或利益应秘密之文书、图书、消息或物品者,处五年以下有期徒刑。

泄漏或交付前项之文书、图书、消息或物品于外国政府或其派遣之人者，处三年以上、十年以下有期徒刑。

本条之未遂罪，罚之。

预备或阴谋犯本条之罪者，处一年以下有期徒刑。

理由

原案第一百三十三条第二项规定，因而致与外国生纷议战争者，处加重之刑。按此项于适用上，颇觉困难，盖与外国生纷议或战争是否别有缘因，或犯罪之行为，适为外国所借口者，殊难证明。德国刑法准备草案，对于外患罪，将因而致与外国战争，加重本刑之条文删去，即本斯意，故本案拟从之。

本条第四项原案无，本案增入。

原案第一百三十五条第二项泄漏因职务上知悉之秘密者，加重其刑，本案于渎职罪章第一百三十一条已有规定，故删。

第一百零六条　公务员对于职务上知悉或持有前条第一项之文书、图书、消息或物品，因过失而泄漏或交付者，处二年以下有期徒刑、拘役或一千元以下罚金。

理由

本条原案无，本案增入。

第一百零七条　刺探或收集第一百零五条第一项之文书、图书、消息或物品者，处五年以下有期徒刑。

本条之未遂罪，罚之。

预备或阴谋犯本条之罪者，处一年以下有期徒刑。

理由

本条第三项原案无，本案增入。

第一百零八条　意图刺探或收集第一百零五条第一项之文书、图书、消息或物品，未受允准而入堡垒、炮台、军舰及其它军用处所、建筑物或留滞其内者，处一年以下有期徒刑。

理由

原案第一百三十六条第一项系属刺探收集之行为，前条已可包括，故删。

意图犯他罪而有本条之行为者，与外患无关，故本案增入"意图刺探或收集第一百零五条第一项之文书、图画、消息或物品"句，以示限制。

第一百零九条　受政府之委任，处理对外国政府之事务，而违背其委任，致生损害于民国者，处无期徒刑或七年以上有期徒刑。

理由

原案第一百零八条"议定不利中华民国之条约"句，"议定"二字及"条约"二字范围太狭，故本案拟概括规定。

第一百十条　伪造、变造毁弃或隐匿可以证明民国对于外国所享权利之文书、图画或其它证据者，处五年以上、十二年以下有期徒刑。

理由

本条原案无,犯之者,适用毁弃损坏罪之规定,但对外之文件,与对内之文件,似应分别。盖对内文件,如有毁弃损坏情节,尚可补救,至对外则不独补救为难,且于外交上或致发生关系,故本案增入此条,科以较重之刑。

第一百十一条 犯本章之罪者,得褫夺公权。

附删去原案第一百十七条之理由

原案第一百十七条对于战时同盟国犯罪之行为,本案已分别规定于各本条,故删。

附删去原案第一百三十九条之理由

原案第一百三十九条本案拟删,仍适用总则没收各条。

第四章 妨害国交罪

第一百十二条 对于友邦元首,犯故意杀人罪者,处死刑。

本条之未遂罪,罚之。

预备或阴谋犯本条之罪者,处一年以上、七年以下有徒刑。

理由

本条及次条之规定,系仿侵犯大总统罪章,又原案第一百十八条至第一百二十条"外国"二字,范围太广,各国立法例,对于特别保护他国元首,可分三派:第一派以外国元首为限(或以他国亦有特别保护本国元首之条文方能适用者),法国、俄国、比利时、西班牙、意大利等国是也。第二派以友邦之元首为限,英国、德国、荷兰、丹麦、瑞士(刑法准备草案)、芬兰、暹罗等国是也。第三派以留滞本国之外国元首为限,日本是也。前法律馆草案从第三派,其修正案改从第一派,宪政编查馆核订案,复改从第三派,原案又改从第一派,均未具理由。案第三派范围太狭,因他国元首,虽不在本国,若对之犯罪,亦有妨害两国之国交。至第一派外挂元首,不问是否友邦,一律保护,又未免范围太广,盖非友邦,则与国交无关,故本案拟从第二派,以友邦之元首为限。

第一百十三条 对于友邦元首,犯故意伤害罪、妨害自由罪及妨害名誉罪者,加重本刑三分之一。

第一百十四条 对于派至民国之外国代表犯罪者,准用妨害公务罪各条之规定。

理由

原案第一百二十一条"外国使节"句,"外国"二字范围太广。查各国立法例,保护外国代表,均以派至本国者为限,若派至第三国而路经本国者,在本国法律上仍视为常人,故本案从前法律馆草案及宪政编查馆核订案,增入"派至民国"句。

原案保护外国代表之罪,为杀伤罪、强暴胁迫罪及侮辱罪,修正案增逮捕监禁罪,较诸外国刑法为严。查法国仅规定侮辱罪(一千八百八十一年报律),荷兰、德国、奥国亦仅有侮辱罪;比利时规定侮辱及胁迫罪(一千八百五十八年法律);日本规定暴行、胁迫、侮辱等罪,原案对于外国代表犯杀伤罪者,科以特重之刑,而对于本国公务员有犯者则否。至犯强暴、胁迫、侮辱等罪,其刑亦较诸对于本国公务员所犯者为重,未免失均,故本案拟从意大利、暹罗先例,规定本条。

附删去原案第一百二十五条之理由

原案第一百二十五条对于派至外国之民国代表适用对于外国代表各条,此条原经宪政编查馆核订案删去,查本案之罪为妨害国交而设,故对于在本国之外国代表特别保护,若对于在外国之本国代表犯罪,就他国方面虽视为妨害国交,而就本国方面则只可视为对于公务员犯罪,与国交无关,故本案从各国立法例删去此条。

第一百十五条 私与外国战斗者,处三年以上、十年以下有期徒刑。

本条之未遂罪,罚之。

预备或阴谋犯本条之罪者,处一年以下有期徒刑。

第一百十六条 于外国交战之际,违背政府局外中立之命令者,处一年以下有期徒刑、拘役,得并科或易科三千元以下罚金。

第一百十七条 意图侮辱外国,公然损坏、除去或污辱外国之国旗、国章者,处一年以下有期徒刑、拘役或三百元以下罚金。

理由

本案此条仿多数国立法例,增入"公然"二字,盖非公然而犯者,其行为不著与国交无关,无处罚之必要。

第一百十八条 第一百十三条之妨害名誉罪及前条之罪,须外国政府之请求乃论。

第五章 渎职罪

第一百十九条 公务员对于职务上之行为要求、期约或收受贿赂或其它不正利益者,处五年以下有期徒刑,得并科五千元以下罚金。

对于公务员关于职务上之行为行求、期约或交付贿赂或其它不正利益者,处二年以下有期徒刑,得并科三千元以下罚金。

犯本条之罪者,所收受之贿赂,没收之。若全部或一部不能没收时,追征其价额。

理由

原案第一百四十条及第一百四十一条之贿赂罪,分事前、事后,为定刑轻重之标准,与案情轻重,未必相应,即如事后关于违背职务之行法,犯贿赂罪,与事前关于非违背职务之行为相比较,由职务上而论,则违背职务,当然重于非违背职务,若依原案,以时为区别,适得其反矣。考外国立法例,多以违背职务与否定刑,我国旧律,亦有枉法与不枉法之分,其用意亦同,故本案关于违背职务之行为,于次条科以较重之刑,庶于中外法律均能符合。

原案行贿罪独立规定于第一百四十二、三条,但本章为渎职罪,行贿人无渎职之可言,故本案仿最新立法例,分别规定于各本条之第二项,而以第一项为本罪。

本案总则,规定没收,取得科主义,本条第三项仍依原案于收受之贿赂,概行没收,改从必科。又原案"若已费失者,追征其价额"句,所谓费失,实有遗漏,盖未经费失,而或藏匿,或改入他人名下者,亦应追征其价额,日本旧刑律所用之字句,与原案相类,本案从日本现行律,改为"若全部或一部不能没收时"句,较为概括。

第一百二十条 公务员对于违背其职务之行为要求、期约或收受贿赂或其它不正利益者,处一年以上、七年以下有期徒刑,得并科五千元以下罚金。

因而为违背职务之行为者,处三年以上、七年以下有期徒刑,得并科五千元以下罚金。

对于公务员关于违背职务之行为,行求、期约或交付贿赂或其他不正利益者,处三以下有期徒刑,得并科科三千元以下罚金。

犯本条之罪者,所收受之贿赂,没收之。若全部或一部不能没收时,追征其价额。

理由

本条第二项,即原案第一百四十条第二项,事前贿赂有履行者,至原案第一百四十一条第二项之规定,为事实上所舛迕,盖因贿赂而履行,必属事前,若事后贿赂,则其事已过,不得谓为因而为某某之行为,故本案删。又所称违背职务之行为,非指犯罪行为而言,若构成犯罪行为,则适用总则并合论罪之规定矣。

第一百二十一条 有审判职务之公务员或公断人,对于处理或审判之法律事件要求、期约或收受贿赂或其它不正利益者,处三年以上、十年以下有期徒刑,得并科五千元以下罚金。

对有审判职务之公务员或公断人关于处理或审判之法律事件行求、期约或交付贿赂或其他不正利益者,处三年以下有期徒刑,得并科三千元以下罚金。

犯本条之罪者,所收受之贿赂没收之。若全部或一部不能没收时,追征其价额。

理由

处理诉讼官吏及公断人有秉公执法之专责,犯贿赂罪较普通官吏为重,故外国多处以重刑,所以维持司法之信用,本条之设即此意也。

第一百二十二条 于未为公务员时,预以职务上之行为要求、期约或收受贿赂或其它不正利益,而于为公务员后履行者,以公务员要求、期约或收受贿赂或其它不正利益论。

理由

本条之规定,盖以官吏舞弊最巧,往往于未为公务员前,预受贿赂,藉为运动,此种行为,与公务员之受贿赂,其恶相等,然不在前三条范围内,无从科罚,故仿苏丹、印度、暹罗刑法,增入本条,以正官邪。又本条犯罪行为,扩充至未为公务员之前,故仅罚受贿之人,而不罚行贿之人。

第一百二十三条 有审判职务之公务员或公断人,明知法律而故为出入者,处六月以上、五年以下有期徒刑。

理由

原案第一百四十六条第二项,范围太狭,修正案略为扩充,仍有遗漏,本条概括规定,即旧律之故处故入。外国刑法,亦有类似之条文,与第一百二十一条之受贿罪,用意不同。

第一百二十四条 有追诉犯罪职务之公务员,犯左列行为之一者,处一年以上、七年以下有期徒刑:

一、意图取供而施强暴、胁迫者。

二、明知为无罪之人而使其受追诉、处罚,或明知为有罪之人而无故不使其受追诉、处罚者。

因而致人于死或重伤者,比较故意伤害罪,从重处断。

理由

本条并合原案第一百四十四条至第一百四十六条第一项,又原案第一百四十四条第一项"强暴、凌虐之行为"句,本案改作"意图取供而施强暴、胁迫",科以特重之刑。至其他侵害身体及自由之罪,依第一百三十一条,加重常人犯罪三分之一,已足示惩。若虐待之行为,不至犯罪程度者,可援用惩戒法,似不必牵入刑事。又原案佐理人,亦得犯此罪,但佐理人虽系辅助公务员执行职务,究无职守之可言,故本案删。

第一百二十五条 有执行刑罚职务之公务员,违法执行刑罚者,处五年以下有期徒刑。

执行吏违法不执行刑罚者,处三年以下有期徒刑。

执行吏因过失致违法执行刑罚者,处一年以下有期徒刑、拘役或三百元以下罚金。

理由

本条原案无,本案增入。又第二、第三项皆以狱内之执行吏为限。

第一百二十六条 公务员对于租税及各项入款,明知不应征收而征收者,处三年以下有期徒刑、拘役,得并科一千元以下罚金。

公务员对于职务上发给之款项、物品,明知应发给而抑留不发或克扣者,亦同。

本条之未遂罪,罚之。

理由

原案第一百四十七条,以"图利国库或他人"及"图利自己"为两项,分别科刑,此种轻重情节,可由法官按情裁夺,法律不宜于事前预为断定。盖图利他人,非必轻于图利自己,例如图利父母妻子,与图利自己无异,而所科之刑,则有轩轾,况现在征收制度,得提若干分之几为红金,其浮收之结果,即同时利国库与自己,于条文之援用,恐生困难,故本案概括规定。

本条第二项原案无,其情节与浮收略同,故本案增入,又修正案第一百三十九条第二项加入"公务员未受政府命令或允准而缔结借款契约者,亦同"句,本案拟删,盖未受允准,其契约不能发生效力,应由立契约人负民事上违约之责任或付惩戒,若有假冒政府名义情节,则成立他罪,故删。

第一百二十七条 公务员对于职务上主管或监督之事务,直接或间接图利者,处三年以下有期徒刑,得并科五千元以下罚金。

理由

本条之罪,为官吏所最易犯者,其影响于职务,实非浅鲜,故本案参照意大利、法国、荷兰、匈牙利、暹罗、苏丹等国,增入本条。

附删去原案第一百四十八条之理由

原案第一百四十八条"官员……滥用职权使人行无义务之事或妨害人行使权利者"句,考外国立法例有类似之条文者,为意大利、挪威、日本刑法及奥国、瑞士刑法准备草案,但滥用职权果构成妨害身体及自由等罪,则依第一百三十一条加重其刑,其他滥用职权而不至构成犯罪之行为者,情节较轻,使负民事上之赔偿损失责任或受惩戒之处分,似足示罚,若概牵入刑事治之过严,恐至公务员怯于奉公,反生职务上执行之障碍矣。

第一百二十八条 在邮务局执行职务之公务员开拆、隐匿投寄之邮件者,处三年以下有期徒刑、拘役,得并科或易科五百元以下罚金。

理由

本条原案无,本案增入。

第一百二十九条 在电报局执行职务之公务员,开拆或隐匿投寄之电报者,处三年以下有期徒刑、拘役,得并科或易科五百元以下罚金。

本条原案无,本案增入。

第一百三十条 公务员诱惑所属下级公务员犯第一百十九条至第一百二十九条之罪者,处所诱惑罪之本刑减轻二分之一。

理由

本条之罪,我国官吏有犯之者,及其发觉,则委诸属员,查办者,亦往往惩办一二小官了事。本案仿外国先例,增入本条,以肃官方。及本条之罪,单以诱惑之行为而成立,若被诱惑之人,实行犯罪,则为教唆犯,适用总则共犯各条。

第一百三十一条 公务员假借职务上之权力、机会或方法,以故意犯本章以外各罪者,加重本刑三分之一。但因公务员之身分已有特别规定其刑者,不在此限。

理由

本条之规定,即学说上所谓非纯粹之渎职罪。盖常人亦能犯之者,惟官吏则可假借职务上之权力,或机会,或方法,其情节较常人为重,且有妨害职务上之尊严信用,故应加重其刑,原案于各罪中,虽有特为规定者,如第一百七十二条、第二百十七条、第二百六十八条、第三百四十六条、第三百八十六条,遗漏尚多,本案仿荷兰、意大利刑法、德国刑法准备草案及委员会草案,增入本条。

第一百三十二条 犯本章之罪者,得褫夺公权。

第六章 妨害公务罪

第一百三十三条 对于公务员或其佐理人依法执行职务时,施强暴、胁迫者,处三年以下有期徒刑。

意图使公务员或其佐理人执行一定之职务,或妨害其依法执行一定之职务,或使公务员辞职,而施强暴、胁迫者,亦同。

犯前二项之罪,因而致公务员或其佐理人于死或重伤者,比较故意伤害罪,从重处断。

理由

公务员之佐理人,虽非公务员,然妨害其佐理行为,即妨害公务,故本案参照外国立法例,增入佐理人。又公务员违法执行职务时,不得受本条之保护,有谓违法执行职务,已非职务,无须明文规定者;有谓公务员执行职务时,无论其依法与否,均应保护者,二说以前说为优。其主张前说者,更有谓妨害违法职务,依总则第二十九条之正当防卫,不成为本条之罪,本案从前说,仿德国、荷兰、意大利、匈牙利、英国、暹罗等国刑法及美国(一千九百零二年)瑞士、德国刑法准备草案,增入(依法)二字,庶免解释上之纷争。

以强暴、胁迫,使公务员为违法之职务,则妨害公务罪成立固矣,即依法之职务,以强暴、胁迫使公务员为之者,亦属妨害公务。盖职务虽系依法,然其执行有迟早及行政上便宜之关系,是以强暴、胁迫使公务员执行一定职务,不论其为依法与否,概应处罚。至妨害公务员执行一定之职务,则有差别,若所妨害者,为违法之职务,自不得以妨害公务论,故本案于第二项“妨害其执行一定之职务”句,增入“依法”二字,以期显明。

原案犯罪手段,除强暴、胁迫外,复有诈术一项,考诸外国刑法,类皆以强暴、胁迫为限。盖本罪依反抗国家行政权,为直接妨害公务,我国旧律用“抗拒”字样,亦即强暴、胁迫之意,至诈欺情节,若概视为本条之罪,是对于官吏,皆须尽情吐露,恐人情所难行,故本案删去“诈术”二字。

第一百三十四条 公然聚众犯前条之罪者,在场助势之人,处一年以下有期徒刑;首谋及下手时施强暴、胁迫者,处一年以上七年以下有期徒刑。

因而致公务员或其佐理人于死或重伤者,首谋及下手实施强暴、胁迫之人,比较故意伤害罪,从重处断。

理由

本条设加重之刑,原案无,本案增入。

第一百三十五条 毁弃、损坏坏或隐匿公务员职务上掌管或委托第三人掌管之文书、图画、物品,或致令不堪用者,处六月以上、五年以下有期徒刑。

理由

本条原案无,设有犯之者,则适用毁弃损坏罪,但其情节较通常犯罪为重,且直接妨害公务,故本案仿外国先例增入。

第一百三十六条 损坏、除去或污秽公务员所施之封印或查封之标示,或为违背其效力之行为者,处一年以下有期徒刑、拘役或三百元以下罚金。

第一百三十七条 于公务员依法执行职务时,当场侮辱或对于其依法执行之职务公然侮辱者,处六月以下有期徒刑、拘役或三百元以下罚金。

对于公署公然侮辱者,亦同。

理由

本条第一项添入“依法”二字,理由见第一百三十三条。

第一百三十八条 意图侮辱公务员或公署,而损坏、除去或污秽实贴公众场所之文告者,处拘役或一百元以下罚金。

理由

本条原案无,本案增入。

第一百三十九条 犯本章之罪者,得褫夺公权。

第七章 妨害选举罪

第一百四十条 对于依法所设立之中央及地方选举,以强暴、胁迫或其它非法之方法,妨害他人自由行使其选举权者,处五年以下有期徒刑。

本条之未遂罪,罚之。

理由

本条即原案第一百六十条,本案概括规定。又选举与政治有重大之关系,故本案于原案“强暴、胁迫”句下,加“或其他非法之方法”句,以求严密。

第一百四十一条 有选举权之人要求、期约或收受贿赂或其它不正利益,而许以行使其选举权或为选举权一定之行使者,处三年以下有期徒刑,得并科五千元以下罚金。

对于有选举权之人行求、期约或交付贿赂或其它不正利益,而约其不行使选举权或为选举权一定之行使者,处二年以下有期徒刑,得并科三千元以下罚金。

犯本条之罪者,所收受之贿赂没收之,若全部或一部不能没收时,追征其价额。

理由

本条即原案第一百五十九条第一项第二款,本案拟概括规定。又原案本条第一项系侵犯名誉罪,其影响于选举者,实为间接之犯罪行为,可适用关于妨害名誉罪,条文无庸特为规定。

第一百四十二条 以生计上之利害,诱惑选举人不行使其选举权或为选举权一定之行使者,处三年以下有期徒刑。

理由

本条即原案第一百五十九条第一项第三款,本案概括规定。又原案选举人受诱惑者处罚,本案以其过苛,故删。

第一百四十三条 以诈术或其它非法之方法,使投票发生不正确之结果或变造选举之结果者,处三年以下有期徒刑。

本条之未遂罪,罚之。

理由

外国立法例,对于选举之舞弊,可分两派:一为列举规定,法国、比国、意大利、西班牙、匈牙利、英国、美国等国是也;一为概括规定,德国、奥国、芬兰等国是也。第一派之选举法,虽屡经更改,然难臻严密,即如法国一千八百五十二年二月二日之选举法颁布后,至一千八百八十九年,曾经六次更改,其列举之犯罪行为,几及百种,仍有未尽,乃于一千九百零二年三月三十日颁布概括规定之条文,盖以列举终有遗漏也。原案第一百五十八条第一项,系仿列举式,其所注意者,一为选举名簿,一为无资格之投票,其严密远不如法国,且于投票后选举结果前,一切弊端,无明文处罚,故本案拟从第二派为概括之规定。又原案关于选举名簿一层,系本条之未遂罪,与伪造公文书罪,为想象上之两罪竞合,仍依并合论罪,从重处断,故不另为规定。又原案本条第二项,本案于渎职罪章,第一百三十一条已有规定,故删。

第一百四十四条 妨害或扰乱选举者,处一年以下有期徒刑、拘役或五百元以下罚金。

理由

本条即原案第一百六十一条第二、第三款,第一百六十二条之干涉投票罪,本案拟并为一条。至原案第一百六十一条第一款可适用妨害公务罪之规定,故删。

第一百四十五条 于无记名投票之选举，刺探被选举人之姓名者，处六月以下有期徒刑、拘役或三百元以下罚金。

理由

本条即原案第一百六十二条，本案增入“无记名投票”句，以示限制。

第一百四十六条 犯本章之罪者，得褫夺公权。

第八章 妨害秩序罪

原案骚扰罪独立为一章，本案以其性质与妨害秩序同，故并为本章。

第一百四十七条 公然聚众，意图为强暴、胁迫，已受该管公务员解散命令三次以上，而不解散者，在场助势之人，处六月以下有期徒刑、拘役或三百元以下罚金；首谋者，处三年以下有期徒刑。

理由

修正案于本条及次条之罪，增入“骚扰地方”四字，案聚众犯本条之行为者，当然为扰乱地方秩序，故本案删，并增入“公然”二字，以示与他罪有别。又原案受解散命令而不解散者，罪即成立，本案以弹压群众操之过急，反足酿成大变，且人数拥挤时，命令一下，虽欲即行解散，势或不能，故拟仿外国立法例，增入“三次以上”句。

第一百四十八条 公然聚众，施强暴、胁迫者，在场助势之人，处一年以下有期徒刑，拘役或三百元以下罚金。首谋及下手实施强暴、胁迫者，处六月以上、五年以下有期徒刑。

理由

本条加“公然”二字，理由与前条同。

附删去原案第一百六十六条之理由：原案第一百六十六条规定数罪竞合处断之法，本案以其系并合论罪章，援用条文之解释，不必特为规定，故删。

第一百四十九条 以加害生命、身体、财产之事恐吓公众，致生危害于公安者，处二年以下有期徒刑。

理由

本条原案无，惟妨害安全、信用、名誉及秘密罪章，只有恐吓个人之规定，然恐吓公众实属妨害秩序，故本案增入本条。

第一百五十条 以文字、图画、演说或他法公然为左列行为之一者，处二年以下有期徒刑、拘役或一千元以下罚金：

一、煽惑他人犯罪者。

二、煽惑他人违背法令，或抗拒合法之命令者。

三、颂扬他人所犯之罪，致生危害于公安者。

理由

原案第二百二十一条第二项，前法律馆草案注意项下，谓“编辑他人论说之公刊书册，指虽非自行撰述，而编辑他人撰述有煽惑犯罪之文字而言，其撰述而无公刊之意者，不处罚。所罚者，彼此通谋刊布者也。”诚如所云，则犯罪之要件，为编辑人与撰述人通谋，果尔，则编辑人当然为共犯,可适用共犯章之规定,毫无疑义,原案列为条文,且遗漏“通谋”字样,反滋疑惑,故本案删。又本条第二、第三款原案无,本案增入。

附删去原案第二百二十二条之理由

原案第二百二十二条规定妨害正当集会罪依诈术犯之者,有罚,本案以其行为尚属轻微,似无处罚之必要,若以强暴、胁迫犯之者,可适用妨害自由罪之规定,故删。

附删去原案第二百二十三条之理由

原案第二百二十三条本案以其系妨害商务行为与公共秩序无直接之关系,故改入妨害商务罪章。

附删去原案第二百二十四条之理由

原案第二百二十四条同盟罢工者,概行处罚未免过苛,本案缩小其范围规定于公共危险罪章。

附删去原案第二百二十五条之理由

原案第二百二十五条系侵犯个人之自由之行为与公共秩序无直接之关系,故本案改入妨害自由罪章。

第一百五十一条 参与以犯罪为宗旨之结社者,处三年以下有期徒刑、拘役或三百元以下罚金;首谋者,处六年以上、五年以下有期徒刑。

理由

本条原案无,惟我国秘密会社、犯罪会社,各地皆有,设无明文规定,执法时恐生困难,若牵附律文,则有违法之嫌,否则无以维持秩序,外国法律,多有规定之者,故本案增入本条。

第一百五十二条 于犯罪可以预防之际,明知有将犯内乱、外患、伪造货币、强奸、杀人、强盗、海盗之罪,而不告发与该管公务员,或不告发于将被加害之人者,处一年以下有期徒刑、拘役或三百元以下罚金。

理由

本条原案无,外国有此规定者,为德国、奥国、匈牙利、英国、美国、挪威、荷兰、瑞典、丹麦等国,余若法国(一百零三条至一百零七条原有规定,后于一千八百三十二年删)、比国、意大利、日本、西班牙、葡萄牙等国皆无之,学说上对于次条,亦至不一,反对之者,谓举发犯罪,为道德上之义务,非法律上之义务,设法预防犯罪,乃国家之责,若使人民俱负警察责任,未免过苛;赞成者谓,不举发犯罪之处罚,乃预防犯罪,为维持公安之最浅易方法,与其罚之于既犯之后,无宁防之于未犯之前,此赞成之最重要理由也,我国警察未周,国家防止犯罪之机关尚少,若欲维持公安,衡以现在情形,此条之设,实属不可少,旧律知情不首有罚,亦即此意。自暂行律施行以来,对于知情不首者,间有援用共犯之解释,未免牵强,且所罚亦苛,故本案拟增入本条,以所列举之重罪为限。

第一百五十三条 煽惑军人不执行职务或不守纪律或逃叛者,处六月以上、五年以下有期徒刑。

理由

本条原案无,本案增入。

第一百五十四条 未受允准,招集军队、发给军需或率带军队者,处三年以下有期徒刑。

投充前项军队者,处一年以下有期徒刑、拘役或三百元以下罚金。

理由

本条原案无,本案以比年各省私招军队者,层见叠出,不可不有法以禁止之。考外国规定此罪者,为英国、德国、法国、意大利刑法及奥国刑法准备草案,而我国旧律,擅调军官有罚,范围虽较狭,而用意则同,故本案增入本条。

第一百五十五条 僭行民国或外国公务员之职权者,处一年以下有期徒刑、拘役或三百元以下罚金。

理由

原案第二百二十六条,规定诈称官员罪,然诈称行为,尚属轻微,若冒行官员职务,较诈称尤重,故本案改定本条。又本条之罪,为妨害秩序起见,故僭行外国官员职务者,亦一律处罚。

第一百五十六条 公然僭用民国公务员服饰、徽章或官衔者,处六月以下有期徒刑、拘役或三百元以下罚金。

理由

本条增入"公然"二字,盖非公然犯之者,其行为不著与公共秩序无甚关系故也。

第一百五十七条 意图侮辱民国,公然损坏、除去或污辱民国之国旗、国章者,处一年以下有期徒刑、拘役或三百元以下罚金。

理由

原案第一百二十六条,对于侮辱外国国旗、国章,既有明文处罚,故本案增入本条。

第一百五十八条 意图营利,以诈术使人出民国领域外者,处二年以下有期徒刑,得并科一千元以下罚金。

理由

本条原案无,本案以我国南省卖猪仔之风尚盛,故仿德国及意大利立法例增入。考我国旧律贼盗章略人略卖人例云,内地奸民及在洋行充当通事、买办,设计诱骗愚民,雇与洋人承工其受雇之人,并非情甘出口,因被拐卖威逼致父子兄弟离散者,不论所拐系男妇子女及良人奴婢,已卖未卖,曾否上船出洋及有无藉洋人为护符,但系诱拐已成,为首斩立决,为从绞立决,其用意与本条同。

第一百五十九条 亲属将犯第一百五十二条所列举之罪而不告发者,免除其刑。

第一百六十条 犯本章之罪者,得褫夺公权。

第九章 脱 逃 罪

第一百六十一条 依法被逮捕、拘禁之囚人脱逃者,处一年以下有期徒刑。

损坏拘禁处所、械具或以强暴、胁迫犯前项之罪者,处五年以下有期徒刑。

聚众以强暴、胁迫犯第一项之罪者,在场助势之人,处五年以上、十二年以下有期徒刑;首谋及下手实施强暴、胁迫者,处无期徒刑或五年以上有期徒刑。

本条之未遂罪,罚之。

第一百六十二条 盗取依法被逮捕、拘禁之囚人或便利其脱逃者,处三年以下有期徒。

损坏拘禁处所、械具或以强暴、胁迫犯前项之罪者,处六月以上、五年以下有期徒刑。

聚众以强暴、胁迫犯第一项之罪者,在场助势之人,处七年以上有期徒刑;首谋及下手实施强暴、胁迫者,处无期徒刑或七年以上有期徒刑。

本条之未遂罪,罚之。

理由

本案与原案第一百七十条及第一百七十一条性质相类、刑期相等,故合并为一。又本条第二、第三项,本案以其情节重大,故科以较重之刑。

第一百六十三条 公务员或其佐理人盗取职务上依法逮捕、拘禁之囚人或便利其脱逃者,处一年以上、七年以下有期徒刑。

因过失致前项之罪者,处一年以下有期徒刑、拘役或五百元以下罚金。

第一项之未遂罪,罚之。

理由

本条第二项,原案无,但我国旧律,主守及押解人不觉失囚者处罚,更证以外国刑律,若德国、意大利、法国、荷兰、匈牙利、暹罗、埃及、苏丹等国刑法,均有规定,故本案增入。

第一百六十四条 犯本章之罪者,得褫夺公权。

第十章 藏匿犯人及湮灭证据罪

原案本章名藏匿罪人及湮灭证据罪,修正案谓罪人不外证据之一种,藏匿罪人,即包举于湮灭证据内,故删去"藏匿罪人"四字,本案以犯人与证据本属两事,仍从原案,改定今名。

第一百六十五条 藏匿犯人或依法被逮捕、拘禁之脱逃人或使之隐蔽者,处二年以下有期徒刑。

意图犯前项之罪而顶替者,亦同。

理由

"使之隐蔽"句,原案无,前法律馆草案注意事项有"主使逃于他所,亦谓之藏匿"之解释规定,规定明文,以便援用。

第一百六十六条 伪造、变造或湮灭关系他人刑事被告事件之证据,或使用伪造、变造之证据者,处二年以下有期徒刑。

理由

本条修正案增入惩戒事件,其理由谓:"惩戒处分亦须凭证据而定,湮灭此项证据,其情节与刑事相同。"案本条之罪为妨害国家执行刑罚权,与惩戒处分有别,故本案仍从原案,以关于刑事者为限。

第一百六十七条 犯前条之罪,于他人刑事被告案件裁判未确定前自白者,减轻或免除其刑。

理由

本条原案无,本案增入。

第一百六十八条 亲属图利犯人或依法逮捕、拘禁之脱逃人，而犯本章之罪者，免除其刑。

第一百六十九条 犯本章之罪者，得褫夺公权。

第十一章 伪证诬告罪

第一百七十条 执行审判职务之公署审判时，证人、鉴定人、通译人于案情有重要关系之事项，供前或供后具结，而为虚伪供述者，处一年以上、七年以下有期徒刑。

理由

原案第一百八十一条以证人为一项，鉴定人、通译人为一项，本案以其犯罪行为性质相同，故拟从修正案并为一项。

伪证罪，近世各国分为二派，凡依法宣誓而为虚伪供述者，为伪证，故不论行政或司法公署，若能依法取誓宣誓者，对之为虚伪供述，罪即成立。采此派者，为日本、德国、荷兰、挪威（有例外）、英国、美国。此派科罚之旨，以其背誓，盖誓言含有宗教意味，背誓即系违背宗教，其罪之成立，以依法宣誓之供述为准，此一派也，审判公署审判时，依法宣誓而为虚伪供述者，罪方成立，而所谓审判公署者，奥国解释谓指执行审判职务之机关，为虚伪供述，不得谓为伪证，此又一派也。采此派者，为法国、比国、瑞士数州、奥国及瑞士刑法准备草案。原案规定，范围过泛，似应加以限制，而第一派以背誓为主义，我国宗教思想薄弱，且无宣誓形式及宣誓法律，似难采用，若第二派与我国旧律大略相符（《明律》：若鞫囚而证佐人不言实情，故行诬证，及化外人有罪，通事传译番语不以实对，致罪有出入者，证佐人减罪人二等，通事与同罪。《清律》与《明律》同），故本案从之。

修正案于本条加入具结一项，按我国具结与外国宣誓制度，用意略同，故本案从修正案，增入"供前或供后具结"句。

本案伪证罪，以案情有重要关系之虚伪供述，按外国立法例，对此问题，亦分为二派，法国、比国、意大利、英国、美国、暹罗等国，皆以虚伪供述于案情有重要关系者乃罚，例如证人之年岁与案情无关者，苟有虚伪，亦不论罪，此一派也；德国、奥国、荷兰等国，凡虚伪之供述皆罚，不问与案情有无重要关系，此又一派也。第二派于宣誓后，虽与案情无关重要者亦罚，未免过酷，若未经宣誓，虽与案情有重要关系者不罚，又未免过宽，学者非议之，故本案从第一派。

第一百七十一条 意图他人受刑事或惩戒处分，向该管公务员诬告者，处五年以下有期徒刑。

意图他人受刑事或惩戒处分，而伪造、变造证据或提出伪造、变造之证据者，亦同。

理由

原案第一百八十二条"为虚伪之告诉、告发、报告"句，本案仿修正案改为"向该管公务员诬告"，以示限制。

理由

本条第二项原案无，本案以其情节与诬告相同，故增入。

第一百七十二条 意图陷害直系尊亲属,犯前条之罪者,加重其本刑二分之一。

意图陷害旁系尊亲属,犯前条之罪者,加重其本刑三分之一。

第一百七十三条 未指定犯人,而向该管公务员诬告犯罪者,处一年以下有期徒刑、拘役或三百元以下罚金。

未指定犯人,而伪造、变造犯罪证据,致开始司法侦查、处分者,亦同。

理由

本案第二项原案无,本案增入。

第一百七十四条 意图保存自己或亲属之自由、名誉,而犯第一百七十条之罪者,免除其刑。

理由

本条原案无,修正案以原案有图利亲属而犯藏匿犯人及湮灭证据罪,免除其刑之规定,则图利亲属犯本章之罪,事同一例,故本案从修正案,并增入"自己"二字。

第一百七十五条 犯第一百七十条至第一百七十三条之罪,于所虚伪陈述之案件或所诬告之案件,裁判或惩戒处分未确定前自白者,减轻或免除其刑。

理由

原案第一百八十三条,诬告尊亲属于未确定审判前自白者,无免除其刑之规定,故本案增入。又原案得免除其刑,本案改为必减主义,删去"得"字,并增入减轻一层。

第一百七十六条 除宣告本刑外,因被害人之声请,得令将判词全部或一部登报,其费用由犯人担负。

理由

本条原案无,本案增入。

第一百七十七条 犯本章罪者,得褫夺公权。

第十二章 公共危险罪

本案并合原案放火决水及妨害水利罪、危险物罪、妨害交通罪、妨害饮料水罪、妨害卫生罪为一章。盖各章所规定者,皆属妨害公共安全之行为,前法律馆草案放火决水及水利罪章理由,谓本罪各条之规定,系采对于公众危害之方针,又于饮料水章罪,谓本罪所赅以有害公共之行为为限,若系妨害特定之一人或数人者,不在此例,是原案对于此两罪,均以妨害公共之安全,为立法之本旨,故本案仿外国立法例,如荷兰、挪威、意大利等国刑法及奥国、瑞士、德国等国刑法准备草案,改定今名。

本章所谓公共危险者,谓其于他人之生命财产所危害者程度,非犯人所预能节制,且被加害之人为谁,亦非犯人所悉能逆料,故各国刑法,对于放火决水等罪,科以重刑,盖以此也。

第一百七十八条 放火烧毁现供人使用之住宅或现有人所在之建筑物、火车、电车、船舰、矿坑者,处期徒刑或七年以上有期徒刑。

失火烧毁前项之物者,处一年以下有期徒刑、拘役或三百元以下罚金。

第一项之未遂罪,罚之。

预备犯第一项之罪者，处一年以下有期徒刑、拘役或三百元以下罚金。但因情势，得免除徒刑。

理由

各国刑法，有纯采抽象危险之制，有纯采具体危险之制，但多数国兼采两制。所谓抽象危险者，即对于列举之物，而犯放火决水等罪，不问事实上有无公共危险，法律以有危险论，所谓具体危险者，对于列举以外之物，犯放火决水等罪，以事实上有公共危险，为本罪成立之要件，原案兼采两制，本案从之，而略加修正。

原案对于所列举之物，分别他人及自己之所有，其属于他人者，采抽象危险制，其属于自己者，采具体危险制（参照原案第一百八十九条）。本案对于列举之物，以有无人所在，分别规定其有人所在之物，不问属于自己或他人概采抽象制，所有尊重人命也。又原案第一百八十六条列举，无火车及矿坑，本案增入，而于第一至第七款所列举者，概括规定之。

原案第二百条但书，修正案删，盖谓从有可原，应依总则酌减之例，无须予轻典等语，案所犯情有可原，自应适用酌减例，但预备之行为，若极轻微，似无处罚之必要，故本案仍从原案。

第一百七十九条 放火烧毁现非供人使用之他人所有住宅或现未有人所在之他人所有建筑物、火车、电车、船舰、矿坑者，处三年以上、十年以下有期徒刑。

放火烧毁前项之自己所有物，致生公共危险者，处六月以上、五年以下有期徒刑。

失火烧毁第一项之物者，处六月以下有期徒刑、拘役或三百元以下罚金。

失火烧毁前项之物，致生公共危险者，亦同。

第一项之未遂罪，罚之。

预备犯第一项之罪者，处一年以下有期徒刑、拘役或三百元以下罚金。但因情节，得免除其刑。

理由

本条所列举之物，与前条同，但犯罪时无人所在者，其物若属于他人，则采抽象危险制，若属于自己，则采具体危险制。

第一百八十条 放火烧毁前二条以外之他人所有物，致生公共危险者，处一年以上、七年以下有期徒刑。

放火烧毁前二条以外之自己所有物，致生公共危险者，处二年以下有期徒刑。

失火烧毁前二条以外之物，致生公共危险者，处拘役或三百元以下罚金。

理由

原案第一百八十八条，于列举以外之他人所有物，概采抽象危险制，恐与损坏财产罪相混，盖放火而有公共之危险者，其构成本罪，科以较重之刑，自不待言，若无公共危险，则属损坏财产罪，而放火不过为损坏之手段耳。外国刑法，对于本条之罪，有以公共危险规定为成立之要件者，如日本第一百零九条第二项、第一百十六条第二项、第一百十七条第一项是也，若不备此要件，则仅成损坏财产罪，此乃当然之解释，更有将此解释，明文规定者，如意大利刑法第三百十条、暹罗刑法第一百八十九条,犯放火决水等罪不生公共危险者,依损坏财产罪之例处断是也,故本案增入"致生公共危险"句,而分别其物之属于他人或自己,以定刑之轻重。

第一百八十一条 故意或因过失,使火药、蒸气、电气、煤气或其它爆裂物炸裂者,准用放火、失火之规定。

第一百八十二条 漏逸或间隔蒸气、电气或煤气,致生公共危险者,处三年以下有期徒刑、拘役或三百元以下罚金。

因而致人于死或重伤者,比较故意伤害罪,从重处断。

第一百八十三条 决水浸害现供人使用之住宅或现有人所在之建筑物、火车、电车、矿坑者,处无期徒刑或五年以上有期徒刑。

因过失决水浸害前项之物者,处一年以下有期徒刑、拘役或三百元以下罚金。

第一项之未遂罪,罚之。

第一百八十四条 决水浸害现非供人使用之他人所有住宅或现未有人所在之他人所有建筑物、火车、电车、矿坑者,处一年以上、七年以下有期徒刑。

决水浸害前项之自已所有物,致生公共危险者,处六月以上、五年以下有期徒刑。

因过失决水浸害第一项之物者,处六月以下有期徒刑、拘役或三百元以下罚金。

因过失决水浸害前项之物,致生公共危险者,亦同。

第一项之未遂罪,罚之。

第一百八十五条 决水浸害前二条以外之他人所有物,致生公共危险者,处五年以下有期徒刑。

决水浸害前二条以外之自已所有物,致生公共危险者,处二年以下有期徒刑。

因过失决水浸害前二条以外之物,致生公共危险者,处拘役或三百元以下罚金。

第一百八十六条 决溃堤防、破坏水闸或损漏水柜,致生公共危险者,处三年以下有期徒刑。

因过失犯前项之罪者,处拘役或三百元以下罚金。

第一项之未遂罪,罚之。

理由

原案第一百九十七条,规定妨害水利处罚,本案以其情节属于不法侵权之行为,应受民事上之赔偿损失责任,故本条以决溃提防、破坏水闸、损漏柜致生公共危险者为限。

第一百八十七条 于火灾、水灾之际,隐匿或损坏防御之器械或以他法妨害镇火、防水者,处三年以下有期徒刑、拘役或三百元以下罚金。

第一百八十八条 倾覆或破坏现有人所在之火车、电车、船舰者,处无期徒刑或五年以上有期徒刑。

因而致人于死者,处死刑或无期徒刑;因而致重伤者,处无期徒刑或七年以上有期徒刑。

因过失犯第一项之罪者,处一年以下有期徒刑、拘役或三百元以下罚金。

从事业务之人,因业务上之过失犯第一项之罪者,处二年以下有期徒刑、拘役或五百元以下罚金。

第一项之未遂罪，罚之。

第一百八十九条 损坏轨道、灯塔、标识或以他法致生火车、电车、船舰往来之危险者，处三年以上、十年以下有期徒刑。

因而致火车、电车、船舰倾覆或破坏者，依前条之规定处断。

因过失犯第一项之罪者，处六月以下有期徒刑、拘役或三百元以下罚金。

从事业务之人，因业务上之过失犯第一项之罪者，处一年以下有期徒刑、拘役或五百元以下罚金。

第一项之未遂罪，罚之。

第一百九十条 损坏或壅塞陆路、水路、桥梁或其它公众往来之设备，致生往来之危险者，处三年以下有期徒刑、拘役或三百元以下罚金。

因而致人于死或重伤者，比较故意伤害罪，从重处断。

第一项之未遂罪，罚之。

第一百九十一条 意图供犯罪之用，而制造或持有炸药、棉花药、雷汞或其它相类之爆裂物，或自外国输入者，处六月以上、五年以下有期徒刑。

本条之未遂罪，罚之。

第一百九十二条 未受允准，而制造或持有前条第一项之物，或自外国输入者，处三年以下有期徒刑、拘役或五百元以下罚金。

本条之未遂罪，罚之。

附删去原案第二百零五条之理由

原案第二百零五条关于军用枪炮，本案以其与爆裂物性质不同，故归之军械取缔特别法。

附删去原案第二百零六条之理由

原案第二百零六条第一项系属溺职行为，应受惩戒处分，第二项属共犯之解释，依本案第一百三十一条官员犯罪已设有加重之条文，故删。

第一百九十三条 妨害铁路、邮务、电报、电话或供公众之用水、电气、煤气事业者，处五年以下有期徒刑、拘役或五百元以下罚金。

理由

妨害交通罪各条，为妨害往来之安全而设，若本条则以妨害其业务致公众不能享其利益者而设，用意各有不同。又本案将原案第二百十五条至第二百十七条，第三百及第三百零一条，皆容纳于本条之内，以求概括。

原案第二百十六条第三项，及修正案第二百十八条之过失罪，本案以其情节轻微，故删。

第一百九十四条 损坏矿坑、工厂或其它相类之场所内关于保护生命之设备，致生危险于他人生命者，处一年以上、七年以下有期徒刑。

因过失犯前项之罪者，处六月以下有期徒刑、拘役或三百元以下罚金。

从事业务之人，因业务上之过失犯第一项之罪者，处一年以下有期徒刑、拘役或五百元以下罚金。

第一项之未遂罪,罚之。

理由

本条原案无,本案以其行为足生重大公众之危害,故增入。

第一百九十五条 投放毒物或混入妨害卫生物品于供公众所饮之水源、水道、水泉、水柜者,处一年以上、七年以下有期徒刑。

因而致人于死或重伤者,比较故意伤害罪,从重处断。

因过失犯第一项之罪者,处六月以下有期徒刑、拘役或三百元以下罚金。

第一项之未遂罪,罚之。

理由

本条第三项原案无,本案增入。

第一百九十六条 制造、贩卖或意图贩卖而陈列妨害卫生之物品者,处六月以下有期徒刑、拘役,得并科或易科一千元以下罚金。

理由

原案第三百零六条采列举主义,本案以"物品"二字包括之。又犯罪之行为,原案以贩卖为限,本案增入"制造"及"意图贩卖,陈列有害卫生之物品"等句,以期严密。

附删去原案第三百零七条及第三百零八条之理由

原案第三百零七条及第三百零八条性质本属取缔规则,盖违背法令贩卖药品,其物品非必有害卫生,而未受允许执行医业者,其人非必庸医,故所罚者,以其违背取缔之规则而已,本案归之特别法。

附删去原案第二百九十六条及第二百九十七条之理由

原案第二百九十六条及第二百九十七条规定污秽饮料水处罚,本案以其行为轻微,且实际上亦难适用,故删。

第一百九十七条 违背关于预防人之传染病所公布之检查、监察或进口之法令者,处二年以下有期徒刑、拘役或一千元以下罚金。

理由

原案第三百零五条,仅规定搬运登陆行为,似未概括,盖国内传染病,非由国外来者,则不能援用此条,故本案改为概括之规定。又传染病,有人之传染,有兽之传染,有植物之传染,本案以其危险大小悬殊,故分别规定于次条。

第一百九十八条 违背关于预防兽及植物之传染病所公布之检验、监察或进口之法令者,处一年以下有期徒刑、拘役或五百元以下罚金。

第一百九十九条 承揽工程人或监工人,于营造或拆卸建筑物时,违背建筑术成规,致生公共危险者,处二年以下有期徒刑、拘役或三千元以下罚金。

理由

本条原案无,本案增入。

第二百条 从事于铁路、邮务、电报、电话或供公众之用水、电气、煤气事业,同盟罢工者,处一年以下有期徒刑、拘役或三百元以下罚金。首谋者,处三年以下有期徒刑。

理由

原案妨害秩序罪章第二百二十四条“从事同一业务之工人同盟罢工者”,处罚未免太苛,盖事业之与社会无大关系者,如小肆伙计罢工,即行处罚,是借刑法以袒护资本家而已,且同盟罢工在法律不能预定工人为曲。外国对于罢工问题最为复难,非一二条文所能了,处治愈严则秩序愈乱时有所闻,是以多趋于自由之调停或强制之调停,本案处罚同盟罢工,以本条所列举与公众有关之事业为限,其他则委之特别法。

第二百零一条 于灾害之际,关于与公务员缔结供给粮食或其他日用必需品之契约,而不履行或不照契约原意履行,致生公共危险者,处六月以上、五年以下有期徒刑,得并科三千元以下罚金。

理由

本条原案无,本案以灾害之际,物价腾贵,往往有不遵契约藉端居奇获利者,此种行为,于公众大有关系,故增入本条。

第二百零二条 自已所有物,已受查封或担负物权或已赁贷或保险者,关于本章之罪,以他人所有物论。

理由

原案无“保险”字样,本案增入。

第二百零三条 犯本章之罪者,得褫夺公权。

第十三章 伪造货币罪

第二百零四条 意图供行使之用,而伪造、变造通用之货币、纸币、银行券者,处无期徒刑或五年以上有期徒刑,得并科三千元以下罚金。

意图供行使之用而收集伪造、变造之通用货币、纸币、银行券者,亦同。

本条之未遂罪,罚之。

理由

“意图供行使之用”句,原案无,本案增入。又原案犯罪行为,只有伪造一项,本案拟增入变造。盖两行为,性质不同,伪造者,乃完全赝作;变造,则于真正之货币而改换面目,其结果伪造之货币,虽经变造而不成立变造之罪,以其货币之本非真正也。若变造之货币,虽经一次之变造,复变造之,仍成立变造之罪,以其货币之本为真正也。

原案“货币”二字,前法律馆草案注意项,谓货币指真币及纸币而言,本案特为规定,以免误解。

原案第二百二十九条第二项及以下各条行使自己伪造货币,本案删,另于次条对于行使伪造货币为概括之规定。

原案规定,关于自外国贩运伪造、变造货币各条,本案拟并为第二项。又原案“自外国贩运”句,范围过狭,若在国内收集者,不能包举,故改为“收集”二字,似较概括。

第二百零五条 行使伪造、变造之通用货币、纸币、银行券,或意图供行使之用而交付于人者,处无期徒刑或五年以上有期徒刑,得并科三千元以下罚金。

收受后方知为伪造、变造之通用货币、纸币、银行券,而仍行使,或意图供行使之用而交付于人者,处六月以下有期徒刑、拘役或一千元以下罚金。

第一项之未遂罪,罚之。

理由

原案第二百三十四条为行使伪造货币之特种情形,故本案改入本条第二项。

第三百零六条 意图供行使之用而减损通用货币之分量者,处五年以下有期徒刑,得并科一千元以下罚金。

意图供行使之用,而收集减损分量之通用货币者,亦同。

本条之未遂罪,罚之。

第二百零七条 行使减损分量之通用货币,或意图供行使之用而交付于人者,处五年以下有期徒刑,得并科一千元以下罚金。

收受后方知为减损分量之通用货币而仍行使,或意图供行使之用而交付于人者,处一千元以下罚金。

第一项之未遂罪,罚之。

第二百零八条 意图供伪造、变造通用之货币、纸币、银行券或意图供减损通用货币分量之用,而制造、交付或收受各项器械原料者,处五年以下有期徒刑,得并科一千元以下罚金。

理由

原案第二百三十六条文义,预备器械原料及伪造货币,似须同为一人其罪方成立,本案改为今文,凡制造、交付或收受器械原料者,无论供自己或他人之用,皆成立本条之罪。

第二百零九条 对于流通民国之外国通用货币、纸币、银行券,犯本章之罪者,减轻本刑三分之一。

对于不流通民国之外国通用货币、纸币、银行券,犯本章之罪者,减轻本刑二分之一。

理由

原案关于流通民国之外国货币散见各条,本案并为一条。

本条第二项原案无,本案拟从修正案增入。

第二百十条 伪造、变造之通用货币、纸币、银行券及第二百零八条之器械原料,不问属于犯人与否,没收之。

理由

本条原案无,本案增入。

第二百十一条 犯本章之罪者,得褫夺公权。

第十四章 伪造度量衡罪

第二百十二条 意图供行使之用,而制造违背定程之度量衡,或变造真正度量衡之定程者,处一年以下有期徒刑、拘役,得并科或易科三百元以下罚金。

本条之未遂罪,罚之。

理由

修正案第二百四十三条,增入"持有或自外国输入"句,本案以持有行为与伪造同罪,未免略苛，且较之业务上持有者之刑反重，亦觉失均，故将持有之犯罪行为另为一条，科以较轻之刑。又本案以伪造度量衡，其危险不如伪造货币等罪，是以只对于伪造贩卖行使及持有之行为科罚，至于自外国输入一层，从原案删去。

第二百十三条 意图供行使之用，而贩卖违背定程之度量衡者，处一年以下有期徒刑、拘役，得并科或易科三百元以下罚金。

本条之未遂罪，罚之。

理由

本条即原案第二百五十二条第二项，本案以其行为与伪造不同，故另为一条。

第二百十四条 行使违背定程之度量衡者，处二年以下有期徒刑、拘役，得并科或易科一千元以下罚金。

本条之未遂罪，罚之。

理由

本条即原案第二百五十三条第二项，本案以其行为与持有不同，故另为一条。又原案行使不平之度量衡而得利者，以诈欺取财论，本案以其为当然之解释，故改今文，凡行使者，罪即成立，若行使而得利，则与诈欺取财适用总则并合论罪章，从重处断。

第二百十五条 意图供行使之用，而持有违背定程之度量衡者，处一百元以下罚金。

理由

原案第二百五十三条，以业务上常用度量衡之人为限，本案以其范围过狭，故删，并增入"意图供行使之用"句，以示限制。

附删去原案第二百五十四条之理由

原案第二百五十四条，未受允准而制造度量衡，尚未违背定程者处罚，本案以其属取缔性质，故拟委之特别法。

第二百十六条 前条之违背定程度量衡，不问属于犯人与否，没收之。

理由

本条原案无，本案增入。

第二百十七条 犯本章之罪者，得褫夺公权。

附删去修正案第二十章私盐罪之理由

修正案增入私盐罪章，其理由谓："因私盐而牵及其他各罪，所在多有，故依民国三年十二月公布之私盐治罪法增入此章。"案监为国家之专利，犯私盐者，虽侵损国家财权，然于社会治安究无大影响，各国刑法对于违背国家专利之罚，则皆委之特别法，况我国监政将来或须修改，则取缔之方法既异，犯罪行为亦恐因之而变，故仍从原案删去此章以免牵动法典。至修正案所称犯私盐罪而涉及他罪一层，可依总则并合论罪各条处断。

第十五章 伪造文书印文罪

修正案于本案罪名删去"印文"二字，谓"文书"二字广义兼设印文，本案于本章已确定文书之定义，故仍从原案。

第二百十八条 伪造、变造文书，足以生损害于公众或他人者，处五年以下有期徒刑。

理由

各国刑法，对于伪造、变造文书罪，略分两派。以证明权利义务之文书为限者，德国是也；以足生损害于公众或他人之文书为限者，法国是也。原案从德国派，惟证明权利义务之标准，未易确定，德国关于此条，数十年来，施行上多生困难，试举一例以明之，如伪造药单强解为权利义务之文书，其实则无权利义务之可言，若用法国损害制，则可免强解之失，是以德国学者，多非议之，其刑法准备草案删去“足以证明权利义务”句，而以欺骗他人重要权利义务为标准，所谓欺骗他人之权利义务，其结果殆与法国损害制无大区别，故本案从法国派。

原案凡有伪造、变造行为，罪即成立，考各国刑法于伪造、变造行为外，加以限制，即如日本以供行使之目的为限制，德国则更严，须有违法之目的，并行使之行为亦欺骗他人者，罪方成立，其余各国多有相当之规定，更有按文书之种类，而限制不一者，本案拟分别规定之。

第二百十九条 伪造、变造公文书，足以生损害于公众或他人者，处一年以上、七年以下有期徒刑。

第二百二十条 意图供行使之用，而伪造、变造公债证券、公司股票或其它有价证券者，处三年以上、十年以下有期徒刑，得并科三千元以下罚金。

意图供行使用之用而收集伪造、变造之公债证券、公司股票或其他有价证券者，亦同。

理由

本条及后两条所列举，其流通较易于他种文书，且其内容所载，多属重要事项，凡伪造、变造，当然发生损害，故本案不以发生损害，为本罪成立之条件，并仿伪造货币罪，加入“意图供行使之用”句，以示限制。

理由

本条第二项原案无，本案增入。

第二百二十一条 意图供行使之用，而伪造、变造邮票及政府发行之各种印花税票者，处六月以上、五年以下有期徒刑，得并科一千元以下罚金。

意图供行使用之用，而收集伪造、变造之邮票及政府发行之各种印花税票者，亦同。

意图供行使之用而涂抹邮票及政府发行之各种印花税票上之注销符号者，以伪造论。

理由

本条第一项本案仿修正案增入第二、第三项，原案无，本案增入。

第二百二十二条 意图供行使之用，而伪造、变造船票、火车、电车票或其它往来客票者，处三年以下有期徒刑、拘役或一千元以下罚金。

理由

本条原案无，本案增入。

第二百二十三条 伪造、变造护照、免状、特许状、旅券及关于品行能力、服务或其它相类之证书、介绍书，足以生损害于公众或他人者，处一年以下有期徒刑、拘役或三百元以下罚金。

理由

原案第二百四十一条，以虚伪之事实陈告于官员，而使交付文凭执照或使为不实之登载云云，即学说上所谓无形之伪造，本案于第二百二十五条，已科较轻之刑，无庸另为规定。至于自行伪造所列举之文书，依原案科刑，未免过苛，本案以此种文书，多属于谋生及本人一时便利起见，其情节与伪造、变造他种文书有别，故从修正案增入本条，科以较轻之刑。

第二百二十四条 公务员明知为不实之事项，而登载于职务上所掌之公文书，足以生损害于公众或他人者，处一年以上、七年以下有期徒刑。

附删去原案第二百四十四条之理由

各国刑法与无形之伪造多限于公务员之公文书及医生所制作之证书，其余概不处罚。盖伪造文书罪，原则上指伪造他人之文书而言，若已所造之文书虽登载不实，只属虚妄行为，不得视为伪造。但各国立法例，公务员及医生所制作之文书，若登载虚伪之事实，以伪造论，是为伪造罪之仅有例外，所以保全公文书及医生证书之信用起见，即学说上所谓无形之伪造，盖文书本真而事实之登载则伪也。原案第二百四十四条以此例外立为普通条文，包含过广，故本案删。

第二百二十五条 明知为不实之事项，而使公务员登载于职务上所掌之公文书，足以生损害于公众或他人者，处三年以下有期徒刑。

第二百二十六条 医师于应提出公署或保险公司关于人之健康或死亡原因之证书，登载明知不实之事项，足以生损害于公众或他人者，处三年以下有期徒刑、拘役或五百元以下罚金。

理由

原案第二百四十五条，医师、检验吏出具所列举之证书，本案以检验吏本属公务员，前已有公文书之规定，无庸再行列入，故从修正案删去。又本案于本条增入"应提出于公署或保险公司"句，以示限制。

第二百二十七条 行使第二百十八条至第二百二十六条之文书者，依伪造、变造文书或登载不实事项或使登载不实事项之规定处断。

行使已使用之邮票及政府发行之各种印花税票者，以行使伪造邮票、印花税票论。

本条之未遂罪，罚之。

理由

原案关于行使之行为，散见各条，本案拟并为一条。又原案意图行使而交付于人者，以行使论，其规定与伪造通用货币同，但本章之文书其流通较难于通用货币，故本案删去"意图行使而交付于人"句。

第二百二十八条 伪造印章、印文或署押，足以生损害于公众或他人者，处三年以下有期徒刑。

盗用印章、印文或署押，足以生损害于公众或他人者，亦同。

理由

本条之未遂罪，罚之。

附删去原案第二百五十条第二项之理由：原案第二百五十条第二项意图行使而收受伪造文书、印文、署押各依本条之例以未遂罪论，按此种情节，原案对于伪造通用货币且不以行使未遂论，而本章之文书其流通之危险不至如通用货币，反以未遂罪论，轻重失当。又本案

"意图行使而交付于人"句已删,则"意图行使而收受"亦应一律删去。

第二百二十九条 伪造公印或公印文者,处六月以上、五年以下有期徒刑。

盗用公印或公印文,足生损害于公众或他人者,亦同。

本条之未遂罪,罚之。

理由

本条第一项因特别保护公印及公印文起见,故不以发生损害为本罪成立之条件。

第二百三十条 意图供伪造、变造有价证券、邮票及政府发行之各种印花税票之用,而制造、交付或收受各项器械原料者,处二年以下有期徒刑,得并科五百元以下罚金。

理由

本条原案无,本案增入。

第二百三十一条 伪造、变造之有价证券、邮票、政府发行之各种印花税票、印章、印文、署押及前条之器械、原料,不问属于犯人与否,没收之。

理由

本条原案无,本案增入。

第二百三十二条 在纸上或物品上之文字、符号,依习惯或特约,足以为表示其用意之证明者,关于本章之罪,以文书论。

理由

原案于文书下如"图样"二字,所以扩充文书之范围,但意义不明,故本案拟仿外国立法例,增入本条。

第二百三十三条 犯本章之罪者,得褫夺公权。

第十六章 妨害风化罪

原案本章名奸非及重婚罪,本案以其不能包举各种猥亵行为,例如原案第二百九十二条,贩卖淫书罪,不得名之为奸非及重婚是也,故本案改今名。又原案重婚及有夫奸等罪,不独有伤风化,且直接妨害婚姻及家庭之制,本案以其所侵犯之法益不同,故将各该条改入妨害婚姻及家庭罪。

第二百三十四条 对于妇女以强暴、胁迫、药剂、催眠术或他法,至使不能抗拒而奸淫之者,为强奸罪,处七年以上有期徒刑。

奸淫未满十二岁之女子,以强奸论。

二人以上共同轮奸而犯前二项之罪者,处无期徒刑或七年以上有期徒刑。

犯强奸罪因而致被害人于死者,处死刑或无期徒刑;因而致重伤者,处无期徒刑。

犯强奸罪因而致被害人羞忿自杀或意图自杀而致重伤者,依前项之规定处断。

犯强奸罪而故意杀被害人者,处死刑。

第一项及第二项之未遂罪,罚之。

理由

本条第三项原案无,本案拟仿修正案增入,而略加修改,以轮奸皆既遂者为限,科以较重之刑。

第二百三十五条 对于男女以强暴、胁迫、药剂、催眠术或他法,至使不能抗拒而为猥亵之行为者,处五年以下有期徒刑。

对于未满十二岁之男女为猥亵之行为者,亦同。

理由

原案第二百八十三条,对于未满十二岁之男女,分别有无强暴、胁迫情节科刑,盖有强暴、胁迫,则为被害人之不同意,无强暴、胁迫,则为被害人之同意,而未满十二岁之人,本无同意之能力,故本案将原案两项,并为本条第二项,科以同一之刑,庶与前条第二项之立法意旨相合。

第二百三十六条 对于妇女,乘其精神丧失或其它相类之情形,不能抗拒而奸淫之者,处三年以下、十年以下有期徒刑。

对于男女,乘其精神丧失或其它相类之情形,至不能抗拒而为猥亵之行为者,处三年以下有期徒刑。

犯前二项之罪,因而致被害人于死者,处死刑、无期徒刑或十年以上有期徒刑;因而致重伤者,处无期徒刑或七年以上有期徒刑。

犯第一项之罪,因而致被害人羞忿自杀,或意图自杀而致重伤者,依前项之规定处断。

第一项之未遂罪,罚之。

附删去修正案第二百九十九条之理由

修正案第二百九十九条,本案对于犯猥亵行为而故意杀人者,于杀人罪章第二百八十二条已有相当之规定,至犯强奸而故意杀人者,于第二百三十四条亦有相当之规定,故删。

第二百三十七条 犯前三条之罪而有左列情形之一者,加本刑三分之一:

一、直系或旁系尊亲属对于卑幼犯之者。

二、监护人、保佐人对于被监护人、保佐之人犯之者。

三、师傅对于未满二十岁之学徒犯之者。

四、公立、私立病院、济贫院或救济院之职员对于收容之人犯之者。

理由

本条设加重之刑,原案无,本案增入。

第二百三十八条 以诈术使妇女误信有夫妻关系而听从其奸淫者,处六月以上、五年以下有期徒刑。

本条之未遂罪,罚之。

理由

本条为特种情形,外国立法例虽有科以强奸者,然其行为实介乎和奸、强奸之间,原案无,本案增入。

第二百三十九条 四等内之宗亲相和奸者,处一年以上、七年以下有期徒刑。

第二百四十条 意图营利,引诱良家妇女与他人为猥亵之行为或奸淫者,处一年以下有期徒刑,得并科五百元以下罚金。

理由

"猥亵之行为"句,原案无,本案增入。

第二百四十一条 夫对于妻,或第二百三十七条所列举之人对于其相关系之人,犯前条之罪者,处五年以下有期徒刑,得并科一千元以下罚金。

理由

本条原案无,修正案第三百零二条依《刑律补充条例》增入尊亲强制卑幼或夫强制妻卖奸或为娼之条文,本案从修正案改为概括规定,科以较重之刑。

第二百四十二条 以犯第二百四十条之罪为常业者,处三年以下有期徒刑,得并科一千元以下罚金。

第二百四十三条 引诱未满十二岁之男女为猥亵之行为或奸淫者,处二年以下有期徒刑。

理由

本条为特别保护幼童而设,本案增入。

第二百四十四条 和奸未满二十岁良家无夫之妇女者,处六月以下有期徒刑、拘役或三百元以下罚金;其相奸者,亦同。

理由

原案废旧律无夫奸罪,其持论罪和奸无夫妇女一项,旧律罪止八等罚,历年成案。

此项罪名因他案牵及则有之,因本案告发者,绝少各国刑法不设此例者,良以易俗移风宜端教育,初非任其放佚,如谓中冓之争久悬,令甲未易遽事摒除,则不妨另辑"暂行章程"以示郑重维持之意云云,故暂行律"暂行章程"第四条规定无夫奸罪。其后,暂行律公布时,又经删去。修正案第三百零六条本旧律,复增入此罪。本案从修正案,而以未满二十岁良家妇女为限,庶免趋于极端。

第二百四十五条 公然为猥亵之行为者,处拘役或一百元以下罚金。

理由

本条原案无,本案增入。

第二百四十六条 散布或贩卖猥亵之文字、图画及其他物品,或公然陈列者,处拘役,得并科或易科五百元以下罚金。

意图贩卖而制造、持有前项之文字、图书及其它物品者,亦同。

理由

"散布"二字,原案无,本案增入。

第二百四十七条 第二百三十四条至第二百三十九条之罪,须告诉乃论。

第二百四十四条之罪,被害人与犯人为婚姻者,非宣告婚姻无效之裁判确定或撤销婚姻之裁判确定后,不得告诉。

第二百四十八条 犯本章之罪者,得褫夺公权。

第十七章 妨害婚姻及家庭罪

本案将原案奸非及重婚罪，略诱及和诱罪两章，关于妨害婚姻及家庭各条，并为本章，以明立法之本旨。

第二百四十九条 有配偶而重为婚姻或同时与二人以上结婚者，处五年以下有期徒刑；其知情相婚者，亦同。

理由

“有配偶而重婚姻”句，修正案该作“重为婚姻”，而删去有配偶之条件，其理由谓：“同时与二人结婚，是否重婚，颇涉疑问。”但修正案所改包涵过广，盖“重婚”二字，指多于一次而言，即续婚亦在其内，本案仍从原案，并加入“同时于二人结婚”句，较为完善。

第二百五十条 以诈术缔结无效或得撤销之婚姻，因而致婚姻无效之裁判或撤销婚姻之裁判确定者，处三年以下有期徒刑。

理由

本条原案无，本案以此种行为，只负民事上离婚及扶养之义务，未足以蔽其辜，故参照外国立法例增入。

第二百五十一条 有夫之妇与人通奸者，处二年以下有期徒刑；其相奸者，亦同。

第二百五十二条 妇女与婚姻解销或撤销后，在法定禁止再婚期内再婚者，处六月以下有期徒刑、拘役或三百元以下罚金。

理由

本条原案无，本案参照外国立法例增入，又所谓法定禁止再婚期内者，指民律草案第一千三百三十六条之行为而言，科以刑罚以防制血统之混乱。

第二百五十三条 和诱、略诱未满二十岁之男女脱离享有亲权之人、监护人或保佐人者，处六月以上、五年以下有期徒刑。

意图营利，或意图使被诱人为猥亵之行为或奸淫，而犯前项之罪者，处一年以上、七年以下有期徒刑，得并科一千元以下罚金。

移送被诱人出民国领域外者，处七年以上有期徒刑。

本条之未遂罪，罚之。

理由

原案和诱罪，对于成年之妇女，亦得犯之。查前法律馆草案和诱罪，以未满二十岁之男女为限，盖谓诱拐罪与妨害自由罪有别，既逾二十岁，则有独立之资格，可为妨害自由罪之被害者，而不能为诱取罪之被害者。其修正案因中国妇女与外国之妇女，地位略有不同，删去女子年龄之限制，但已成年之女子，虽其学识或不如外国妇女，然与人私遁，当然知其行为为何种性质，不得与未成年者比，如原案规定，反令本罪与妨害自由罪，两相混淆，故本案拟仍从前法律馆草案。至略诱二十岁以上之妇女，本案改入妨害自由罪章。又“脱离享有亲权之人监护人或保佐人”句，原案无，本案以此种行为，乃直接侵犯管理未成年人之权利，故增入此句，以明立法之用意。

原案和诱、略诱未成年人分别科刑,本案以其均系侵犯保护人之权利,故不以和略为法定刑轻重之标准。

本条第二项"意图使被诱人为猥亵之行为或奸淫"句,原案无,本案增入。

附删去修正案第三百五十九条之理由

修正案第三百五十九条规定,强盗罪之各种加重情节准用于略诱罪,本案于恐吓罪章掳人勒赎及其他情节已设有加重之刑,故删。

附删去修正案第三百六十三条及第三百六十四条之理由

修正案第三百六十三条及第三百六十四条尊亲属或有保护义务人犯和卖强卖罪,本案拟改入妨害自由罪章。

第二百五十四条 意图帮助犯前条之罪而收受、藏匿被诱人或使之隐避者,处六月以上、五年以下有期徒刑。

意图营利或意图使被诱人为猥亵之行为或奸淫,而收受、藏匿被诱人或使之隐避者,处一年以上、七年以下有期徒刑,得并科五百元以下罚金。

本条之未遂罪,罚之。

理由

原案第三百五十三条,分别预谋及未预谋处罚,其预谋者,当然属共犯,故本案删,其未预谋者,本案分别意图帮助他人犯罪及意图自己营利等情节,为两项科刑。

第二百五十五条 第二百五十条及二百五十一条之罪,须告诉乃论。

第二百五十一条之罪,本夫纵容奸通者,不得告诉。

理由

原案和诱、略诱未成年人及预谋收藏被和诱、略诱人罪,须告诉乃论,本案删。又原案第三百五十五条第二项,被诱人与犯人为婚姻者,非离婚后,其告诉为无效,本案以和诱、略诱罪为侵犯保护人之权利,即令被诱人与犯人结婚,亦应处罚,故亦删。

第二百五十六条 犯本章之罪者,得褫夺公权。

第十八章 妨害宗教罪

原案本章名亵渎祀典及发掘坟墓罪,未能包括侵犯尸体各条,考各国刑法其定本罪于专章者,类名曰妨害宗教罪。前法律馆草案理由及其修正案,案语谓本章为保护宗教之信仰而设,故本案改定今名。

第二百五十七条 对于坛庙、寺观、坟墓或及其他礼拜所公然侮辱者,处六月以下有期徒刑、拘役或三百元以下罚金。

妨害丧葬礼、祭祀、说教、礼拜者,亦同。

理由

原案第二百五十七条"不敬之行为"句,"不敬"二字,意义过泛,盖宗教各有不同,对于他宗教,断不能强以相当之敬礼,故本案改为"侮辱",似较允协。

修正案第二百六十九条,于"坟墓"二字上,加"历代帝王陵寝及先贤"字样,似有限制之意。前法律馆草案两广签注："墓所是否指古昔帝王陵寝？或泛指常人坟冢？"案语谓："'墓所'二字，意义至广，一切包括在内。"云云。考外国法律关于此条，一律保护，并无何等限制，以其有宗教之观念也，故本案仍从原案。

第二百五十八条 损坏、遗弃、污辱或盗取尸体者，处一年以上、七年以下有期徒刑。

损坏、遗弃、盗取遗骨、遗发、殓物或火葬之遗灰者，处六月以上、五年以下有期徒刑。

本条之未遂罪，罚之。

理由

奸淫尸体及其他侮辱之行为，间有所闻，近世法典，亦有规定为罪者，故本案于第一项增入"侮辱"二字。又火葬遗灰与遗骨遗发，性质相同，故仿意大利刑法及德国刑法准备草案增入。

第二百五十九条 发掘坟墓者，处六月以上、五年以下有期徒刑。

本条之未遂罪，罚之。

理由

修正案第二百七十一条，仿旧律于"发掘坟墓"句下，加"见棺椁"字样，以为犯罪成立之条件，本案仍从原案，凡发掘坟墓者，概行处罚，至于见棺椁与否，乃犯罪行为之程度，可由法官审情处判。

第二百六十条 发掘坟墓而损坏、遗弃、污辱或盗取尸体者，处五年以上、十二年以下有期徒刑。

发掘坟墓而损坏、遗弃、盗取遗骨、遗发、殓物或火葬之遗灰者，处三年以上、十年以下有期徒刑。

第二百六十一条 对于直系尊亲属犯第二百五十八条及第二百五十九条之罪者，加重本刑二分之一；犯第二百六十条之罪者，处无期徒刑或七年以上有期徒刑。

对于旁系尊亲属犯第二百五十八条至第二百六十条之罪者，加重本刑三分之一。

第二百六十二条 犯本章之罪者，得褫夺公权。

第十九章 妨害商务罪

本章原案无，本案增入，以示保护商务之意。

第二百六十三条 以强暴、胁迫为左列行为之一者，处五年以下有期徒刑、拘役或三千元以下罚金：

一、妨害贩运谷类及其它公共所需之饮食物品，致生市上之缺乏者。

二、妨害贩运种子、肥料、原料及其它农业、工业所需之物品，致生市上之缺乏者。

本条之未遂罪，罚之。

理由

本条原案规定于妨碍秩序罪章第二百二十三条，本案改入本章。又原案"诈术"二字，本案以其对于此罪过于扩充，故以强暴、胁迫者为限。

第二百六十四条 意图加减工价或变更作工原定条件，而以强暴、胁迫使人罢工或阻止复工者,处三年以下有期徒刑。

本条之未遂罪罚之。

理由

本条即原案第二百二十三条第三款,本案略加修正改为概括规定。

第二百六十五条 意图供行使之用,而伪造商标或商号者,处二年以下有期徒刑,得并科三千元以下罚金。

理由

本条原案无,本案增入。

第二百六十六条 意图供行使之用,而影射他人之商标或商号,致难于辨别真伪者,处一年以下有期徒刑、拘役,得并科或易科一千元以下罚金。

理由

本条原案无,本案增入。

第二百六十七条 明知为伪造或影射之商标、商号之货物而贩卖,或意图贩卖而陈列,或自外国输入者,处六月以下有期徒刑、拘役,得并科或易科一千元以下罚金。

理由

本条原案无,本案增入。

第二百六十八条 犯本章之罪者,得褫夺公权。

第二十章 鸦 片 罪

原案本章名"鸦片烟罪",修正案理由谓:"鸦片所以成立罪名者,因其贻毒社会,不论其为生药、为熟膏、为烟为灰,厥害相等,是以《海牙禁止鸦片公约》分别生、熟两项办理,若仅举'烟'字,反滋遗漏。"等语,故本案拟从修正案,改定今名。

第二百六十九条 制造鸦片、吗啡、高根、安洛因及其化合质料,或贩卖,或意图贩卖而持有,或自外国输入或输出于外国者,处五年以下有期徒刑,得并科五千元以下罚金。

本条之未遂罪,罚之。

理由

《海牙禁止鸦片公约》于鸦片外,尚有吗啡、高根、安洛因及其化合质料等,皆在禁止之列,又民国三年四月颁行《吗啡治罪条例》,故本案拟从修正案,增入"吗啡、高根、安洛因及其化合质料"等字样。又"输出于外国"句,原案无,修正案谓:"《海牙禁止鸦片公约》,凡签约各国,均禁止将鸦片吗啡输出,吾国既与签约之列,自应一律办理。"故本案从修正案增入。

第二百七十条 制造专供吸食鸦片之器具,或贩卖,或意图贩卖而持有,或自外国输入或输出于外国者,处三年以下有期徒刑。

本条之未遂罪,罚之。

理由

修正案理由谓供吸食鸦片用之器具不少,即如寻常之洋灯、火柴等,均可充用,而法律所欲禁者,则惟专供吸食之一项,原案第二百七十三条,有专供明文,此条缺略,每生疑问,故本案从修正案增入“专”字。

附删去原案第二百六十八条之理由

原案第二百六十八条税关官员或其佐理人有犯者，科以较重之刑，本案拟删。盖官吏犯罪于渎职罪章第一百三十一条已有规定，无须重出，至佐理人虽系辅助官吏，但无官吏之身份，不负官吏对于国家特别之义务，故其科刑应与常人同。

第二百七十一条　意图营利，以馆舍供人吸食鸦片者，处六月以上、五年以下有期徒刑，得并科五百元以下罚金。

本条之未遂罪，罚之。

理由

原案第二百六十九条之规定，其用意凡以馆舍供人吸食鸦片，罪即成立，不仅指开设烟馆一项，故本案从修正案，改为“以馆舍供人吸食鸦片”，并增入“意图营利”句，以示限制。

第二百七十二条　意图供制造鸦片、吗啡或高根之用，而栽种罂粟或高根种子者，处三年以下有期徒刑，得并科三千元以下罚金。

意图供制造鸦片、吗啡、高根之用，而贩卖罂粟或高根种子者，处一年以下有期徒刑、拘役，得并科或易科三千元以下罚金。

本条之未遂罪，罚之。

理由

本条第二项原案无，修正案依民国三年十二月二十日司法部遵议贩卖罂粟种子罪增入，本案从之。

第二百七十三条　吸食鸦片或施打吗啡或使用高根、安洛因或其化合元料者，处六月以下有期徒刑、拘役或一千元以下罚金。

本条之未遂罪，罚之。

第二百七十四条　为人施打吗啡针者，处二年以下有期徒刑，得并科五百元以下罚金。

本条之未遂罪，罚之。

理由

本条原案无，本案从修正案增入。

原案第二百七十二条：巡警、官员或其佐理，当执行职务时知有人犯鸦片罪，故意不即与以相当之处分者，处以所犯各该条之罪。与正犯无异。本案以此种情节若其与犯人串同，则属共犯，适用渎职罪第一百三十一条加重本刑，若非串同，则仅为溺职，适用惩戒处分足矣，故删。

第二百七十五条　意图供犯本章各罪之用，而持有鸦片、吗啡、高根、安洛因及其化合质料，或专供吸食鸦片之器具者，处拘役或三百元以下罚金。

前项之鸦片、吗啡、高根、安洛因及其化合质料，或专供吸食鸦片之器具，不问属于犯人与否，没收之。

理由

“意图供犯本章各罪之用”句，原案无，本案增入。又本条第二项原案无，本案增入。

第二十一章 赌 博 罪

第二百七十六条 关于偶然之输赢,在公众场所或公众得入之场所赌博财物者,处拘役或一千元以下罚金。但以饮食物品为赌博者,不在此限。

当场赌博之器具与在桌上或兑换筹码处之财物,不问属于犯人与否,没收之。

理由

原案第二百七十六条第一项范围太广,实际上难于适用,几成具文,本案仿外国先例略微缩小。盖凡自公众场所赌博贻害社会较甚,故科以刑罚,若非公众场所,惟礼教舆论始得而防闲之,非刑法所能为力也。又本案赌博之定义以偶然之输赢为限,其因竞争技术而赛斗者,不以赌博论。

本条第二项原案作"犯人所有钱财,以供犯罪之物论",范围太广,修正案改为"犯人所持钱财,可认为赌物者,以供犯罪之物论",但既认为赌物,迳可适用总则没收条,故本案从多数国立法例改定今文,以省举证之手续。其在本项列举以外之物,若能证明其为赌物者,仍可适用总则没收条,无庸重出。

第二百七十七条 以赌博为常业者,处二年以下有期徒刑,得并科一千元以下罚金。

第二百七十八条 意图营利,供给赌博场所或聚众赌博者,处三年以下有期徒刑,得并科三千元以下罚金。

理由

原案第二百七十八条"聚众开设赌场"句,防范未臻严密,故本案加修正。

第二百七十九条 未经政府允准而发行彩票者,处一年以下有期徒刑或拘役,得并科三千元以下罚金。

为买卖前项彩票之媒介者,处六月以下有期徒刑、拘役,得并科或易科一千元以下罚金。

理由

"未经政府允准"句,原案无,本案从修正案增入。

附删去原案第二百八十条之理由

原案第二百八十条购买彩票者,处罚,本案以其过苛,故删。

第二十二章 杀 人 罪

原案本章名杀伤罪,本案以杀人与伤害两罪,轻重悬殊,而情节或有未易分明之处,例如杀人未遂成伤,以其有杀人之故意,应科以杀人未遂罪,不应科以伤害罪。又如伤害至死者,以其无杀人之故意,应科以伤害至死之罪,不应科以杀人罪,此种区别,每易错误,故本案拟将两罪分为二章。

第二百八十条 杀人者,处死刑、无期徒刑或十年以上有期徒刑。

本条之未遂罪,罚之。

理由

原案因废谋杀、故杀之别,故科罚自十年以上有期徒刑至死刑,案杀人罪之规定,各国刑法科刑之裁量,其范围广大,如原案者,惟日本一国,英美系分谋杀、故杀,德法系亦然。而罗马人种之国,若意大利及南美洲诸国,皆分别杀人之寻常情节及重大情节,而谋杀则重大情节之一也,考各国刑法所谓情节重大者,约分为四:

一、因被害人之身份者,例如内外元首,依法执行职务之官员尊亲属等。

二、因杀死之方法者,例如刺杀、毒杀及有凶残行为等。

三、以杀人为犯他罪之目的者,例如谋财杀人、放火杀人、强奸杀人等。

四、因犯人有特别恶性者,例如谋杀及因贪杀人等。

理由

以上各情节,我国旧律,亦大同小异,故本案拟参酌中外法律,分别规定,庶免法官执法之失当。

谋杀人者,为杀人重大情节之一,原案废谋杀、故杀之区别,其理由有三:一谓有预谋之杀意,与无预谋之杀意,法理上不能由正确之分别;二谓即使可分,而同一杀人,刑法究无轻重之差;三谓因犯意出于预谋而加重其刑,何以别种犯罪,俱无特予以重刑之规定,则预谋之杀伤,自无应处重罚之理。案第一说,因其难于分别,故主张废止,似无充分之理由,夫律文之有待于解释及解释上之难于分别者,多矣,即如原案称强暴诈术,不正当等名词,学理上亦无正确之标准,有赖乎法官之酌情定夺,不独谋杀为然。况谋杀、故杀,我国旧律,向有分别,成例具在,当不至如原案所虑之虞也。第二说谓同一杀人罪,刑法究无轻重之差,以一语而抹煞各罪中轻重情节者条文,似有未当,即如同一赌博罪,而以赌博为常业与否,科罚遂有轻重,又同一杀人罪,而杀死尊亲属与杀死常人,科罚亦有轻重,故以犯意之轻重而区别谋杀、故杀,未为不当。第三说谓因犯意出于预谋,而加重其刑,何以他罪无此区别,夫各罪加重之情节,因其性质而异,例如以犯某罪为常业,而加重其刑者,某罪有之,而某罪无之,因被害人之年龄而加重其刑者,亦然。其余各种加重之标准(详见总则刑之斟酌章),莫不如是,故以预谋之故意,为杀人罪加重之情节,谓犯人有特别之凶性,因科以重刑,非必他罪亦出于一律也,以上原案三理由,尚嫌薄弱,本案故拟分别谋杀、故杀科罚。

第二百八十一条 杀直系尊亲属者,处死刑。

杀旁系尊亲属者,处死刑或无期徒刑。

本条之未遂罪,罚之。

预备犯本条之罪者,处三年以下有期徒刑。

第二百八十二条 有左列行为之一者,处死刑或无期徒刑:

一、谋杀人者。

二、肢解、折割或有其他残酷之行为杀人者。

三、意图便利犯他罪而杀人者。

四、意图免犯罪之处罚,或意图防护犯罪所得之利益而杀人者。

本条之未遂罪,罚之。

第二百八十三条 当场激于义愤而杀人者,处一年以上、七年以下有期徒刑。

本条之未遂罪,罚之。

理由

本条原案无,本案参照我国旧律及外国立法例增入。所谓出于义愤者,例如因自己或亲属受莫大之侮辱或妻子与人奸通等情节是也。

第二百八十四条 母于生产时或甫生产后杀其私生子者,处六月以上、五年以下有期徒刑。

本条之未遂罪,罚之。

理由

本条原案无。本案以此罪,乃因畏羞耻而犯之者,其凶性与寻常杀人有别,故仿多数国立法例,科以较轻之刑。

第二百八十五条 教唆或帮助他人使之自杀,或受其嘱托或得其承诺而杀之者,处一年以上、七年以下有期徒刑。

前项之未遂罪,罚之。

谋为同死而犯本条之罪者,得免除其刑。

理由

本条第一项原案分两项科刑,本案以其情节略同,故从修正案并为一项。

附删去原案第三百二十一条之理由

原案第三百二十一条对于尊亲属犯本条之罪者,加重其刑,但亲属加重之理由,因犯人有特别之凶恶,而本罪虽属杀人行为然其情节较轻,不独得被害人之同意且犯此种罪者,多因被害人之痛苦不欲生存,故对于尊亲属犯之者,每出于怜悯其痛苦之心,非有特别凶性,无加重其刑之必要,故本案拟删。

第二百八十六条 因过失致人于死者,处二年以下有期徒刑、拘役或一千元以下罚金。

从事业务之人,因业务上之过失,犯前项之罪者,处三年以下有期徒刑、拘役或一千元以下罚金。

第二百八十七条 犯本章之罪者,得褫夺公权。

第二十三章 伤 害 罪

第二百八十八条 无杀人之故意而伤害人之身体或健康者,为伤害罪,处五年以下有期徒刑、拘役或一千元以下罚金。

加暴行于尊亲属,未成伤者,处一年以下有期徒刑。

理由

"无杀人之故意"句,原案无,本案增入,以示与杀人未遂成伤罪有别。又"身体或健康"句,前法律馆草案及修正案,作"伤害人之身体",宪政编查馆核订案,始删去"身体"二字。考伤害罪,外国法律,略分两派,一伤害身体或健康,罪均成立,德国、荷兰、挪威及瑞士刑法准备草案是也;一虽仅伤害心神,罪亦成立,英国、美国是也,本案从第一派,以身体或健康为限。

第二百八十九条 施用足以致死或重伤之方法而伤害人者,处六月以上、五年以下有期徒刑。

本条之未遂罪,罚之。

理由

本条原案无,本案增入。以其犯罪之结果,虽不至重伤,而犯罪之方法,极为危险,故科以较重之刑。又原案伤害无未遂罪,独于妨害国交罪章则有规定,本案欲求概括,故规定于本条第二项。

第二百九十条 犯伤害罪因而致人重伤者,处三年以上、十年以下有期徒刑。

故意致人重伤者,处五年以上、十二年以下有期徒刑。

理由

本条第一项故意伤害人,而其结果则重伤者,第二项故意致人重伤者,其情节轻重不同,故分别科罚。

第二百九十一条 犯伤害罪因而致人于死者,处七年以上有期徒刑。

第二百九十二条 对于直系尊亲属,犯第二百八十八条第一项、第二百八十九条及第二百九十条之罪者,加重本刑二分之一;犯第二百九十一条之罪者,处死刑、无期徒刑或十年以上有期徒刑。

对于旁系尊亲属,犯第二百八十八条第一项、第二百八十九条至第二百九十一条之罪者,加重本刑三分之一。

第二百九十三条 教唆或帮助他人使之自伤,或受其嘱托或得其承诺而伤害之,因而致死者,处一年以上、七年以下有期徒刑。

因而致重伤者,处五年以下有期徒刑。

理由

原案第三百二十二条,教唆他人使之自伤,或得其承诺而伤之者,为一项;帮助他人使之自伤或受其嘱托而伤之者,另为一项。本案从修正案并为一条,理由见第二百八十五条。

附删去原案第三百二十三条之理由

原案第三百二十三条对于尊亲属犯本条之罪加重其刑,本案拟删,理由见第二百八十五条。

第二百九十四条 聚众斗殴致人于死或重伤者,在场助势而非出于正当防卫之人,处三年以下有期徒刑;下手实施伤害者,仍依伤害各条之规定处断。

理由

修正案删去原案第三百十五、十六条,其理由谓:“原案关于伤害罪,取重视结果主义,故当场助势人,准从犯得以论减,欲贯彻总则共犯章犯罪实施中帮助人准正犯之主义,无须此例外之规定。”云云,其理由尚未充足。诚如所言,当适用共犯各条,但原案之用意,系数人聚斗伤人,即外国所谓斗伤罪,若必援用共犯之例,恐无从处罚,以难于证明在场助势之人有无下手故也。考外国立法例,多有类似之规定,凡在场助势者,虽不能证明其下手与否,亦一律科刑,其能证明实施下手者,仍依实施伤害各条处断,故本案从原案,并为一条、略加修正。

附删去原案第三百十八、十九条之理由

原案第三百十八、十九条规定决斗罪,查我国向无决斗之风,故新刑律颁行一律未闻援用,则条文等于虚设,本案拟删。

第二百九十五条 因过失伤害人者,处六月以下有期徒刑、拘役或五百元以下罚金。

因而致人重伤者,处一年以下有期徒刑、拘役或五百元以下罚金。

从事业务之人,因业务上之过失,犯第一项之罪者,处一年以下有期徒刑、拘役或五百元以下罚金;犯第二项之罪者,处二年以下有期徒刑、拘役或五百元以下罚金。

第二百九十六条 第二百八十八条及第二百九十五条之罪,须告诉乃论。

理由

伤害罪,而不至重伤者,本案规定为亲告罪,盖轻微伤害罪,有被害人亦不介意者,若采纠举主义,则于国家与被害人,均无裨益,故本案从德国委员会刑法草案,规定本条。

第二百九十七条 犯本章之罪者,得褫夺公权。

第二十四章 堕 胎 罪

第二百九十八条 怀胎妇女服药或以他法堕胎者,处一年以下有期徒刑、拘役或三百元以下罚金。

怀胎妇女听从他人堕胎者,亦同。

理由

本条第二项原案无,本案增入。

第二百九十九条 受怀胎妇女之嘱托或得其承诺,而使之堕胎者,处二年以下有期徒刑。

因而致妇女于死者,处五年以下有期徒刑;因而致重伤者,处三年以下有期徒刑。

第三百条 意图营利而犯前条第一项之罪者,处六月以上、五年以下有期徒刑,得并科五百元以下罚金。

因而致妇女于死者,处三年以上、十年以下有期徒刑,得并科五百元以下罚金;因而致重伤者,处一年以上、七年以下有期徒刑,得并科五百元以下罚金。

理由

原案第三百三十五条,医师、产婆、药剂师、药材商犯堕胎罪者,科以较重之刑,用意甚善,但以所列举之人为限,遗漏尚多。例如非正当之医师,以堕胎为业者,情节较常人为重,而不能科以重刑,又如售堕胎药者,不在药材商而在寻常商店,往往有之,故本案改为意图营利,以示概括。

本条第二项原案无,本条增入。

第三百零一条 未受怀胎妇女之嘱托或未得其承诺,而使之堕胎者,处六月以上、五年以下有期徒刑。

因而致妇女于死或重伤者,比较故意伤害罪,从重处断。

第一项之未遂罪,罚之。

理由

原案第三百三十四条列举四款,行为皆系未得妇女之嘱托或承诺者,故本案改为今文。

第三百零二条 以文字、图画、演说或他法,公然介绍堕胎之方法或物品,或公然介绍自己或他人为堕胎之行为者,处一年以下有期徒刑、拘役,得并科或易科一千元以下罚金。

理由

本条原案无,本案以此种行为最易诱惑妇女堕胎,故增入。

第二十五章　遗　弃　罪

第三百零三条 遗弃无自救力之人者,处一年以下有期徒刑、拘役或三百元以下罚金。

因而致人于死者,处五年以下有期徒刑;因而致重伤者,处三年以下有期徒刑。

理由

原案"老幼、残废、疾病"句,本案改为无自救力之人,以示概括。又本罪之行为,有二种:一为积极,即遗弃是也;一为消极,即不予以相当之保护是也。外国立法例,本罪之成立,有专限于有保护之义务者,有不限于有保护之义务者,罪亦成立,若仅不予以相当之保护,则惟有保护义务者,罪方成立,原案采折中制,而条文之规定,略失轻重。查前法律馆草案第三百二十四条,对于有义务之人,以积极之行为为限,范围太狭,其次对于消极之行为,反及于无义务之人,而其修正案加入"于自己经管地内"句,以示限制。然虽有此限制,终觉轻重失当,故本案对于遗弃之行为,不以有义务者为限,规定于本条,至于不予相当之保护,则以有义务者为限,规定于次条,庶与折中制之本旨有合。

第三百零四条 对于无自救力之人,依法令或契约应扶助、养育或保护而遗弃之,或不为其生存所必要之扶助、养育或保护者,处六月以上、五年以下有期徒刑。

因而致人于死或重伤者,比较故意伤害罪,从重处断。

第三百零五条 对于直系尊亲属犯前条第一项之罪者,加重本刑二分之一。

对于旁系尊亲属犯前条第一项之罪者,加重本刑三分之一。

因而致尊亲属于死或重伤者,比较故意伤害罪,从重处断。

第三百零六条 犯本章之罪者,得褫夺公权。

第二十六章　妨害自由罪

本章之罪,原案分别规定于私滥逮捕监禁罪,及妨害安全信用名誉及秘密罪两章,本案以其侵害之法益,为个人之自由,故合并原案各条,统名曰妨害自由罪,似较明显。又侵犯居住一条,原案规定于妨害秩序章,本案以其为侵犯个人居住之自由,于公共秩序,尚为间接之关系,故仿外国立法例,一并规定于本章。

第三百零七条 使人为奴隶或使其居于相类不自由之地位者,处一年以上、七年以下有期徒刑。

本条之未遂罪,罚之。

理由

本条原案无,惟旧律有买卖人口罪,其意与此略同。修正案第三百六十三条、六十四条依《刑律补充条例》增入强卖、和卖被扶助、养育、保护之人及尊亲属强卖卑幼或夫强卖妻之犯罪行为,本案以其所列举遗漏尚多,故改为概括规定。

第三百零八条 意图使妇女与自己或他人结婚而略诱之者,处六月以上、五年以下有期徒刑。

意图使妇女与自己或他人为猥亵之行为或奸淫,而略诱之者,处一年以上、七年以下有期徒刑。

移送被略诱人出民国领域外者,处五年以上、十二年以下有期徒刑。

本条之未遂罪,罚之。

理由

本条即原案"略诱及和诱罪"章略诱妇女各条,本案拟并为本条,而略加修正。

第三百零九条 私行拘禁或以其它非法方法剥夺人之行动自由者,处五年以下有期徒刑、拘役或三百元以下罚金。

因而致人于死或重伤者,比较故意伤害罪,从重处断。

第一项之未遂罪,罚之。

理由

原案第三百四十四条列举私擅逮捕或监禁之行为,本案拟改为概括之改定。

附删去原案第三百四十六条之理由

原案第三百四十六条官吏犯本条之罪者,科以较重之刑,本案于渎职罪章已有相当之规定,故删。

第三百十条 对于直系尊亲属犯前条第一项之罪者,加重本刑二分之一。

对于旁系尊亲属犯前条第一项之罪者,加重本刑三分之一。

因而致尊亲属于死或重伤者,比较故意伤害罪,从重处断。

第一项及第二项之未遂罪,罚之。

第三百十一条 以强暴、胁迫使人行无义务之事或妨害人行使权利者,处三年以下有期徒刑、拘役或三百元以下罚金。

本条之未遂罪,罚之。

第三百十二条 以加害生命、身体、自由、名誉、财产之事恐吓他人,致生危害于安全者,处二年以下有期徒刑、拘役或三百元以下罚金。

理由

本条之罪,其侵害之法益,为个人之安全,故本案加入"致生危害于安全"句,以示限制,原案第三百五十七条,用"胁迫"字样,按胁迫指有所挟而强迫之谓,本案规定于前条,故于本条改为"恐吓"二字,使有区别。又本条之行为,不必对于本人施以恐吓,罪亦成立,盖无论直接间接恐吓,若致危害安全者,即构成本罪,原案规定,以对于本人或本人之亲属为限,未能包举,故本案删去原案"加害其亲属相胁迫"句。

第三百十三条 无故侵入他人住宅、建筑物或附连围绕之土地或船舶者,处一年以下有期徒刑、拘役或三百元以下罚金。

无故隐匿其内,或受要求退去而仍留滞者,亦同。

理由

原案第二百二十五条,本案以其限制过严,故将"现有人居住或看守"句删,并增入"附连关绕之土地"句,以扩充保护之范围。又本条第二项,其情节与侵入略同,故亦增入。

第三百十四条 第三百零八条及第三百十三条之罪,须告诉乃论。

第三百零八条第一项之罪,被害人与犯人为婚姻者,非宣告婚姻无效之裁判确定或撤销婚姻之裁判确定后,不得告诉。

第三百十五条 犯本章之罪者,得褫夺公权。

第二十七章 妨害名誉及信用罪

原案本章,合并于妨害安全信用名誉及秘密罪章,本案另为一章,盖所侵害之法益不同,且有特种免刑之情节,未可与他罪合并也。

第三百十六条 公然侮辱人者,处拘役或三百元以下罚金。

理由

各国刑法,于妨害名誉,类皆分别侮辱及诽谤两罪。称侮辱者,以言语或举动相侵慢而言;称诽谤者,以指摘或传述足以毁坏他人名誉之事而言。二者之区别,若侮辱则无所谓事之真伪,至诽谤则于事实真伪,应有分辨者,原案依前法律馆草案理由,无侮辱罪,独于妨害国交罪,妨害公务罪,则有侮辱处罚之规定主义,似未能一贯。故本案仿外国立法例,增入本条。

第三百十七条 意图散布于众而指摘或传述足以毁损他人名誉之事者,为诽谤罪,处六月以下有期徒刑、拘役或五百元以下罚金。

散布文字、图画犯前项之罪者,处一年以下有期徒刑、拘役或一千元以下罚金。

理由

本条即原案第三百六十条,但原案条文用"侮辱"二字,略嫌与前条之罪想混,故本案改今文。又原案以"公然"二字为犯罪之条件,故公然犯诽谤罪者,不问事实之有无,概行处罚,其规定一失之于狭,一失之于广,若以公然诽谤,罪始成立,则私项传述,损害他人名誉者,无从科罚,是谓失之过狭,故本案仿荷兰刑法,以意图散布于众,为犯罪成立之要件,庶为得当,至于不问事实之有无,概行处罚,其钳制言论之自由及妨害社会,可谓极矣,是谓失之过广,故本案于次条规定事实有无,与应否免刑之情节,以免趋于极端。

本条第二项原案无,本案以近世散布文字、图画播传极易,且较诸语言,尤为久远,故仿外国先例,设加重之刑。

第三百十八条 犯人对于所诽谤之事,能证明其为真实者,不罚。但涉于私德而与公共利益无关者,不得举证。

理由

真伪之证明,与名誉罪极有关系,各国立法例,略分三派:一、不问事实之有无,概行处罚,日本是也;二、犯人能证明其事之真实,概不处罚,德国是也;三、分别情节,其与公共利益有关者,例如公务员之执行公务,若事属真实,则不罚,其涉于私德与公共利益无关者,不问真伪,概行处罚,多数国是也。前两派,皆趋极端,故德国刑法准备草案,对于证明事实不处罚之规定,加以限制,从第三派矣,原案第三百六十条,采第一派,凡与公共利益有关之真实事项,亦不得宣布,其于保护个人名誉,不免过当,而于社会之利害,未尝虑及矣,故本案参酌损益,规定本条。

第三百十九条 以善意发表言论,而有左列情形之一者,不罚:

一、因自卫、自辩或保护合法之利益者。

二、公务员因职务而报告者。

三、对于可受公评之事,而为相当之评论者。

四、对于中央及地方之议会或法院或公众集会之记事,而为相当之载述者。

理由

本条原案无,本案增入,盖保护名誉,应有相当之限制,否则嵌束言论,足为社会之害,故以善意发表言论,而有本条所列情形者,不问事之真伪,概不处罚,本案酌采多数国立法例,规定本条,庶于保护名誉及言论自由,两者折中,以求适当。

第三百二十条 明知为虚伪之事而指摘或传述,犯诽谤罪者,加重本刑三分之一。

理由

本条原案无,本案增入。

第三百二十一条 对于已死之人公然侮辱者,处拘役或三百元以下罚金

对于已死之人明知为虚伪而指摘或传述,犯诽谤罪者,处一年以下有期徒刑、拘役或一千元以下罚金。

理由

本条原案无,本案增入,查前法律馆草案第三百四十条第二项,设有保护死者之条文,后经删去,但未具理由,考外国立法例,多有类似之规定,所以保护死者后人之孝思也,我国风俗,对于死者,其尊重必过乎外国,故不可不立此条,以励薄俗而便援用。又本条第二项,以明知虚伪之事为限,其保护之范围,不如对生人之广,盖妨碍死者之名誉,实为间接之损害,且已死之人,盖棺论定,社会上当然有所评论及记录,其损害名誉,不若生人之甚也。

第三百二十二条 散布流言或以诈术损害他人之信用者,处二年以下有期徒刑、拘役,得并科或易科一千元以下罚金。

理由

原案第三百五十九条以损害他人之信用为犯罪成立之要件,修正案改为"意图损害他人之信用"句,是虽未至实有损害程度罪亦成立,所规定犯罪之行为过于扩充,故本案仍从原案。

第三百二十三条 本章之罪,须告诉乃论。

第三百二十四条 除宣告本刑外,因告诉人之声请,得令将判词全部或一部登报,其费用由犯人担负。

理由

本条原案无，本案增入。

第二十八章 妨害秘密罪

原案本章合并于妨害安全、信用、名誉及秘密罪章，本案以其侵害之法益，与他罪不同，故另为一章。

第三百二十五条 无故开拆、隐匿他人之封缄信函或其它封缄文书者，处六月以下有期徒刑、拘役或一百元以下罚金。

理由

原案第三百六十二条"毁弃"二字，本案以其属毁弃损坏罪，故删。又原案亦信函为限，其所保护之秘密，似失之过狭，本案酌采外国立法例，增入"其他封缄文书"句。又原案第三百六十二条第二项，本案亦删，盖无故公表他人之秘密文书图画，若其秘密因开拆而得者，自可适用该条第一项之规定，若得之传闻，而非自行开拆者，则钳制言论，未免过甚，故各国立法例，多不采之。

第三百二十六条 宗教师、医师、药剂师、药材商、产婆、律师、辩护人、公证人及其业务上佐理人或曾居此等地位之人，无故泄漏因业务知悉或持有他人之秘密者，处一年以下有期徒刑、拘役或五百元以下罚金。

理由

"业务上佐理人"句，原案无，本案以其犯罪情节与所列举之人略同，故增入。

第三百二十七条 在他人业务处所于执行业务期内，无故泄漏因业务知悉或持有之工商秘密者，处一年以下有期徒刑、拘役或一千元以下罚金。

公务员或曾居此等地位之人，无故泄漏因公务知悉或持有他人之工商秘密者，亦同。

理由

本条原案无，本案增入，所以保护工商也，近世法律对于工商之秘密，或规定之于刑法典，或规定之于特别法，本条之设实采斯意。

第三百二十八条 本章之罪，须告诉乃论。

第二十九章 窃 盗 罪

原案本章合并于强盗罪章，本案以窃盗为侵犯财产罪，与强盗之侵犯财产及自由罪，其保护之法益不同，故分别规定。

第三百二十九条 意图为自己或第三人不法之所有，而盗取他人所有物者，为盗窃罪，处五年以下有期徒刑、拘役或五百元以下罚金。

本条之未遂罪，罚之。

第三百三十条 犯左列行为之一者，处一年以上、七年以下有期徒刑：

一、意图行窃，于夜间侵入住宅或有人居住之建筑物或隐匿其内而犯窃盗罪者。

二、毁越门扇、墙垣而犯窃盗罪者。

三、携带凶器而犯窃盗罪者。

四、结伙三人以上而犯窃盗罪者。

五、乘火灾、水灾或其它灾害之际而犯窃盗罪者。

六、以犯窃盗罪为常业者。

本条之未遂罪,罚之。

理由

本条为窃盗加重情节,原案仅有两项,本案拟规定今文,以期严密。

第三百三十一条 自己所有物,已受查封或担负质权者,关于本章之罪,以他人所有物论。

理由

窃盗罪,以侵犯他人所有物为原则,本条实其例外。原案第三百七十七条,凡担负物权者,虽属己物,以他人所有物论,其例外未免扩充太广,且取回担负他人物权之自己物,情节至不一端,若概以窃盗论,亦未免过苛,故本案参照修正案,规定以质权为限。

第三百三十二条 违禁物,关于本章之罪,以所有物论。

电气,关于本章之罪,以物论。

第三百三十三条 于直系亲属、配偶或同居亲属之间,犯本章之罪者,得免除其刑。

对于其他亲属犯本章之罪者,须告诉乃论。

理由

原案第三百八十一条第三项,本案于总则第三十八条已有规定,故删。

第三百三十四条 犯本章之罪者,得褫夺公权。

第三十章 抢夺强盗及海盗罪

关于抢夺罪,各国法律及判例,略分三派,第一派以强盗论,第二派以窃盗论,第三派独立科刑。本案以抢夺情节,虽重于窃盗,然不至如强盗之甚,盖强盗须依强暴、胁迫或他法致使人不抗拒。质言之,是使被害人失其自由举动,即欲抗拒,而有所不能,若抢夺则只乘人不备而掠取之,与强盗实有差别,故从第三派。又原案海盗罪无明文,惟在海洋行劫者,为强盗加重之情节,本案另规定为海盗,科以较重之刑。

第三百三十五条 意图为自己或第三人不法之所有,而抢夺他人所有物者,处六月以上、五年以下有期徒刑。

因而致人于死或重伤者,比较故意伤害罪从重处断。

第一项之未遂罪,罚之。

第三百三十六条 犯前条第一项之罪,而有第三百三十条情形之一者,处三年以上、十年以下有期徒刑。

本条之未遂罪,罚之。

第三百三十七条 犯第三百三十五条第一项之罪而故意杀人者,处死刑。

第三百三十八条 意图为自己或第三人不法之所有,以强暴、胁迫、药剂、催眠术或他法，至使不能抗拒，而取他人所有物或使其交付者，为强盗罪，处三年以上、十年以下有期徒刑。

以前项方法得财产上不法之利益或使第三人得之者，亦同。

犯强盗罪因而致人于死者，处死刑或无期徒刑；因而致重伤者，处无期徒刑。

第一项及第二项之未遂罪，罚之。

理由

以本条之方法，使人交付所有物，是否依强盗罪或恐吓罪之例处断，颇兹疑问，本案明白规定之，故增入"或使其交付"句。

本条第二项，即原案第三百七十二条，其用意仿丹麦、挪威、瑞典、日本等国立法例，扩充强盗范围，虽非对于他人所有物犯罪，然以强盗手段，而得财产上不法利益，例如消灭债券，或使人书立债券等，其损害殆与侵犯他人所有物无异，故本案仍从原案。

第三百三十九条　窃盗或抢夺，因防护赃物、脱免逮捕或湮灭罪证，而当场施以强暴、胁迫者，以强盗论。

第三百四十条　犯强盗罪而有第三百三十条情形之一者，处五年以上、十二年以下有期徒刑。

本条之未遂罪，罚之。

理由

原案第三百七十三条，对于强盗加重情节，只列举三项，本案仿窃盗罪，规定本条。

第三百四十一条　犯强盗罪而有左列行为之一者，处死刑或无期徒刑：

一、犯放火罪者。

二、犯强奸罪者。

本条第一款原案无，本案从修正案增入。

理由

修正案第三百八十七条第二项，强盗放火杀人强奸，其一未遂者，仍以本罪既遂论；皆未遂者，以本罪未遂论。本案以其所规定，实属过苛，故以犯两罪既遂，方能适用本条，若一罪未遂，仍依并合论罪处断，庶昭平允。

第三百四十二条　犯强盗罪而故意杀人者，处死刑。

第三百四十三条　未受交战国之允准或不属于各国之海军，而驾驶船舰，意图施强暴、胁迫于他船或他船之人或物者，为海盗罪，处无期徒刑或七年以上有期徒刑。

因而致人于死者，处死刑；因而致重伤者，处死刑或无期徒刑。

第三百四十四条　犯海盗罪而有左列行为之一者，处死刑：

一、犯放火罪者。

二、犯强奸罪者。

三、犯故意杀人罪者。

第三百四十五条　第三百三十一条及第三百三十二条之规定，于本章之罪准用之。

第三百四十六条　犯本章之罪者，得褫夺公权。

第三十一章　侵　占　罪

第三百四十七条　意图为自己或第三人不法之所有,而侵占自己持有他人所有物者,处五年以下有期徒刑、拘役,得并科或易科一千元以下罚金。

本条之未遂罪,罚之。

理由

侵占罪所以别于窃盗罪者,谓他人所有物,而归自己持有,罪方成立,故本案从修正案,改订今文。又"意图为自己或第三人不法之所有"句,原案无,本案增入。

第三百四十八条　对于公务上或业务上所持有之物,犯前条第一项之罪者,处六月以上、五年以下有期徒刑,得并科三千元以下罚金。

本条之未遂罪,罚之。

理由

原案第三百九十二条末句:"其不在公务、业务之人与共犯者,依共犯处断。"本案于总则共犯章已有规定,故删。

附删去修正案第四百零七条之理由

修正案第四百零七条,二人以上共犯侵占罪者,加重本刑,案数人共同犯罪为加重情节者,多以强暴、胁迫或类似之情形为限,谓其难于抵抗也。至于窃盗罪亦设加重之刑,则以其把风或挟赃便于犯罪之进行,较一人为重,此外似不应有此项规定,故本案删。

第三百四十九条　意图为自己或第三人不法之所有,而侵占遗失物、漂流物或其它离本人所持有之物者,处六月以下有期徒刑、拘役或一千元以下罚金。

理由

原案第三百九十三条第二项"因自己错误,而以善意取得管有之他人所有物,或因他人错误,而交付于自己之他人所有物者,以遗失物论。"等句,案第一种情形,前法律馆草案注意项下谓:"错误信他人所有物为自己所有物,而以之归于自己持有"云云,是误认他人物为自己所有物,无犯罪之故意,不成立本罪。第二种情形,谓:"因他人错误而交付于自己之他人所有物者,他人误认自己为别人,而以应交别人之物,交付于自己。"云云,是以恶意持有他人所有物,自应科以普通侵占罪,故本案删。

第三百五十条　自己所有物,已受查封而归自己保管者,关于本章之罪,以他人所有物论。

理由

本条即原案第三百九十一条第二项,又原案属于他人只当权及其他物权之自己所有物,以他人所有物论,范围过广,故本案拟参照第三百三十一条之理由,以本条所列举者为限。

第三百五十一条　第三百三十二条之规定,于本章之罪准用之。

附删去修正案第四百十一条第二项之理由

修正案第四百十一条第二项:意图犯侵占罪而携带财物潜逃者,以既遂罪论。案未遂、既遂之界限,为解释上之问题,各罪皆有之,故本案删,以符体例。

附删去修正案第四百十三条之理由

修正案第四百十三条：因犯本章之罪，伪造、行使、毁弃文书、图样、印文者，援用所犯各罪，依实体上数罪竞合之例处断。案此种情节实为想象上数罪竞合之情节，适用总则并合论罪章，从一重处断，似不应有此例外之规定，故本案删。

第三百五十二条 于直系尊亲属、配偶或同居亲属之间，犯本章之罪者，得免除其刑。

对于其他亲属间犯本章之罪者，须告诉乃论。

第三百五十三条 犯本章之罪者，得褫夺公权。

第三十二章 诈欺及背信罪

原案本章名诈欺取财，所谓诈欺者，必以虚伪之事，欺骗他人，而原案第三百八十三条为处理他人财产，违背其义务罪，非必有虚伪之事，即外国学说及立法例所谓背信罪，故本案改定今名。

第三百五十四条 意图为自己或第三人不法之所有，以诈术使人将本人或第三人所有物交付者，处五年以下有期徒刑、拘役，得并科或易科一千元以下罚金。

以前项方法得财产上不法之利益或使第三人得之者，亦同。

本条之未遂罪，罚之。

理由

原案第三百八十二条以欺罔他人使将所有物交付于己为限，若交付于第三人，即不成立本罪，故本案删去"于己"二字，较为严密。

第三百五十五条 以犯前条之罪为常业者，处一年以上、七年以下有期徒刑，得并科五千元以下罚金。

本条之未遂罪，罚之。

本条原案无，本案增入。

第三百五十六条 意图为自己或第三人不法之所有，乘未满十六岁人之知虑浅薄或乘人之心神耗弱，使之交付本人或第三人所有物者，处五年以下有期徒刑、拘役，得并科或易科一千元以下罚金。

以前项方法得财产上不法之利益或使第三人得之者，亦同。

本条之未遂罪，罚之。

理由

"意图为自己或第三人得不法之所有"句，原案无，本案增入。

附删去原案第三百八十五条之理由

原案第三百八十五条三人以上共犯诈欺罪者，加重本刑，本案拟删，理由见第三百四十八条。

附删去原案第三百八十六条之理由

原案第三百八十六条官员犯背信罪者，加重其刑，本案于渎职罪章第一百三十一条已有规定，故删。

第三百五十七条 为他人处理事务,意图为自己或第三人不法之利益,或意图加不法损害于本人,而为违背其任务之行为,致生损害于本人之财产者,处五年以下有期徒刑、拘役,得并科或易科一千元以下罚金。

本条之未遂罪,罚之。

附删去修正案第四百零二条之理由

修正案第四百零二条因犯本章之罪,伪造、行使、毁弃文书、图样、印文者,援用所犯各条,依实体上数罪竞合之例处断,本案删,理由见第三百五十一条。

第三百五十八条 第三百三十一条及第三百三十二条之规定,于本章之罪准用之。

第三百五十九条 于直系尊亲属、配偶或同居亲属之间,犯本章之罪者,得免除其刑。

对于其他亲属间犯本章之罪者,须告诉乃论。

第三百六十条 犯本章之罪者,得褫夺公权。

第三十三章 恐 吓 罪

原案本罪与诈欺罪并合规定,似未妥协,盖恐吓与诈欺,显然大异,故本案另规定本章。

第三百六十一条 意图为自己或第三人不法之所有,以恐吓使人交付本人或第三人所有物者,处五年以下有期徒刑、拘役,得并科或易科一千元以下罚金。

以前项方法得财产上不法之利益或使第三人得之者,亦同。

本条之未遂罪,罚之。

第三百六十二条 掳人勒赎者,处期徒刑或七年以上有期徒刑。

因而致被害人于死者,处死刑或无期徒刑;因而致重伤者,处无期徒刑。

第一项之未遂罪,罚之。

理由

本条原案无,本案依惩治盗匪法增入。

第三百六十三条 犯前条第一项之罪而故意杀被害人者,处死刑。

犯前条第一项之罪而强奸被害人者,处死刑或无期徒刑。

第三百六十四条 第三百三十一条及第三百三十二条之规定,于本章之罪准用之。

理由

原案第三百九十条于直系亲属、配偶或同居亲属间犯本章之罪者,免除其刑,对于其他亲属告诉乃论,本案以本章为妨害他人安全自由而犯财产罪,与纯粹之财产罪有别,即亲属间亦应科罚,故删去此限制。

第三百六十五条 犯本章之罪者,得褫夺公权。

第三十四章 赃 物 罪

第三百六十六条 收受赃物者,处三年以下有期徒刑、拘役或五百元以下罚金。

搬运、寄藏、故买赃物或为牙保者,处五年以下有期徒刑、拘役,得并科或易科一千元以下罚金。

因赃物变得之财物，以赃物论。

理由

原案“受人赠与赃物”句，本案拟改为“收受赃物”，以求概括，本条第三项原案无，本案增入。

第三百六十七条 以犯前条之罪为常业者，处六月以上、五年以下有期徒刑，得并科三千元以下罚金。

理由

本条原案无，修正案增入。以故买赃物或牙保为常业者一条，加重其刑，本案拟从修正案，并改为概括之规定。

附删去原案第三百九十八条之理由

原案第三百七十七条既经修改，故本案从修正案，删去本条。

第三百六十八条 于直系亲属、配偶或同居亲属之间犯本章之罪者，免除其刑。

理由

修正案于本章之罪准用第三百三十三条第二项，于其他亲属间犯罪者，须告诉乃论，系指亲属为被害人而言，故亲属不告诉，则不论罪。至赃物罪，则第三人为被害人，而亲属间相互授受，恐无告诉之理，该条第二项，似不适用，故本案仍从原案。

第三百六十九条 犯本章之罪者，得褫夺公权。

第三十五章 毁弃损坏罪

第三百七十条 毁弃、损坏他人文书或致令不堪用，足以生损害于公众或他人者，处三年以下有期徒刑、拘役或五百元以下罚金。

理由

原案第四百零四条“毁弃关系他人权利义务之文书”句，似未明晰，盖本罪以文书属于他人为原则，若属于己，则罪不成立。原案所规定，则虽毁弃自己所持有之他人债据，罪亦成立，恐非立法之本意，本案拟删去“权利义务”等字样，并增入“足以生损害于公众或他人”句，理由见第二百十八条。

附删去原案第四百零三条之理由

原案第四百零三条，本案于妨害公务罪章第一百三十五条已有规定，故删。

第三百七十一条 毁坏他人建筑物、矿坑、船舰或致令不堪用者，处六月以上、五年以下有期徒刑。

因而致人于死或重伤者，比较故意伤害罪，从重处断。

第一项之未遂罪，罚之。

第三百七十二条 毁弃、损坏前二条以外之他人所有物或致令不堪用，足以生损害于公众或他人者，处一年以下有期徒刑、拘役或五百元以下罚金。

理由

原案第四百零六条第二、第三款,本案以其行为过于轻微,似不必牵入刑事范围,故删。

第三百七十三条 意图损害他人,以诈术使本人或第三人为财产上之处分,致生财产上之损害者,处三年以下有期徒刑、拘役或五百元以下罚金。

理由

本条原案无,盖意图去得不法之利益,而以诈术损害他人财产者,适用诈欺罪之规定,若无图利意,而纯然为损害他人之财产起见,施用诈术,则律无明文,实属遗漏,故本案增入本条。

第三百七十四条 债务人于将受强制执行之际,意图损害债权人之债权,而毁坏、处分或隐匿其财产者,处三年以下有期徒刑、拘役或五百元以下罚金。

意图为债务人之利益而有前项之行为者,亦同。

理由

本条原案无,本案增入。

第三百七十五条 自己所有物,已受查封或担负质权或已赁贷者,关于本章之罪,以他人所有物论。

理由

本条理由与第三百三十一条,略同。

第三百七十六条 第三百三十二条之规定,于本章之罪准用之。

第三百七十七条 第三百七十条、第三百七十二条至第三百七十四条之罪,须告诉乃论。

刑法第二次修正案刑度表(之一)

死刑	
条数	行为
九一之一	故意杀大总统
一一二之一	故意杀友邦元首
二三四之六	犯强奸罪而故意杀被害人
二八一之一	杀直系尊亲属
三四二	强盗故意杀人
三四三之二	海盗致人死
三四四	海盗放火、强奸或故意杀人
三六三之一	掳人勒赎故意杀人

刑法第二次修正案刑度表(之二)

死刑或无期徒刑	
条数	行为
九五之一	以暴力犯内乱之首谋
九八之一	同谋外国与民国开战
一〇〇之一	在敌军执役或与敌国械抗民国或同盟国
一〇二之一	以军事上利益供敌而有本条列举情形之一
一八八之二	倾覆火车、电车、船舰致人死
二三四之四	强奸妇女致死
二三四之五	强奸妇女羞忿自杀
二八一之二	杀旁系尊亲属
二八二	杀人而有本条列举情形之一
三三八之三	强盗致人死
三四一	强盗放火或强奸者
三四三之二	海盗致人重伤
三六二之二	掳赎而致人死
三六三之二	掳赎而强奸

刑法第二次修正案刑度表(之三)

死刑、无期徒刑或十年以上有期徒刑	
条数	行为
九九之一	通谋外国,使民国领域属该国或他国
二三六之三	乘妇女精神丧失而奸淫或乘男女精神丧失而猥亵致死
二三六之四	奸淫精神丧失之妇女致羞忿自杀
二八〇	故意杀人(普通情节)
二九二	伤害直系尊亲属致死

刑法第二次修正案刑度表(之四)

无期徒刑	
条数	行为
九一之一	故意杀大总统未遂
九四之一	内乱首谋(普通情节)
二三四之四	强奸妇女致重伤
二三四之五	强奸妇女,羞忿,意图自杀致重伤
三三八之三	强盗致人重伤
三六二之二	掳赎致人重伤

刑法第二次修正案刑度表(之五)

无期徒刑或七年以上有期徒刑	
条数	行为
九五之一	以暴动犯内乱
一〇九	处理对外事务违背委任致害民国
一六二之三	聚众以强胁盗囚之首谋及实施者
一七八之一	放火毁现供人使用之住宅等
一八八之二	倾覆火车、电车、船舰致人重伤
二三四之三	轮奸妇女
二三六之三	乘妇女精神丧失而奸淫或乘男女而猥亵致重伤
二三六之四	奸淫精神丧失者之妇女,致意图自杀而受重伤
一六一之一	发掘直系亲属之坟墓并损弃污盗尸体或骨发等
三四三之一	海盗
三六二之一	掳人勒赎

刑法第二次修正案刑度表(之六)

无期徒刑或五年以上有期徒刑	
条数	行为
一〇三	以非供军用之械弹等交敌国
一六一之三	囚人聚众以强胁脱逃之首谋及实施者
一八三之一	决水浸现供人使用之住宅等
一八八之一	倾覆现有人之火车、电车、船舰
二〇四之一	意图行使伪造、变造通用货币纸币等
二〇四之二	意图行使而收集伪造、变造之通用货币、纸币等
二〇五之一	行使伪造、变造之通用货币等

刑法第二次修正案刑度表(之七)

七年以上有期徒刑	
条数	行为
九四之一	内乱
一六二之三	聚众以强胁盗囚在场助势者
二三四之一	强奸妇女
二三四之二	奸淫未满十二岁之女子
二五三之三	奸淫未满二十岁男女出民国领域外
二九一	犯伤害罪因而致人死

刑法第二次修正案刑度表(之八)

五年以上十二年以下有期徒刑	
条数	行为
一〇一之一	以军事利益供敌或以军事不利益害民国
一一〇	伪变毁匿对外权利之图书及证据
一六一之三	囚人聚众强胁脱逃在场助势者
二六〇之一	发掘坟墓损弃污盗尸体
二九〇之二	故意致人重伤
三〇八之三	移送被略诱之妇女出民国领域外
三四〇	强盗有三三〇条列举情形之一

刑法第二次修正案刑度表(之九)

三年以上十年以下有期徒刑	
条数	行为
一〇五之二	以国防应秘之图书、消息交付外国
一一五	私与外国战斗者
一二〇之二	公务员因受贿而为违职行为
一二一之一	执行审判之公务员要求、期约、收受贿赂
一七九之一	放火毁现非供人使用之他人住宅等
一八九之一	损毁轨道、灯塔等致火电车船舰往来危险
二二〇之一	意图行使而伪造有价证券
二二〇之二	意图行使而收集伪造有价证券
二三六之一	乘妇女精神丧失而奸淫之
二六〇之二	发掘坟墓损弃盗取骨发殓物等
二九〇之一	犯伤害罪致人重伤
三〇〇之二	意图营利受胎妇嘱托使致夫于死
三三六	抢夺他人所有物而有三三〇条列举情形之一
三三八之一	强盗
三三八之二	以强盗方法得财产上不法利益

刑法第二次修正案刑度表(之十)

一年以上七年以下有期徒刑	
条数	行为
九一之三	预备或阴谋杀大总统
九五之二	预备或阴谋以暴动犯内乱

续表

一年以上七年以下有期徒刑	
条数	行为
九六	供粮械助内乱
九八之三	预备或阴谋使外国与民国开战
九九之三	预备或阴谋通外国使民国领域属该国或他国
一〇〇之三	预备或阴谋在敌军执役或械抗民国
一〇二之三	预备或阴谋以军事上利益供敌等而有本条列举情形之一
一一二之三	预备或阴谋杀害友邦元首
一二〇之一	公务员违背职务要求、期约、收受贿赂
一二四	公务员追诉犯罪强胁取供或无罪追诉、有罪不追
一三四	聚众强胁公务员之首谋及实施者
一六三之一	公务员盗取囚人或便利其脱逃者
一七〇	证人、鉴定人、通译人于案情重要事项在审判时具结而为虚伪陈述
一八〇之一	放火毁住宅等以外之他人所有物致生公险
一八四之一	决水浸现非供人使用之他人所有住宅等
一九四之一	损坏矿厂等致生危险于他人生命
一九五之一	投毒物于公饮源泉
二一九	伪造公文书足害公众或他人
二二四	公务员明知不实而登载所掌之公文书足害公众与他人
二三九	四亲等内之宗亲相和奸
二五三之二	意图营利或猥亵、奸淫而略诱未满十二岁之男女
二五四之二	意图营利或猥亵、奸淫收藏被诱人或使隐避
二五八之一	损弃污盗尸体
二八三	当场激义愤而杀人
二八五	教唆或帮助他人自杀
二九三	教唆或帮助他人自伤因而致死
三〇〇之二	意图营利受胎妇嘱托使堕胎致妇重伤
三〇七	使人为奴隶或相类之不自由地位
三〇八之二	意图猥亵、奸淫而略诱妇女
三三〇	窃盗有本条列举情形之一
三五五	以诈欺取财为常业

刑法第二次修正案刑度表(之十一)

六月以上五年以下有期徒刑	
条数	行为
九四之二	预备或阴谋内乱
一二三	执行审判之公务员故为出入
一三五	毁损、隐匿公务员掌管之图书、物品
一四八	聚众强胁之首谋及实施者
一五一	参与以犯罪为宗旨结合之首谋
一五三	煽惑军人不守纪律或脱逃背叛
一六二之二	损坏禁所械具或强胁盗取被拘囚人
一七九之二	放火毁自有现非供人使用之住宅等致生公险
一八四之二	决水浸自有现非供人使用之住宅等致生公险
一九一	意图供犯罪之用制造炸药等
二〇一	灾害之际与公署缔约供粮等不履行致生公险
二二一之一	意图行使而伪造变造邮票印花税票
二二一之二	意图行使而收集伪造邮票印花税票
二二九之一	伪造公印或公印文
二二九之二	盗用公印或公印文足害公众或他人
二三八	以诈术奸淫妇女
二五三	和略诱未满二十岁之男女
二五四	收藏被诱人或使隐避
二五八之二	损弃盗取骨发殓物
二五九	发掘坟墓
二七一	意图营利以馆舍供人吸食鸦片
二八四	母于生产时杀私生子
二八九	用致死或重伤方法而伤人
三〇〇之一	意图营利受胎妇嘱托使之堕胎
三〇一之一	未受胎妇嘱托使之堕胎
三〇四	遗弃依法律契约应扶养之无自救力人
三〇八	意图结婚而略诱妇女
三三五	抢夺他人所有物
三四八	侵占公务上或业务上所有之他人所有物
三六七	收受赃物或运寄故买牙保为常业
三七一	毁坏他人建筑物等

刑法第二次修正案刑度表(之十二)

五年以下有期徒刑	
条数	行为
一〇四之一	在开战期内不履行供给军需之契约
一〇五之一	泄漏国防应秘之图书消息
一〇七之一	探集国防应秘之图书消息
一一九之一	公务员对职务行为要求期约收受贿赂
一二五之一	公务员违法执行刑罚
一四〇	以强胁妨害选举
一六一之二	囚人脱逃损坏禁所械具或强胁者
一七一之一	意图他人受处分而诬告
一七一之二	意图他人受处分而伪造变造证据
一八五之一	决水浸住宅等以外之他人所有物致生公险
二〇六之一	意图行使而减损通用货币之分量
二〇六之二	意图行使而收集减损分量之通用货币
二〇七之一	行使减损分量之通用货币
二〇八	供伪造变造货币等之用制造交受器械原料
一二八	伪造变造文书足害公众或他人
二三五之一	对男女以强暴胁迫为猥亵行为
二三五之二	对未满十二岁之男女为猥亵行为
二四一	夫引诱妻与人奸淫或由二三七条列举之人引诱者
二四九	重婚
二六九	制造贩卖或输入鸦片吗啡等
二九三	教唆或帮助他人自伤因致重伤
二九九之二	受胎妇嘱托使之堕胎致妇于死
三〇三之二	遗弃无自救力之人因而致死

刑法第二次修正案刑度表(之十三)

五年以下有期徒刑、拘役或罚金	
条数	行为
一九三	妨害铁路邮电等事业
二六三	以强胁妨害贩运谷类或籽种等
二八八	伤害人之身体
三九之一	私禁或以其他非法之方法夺人自由

续表

五年以下有期徒刑、拘役或罚金	
条数	行为
三二九	窃取他人所有物
三四七	侵占自己持有之他人所有物
三五四之一	以诈术使人交付所有物
三五四之二	以诈术得财产上不法利益
三五六之一	乘人知浅神弱使交易所有物
三五六之二	乘人知浅神弱得财产上不法利益
三五七	违背任务致损本人之财产
三六一之一	以恐吓使人交付所有物
三六一之二	以恐吓得财产上不法利益
三六六之二	运寄故买赃物或为牙保者

刑法第二次修正案刑度表(之十四)

三年以下有期徒刑	
条数	行为
一〇一之三	预备或阴谋以军事利益供敌或以军事不利益害民国
一〇三之三	预备或阴谋以非供军用之械弹等交敌国
一二〇之三	对公务员违职行为行求期约交付贿赂
一二一之二	对执行审判之公务员违职行为行求期约交付贿赂
一二五之二	执行吏违法不执行刑罚
一二七	公务员于主管或监督事务图利
一三三之一	对公务员执行职务时施强胁
一三三之二	意图使公务员为一定之职务或妨害其依法职务而施强胁
一四一之一	有选举权之人要求期约收受贿赂
一四二	以生计上利害诱导选举人
一四三	以诈术使投票上不正确或变造选举结果
一四七	聚众意图强胁之首谋
一五四之一	未受允准招集军队发给军需或率带军队
一六二之一	盗取被禁囚人或便利其脱逃
一八六之一	溃堤破闸致生公险
二〇〇	从事铁路邮电等同盟罢工之首谋
二二五	明知不实而使公务员登载所掌之公文书足害公众或他人

续表

三年以下有期徒刑	
条数	行为
二二八之一	伪造印文印章署押足害公众或他人
二二八之二	盗用印章印文署押足害公众或他人
二三六之二	乘男女精神丧失为猥亵行为
二四二	引诱良家妇女与人奸淫为常业
二五〇	以诈术缔结无效之婚姻
二六四	意图加减工价等强胁罢工或阻复工
二七〇	制造贩卖或输入专供吸食鸦片之器具
二七二之一	栽种罂粟或高根叶
二七八	供给赌场或聚众赌博
二八一之四	预备杀尊亲属
二九四	聚众斗杀致人死或重伤在场助势者
二九九之二	受胎妇嘱托使之堕胎致妇重伤
三〇三之二	遗弃无自救力之人致重伤

刑法第二次修正案刑度表(之十五)

三年以下有期徒刑、拘役或罚金	
条数	行为
一二六之一	公务员对于租税等明知不应收而征收
一二六之二	公务员抑留或扣发应发款物
一二八	邮务局之公务员开拆隐匿邮件
一二九	电报局之公务员变拆隐匿电报
一八二	漏逸蒸电煤气致生公险
一八七	遇水火灾隐损防御器械
一九〇	损塞水陆路桥梁等致往来危险
一九二	未受允准制造持有炸药等
二二二	意图行使伪造船票火车票点车票等
二二六	医师于提出公署等之证书登载不实足害公众或他人
二八六之二	业务人过失致人于死
三一一	强胁使人行无义务事或妨害行使权利
三六六之一	收受赃物
三七〇	毁坏他人文书足生损害于公众或他人

续表

三年以下有期徒刑、拘役或罚金	
条数	行为
三七三	以诈术使人为财产上之处分致生损害
三七四之一	债务人将受强制执行毁坏或隐匿其财产损害债权
三七四之二	债务人将受强制执行图为债务人利益毁隐其财产

刑法第二次修正案刑度表(之十六)

二年以下有期徒刑	
条数	行为
一一九之二	对公务员行求、期约或交付贿赂
一四一之二	对有选举权人行求、期约或交付贿赂
一四九	以加害生命、身体、财产恐吓公众致害公安
一五八	意图营利以诈术使人出民国领域外
一六五之一	藏匿犯人或使隐避
一六五之二	意图藏匿犯人而顶替
一六六	湮灭罪证或行使伪造、变造之证据
一八〇之二	放火烧毁住宅等以外之自己所有物致生公险
一八五之二	决水浸害住宅等以外之自己所有物致生公险
二三〇	供伪造变造证券等之用制造交受器械原料
二四三	引诱未满十二岁之男女猥亵或奸淫
二五一	有夫之妇与人奸通
二六五	伪造商标或商号
二七四	为人施打吗啡针
二七七	以赌博为常业
二九九之一	受胎妇嘱托或承诺使之堕胎

刑法第二次修正案刑度表(之十七)

二年以下有期徒刑、拘役或罚金	
条数	行为
一〇四之二	开战期内因过失不履行供给军需之契约
一〇六	公务员因职务知悉或持有国防应秘图书消息过失泄漏
一五〇	以图书演说等公然煽惑犯罪或违法抗令或公然颂扬犯罪
一八八之四	业务人过失倾坏现有人之火电车船舰

续表

二年以下有期徒刑、拘役或罚金	
条数	行为
一九七	违背预防人类传染病检验等法令
一九九	承揽工程或监工人违背建筑成规致生公险
二一四	行使违背定程之度量衡
二八六	因过失致人于死
二九五之三	业务人过失致人重伤
三一二	以加害生命等恐吓他人致生危害
三二二	散布流言或诈术损害人之信用

刑法第二次修正案刑度表(之十八)

一年以下有期徒刑	
条数	行为
一〇五之四	预备或阴谋泄露国防应秘之图书消息或交外国
一〇七之三	预备或阴谋探集国防应秘之图书消息
一〇八	意图探集国防应秘之图书消息而入堡垒、炮台、军舰等
一一五之三	预备或阴谋私与外国战斗
一三四	聚众强胁公务员在场助势者
一六一	囚人脱逃
二四〇	意图营利引诱良家妇女与人猥亵、奸淫
二八八之二	加暴行于尊亲属未成伤

刑法第二次修正案刑度表(之十九)

一年以下有期徒刑、拘役或罚金	
条数	行为
一一六	违背局外中立之命令
一一七	意图侮辱外国公然损污外国国旗国章
一二五之三	执行吏因过失违法执行刑罚
一三六	损坏公务员所施之封印或查封之标示
一四四	妨害或扰乱选举
一四八	聚众施强胁在场助势者
一五一	参与以犯罪与宗旨之结合
一五二	知有犯内乱等罪可预防时而不告发

续表

一年以下有期徒刑、拘役或罚金	
条数	行为
一五四之二	投充未受允准招集之军队
一五五	僭行民国或外国公务员之职权
一五七	意图侮辱民国公然损污国旗国章
一六三之二	公务员因过失便利囚人脱逃
一七三之一	未指定犯人向该管公务员诬告犯罪
一七三之二	未指定犯人而伪造、变造犯罪证据致开侦查
一七八之二	失火烧毁现供人使用之住宅等
一七八之四	预备放火烧毁现供人使用之住宅等
一七九之五	预备放火烧毁现非供人使用之他人所有住宅等
一八三之二	过失决水浸害现供人使用之住宅等
一八八之三	过失倾坏现有人之火电车船舰
一八九之四	业务人过失损坏轨道、灯塔等致生火电车船舰往来危险
一九四之三	业务人过失损坏矿坑等致生危害于他人生命
一九八	违背预防动植物传染病检验等法令
二〇〇	从事铁路邮电等同盟罢工
二一二	制造违背定程之度量衡
二一三	贩卖违背定程之度量衡
二二三	伪造变造护照等足害公众或他人
二六六	影射商标、商号致难辨真伪
二七二之二	贩卖因罂粟高根种
二七九之一	未经允准发行彩票
二九五之二	过失致人重伤
二九五之三	业务人过失伤人
二九八之一	怀胎妇女服药堕胎
二九八之二	怀胎妇女听人堕胎
三〇二	以字画、演说介绍堕胎方法
三〇三	遗弃无自救力之人
三一三之一	无故入人家宅等
三一三之二	无故匿人家宅要求退去而仍逗留
三一七之二	散布字画毁人名誉

续表

一年以下有期徒刑、拘役或罚金	
条数	行为
三二一之二	对已死之人明知虚伪而诽谤者
三二六	宗教师、医师等泄露因业务知悉或持有他人之秘密
三二七之一	泄露因业务知悉或持有之工商秘密
三二七之二	公务员泄露因公务知悉或持有之工商秘密
三七二	毁损文书、建筑物等以外之他人所有物足害公众或他人

刑法第二次修正案刑度表(之二十)

六月以下有期徒刑、拘役或罚金	
条数	行为
一三七之一	公务员执行职务时当场侮辱
一三七之二	对于公署公然侮辱
一四五	无记名投票刺探被选举人姓名
一四七	聚众意图强胁在场助势者
一五六	公然僭用公务员服章官衔
一七九之三	失火烧毁现非供人使用之他人所有住宅等或烧毁自有住宅等致生公险
一八四之三	过失决水浸害现非供人使用之他人所有住宅等或浸害自有住宅等致生公险
一八九之三	过失损坏轨塔等致生危险
一九四之二	过失损坏矿厂等致生危险于他人生命
一九五之三	过失投毒于公饮源水
一九六	制贩妨害卫生物品
二〇五之二	收受后方知为伪币而仍行使
二四四	和奸未满二十岁良家无夫妇女
二五二	妇女于婚姻解销在法定期内再婚
二五七之一	公然侮辱坛庙坟墓等
二五七之二	妨害丧葬礼说教礼拜
二六七	知伪造或影射商标、商号之货物而贩卖陈列
二七三	吸食鸦片等
二七九之二	媒介未经允准之彩票买卖
二九五	过失伤人
三一七之一	毁损人名誉
三二五	无故拆匿封缄信函等
三四九	侵占遗失物漂流物

刑法第二次修正案刑度表(之二十一)

拘役或罚金	
条数	行为
一三八	意图侮辱公务员或公署损坏除秽实贴公众场所文告
一八〇之三	失火烧毁住宅等以外之他人所有物致生公险
一八五之三	过失决水浸害住宅等以外之他人所有物致生公险
一八六之二	过失溃堤破闸致生公险
二四五	公然为猥亵行为
二四六之一	散布或贩卖猥亵之图书等
二四六之二	意图贩卖而制造、持有猥亵图书等
二七五	持有鸦片、吗啡等及吸鸦片之器具
二七六	在公共场所赌博赌博财物
三一六	公然侮辱人
三二一之一	对已死之人公然侮辱

刑法第二次修正案刑度表(之二十二)

得并科罚金		
条数	行为	金额
一〇四之一	在开战期内不履行供给军需之契约	五千元以下
一一九之一	公务员要求、期约或收受贿赂	五千元以下
一二〇之一	公务员违背职务要求、期约或收受贿赂	五千元以下
一二〇之二	公务员因受贿而为违职行为	五千元以下
一二一之一	执行审判之公务员要求、期约或收受贿赂	五千元以下
一二七	公务员于主管或监督事务图利者	五千元以下
一四一之一	有选举权之人要求、期约或收受贿赂	五千元以下
二六九	制造、贩卖或输入吗啡等	五千元以下
三五五	以诈欺取财为常业	五千元以下
一一九之二	对公务员行求、期约或交付贿赂	三千元以下
一二〇之三	对公务员违职行为行求、期约或交付贿赂	三千元以下
一二一之二	对执行审判之公务员行求、期约或交付贿赂	三千元以下
一四一之二	对有选举权之人行求、期约或交付贿赂	三千元以下
二〇一	灾害之际与公署缔约供粮等不履行致生公险	三千元以下
二〇四之一	意图行使伪造变造通用货币纸币等	三千元以下

续表

得并科罚金		
条数	行为	金额
二〇四之二	意图行使而收集伪造变造之通用货币纸币等	三千元以下
二〇五之一	行使伪造变造之通用货币纸币等	三千元以下
二二〇之一	意图行使而伪造有价证券	三千元以下
二二〇之二	意图行使而收集伪造有价证券	三千元以下
二六五	伪造商标或商号	三千元以下
二七二之一	栽种罂粟或高根叶	三千元以下
二七八	供给赌场或聚众赌博	三千元以下
二七九之一	未经政府允准而发行彩票	三千元以下
三四八	侵占公务或业务上所持有之他人所有物	三千元以下
三六七	收受赃物运寄故买牙保为常业	三千元以下
一五八	意图营利以诈术使人出民国领域外	一千元以下
二〇六之一	意图行使而减损通用货币之分量	一千元以下
二〇六之二	意图行使而收集减损分量之通用货币	一千元以下
二〇七之一	行使减损分量之通用货币	一千元以下
二〇八	供伪造变造货币等之用制造、交受器械原料	一千元以下
二二一之一	意图行使而伪造变造邮票印花税票	一千元以下
二二一之二	意图行使而收集伪造变造邮票印花税票	一千元以下
二四一	夫引诱妻与人奸淫或由二三七条列举之人引诱者	一千元以下
二四二	引诱良家妇女与人奸淫为常业	一千元以下
二五三之二	意图营利或猥亵奸淫而略诱未满二十岁之男女	一千元以下
二七七	以赌博为常业	一千元以下
二三〇	供伪造变造证券等之用制造、交受器械原料	五百元以下
二四〇	意图营利引诱良家妇女与人猥亵奸淫	五百元以下
二七一	意图营利以馆舍供人吸食鸦片	五百元以下
二七四	为人施打吗啡针	五百元以下
三〇〇之一	意图营利受胎妇嘱托使之堕胎	五百元以下
三〇〇之二	意图营利受胎妇嘱托使堕胎致死或重伤	五百元以下

刑法第二次修正案刑度表(之二十三)

得并科或易科罚金		
条数	行为	金额
一一六	违背局外中立之命令	三千元以下
二七二之二	贩卖罂粟高根种	三千元以下

续表

得并科或易科罚金		
条数	行为	金额
一二六之一	公务员对于租税等明知不应收而征收	一千元以下
一二六之二	公务员抑留或扣发应发款物	一千元以下
一九六	制贩妨害卫生物品	一千元以下
二一四	行使违背定程之度量衡	一千元以下
二六六	影射商标商号致难辨真伪	一千元以下
二六七	知伪造或影射商标商号之货物而贩卖陈列	一千元以下
二七九之二	媒介未经允准之彩票买卖	一千元以下
三〇二	以字画演说介绍堕胎方法	一千元以下
三二二	散布流言或诈术损害人之信用	一千元以下
三四七	侵占自己持有之他人所有物	一千元以下
三五四之一	以诈术使人交付所有物	一千元以下
三五四之二	以诈术得财产上不法利益	一千元以下
三五六之一	乘人知浅神弱使交付所有物	一千元以下
三五六之二	乘人知浅神弱使得财产上不法利益	一千元以下
三五七	违背任务致损本人之财产	一千元以下
三六一之一	以恐吓使人交付所有物	一千元以下
三六一之二	以恐吓得财产上不法利益	一千元以下
三六六之二	运寄故买赃物或未牙保者	一千元以下
一二八	邮务局之公务员开拆隐匿邮件	五百元以下
一二九	电报局之公务员变拆隐匿电报	五百元以下
二四六之一	散布或贩卖猥亵图书等	五百元以下
二四六之二	意图贩卖而制造持有猥亵图书等	五百元以下
二一二	制造违背定程之度量衡	三百元以下
二一三	贩卖违背定程之度量衡	三百元以下

刑法第二次修正案刑度表(之二十四)

或科罚金		
条数	行为	金额
一九九	承揽工程或监工人违背建筑成规致生公险	三千元以下
二六三	以强胁妨害贩运谷类粗种等	三千元以下
一〇四之三	开战期内因过失不履行供给军需之契约	一千元以下

续表

或科罚金		
条数	行为	金额
一〇六	公务员因职务知悉或持有国防应秘图书消息过失泄漏	一千元以下
一五〇	以图书演说等公然煽惑犯罪或违法抗令或公然颂扬犯罪	一千元以下
一九七	违背预防人类传染病检验等法令	一千元以下
二〇五之二	收受后方知伪币而仍行使	一千元以下
二二二	意图行使伪造船票火车票电车票等	一千元以下
二七三	吸食鸦片等	一千元以下
二七六	在公众场所赌博财物	一千元以下
二八六之一	因过失致人于死	一千元以下
二八六之二	业务人过失致人于死	一千元以下
二八八	伤害人之身体	一千元以下
三一七之二	散布文字、图书毁人名誉	一千元以下
三二一之二	明知虚伪而诽谤已死之人	一千元以下
三二七之一	泄漏因业务知悉或持有之工商秘密	一千元以下
三二七之二	公务员泄漏因公务知悉或持有之工商秘密	一千元以下
三四九	侵占遗失物、漂流物	一千元以下
一四四	妨害或扰乱选举	五百元以下
一六三之二	公务员因过失便利囚人脱逃	五百元以下
一八八之四	业务人过失倾坏现有人之火电车船舰	五百元以下
一八九之四	业务人过失损坏轨道、灯塔等致生火电车船舰往来危险	五百元以下
一九二	未受允准制造、持有炸药等	五百元以下
一九三	妨害铁路、邮电等事业	五百元以下
一九四之三	业务人过失损坏矿坑等致生危害于他人生命	五百元以下
一九八	违背预防动植物传染病检验等法令	五百元以下
二二六	医师与提出公署等之证书登载不实足害公众或他人	五百元以下
二九五之一	过失伤人	五百元以下
二九五之二	过失致人重伤	五百元以下
二九五之三	业务人过失伤人	五百元以下
二九五之三	业务人过失致人重伤	五百元以下
三一七之一	毁损人名誉	五百元以下
三二六	宗教师医师等泄漏因业务知悉或持有他人之秘密	五百元以下

续表

或科罚金		
条数	行为	金额
三二九	窃取他人所有物	五百元以下
三六六之一	收受赃物	五百元以下
三七〇	毁坏他人文书足害公众或他人	五百元以下
三七二	毁坏文书、建筑物等以外之他人所有物足害公众或他人	五百元以下
三七三	以诈术使人为财产上之处分致生损害	五百元以下
三七四之一	债务人将受强制执行毁坏或隐匿其财产损害债权	五百元以下
三七四之二	债务人将受强制执行图为债务人利益毁隐其财产	五百元以下
一一七	意图侮辱外国公然损污外国国旗国章	三百元以下
一二五之三	执行吏因过失违法执行刑罚	三百元以下
一三六	损坏公务员所施之封印或查封之标示	三百元以下
一三七之一	对公务员执行职务时当场侮辱	三百元以下
一三七之二	对于公署公然侮辱	三百元以下
一四五	无记名投票刺探被选举人姓名	三百元以下
一四七	聚众意图强胁在场助势者	三百元以下
一四八	聚众施强胁在场助势者	三百元以下
一五一	参与以犯罪为宗旨之结合	三百元以下
一五二	知有犯内乱等罪可预防时而不告发	三百元以下
一五四之二	投充未受允准招集之军队	三百元以下
一五五	僭行民国或外国公务员之职权	三百元以下
一五六	公然僭用公务员服章官衔	三百元以下
一五七	意图侮辱民国公然损污国旗国章	三百元以下
一七三之一	未指定犯人向该管公务员诬告犯罪	三百元以下
一七三之二	未指定犯人而伪造变造犯罪证据致开侦查	三百元以下
一七八之二	失火烧毁现供人使用之住宅等	三百元以下
一七八之四	预备放火烧毁现供人适用之住宅等	三百元以下
一七九之三	失火烧毁现非供人使用之他人所有住宅等 或烧毁自有住宅等致生公险	三百元以下
一七九之五	预备放火烧毁现非供人使用之他人所有住宅等	三百元以下
一八〇之三	失火烧毁住宅等以外之物致生公险	三百元以下
一八二	漏逸蒸电煤气致生公险	三百元以下

续表

或科罚金		
条数	行为	金额
一八三之二	过失决水浸害现供人使用之住宅等	三百元以下
一八四之三	过失决水浸害现非供人使用之他人所有住宅等或浸害自由住宅等致生公险	三百元以下
一八五之三	过失决水浸害住宅等以外之他人所有物致生公险	三百元以下
一八六之二	过失溃堤破闸致生公险	三百元以下
一八七	遇水火灾隐损防御器械	三百元以下
一八八之三	过失倾坏现有人之火电车船舰	三百元以下
一八九之三	过失损坏轨道灯塔等致火电车船舰往来危险	三百元以下
一九〇	损塞水陆路桥梁等致生往来危险	三百元以下
一九四之二	过失损坏矿厂等致生危险于他人生命	三百元以下
一九五之三	过失投毒物于公饮源泉	三百元以下
二〇〇	从事铁路邮电等同盟罢工	三百元以下
二二三	伪造变造护照等足害公众或他人	三百元以下
二四四	和奸未满二十岁良家无夫妇女	三百元以下
二五二	妇女于婚姻解销后再法定禁止期内再婚	三百元以下
二五七之一	公然侮辱坛庙坟墓等	三百元以下
二五七之二	妨害丧葬礼说教礼拜	三百元以下
二七五	持有鸦片吗啡等及吸鸦片之器具	三百元以下
二九八之一	怀胎妇女服药堕胎	三百元以下
二九八之二	胎妇听人堕胎	三百元以下
三〇三之一	遗弃无自救力之人	三百元以下
三〇九之一	私禁或以其他非法之方法夺人自由	三百元以下
三一一	强胁使人行无义务事或妨害行使权利	三百元以下
三一二	以加害生命等恐吓他人致生危害	三百元以下
三一三之一	无故入人家宅等	三百元以下
三一三之二	无故匿人家宅要求退去而仍匿留	三百元以下
三一六	公然侮辱人	三百元以下
三二一之一	对于已死之人公然侮辱	三百元以下
一三八	意图侮辱公务员或公署损坏、除去、污秽实贴公众场所文告	一百元以下
二四五	公然为猥亵行为	一百元以下
三二五	无故拆匿封缄信函等	一百元以下

刑法第二次修正案刑度表(之二十五)

罚金		
条数	行为	金额
二零七之二	收受后方知减损分量之通用货币,而仍行使	一千元以下
二一五	意图行使,持有违背定程之度量衡	一百元以下

六、《改定刑法第二次修正案》(1919年)

《改定刑法第二次修正案》*

(1919年7月)

目　　录

* 1918年《刑法第二次修正案》完成后，北洋政府司法当局交由各省法院征求意见，于1919年7月进一步修订为《改定刑法第二次修正案》，条文增加至393条。

第七章　妨害选举罪
第八章　妨害秩序罪
第九章　脱逃罪
第十章　藏匿犯人及湮灭证据罪
第十一章　伪证及诬告罪
第十二章　公共危险罪
第十三章　伪造货币罪
第十四章　伪造度量衡罪
第十五章　伪造文书印文罪
第十六章　妨害风化罪
第十七章　妨害婚姻及家庭罪
第十八章　妨害宗教罪
第十九章　妨害商务罪
第二十章　鸦片罪
第二十一章　赌博罪
第二十二章　杀人罪
第二十三章　伤害罪
第二十四章　堕胎罪
第二十五章　遗弃罪
第二十六章　妨害自由罪
第二十七章　妨害名誉及信用罪
第二十八章　妨害秘密罪
第二十九章　窃盗罪
第三十章　抢夺强盗及海盗罪
第三十一章　侵占罪
第三十二章　诈欺及背信罪
第三十三章　恐吓罪
第三十四章　赃物罪
第三十五章　毁弃损坏罪

改定刑法第二次修正案与暂行新刑律更移损益表

本案章数、章名、章次照暂行新刑律有所更移损益,列表如左:[1]

第一编 总 则

本案	暂行新刑律
第一章 法例	第一章 法例
第二章 文例	第十七章 文例
第三章 时例	第十六章 时例
第四章 刑事责任之减免	第二章 不为罪
	第八章 宥减
	第九章 自首
第五章 未遂罪	第三章 未遂罪
第六章 共犯	第六章 共犯罪
第七章 刑名	第七章 刑名
第八章 累犯	第四章 累犯罪
第九章 并合论罪	第五章 俱发罪
第十章 刑之酌科	第十章 酌减
第十一章 加减例	第十一章 加减例
第十二章 缓刑	第十二章 缓刑
第十三章 假释	第十三章 假释
第十四章 时效	第十五章 时效
	第十四章 赦免

第二编 分 则

本案	暂行新刑律
第一章 侵犯大总统罪	
第二章 内乱罪	第二章 内乱罪
第三章 外患罪	第三章 外患罪
	第五章 漏泄机务罪
第四章 妨害国交罪	第四章 妨害国交罪
第五章 渎职罪	第六章 渎职罪
第六章 妨害公务罪	第七章 妨害公务罪
第七章 妨害选举罪	第八章 妨害选举罪
第八章 妨害秩序罪	第九章 骚扰罪
	第十六章 妨害秩序罪

〔1〕 表格为编者所加,原文只有文字。

续表

<table>
<tr><th>本案</th><th>暂行新刑律</th></tr>
<tr><td>第九章　脱逃罪</td><td>第十章　逮捕监禁人脱逃罪</td></tr>
<tr><td>第十章　藏匿犯人及湮灭证据罪</td><td>第十一章　藏匿罪人及湮没证据罪</td></tr>
<tr><td>第十一章　伪证及诬告罪</td><td>第十二章　伪证及诬告罪</td></tr>
<tr><td rowspan="5">第十二章　公共危险罪</td><td>第十三章　放火决水及妨害水利罪</td></tr>
<tr><td>第十四章　危险物罪</td></tr>
<tr><td>第十五章　妨害交通罪</td></tr>
<tr><td>第二十四章　妨害饮料水罪</td></tr>
<tr><td>第二十五章　妨害卫生罪</td></tr>
<tr><td>第十三章　伪造货币罪</td><td>第十七章　伪造货币罪</td></tr>
<tr><td>第十四章　伪造度量衡罪</td><td>第十九章　伪造度量衡罪</td></tr>
<tr><td>第十五章　伪造文书印文罪</td><td>第十八章　伪造文书及印文罪</td></tr>
<tr><td>第十六章　妨害风化罪
第十七章　妨害婚姻及家庭罪</td><td>第二十三章　奸非及重婚罪
第三十章　略诱及和诱罪</td></tr>
<tr><td>第十八章　妨害宗教罪</td><td>第二十章　亵渎祀典及发掘坟墓罪</td></tr>
<tr><td>第十九章　妨害商务罪</td><td></td></tr>
<tr><td>第二十章　鸦片罪</td><td>第二十一章　鸦片烟罪</td></tr>
<tr><td>第二十一章　赌博罪</td><td>第二十二章　赌博罪</td></tr>
<tr><td>第二十二章　杀人罪</td><td rowspan="2">第二十六章　杀伤罪</td></tr>
<tr><td>第二十三章　伤害罪</td></tr>
<tr><td>第二十四章　堕胎罪</td><td>第二十七章　堕胎罪</td></tr>
<tr><td>第二十五章　遗弃罪</td><td>第二十八章　遗弃罪</td></tr>
<tr><td>第二十六章　妨害自由罪</td><td>第二十九章　私擅逮捕监禁罪</td></tr>
<tr><td>第二十七章　妨害名誉及信用罪</td><td rowspan="2">第三十一章　妨害安全信用名誉及秘密罪</td></tr>
<tr><td>第二十八章　妨害秘密罪</td></tr>
<tr><td>第二十九章　窃盗罪</td><td rowspan="2">第三十二章　窃盗及强盗罪</td></tr>
<tr><td>第三十章　抢夺强盗及海盗罪</td></tr>
<tr><td>第三十一章　侵占罪</td><td>第三十四章　侵占罪</td></tr>
<tr><td>第三十二章　诈欺及背信罪</td><td rowspan="2">第三十三章　诈欺取财罪</td></tr>
<tr><td>第三十三章　恐吓罪</td></tr>
<tr><td>第三十四章　赃物罪</td><td>第三十五章　赃物罪</td></tr>
<tr><td>第三十五章　毁弃损坏罪</td><td>第三十六章　毁弃损坏罪</td></tr>
</table>

改定刑法第二次修正案与暂行新刑律之异同

本案与《暂行新刑律》之异同其重要者如左:

第一编　总　　则

一、暂行律于新旧法律有轻重时,概从新法,有时科犯人以事后之重刑,殊未平允。本案则以从新为原则,而于旧法之刑较轻者,从轻。

二、故意及过失之范围,暂行律未经确定解释,易于出入人罪。故本案从晚近立法例,以明文定之。

三、暂行律于犯某罪因发生其他结果者,加重其刑等条文颇多。案犯罪所生之结果在犯人意中者,科以较重之刑未为不当。若意外之结果,其原因至为复杂,使犯人负此责任,不独受罚者不平,亦非刑事政策所宜。故本案依一千九百零二年万国刑法学会决议及晚近立法例,规定犯人只对于其能预见之结果负责。

四、责任年龄。前清资政院议决之刑律草案本定为十五岁,嗣经内阁奏请改为十二岁。暂行律因之。揆之刑事政策,未为得当。故本案参酌多数国立法例,改为十四岁。十四岁以上、未满十六岁者,得减轻其刑。并于感化教育之外增入监护人等缴纳保证金自行监督品行一法。

五、暂行律于正当防卫之行为,以不正之侵害为准;于紧急避难之行为,凡出于不得已者,皆得为之。其适用范围均属过广。故本案从多数国立法例,前者以不法之侵害为限,而后者以救护自己或他人之生命、身体、自由、财产者为限。

六、从犯,暂行律以事前帮助者为限,此外则准正犯。然事中帮助不问其行为与犯罪之关系如何,概与正犯同罚,未见平允。故本案不分事前、事中,凡帮助正犯者皆为从犯,惟以事中为直接及重要之帮助者为限,处以正犯之刑。

七、有期徒刑,暂行律采等级制以五等为标为标准。惟罪之轻重,各有不同,必以五者绳之,恐所定之刑有失于酷,即失于宽之病。且加必一等减必一等,亦恐畸轻畸重。故本案废去等级,于分则各条明定年月,而加减则以若干分之几为准,既无定刑失当之虞,并免加减相悬之失。

八、罚金,暂行律以一元为最低度,本案改为一角。易科监禁,暂行律概定为一元折算一日,本案改为一角以上二元以下,俾法官得视犯人之资力及职业等而审酌情形定之。又易科监禁日数,暂行律以三年为限,然查各国立法例,无过一年者,故本案缩短为一年。

九、褫夺公权,暂行律有必褫夺与得褫夺两例,褫夺又有全部及一部之分,标准至为不一,规定亦殊分歧。故本案于应否褫夺公权概取裁量主义,并废去一部之褫夺。

十、累犯,暂行律不分犯罪之异同及性质,同等处罚,不足以惩治有特别之恶性者。故本案分普通累犯与特别累犯二者,后者之处罚较前者加重。

十一、暂行律总则第五章俱发罪系沿用旧律之名称,但该章所规定者,非限于数罪俱发,即数罪各别发觉亦得适用,是以日本旧刑法名为数罪俱发,新刑法改为并合罪。然所谓并合罪,并非将数罪并合为一罪,其各罪仍独立存在,不过并合处断之耳。故本案改为并合罪。

十二、暂行律于裁判确定前所犯之数罪,皆并合论罪。然裁判既经宣告,不当因以后所犯之罪而复加变更,迁就犯人,使享并合论罪之利益。故本案以裁判宣告前犯数罪者为限,始得并合论罪。

十三、暂行律于科刑之轻重,除酌减外别无标准,施行以来因范围过广,援用未尽得当。故本案仿瑞士及德国刑法准备草案之例,特设专条,胪举科刑时应行注意之事项,以为法定刑内科刑轻重之标准。

十四、缓刑之制,本为较轻之罪而设,暂行律以四等有期徒刑(三年未满)为缓刑之范围。证诸各国立法例,失之过广。故本案改为二年以下有期徒刑。又缓刑期限之长短,当视刑期之长短定之,暂行律以三年为最短期限,施之短期自由刑未免过久。故本案缩短为二年。

十五、罚金能否缓刑,虽为刑法上一争论问题,而揆之奖励犯人迁善之旨,则予以缓刑,或较诸施刑之收效为佳,是以外国刑法将缓刑扩充至罚金者,不少其例。况罚金较于徒刑、拘役,徒刑、拘役尚准其缓刑,而犯较轻之罪反不许其自新,于刑事政策有所未协。故本案增入罚金一层。

十六、亲属之范围。暂行律以旧律服制图为准,而服制图烦复细密,即贤智亦难猝记。故本案从民律草案之例,用亲等计算法较为简易,然其范围则仍与服制图适合。

十七、文例。各国刑法有立为专章者,有不立专章仅于法例章规定一二条者,但其次序,则除荷兰外,皆列于总则之前。暂行律取法荷兰,将文例列于总则之末。然文例之适用于总则各章节者不少,反列在各章之后,援证未免失序。故本案将文例列为第二章,而以时例次之。

十八、暂行律刑名章,依墨西哥刑法列于未遂罪、累犯罪、俱发罪、共犯罪各章之后。谓有罪而后有刑,不当先刑后罪。然未遂与共犯关于犯罪之状态列于刑名之前,固属允当。至累犯与并合论罪,非关于犯罪之状态,而实关于科刑之重轻,设不知各种刑名,则无从规定累犯及并合论罪之性质矣。故本案将累犯及并合论罪两章改列刑名章后。

十九、暂行律第二章不为罪章内,亦有规定为罪处罚者,不为罪之名称未能赅括该章各条。又宥减章及自首章减等或免除各条,与不为罪章之减等各条旨意相类。故本案将不为罪、宥减、自首三章并为一章,名曰刑事责任及刑之减免。

二十、暂行律第十四章赦免。前清法律馆起草时声明,因当时未有宪法,故规定于刑法中。现在约法中已有规定,无须列入刑法。故本案将该章删去。

第二编　分　　则

二十一、对于大总统犯罪者,暂行律仍科通常之刑,反不如外国元首之有特别保护,故本案增入侵犯大总统罪一章,加重其刑,惟以关于生命、身体、自由及名誉者为限。

二十二、暂行律于内乱罪之规定分别既遂、未遂,惟内乱罪能否处罚既遂,学者颇多争论。故本案以着手实行为犯罪之成立。

二十三、暂行律泄漏机务罪所规定各条,过于严酷,为各国所无。故本案并入外患罪章,以有害国家之安全,致贻外患者为限。

二十四、暂行律妨害国交罪章,对于外国元首,不问是否友邦,一律特别保护,范围过广。故本案以友邦之元首为限。

二十五、暂行律渎职罪章之贿赂罪,分事前事后,为定刑轻重之标准,与案情轻重未必相应。即如,事后关于违背职务之行为犯贿赂罪,与事前关于非违背职务之行为相较,则前者当然重于后者。若以时为区别,适得其反。考各国立法例,多以违背职务与否定刑,我国旧律亦有枉法与不枉法之分,其用意正同。故本案以行为是否违背职务定刑之轻重,庶于中外法律均能符合。

二十六、暂行律骚扰罪独立为一章,但其性质与妨害秩序同。故本案并入妨害秩序章。

二十七、暂行刑律放火、决水及妨害水利罪、危险物罪、妨害交通罪、妨害饮料水罪、妨害卫生罪各为一章,但其所规定者,皆属妨害公共安全之行为。故本案仿多数国立法例,并为一章,改称公共危险罪。

二十八、各国刑法于伪造文书罪略分两派:以证明权利义务之文书为限者,德国是也;以足生损害于公众或他人之文书为限者,法国是也。暂行律从德国派,惟证明权利义务之标准未易确定,德国数十年来施行颇生困难,是以学者多非议之。其准备草案删去"足以证明权利义务"句,而以欺骗他人重要权利义务为标准,其结果殆与法国损害制无大区别。故本案从法国派。

二十九、暂行律奸非及重婚罪章,不能包举各种猥亵行为,而略诱及和诱罪章又多系妨害婚姻及家庭之制。故本案将该两章所规定者分别规定于妨害风化罪、妨害婚姻及家庭罪两章内。

三十、暂行律废旧律无夫奸罪,而当时曾于另辑之《暂行章程》第四条规定,迨暂行律颁布时又将该章程删除,未免过于极端。故本案于妨害风化罪章内仍增入无夫奸罪,惟以未满二十岁之良家妇女为限。

三十一、暂行律亵渎祀典及发掘坟墓罪未能包括侵犯尸体各条。考各国刑法其定本罪于专章者,类名曰妨害宗教罪。前法律馆草案理由及其修正案案语亦谓本章为保护宗教之信仰而设。故本案改称为妨害宗教罪。

二十二、妨害商务罪为暂行律所无,本案增入,以示保护商务之意。

三十三、海牙禁止鸦片公约于鸦片外,尚有吗啡、高根、[1]安洛因[2]及其化合质料等,皆在禁止之列。又民国三年四月颁行吗啡治罪条例,故本案鸦片罪章内,于暂行律所定鸦片之外,增入吗啡等字样。

三十四、暂行律赌博罪章,凡赌博财物者均应处罚,而实际上难于适用,几成具文。故本

[1] 这是当时对"古柯"的音译。——编者注

[2] 这是当时对"海洛因"的音译。——编者注

案缩小其范围。

三十五、暂行律杀伤罪章包括杀人与伤害两罪，但二者轻重悬殊，而情节亦或有未易分明之处。故本案分为两章。

三十六、暂行律废谋杀、故杀之别，故科罚自十年以上有期徒刑至死刑。案各国刑法，科刑范围之广大如暂行律者，惟日本一国，英美系分谋杀、故杀，德法系亦然，意大利及南美诸国皆分别寻常情节及重大情节，而谋杀则重大情节之一也。我国旧律亦大同小异。故意本案参酌中外法律，仍分谋杀、故杀及情节之轻重科罚。

三十七、暂行律私擅逮捕、监禁罪及妨害安全、信用、名誉及秘密罪两章，其侵害之法益为个人之自由，而妨害秩序罪、略诱及和诱罪两章内亦有侵害个人之自由者。故本案并为妨害自由罪一章。

三十八、窃盗及强盗罪，暂行律合为一章，但窃盗为侵犯财产罪，而强盗为侵犯财产及自由罪，其保护之法益不同。故本案分别规定。

三十九、抢夺行为与强盗实有差别，故本案于强盗罪外标抢夺之名。又在海洋行劫者，为强盗加重之情节，故增海盗罪，科以较重之刑。

四十、暂行律诈欺取财罪章内包含恐吓，殊未妥协，故本案分列两章。又诈欺罪章内，处理他人财产违背义务之罪非必有诈欺之事，故本案于该章章名增入背信字样。

四十一、本案于直接及间接之故意，依总则第二十六条概行处罚，是为原则；其例外以直接故意为限者，皆于各条标举"明知"字样，盖以科罚概行扩充至间接故意，恐于事业之进行或有妨碍也。暂行律以明知为犯罪成立之要件者，仅第二百四十条一条。本案所规定者，凡九条。

四十二、暂行律未遂罪、预备罪及阴谋罪之处罚范围过广。本案于未遂罪，参照暂行律斟酌轻重分别规定；于预备罪及阴谋罪，则以数重罪为限。

四十三、暂行律未遂罪、预备罪及阴谋罪，皆另条规定。本案分揭于各本条条，俾援用时可免遗漏之弊。

四十四、同谋犯罪而未实施者，既不能谓为共同正犯，又与教唆情形不能并论。日本判例认为共同正犯，而学者多非难之，谓为误解共同实行之观念。此外，学者或以之为教唆，或以之为从犯，聚讼无定。故本案仿俄及瑞典等国之例，另设同谋犯于分则杀人、强盗、恐吓等罪定之。

四十五、暂行律于科刑之范围广狭，间有失均。例如，第一百九十条其最轻刑为一百元以下罚金，最重刑为五等有期徒刑，律文分列四项，详为规定。乃第三百十一条之杀人罪，则自有期徒刑以至死刑，反予法官以莫大之自由裁量，于重轻之情节未尝分别规定。其他类此者尚多。故本案略加修正。

四十六、暂行律于处三等至五等有期徒刑或二等至四等有期徒刑者，均躐等而至罚金。例如第一百十九条、第一百二十三条等，是就二等至四等有期徒刑各条而论，其躐等之刑皆重于罚金，而反不能科之。其结果，非科以二等至四等有期徒刑，即科以最轻刑之罚金，未免趋于极端。故本案于躐等之刑概行补入。

四十七、暂行律犯某罪因而致人死伤者,援用伤害各条,依俱发罪之例处断,凡十二条。然其情节较诸既犯一罪,复犯伤害罪致死伤者,轻重不同。故本案改以本罪比较伤害罪,从重处断。

四十八、暂行律过失罪,因被害人之身分加重其刑,本案以过失罪无故意侵害之恶性,故删去过失加重之例。

四十九、多数国立法例,自由刑往往与罚金并科,盖恐专科自由刑或不足以惩戒犯人之贪欲也。暂行律自由刑与罚金并科者只四条,范围过狭。故本案将其他与贪欲观念有关之罪一并增入。又暂行律以得利为限,若犯人未尝得利,则虽有财产亦无从并科罚金,仍不足以惩戒其贪欲。故本案删去因而得利句。

五十、暂行律科罚金以价额若干倍为标准者,凡十三条。惟判定价额颇有困难,且价额以某时间内所得为限,亦未规定,尤难确定。故本案废去倍罚之制,明定罚金数目。

改定刑法第二次修正案

第一编 总 则

第一章 法 例

第一条 行为时之法律无明文科以刑罚者,其行为不为罪。

第二条 犯罪时之法律与裁判时之法律遇有变更者,依裁判时之法律处断。但犯罪时法律之刑较轻者,适用较轻之刑。

第三条 本法于凡在民国领域内犯罪者适用之。

在民国领域外之民国船舰内犯罪者,以在民国领域内犯罪论。

第四条 犯罪之行为在民国领域内而其结果在民国领域外,或犯罪之行为在民国领域外而其结果在民国领域内者,以在民国领域内犯罪论。

第五条 本法于凡在民国领域外犯尤列各罪者适用之:

一、第一百零五条至第一百零六条之侵犯大总统罪。

二、第一百零八条至第一百十条之内乱罪。

三、第一百十二条至第一百二十四条之外患罪。

四、第二百十五条至第二百二十条之伪造货币罪。

五、第二百三十条至第二百三十二条、第二百三十六条、第二百三十八条及第二百四十条之伪造文书印文罪。

六、第三百五十八条及三百五十九条之海盗罪。

第六条 本法于民国公务员在民国领域外犯左列各罪者,适用之:

一、第一百三十三条、第一百三十四条、第一百三十六条、第一百三十八条、第一百四十条、第一百四十一条、第一百四十三条及第一百四十四条之渎职罪。

二、第一百七十五条之脱逃罪。

三、第二百三十五条之伪造文书罪。

第七条 本法于民国人民在民国领域外犯前二条以外之罪,具备左列情形者,适用之:

一、所犯之罪其最轻本刑为有期徒刑以上者。

二、犯罪地之法律以为罪者。

三、犯人在外国未受无罪之确定裁判,或虽受有罪之确定裁判而其刑未经执行完毕或免除者。

前项之规定,于在民国领域外对于民国人民犯罪之外国人,准用之。

第八条 除前条之规定外,同一行为虽经外国确定裁判,仍得依本法处罚。但在外国已受刑之执行或经免除者,减轻或免除本法之刑。

第九条 本法总则于其他法令之定有刑名者,亦适用之。但有特别规定者,不在此限。

第二章 文 例

第十条 称以上、以下、以内者,俱连本数或者本刑计算。

第十一条 称亲属者,谓左列各亲:

一、夫妻。

二、四亲等内之宗亲。

三、三亲等内之外亲。

四、二亲等内之妻亲。

第十二条 已身所从出或从已身所出者,为直系亲。非直系亲而与已身或妻出于同源之祖若父者,为旁系亲。

第十三条 亲等之计算,直系亲从已身上下数以一世,为一亲等。旁系亲从已身或妻数至同源之祖若父,并从所指之亲属数至同源之祖若父,其世数相同者,以一方之世数定之;世数不相同者,从其多者定之。

第十四条 称直系尊亲属者,谓左列各亲:

一、父母。

二、祖父母、曾祖父母、高祖父母及高祖以上祖父母。

三、外祖父母。

为人后者,于本身直系尊亲属,仍以直系尊亲属论。

第十五条 称旁系尊亲属者,谓左列各亲:

一、胞伯叔祖父母、胞伯叔父母及在室胞姑。

二、母之胞兄弟姊妹。

三、胞兄及在室胞姊。

第十六条 夫于妻之父母及祖父母,以旁系尊亲属论。

妻于夫之尊亲属,从夫。

第十七条 称公务员者,谓职官、吏员及其他依法令从事于公务之议员及职员。

第十八条 称公署者,谓公务员执行职务之处所。

第十九条 称公文书者,谓公务员职务上制作之文书。

第二十条 称重伤者,谓左列伤害:

一、毁败一目或二目之视能。

二、毁败一耳或二耳之听能。

三、毁败语能。

四、毁败一肢以上之机能。

五、于身体或健康有重大不治之伤害。

六、变更容貌且有重大不治之伤害。

七、毁败阴阳。

第三章 时 例

第二十一条 时期以日计者,阅二十四小时。以月或年计者,从历。

时期以若干分之几计算者,一月为三十日,一年为十二月。

第二十二条 时期之初日,不计时刻,以一日论,最终之日须阅全日。

放免囚犯,于期满之次日午前行之。

第二十三条 刑期自裁判确定之日起算。

裁判虽经确定,其尚未受拘禁之日数,不算入刑期内。

第四章 刑事责任及刑之减免

第二十四条 非故意之行为,不罚。

第二十五条 过失应处罚者,以有特别规定者为限。

第二十六条 犯人对于构成犯罪之事实,明知并有意使其发生者,为故意。

犯人对于构成犯罪之事实预见其发生,而其发生并不违背犯人本意者,以故意论。

第二十七条 犯人虽非故意,但按其情节应注意并能注意而不注意者,为过失。

犯人对于构成犯罪之事实虽预见其能发生,而确信其不发生者,以过失论。

第二十八条 不得因不知法令而免除刑事责任,但因其情节得减轻本刑二分之一。

第二十九条 犯罪因发生一定之结果而加重其刑者,若犯人不能预见其发生时,不得从重处断。

第三十条 未满十四岁人之行为,不罚。但因其情节,得施以感化教育,或令其监护人、保佐人缴纳相当之保证金,于一年以上、三年以下期间内监督其品行。

十四岁以上、未满十六岁人之行为,得减轻本刑二分之一。但减轻本刑者,因其情节,得施以感化教育,或令其监护人、保佐人缴纳相当之保证金,于一年以上、三年以下期间内监督其品行。

满八十岁人之行为,得减轻本刑二分之一。

第三十一条 心神丧失之行为,不罚。但因其情节,得施以监禁处分。

心神耗弱人之行为,减轻本刑。但因其情节,得于执行完毕或免除后施以监禁处分。

第三十二条 前条之规定,于酗酒人之行为,不适用之。但酗酒非出于己意者,不在此限。

第三十三条 瘖哑人之行为,减轻本刑。

第三十四条 依法令或正当业务之行为,不罚。

第三十五条 依所属上级公务员命令之职务上行为,不罚。

第三十六条 对于现在不法之侵害,而出于防卫自己或他人权利之行为,不罚。但防卫行为过当者,得减轻或免除本刑。

第三十七条 因救护自己或他人生命、身体、自由、财产之紧急危难,而出于不得已之行为,不罚。但救护行为过当者,得减轻或免除本刑。

前项关于救护自己之规定,于公务上或业务上有特别义务人之行为,不适用之。

第三十八条 对于未发觉之罪,自首于该管公务员受裁判者,得减所首罪之刑三分之一。

向被害人或犯告诉或请求乃论之罪而向有告诉权或请求权之人自首,受该管公务员裁判者,亦同。

第五章 未 遂 罪

第三十九条 已着手于犯罪之实行而不遂者,为未遂罪。其不能发生犯罪之结果者,亦同。

未遂罪之处罚,以有特别规定者为限。

第四十条 未遂罪之刑,得减既遂罪之刑二分之一。但犯罪之方法,不问如何情形不能发生犯罪结果者,得减轻或免除本刑。

第四十一条 已着手于犯罪之实行,而因己意中止者,减轻或免除本刑。

第六章 共 犯

第四十二条 二人以上共同实施犯罪之行为者,皆为正犯。

第四十三条 教唆他人,使之实施犯罪之行为者,为教唆犯。教唆教唆犯者,亦同。

教唆犯处以正犯之刑。

第四十四条 帮助正犯者,为从犯。

教唆从犯者,以从犯论。

从犯之刑,减正犯之刑二分之一。但于实施犯罪行为之际,为直接及重要之帮助者,处以正犯之刑。

第四十五条 因身分成立之罪,其共同实施或教唆、帮助者,虽无身分,仍以共犯论。

因身分致刑有重轻或免除者,其无身分之人,仍科通常之刑。

第四十六条 知正犯之情而帮助正犯者,虽正犯不知共同之情,仍以从犯论。

第四十七条 二人以上于过失罪有共同过失者,皆为过失正犯。

第七章 刑 名

第四十八条 刑分为主刑及从刑。

第四十九条 主刑之种类如左:

一、死刑。

二、无期徒刑。

三、有期徒刑,二月以上十五年以下。但遇有加减时,得减至二月未满或加至二十年。

四、拘役,一日以上二月未满。但遇有加重时,得加至二月以上。

五、罚金,一角以上。

第五十条 从刑之种类如左:

一、褫夺公权。

二、没收。

第五十一条 主刑之重，轻依第四十九条规定之次序定之。

同为死刑或无期徒刑者，据犯罪情节定其重轻。

同种之刑，以最高度之较长或较多者为重；最高度相等者，以最低度之较长或较多者为重；最高度与最低度俱等者，据犯罪情节定其重轻。

第五十二条 依第八条免除主刑者，得专科褫夺公权。

免除主刑者，得专科没收。

第五十三条 死刑用绞，于监狱内执行之。

死刑非经司法部覆准，不得执行。

第五十四条 徒刑及拘役之囚犯，于监狱内拘禁之。

徒刑及拘役之囚犯，令服劳役。但拘役之囚犯，得因其情节免服劳役。

第五十五条 罚金于裁判确定后，令一月以内完纳之。但因其情节，得令一年以内分期缴纳。

缴纳期满而不缴纳者，强制执行。

罚金未缴纳者，以一角以上、三元以下之数额之额折算一日易科监禁，并得撤销分期缴纳之许可。但监禁期间不得逾一年。

缴纳期内经本人之承诺者，得执行易科监禁。

易科监禁之期间，于裁判时并宣告之。

易科监禁，于监狱内附设之监禁所执行之，得令服劳役。

易科监禁期内纳罚金者，依所纳之数，折算入易科监禁期内。

罚金总额逾一年之日数者，以罚金总额与一年之日数比例折算。

不满易科监禁一日之数额，不得纳之。易科监禁不满一日之时间不算。

第五十六条 褫夺公权者，褫夺左列资格：

一、为公务员之资格。

二、依法律所定之中央及地方选举，为选举人及被选举人之资格。

三、膺荣典之资格。

四、入军籍之资格。

五、为官立、公立学校职员、教员之资格。

六、为律师之资格。

第五十七条 褫夺公权分为无期及有期。

有期褫夺公权，以一年以上、十五年以下为限。

宣告死刑或无期徒刑者，其褫夺公权为无期。

宣告十年以上有期徒刑者，其褫夺公权为无期或有期。

宣告六月以上、十年未满有期徒刑者，其褫夺公权不得逾十年。

第五十八条 宣告六月未满有期徒刑、拘役或罚金者，不得褫夺公权。

因过失犯罪者，不得褫夺公权。

第五十九条 褫夺公权,于裁判时并宣告之。

褫夺公权于裁判确定时发生效力。但有期褫夺公权之期限,自主刑执行完毕或免除之日起算。

第六十条 没收之物如左:

一、违禁物。

二、供犯罪所用及犯罪预备之物。

三、因犯罪所得之物。

第六十一条 前条第一款之物,得专科没收。

第六十二条 第六十条第一款之物,不问属于犯人与否,没收之。第二款、第三款之物,以属于犯人者为限,得没收之。

最重本刑为拘役或罚金者,非有特别之规定,不得没收;但第六十条第一款之物不在此限。

第六十三条 没收于裁判时并宣告之。

第六十四条 裁判确定前羁押之日数,得以二日抵有期徒刑或拘役一日,或以一日抵罚金一角以上、二元以下之额数。

第八章 累 犯

第六十五条 受有期徒刑之执行完毕,或受无期徒刑或有期徒刑一部之执行而免除后,五年内再犯有期徒刑以上之罪者,为累犯。

第六十六条 累犯不同一之罪或左列不同款之罪一次者,加重本刑三分之一;二次以上者,加重本刑二分之一。

累犯同一之罪或左列同款之罪一次者,加重本刑二分之一;二次以上者,加重本刑一倍:

一、侵犯大总统罪、内乱罪、外患罪、妨害国交罪。

二、渎职罪、妨害公务罪、妨害选举罪、妨害秩序罪。

三、脱逃罪、藏隐犯人及湮灭证据罪、伪证及诬告罪。

四、公共危险罪。

五、伪造货币罪、伪造度量衡罪、伪造文书印文罪。

六、妨害风化罪、妨害婚姻及家庭罪。

七、妨害宗教罪。

八、妨害商务罪。

九、鸦片罪、赌博罪。

十、杀人罪、伤害罪、堕胎罪、遗弃罪。

十一、妨害自由罪、妨害名誉及信用罪、妨害秘密罪。

十二、窃盗罪、抢夺、强盗及海盗罪、侵占罪、诈欺及背信罪、恐吓罪、赃物罪、毁弃损坏罪。

第六十七条 裁判确定后发觉为累犯者,依前条之规定更定其刑。

前项之规定,于执行完毕或免除后发觉者,不适用之。

第六十八条 累犯之规定,于前所犯罪依军法或于外国法院受裁判者,不适用之。

第九章 并合论罪

第六十九条 裁判宣告前犯数罪者,并合论罪。

第七十条 并合论罪,分别宣告其罪之刑,依左列定其应执行者:

一、宣告之最重刑为死刑者,不执行他刑。但从刑不在此限。

二、宣告之最重刑无期徒刑者,不执行他刑。但罚金及从刑不在此限。

三、宣告多数之有期徒刑者,于各刑中之最长期以上、各刑合并之刑期以下,定其刑期,但不得逾二十年。

四、宣告多数之拘役者,依前款之列定其刑期。

五、宣告多数之罚金者,于各刑中之最多额以上、各刑合并之金额以下,定其金额。

六、宣告多数之有期褫夺公权者,只执行其中最长期之褫夺公权。宣告多数之没收者,并执行之。

七、依第三款至第六款所定之刑,并执行之。

第七十一条 并合论罪有已经裁判及未经裁判者,就未经裁判之罪处断。

第七十二条 并合论罪有二裁判以上者,依第七十条之规定定其应执行之刑。

第七十三条 并合论罪已经处断,若各罪中有受赦免者,余罪仍依第七十条之规定定其应执行之刑。但仅余一罪者,依其宣告之刑执行。

第七十四条 一行为而犯数项罪名,或以犯一罪之方法或其结果而犯他项罪名者,从一重处断。

第七十五条 连续数行为而犯同一之罪名者,以一罪论。

第十章 刑之酌科

第七十六条 科刑时,应审酌一切情形,为法定刑内科刑轻重之标准,并应分别情形注意左列事项:

一、犯罪之原因。

二、犯罪之目的。

三、犯罪时所受之激刺。

四、犯人之心术。

五、犯人与被害人平日之关系。

六、犯人之品行。

七、犯人智识之程度。

八、犯罪之结果。

九、犯罪后之态度。

科罚金时,并应审酌犯人之资力。

第七十七条 犯罪之情状可悯恕者,得酌减本刑。

第七十八条 依法令加重或减轻者,仍得依前条之规定酌减本刑。

第十一章 加 减 例

第七十九条 死刑不得加重。

死刑减轻三分之一者,为无期徒刑;减轻二分之一者,为十二年以上、二十年以下有期徒刑。

第八十条 无期徒刑不得加重。

无期徒刑减轻三分之一者,为十年以上、十五年以下有期徒刑;减轻三分之一者,为七年以上、十二年以下有期徒刑。

第八十一条 有期徒刑应加减者,最高度及最低度同加减之。

第八十二条 拘役应加减者,只加减其最高度。

第八十三条 罚金应加减者,只加减其最高度。

第八十四条 减轻本刑而无若干分之几之规定者,至少减轻本刑二分之一。

第八十五条 有二种以上之主刑应加减者,同时并加减之。

第八十六条 同时刑有同等分数之加重及减轻者,互相抵销。

同时刑有不同等分数之加重及减轻轻者,先加后减。

第八十七条 有二种以上应加或应减者,递加或递减之。

有二种以上不同等分数之减轻者,先依较少之分数减轻之。

第八十八条 徒刑或拘役因加减有不满一日之时间者,不计。

罚金因加减有不满一角之额数者,亦同。

第八十九条 从刑不得加重或减轻。

第十二章 缓 刑

第九十条 受二年以下有期徒刑、拘役或罚金之宣告,而有左列情形之一者,得同时宣告自裁判确定之日起二年以上、五年以下之缓刑:

一、未曾受拘役以上刑之宣告者。

二、前受拘役执行完毕或免除后,三年以内,或前受五年以下有期徒刑执行完毕或免除后,五年以内,未曾受拘役以上刑之宣告者。

第九十一条 受缓刑之宣告而有左列情形之一者,撤销其宣告。但因过失犯罪者,不在此限:

一、缓刑期内更犯罪,受有期徒刑以上刑之宣告者。

二、因缓刑前犯他罪,在缓刑期内受有期徒刑以上刑之宣告者。

三、除前条第二款外,因缓刑前犯他罪,曾受有期徒刑以上刑之宣告,在缓刑期内始发觉者。

第九十二条 缓刑期满,而缓刑之宣告未经撤销者,其刑之宣告为无效。

第十三章　假　　释

第九十三条　受徒刑之执行而有悛悔实据者，无期徒刑逾十年后、有期徒刑逾二分之一后，由监狱官呈司法部，得许假释出狱。但有期徒刑之执行未满二年者，不在此限。

前项执行期间遇有第六十四条情形者，以所余之刑期计算。

第九十四条　假释期内有左列情形之一者，得撤销其假释：

一、更犯罪，受拘役以上刑之宣告者。

二、犯假释管束规则者。

假释撤销后，其出狱日数不算入刑期内。

第九十五条　假释期内因他罪受刑之执行者，其执行之期间不算入假释期内。

第九十六条　假释期满而未经撤销假释者，其未执行之刑期，以已执行论。

第十四章　时　　效

第九十七条　起诉权逾左列期限而不行使者，因时效而消灭：

一、死刑或无期徒刑者，二十年。

二、十年以上有期徒刑者，十五年。

三、五年以上、十年未满有期徒刑者，十年。

四、一年以上、五年未满有期徒刑者，五年。

五、一年未满有期徒刑、拘役或罚金者，一年。

前项期限，自犯罪成立之日起算，但第七十五条之连续犯罪，自犯罪最终之日起算。

第九十八条　起诉权之时效期限，据本刑之最高度计算。有二种以上之主刑者，据最重主刑之最高度计算。

第九十九条　本刑应加重或减轻者，起诉权之时效期限，仍据本刑计算。

第一百条　起诉权之时效遇有侦查、预审、起诉或者审判之程序时，中断之。

时效中断，于一切已发觉及未发觉之共犯，有同一之效力。

时效中断，自第一项程序停止之日起，重新计算。但自最初起算之日起逾原定期限一倍者，其时效即为期满。

第一百零一条　起诉权之时效，遇有依法令不能开始或继续前条第一项之程序时，停止之。

时效停止，自停止原因消灭之日起，与停止前已经过之期间，一并计算。

第一百零二条　行刑权逾左列期限而不行使者，因时效而消灭：

一、死刑或无期徒刑者，三十年。

二、十年以上有期徒刑者，二十年。

三、五年以上、十年未满有期徒刑者，十五年。

四、一年以上、五年未满有期徒刑者，十年。

五、一年未满有期徒刑、拘役或罚金者，二年。

前项期限,自裁判确定之日起算。

第一百零三条 行刑权之时效,遇有执行行为时,中断之。

时效中断,自前项行为停止之日起,重新计算。但自最初起算之日起,逾原定期限一倍者,其时效即为期满。

第一百零四条 行刑权之时效,遇有依法令不能开始或继续执行时,停止之。

时效停止,自停止原因消灭之日起,与停止前已经过之期间,一并计算。

第二编 分 则

第一章 侵犯大总统罪

第一百零五条 对于大总统犯故意杀人罪者,处死刑。

本条之未遂罪,处无期徒刑。

预备或阴谋犯本条之罪者,处一年以上、七年以下有徒刑。

第一百零六条 对于大总统犯故意伤害罪、妨害自由罪及妨害名誉罪者,加重本刑三分之一。

第一百零七条 犯本章之罪者,得依第五十七条及第五十八条之规定褫夺公权。

第二章 内 乱 罪

第一百零八条 意图以非法之方法变更国宪或僭窃土地而看手实行者,为内乱罪,处七年以上有期徒刑。首谋者,处无期徒刑。

预备或阴谋犯本条之罪者,处六月以上、五年以下有期徒刑。

第一百零九条 以暴动犯内乱罪者,处无期徒刑或七年以上有期徒刑。首谋者,处死刑或无期徒刑。

预备或阴谋犯本条之罪者,处一年以上、七年以下有期徒刑。

第一百十条 供给军械、弹药、钱粮或以其他行为帮助前二条之罪者,处一年以上、七年以下有期徒刑。

第一百十一条 犯本章之罪者,得依第五十七条及第五十八条之规定褫夺公权。

第三章 外 患 罪

第一百十二条 通谋外国政府或其派遣之人,意图使该国或他国对于民国开战端者,处死刑或无期徒刑。

本条之未遂罪,罚之。

预备或阴谋犯本条之罪者,处一年以上、七年以下有期徒刑。

第一百十三条 通谋外国政府或其派遣之人,意图使民国领域属于该国或他国者,处死刑、无期徒刑或十年以上有期徒刑。

本条之未遂罪,罚之。

预备或阴谋犯本条之罪者，处一年以上、七年以下有期徒刑。

第一百十四条 民国人民在敌军执役，或与敌国械抗民国或其同盟国者，处死刑或无期徒刑。

本条之未遂罪，罚之。

预备或阴谋犯本条之罪者，处一年以上、七年以下有期徒刑。

第一百十五条 在与外国开战或将开战期内，以军事上之利益供敌国，或以军事上之不利益害民国或其同盟国者，处五年以上、十二年以下有期徒刑。

本条之未遂罪，罚之。

预备或阴谋犯本条之罪者，处三年以下有期徒刑。

第一百十六条 犯前条第一项之罪，而有左列情形之一者，处死刑或无期徒刑：

一、将要塞、军港、军营、军用船舰及其他军用处所、建筑物，与供民国军用之军械、弹药、钱粮及其他军需品，或桥梁、铁路、电线、电机、电局及其他转运之器物，交付敌国或毁坏或致令不堪用者。

二、代敌国招募军队，或煽惑军人使其降敌者。

三、煽惑军人不执行职务或不守纪律或逃叛者。

四、以关于要塞、军港、军营、军用船舰及其他军用处所、建筑物或军略之秘密、文书、图画、消息或物品，泄漏或交付于敌国者。

五、为敌国之间谍，或帮助敌国之间谍者。

本条之未遂罪，罚之。

预备或阴谋犯本条之罪者，处一年以上、七年以下有期徒刑。

第一百十七条 在与外国开战或将开战期内，以非供民国军用之军械、弹药及其他可直接供战斗用之物品交付敌国者，处无期徒刑或五年以上有期徒刑。

本条之未遂罪，罚之。

预备或阴谋犯本条之罪者，处三年以下有期徒刑。

第一百十八条 在与外国开战或将开战期内，不履行供给军需之契约或不照契约履行者，处五年以下有期徒刑，得并科五千元以下罚金。

因过失犯前项之罪者，处二年以下有期徒刑、拘役或一千元以下罚金。

第一百十九条 泄漏或交付关于民国国防或利益应秘密之文书、图画、消息或物品者，处五年以下有期徒刑。

泄漏或交付前项之文书、图画、消息或物品于外国政府或其派遣之人者，处三年以上、十年以下有期徒刑。

本条之未遂罪，罚之。

预备或阴谋犯本条之罪者，处一年以下有期徒刑。

第一百二十条 公务员于职务上知悉或持有前条第一项之文书、图画、消息或物品，因过失而泄漏或交付者，处二年以下有期徒刑、拘役或一千元以下罚金。

第一百二十一条 刺探或收集第一百十九条第一项之文书、图画、消息或物品者，处五年以下有期徒刑。

本条之未遂罪,罚之。

预备或阴谋犯本条之罪者,处一年以下有期徒刑。

第一百二十二条 意图刺探或收集第一百十九条第一项之文书、图画、消息或物品,未受允准而入堡垒、炮台、军舰及其他军用处所、建筑物或留置其内者,处一年以下有期徒刑。

第一百二十三条 受政府之委任处理对外国政府之事务,而违背其委任,致生损害于民国者,处无期徒刑或七年以上有期徒刑。

第一百二十四条 伪造、变造、毁弃或隐匿可以证明民国对于外国所享权利之文书、图画或其他证据者,处五年以上、十二年以下有期徒刑。

第一百二十五条 犯本章之罪者,得依第五十七条及第五十八条之规定褫夺公权。

第四章 妨害国交罪

第一百二十六条 对于友邦元首,犯故意杀人罪者,处死刑。

本条之未遂罪,罚之。

预备或阴谋犯本条之罪者,处一年以上、七年以下有徒刑。

第一百二十七条 对于友邦元首,犯故意伤害罪、妨害自由罪及妨害名誉罪者,加重本刑三分之一。

第一百二十八条 对于派至民国之外国代表犯罪者,准用妨害公务罪各条之规定。

第一百二十九条 私与外国战斗者,处三年以上、十年以下有期徒刑。

本条之未遂罪,罚之。

预备或阴谋犯本条之罪者,处一年以下有期徒刑。

第一百三十条 于外国交战之际,违背政府局外中立之命令者,处一年以下有期徒刑、拘役,得并科或易科三千元以下罚金。

第一百三十一条 意图侮辱外国,公然损坏、除去或污辱外国之国旗、国章者,处一年以下有期徒刑、拘役或三百元以下罚金。

第一百三十二条 第一百二十七条之妨害名誉罪及第一百三十一条之罪,须外国政府之请求乃论。

第五章 渎 职 罪

第一百三十三条 公务员对于职务上之行为要求、期约或收受贿赂或其他不正利益者,处五年以下有期徒刑,得并科五千元以下罚金。

对于公务员关于职务上之行为行求、期约或交付贿赂或其他不正利益者,处二年以下有期徒刑,得并科三千元以下罚金。

犯第一项之罪者,所收受之贿赂,没收之;若全部或一部不能没收时,追征其价额。

第一百三十四条 公务员对于违背职务之行为要求、期约或收受贿赂或其他不正利益者,处一年以上、七年以下有期徒刑,得并科五千元以下罚金。

因而为违背职务之行为者，处三年以上、十年以下有期徒刑，得并科五千元以下罚金。

对于公务员关于违背职务之行为，行求、期约或交付贿赂或其他不正利益者，处三以下有期徒刑，得并科三千元以下罚金。

犯第一项及第二项之罪者，所收受之贿赂，没收之；若全部或一部不能没收时，追征其价额。

第一百三十五条 有审判职务之公务员或公断人，对于处理或审判之法律事件，要求、期约或收受贿赂或其他不正利益者，处三年以上、十年以下有期徒刑，得并科五千元以下罚金。

对于有审判职务之公务员或公断人关于处理或审判之法律事件，行求、期约或交付贿赂或其他不正利益者，处三年以下有期徒刑，得并科三千元以下罚金。

犯第一项及第二项之罪者，所收受之贿赂，没收之；若全部或一部不能没收时，追征其价额。

第一百三十六条 于未为公务员时，预以职务上之行为要求、期约或收受贿赂或其他不正利益，而于为公务员后履行者，以公务员要求、期约或收受贿赂或其他不正利益论。

第一百三十七条 有审判职务之公务员或公断人，明知法律而故为出入者，处六月以上、五年以下有期徒刑。

第一百三十八条 有追诉犯罪职务之公务员，犯左列行为之一者，处一年以上、七年以下有期徒刑：

一、意图取供而施强暴、胁迫者。

二、明知为无罪之人而使其受追诉、处罚，或明知为有罪之人而无故不使其受追诉、处罚者。

因而致人于死或重伤者，比较故意伤害罪，从重处断。

第一百三十九条 有执行刑罚职务之公务员，违法执行刑罚者，处五年以下有期徒刑。

执行吏违法不执行刑罚者，处三年以下有期徒刑。

执行吏因过失致违法执行刑罚者，处一年以下有期徒刑、拘役或三百元以下罚金。

第一百四十条 公务员对于租税及各项入款，明知不应征收而征收者，处三年以下有期徒刑、拘役，得并科一千元以下罚金。

公务员对于职务上发给之款项、物品，明知应发给而抑留不发或克扣者，亦同。

本条之未遂罪，罚之。

第一百四十一条 公务员对于主管或监督之事务，直接或间接图利者，处三年以下有期徒刑，得并科五千元以下罚金。

第一百四十二条 在邮务局或电报局执行职务之公务员，开拆或隐匿投寄之邮件或电报者，处三年以下有期徒刑、拘役，得并科或易科五百元以下罚金。

第一百四十三条 公务员诱惑所属下级公务员犯第一百三十三条至第一百四十二条之罪者，处所诱惑罪之本刑，减轻二分之一。

第一百四十四条 公务员假借职务上之权力、机会或方法，以故意犯本章以外各罪者，加重本刑三分之一。但因公务员之身分已特别规定其刑者,不在此限。

第一百四十五条 犯本章之罪者,得依第五十七条及第五十八条之规定褫夺公权。

第六章 妨害公务罪

第一百四十六条 对于公务员或其佐理人依法执行职务时,施强暴、胁迫者,处三年以下有期徒刑。

意图使公务员或其佐理人执行一定之职务,或妨害其依法执行一定之职务,或使公务员辞职,而施强暴、胁迫者,亦同。

犯前二项之罪,因而致公务员或其佐理人于死或重伤者,比较故意伤害罪,从重处断。

第一百四十七条 公然聚众犯前条之罪者,在场助势之人,处一年以下有期徒刑;首谋及下手时施强暴、胁迫者,处一年以上、七年以下有期徒刑。

因而致公务员或其佐理人于死或重伤者,首谋及下手实施强暴、胁迫之人,比较故意伤害罪,从重处断。

第一百四十八条 毁弃、损坏坏或隐匿公务员职务上掌管或委托第三人掌管之文书、图画、物品或致令不堪用者,处六月以上、五年以下有期徒刑。

第一百四十九条 损坏、除去或污秽公务员所施之封印或查封之标示或,或为违背其效力之行为者,处一年以下有期徒刑、拘役或三百元以下罚金。

第一百五十条 于公务员依法执行职务时当场侮辱,或对于其依法执行之职务公然侮辱者,处六月以下有期徒刑、拘役或三百元以下罚金。

对于公署公然侮辱者,亦同。

第一百五十一条 意图侮辱公务员或公署,而损坏、除去或污秽实贴公众场所之文告者,处拘役或一百元以下罚金。

第一百五十二条 犯本章之罪者,得依第五十七条及第五十八条之规定褫夺公权。

第七章 妨害选举罪

第一百五十三条 对于依法所设立之中央及地方选举,以强暴、胁迫或其他非法之方法,妨害他人自由行使其选举权者,处五年以下有期徒刑。

本条之未遂罪,罚之。

第一百五十四条 有选举权之人,要求、期约或收受贿赂或其他不正利益,而许以不行使其选举权或为一定之行使者,处三年以下有期徒刑,得并科五千元以下罚金。

对于有选举权之人,行求、期约或交付贿赂或其他不正利益,而约其不行使选举权或为一定之行使者,处二年以下有期徒刑,得并科三千元以下罚金。

犯第一项之罪者,所收受之贿赂没收之;若全部或一部不能没收时,追征其价额。

第一百五十五条 以生计上之利害,诱惑选举人不行使其选举权或为一定之行使者,处三年以下有期徒刑。

第一百五十六条 以诈术或其他非法之方法,使投票发生不正确之结果或变造选举之结果者，处三年以下有期徒刑。

本条之未遂罪，罚之。

第一百五十七条 妨害或扰乱选举者，处一年以下有期徒刑、拘役或五百元以下罚金。

第一百五十八条 于无计名投票之选举，刺探被选举人之姓名者，处六月以下有期徒刑、拘役或三百元以下罚金。

第一百五十九条 犯本章之罪者，得依第五十七条及第五十八条之规定褫夺公权。

第八章 妨害秩序罪

第一百六十条 公然聚众，意图为强暴、胁迫，已受该管公务员解散命令三次以上，而不解散者，在场助势之人，处六月以下有期徒刑、拘役或三百元以下罚金；首谋者，处三年以下有期徒刑。

第一百六十一条 公然聚众施强暴、胁迫者，在场助势之人，处一年以下有期徒刑、拘役或三百元以下罚金。首谋及下手实施强暴、胁迫者，处六月以上、五年以下有期徒刑。

第一百六十二条 以加害生命、身体、财产之事恐吓公众，致生危害于公安者，处二年以下有期徒刑。

第一百六十三条 以文字、图画、演说或他法，公然为左列行为之一者，处二年以下有期徒刑、拘役或一千元以下罚金：

一、煽惑他人犯罪者。

二、煽惑他人违背法令，或抗拒合法之命令者。

三、颂扬他人违背法令所犯之罪，致生危害于公安者。

第一百六十四条 参与以犯罪为宗旨之结社者，处三年以下有期徒刑、拘役或五百元以下罚金；首谋者，处一年以上、七年以下有期徒刑。

第一百六十五条 于犯罪可以预防之际，知有将犯左列各罪，而不向该管公务员或将被加害之人报告者，处一年以下有期徒刑、拘役或三百元以下罚金：

一、内乱罪。

二、外患罪。

三、第一百九十条、第一百九十一条、第一百九十三条、第一百九十五条、第一百九十六条、第二百条之公共危险罪。

四、强奸罪。

五、杀人罪。

六、强盗及海盗罪。

第一百六十六条 煽惑军人不执行职务或不守纪律或逃叛者，处六月以上、五年以下有期徒刑。

第一百六十七条 未受允准，招集军队、发给军需或率带军队者，处三年以下有期徒刑。

第一百六十八条 僭行民国或外国公务员之职权者，处一年以下有期徒刑、拘役或三百元以下罚金。

第一百六十九条 公然僭用民国公务员服饰、徽章或官衔者,处六月以下有期徒刑、拘役或三百元以下罚金。

第一百七十条 意图侮辱民国,而公然损坏、除去或污辱民国之国旗、国章者,处一年以下有期徒刑、拘役或三百元以下罚金。

第一百七十一条 亲属将犯第一百六十五条所列举之罪而不报告者,免除其刑。

第一百七十二条 犯本章之罪者,得依第五十七条及第五十八条之规定褫夺公权。

第九章 脱 逃 罪

第一百七十三条 依法逮捕、拘禁之囚人脱逃者,处一年以下有期徒刑。

损坏拘禁处所、械具,或以强暴、胁迫犯前条之罪者,处五年以下有期徒刑。

聚众以强暴、胁迫犯第一项之罪者,在场助势之人,处五年以上、十二年以下有期徒刑;首谋及下手实施强暴、胁迫者,处无期徒刑或五年以上有期徒刑。

本条之未遂罪,罚之。

第一百七十四条 盗取依法逮捕、拘禁之囚人或便利其脱逃者,处三年以下有期徒刑。

损坏拘禁处所械具或以强暴、胁迫犯前项之罪者,处六月以上、五年以下有期徒刑。

聚众以强暴、胁迫犯第一项之罪者,在场助势之人,处七年以上有期徒刑;首谋及下手实施强暴、胁迫者,处无期徒刑或七年以上有期徒刑。

本条之未遂罪,罚之。

第一百七十五条 公务员或其佐理人盗取职务上依法逮捕、拘禁之囚人或便利其脱逃者,处一年以上、七年以下有期徒刑。

因过失致前项之囚人脱逃者,处六月以下有期徒刑、拘役或五百元以下罚金。

第一项之未遂罪,罚之。

第一百七十六条 犯本章之罪者,得依第五十七条及第五十八条之规定褫夺公权。

第十章 藏匿犯人及湮灭证据罪

第一百七十七条 藏匿犯人或依法逮捕、监禁之脱逃人或使之隐避者,处二年以下有期徒刑。

意图犯前项之罪而顶替者,亦同。

第一百七十八条 伪造、变造或湮灭关系他人刑事被告案件之证据,或使用伪造、变造之证据者,处二年以下有期徒刑。

第一百七十九条 犯前条之罪,于他人刑事被告案件裁判确定前自白者,减轻或免除其刑。

第一百八十条 亲属图利犯人或依法逮捕、监禁之脱逃人,而犯本章之罪者,免除其刑。

第一百八十一条 犯本章之罪者,得依第五十七条及第五十八条之规定褫夺公权。

第十一章 伪证及诬告罪

第一百八十二条 于执行审判职务之公署审判时，证人、鉴定人、通译于案情有重要关系之事项，供前或供后具结，而为虚伪供述者，处一年以上、七年以下有期徒刑。

第一百八十三条 意图他人受刑事或惩戒处分，向该管公务员诬告者，处五年以下有期徒刑。

意图他人受刑事或惩戒处分，而伪造、变造证据或使用伪造、变造之证据者，亦同。

第一百八十四条 意图陷害直系尊亲属，而犯前条之罪者，加重其本刑二分之一。

意图陷害旁系尊亲属，而犯前条之罪者，加重其本刑三分之一。

第一百八十五条 未指定犯人，而向该管公务员诬告犯罪者，处一年以下有期徒刑、拘役或三百元以下罚金。

未指定犯人，而伪造、变造犯罪证据，或使用伪造、变造之犯罪证据，致开始刑事诉讼程序者，亦同。

第一百八十六条 意图保存自己或亲属之自由、名誉，而犯第一百八十二条之罪者，免除其刑。

第一百八十七条 犯第一百八十二条至第一百八十五条之罪，于所虚伪陈述或所诬告之案件裁判或惩戒处分未确定前自白者，减轻或免除其刑。

第一百八十八条 犯本章之罪者，除宣告本刑外，因被害人之声请，得令将判词全部或一部登报，其费用由犯人担负。

第一百八十九条 犯本章罪者，得依第五十七条及第五十八条之规定褫夺公权。

第十二章 公共危险罪

第一百九十条 放火烧毁现供人使用之住宅或现有人所在之建筑物、火车、电车、船舰或矿坑者，处期徒刑或七年以上有期徒刑。

失火烧毁前项之物者，处一年以下有期徒刑、拘役或三百元以下罚金。

第一项之未遂罪，罚之。

预备犯第一项之罪者，处一年以下有期徒刑、拘役或三百元以下罚金。但因其情节，得免除其刑。

第一百九十一条 放火烧毁现非供人使用之他人所有住宅或现未有人所在之他人所有建筑物、火车、电车、船舰或矿坑者，处三年以上、十年以下有期徒刑。

放火烧毁前项之自己所有物，致生公共危险者，处六月以上、五年以下有期徒刑。

失火烧毁第一项之物者，处六月以下有期徒刑、拘役或三百元以下罚金；失火烧毁前项之物，致生公共危险者，亦同。

第一项之未遂罪，罚之。

预备犯第一项之罪者，处一年以下有期徒刑、拘役或三百元以下罚金。但因其情节，得免除其刑。

第一百九十二条 放火烧毁前二条以外之他人所有物,致生公共危险者,处一年以上、七年以下有期徒刑。

放火烧毁前二条以外之自己所有物,致生公共危险者,处二年以下有期徒刑。

失火烧毁前二条以外之物,致生公共危险者,处拘役或三百元以下罚金。

第一百九十三条 故意或因过失,使火药、蒸气、电气、煤气或其他爆裂物炸裂者,准用放火、失火之规定。

第一百九十四条 漏逸或间隔蒸气、电气或煤气,致生公共危险者,处三年以下有期徒刑、拘役或三百元以下罚金。

因而致人于死或重伤者,比较故意伤害罪,从重处断。

第一百九十五条 决水浸害现供人使用之住宅或现有人所在之建筑物、火车、电车或矿坑者,处无期徒刑或五年以上有期徒刑。

因过失决水浸害前项之物者,处一年以下有期徒刑、拘役或三百元以下罚金。

第一项之未遂罪,罚之。

第一百九十六条 决水浸害现非供人使用之他人所有住宅或现未有人所在之他人所有建筑物或矿坑者,处一年以上、七年以下有期徒刑。

决水浸害前项之自己所有物,致生公共危险者,处六月以上、五年以下有期徒刑。

因过失决水浸害第一项之物者,处六月以下有期徒刑、拘役或三百元以下罚金。

因过失决水浸害前项之物,致生公共危险者,亦同。

第一项之未遂罪,罚之。

第一百九十七条 决水浸害前二条以外之他人所有物,致生公共危险者,处五年以下有期徒刑。

决水浸害前二条以外之自己所有物,致生公共危险者,处二年以下有期徒刑。

因过失决水浸害前二条以外之物,致生公共危险者,处拘役或三百元以下罚金。

第一百九十八条 决溃堤防、破坏水闸或损坏自来水池,致生公共危险者,处三年以下有期徒刑。

因过失犯前项之罪者,处拘役或三百元以下罚金。

第一项之未遂罪,罚之。

第一百九十九条 于火灾、水灾之际,隐匿或损坏防御之器械,或以他法妨害救火、防水者,处三年以下有期徒刑、拘役或三百元以下罚金。

第二百条 倾覆或破坏现有人所在之火车、电车或船舰者,处无期徒刑或五年以上有期徒刑。

因而致人于死者,处死刑或无期徒刑;因而致重伤者,处无期徒刑或七年以上有期徒刑。

因过失犯第一项之罪者,处一年以下有期徒刑、拘役或三百元以下罚金。

从事业务之人,因业务上之过失犯第一项之罪者,处二年以下有期徒刑、拘役或五百元以下罚金。

第一项之未遂罪,罚之。

第二百零一条 损坏轨道、灯塔、标识或以他法致生火车、电车或船舰往来之危险者,处三年以上、十年以下有期徒刑。

因而致火车、电车、船舰倾覆或破坏者,依前条之规定处断。

因过失犯第一项之罪者,处六月以下有期徒刑、拘役或三百元以下罚金。

从事业务之人,因业务上之过失犯第一项之罪者,处一年以下有期徒刑、拘役或五百元以下罚金。

第一项之未遂罪,罚之。

第二百零二条 损坏或壅塞陆路、水路、桥梁或其他公众往来之设备,致生往来之危险者,处三年以下有期徒刑、拘役或三百元以下罚金。

因而致人于死或重伤者,比较故意伤害罪,从重处断。

第一项之未遂罪,罚之。

第二百零三条 意图供犯罪之用,而制造或持有炸药、棉花药、雷汞或其他相类之爆裂物,或自外国输入者,处六月以上、五年以下有期徒刑。

本条之未遂罪,罚之。

第二百零四条 未受允准,而制造或持有前条第一项之物,或自外国输入者,处三年以下有期徒刑、拘役或五百元以下罚金。

本条之未遂罪,罚之。

第二百零五条 妨害铁路、邮务、电报、电话或供公众之用水、电气、煤气事业者,处五年以下有期徒刑、拘役或五百元以下罚金。

第二百零六条 损坏矿坑、工厂或其他相类之场所内关于保护生命之设备,致生危险于他人生命者,处一年以上、七年以下有期徒刑。

因过失犯前项之罪者,处六月以下有期徒刑、拘役或三百元以下罚金。

从事业务之人,因业务上之过失犯第一项之罪者,处一年以下有期徒刑、拘役或五百元以下罚金。

第一项之未遂罪,罚之。

第二百零七条 投放毒物或混入妨害卫生物品于供公众所饮之水源、水道或自来水池者,处一年以上、七年以下有期徒刑。

因而致人于死或重伤者,比较故意伤害罪,从重处断。

因过失犯第一项之罪者,处六月以下有期徒刑、拘役或三百元以下罚金。

第一项之未遂罪,罚之。

第二百零八条 制造、贩卖或意图贩卖而陈列妨害卫生之物品者,处六月以下有期徒刑、拘役,得并科或易科一千元以下罚金。

第二百零九条 违背关于预防传染病所公布之检查或进口之法令者,处二年以下有期徒刑、拘役或一千元以下罚金。

第二百十条 承揽工程人或监工人,于营造或拆卸建筑物时,违背建筑术成规,致生公共危险者,处二年以下有期徒刑、拘役或三千元以下罚金。

第二百十一条 从事铁路、邮务、电报、电话或公众之用水、电气、煤气事业而同盟罢工者,处一年以下有期徒刑、拘役或三百元以下罚金。首谋者,处三年以下有期徒刑。

第二百十二条 于灾害之际,关于与公务员缔结供给粮食或其他日用必需品之契约,而不履行或不照契约履行,致生公共危险者,处六月以上、五年以下有期徒刑,得并科三千元以下罚金。

第二百十三条 自己所有物,已受查封或担负物权或已赁贷或保险者,关于本章之罪,以他人所有物论。

第二百十四条 犯本章之罪者,得依第五十七条及第五十八条之规定褫夺公权。

第十三章 伪造货币罪

第二百十五条 意图供行使之用,而伪造、变造通用之货币、纸币、银行券者,处无期徒刑或五年以上有期徒刑,得并科三千元以下罚金。

意图供行使之用而收集伪造、变造之通用货币、纸币、银行券者,亦同。

本条之未遂罪,罚之。

第二百十六条 行使伪造、变造之通用货币、纸币、银行券,或意图供行使之用而交付于人者,处无期徒刑或五年以上有期徒刑,得并科三千元以下罚金。

收受后方知为伪造、变造之通用货币、纸币、银行券,而仍行使,或意图供行使之用而交付于人者,处六月以下有期徒刑、拘役或一千元以下罚金。

第一项之未遂罪,罚之。

第二百十七条 意图供行使之用而减损通用货币之分量者,处五年以下有期徒刑,得并科一千元以下罚金。

意图供行使之用,而收集减损分量之通用货币者,亦同。

本条之未遂罪,罚之。

第二百十八条 行使减损分量之通用货币,或意图供行使之用而交付于人者,处五年以下有期徒刑,得并科一千元以下罚金。

收受后方知为减损分量之通用货币而仍行使,或意图供行使之用而交付于人者,处一千元以下罚金。

第一项之未遂罪,罚之。

第二百十九条 意图供伪造、变造通用之货币、纸币、银行券或意图供减损通用货币分量之用,而制造或交付或收受各项器械、原料者,处五年以下有期徒刑,得并科一千元以下罚金。

第二百二十条 对于流通民国之外国通用货币、纸币、银行券犯本章之罪者,减轻本刑三分之一。

对于不流通民国之外国通用货币、纸币、银行券犯本章之罪者,减轻本刑二分之一。

第二百二十一条 伪造、变造之通用货减损币、纸币、银行券,分量之通用货币及第二百十九条之器械、原料,不问属于犯人与否,没收之。

第二百二十二条 犯本章之罪者，得依第五十七条及第五十八条之规定褫夺公权。

第十四章 伪造度量衡罪

第二百二十三条 意图供行使之用，而制造违背定程之度量衡，或变更度量衡之定程者，处一年以下有期徒刑、拘役，得并科或易科三百元以下罚金。

本条之未遂罪，罚之。

第二百二十四条 意图供行使之用，而贩卖违背定程之度量衡者，处一年以下有期徒刑、拘役，得并科或易科三百元以下罚金。

本条之未遂罪，罚之。

第二百二十五条 行使违背定程之度量衡者，处二年以下有期徒刑、拘役，得并科或易科一千元以下罚金。

本条之未遂罪，罚之。

第二百二十六条 意图供行使之用，而持有违背定程之度量衡者，处一百元以下罚金。

第二百二十七条 前条之违背定程度量衡，不问属于犯人与否，没收之。

第二百二十八条 犯本章之罪者，得依第五十七条及第五十八条之规定褫夺公权。

第十五章 伪造文书印文罪

第二百二十九条 伪造、变造文书，足以生损害于公众或他人者，处五年以下有期徒刑。

第二百三十条 伪造、变造公文书，足以生损害于公众或他人者，处一年以上、七年以下有期徒刑。

第二百三十一条 意图供行使之用，而伪造、变造公债票、公司股票或其他有价证券者，处三年以上、十年以下有期徒刑，得并科三千元以下罚金。

意图供行使用之用，而收集伪造、变造之公债票、公司股票或其他有价证券者，亦同。

第二百三十二条 意图供行使之用，而伪造、变造邮票及政府发行之各种印花税票者，处六月以上、五年以下有期徒刑，得并科一千元以下罚金。

意图供行使用之用，而收集伪造、变造之邮票及政府发行之各种印花税票者，亦同。

意图供行使之用，而涂抹邮票及政府发行之各种印花税票上之注销符号者，以伪造论。

第二百三十三条 意图供行使之用，而伪造、变造船票、火车、电车票或其他往来客票者，处三年以下有期徒刑、拘役或一千元以下罚金。

第二百三十四条 伪造、变造护照、免照、特许状、旅券及关于品行、能力、服务或其他相类之证书、介绍书，足以生损害于公众或他人者，处一年以下有期徒刑、拘役或三百元以下罚金。

第二百三十五条 公务员明知为不实之事项，而使公务员登载于职务上所掌之公文书，足以生损害于公众或他人者，处一年以上、七年以下有期徒刑。

第二百三十六条 明知为不实之事项，而使公务员登载于职务上所掌之公文书，足以生损害于公众或他人者，处三年以下有期徒刑。

第二百三十七条 医师明知为不实之事项,而登载于其应提出公署或保险公司关于人之健康或死亡原因之证书,足以生损害于公众或他人者,处三年以下有期徒刑、拘役或五百元以下罚金。

第二百三十八条 行使第二百二十九条至第二百三十七条之文书者,依伪造、变造文书或登载不实事项或使登载不实事项之规定处断。

行使已使用之邮票及政府发行之各种印花税票者,以行使伪造邮票、印花税票论。

本条之未遂罪,罚之。

第二百三十九条 伪造印章、印文或署押,足以生损害于公众或他人者,处三年以下有期徒刑。

盗用印章、印文或署押,足以生损害于公众或他人者,亦同。

本条之未遂罪,罚之。

第二百四十条 伪造公印或公印文者,处六月以上、五年以下有期徒刑。

盗用公印或公印文,足生损害于公众或他人者,亦同。

本条之未遂罪,罚之。

第二百四十一条 意图供伪造、变造有价证券、邮票及政府发行之各种印花税票之用,而制造、交付或收受各项器械、原料者,处二年以下有期徒刑,得并科五百元以下罚金。

第二百四十二条 伪造、变造之有价证券、邮票、政府发行之各种印花税票、印文、署押及前条之器械、原料,不问属于犯人与否,没收之。

第二百四十三条 在纸上或物品上之文字、符号,依习惯或特约,足以为表示其用意之证明者,关于本章之罪,以文书论。

第二百四十四条 犯本章之罪者,得依第五十七条及第五十八条之规定褫夺公权。

第十六章 妨害风化罪

第二百四十五条 对于妇女以强暴、胁迫、药剂、催眠术或他法,至使不能抗拒而奸淫之者,为强奸罪,处七年以上有期徒刑。

奸淫未满十二岁之女子,以强奸论。

二人以上共同轮奸而犯前二项之罪者,处无期徒刑或七年以上有期徒刑。

犯强奸罪,因而致被害人于死者,处死刑或无期徒刑;因而致重伤者,处无期徒刑。

犯强奸罪,因而致被害人羞忿自杀或意图自杀而致重伤者,依前项之规定处断。

犯强奸罪而故意杀被害人者,处死刑。

第一项及第二项之未遂罪,罚之。

第二百四十六条 对于男女以强暴、胁迫、药剂、催眠术或他法,至使不能抗拒而为猥亵之行为者,处五年以下有期徒刑。

对于未满十二岁之男女为猥亵之行为者,亦同。

第二百四十七条 对于妇女,乘其心神丧失或其他相类之情形不能抗拒,而奸淫之者,处三年以上、十年以下有期徒刑。

对于男女,乘其心神丧失或其他相类之情形不能抗拒,而为猥亵之行为者,处三年以下有期徒刑。

犯前二项之罪,因而致被害人于死者,处死刑、无期徒刑或七年以上有期徒刑;因而致重伤者,处无期徒刑或七年以上有期徒刑。

犯第一项之罪,因而致被害人羞忿自杀或意图自杀而致重伤者,依前项之规定处断。

第一项之未遂罪,罚之。

第二百四十八条 犯前三条之罪,而有左列情形之一者,加本刑三分之一:

一、直系或旁系尊亲属对于卑幼犯之者。

二、监护人、保佐人对于其所监护或保佐之人犯之者。

三、师傅对于未满二十岁之学徒犯之者。

四、官立、公立、私立病院、济贫院或救济院之职员对于收容之人犯之者。

第二百四十九条 以诈术使妇女误信有夫妻关系而听从其奸淫者,处六月以上、五年以下有期徒刑。

本条之未遂罪,罚之。

第二百五十条 四等内之宗亲相和奸者,处一年以上、七年以下有期徒刑。

第二百五十一条 意图营利,引诱或容留良家妇女与他人与猥亵之行为或奸淫者,处一年以下有期徒刑,得并科五百元以下罚金。

第二百五十二条 夫对于妻,或第二百四十八条所列举之人对于其关系人犯前条之罪者,处五年以下有期徒刑,得并科一千元以下罚金。

第二百五十三条 以犯第二百五十一条之罪为常业者,处三年以下有期徒刑,得并科一千元以下罚金。

第二百五十四条 引诱未满十二岁之男女为猥亵之行为或奸淫者,处二年以下有期徒刑。

第二百五十五条 和奸未满二十岁良家无夫之妇女者,处六月以下有期徒刑、拘役或三百元以下罚金。其相奸者,亦同。

第二百五十六条 公然为猥亵之行为者,处拘役或一百元以下罚金。

第二百五十七条 散布或贩卖猥亵之文字、图画及其他物品或公然陈列者,处拘役,得并科或易科五百元以下罚金。

意图贩卖而制造、持有前项之文字、图书及其他物品者,亦同。

第二百五十八条 第二百四十五条至第二百五十条及第二百五十五条之罪,须告诉乃论。

第二百五十五条之罪,被害人与犯人为婚姻者,非婚姻无效之裁判或撤销婚姻之裁判确定后,不得告诉。

第二百五十九条 犯本章之罪者,得依第五十七条及第五十八条之规定褫夺公权。

第十七章 妨害婚姻及家庭罪

第二百六十条 有配偶而重为婚姻或同时与二人以上结婚者,处五年以下有期徒刑。其知情相婚者,亦同。

第二百六十一条 以诈术缔结无效或得撤销之婚姻,因而致婚姻无效之裁判或撤销婚姻之裁判确定者,处三年以下有期徒刑。

第二百六十二条 有夫之妇与人通奸者,处二年以下有期徒刑。其相奸者,亦同。

第二百六十三条 妇女于婚姻解销或撤销后,在法定禁止再婚期内再婚者,处六月以下有期徒刑、拘役或三百元以下罚金。

第二百六十四条 和诱、略诱未满二十岁之男女脱离享有亲权之人、监护人或保佐人者,处六月以上、五年以下有期徒刑。

意图营利或意图使被诱人为猥亵之行为或奸淫,而犯前项之罪者,处一年以上、七年以下有期徒刑,得并科一千元以下罚金。

移送被诱人出民国领域外者,处七年以上有期徒刑。

本条之未遂罪,罚之。

第二百六十五条 意图帮助犯前条之罪而收受、藏匿被诱人或使之隐避者,处六月以上、五年以下有期徒刑。

意图营利或意图使被诱人为猥亵之行为或奸淫,而收受、藏匿被诱人或使之隐避者,处一年以上、七年以下有期徒刑,得并科五百元以下罚金。

本条之未遂罪,罚之。

第二百六十六条 第二百六十一条及二百六十二条之罪,须告诉乃论。

第二百六十三条之罪,本夫纵容奸通者,不得告诉。

第二百六十七条 犯本章之罪者,得依第五十七条及第五十八条之规定褫夺公权。

第十八章 妨害宗教罪

第二百六十八条 对坛庙、寺观、坟墓或及其他礼拜所公然侮辱者,处六月以下有期徒刑、拘役或三百元以下罚金。

妨害丧葬礼、祭祀、说教、礼拜者,亦同。

第二百六十九条 损坏、遗弃、污辱或盗取尸体者,处六月以上、五年以下有期徒刑;遗弃或盗取遗骨、遗发、殓物或火葬之遗灰者,处五年以下有期徒刑。

本条之未遂罪,罚之。

第二百七十条 发掘坟墓者,处六月以上、五年以下有期徒刑。

本条之未遂罪,罚之。

第二百七十一条 发掘坟墓而损坏、遗弃、污辱或盗取尸体者,处三年以上、十年以下有期徒刑。

发掘坟墓而损坏、遗弃或盗取遗骨、遗发、殓物或火葬之遗灰者,处一年以上、七年以下有期徒刑。

第二百七十二条 对于直系尊亲属犯第二百六十九条及第二百七十条之罪者，加重本刑二分之一；犯第二百七十一条之罪者，处无期徒刑或七年以上有期徒刑。

对于旁系尊亲属犯第二百六十九条至第二百七十一条之罪者，加重本刑三分之一。

第二百七十三条 犯本章之罪者，得依第五十七条及第五十八条之规定褫夺公权。

第十九章 妨害商务罪

第二百七十四条 以强暴、胁迫为左列行为之一者，处五年以下有期徒刑、拘役或三千元以下罚金：

一、妨害贩运谷类及其他公共所需之饮食物品，致市上生缺乏者。

二、妨害贩运种子、肥料、原料及其他农业、工业所需之物品，致市上生缺乏者。

本条之未遂罪，罚之。

第二百七十五条 意图加减工价或变更作工原定条件，而以强暴、胁迫使人罢工或阻止复工者，处三年以下有期徒刑。

本条之未遂罪，罚之。

第二百七十六条 意图供行使之用而伪造商标、商号者，处二年以下有期徒刑，得并科三千元以下罚金。

第二百七十七条 明知为伪造之商标、商号之货物而贩卖，或意图贩卖而陈列，或自外国输入者，处六月以下有期徒刑、拘役，得并科或易科一千元以下罚金。

第二百七十八条 犯本章之罪者，得依第五十七条及第五十八条之规定褫夺公权。

第二十章 鸦 片 罪

第二百七十九条 制造鸦片、吗啡、高根、安洛因及其化合质料，或贩卖，或意图贩卖而持有，或自外国输入，或输出于外国者，处五年以下有期徒刑，得并科五千元以下罚金。

本条之未遂罪，罚之。

第二百八十条 制造专供吸食鸦片之器具，或贩卖，或意图贩卖而持有，或自外国输入，或输出于外国者，处三年以下有期徒刑。

本条之未遂罪，罚之。

第二百八十一条 意图营利，以馆舍供人吸食鸦片者，处六月以上、五年以下有期徒刑，得并科五百元以下罚金。

本条之未遂罪，罚之。

第二百八十二条 意图供制造鸦片、吗啡或高根之用，而栽种罂粟或高根种子者，处三年以下有期徒刑，得并科三千元以下罚金。

意图供制造鸦片、吗啡或高根之用，而贩卖罂粟或高根种子者，处一年以下有期徒刑、拘役，得并科或易科三千元以下罚金。

本条之未遂罪，罚之。

第二百八十三条 吸食鸦片或施打吗啡或使用高根、安洛因或其化合质料者,处六月以下有期徒刑、拘役或一千元以下罚金。

本条之未遂罪,罚之。

第二百八十四条 为人施打吗啡针者,处二年以下有期徒刑,得并科五百元以下罚金。

本条之未遂罪,罚之。

第二百八十五条 意图供犯本章各罪之用,而持有鸦片、吗啡、高根、安洛因及其化合质料或专供吸食鸦片之器具者,处拘役或五百元以下罚金。

前项之鸦片、吗啡、高根、安洛因及其化合质料,或专供吸食鸦片之器具,不问属于犯人与否,没收之。

第二十一章 赌 博 罪

第二百八十六条 关于偶然之输赢,在公众场所或公众得入之场所赌博财物者,处拘役或一千元以下罚金。但以饮食物品为赌博者,不在此限。

当场赌博之器具与在赌台或兑换筹码处之财物,不问属于犯人与否,没收之。

第二百八十七条 以赌博为常业者,处二年以下有期徒刑,得并科一千元以下罚金。

第二百八十八条 意图营利,供给赌博场所或聚众赌博者,处三年以下有期徒刑,得并科三千元以下罚金。

第二百八十九条 未经政府允准而发行彩票者,处一年以下有期徒刑、拘役,得并科三千元以下罚金。

为买卖前项彩票之媒介者,处六月以下有期徒刑、拘役,得并科或易科一千元以下罚金。

第二十二章 杀 人 罪

第二百九十条 杀人者,处死刑、无期徒刑或十年以上有期徒刑。

本条之未遂罪,罚之。

第二百九十一条 杀直系尊亲属者,处死刑。

杀旁系尊亲属者,处死刑或无期徒刑。

本条之未遂罪,罚之。

预备犯本条之罪者,处三年以下有期徒刑。

第二百九十二条 犯杀人罪而有左列情形之一者,处死刑:

一、出于预谋者。

二、肢解、折割或有其他残忍之行为者。

本条之未遂罪,罚之。

第二百九十三条 犯杀人罪而有左列情形之一者,处死刑或无期徒刑:

一、意图便利犯他罪而犯者。

二、意图免犯罪之处罚或意图防护犯罪所得之利益而犯者。

本条之未遂罪,罚之。

第二百九十四条 当场激于义愤而杀人者，处一年以上、七年以下有期徒刑。

本条之未遂罪，罚之。

第二百九十五条 母于生产时或甫生产后杀其私生子者，处六月以上、五年以下有期徒刑。

本条之未遂罪，罚之。

第二百九十六条 同谋杀人者，处三年以上、十年以下有期徒刑。

第二百九十七条 同谋杀直系尊亲属者，处七年以上有期徒刑。

同谋杀旁系尊亲属者，五年以上、十二年以下有期徒刑。

第二百九十八条 教唆或帮助他人使之自杀，或受其嘱托或得其承诺而杀之者，处一年以上、七年以下有期徒刑。

本条之未遂罪，罚之。

谋为同死而犯本条之罪者，得免除其刑。

第二百九十九条 因过失致人于死者，处二年以下有期徒刑、拘役或一千元以下罚金。

从事业务之人，因业务上之过失，犯前项之罪者，处三年以下有期徒刑、拘役或一千元以下罚金。

第三百条 犯本章之罪者，得依第五十七条及第五十八条之规定褫夺公权。

第二十三章 伤 害 罪

第三百零一条 无杀人之故意而伤害人之身体或健康者，处五年以下有期徒刑、拘役或一千元以下罚金。

加暴行于尊亲属，未成伤者，处一年以下有期徒刑。

第三百零二条 施用足以致死或重伤之方法而伤害人者，处六月以上、五年以下有期徒刑。

本条之未遂罪，罚之。

第三百零三条 犯伤害罪因而致人重伤者，处三年以上、十年以下有期徒刑。

故意致人重伤者，处五年以上、十二年以下有期徒刑。

第三百零四条 犯伤害罪因而致人于死者，处七年以上有期徒刑。

第三百零五条 对于直系尊亲属，犯第三百零一条第一项、第三百零二条及第三百零三条之罪者，加重本刑二分之一；犯第三百零四条之罪者，处死刑、无期徒刑或十年以上有期徒刑。

对于旁系尊亲属，犯第三百零一条第一项、第三百零二条至第三百零四条之罪者，加重本刑三分之一。

第三百零六条 教唆或帮助他人使之自杀，或受其嘱托或得其承诺而伤害之，因而致死者，处一年以上、七年以下有期徒刑；因而致重伤者，处五年以下有期徒刑。

第三百零七条 聚众斗殴致人于死或重伤者，在场助势而非出于正当防卫之人，处三年以下有期徒刑；下手实施伤害者，仍依伤害各条之规定处断。

第三百零八条 因过失伤害人者,处六月以下有期徒刑、拘役或五百元以下罚金。

因而致人重伤者,处一年以下有期徒刑、拘役或五百元以下罚金。

从事业务之人,因业务上之过失犯第一项之罪者,处一年以下有期徒刑、拘役或五百元以下罚金;犯第二项之罪者,处二年以下有期徒刑、拘役或五百元以下罚金。

第三百零九条 第三百零一条及第三百零八条之罪,须告诉乃论。

第三百十条 犯本章之罪者,得依第五十七条及第五十八条之规定褫夺公权。

第二十四章 堕 胎 罪

第三百十一条 怀胎妇女服药或以他法堕胎者,处一年以下有期徒刑、拘役或三百元以下罚金。

怀胎妇女听从他人堕胎者,亦同。

第三百十二条 受怀胎妇女之嘱托或得其承诺,而使之堕胎者,处一年以下有期徒刑。

因而致妇女于死者,处五年以下有期徒刑;因而致重伤者,处三年以下有期徒刑。

第三百十三条 意图营利而犯前条第一项之罪者,处六月以上、五年以下有期徒刑,得并科五百元以下罚金。

因而致妇女于死者,处三年以上、十年以下有期徒刑,得并科五百元以下罚金;因而致重伤者,处一年以上、七年以下有期徒刑,得并科五百元以下罚金。

第三百十四条 未受怀胎妇女之嘱托或未得其承诺,而使之堕胎者,处六月以上、五年以下有期徒刑。

因而致妇女于死或重伤者,比较故意伤害罪,从重处断。

第一项之未遂罪,罚之。

第三百十五条 以文字、图画或他法,公然介绍堕胎之方法或物品,或公然介绍自己或他人为堕胎之行为者,处一年以下有期徒刑、拘役或科或并科一千元以下罚金。

第二十五章 遗 弃 罪

第三百十六条 遗弃无自救力之人者,处六月以下有期徒刑、拘役或三百元以下罚金。

因而致人于死者,处五年以下有期徒刑;因而致重伤者,处三年以下有期徒刑。

第三百十七条 对于无自救力之人,依法令或契约扶助、养育或保护而遗弃之,或不为其生存所必要之扶助、养育或保护者,处六月以上、五年以下有期徒刑。

因而致人于死或重伤者,比较故意伤害罪,从重处断。

第三百十八条 对于直系尊亲属犯前条第一项之罪者,加重本刑二分之一。

对于旁系尊亲属犯前条第一项之罪者,加重本刑三分之一。

因而致尊亲属于死或重伤者,比较故意伤害罪,从重处断。

第三百十九条 犯本章之罪者,得依第五十七条及第五十八条之规定褫夺公权。

第二十六章　妨害自由罪

第三百二十条　使人为奴隶者，处一年以上、七年以下有期徒刑。

本条之未遂罪，罚之。

第三百二十一条　意图营利，以诈术使人出民国领域外者，处二年以下有期徒刑，得并科一千元以下罚金。

第三百二十二条　意图使妇女与自己或他人结婚而略诱之者，处六月以上、五年以下有期徒刑。

意图营利或意图使妇女为猥亵之行为或奸淫，而略诱之者，处一年以上、七年以下有期徒刑，得并科一千元以下罚金。

移送被略诱人出民国领域外者，处五年以上、十二年以下有期徒刑。

本条之未遂罪，罚之。

第三百二十三条　私禁或以其他非法方法剥夺人之行动自由者，处五年以下有期徒刑、拘役或三百元以下罚金。

因而致人于死或重伤者，比较故意伤害罪，从重处断。

第一项之未遂罪，罚之。

第三百二十四条　对于直系尊亲属犯前条第一项之罪者，加重本刑二分之一。

对于旁系尊亲属犯前条第一项之罪者，加重本刑三分之一。

因而致尊亲属于死或重伤者，比较故意伤害罪，从重处断。

第一项及第二项之未遂罪，罚之。

第三百二十五条　以强暴、胁迫使人行无义务之事或妨害人行使权利者，处三年以下有期徒刑、拘役或三百元以下罚金。

本条之未遂罪，罚之。

第三百二十六条　以加害生命、身体、自由、名誉、财产之事恐吓他人，致生危害于安全者，处二年以下有期徒刑、拘役或三百元以下罚金。

第三百二十七条　无故侵入他人住宅、建筑物或附连围绕之土地或船舰者，处一年以下有期徒刑、拘役或三百元以下罚金。

无故隐匿其内，或受退去之要求而仍留滞者，亦同。

第三百二十八条　第三百二十二条及第三百二十七条之罪，须告诉乃论。

第三百二十二条之罪，被害人与犯人为婚姻者，非婚姻无效之裁判或撤销婚姻之裁判确定后，不得告诉。

第三百二十九条　犯本章之罪者，得依第五十七条及第五十八条之规定褫夺公权。

第二十七章　妨害名誉及信用罪

第三百三十条　公然侮辱人者，处拘役或三百元以下罚金。

第三百三十一条　意图散布于众而指摘或传述足以毁损他人名誉之事者，为诽谤罪，处六月以下有期徒刑、拘役或五百元以下罚金。

散布文字、图画犯前项之罪者,处一年以下有期徒刑、拘役或一千元以下罚金。

第三百三十二条 犯人对于所诽谤之事,能证明其为真实者,不罚。但涉于私德而与公共利益无关者,不在此限。

第三百三十三条 以善意发表言论,而有左列情形之一者,不罚:

一、因自卫、自辩或保护合法之利益者。

二、公务员因职务而报告者。

三、对于可受公评之事,而为适当之评论者。

四、对于中央及地方之议会或法院或公众集会之记事,而为适当之载述者。

第三百三十四条 明知为虚伪之事而指摘或传述犯诽谤罪者,加重本刑三分之一。

第三百三十五条 对于已死之人公然侮辱者,处拘役或三百元以下罚金。

对于已死之人明知为虚伪而指摘或传述犯诽谤罪者,处一年以下有期徒刑、拘役或一千元以下罚金。

第三百三十六条 散布流言或以诈术损害他人之信用者,处二年以下有期徒刑、拘役,得并科或易科一千元以下罚金。

第三日三十七条 本章之罪,须告诉乃论。

第三百三十八条 犯本章之罪者,除宣告本刑外,因告诉人之声请,得令将判词全部或一部登报,其费用由犯人担负。

第二十八章　妨害秘密罪

第三百三十九条 无故开拆或隐匿他人之封缄信函或其他封缄文书者,处六月以下有期徒刑、拘役或一百元以下罚金。

第三百四十条 医师、药师、药商、产婆、宗教师、律师、辩护人、公证人及其业务上佐理人或曾居此等地位之人,无故泄漏因业务知悉或持有之他人秘密者,处一年以下有期徒刑、拘役或五百元以下罚金。

第三百四十一条 在他人业务处所于执行业务期内,无故泄漏因业务知悉或持有之工商秘密者,处一年以下有期徒刑、拘役或一千元以下罚金。

公务员或曾居此等地位之人,无故泄漏因职务知悉或持有他人之工商秘密者,亦同。

第三百四十二条 本章之罪,须告诉乃论。

第二十九章　窃　盗　罪

第三百四十三条 意图为自已或第三人不法之所有,而窃取他人所有物者,为窃盗罪,处五年以下有期徒刑、拘役或五百元以下罚金。

本条之未遂罪,罚之。

第三百四十四条 犯窃盗罪而有左列情形之一者,处一年以上、七年以下有期徒刑:

一、意图行窃,于夜间侵入住宅或有人居住之建筑物或隐匿其内,而犯窃盗罪者。

二、毁越门扇、墙垣而犯窃盗罪者。

三、携带凶器而犯窃盗罪者。

四、结伙三人以上而犯窃盗罪者。

五、乘火灾、水灾或其他灾害之际而犯窃盗罪者。

六、在车站或埠头而犯窃盗罪者。

七、以犯窃盗罪为常业者。

本条之未遂罪,罚之。

第三百四十五条 自己所有物,已受查封或担负质权者,于本章之罪,以他人所有物论。

第三百四十六条 违禁物,关于本章之罪,以所有物论。

电气,关于本章之罪,以物论。

第三百四十七条 于直系亲属、配偶或同财共居亲属之间,犯本章之罪者,免除其刑;于其他亲属之间犯本章之罪者,须告诉乃论。

第三百四十八条 犯本章之罪者,得依第五十七条及第五十八条之规定褫夺公权。

第三十章 抢夺强盗及海盗罪

第三百四十九条 意图为自己或第三人不法之所有,而抢夺他人所有物者,处六月以上、五年以下有期徒刑。

因而致人于死或重伤者,比较故意伤害罪,从重处断。

第一项之未遂罪,罚之。

第三百五十条 犯前条第一项之罪,而有第三百四十四条情形之一者,处三年以上、十年以下有期徒刑。

本条之未遂罪,罚之。

第三百五十一条 犯第三百四十九条第一项之罪而故意杀人者,处死刑。

第三百五十二条 意图为自己或第三人不法之所有,以强暴、胁迫、药剂、催眠术或他法,至使不能抗拒,而取他人所有物或使其交付者,为强盗罪,处三年以上、十年以下有期徒刑。

以前项方法得财产上不法之利益或使第三人得之者,亦同。

犯强盗罪因而致人于死者,处死刑或无期徒刑;因而致重伤者,处无期徒刑。

第一项及第二项之未遂罪,罚之。

第三百五十三条 窃盗或抢夺,因防护赃物、脱免逮捕或湮灭罪证,而当场施以强暴、胁迫者,以强盗论。

第三百五十四条 犯强盗罪而有第三百四十四条情形之一者,处七年以上有期徒刑。

本条之未遂罪,罚之。

第三百五十五条 犯强盗罪而有左列行为之一者,处死刑或无期徒刑:

一、放火者。

二、强奸者。

第三百五十六条 犯强盗罪而故意杀人者,处死刑。

第三百五十七条 同谋犯强盗罪者,处一年以上、七年以下有期徒刑。

第三百五十八条 未受交战国之允准或不属于各国之海军而驾驶船舰,意图施强暴、胁迫于他船或他船之人或物者,为海盗罪,处无期徒刑或七年以上有期徒刑。

因而致人于死者,处死刑;因而致重伤者,处死刑或无期徒刑。

第三百五十九条 犯海盗罪而有左列行为之一者,处死刑:

一、放火者。

二、强奸者。

三、故意杀人者。

第三百六十条 第三百四十五条及第三百四十六条之规定,于本章之罪,准用之。

第三百六十一条 犯本章之罪者,得依第五十七条及第五十八条之规定褫夺公权。

第三十一章 侵 占 罪

第三百六十二条 意图为自己或第三人不法之所有,而侵占自己持有之他人所有物者,处五年以下有期徒刑、拘役,得并科或易科一千元以下罚金。

本条之未遂罪,罚之。

第三百六十三条 对于公务上或业务上所持有之物,犯前条第一项之罪者,处六月以上、五年以下有期徒刑,得并科三千元以下罚金。

本条之未遂罪,罚之。

第三百六十四条 意图为自己或第三人不法之所有,而侵占遗失物、漂流物或其他离本人所持有之物者,处六月以下有期徒刑、拘役或一千元以下罚金。

第三百六十五条 自己所有物,已受查封而归自己保管者,关于本章之罪,以他人所有物论。

第三百六十六条 第三百四十六条之规定,于本章之罪,准用之。

第三百六十七条 于直系亲属、配偶或同财共居亲属之间,犯本章之罪者,免除其刑。

于其他亲属之间犯本章之罪者,须告诉乃论。

第三百六十八条 犯本章之罪者,得依第五十七条及第五十八条之规定褫夺公权。

第三十二章 诈欺及背信罪

第三百六十九条 意图为自己或第三人不法之所有,以诈术使人将本人或第三人所有物交付者,处五年以下有期徒刑、拘役,得并科或易科一千元以下罚金。

以前项方法得财产上不法之利益或使第三人得之者,亦同。

本条之未遂罪,罚之。

第三百七十条 以犯前条之罪为常业者,处一年以上、七年以下有期徒刑,得并科五千元以下罚金。

本条之未遂罪,罚之。

第三百七十一条 意图为自己或第三人不法之所有,乘未满十六岁人之知虑浅薄,或乘人之精神耗弱,使之将本人或第三人所有物交付者,处五年以下有期徒刑、拘役,得并科或易科一千元以下罚金。

以前项方法得财产上不法之利益或使第三人得之者,亦同。

本条之未遂罪,罚之。

第三百七十二条 为他人处理事务,意图为自己或第三人不法之利益,或意图加不法损害于本人,而为违背其任务之行为,致生损害于本人之财产者,处五年以下有期徒刑、拘役,得并科或易科一千元以下罚金。

本条之未遂罪,罚之。

第三百七十三条 第三百四十五条及第三百四十六条之规定,于本章之罪,准用之。

第三百七十四条 于直系亲属、配偶或同财共居亲属之间,犯本章之罪者,免除其刑。

于其他亲属之间犯本章之罪者,须告诉乃论。

第三百七十五条 犯本章之罪者,得依第五十七条及第五十八条之规定褫夺公权。

第三十三章 恐吓罪

第三百七十六条 意图为自己或第三人不法之所有,以恐吓使人将本人或第三人所有物交付者,处五年以下有期徒刑、拘役,得并科或易科一千元以下罚金。

以前项方法得财产上不法之利益或使第三人得之者,亦同。

本条之未遂罪,罚之。

第三百七十七条 掳人勒赎者,处期徒刑或七年以上有期徒刑。

因而致被害人于死者,处死刑或无期徒刑;因而致重伤者,处无期徒刑。

第一项之未遂罪,罚之。

第三百七十八条 犯前条第一项之罪而故意杀被害人者,处死刑。

犯前条第一项之罪而强奸被害人者,处死刑或无期徒刑。

第三百七十九条 同谋掳人勒赎者,处一年以上、七年以下有期徒刑。

第三百八十条 第三百四十五条及第三百四十六条之规定,于本章之罪,准用之。

第三百八十一条 犯本章之罪者,得依第五十七条及第五十八条之规定褫夺公权。

第三十四章 赃物罪

第三百八十二条 收受赃物者,处三年以下有期徒刑、拘役或五百元以下罚金。

搬运、寄藏、故买赃物或为牙保者,处五年以下有期徒刑、拘役,得并科或易科一千元以下罚金。

因赃物变得之财物,以赃物论。

第三百八十三条 以犯前条之罪为常业者,处六月以上、五年以下有期徒刑,得并科三千元以下罚金。

第三百八十四条 于直系亲属、配偶或同财共居亲属之间犯本章之罪者,免除其刑。

第三百八十五条 犯本章之罪者,得依第五十七条及第五十八条之规定褫夺公权。

第三十五章 毁弃损坏罪

第三百八十六条 毁弃、损坏他人文书或致令不堪用,足以生损害于公众或他人者,处三年以下有期徒刑、拘役或五百元以下罚金。

第三百八十七条 毁坏他人建筑物、矿坑、船舰或致令不堪用者,处六月以上、五年以下有期徒刑。

因而致人于死或重伤者,比较故意伤害罪,从重处断。

第一项之未遂罪,罚之。

第三百八十八条 毁弃、损坏前二条以外之他人所有物或致令不堪用,足以生损害于公众或他人者,处一年以下有期徒刑、拘役或五百元以下罚金。

第三百八十九条 意图损害他人,以诈术使本人或第三人为财产上之处分,致生财产上之损害者,处三年以下有期徒刑、拘役或五百元以下罚金。

第三百九十条 债务人于将受强制执行之际,意图损害债权人之债权,而毁坏、处分或隐匿其财产者,处三年以下有期徒刑、拘役或五百元以下罚金。

第三百九十一条 自己所有物,已受查封或担负质权或已赁贷者,关于本章之罪,以他人所有物论。

第三百九十二条 第三百四十六条之规定,于本章之罪,准用之。

第三百九十三条 第三百八十六条、第三百八十八条至第三百九十条之罪,须告诉乃论。

七、北洋政府时期的特别刑法

（一）《私盐治罪法》

《私盐治罪法》

（1914年12月23日　法律第22号）

第一条　凡未经盐务署之特许，而制造、贩运、售卖，或意图贩运而收藏者，为私盐。

第二条　犯私盐罪者，依左列处断：

（一）不及三百斤者，处五等有期徒刑或拘役。

（二）三百斤以上者，处三等或四等有期徒刑。

（三）三千斤以上者，处二等或三等有期徒刑。

携有枪械，意图拒捕者，加本刑一等。

第三条　犯私盐罪，结伙十人以上，拒捕、杀人、伤害人致死及笃疾或废疾者，处死刑；伤害人，未致死及笃疾者，处无期徒刑或一等有期徒刑。结伙不及十人，伤害人，致死或笃疾或废疾者，处死刑或无期徒刑；伤害人，未致死及笃疾者，处无期徒刑或二等以上有期徒刑。

第四条　犯前条之罪应处死刑者，得用枪毙。

第五条　第三条之未遂犯，罪之。

第六条　知系私盐，而搬运、受寄、故买，或为牙保者，减第二条之刑一等或二等。

第七条　盐务官员、缉私场警、兵役，自犯私盐罪，或与犯人同谋者，加第二条之刑一等。

其知有人犯第一条情事，而不予以相当之处分者，与犯人同罪。

因犯前二项之罪而获利者，并科所得价额二倍以下、价额以上之罚金；若二倍之数不及一百元，科一百元以下、价额以上之罚金。

第八条 犯第三条之罪者,褫夺公权;其余,得褫夺之。

第九条 犯私盐罪者,所有之盐,及供犯罪所用之物,没收之。

第十条 本法自公布日施行。

《制盐特许条例》第十一条之规定,于本法施行日废止。

(二)《惩治盗匪法》

《惩治盗匪法》

(1914年7月3日公布惩治盗匪条例,
1914年11月27日大总统申令公布惩治盗匪法)

第一条 本法于强盗,及匪徒犯本法所定之罪者,适用之。

称强盗者,依《暂行刑律》所定。称匪徒者,谓有第四条各款情形之人。

第二条 强盗犯刑律第三百七十三条之罪者,处死刑。

第三条 强盗犯左列各款之罪者,处死刑:

(一)刑律第三百七十四条之罪。

(二)刑律第三百七十六条之罪。

(三)刑律第一百八十六条及第一百八十七条之罪。

(四)刑律第一百七十条第二项之罪。

(五)刑律第三百七十三条之俱发罪或累犯。

第四条 匪徒犯左列各款之罪者,处死刑:

(一)意图扰害公安而伪造、收藏或携带爆裂物者。

(二)聚众掠夺公署之兵器、弹药、船舰、钱粮及其他军需品,或公然占据都市、城寨及其他军用之地者。

(三)掳人勒赎者。

第五条 犯第二条至第四条之罪者,由该管审判厅或兼理司法事务之县知事审实后,附具全案,报由高等审判厅厅长或司法筹备处处长转报巡按使核办,俟得覆准后执行。其由兼理司法事务之县知事审判者,并应报告该管道尹备案。

京兆地方,由京师地方审判厅审判者,附具全案,由京师高等检察厅检察长转报司法部核办。其由兼理司法事务之县知事审判者,附具全案,分别报告京兆尹及京师高等检察厅检察长转报司法部核办,俟得覆准后执行。

热河、察哈尔、绥远等地方，由兼理司法事务之县知事审判者，附具全案，报由审判处处长转报该管都统核办，俟得覆准后执行，并报告该管道尹备案。

高等审判厅厅长或司法筹备处处长或审判处处长，对于所属审判厅或兼理司法事务之县知事审判之案认为有疑误者，得于转报时附具意见书。

第六条 死刑得用枪毙。

第七条 有高级军官统率之军，际于其驻在地查获第二条至第四条之罪犯时，以具备左列各款情形者为限，得由该高级军官审判之：

（一）驻在地与审判厅或兼理司法事务之县知事之所在地相距百里外，而交通不便者。

（二）事机紧迫，恐酿重大变乱，或有劫囚及脱逃之虞者。

第八条 前条之审判厅，应附具全案，报由直辖该军队之最高级长官核办，俟得覆准后执行。

第九条 司法部、巡按使、都统，对于审判厅或兼理司法事务之县知事之报告认为有疑误时，得饬令再审，或派员会审，或提交高等审判厅、司法筹备处、审判处覆审。

直辖行审判之军队之最高级长官，对于该军队之报告认为有疑误时，得饬令再审，或饬令移送该管审判厅或兼理司法事务之县知事覆审。

第十条 执行死刑人犯之姓名及年月日时并犯罪事实，应由高等审判厅厅长或筹备处处长，或审判处处长，于每月末日汇报司法部，并报明巡按使或都统。其由军队审判执行者，应由直辖该军队最高级长官，于每月末日报由陆军部转报司法部，并报明该管巡按使或都统。

第十一条 本法自公布日施行。

本法施行期为五年。

(三)《惩治盗匪法施行法》

《惩治盗匪法施行法》

(法律第十九号　1914 年 12 月 7 日)

第一条　依《惩治盗匪法》第五条审实之案件,该管审判厅或兼理司法事务之县知事,认为案关重要或于该管区域内安宁秩序有危害之虞及有其他必要情形时,得先行摘叙犯罪事实,由电径报巡按使或都统核准立即执行。执行后,仍附具全案分别报请备案。

京兆地方兼理司法事务之县知事审实之案件,除适用前项规定外,由电径报京兆尹立转司法部核准执行。

第二条　依《惩治盗匪法》第七条查获之罪犯,该高级军官认为于该军队驻在地方之镇压匪乱、维持公安有重大关系或有其他必要情形时,得由该高级军官径行审判之。

前项审判之案件,该高级军官得先行摘叙犯罪事实,由电报请直辖该军队之最高级长官核准立即执行。执行后,仍附具全案报请备案。其直辖军队之最高级长官自行审判者,于审实后立即执行,执行后仍依《惩治盗匪法》第十条之规定报由陆军部转报司法部,并报明该管巡按使或都统。

第三条　在京师及特别要塞地方犯《惩治盗匪法》第四条第一、第二款之罪者,由特派之军政执法长官审判之。

第四条　遇有成股盗匪猝发或盗匪持械拒捕,除由防剿之军警各队临阵格杀者外,其当场拿获盗匪各犯,由防剿之军警各队首领、长官立即审判执行,得不适用第二条报请核准之程序。仍于执行后分别报请备案。

第五条　本法自公布日施行。

本法施行前依《惩治盗匪法》审实之案件或查获之罪犯,均得适用本法所定之施行程序行之。

本法施行之区域,由大总统酌量地方情形以命令定之。

（四）《吗啡治罪条例》

《吗啡治罪条例》

（1914年4月12日公布法律第15号吗啡治罪条例，
1914年10月20日改为吗啡治罪法）

第一条　制造吗啡，或贩卖，或意图贩卖而收藏，或自外国贩运者，处三等至五等有期徒刑，并科五百元以下罚金。

第二条　制造专供施打吗啡之器具，贩卖，或意图贩卖而收藏，或自外国贩运者，处四等以下有期徒刑或拘役。

第三条　税关官员或其佐理人，自外国贩运吗啡或专供施打吗啡器具，或纵令他人贩运者，处二等或三等有期徒刑，并科一千元以下罚金。

第四条　施打吗啡者，处四等以下有期徒刑或拘役，并科三百元以下罚金。

第五条　请人施打或自己施打吗啡者，处五等有期徒刑或拘役或一千元以下罚金。

第六条　巡警官员或其佐理人，当执行职务时，知有前五条之犯人，故意不即与相当之处分者，亦依前五条之例处断。

第七条　收藏专供施打吗啡之器具者，处一百元以下罚金。

第八条　第一条至第五条之未遂犯，罪之。

第九条　犯第一条至第六条之罪者，得褫夺公权；官员犯者，并免现职。

第十条　本条例颁行以前，凡关于吗啡之犯罪，以已经提起公诉未经确定审判者，适用本条例。

第十一条　在制药律未颁布以前，凡关于高根、安洛因及其化合质料之犯罪，亦适用本条例。高根为哀里脱洛克西隆高加树叶中之主要质料，化学形式 $C_{17}H_{21}NO_4$，安洛因为第阿赛的尔吗啡，化学形式 $C_{12}H_{23}NO_5$。

第十二条　本条例自公布日施行。

(五)《陆军刑事条例》

《陆军刑事条例》

(1915 年 3 月 19 日)

目　录

第一编　总　则

第一条　本条例颁行后,凡陆军军人犯罪者,适用之。

第二条　虽非陆军军人,犯左列各罪者,亦适用本条例:

一、第二十八条第七款之罪。

二、第三十一条之罪。

三、第六十条、第六十一条之罪及未遂罪。

四、第六十七条之罪。

五、第六十九条、第七十一条及第七十二条第二项之罪。

六、第七十四条至第七十六条之罪及未遂罪。

七、第八十五条至第八十九条之罪。

八、第九十条至第九十三条之罪，及第九十一条、第九十二条之未遂罪。

九、第九十五条第一项及第九十六条之罪。

第三条 前二条所列，在民国外犯罪者，适用之。

第四条 陆军军人在民国军队占领地犯刑法或他种法令之罪者，以在民国内犯罪论。

本国人民及俘虏犯罪，亦同。

第五条 属于驻在民国外之部队及从者，或其俘虏，于部队所在地犯刑法或他种法令之罪者，亦同前条。

第六条 对于与陆军共同作战之海军军人之行为，依其职务、官等、阶级，照陆军军人一律办理。

第七条 称陆军军人者，如左：

一、在陆军现役者。

二、召集中之在乡军人。

三、不依召集而在部队服陆军军人勤务之在乡军人。

四、前二款外着用陆军制服及履行服役义务之在乡军人。

第八条 左列各款，准陆军军人：

一、陆军所属之学员、学生。

二、陆军军属。

三、服陆军勤务之海军军人。

四、巡防队、警备队之官长、士兵。

第九条 海军官佐、海军候补生、海军准尉官及陆军准尉官，视同陆军官佐。陆军官佐候补者服官佐勤务时，亦同。

第十条 陆军官佐候补者，在军士之阶级；不服官佐勤务者，准陆军军士。

第十一条 在陆军兵役无官等等级者，准兵卒；陆军官佐候补者，在兵卒之阶级时，亦同。

第十二条 称在乡军人者，谓在陆军现役以外之续备、后备等兵役，及退役之陆军官佐及准尉官。

第十三条 称陆军军属者，谓陆军文官及同待遇者，并服陆军之勤务者。但预备或退职之文官不在此限。

第十四条 称海军军人者，谓《海军刑事条例》所称之海军军人。

第十五条 称上官者，谓于有命令关系之陆军军人间有下命令权者。无命令关系而官等等级在上者，视同上官。但兵卒除服军士勤务者，均为同等。

第十六条 称司令官者，谓在军队任司令之陆军军人。

第十七条 称哨兵者，谓于军队、驻扎地为仗卫或警戒之陆军军人。

第十八条 称部队者，谓陆军军队、官衙、学校、特务机关及战时陆军特设机关。

第十九条 称军中者，谓在左列部队之内：

一、执战时体势之部队。但留守部队服卫戍勤务之后备，及国民诸队并在战地以外输送或补给之各机关，非在对敌状态者，不在此限。

二、不执战时之体势而在对敌状态之部队。

三、当事变或地方骚扰之际从事于镇定之部队。

第二十条 凡执行死刑时，依管辖陆军法衙之长官所定之处枪毙之。

第二十一条 凡处四等以下之有期徒刑，得用换刑。

换刑条例另定之。

第二十二条 因镇压多众共同之暴行，或战时部队急迫以保持军纪之故，而有不得已之行为，不为罪。但超过必要程度者，因其情节，得减轻或免除其刑。

第二十三条 前条之规定，凡犯刑法及他法令之罪者，均适用之。

第二十四条 本条例与《海军刑事条例》均有正条且其刑无轻重之别，海军军人准陆军军人者，可适用《海军刑事条例》。

第二十五条 于本条例规定之外，如因军情紧急或因保持治安，陆海军大元帅得随时酌量情形，别以军令行之。

第二编　分　　则

第一章　叛　乱　罪

第二十六条 结党执兵器而为叛乱之行为者，依左列处断：

一、首魁，处死刑。

二、参与谋议或为群众之指挥者，处死刑无期徒刑；其他从事各种职务者，处四等以上有期徒刑。

三、附和随行者，处二等至四等有期徒刑。

第二十七条 意图叛乱，结党掠夺兵器、弹药及其他供军用之物品者，刑同前条。

第二十八条 为左列之行为者，处死刑：

一、以军队、要塞、阵营、船舰、兵器、弹药及供军用场所、建造物或其他物品交付于敌国者。

二、为敌国作间谍及帮助敌国之间谍者。

三、泄漏军事上之机密于敌国者。

四、为敌国作向导或指示地理者。

五、欲使降于敌国强要司令官者。

六、为敌国夺取俘虏或使之逃走者。

七、勾结外国人或附从、阴谋，意图紊乱国宪及煽惑内乱者。

犯本条各款之罪而逃往外国者，得先没收其家产。

第二十九条 意图利敌而为左列之行为者，处死刑：

一、损坏要塞、阵营、船舰、兵器、弹药及供军用场所、建造物或其他物品，或以其他方法致不堪使用者。

二、损坏或壅塞水陆、通路及桥梁，或以其他方法使生军队、船舰往来之妨害者。

三、司令官率军队不就守地或配置地及离其地者。

四、解散队兵及诱使溃走、混乱，或妨害其联络、集合者。

五、有意使缺乏兵器、弹药、粮食、被服及其他供军用之物品者。

六、诈传命令、通报或报告，及为虚伪之命令、通报或报告者。

七、造言飞语及于前敌叫呼、喧噪者。

第三十条　于前二条所列外或以其他方法，与敌军以利益而使本国军事上蒙其损害者，处死刑、无期徒刑或一等有期徒刑。

第三十一条　意图使军队暴动而煽惑之者，处死刑、无期徒刑或一等有期徒刑。

第三十二条　本章之未遂犯，罪之。

第三十三条　预备或阴谋犯第二十六条至第三十条之罪者，得减本刑一等或二等。

第三十四条　预备或阴谋犯第二十六条、第二十七条之罪，于事前自首者，得免除其刑。

第二章　擅　权　罪

第三十五条　司令官未受宣战之告知或已受休战或媾和之告知，无故对外国开战者，处死刑。但先经敌人开战而为正当之防御者，不在此限。

第三十六条　司令官于权外之事，非有不得已之理由擅自进退其所率军队者，处死刑、无期徒刑或二等以上有期徒刑。

第三十七条　不待命令无故为战斗者，刑同前条。

第三十八条　本章之未遂犯，罪之。

第三章　辱　职　罪

第三十九条　司令官不尽其所应尽之职责而降敌者，或委弃要塞于敌者，处死刑。

第四十条　司令官在野战时虽已尽其所应尽之职责，不得已而率队兵降敌者，处三等以上有期徒刑。

第四十一条　司令官在敌前不尽其所应尽之职责，而率队兵退却或逃避者，处死刑。

第四十二条　司令官率队兵无故不就守地或配置地或离去其地者，依左列处断：

一、敌前，处死刑。

二、战时军中或戒严地域，处无期徒刑或二等以上有期徒刑。

三、其余，处四等以下有期徒刑。

第四十三条　司令官对于有要求出兵、救援及弹压权之官吏，无故不应其请求者，处二等或三等有期徒刑。

第四十四条　军官率队兵输送军需物品时遇见敌军，不尽其所应尽之职责而擅自抛弃者，处死刑、无期徒刑或一等有期徒刑。在输送船舶遇敌之船舰，不尽其所应尽之职责，而使船舶退去者，亦同。

第四十五条 当部下多众共同为犯罪行为时不尽其弹压之方法者，处四等以下有期徒刑；如因此溃变扰害地方者，处死刑、无期徒刑或一等有期徒刑。

第四十六条 哨兵及卫兵无故离去守地者，依左列处断：

一、敌前，处死刑。

二、战时军中或戒严地域，处三等以下有期徒刑。

三、其余，处五等有期徒刑。

第四十七条 哨兵及卫兵因睡眠或酒醉怠其职务者，依左列处断：

一、敌前，处三等以下有期徒刑。

二、其余，处五等有期徒刑。

第四十八条 卫兵、巡查、侦探及其他任警戒或传令之职务，无故擅离勤务所在地或应到之处不到者，依左列处断：

一、敌前，处死刑、无期徒刑或一等有期徒刑。

二、军中或戒严地域，处四等以下有期徒刑。

三、其余，处五等有期徒刑。

第四十九条 无故不依规则使哨兵交代或违反其他之哨令者，依左列处断：

一、敌前，处三等以上有期徒刑。

二、军中或戒严地域，处四等以下有期徒刑。

三、其余，处五等有期徒刑。

第五十条 在战时军中或戒严地域，掌传达关于军事之命令通、报或报告，而无故不为传达者，处二等至四等有期徒刑；如因而失误军机者，处死刑或无期徒刑。

在战时军中或戒严地域服侦探、巡察或侦察勤务而报告不实者，处三等以下有期徒刑；因而失误军机者，处三等以上有期徒刑。

第五十一条 保管军事机密之图书、物件，当危急时不尽其不委弃于敌之方法者，处二等至四等有期徒刑。

第五十二条 在战时军中或戒严地域，掌支给或运输兵器、弹药、粮食、被服及其他供军用物品，无故使之缺乏者，处三等以下有期徒刑；因而失误军机者，处死刑或无期徒刑。

第五十三条 配给有害健康之饮食者，处三等以下有期徒刑；因而致人于死者，处无期徒刑或三等以上有期徒刑。

第五十四条 因取用兵器或弹药之不注意，致毁伤他人之身体者，处四等以下有期徒刑；致死者，处二等至四等有期徒刑。

第五十五条 第三十九条、第四十一条、第四十二条、第四十四条、第四十六条、第四十八条、第五十条及第五十三条之未遂犯，罪之。

第四章 抗 命 罪

第五十六条 反抗上官之命令或不服从者，依左列处断：

一、敌前,处死刑或无期徒刑。

二、军中或戒严地域,处二等至四等有期徒刑。

三、其余,处四等以下有期徒刑。

犯本条第二款、第三款之罪,因而酿成重大变故者,得依第一款处断。

第五十七条 伙党犯前条之罪者,依左列处断:

一、敌前,首魁,处死刑;余众,处死刑、无期徒刑或一等有期徒刑。

二、军中或戒严地域,首魁,处无期徒刑或二等以上有期徒刑;余众,处二等以下有期徒刑。

三、其余,首魁,处二等至四等有期徒刑;余众,处五等有期徒刑。

犯本条第二款、第三款之罪,因而酿成重大变故者,得依第一款处断。

第五章 暴行胁迫罪

第五十八条 对于上官为暴行或胁迫者,依左列处断:

一、敌前,处死刑或无期徒刑。

二、其余,处无期徒刑或二等以上有期徒刑。

第五十九条 伙党犯前条之罪者,依左列处断:

一、敌前,首魁,处死刑;余众,处死刑、无期徒刑或一等有期徒刑。

二、其余,首魁,处死者或无期徒刑;余众,处三等以上有期徒刑。如生重大变故者,得依敌前处断。

第六十条 对于哨兵为暴行或胁迫者,依左列处断:

一、敌前,处无期徒刑或二等以上有期徒刑。

二、其余,处三等以下有期徒刑。

第六十一条 伙党犯前条之罪者,依左列处断:

一、敌前,首魁,处死刑、无期徒刑或一等有期徒刑;余众,处三等以上有期徒刑。

二、其余,首魁,处无期徒刑或三等以上有期徒刑;余众,处三等以上有期徒刑。

第六十二条 对于上官或哨兵以外之陆军军人,当执行职务时为暴行或胁迫者,处二等以下有期徒刑。

第六十三条 伙党犯前条之罪者,依左列处断:

一、首魁,处无期徒刑或三等以上有期徒刑。

二、余众,处二等至四等有期徒刑。

第六十四条 滥用职权而为凌虐之行为者,处四等以下有期徒刑。

第六十五条 第五十八条至第六十三条之未遂犯,罪之。

第六章 侮 辱 罪

第六十六条 对于上官面加侮辱或直接以文书侮辱者,处四等以下有期徒刑。

其公示图画、文书、偶像或演说,及其他以公然方法侮辱上官者,处三等以下有期徒刑。

第六十七条 对于哨兵面加侮辱者,处五等有期徒刑。

第七章 诈 伪 罪

第六十八条 关于军事上为虚伪之命令、通报或报告,及诈传命令、通报或报告者,依左列处断:

一、战时军中或戒严地域,处三等以上有期徒刑;因而失误军机者,处死刑或无期徒刑。

二、其余,处三等以下有期徒刑。

第六十九条 冒用陆军制服及徽章者,处四等以下有期徒刑。

第七十条 军医伪证军人之身体强弱及其疾病者,处四等以下有期徒刑。嘱托者亦同。

第七十一条 战时或事变之际关于军事上造言飞语者,处二等以下有期徒刑。

第七十二条 意图免除兵役,伪为疾病或自毁伤身体及为其他诈伪之行为者,处四等以下有期徒刑。

在乡军人意图免召集而为前项之行为者,亦同。

第七十三条 意图免从军或避危险之勤务而为前条之行为者,依左列处断。

一、敌前,处三等以上有期徒刑。

二、其余,处三等以下有期徒刑。

第八章 掠 夺 罪

第七十四条 掠夺战地或占领地或驻扎地内本国或外国人民财产者,处死刑、无期徒刑或二等以上有期徒刑。

其抢掠或强奸妇女者,处死刑、无期徒刑或一等有期徒刑。

第七十五条 在战地掠夺战死者或战伤者之衣服及其他财物者,处二等至四等有期徒刑。

第七十六条 犯前二条之罪因而伤人或致人于死者,处死刑或无期徒刑。

第七十七条 官长平时纵兵掠夺或扰害者,处死刑、无期徒刑或一等有期徒刑。

第七十八条 本章之未遂犯,罪之。

第九章 逃 亡 罪

第七十九条 无故离去职役或不就职役者,依左列处断:

一、敌前,处死刑、无期徒刑或二等以上有期徒刑。

二、战时军中或戒严地域过三日者,处三等以下有期徒刑。

三、其余过六日者,处五等有期徒刑。

第八十条 伙当犯前条之罪者,依左列处断:

一、敌前,首魁,处死刑、无期徒刑;余众,处无期徒刑或二等以上有期徒刑。

二、战时军中或戒严地域过三日者,首魁,处无期徒刑或三等以上有期徒刑;余众,处三等以下有期徒刑。

三、其余过六日者，首魁，处二等至四等有期徒刑；余众，处四等以下有期徒刑。

第八十一条 犯第七十九条之罪，携带兵器、马匹及其他重要物品者，依左列处断：

一、敌前，处死刑。

二、战时军中或戒严地域，处死刑无期徒刑或二等以上有期徒刑。

三、其余，处三等以上有期徒刑。

第八十二条 伙党犯前条之罪者，依左列处断：

一、敌前，首魁，处死刑；余众，处死刑、无期徒刑。

二、战时军中或戒严地域，首魁，处死刑、无期徒刑；余众，处死刑、无期徒刑或一等有期徒刑。

三、其余，首魁处无期徒刑或一等有期徒刑；余众处三等以上有期徒刑。

第八十三条 投敌者，处死刑或无期徒刑。

第八十四条 第七十九条第一款、第八十条第一款、第八十一条第一款、第八十二条第一款及前条之未遂犯，罪之。

第十章 军用物损坏罪

第八十五条 烧毁或炸毁军用仓库、工场、船舶、汽车、电车、桥梁及其他战斗用之建筑物者，处死刑或无期徒刑。

第八十六条 损坏前条所列各物及军用铁道、电线、水陆通路，或使之不堪使用者，处无期徒刑或二等以上有期徒刑。

第八十七条 烧毁露积兵器、弹药、粮食、被服及其他军用物品者，依左列处断：

一、战时军中或戒严地域，处死刑、无期徒刑或一等有期徒刑。

二、其余，处无期徒刑或三等以上有期徒刑。

第八十八条 毁弃或伤害兵器、弹药、粮食、被服、马匹及其他军用物品者，处二等至四等有期徒刑。

第八十九条 本章之未遂犯，罪之。

第十一章 关于俘虏之罪

第九十条 监视或护送俘虏使之逃走者，处二等至四等有期徒刑。

第九十一条 意图使俘虏逃走而为暴行或胁迫者，处三等以下有期徒刑。

第九十二条 劫夺俘虏者，处三等以上有期徒刑。

第九十三条 藏匿或隐避逃走之俘虏者，处三等以下有期徒刑。

第九十四条 第九十条至第九十二条之未遂犯，罪之。

第十二章 违 令 罪

第九十五条 欺蒙哨兵通过哨所或背哨兵之制止者，依左列处断：

一、敌前，处二等至四等有期徒刑。

二、军中或戒严地域，处四等以下有期徒刑。

三、其余，处五等有期徒刑。

前项之外对于哨兵犯哨令者，亦同。

第九十六条 在乡军人无故逾召集之期限者，依左列处断：

一、战时或事变之际逾五日者，处二等以上有期徒刑。

二、平时逾十日者，处五等有期徒刑。

第九十七条 哨兵或卫兵无故发枪炮者，处四等以下有期徒刑。

第九十八条 发礼炮、号炮及其他空炮时，装填弹丸或瓦石者，处四等以下有期徒刑。

第九十九条 战时军中或戒严地域闻急呼之号报而不集合者，处四等以下有期徒刑。

第一百条 意图违背服从之义务而以书文、图说、刊写散布或演说者，处四等以下有期徒刑。

第一百零一条 意图违背服从之义务而结党者，依左列处断：

一、首魁，处三等以下有期徒刑。

二、余众，处四等以下有期徒刑。

第一百零二条 违背职守而结社、集会、入党者，依左列处断：

一、首魁，处四等以下有期徒刑。

二、余众，处五等有期徒刑。

附　　则

第一百零三条 《暂行刑律》总则与本条例不相抵触者，均适用其规定。

第一百零四条 宣告徒刑者，于陆军监狱执行之；其无陆军监狱处所，得以其他监狱及就近之禁闭室执行之。但于法令别有规定者，不在此限。

第一百零五条 军官犯徒刑之罪，应否剥夺官项，随案声叙，由陆军部或该管最高级长官呈请大总统核定施行。

第一百零六条 军人依《暂行刑律》或《违警律》处罚金，不能完纳易以监禁者，于军法会审宣告之。

(六)《海军刑事暂行条例》

《海军刑事暂行条例》

(1916年5月8日)

目　录

第一编　总　则

第一条　本条例颁行后，凡海军军人犯罪者，适用之。

第二条　虽非海军军人，于海军管辖区域内犯左列各罪者，亦适用本条例：

一、第二十八条第七款之罪。

二、第三十一条之罪。

三、第六十四条、第六十五条之罪及未遂罪。

四、第七十二条、第七十三条之罪。

五、第七十七条、第七十九条及第八十条之罪。

六、第八十二条至第八十四条之罪及未遂罪。

七、第九十二条至第九十六条之罪。

八、第九十七条至第一百零一条之罪及第九十九条之未遂罪。

九、第一百零六条第一项及第一百零七条之罪。

第三条 海军军人在海军管辖区域内犯刑法或他种法令之罪者，依各该法处断之。但本法有特例者，不在此限。

第四条 海军军人在国外犯刑法或他种法令之罪者，以在国内犯罪论。

其在本国海军占领地域内之本国人民及俘虏犯罪，亦同。

第五条 本条例与陆军军人在海军船舰内者，及作战时凭借之船舶由海军管辖者，适用之。

第六条 本条例于战时或戒严时在海军之船舰、官署、军港、船厂、船坞、炮台、要塞、营汛、医院、监狱、学校或戒严地域犯罪者，虽非军人，适用之。

第七条 对于与海军共同作战之陆军军人之行为，依其职务、官等、阶级，照海军军人一律办理。

对于与海军共同作战之外国海军军人之行为，亦同。但限于其国有相互之规定者适用之。

第八条 称海军军人者，谓海军官佐、见习生、准尉官、士兵之如左所列载者：

一、在海军现役者，但未入舰营及归休兵不在此限。

二、预备役、后备役之在召集中者。

三、前两款外着用海军制服者。

第九条 左列各款，准海军军人：

一、海军所属之学员、学生役。

二、海军军属。

三、服海军勤务之陆军军人。

四、巡防队、陆战队之官长、士兵。

五、服海军军舰勤务之外国人。

六、战时归海军管辖之船舶内人员。

第十条 陆军官佐、陆军候补生、陆军准尉官，视同海军官佐。

第十一条 海军军士奉临时官佐之职，或兵目奉临时军士之职者，均以临时之职视之。

第十二条 称海军军属者，谓海军文官及同等待遇者，并服海军舰队官署、学校、特务机关及战时海军特务机关之勤务者。

第十三条 称陆军军人者，谓《陆军刑事条例》所称之陆军军人。

第十四条 称上官者，谓于有命令关系之海军军人间有下命令权者。无命令关系而官等等级在上者，视同上官。

第十五条 称司令者，谓在舰队任司令之海军军人。

第十六条 称守兵者，谓于舰船及海军巡防队、陆战队驻禁地、海军官署、学校、监狱、特务机关及战时海军特务机关为仗卫或警戒之海军军人。

第十七条 称海军管辖区域者，谓海军之舰船、官署、军港、船厂、船坞、炮台、要塞、营汛、医院、监狱、学校，及在国内之口岸、河川、港湾、湖海，及在国外之领海、领水者。

第十八条 称敌人者，谓战争之敌国、持械之叛党、持械之乱兵或海盗。

第十九条 称军中者，谓在左列海军舰队、陆战队之内：

一、执战时体势之舰队、陆战队，但留守特务机关之巡防队未奉戒严令者，不在此限。

二、不执战时之体势而在已奉命令开战之舰队、陆战队。

三、当事变或地方骚扰之际，已奉命令戒严者。

第二十条 凡执行死刑时，依管辖海军法衙之长官所定之处枪毙之。

第二十一条 凡处四等以下之有期徒刑，得用换刑。换刑条例另定之。

第二十二条 因镇压多众共同之暴行，或战时急迫以保持军纪之故，而有不得已之行为，不为罪。但超过必要程度者，因其情节得减轻或免除其刑。

第二十三条 前条之规定，凡犯刑法及他法令之罪者，得适用之。

第二十四条 本条例与《陆军刑事条例》均有正条，且其刑无轻重之别，陆军军人准海军军人者，可适用《陆军刑事条例》。

第二十五条 于本条例规定之外，如因军情紧急或因保持治安，陆海军大元帅得随时酌量情形，别以军令行之。

第二编 分 则

第一章 叛 乱 罪

第二十六条 结党执兵器而为叛乱之行为者，依左列处断：

一、首魁及主谋者，或为群众之指挥者，处死刑。

二、参与谋议者，处无期徒刑；其他从事各种职务者，处二等有期徒刑。

三、附和随行者，处三等有期徒刑。

在航海中犯本条之罪者，依第二款、第三款之例，加一等处断。

第二十七条 意图叛乱，结党掠夺兵器、弹药及其他供军用之物品者，刑同前条。

第二十八条 为左列各款之行为者，处死刑：

一、以舰队、军港、军队、要塞、堡垒、炮台、水鱼雷、卫所、造船所、舰艇、兵器、弹药及供军用场所、建造物或其他物品交付于敌者。

二、为敌人作间谍，及帮助敌人之间谍者。

三、为敌人募兵者。

四、泄漏军事上秘密于敌人，或擅打旗号、电报授意敌人者。

五、为敌人作向导或引港，或以诈术准敌人入军港或其他为防御而设之建筑而阅视者。

六、于使降于敌人强要司令官者。

七、为敌人夺取或纵放、捕获船舶或俘虏者。

八、勾结外国人或附从、阴谋,意图紊乱国宪及煽惑内乱者。

犯本条各款之罪而逃亡者,得先没收其家产。

第二十九条 意图利敌而为左列各款之行为者,处死刑:

一、损坏舰队、军港、军队、要塞、堡垒、炮台、水鱼雷、卫所、造船所、舰艇、兵器、弹药,及供军用场所、建造物或其他物品,及以其他方法致不堪使用者。

二、损坏或壅塞水陆道路、水上灯塔、标记,或以其他方法使生舰船、军队往来之妨害者。

三、司令官率舰队、军队不就守地或配置地或离其地者。

四、妨害舰队、军队联络、集合,或诱使之溃走者。

五、有意使缺乏兵器、弹药、粮食、被服及其他供军用之物品者。

六、诈传命令、通报或报告,及为虚伪之命令、通报或通告者。

七、造言飞语及在敌前叫呼、喧噪者。

第三十条 于前二条所列外或以其他方法与敌人以利益,而使本国军事上蒙其损害者,处死刑或无期徒刑;其情轻者,处一等有期徒刑。

第三十一条 意图使军队暴动而煽惑之者,处死刑或无期徒刑;其情轻者,处一等有期徒刑。

第三十二条 本章之未遂犯,罪之。

第三十三条 预备或阴谋犯第二十六条至第三十条之罪者,得减本刑一等或二等。

第三十四条 预备或阴谋犯第二十六条、第二十七条之罪,于事前自首者,得免除其刑。

第二章 擅 权 罪

第三十五条 凡未受宣战之命令或已受息战媾和之告知,无故对外国开战者,处死刑。但敌人对本国已有战争之宣言,临时为正当之防御者,不在此限。

第三十六条 司令官于自己权限之外,并无不得已理由,擅自进退其所率舰队或军队者,处死刑或无期徒刑;其情轻者,处一等有期徒刑。

第三十七条 不待命令无故为战斗者,刑同前条。

第三十八条 本章之未遂犯,罪之。

第三章 辱 职 罪

第三十九条 司令官不尽其所应尽之职责而降敌者,或委弃军港、卫所或舰船于敌者,处死刑。在尚有战斗之时机,而率舰队或军队或输送船舶退却逃避者,亦同。

第四十条 在敌前遇本军或同盟助战国之舰船危急时,无故不尽救护之职责者,处死刑或无期徒刑。对于所护卫之船舶无故委弃不顾者,亦同。

第四十一条 在敌前对于敌舰可以追捕或轰毁而退缩不前者,处死刑。

第四十二条 舰长当其舰船破亡、沉没时,无故先众人离去者,依左列处断:

一、敌前,处死刑。

二、战时军中，处一等有期徒刑。

三、其余，处四等有期徒刑。

第四十三条 在敌前非必不得已之时，先将舰船、兵器毁弃者，处死刑。

第四十四条 当远见敌军时不即命令备战或闻战斗号报不到集合处者，处死刑或无期徒刑。在敌前躲避危险，擅离勤务所在地或应到之处不到者，亦同。

第四十五条 非有正当理由，故意将舰船搁浅、触礁、碰撞及其他危险者，处一等有期徒刑；因而致舰船沉没或破亡，或致人于死或多众受伤者，处死刑或无期徒刑。

第四十六条 前条之所为出于过失者，处四等有期徒刑。

第四十七条 当舰船搁浅、触礁、碰撞及其他危险时，不尽救护之方法，致沉没或损坏者，处四等有期徒刑。

第四十八条 司令官对于有要求出兵、救援及弹压权之官吏，无故不应其请求者，处三等有期徒刑。

第四十九条 当部下多众共同为犯罪行为时，不尽其弹压之方法者，或知有妨害海军之行为而不出力制止者，处四等有期徒刑；如因此溃变或酿成重大事故者，处一等有期徒刑。

第五十条 守兵及当值员兵因睡眠或酒醉怠其职务者，依左列处断：

一、敌前，处三等有期徒刑。

二、战时军中或戒严地域或航海时，处四等有期徒刑。

三、其余，处五等有期徒刑。

第五十一条 在战时军中或戒严地域，掌传达关于军事之命令通报或报告，而无故不为传达者，处三等有期徒刑；如因而失误军机者，处死刑或无期徒刑。

服侦探、巡察或侦察勤务而报告不实者，处四等有期徒刑；因而失误军机者，处二等有期徒刑。

第五十二条 在战时军中或戒严地域，掌支给或运输兵器、弹药、粮食、被服及其他供军用物品，无故使之缺乏者，处四等有期徒刑；因而失误军机者，处死刑或无期徒刑。

第五十三条 保管军事机密之图书、物件，当危急时不尽其毁弃方法，致委于敌者，处三等有期徒刑。

第五十四条 故意漏泄应行秘密之兵器、弹药之制法及关于军事之机密者，处死刑或无期徒刑。

因过失犯本条之罪者，处三等有期徒刑。

第五十五条 配给有害健康之饮食者，处四等有期徒刑。

因而致人于死者，处一等有期徒刑。

第五十六条 当本国、外国船舶搁浅、触礁及其他危险来请援救，无故不应者，处四等有期徒刑。

第五十七条 受护卫商船之命令，于其职务要求贿赂或期约或收受者，或委弃其船舶者，处二等有期徒刑。

第五十八条 因取用兵器或弹药之不注意，致毁伤他人之身体者，处五等有期徒刑；至死者，处二等有期徒刑。

第五十九条 第三十九条、第四十条、第五十一条、第五十五条之未遂犯，罪之。

第四章 抗 命 罪

第六十条 反抗上官之命令或不服从者，依左列处断：

一、敌前，处死刑或无期徒刑。

二、战时军中或戒严地域或航海时，处二等有期徒刑。

三、其余，处四等有期徒刑。

犯本条第二款、第三款之罪，因而酿成重大变故者，得依第一款处断。

第六十一条 伙党犯前条之罪者，依左列处断：

一、敌前，首魁，处死刑；余众，处死刑、无期徒刑。

二、战时军中或戒严地域或航海时，首魁，处一等有期徒刑；余众，处三等有期徒刑。

三、其余，首魁，处三等有期徒刑；余众，处五等有期徒刑。

犯本条第二款第三款之罪，因而酿成重大变故者，得依第一款处断。

第五章 暴行胁迫罪

第六十二条 对于上官为暴行或胁迫者，依左列处断：

一、敌前及航海时，处死刑或无期徒刑。

二、其余，处一等有期徒刑。

第六十三条 伙党犯前条之罪者，依左列处断：

一、敌前及航海时，首魁，处死刑；余众，处死刑或无期徒刑。

二、其余，首魁，处死刑或无期徒刑；余众，处二等有期徒刑。如因而发生重大变故者，得依敌前处断。

第六十四条 对于守兵为暴行或胁迫者，依左列处断：

一、敌前，处一等有期徒刑。

二、其余，处三等有期徒刑。

第六十五条 伙党犯前条之罪者，依左列处断：

一、敌前，首魁，处无期徒刑；余众，处二等有期徒刑。

二、其余，首魁，处二等有期徒刑；余众，处四等有期徒刑。

第六十六条 对于上官或守兵以外之海军军人，当执行职务时为暴行或胁迫者，处三等有期徒刑。

第六十七条 伙党犯前条之罪者，依左列处断：

一、首魁，处一等有期徒刑。

二、余众，处三等有期徒刑。

第六十八条 军人聚众意图为暴行或胁迫，已受上官解散之命令仍不解散者，处二等有期徒刑。知情隐匿而不即报上官或在场故纵而不出力制止者，处三等有期徒刑。

第六十九条 滥用职权而为凌虐之行为者,处四等有期徒刑。

第七十条 第六十二条至第六十八条之未遂犯,罪之。

第六章 侮 辱 罪

第七十一条 对于上官执行职务时,面加侮辱或直接以文书侮辱者,处五等有期徒刑;其公示图画、文书、偶像或演说或登报及其他以公然方法侮辱上官者,处四等有期徒刑。

第七十二条 对于守兵面加侮辱者,处五等有期徒刑。

第七十三条 对于军法审判或军事审查有侮辱之行为者,处五等有期徒刑。军法审判或军事审查传为证人,抗传不到或传到而无正当理由拒绝证言者,亦同。

第七章 诈 伪 罪

第七十四条 关于军事上为虚伪之命令、通报或报告,及诈传命令、通报或报告者,依左列处断:

一、战时军中或戒严地域,处二等有期徒刑;因而失误军机者,处死刑或无期徒刑。

二、其余,处四等有期徒刑。

第七十五条 关于军用粮饷、银钱或军需品为虚伪之报告而侵蚀者,处三等有期徒刑。以其他之方法得不法之利益者,亦同。

第七十六条 隐匿捕获船舶或其捕获品者,处四等有期徒刑。

第七十七条 冒用海军制服及徽章者,处五等有期徒刑。

第七十八条 军医伪证军人之身体强弱及其疾病者,处五等有期徒刑。与军法审判为证人而为虚伪之陈述或行使虚伪之证据者,亦同。

第七十九条 战时或事变之际,关于军事上造言飞语者,处三等有期徒刑。

第八十条 意图免除兵役,伪为疾病,或自毁伤身体,及为其他诈伪之行为者,处五等有期徒刑。

第八十一条 意图免从军或避危险之勤务而为前条之行为者,依左列处断:

一、敌前,处二等有期徒刑。

二、其余,处四等有期徒刑。

第八章 掠 夺 罪

第八十二条 掠夺战地、占领地或驻泊地内人民财产者,处死刑或无期徒刑;其情轻者,处一等有期徒刑。其掠夺俘虏、降人之衣服、财物者,亦同。

第八十三条 抢掠战地、占领地或驻泊地之妇女,或强奸之者,处死刑或无期徒刑。

第八十四条 犯前二条之罪因而伤人或致人于死者,处死刑。

第八十五条 本章之未遂犯,罪之。

第九章 逃 亡 罪

第八十六条 无故离去职役或不就职役者,依左列处断:

一、敌前,处无期徒刑。

二、战时军中或戒严地域过三日者,处四等有期徒刑。

三、其余过六日者,处五等有期徒刑。

第八十七条 伙党犯前条之罪者,依左列处断:

一、敌前,首魁,处死刑无期徒刑;余众,处一等有期徒刑。

二、战时军中或戒严地域过三日者,首魁,处一等有期徒刑;余众,处二等有期徒刑。

三、其余过六日者,首魁,处三等有期徒刑;余众处四等有期徒刑。

军人在舰船出发时无故后期者,不问其日数多少,以逃亡论。

第八十八条 犯第八十六条之罪,窃取兵器及其他重要物品者,依左列处断:

一、敌前,处死刑。

二、战时军中或戒严地域,处无期徒刑。

三、其余,处二等有期徒刑。

第八十九条 伙党犯前条之罪者,依左列处断:

一、敌前,首魁,处死刑;余众,处死刑、无期徒刑。

二、战时军中或戒严地域,首魁,处无期徒刑;余众,处一等有期徒刑。

三、其余,首魁,处一等有期徒刑;余众,处二等有期徒刑。

第九十条 投敌者,处死刑。

第九十一条 第八十六条第一款、第八十七条第一款、第八十八条第一款、第八十九条第一款及前条之未遂犯,罪之。

第十章 军用物损坏罪

第九十二条 烧毁或炸毁舰船、水鱼雷、卫所、营署、船厂、船坞或储藏弹药库及军需品之仓库或其他建筑物者,处死刑或无期徒刑。

第九十三条 损坏前条所列各物及军用电线、浮标、灯塔并其他一切军用之建设,或使之不堪使用者,处一等有期徒刑。

第九十四条 烧毁或弃毁兵器、弹药、汽机、电机、粮食、被服及其他军用物品者,依左列处断:

一、战时军中或戒严地域,处无期徒刑。

二、其余,处一等有期徒刑。

第九十五条 毁弃或伤害前条所列各物者,处三等有期徒刑。

第九十六条 本章之未遂犯,罪之。

第十一章　关于俘虏之罪

第九十七条　监视或护送俘虏使之逃亡者,处三等有期徒刑。

第九十八条　前条之所为出于疏忽者,处五等有期徒刑。

第九十九条　劫夺俘虏,或为暴行或胁迫助其逃亡者,处二等有期徒刑。

第一百条　藏匿或隐避逃亡之俘虏者,处四等有期徒刑。

第一百零一条　无故对俘虏为残暴或苛虐之行为者,处五等有期徒刑。

第一百零二条　第九十七条至第九十九条之未遂犯,罪之。

第十二章　违　令　罪

第一百零三条　司令官无战争必要上不得已之理由,违背本国与各国缔结之海战条约,因生重大变故者,处死刑或无期徒刑。

第一百零四条　司令官对于战时所命之事及舰营通用之暗号,非有不得已之理由违背、变动,致误军机者,刑同前条。

第一百零五条　司令官于前二条之事有不得已之理由不即详报者,处五等有期徒刑。

第一百零六条　欺蒙守兵通过守所或不服守兵所告示之禁令者,依左列处断:

一、敌前,处三等有期徒刑。

二、战时军中或戒严地域,处四等有期徒刑。

三、其余,处五等有期徒刑。

第一百零七条　军人无故逾召集之期限者,依左列处断:

一、战时或事变之际逾五日者,处二等有期徒刑。

二、平时逾十日者,处五等有期徒刑。

第一百零八条　意图违背服从之义务而以文书、图说、刊写散布或演说者,处四等有期徒刑。

第一百零九条　意图违背服从之义务而结党者,依左列处断:

一、首魁,处四等有期徒刑。

二、余众,处四等有期徒刑。

第一百一十条　违背职守而结社、集会、入党者,依左列处断

一、首魁,处四等有期徒刑。

二、余众,处五等有期徒刑。

第一百一十一条　第一百零六条之未遂犯,罪之。

附　　则

第一百一十二条　刑法总则与本条例不相抵触者,均适用其规定。

第一百一十三条　宣告徒刑者,于海军监狱执行之;其无海军监狱处所,得以其他监狱及就近之禁闭室执行之。但于法令别有规定者,不在此限。

第一百一十四条 军官犯徒刑之罪，应否剥夺官项，随案声叙，由海军部或该管最高级长官呈准施行。

第一百一十五条 军人依《暂行刑律》或《违警律》处罚金，不能完纳易以监禁者，于军法会审宣告之。

第一百一十六条 本条例自公布日施行。

III. 南京国民政府时期的刑法立法文献

一、《中华民国刑法》(1928年)及相关立法资料

(一)《中华民国刑法》(1928年)

《中华民国刑法》*

(1928年3月10日国民政府公布,自1928年7月1日起施行)

目　录

---

* 其刑法草案系司法部长王宠惠于1927年12月间提出,由国民政府发交国府委员伍朝枢、最高法院院长徐元诰,会同王宠惠审查,出具审查意书一份。再由国民政府呈送第二届中央执行委员会第四次会议于1928年2月6日议决,交付中央常务委员会审议。是时,法制局长王世杰提出修正刑法草案意见书,经中央常务委员会一并交付谭延闿、于右任、徐元诰、王世杰、王宠惠(魏道明代)五人审查。谭延闿等就刑法草案原文、伍朝枢徐元诰等审查案及法制局长王世杰所提修正案开会审查,将审查会之决议报告于中央常务委员会,并拟以1928年3月10日为刑法公布期,1928年7月1日为施行期。于1928年3月3日经中国国民党中央第一百二十次常务会议议决修正通过,函交国民政府依期公布。

第一编　总　　则

第一章　法　　例

第一条　行为时之法律无明文科以刑罚者,其行为不为罪。

第二条　犯罪时之法律与裁判时之法律遇有变更者,依裁判时之法律处断。但犯罪时法律之刑较轻者,适用较轻之刑。

第三条　本法于凡在民国领域内犯罪者适用之。

本法于凡在民国领域外之民国船舰内犯罪者亦适用之。

第四条　犯罪之行为在民国领域内而其结果在民国领域外,或犯罪之行为在民国领域外而其结果在民国领域内者,以在民国领域内犯罪论。

第五条　本法于凡在民国领域外犯左列各罪者适用之:

一、第一百零三条至第一百零六条之内乱罪。

二、第一百零七条至第一百二十条之外患罪。

三、第二百十一条至第二百十七条之伪造货币罪。

四、第二百二十五条至第二百二十七条、第二百三十一条、第二百三十三条及第二百三十五条之伪造文书印文罪。

五、第三百五十二条及三百五十三条之海盗罪。

第六条　本法于民国公务员在民国领域外犯左列各罪者,适用之:

一、第一百二十八条、第一百二十九条、第一百三十一条、第一百三十三条、第一百三十五条、第一百三十六条、第一百三十九条及第一百四十条之渎职罪。

二、第一百七十二条之脱逃罪。

三、第二百三十条之伪造文书罪。

第七条　本法于民国人民在民国领域外犯前二条以外之罪具备左列情形者,适用之:

一、所犯之罪其最轻本刑为有期徒刑以上者;

二、犯罪地之法律以为罪者;

三、犯人在外国未受无罪之确定裁判,或虽受有罪之确定裁判而其刑未经执行完毕或免除者。

前项之规定于在民国领域外对于民国人民犯罪之外国人,准用之。

第八条　除前条之规定外,同一行为,虽经外国确定裁判,仍得依本法处罚。但在外国已受刑之执行或经免除者,减轻或免除本法之刑。

第九条　本法总则于其他法令之定有刑名者,亦适用之。但有特别规定者,不在此限。

第二章　文　　例

第十条　称以上、以下、以内者,俱连本数或者本刑计算。

第十一条　称亲属者,谓左列各亲:

一、夫妻。

二、四亲等内之宗亲。

三、三亲等内之外亲。

四、二亲等内之妻亲。

第十二条 己身所从出或从己身所出者,为直系亲。非直系亲而与己身或妻出于同源之祖若父者,为旁系亲。

第十三条 亲等之计算,直系亲从己身上下数以一世,为一亲等。旁系亲从己身或妻数至同源之祖若父,并从所指之亲属数至同源之祖若父,其世数相同者,以一方之世数定之;世数不相同者,从其多者定之。

第十四条 称直系尊亲属者,谓左列各亲:

一、父母。

二、祖父母、曾祖父母、高祖父母及高祖以上祖父母。

三、外祖父母。

为人后者,于本身直系尊亲属,仍以直系尊亲属论。

第十五条 称旁系尊亲属者,谓左列各亲:

一、胞伯叔祖父母、胞伯叔父母及在室胞姑。

二、母之胞兄弟姊妹。

三、胞兄及在室胞姊。

第十六条 夫于妻之父母及祖父母,以旁系尊亲属论。

妻于夫之父母及祖父母同。

第十七条 称公务员者,谓职官、吏员及其他依法令从事于公务之议员及职员。

第十八条 称公署者,谓公务员执行职务之处所。

第十九条 称公文书者,谓公务员职务上制作之文书。

第二十条 称重伤者,谓左列伤害:

一、毁败一目或二目之视能。

二、毁败一耳或二耳之听能。

三、毁败语能。

四、毁败一肢以上之机能。

五、于身体或健康有重大不治之伤害。

六、毁败阴阳。

第三章 时 例

第二十一条 时期以日计者,阅二十四小时。以月或年计者,从历。

时期以若干分之几计算者,一月为三十日,一年为十二月。

第二十二条 时期之初日,不计时刻,以一日论。最终之日须阅全日。

放免囚犯,于期满之次日午前行之。

第二十三条 刑期,自裁判确定之日起算。

裁判虽经确定,其尚未受拘禁之日数,不算入刑期内。

第四章 刑事责任及刑之减免

第二十四条 非故意之行为,不罚。

第二十五条 过失应处罚者,以有特别规定者为限。

第二十六条 犯人对于构成犯罪之事实,明知并有意使其发生者,为故意。

犯人对于构成犯罪之事实预见其发生,而其发生并不违背犯人本意者,以故意论。

第二十七条 犯人虽非故意,但按其情节应注意并能注意而不注意者,为过失。

犯人对于构成犯罪之事实虽预见其能发生,而确信其不发生者,以过失论。

第二十八条 不得因不知法令而免除刑事责任,但因其情节得减轻本刑二分之一。

第二十九条 犯罪因发生一定之结果而加重其刑者,若犯人不能预见其发生时,不得从重处断。

第三十条 未满十三岁人之行为,不罚。但因其情节,得施以感化教育,或令其监护人、保佐人缴纳相当之保证金,于一年以上、三年以下期间内监督其品行。

十三岁以上、未满十六岁人之行为,得减轻本刑二分之一。但减轻本刑者因其情节,得施以感化教育,或令其监护人、保佐人缴纳相当之保证金,于一年以上、三年以下期间内监督其品行。

满八十岁人之行为,得减轻本刑二分之一。

第三十一条 心神丧失之行为,不罚。但因其情节,得施以监禁处分。

心神耗弱人之行为,减轻本刑。但因其情节,得于执行完毕或免除后施以监禁处分。

第三十二条 不得因酗酒而免除刑事责任。但酗酒非出于己意者,减轻本刑。

第三十三条 瘖哑人之行为,减轻本刑。

第三十四条 依法令之行为或正当业务之合法行为,不罚。

第三十五条 依所属上级公务员命令之职务上行为,不罚。

第三十六条 对于现在不法之侵害,而出于防卫自己或他人权利之行为,不罚。但防卫行为过当者,得减轻或免除本刑。

第三十七条 因救护自己或他人生命、身体、自由、财产之紧急危难,而出于不得已之行为,不罚。但救护行为过当者,得减轻或免除本刑。

前项关于救护自己之规定,于公务上或业务上有特别义务者,不适用之。

第三十八条 对于未发觉之罪,自首于该管公务员受裁判者,得减所首罪之刑三分之一。

向被害人、告诉人或有请求权之人自首,而受该管公务员裁判者,亦同。

第五章 未遂罪

第三十九条 已着手于犯罪之实行而不遂者,为未遂罪。其不能发生犯罪之结果者,亦同。

未遂罪之处罚，以有特别规定者为限。

第四十条 未遂罪之刑，得减既遂罪之刑二分之一。但犯罪之方法决不能发生犯罪结果者，得减轻或免除本刑。

第四十一条 已着手于犯罪之实行，而因己意中止者，减轻或免除本刑。

第六章 共 犯

第四十二条 二人以上共同实施犯罪之行为者，皆为正犯。

第四十三条 教唆他人，使之实施犯罪之行为者，为教唆犯。教唆教唆犯者，亦同。

教唆犯，处以正犯之刑。

第四十四条 帮助正犯者，为从犯。

教唆从犯者，以从犯论。

从犯之刑，减正犯之刑二分之一。但于实施犯罪行为之际，为直接及重要之帮助者，处以正犯之刑。

第四十五条 因身分成立之罪，其共同实施或教唆、帮助者虽无身分，仍以共犯论。

因身分致刑有重轻或免除者，其无身分之人，仍科通常之刑。

第四十六条 知正犯之情而帮助正犯者，虽正犯不知共同之情，仍以从犯论。

第四十七条 二人以上于过失罪有共同过失者，皆为过失正犯。

第七章 刑 名

第四十八条 刑分为主刑及从刑。

第四十九条 主刑之种类如左：

一、死刑。

二、无期徒刑。

三、有期徒刑，二月以上十五年以下。但遇有加减时，得减至二月未满或加至二十年。

四、拘役，一日以上二月未满。但遇有加重时，得加至二月以上。

五、罚金，一圆以上，但因犯贫得减至五分之一。

第五十条 从刑之种类如左：

一、褫夺公权。

二、没收。

第五十一条 主刑之重，轻依第四十九条规定之次序定之。

同为死刑或无期徒刑者，据犯罪情节定其重轻。

同种之刑，以最高度之较长或较多者为重。最高度相等者，以最低度之较长或较多者为重。

最高度与最低度俱等者，据犯罪情节定其重轻。

第五十二条 依第八条免除主刑者，得专科褫夺公权。

免除主刑者，得专科没收。

第五十三条 死刑用绞,于监狱内执行之。

死刑非经司法部覆准,不得执行。

第五十四条 徒刑及拘役之囚犯,于监狱内拘禁之。

徒刑及拘役之囚犯,令服劳役,但得因其情节免服劳役。

第五十五条 罚金于裁判确定后,令一月以内完纳之。

期满而不完纳者,强制执行。其未完纳者,易科监禁。

易科监禁以一元以上、三元以下折算一日。但因犯贫而减罚金者,应以减得之数比例计算。

科罚金之裁判,应依前项之规定载明折算一日之额数,但监禁期限不得逾一年。

完纳期内经本人之承诺者,得易科监禁,即时执行。

易科监禁,于监狱内附设之监禁所执行之,得令服劳役。

易科监禁期内纳罚金者,以所纳之数依裁判所定之标准,折算扣除除监禁日期。

罚金总额逾一年之日数者,以罚金总额与一年之日数比例折算。

易科监禁不满一日之零数,不算。

第五十六条 褫夺公权者,褫夺左列资格:

一、为公务员之资格。

二、依法律所定之中央及地方选举为选举人及被选举人之资格。

三、入军籍之资格。

四、为官立、公立学校职员、教员之资格。

五、为律师之资格。

第五十七条 褫夺公权分为无期及有期。

有期褫夺公权,以一年以上、十五年以下为限。

宣告死刑或无期徒刑者,其褫夺公权为无期。

宣告十年以上有期徒刑者,其褫夺公权为无期或有期。

宣告六月以上、十年未满有期徒刑者,其褫夺公权不得逾十年。

第五十八条 宣告六月未满有期徒刑、拘役或罚金者,不得褫夺公权。

因过失犯罪者,不得褫夺公权。

第五十九条 褫夺公权,于裁判时并宣告之。

褫夺公权于裁判确定时发生效力。但有期褫夺公权之期限,自主刑执行完毕或免除之日起算。

第六十条 没收之物如左:

一、违禁物。

二、供犯罪所用及犯罪预备之物。

三、因犯罪所得之物。

第六十一条 前条第一款之物,得专科没收。

第六十二条 第六十条第一款之物,不问属于犯人与否,没收之。第二款、第三款之物,以属于犯人者为限,得没收之。

最重本刑为拘役或罚金者,非有特别之规定,不得没收;但第六十条第一款之物不在此限。

第六十三条 没收,于裁判时并宣告之。

第六十四条 裁判确定前羁押之日数,得以二日抵有期徒刑或拘役一日,或以一日抵第五十五条第七项裁判所定之罚金额数。

第八章 累 犯

第六十五条 受有期徒刑之执行完毕,或受无期徒刑或有期徒刑一部之执行而免除后,五年内再犯有期徒刑以上之罪者,为累犯。

第六十六条 累犯不同一之罪或左列不同款之罪一次者,加重本刑三分之一;二次者,加重本刑二分之一。

累犯同一之罪或左列同款之罪一次者加,重本刑二分之一;二次以上者,加重本刑一倍:

一、内乱罪、外患罪、妨害国交罪。

二、渎职罪、妨害公务罪、妨害选举罪、妨害秩序罪。

三、脱逃罪、藏隐犯人及湮灭证据罪、伪证及诬告罪。

四、公共危险罪。

五、伪造货币罪、伪造度量衡罪、伪造文书印文罪。

六、妨害风化罪、妨害婚姻及家庭罪。

七、亵渎祀典及侵害坟墓尸体罪。

八、妨害农工商罪。

九、鸦片罪、赌博罪。

十、杀人罪、伤害罪、堕胎罪、遗弃罪。

十一、妨害自由罪、妨害名誉及信用罪、妨害秘密罪。

十二、窃盗罪、抢夺、强盗及海盗罪、侵占罪、诈欺及背信罪、恐吓罪、赃物罪、毁弃损坏罪。

第六十七条 裁判确定后发觉为累犯者,依前条之规定更定其刑。

前项之规定,于执行完毕或免除后发觉者,不适用之。

第六十八条 累犯之规定,于前所犯罪依军法或于外国法院受裁判者,不适用之。

第九章 并合论罪

第六十九条 裁判宣告前犯数罪者,并合论罪。

第七十条 并合论罪,分别宣告其罪之刑,依左列定其应执行者:

一、宣告之最重刑为死刑者,不执行他刑,但从刑不在此限。

二、宣告之最重刑无期徒刑者,不执行他刑,但罚金及从刑不在此限。

三、宣告多数之有期徒刑者,于各刑中之最长期以上各刑合并之刑期以下,定其刑期,但不得逾二十年。

四、宣告多数之拘役者,依前款之例定其刑期。

五、宣告多数之罚金者,于各刑中之最多额以上各刑合并之金额以下,定其金额。

六、宣告多数之有期褫夺公权者,只执行其中最长期之褫夺公权。

七、宣告多数之没收者,并执行之。

八、依第三款至第六款所定之刑,并执行之。

第七十一条 并合论罪有已经裁判及未经裁判者,就未经裁判之罪处断。

第七十二条 并合论罪有二裁判以上者,依第七十条之规定,定其应执行之刑。

第七十三条 并合论罪已经处断,若各罪中有受赦免者,余罪仍依第七十条之规定,定其应执行之刑。但仅余一罪者,依其宣告之刑执行。

第七十四条 一行为而犯数项罪名,或以犯一罪之方法或其结果而犯他项罪名者,从一重处断。

第七十五条 连续数行为而犯同一之罪者,以一罪论。

第十章 刑之酌科

第七十六条 科刑时,应审酌一切情形,为法定刑内科刑轻重之标准,并应分别情形注意左列事项:

一、犯罪之原因。

二、犯罪之目的。

三、犯罪时所受之激刺。

四、犯人之心术。

五、犯人与被害人平日之关系。

六、犯人之品行。

七、犯人智识之程度。

八、犯罪之结果。

九、犯罪后之态度。

科罚金时,并应审酌犯人之资力。

第七十七条 犯罪之情状可悯恕者,得酌减本刑。

第七十八条 依法令加重或减轻者,仍得依前条之规定酌减本刑。

第十一章 加减例

第七十九条 死刑不得加重。

死刑减轻三分之一者,为无期徒刑;减轻二分之一者,为十二年以上、二十年以下有期徒刑。

第八十条 无期徒刑不得加重。

无期徒刑减轻三分之一者,为十年以上、十五年以下有期徒刑;减轻三分之一者,为七年以上十二年以下有期徒刑。

第八十一条 有期徒刑应加减者,最高度及最低度同加减之。

第八十二条 拘役应加减者,只加减其最高度。

第八十三条 罚金应加减者,只加减其最高度。

第八十四条 减轻本刑而无若干分之几之规定者,至少减轻本刑二分之一。

第八十五条 有二种以上之主刑应加减者,同时并加减之。

第八十六条 同时刑有同等分数之加重及减轻者,互相抵销。

同时刑有不同等分数之加重及减轻轻者,先加后减。

第八十七条 有二种以上应加或应减者,递加或递减之。

有二种以上不同等分数之减轻者,先依较少之分数减轻之。

第八十八条 徒刑或拘役因加减有不满一日之时间者,不计。

罚金因加减有不满一角之额数者,亦同。

第八十九条 从刑不得加重或减轻。

第十二章 缓 刑

第九十条 受二年以下有期徒刑、拘役或罚金之宣告,而有左列情形之一者,得同时宣告二年以上五年以下之缓刑,其期间自裁判确定之日起算:

一、未曾受拘役以上刑之宣告者。

二、前受拘役以上刑之宣告,执行完毕或免除后三年以内,未曾受拘役以上刑之宣告者。

第九十一条 受缓刑之宣告而有左列情形之一者,撤销其宣告,但因过失犯罪者不在此限:

一、缓刑期内更犯罪,受有期徒刑以上刑之宣告者。

二、除前条第二款外,因缓刑前犯他罪会受有期徒刑以上刑之宣告,在缓刑期内始发觉者。

第九十二条 缓刑期满,而缓刑之宣告未经撤销者,其刑之宣告为无效。

第十三章 假 释

第九十三条 受徒刑之执行而有悛悔实据者,无期徒刑逾十年后、有期徒刑逾二分之一后,由监狱官呈司法部,得许假释出狱。但有期徒刑之执行未满二年者,不在此限。

前项执行期间遇有第六十四条情形者,以所余之刑期计算。

第九十四条 假释期内有左列情形之一者,得撤销其假释:

一、更犯罪,受拘役以上刑之宣告者。

二、犯假释管束规则者。

假释撤销后,其出狱日数不算入刑期内。

第九十五条 假释期内因他罪受刑之执行者,其执行之期间不算入假释期内。

第九十六条 假释期满而未经撤销假释者,其未执行之刑期以已执行论。

第十四章 时 效

第九十七条 起诉权逾左列期限而不行使者,因时效而消灭:

一、死刑、无期徒刑或十年以上有期徒刑者,十年。

二、一年以上十年未满有期徒刑者,十年。

三、一年未满有期徒刑、拘役或罚金者,三年。

前项期限,自犯罪成立之日起算,但第七十五条之连续犯罪,自犯罪最终之日起算。

第九十八条 起诉权之时效期限,据本刑之最高度计算。有二种以上之主刑者,据最重主刑之最高度计算。

第九十九条 本刑应加重或减轻者,起诉权之时效期限,仍据本刑计算。

第一百条 起诉权之时效遇有依法令不能开始或继续侦查、预审、起诉或者审判之程序时,停止之。

时效停止自停止原因消灭之日起,与停止前已经过之期间一并计算。

第一百零一条 行刑权逾左列期限而不行使者,因时效而消灭:

一、死刑、无期徒刑或十年以上有期徒刑者,三十年。

二、一年以上十年未满有期徒刑者,十五年。

三、一年未满有期徒刑、拘役、罚金或专科没收者,三年。

前项期限,自裁判确定之日起算。

第一百零二条 行刑权之时效遇有依法令不能开始或继续执行时,停止之。时效停止,自停止原因消灭之日起,与停止前已经过之期间一并计算。

第二编 分 则

第一章 内 乱 罪

第一百零三条 意图以非法之方法颠覆政府、僭窃土地或紊乱国宪而看手实行者,为内乱罪,处七年以上有期徒刑。首谋者,处无期徒刑。

预备或阴谋犯本条之罪者,处六月以上、五年以下有期徒刑。

第一百零四条 以暴动犯内乱罪者,处无期徒刑或七年以上有期徒刑。首谋者,处死刑或无期徒刑。

预备或阴谋犯本条之罪者,处一年以上、七年以下有期徒刑。

第一百零五条 供给军械、弹药、钱粮或以其他行为帮助前二条之罪者,处一年以上、七年以下有期徒刑。

第一百零六条 犯本章之罪者,得依第五十七条及第五十八条之规定褫夺公权。

第二章 外 患 罪

第一百零七条 通谋外国政府或其派遣之人,意图使该国或他国对于民国开战端者,处死刑或无期徒刑。

本条之未遂罪，罚之。

第一百零八条 通谋外国政府或其派遣之人，意图使民国领域属于该国或他国者，处死刑、无期徒刑或十年以上有期徒刑。

本条之未遂罪，罚之。

预备或阴谋犯本条之罪者，处一年以上、七年以下有期徒刑。

第一百零九条 民国人民在敌军执役，或与敌国械抗民国或其同盟国者，处死刑或无期徒刑。

本条之未遂罪，罚之。

预备或阴谋犯本条之罪者，处一年以上、七年以下有期徒刑。

第一百十条 在与外国开战或将开战期内，以军事上之利益供敌国，或以军事上之不利益害民国或其同盟国者，处五年以上、十二年以下有期徒刑。

本条之未遂罪，罚之。

预备或阴谋犯本条之罪者，处三年以下有期徒刑。

第一百十一条 犯前条第一项之罪，而有左列情形之一者，处死刑或无期徒刑：

一、将军队交付敌国，或将要塞、军港、军营、军用船舰及其他军用处所、建筑物，与供民国军用之军械、弹药、钱粮及其他军需品，或桥梁、铁路、电线、电机、电局及其他转运之器物，交付敌国，或毁坏，或致令不堪用者。

二、代敌国招募军队，或煽惑军人使其降敌者。

三、煽惑军人不执行职务或不守纪律或逃叛者。

四、以关于要塞、军港、军营、军用船舰及其它军用处所、建筑物或军略之秘密文书、图画、消息或物品，泄漏或交付于敌国者。

五、为敌国之间谍，或帮助敌国之间谍者。

本条之未遂罪，罚之。

预备或阴谋犯本条之罪者，处一年以上七年以下有期徒刑。

第一百十二条 在与外国开战或将开战期内，以非供民国军用之军械、弹药及其他可直接供战斗用之物品交付敌国者，处无期徒刑。

本条之未遂罪，罚之。

预备或阴谋犯本条之罪者，处三年以下有期徒刑。

第一百十三条 在与外国开战或将开战期内，不履行供给军需之契约或不照契约履行者，处五年以下有期徒刑，得并科五千元以下罚金。

因过失犯前项之罪者，处二年以下有期徒刑、拘役或一千元以下罚金。

第一百十四条 泄漏或交付关于中华民国国防应秘密之文书、图画、消息或物品者，处五年以下有期徒刑。

泄漏或交付前项之文书、图画、消息或物品于外国政府或其派遗之人者，处三年以上、十年以下有期徒刑。

本条之未遂罪,罚之。

预备或阴谋犯本条之罪者,处一年以下有期徒刑。

第一百十五条 公务员对于职务上知悉或持有前条第一项之文书、图画、消息或物品,因过失而泄漏或交付者,处二年以下有期徒刑、拘役或一千元以下罚金。

第一百十六条 刺探或收集第一百十四条第一项之文书、图画、消息或物品者,处五年以下有期徒刑。

本条之未遂罪,罚之。

预备或阴谋犯本条之罪者,处一年以下有期徒刑。

第一百十七条 意图刺探或收集第一百十四条第一项之文书、图画、消息或物品,未受允准而入堡垒、炮台、军舰及其它军用处所建筑物,或留滞其内者,处一年以下有期徒刑。

第一百十八条 受政府之委任,处理对外国政府之事务,而违背其委任,致生损害于民国者,处无期徒刑或七年以上有期徒刑。

第一百十九条 伪造、变造、毁弃或隐匿可以证明中华民国对于外国所享权利之文书、图书或其它证据者,处五年以上、十二年以下有期徒刑。

第一百二十条 犯本章之罪者,得依第五十七条及第五十八条之规定褫夺公权。

第三章 妨害国交罪

第一百二十一条 对于友邦元首,犯故意杀人罪者,处死刑。

本条之未遂罪,罚之。

预备或阴谋犯本条之罪者,处一年以上、七年以下有徒刑。

第一百二十二条 对于友邦元首,犯故意伤害罪、妨害自由罪及妨害名誉罪者,加重本刑三分之一。

第一百二十三条 对于派至民国之外国代表犯罪者,准用妨害公务罪各条之规定。

第一百二十四条 私与外国战斗者,处三年以、上十年以下有期徒刑。

本条之未遂罪,罚之。

预备或阴谋犯本条之罪者,处一年以下有期徒刑。

第一百二十五条 于外国交战之际,违背政府局外中立之命令者,处一年以下有期徒刑、拘役或三千元以下罚金。

第一百二十六条 意图侮辱外国,公然损坏、除去或污辱外国之国旗、国章者,处一年以下有期徒刑、拘役或三百元以下罚金。

第一百二十七条 第一百二十二条之妨害名誉罪及第一百二十六条之罪,须外国政府之请求乃论。

第四章 渎 职 罪

第一百二十八条 公务员对于职务上之行为,要求、期约或收受贿赂或其它不正利益者,处五年以下有期徒刑,得并科五千元以下罚金。

对于公务员职务上之行为，行求、期约或交付贿赂或其它不正利益者，处二年以下有期徒刑，得并科三千元以下罚金。

犯第一项之罪者，所收受之贿赂没收之；若全部或一部不能没收时，追征其价额。

第一百二十九条 公务员对于违背其职务之行为，要求、期约或收受贿赂或其它不正利益者，处一年以上七年以下有期徒刑，得并科五千元以下罚金。

因而为违背职务之行为者，处三年以上七年以下有期徒刑，得并科五千元以下罚金。

对于公务员关于违背职务之行为，行求、期约或交付贿赂或其他不正利益者，处三年以下有期徒刑，得并科三千元以下罚金。

犯第一项及第二项之罪者，所收受之贿赂没收之；若全部或一部不能没收时，追征其价额。

第一百三十条 有审判职务之公务员或公断人，对于处理或审判之法律事件，要求、期约或收受贿赂或其它不正利益者，处三年以上、十年以下有期徒刑，得并科五千元以下罚金。

对于有审判职务之公务员或公断人关于处理或审判之法律事件，行求、期约或交付贿赂或其他不正利益者，处三年以下有期徒刑，得并科三千元以下罚金。

犯第一项及第二项之罪者，所收受之贿赂没收之；若全部或一部不能没收时，追征其价额。

第一百三十一条 于未为公务员时，预以职务上之行为，要求、期约或收受贿赂或其它不正利益，而于为公务员后履行者，以公务员要求、期约或收受贿赂或其它不正利益论。

第一百三十二条 有审判职务之公务员或公断人，明知法律而故为出入者，处六月以上五年以下有期徒刑。

第一百三十三条 有追诉犯罪职务之公务员，犯左列行为之一者，处一年以上七年以下有期徒刑：

一、意图取供而施强暴、胁迫者。

二、明知为无罪之人而使其受追诉、处罚，或明知为有罪之人而无故不使其受追诉、处罚者。

因而致人于死或重伤者，比较故意伤害罪，从重处断。

第一百三十四条 有执行刑罚职务之公务员，违法执行刑罚者，处五年以下有期徒刑。

执行吏违法不执行刑罚者，处三年以下有期徒刑。

执行吏因过失致违法执行刑罚者，处一年以下有期徒刑、拘役或三百元以下罚金。

第一百三十五条 公务员对于租税及各项入款，明知不应征收而征收者，处三年以下有期徒刑、拘役，得并科一千元以下罚金。

公务员对于职务上发给之款项、物品，明知应发给而抑留不发或克扣者，亦同。

本条之未遂罪，罚之。

第一百三十六条 公务员对于主管或监督之事务，直接或间接图利者，处三年以下有期徒刑，得并科五千元以下罚金。

第一百三十七条 公务员泄漏或交付关于民国内政应秘密之文书、图画、消息或物品者,处三年以下有期徒刑,得并科五千元以下罚金。

第一百三十八条 在邮务局或电报局执行职务之公务员,开拆或隐匿投寄之邮件或电报者,处三年以下有期徒刑、拘役或易科五百元以下罚金。

第一百三十九条 公务员诱惑所属下级公务员犯第一百二十八条至第一百三十八条之罪者,处所诱惑罪之本刑,减轻二分之一。

第一百四十条 公务员假借职务上之权力机会或方法,以故意犯本章以外各罪者,加重本刑三分之一。但因公务员之身分已特别规定其刑者,不在此限。

第一百四十一条 犯本章之罪者,得依第五十七条及第五十八条之规定褫夺公权。

第五章　妨害公务罪

第一百四十二条 对于公务员或其佐理人依法执行职务时,施强暴、胁迫者,处三年以下有期徒刑。

意图使公务员或其佐理人执行一定之职务,或妨害其依法执行一定之职务,或使公务员辞职,而施强暴、胁迫者,亦同。

犯前二项之罪,因而致公务员或其佐理人于死或重伤者,首谋及下手实施强暴、胁迫之人,比较故意伤害罪,从重处断。

第一百四十三条 公然聚众犯前条之罪者,在场助势之人,处一年以下有期徒刑;首谋及下手实施强暴、胁迫者,处一年以上七年以下有期徒刑。

因而致公务员或其佐理人于死或重伤者,首谋及下手实施强暴、胁迫之人,比较故意伤害罪,从重处断。

第一百四十四条 毁弃、损坏或隐匿公务员职务上掌管或委托第三人掌管之文书、图画、物品,或致令不堪用者,处六月以上、五年以下有期徒刑。

第一百四十五条 损坏、除去或污秽公务员所施之封印或查封之标示,或为违背其效力之行为者,处一年以下有期徒刑、拘役或三百元以下罚金。

第一百四十六条 于公务员依法执行职务时当场侮辱,或对于其依法执行之职务公然侮辱者,处六月以下有期徒刑、拘役或三百元以下罚金。

对于公署公然侮辱者,亦同。

第一百四十七条 意图侮辱公务员或公署,而损坏、除去或污秽实贴公共场所之文告者,处拘役或一百元以下罚金。

第一百四十八条 犯本章之罪者,得依第五十七条及第五十八条之规定褫夺公权。

第六章　妨害选举罪

第一百四十九条 对于依法所设立之中央及地方选举,以强暴、胁迫或其它非法之方法,妨害他人自由行使其选举权者,处五年以下有期徒刑。

本条之未遂罪,罚之。

第一百五十条 有选举权之人,要求、期约或收受贿赂或其它不正利益,而许以不行使其选举权或为一定之行使者，处三年以下有期徒刑，得并科五千元以下罚金。

对于有选举权之人，行求、期约或交付贿赂或其它不正利益，而约其不行使选举权或为一定之行使者，处二年以下有期徒刑，得并科三千元以下罚金。

犯第一项之罪者，所收受之贿赂没收之；若全部或一部不能没收时，追征其价额。

第一百五十一条 以生计上之利害，诱惑选举人不行使其选举权或为一定之行使者，处三年以下有期徒刑。

第一百五十二条 以诈术或其它非法之方法，使投票发生不正确之结果或变造选举之结果者，处三年以下有期徒刑。

本条之未遂罪，罚之。

第一百五十三条 妨害或扰乱选举者，处一年以下有期徒刑、拘役或五百元以下罚金。

第一百五十四条 于无记名投票之选举，刺探被选举人之姓名者，处一百元以下罚金。

第一百五十五条 犯本章之罪者，得依第五十七条及第五十八条之规定褫夺公权。

第七章 妨害秩序罪

第一百五十六条 公然聚众，意图为强暴、胁迫，已受该管公务员解散命令三次以上，而不解散者，在场助势之人，处六月以下有期徒刑、拘役或三百元以下罚金；首谋者，处三年以下有期徒刑。

第一百五十七条 公然聚众施强暴、胁迫者，在场助势之人，处一年以下有期徒刑，拘役或三百元以下罚金；首谋及下手实施强暴、胁迫者，处六月以上、五年以下有期徒刑。

第一百五十八条 以加害生命、身体、财产之事恐吓公众，致生危害于公安者，处二年以下有期徒刑。

第一百五十九条 以强暴、胁迫或诈术，阻止或扰乱合法之集会者，处二年以下有期徒刑。

第一百六十条 以文字、图画、演说或他法，公然为左列行为之一者，处二年以下有期徒刑、拘役或一千元以下罚金：

一、煽惑他人犯罪者。

二、煽惑他人违背法令或抗拒合法之命令者。

三、颂扬他人违背法令所犯之罪，致生危害于公安者。

第一百六十一条 参与以犯罪为宗旨之结社者，处三年以下有期徒刑、拘役或五百元以下罚金；首谋者，处一年以上七年以下有期徒刑。

第一百六十二条 于犯罪可以预防之际，明知有将犯左列各罪，而不向该管公务员或将被加害之人报告者，处一年以下有期徒刑、拘役或三百元以下罚金：

一、内乱罪。

二、外患罪。

三、第一百八十七条、第一百八十八条、第一百九十条、第一百九十二条、第一百九十三条、第一百九十七条之公共危险罪。

四、强奸罪。

五、杀人罪。

六、强盗及海盗罪。

第二百六十三条 煽惑军人不执行职务或不守纪律或逃叛者,处六月以上五年以下有期徒刑。

第一百六十四条 未受允准,招集军队、发给军需或率带军队者,处三年以下有期徒刑。

第一百六十五条 僭行民国或外国公务员之职权者,处一年以下有期徒刑、拘役或三百元以下罚金。

第一百六十六条 公然僭用民国公务员服饰、徽章或官衔者,处五百元以下罚金。

第一百六十七条 意图侮辱民国,而公然损坏、除去或污辱民国之国旗、国章者,处一年以下有期徒刑、拘役或三百元以下罚金。

第一百六十八条 亲属将犯第一百六十二条所列举之罪而不报告者,免除其刑。

第一百六十九条 犯本章之罪者,得依第五十七条及第五十八条之规定褫夺公权。

第八章 脱 逃 罪

第一百七十条 依法逮捕、拘禁之人脱逃者,处一年以下有期徒刑。

损坏拘禁处所、械具或以强暴、胁迫犯前项之罪者,处五年以下有期徒刑。

聚众以强暴、胁迫犯第一项之罪者,在场助势之人,处五年以上、十二年以下有期徒刑;首谋及下手实施强暴、胁迫者,处无期徒刑或五年以上有期徒刑。

本条之未遂罪,罚之。

第一百七十一条 盗取依法逮捕、拘禁之囚人或便利其脱逃者,处三年以下有期徒。

损坏拘禁处所、械具或以强暴、胁迫犯前项之罪者,处六月以上、五年以下有期徒刑。

聚众以强暴、胁迫犯第一项之罪者,在场助势之人,处七年以上有期徒刑;首谋及下手实施强暴、胁迫者,处无期徒刑或七年以上有期徒刑。

本条之未遂罪,罚之。

第一百七十二条 公务员或其佐理人盗取职务上依法逮捕、拘禁之囚人或便利其脱逃者,处一年以上七年以下有期徒刑。

因过失致前项之囚人脱逃者,处六月以下有期徒刑、拘役或五百元以下罚金。

第一项之未遂罪,罚之。

第一百七十三条 犯本章之罪者,得依第五十七条及第五十八条之规定褫夺公权。

第九章 藏匿犯人及湮灭证据罪

第一百七十四条 藏匿犯人或依法逮捕、监禁之脱逃人,或使之隐避者,处二年以下有期徒刑。

意图犯前项之罪而顶替者,亦同。

第一百七十五条 伪造、变造或湮灭关系他人刑事被告案件之证据,或使用伪造、变造之证据者，处二年以下有期徒刑。

第一百七十六条 犯前条之罪，于他人刑事被告案件裁判确定前自白者，减轻或免除其刑。

第一百七十七条 亲属图利犯人或依法逮捕、监禁之脱逃，而犯本章之罪者，免除其刑。

第一百七十八条 犯本章之罪者，得依第五十七条及第五十八条之规定褫夺公权。

第十章 伪证及诬告罪

第一百七十九条 于执行审判职务之公署审判时，证人、鉴定人、通译于案情有重要关系之事项，供前或供后具结，而为虚伪陈述者，处一年以上、七年以下有期徒刑。

第一百八十条 意图他人受刑事或惩戒处分，向该管公务员诬告者，处七年以下有期徒刑。

意图他人受刑事或惩戒处分，而伪造、变造证据或使用伪造、变造之证据者，亦同。

第一百八十一条 意图陷害直系尊亲属，而犯前条之罪者，加重其本刑二分之一。

意图陷害旁系尊亲属，而犯前条之罪者，加重其本刑三分之一。

第一百八十二条 未指定犯人而向该管公务员诬告犯罪者，处一年以下有期徒刑、拘役或三百元以下罚金。

未指定犯人，而伪造、变造犯罪证据或使用伪造、变造之犯罪证据，致开始刑事诉讼程序者，亦同。

第一百八十三条 意图保存自己或亲属之自由、名誉，而犯第一百七十九条之罪者，免除其刑。

第一百八十四条 犯第一百七十九条至第一百八十二条之罪，于所虚伪陈述或所诬告之案件裁判或惩戒处分确定前自白者，减轻或免除其刑。

第一百八十五条 犯本章之罪者，除宣告本刑外，因被害人之声请，得令将判词全部或一部登报，其费用由犯人担负。

第一百八十六条 犯本章罪者，得依第五十七条及第五十八条之规定褫夺公权。

第十一章 公共危险罪

第一百八十七条 放火烧毁现供人使用之住宅或现有人所在之建筑物、矿坑、火车、电车或其它行驶水、陆、空之舟车者，处无期徒刑或七年以上有期徒刑。

失火烧毁前项之物者，处一年以下有期徒刑、拘役或三百元以下罚金。

第一项之未遂罪，罚之。

预备犯第一项之罪者，处一年以下有期徒刑、拘役或三百元以下罚金。但因情势，得免除徒刑。

第一百八十八条 放火烧毁现非供人使用之他人所有住宅或现有人所在之他人所有建筑物、矿坑、火车、电车或其它行驶水、陆、空之舟车者，处三年以上、十年以下有期徒刑。

放火烧毁前项之自己所有物，致生公共危险者，处六月以上、五年以下有期徒刑。

失火烧毁第一项之物者，处六月以下有期徒刑、拘役或三百元以下罚金；失火烧毁前项之物，致生公共危险者，亦同。

第一项之未遂罪，罚之。

预备犯第一项之罪者，处一年以下有期徒刑、拘役或三百元以下罚金。但因情势，得免除其刑。

第一百八十九条 放火烧毁前二条以外之他人所有物，致生公共危险者，处一年以上、七年以下有期徒刑。

放火烧毁前二条以外之自己所有物，致生公共危险者，处二年以下有期徒刑。

失火烧毁前二条以外之物，致生公共危险者，处拘役或三百元以下罚金。

第一百九十条 故意或因过失，使火药、蒸气、电气、煤气或其它爆裂物炸裂者，准用放火、失火之规定。

第一百九十一条 漏逸或间隔蒸气、电气或煤气，致生公共危险者，处三年以下有期徒刑、拘役或三百元以下罚金。

因而致人于死或重伤者，比较故意伤害罪从重处断。

第一百九十二条 决水浸害现供人使用之住宅或现有人所在之建筑物、矿坑或火车、电车者，处无期徒刑或五年以上有期徒刑。

因过失决水浸害前项之物者，处一年以下有期徒刑、拘役或三百元以下罚金。

第一项之未遂罪，罚之。

第一百九十三条 决水浸害现非供人使用之他人所有住宅或现未有人所在之他人所有建筑物或矿坑者，处一年以上七年以下有期徒刑。

决水浸害前项之自己所有物，致生公共危险者，处六月以上、五年以下有期徒刑。

因过失决水浸害第一项之物者，处六月以下有期徒刑、拘役或三百元以下罚金。

因过失决水浸害前项之物，致生公共危险者，亦同。

第一项之未遂罪，罚之。

第一百九十四条 决水浸害前二条以外之他人所有物，致生公共危险者，处五年以下有期徒刑。

决水浸害前二条以外之自己所有物，致生公共危险者，处二年以下有期徒刑。

因过失决水浸害前二条以外之物，致生公共危险者，处拘役或三百元以下罚金。

第一百九十五条 决溃堤防、破坏水闸或损坏自来水池，致生公共危险者，处三年以下有期徒刑。

因过失犯前项之罪者，处拘役或三百元以下罚金。

第一项之未遂罪，罚之。

第一百九十六条 于火灾、水灾之际，隐匿或损坏防御之器械或以他法妨害救火、防水者，处三年以下有期徒刑、拘役或三百元以下罚金。

第一百九十七条 倾覆或破坏现有人所在之火车、电车或其他行驶水、陆、空之舟、车者，处无期徒刑或五年以上有期徒刑。

因而致人于死者，处死刑或无期徒刑；因而致重伤者，处无期徒刑或七年以上有期徒刑。

因过失犯第一项之罪者，处一年以下有期徒刑、拘役或三百元以下罚金。

从事业务之人，因业务上之过失犯第一项之罪者，处二年以下有期徒刑、拘役或五百元以下罚金。

第一项之未遂罪，罚之。

第一百九十八条 损坏轨道、灯塔、标识或以他法致生火车、电车或其他行驶水、陆、空之舟、车往来之危险者，处三年以上、十年以下有期徒刑。

因而致火车、电车或其他行驶水、陆、空之舟车倾覆或破坏者，依前条之规定处断。

因过失犯第一项之罪者，处六月以下有期徒刑、拘役或三百元以下罚金。

从事业务之人，因业务上之过失犯第一项之罪者，处一年以下有期徒刑、拘役或五百元以下罚金。

第一项之未遂罪，罚之。

第一百九十九条 损坏或壅塞陆路、水路、桥梁或其它公众往来之设备，致生往来之危险者，处三年以下有期徒刑、拘役或三百元以下罚金。

因而致人于死或重伤者，比较故意伤害罪，从重处断。

第一项之未遂罪，罚之。

第二百条 意图供犯罪之用，而制造或持有炸药、棉火药、雷汞或其它相类之爆裂物或自外国输入者，处六月以上、五年以下有期徒刑。

本条之未遂罪，罚之。

第二百零一条 未受允准，而制造或持有前条第一项之物或自外国输入者，处三年以下有期徒刑、拘役或五百元以下罚金。

本条之未遂罪，罚之。

第二百零二条 妨害铁路、邮务、电报、电话或供公众之用水、电气、煤气事业者，处五年以下有期徒刑、拘役或五百元以下罚金。

第二百零三条 损坏矿坑、工厂或其它相类之场所内关于保护生命之设备，致生危险于他人生命者，处一年以上、七年以下有期徒刑。

因过失犯前项之罪者，处六月以下有期徒刑、拘役或二百元以下罚金。

从事业务之人，因业务上之过失犯第一项之罪者，处一年以下有期徒刑、拘役或五百元以下罚金。

第一项之未遂罪，罚之。

第二百零四条 投放毒物或混入妨害卫生物品于供公众所饮之水源、水道或自来水池者，处一年以上、七年以下有期徒刑。

因而致人于死或重伤者，比较故意伤害罪，从重处断。

因过失犯第一项之罪者，处六月以下有期徒刑、拘役或三百元以下罚金。

第一项之未遂罪，罚之。

第二百零五条 制造、贩卖或意图贩卖而陈列妨害卫生之物品者，处六月以下有期徒刑、拘役,得并科或易科一千元以下罚金。

第二百零六条 违背关于预防传染病所公布之检查或进口之法令者,处二年以下有期徒刑、拘役或一千元以下罚金。

第二百零七条 承揽工程人或监工人,于营造或拆卸建筑物时,违背建筑术成规,致生公共危险者,处二年以下有期徒刑、拘役或三千元以下罚金。

第二百零八条 于灾害之际,关于与公务员缔结供给粮食或其他日用必需品之契约,而不履行或不照契约履行,致生公共危险者,处六月以上、五年以下有期徒刑,得并科三千元以下罚金。

第二百零九条 自己所有物,已受查封或担负物权或已赁贷或保险者,关于本章之罪,以他人所有物论。

第二百十条 犯本章之罪者,得依第五十七条及第五十八条之规定褫夺公权。

第十二章 伪造货币罪

第二百十一条 意图供行使之用,而伪造、变造通用之货币、纸币、银行券者,处无期徒刑或五年以上有期徒刑,得并科三千元以下罚金。

意图供行使之用,而收集伪造、变造之通用货币、纸币、银行券者,亦同。

本条之未遂罪,罚之。

第二百十二条 行使伪造、变造之通用货币、纸币、银行券,或意图供行使之用而交付于人者,处无期徒刑或五年以上有期徒刑,得并科三千元以下罚金。

收受后方知为伪造、变造之通用货币、纸币、银行券,而仍行使,或意图供行使之用而交付于人者,处二千元以下罚金。

第一项之未遂罪,罚之。

第二百十三条 意图供行使之用,而减损通用货币之分量者,处五年以下有期徒刑,得并科一千元以下罚金。

意图供行使之用,而收集减损分量之通用货币者,亦同。

本条之未遂罪,罚之。

第二百十四条 行使减损分量之通用货币,或意图供行使之用而交付于人者,处五年以下有期徒刑,得并科一千元以下罚金。

收受后方知为减损分量之通用货币而仍行使,或意图供行使之用而交付于人者,处一千元以下罚金。

第一项之未遂罪,罚之。

第二百十五条 意图供伪造、变造通用之货币、纸币、银行券或意图供减损通用货币分量之用,而制造或交付或收受各项器械、原料者,处五年以下有期徒刑,得并科一千元以下罚金。

第二百十六条 伪造、变造之通用货币、纸币、银行券,减损分量之通用货币及第二百十五条之器械、原料,不问属于犯人与否,没收之。

第二百十七条 犯本章之罪者，得依第五十七条及第五十八条之规定褫夺公权。

第十三章 伪造度量衡罪

第二百十八条 意图供行使之用，而制造违背定程之度量衡，或变更度量衡之定程者，处一年以下有期徒刑、拘役，得并科或易科三百元以下罚金。

本条之未遂罪，罚之。

第二百十九条 意图供行使之用，而贩卖违背定程之度量衡者，处一年以下有期徒刑、拘役，得并科或易科三百元以下罚金。

本条之未遂罪，罚之。

第二百二十条 行使违背定程之度量衡者，处二年以下有期徒刑、拘役，得并科或易科一千元以下罚金。

本条之未遂罪，罚之。

第二百二十一条 意图供行使之用，而持有违背定程之度量衡者，处一百元以下罚金。

第二百二十二条 前条之违背定程度量衡，不问属于犯人与否，没收之。

第二百二十三条 犯本章之罪者，得依第五十七条及第五十八条之规定褫夺公权。

第十四章 伪造文书印文罪

第二百二十四条 伪造、变造文书，足以生损害于公众或他人者，处五年以下有期徒刑。

第二百二十五条 伪造、变造公文书，足以生损害于公众或他人者，处一年以上、七年以下有期徒刑。

第二百二十六条 意图供行使之用，而伪造、变造公债票、公司股票或其它有价证券者，处三年以上、十年以下有期徒刑，得并科三千元以下罚金。

意图供行使用之用，而收集伪造、变造之公债票、公司股票或其他有价证券者，亦同。

第二百二十七条 意图供行使之用，而伪造、变造邮票及政府发行之各种印花税票者，处六月以上、五年以下有期徒刑，得并科一千元以下罚金。

意图供行使用之用，而收集伪造、变造之邮票及政府发行之各种印花税票者，亦同。

意图供行使之用，而涂抹邮票及政府发行之各种印花税票上之注销符号者，以伪造论。

第二百二十八条 意图供行使之用，而伪造、变造船票、火车、电车票或其它往来客票者，处三年以下有期徒刑、拘役或一千元以下罚金。

第二百二十九条 伪造、变造护照、免照、特许状、旅券及关于品行、能力、服务或其它相类之证书、介绍书，足以生损害于公众或他人者，处一年以下有期徒刑、拘役或三百元以下罚金。

第二百三十条 公务员明知为不实之事项，而使公务员登载于职务上所掌之公文书，足以生损害于公众或他人者，处一年以上、七年以下有期徒刑。

第二百三十一条 明知为不实之事项，而使公务员登载于职务上所掌之公文书，足以生损害于公众或他人者，处三年以下有期徒刑。

第二百三十二条 医师明知为不实之事项,而登载于其应提出公署或保险公司关于人之健康或死亡原因之证书,足以生损害于公众或他人者,处三年以下有期徒刑、拘役或五百元以下罚金。

第二百三十三条 行使第二百二十四条至第二百三十二条之文书者,依伪造、变造文书或登载不实事项或使登载不实事项之规定处断。

行使已使用之邮票及政府发行之各种印花税票者,以行使伪造邮票、印花税票论。

本条之未遂罪,罚之。

第二百三十四条 伪造印章、印文或署押,足以生损害于公众或他人者,处三年以下有期徒刑。

盗用印章、印文或署押,足以生损害于公众或他人者,亦同。

本条之未遂罪,罚之。

第二百三十五条 伪造公印或公印文者,处六月以上、五年以下有期徒刑。

盗用公印或公印文,足生损害于公众或他人者,亦同。

本条之未遂罪,罚之。

第二百三十六条 意图供伪造、变造有价证券、邮票及政府发行之各种印花税票之用,而制造、交付或收受各项器械、原料者,处二年以下有期徒刑,得并科五百元以下罚金。

第二百三十七条 伪造、变造之有价证券、邮票、政府发行之各种印花税票、印文、署押及前条之器械、原料,不问属于犯人与否,没收之。

第二百三十八条 在纸上或物品上之文字、符号,依习惯或特约足以为表示其用意之证明者,关于本章之罪,以文书论。

第二百三十九条 犯本章之罪者,得依第五十七条及第五十八条之规定褫夺公权。

第十五章 妨害风化罪

第二百四十条 对于妇女以强暴、胁迫、药剂、催眠术或他法,至使不能抗拒,而奸淫之者,为强奸罪,处七年以上有期徒刑。

奸淫未满十六岁之女子,以强奸论。

二人以上共同轮奸而犯前二项之罪者,处无期徒刑或七年以上有期徒刑。

犯强奸罪,因而致被害人于死者,处死刑或无期徒刑;因而致重伤者,处无期徒刑。

犯强奸罪,因而致被害人羞忿自杀或意图自杀而致重伤者,依前项之规定处断。

犯强奸罪而故意杀被害人者,处死刑。

第一项及第二项之未遂罪,罚之。

第二百四十一条 对于男女以强暴、胁迫、药剂、催眠术或他法,至使不能抗拒,而为猥亵之行为者,处五年以下有期徒刑。

对于未满十六岁之男女为猥亵之行为者,亦同。

第二百四十二条 对于妇女乘其心神丧失或其它相类之情形不能抗拒,而奸淫之者,处三年以下有期徒刑。

对于男女乘其心神丧失或其它相类之情形不能抗拒,而为猥亵之行为者,处三年以下有期徒刑。

犯前二项之罪,因而致被害人于死者,处死刑、无期徒刑或七年以上有期徒刑;因而致重伤者,处无期徒刑或七年以上有期徒刑。

犯第一项之罪,因而致被害人羞忿自杀或意图自杀而致重伤者,依前项之规定处断。

第一项之未遂罪,罚之。

第二百四十三条 犯前三条之罪而有左列情形之一者,加本刑三分之一:

一、直系或旁系尊亲属对于卑幼犯之者。

二、监护人、保佐人对于其所监护或保佐之人犯之者。

三、师傅对于未满二十岁之学徒犯之者。

四、官立、公立、私立病院、济贫院或救济院之职员对于收容之人犯之者。

第二百四十四条 以诈术使妇女误信有夫妻关系而听从其奸淫者,处三年以上、十年以下有期徒刑。

本条之未遂罪,罚之。

第二百四十五条 四等内之宗亲相和奸者,处一年以上七年以下有期徒刑。

第二百四十六条 意图营利,引诱或容留良家妇女与他人与猥亵之行为或奸淫者,处三年以下有期徒刑,得并科五百元以下罚金。

第二百四十七条 夫对于妻,或第二百四十三条所列举之人对于其关系人犯前条之罪者,处五年以下有期徒刑,得并科一千元以下罚金。

第二百四十八条 以犯第二百四十六条之罪为常业者,处三年以下有期徒刑,得并科一千元以下罚金。

第二百四十九条 引诱未满十六岁之男女与他人为猥亵之行为或奸淫者,处五年以下有期徒刑。

第二百五十条 公然为猥亵之行为者,处拘役或一百元以下罚金。

第二百五十一条 散布或贩卖猥亵之文字、图画及其他物品或公然陈列者,处一千元以下罚金。

意图贩卖而制造、持有前项之文字、图画及其它物品者,亦同。

第二百五十二条 第二百四十条至第二百四十五条之罪,须告诉乃论。

第二百五十三条 犯本章之罪者,得依第五十七条及第五十八条之规定褫夺公权。

第十六章　妨害婚姻及家庭罪

第二百五十四条 有配偶而重为婚姻或同时与二人以上结婚者,处五年以下有期徒刑;其知情相婚者,亦同。

第二百五十五条 以诈术缔结无效或得撤销之婚姻,因而致婚姻无效之裁判或撤销婚姻之裁判确定者,处三年以下有期徒刑。

第二百五十六条 有夫之妇与人通奸者,处二年以下有期徒刑;其相奸者,亦同。

第二百五十七条 和诱、略诱未满二十岁之男女脱离享有亲权之人、监护人或保佐人者,处六月以上、五年以下有期徒刑。

意图营利或意图使被诱人为猥亵之行为或奸淫,而犯前项之罪者,处一年以上、七年以下有期徒刑,得并科一千元以下罚金。

移送被诱人出民国领域外者,处七年以上有期徒刑。

本条之未遂罪,罚之。

第二百五十八条 意图帮助犯前条之罪而收受、藏匿被诱人或使之隐避者,处六月以上、五年以下有期徒刑。

意图营利或意图使被诱人为猥亵之行为或奸淫,而收受、藏匿被诱人或使之隐避者,处一年以上、七年以下有期徒刑,得并科五百元以下罚金。

本条之未遂罪,罚之。

第二百五十九条 第二百五十五条及二百五十六条之罪,须告诉乃论。

第二百五十六条之罪,本夫纵容通奸者,不得告诉。

第二百六十条 犯本章之罪者,得依第五十七条及第五十八条之规定褫夺公权。

第十七章 亵渎祀典及侵害坟墓尸体罪

第二百六十一条 对于坛庙、寺观、坟墓或及其他礼拜所公然侮辱者,处六月以下有期徒刑、拘役或三百元以下罚金。

妨害丧、葬、祭礼、说教、礼拜者,亦同。

第二百六十二条 损坏、遗弃、污辱或盗取尸体者,处六月以上、五年以下有期徒刑。

损坏、遗弃或盗取遗骨、遗发、殓物或火葬之遗灰者,处五年以下有期徒刑。

本条之未遂罪,罚之。

第二百六十三条 发掘坟墓者,处六月以上、五年以下有期徒刑。

本条之未遂罪,罚之。

第二百六十四条 发掘坟墓而损坏、遗弃、污辱或盗取尸体者,处三年以上、十年以下有期徒刑。

发掘坟墓而损坏、遗弃、或盗取遗骨、遗发、殓物或火葬之遗灰者,处一年以上、七年以下有期徒刑。

第二百六十五条 对于直系尊亲属犯第二百六十二条及第二百六十三条之罪者,加重本刑二分之一;犯第二百六十四条之罪者,处无期徒刑或七年以上有期徒刑。

对于旁系尊亲属犯第二百六十二条至第二百六十四条之罪者,加重本刑三分之一。

第二百六十六条 犯本章之罪者,得依第五十七条及第五十八条之规定褫夺公权。

第十八章 妨害农工商罪

第二百六十七条 以强暴、胁迫为左列行为之一者,处五年以下有期徒刑、拘役或三千元以下罚金:

一、妨害贩运谷类及其它公共所需之饮食物品,致市上生缺乏者。

二、妨害贩运种子、肥料、原料及其它农药、工业所需之物品,致市上生缺乏者。

本条之未遂罪,罚之。

第二百六十八条 意图欺骗他人而伪造或仿造已注册或未注册之商标、商号者,处二年以下有期徒刑,得并科三千元以下罚金。

第二百六十九条 明知为伪造之商标、商号之货物而贩卖,或意图贩卖而陈列,或自外国输入者,处六月以下有期徒刑、拘役,得并科或易科一千元以下罚金。

第二百七十条 犯本章之罪者,得依第五十七条及第五十八条之规定褫夺公权。

第十九章 鸦 片 罪

第二百七十一条 制造鸦片、吗啡、高根、安洛因及其化合质料,或贩卖、或意图贩卖而持有、或自外国输入或输出于外国者,处五年以下有期徒刑,得并科五千元以下罚金。

本条之未遂罪,罚之。

第二百七十二条 制造专供吸食鸦片之器具,或贩卖、或意图贩卖而持有、或自外国输入或输出于外国者,处三年以下有期徒刑。

本条之未遂罪,罚之。

第二百七十三条 意图营利,以馆舍供人吸食鸦片或其化合质料者,处六月以上、五年以下有期徒刑,得并科五百元以下罚金。

本条之未遂罪,罚之。

第二百七十四条 意图供制造鸦片、吗啡、高根之用,而栽种罂粟或高根种子者,处三年以下有期徒刑,得并科三千元以下罚金。

意图供制造鸦片、吗啡、高根之用,而贩卖罂粟或高根种子者,处一年以下有期徒刑、拘役,得并科三千元以下罚金。

本条之未遂罪,罚之。

第二百七十五条 吸食鸦片,或施打吗啡,或使用高根、安洛因或其化合质料者,处一千元以下罚金。

本条之未遂罪,罚之。

第二百七十六条 为人施打吗啡针者,处二年以下有期徒刑,得并科五百元以下罚金。

本条之未遂罪,罚之。

第二百七十七条 意图供犯本章各罪之用,而持有鸦片、吗啡、高根、安洛因及其化合质料,或专供吸食鸦片之器具者,处五百元以下罚金。

前项之鸦片、吗啡、高根、安洛因及其化合质料,或专供吸食鸦片之器具,不问属于犯人与否,没收之。

第二十章 赌 博 罪

第二百七十八条 赌博财物者,处一千元以下罚金。但以供人暂时娱乐之物为赌者,不在此限。

当场赌博之器具与在赌台或兑换筹码处之财物,不问属于犯人与否,没收之。

第二百七十九条 以赌博为常业者,处二年以下有期徒刑,得并科一千元以下罚金。

第二百八十条 意图营利,供给赌博场所或聚众赌博者,处三年以下有期徒刑,得并科三千元以下罚金。

第二百八十一条 未经政府允准而发行彩票者,处一年以下有期徒刑或拘役,得并科三千元以下罚金。

为买卖前项之彩票之媒介者,处六月以下有期徒刑、拘役,得并科或易科一千元以下罚金。

第二十一章 杀 人 罪

第二百八十二条 杀人者,处死刑、无期徒刑或十年以上有期徒刑。

本条之未遂罪,罚之。

第二百八十三条 杀直系尊亲属者,处死刑。

杀旁系尊亲属者,处死刑或无期徒刑。

本条之未遂罪,罚之。

预备犯本条之罪者,处三年以下有期徒刑。

第二百八十四条 犯杀人罪而有左列情形之一者,处死刑:

一、出于预谋者。

二、肢解、折割或有其他残忍之行为者。

本条之未遂罪,罚之。

第二百八十五条 犯杀人罪而有左列情形之一者,处死刑或无期徒刑:

一、意图便利犯他罪而犯者。

二、意图免犯罪之处罚,或意图防护犯罪所得之利益而犯者。

本条之未遂罪,罚之。

第二百八十六条 当场激于义愤而杀人者,处一年以上、七年以下有期徒刑。

本条之未遂罪,罚之。

第二百八十七条 母于生产时或甫生产后杀其私生子者,处六月以上、五年以下有期徒刑。

本条之未遂罪,罚之。

第二百八十八条 同谋杀人者,处三年以上、十年以下有期徒刑。

第二百八十九条 同谋杀直系尊亲属者,处七年以有上有期徒刑。

同谋杀旁系尊亲属者,五年以上、十二年以下有期徒刑。

第二百九十条 教唆或帮助他人使之自杀,或受其嘱托或得其承诺而杀之者,处一年以上、七年以下有期徒刑。

本条之未遂罪,罚之。

谋为同死而犯本条之罪者,得免除其刑。

第二百九十一条 因过失致人于死者,处二年以下有期徒刑、拘役或一千元以下罚金。

从事业务之人,因业务上之过失,犯前项之罪者,处三年以下有期徒刑、拘役或一千元以下罚金。

第二百九十二条 犯本章之罪者,得依第五十七条及第五十八条之规定褫夺公权。

第二十二章 伤害罪

第二百九十三条 无杀人之故意而伤害人之身体或健康者,处五年以下有期徒刑、拘役或一千元以下罚金。

加暴行于尊亲属,未成伤者,处一年以下有期徒刑。

第二百九十四条 施用足以致死或重伤之方法而伤害人者,处六月以上、五年以下有期徒刑。

本条之未遂罪,罚之。

第一百九十五条 犯伤害罪因而致人重伤者,处三年以上、十年以下有期徒刑。

故意致人重伤者,处五年以上、十二年以下有期徒刑。

第二百九十六条 犯伤害罪因而致人于死者,处无期徒刑或七年以上有期徒刑。

第二百九十七条 当场激于义愤而伤害人者,处三年以下有期徒刑。

第二百九十八条 对于直系尊亲属,犯第二百九十三条第一项、第二百九十四条及第二百九十五条之罪者,加重本刑二分之一;犯第二百九十六条之罪者,处死刑、无期徒刑或十年以上有期徒刑。

对于旁系尊亲属,犯第二百九十三条第一项、第二百九十四条至第二百九十六条之罪者,加重本刑三分之一。

第二百九十九条 教唆或帮助他人使之自伤,或受其嘱托或得其承诺而伤害之,因而致死者,处一年以上、七年以下有期徒刑。

因而致重伤者,处五年以下有期徒刑。

第三百条 聚众斗殴致人于死或重伤者,在场助势而非出于正当防卫之人,处三年以下有期徒刑;下手实施伤害者,仍依伤害各条之规定处断。

第三百零一条 因过失伤害人者,处六月以下有期徒刑、拘役或五百元以下罚金。

因而致人重伤者,处一年以下有期徒刑、拘役或五百元以下罚金。

从事业务之人,因业务上之过失,犯第一项之罪者,处一年以下有期徒刑、拘役或五百元以下罚金;犯第二项之罪者,处二年以下有期徒刑、拘役或五百元以下罚金。

第三百零二条 第二百九十三条及第三百零一条之罪,须告诉乃论。

第三百零三条 犯本章之罪者,得依第五十七条及第五十八条之规定褫夺公权。

第二十三章 堕胎罪

第三百零四条 怀胎妇女服药或以他法堕胎者,处一年以下有期徒刑、拘役或三百元以下罚金。

怀胎妇女听从他人堕胎者,亦同。

第三百零五条 受怀胎妇女之嘱托或得其承诺,而使之堕胎者,处一年以下有期徒刑。

因而致妇女于死者,处五年以下有期徒刑;因而致重伤者,处三年以下有期徒刑。

第三百零六条 意图营利而犯前条第一项之罪者,处六月以上、五年以下有期徒刑,得并科五百元以下罚金。

因而致妇女于死者,处三年以上、十年以下有期徒刑,得并科五百元以下罚金;因而致重伤者,处一年以上、七年以下有期徒刑,得并科五百元以下罚金。

第三百零七条 未受怀胎妇女之嘱托或未得其承诺,而使之堕胎者,处六月以上、五年以下有期徒刑。

因而致妇女于死或重伤者,比较故意伤害罪,从重处断。

第一项之未遂罪,罚之。

第三百零八条 以文字、图画或他法,公然介绍堕胎之方法或物品,或公然介绍自己或他人为堕胎之行为者,处一年以下有期徒刑、拘役或科或并科一千元以下罚金。

第二十四章 遗 弃 罪

第三百零九条 遗弃无自救力之人者,处六月以下有期徒刑、拘役或三百元以下罚金。

因而致人于死者,处五年以下有期徒刑;因而致重伤者,处三年以下有期徒刑。

第三百十条 对于无自救力之人,依法令或契约应扶助、养育或保护而遗弃之,或不为其生存所必要之扶助、养育或保护者,处六月以上、五年以下有期徒刑。

因而致人于死或重伤者,比较故意伤害罪,从重处断。

第三百十一条 对于直系尊亲属犯前条第一项之罪者,加重本刑二分之一。

对于旁系尊亲属犯前条第一项之罪者,加重本刑三分之一。

因而致尊亲属于死或重伤者,比较故意伤害罪,从重处断。

第三百十二条 犯本章之罪者,得依第五十七条及第五十八条之规定褫夺公权。

第二十五章 妨害自由罪

第二百十三条 使人为奴隶者,处一年以上七年以下有期徒刑。

本条之未遂罪,罚之。

第三百十四条 意图营利,以诈术使人出民国领域外者,处五年以下有期徒刑,得并科一千元以下罚金。

第三百十五条 意图使妇女与自己或他人结婚而略诱之者,处一年以上、七年以下有期徒刑。

意图营利,或意图使妇女为猥亵之行为或奸淫,而略诱之者,处三年以上、十年以下有期徒刑,得并科一千元以下罚金。

移送被略诱人出民国领域外者,处无期徒刑或五年以上有期徒刑。

本条之未遂罪,罚之。

第三百十六条 私行拘禁或以其它非法方法,剥夺人之行动自由者,处五年以下有期徒刑、拘役或三百元以下罚金。

因而致人于死或重伤者,比较故意伤害罪,从重处断。

第一项之未遂罪,罚之。

第三百十七条 对于直系尊亲属犯前条第一项之罪者,加重本刑二分之一;对于旁系尊亲属犯前条第一项之罪者,加重本刑三分之一。

因而致尊亲属于死或重伤者,比较故意伤害罪,从重处断。

第一项及第二项之未遂罪,罚之。

第三百十八条 以强暴、胁迫使人行无义务之事或妨害人行使权利者,处三年以下有期徒刑、拘役或三百元以下罚金。

本条之未遂罪,罚之。

第三百十九条 以加害生命、身体、自由、名誉、财产之事恐吓他人,致生危害于安全者,处二年以下有期徒刑、拘役或三百元以下罚金。

第三百二十条 无故侵入他人住宅、建筑物或附连围绕之土地或船舰者,处一年以下有期徒刑、拘役或三百元以下罚金。

无故隐匿其内,或受退去之要求而仍留滞者,亦同。

第三百二十一条 不依法令搜索他人身体者,处一年以下有期徒刑、拘役或三百元以下罚金。

第三百二十二条 第二百十五条及第三百二十条之罪,须告诉乃论。

第三百十五条第一项之罪,亲属告诉以不违反被略诱者之意思为限。

被害人之亲属亦得告诉,但不得与被害人意思相反。

第三百二十三条 犯本章之罪者,得依第五十七条及第五十八条之规定褫夺公权。

第二十六章　妨害名誉及信用罪

第三百二十四条 公然侮辱人者,处拘役或二百元以下罚金。

第三百二十五条 意图散布于众而指摘或传述足以毁损他人名誉之事者,为诽谤罪,处六月以下有期徒刑、拘役或五百元以下罚金。

散布文字、图画犯前项之罪者,处一年以下有期徒刑、拘役或一千元以下罚金。

第三百二十六条 犯人对于所诽谤之事,能证明其为真实者,不罚。但涉于私德而与公共利益无关者,不在此限。

第三百二十七条 以善意发表言论,而有左列情形之一者,不罚:

一、因自卫、自辩或保护合法之利益者。

二、公务员因职务而报告者。

三、对于可受公评之事,而为适当之评论者。

四、对于中央及地方之会议或法院或公众集会之记事,而为适当之载述者。

第三百二十八条 明知为虚伪之事而指摘或传述犯诽谤罪者,加重本刑三分之一。

第三百二十九条 对于已死之人公然侮辱者,处拘役或三百元以下罚金。

对于已死之人明知为虚伪而指摘或传述犯诽谤罪者,处一年以下有期徒刑、拘役或一千元以下罚金。

第三百三十条 散布流言或以诈术损害他人之信用者,处二年以下有期徒刑、拘役或科或并科一千元以下罚金。

第三日三十一条 本章之罪,须告诉乃论。

第三百三十二条 犯本章之罪者,除宣告本刑外,因告诉人之声请,得令将判词全部或一部登报,其费用由犯人担负。

第二十七章 妨害秘密罪

第三百三十三条 无故开拆或隐匿他人之封缄信函或其它封缄文书者,处三百元以下罚金。

第三百三十四条 医师、药师、药商、产婆、宗教师、律师、辩护人、公证人及其业务上佐理人或曾居此等地位之人,无故泄漏因业务知悉或持有之他人秘密者,处一年以下有期徒刑、拘役或五百元以下罚金。

第三百三十五条 在他人业务处所于执行业务期内,无故泄漏因业务知悉或持有之工商秘密者,处一年以下有期徒刑、拘役或一千元以下罚金。

公务员或曾居此等地位之人,无故泄漏因职务知悉或持有他人之工商秘密者,亦同。

第三百三十六条 本章之罪,须告诉乃论。

第二十八章 窃 盗 罪

第三百三十七条 意图为自己或第三人不法之所有,而窃取他人所有物者,为窃盗罪,处五年以下有期徒刑、拘役或五百元以下罚金。

本条之未遂罪,罚之。

第三百三十八条 犯窃盗罪而有左列情形之一者,处一年以上、七年以下有期徒刑:

一、意图行窃,于夜间侵入住宅或有人居住之建筑物或隐匿其内而犯窃盗罪者。

二、毁越门扇、墙垣而犯窃盗罪者。

三、携带凶器而犯窃盗罪者。

四、结伙三人以上而犯窃盗罪者。

五、乘火灾、水灾或其它灾害之际而犯窃盗罪者。

六、在车站或埠头而犯窃盗罪者。

七、以犯窃盗罪为常业者。

本条之未遂罪,罚之。

第三百三十九条 自己所有物,已受查封或担负质权者,于本章之罪,以他人所有物论。

第三百四十条 违禁物,关于本章之罪,以所有物论。

电气,关于本章之罪,以物论。

第三百四十一条 于直系亲属、配偶或同财共居亲属之间,犯本章之罪者,得免除其刑。

亲属间犯本章之罪者,须告诉乃论。

第三百四十二条 犯本章之罪者,得依第五十七条及第五十八条之规定褫夺公权。

第二十九章 抢夺强盗及海盗罪

第三百四十三条 意图为自己或第三人不法之所有,而抢夺他人所有物者,处六月以上、五年以下有期徒刑。

因而致人于死或重伤者,比较故意伤害罪,从重处断。

第一项之未遂罪,罚之。

第三百四十四条 犯前条第一项之罪,而有第三百三十八条第一项各款情形之一者,处三年以上、十年以下有期徒刑。

本条之未遂罪,罚之。

第三百四十五条 犯第三百三十三条第一项之罪而故意杀人者,处死刑。

第三百四十六条 意图为自己或第三人不法之所有,以强暴、胁迫、药剂、催眠术或他法,至使不能抗拒,而取他人所有物或使其交付者,为强盗罪,处三年以上、十年以下有期徒刑。

以前项方法得财产上不法之利益或使第三人得之者,亦同。

犯强盗罪因而致人于死者,处死刑或无期徒刑;因而致重伤者,处无期徒刑。

第一项及第二项之未遂罪,罚之。

第三百四十七条 窃盗或抢夺,因防护赃物、脱免逮捕或湮灭罪证,而当场施以强暴、胁迫者,以强盗论。

第三百四十八条 犯强盗罪而有第三百三十八条情形之一者,处七年以上有期徒刑。

本条之未遂罪,罚之。

第三百四十九条 犯强盗罪而有左列行为之一者,处死刑或无期徒刑:

一、放火者。

二、强奸者。

第三百五十条 犯强盗罪而故意杀人者,处死刑。

第三百五十一条 同谋犯强盗罪者,处一年以上七年以下有期徒刑。

第三百五十二条 未受交战国之允准或不属于各国之海军而驾驶船舰,意图施强暴、胁迫于他船或他船之人或物者,为海盗罪,处死刑、无期徒刑或七年以上有期徒刑。

船员或乘客意图掠夺财物,施强暴、胁迫于其它船员或乘客,而驾驶或指挥船舰者,以海盗论。

因而致人于死者,处死刑;因而致重伤者,处死刑或无期徒刑。

第三百五十三条 犯海盗罪而有左列行为之一者,处死刑:

一、放火者。

二、强奸者。

三、故意杀人者。

第三百五十四条 第三百三十九条及第三百四十条之规定,于本章之罪准用之。

第三百五十五条 犯本章之罪者,得依第五十七条及第五十八条之规定褫夺公权。

第三十章 侵 占 罪

第三百五十六条 意图为自己或第三人不法之所有,而侵占自己持有之他人所有物者,处五年以下有期徒刑、拘役,得并科或易科一千元以下罚金。

本条之未遂罪,罚之。

第三百五十七条 对于公务上或业务上所持有之物,犯前条第一项之罪者,处六月以上、五年以下有期徒刑,得并科三千元以下罚金。

本条之未遂罪,罚之。

第三百五十八条 意图为自己或第三人不法之所有,而侵占遗失物、漂流物或其它离本人所持有之物者,处一千元以下罚金。

第三百五十九条 自己所有物,已受查封而归自己保管者,关于本章之罪,以他人所有物论。

第三百六十条 第三百四十条之规定,于本章之罪准用之。

第三百六十一条 于直系亲属、配偶或同财共居亲属之间,犯本章之罪者,得免除其刑。

亲属间犯本章之罪者,须告诉乃论。

第三百六十二条 犯本章之罪者,得依第五十七条及第五十八条之规定褫夺公权。

第三十一章 诈欺及背信罪

第三百六十三条 意图为自己或第三人不法之所有,以诈术使人将本人或第三人所有物交付者,处五年以下有期徒刑、拘役,得并科或易科一千元以下罚金。

以前项方法得财产上不法之利益或使第三人得之者,亦同。

本条之未遂罪,罚之。

第三百六十四条 以犯前条之罪为常业者,处一年以上、七年以下有期徒刑,得并科五千元以下罚金。

本条之未遂罪,罚之。

第三百六十五条 意图为自己或第三人不法之所有,乘未满十六岁人之知虑浅薄,或乘人之精神耗弱,使之将本人或第三人所有物交付者,处五年以下有期徒刑、拘役,得并科或易科一千元以下罚金。

以前项方法得财产上不法之利益或使第三人得之者,亦同。

本条之未遂罪,罚之。

第三百六十六条 为他人处理事务,意图为自己或第三人不法之利益,或意图加不法损害于本人,而为违背其任务之行为,致生损害于本人之财产者,处五年以下有期徒刑、拘役,得并科或易科一千元以下罚金。

本条之未遂罪,罚之。

第三百六十七条 第三百三十九条及第三百四十条之规定,于本章之罪准用之。

第三百六十八条 于直系亲属、配偶或同财共居亲属之间,犯本章之罪者,得免除其刑。

亲属间犯本章之罪者,须告诉乃论。

第三百六十九条 犯本章之罪者,得依第五十七条及第五十八条之规定褫夺公权。

第三十二章 恐 吓 罪

第三百七十条 意图为自己或第三人不法之所有,以恐吓使人将本人或第三人所有物交付者,处五年以下有期徒刑、拘役,得并科或易科一千元以下罚金。

以前项方法得财产上不法之利益或使第三人得之者,亦同。

本条之未遂罪,罚之。

第三百七十一条 掳人勒赎者,处无期徒刑或七年以上有期徒刑。

因而致被害人于死者,处死刑或无期徒刑;因而致重伤者,处无期徒刑。

第一项之未遂罪,罚之。

第三百七十二条 犯前条第一项之罪而故意杀被害人者,处死刑。

犯前条第一项之罪而强奸被害人者,处死刑或无期徒刑。

第三百七十三条 同谋掳人勒赎者,处一年以上、七年以下有期徒刑。

第三百七十四条 第三百三十九条及第三百四十条之规定,于本章之罪准用之。

第三百七十五条 犯本章之罪者,得依第五十七条及第五十八条之规定褫夺公权。

第三十三章 赃 物 罪

第三百七十六条 收受赃物者,处三年以下有期徒刑、拘役或五百元以下罚金。

搬运、寄藏、故买赃物或为牙保者,处五年以下有期徒刑、拘役,得并科或易科一千元以下罚金。

因赃物变得之财物,以赃物论。

第三百七十七条 以犯前条之罪为常业者,处六月以上、五年以下有期徒刑,得并科三千元以下罚金。

第三百七十八条 于直系亲属、配偶或同财共居亲属之间犯本章之罪者,免除其刑。

第三百七十九条 犯本章之罪者,得依第五十七条及第五十八条之规定褫夺公权。

第三十四章 毁弃损坏罪

第三百八十条 毁弃、损坏他人文书或致令不堪用,足以生损害于公众或他人者,处三年以下有期徒刑、拘役或五百元以下罚金。

第三百八十一条 毁坏他人建筑物、矿坑、船舰或致令不堪用者,处六月以上、五年以下有期徒刑。

因而致人于死或重伤者,比较故意伤害罪从重处断。

第一项之未遂罪,罚之。

第三百八十二条 毁弃、损坏前二条以外之他人所有物或致令不堪用,足以生损害于公众或他人者,处一年以下有期徒刑、拘役或五百元以下罚金。

第三百八十三条 意图损害他人,以诈术使本人或第三人为财产上之处分,致生财产上之损害者,处三年以下有期徒刑、拘役或五百元以下罚金。

第三百八十四条 债务人于将受强制执行之际,意图损害债权人之债权,而毁坏、处分或隐匿其财产者,处三年以下有期徒刑、拘役或五百元以下罚金。

第三百八十五条 自己所有物,已受查封或担负质权或已赁贷者,关于本章之罪,以他人所有物论。

第三百八十六条 第三百四十条之规定,于本章之罪准用之。

第三百八十七条 第三百八十条、第三百八十二条至第三百八十四条之罪,须告诉乃论。

(二)刑法草案序言

刑法草案序言

王宠惠

刑法所以防民,亦将以宜民。宜民者何?适于时用之谓也。吾国刑律成于晚清。洎入民国,乃没汰其忤于国体、害于政情者,颁行之,以为科律。十余年来,人事日新,习于法者,亦渐觉其不适时用矣。惠宠尝从事于斯,亟思有以更易之。鞅掌尘劳,卒卒少暇。偶余晷刻,辄复研寻。积日既多,稿亦四易,然后订为兹编。擿埴索涂,知多舛漏,将于法学方闻之士商榷,而是正之。亦蕲至于宜民而已,非故为异同以自炫也。至简端叙述修正理由,暂从芜略。分疏详说,请俟异日。

民国十六年十二年十七日　王宠惠谨识

(三)刑法草案与《暂行新刑律》更移损益表

刑法草案与《暂行新刑律》更移损益表

王宠惠

本案(刑法草案)章数、章名、章次照《暂行新刑律》有所更移损益,列表如左:[1]

第一编　总　　则

<table>
<tr><th>本案</th><th>《暂行新刑律》</th></tr>
<tr><td>第一章　法例</td><td>第一章　法例</td></tr>
<tr><td>第二章　文例</td><td>第十七章　文例</td></tr>
<tr><td>第三章　时例</td><td>第十六章　时例</td></tr>
<tr><td rowspan="3">第四章　刑事责任之减免</td><td>第二章　不为罪</td></tr>
<tr><td>第八章　宥减</td></tr>
<tr><td>第九章　自首</td></tr>
<tr><td>第五章　未遂罪</td><td>第三章　未遂罪</td></tr>
<tr><td>第六章　共犯</td><td>第六章　共犯罪</td></tr>
<tr><td>第七章　刑名</td><td>第七章　刑名</td></tr>
<tr><td>第八章　累犯</td><td>第四章　累犯罪</td></tr>
<tr><td>第九章　并合论罪</td><td>第五章　俱发罪</td></tr>
<tr><td>第十章　刑之酌科</td><td>第十章　酌减</td></tr>
<tr><td>第十一章　加减例</td><td>第十一章　加减例</td></tr>
<tr><td>第十二章　缓刑</td><td>第十二章　缓刑</td></tr>
<tr><td>第十三章　假释</td><td>第十三章　假释</td></tr>
<tr><td>第十四章　时效</td><td>第十五章　时效</td></tr>
<tr><td></td><td>第十四章　赦免</td></tr>
</table>

[1] 表格为编者所加,原文只有文字。

第二编　分　　则

<table>
<tr><th>本案</th><th>《暂行新刑律》</th></tr>
<tr><td>第一章　内乱罪</td><td>第二章　内乱罪</td></tr>
<tr><td rowspan="2">第二章　外患罪</td><td>第三章　外患罪</td></tr>
<tr><td>第五章　漏泄机务罪</td></tr>
<tr><td>第三章　妨害国交罪</td><td>第四章　妨害国交罪</td></tr>
<tr><td>第四章　渎职罪</td><td>第六章　渎职罪</td></tr>
<tr><td>第五章　妨害公务罪</td><td>第七章　妨害公务罪</td></tr>
<tr><td>第六章　妨害选举罪</td><td>第八章　妨害选举罪</td></tr>
<tr><td rowspan="2">第七章　妨害秩序罪</td><td>第九章　骚扰罪</td></tr>
<tr><td>第十六章　妨害秩序罪</td></tr>
<tr><td>第八章　脱逃罪</td><td>第十章　逮捕监禁人脱逃罪</td></tr>
<tr><td>第九章　藏匿犯人及湮灭证据罪</td><td>第十一章　藏匿罪人及湮没证据罪</td></tr>
<tr><td>第十章　伪证及诬告罪</td><td>第十二章　伪证及诬告罪</td></tr>
<tr><td rowspan="5">第十一章　公共危险罪</td><td>第十三章　放火、决水及妨害水利罪</td></tr>
<tr><td>第十四章　危险物罪</td></tr>
<tr><td>第十五章　妨害交通罪</td></tr>
<tr><td>第二十四章　妨害饮料水罪</td></tr>
<tr><td>第二十五章　妨害卫生罪</td></tr>
<tr><td>第十二章　伪造货币罪</td><td>第十七章　伪造货币罪</td></tr>
<tr><td>第十三章　伪造度量衡罪</td><td>第十九章　伪造度量衡罪</td></tr>
<tr><td>第十四章　伪造文书印文罪</td><td>第十八章　伪造文书及印文罪</td></tr>
<tr><td>第十五章　妨害风化罪
第十六章　妨害婚姻及家庭罪</td><td>第二十三章　奸非及重婚罪
第三十章　略诱及和诱罪</td></tr>
<tr><td>第十七章　亵渎祀典及侵害坟墓尸体罪</td><td>第二十章　亵渎祀典及发掘坟墓罪</td></tr>
<tr><td>第十八章　妨害商务罪</td><td></td></tr>
<tr><td>第十九章　鸦片罪</td><td>第二十一章　鸦片烟罪</td></tr>
<tr><td>第二十章　赌博罪</td><td>第二十二章　赌博罪</td></tr>
<tr><td>第二十一章　杀人罪</td><td rowspan="2">第二十六章　杀伤罪</td></tr>
<tr><td>第二十二章　伤害罪</td></tr>
<tr><td>第二十三章　堕胎罪</td><td>第二十七章　堕胎罪</td></tr>
<tr><td>第二十四章　遗弃罪</td><td>第二十八章　遗弃罪</td></tr>
</table>

续表

<table>
<tr><th>本案</th><th>《暂行新刑律》</th></tr>
<tr><td>第二十五章　妨害自由罪</td><td>第二十九章　私擅逮捕监禁罪</td></tr>
<tr><td>第二十六章　妨害名誉及信用罪</td><td rowspan="2">第三十一章　妨害安全、信用、名誉及秘密罪</td></tr>
<tr><td>第二十七章　妨害秘密罪</td></tr>
<tr><td>第二十八章　窃盗罪</td><td rowspan="2">第三十二章　窃盗及强盗罪</td></tr>
<tr><td>第二十九章　抢夺强盗及海盗罪</td></tr>
<tr><td>第三十章　侵占罪</td><td>第三十四章　侵占罪</td></tr>
<tr><td>第三十一章　诈欺及背信罪</td><td rowspan="2">第三十三章　诈欺取财罪</td></tr>
<tr><td>第三十二章　恐吓罪</td></tr>
<tr><td>第三十三章　赃物罪</td><td>第三十五章　赃物罪</td></tr>
<tr><td>第三十四章　毁弃损坏罪</td><td>第三十六章　毁弃损坏罪</td></tr>
</table>

(四)刑法草案与《暂行新刑律》之异同

刑法草案与《暂行新刑律》之异同

王宠惠

本案(刑法草案)与《暂行新刑律》之异同,其重要者如左:

第一编 总 则

一、暂行新刑律于新旧法律有轻重时,概从新法,有时科犯人以事后之重刑,殊未平允。本案则以从新为原则,而于旧法之刑较轻者,从轻。

二、故意及过失之范围,暂行律未经确定解释,易于出入人罪。故本案从晚近立法例,以明文定之。

三、暂行律于犯某罪,因发生其他结果者,加重其刑等条文颇多。案犯罪所生之结果,在犯人意中者,科以较重之刑未为不当;若意外之结果,其原因至为复杂,使犯人负此责任,不独受罚者不平,亦非刑事政策所宜。故本案依一千九百零二年万国刑法学会决议及晚近立法例,规定犯人只对于其能预见之结果负责。

四、责任年龄,在暂行律定为十二岁,揆之刑事政策未为得当。故本案参酌多数国立法例,改为十四岁。十四岁以上、未满十六岁者,得减轻其刑。并于感化教育之外,增入监护人等缴纳保证金,自行监督品行一法。

五、暂行律于正当防卫之行为,以不正之侵害为准;于紧急避难之行为,凡出于不得已者,皆得为之。其适用范围,均属过广。故本案从多数国立法例,前者以不法之侵害为限,而后者以救护自己或他人之生命、身体、自由、财产者为限。

六、从犯,暂行律以事前帮助者为限,此外则准正犯。然事中帮助,不问其行为与犯罪之关系如何,概与正犯同罚,未见平允。故本案不分事前、事中,凡帮助正犯者,皆为从犯。惟以事中为直接及重要之帮助者为限,处以正犯之刑。

七、有期徒刑,暂行律采等级制,以五等为标准。惟罪之轻重,各有不同,以五者绳之。恐所定之刑,有不失于酷,即失于宽之病。且加必一等,减必一等,亦恐畸轻畸重。故本案废去等级,于分则各条,明定年月。而加减则以若干分之几为准,既无定刑失当之虞,并免加减相悬之失。

八、罚金,暂行律以一元为最低度,本案改为一角。易科监禁,暂行律概定为一元折算一日,本案改为一角以上三元以下。俾法官得视犯人之资力及职业等,而审酌情形定之。又易科监禁日数,暂行律以三年为限。然查各国立法例,无过一年者,故本案缩短为一年。

九、褫夺公权,暂行律有必褫夺与得褫夺两例,褫夺又有全部及一部之分,标准至为不一,规定亦殊分歧。故本案于应否褫夺公权,概取裁量主义,并废去一部之褫夺。

十、累犯,暂行律不分犯罪之异同及性质,同等处罚,不足以惩治有特别之恶性者。故本案分普通累犯与特别累犯二者,后者之处罚,较前者加重。

十一、暂行律总则第五章俱发罪,系沿用旧律之名称。但该章所规定者,非限于数罪俱发,即数罪各别发觉,亦得适用。是以日本旧刑法名为数罪俱发,新刑法改为并合罪。然所谓并合罪,并非将数罪并合为一罪,其各罪仍独立存在,不过并合处断之耳。故本案改为并合罪。

十二、暂行律于裁判确定前所犯之数罪,皆并合论罪。然裁判既经宣告,不当因以后所犯之罪而复加变更,迁就犯人,使享并合论罪之利益。故本案以裁判宣告前犯数罪者为限,始得并合论罪。

十三、暂行律于科刑之轻重,除酌减外,别无标准。施行以来,因范围过广,援用未尽得当。故本案仿瑞士及德国刑法准备草案之例,特设专条。胪举科刑时应行注意之事项,以为法定刑内科刑轻重之标准。

十四、缓刑之制,本为较轻之罪而设,暂行律以四等有期徒刑(三年未满)为缓刑之范围。证诸各国立法例,失之过广。故本案改为二年以下有期徒刑。又缓刑期限之长短,当视刑期之长短定之。暂行律以三年为最短期限,施之短期自由刑,未免过久。故本案缩短为二年。

十五、罚金能否缓刑,虽为刑法上一争论问题,而揆之奖励犯人迁善之旨,则予以缓刑,或较诸施刑之收效为佳。是以外国刑法,将缓刑扩充至罚金者,不少其例。况罚金较于徒刑、拘役,徒刑、拘役尚准其缓刑,而犯较轻之罪反不许其自新,于刑事政策有所未协。故本案增入罚金一层。

十六、亲属之范围,暂行律以旧律服制图为准,而服制图烦复细密,即贤智亦难猝记。故本案改用亲等计算法,较为简易。然其范围,则仍与服制图适合。

十七、文例,各国刑法有立为专章者,有不立专章仅于法例章规定一二条者。但其次序,则除荷兰外,皆列于总则之前。暂行律取法荷兰,将文例列于总则之末。然文例之适用于总则各章节者不少,反列在各章之后,援证未免失序。故本案将文例列为第二章,而以时例次之。

十八、暂行律刑名章,依墨西哥刑法,列于未遂罪、累犯罪、俱发罪、共犯罪各章之后。谓有罪而后有刑,不当先刑后罪。然未遂与共犯,关于犯罪之状态,列于刑名之前,固属允当。至累犯与并合论罪,非关于犯罪之状态,而实关于科刑之重轻。设不知各种刑名,则无从规定累犯及并合论罪之处罚。故本案将累犯及并合论罪两章,改列刑名章后。

十九、暂行律第二章不为罪章内,亦有规定为罪处罚者。不为罪之名称,未能概括该章各条。又宥减章及自首章减等或免除各条,与不为罪章之减等各条,旨意相类。故本案将不为罪、宥减、自首三章,并为一章,名曰刑事责任及刑之减免。

二十、暂行律第十四章赦免,应规定于宪法中。故本案将该章删去。

二十一、暂行律第十五章起诉权及行刑权之时效,分为五个时期。本案改为三时期,而扩张其年限,以避繁琐。

二十二、暂行律第十五章起诉权及行刑权之时效,有中断与停止之分。本案为删繁就简计,将中断条文删除,以其同为时效期限计算之规定,不必另为划分。

第二编　分　　则

二十三、暂行律于内乱罪之规定,分别既遂、未遂。惟内乱罪能否处罚既遂,学者颇多争论。故本案以着手实行,为犯罪之成立。

二十四、暂行律泄漏机务罪,所规定各条,本案分别规定于外患罪及渎职各章。

二十五、暂行律妨害国交罪章,对于外国元首,不问是否友邦,一律特别保护,范围过广。故本案以友邦之元首为限。

二十六、暂行律渎职罪章之贿赂罪,分事前事后,为定刑轻重之标准,与案情轻重,未必相应。即如事后关于违背职务之行为犯贿赂罪,与事前关于非违背职务之行为相较,则前者当然重于后者。若以时为区别,适得其反。考各国立法例,多以违背职务与否定刑,我国旧律亦有枉法与不枉法之分,其用意正同。故本案以行为是否违背职务,定刑之轻重,庶于中外法律,均能符合。

二十七、暂行律骚扰罪,独立为一章,但其性质与妨害秩序同。故本案并入妨害秩序章。

二十八、暂行刑律放火、决水及妨害水利罪、危险物罪、妨害交通罪、妨害饮料水罪、妨害卫生罪,各为一章。但其所规定者,皆属妨害公共安全之行为。故本案仿多数国立法例,并为一章,改称公共危险罪。

二十九、各国刑法,于伪造文书罪,略分两派:以证明权利义务之文书为限者,德国是也;以足生损害于公众或他人之文书为限者,法国是也。暂行律从德国派。惟证明权利义务之标准,未易确定。德国数十年来,施行颇生困难。是以学者多非议之。其准备草案删去"足以证明权利义务"句,而以欺骗他人重要权利义务为标准,其结果殆与法国损害制无大区别。故本案从法国派。

三十、暂行律奸非及重婚罪章,不能包举各种猥亵行为。而略诱及和诱罪章,又多系妨害婚姻及家庭之制。故本案将该两章所规定者,分别规定于妨害风化罪、妨害婚姻及家庭罪两章内。

三十一、暂行律亵渎祀典及发掘坟墓罪,未能包括侵犯尸体各条。故本案改称为亵渎祀典及侵害坟墓尸体罪。

三十二、妨害商务罪,为暂行律所无,本案增入,以示保护商务之意。

三十三、《海牙禁止鸦片公约》于鸦片外,尚有吗啡、高根[1]安洛因[2]及其化合质料等,皆在禁止之列。故本案鸦片罪章内,于暂行律所定鸦片之外,增入吗啡等字样。

三十四、暂行律赌博罪章,凡赌博财物者,均应处罚。而实际上难于适用,几成具文。故本案缩小其范围。

三十五、暂行律杀伤罪章,包括杀人与伤害两罪。但二者轻重悬殊,而情节亦或有未易分明之处。故本案分为两章。

三十六、暂行律废谋杀、故杀之别,故科罚自十年以上有期徒刑至死刑。案各国刑法,科刑范围之广大如暂行律者,惟日本一国。英美系分谋杀、故杀,德法系亦然,意大利及南美诸国皆分别寻常情节及重大情节,而谋杀则重大情节之一也。我国旧律亦大同小异。故意本案参酌中外法律,仍分谋杀、故杀及情节之轻重科罚。

三十七、暂行律私擅逮捕、监禁罪,及妨害安全、信用、名誉及秘密罪两章,其侵害之法益为个人之自由。而妨害秩序罪、略诱及和诱罪两章内,亦有侵害个人之自由者。故本案并为妨害自由罪一章。

三十八、窃盗及强盗罪,暂行律合为一章。但窃盗为侵犯财产罪,而强盗为侵犯财产及自由罪,其保护之法益不同。故本案分别规定。

三十九、抢夺行为,与强盗实有差别。故本案于强盗罪外,别标抢夺之名。又在海洋行劫者,为强盗加重之情节,故增海盗罪,科以较重之刑。

四十、暂行律诈欺取财罪章内,包含恐吓,殊未妥协,故本案分列两章。又诈欺罪章内,处理他人财产违背义务之罪,非必有诈欺之事,故本案于该章章名增入“背信”字样。

四十一、本案于直接及间接之故意,依总则第二十六条概行处罚,是为原则。其例外以直接故意为限者,皆于各条标举明知字样。盖以科罚概行扩充至间接故意,恐于事后之进行,或有妨碍也。暂行律以明知为犯罪成立之要件者,仅第二百四十条一条。本案所规定者,凡九条。

四十二、暂行律未遂罪、预备罪及阴谋罪之处罚,范围过广。本案于未遂罪,参照暂行律,斟酌轻重,分别规定;于预备罪及阴谋罪,则以数重罪为限。

四十三、暂行律未遂罪、预备罪及阴谋罪,皆另条规定。本案分揭于各本条,以便援用。

四十四、同谋犯罪而未实施者,既不能谓为共同正犯,又与教唆情形不能并论。日本判例认为共同正犯,而学者多非难之,谓为误解共同实行之观念。此外,学者或以之为教唆,或以之为从犯,聚讼无定。故本案仿瑞典等国之例,另设同谋犯,于分则杀人、强盗、恐吓等罪定之。

---

〔1〕 这是当时对“古柯”的音译。——编者注

〔2〕 这是当时对“海洛因”的音译。——编者注

四十五、暂行律于科刑之范围广狭,间有失均。例如第一百九十条,其最轻刑为一百元以下罚金,最重刑为五等有期徒刑,律文分列四项,详为规定。乃第三百十一条之杀人罪,则自有期徒刑以至死刑,反予法官以莫大之自由裁量,于重轻之情节,未尝分别规定。其他类此者,尚多。故本案略加修正。

四十六、暂行律于处三等至五等有期徒刑或二等至四等有期徒刑者,均躐等而至罚金。例如第一百十九条、第一百二十三条等是。就二等至四等有期徒刑各条而论,其躐等之刑,皆重于罚金,而反不能科之。其结果非科以二等至四等有期徒刑,即科以最轻刑之罚金,未免趋于极端。故本案于躐等之刑,概行补入。

四十七、暂行律犯某罪因而致人死伤者,援用伤害各条,依俱发罪之例处断者,凡十二条。然其情节较诸既犯一罪,复犯伤害罪致死伤者,轻重不同。故本案改以本罪比较伤害罪,从重处断。

四十八、暂行律过失罪,因被害人之身分加重其刑。本案以过失罪无故意侵害之恶性,故删去过失加重之例。

四十九、多数国立法例,自由刑往往与罚金并科。盖恐专科自由刑,或不足以惩戒犯人之贪欲也。暂行律自由刑与罚金并科者,只四条,范围过狭。故本案将其他与贪欲观念有关之罪,一并增入。又暂行律以得利为限,若犯人未尝得利,则虽有财产,亦无从并科罚金,仍不足以惩戒其贪欲。故本案删去"因而得利"句。

五十、暂行律科罚金,以价额若干倍为标准者,凡十三条。惟判定价额,颇有困难。且价额以某时间内所得为限,亦未规定,尤难确定。故本案废去倍罚之制,明定罚金数目。

五十一、暂行律处罚金者,大抵杂以自由刑。殊不知短期自由刑,于处刑之目的,无甚实益。故本案对于轻微之犯罪行为,增加专科罚金各条。即将来制定违警律,对于以贪欲观念而应受处罚者,亦宜采同一之立法例。

（五）审查刑法草案意见书

审查刑法草案意见书

伍朝枢　徐元诰　王宠惠

我国刑法，成于晚清，施行以来，颇多疑义。其最滋口实者，则刑名用等级制。而法定刑期又极广漠，法官援用时，无一定标准，遂得自由裁量，任意出入，致有畸轻畸重之嫌。其他反乎各国法例暨国内现情者，亦颇不少。人类进化，犯罪事实亦日新月异，非重新厘订，不足示矜慎而昭明允。详核刑法草案各编各章，于中西法学家学说及一切现情，斟酌损益，折中至当，举其要点，厥有数端：

（一）采用最新法例。有如原则从新法，若新法重于旧法，则以刑轻者为准。犯罪有因果关系，至犯人有无责任，则以能预见结果者为准。累犯有普通、特别之别。杀人有谋杀、故杀之分。内乱罪之已着手实行，即为成立。伪造文书罪，只足损害他人，即为成立。过失之范围，有确定解释。防卫及紧急行为之范围，有明文限制是也。

（二）审酌国内民情。亲等之计算法，与服制图大致适合，亦为旧日习惯所公认。至二百八十三条、二百八十九条，杀旁系尊亲属者，处死刑、无期徒刑；同谋者，处五年以上十二年以下有期徒刑。二百八十四条，凡预谋杀人及有残忍之行为者，皆处死刑。既为大多数通行立法例。就吾国一般民众心理言之，尤有规定之必要。

（三）实行本党政纲。暂行律二百二十四条，工人同谋罢工者，首谋处四等以下有期徒刑。与国民党党纲保护劳工之意不符，本案概行删去。又如妨害农工商业，其有妨害民生者，本案特定专章，以示注重民生之意。

（四）参照犯罪事实。社会进步，犯罪方法亦不同。例如，抢夺罪与强盗不同,海洋行劫比强盗罪尤应加重。本案则特设专章。恐吓罪内,近以掳人勒赎者为最多;鸦片罪外有吗啡、高根、安洛因,皆为毒物,本案则特设专条,以应时势之需要。至于废过失加重之例,增专科罚金之条,改易科罚金之数,其应并科罚金者,不问其曾否得利,以及缓刑年限之缩短,责任年龄之改定,皆视犯罪人之个性、资力以为区别,尤与刑事政策大有裨益。又其编次、章次,较暂行律为优。例如,骚扰罪与妨害秩序罪,同一妨害秩序;妨害水利、交通、卫生罪同一妨害公安。暂行律各为一章,本案则合并之。杀人与伤害,犯罪之结果不同,窃盗与强盗,被害之法益不同,而暂行律合为一章,本案则分定之。其最为扼要者,则刑期长短各按犯罪情形,分别规定,而废去等级制度,使司法官不得任意高下。至科刑之轻重与加减,则仿德、瑞最新法例,胪举司法官应行注意事项,以为科刑标准,即本案第七十六条所定是也。至暂行律第一百十九条、第一百二十三条,由最高徒刑至罚金,设躐等之规定,极欠妥协,本案则分补入。

通观本案全体,按之学理,证之事实,均极允当,洵为完善之刑法。惟各案条文,间有一二须略加修正者。谨就朝枢等管见所及,酌改数条如左:

(一)草案第十一条第四款,原文为"二亲等内之妻亲",现于"妻亲"下加"或夫亲"三字。又第十六条原文为"夫于妻之父母及祖父母,以旁系亲属论。妻于夫之尊亲属,从夫",现改为"夫于妻之亲属,视同已之亲属。妻于夫之亲属,亦同"。

按本党对于男女平等之义,不仅抽象的主张,且于第二次全国代表大会所议决之妇女运动案中,加以具体的说明。是以党政府下之立法,对于偏重男系家族之制度,应力事纠正,以符平等之原则。此第十一条第四款及第十六条之规定所由修改也。

(二)草案第三十条第一项,"未满十四岁"改为"未满十三岁";其第二项"十四岁以上"改为"十三岁以上"。因各国法例,关于幼年人犯罪,多以年龄分别责任之有无。其年龄之标准,各视其国普通之知识发达而定。我国幅员辽广,其知识发达之程度,因各人各地之遗传、秉赋、气候、教育及其他原因,而有发育迟速之不同。是以只能就一般普通之实验,据为年龄之标准。但草案以未满十四岁为限,在实验上观察,尚嫌过宽。故拟改为十三岁,以期适中而杜流弊。

(三)草案第四十条,"不问如何情形",字句嫌冗,拟删去,改为"决不能发生犯罪之结果者",以求简明。

(四)草案第四十九条第五款,"一角以上"改为"一元以上。但因犯贫,得减至五分一"。

草案第五十五条,"易科监禁,以一角以上三元以下,折算一日"改为"易科监禁,以一元以上三元以下,折算一日,但因犯贫而减罚金者,应以减得之数比例计算"。其他关系各案照改。

按第四十九条,罚金最低额定为一角以上。依本条之规定,完纳罚金,自觉宽大。但至不能完纳而依第五十五条易科监禁时,似不免流于苛刻。故采折衷主义,将该两条略加变更,以资救济。

(五)草案第五十四条,但"拘役之囚犯"五字删去。因囚犯令服劳役,概须准酌其年龄、刑期、身分、技能、职业及将来之生计、体力之强弱定之。其有特别情节者,亦均应免服劳役,自不能仅以拘役之囚犯为限也。

(六)草案第七十条第六款次项,“宣告多数之没收者,并执行之。”改为第七款,原第七款递改为第八款,以期款项分明。

(七)草案第八十一条,“同时加减之”,“时”字嫌冗,故删去。

(八)草案第九十条,“得同时宣告自裁判确定之日起,二年以上五年以下之缓刑”改为“得同时宣告自裁判确定之日,起二年以上五年以下之缓刑,其期间自裁判确定之日起算”,以期文意明显。

(九)草案第一百八十条,加“犯前项之罪,因而致被诬告人受刑者,反坐其所受之刑”为第二项。此系采用我国旧律上之反坐先例,以处罚从严,或不敢轻于尝试,亦刑赏忠厚之意也。

(十)草案第一百九十八条第一项,“或船舰”及第二项“船舰”二字,均改为“或其他行驶水陆空之车舟”,以求概括而免挂漏,且与第一百九十七条归于一致。

(十一)草案第二百四十四条,“六月以上五年以下”改为“三年以上七年以下”。因此类犯罪行为与强奸者无大差异,非从严惩罚不足以维持风化也。

(十二)草案第二百四十六条,“一年以下”有期徒刑改为“三年以下”。草案第二百四十九条,“二年以下”有期徒刑改为“七年以下”。

按第二百四十六条,引诱良家妇女与他人为猥亵之行为或奸淫者,一方助成他人犯罪,一方又以营利为目的,犯情实为可恶;其第二百四十九条引诱未满十二岁之男女,犯情尤重,自应从严惩处,以挽颓风。

又草案第二百四十九条,“引诱未满十二岁之男女”下,加“与他人”三字。俾清界线,而免误解。

(十三)草案第十八章,“妨害商务罪”改为“妨害农工商罪”。因该章第二百六十七条有妨害农工之规定,以期名实相符。

(十四)草案第二百七十三条,“吸食鸦片”下,加“或其化合质料”。因现在社会上有一种化合质料之“红丸”、“白丸”,与鸦片性质相同者,亦可以供人吸食,应予加入以免挂漏。

(十五)草案第二百七十八条第一项规定赌博罪,系以公众场所或公众得入之场所为限。在宠惠原意,以为赌博惟礼教舆论始得而防闲之,非刑法所能为力。惟在公共场所赌博,贻害社会较甚,故科以刑罚。外国立法例,亦大抵如此。惟在朝枢、元诰之意,以为赌博在中国为害较大,故规定不妨较各国从严。且一般赌徒善为规避,借口非公共场所,大开赌博。故照暂行律原文以“赌博财物者,处一千元以下罚金。但以供人暂时娱乐之物以为赌者,不在此限”等语,改定为该条第一项,以杜流弊。

(十六)草案第二百九十六条,“七年以上”加“无期徒刑或”五字。因伤害人致死之手段,有时较杀人者更为残酷,应予加重,以期罪刑适当。

(十七)草案第三百四十条,“二年以下”有期徒刑改为“五年以下”。因近年来贩卖人口出洋之事实,沿海各省所在多有。被害之人一经卖入人手,虐使苛待,直牛马、罪囚之不若。此等犯罪,实为人道之大害,不可不从严惩创也。

(十八)草案第三百十五条。

第一项“六月以上五年以下”,改为“一年以上七年以下”有期徒刑。

第二项“二年以上七年以下”,改为“三年以上十年以下”有期徒刑。

第三项“五年以上十二年以下”,改为“无期徒刑或五年以上”有期徒刑,删“十二年以下”五字。

按第三百十五条之略诱罪,非独妨害个人自由,抑且有乖人道,应予次第加重,以期保刑罚之明允而挽社会之颓风。

(十九)草案第三百二十五条第二项,拟删去。缘我国之妇女,智识薄弱,不知告诉。且一旦被略诱后,即日在强暴、胁迫中,并无脱离羁绊之能力也。并另以“第三百十五条第一项之罪,亲属告诉,以不违反被略诱者之意思为限”等语,规定为该条第二项。庶于特别保护之中,仍不背婚姻自由之本旨。

(二十)草案第三百三十五条,“在他人业务处所”之下,拟加一“于”字,以期明显。

(二十一)草案第三百四十一条,“免除其刑”上加一“得”字。草案第三百六十一条第一项,“免除其刑”加一“得”字。草案第三百六十八条第一项,“免除其刑”上加一“得”字。

按该三条之亲属既有变更,自不能不加一“得”字,俾适用上有伸缩之余地。

又第三百四十一条,“于其他亲属之间犯本章之罪者,须告诉乃论”应另作一项,与第三百六十一条、第三百六十八条归于一致,并将该三条“与其他之”四字概予删去,以期简明。

(二十二)草案第三百五十二条第一项,于“无期徒刑”上加“死刑”二字。又加第二项,其文为“船员或乘客意图掠夺财物,施强暴、胁迫于其他船员或乘客而驾驶或指挥船舰者,以海盗论”。因近年海盗之盛,非严格规定,从重处刑,不足以资惩创,亦辟以止辟之意也。

（六）为修正刑法草案意见书呈中央文

为修正刑法草案意见书呈中央文

王世杰

中央执行委员会常务委员诸先生钧鉴，敬启者：

窃查刑法草案为司法部长王君宠惠提出，系就北京修订法律馆之改定刑法第二次修正案略加删改而成。前由国民政府发交国府委员伍君朝枢、最高法院院长徐君元诰会同王君宠惠共同审查。旋经审查完毕，出具审查意见书在案。兹闻此项刑法草案及审查意见书，已经第二届中央执行委员第四次会议议决交付钧会审议。时日匆促，文繁义复，无从详陈意见，以备诸先生审定时之参考。惟该草案及审查意见书对于（一）亲属范围、（二）诬告治罪、（三）和奸年龄三事，显有互相矛盾或规定失当之处，应于颁行以前，由钧会予以改正。爰就以上三点，谨拟修正刑法草案意见书一件，附呈钧阅。是否有当，敬祈钧裁，并祝党祺。

王世杰谨上　十七年二月

附呈修正刑法草案意见书一件。

修正刑法草案意见书

王世杰

本意见书所称“草案”，指王君宠惠提出之刑法草案；所称“审查案”，指伍君朝枢等所拟之审查意见书；所称“修正意见”，即世杰提供钧会考虑之意见。

一、对于草案第十一条第四款及第十六条第二项之修正

草案原文：

第十一条　称亲属者，谓左列各亲：

一、夫妻。

二、四亲等内之宗亲。

三、三亲等内之外亲。

四、二亲等内之妻亲。

审查案改定：

第十一条 称亲属者，谓左列各亲：

一、夫妻。

二、四亲等内之宗亲。

三、三亲等内之外亲。

四、二亲等内之妻亲或夫亲。

修正意见：

此条应从审查案改定。

草案原文：

第十六条 夫于妻之父母及祖父母，以旁系尊亲属论。妻于夫之尊亲属，从夫。

审查案改定：

第十六条 夫于妻之亲属，视同己之亲属。妻于夫之亲属，亦同。

修正意见：

本条第一项应从草案原文第二项，应修正如左：

妻于夫之父母、祖父母、曾祖父母及高祖父母，与己之直系尊亲属同。

（说明）草案第十一条规定亲属之范围，其第四款为二亲等内妻亲，是谓夫对于妻之亲属，以二亲等内为限，方视为己之亲属也。又第十六条规定，夫于妻之父母及祖父母，以旁系亲属论。妻于夫之尊亲属，从夫。是谓夫之尊亲属，即为妻之尊亲属，而夫对于妻之尊亲属，惟以妻之父母及祖父母为限，始以旁系亲属论。此项条文，按之男女平等之义，固有未合。然其重要之点，在于明定夫妻双方尊亲属之范围，与第十一条规定亲属之范围不同。刑法分则各条规定尊亲属身分时，大抵以加害尊亲属为加重处罚之理由，规定亲属时，大抵以亲属身分为告诉或减免刑罚之原因。故亲属与尊亲属二者，诚有分别规定之实益。

审查案于草案第十一条第四款，原文"二亲等内之妻亲"句下，加"或夫亲"三字，是妻之于夫亲及夫之于妻亲，各以二亲等内为限认为己之亲属矣。于草案第三十六条，则又改为"夫于妻之亲属，视同己之亲属。妻于夫之亲属，亦同。"是妻之亲属，皆为夫之亲属，夫之亲属，皆为妻之亲属，不复限于二亲等内。虽四亲等内之父系亲及三亲等内之母系亲，亦概括在内矣。似此修改，显与第十一条第四款之修改，互相矛盾。且在实际上言，夫方或妻方之旁系亲属，推而至于四亲等之远，犹视为己之亲属，亦殊矫枉过正。

窃谓草案第十一条第四款审查意见，拟加"或夫亲"三字，已无偏重男系之嫌。亲属范围沿用成法，尚属适当，毋须再行修改。夫对妻之父母或祖父母犯罪，现行刑律无加重处罚之明文，以视"妻于夫之尊亲属，从夫"之规定，轻重偏颇，显而易见。草案第十六条第一项定为"夫于妻之父母及祖父母，以旁系尊亲属论"，尚属斟酌恰当，可救旧律之失。惟同条第二项载“妻于夫之尊亲属,从夫”,此所谓尊亲属当然包括第十四条各款直系亲属及第十五条各款旁系亲属而言,然其范围过于广泛。平心论之,妻之与夫,虽有家庭同居之关系,而其对于夫之旁系尊亲属,如夫兄、夫姊诸亲,不能与夫并论,未便使其从夫。又查第十四条第三款及第四款,外祖父母及本生直系亲属,均在直系亲属之列。此则维护旧说而尊其所自生,在夫本身或可谓有必要。而自妻方视之,关系较为疏远,亦无使其从夫之理由。是故妻于夫之尊亲属从夫之规定,应以父系之直系尊亲属为限,不得一律从夫。草案第十六条第二项应改为“妻于夫之父母、祖父母、曾祖父母及高祖父母,与己之直系尊亲属同”。至高祖以上祖父母鲜与己身并存,仅于发掘尊亲属坟墓罪或有适用之实例,而所关亦微,故对于妻,毋须规定。总而言之,凡夫之亲属以二亲等内为限,视为妻之亲属;夫之尊亲属以四亲等内之直系宗亲为限,视为妻之直系尊亲属。如此分析规定,范围明显,方为顾全事实而顺人情。至第十六条第二项之改正与第一项仍不相同之故,乃以妻从夫居,关系较密,因事制宜,斯为美善,固不必强使从同而后方为平等也。

二、对于草案第一百八十条第一项之修正

草案原文:

第一百八十条第一项 意图他人受刑事或惩戒处分,向该管公务员诬告控者,处五年以下有期徒刑。

审查案原文:

草案第一百八十条,加“犯前项之罪因而致被诬告人受刑者,反坐其所受之刑”为第二项。此系采用我国旧律上之反坐先例,以处罚从严,或不敢轻于尝试,亦刑赏忠厚之意也。

修正意见:

审查案所拟一项,不应加入草案一百八十条第一项。原文应修正如左:“意图他人受刑事或惩戒处分,向该管公务员诬告者,处七年以下有期徒刑。”

(说明)查诬告罪,为妨害国家审判权之罪,故与伪证罪于同章中定之,即未指定犯人而向公务员诬告犯罪者,亦须处罚,其义可恍然矣。诬告人者,固有使受刑事或者惩戒处分之故意,而被诬告者果受处分与否,则视国家机关之判断力而定。明于判断者,或能知其为诬;判断不明者,或致为所利用。故就实际上言,已被诬告而未受若何处分者有之,而处分之轻重与所诬告之罪刑又非尽属相当。或处分或不处分,以及处分之为轻为重,均为审判权行使之结果。而诬告行为不过为诱起审判之原因。盖与处分之有无轻重,非有直接因果关系之存在,不能使其对于受处分之结果,负完全之责任。此为刑法学者之通说。审查案拟于草案第一百八十条第一项后,加入“犯前项之罪,因而致被诬告人受刑者,反坐其所受之刑”为第二项。核与上述法理,显然不合。若谓军兴时期,关于政治犯罪之诬告较多,应从重处罚,则于反革命治罪法或其他特别法中附设明文,或即另定单行法规,亦无不可。至普通刑法中之诬告罪,本为一般诬告行为而设,科刑自未便一律从重。倘以为吾国司法行政,目前尚欠健全,诬告行为易入无辜于刑罚。则将草案原文第一项所定之刑酌量提高,以资防杜可也,亦不应因是而径采“反坐”之原则。兹故将草案所定最高刑期五年改为七年。

三、对于草案第二百四十条第二项、第二百四十一条第二项及第二百四十九条之修正

草案原文：

第二百四十条第二项 奸淫未满十二岁之女子，以强奸论。

修正意见：

此项年龄十二岁应改为十四岁。

草案原文：

第二百四十一条 对于男女，以强暴、胁迫、药剂催眠术或他法，致使不能抗拒而为猥亵之行为者，处五年以下有期徒刑。

对于未满十二岁之男女为猥亵之行为者，亦同。

修正意见：

本条第二项所定年龄十二岁，应改为十四岁。

草案原文：

第二百四十九条 引诱未满十二岁之男女为猥亵之行为或奸淫者，处二年以下有期徒刑。

审查案改定：

第二百四十九条 引诱未满十二岁之男女，与他人为猥亵之行为或奸淫者，处七年以下有期徒刑。

修正意见：

引诱未满十四岁之男女，与他人为猥亵之行为或奸淫者，处五年以下有期徒刑。

（说明）查草案第二百四十条第二项所定“十二岁”，即为学理上之所谓“和奸年龄”。被奸者未满此项年龄，法律上不认其有和奸之可能，纵令实际上彼曾表示同意，法律亦不认为其有表示同意之能力。因之加害者之行为，不能以和奸论罪。英美学者所谓“同意年龄”，亦属此义。近今各国法律，对于和奸年龄，大抵主张提高。美国诸邦，因女子参政党人之努力，竟有提高和奸年龄至二十一岁者。其他诸国所定，大抵亦在十五六岁以上。法国最低，为十三岁，识者讥之。诚以女子当此年龄，身体发育尚未充分，意志亦甚薄弱，为养成其健全人格、保护其未来福利起见，应加特别之保护。和奸年龄愈提高，即所以保护女子者愈厚。

我国暂行刑律定为十二岁，沿用明清旧律，为近世文明诸国法律之所无，可谓立法之大耻。草案沿袭旧律，不为改定，殊属失当。况和奸无夫妇女，该草案中不设处罚之明文。凡属和奸无夫妇女之行为，绝对不成犯罪。然则，上述和奸年龄之宜酌量提高，更有充足之理由。兹故将该草案所定十二岁改为十四岁。凡奸淫未满十四岁之女子，皆以强奸论。无视文明诸国刑律，难免落后之讥。将来社会思想与社会习惯逐渐改善，此项年龄自当斟酌情形，再行提高，期与现代一般国家之刑律趋于一致。再女子和奸年龄既有提高之必要，则对幼年男女为猥亵之行为，或引诱幼年男女使与他人为猥亵或奸淫者，其年龄自亦须提高。详查文明诸国法例，关于此项被害男女年龄之规定，多与和奸年龄一致。我国亦宜从同。故将草案第二百四十条第二项及第二百四十九条所定年龄十二岁改为十四岁。复次，审查案改定草案第二百四十九条之刑期为七年以下有期徒刑。若与草案第二百四十一条第二项所定刑期相比较，是引诱他人使为猥亵者之处刑，反较直接实施猥亵行为者之处刑为重，仍属未能允恰。故审查案第二百四十九条所定之最高刑期，应改为五年。

（七）审查刑法草案报告书

审查刑法草案报告书

谭延闿　于右任　徐元诰　魏道明　王世杰

关于刑法草案审查事宜，延闿等依钧会之决议，已于二月二十七日及二十八日就刑法草案原文，伍朝枢、徐元诰等审查案，暨法制局长王世杰所提修正案开会审查，兹就审查会之决议报告如左：

（一）刑法草案各条。除第十六条、第一百八十条、第二百四十条暨第二百四十九条外，凡经伍朝枢等审查案改定者，应依该审查案改正；其未经审查案改定者，应照草案原文通过。

（二）刑法草案第十一条及第十六条，应照草案原文通过。

（三）刑法草案第一百八十条、第二百四十条、第二百四十一条、第二百四十九条，应依王世杰所提修正案改正。

以上审议结果，是否有当，敬候公决。

再本法议决后，公布时期可否以三月十日为期。因暂行新刑律系于民国元年三月十日经孙大总统在南京公布，今于经过十六年后于同日同地公布本法，足资纪念。至公布后施行日期，可否以七月一日为期，亦盼裁夺。此致中央执行委员会常务会议。

(八)中央第一百二十次常务会议通过刑法草案之决议案

中央第一百二十次常务会议通过刑法草案之决议案

(一)案由

谭委员延闿等审查刑法草案,报告结果,并拟以三月十日为本法公布期,七月一日为施行期。请裁夺案。

(二)决议

(甲)

(一)草案第十一条第四款。原文"二亲等内之妻亲"句下,加"或夫亲"三字。

(二)草案第十六条第二项。原文"妻于夫之尊亲属从夫"句,改为"妻于夫之父母及祖父母同"。

(三)草案第二百四十条第二项、第二百四十一条第二项暨第二百四十九条。原文所定年龄十二岁,均改为十六岁。

(四)草案第一百八十条第一项。原文所定"处五年以下有期徒刑",改为"处七年以下有期徒刑"。伍朝枢等审查案拟加"犯前项之罪,因而致被诬告人受刑者,反坐其所受之刑"一项删去。

(五)草案第二百四十九条。原文"处二年以下有期徒刑",改为"处五年以下有期徒刑"。

(六)草案各条,除第十一条、第十六条、第一百八十条、第二百四十条、第二百四十一条、第二百四十九条外,凡经伍朝枢等审查案改定者,依该审查案改正;其未经该审查案改定者,照草案原文通过。

(乙)决定以三月十日为本法公布期,七月一日为施行期。

二、《中华民国刑法施行条例》(1928年)

《中华民国刑法施行条例》

(1928年6月9日公布,1928年9月1日起施行)

第一条 本法称刑律者,谓中华民国元年三月十日公布之暂行刑律;称其他法令者,谓刑法施行前与法律有同一效力之刑事法令。

第二条 刑法施行前,犯刑律或其他法令之罪,而有刑法第二条之情形者,依左列规定定其轻重:

一、最重主刑或其刑期、金额不相等者,以最重主刑较轻或其刑期较短、金额较少者为轻。

二、最重主刑或其刑期金额相等者,以最轻主刑较轻或其刑期较短、金额较少者为轻。

第三条 依法令加重、减轻或宥减、酌减时,应于加重或减轻后,比较其刑之重轻。

第四条 刑法施行前,犯刑律或其他法令所规定须告诉乃论之罪,依刑法之规定,无须告诉者,虽无告诉,亦得论罪。

第五条 刑法施行前,犯刑律或其他法令所规定无须告诉之罪,依刑法之规定须告诉乃论者,虽有告诉,不得论罪。

第六条 依刑法第二条但书适用刑律或其他法令之刑时,虽应并科罚金,而刑法无并科规定者,不并科之。

其从刑仍应依刑法各条之规定处断。

第七条 刑法施行前,因未完纳罚金,易以监禁者,其监禁期间,自刑法施行之日起,不得逾一年。

其在刑法施行后,监禁期内缴纳罚金者,以所缴纳之数,仍依裁判所定之标准折算扣除监禁日期。

第八条 刑法施行前,依刑律第四十四条易科罚金者,不失其效力。

第九条 刑法施行前,依刑律宣告褫夺公权及没收之物,如为刑法第五十八条所规定不得褫夺公权，及第六十二条第二项所规定不得没收者，不失其效力。

第十条 刑法施行前宣告缓刑或准许假释者，在刑法施行后撤销时，应依刑法之规定。

第十一条 刑法施行前，依刑律第七十二条及第七十五条之时效中断者，适用刑法时效之规定。

三、《中华民国刑法修正案初稿》(1933 年)

《中华民国刑法修正案初稿》*

(1933 年 12 月)

目　录

---

* 1931 年 12 月,国民政府组织刑法起草委员会,着手对 1928 年刑法进行修正。1933 年 12 月,刑法起草委员会完成《刑法修正案初稿》,分两编四十八章,共 345 条。

第十章　伪证及诬告罪
第十一章　公共危险罪
第十二章　伪造货币罪
第十三章　伪造有价证券罪
第十四章　伪造度量衡罪
第十五章　伪造文书印文罪
第十六章　妨害风化罪
第十七章　妨害婚姻及家庭罪
第十八章　亵渎祀典及侵害坟墓尸体罪
第十九章　妨害农工商罪
第二十章　鸦片罪
第二十一章　赌博罪
第二十二章　杀人罪
第二十三章　伤害罪
第二十四章　堕胎罪
第二十五章　遗弃罪
第二十六章　妨害自由罪
第二十七章　妨害名誉及信用罪
第二十八章　妨害秘密罪
第二十九章　窃盗罪
第三十章　抢夺强盗及海盗罪
第三十一章　侵占罪
第三十二章　诈欺及背信罪
第三十三章　重利罪
第三十四章　恐吓及掳人勒赎罪
第三十五章　赃物罪
第三十六章　毁弃损坏罪

第一编　总　　则

第一章　适 用 范 围

第一条　(原第一条)

行为之处罚,以行为时法律有明文规定者为限。

第二条　(原第二条)

行为时之法律与裁判时之法律有不同者,适用裁判时之法律。但行为时法律之刑较轻者,适用较轻之刑。

第三条 (原第三条)

本法于在中华民国领域内犯罪者适用之。在中华民国领域外之中华民国船舶或航空机内犯罪者,亦同。

第四条 (原第四条)

犯罪之行为或结果,有一在中华民国领域内者,为在中华民国领域内犯罪。

第五条 (原第五条)

本法于凡在中华民国领域外犯左列各罪者,适用之:

一、内乱罪。

二、外患罪。

三、伪造货币罪。

四、第一百九十二条及第一百九十三条之伪造有价证券罪。

五、第二百零二条、第二百零五条、第二百零七条及第二百零九条之伪造文书印文罪。

六、第三百二十条及第三百二十一条之海盗罪。

第六条 (原第六条)

本法于中华民国公务员在中华民国领域外犯左列各罪者适用之:

一、第一百十三条至第一百十五条、第一百十七条、第一百十八条、第一百二十一条、第一百二十三条、第一百二十四条、第一百二十六及第一百二十七条之渎职罪。

二、第一百五十六条之脱逃罪。

三、第二百零四条之伪造文书罪。

四、第三百二十三条第一项之侵占罪。

第七条 (原第七条)

本法于中华民国人民在中华民国领域外犯前二条以外之罪,而其最轻本刑为五年以上有期徒刑者,适用之。

第八条 (原第七条)

前条之规定,于在中华民国领域外对于中华民国人民犯罪之外国人,准用之。但依犯罪地之法律不罚者,不在此限。

第九条 (原第八条)

同一行为,虽经外国确定裁判,仍得依本法处罚。但在外国已受刑之全部或一部执行或赦免者,得免其刑之全部或一部之执行。

第十条 (原第十、十七、十九、二十条)

本法称以上、以下、以内者,俱连本数或本刑计算。

称公务员者,谓依法令从事于公务之人员。

称公文书者,谓公务员职务上制作之文书。

称重伤者,谓左列伤害:

一、毁败一目或二目之视能。

二、毁败一耳或二耳之听能。

三、毁败语能、味能或嗅能。

四、毁败一肢以上之机能。

五、毁败生殖之机能。

六、变更容貌且有重大不治或难治之伤害。

七、其他于身体或健康有重大不治或难治之伤害。

第十一条 （原第九条）

本法总则于其他法令有刑罚之规定者，亦适用之。但其他法令有特别规定者，不在此限。

第二章 刑事责任

第十二条 （原第二十四、二十五条）

行为非出于故意或过失者，不罚。

过失行为之处罚，以有特别规定者为限。

第十三条 （原第二十六条）

行为人对于构成犯罪之事实，明知并有意使其发生者，为故意。

行为人对于构成犯罪之事实，预见其发生，而其发生并不违背其本意者，以故意论。

第十四条 （原第二十七条）

行为人虽非故意，但按其情节，应注意并能注意而不注意者，为过失。

行为人对于构成犯罪之事实，虽预见其能发生而确信其不发生者，以过失论。

第十五条

对于一定结果之发生，法律上有防止之义务，能防止而不防止者，与积极使其发生者同。

因自己行为致有发生一定结果之危险者，负防止其发生之义务。

第十六条 （原第二十八条）

不得因不知法律而免除刑事责任。但因其情节，得减轻其刑。

第十七条 犯罪事实重于行为人所知者，从其所知处断；轻于行为人所知者，从其所犯处断。

第十八条 （原第二十九条）

因犯罪致发生一定之结果，而有加重其刑之规定者，如行为人不能预见其发生时，不适用之。

第十九条 （原第三十条）

未满十四岁人之行为，不罚。

十四岁以上、未满十八岁人之行为，减轻其刑。

第二十条 （原第三十一条）

心神丧失人之行为，不罚。

精神耗弱人之行为，减轻其刑。

第二十一条 （原第三十三条）

瘖哑人之行为，减轻其刑。

第二十二条 （原第三十五条）

依法令之行为，不罚。

依所属上级公务员命令之职务上行为,不罚。但明知命令违法者,不在此限。

第二十三条 (原第三十四条)

业务上之正当行为,不罚。

第二十四条 (原第三十六条)

对于现在不法之侵害,而出于防卫自己或他人权利之行为,不罚。但防卫行为过当者,得减轻或免除其刑。

第二十五条 (原第三十七条)

因避免自己或他人生命、身体、自由、财产之紧要危难而出于不得已之行为,不罚。但避难行为过当者,得减轻或免除其刑。

前项关于避免自己危难之规定,于公务上或业务上有特别义务者,不适用之。

第三章 未 遂 犯

第二十六条 (原第三十九条)

已着手于犯罪行为之实行而不遂者,为未遂犯。

未遂犯之处罚,以有特别规定者为限。

第二十七条 (原第四十条)

未遂犯之处罚,得按既遂犯之刑减轻之。但其行为不能发生犯罪之结果,又无危险者,减轻或免除其刑。

第二十八条 (原第四十一条)

已着手于犯罪行为之实行,而因己意中止或防止其结果之发生者,减轻或免除其刑。

第四章 共 犯

第二十九条 (原第四十二条)

二人以上共同实施犯罪之行为者,皆为正犯。

第三十条 (原第四十三条)

教唆他人犯罪者,为教唆犯。

教唆犯依其所教唆之罪处罚之。

被教唆人虽未至犯罪,教唆犯仍以未遂犯论。

第三十一条 (原第四十四条)

帮助他人犯罪者,为从犯。虽他人不知帮助之情者,亦同。

从犯之处罚,按正犯之刑减轻之。

第三十二条 (原第四十五条)

因身份或其他特定关系成立之罪,其共同实施或教唆、帮助者,虽无特定关系,仍以共犯论。

因身份或其他特定关系致刑有重轻或免除者,其无特定关系之人,科以通常之刑。

第五章　刑

第三十三条　(原第四十九条)

主刑之种类如左:

一、死刑。

二、无期徒刑。

三、有期徒刑:二月以上、十五年以下。但遇有加减时,得减至二月未满,或加至二十年。

四、拘役:一日以上、二月未满。但遇有加重时,得加至四个月。

五、罚金:一元以上。

第三十四条　(原第五十一条)

刑之重轻,依前条规定之次序定之。

同种之刑,以最高度之较长或较多者为重。最高度相等者,以最低度之较长或较多者为重。

除前二项规定外,刑之重轻,比照前二项标准定之。不能依前二项标准定之者,依犯罪情节定之。

第三十五条

受六月以下有期徒刑或拘役之宣告,因身体、教育、职业或家庭之关系,执行显有困难者,得以一元以上、三元以下折算一日,易科罚金。

第三十六条　(原第五十五条)

罚金应于裁判确定后两月内完纳。期满而不完纳者,强制执行。其未完纳者,易科劳役。

易科劳役,以一元以上、三元以下折算一日。但劳役期限不得逾一年。

罚金总额折算逾一年之日数者,以罚金总额与六个月之日数比例折算。

科罚金之裁判,应依前二项之规定,载明折算一日之额数。

易科劳役,不满一日之零数不算。

易科劳役期内纳罚金者,以所纳之数,依裁判所定之标准折算,扣除劳役之日期。

第三十七条　(原第二十三条)

刑期自裁判确定之日起算。

裁判虽经确定,其尚未受拘禁之日数不算入刑期内。

第三十八条　(原第六十四条)

裁判确定前羁押之日数,以一日抵有期徒刑或拘役一日或第三十六条第四项裁判所定之罚金数额。

第三十九条

受拘役或罚金之宣告,而犯罪动机在公益或道义上为可宥恕者,得易以训诫。

第六章　累　　犯

第四十条　(原第六十五条)

受有期徒刑之执行完毕,或受无期徒刑或有期徒刑一部之执行而赦免后,五年内再犯有期徒刑以上之罪者,为累犯。

第四十一条　(原第六十六条)

累犯同一之罪者,加重其刑至二分之一。

累犯不同一之罪者,加重其刑至三分之一。

第四十二条　(原第六十七条)

裁判确定后,发觉为累犯者,依前条之规定更定其刑,但刑之执行完毕或赦免后发觉者,不在此限。

第四十三条　(原第六十八条)

累犯之规定,于前所犯罪依军法或于外国受裁判者,不适用之。

第七章　数罪并罚

第四十四条　(原第六十九条)

裁判确定前犯数罪者,并合处罚之。

第四十五条　(原第七十条)

数罪并罚,分别宣告其罪之刑,依左列各款定其应执行者:

一、宣告多数死刑者,执行其一。

二、宣告之最重刑为死刑者,不执行他刑。

三、宣告多数无期徒刑者,执行其一。

四、宣告之最重刑为无期徒刑者,不执行他刑。但罚金不在此限。

五、宣告多数有期徒刑者,于各刑中之最长期以上、各刑合并之刑期以下,定其刑期。但不得逾二十年。

六、宣告多数拘役者,比照前款定其刑期。但不得逾四个月。

七、宣告多数罚金者,于各刑中之最多额以上、各刑合并之金额以下,定其金额。

八、宣告有期徒刑、拘役、罚金者,并执行之。

第四十六条　(原第七十一条)

数罪并罚,于裁判确定后发觉未经裁判之余罪者,就余罪处断。

第四十七条　(原第七十二条)

数罪并罚,有二裁判以上者,依第四十五条之规定,定其应执行之刑。

第四十八条　(原第七十三条)

数罪并罚,已经处断,如各罪中有受赦免者,余罪仍依第四十五条之规定,定其应执行之刑,仅余一罪者,依其宣告之刑执行。

第四十九条 （原第七十四条）

一行为而触犯数项罪名，或犯一罪而其方法或结果之行为犯他项罪名者，从一重处断。

第五十条 （原第七十五条）

连续数行为而犯同一之罪名者，以一罪论。但得加重其刑至二分之一。

第八章 刑之酌科及加减

第五十一条 （原第七十六条）

科刑时应审酌一切情形，尤应注意左列事项，为科刑轻重之标准：

一、犯罪之动机。

二、犯罪之目的。

三、犯罪时所受之激刺。

四、犯罪之手段。

五、犯人之生活状况。

六、犯人之品行。

七、犯人之智识程度。

八、犯人与被害人平日之关系。

九、犯罪所生之危险或损害。

十、犯罪后之态度。

第五十二条

科罚金时，除依前条规定外，并应审酌犯人之资力及因犯罪所得之利益，如所得之利益超过罚金最多额时，得于所得利益之范围内酌量加重。

第五十三条 （原第七十七条）

犯罪之情状科悯恕者，得酌量减轻其刑。

第五十四条 （原第七十八条）

依法律加重或减轻者，仍得依前条之规定酌量减轻其刑。

第五十五条

犯左列各罪之一，情节轻微，可悯恕者，得免除其刑：

一、犯最重本刑为三年以下有期徒刑、拘役或专科罚金之罪。但第一百二十四条、第一百三十六条、第一百三十八条、第一百三十九条、第一百七十八条、第二百六十条第三项、第二百六十五条第一项之罪，不在此限。

二、犯第一百七十九条之公共危险罪。

三、犯第三百零六条之窃盗罪。

四、犯第三百十一条之窃盗罪。

五、犯第三百二十二条之侵占罪。

六、犯第三百二十六条之诈欺罪。

七、犯第三百三十七条之赃物罪。

第五十六条 (原第三十八条)

对于未发觉之罪自首而受裁判者,得减轻其刑。

第五十七条 (原第七十九条)

死刑不得加重。

死刑减轻者,为无期徒刑或为十二年以上有期徒刑。但依第十九条第二项之规定减轻者,不得处无期徒刑。

第五十八条 (原第八十条)

无期徒刑不得加重。

无期徒刑减轻者,为七年以上有期徒刑。

第五十九条 (原第八十四条)

有期徒刑、拘役、罚金减轻者,减轻其刑至二分之一。

第六十条 (原第八十一条)

有期徒刑加减者,其最高度及最低度同加减之。

第六十一条 (原第八十二、八十三条)

拘役或罚金加减者,仅加减其最高度。

第六十二条 (原第八十五条)

本刑有二种以上之刑者,加减时并加减之。

第六十三条 (原第八十六条)

刑有加重及减轻者,先加后减。

有二种以上之减轻者,先依较少之数减轻之。

第六十四条 (原第八十八条)

因刑之加重、减轻,而有不满一日之时间或不满一元之额数者,不算。

第九章 缓 刑

第六十五条 (原第九十条)

受二年以下有期徒刑、拘役或罚金之宣告,而有左列情形之一者,得宣告二年以上、五年以下之缓刑,其期间自裁判确定之日起算:

一、未曾受有期徒刑以上刑之宣告者。

二、前受有期徒刑以上刑之宣告,执行完毕或赦免后,五年以内未曾受有期徒刑以上刑之宣告者。

第六十六条 (原第九十一条)

受缓刑之宣告而有左列情形之一者,撤销其宣告:

一、缓刑期内更犯罪,受有期徒刑以上刑之宣告者。

二、除合于前条第二款规定之情形外,缓刑前犯他罪曾受有期徒刑以上刑之宣告,而在缓刑期内始发觉者。

因过失犯罪者,不适用前项之规定。

第六十七条 （原第九十二条）

缓刑期满而缓刑之宣告未经撤销者，其刑之宣告为无效。

第十章 假　　释

第六十八条 （原第九十三条）

受徒刑之执行而有悛悔实据者，无期徒刑逾十年后、有期徒刑逾二分之一后，由监狱长官呈司法行政最高官署，得许假释出狱。但有期徒刑之执行未满一年者，不在此限。

第六十九条 （原第九十四条）

假释中更犯罪，受有期徒刑以上刑之宣告者，撤销其假释。

假释撤销后，其出狱日数不算入刑期内。

第七十条 （原第九十五、九十六条）

在无期徒刑假释期满十年，或在有期徒刑所余刑期内未经撤销假释者，其未执行之刑，以已执行论。

假释中因他罪受刑之执行者，其执行之期间，不算入假释期内。

第十一章 时　　效

第七十一条 （原第九十七条）

起诉权因左列期间内不行使而消灭：

一、死刑、无期徒刑或十年以上有期徒刑者，二十年。

二、三年以上、十年未满有期徒刑者，十年。

三、一年未满有期徒刑者，三年。

四、拘役或罚金者，一年。

前项期间，自犯罪成立之日起算。但第五十条之罪，自犯罪最终之日起算。

第七十二条 （原第九十八条）

起诉权之时效期间，依本刑之最高度计算。有二种以上之主刑者，依最重刑之最高度计算。

第七十三条 （原第九十九条）

本刑应加重或减轻者，起诉权之时效期间，仍依本刑计算。

第七十四条 （原第一百条）

起诉权之时效，如依法律之规定，侦查、起诉或审判之程序不能开始或继续时，停止其进行。

前项时效停止，自停止原因消灭之日起，与停止前已经过之期间，一并计算。

停止原因继续存在之期间，如达于第八十条第一项各款所定期间四分之一者，其停止原因视为消灭。

第七十五条 （原第一百零一条）

行刑权因左列期间内不行使而消灭：

一、死刑、无期徒刑或十年以上有期徒刑者,三十年。

二、一年以上、十年未满有期徒刑者,十五年。

三、一年未满有期徒刑者,七年。

四、拘役或罚金者,三年。

前项期间,自裁判确定之日起算。

第七十六条 (原第一百零二条)

行刑权之时效,如依法律之规定不能开始或继续执行时,停止其进行。

前项时效停止,自停止原因消灭之日起,与停止前已经过之期间,一并计算。

第十二章 保安处分

第七十七条

因未满十四岁而不罚者,法院得令入感化教育处所,施以感化教育。

因未满十八岁而减轻其刑者,法院得于刑之执行完毕或赦免后,令入感化教育处所,施以感化教育。但宣告三年以下有期徒刑、拘役或罚金者,得于执行前为之。

感化教育期间不得逾三年。

第二项但书情形,依感化教育之执行,法院认为无执行刑之必要者,得免其刑之执行。

第七十八条

因心神丧失而不罚者,法院得令入相当处所,施以监护。

因精神耗弱或瘖哑而减轻其刑者,得于刑之执行完毕或赦免后,令入相当处所,施以监护。

前二项处分期间,不得逾三年。

第七十九条

犯吸用鸦片或其他代用品之罪者,得令入相当处所,施以禁戒。

前项处分,于刑之执行前为之,其期间不得逾一年。

依禁戒处分之执行,法院认为无执行刑之必要者,得免其刑之执行。

第八十条

因酗酒而犯罪者,得于刑之执行完毕或赦免后,令入相当处所,施以禁戒。

前项处分期间,不得逾六个月。

第八十一条

因游荡或懒惰成习而犯罪者,得于刑之执行完毕或赦免后,令入劳动场所强制工作。

有犯罪之常习或以犯罪为职业者,亦同。

前二项处分期间不得逾三年。

第八十二条

第七十七条至第八十一条之处分,按其情形,得以保护管束代之者,交由警察官署、自治团体、慈善团体、本人之最近亲属或其他适当之人,施以保护管束。

保护管束期间不得逾三年,其不能收效者,得随时撤销之,仍执行原处分。

第八十三条

受缓刑之宣告者,在缓刑期内,得付保护管束。

假释出狱者,在假释中付保护管束。

前二项情形,违反保护管束规则情节重大者,得撤销缓刑之宣告或假释。

第八十四条

外国人受有期徒刑以上刑之宣告者,得于刑之执行完毕或赦免后,驱逐出境。

第八十五条

宣告死刑或无期徒刑者,宣告丧失公务员资格。

宣告六个月以上有期徒刑,依犯罪之性质认为不宜服公务者,宣告一年以上、十年以下丧失公务员资格。

因过失犯罪者,不得宣告丧失公务员资格。

依第一项宣告丧失公务员资格者,自裁判确定时发生效力,依第二项宣告丧失公务员资格者,自刑之执行完毕或赦免之日起算。

有二以上丧失公务员资格之宣告者,仅就其中最长期间执行之。

第八十六条

法院得依被害人之声请,公布判决,其费用由被告负担。

公布判决之范围及方法,由法院定之。

第一项之声请,应于裁判确定后三十日内为之。

第八十七条

左列之物没收之:

一、违禁物。

二、供犯罪所用或供犯罪预备之物。

三、因犯罪所得之物。

前项第一款之物,不问属于犯人与否,没收之;第二款、第三款之物,以属于犯人者为限,没收之。

第八十八条

保安处分,于裁判时并宣告之。但没收得单独宣告。

第八十九条

依第七十七条至第八十二条规定宣告之保安处分,期间未终了前,认为无继续执行之必要者,法院得免其处分之执行。如认为有延长之必要者,法院得就法定期间之范围内,酌量延长之。

第九十条

依第七十七条至第八十一条规定宣告之保安处分,于缓刑期满或刑之执行完毕或赦免后,认为无执行之必要者,法院得免其处分之执行。

第九十一条

第七十七条至第八十一条之保安处分,自应执行之日起经过三年后,非得法院许可,不得执行之。

第二编　分　　则

第一章　内　乱　罪

第九十二条　(原第一百零三条)

意图以非法之方法颠覆政府、僭窃土地或紊乱国宪破坏国体而着手实行者,为内乱罪,处七年以上有期徒刑;首谋者,处无期徒刑。

预备或阴谋犯前项之罪者,处六月以上、五年以下有期徒刑。

第九十三条　(原第一百零四条)

以暴动犯内乱罪者,处无期徒刑或七年以上有期徒刑;首谋者,处死刑或无期徒刑。

预备或阴谋犯前项之罪者,处一年以上、七年以下有期徒刑。

第九十四条

犯第九十二第二项或第九十三条第二项之罪而自首者,得免除其刑。

第二章　外　患　罪

第九十五条　(原第一百零七条)

通谋外国政府或其派遣之人,意图使该国或他国对于中华民国开战端者,处死刑或无期徒刑。

前项之未遂犯罚之。

预备或阴谋犯第一项之罪者,处三年以上、十年以下有期徒刑。

第九十六条　(原第一百零八条)

通谋外国政府或其派遣之人,意图使中华民国领域属于该国或他国者,处死刑或无期徒刑。

前项之未遂犯罚之。

预备或阴谋犯第一项之罪者,处三年以上、十年以下有期徒刑。

第九十七条　(原第一百零九条)

中华民国人民在敌军执役,或与敌国械抗中华民国或其同盟国者,处死刑、无期徒刑或十年以上有期徒刑。

前项之未遂犯罚之。

预备或阴谋犯第一项之罪者,处一年以上、七年以下有期徒刑。

第九十八条　(原第一百十条)

在与外国开战或将开战期内,以军事上之利益供敌国,或以军事上之不利益害中华民国或其同盟国者,处无期徒刑或七年以上有期徒刑。

前项之未遂犯罚之。

预备或阴谋犯第一项之罪者,处五年以下有期徒刑。

第九十九条 （原第一百十一条）

犯前条第一项之罪而有左列情形之一者，处死刑或无期徒刑：

一、将要塞、军港、军营、军用船舰、航空机及其他军用处所建筑物，与供中华民国军用之军械、弹药、钱粮及其他军需品，或桥梁、铁路、车辆、电线、电机、电局及其他供转运之器物，交付敌国或毁坏或致令不堪用者。

二、代敌国招募军队，或煽惑军人使其降敌者。

三、煽惑军人不执行职务或不守纪律或逃叛者。

四、以关于要塞、军港、军营、军用船舰、航空机及其他军用处所建筑物或军略之秘密文书、图画、消息或物品，泄漏或交付于敌国者。

五、为敌国之间谍，或帮助敌国之间谍者。

前项之未遂犯罚之。

预备或阴谋犯第一项之罪者，处一年以上、七年以下有期徒刑。

第一百条 （原第一百十三条）

在与外国开战或将开战期内，不履行供给军需之契约或不照契约履行者，处一年以上、七年以下有期徒刑，得并科五千元以下罚金。

因过失犯前项之罪者，处二年以下有期徒刑、拘役或一千元以下罚金。

第一百零一条 （原第一百十四条）

泄漏或交付关于中华民国国防应秘密之文书、图画、消息或物品者，处七年以下有期徒刑。

泄漏或交付前项之文书、图画、消息或物品于外国政府或其派遣之人者，处三年以上、十年以下有期徒刑。

前二项之未遂犯罚之。

预备或阴谋犯第一项或第二项之罪者，处二年以下有期徒刑。

第一百零二条 （原第一百十五条）

公务员对于职务上知悉或持有前条第一项之文书、图画、消息或物品，因过失而泄漏或交付者，处二年以下有期徒刑、拘役或一千元以下罚金。

第一百零三条 （原第一百十六条）

刺探或收集第一百零一条第一项之文书、图画、消息或物品者，处五年以下有期徒刑。

前项之未遂犯罚之。

预备或阴谋犯第一项之罪者，处一年以下有期徒刑。

第一百零四条 （原第一百十七条）

意图刺探或收集第一百零一条第一项之文书、图画、消息或物品，未受允准而入要塞、军港、军舰及其他军用处所建筑物或留滞其内者，处一年以下有期徒刑。

第一百零五条

应经政府允许之事项，未受允许，私与外国政府或其派遣之人为约定者，处无期徒刑或七年以上有期徒刑。

第一百零六条 (原第一百十八条)

受政府之委任,处理对于外国政府之事务,而违背其委任,致生损害于中华民国者,处无期徒刑或七年以上有期徒刑。

第一百零七条 (原第一百十九条)

伪造、变造、毁弃或隐匿可以证明中华民国对于外国所享权利之文书、图画及其他证据者,处五年以上、十二年以下有期徒刑。

第三章 妨害国交罪

第一百零八条 (原第一百二十二、一百二十三条)

对于中华民国之友邦元首或派至中华民国之外国代表公然侮辱者,处三年以下有期徒刑。

第一百零九条 (原第一百二十五条)

于外国交战之际,违背政府局外中立之命令者,处一年以下有期徒刑、拘役或三千元以下罚金。

第一百十条 (原第一百二十六条)

意图侮辱外国,公然损坏、除去或污辱外国之国旗、国章者,处一年以下有期徒刑、拘役或三百元以下罚金。

第一百十一条 (原第一百二十七条)

第一百零八条及第一百十条之罪,须外国政府之请求乃论。

第四章 渎 职 罪

第一百十二条

公务员不尽其应尽之责,而委弃守地者,处死刑、无期徒刑或十年以上有期徒刑。

第一百十三条 (原第一百二十八条)

公务员或仲裁人对于职务上之行为,要求、期约或收受贿赂或其他不正利益者,处七年以下有期徒刑,得并科五千元以下罚金。

犯前项之罪者,所收受之贿赂没收之。如全部或一部不能没收时,追征其价额。

第一百十四条 (原第一百二十九条)

公务员或仲裁人对于违背职务之行为,要求、期约或收受贿赂或其他不正利益者,处三年以上、十年以下有期徒刑,得并科七千元以下罚金。

因而为违背职务之行为者,处无期徒刑或五年以上有期徒刑,得并科一万元以下罚金。

对于公务员或仲裁人关于违背职务之行为,行求、期约或交付贿赂或其他不正利益者,处二年以下有期徒刑,得并科二千元以下罚金。但自首者得免除其刑。

犯第一项及第二项之罪者,所收受之贿赂没收之。如全部或一部不能没收时,追征其价额。

第一百十五条 （原第一百三十一条）

于未为公务员或仲裁人时，预以职务上之行为，要求、期约或收受贿赂或其他不正利益，而于为公务员或仲裁人后履行者，以公务员或仲裁人要求、期约或收受贿赂或其他不正利益论。

第一百十六条 （原第一百三十二条）

有审判职务之公务员或仲裁人，为枉法之裁判或仲裁者，处一年以上、七年以下有期徒刑。

第一百十七条 （原第一百三十三条）

有追诉或处罚犯罪职务之公务员，为左列行为之一者，处一年以上、七年以下有期徒刑：

一、滥用职权为逮捕或羁押者。

二、意图取供而施强暴、胁迫者。

三、明知为无罪之人而使其受追诉或处罚，或明知为有罪之人而无故不使其受追诉或处罚者。

因而致人于死者，处无期徒刑或七年以上有期徒刑；致重伤者，处三年以上、十年以下有期徒刑。

第一百十八条

有管收、解送或拘禁人犯职务之公务员，对于人犯施以暴行或凌虐之行为者，处一年以上、七年以下有期徒刑。

因而致人于死者，处无期徒刑或七年以上有期徒刑；致重伤者，处三年以上，十年以下有期徒刑。

第一百十九条 （原第一百三十四条）

有执行刑罚职务之公务员，违法执行或不执行刑罚者，处五年以下有期徒刑。

因过失而执行不应执行之刑罚者，处一年以下有期徒刑、拘役或三百元以下罚金。

第一百二十条

公务员对于诉讼事件，明知不应受理而受理者，处三年以下有期徒刑。

第一百二十一条 （原第一百三十五条）

公务员对于租税或其他入款，明知不应征收而征收者，处三年以上、十年以下有期徒刑，得并科七千元以下罚金。

公务员对于职务上发给之款项、物品，明知应发给而抑留不发或克扣者，亦同。

前二项之未遂犯罚之。

第一百二十二条

公务员废弛职务酿成重大灾害者，处三年以上、十年以下有期徒刑。

第一百二十三条 （原第一百三十六条）

公务员对于主管或监督之事务，直接或间接图利者，处三年以上、十年以下有期徒刑，得并科七千元以下罚金。

第一百二十四条 （原第一百三十七条）

公务员泄漏或交付关于中华民国国防以外应秘密之文书、图画、消息或物品者，处三年以下有期徒刑。

因过失犯前项之罪者,处一年以下有期徒刑、拘役或三百元以下罚金。

非公务员因职务或业务知悉或持有第一项之文书、图画、消息或物品,而泄漏或交付之者,处一年以下有期徒刑、拘役或三百元以下罚金。

第一百二十五条 (原第一百三十八条)

在邮务局或电报局执行职务之公务员,开拆或隐匿投寄之邮件或电报者,处三年以下有期徒刑、拘役或五百元以下罚金。

第一百二十六条 (原第一百三十九条)

公务员诱惑所属下级公务员,犯第一百二十条至第一百二十五条之罪者,依所诱惑罪之刑减轻处罚。

第一百二十七条 (原第一百四十条)

公务员假借职务上之权力、机会或方法,以故意犯本章以外各罪者,加重其刑至二分之一。但因公务员之身分已特别规定其刑者,不在此限。

第五章 妨害公务罪

第一百二十八条 (原第一百四十二条)

对于公务员依法执行职务时,施强暴、胁迫者,处三年以下有期徒刑、拘役或三百元以下罚金。

意图使公务员执行一定之职务或妨害其依法执行一定之职务或使公务员辞职,而施强暴、胁迫者,亦同。

犯前二项之罪,因而致公务员于死者,处无期徒刑或七年以上有期徒刑;致重伤者,处三年以上、十年以下有期徒刑。

第一百二十九条 (原第一百四十三条)

公然聚众犯前条之罪者,在场助势之人,处一年以下有期徒刑、拘役或三百元以下罚金;首谋及下手实施强暴、胁迫者,处一年以上、七年以下有期徒刑。

因而致公务员于死或重伤者,首谋及下手实施强暴、胁迫之人,依前条第三项之规定处断。

第一百三十条

对于依考试法举行之考试,以诈术或其他非法之方法,使其发生不正确之结果者,处一年以下有期徒刑、拘役或三百元以下罚金。

前项之未遂犯罚之。

第一百三十一条 (原第一百四十四条)

毁弃、损坏或隐匿公务员职务上掌管或委托第三人掌管之文书、图画、物品或致令不堪用者,处五年以下有期徒刑。

第一百三十二条 (原第一百四十五条)

损坏、除去或污秽公务员所施之封印或查封之标示,或为违背其效力之行为者,处一年以下有期徒刑、拘役或三百元以下罚金。

第一百三十三条 （原第一百四十六条）

于公务员依法执行职务时，当场侮辱或对于其依法执行之职务公然侮辱者，处六月以下有期徒刑、拘役或一百元以下罚金。

对于公署公然侮辱者，亦同。

第一百三十四条 （原第一百四十七条）

意图侮辱公务员或公署，而损坏、除去或污秽实贴公共场所之文告者，处拘役或一百元以下罚金。

第六章　妨害投票罪

第一百三十五条 （原第一百四十九条）

以强暴、胁迫或其他非法之方法，妨害他人自由行使法定之政治上选举或其他投票权者，处五年以下有期徒刑。

前项之未遂犯罚之。

第一百三十六条 （原第一百五十条）

有投票权之人，要求、期约或收受贿赂或其他不正利益，而许以不行使其投票权或为一定之行使者，处三年以下有期徒刑，得并科五千元以下罚金。

犯前项之罪者，所收受之贿赂没收之。如全部或一部不能没收时，追征其价额。

第一百三十七条 （原第一百五十条）

对于有投票权之人，行求、期约或交付贿赂或其他不正利益，而约其不行使投票权或为一定之行使者，处五年以下有期徒刑，得并科七千元以下罚金。

第一百三十八条 （原第一百五十一条）

以生计上之利害，诱惑投票人不行使其投票权或为一定之行使者，处三年以下有期徒刑。

第一百三十九条 （原第一百五十二条）

以诈术或其他非法之方法，使投票发生不正确之结果或变造投票之结果者，处三年以下有期徒刑。

前项之未遂犯罚之。

第一百四十条 （原第一百五十三条）

妨害或扰乱投票者，处一年以下有期徒刑、拘役或三百元以下罚金。

第一百四十一条 （原第一百五十四条）

于无计名投票，刺探票载之内容者，处三百元以下罚金。

第七章　妨害秩序罪

第一百四十二条 （原第一百五十六条）

公然聚众，意图为强暴、胁迫，已受该管公务员解散命令三次以上而不解散者，在场助势之人,处六月以下有期徒刑、拘役或三百元以下罚金;首谋者,处三年以下有期徒刑。

第一百四十三条 (原第一百五十七条)

公然聚众,施强暴、胁迫者,在场助势之人,处一年以下有期徒刑、拘役或三百元以下罚金。首谋及下手实施强暴、胁迫者,处六月以上、五年以下有期徒刑。

第一百四十四条 (原第一百五十八条)

以加害生命、身体、财产之事恐吓公众,致生危害于公安者,处二年以下有期徒刑。

第一百四十五条 (原第一百五十九条)

以强暴、胁迫或诈术,阻止或扰乱合法之集会者,处二年以下有期徒刑。

第一百四十六条 (原第一百六十条)

以文字、图画、演说或他法,公然为左列行为之一者,处二年以下有期徒刑、拘役或一千元以下罚金:

一、煽惑他人犯罪者。

二、煽惑他人违背法令或抗拒合法之命令者。

第一百四十七条 (原第一百六十一条)

参与以犯罪为宗旨之结社者,处二年以下有期徒刑、拘役或五百元以下罚金;首谋者,处一年以上、七年以下有期徒刑。

犯前项之罪而自首者,得免除其刑。

第一百四十八条 (原第一百六十二、一百六十八条)

于犯罪可以预防之际,知有将犯左列各罪,无正当事由而不向该管公务员或将被加害之人报告者,处一年以下有期徒刑、拘役或三百元以下罚金:

一、内乱罪。

二、外患罪。

三、第一百六十五条、第一百六十六条、第一百六十八条、第一百七十条、第一百七十一条或第一百七十五条之公共危险罪。

四、杀人罪。

五、强盗或海盗罪。

六、掳人勒赎罪。

配偶、五亲等内之血亲或三亲等内之姻亲将犯前项各款之罪,而不报告者,免除其刑。

第一百四十九条 (原第一百六十三条)

煽惑军人不执行职务或不守纪律或逃叛者,处六月以上、五年以下有期徒刑。

第一百五十条 (原第一百六十四条)

未受允准,招集军队、发给军需或率带军队者,处五年以下有期徒刑。

第一百五十一条 (原第一百六十五条)

冒充公务员而行使其职权者,处三年以下有期徒刑、拘役或五百元以下罚金。

冒充外国公务员而行使其职权者,亦同。

第一百五十二条 （原第一百六十六条）

公然冒用公务员服饰、徽章或官衔者，处五百元以下罚金。

第一百五十三条 （原第一百六十七条）

意图侮辱中华民国，而公然损坏、除去或污辱中华民国之国旗、国章者，处一年以下有期徒刑、拘役或三百元以下罚金。

第八章 脱 逃 罪

第一百五十四条 （原第一百七十条）

依法逮捕、拘禁之人脱逃者，处一年以下有期徒刑。

损坏拘禁处所械具或以强暴，胁迫犯前项之罪者，处五年以下有期徒刑。

聚众以强暴、胁迫犯第一项之罪者，在场助势之人，处三年以上、十年以下有期徒刑；首谋及下手实施强暴、胁迫者，处五年以上有期徒刑。

前三项之未遂犯罚之。

第一百五十五条 （原第一百七十一条）

出脱依法逮捕、拘禁之人或便利其脱逃者，处三年以下有期徒刑。

损坏拘禁处所械具或以强暴、胁迫犯前项之罪者，处六月以上、五年以下有期徒刑。

聚众以强暴、胁迫犯第一项之罪者，在场助势之人，处五年以上、十二年以下有期徒刑；首谋及下手实施强暴、胁迫者，处无期徒刑或七年以上有期徒刑。

前三项之未遂犯罚之。

配偶、五亲等内之血亲或三亲等内之姻亲犯第一项之便利脱逃罪者，得减轻或免除其刑。

第一百五十六条 （原第一百七十二条）

公务员出脱职务上依法逮捕、拘禁之人或便利其脱逃者，处一年以上、七年以下有期徒刑。

因过失致前项之人脱逃者，处六月以下有期徒刑、拘役或三百元以下罚金。

第一项之未遂犯罚之。

第九章 藏匿人犯及湮灭证据罪

第一百五十七条 （原第一百七十四条）

藏匿人犯或依法逮捕、拘禁之脱逃人，或使之隐避者，处二年以下有期徒刑、拘役或五百元以下罚金。

意图犯前项之罪而顶替者，亦同。

第一百五十八条 （原第一百七十五条）

伪造、变造、湮灭或隐藏关系他人刑事被告案件之证据，或使用伪造、变造之证据者，处二年以下有期徒刑。

第一百五十九条 （原第一百七十六条）

犯前条之罪，于他人刑事被告案件裁判确定前自白者，减轻或免除其刑。

第一百六十条 （原第一百七十七条）

配偶、五亲等内之血亲或三亲等内之姻亲图利人犯或依法逮捕、拘禁之脱逃人，而犯第一百五十七条或第一百五十八条之罪者，减轻或免除其刑。

第十章 伪证及诬告罪

第一百六十一条 （原第一百七十九条）

于执行审判职务之公署审判时，证人、鉴定人、通译于案情有重要关系之事项，供前或供后具结，而为虚伪陈述者，处七年以下有期徒刑。

第一百六十二条 （原第一百八十条）

意图他人受刑事或惩戒处分，向该管公务员诬告者，处七年以下有期徒刑。

意图他人受刑事或惩戒处分，而伪造、变造证据或使用伪造变造之证据者，亦同。

第一百六十三条 （原第一百八十二条）

未指定犯人，而向该管公务员诬告犯罪者，处一年以下有期徒刑、拘役或三百元以下罚金。

未指定犯人，而伪造、变造犯罪证据，或使用伪造、变造之犯罪证据，致开始刑事诉讼程序者，亦同。

第一百六十四条 （原第一百八十四条）

犯第一百六十一条至第一百六十三条之罪，于所虚伪陈述或所诬告之案件裁判或惩戒处分确定前自白者，减轻或免除其刑。

第十一章 公共危险罪

第一百六十五条 （原第一百八十七条）

放火烧毁现供人使用之住宅或现有人所在之建筑物、矿坑、火车、电车或其他供水、陆、空公众运输之舟、车者，处无期徒刑或七年以上有期徒刑。

失火烧毁前项之物者，处一年以下有期徒刑、拘役或五百元以下罚金。

第一项之未遂犯罚之。

预备犯第一项之罪者，处一年以下有期徒刑、拘役或三百元以下罚金。

第一百六十六条 （原第一百八十八条）

放火烧毁现非供人使用之他人所有住宅或现未有人所在之他人所有建筑物、矿坑、火车、电车或其他供水、陆、空公众运输之舟、车者，处三年以上、十年以下有期徒刑。

放火烧毁前项之自己所有物，致生公共危险者，处六月以上、五年以下有期徒刑。

失火烧毁第一项之物者，处六月以下有期徒刑、拘役或三百元以下罚金；失火烧毁前项之物，致生公共危险者，亦同。

第一项之未遂犯罚之。

第一百六十七条 （原第一百八十九条）

放火烧毁前二条以外之他人所有物，致生公共危险者，处一年以上、七年以下有期徒刑。

放火烧毁前二条以外之自己所有物,致生公共危险者,处三年以下有期徒刑。

失火烧毁前二条以外之物,致生公共危险者,处拘役或三百元以下罚金。

第一百六十八条 (原第一百九十条)

故意或因过失、以火药、蒸气、电气、煤气或其他爆裂物,炸毁前三条之物者,准用各该条放火、失火之规定。

第一百六十九条 (原第一百九十一条)

漏逸或间隔蒸气、电气、煤气或其他气体,致生公共危险者,处三年以下有期徒刑、拘役或三百元以下罚金。

因而致人于死者,处无期徒刑或七年以上有期徒刑;致重伤者,处三年以上、十年以下有期徒刑。

第一百七十条 (原第一百九十二条)

决水浸害现供人使用之住宅或现有人所在之建筑物、矿坑或火车、电车者,处无期徒刑或五年以上有期徒刑。

因过失决水浸害前项之物者,处一年以下有期徒刑、拘役或五百元以下罚金。

第一项之未遂犯罚之。

第一百七十一条 (原第一百九十三条)

决水浸害现非供人使用之他人所有住宅或现未有人所在之他人所有建筑物或矿坑者,处一年以上、七年以下有期徒刑。

决水浸害前项之自己所有物,致生公共危险者,处六月以上、五年以下有期徒刑。

因过失决水浸害第一项之物者,处六月以下有期徒刑、拘役或三百元以下罚金。

因过失决水浸害前项之物,致生公共危险者,亦同。

第一项之未遂犯罚之。

第一百七十二条 (原第一百九十四条)

决水浸害前二条以外之他人所有物,致生公共危险者,处五年以下有期徒刑。

决水浸害前二条以外之自己所有物,致生公共危险者,处二年以下有期徒刑。

因国失决水浸害前二条以外之物,致生公共危险者,处拘役或三百元以下罚金。

第一百七十三条 (原第一百九十五条)

决溃堤防、破坏水闸或损坏自来水池,致生公共危险者,处五年以下有期徒刑。

因过失犯前项之罪者,处拘役或三百元以下罚金。

第一项之未遂犯罚之。

第一百七十四条 (原第一百九十六条)

于火灾、水灾之际,隐匿或损坏防御之器械或以他法妨害救火、防水者,处三年以下有期徒刑、拘役或三百元以下罚金。

第一百七十五条 (原第一百九十七条)

倾覆或破坏现有人所在之火车、电车或其他供水、陆、空公众运输之舟、车者,处无期徒刑或五年以上有期徒刑。

因过失犯前项之罪者,处一年以下有期徒刑、拘役或三百元以下罚金。

从事业务之人,因业务上之过失犯第一项之罪者,处二年以下有期徒刑、拘役或五百元以下罚金。

第一项之未遂犯罚之。

第一百七十六条 (原第一百九十八条)

损坏轨道、灯塔、标识或以他法致生火车、电车或其他供水、陆、空公众运输之舟、车往来之危险者,处三年以上、十年以下有期徒刑。

因而致前项之舟、车倾覆或破坏者,依前条第一项之规定处断。

因过失犯第一项之罪者,处六月以下有期徒刑、拘役或三百元以下罚金。

从事业务之人,因业务上之过失犯第一项之罪者,处一年以下有期徒刑、拘役或五百元以下罚金。

第一项之未遂犯罚之。

第一百七十七条 (原第一百九十九条)

损坏或壅塞陆路、水路、桥梁或其他公众往来之设备或以他法,致生往来之危险者,处三年以下有期徒刑、拘役或三百元以下罚金。

因而致人于死者,处无期徒刑或七年以上有期徒刑;致重伤者,处三年以上、十年以下有期徒刑。

第一项之未遂犯罚之。

第一百七十八条 (原第二百零一条)

未受允准,而制造、贩卖、运输或持有炸药、棉花药、雷汞或其他相类之爆裂物或军用枪炮、子弹者,处三年以下有期徒刑、拘役或五百元以下罚金。

第一百七十九条 (原第二百零二条)

妨害铁路、邮务、电报、电话或供公众之用水、电气、煤气事业者,处五年以下有期徒刑、拘役或五百元以下罚金。

第一百八十条 (原第二百零三条)

损坏矿坑、工厂或其他相类之场所内关于保护生命之设备,致生危险于他人生命者,处一年以上、七年以下有期徒刑。

因过失犯前项之罪者,处六月以下有期徒刑、拘役或三百元以下罚金。

从事业务之人,因业务上之过失犯第一项之罪者,处一年以下有期徒刑、拘役或五百元以下罚金。

第一项之未遂犯罚之。

第一百八十一条 (原第二百零四条)

投放毒物或混入妨害卫生物品于供公众所饮之水源、水道或自来水池者,处一年以上、七年以下有期徒刑。

因而致人于死者,处无期徒刑或七年以上有期徒刑;致重伤者,处三年以上、十年以下有期徒刑。

因过失犯第一项之罪者，处六月以下有期徒刑、拘役或三百元以下罚金。

第一项之未遂犯罚之。

第一百八十二条 （原第二百零五条）

制造、贩卖或意图贩卖而陈列妨害卫生之物品者，处六月以下有期徒刑、拘役或科或并科一千元以下罚金。

第一百八十三条 （原第二百零六条）

违背关于预防传染病所公布之检查或进口之法令者，处二年以下有期徒刑、拘役或一千元以下罚金。

第一百八十四条 （原第二百零七条）

承揽工程人或监工人，于营造或拆卸建筑物时，违背建筑术成规，致生公共危险者，处三年以下有期徒刑、拘役或三千元以下罚金。

第一百八十五条 （原第二百零八条）

于灾害之际，关于与公务员或慈善团体缔结供给粮食或其他日用必需品之契约，而不履行或不照契约履行，致生公共危险者，处五年以下有期徒刑，得并科三千元以下罚金。

第十二章　伪造货币罪

第一百八十六条 （原第二百十一条）

意图供行使之用，而伪造、变造通用之货币、纸币、银行券者，处五年以上有期徒刑，得并科五千元以下罚金。

前项之未遂犯罚之。

第一百八十七条 （原第二百十二条）

行使伪造、变造之通用货币、纸币、银行券，或意图供行使之用而收集或交付于人者，处三年以上、十年以下有期徒刑，得并科五千元以下罚金。

收受后方知为伪造、变造之通用货币、纸币、银行券，而仍行使，或意图供行使之用而交付于人者，处五百元以下罚金。

第一条之未遂犯罚之。

第一百八十八条 （原第二百十三条）

意图供行使之用而减损通用货币之分量者，处五年以下有期徒刑，得并科三千元以下罚金。

前项之未遂犯罚之。

第一百八十九条 （原第二百十四条）

行使减损分量之通用货币，或意图供行使之用而收集或交付于人者，处三年以下有期徒刑，得并科一千元以下罚金。

收受后方知为减损分量之通用货币而仍行使，或意图供行使之用而交付于人者，处三百元以下罚金。

第一项之未遂犯罚之。

第一百九十条 (原第二百十五条)

意图供伪造、变造通用之货币、纸币、银行券或意图供减损通用货币分量之用,而制造、交付或收受各项器械、原料者,处五年以下有期徒刑,得并科一千元以下罚金。

第一百九十一条 (原第二百十六条)

伪造、变造之通用货币、纸币、银行券,减损分量之通用货币及前条之器械、原料,不问属于犯人与否,没收之。

第十三章 伪造有价证券罪

第一百九十二条 (原第二百二十六条)

意图供行使之用,而伪造、变造公债票、公司股票或其他有价证券者,处三年以上、十年以下有期徒刑,得并科三千元以下罚金。

行使伪造、变造之公债票、公司股票或其他有价证券,或意图供行使用之用而收集或交付于人者,处一年以上、七年以下有期徒刑,得并科三千元以下罚金。

第一百九十三条 (原第二百二十七条)

意图供行使之用,而伪造、变造邮票或印花税票者,处六月以上、五年以下有期徒刑,得并科一千元以下罚金。

行使伪造、变造之邮票或印花税票,或意图供行使之用而收集或交付于人者,处三年以下有期徒刑,得并科一千元以下罚金。

意图供行使之用,而涂抹邮票或印花税票上之注销符号者,处一年以下有期徒刑、拘役或三百元以下罚金;其行使之者,亦同。

第一百九十四条 (原第二百二十八条)

意图供行使之用,而伪造、变造船票、火车、电车票或其他往来客票者,处三年以下有期徒刑、拘役或一千元以下罚金;其行使之者,亦同。

第一百九十五条 (原第二百三十六条)

意图供伪造、变造有价证券、邮票或印花税票之用,而制造、交付或收受各项器械、原料者,处二年以下有期徒刑,得并科五百元以下罚金。

第一百九十六条 (原第二百三十七条)

伪造、变造之有价证券、邮票或印花税票及前条之器械、原料,不问属于犯人与否,没收之。

第十四章 伪造度量衡罪

第一百九十七条 (原第二百十八条)

意图供行使之用,而制造违背定程之度量衡,或变更度量衡之定程者,处一年以下有期徒刑、拘役或三百元以下罚金。

第一百九十八条 (原第二百十九条)

意图供行使之用,而贩卖违背定程之度量衡者,处六月以下有期徒刑、拘役或三百元以下罚金。

第一百九十九条 （原第二百二十条）

行使违背定程之度量衡者，处三百元以下罚金。

从事业务之人，关于其业务犯前项之罪者，处六月以下有期徒刑、拘役或五百元以下罚金。

第二百条 （原第二百二十二条）

违背定程之度量衡，不问属于犯人与否，没收之。

第十五章　伪造文书印文罪

第二百零一条 （原第二百二十四条）

伪造、变造私文书，足以生损害于公众或他人者，处五年以下有期徒刑。

第二百零二条 （原第二百二十五条）

伪造、变造公文书，足以生损害于公众或他人者，处一年以上、七年以下有期徒刑。

第二百零三条 （原第二百二十九条）

伪造、变造护照、旅券、免许证、特许证及关于品行、能力、服务或其他相类之证书、介绍书，足以生损害于公众或他人者，处一年以下有期徒刑、拘役或三百元以下罚金。

第二百零四条 （原第二百三十条）

公务员明知为不实之事项，而登载于职务上所掌之公文书，足以生损害于公众或他人者，处一年以上、七年以下有期徒刑。

第二百零五条 （原第二百三十一条）

明知为不实之事项，而使公务员登载于职务上所掌之公文书，足以生损害于公众或他人者，处三年以下有期徒刑、拘役或五百元以下罚金。

第二百零六条 （原第二百三十二条）

从事业务之人，明知为不实之事项，而登载于其业务上作成之文书，足以生损害于公众或他人者，处三年以下有期徒刑、拘役或五百元以下罚金。

第二百零七条 （原第二百三十三条）

行使第二百零一条至第二百零六条之文书者，依伪造、变造文书或登载不实事项或使登载不实事项之规定处断。

第二百零八条 （原第二百三十四条）

伪造印章、印文或署押，足以生损害于公众或他人者，处三年以下有期徒刑。

盗用印章、印文或署押，足以生损害于公众或他人者，亦同。

第二百零九条 （原第二百三十五条）

伪造公印或公印文者，处五年以下有期徒刑。

盗用公印或公印文，足以生损害于公众或他人者，亦同。

第二百十条 （原第二百三十七条）

伪造之印章、印文或署押，不问属于犯人与否，没收之。

第二百十一条 (原第二百三十八条)

在纸上或物品上之文字、符号,依习惯或特约,足以为表示其用意之证明者,关于本章之罪,以文书论。

第十六章 妨害风化罪

第二百十二条 (原第二百四十条)

对于妇女以强暴、胁迫、药剂、催眠术或他法,至使不能抗拒而奸淫之者,为强奸罪,处七年以上有期徒刑。

奸淫未满十四岁之女子,以强奸论。

前二项之未遂犯罚之。

第二百十三条 (原第二百四十一条)

对于男女以强暴、胁迫、药剂、催眠术或他法,至使不能抗拒而为猥亵之行为者,处七年以下有期徒刑。

对于未满十四岁之男女为猥亵之行为者,亦同。

第二百十四条 (原第二百四十二条)

对于妇女,乘其心神丧失或其他相类之情形不能抗拒,而奸淫之者,处三年以上、十年以下有期徒刑。

对于男女乘其心神丧失或其他相类之情形不能抗拒,而为猥亵之行为者,处五年以下有期徒刑。

第一项之未遂犯罚之。

第二百十五条 (原第二百四十、二百四十二条)

犯前三条之罪,因而致被害人于死者,处死刑、无期徒刑或七年以上有期徒刑;致重伤者,处无期徒刑或七年以上有期徒刑。

犯前三条之罪,因而致被害人羞忿自杀或意图自杀而致重伤者,处无期徒刑或七年以上有期徒刑。

第二百十六条 (原第二百四十三条)

对于因亲属、监护、教养、救济、公务或业务关系服从自己监督之人,利用权势而奸淫或为猥亵之行为者,处五年以下有期徒刑。

第二百十七条 (原第二百四十四条)

以诈术使妇女误信为自己配偶而听从其奸淫者,处三年以上、十年以下有期徒刑。

前项之未遂犯罚之。

第二百十八条 (原第二百四十五条)

直系或三亲等内旁系血亲相和奸者,处五年以下有期徒刑。

第二百十九条 (原第二百四十六、二百四十八条)

意图营利,引诱或容留良家妇女与他人为猥亵之行为或奸淫者,处三年以下有期徒刑,得并科五百元以下罚金。

以犯前项之罪为常业者,处五年以下有期徒刑,得并科一千元以下罚金。

公务员包庇他人犯前二项之罪者,依各该项之规定,加重其刑至二分之一。

第二百二十条 (原第二百四十七条)

对于第二百十六条所定服从自己监督之人,或夫对于妻,犯前条第一项之罪者,处五年以下有期徒刑,得并科一千元以下罚金。

第二百二十一条 (原第二百四十九条)

引诱未满十八岁之男女与他人为猥亵之行为或奸淫者,处五年以下有期徒刑。

第二百二十二条

意图营利,使人为猥亵之行为者,处三年以下有期徒刑,得并科五百元以下罚金。

第二百二十三条 (原第二百五十条)

公然为猥亵之行为者,处拘役或一百元以下罚金。

第二百二十四条 (原第二百五十一条)

散布或贩卖猥亵之文字、图画及其他物品,或公然陈列,或以他法供人观览者,处一千元以下罚金。

意图贩卖而制造、持有前项之文字、图画及其他物品者,亦同。

第二百二十五条 (原第二百五十二条)

第二百十二条至第二百十八条之罪,须告诉乃论。

第十七章　妨害婚姻及家庭罪

第二百二十六条 (原第二百五十四条)

有配偶而重为婚姻或同时与二人以上结婚者,处五年以下有期徒刑。其知情相婚者,亦同。

第二百二十七条 (原第二百五十五条)

以诈术缔结无效或得撤销之婚姻,因而致婚姻无效之裁判或撤销婚姻之裁判确定者,处三年以下有期徒刑。

第二百二十八条 (原第二百五十六条)

有配偶而与人通奸者,处二年以下有期徒刑。其相奸者,亦同。

第二百二十九条 (原第二百五十七条)

和诱未满二十岁之男女脱离家庭或其他有监督权之人者,处三年以下有期徒刑。

和诱有夫之妇脱离家庭者,亦同。

意图营利或意图使被诱人为猥亵之行为或奸淫,而犯前项之罪者,处六月以上、五年以下有期徒刑,得并科一千元以下罚金。

前三项之未遂犯罚之。

第二百三十条 (原第二百五十七条)

略诱未满二十岁之男女脱离家庭或其他有监督权之人者,处一年以上、七年以下有期徒刑。

意图营利或意图使被诱人为猥亵之行为或奸淫,而犯前项之罪者,处三年以上、十年以下有期徒刑,得并科一千元以下罚金。

和诱未满十四岁之男女,以略诱论。

前三项之未遂犯罚之。

第二百三十一条 (原第二百五十七条)

移送前二条之被诱人出中华民国领域外者,处无期徒刑或七年以上有期徒刑。

前项之未遂犯罪之。

第二百三十二条 (原第二百五十八条)

意图营利,或意图使第二百二十九条或第二百三十条之被诱人为猥亵之行为或奸淫,而收受、藏匿被诱人或使之隐避者,处六月以上、五年以下有期徒刑,得并科五百元以下罚金。

前项之未遂犯罚之。

第二百三十三条 (原第二百五十九条)

第二百二十七条、第二百二十八条及第二百二十九条和诱有夫之妇之罪,须告诉乃论。

第二百二十八条之罪,配偶纵容或宥恕者,不得告诉。

第十八章 亵渎祀典及侵害坟墓尸体罪

第二百三十四条 (原第二百六十一条)

对于坛庙、寺观、教堂、坟墓或公众纪念处所公然侮辱者,处六月以下有期徒刑、拘役或三百元以下罚金。

妨害丧、葬、祭礼、说教、礼拜者,亦同。

第二百三十五条 (原第二百六十二条)

损坏、遗弃、污辱或盗取尸体者,处六月以上、五年以下有期徒刑。

损坏、遗弃或盗取遗骨、遗发、殓物或火葬之遗灰者,处五年以下有期徒刑。

前二项之未遂犯罚之。

第二百三十六条 (原第二百六十三条)

发掘坟墓者,处六月以上、五年以下有期徒刑。

前项之未遂犯罚之。

第二百三十七条 (原第二百六十四条)

发掘坟墓而损坏、遗弃、污辱或盗取尸体者,处三年以上、十年以下有期徒刑。

发掘坟墓而损坏、遗弃、或盗取遗骨、遗发、殓物或火葬之遗灰者,处一年以上、七年以下有期徒刑。

第二百三十八条 (原第二百六十五条)

对于直系或五亲等内旁系之血亲尊亲属犯第二百三十五条至第二百三十七条之罪者,加重其刑至二分之一。

第十九章　妨害农工商罪

第二百三十九条　(原第二百六十七条)

以强暴、胁迫或诈术左列行为之一者,处五年以下有期徒刑、拘役或三千元以下罚金:

一、妨害贩运谷类及其他公共所需之饮食物品,致市上生缺乏者。

二、妨害贩运种子、肥料、原料及其他农业、工业所需之物品,致市上生缺乏者。

前项之未遂犯罚之。

第二百四十条

意图加损害于他人而妨害其农事上之水利者,处二年以下有期徒刑、拘役或三百元以下罚金。

第二百四十一条　(原第二百六十八条)

意图欺骗他人而伪造或仿造已登记之商标、商号者,处二年以下有期徒刑、拘役或科或并科三千元以下罚金。

第二百四十二条　(原第二百六十九条)

明知为伪造或仿造之商标、商号之货物而贩卖,或意图贩卖而陈列,或自外国输入者,处二千元以下罚金。

第二百四十三条

意图欺骗他人,而就商品之原产国或品质为虚伪之标记或其他表示者,处一年以下有期徒刑、拘役或一千元以下罚金。

明知为前项商品而贩卖,或意图贩卖而陈列,或自外国输入者,亦同。

第二十章　鸦　片　罪

第二百四十四条　(原第二百七十一条)

制造鸦片者,处七年以下有期徒刑,得并科三千元以下罚金。

制造吗啡、高根、安洛因或其化合质料者,处无期徒刑或五年以上有期徒刑,得并科五千元以下罚金。

前二项之未遂犯罚之。

第二百四十五条　(原第二百七十一条)

贩卖或运输鸦片者,处七年以下有期徒刑,得并科三千元以下罚金。

贩卖或运输吗啡、高根、安洛因或其化合质料者,处三年以上、十年以下有期徒刑,得并科五千元以下罚金。

自外国输入前二项之物者,处无期徒刑或五年以上有期徒刑,得并科一万元以下罚金。

前三项之未遂犯罚之。

第二百四十六条　(原第二百七十二条)

制造、贩卖或运输专供吸食鸦片之器具者,处三年以下有期徒刑,得并科五百元以下罚金。

前项之未遂犯罚之。

第二百四十七条 (原第二百七十三、二百七十六条)

意图营利,为人施打吗啡,或以馆舍供人吸食鸦片或其化合质料者,处一年以上、七年以下有期徒刑,得并科一千元以下罚金。

前项之未遂犯罚之。

第二百四十八条 (原第二百七十四条)

意图供制造鸦片、吗啡或高根之用,而栽种罂粟或高根种子者,处五年以下有期徒刑,得并科三千元以下罚金。

意图供制造鸦片、吗啡或高根之用,而贩卖或运输罂粟或高根种子者,处三年以下有期徒刑,得并科三千元以下罚金。

前二项之未遂犯罚之。

第二百四十九条

公务员利用权力强迫他人犯前条之罪者,处死刑或无期徒刑。

第二百五十条 (原第二百七十五条)

吸食鸦片,或施打吗啡,或使用高根、安洛因或其化合质料者,处六月以下有期徒刑、拘役或三百元以下罚金。

第二百五十一条 (原第二百七十七条)

意图供犯本章各罪之用,而持有鸦片、吗啡、高根、安洛因或其化合质料,或专供吸食鸦片之器具者,处拘役或五百元以下罚金。

第二百五十二条

公务员包庇他人犯本章各条之罪者,依各该条之规定,加重其刑至二分之一。

第二百五十三条 (原第二百七十七条)

犯本章各条之罪者,其鸦片、吗啡、高根、安洛因,或其化合质料或种子,或专供吸食鸦片之器具,不问属于犯人与否,没收之。

第二十一章 赌 博 罪

第二百五十四条 (原第二百七十八条)

在公共场所或公众得出入之场所赌博财物者,处一千元以下罚金。但以供人暂时娱乐之物为赌者,不在此限。

当场赌博之器具与在赌台或兑换筹码处之财物,不问属于犯人与否,没收之。

第二百五十五条 (原第二百七十九条)

以赌博为常业者,处二年以下有期徒刑,得并科一千元以下罚金。

第二百五十六条 (原第二百八十条)

意图营利,供给赌博场所或聚众赌博者,处三年以下有期徒刑,得并科三千元以下罚金。

第二百五十七条 (原第二百八十一条)

未经政府允准而发行彩票者,处一年以下有期徒刑或拘役,得并科三千元以下罚金。

为买卖前项彩票之媒介者，处六月以下有期徒刑、拘役或科或并科一千元以下罚金。

第二百五十八条

公务员包庇他人犯本章各条之罪者，依各该条之规定，加重其刑至二分之一。

第二十二章　杀　人　罪

第二百五十九条　（原第二百八十二条）

杀人者，处死刑、无期徒刑或十年以上有期徒刑。

前项之未遂犯罚之。

预备犯第一项之罪者，处二年以下有期徒刑。

第二百六十条　（原第二百八十三条）

杀直系血亲尊亲属者，处死刑或无期徒刑。

前项之未遂犯罚之。

预备犯第一项之罪者，处三年以下有期徒刑。

第二百六十一条　（原第二百八十六条）

当场激于义愤而杀人者，处一年以上、七年以下有期徒刑。

前项之未遂犯罚之。

第二百六十二条　（原第二百八十七条）

母于生产时或甫生产后杀其子女者，处六月以上、五年以下有期徒刑。

前项之未遂犯罪之。

第二百六十三条　（原第二百八十八条）

同谋杀人者，处三年以上、十年以下有期徒刑。

第二百六十四条　（原第二百九十条）

教唆或帮助他人使之自杀，或受其嘱托或得其承诺而杀之者，处一年以上、七年以下有期徒刑。

前项之未遂犯罚之。

谋为同死而犯第一项之罪者，得免除其刑。

第二百六十五条　（原第二百九十一条）

因过失致人于死者，处二年以下有期徒刑、拘役或二千元以下罚金。

从事业务之人，因业务上之过失犯前项之罪者，处五年以下有期徒刑或拘役，得并科三千元以下罚金。

第二十三章　伤　害　罪

第二百六十六条　（原第二百九十三条）

伤害人之身体或健康者，处三年以下有期徒刑、拘役或一千元以下罚金。

犯前项之罪，因而致人于死者，处无期徒刑或七年以上有期徒刑；致重伤者，处三年以上、十年以下有期徒刑。

第二百六十七条 (原第二百九十五、二百九十六条)

使人受重伤者,处五年以上、十二年以下有期徒刑。

犯前项之罪因而致人于死者,处无期徒刑或七年以上有期徒刑。

第一项之未遂犯罚之。

第二百六十八条 (原第二百九十七条)

当场激于义愤犯前二条之罪者,处二年以下有期徒刑、拘役或一千元以下罚金。但致人于死者,处五年以下有期徒刑。

第二百六十九条 (原第二百九十八条)

对于直系血亲尊亲属,犯第二百六十六条或二百六十七条之罪者,加重其刑至二分之一。

第二百七十条 (原第二百九十三条)

加暴行于直系血亲尊亲属未成伤者,处一年以下有期徒刑。

第二百七十一条 (原第二百九十九条)

教唆或帮助他人使之自伤,或受其嘱托或得其承诺而伤害之,成重伤者,处三年以下有期徒刑;因而致死者,处六月以上、五年以下有期徒刑。

第二百七十二条 (原第三百条)

聚众斗殴致人于死或重伤,其仅在场助势者,处三年以下有期徒刑。

第二百七十三条 (原第三百零一条)

因过失伤害人者,处六月以下有期徒刑、拘役或五百元以下罚金;致重伤者,处一年以下有期徒刑、拘役或五百元以下罚金。

从事业务之人,因业务上之过失伤害人者,处一年以下有期徒刑、拘役或一千元以下罚金;致重伤者,处三年以下有期徒刑、拘役或二千元以下罚金。

第二百七十四条

明知自己有花柳病,与他人为猥亵之行为或奸淫,致传染于人者,处二年以下有期徒刑、拘役或三百元以下罚金。

第二百七十五条

对于未满十四岁之男女,施以凌虐或以他法致妨害其身体之自然发育者,处二年以下有期徒刑、拘役或三百元以下罚金。

第二百七十六条

使未满十四岁之女子缠足,致变更其足之形状者,处拘役或一百元以下罚金。

第二百七十七条 (原第三百零二条)

第二百六十六条第一项、第二百七十条、第二百七十三条及第二百七十四条之罪,须告诉乃论。但公务员于执行职务时犯第二百六十六条第一项之罪者,不在此限。

第二十四章 堕 胎 罪

第二百七十八条 (原第三百零四条)

怀胎妇女服药或以他法堕胎者,处六月以下有期徒刑、拘役或一百元以下罚金。

怀胎妇女听从他人堕胎者,亦同。

第二百七十九条 (原第三百零五条)

受怀胎妇女之嘱托或得其承诺,而使之堕胎者,处二年以下有期徒刑。

因而致妇女于死者,处六月以上、五年以下有期徒刑;致重伤者,处三年以下有期徒刑。

第二百八十条 (原第三百零六条)

意图营利而犯前条第一项之罪者,处六月以上、五年以下有期徒刑,得并科五百元以下罚金。

因而致妇女于死者,处三年以上、十年以下有期徒刑,得并科五百元以下罚金;致重伤者,处一年以上、七年以下有期徒刑,得并科五百元以下罚金。

第二百八十一条 (原第三百零七条)

未受怀胎妇女之嘱托或未得其承诺,而使之堕胎者,处一年以上、七年以下有期徒刑。

因而致妇女于死者,处无期徒刑或七年以上有期徒刑;致重伤者,处三年以上、十年以下有期徒刑。

第一项之未遂犯罚之。

第二百八十二条 (原第三百零八条)

以文字、图画或他法,公然介绍堕胎之方法或物品,或公然介绍自己或他人为堕胎之行为者,处一年以下有期徒刑、拘役或科或并科一千元以下罚金。

第二十五章 遗 弃 罪

第二百八十三条 (原第三百零九条)

遗弃无自救力之人者,处六月以下有期徒刑、拘役或一百元以下罚金。

因而致人于死者,处五年以下有期徒刑;致重伤者,处三年以下有期徒刑。

第二百八十四条 (原第三百十条)

对于无自救力之人,依法令或契约应扶助、养育或保护而遗弃之,或不为其生存所必要之扶助、养育或保护者,处六月以上、五年以下有期徒刑。

因而致人于死者,处无期徒刑或七年以上有期徒刑;致重伤者,处三年以上、十年以下有期徒刑。

第二十六章 妨害自由罪

第二百八十五条 (原第三百十三条)

使人为奴隶者,处一年以上、七年以下有期徒刑。

前项之未遂犯罚之。

第二百八十六条 (原第三百十四条)

意图营利,以诈术使人出中华民国领域外者,处一年以上、七年以下有期徒刑,得并科三千元以下罚金。

以犯前项之罪为常业者,处五年以上、十二年以下有期徒刑,得并科五千元以下罚金。

第一项之未遂犯罚之。

第二百八十七条 (原第三百十五条)

意图使妇女与自己或他人结婚而略诱之者,处五年以下有期徒刑。

意图营利,或意图使妇女为猥亵之行为或奸淫,而略诱之者,处一年以上、七年以下有期徒刑,得并科一千元以下罚金。

前二项之未遂犯罚之。

第二百八十八条 (原第三百十五条)

移送前条被略诱人出中华民国领域外者,处五年以上、十二年以下有期徒刑。

前项之未遂犯罚之。

第二百八十九条

意图营利,或意图使被略诱人为猥亵之行为或奸淫,而收受、藏匿被略诱人或使之隐避者,处六月以上、五年以下有期徒刑,得并科五百元以下罚金。

前项之未遂犯罚之。

第二百九十条 (原第三百十六条)

私行拘禁或以其他非法方法剥夺人之行动自由者,处五年以下有期徒刑、拘役或三百元以下罚金。

因而致人于死者,处无期徒刑或七年以上有期徒刑;致重伤者,处三年以上、十年以下有期徒刑。

第一项之未遂犯罚之。

第二百九十一条 (原第三百十八条)

以强暴、胁迫使人行无义务之事或妨害人行使权利者,处三年以下有期徒刑、拘役或三百元以下罚金。

前项之未遂犯罚之。

第二百九十二条 (原第三百十九条)

以加害生命、身体、自由、名誉、财产之事恐吓他人,致生危害于其安全者,处二年以下有期徒刑、拘役或三百元以下罚金。

第二百九十三条 (原第三百二十条)

无故侵入他人住宅、建筑物或附连围绕之土地或船舰者,处一年以下有期徒刑、拘役或三百元以下罚金。

无故隐匿其内,或受退去之要求而仍留滞者,亦同。

第二百九十四条 (原第三百二十一条)

不依法令搜索他人身体、住宅、建筑物、舟、车者,处二年以下有期徒刑、拘役或五百元以下罚金。

第二百九十五条 (原第三百二十二条)

第二百八十七条及第二百九十三条之罪,须告诉乃论。

第二百八十七条第一项之罪,其告诉以不违反被略诱人之意思为限。

第二十七章　妨害名誉及信用罪

第二百九十六条　(原第三百二十四条)

公然侮辱人者,处拘役或三百元以下罚金。

以强暴犯前项之罪者,处一年以下有期徒刑、拘役或五百元以下罚金。

第二百九十七条　(原第三百二十五、三百二十六条)

意图散布于众而指摘或传述足以毁损他人名誉之事者,为诽谤罪,处一年以下有期徒刑、拘役或五百元以下罚金。

散布文字、图画犯前项之罪者,处二年以下有期徒刑、拘役或一千元以下罚金。

对于所诽谤之事,能证明其为真实者,不罚。但涉于私德而与公共利益无关者,不在此限。

第二百九十八条　(原第三百二十七条)

以善意发表言论,而有左列情形之一者,不罚:

一、因自卫、自辩或保护合法之利益者。

二、公务员因职务而报告者。

三、对于可受公评之事,而为适当之评论者。

四、对于中央及地方之会议或法院或公众集会之记事,而为适当之载述者。

第二百九十九条　(原第三百二十九条)

对于已死之人公然侮辱者,处拘役或三百元以下罚金。

对于已死之人犯诽谤罪者,处一年以下有期徒刑、拘役或一千元以下罚金。

第三百条　(原第三百三十条)

散布流言或以诈术损害他人之信用者,处二年以下有期徒刑、拘役或科或并科一千元以下罚金。

第三百零一条　(原第三百三十一条)

本章之罪,须告诉乃论。

第二十八章　妨害秘密罪

第三百零二条　(原第三百三十三条)

无故开拆或隐匿他人之封缄信函或其他封缄文书者,处三百元以下罚金。

第三百零三条　(原第三百三十四条)

医师、药师、药商、助产士、宗教师、律师、辩护人、公证人、会计师及其他从事业务之人,及其业务上佐理人,或曾任此等职务之人,无故泄漏因业务知悉或持有之他人秘密者,处一年以下有期徒刑、拘役或五百元以下罚金。

第三百零四条　(原第三百三十五条)

依法令或契约,有守因业务知悉或持有工商秘密之义务,而无故泄漏之者,处一年以下有期徒刑、拘役或一千元以下罚金。

公务员或曾任公务员之人,无故泄漏因职务知悉或持有他人之工商秘密者,异同。

第三百零五条 (原第三百三十六条)

本章之罪,须告诉乃论。

第二十九章 窃 盗 罪

第三百零六条 (原第三百三十七条)

意图为自己或第三人不法之所有,而窃取他人之动产者,为窃盗罪,处五年以下有期徒刑、拘役或五百元以下罚金。

意图为自己或第三人不法之利益,而取得他人之不动产者,以窃盗论。

前二项之未遂犯罚之。

第三百零七条 (原第三百三十八条)

犯窃盗罪而有左列情形之一者,处六月以上、五年以下有期徒刑:

一、于夜间侵入住宅或有人居住之建筑物或隐匿其内而犯之者。

二、毁越门扇、墙垣或其他安全设备而犯之者。

三、携带凶器而犯之者。

四、结伙三人以上而犯之者。

五、乘水灾、火灾或其他灾害之际而犯之者。

六、在车站或埠头而犯之者。

前项之未遂犯罚之。

第三百零八条 (原第三百三十八条)

以犯窃盗罪为常业者,处一年以上、七年以下有期徒刑。

第三百零九条 (原第三百四十条)

电气关于本章之罪,以动产论。

第三百十条 (原第三百四十一条)

于直系血亲、配偶或同财共居亲属之间,犯本章之罪者,得免除其刑。

前项亲属或其他五亲等内血亲或三亲等内姻亲之间,犯本章之罪者,须告诉乃论。

第三十章 抢夺强盗及海盗罪

第三百十一条 (原第三百四十三条)

意图为自己或第三人不法之所有,而抢夺他人之动产者,处六月以上、五年以下有期徒刑。

因而致人于死者,处无期徒刑或七年以上有期徒刑;致重伤者,处三年以上、十年以下有期徒刑。

第一项之未遂犯罚之。

第三百十二条 (原第三百四十四条)

犯前条第一项之罪,而有第三百零七条第一项各款情形之一者,处一年以上、七年以下有期徒刑。

前项之未遂犯罚之。

第三百十三条 （原第三百四十四条）

以犯第三百十一条第一项之罪为常业者，处三年以上、十年以下有期徒刑。

第三百十四条 （原第三百四十六条）

意图为自己或第三人不法之所有，以强暴、胁迫、药剂、催眠术或他法，至使不能抗拒，而取他人之物或使其交付者，为强盗罪，处三年以上、十年以下有期徒刑。

以前项方法得财产上不法之利益或使第三人得之者，亦同。

犯强盗罪因而致人于死者，处死刑或无期徒刑；致重伤者，处无期徒刑或七年以上有期徒刑。

第一项及第二项之未遂犯罚之。

第三百十五条 （原第三百四十七条）

窃盗或抢夺，因防护赃物、脱免逮捕或湮灭罪证，而当场施以强暴、胁迫者，以强盗论。

第三百十六条 （原第三百四十八条）

犯强盗罪而有第三百零七条第一项各款情形之一者，处五年以上、十二年以下有期徒刑。

前项之未遂犯罚之。

第三百十七条 （原第三百四十八条）

以犯强盗罪为常业者，处七年以上有期徒刑。

第三百十八条 （原第三百四十九、三百五十条）

犯强盗罪而有左列行为之一者，处死刑或无期徒刑：

一、放火者。

二、强奸者。

三、故意杀人者。

第三百十九条 （原第三百五十一条）

同谋犯强盗罪者，处一年以上、七年以下有期徒刑。

第三百二十条 （原第三百五十二条）

未受交战国之允准或不属于各国之海军，而驾驶船舰，意图施强暴、胁迫于他船或他船之人或物者，为海盗罪，处死刑、无期徒刑或七年以上有期徒刑。

船员或乘客意图掠夺财物，施强暴、胁迫于其他船员或乘客，而驾驶或指挥船舰者，以海盗论。

因而致人于死者，处死刑；致重伤者，处死刑或无期徒刑。

第三百二十一条 （原第三百五十三条）

犯海盗罪而有左列行为之一者，处死刑：

一、放火者。

二、强奸者。

三、故意杀人者。

第三十一章　侵　占　罪

第三百二十二条　(原第三百五十六条)

意图为自己或第三人不法之所有,而侵占自己持有他人之物者,处五年以下有期徒刑、拘役或科或并科一千元以下罚金。

前项之未遂犯罚之。

第三百二十三条　(原第三百五十七条)

对于公务上或因公益所持有之物,犯前条第一项之罪者,处一年以上、七年以下有期徒刑,得并科五千元以下罚金。

对于业务上所持有之物,犯前条第一项之罪者,处六月以上、五年以下有期徒刑,得并科三千元以下罚金。

前二项之未遂犯罚之。

第三百二十四条　(原第三百五十八条)

意图为自己或第三人不法之所有,而侵占遗失物、漂流物或其他离本人所持有之物者,处五百元以下罚金。

第三百二十五条　(原第三百六十、三百六十一条)

第三百零九条及第三百十条之规定,于本章之罪准用之。

第三十二章　诈欺及背信罪

第三百二十六条　(原第三百六十三条)

意图为自己或第三人不法之所有,以诈术使人将本人或第三人之物交付者,处五年以下有期徒刑、拘役或科或并科一千元以下罚金。

以前项方法得财产上不法之利益或使第三人得之者,亦同。

前二项之未遂犯罚之。

第三百二十七条　(原第三百六十四条)

以犯前条之罪为常业者,处一年以上、七年以下有期徒刑,得并科五千元以下罚金。

第三百二十八条　(原第三百六十六条)

为他人处理事务,而为违背其任务之行为,致生损害于本人之财产者,处五年以下有期徒刑、拘役或科或并科一千元以下罚金。

前项之未遂犯罚之。

第三百二十九条　(原第三百六十七、三百六十八条)

第三百零九条及第三百十条之规定,于本章之罪准用之。

第三十三章　重　利　罪

第三百三十条

乘他人急迫、轻率或无经验,贷以金钱或其他物品,而取得与原本显不相当之重利者,处一年以下有期徒刑、拘役或科或并科一千元以下罚金。

第三百三十一条

以犯前条之罪为常业者,处三年以下有期徒刑,得并科三千元以下罚金。

第三百三十二条 （原第三百六十五条）

意图为自己或第三人不法之所有,乘未满二十岁人之知虑浅薄或乘人之精神耗弱,使之将本人或第三人之物交付者,处五年以下有期徒刑、拘役或科或并科一千元以下罚金。

以前项方法得财产上不法之利益或使第三人得之者,亦同。

前二项之未遂犯罚之。

第三十四章 恐吓及掳人勒赎罪

第三百三十三条 （原第三百七十条）

意图为自己或第三人不法之所有,以恐吓使人将本人或第三人之物交付者,处六月以上、五年以下有期徒刑,得并科一千元以下罚金。

以前项方法得财产上不法之利益或使第三人得之者,亦同。

前二项之未遂犯罚之。

第三百三十四条 （原第三百七十一条）

掳人勒赎者,处无期徒刑或七年以上有期徒刑。

因而致人于死或重伤者,处死刑或无期徒刑。

第一项之未遂犯罚之。

第三百三十五条 （原第三百七十二条）

犯前条第一项之罪而故意杀被害人者,处死刑。

犯前条第一项之罪而强奸被害人者,处死刑或无期徒刑。

第三百三十六条 （原第三百七十三条）

同谋掳人勒赎者,处一年以上、七年以下有期徒刑。

第三十五章 赃 物 罪

第三百三十七条 （原第三百七十六条）

收受赃物者,处三年以下有期徒刑、拘役或五百元以下罚金。

搬运、寄藏、故买赃物或为牙保者,处五年以下有期徒刑、拘役或科或并科一千元以下罚金。

因赃物变得之财物,以赃物论。

第三百三十八条 （原第三百七十七条）

以犯前条之罪为常业者,处六月以上、五年以下有期徒刑,得并科三千元以下罚金。

第三百三十九条 （原第三百七十八条）

于直系血亲、配偶或同财共居亲属之间犯本章之罪者,得免除其刑。

第三十六章　毁弃损坏罪

第三百四十条　(原第三百八十条)

毁弃、损坏他人文书或致令不堪用,足以生损害于公众或他人者,处三年以下有期徒刑、拘役或五百元以下罚金。

第三百四十一条　(原第三百八十一条)

毁坏他人建筑物、矿坑、船舰或致令不堪用者,处六月以上、五年以下有期徒刑。

因而致人于死者,处无期徒刑或七年以上有期徒刑;致重伤者,处三年以上、十年以下有期徒刑。

第一项之未遂犯罚之。

第三百四十二条　(原第三百八十二条)

毁弃、损坏前二条以外之他人之物或致令不堪用,足以生损害于公众或他人者,处二年以下有期徒刑、拘役或五百元以下罚金。

第三百四十三条　(原第三百八十三条)

意图损害他人,以诈术使本人或第三人为财产上之处分,致生财产上之损害者,处二年以下有期徒刑、拘役或五百元以下罚金。

第三百四十四条　(原第三百八十四条)

债务人于将受强制执行之际,意图损害债权人之债权,而毁坏、处分或隐匿其财产者,处二年以下有期徒刑、拘役或五百元以下罚金。

第三百四十五条　(原第三百八十七条)

第三百四十条、第三百四十二条至第三百四十四条之罪,须告诉乃论。

四、《中华民国刑法修正案》(1934年)

《中华民国刑法修正案》*

(1934年10月)

目　录

* 1933年《中华民国刑法修正案初稿》出台后,刑法起草委员会随即刊印千册,分送法学杂志社、大学、律师公会、报馆等处,并送司法行政部发交各级法院,征集各界的批评与意见。刑法起草委员会历经百余次会议后,于1934年10月完成《刑法修正案》,总则12章、97条,分则35章、253条,共计350条。

第一编　总　　则

第一章　法　　例

第一条　行为之处罚,以行为时之法律有明文规定者为限。

第二条　行为后法律有变更者,适用裁判时之法律。但裁判前之法律有利于行为人者,适用最有利于行为人之法律。

保安处分适用裁判时之法律。

处罚之裁判确定后,未执行或执行未完毕,而法律有变更不处罚其行为者,免其刑之执行。

第三条 本法于在中华民国领域内犯罪者适用之。在中华民国领域外之中华民国船舶或航空机内犯罪者,以在中华民国领域内犯罪论。

第四条 犯罪之行为或结果,有一在中华民国领域内者,为在中华民国领域内犯罪。

第五条 本法于凡在中华民国领域外犯左列各罪者,适用之:

一、内乱罪。

二、外患罪。

三、伪造货币罪。

四、第一百九十八条及第一百九十九条之伪造有价证券罪。

五、第二百零八条、第二百十一条、第二百十三条及第二百十五条之伪造文书印文罪。

六、第二百九十条之妨害自由罪。

七、第三百二十六条及第三百二十七条之海盗罪。

第六条 本法于中华民国公务员在中华民国领域外犯左列各罪者,适用之:

一、第一百十九条至第一百二十一条、第一百二十三条、第一百二十四条、第一百二十七条、第一百二十九条、第一百三十条及第一百三十二条之渎职罪。

二、第一百六十一条之脱逃罪。

三、第二百十条之伪造文书罪。

四、第三百二十九条第一项之侵占罪。

第七条 本法于中华民国人民在中华民国领域外犯前二条以外之罪,而其最轻本刑为三年以上有期徒刑者适用之。但依犯罪地之法律不罚者,不在此限。

第八条 前条之规定,于在中华民国领域外对于中华民国人民犯罪之外国人,准用之。

第九条 同一行为,虽经外国确定裁判,仍得依本法处断。但在外国已受刑之全部或一部执行者,得免其刑之全部或一部之执行。

第十条 称以上、以下、以内者,俱连本数或本刑计算。

称公务员者,谓依法令从事于公务之人员。

称公文书者,谓公务员职务上制作之文书。

称重伤者,谓左列伤害:

一、毁败一目或二目之视能。

二、毁败一耳或二耳之听能。

三、毁败语能、味能或嗅能。

四、毁败一肢以上之机能。

五、毁败生殖之机能。

六、其他于身体或健康有重大不治或难治之伤害。

第十一条 本法总则于其他法令有刑罚之规定者,亦适用之。但其他法令有特别规定者,不在此限。

第二章　刑事责任

第十二条　行为非出于故意或过失者,不罚。

过失行为之处罚,以有特别规定者为限。

第十三条　行为人对于构成犯罪之事实,明知并有意使其发生者,为故意。

行为人对于构成犯罪之事实,预见其发生,而其发生并不违背其本意者,以故意论。

第十四条　行为人虽非故意,但按其情节,应注意并能注意而不注意者,为过失。

行为人对于构成犯罪之事实,虽预见其能发生而确信其不发生者,以过失论。

第十五条　对于一定结果之发生,法律上有防止之义务,能防止而不防止者,与因积极行为发生结果者同。

因自己行为致有发生一定结果之危险者,负防止其发生之义务。

第十六条　不得因不知法律而免除刑事责任。但按其情节,得减轻其刑;如自信其行为为法律所许可,而有正当理由者,得免除其刑。

第十七条　因犯罪致发生一定之结果,而有加重其刑之规定者,如行为人不能预见其发生时,不适用之。

第十八条　未满十四岁人之行为,不罚。

十四岁以上、未满十八岁人之行为,得减轻其刑。

满八十岁人之行为,得减轻其刑。

第十九条　心神丧失人之行为,不罚。

精神耗弱人之行为,得减轻其刑。

第二十条　瘖哑人之行为,得减轻其刑。

第二十一条　依法令之行为,不罚。

依所属上级公务员命令之职务上行为,不罚。但明知命令违法者,不在此限。

第二十二条　业务上之正当行为,不罚。

第二十三条　对于现在不法之侵害,而出于防卫自己或他人权利之行为,不罚。但防卫行为过当者,得减轻或免除其刑。

第二十四条　因避免自己或他人生命、身体、自由、财产之紧急危难而出于不得已之行为,不罚。但避难行为过当者,得减轻或免除其刑。

前项关于避免自己危难之规定,于公务上或业务上有特别义务者,不适用之。

第三章　未遂罪

第二十五条　已着手于犯罪行为之实行而不遂者,为未遂犯。

未遂犯之处罚,以有特别规定者为限。

第二十六条　未遂犯之处罚,得按既遂犯之刑减轻之。但其行为不能发生犯罪之结果,又无危险者,减轻或免除其刑。

第二十七条　已着手于犯罪行为之实行,而因己意中止或防止其结果之发生者,减轻或免除其刑。

第四章 共 犯

第二十八条 二人以上共同实施犯罪之行为者，皆为正犯。

第二十九条 教唆他人犯罪者，为教唆犯。

教唆犯依其所教唆之罪处罚之。

被教唆人虽未至犯罪，教唆犯仍以未遂犯论，但以所教唆之罪有处罚未遂犯之规定者为限。

第三十条 帮助他人犯罪者，为从犯。虽他人不知帮助之情者，亦同。

从犯之处罚，得按正犯之刑减轻之。

第三十一条 因身分或其他特定关系成立之罪，其共同实施或教唆、帮助者，虽无特定关系，仍以共犯论。

因身分或其他特定关系致刑有重轻或免除者，其无特定关系之人，科以通常之刑。

第五章 刑

第三十二条 刑分为主刑及从刑。

第三十三条 主刑之种类如左：

一、死刑。

二、无期徒刑。

三、有期徒刑：二月以上、十五年以下。但遇有加减时，得减至二月未满，或加至二十年。

四、拘役：一日以上、二月未满。但遇有加重时，得加至四个月。

五、罚金：一元以上。

第三十四条 从刑之种类如左：

一、丧失公务员资格。

二、没收。

第三十五条 主刑之重轻，依第三十三条规定之次序定之。

同种之刑，以最高度之较长或较多者为重。最高度相等者，以最低度之较长或较多者为重。

除前二项规定外，刑之重轻，参酌前二项标准定之。不能依前二项标准定之者，依犯罪情节定之。

第三十六条 宣告死刑或无期徒刑者，宣告丧失公务员资格。

宣告六月以上有期徒刑，依犯罪之性质认为不宜于服公务者，宣告丧失公务员资格一年以上、十年以下丧失公务员资格。

丧失公务员资格，于裁判时并宣告之。

依第一项宣告丧失公务员资格者，自裁判确定时发生效力。依第二项宣告丧失公务员资格者,自主刑执行完毕或赦免之日起算。

第三十七条 左列之物没收之:

一、违禁物。

二、供犯罪所用或供犯罪预备之物。

三、因犯罪所得之物。

前项第一款之物,不问属于犯人与否,没收之。

第一项第二款、第三款之物,以属于犯人者为限,得没收之。但有特别规定者,依其规定。

第三十八条 免除其刑者,仍得专科没收。

第三十九条 没收于裁判时并宣告之。但违禁物得单独宣告没收。

第四十条 犯最重本刑为三年以下有期徒刑以下之刑之罪,而受六月以下有期徒刑或拘役之宣告,因身体、教育、职业或家庭之关系,执行显有困难者,得以一元以上、三元以下折算一日,易科罚金。

第四十一条 罚金应于裁判确定后两月内完纳。期满而不完纳者,强制执行。其无力完纳者,易服劳役。

易服劳役,以一元以上、三元以下折算一日。但劳役期限不得逾六个月。

罚金总额折算逾六个月之日数者,以罚金总额与六个月之日数比例折算。

科罚金之裁判,应依前二项之规定,载明折算一日之额数。

易服劳役,不满一日之零数不算。

易服劳役期内纳罚金者,以所纳之数,依裁判所定之标准折算,扣除劳役之日期。

第四十二条 受拘役或罚金之宣告,而犯罪动机在公益或道义上为可宥恕者,得易以训诫。

第四十三条 易科罚金、易服劳役或易以训诫执行完毕者,其所受宣告之刑,以已执行论。

第四十四条 刑期自裁判确定之日起算。

裁判虽经确定,其尚未受拘禁之日数,不算入刑期内。

第四十五条 裁判确定前羁押之日数,以一日抵有期徒刑或拘役一日或第四十一条第四项裁判所定之罚金数额。

第六章 累　　犯

第四十六条 受有期徒刑之执行完毕,或受无期徒刑或有期徒刑一部之执行而赦免后,五年以内再犯有期徒刑以上之罪者,为累犯,加重本刑至二分之一。

第四十七条 裁判确定后发觉为累犯者,依前条之规定更定其刑,但刑之执行完毕或赦免后发觉者,不在此限。

第四十八条 累犯之规定,于前所犯罪依军法或于外国法院受裁判者,不适用之。

第七章 数罪并罚

第四十九条 裁判确定前犯数罪者,并合处罚之。

第五十条 数罪并罚,分别宣告其罪之刑,依左列各款定其应执行者:

一、宣告多数死刑者,执行其一。

二、宣告之最重刑为死刑者,不执行他刑。但从刑不在此限。

三、宣告多数无期徒刑者,执行其一。

四、宣告之最重刑为无期徒刑者,不执行他刑。但罚金及从刑不在此限。

五、宣告多数有期徒刑者,于各刑中之最长期以上、各刑合并之刑期以下,定其刑期。但不得逾二十年。

六、宣告多数拘役者,比照前款定其刑期。但不得逾四个月。

七、宣告多数罚金者,于各刑中之最多额以上、各刑合并之金额以下,定其金额。

八、宣告多数丧失公务员资格者,仅就其中最长期间执行之。

九、宣告多数没收者,并执行之。

十、依第五款至第九款所定之刑,并执行之。

第五十一条 数罪并罚,于裁判确定后发觉未经裁判之余罪者,就余罪处断。

第五十二条 数罪并罚,有二裁判以上者,依第五十条之规定,定其应执行之刑。

第五十三条 数罪并罚,已经处断,如各罪中有受赦免者,余罪仍依第五十条之规定定其应执行之刑,仅余一罪者,依其宣告之刑执行。

第五十四条 一行为而触犯数罪名,或犯一罪而其方法或结果之行为犯他罪名者,从一重处断。

第五十五条 连续数行为而犯同一之罪名者,以一罪论,但得加重其刑至二分之一。

第八章 刑之酌科及加减

第五十六条 科刑时应审酌一切情状,尤应注意左列事项,为科刑轻重之标准:

一、犯罪之动机。

二、犯罪之目的。

三、犯罪时所受之激刺。

四、犯罪之手段。

五、犯人之生活状况。

六、犯人之智识程度。

七、犯人之品行。

八、犯人与被害人平日之关系。

九、犯罪所生之危险或损害。

十、犯罪后之态度。

第五十七条 科罚金时,除依前条规定外,并应审酌犯人之资力及因犯罪所得之利益,如所得之利益超过罚金最多额时,得于所得利益之范围内酌量加重。

第五十八条 犯罪之情状科悯恕者,得酌量减轻其刑。

第五十九条 依法律加重或减轻者,仍得依前条之规定酌量减轻其刑。

第六十条 犯左列各罪之一,情节轻微,显可悯恕,认为依第五十八条规定减轻其刑仍嫌过重者,得免除其刑:

一、犯最重本刑为三年以下有期徒刑、拘役或专科罚金之罪。但第一百三十条第一项、第一百四十一条、第一百四十三条、第一百八十三条、第二百六十七条第三项及第二百七十六条第一项之罪,不在此限。

二、犯第三百十三条之窃盗罪。

三、犯第三百二十八条之侵占罪。

四、犯第三百三十二条之诈欺罪。

五、犯第三百四十二条第二项之赃物罪。

第六十一条 对于未发觉之罪自首而受裁判者,减轻其刑。但有特别规定者,依其规定。

第六十二条 未满十八岁人或满八十岁人犯罪者,不得处死刑或无期徒刑;本刑为死刑或无期徒刑者,减轻其刑。

第六十三条 死刑不得加重。

死刑减轻者,为无期徒刑,或为十五年以下、十二年以上有期徒刑。

第六十四条 无期徒刑不得加重。

无期徒刑减轻者,为七年以上有期徒刑。

第六十五条 有期徒刑、拘役、罚金减轻者,减轻其刑至二分之一。但同时有免除其刑之规定者,其减轻得减至三分之二。

第六十六条 有期徒刑加减者,其最高度及最低度同加减之。

第六十七条 拘役或罚金加减者,仅加减其最高度。

第六十八条 有二种以上之主刑者,加减时并加减之。

第六十九条 有二种以上刑之加重或减轻者,递加或递减之。

第七十条 刑有加重及减轻者,先加后减。

有二种以上之减轻者,先依较少之数减轻之。

第七十一条 因刑之加重、减轻,而有不满一日之时间或不满一元之额数者,不算。

第七十二条 酌量减轻其刑者,准用减轻其刑之规定。

第九章　缓　　刑

第七十三条 受二年以下有期徒刑、拘役或罚金之宣告,而有左列情形之一,认为以暂不执行为适当者,得宣告二年以上、五年以下之缓刑,其期间自裁判确定之日起算:

一、未曾受有期徒刑以上刑之宣告者。

二、前受有期徒刑以上刑之宣告,执行完毕或赦免后,五年以内未曾受有期徒刑以上刑之宣告者。

第七十四条 受缓刑之宣告而有左列情形之一者,撤销其宣告:

一、缓刑期内更犯罪,受有期徒刑以上刑之宣告者。

二、缓刑前犯他罪而在缓刑期内受有期徒刑以上刑之宣告者。

因过失犯罪者,不适用前项之规定。

第七十五条 缓刑期满而缓刑之宣告未经撤销者,其刑之宣告失其效力。

第十章 假 释

第七十六条 受徒刑之执行而有悛悔实据者,无期徒刑逾十年后、有期徒刑逾二分之一后,由监狱长官呈司法行政最高官署,得许假释出狱。但有期徒刑之执行未满一年者,不在此限。

前项执行期间遇有第四十五条情形者,以所余之刑期计算。

第七十七条 假释中更犯罪,受有期徒刑以上刑之宣告者,撤销其假释。

因过失犯罪者,不适用前项之规定。

假释撤销后,其出狱日数不算入刑期内。

第七十八条 在无期徒刑假释期满十年,或在有期徒刑所余刑期内未经撤销假释者,其未执行之刑,以已执行论。

假释中因他罪受刑之执行者,其执行之期间,不算入假释期内。

第十一章 时 效

第七十九条 追诉权因左列期间内不行使而消灭:

一、死刑、无期徒刑或十年以上有期徒刑者,二十年。

二、三年以上、十年未满有期徒刑者,十年。

三、一年以上、三年未满有期徒刑者,五年。

四、一年未满有期徒刑者,三年。

五、拘役或罚金者,一年。

前项期间,自犯罪成立之日起算。但犯罪行为有连续或继续之状态者,自行为终了之日起算。

第八十条 追诉权之时效期间,依本刑之最高度计算。有二种以上之主刑者,依最重主刑或最重主刑之最高度计算。

第八十一条 本刑应加重或减轻者,追诉权之时效期间,仍依本刑计算。

第八十二条 追诉权之时效,如依法律之规定,侦查、起诉或审判之程序不能开始或继续时,停止其进行。

前项时效停止,自停止原因消灭之日起,与停止前已经过之期间,一并计算。

停止原因继续存在之期间,如达于第七十九条第一项各款所定期间四分之一者,其停止原因视为消灭。

第八十三条　行刑权因左列期间内不行使而消灭：

一、死刑、无期徒刑或十年以上有期徒刑者，三十年。

二、三年以上、十年未满有期徒刑者，十五年。

三、一年以上、三年未满有期徒刑者，七年。

四、一年未满有期徒刑者，五年。

五、拘役、罚金或专科没收者，三年。

前项期间，自裁判确定之日起算。

第八十四条　行刑权之时效，如依法律之规定不能开始或继续执行时，停止其进行。

前项时效停止，自停止原因消灭之日起，与停止前已经过之期间一并计算。

停止原因继续存在之期间，如达于第八十三条第一项各款所定期间四分之一者，其停止原因视为消灭。

第十二章　保安处分

第八十五条　因未满十四岁而不罚者，得令入感化教育处所，施以感化教育。

因未满十八岁而减轻其刑者，得于刑之执行完毕或赦免后，令入感化教育处所，施以感化教育。但宣告三年以下有期徒刑、拘役或罚金者，得于执行前为之。

感化教育期间为三年以下。

第二项但书情形，依感化教育之执行，认为无执行刑之必要者，得免其刑之执行。

第八十六条　因心神丧失而不罚者，得令入相当处所，施以监护。

因精神耗弱或瘖哑而减轻其刑者，得于刑之执行完毕或赦免后，令入相当处所，施以监护。

前二项处分期间，为三年以下。

第八十七条　犯吸食鸦片或施打吗啡或使用高根、安洛因或其化合原料之罪者，得令入相当处所，施以禁戒。

前项处分，于刑之执行前为之，其期间为六个月以下。

依禁戒处分之执行，法院认为无执行刑之必要者，得免其刑之执行。

第八十八条　因酗酒而犯罪者，得于刑之执行完毕或赦免后，令入相当处所，施以禁戒。

前项处分期间，为三个月以下。

第八十九条　有犯罪之习惯或以犯罪为常业或因游荡或懒惰成习而犯罪者，得于刑之执行完毕或赦免后，令入劳动场所，强制工作。

前项处分期间，为三年以下。

第九十条　第八十五条至第八十九条之处分，按其情形，得以保护管束代之。

前项保护管束期间，为三年以下，其不能收效者，得随时撤销之，仍执行原处分。

第九十一条　受缓刑之宣告者，在缓刑期内，得付保护管束。

假释出狱者，在假释中付保护管束。

前二项情形，违反保护管束规则情节重大者，得撤销缓刑之宣告或假释。

第九十二条 保护管束，交由警察官署、自治团体、慈善团体、本人之最近亲属或其他适当之人行之。

第九十三条 外国人受有期徒刑以上刑之宣告者，得于刑之执行完毕或赦免后，驱逐出境。

第九十四条 保安处分，于裁判时并宣告之。但因假释或于刑之赦免后，付保安处分者，不在此限。

第九十五条 依第八十五条至第九十条规定宣告之保安处分期间未终了前，认为无继续执行之必要者，法院得免其处分之执行。如认为有延长之必要者，法院得就法定期间之范围内，酌量延长之。

第九十六条 依第八十五条至第八十九条规定宣告之保安处分，于刑之执行完毕或赦免后，认为无执行之必要者，法院得免其处分之执行。

第九十七条 第八十五条至第八十九条之保安处分，自应执行之日起经过三年未执行者，非得法院许可不得执行之。

第二编　分　则

第一章　内　乱　罪

第九十八条 意图破坏国体，窃据国土，或以非法之方法变更国宪，颠覆政府，而着手实行者，处七年以上有期徒刑，首谋者，处无期徒刑。

预备犯或阴谋犯前项之罪者，处六月以上五年以下有期徒刑。

第九十九条 以暴动犯前条第一项之罪者，处无期徒刑或七年以上有期徒刑；首谋者，处死刑或无期徒刑。

预备或阴谋犯前项之罪者，处一年以上、七年以下有期徒刑。

第一百条 犯第一百条第二项或第一百零一条第二项之罪而自首者，减轻或免除其刑。

第二章　外　患　罪

第一百零一条 通谋外国政府或其派遣之人，意图使该国或他国对于中华民国开战端者，处死刑或无期徒刑。

前项之未遂犯罚之。

预备或阴谋犯第一项之罪者，处三年以上、十年以下有期徒刑。

第一百零二条 通谋外国政府或其派遣之人，意图使中华民国领域属于该国或他国者，处死刑或无期徒刑。

前项之未遂犯罚之。

预备或阴谋犯第一项之罪者，处三年以上、十年以下有期徒刑。

第一百零三条 中华民国人民在敌军执役，或与敌国械抗中华民国或其同盟国者，处死刑或无期徒刑。

前项之未遂犯罚之。

预备或阴谋犯第一项之罪者,处一年以上、七年以下有期徒刑。

第一百零四条 在与外国开战或将开战期内,以军事上之利益供敌国,或以军事上之不利益害中华民国或其同盟国者,处无期徒刑或七年以上有期徒刑。

前项之未遂犯罚之。

预备或阴谋犯第一项之罪者,处五年以下有期徒刑。

第一百零五条 犯前条第一项之罪而有左列情形之一者,处死刑或无期徒刑:

一、将要塞、军港、军营、军用船舰、航空机及其他军用处所建筑物,与供中华民国军用之军械、弹药、钱粮及其他军需品,或桥梁、铁路、车辆、电线、电机、电局及其他供转运之器物,交付敌国或毁坏或致令不堪用者。

二、代敌国招募军队,或煽惑军人使其降敌者。

三、煽惑军人不执行职务或不守纪律或逃叛者。

四、以关于要塞、军港、军营、军用船舰、航空机及其他军用处所建筑物或军略之秘密文书、图画、消息或物品,泄漏或交付于敌国者。

五、为敌国之间谍,或帮助敌国之间谍者。

前项之未遂犯罚之。

预备或阴谋犯第一项之罪者,处三年以上、七年以下有期徒刑。

第一百零六条 在与外国开战或将开战期内,不履行供给军需之契约或不照契约履行者,处一年以上、七年以下有期徒刑,得并科五千元以下罚金。

因过失犯前项之罪者,处二年以下有期徒刑、拘役或一千元以下罚金。

第一百零七条 泄漏或交付关于中华民国国防应秘密之文书、图画、消息或物品者,处七年以下有期徒刑。

泄漏或交付前项之文书、图画、消息或物品于外国政府或其派遣之人者,处三年以上、十年以下有期徒刑。

前二项之未遂犯罚之。

预备或阴谋犯第一项或第二项之罪者,处二年以下有期徒刑。

第一百零八条 公务员对于职务上知悉或持有前条第一项之文书、图画、消息或物品,因过失而泄漏或交付者,处二年以下有期徒刑、拘役或一千元以下罚金。

第一百零九条 刺探或收集第一百零七条第一项之文书、图画、消息或物品者,处五年以下有期徒刑。

前项之未遂犯罚之。

预备或阴谋犯第一项之罪者,处一年以下有期徒刑。

第一百十条 意图刺探或收集第一百零七条第一项之文书、图画、消息或物品,未受允准而入要塞、军港、军舰及其他军用处所建筑物或留滞其内者,处一年以下有期徒刑。

第一百十一条 应经政府允许之事项,未受允许,私与外国政府或其派遣之人为约定者,处无期徒刑或七年以上有期徒刑。

第一百十二条 受政府之委任,处理对于外国政府之事务,而违背其委任,致生危害于中华民国者,处无期徒刑或七年以上有期徒刑。

第一百十三条 伪造、变造、毁弃或隐匿可以证明中华民国对于外国所享权利之文书、图画或其他证据者,处五年以上、十二年以下有期徒刑。

第三章 妨害国交罪

第一百十四条 对于中华民国之友邦元首或派至中华民国之外国代表公然侮辱者,处三年以下有期徒刑。

第一百十五条 于外国交战之际,违背政府局外中立之命令者,处一年以下有期徒刑、拘役或三千元以下罚金。

第一百十六条 意图侮辱外国,而公然损坏、除去或污辱外国之国旗、国章者,处一年以下有期徒刑、拘役或三百元以下罚金。

第一百十七条 第一百十四条之罪及第一百一十六条之罪,须外国政府之请求乃论。

第四章 渎职罪

第一百十八条 公务员不尽其应尽之责,而委弃守地者,处死刑、无期徒刑或十年以上有期徒刑。

第一百十九条 公务员或仲裁人对于职务上之行为,要求、期约或收受贿赂或其他不正利益者,处七年以下有期徒刑,得并科五千元以下罚金。

犯前项之罪者,所收受之贿赂没收之;如全部或一部不能没收时,追征其价额。

第一百二十条 公务员或仲裁人对于违背职务之行为,要求、期约或收受贿赂或其他不正利益者,处三年以上、十年以下有期徒刑,得并科七千元以下罚金。

因而为违背职务之行为者,处无期徒刑或五年以上有期徒刑,得并科一万元以下罚金。

对于公务员或仲裁人关于违背职务之行为,行求、期约或交付贿赂或其他不正利益者,处三年以下有期徒刑,得并科三千元以下罚金。但自首者,减轻或免除其刑。在侦查或审判中自白者,得减轻其刑。

犯第一项或第二项之罪者,所收受之贿赂没收之;如全部或一部不能没收时,追征其价额。

第一百二十一条 于未为公务员或仲裁人时,预以职务上之行为,要求、期约或收受贿赂或其他不正利益,而于为公务员或仲裁人后履行者,以公务员或仲裁人要求、期约或收受贿赂或其他不正利益论。

第一百二十二条 有审判职务之公务员或仲裁人,为枉法之裁判或仲裁者,处一年以上、七年以下有期徒刑。

第一百二十三条 有追诉或处罚犯罪职务之公务员,为左列行为之一者,处一年以上、七年以下有期徒刑:

一、滥用职权为逮捕或羁押者。

二、意图取供而施强暴、胁迫者。

三、明知为无罪之人而使其受追诉或处罚，或明知为有罪之人而无故不使其受追诉或处罚者。

因而致人于死者，处无期徒刑或七年以上有期徒刑；致重伤者，处三年以上、十年以下有期徒刑。

第一百二十四条 有管收、解送或拘禁人犯职务之公务员，对于人犯施以凌虐者，处一年以上、七年以下有期徒刑。

因而致人于死者，处无期徒刑或七年以上有期徒刑；致重伤者，处三年以上，十年以下有期徒刑。

第一百二十五条 有执行刑罚职务之公务员，违法执行或不执行刑罚者，处五年以下有期徒刑。

因过失而执行不应执行之刑罚者，处一年以下有期徒刑、拘役或三百元以下罚金。

第一百二十六条 公务员对于诉讼事件，明知不应受理而受理者，处三年以下有期徒刑。

第一百二十七条 公务员对于租税或其他入款，明知不应征收而征收者，处一年以上、七年以下有期徒刑，得并科七千元以下罚金。

公务员对于职务上发给之款项、物品，明知应发给而抑留不发或克扣者，亦同。

前二项之未遂犯罚之。

第一百二十八条 公务员废弛职务酿成灾害者，处三年以上、十年以下有期徒刑。

第一百二十九条 公务员对于主管或监督之事务，直接或间接图利者，处一年以上、七年以下有期徒刑，得并科七千元以下罚金。

犯前项之罪者，所得之利益没收之；如全部或一部不能没收时，追征其价额。

第一百三十条 公务员泄漏或交付关于中华民国国防以外应秘密之文书、图画、消息或物品者，处三年以下有期徒刑。

因过失犯前项之罪者，处一年以下有期徒刑、拘役或三百元以下罚金。

非公务员因职务或业务知悉或持有第一项之文书、图画、消息或物品，而泄漏或交付之者，处一年以下有期徒刑、拘役或三百元以下罚金。

第一百三十一条 在邮务局或电报机关执行职务之公务员，开拆或隐匿投寄之邮件或电报者，处三年以下有期徒刑、拘役或五百元以下罚金。

第一百三十二条 公务员假借职务上之权力、机会或方法，以故意犯本章以外各罪者，加重其刑至二分之一。但因公务员之身分已特别规定其刑者，不在此限。

第五章　妨害公务罪

第一百三十三条 对于公务员依法执行职务时，施强暴、胁迫者，处三年以下有期徒刑、拘役或三百元以下罚金。

意图使公务员执行一定之职务，或妨害其依法执行一定之职务或使公务员辞职，而施强暴、胁迫者，亦同。

犯前二项之罪，因而致公务员于死者，处无期徒刑或七年以上有期徒刑；致重伤者，处三年以上、十年以下有期徒刑。

第一百三十四条 公然聚众犯前条之罪者，在场助势之人，处一年以下有期徒刑、拘役或三百元以下罚金；首谋及下手实施强暴、胁迫者，处一年以上、七年以下有期徒刑。

因而致公务员于死或重伤者，首谋及下手实施强暴、胁迫之人，依前条第三项之规定处断。

第一百三十五条 对于依考试法举行之考试，以诈术或其他非法之方法，使其发生不正确之结果者，处一年以下有期徒刑、拘役或三百元以下罚金。

前项之未遂犯罚之。

第一百三十六条 毁弃、损坏或隐匿公务员职务上掌管或委托第三人掌管之文书、图画、物品或致令不堪用者，处五年以下有期徒刑。

第一百三十七条 损坏、除去或污秽公务员所施之封印或查封之标示或为违背其效力之行为者，处一年以下有期徒刑、拘役或三百元以下罚金。

第一百三十八条 于公务员依法执行职务时，当场侮辱或对于其依法执行之职务公然侮辱者，处六月以下有期徒刑、拘役或一百元以下罚金。

对于公署公然侮辱者，亦同。

第一百三十九条 意图侮辱公务员或公署，而损坏、除去或污秽实贴公共场所之文告者，处拘役或一百元以下罚金。

第六章　妨害投票罪

第一百四十条 以强暴、胁迫或其他非法之方法，妨害他人自由行使法定之政治上选举或其他投票权者，处五年以下有期徒刑。

前项之未遂犯罚之。

第一百四十一条 有投票权之人，要求、期约或收受贿赂或其他不正利益，而许以不行使其投票权或为一定之行使者，处三年以下有期徒刑，得并科五千元以下罚金。

犯前项之罪者，所收受之贿赂没收之；如全部或一部不能没收时，追征其价额。

第一百四十二条 对于有投票权之人，行求、期约或交付贿赂或其他不正利益，而约其不行使投票权或为一定之行使者，处五年以下有期徒刑，得并科七千元以下罚金。

第一百四十三条 以生计上之利害，诱惑投票人不行使其投票权或为一定之行使者，处三年以下有期徒刑。

第一百四十四条 以诈术或其他非法之方法，使投票发生不正确之结果或变造投票之结果者，处五年以下有期徒刑。

前项之未遂犯罚之。

第一百四十五条 妨害或扰乱投票者，处二年以下有期徒刑、拘役或五百元以下罚金。

第一百四十六条 于无计名之投票，刺探票载之内容者，处三百元以下罚金。

第七章　妨害秩序罪

第一百四十七条　公然聚众，意图为强暴、胁迫，已受该管公务员解散命令三次以上，而不解散者，在场助势之人，处六月以下有期徒刑、拘役或三百元以下罚金；首谋者，处三年以下有期徒刑。

第一百四十八条　公然聚众，施强暴、胁迫者，在场助势之人，处一年以下有期徒刑、拘役或三百元以下罚金。首谋及下手实施强暴、胁迫者，处六月以上、五年以下有期徒刑。

第一百四十九条　以加害生命、身体、财产之事恐吓公众，致生危害于公安者，处二年以下有期徒刑。

第一百五十条　以强暴、胁迫或诈术，阻止或扰乱合法之集会者，处二年以下有期徒刑。

第一百五十一条　以文字、图画、演说或他法，公然为左列行为之一者，处二年以下有期徒刑、拘役或一千元以下罚金：

一、煽惑他人犯罪者。

二、煽惑他人违背法令，或抗拒合法之命令者。

第一百五十二条　参与以犯罪为宗旨之结社者，处三年以下有期徒刑、拘役或五百元以下罚金；首谋者，处一年以上、七年以下有期徒刑。

犯前项之罪而自首者，减轻或免除其刑。

第一百五十三条　煽惑军人不执行职务或不守纪律或逃叛者，处六月以上、五年以下有期徒刑。

第一百五十四条　未受允准，招集军队、发给军需或率带军队者，处五年以下有期徒刑。

第一百五十五条　意图渔利，挑唆或包揽他人诉讼者，处一年以下有期徒刑、拘役或五百元以下罚金。

以犯前项之罪为常业者，处三年以下有期徒刑，得并科二千元以下罚金。

第一百五十六条　冒充公务员而行使其职权者，处三年以下有期徒刑、拘役或五百元以下罚金。

冒充外国公务员而行使其职权者，亦同。

第一百五十七条　公然冒用公务员服饰、徽章或官衔者，处五百元以下罚金。

第一百五十八条　意图侮辱中华民国，而公然损坏、除去或污辱中华民国之国旗、国章者，处一年以下有期徒刑、拘役或三百元以下罚金。

第八章　脱　逃　罪

第一百五十九条　依法逮捕、拘禁之人脱逃者，处一年以下有期徒刑。

损坏拘禁处所械具或以强暴，胁迫犯前项之罪者，处五年以下有期徒刑。

聚众以强暴、胁迫犯第一项之罪者，在场助势之人，处三年以上、十年以下有期徒刑，首谋及下手实施强暴、胁迫者，处五年以上有期徒刑。

前三项之未遂犯罚之。

第一百六十条 纵放依法逮捕、拘禁之人或便利其脱逃者，处三年以下有期徒刑。

损坏拘禁处所械具或以强暴、胁迫犯前项之罪者，处六月以上、五年以下有期徒刑。

聚众以强暴、胁迫犯第一项之罪者，在场助势之人，处五年以上、十二年以下有期徒刑；首谋及下手实施强暴、胁迫者，处无期徒刑或七年以上有期徒刑。

前三项之未遂犯罚之。

配偶、五亲等内之血亲或三亲等内之姻亲，犯第一项之便利脱逃罪者，得减轻其刑。

第一百六十一条 公务员纵放职务上依法逮捕、拘禁之人或便利其脱逃者，处一年以上、七年以下有期徒刑。

因过失致前项之人脱逃者，处六月以下有期徒刑、拘役或三百元以下罚金。

第一项之未遂犯罚之。

第九章 藏匿人犯及湮灭证据罪

第一百六十二条 藏匿犯人或依法逮捕、拘禁之脱逃人或使之隐避者，处二年以下有期徒刑、拘役或五百元以下罚金。

意图犯前项之罪而顶替者，亦同。

第一百六十三条 伪造、变造、湮灭或隐匿关系他人刑事被告案件之证据或使用伪造、变造之证据者，处二年以下有期徒刑、拘役或五百元以下罚金。

第一百六十四条 犯前条之罪，于他人刑事被告案件裁判确定前自白者，减轻或免除其刑。

第一百六十五条 配偶、五亲等内之血亲或三亲等内之姻亲图利犯人或依法逮捕、拘禁之脱逃人，而犯第一百六十二条或第一百六十三条之罪者，减轻或免除其刑。

第十章 伪证及诬告罪

第一百六十六条 于执行审判职务之公署审判时或于检察官侦查时，证人、鉴定人、通译于案情有重要关系之事项，供前或供后具结，而为虚伪陈述者，处七年以下有期徒刑。

第一百六十七条 意图他人受刑事或惩戒处分，向该管公务员诬告者，处七年以下有期徒刑。

意图他人受刑事或惩戒处分，而伪造、变造证据或使用伪造变造之证据者，亦同。

第一百六十八条 未指定犯人，而向该管公务员诬告犯罪者，处一年以下有期徒刑、拘役或三百元以下罚金。

未指定犯人，而伪造、变造犯罪证据，或使用伪造、变造之犯罪证据，致开始刑事诉讼程序者，亦同。

第一百六十九条 犯第一百六十六条至第一百六十八条之罪，于所虚伪陈述或所诬告之案件，裁判或惩戒处分确定前自白者，减轻或免除其刑。

第十一章　公共危险罪

第一百七十条　放火烧毁现供人使用之住宅或现有人所在之建筑物、矿坑、火车、电车或其他供水、陆、空公众运输之舟、车、航空机者,处无期徒刑或七年以上有期徒刑。

失火烧毁前项之物者,处一年以下有期徒刑、拘役或五百元以下罚金。

第一项之未遂犯罚之。

预备犯第一项之罪者,处一年以下有期徒刑、拘役或三百元以下罚金。

第一百七十一条　放火烧毁现非供人使用之他人所有住宅或现未有人所在之他人所有建筑物、矿坑、火车、电车或其他供水、陆、空公众运输之舟、车、航空机者,处三年以上、十年以下有期徒刑。

放火烧毁前项之自己所有物,致生公共危险者,处六月以上、五年以下有期徒刑。

失火烧毁第一项之物者,处六月以下有期徒刑、拘役或三百元以下罚金;失火烧毁前项之物,致生公共危险者,亦同。

第一项之未遂犯罚之。

第一百七十二条　放火烧毁前二条以外之他人所有物,致生公共危险者,处一年以上、七年以下有期徒刑。

放火烧毁前二条以外之自己所有物,致生公共危险者,处三年以下有期徒刑。

失火烧毁前二条以外之物,致生公共危险者,处拘役或三百元以下罚金。

第一百七十三条　故意或因过失、以火药、蒸气、电气、煤气或其他爆裂物,炸毁前三条之物者,准用各该条放火、失火之规定。

第一百七十四条　漏逸或间隔蒸气、电气、煤气或其他气体,致生公共危险者,处三年以下有期徒刑、拘役或三百元以下罚金。

因而致人于死者,处无期徒刑或七年以上有期徒刑;致重伤者,处三年以上、十年以下有期徒刑。

第一百七十五条　决水浸害现供人使用之住宅或现有人所在之建筑物、矿坑或火车、电车者,处无期徒刑或五年以上有期徒刑。

因过失决水浸害前项之物者,处一年以下有期徒刑、拘役或五百元以下罚金。

第一项之未遂犯罚之。

第一百七十六条　决水浸害现非供人使用之他人所有住宅或现未有人所在之他人所有建筑物或矿坑者,处一年以上七年以下有期徒刑。

决水浸害前项之自己所有物,致生公共危险者,处六月以上五年以下有期徒刑。

因过失决水浸害第一项之物者,处六月以下有期徒刑、拘役或三百元以下罚金。

因过失决水浸害前项之物,致生公共危险者,亦同。

第一项之未遂犯罚之。

第一百七十七条　决水浸害前二条以外之他人所有物,致生公共危险者,处五年以下有期徒刑。

决水浸害前二条以外之自己所有物，致生公共危险者，处二年以下有期徒刑。

因国失决水浸害前二条以外之物，致生公共危险者，处拘役或三百元以下罚金。

第一百七十八条 决溃堤防、破坏水闸或损坏自来水池，致生公共危险者，处五年以下有期徒刑。

因国失犯前项之罪者，处拘役或三百元以下罚金。

第一项之未遂犯罚之。

第一百七十九条 于火灾、水灾之际，隐匿或损坏防御之器械或以他法妨害救火、防水者，处三年以下有期徒刑、拘役或三百元以下罚金。

第一百八十条 倾覆或破坏现有人所在之火车、电车或其他供水、陆、空公众运输之舟、车、航空机者，处无期徒刑或五年以上有期徒刑。

因过失犯前项之罪者，处一年以下有期徒刑、拘役或三百元以下罚金。

从事业务之人，因业务上之过失犯第一项之罪者，处三年以下有期徒刑、拘役或五百元以下罚金。

第一项之未遂犯罚之。

第一百八十一条 损坏轨道、灯塔、标识或以他法致生火车、电车或其他供水、陆、空公众运输之舟、车、航空机往来之危险者，处三年以上、十年以下有期徒刑。

因而致前项之舟、车、航空机倾覆或破坏者，依前条第一项之规定处断。

因过失犯第一项之罪者，处六月以下有期徒刑、拘役或三百元以下罚金。

从事业务之人，因业务上之过失犯第一项之罪者，处二年以下有期徒刑、拘役或五百元以下罚金。

第一项之未遂犯罚之。

第一百八十二条 损坏或壅塞陆路、水路、桥梁或其他公众往来之设备或以他法致生往来之危险者，处五年以下有期徒刑、拘役或五百元以下罚金。

因而致人于死者，处无期徒刑或七年以上有期徒刑；致重伤者，处三年以上、十年以下有期徒刑。

第一项之未遂犯罚之。

第一百八十三条 未受允准，而制造、贩卖、运输或持有炸药、棉花药、雷汞或其他相类之爆裂物或军用枪炮、子弹，而无正当理由者，处二年以下有期徒刑、拘役或五百元以下罚金。

第一百八十四条 意图供自己或他人犯罪之用，而制造、贩卖、运输或持有炸药、棉花药、雷汞或其他相类之爆裂物或军用枪炮、子弹者，处五年以下有期徒刑。

第一百八十五条 妨害铁路、邮务、电报、电话或供公众之用水、电气、煤气事业者，处五年以下有期徒刑、拘役或五百元以下罚金。

第一百八十六条 损坏矿坑、工厂或其他相类之场所内关于保护生命之设备，致生危险于他人生命者，处一年以上、七年以下有期徒刑。

因而致人于死者，处无期徒刑或七年以上有期徒刑；致重伤者，处三年以上、十年以下有期徒刑。

因过失犯第一项之罪者,处六月以下有期徒刑、拘役或三百元以下罚金。

从事业务之人,因业务上之过失犯第一项之罪者,处二年以下有期徒刑、拘役或五百元以下罚金。

第一项之未遂犯罚之。

第一百八十七条 投放毒物或混入妨害卫生物品于供公众所饮之水源、水道或自来水池者,处一年以上、七年以下有期徒刑。

因而致人于死者,处无期徒刑或七年以上有期徒刑;致重伤者,处三年以上、十年以下有期徒刑。

因过失犯第一项之罪者,处六月以下有期徒刑、拘役或三百元以下罚金。

第一项之未遂犯罚之。

第一百八十八条 制造、贩卖或意图贩卖而陈列妨害卫生之饮食物品或其他物品者,处六月以下有期徒刑、拘役或科或并科一千元以下罚金。

第一百八十九条 违背关于预防传染病所公布之检查或进口之法令者,处二年以下有期徒刑、拘役或一千元以下罚金。

暴露有传染病菌之尸体,或以他法散布病菌,致生公共危险者,亦同。

第一百九十条 承揽工程人或监工人,于营造或拆卸建筑物时,违背建筑术成规,致生公共危险者,处三年以下有期徒刑、拘役或三千元以下罚金。

第一百九十一条 于灾害之际,关于与公务员或慈善团体缔结供给粮食或其他必需品之契约,而不履行或不照契约履行,致生公共危险者,处五年以下有期徒刑,得并科三千元以下罚金。

第十二章 伪造货币罪

第一百九十二条 意图供行使之用,而伪造、变造通用之货币、纸币、银行券者,处五年以上有期徒刑,得并科五千元以下罚金。

前项之未遂犯罚之。

第一百九十三条 行使伪造、变造之通用货币、纸币、银行券,或意图供行使之用而收集或交付于人者,处三年以上、十年以下有期徒刑,得并科五千元以下罚金。

收受后方知为伪造、变造之通用货币、纸币、银行券,而仍行使,或意图供行使之用而交付于人者,处五百元以下罚金。

第一条之未遂犯罚之。

第一百九十四条 意图供行使之用而减损通用货币之分量者,处五年以下有期徒刑,得并科三千元以下罚金。

前项之未遂犯罚之。

第一百九十五条 行使减损分量之通用货币,或意图供行使之用而收集或交付于人者,处三年以下有期徒刑,得并科一千元以下罚金。

收受后方知为减损分量之通用货币而仍行使，或意图供行使之用而交付于人者，处三百元以下罚金。

第一项之未遂犯罚之。

第一百九十六条 意图供伪造、变造通用之货币、纸币、银行券或意图供减损通用货币分量之用，而制造、交付或收受各项器械、原料者，处五年以下有期徒刑，得并科一千元以下罚金。

第一百九十七条 伪造、变造之通用货币、纸币、银行券，减损分量之通用货币及前条之器械、原料，不问属于犯人与否，没收之。

第十三章 伪造有价证券罪

第一百九十八条 意图供行使之用，而伪造、变造公债票、公司股票或其他有价证券者，处三年以上、十年以下有期徒刑，得并科三千元以下罚金。

行使伪造、变造之公债票、公司股票或其他有价证券，或意图供行使用之用而收集或交付于人者，处一年以上、七年以下有期徒刑，得并科三千元以下罚金。

第一百九十九条 意图供行使之用，而伪造、变造邮票或印花税票者，处六月以上、五年以下有期徒刑，得并科一千元以下罚金。

行使伪造、变造之邮票或印花税票，或意图供行使之用而收集或交付于人者，处三年以下有期徒刑，得并科一千元以下罚金。

意图供行使之用，而涂抹邮票或印花税票上之注销符号者，处一年以下有期徒刑、拘役或三百元以下罚金。其行使之者，亦同。

第二百条 意图供行使之用，而伪造、变造船票、火车、电车票或其他往来客票者，处三年以下有期徒刑、拘役或一千元以下罚金。其行使之者，亦同。

第二百零一条 意图供伪造、变造有价证券、邮票或印花税票之用，而制造、交付或收受各项器械、原料者，处二年以下有期徒刑，得并科五百元以下罚金。

第二百零二条 伪造、变造之有价证券、邮票或印花税票及前条之器械、原料，不问属于犯人与否，没收之。

第十四章 伪造度量衡罪

第二百零三条 意图供行使之用，而制造违背定程之度量衡，或变更度量衡之定程者，处一年以下有期徒刑、拘役或三百元以下罚金。

第二百零四条 意图供行使之用，而贩卖违背定程之度量衡者，处六月以下有期徒刑、拘役或三百元以下罚金。

第二百零五条 行使违背定程之度量衡者，处三百元以下罚金。

从事业务之人，关于其业务犯前项之罪者，处六月以下有期徒刑、拘役或五百元以下罚金。

第二百零六条 违背定程之度量衡，不问属于犯人与否，没收之。

第十五章　伪造文书印文罪

第二百零七条　伪造、变造私文书,足以生损害于公众或他人者,处五年以下有期徒刑。

第二百零八条　伪造、变造公文书,足以生损害于公众或他人者,处一年以上、七年以下有期徒刑。

第二百零九条　伪造、变造护照、旅券、免许证、特许证及关于品行、能力、服务或其他相类之证书、介绍书,足以生损害于公众或他人者,处一年以下有期徒刑、拘役或三百元以下罚金。

第二百十条　公务员明知为不实之事项,而登载于职务上所掌之公文书,足以生损害于公众或他人者,处一年以上、七年以下有期徒刑。

第二百十一条　明知为不实之事项,而使公务员登载于职务上所掌之公文书,足以生损害于公众或他人者,处三年以下有期徒刑、拘役或五百元以下罚金。

第二百十二条　从事业务之人,明知为不实之事项,而登载于其业务上作成之文书,足以生损害于公众或他人者,处三年以下有期徒刑、拘役或五百元以下罚金。

第二百十三条　行使第二百零七条至第二百十二条之文书者,依伪造、变造文书或登载不实事项或使登载不实事项之规定处断。

第二百十四条　伪造印章、印文或署押,足以生损害于公众或他人者,处三年以下有期徒刑。

盗用印章、印文或署押,足以生损害于公众或他人者,亦同。

第二百十五条　伪造公印或公印文者,处五年以下有期徒刑。

盗用公印或公印文,足生损害于公众或他人者,亦同。

第二百十六条　伪造之印章、印文或署押,不问属于犯人与否,没收之。

第二百十七条　在纸上或物品上之文字、符号,依习惯或特约,足以为表示其用意之证明者,关于本章之罪,以文书论。

第十六章　妨害风化罪

第二百十八条　对于妇女以强暴、胁迫、药剂、催眠术或他法,至使不能抗拒,而奸淫之者,为强奸罪,处五年以上有期徒刑。

奸淫未满十四岁之女子,以强奸论。

前二项之未遂犯罚之。

第二十九条　对于男女以强暴、胁迫、药剂、催眠术或他法,至使不能抗拒,而为猥亵之行为者,处七年以下有期徒刑。

对于未满十四岁之男女为猥亵之行为者,亦同。

第二百二十条　对于妇女乘其心神丧失或其他相类之情形不能抗拒,而奸淫之者,处三年以上、十年以下有期徒刑。

对于男女乘其心神丧失或其他相类之情形不能抗拒,而为猥亵之行为者,处五年以下有期徒刑。

第一项之未遂犯罚之。

第二百二十一条 犯前三条之罪,因而致被害人于死者,处无期徒刑或十年以上有期徒刑;致重伤者,处七年以上有期徒刑。

犯前三条之罪,因而致被害人羞忿自杀或意图自杀而致重伤者,处七年以上有期徒刑。

第二百二十二条 奸淫十四岁以上、未满十六岁之女子者,处一年以上、七年以下有期徒刑。

对于十四岁以上、未满十六岁之男女为猥亵之行为者,处五年以下有期徒刑。

第二百二十三条 对于因亲属、监护、教养、救济、公务或业务关系服从自己监督之人,利用权势而奸淫或为猥亵之行为者,处五年以下有期徒刑。

第二百二十四条 以诈术使妇女误信为自己配偶而听从其奸淫者,处三年以上、十年以下有期徒刑。

前项之未遂犯罚之。

第二百二十五条 直系或三亲等内旁系血亲相和奸者,处五年以下有期徒刑。

第二百二十六条 意图营利,引诱或容留良家妇女与他人奸淫者,处三年以下有期徒刑,得并科五百元以下罚金。

意图营利,使人为猥亵之行为者,亦同。

以犯前二项之罪为常业者,处五年以下有期徒刑,得并科一千元以下罚金。

公务员包庇他人犯前三项之罪者,依各该项之规定,加重其刑至二分之一。

第二百二十七条 对于第二百二十三条所定服从自己监督之人,或夫对于妻,犯前条第一项之罪者,处五年以下有期徒刑,得并科一千元以下罚金。

第二百二十八条 引诱未满十六岁之男女,与他人为猥亵之行为或奸淫者,处五年以下有期徒刑。

第二百二十九条 公然为猥亵之行为者,处拘役或一百元以下罚金。

第二百三十条 散布或贩卖猥亵之文字、图画及其他物品,或公然陈列,或以他法供人观览者,处一千元以下罚金。

意图贩卖而制造、持有前项之文字、图画及其他物品者,亦同。

第二百三十一条 第二百十八条至第二百二十五条之罪,须告诉乃论。

第十七章 妨害婚姻及家庭罪

第二百三十二条 有配偶而重为婚姻或同时与二人以上结婚者,处五年以下有期徒刑。其相婚者,亦同。

第二百三十三条 以诈术缔结无效或得撤销之婚姻,因而致婚姻无效之裁判或撤销婚姻之裁判确定者,处三年以下有期徒刑。

第二百三十四条 有配偶而与人通奸者,处一年以下有期徒刑。其相奸者,亦同。

第二百三十五条 和诱未满二十岁之男女脱离家庭或其他有监督权之人者,处三年以下有期徒刑。

和诱有配偶之人脱离家庭者,亦同。

意图营利或意图使被诱人为猥亵之行为或奸淫,而犯前二项之罪者,处六月以上、五年以下有期徒刑,得并科一千元以下罚金。

前三项之未遂犯罚之。

第二百三十六条 略诱未满二十岁之男女脱离家庭或其他有监督权之人者,处一年以上、七年以下有期徒刑。

意图营利或意图使被诱人为猥亵之行为或奸淫,而犯前项之罪者,处三年以上、十年以下有期徒刑,得并科一千元以下罚金。

和诱未满十六岁之男女,以略诱论。

前三项之未遂犯罚之。

第二百三十七条 移送前二条之被诱人出中华民国领域外者,处无期徒刑或七年以上有期徒刑。

前项之未遂犯罪之。

第二百三十八条 意图营利,或意图使第二百三十五条或第二百三十六条之被诱人为猥亵之行为或奸淫,而收受、藏匿被诱人或使之隐避者,处六月以上、五年以下有期徒刑,得并科五百元以下罚金。

前项之未遂犯罚之。

第二百三十九条 犯第二百三十五条至第二百三十八条之罪,于裁判宣告前送回被诱人或指明所在地因而寻获者,得减轻其刑。

第二百四十条 第二百三十三条、第二百三十四条之罪及第二百三十五条和诱有夫之妇之罪,须告诉乃论。

第二百三十四条之罪,未经离婚者,不得告诉。配偶纵容或宥恕者,亦同。

第十八章 亵渎祀典及侵害坟墓尸体罪

第二百四十一条 对于坛庙、寺观、教堂、坟墓或公众纪念处所公然侮辱者,处六月以下有期徒刑、拘役或三百元以下罚金。

妨害丧、葬、祭礼、说教、礼拜者,亦同。

第二百四十二条 损坏、遗弃、污辱或盗取尸体者,处六月以上、五年以下有期徒刑。

损坏、遗弃或盗取遗骨、遗发、殓物或火葬之遗灰者,处五年以下有期徒刑。

前二项之未遂犯罚之。

第二百四十三条 发掘坟墓者,处六月以上、五年以下有期徒刑。

前项之未遂犯罚之。

第二百四十四条 发掘坟墓而损坏、遗弃、污辱或盗取尸体者,处三年以上、十年以下有期徒刑。

发掘坟墓而损坏、遗弃、或盗取遗骨、遗发、殓物或火葬之遗灰者,处一年以上、七年以下有期徒刑。

第二百四十五条 对于直系血亲尊亲属犯第二百四十二条至第二百四十四条之罪者，加重其刑至二分之一。

第十九章 妨害农工商罪

第二百四十六条 以强暴、胁迫或诈术左列行为之一者，处五年以下有期徒刑、拘役或三千元以下罚金：

一、妨害贩运谷类及其他公共所需之饮食物品，致市上生缺乏者。

二、妨害贩运种子、肥料、原料及其他农业、工业所需之物品，致市上生缺乏者。

前项之未遂犯罚之。

第二百四十七条 意图加损害于他人而妨害其农事上之水利者，处二年以下有期徒刑、拘役或三百元以下罚金。

第二百四十八条 意图欺骗他人而伪造或仿造已登记之商标、商号者，处二年以下有期徒刑、拘役或科或并科三千元以下罚金。

第二百四十九条 明知为伪造或仿造之商标、商号之货物而贩卖，或意图贩卖而陈列，或自外国输入者，处二千元以下罚金。

第二百五十条 意图欺骗他人，而就商品之原产国或品质为虚伪之标记或其他表示者，处一年以下有期徒刑、拘役或一千元以下罚金。

明知为前项商品而贩卖，或意图贩卖而陈列，或自外国输入者，亦同。

第二十章 鸦 片 罪

第二百五十一条 制造鸦片者，处七年以下有期徒刑，得并科三千元以下罚金。

制造吗啡、高根、安洛因或其化合质料者，处无期徒刑或五年以上有期徒刑，得并科五千元以下罚金。

前二项之未遂犯罚之。

第二百五十二条 贩卖或运输鸦片者，处七年以下有期徒刑，得并科三千元以下罚金。

贩卖或运输吗啡、高根、安洛因或其化合质料者，处三年以上、十年以下有期徒刑，得并科五千元以下罚金。

自外国输入前二项之物者，处无期徒刑或五年以上有期徒刑，得并科一万元以下罚金。

前三项之未遂犯罚之。

第二百五十三条 制造、贩卖或运输专供吸食鸦片之器具者，处三年以下有期徒刑，得并科五百元以下罚金。

前项之未遂犯罚之。

第二百五十四条 意图营利，为人施打吗啡，或以馆舍供人吸食鸦片或其化合质料者，处一年以上、七年以下有期徒刑，得并科一千元以下罚金。

前项之未遂犯罚之。

第二百五十五条 意图供制造鸦片、吗啡或高根之用,而栽种罂粟或高根种子者,处五年以下有期徒刑,得并科三千元以下罚金。

意图供制造鸦片、吗啡或高根之用,而贩卖或运输罂粟种子或高根种子者,处三年以下有期徒刑,得并科三千元以下罚金。

前二项之未遂犯罚之。

第二百五十六条 公务员利用权力强迫他人犯前条之罪者,处死刑或无期徒刑。

第二百五十七条 吸食鸦片,或施打吗啡,或使用高根、安洛因或其化合质料者,处六月以下有期徒刑、拘役或五百元以下罚金。

第二百五十八条 意图供犯本章各罪之用,而持有鸦片、吗啡、高根、安洛因或其化合质料,或专供吸食鸦片之器具者,处拘役或五百元以下罚金。

第二百五十九条 公务员包庇他人犯本章各条之罪者,依各该条之规定,加重其刑至二分之一。

第二百六十条 犯本章各条之罪者,其鸦片、吗啡、高根、安洛因或其化合质料,或种子,或专供吸食鸦片之器具,不问属于犯人与否,没收之。

第二十一章 赌 博 罪

第二百六十一条 赌博财物者,处一千元以下罚金。但以供人暂时娱乐之物为赌者,不在此限。

当场赌博之器具与在赌台或兑换筹码处之财物,不问属于犯人与否,没收之。

第二百六十二条 以赌博为常业者,处二年以下有期徒刑,得并科一千元以下罚金。

第二百六十三条 意图营利,供给赌博场所或聚众赌博者,处三年以下有期徒刑,得并科三千元以下罚金。

第二百六十四条 未经政府允准而发行彩票者,处一年以下有期徒刑或拘役,得并科三千元以下罚金。

为买卖前项之彩票之媒介者,处六月以下有期徒刑、拘役或科或并科一千元以下罚金。

第二百六十五条 公务员包庇他人犯本章各条之罪者,依各该条之规定,加重其刑至二分之一。

第二十二章 杀 人 罪

第二百六十六条 杀人者,处死刑、无期徒刑或十年以上有期徒刑。

前项之未遂犯罚之。

预备犯第一项之罪者,处二年以下有期徒刑。

第二百六十七条 杀直系血亲尊亲属者,处死刑或无期徒刑。

前项之未遂犯罚之。

预备犯第一项之罪者,处三年以下有期徒刑。

第二百六十八条 当场激于义愤而杀人者,处七年以下有期徒刑。

前项之未遂犯罚之。

第二百六十九条 母于生产时或甫生产后杀其子女者,处六月以上、五年以下有期徒刑。

前项之未遂犯罪之。

第二百七十条 教唆或帮助他人使之自杀,或受其嘱托或得其承诺而杀之者,处一年以上、七年以下有期徒刑。

前项之未遂犯罚之。

谋为同死而犯第一项之罪者,得免除其刑。

第二百七十一条 因过失致人于死者,处二年以下有期徒刑、拘役或二千元以下罚金。

从事业务之人,因业务上之过失犯前项之罪者,处五年以下有期徒刑或拘役、得并科三千元以下罚金。

第二十三章 伤 害 罪

第二百七十二条 伤害人之身体或健康者,处三年以下有期徒刑、拘役或一千元以下罚金。

犯前项之罪,因而致人于死者,处无期徒刑或七年以上有期徒刑;致重伤者,处三年以上、十年以下有期徒刑。

第二百七十三条 使人受重伤者,处五年以上、十二年以下有期徒刑。

犯前项之罪因而致人于死者,处无期徒刑或七年以上有期徒刑。

第一项之未遂犯罚之。

第二百七十四条 当场激于义愤犯前二条之罪者,处二年以下有期徒刑、拘役或一千元以下罚金。但致人于死者,处五年以下有期徒刑。

第二百七十五条 对于直系血亲尊亲属,犯第二百七十二条或二百七十三条之罪者,加重其刑至二分之一。

第二百七十六条 施强暴于直系血亲尊亲属未成伤者,处一年以下有期徒刑、拘役或五百元以下罚金。

第二百七十七条 教唆或帮助他人使之自伤,或受其嘱托或得其承诺而伤害之,成重伤者,处三年以下有期徒刑;因而致死者,处六月以上、五年以下有期徒刑。

第二百七十八条 聚众斗殴致人于死或重伤者,在场助势而非出于正当防卫之人,处三年以下有期徒刑;下手实施伤害者,仍依伤害各条之规定处断。

第二百七十九条 因过失伤害人者,处六月以下有期徒刑、拘役或五百元以下罚金;致重伤者,处一年以下有期徒刑、拘役或五百元以下罚金。

从事业务之人,因业务上之过失伤害人者,处一年以下有期徒刑、拘役或一千元以下罚金;致重伤者,处三年以下有期徒刑、拘役或二千元以下罚金。

第二百八十条 明知自己有花柳病,与他人为猥亵之行为或奸淫,致传染于人者,处二年以下有期徒刑、拘役或五百元以下罚金。

第二百八十一条 对于未满十六岁之男女,施以凌虐或以他法致妨害其身体之自然发育者,处五年以下有期徒刑、拘役或五百元以下罚金。

第二百八十二条 第二百七十二条第一项、第二百七十六条、第二百七十九条及第二百八十条之罪,须告诉乃论。但公务员于执行职务时,犯第二百七十二条第一项之罪者,不在此限。

第二十四章 堕 胎 罪

第二百八十三条 怀胎妇女服药或以他法堕胎者,处六月以下有期徒刑、拘役或一百元以下罚金。

怀胎妇女听从他人堕胎者,亦同。

第二百八十四条 受怀胎妇女之嘱托或得其承诺,而使之堕胎者,处二年以下有期徒刑。

因而致妇女于死者,处六月以上、五年以下有期徒刑;致重伤者,处三年以下有期徒刑。

第二百八十五条 意图营利而犯前条第一项之罪者,处六月以上、五年以下有期徒刑,得并科五百元以下罚金。

因而致妇女于死者,处三年以上、十年以下有期徒刑,得并科五百元以下罚金;致重伤者,处一年以上、七年以下有期徒刑,得并科五百元以下罚金。

第二百八十六条 未受怀胎妇女之嘱托或未得其承诺,而使之堕胎者,处一年以上、七年以下有期徒刑。

因而致妇女于死者,处无期徒刑或七年以上有期徒刑;致重伤者,处三年以上、十年以下有期徒刑。

第一项之未遂犯罚之。

第二百八十七条 以文字、图画或他法,公然介绍堕胎之方法或物品,或公然介绍自己或他人为堕胎之行为者,处一年以下有期徒刑、拘役或科或并科一千元以下罚金。

第二十五章 遗 弃 罪

第二百八十八条 遗弃无自救力之人者,处六月以下有期徒刑、拘役或一百元以下罚金。

因而致人于死者,处五年以下有期徒刑;致重伤者,处三年以下有期徒刑。

第二百八十九条 对于无自救力之人,依法令或契约应扶助、养育或保护而遗弃之,或不为其生存所必要之扶助、养育或保护者,处六月以上、五年以下有期徒刑。

因而致人于死者,处无期徒刑或七年以上有期徒刑;致重伤者,处三年以上、十年以下有期徒刑。

第二十六章 妨害自由罪

第二百九十条 使人为奴隶或使人居于类似奴隶之不自由地位者,处一年以上、七年以下有期徒刑。

前项之未遂犯罚之。

第二百九十一条 意图营利，以诈术使人出中华民国领域外者，处三年以上、十年以下有期徒刑，得并科三千元以下罚金。

以犯前项之罪为常业者，处五年以上有期徒刑，得并科五千元以下罚金。

第一项之未遂犯罚之。

第二百九十二条 意图使妇女与自己或他人结婚而略诱之者，处五年以下有期徒刑。

意图营利，或意图使妇女为猥亵之行为或奸淫，而略诱之者，处一年以上、七年以下有期徒刑，得并科一千元以下罚金。

前二项之未遂犯罚之。

第二百九十三条 移送前条被略诱人出中华民国领域外者，处五年以上有期徒刑。

前项之未遂犯罚之。

第二百九十四条 意图营利，或意图使被略诱人为猥亵之行为或奸淫，而收受、藏匿被略诱人或使之隐避者，处六月以上、五年以下有期徒刑，得并科五百元以下罚金。

前项之未遂犯罚之。

第二百九十五条 犯第二百九十二条至第二百九十四条之罪，于裁判宣告前，送回被诱人或指明所在地因而寻获者，得减轻其刑。

第二百九十六条 私行拘禁或以其他非法方法，剥夺人之行动自由者，处五年以下有期徒刑、拘役或三百元以下罚金。

因而致人于死者，处无期徒刑或七年以上有期徒刑；致重伤者，处二年以上、十年以下有期徒刑。

第一项之未遂犯罚之。

第二百九十七条 以强暴、胁迫使人行无义务之事或妨害人行使权利者，处三年以下有期徒刑、拘役或三百元以下罚金。

前项之未遂犯罚之。

第二百九十八条 以加害生命、身体、自由、名誉、财产之事恐吓他人，致生危害于安全者，处二年以下有期徒刑、拘役或三百元以下罚金。

第二百九十九条 无故侵入他人住宅、建筑物或附连围绕之土地或船舰者，处一年以下有期徒刑、拘役或三百元以下罚金。

无故隐匿其内，或受退去之要求而仍留滞者，亦同。

第三百条 不依法令搜索他人身体、住宅、建筑物、舟、车或航空机者，处二年以下有期徒刑、拘役或三百元以下罚金。

第三百零一条 第二百九十二条及第二百九十九条之罪，须告诉乃论。

第二百九十二条第一项之罪，其告诉以不违反被略诱人之意思为限。

第二十七章　妨害名誉及信用罪

第三百零二条　公然侮辱人者,处拘役或三百元以下罚金。

以强暴犯前项之罪者,处一年以下有期徒刑、拘役或五百元以下罚金。

第三百零三条　意图散布于众而指摘或传述足以毁损他人名誉之事者,为诽谤罪,处一年以下有期徒刑、拘役或五百元以下罚金。

散布文字、图画犯前项之罪者,处二年以下有期徒刑、拘役或一千元以下罚金。

对于所诽谤之事,能证明其为真实者,不罚。但涉于私德而与公共利益无关者,不在此限。

第三百零四条　以善意发表言论,而有左列情形之一者,不罚:

一、因自卫、自辩或保护合法之利益者。

二、公务员因职务而报告者。

三、对于可受公评之事,而为适当之评论者。

四、对于中央及地方之会议或法院或公众集会之记事,而为适当之载述者。

第三百零五条　对于已死之人公然侮辱者,处拘役或三百元以下罚金。

对于已死之人犯诽谤罪者,处一年以下有期徒刑、拘役或一千元以下罚金。

第三百零六条　散布流言或以诈术损害他人之信用者,处二年以下有期徒刑、拘役或科或并科一千元以下罚金。

第三百零七条　本章之罪,须告诉乃论。

第二十八章　妨害秘密罪

第三百零八条　无故开拆或隐匿他人之封缄信函或其他封缄文书者,处拘役或三百元以下罚金。

第三百零九条　医师、药师、药商、助产士、宗教师、律师、辩护人、公证人、会计师或其业务上佐理人或曾任此等职务之人,无故泄漏因业务知悉或持有之他人秘密者,处一年以下有期徒刑、拘役或五百元以下罚金。

第三百十条　依法令或契约有守因业务知悉或持有工商秘密之义务而无故泄漏之者,处一年以下有期徒刑、拘役或一千元以下罚金。

第三百十一条　公务员或曾任公务员之人,无故泄漏因职务知悉或持有他人之工商秘密者,处二年以下有期徒刑、拘役或二千元以下罚金。

第三百十二条　本章之罪,须告诉乃论。

第二十九章　窃　盗　罪

第三百十三条　意图为自己或第三人不法之所有,而窃取他人之动产者,为窃盗罪,处五年以下有期徒刑、拘役或五百元以下罚金。

意图为自己或第三人不法之利益,而窃占他人之不动产者,依前项之规定处断。

前二项之未遂犯罚之。

第三百十四条 犯窃盗罪而有左列情形之一者，处六月以上、五年以下有期徒刑：

一、于夜间侵入住宅或有人居住之建筑物、船舰或隐匿其内而犯之者。

二、毁越门扇、墙垣或其他安全设备而犯之者。

三、携带凶器而犯之者。

四、结伙三人以上而犯之者。

五、乘火灾、水灾或其他灾害之际而犯之者。

六、在车站或埠头而犯之者。

前项之未遂犯罚之。

第三百十五条 以犯窃盗罪为常业者，处一年以上、七年以下有期徒刑。

第三百十六条 电气，关于本章之罪，以动产论。

第三百十七条 于直系血亲、配偶或同财共居亲属之间，犯本章之罪者，得免除其刑。

前项亲属或其他五亲等内血亲或三亲等内姻亲之间，犯本章之罪者，须告诉乃论。

第三十章 抢夺强盗及海盗罪

第三百十八条 意图为自己或第三人不法之所有，而抢夺他人之动产者，处六月以上、五年以下有期徒刑。

因而致人于死者，处无期徒刑或七年以上有期徒刑；致重伤者，处三年以上、十年以下有期徒刑。

第一项之未遂犯罚之。

第三百十九条 犯前条第一项之罪，而有第三百十四条第一项各款情形之一者，处一年以上、七年以下有期徒刑。

前项之未遂犯罚之。

第三百二十条 以犯第三百十八条第一项之罪为常业者，处三年以上、十年以下有期徒刑。

第三百二十一条 意图为自己或第三人不法之所有，以强暴、胁迫、药剂、催眠术或他法，至使不能抗拒，而取他人之物或使其交付者，为强盗罪，处三年以上、十年以下有期徒刑。

以前项方法得财产上不法之利益或使第三人得之者，亦同。

犯强盗罪因而致人于死者，处死刑或无期徒刑；致重伤者，处无期徒刑或七年以上有期徒刑。

第一项及第二项之未遂犯罚之。

预备犯强盗罪者，处一年以下有期徒刑、拘役或三百元以下罚金。

第三百二十二条 窃盗或抢夺，因防护赃物、脱免逮捕或湮灭罪证，而当场施以强暴、胁迫者，以强盗论。

第三百二十三条 犯强盗罪而有第三百十四条第一项各款情形之一者，处五年以上、十二年以下有期徒刑。

前项之未遂犯罚之。

第三百二十四条 以犯强盗罪为常业者,处七年以上有期徒刑。

第三百二十五条 犯强盗罪而有左列行为之一者,处死刑或无期徒刑:

一、放火者。

二、强奸者。

三、掳人勒赎者。

四、故意杀人者。

第三百二十六条 未受交战国之允准或不属于各国之海军而驾驶船舰,意图施强暴、胁迫于他船或他船之人或物者,为海盗罪,处死刑、无期徒刑或七年以上有期徒刑。

船员或乘客意图掠夺财物,施强暴、胁迫于其他船员或乘客,而驾驶或指挥船舰者,以海盗论。

因而致人于死者,处死刑;致重伤者,处死刑或无期徒刑。

第三百二十七条 犯海盗罪而有左列行为之一者,处死刑:

一、放火者。

二、强奸者。

三、掳人勒索者。

四、故意杀人者。

第三十一章 侵 占 罪

第三百二十八条 意图为自己或第三人不法之所有,而侵占自己持有他人之物者,处五年以下有期徒刑、拘役或科或并科一千元以下罚金。

前项之未遂犯罚之。

第三百二十九条 对于公务上或因公益所持有之物,犯前条第一项之罪者,处一年以上、七年以下有期徒刑,得并科五千元以下罚金。

对于业务上所持有之物,犯前条第一项之罪者,处六月以上、五年以下有期徒刑,得并科三千元以下罚金。

前二项之未遂犯罚之。

第三百三十条 意图为自己或第三人不法之所有,而侵占遗失物、漂流物或其他离本人所持有之物者,处五百元以下罚金。

第三百三十一条 第三百十六条及第三百十七条之规定,于本章之罪准用之。

第三十二章 诈欺背信及重利罪

第三百三十二条 意图为自己或第三人不法之所有,以诈术使人将本人或第三人之物交付者,处五年以下有期徒刑、拘役或科或并科一千元以下罚金。

以前项方法得财产上不法之利益或使第三人得之者,亦同。

前二项之未遂犯罚之。

第三百三十三条 以犯前条之罪为常业者，处一年以上、七年以下有期徒刑，得并科五千元以下罚金。

第三百三十四条 意图为自己或第三人不法之所有，乘未满二十岁人之知虑浅薄或乘人之精神耗弱，使之将本人或第三人之物交付者，处五年以下有期徒刑、拘役或科或并科一千元以下罚金。

以前项方法得财产上不法之利益或使第三人得之者，亦同。

前二项之未遂犯罚之。

第三百三十五条 为他人处理事务，意图为自己或第三人不法之利益，或损害本人之利益，而为违背其任务之行为，致生损害于本人之财产或其他利益者，处五年以下有期徒刑、拘役或科或并科一千元以下罚金。

前项之未遂犯罚之。

第三百三十六条 第三百十六条及第三百十七条之规定，于前四条之罪准用之。

第三百三十七条 乘他人急迫、轻率或无经验，贷以金钱或其他物品，而取得与原本显不相当之重利者，处一年以下有期徒刑、拘役或科或并科一千元以下罚金。

第三百三十八条 以犯前条之罪为常业者，处三年以下有期徒刑，得并科三千元以下罚金。

第三十三章 恐吓及掳人勒赎罪

第三百三十九条 意图为自己或第三人不法之所有，以恐吓使人将本人或第三人之物交付者，处六月以上、五年以下有期徒刑，得并科一千元以下罚金。

以前项方法得财产上不法之利益或使第三人得之者，亦同。

前二项之未遂犯罚之。

第三百四十条 意图勒赎而掳人者，处死刑、无期徒刑或七年以上有期徒刑。

因而致人于死或重伤者，处死刑或无期徒刑。

第一项之未遂犯罚之。

预备犯第一项之罪者，处二年以下有期徒刑。

犯第一项之罪，未经取赎而释放被害人者，得减轻其刑。

第三百四十一条 犯前条第一项之罪而故意杀被害人者，处死刑。

犯前条第一项之罪而强奸被害人者，处死刑或无期徒刑。

第三十四章 赃 物 罪

第三百四十二条 收受赃物者，处三年以下有期徒刑、拘役或五百元以下罚金。

搬运、寄藏、故买赃物或为牙保者，处五年以下有期徒刑、拘役或科或并科一千元以下罚金。

因赃物变得之财物，以赃物论。

第三百四十三条 以犯前条之罪为常业者，处六月以上、五年以下有期徒刑，得并科三千元以下罚金。

第三百四十四条 于直系血亲、配偶或同财共居亲属之间,犯本章之罪者,得免除其刑。

第三十五章 毁弃损坏罪

第三百四十五条 毁弃、损坏他人文书或致令不堪用,足以生损害于公众或他人者,处三年以下有期徒刑、拘役或五百元以下罚金。

第三百四十六条 毁坏他人建筑物、矿坑、船舰或致令不堪用者,处六月以上、五年以下有期徒刑。

因而致人于死者,处无期徒刑或七年以上有期徒刑;致重伤者,处三年以上、十年以下有期徒刑。

第一项之未遂犯罚之。

第三百四十七条 毁弃、损坏前二条以外之他人之物或致令不堪用,足以生损害于公众或他人者,处二年以下有期徒刑、拘役或五百元以下罚金。

第三百四十八条 意图损害他人,以诈术使本人或第三人为财产上之处分,致生财产上之损害者,处三年以下有期徒刑、拘役或五百元以下罚金。

第三百四十九条 债务人于将受强制执行之际,意图损害债权人之债权,而毁坏、处分或隐匿其财产者,处二年以下有期徒刑、拘役或五百元以下罚金。

第三百五十条 第三百四十五条、第三百四十七条至第三百四十九条之罪,须告诉乃论。

《中华民国刑法修正案》要旨

一、现行法总则编章数、章名,经本案增删并者如左:

1. 文例章内关于亲属各条,因民法亲属编已有规定,均经删去,所余条文甚少,本案并为一条附于法例章内,而将该章删去。

2. “时例”章内各条有为民法已规定者,如关于时期之计算是;有为监狱规则中已规定者,如释放犯人之时期,均经删去,所余刑期计算一条,本案并入“刑”之章内,而将该章删去。

3. “刑事责任及刑之减免”章内各条,大都关于刑事责任问题,仅自首一条专关于刑之减免,故本案将该条移入“刑之酌科及加减”章内,而将章名简称为“刑事责任”。

4. 未遂乃犯罪未遂之意,非有所谓未遂罪也,故本案将“未遂罪”章改为未遂犯章。

5. 刑名章内各条,不仅刑之种类,且有刑之轻重、刑之执行、刑之宣告及羁押折抵等,故本案简称为“刑”。

6. 现行法并合论罪章内各条,大都为数罪并合处罚问题,故本案改为“数罪并罚”。

7. 本案将“刑之酌科”章及“加减例”章并为一章,以期简括。

8. 最近刑事政策注重社会之防卫,各国新订刑法,关于保安处分一章规定颇详,现行法对于少年犯及精神病人,虽有感化教育、监督品行及监禁处分之规定,然嫌范围太狭,本案特增设“保安处分”一章。

二、现行法第二条关于中间法未有规定，且仅以新旧法刑之轻重为比较之标准，似嫌疏漏，故本案增置中间法之规定，除保安处分应绝对从新外，其他如裁判前之法律较有利于行为人时，则应依行为时法或其中间法中最有利于行为人之规定处断。又处罚之裁判确定后法律有变更不处罚其行为者，似无再执行其刑之必要，故本案并增定之。（二）

三、在飞行于领域外之我国航空机内犯罪，亦应适用我国刑法，故本案增入之。（三）

四、使人为奴隶，为国际上应禁止之行为，又公务员在外国犯公务上侵占罪，亦应依我国刑法处罚，故本案分别增入之。（五、六）

五、依现行法第七条，中华民国人民在中华民国领域外，或外国人在中华民国领域外，对于中华民国人民犯最轻本刑为有期徒刑以上之罪者，即适用中华民国刑法，范围太广，本案改为犯最轻本刑为三年以上有期徒刑之罪，始行适用。（七）

六、关于消极行为与犯罪事实之因果关系，现行法无明文规定，适用困难，故本案增定之。（一五）

七、现行法关于刑之加减均称“本刑”，实则递加、递减、先加后减或先减后加时，其所加减者，乃本刑加减后之加减刑，而非本刑，故本案改称“其刑”。

八、依现行法规定，不知法令，仅得因其情节减轻其刑，似嫌过严，本案将不知法令改为不知法律，且于一定条件之下得免除其刑。（一六）

九、对于少年犯罪应以感化教育为主，故本案将责任年龄提高至十四岁，将宥减年龄提高至十八岁，同时将感化教育、监督品行等处分，详细规定于保安处分章中，以资救济。（一八）

十、现行法对于精神耗弱人及瘖哑人之处罚，采必减主义，似嫌过宽，本案改为得减。（一九、二〇）

十一、酗酒犯罪依法当然处罚，无特别规定之必要，故本案将现行法第三十二条删去。

十二、现行法规定下级公务员对于所依上级公务员命令之职务上行为，不问知违法与否一律不罚，似嫌过宽，故本案增设但书之规定。（二一）

十三、现行法对于不能犯之处罚，采得减免主义，并仅以犯罪之方法决不能发生结果者为限。本案改为不问方法不能或目的不能，如无危险者，即必予减免，似较允当。（二六）

十四、教唆犯恶性甚大，宜采独立处罚主义，惟被教唆人未至犯罪或虽犯罪而未遂，即处教唆犯以既遂犯之刑，未免过严，故本案规定此种情形以未遂犯论。（二九）

十五、本案对于从犯一概规定得减，俾法官斟酌情形自由裁量，以期平允。（三〇）

十六、现行法对于拘役加重最长期未予规定，似嫌疏漏，本案规定以四个月为限，俾与徒刑有别。（三三）

十七、主刑重轻之标准，有非现行法第五十一条所能解决者，如专科、选科、并科等问题，故本案酌予修正。（三五）

十八、本案将现行法褫夺公权之规定，改为仅以丧失公务员之资格为限，其他各种资格之丧失，以在各种关系法规中分别规定较为妥便。又本案于总则编中明定宣告或得宣告丧

失公务员资格之条件,而将现行法分则编中所有关系褫夺公权之条文一律删去,以期简明。(三六)

十九、《暂行新刑律》关于短期自由刑易科罚金之规定,为现行法所不采,因之手短期自由刑之宣告者,不问有何窒碍,均需送监执行,事实上颇感不便,且偶然犯罪之人,因受短期监禁,沾染恶习亦所难免,法界多有主张恢复此制者。故本案于严格条件之下,准予易科罚金。(四十)

二十、罚金缴纳期间,现行法定为一个月,似嫌太促,本案改为两个月。现行法罚金易科监禁最长期得至一年,易于短期徒刑想混,本案改为罚金只得易服劳役,并以六个月为限。又现行法规定罚金完纳期间,得本人之承诺即得易科,殊失财产刑之本旨,故本案改为非经强制行后无力完纳时,不得易服劳役。(四一)

二十一、受拘役或罚金宣告之犯人,如其犯罪动机在公益上或道义上显可宥恕时,似无执行之必要,故本案增设得易训诫之规定。(四二)

二十二、羁押折抵,现行法规定得以二日折抵一日,意谓看守所之待遇较优于监狱也。惟经实地考察,各地看守所之设备反多有不及监狱者,因之未决人犯所受痛苦更甚于已决人犯。故本案采必抵主义,并以一日折抵一日。(四三)

二十三、易科罚金、易服劳役及易以训诫之效力如何,与累犯、缓刑等极有关系,故本案增定之。

二十四、现行法刑名章关于刑之执行各条,以移于刑事诉讼法或监狱法内规定为妥,故本案概予删除。

二十五、累犯之恶性,未必与罪之同一或同款及次数之多寡为正比例,故本案赅括规定累犯加重其刑至二分之一,以便法官斟酌运用。(四六)

二十六、连续犯有时情节极重,故本案特增设加重其刑之规定。(五五)

二十七、现行法关于罚金之规定,注重在审酌犯人之资力,而于因犯罪所得之利益未予顾及,致所科罚金数额,常有不及所得利益者,故本案赋与法官在所得利益之范围内,酌量加重之权。(五七)

二十八、本案第六十条各款所列之罪,在刑事诉讼法上均属简易程序案件,检察官固得为不起诉之处分,但被害人迳向法院自诉,经法院认为情节轻微显可悯恕时,如仅得减轻其刑,似嫌过重。故本案赋与法官免除其刑之权,以保平衡。(六〇)

二十九、犯罪自首现行法一律定为得减三分之一,不足以资奖励,故本案总则编中规定一般得减情形,并在分则编中增订减轻或免除其刑之规定。(六一)

三十、本案规定未满十八岁人或已满八十岁人不得处死刑或无期徒刑,盖一则年少尚可改善,一则老耄应予矜宥,均不宜处以极刑也。(六三)

三十一、现行法对于减轻定为二分之一、三分之一两种,其无几分之几规定者,则至少减轻二分之一,未免宽严失当,且对于死刑、无期徒刑亦有减几分之几之规定,理论上亦不无欠缺。故本案对于死刑、无期徒刑减轻者,明定其刑度;对于有期徒刑、拘役或罚金减轻者,原则上减至二分之一,但同时有免除其刑之规定者,得减至三分之一;至依法酌量减轻情形,亦明设准用之规定。

三十二、现行法对于缓刑之条件，仅以犯人会否受有刑之宣告为限，而对于受缓刑人之监督并无规定，似欠妥当。故本案改为非法官认为以暂不执行刑罚为适当时，不得宣告缓刑，并规定受缓刑之宣告者，在缓刑期内得付保护管束。（七三、九一）

三十三、假释条件既以有悛悔实据为限，则刑之执行期间不必过长，故本案将现行法之未满二年改为未满一年。（七六）

三十四、现行法关于起诉权及行刑权之时效，分为二十年、十年、三年三种，本案改为二十年、十年、五年、三年、一年五种，较为公允。（七九、八三）

三十五、现行法起诉权之时效期间，自犯罪最终之日起算，以连续犯为限，不能包括有继续状态之犯罪，本案特改正之。（七九）

三十六、依现行法之规定，时效停止进行之原因未消灭者，其时效永无完成之日，故本案特规定经过一定期间其原因视为消灭。（八二、八四）

三十七、现行法分则编章数、章名，经本案增修者如左：

1.“妨害选举罪”章内各条，仅处罚妨害选举范围稍狭，本案将该章章名改为“妨害投票”罪，俾于创制、复决、罢免等投票亦得适用。

2.伪造公债票、公司股票、邮票、印花税票及其他一切有价证券，现行法纳入“伪造文书印文”章内，似嫌不类，本案将关于有价证券条文，提出另订一章。

3.盘剥重利，情极可恶，故本案特增处罚条文，附于“诈欺背信”章内，而将章名改为“诈欺背信及重利罪”。

三十八、公务员渎职者，如不严加处罚，则吏治永无澄清之望，故本案除酌加公务员犯罪条文外，对于公务员之处罚，一律加重。（一一九、一二〇、一二二、一二七、一二九、一三二）

三十九、现行法总则编中关于亲属各条既经删去，故本案于分则编中有关亲属各条，均按其情节明定范围，以资适用。（一六〇、一六五、二二五、二四五、二六七、二七五、三七六、三一七、三四四）

四十、现行法关于对直系或旁系尊亲属犯诬告、侵害坟墓、尸体、遗弃、杀伤及妨害自由等罪者，均加重其刑。本案以为，以上各罪一般处罚已属不轻，对于尊亲属犯罪，如果情节重大，自可按本刑之最高度处罚，似无再行加重之必要，故仅留杀伤直系血亲尊亲属及侵害其坟墓、尸体加重等条，余则一律删去。（二四四、二六七、二七五）

四十一、现行法关于自己所有物已受查封或担负物权或已赁贷或保险者，于犯公共危险罪及窃盗、抢夺、强盗、侵占、诈欺、背信、毁弃、损坏等罪时，以他人所有物论。本案以为，“公共危险罪”章内对于烧毁或浸害自己所有物既有处罚规定，而“妨害公务罪”章内对于损坏、除去公务员所施之封印或查封之标示，或未违背其效力之行为者，亦有处罚之明文，至于其他情形尽可依民法请求损害赔偿，以资救济，故本案将现行法第二百零九条、第三百三十九条、第三百五十九条及第三百八十五条一律删去。

四十二、现行法关于因而致死或重伤条文，多比较故意伤害罪从重处断，辗转引用，颇感困难,故本案一律明定刑度。(一二三、一二四、一三三、一三四、一七五、一八二、一八六、一八七、二七二、二七三、二八六、二八九、二九六、三一八、三四六)

四十三、预备杀人、预备强盗、预备掳人勒赎,危险极大,现行法未加处罚,似嫌疏漏,本案增设处罚之规定。(二六六、三一四、三四〇)

四十四、现行法对于同谋犯之处罚,仅限于杀人、强盗及掳人勒赎,范围既嫌太狭,且同谋犯罪如有教唆情形,自可适用总则编关于教唆之规定,如仅参与预谋,则言语帮助亦为帮助之一种,更可适用总则编中关于从犯规定,故本案将现行法第二百八十条、第三百五十一条及第三百七十三条关于同谋犯条文一律删去。

四十五、内乱罪仅在预备或阴谋状态中危险未著,对于自首者处罚,不妨从宽,故本案增得免除其刑之规定。(一〇〇)

四十六、现行法第一百零五条所规定之帮助内乱罪,实系内乱罪之从犯,自可适用总则编关于从犯之规定,故删。

四十七、现行法对于与外国订条约损害主权之处罚,仅以违背政府委任者为限。本案以为,如未受政府委任之人就应经政府允许之事项,私与外国政府或其派遣之人为约定者,亦应从严处罚,故增订之。(一一一)

四十八、现行法第一百十二条之罪,因已包括于本案第九十八条之内,故删。

四十九、普通故意杀人、故意伤害及妨害自由、名誉各罪,处刑本已甚高,对于外国友邦元首犯以上各罪,似无再行加重之必要,更不必罚及预备行为。至于对外国代表犯罪,按其性质,自各有专条可以适用,亦无须准用妨害公务罪各条之规定。故本案将现行法"妨害国交罪"章中第一百二十一条、第一百二十二条及第一百二十三条,概予删去。但对于友邦元首及外国代表公然侮辱者,依通常处罚似嫌过轻,故本案令增订较重处罚之条文。

五十、私与外国战斗,普通人犯之者甚少,至军人已有海陆空军刑法可以适用,故将现行法第一百二十四条删去。

五十一、公务员不尽厥职,擅弃守地,自属罪大恶极,故本案增订严厉处罚之条文。(一一八)

五十二、贿赂罪每因授受同科,不易发觉,故本案将对于公务员职务上行为之行贿删去,至对于公务员违背职务行为之行贿罪,除减轻其刑外,并设自首减轻或免除及自白得减之规定,以便赃案易于发觉。(一二〇)

五十三、现行法第一百三十条系规定有审判职务之公务员或公断人之特别受贿罪,本案以一般受贿罪处刑业已加重,而公断人现已改为仲裁人,分别规定于各关系条文之中,故将该条删去。

五十四、现行法第一百三十三条仅处罚有追诉犯罪职务之公务员,范围稍狭,故本案将有处罚犯罪职务之公务员一并加入。至滥用职权为逮捕或羁押者,情节亦极重大,不可不加处罚,故本案并增定之。(一二三)

五十五、有管收、解送或拘禁人犯之公务员,如对于已决、未决之刑事被告或嫌犯有凌虐行为,实属非法,故本案增订处罚条文。(一二四)

五十六、公务员越权受理民刑诉讼，于法治大有妨害，故本案增设处罚之规定。（一二六）

五十七、公务员废弛职务酿成灾害，情难宥恕，故本案增订处罚之规定。（一二八）

五十八、现行法对于公务员犯直接或间接图利之罪，无没收及追征价额之规定，似嫌疏漏，故本案增订之。（一二九）

五十九、现行法第一百三十七条处罚公务员泄漏或交付秘密，以关于民国内政之文书、图画、消息、物品为限，范围似嫌过狭，本案将文字修正为"国防以外应秘密之文书、图画、消息、物品"，以资包括。又本案以公务员因过失泄漏或交付国防以外之秘密文书等物，及非公务员而泄漏或交付因职务或业务知悉或持有国防以外之秘密文书等物者，均不可不加处罚，故增定之。（一三〇）

六十、考试为国家要政，如有舞弊情事，使考试产生不正确之结果者，自应加以处罚，故本案增定之。（一三五）

六十一、预防犯罪本为国家警察职责，必使人民负此义务，未免太苛，故本案将现行法第一百六十二条及第一百六十八条删去。

六十二、挑唆或包揽诉讼而从中渔利者，情节可恶，故本案增设处罚之规定。（一五五）

六十三、现行法对于伪证之处罚，仅以审判时之陈述为限，在侦查时虚伪陈述，无法防止，故本案将侦查时陈述加入，但以检察官侦查时为限。（一六六）

六十四、暴露有传染病菌之尸体，或以其他方法散布病菌，最易发生灾疫，关系人民生命、健康至钜，现行法第二百零六条未加规定，故本案增定之。

六十五、"伪造度量衡"章内各条之未遂罪，大都情节轻微，而现行法第二百二十一条罚及持有，按照我国社会情形，尤觉过苛，故均删去。至行使违背定程之度量衡者，以从事业务之人最多，故本案增订较重处罚之明文。（二〇五）

六十六、现行法第二百三十二条关于从事业务之人登载不实之事项，于其业务上作成之文书者，以医师之证书为限，范围太狭。故本案扩充其范围至一切从事业务之人及一切业务上作成之文书，以免疏漏。（二一二）

六十七、现行法规定："奸淫未满十六岁之女子者，以强奸论。"按照通常女子发育程度及表示同意之能力而言，似觉太严，故本案改为："奸淫未满十四岁之女子者，以强奸论。"至奸淫已满十四岁、未满十六岁之女子，则处以较轻之刑。其与十四岁以上、未满十六岁之男女猥亵之行为者，亦准用此项规定。（二一八、二二〇、二二二）

六十八、现行法第二百五十六条仅科有夫之妇与人通奸之罪，对于有妇之夫与人通奸者，不加处罚，殊背男女平等之旨，故本案对于有配偶与人通奸者，一律处罚。同时并规定，非先经协议或审判离婚者，不得告诉，藉维家庭之和平。（二三四、二四〇）

六十九、现行法对于和诱、略诱同样处罚，似嫌轻重失衡，且仅以脱离享有亲权之人、监护人或保佐人为限，范围亦觉太狭，本案处罚略诱较和诱为重，并扩充其范围为脱离一切有监督权之人，较为得当。（二三五、二三六）

七十、和诱有夫之妇破坏家庭组织，现行法无处罚明文，法界多有主张应予处罚者，故本

案增定之。(二三五)

七十一、和诱未满十六岁之男女,情殊可恶,故本案规定以略诱论。(二三六)

七十二、犯和诱、略诱罪,与裁判宣告前送回被诱人,或指明被诱人之所在地因而寻获者,于被害人利益极大,实有奖励之必要,故本案增设得减轻其刑之规定。

七十三、意图损害他人而妨害其农事上水利者,不独侵害个人法益,且影响农村经济尤大,故本案增设处罚之规定。(二四七)

七十四、就商品之原产国或品质虚伪之标记者,以伪乱真,毁坏商业信用,故本案增定处罚之明文。(二五〇)

七十五、现行法对于制造、贩卖鸦片、吗啡、高根及安洛因等毒品同一处罚,本案以制造、贩卖吗啡、高根、安洛因等毒品,比较制造、贩卖鸦片,贻害社会尤为重大,故分别处罚之。(二五一、二五二)

七十六、现行法对于预谋杀人,以残忍行为杀人及便利犯他罪或免他罪之处罚而杀人者,均特别规定其刑。本案以为,普通杀人罪既可处至死刑,如犯罪之手段及其他情形极其可恶,法官自可审酌一切,判处极刑,毋庸另为规定。故将现行法第二百八十四条及第二百八十五条删去。

七十七、现行法对于产母杀其子女者,以私生子为限,始得较普通杀人罪减轻处罚。本案以为,母子天性相爱,苟非名誉有关、经济压迫或其他必不得已之情形,焉肯置诸死地,故规定不以私生子为限。(二六九)

七十八、人民健康与否,关系种族强弱,凡传染花柳病于人,或凌虐幼童,或使人缠足,或以其他方法妨害儿童身体之自然发育者,均应处罚,故本案明定之。(二八〇、二八一)

七十九、现行法仅对于使人为奴隶者处罚,但事实上往往有名义上虽非奴隶,而其不自由之地位与奴隶相类似,如江湖卖艺之幼童及鸨妇蓄养之娼妓等皆是,凡使人居于此种地位者,不可不加以处罚,故本案增定之。(二九〇)

八十、现行法第三十五条系规定妨害妇女自由罪,较诸现行法第二百五十七条一面妨害自由、一面妨害监督权情形为轻,而处罚反重,殊嫌适当,故本案修正之。(二九二)

八十一、现行法对于窃占不动产之处罚无明文规定,本案将特增设一项于"窃盗罪"章内,以便适用窃盗罪之处罚。(三一三)

八十二、犯强盗罪、海盗罪而又掳人勒赎,情节至为重大,应处极刑,故本案定之。(三三五、三二七)

五、《中华民国刑法》(1935年)

《中华民国刑法》*

(1935年1月1日国民政府公布,自1935年7月1日起施行)

目　录

---

* 刑法起草委员会完成《刑法修正案》后,随即呈报立法院核提大会公决。1934年11月间,立法院三读通过,条文增至357条。立法院决议于1935年1月1日公布。

第一编　总　　则

第一章　法　　例

第一条　行为之处罚,以行为时之法律有明文规定者为限。

第二条　行为后法律有变更者,适用裁判时之法律。但裁判前之法律有利于行为人者,适用最有利于行为人之法律。

保安处分适用裁判时之法律。

处罚之裁判确定后,未执行或执行未完毕,而法律有变更不处罚其行为者,免其刑之执行。

第三条 本法于在中华民国领域内犯罪者适用之。在中华民国领域外之中华民国船舶或航空机内犯罪者,以在中华民国领域内犯罪论。

第四条 犯罪之行为或结果,有一在中华民国领域内者,为在中华民国领域内犯罪。

第五条 本法于凡在中华民国领域外犯左列各罪者,适用之:

一、内乱罪。

二、外患罪。

三、伪造货币罪。

四、第二百零一条及第二百零二条之伪造有价证券罪。

五、第二百十一条、第二百十四条、第二百十六条及第二百十八条之伪造文书印文罪。

六、第二百九十六条之妨害自由罪。

七、第三百三十三条及第三百三十四条之海盗罪。

第六条 本法于中华民国公务员在中华民国领域外犯左列各罪者适用之:

一、第一百二十一条至第一百二十三条、第一百二十五条、第一百二十六条、第一百二十九条、第一百三十一条、第一百三十二条及第一百三十四条之渎职罪。

二、第一百六十三条之脱逃罪。

三、第二百十三条之伪造文书罪。

四、第三百三十六条第一项之侵占罪。

第七条 本法于中华民国人民在中华民国领域外犯前二条以外之罪,而其最轻本刑为三年以上有期徒刑者适用之。但依犯罪地之法律不罚者,不在此限。

第八条 前条之规定,于在中华民国领域外对于中华民国人民犯罪之外国人,准用之。

第九条 同一行为,虽经外国确定裁判,仍得依本法处断。但在外国已受刑之全部或一部执行者,得免其刑之全部或一部之执行。

第十条 称以上、以下、以内者,俱连本数或本刑计算。

称公务员者,谓依法令从事于公务之人员。

称公文书者,谓公务员职务上制作之文书。

称重伤者,谓左列伤害:

一、毁败一目或二目之视能。

二、毁败一耳或二耳之听能。

三、毁败语能、味能或嗅能。

四、毁败一肢以上之机能。

五、毁败生殖之机能。

六、其他于身体或健康有重大不治或难治之伤害。

第十一条 本法总则于其他法令有刑罚之规定者,亦适用之。但其他法令有特别规定者,不在此限。

第二章 刑事责任

第十二条 行为非出于故意或过失者,不罚。

过失行为之处罚,以有特别规定者为限。

第十三条 行为人对于构成犯罪之事实,明知并有意使其发生者,为故意。

行为人对于构成犯罪之事实,预见其发生,而其发生并不违背其本意者,以故意论。

第十四条 行为人虽非故意,但按其情节,应注意并能注意而不注意者,为过失。

行为人对于构成犯罪之事实,虽预见其能发生而确信其不发生者,以过失论。

第十五条 对于一定结果之发生,法律上有防止之义务,能防止而不防止者,与因积极行为发生结果者同。

因自已行为致有发生一定结果之危险者,负防止其发生之义务。

第十六条 不得因不知法律而免除刑事责任,但按其情节,得减轻其刑。如自信其行为为法律所许可,而有正当理由者,得免除其刑。

第十七条 因犯罪致发生一定之结果,而有加重其刑之规定者,如行为人不能预见其发生时,不适用之。

第十八条 未满十四岁人之行为,不罚。

十四岁以上、未满十八岁人之行为,得减轻其刑。

满八十岁人之行为,得减轻其刑。

第十九条 心神丧失人之行为,不罚。

精神耗弱人之行为,得减轻其刑。

第二十条 瘖哑人之行为,得减轻其刑。

第二十一条 依法令之行为,不罚。

依所属上级公务员命令之职务上行为,不罚。但明知命令违法者,不在此限。

第二十二条 业务上之正当行为,不罚。

第二十三条 对于现在不法之侵害,而出于防卫自己或他人权利之行为,不罚。但防卫行为过当者,得减轻或免除其刑。

第二十四条 因避免自己或他人生命、身体、自由、财产之紧急危难而出于不得已之行为,不罚。但避难行为过当者,得减轻或免除其刑。

前项关于避免自己危难之规定,于公务上或业务上有特别义务者,不适用之。

第三章 未遂罪

第二十五条 已着手于犯罪行为之实行而不遂者,为未遂犯。

未遂犯之处罚,以有特别规定者为限。

第二十六条 未遂犯之处罚,得按既遂犯之刑减轻之。但其行为不能发生犯罪之结果,又无危险者,减轻或免除其刑。

第二十七条 已着手于犯罪行为之实行,而因己意中止或防止其结果之发生者,减轻或免除其刑。

第四章 共 犯

第二十八条 二人以上共同实施犯罪之行为者,皆为正犯。

第二十九条 教唆他人犯罪者,为教唆犯。

教唆犯依其所教唆之罪处罚之。

被教唆人虽未至犯罪,教唆犯仍以未遂犯论,但以所教唆之罪有处罚未遂犯之规定者为限。

第三十条 帮助他人犯罪者,为从犯。虽他人不知帮助之情者,亦同。

从犯之处罚,得按正犯之刑减轻之。

第三十一条 因身份或其他特定关系成立之罪,其共同实施或教唆、帮助者,虽无特定关系,仍以共犯论。

因身份或其他特定关系致刑有重轻或免除者,其无特定关系之人,科以通常之刑。

第五章 刑

第三十二条 刑分为主刑及从刑。

第三十三条 主刑之种类如左:

一、死刑。

二、无期徒刑。

三、有期徒刑:二月以上、十五年以下。但遇有加减时,得减至二月未满,或加至二十年。

四、拘役:一日以上、二月未满。但遇有加重时,得加至四个月。

五、罚金:一元以上。

第三十四条 从刑之种类如左:

一、剥夺公权。

二、没收。

第三十五条 主刑之重轻,依第三十三条规定之次序定之。

同种之刑,以最高度之较长或较多者为重。最高度相等者,以最低度之较长或较多者为重。

除前二项规定外,刑之重轻,参酌前二项标准定之。不能依前二项标准定之者,依犯罪情节定之。

第三十六条 剥夺公权者,剥夺左列资格:

一、为公务员之资格。

二、公职候选人之资格。

三、行使选举、罢免、创制、复决四权之资格。

第三十七条 宣告死刑或无期徒刑者,宣告剥夺公权终身。

宣告六月以上有期徒刑,依犯罪之性质认为有剥夺公权之必要者,宣告剥夺公权一年以上、十年以下。

剥夺公权,于裁判时并宣告之。

依第一项宣告剥夺公权者,自裁判确定时发生效力。依第二项宣告剥夺公权者,自主刑执行完毕或赦免之日起算。

第三十八条 左列之物没收之:

一、违禁物。

二、供犯罪所用或供犯罪预备之物。

三、因犯罪所得之物。

前项第一款之物,不问属于犯人与否,没收之。

第一项第二款、第三款之物,以属于犯人者为限,得没收之。但有特别规定者,依其规定。

第三十九条 免除其刑者,仍得专科没收。

第四十条 没收于裁判时并宣告之。但违禁物得单独宣告没收。

第四十一条 犯最重本刑为三年以下有期徒刑以下之刑之罪,而受六月以下有期徒刑或拘役之宣告,因身体、教育、职业或家庭之关系,执行显有困难者,得以一元以上、三元以下折算一日,易科罚金。

第四十二条 罚金应于裁判确定后两月内完纳。期满而不完纳者,强制执行。其无力完纳者,易服劳役。

易服劳役,以一元以上、三元以下折算一日。但劳役期限不得逾六个月。

罚金总额折算逾六个月之日数者,以罚金总额与六个月之日数比例折算。

科罚金之裁判,应依前二项之规定,载明折算一日之额数。

易服劳役,不满一日之零数不算。

易服劳役期内纳罚金者,以所纳之数,依裁判所定之标准折算,扣除劳役之日期。

第四十三条 受拘役或罚金之宣告,而犯罪动机在公益或道义上为可宥恕者,得易以训诫。

第四十四条 易科罚金、易服劳役或易以训诫执行完毕者,其所受宣告之刑,以已执行论。

第四十五条 刑期自裁判确定之日起算。

裁判虽经确定,其尚未受拘禁之日数,不算入刑期内。

第四十六条 裁判确定前羁押之日数,以一日抵有期徒刑或拘役一日或第四十二条第四项裁判所定之罚金数额。

第六章 累 犯

第四十七条 受有期徒刑之执行完毕,或受无期徒刑或有期徒刑一部之执行而赦免后,五年以内再犯有期徒刑以上之罪者,为累犯,加重本刑至二分之一。

第四十八条 裁判确定后,发觉为累犯者,依前条之规定更定其刑,但刑之执行完毕或赦免后发觉者,不在此限。

第四十九条 累犯之规定,于前所犯罪依军法或于外国法院受裁判者,不适用之。

第七章 数罪并罚

第五十条 裁判确定前犯数罪者,并合处罚之。

第五十一条 数罪并罚,分别宣告其罪之刑,依左列各款定其应执行者:

一、宣告多数死刑者,执行其一。

二、宣告之最重刑为死刑者,不执行他刑。但从刑不在此限。

三、宣告多数无期徒刑者,执行其一。

四、宣告之最重刑为无期徒刑者,不执行他刑。但罚金及从刑不在此限。

五、宣告多数有期徒刑者,于各刑中之最长期以上、各刑合并之刑期以下,定其刑期。但不得逾二十年。

六、宣告多数拘役者,比照前款定其刑期。但不得逾四个月。

七、宣告多数罚金者,于各刑中之最多额以上、各刑合并之金额以下,定其金额。

八、宣告多数剥夺公权者,仅就其中最长期间执行之。

九、宣告多数没收者,并执行之。

十、依第五款至第九款所定之刑,并执行之。

第五十二条 数罪并罚,于裁判确定后,发觉未经裁判之余罪者,就余罪处断。

第五十三条 数罪并罚,有二裁判以上者,依第五十一条之规定,定其应执行之刑。

第五十四条 数罪并罚,已经处断,如各罪中有受赦免者,余罪仍依第五十一条之规定。定其应执行之刑,仅余一罪者,依其宣告之刑执行。

第五十五条 一行为而触发数罪名,或犯一罪而其方法或结果之行为犯他罪名者,从一重处断。

第五十六条 连续数行为而犯同一之罪名者,以一罪论。但得加重其刑至二分之一。

第八章 刑之酌科及加减

第五十七条 科刑时应审酌一切情状,尤应注意左列事项,为科刑轻重之标准:

一、犯罪之动机。

二、犯罪之目的。

三、犯罪时所受之激刺。

四、犯罪之手段。

五、犯人之生活状况。

六、犯人之智识程度。

七、犯人之品行。

八、犯人与被害人平日之关系。

九、犯罪所生之危险或损害。

十、犯罪后之态度。

第五十八条 科罚金时,除依前条规定外,并应审酌犯人之资力及因犯罪所得之利益,如所得之利益超过罚金最多额时,得于所得之利益之范围内酌量加重。

第五十九条 犯罪之情状可悯恕者,得酌量减轻其刑。

第六十条 依法律加重或减轻者,仍得依前条之规定酌量减轻其刑。

第六十一条 犯左列各罪之一,情节轻微,显可悯恕,认为依第五十九条规定减轻其刑仍嫌过重者,得免除其刑:

一、犯最重本刑为三年以下有期徒刑、拘役或专科罚金之罪。但第一百三十二条第一项、第一百四十三条、第一百四十五条、第一百八十六条、第二百七十二条第三项及第二百七十六条第一项之罪,不在此限。

二、犯第三百二十条之窃盗罪。

三、犯第三百三十九条之侵占罪。

四、犯第三百三十九条之诈欺罪。

五、犯第三百四十九条第二项之赃物罪。

第六十二条 对于未发觉之罪自首而受裁判者,减轻其刑。但有特别规定者,依其规定。

第六十三条 未满十八岁人或满八十岁人犯罪者,不得处死刑或无期徒刑。本刑为死刑或无期徒刑者,减轻其刑。

未满十八岁人犯第二百七十二条第一项之罪者,不适用前项之规定。

第六十四条 死刑不得加重。

死刑减轻者,为无期徒刑,或为十五年以下、十二年以上有期徒刑。

第六十五条 无期徒刑不得加重。

无期徒刑减轻者,为七年以上有期徒刑。

第六十六条 有期徒刑、拘役、罚金减轻者,减轻其刑至二分之一。但同时有免除其刑之规定者,其减轻得减至三分之二。

第六十七条 有期徒刑加减者,其最高度及最低度同加减之。

第六十八条 拘役或罚金加减者,仅加减其最高度。

第六十九条 有二种以上之主刑者,加减时并加减之。

第七十条 有二种以上刑之加重或减轻者,递加或递减之。

第七十一条 刑有加重及减轻者,先加后减。

有二种以上之减轻者,先依较少之数减轻之。

第七十二条 因刑之加重、减轻,而有不满一日之时间或不满一元之额数者,不算。

第七十三条 酌量减轻其刑者,准用减轻其刑之规定。

第九章　缓　　刑

第七十四条 受二年以下有期徒刑、拘役或罚金之宣告,而有左列情形之一,认为以暂

不执行为适当者,得宣告二年以上、五年以下之缓刑,其期间自裁判确定之日起算:

一、未曾受有期徒刑以上刑之宣告者。

二、前受有期徒刑以上刑之宣告,执行完毕或赦免后,五年以内未曾受有期徒刑以上刑之宣告者。

第七十五条 受缓刑之宣告而有左列情形之一者,撤销其宣告:

一、缓刑期内更犯罪,受有期徒刑以上刑之宣告者。

二、缓刑前犯他罪而在缓刑期内受有期徒刑以上刑之宣告者。

因过失犯罪者,不适用前项之规定。

第七十六条 缓刑期满而缓刑之宣告未经撤销者,其刑之宣告失其效力。

第十章 假 释

第七十七条 受徒刑之执行而有悛悔实据者,无期徒刑逾十年后、有期徒刑逾二分之一后,由监狱长官呈司法行政最高官署,得许假释出狱。但有期徒刑之执行未满一年者,不在此限。

前项执行期间遇有第四十六条情形者,以所余之刑期计算。

第七十八条 假释中更犯罪,受有期徒刑以上刑之宣告者,撤销其假释。

因过失犯罪者,不适用前项之规定。

假释撤销后,其出狱日数不算入刑期内。

第七十九条 在无期徒刑假释期满十年,或在有期徒刑所余刑期内未经撤销假释者,其未执行之刑,以已执行论。

假释中因他罪受刑之执行者,其执行之期间,不算入假释期内。

第十一章 时 效

第八十条 追诉权因左列期间内不行使而消灭:

一、死刑、无期徒刑或十年以上有期徒刑者,二十年。

二、三年以上、十年未满有期徒刑者,十年。

三、一年以上、三年未满有期徒刑者,五年。

四、一年未满有期徒刑者,三年。

五、拘役或罚金者,一年。

前项期间,自犯罪成立之日起算。但犯罪行为有连续或继续之状态者,自行为终了之日起算。

第八十一条 追诉权之时效期间,依本刑之最高度计算。有二种以上之主刑者,依最重主刑或最重主刑之最高度计算。

第八十二条 本刑应加重或减轻者,追诉权之时效期间,仍依本刑计算。

第八十三条 追诉权之时效,如依法律之规定,侦查、起诉或审判之程序不能开始或继续时,停止其进行。

前项时效停止,自停止原因消灭之日起,与停止前已经过之期间,一并计算。

停止原因继续存在之期间,如达于第八十条第一项各款所定期间四分之一者,其停止原因视为消灭。

第八十四条 行刑权因左列期间内不行使而消灭:

一、死刑、无期徒刑或十年以上有期徒刑者,三十年。

二、三年以上、十年未满有期徒刑者,十五年。

三、一年以上、三年未满有期徒刑者,七年。

四、一年未满有期徒刑者,五年。

五、罚金或专科没收者,三年。

前项期间,自裁判确定之日起算。

第八十五条 行刑权之时效,如依法律之规定不能开始或继续执行时,停止其进行。

前项时效停止,自停止原因消灭之日起,与停止前已经过之期间一并计算。

停止原因继续存在之期间,如达于第八十四条第一项各款所定期间四分之一者,其停止原因视为消灭。

第十二章 保安处分

第八十六条 因未满十四岁而不罚者,得令入感化教育处所,施以感化教育。

因未满十八岁而减轻其刑者,得于刑之执行完毕或赦免后,令入感化教育处所,施以感化教育。但宣告三年以下有期徒刑、拘役或罚金者,得于执行前为之。

感化教育期间为三年以下。

第二项但书情形,依感化教育之执行,认为无执行刑之必要者,得免其刑之执行。

第八十七条 因心神丧失而不罚者,得令入相当处所,施以监护。

因精神耗弱或瘖哑而减轻其刑者,得于刑之执行完毕或赦免后,令入相当处所,施以监护。

前二项处分期间,为三年以下。

第八十八条 犯吸食鸦片或施打吗啡或使用高根、海洛因或其化合原料之罪者,得令入相当处所,施以禁戒。

前项处分,于刑之执行前为之,其期间为六个月以下。

依禁戒处分之执行,法院认为无执行刑之必要者,得免其刑之执行。

第八十九条 因酗酒而犯罪者,得于刑之执行完毕或赦免后,令入相当处所,施以禁戒。

前项处分期间,为三个月以下。

第九十条 有犯罪之习惯或以犯罪为常业或因游荡或懒惰成习而犯罪者,得于刑之执行完毕或赦免后,令入劳动场所,强制工作。

前项处分期间,为三年以下。

第九十一条 犯第二百八十五条之罪者,得令入相当处所,强制治疗。

前项处分,于刑之执行前为之,其期间至治愈时为止。

第九十二条 第八十六条至第九十条之处分,按其情形,得以保护管束代之。

前项保护管束期间,为三年以下,其不能收效者,得随时撤销之,仍执行原处分。

第九十三条 受缓刑之宣告者,在缓刑期内,得付保护管束。

假释出狱者,在假释中付保护管束。

前二项情形,违反保护管束规则情节重大者,得撤销缓刑之宣告或假释。

第九十四条 保护管束,交由警察官署、自治团体、慈善团体、本人之最近亲属或其他适当之人行之。

第九十五条 外国人受有期徒刑以上刑之宣告者,得于刑之执行完毕或赦免后,驱逐出境。

第九十六条 保安处分,于裁判时并宣告之。但因假释或于刑之赦免后,付保安处分者,不在此限。

第九十七条 依第八十六条至第九十条及第九十二条规定宣告之保安处分,期间未终了前,认为无继续执行之必要者,法院得免其处分之执行。如认为有延长之必要者,法院得就法定期间之范围内,酌量延长之。

第九十八条 依第八十六条、第八十七条、第八十九条及第九十条规定宣告之保安处分,于刑之执行完毕或赦免后,认为无执行之必要者,法院得免其处分之执行。

第九十九条 第八十八条至第九十一条之保安处分,自应执行之日起经过三年未执行者,非得法院许可,不得执行之。

第二编 分 则

第一章 内 乱 罪

第一百条 意图破坏国体,窃据国土,或以非法之方法变更国宪,颠覆政府,而着手实行者,处七年以上有期徒刑,首谋者,处无期徒刑。

预备犯或阴谋犯前项之罪者,处六月以上五年以下有期徒刑。

第一百零一条 以暴动犯前条第一项之罪者,处无期徒刑或七年以上有期徒刑;首谋者,处死刑或无期徒刑。

预备或阴谋犯前项之罪者,处一年以上、七年以下有期徒刑。

第一百零二条 犯第一百条第二项或第一百零一条第二项之罪而自首者,减轻或免除其刑。

第二章 外 患 罪

第一百零三条 通谋外国或其派遣之人,意图使该国或他国对于中华民国开战端者,处死刑或无期徒刑。

前项之未遂犯罚之。

预备或阴谋犯第一项之罪者,处三年以上、十年以下有期徒刑。

第一百零四条 通谋外国或其派遣之人,意图使中华民国领域属于该国或他国者,处死刑或无期徒刑。

前项之未遂犯罚之。

预备或阴谋犯第一项之罪者,处三年以上、十年以下有期徒刑。

第一百零五条 中华民国人民在敌军执役,或与敌国械抗中华民国或其同盟国者,处死刑或无期徒刑。

前项之未遂犯罚之。

预备或阴谋犯第一项之罪者,处一年以上、七年以下有期徒刑。

第一百零六条 在与外国开战或将开战期内,以军事上之利益供敌国,或以军事上之不利益害中华民国或其同盟国者,处无期徒刑或七年以上有期徒刑。

前项之未遂犯罚之。

预备或阴谋犯第一项之罪者,处五年以下有期徒刑。

第一百零七条 犯前条第一项之罪而有左列情形之一者,处死刑或无期徒刑:

一、将军队交付敌国,或将要塞、军港、军营、军用船舰、航空机及其他军用处所建筑物,与供中华民国军用之军械、弹药、钱粮及其他军需品,或桥梁、铁路、车辆、电线、电机、电局及其他供转运之器物,交付敌国或毁坏或致令不堪用者。

二、代敌国招募军队,或煽惑军人使其降敌者。

三、煽惑军人不执行职务或不守纪律或逃叛者。

四、以关于要塞、军港、军营、军用船舰、航空机及其他军用处所建筑物或军略之秘密文书、图画、消息或物品,泄漏或交付于敌国者。

五、为敌国之间谍,或帮助敌国之间谍者。

前项之未遂犯罚之。

预备或阴谋犯第一项之罪者,处三年以上、十年以下有期徒刑。

第一百零八条 在与外国开战或将开战期内,不履行供给军需之契约或不照契约履行者,处一年以上、七年以下有期徒刑,得并科五千元以下罚金。

因过失犯前项之罪者,处二年以下有期徒刑、拘役或一千元以下罚金。

第一百零九条 泄漏或交付关于中华民国国防应秘密之文书、图画、消息或物品者,处一年以上、七年以下有期徒刑。

泄漏或交付前项之文书、图画、消息或物品于外国或其派遣之人者,处三年以上、十年以下有期徒刑。

前二项之未遂犯罚之。

预备或阴谋犯第一项或第二项之罪者,处二年以下有期徒刑。

第一百一十条 公务员对于职务上知悉或持有前条第一项之文书、图画、消息或物品,因过失而泄漏或交付者,处二年以下有期徒刑、拘役或一千元以下罚金。

第一百十一条 刺探或收集第一百零九条第一项之文书、图画、消息或物品者,处五年以下有期徒刑。

前项之未遂犯罚之。

预备或阴谋犯第一项之罪者,处一年以下有期徒刑。

第一百十二条 意图刺探或收集第一百零九条第一项之文书、图画、消息或物品,未受允准而入要塞、军港、军舰及其他军用处所建筑物或留滞其内者,处一年以下有期徒刑。

第一百十三条 应经政府允许之事项,未受允许,私与外国政府或其派遣之人为约定者,处无期徒刑或七年以上有期徒刑。

第一百十四条 受政府之委任,处理对于外国政府之事务,而违背其委任,致生危害于中华民国者,处无期徒刑或七年以上有期徒刑。

第一百十五条 伪造、变造、毁弃或隐匿可以证明中华民国对于外国所享权利之文书、图画或其他证据者,处五年以上、十二年以下有期徒刑。

第三章 妨害国交罪

第一百十六条 对于友邦元首或派至中华民国之外国代表,犯故意伤害罪、妨害自由罪或妨害名誉罪者,得加重其刑至三分之一。

第一百十七条 于外国交战之际,违背政府局外中立之命令者,处一年以下有期徒刑、拘役或三千元以下罚金。

第一百十八条 意图侮辱外国,而公然损坏、除去或污辱外国之国旗、国章者,处一年以下有期徒刑、拘役或三百元以下罚金。

第一百十九条 第一百一十六条之妨害名誉罪及第一百一十八条之罪,须外国政府之请求乃论。

第四章 渎 职 罪

第一百二十条 公务员不尽其应尽之责,而委弃守地者,处死刑、无期徒刑或十年以上有期徒刑。

第一百二十一条 公务员或仲裁人对于职务上之行为,要求、期约或收受贿赂或其他不正利益者,处七年以下有期徒刑,得并科五千元以下罚金。

犯前项之罪者,所收受之贿赂没收之;如全部或一部不能没收时,追征其价额。

第一百二十二条 公务员或仲裁人对于违背职务之行为,要求、期约或收受贿赂或其他不正利益者,处三年以上、十年以下有期徒刑,得并科七千元以下罚金。

因而为违背职务之行为者,处无期徒刑或五年以上有期徒刑,得并科一万元以下罚金。

对于公务员或仲裁人关于违背职务之行为,行求、期约或交付贿赂或其他不正利益者,处三年以下有期徒刑,得并科三千元以下罚金。但自首者减轻或免除其刑。在侦查或审判中自白者,得减轻其刑。

犯第一项或第二项之罪者,所收受之贿赂没收之;如全部或一部不能没收时,追征其价额。

第一百二十三条 于未为公务员或仲裁人时,预以职务上之行为,要求、期约或收受贿赂或其他不正利益,而于为公务员或仲裁人后履行者,以公务员或仲裁人要求、期约或收受贿赂或其他不正利益论。

第一百二十四条 有审判职务之公务员或仲裁人,为枉法之裁判或仲裁者,处一年以上、七年以下有期徒刑。

第一百二十五条 有追诉或处罚犯罪职务之公务员,为左列行为之一者,处一年以上、七年以下有期徒刑:

一、滥用职权为逮捕或羁押者。

二、意图取供而施强暴、胁迫者。

三、明知为无罪之人而使其受追诉或处罚,或明知为有罪之人而无故不使其受追诉或处罚者。

因而致人于死者,处无期徒刑或七年以上有期徒刑;致重伤者,处三年以上、十年以下有期徒刑。

第一百二十六条 有管收、解送或拘禁人犯职务之公务员,对于人犯施以凌虐者,处一年以上、七年以下有期徒刑。

因而致人于死者,处无期徒刑或七年以上有期徒刑;致重伤者,处三年以上,十年以下有期徒刑。

第一百二十七条 有执行刑罚职务之公务员,违法执行或不执行刑罚者,处五年以下有期徒刑。

因过失而执行不应执行之刑罚者,处一年以下有期徒刑、拘役或三百元以下罚金。

第一百二十八条 公务员对于诉讼事件,明知不应受理而受理者,处三年以下有期徒刑。

第一百二十九条 公务员对于租税或其他入款,明知不应征收而征收者,处一年以上、七年以下有期徒刑,得并科七千元以下罚金。

公务员对于职务上发给之款项、物品,明知应发给而抑留不发或克扣者,亦同。

前二项之未遂犯罚之。

第一百三十条 公务员废弛职务酿成灾害者,处三年以上、十年以下有期徒刑。

第一百三十一条 公务员对于主管或监督之事务,直接或间接图利者,处一年以上、七年以下有期徒刑,得并科七千元以下罚金。

犯前项之罪者,所得之利益没收之;如全部或一部不能没收时,追征其价额。

第一百三十二条 公务员泄漏或交付关于中华民国国防以外应秘密之文书、图画、消息或物品者,处三年以下有期徒刑。

因过失犯前项之罪者,处一年以下有期徒刑、拘役或三百元以下罚金。

非公务员因职务或业务知悉或持有第一项之文书、图画、消息或物品,而泄漏或交付之者,处一年以下有期徒刑、拘役或三百元以下罚金。

第一百三十三条 在邮务或电报机关执行职务之公务员,开拆或隐匿投寄之邮件或电报者,处三年以下有期徒刑、拘役或五百元以下罚金。

第一百三十四条 公务员假借职务上之权力、机会或方法，以故意犯本章以外各罪者，加重其刑至二分之一。但因公务员之身分已特别规定其刑者，不在此限。

第五章 妨害公务罪

第一百三十五条 对于公务员依法执行职务时，施强暴、胁迫者，处三年以下有期徒刑、拘役或三百元以下罚金。

意图使公务员执行一定之职务，或妨害其依法执行一定之职务或使公务员辞职，而施强暴、胁迫者，亦同。

犯前二项之罪，因而致公务员于死者，处无期徒刑或七年以上有期徒刑；致重伤者，处三年以上、十年以下有期徒刑。

第一百三十六条 公然聚众犯前条之罪者，在场助势之人，处一年以下有期徒刑、拘役或三百元以下罚金；首谋及下手实施强暴、胁迫者，处一年以上、七年以下有期徒刑。

因而致公务员于死或重伤者，首谋及下手实施强暴、胁迫之人，依前条第三项之规定处断。

第一百三十七条 对于依考试法举行之考试，以诈术或其他非法之方法，使其发生不正确之结果者，处一年以下有期徒刑、拘役或三百元以下罚金。

前项之未遂犯罚之。

第一百三十八条 毁弃、损坏或隐匿公务员职务上掌管或委托第三人掌管之文书、图画、物品或致令不堪用者，处五年以下有期徒刑。

第一百三十九条 损坏、除去或污秽公务员所施之封印或查封之标示或为违背其效力之行为者，处一年以下有期徒刑、拘役或三百元以下罚金。

第一百四十条 于公务员依法执行职务时，当场侮辱或对于其依法执行之职务公然侮辱者，处六月以下有期徒刑、拘役或一百元以下罚金。

对于公署公然侮辱者，亦同。

第一百四十一条 意图侮辱公务员或公署，而损坏、除去或污秽实贴公共场所之文告者，处拘役或一百元以下罚金。

第六章 妨害投票罪

第一百四十二条 以强暴、胁迫或其他非法之方法，妨害他人自由行使法定之政治上选举或其他投票权者，处五年以下有期徒刑。

前项之未遂犯罚之。

第一百四十三条 有投票权之人，要求、期约或收受贿赂或其他不正利益，而许以不行使其投票权或为一定之行使者，处三年以下有期徒刑，得并科五千元以下罚金。

犯前项之罪者，所收受之贿赂没收之；如全部或一部不能没收时，追征其价额。

第一百四十四条 对于有投票权之人，行求、期约或交付贿赂或其他不正利益，而约其不行使投票权或为一定之行使者，处五年以下有期徒刑，得并科七千元以下罚金。

第一百四十五条　以生计上之利害,诱惑投票人不行使其投票权或为一定之行使者,处三年以下有期徒刑。

第一百四十六条　以诈术或其他非法之方法,使投票发生不正确之结果或变造投票之结果者,处五年以下有期徒刑。

前项之未遂犯罚之。

第一百四十七条　妨害或扰乱投票者,处二年以下有期徒刑、拘役或五百元以下罚金。

第一百四十八条　于无计名之投票,刺探票载之内容者,处三百元以下罚金。

第七章　妨害秩序罪

第一百四十九条　公然聚众,意图为强暴、胁迫,已受该管公务员解散命令三次以上,而不解散者,在场助势之人,处六月以下有期徒刑、拘役或三百元以下罚金;首谋者,处三年以下有期徒刑。

第一百五十条　公然聚众,施强暴、胁迫者,在场助势之人,处一年以下有期徒刑、拘役或三百元以下罚金。首谋及下手实施强暴、胁迫者,处六月以上五年以下有期徒刑。

第一百五十一条　以加害生命、身体、财产之事恐吓公众,致生危害于公安者,处二年以下有期徒刑。

第一百五十二条　以强暴、胁迫或诈术,阻止或扰乱合法之集会者,处二年以下有期徒刑。

第一百五十三条　以文字、图画、演说或他法,公然为左列行为之一者,处二年以下有期徒刑、拘役或一千元以下罚金:

一、煽惑他人犯罪者。

二、煽惑他人违背法令,或抗拒合法之命令者。

第一百五十四条　参与以犯罪为宗旨之结社者,处三年以下有期徒刑、拘役或五百元以下罚金;首谋者,处一年以上、七年以下有期徒刑。

犯前项之罪而自首者,减轻或免除其刑。

第一百五十五条　煽惑军人不执行职务或不守纪律或逃叛者,处六月以上、五年以下有期徒刑。

第一百五十六条　未受允准,招集军队、发给军需或率带军队者,处五年以下有期徒刑。

第一百五十七条　意图渔利,挑唆或包揽他人诉讼者,处一年以下有期徒刑、拘役或五百元以下罚金。

以犯前项之罪为常业者,处三年以下有期徒刑,得并科二千元以下罚金。

第一百五十八条　冒充公务员而行使其职权者,处三年以下有期徒刑、拘役或五百元以下罚金。

冒充外国公务员而行使其职权者,亦同。

第一百五十九条　公然冒用公务员服饰、徽章或官衔者,处五百元以下罚金。

第一百六十条　意图侮辱中华民国,而公然损坏、除去或污辱中华民国之国旗、国章者,处一年以下有期徒刑、拘役或三百元以下罚金。

意图侮辱创立中华民国之孙先生,而公然损坏、除去或污辱其遗像者,亦同。

第八章 脱 逃 罪

第一百六十一条 依法逮捕、拘禁之人脱逃者,处一年以下有期徒刑。

损坏拘禁处所械具或以强暴,胁迫犯前项之罪者,处五年以下有期徒刑。

聚众以强暴、胁迫犯第一项之罪者,在场助势之人,处三年以上、十年以下有期徒刑,首谋及下手实施强暴、胁迫者,处五年以上有期徒刑。

前三项之未遂犯罚之。

第一百六十二条 纵放依法逮捕、拘禁之人或便利其脱逃者,处三年以下有期徒刑。

损坏拘禁处所械具或以强暴、胁迫犯前项之罪者,处六月以上、五年以下有期徒刑。

聚众以强暴、胁迫犯第一项之罪者,在场助势之人,处五年以上、十二年以下有期徒刑;首谋及下手实施强暴、胁迫者,处无期徒刑或七年以上有期徒刑。

前三项之未遂犯罚之。

配偶、五亲等内之血亲或三亲等内之姻亲,犯第一项之便利脱逃罪者,得减轻其刑。

第一百六十三条 公务员纵放职务上依法逮捕、拘禁之人或便利其脱逃者,处一年以上、七年以下有期徒刑。

因过失致前项之人脱逃者,处六月以下有期徒刑、拘役或三百元以下罚金。

第一项之未遂犯罚之。

第九章 藏匿人犯及湮灭证据罪

第一百六十四条 藏匿犯人或依法逮捕、拘禁之脱逃人或使之隐避者,处二年以下有期徒刑、拘役或五百元以下罚金。

意图犯前项之罪而顶替者,亦同。

第一百六十五条 伪造、变造、湮灭或隐匿关系他人刑事被告案件之证据或使用伪造、变造之证据者,处二年以下有期徒刑、拘役或五百元以下罚金。

第一百六十六条 犯前条之罪,于他人刑事被告案件裁判确定前自白者,减轻或免除其刑。

第一百六十七条 配偶、五亲等内之血亲或三亲等内之姻亲图利犯人或依法逮捕、拘禁之脱逃人,而犯第一百六十四条或第一百六十五条之罪者,减轻或免除其刑。

第十章 伪证及诬告罪

第一百六十八条 于执行审判职务之公署审判时或于检察官侦查时,证人、鉴定人、通译于案情有重要关系之事项,供前或供后具结,而为虚伪陈述者,处七年以下有期徒刑。

第一百六十九条 意图他人受刑事或惩戒处分,向该管公务员诬告者,处七年以下有期徒刑。

意图他人受刑事或惩戒处分，而伪造、变造证据或使用伪造变造之证据者，亦同。

第一百七十条 意图陷害直系血亲尊亲属，而犯前条之罪者，加重其刑至二分之一。

第一百七十一条 未指定犯人，而向该管公务员诬告犯罪者，处一年以下有期徒刑、拘役或三百元以下罚金。

未指定犯人，而伪造、变造犯罪证据，或使用伪造、变造之犯罪证据，致开始刑事诉讼程序者，亦同。

第一百七十二条 犯第一百六十八条至第一百七十一条之罪，于所虚伪陈述或所诬告之案件，裁判或惩戒处分确定前自白者，减轻或免除其刑。

第十一章 公共危险罪

第一百七十三条 放火烧毁现供人使用之住宅或现有人所在之建筑物、矿坑、火车、电车或其他供水、陆、空公众运输之舟、车、航空机者，处无期徒刑或七年以上有期徒刑。

失火烧毁前项之物者，处一年以下有期徒刑、拘役或五百元以下罚金。

第一项之未遂犯罚之。

预备犯第一项之罪者，处一年以下有期徒刑、拘役或三百元以下罚金。

第一百七十四条 放火烧毁现非供人使用之他人所有住宅或现未有人所在之他人所有建筑物、矿坑、火车、电车或其他供水、陆、空公众运输之舟、车、航空机者，处三年以上、十年以下有期徒刑。

放火烧毁前项之自己所有物，致生公共危险者，处六月以上、五年以下有期徒刑。

失火烧毁第一项之物者，处六月以下有期徒刑、拘役或三百元以下罚金；失火烧毁前项之物，致生公共危险者，亦同。

第一项之未遂犯罚之。

第一百七十五条 放火烧毁前二条以外之他人所有物，致生公共危险者，处一年以上、七年以下有期徒刑。

放火烧毁前二条以外之自己所有物，致生公共危险者，处三年以下有期徒刑。

失火烧毁前二条以外之物，致生公共危险者，处拘役或三百元以下罚金。

第一百七十六条 故意或因过失、以火药、蒸气、电气、煤气或其他爆裂物，炸毁前三条之物者，准用各该条放火、失火之规定。

第一百七十七条 漏逸或间隔蒸气、电气、煤气或其他气体，致生公共危险者，处三年以下有期徒刑、拘役或三百元以下罚金。

因而致人于死者，处无期徒刑或七年以上有期徒刑；致重伤者，处三年以上、十年以下有期徒刑。

第一百七十八条 决水浸害现供人使用之住宅或现有人所在之建筑物、矿坑或火车、电车者，处无期徒刑或五年以上有期徒刑。

因过失决水浸害前项之物者，处一年以下有期徒刑、拘役或五百元以下罚金。

第一项之未遂犯罚之。

第一百七十九条 决水浸害现非供人使用之他人所有住宅或现未有人所在之他人所有建筑物或矿坑者，处一年以上七年以下有期徒刑。

决水浸害前项之自己所有物，致生公共危险者，处六月以上五年以下有期徒刑。

因过失决水浸害第一项之物者，处六月以下有期徒刑、拘役或三百元以下罚金。

因过失决水浸害前项之物，致生公共危险者，亦同。

第一项之未遂犯罚之。

第一百八十条 决水浸害前二条以外之他人所有物，致生公共危险者，处五年以下有期徒刑。

决水浸害前二条以外之自己所有物，致生公共危险者，处二年以下有期徒刑。

因国失决水浸害前二条以外之物，致生公共危险者，处拘役或三百元以下罚金。

第一百八十一条 决溃堤防、破坏水闸或损坏自来水池，致生公共危险者，处五年以下有期徒刑。

因国失犯前项之罪者，处拘役或三百元以下罚金。

第一项之未遂犯罚之。

第一百八十二条 于火灾、水灾之际，隐匿或损坏防御之器械或以他法妨害救火、防水者，处三年以下有期徒刑、拘役或三百元以下罚金。

第一百八十三条 倾覆或破坏现有人所在之火车、电车或其他供水、陆、空公众运输之舟、车、航空机者，处无期徒刑或五年以上有期徒刑。

因过失犯前项之罪者，处一年以下有期徒刑、拘役或三百元以下罚金。

从事业务之人，因业务上之过失犯第一项之罪者，处三年以下有期徒刑、拘役或五百元以下罚金。

第一项之未遂犯罚之。

第一百八十四条 损坏轨道、灯塔、标识或以他法致生火车、电车或其他供水、陆、空公众运输之舟、车、航空机往来之危险者，处三年以上、十年以下有期徒刑。

因而致前项之舟、车、航空机倾覆或破坏者，依前条第一项之规定处断。

因过失犯第一项之罪者，处六月以下有期徒刑、拘役或三百元以下罚金。

从事业务之人，因业务上之过失犯第一项之罪者，处二年以下有期徒刑、拘役或五百元以下罚金。

第一项之未遂犯罚之。

第一百八十五条 损坏或壅塞陆路、水路、桥梁或其他公众往来之设备或以他法致生往来之危险者，处五年以下有期徒刑、拘役或五百元以下罚金。

因而致人于死者，处无期徒刑或七年以上有期徒刑；致重伤者，处三年以上、十年以下有期徒刑。

第一项之未遂犯罚之。

第一百八十六条 未受允准，而制造、贩卖、运输或持有炸药、棉花药、雷汞或其他相类之爆裂物或军用枪炮、子弹，而无正当理由者，处二年以下有期徒刑、拘役或五百元以下罚金。

第一百八十七条 意图供自己或他人犯罪之用,而制造、贩卖、运输或持有炸药、棉花药、雷汞或其他相类之爆裂物或军用枪炮、子弹者,处五年以下有期徒刑。

第一百八十八条 妨害铁路、邮务、电报、电话或供公众之用水、电气、煤气事业者,处五年以下有期徒刑、拘役或五百元以下罚金。

第一百八十九条 损坏矿坑、工厂或其他相类之场所内关于保护生命之设备,致生危险于他人生命者,处一年以上、七年以下有期徒刑。

因而致人于死者,处无期徒刑或七年以上有期徒刑;致重伤者,处三年以上、十年以下有期徒刑。

因过失犯第一项之罪者,处六月以下有期徒刑、拘役或三百元以下罚金。

从事业务之人,因业务上之过失犯第一项之罪者,处二年以下有期徒刑、拘役或五百元以下罚金。

第一项之未遂犯罚之。

第一百九十条 投放毒物或混入妨害卫生物品于供公众所饮之水源、水道或自来水池者,处一年以上、七年以下有期徒刑。

因而致人于死者,处无期徒刑或七年以上有期徒刑;致重伤者,处三年以上、十年以下有期徒刑。

因过失犯第一项之罪者,处六月以下有期徒刑、拘役或三百元以下罚金。

第一项之未遂犯罚之。

第一百九十一条 制造、贩卖或意图贩卖而陈列妨害卫生之饮食物品或其他物品者,处六月以下有期徒刑、拘役或科或并科一千元以下罚金。

第一百九十二条 违背关于预防传染病所公布之检查或进口之法令者,处二年以下有期徒刑、拘役或一千元以下罚金。

暴露有传染病菌之尸体,或以他法散布病菌,致生公共危险者,亦同。

第一百九十三条 承揽工程人或监工人,于营造或拆卸建筑物时,违背建筑术成规,致生公共危险者,处三年以下有期徒刑、拘役或三千元以下罚金。

第一百九十四条 于灾害之际,关于与公务员或慈善团体缔结供给粮食或其他必需品之契约,而不履行或不照契约履行,致生公共危险者,处五年以下有期徒刑,得并科三千元以下罚金。

第十二章 伪造货币罪

第一百九十五条 意图供行使之用,而伪造、变造通用之货币、纸币、银行券者,处五年以上有期徒刑,得并科五千元以下罚金。

前项之未遂犯罚之。

第一百九十六条 行使伪造、变造之通用货币、纸币、银行券,或意图供行使之用而收集或交付于人者,处三年以上、十年以下有期徒刑,得并科五千元以下罚金。

收受后方知为伪造、变造之通用货币、纸币、银行券，而仍行使，或意图供行使之用而交付于人者，处五百元以下罚金。

第一条之未遂犯罚之。

第一百九十七条 意图供行使之用而减损通用货币之分量者，处五年以下有期徒刑，得并科三千元以下罚金。

前项之未遂犯罚之。

第一百九十八条 行使减损分量之通用货币，或意图供行使之用而收集或交付于人者，处三年以下有期徒刑，得并科一千元以下罚金。

收受后方知为减损分量之通用货币而仍行使，或意图供行使之用而交付于人者，处一百元以下罚金。

第一项之未遂犯罚之。

第一百九十九条 意图供伪造、变造通用之货币、纸币、银行券或意图供减损通用货币分量之用，而制造、交付或收受各项器械、原料者，处五年以下有期徒刑，得并科一千元以下罚金。

第二百条 伪造、变造之通用货币、纸币、银行券，减损分量之通用货币及前条之器械、原料，不问属于犯人与否，没收之。

第十三章 伪造有价证券罪

第二百零一条 意图供行使之用，而伪造、变造公债票、公司股票或其他有价证券者，处三年以上、十年以下有期徒刑，得并科三千元以下罚金。

行使伪造、变造之公债票、公司股票或其他有价证券，或意图供行使用之用而收集或交付于人者，处一年以上、七年以下有期徒刑，得并科三千元以下罚金。

第二百零二条 意图供行使之用，而伪造、变造邮票或印花税票者，处六月以上、五年以下有期徒刑，得并科一千元以下罚金。

行使伪造、变造之邮票或印花税票或意图供行使之用而收集或交付于人者，处三年以下有期徒刑，得并科一千元以下罚金。

意图供行使之用，而涂抹邮票或印花税票上之注销符号者，处一年以下有期徒刑、拘役或三百元以下罚金；其行使之者，亦同。

第二百零三条 意图供行使之用，而伪造、变造船票、火车、电车票或其他往来客票者，处一年以下有期徒刑、拘役或三百元以下罚金；其行使之者，亦同。

第二百零四条 意图供伪造、变造有价证券、邮票或印花税票之用，而制造、交付或收受各项器械、原料者，处二年以下有期徒刑，得并科五百元以下罚金。

第二百零五条 伪造、变造之有价证券、邮票或印花税票及前条之器械、原料，不问属于犯人与否，没收之。

第十四章　伪造度量衡罪

第二百零六条　意图供行使之用,而制造违背定程之度量衡,或变更度量衡之定程者,处一年以下有期徒刑、拘役或三百元以下罚金。

第二百零七条　意图供行使之用,而贩卖违背定程之度量衡者,处六月以下有期徒刑、拘役或三百元以下罚金。

第二百零八条　行使违背定程之度量衡者,处三百元以下罚金。

从事业务之人,关于其业务犯前项之罪者,处六月以下有期徒刑、拘役或五百元以下罚金。

第二百零九条　违背定程之度量衡,不问属于犯人与否,没收之。

第十五章　伪造文书印文罪

第二百一十条　伪造、变造私文书,足以生损害于公众或他人者,处五年以下有期徒刑。

第二百十一条　伪造、变造公文书,足以生损害于公众或他人者,处一年以上、七年以下有期徒刑。

第二百十二条　伪造、变造护照、旅券、免许证、特许证及关于品行、能力、服务或其他相类之证书、介绍书,足以生损害于公众或他人者,处一年以下有期徒刑、拘役或三百元以下罚金。

第二百十三条　公务员明知为不实之事项,而登载于职务上所掌之公文书,足以生损害于公众或他人者,处一年以上、七年以下有期徒刑。

第二百十四条　明知为不实之事项,而使公务员登载于职务上所掌之公文书,足以生损害于公众或他人者,处三年以下有期徒刑、拘役或五百元以下罚金。

第二百十五条　从事业务之人,明知为不实之事项,而登载于其业务上作成之文书,足以生损害于公众或他人者,处三年以下有期徒刑、拘役或五百元以下罚金。

第二百十六条　行使第二百十条至第二百十五条之文书者,依伪造、变造文书或登载不实事项或使登载不实事项之规定处断。

第二百十七条　伪造印章、印文或署押,足以生损害于公众或他人者,处三年以下有期徒刑。

盗用印章、印文或署押,足以生损害于公众或他人者,亦同。

第二百十八条　伪造公印或公印文者,处五年以下有期徒刑。

盗用公印或公印文,足生损害于公众或他人者,亦同。

第二百十九条　伪造之印章、印文或署押,不问属于犯人与否,没收之。

第二百二十条　在纸上或物品上之文字、符号,依习惯或特约,足以为表示其用意之证明者,关于本章之罪,以文书论。

第十六章 妨害风化罪

第二百二十一条 对于妇女以强暴、胁迫、药剂、催眠术或他法,至使不能抗拒而奸淫之者,为强奸罪,处五年以上有期徒刑。

奸淫未满十四岁之女子,以强奸论。

前二项之未遂犯罚之。

第二百二十二条 二人以上犯前条第一项或第二项之罪,而共同轮奸者,处无期徒刑或七年以上有期徒刑。

第二百二十三条 犯强奸罪而故意杀被害人者,处死刑。

第二百二十四条 对于男女以强暴、胁迫、药剂、催眠术或他法,至使不能抗拒而为猥亵之行为者,处七年以下有期徒刑。

对于未满十四岁之男女为猥亵之行为者,亦同。

第二百二十五条 对于妇女乘其心神丧失或其他相类之情形,不能抗拒而奸淫之者,处三年以上、十年以下有期徒刑。

对于男女乘其心神丧失或其他相类之情形,不能抗拒而为猥亵之行为者,处五年以下有期徒刑。

第一项之未遂犯罚之。

第二百二十六条 犯第二百二十一条、第二百二十四条或第二百二十五条之罪,因而致被害人于死者,处无期徒刑或七年以上有期徒刑;致重伤者,处七年以上有期徒刑。

因而致被害人羞忿自杀或意图自杀而致重伤者,处七年以上有期徒刑。

第二百二十七条 奸淫十四岁以上未满十六岁之女子者,处一年以上、七年以下有期徒刑。

对于十四岁以上未满十六岁之男女为猥亵之行为者,处五年以下有期徒刑。

第二百二十八条 对于因亲属、监护、教养、救济、公务或业务关系服从自己监督之人,利用权势而奸淫或为猥亵之行为者,处五年以下有期徒刑。

第二百二十九条 以诈术使妇女误信为自己配偶而听从其奸淫者,处三年以上、十年以下有期徒刑。

前项之未遂犯罚之。

第二百三十条 直系或三亲等内旁系血亲相和奸者,处五年以下有期徒刑。

第二百三十一条 意图营利,引诱或容留良家妇女与他人奸淫者,处三年以下有期徒刑,得并科五百元以下罚金。

意图营利,使人为猥亵之行为者,亦同。

以犯前二项之罪为常业者,处五年以下有期徒刑,得并科一千元以下罚金。

公务员包庇他人犯前三项之罪者,依各该项之规定,加重其刑至二分之一。

第二百三十二条 对于第二百二十八条所定服从自己监督之人,或夫对于妻,犯前条第一项之罪者,处五年以下有期徒刑,得并科一千元以下罚金。

第二百三十三条 引诱未满十六岁之男女,与他人为猥亵之行为或奸淫者,处五年以下有期徒刑。

第二百三十四条 公然为猥亵之行为者,处拘役或一百元以下罚金。

第二百三十五条 散布或贩卖猥亵之文字、图画及其他物品,或公然陈列,或以他法供人观览者,处一千元以下罚金。

意图贩卖而制造、持有前项之文字、图画及其他物品者,亦同。

第二百三十六条 第二百二十一条至第二百三十条之罪,须告诉乃论。

第十七章 妨害婚姻及家庭罪

第二百三十七条 有配偶而重为婚姻或同时与二人以上结婚者,处五年以下有期徒刑;其相婚者,亦同。

第二百三十八条 以诈术缔结无效或得撤销之婚姻,因而致婚姻无效之裁判或撤销婚姻之裁判确定者,处三年以下有期徒刑。

第二百三十九条 有配偶而与人通奸者,处一年以下有期徒刑;其相奸者,亦同。

第二百四十条 和诱未满二十岁之男女脱离家庭或其他有监督权之人者,处三年以下有期徒刑。

和诱有配偶之人脱离家庭者,亦同。

意图营利或意图使被诱人为猥亵之行为或奸淫,而犯前二项之罪者,处六月以上、五年以下有期徒刑,得并科一千元以下罚金。

前三项之未遂犯罚之。

第二百四十一条 略诱未满二十岁之男女脱离家庭或其他有监督权之人者,处一年以上、七年以下有期徒刑。

意图营利或意图使被诱人为猥亵之行为或奸淫,而犯前项之罪者,处三年以上、十年以下有期徒刑,得并科一千元以下罚金。

和诱未满十六岁之男女,以略诱论。

前三项之未遂犯罚之。

第二百四十二条 移送前二条之被诱人出中华民国领域外者,处无期徒刑或七年以上有期徒刑。

前项之未遂犯罪之。

第二百四十三条 意图营利,或意图使第二百四十条或第二百四十一条之被诱人为猥亵之行为或奸淫,而收受、藏匿被诱人或使之隐避者,处六月以上、五年以下有期徒刑,得并科五百元以下罚金。

前项之未遂犯罚之。

第二百四十四条 犯第二百四十条至第二百四十三条之罪,于裁判宣告前送回被诱人或指明所在地因而寻获者,得减轻其刑。

第二百四十五条 第二百三十八条、第二百三十九条之罪及第二百四十条第二项之罪,须告诉乃论。

第二百三十九条之罪,配偶纵容或宥恕者,不得告诉。

第十八章　亵渎祀典及侵害坟墓尸体罪

第二百四十六条　对于坛庙、寺观、教堂、坟墓或公众纪念处所公然侮辱者,处六月以下有期徒刑、拘役或三百元以下罚金。

妨害丧、葬、祭礼、说教、礼拜者,亦同。

第二百四十七条　损坏、遗弃、污辱或盗取尸体者,处六月以上、五年以下有期徒刑。

损坏、遗弃或盗取遗骨、遗发、殓物或火葬之遗灰者,处五年以下有期徒刑。

前二项之未遂犯罚之。

第二百四十八条　发掘坟墓者,处六月以上、五年以下有期徒刑。

前项之未遂犯罚之。

第二百四十九条　发掘坟墓而损坏、遗弃、污辱或盗取尸体者,处三年以上、十年以下有期徒刑。

发掘坟墓而损坏、遗弃、或盗取遗骨、遗发、殓物或火葬之遗灰者,处一年以上、七年以下有期徒刑。

第二百五十条　对于直系血亲尊亲属犯第二百四十七条至第二百四十九条之罪者,加重其刑至二分之一。

第十九章　妨害农工商罪

第二百五十一条　以强暴、胁迫或诈术左列行为之一者,处五年以下有期徒刑、拘役或三千元以下罚金:

一、妨害贩运谷类及其他公共所需之饮食物品,致市上生缺乏者。

二、妨害贩运种子、肥料、原料及其他农业、工业所需之物品,致市上生缺乏者。

前项之未遂犯罚之。

第二百五十二条　意图加损害于他人而妨害其农事上之水利者,处二年以下有期徒刑、拘役或三百元以下罚金。

第二百五十三条　意图欺骗他人而伪造或仿造已登记之商标、商号者,处二年以下有期徒刑、拘役或科或并科三千元以下罚金。

第二百五十四条　明知为伪造或仿造之商标、商号之货物而贩卖,或意图贩卖而陈列,或自外国输入者,处二千元以下罚金。

第二百五十五条　意图欺骗他人,而就商品之原产国或品质为虚伪之标记或其他表示者,处一年以下有期徒刑、拘役或一千元以下罚金。

明知为前项商品而贩卖,或意图贩卖而陈列,或自外国输入者,亦同。

第二十章 鸦 片 罪

第二百五十六条 制造鸦片者,处七年以下有期徒刑,得并科三千元以下罚金。

制造吗啡、高根、海洛因或其化合质料者,处无期徒刑或五年以上有期徒刑,得并科五千元以下罚金。

前二项之未遂犯罚之。

第二百五十七条 贩卖或运输鸦片者,处七年以下有期徒刑,得并科三千元以下罚金。

贩卖或运输吗啡、高根、海洛因或其化合质料者,处三年以上、十年以下有期徒刑,得并科五千元以下罚金。

自外国输入前二项之物者,处无期徒刑或五年以上有期徒刑,得并科一万元以下罚金。

前三项之未遂犯罚之。

第二百五十八条 制造、贩卖或运输专供吸食鸦片之器具者,处三年以下有期徒刑,得并科五百元以下罚金。

前项之未遂犯罚之。

第二百五十九条 意图营利,为人施打吗啡,或以馆舍供人吸食鸦片或其化合质料者,处一年以上、七年以下有期徒刑,得并科一千元以下罚金。

前项之未遂犯罚之。

第二百六十条 意图供制造鸦片、吗啡之用而栽种罂粟者,处五年以下有期徒刑,得并科三千元以下罚金。

意图供制造鸦片、吗啡之用,而贩卖或运输罂粟种子者,处三年以下有期徒刑,得并科三千元以下罚金。

前二项之未遂犯罚之。

第二百六十一条 公务员利用权力强迫他人犯前条之罪者,处死刑或无期徒刑。

第二百六十二条 吸食鸦片,或施打吗啡,或使用高根、海洛因或其化合质料者,处六月以下有期徒刑、拘役或五百元以下罚金。

第二百六十三条 意图供犯本章各罪之用,而持有鸦片、吗啡、高根、海洛因或其化合质料,或专供吸食鸦片之器具者,处拘役或五百元以下罚金。

第二百六十四条 公务员包庇他人犯本章各条之罪者,依各该条之规定,加重其刑至二分之一。

第二百六十五条 犯本章各条之罪者,其鸦片、吗啡、高根、海洛因或其化合质料,或种子,或专供吸食鸦片之器具,不问属于犯人与否,没收之。

第二十一章 赌 博 罪

第二百六十六条 在公共场所或公众得出入之场所赌博财物者,处一千元以下罚金。但以供人暂时娱乐之物为赌者,不在此限。

当场赌博之器具与在赌台或兑换筹码处之财物,不问属于犯人与否,没收之。

第二百六十七条 以赌博为常业者,处二年以下有期徒刑,得并科一千元以下罚金。

第二百六十八条 意图营利,供给赌博场所或聚众赌博者,处三年以下有期徒刑,得并科三千元以下罚金。

第二百六十九条 意图营利,办理有奖储蓄或未经政府允准而发行彩票者,处一年以下有期徒刑或拘役,得并科三千元以下罚金。

经营前项有奖储蓄或为买卖前项之彩票之媒介者,处六月以下有期徒刑、拘役或科或并科一千元以下罚金。

第二百七十条 公务员包庇他人犯本章各条之罪者,依各该条之规定,加重其刑至二分之一。

第二十二章 杀 人 罪

第二百七十一条 杀人者,处死刑、无期徒刑或十年以上有期徒刑。

前项之未遂犯罚之。

预备犯第一项之罪者,处二年以下有期徒刑。

第二百七十二条 杀直系血亲尊亲属者,处死刑或无期徒刑。

前项之未遂犯罚之。

预备犯第一项之罪者,处三年以下有期徒刑。

第二百七十三条 当场激于义愤而杀人者,处七年以下有期徒刑。

前项之未遂犯罚之。

第二百七十四条 母于生产时或甫生产后杀其子女者,处六月以上、五年以下有期徒刑。

前项之未遂犯罪之。

第二百七十五条 教唆或帮助他人使之自杀,或受其嘱托或得其承诺而杀之者,处一年以上、七年以下有期徒刑。

前项之未遂犯罚之。

谋为同死而犯第一项之罪者,得免除其刑。

第二百七十六条 因过失致人于死者,处二年以下有期徒刑、拘役或二千元以下罚金。

从事业务之人,因业务上之过失,犯前项之罪者,处五年以下有期徒刑或拘役、得并科三千元以下罚金。

第二十三章 伤 害 罪

第二百七十七条 伤害人之身体或健康者,处三年以下有期徒刑、拘役或一千元以下罚金。

犯前项之罪,因而致人于死者,处无期徒刑或七年以上有期徒刑;致重伤者,处三年以上、十年以下有期徒刑。

第二百七十八条 使人受重伤者,处五年以上、十二年以下有期徒刑。

犯前项之罪因而致人于死者,处无期徒刑或七年以上有期徒刑。

第一项之未遂犯罚之。

第二百七十九条 当场激于义愤犯前二条之罪者,处二年以下有期徒刑、拘役或一千元以下罚金。但致人于死者,处五年以下有期徒刑。

第二百八十条 对于直系血亲尊亲属,犯第二百七十七条或二百七十八条之罪者,加重其刑至二分之一。

第二百八十一条 施强暴于直系血亲尊亲属未成伤者,处一年以下有期徒刑、拘役或五百元以下罚金。

第二百八十二条 教唆或帮助他人使之自伤,或受其嘱托或得其承诺而伤害之,成重伤者,处三年以下有期徒刑;因而致死者,处六月以上、五年以下有期徒刑。

第二百八十三条 聚众斗殴致人于死或重伤者,在场助势而非出于正当防卫之人,处三年以下有期徒刑;下手实施伤害者,仍依伤害各条之规定处断。

第二百八十四条 因过失伤害人者,处六月以下有期徒刑、拘役或五百元以下罚金;致重伤者,处一年以下有期徒刑、拘役或五百元以下罚金。

从事业务之人,因业务上之过失伤害人者,处一年以下有期徒刑、拘役或一千元以下罚金;致重伤者,处三年以下有期徒刑、拘役或二千元以下罚金。

第二百八十五条 明知自己有花柳病或麻疯,隐瞒而与他人为猥亵之行为或奸淫,致传染于人者,处一年以下有期徒刑、拘役或五百元以下罚金。

第二百八十六条 对于未满十六岁之男女,施以凌虐或以他法致妨害其身体之自然发育者,处五年以下有期徒刑、拘役或五百元以下罚金。

意图营利而犯前项之罪者,处五年以上有期徒刑,得并科一千元以下罚金。

第二百八十七条 第二百七十七条第一项、第二百八十一条、第二百八十四条及第二百八十五条之罪,须告诉乃论。但公务员于执行职务时,犯第二百七十七条第一项之罪者,不在此限。

第二十四章 堕 胎 罪

第二百八十八条 怀胎妇女服药或以他法堕胎者,处六月以下有期徒刑、拘役或一百元以下罚金。

怀胎妇女听从他人堕胎者,亦同。

因疾病或其他防止生命上危险之必要,而犯前二项之罪者,免除其刑。

第二百八十九条 受怀胎妇女之嘱托或得其承诺,而使之堕胎者,处二年以下有期徒刑。

因而致妇女于死者,处六月以上、五年以下有期徒刑;致重伤者,处三年以下有期徒刑。

第二百九十条 意图营利而犯前条第一项之罪者,处六月以上、五年以下有期徒刑,得并科五百元以下罚金。

因而致妇女于死者,处三年以上、十年以下有期徒刑,得并科五百元以下罚金;致重伤者,处一年以上、七年以下有期徒刑,得并科五百元以下罚金。

第二百九十一条 未受怀胎妇女之嘱托或未得其承诺,而使之堕胎者,处一年以上、七年以下有期徒刑。

因而致妇女于死者,处无期徒刑或七年以上有期徒刑;致重伤者,处三年以上、十年以下有期徒刑。

第一项之未遂犯罚之。

第二百九十二条 以文字、图画或他法,公然介绍堕胎之方法或物品,或公然介绍自己或他人为堕胎之行为者,处一年以下有期徒刑、拘役或科或并科一千元以下罚金。

第二十五章 遗弃罪

第二百九十三条 遗弃无自救力之人者,处六月以下有期徒刑、拘役或一百元以下罚金。

因而致人于死者,处五年以下有期徒刑;致重伤者,处三年以下有期徒刑。

第二百九十四条 对于无自救力之人,依法令或契约应扶助、养育或保护而遗弃之,或不为其生存所必要之扶助、养育或保护者,处六月以上、五年以下有期徒刑。

因而致人于死者,处无期徒刑或七年以上有期徒刑;致重伤者,处三年以上、十年以下有期徒刑。

第二百九十五条 对于直系血亲尊亲属犯前条之罪者,加重其刑至二分之一。

第二十六章 妨害自由罪

第二百九十六条 使人为奴隶或使人居于类似奴隶之不自由地位者,处一年以上、七年以下有期徒刑。

前项之未遂犯罚之。

第二百九十七条 意图营利,以诈术使人出中华民国领域外者,处三年以上、十年以下有期徒刑,得并科三千元以下罚金。

以犯前项之罪为常业者,处五年以上有期徒刑,得并科五千元以下罚金。

第一项之未遂犯罚之。

第二百九十八条 意图使妇女与自己或他人结婚而略诱之者,处五年以下有期徒刑。

意图营利,或意图使妇女为猥亵之行为或奸淫,而略诱之者,处一年以上、七年以下有期徒刑,得并科一千元以下罚金。

前二项之未遂犯罚之。

第二百九十九条 移送前条被略诱人出中华民国领域外者,处五年以上有期徒刑。

前项之未遂犯罚之。

第三百条 意图营利,或意图使被略诱人为猥亵之行为或奸淫,而收受、藏匿被略诱人或使之隐避者,处六月以上、五年以下有期徒刑,得并科五百元以下罚金。

前项之未遂犯罚之。

第三百零一条 犯第二百九十八条至第三百条之罪,于裁判宣告前,送回被诱人或指明所在地因而寻获者,得减轻其刑。

第三百零二条 私行拘禁或以其他非法方法,剥夺人之行动自由者,处五年以下有期徒刑、拘役或三百元以下罚金。

因而致人于死者,处无期徒刑或七年以上有期徒刑;致重伤者,处三年以上、十年以下有期徒刑。

第一项之未遂犯罚之。

第三百零三条 对于直系血亲尊亲属犯前条第一项或第二项之罪者,加重其刑至二分之一。

第三百零四条 以强暴、胁迫使人行无义务之事或妨害人行使权利者,处三年以下有期徒刑、拘役或三百元以下罚金。

前项之未遂犯罚之。

第三百零五条 以加害生命、身体、自由、名誉、财产之事恐吓他人,致生危害于安全者,处二年以下有期徒刑、拘役或三百元以下罚金。

第三百零六条 无故侵入他人住宅、建筑物或附连围绕之土地或船舰者,处一年以下有期徒刑、拘役或三百元以下罚金。

无故隐匿其内,或受退去之要求而仍留滞者,亦同。

第三百零七条 不依法令搜索他人身体、住宅、建筑物、舟、车或航空机者,处二年以下有期徒刑、拘役或三百元以下罚金。

第三百零八条 第二百九十八条及第三百零六条之罪,须告诉乃论。

第二百九十八条第一项之罪,其告诉以不违反被略诱人之意思为限。

第二十七章　妨害名誉及信用罪

第三百零九条 公然侮辱人者,处拘役或三百元以下罚金。

以强暴犯前项之罪者,处一年以下有期徒刑、拘役或五百元以下罚金。

第三百一十条 意图散布于众而指摘或传述足以毁损他人名誉之事者,为诽谤罪,处一年以下有期徒刑、拘役或五百元以下罚金。

散布文字、图画犯前项之罪者,处二年以下有期徒刑、拘役或一千元以下罚金。

对于所诽谤之事,能证明其为真实者,不罚。但涉于私德而与公共利益无关者,不在此限。

第三百十一条 以善意发表言论,而有左列情形之一者,不罚:

一、因自卫、自辩或保护合法之利益者。

二、公务员因职务而报告者。

三、对于可受公评之事,而为适当之评论者。

四、对于中央及地方之会议或法院或公众集会之记事,而为适当之载述者。

第三百十二条 对于已死之人公然侮辱者,处拘役或三百元以下罚金。

对于已死之人犯诽谤罪者,处一年以下有期徒刑、拘役或一千元以下罚金。

第三百十三条 散布流言或以诈术损害他人之信用者,处二年以下有期徒刑、拘役或科或并科一千元以下罚金。

第三百十四条 本章之罪,须告诉乃论。

第二十八章 妨害秘密罪

第三百十五条 无故开拆或隐匿他人之封缄信函或其他封缄文书者,处拘役或三百元以下罚金。

第三百十六条 医师、药师、药商、助产士、宗教师、律师、辩护人、公证人、会计师或其业务上佐理人或曾任此等职务之人,无故泄漏因业务知悉或持有之他人秘密者,处一年以下有期徒刑、拘役或五百元以下罚金。

第三百十七条 依法令或契约有守因业务知悉或持有工商秘密之义务而无故泄漏之者,处一年以下有期徒刑、拘役或一千元以下罚金。

第三百十八条 公务员或曾任公务员之人,无故泄漏因职务知悉或持有他人之工商秘密者,处二年以下有期徒刑、拘役或二千元以下罚金。

第三百十九条 本章之罪,须告诉乃论。

第二十九章 窃 盗 罪

第三百二十条 意图为自己或第三人不法之所有,而窃取他人之动产者,为窃盗罪,处五年以下有期徒刑、拘役或五百元以下罚金。

意图为自己或第三人不法之利益,而窃占他人之不动产者,依前项之规定处断。

前二项之未遂犯罚之。

第三百二十一条 犯窃盗罪而有左列情形之一者,处六月以上、五年以下有期徒刑:

一、于夜间侵入住宅或有人居住之建筑物、船舰或隐匿其内而犯之者。

二、毁越门扇、墙垣或其他安全设备而犯之者。

三、携带凶器而犯之者。

四、结伙三人以上而犯之者。

五、乘火灾、水灾或其他灾害之际而犯之者。

六、在车站或埠头而犯之者。

前项之未遂犯罚之。

第三百二十二条 以犯窃盗罪为常业者,处一年以上、七年以下有期徒刑。

第三百二十三条 电气,关于本章之罪,以动产论。

第三百二十四条 于直系血亲、配偶或同财共居亲属之间,犯本章之罪者,得免除其刑。

前项亲属或其他五亲等内血亲或三亲等内姻亲之间,犯本章之罪者,须告诉乃论。

第三十章 抢夺强盗及海盗罪

第三百二十五条 意图为自己或第三人不法之所有，而抢夺他人之动产者，处六月以上、五年以下有期徒刑。

因而致人于死者，处无期徒刑或七年以上有期徒刑；致重伤者，处三年以上、十年以下有期徒刑。

第一项之未遂犯罚之。

第三百二十六条 犯前条第一项之罪，而有第三百二十一条第一项各款情形之一者，处一年以上、七年以下有期徒刑。

前项之未遂犯罚之。

第三百二十七条 以犯第三百二十五条第一项之罪为常业者，处三年以上、十年以下有期徒刑。

第三百二十八条 意图为自己或第三人不法之所有，以强暴、胁迫、药剂、催眠术或他法，至使不能抗拒，而取他人之物或使其交付者，为强盗罪，处三年以上、十年以下有期徒刑。

以前项方法得财产上不法之利益或使第三人得之者，亦同。

犯强盗罪因而致人于死者，处死刑或无期徒刑；致重伤者，处无期徒刑或七年以上有期徒刑。

第一项及第二项之未遂犯罚之。

预备犯强盗罪者，处一年以下有期徒刑、拘役或三百元以下罚金。

第三百二十九条 窃盗或抢夺，因防护赃物、脱免逮捕或湮灭罪证，而当场施以强暴、胁迫者，以强盗论。

第三百三十条 犯强盗罪而有第三百二十一条第一项各款情形之一者，处五年以上、十二年以下有期徒刑。

前项之未遂犯罚之。

第三百三十一条 以犯强盗罪为常业者，处七年以上有期徒刑。

第三百三十二条 犯强盗罪而有左列行为之一者，处死刑或无期徒刑：

一、放火者。

二、强奸者。

三、掳人勒赎者。

四、故意杀人者。

第三百三十三条 未受交战国之允准或不属于各国之海军，而驾驶船舰，意图施强暴、胁迫于他船或他船之人或物者，为海盗罪，处死刑、无期徒刑或七年以上有期徒刑。

船员或乘客意图掠夺财物，施强暴、胁迫于其他船员或乘客，而驾驶或指挥船舰者，以海盗论。

因而致人于死者，处死刑；致重伤者，处死刑或无期徒刑。

第三百三十四条 犯海盗罪而有左列行为之一者，处死刑：

一、放火者。

二、强奸者。

三、掳人勒索者。

四、故意杀人者。

第三十一章 侵 占 罪

第三百三十五条 意图为自己或第三人不法之所有,而侵占自己持有他人之物者,处五年以下有期徒刑、拘役或科或并科一千元以下罚金。

前项之未遂犯罚之。

第三百三十六条 对于公务上或因公益所持有之物,犯前条第一项之罪者,处一年以上、七年以下有期徒刑,得并科五千元以下罚金。

对于业务上所持有之物,犯前条第一项之罪者,处六月以上、五年以下有期徒刑,得并科三千元以下罚金。

前二项之未遂犯罚之。

第三百三十七条 意图为自己或第三人不法之所有,而侵占遗失物、漂流物或其他离本人所持有之物者,处五百元以下罚金。

第三百三十八条 第三百二十三条及第三百二十四条之规定,于本章之罪准用之。

第三十二章 诈欺背信及重利罪

第三百三十九条 意图为自己或第三人不法之所有,以诈术使人将本人或第三人之物交付者,处五年以下有期徒刑、拘役或科或并科一千元以下罚金。

以前项方法得财产上不法之利益或使第三人得之者,亦同。

前二项之未遂犯罚之。

第三百四十条 以犯前条之罪为常业者,处一年以上、七年以下有期徒刑,得并科五千元以下罚金。

第三百四十一条 意图为自己或第三人不法之所有,乘未满二十岁人之知虑浅薄或乘人之精神耗弱,使之将本人或第三人之物交付者,处五年以下有期徒刑、拘役或科或并科一千元以下罚金。

以前项方法得财产上不法之利益或使第三人得之者,亦同。

前二项之未遂犯罚之。

第三百四十二条 为他人处理事务,意图为自己或第三人不法之利益,或损害本人之利益,而为违背其任务之行为,致生损害于本人之财产或其他利益者,处五年以下有期徒刑、拘役或科或并科一千元以下罚金。

前项之未遂犯罚之。

第三百四十三条 第三百二十三条及第三百二十四条之规定,于前四条之罪准用之。

第三百四十四条 乘他人急迫、轻率或无经验贷以金钱或其他物品,而取得与原本显不相当之重利者,处一年以下有期徒刑、拘役或科或并科一千元以下罚金。

第三百四十五条 以犯前条之罪为常业者,处五年以下有期徒刑,得并科三千元以下罚金。

第三十三章 恐吓及掳人勒赎罪

第三百四十六条 意图为自己或第三人不法之所有,以恐吓使人将本人或第三人之物交付者,处六月以上、五年以下有期徒刑,得并科一千元以下罚金。

以前项方法得财产上不法之利益或使第三人得之者,亦同。

前二项之未遂犯罚之。

第三百四十七条 意图勒赎而掳人者,处死刑、无期徒刑或七年以上有期徒刑。

因而致人于死或重伤者,处死刑或无期徒刑。

第一项之未遂犯罚之。

预备犯第一项之罪者,处二年以下有期徒刑。

犯第一项之罪,未经取赎而释放被害人者,得减轻其刑。

第三百四十八条 犯前条第一项之罪而故意杀被害人者,处死刑。

犯前条第一项之罪而强奸被害人者,处死刑或无期徒刑。

第三十四章 赃 物 罪

第三百四十九条 收受赃物者,处三年以下有期徒刑、拘役或五百元以下罚金。

搬运、寄藏、故买赃物或为牙保者,处五年以下有期徒刑、拘役或科或并科一千元以下罚金。

因赃物变得之财物,以赃物论。

第三百五十条 以犯前条之罪为常业者,处六月以上、五年以下有期徒刑,得并科三千元以下罚金。

第三百五十一条 于直系血亲、配偶或同财共居亲属之间,犯本章之罪者,得免除其刑。

第三十五章 毁弃损坏罪

第三百五十二条 毁弃、损坏他人文书或致令不堪用,足以生损害于公众或他人者,处三年以下有期徒刑、拘役或五百元以下罚金。

第三百五十三条 毁坏他人建筑物、矿坑、船舰或致令不堪用者,处六月以上、五年以下有期徒刑。

因而致人于死者,处无期徒刑或七年以上有期徒刑;致重伤者,处三年以上、十年以下有期徒刑。

第一项之未遂犯罚之。

第三百五十四条 毁弃、损坏前二条以外之他人之物或致令不堪用,足以生损害于公众或他人者,处二年以下有期徒刑、拘役或五百元以下罚金。

第三百五十五条 意图损害他人,以诈术使本人或第三人为财产上之处分,致生财产上之损害者,处三年以下有期徒刑、拘役或五百元以下罚金。

第三百五十六条 债务人于将受强制执行之际,意图损害债权人之债权,而毁坏、处分或隐匿其财产者,处二年以下有期徒刑、拘役或五百元以下罚金。

第三百五十七条 第三百五十二条、第三百五十四条至第三百五十六条之罪,须告诉乃论。

六、《中华民国刑法施行法》(1935 年)

《中华民国刑法施行法》

(1935 年 4 月 1 日)

第一条 本法旧刑法者,谓中华民国十七年九月一日施行之刑法。称刑律者,谓中华民国元年三月十日颁行之《暂行新刑律》。称其它法令者,谓刑法施行前与法律有同一效力之刑事法令。

第二条 依刑法第二条第一项但书,适用旧刑法、刑律或其它法令时,其褫夺公权所褫夺之资格,应依刑法第三十六条之规定。

第三条 依旧刑法易科监禁者,其监禁期限,自刑法施行之日起,不得逾六个月。

其在刑法施行后,易科监禁期限内罚纳金者,以所纳之数仍依裁判所定之标准,扣除监禁日期。

第四条 刑法施行前,累犯旧刑法第六十六条第一项所定不同一之罪,或不同款之罪一次者,其加重本刑不得逾三分之一。

依刑法第四十八更定其刑者,准用前项之规定。

第五条 刑法施行前,未满十八岁人或满八十岁人犯罪,经裁判确定处死刑或无期徒刑者,应报由司法行政最高官署,呈请司法院提请国民政府减刑。但有刑法第六十三条第二项情形者,不在此限。

第六条 刑法施行前,受缓刑之宣告或假释出狱者,刑法施行后,于其缓刑期内得付保护管束,假释中付保护管束。

第七条 刑法施行前宣告缓刑或准许假释者,在刑法施行后撤销时,应依刑法之规定。

第八条 刑法施行前,行刑权之时效停止原因继续存在者,适用刑法第八十五条第三项之规定,其期间自刑法施行之日起算。

第九条 刑法第二百三十九条之规定，于刑法施行前，非配偶而以永久共同生活为目的有同居之关系者，不适用之。

第十条 本法自刑法施行之日施行。

七、对《中华民国刑法》第五条的修正(1948年)

对《中华民国刑法》第五条的修正

(1948年11月7日总统令修正公布第5条条文)

第五条 本法于凡在中华民国领域外犯左列各罪者,适用之:

一、内乱罪。

二、外患罪。

三、伪造货币罪。

四、第二百零一条及第二百零二条之伪造有价证券罪。

五、第二百一十一条、第二百一十四条、第二百一十六条及第二百一十八条之伪造文书印文罪。

六、鸦片罪。

七、第二百九十六条之妨害自由罪。

八、第三百三十三条及第三百三十四条之海盗罪。

八、南京国民政府时期的特别刑法

(一)《惩治走私条例》

《惩治走私条例》

(1948年3月11日国民政府制定公布)

第1条 私运政府管制物品及应税物品进口、出口者,处五年以下有期徒刑。

第2条 因私运物品进口、出口,而有左列行为之一者,处七年以下有期徒刑:

一、持械拒捕,伤害人未致重伤者。

二、公然聚众持械拒捕时,在场助势者。

三、公然聚众威胁缉私警察时,在场助势者。

第3条 因私运物品进口、出口而有左列行为之一者,处死刑、无期徒刑或十年以上有期徒刑:

一、持械拒捕,伤害人致死或重伤者。

二、公然为首聚众持械拒捕者。

三、公然为首聚众威胁缉私警察者。

第4条 明知为私运进口、出口物品,而为之运送、销售或藏匿者,处二年以下有期徒刑或拘役。

第5条 稽征关员或铁路、公路、舟车、航空人员,明知为私运进口、出口物品,而放行或为之运送、销售或藏匿者,处七年以上有期徒刑。因收受贿赂或其它不正利益,而放行或运送者,处无期徒刑或十年以上有期徒刑。

第6条 铁路、公路、舟车、航空人员发觉私运进口、出口物品,而不通知稽征关员者,处三年以下有期徒刑或拘役。因强暴、胁迫为之运送,能通知而不通知者,亦同。

第7条 私运物品进口、出口行为,为本条例所未规定者,依

《刑法》、《海关缉私条例》及其它关于取缔走私之法律办理。

第8条 本条例施行期间为一年。

第9条 本条例自公布日施行。

(二)《妨害国币惩治暂行条例》及其修正

《妨害国币惩治暂行条例》

(1935年7月15日国民政府制定公布)

第1条 意图营利,销毁银币或中央造币厂厂条者,处一年以上、七年以下有期徒刑,得并科一千元以下罚金。

第2条 意图营利,私运银币、中央造币厂厂条或银类出口者,处死刑、无期徒刑或七年以上有期徒刑,得并科币额或价额五倍以下罚金。

第3条 伪造或变造中央造币厂厂条,或减损其分量,或行使,或意图行使而收集或交付者,分别依刑法造货币罪各条之规定处断。

第4条 销毁或私运出口之银币、厂条或银类,不问属于犯人与否,没收之。

第5条 本条例之未遂犯罚之。

第6条 本条例施行期间定为二年。

第7条 本条例自公布日施行。

对《妨害国币惩治暂行条例》的修正

（1937年7月15日中国民政府修正公布；
1939年7月2日国民政府令施行期间延长2年）

第1条 意图营利，私运银币、铜币、中央造币厂厂条或银类出口者，处死刑或七年以上有期徒刑，得并科币额或价额五倍以下罚金。

意图营利，销毁银币、铜币或中央造币厂厂条，私运出口者，亦同。

第2条 意图营利，销毁银币、铜币或中央造币厂厂条者，处一年以上、七年以下有期徒刑，得并科币额或价额三倍以下罚金。

第3条 伪造或变造中央造币厂厂条，或减损其分量，或行使，或意图行使而收集或交付者，分别依刑法造货币罪各条之规定处断。

第4条 意图供行使之用，而伪造、变造币券者，处无期徒刑或五年以上有期徒刑，得并科五千元以下罚金。

意图供行使之用而收集伪造、变造币券者，亦同。

第5条 犯前四条之罪者，其银币、铜币、厂条、银类或伪造变造之币券，不问属于犯人与否，没之。

第6条 本条例之未遂犯罚之。

第7条 本条例施行期间为二年。

第8条 本条例自公布日施行。

(三)《妨害国币惩治条例》

《妨害国币惩治条例》

(1943年10月18日国民政府修正公布原
《妨害国币惩治暂行条例》为本条例)

第1条 意图营利,私运银币、银类、金类或新旧各种辅币出口者,处无期徒刑或五年以上有期徒刑,得并科币额或价额五倍以下罚金。

意图营利,销毁银币或新旧各种辅币,私运出口者,亦同。

前二项之未遂犯罚之。

第2条 意图营利,销毁银币或新旧各种辅币者,处一年以上、七年以下有期徒刑,得并科币额或价额三倍以下罚金。

前项之未遂犯罚之。

第3条 意图供行使之用,而伪造、变造币券者,处无期徒刑或五年以上有期徒刑,得并科五千元以下罚金。

前项之未遂犯罚之。

第4条 意图营利,不按法定比率兑换各种币券者,处所得利益十倍以下罚金。

以兑换币券为业,所取兑换手续费超过币额百分之一者,亦同。

第5条 故意损毁币券,致不堪行使者,处所损毁币额五倍以下罚金。

第6条 犯本条例之罪者,其银类、金类新旧各种辅币,伪造、变造或损毁之币券,不问属于犯人与否,没收之。

第7条 本条例自公布日施行。

(四)《陆海空军刑法》及其修正

《陆海空军刑法》

(1929 年 9 月 25 日)

第一编　总　　则

第 1 条　本法于陆、海、空军人之犯罪者,适用之。

陆、海、空军军人,除本法所列各罪外,有犯其它法律者,适用其它法律。

第 2 条　虽非陆、海、空军军人,于战地或戒严区域犯左列各罪者,亦适用本法:

一、第十七条之罪。

二、第十八条第二款、第四款、第五款及第七款之罪。

三、第十九条第二款之罪。

四、第二十条之罪。

五、第二十一条之罪。

六、第六十八条至第七十二条之罪。

七、第七十六条之罪。

八、第七十七条第二项及第七十八条第二项之罪。

九、第八十二条至第八十四条之罪。

十、第九十一条至第九十二条之罪。

十一、第一百零二条至第一百零五条之罪。

十二、第一百零九条第一项之罪。

十三、第一百十三条之罪。

第 3 条　陆、海、空军军人在民国领域外犯本法所列各罪者,仍适用本法。非陆、海、空军军人在民国领域外犯本法第二条各款之罪者,亦同。

第 4 条　陆、海、空军军人在中华民国军队占领地域内犯刑法或其它法令之罪者,以在中华民国内犯罪论。其在中华民国军队占领地域内之本国人民与从军之外国人及俘虏犯罪者,亦同。

第5条 陆、海、空军现役人员、召集中之在乡军人,及非依召集而在部队服军人勤务或履行服兵役义务之在乡军人,均为陆、海、空军军人。

第6条 有左列各款之人,视同陆、海、空军军人:

一、陆海空军所属之学员、学生。

二、陆海空军军佐、军属。

三、地方警备队之官长、士兵。

第7条 称在乡军人者,谓在现役以外之兵役者,及退役之准尉以上之官长。

第8条 称陆、海、空军军属者,谓现服勤务之陆海空军文官。

第9条 称上官或长官者,谓有命令权之军官或无命令关系而官阶在上者。

第10条 称哨兵者,谓于军队驻扎地为卫戍或任警戒之军人。

第11条 称部队者,谓陆、海、空军军队、官署、学校及一切特设机关。

第12条 执行死刑时,依该管军法长官所定处所枪毙之。

第13条 宣告徒刑者,于陆、海、空军监狱执行之;无陆、海、空军监狱之处,得以其它监狱或禁闭室执行之。但法律别有规定者,不在此限。

第14条 因镇压多众共同之暴动,或前敌部队当事机急迫时,为保持军纪而出于不得已之行为者,不罚。但其行为过当时,得减轻或免除本刑。其因而犯刑法或其它法令之罪者,亦同。

第15条 刑法总则之规定,与本法不相抵触者,适用之。

第二编 分 则

第一章 叛 乱 罪

第16条 背叛党国聚众暴动者,依左列各款处断:

一、首魁,死刑。

二、与谋背叛或为群众之指挥者,死刑或无期徒刑。

三、为逆党宣传、阴谋煽惑民众者,三年以上十年以下有期徒刑。

四、附从者,依前款处断。

第17条 意图叛乱,聚众掠夺兵器、弹药、舰船、飞机及其它军用物品或其制造局厂者,处死刑。

第18条 为左列行为之一者,处死刑:

一、以军队、要塞、阵营、舰船、船坞、飞机、兵器、弹药、军用场所建筑物或其它物品交付敌人者。

二、为敌人作间谍或帮助敌人之间谍者。

三、泄漏军事机密或擅打旗号、电报、授意于敌人者。

四、为敌人作向导或指示地理者。

五、为敌人引港或以诈术使敌人侵入军港或其它为防御而设之建筑物。

六、强要长官降敌者。

七、为敌人夺取或纵放捕获之船舶或俘虏者。

第19条 意图利敌,而为左列行为之一者,处死刑:

一、损坏要塞、阵营、舰船、船坞、飞机、兵器、弹药军用场所建造物或其它物品,或以其它方法致不堪使用者。

二、损坏或壅塞水陆通路、桥梁、灯塔、标记或以其它方法妨害军事交通者。

三、长官率军队不就指定守地或擅离配置地者。

四、解散队伍或诱使溃走、混乱或妨害其联络、集合者。

五、有意使缺乏兵器、弹药、粮食、被服或其它军用物品者。

六 扣留文电或诈传命令、通报或报告或为虚伪之命令、通报或报告者。

第20条 于第十八条、第十九条所列外,以其它方法与敌人以利益,而使本国军事上蒙其损害者,处死刑或无期徒刑。

第21条 意图使军队暴动而煽惑之者,处死刑。

第22条 第十六条至第二十条之未遂罪罚之。

第23条 预备或阴谋犯第十六条至第二十条之罪者,处六月以上、五年以下有期徒刑。

第24条 预备或阴谋犯第十六条、第十七条之罪于事前自首者,得减轻或免除其刑。

第二章 擅 权 罪

第25条 不遵命令擅自进退,或无故而为战斗者,处死刑。但有不得已之事由,或敌人开衅而为正当之防卫者,不在此限。

前项之未遂罪罚之。

第26条 未经高级长官核准,私自募兵者,处一年以上、七年以下有期徒刑。

第27条 私招盗匪致扰乱地方安宁者,处死刑。

第28条 私立名目勒收捐税者,处三年以上、十年以下有期徒刑。

第29条 把持各种机关或擅自截留款项者,处一年以上、七年以下有期徒刑。

第30条 受理民刑诉讼事件,或干涉司法审判者,处一年以上、七年以下有期徒刑。

第31条 强占民房或私卖公物者,处一年以上、五年以下有期徒刑。

第32条 强迫人民充当夫役、强封舟车或强拉牲畜者,处三年以下有期徒刑。

第三章 辱 职 罪

第33条 不尽其所应尽之责,而率队降敌,或委弃要塞于敌,或临阵退却,或托故不进者,处死刑。

第34条 纵兵殃民者,处死刑。

第35条 包庇土匪扰害地方,或负剿匪之责,而阴与匪通,致令巨匪逃逸者,处死刑。

第36条　无故不就指定守地或擅离配置地而失误军机者，处死刑。

第37条　藉端勒索或收受贿赂者，处三年以上十年以下有期徒刑。

第38条　扣军饷者，依左列各款处断：

一、五千元以上者，死刑或无期徒刑。

二、千元以上五千元未满者，十年以上有期徒刑。

三、五百元以上千元未满者，三年以上十年以下有期徒刑。

四、未满五百元者，三年以下有期徒刑。

第39条　扣饷不发至一月以上者，处三年以下有期徒刑；因而激成事变者，处死刑或无期徒刑。

第40条　缺额不报或得枪不缴者，处三年以下有期徒刑。

第41条　购买军火或其它军用物品浮报价目者，依左列各款处断：

一、五千元以上者，死刑或无期徒刑。

二、千元以上五千元未满者，十年以上有期徒刑。

三、五百元以上千元未满者，三年以上十年以下有期徒刑。

四、百元以上五百元未满者，六月以上三年以下有期徒刑。

五、未满百元者，六月以下有期徒刑或拘役。

第42条　长官意图为自己所得，指使其部属犯前条之罪者，刑同前条。

第43条　与商民通用作弊，于采买、建筑、制造等费扣取折扣者，按第四十一条各款处断。

第44条　意图侵吞公款，假造或涂改单据、帐簿者，以浮报论，其伪造文书罪，依刑法处断。

第45条　意图冒领经费浮报名额者，依左列各款处断：

一、浮报百名以上者，死刑或无期徒刑。

二、浮报五十名以上百名未满者，十年以上有期徒刑。

三、浮报十名以上五十名未满者，三年以上十年以下有期徒刑。

四、浮报未满十名者，三年以下有期徒刑。

第46条　以军用舰船、飞机、车辆运载鸦片或其代用品者，处死刑或无期徒刑；运载其它违禁品，或希图漏税夹带私货者，处十年以上有期徒刑。

第47条　强迫栽种鸦片者，处死刑。

包庇制造、运输或贩卖鸦片或其代用品者，处死刑或无期徒刑。

第48条　当部下多众有犯罪行为，不尽弹压之方法者，处三年以下有期徒刑；因而扰害地方者，处十年以上有期徒刑。

第49条　哨兵无故离去守地者，依左列各款处断：

一、敌前，死刑。

二、军中或戒严地域，五年以下有期徒刑。

三、其余，一年以下有期徒刑。

第 50 条 哨兵因睡眠或酒醉怠忽其职务者,依左列各款处断:

一、敌前,五年以下有期徒刑。

二、其余,一年以下有期徒刑。

第 51 条 卫兵、巡查、侦探及其它任警戒或传令之职务者,无故擅离勤务所在地或应到之处不到者,依左列各款处断:

一、敌前,死刑或无期徒刑。

二、军中或戒严地域,五年以下有期徒刑。

三、其余,一年以下有期徒刑。

第 52 条 无故不依规则使哨兵交代或违反其它之哨令者,依左列各款处断:

一、敌前,六月以上五年以下有期徒刑。

二、军中或戒严地域,三年以下有期徒刑。

三、其余,一年以下有期徒刑。

第 53 条 在军中或戒严地域,掌传达关于军事之命令、通报或报告而无故不为传达者,处一年以上,七年以下有期徒刑;因而失误军机者,处死刑或无期徒刑。

在军中或戒严地域服侦探、巡查或侦察勤务,而报告不实者,处三年以下有期徒刑;因而失误军机者,处一年以上、七年以下有期徒刑。

第 54 条 保管军事机密之图书、对象,当危急时,不尽其不委弃于敌之方法,致委弃于敌者,处五年以下有期徒刑。

第 55 条 在军中或戒严地域掌支给或运输兵器、弹药、粮食、被服或其它军用物品,无故使之缺乏者,处三年以下有期徒刑;因而失误军机者,处死刑或无期徒刑。

第 56 条 配给有害健康之饮食品者,处三年以下有期徒刑;因而致人于死者,处无期徒刑。

第 57 条 因取用兵器或弹药之不注意,致毁伤他人身体者,处一年以下有期徒刑;致死者,处六月以上、五年以下有期徒刑。

第 58 条 剿匪不力,致防区内迭出抢劫、掳人勒赎等案者,处七年以下有期徒刑;因而酿成巨变者,处死刑或无期徒刑。

第 59 条 通匪吓诈人民者,处死刑或无期徒刑。

第 60 条 起获被掳人,乘机要挟者,处十年以下有期徒刑;因而虐待者,处十年以上有期徒刑。

第 61 条 有左列行为之一者,处五年以下有期徒刑:

一、包庇赌博。

二、调戏妇女。

三、吸用鸦片或其它代用品。

第 62 条 第三十三条、第三十七条、第三十八条、第五十六条之未遂罪,罚之。

第四章 抗 命 罪

第63条 拥兵自卫,不听最高军事长官调遣者,处死刑。

第64条 反抗长官命令或不听指挥者,依左列各款处断:

一、敌前,死刑。

二、军中或戒严地域,无期徒刑或十年以上有期徒刑。

三、其余,五年以下有期徒刑。

第65条 伙党犯前条之罪者,依左列各款处断:

一、敌前,首谋,死刑;余众,死刑或无期徒刑。

二、军中或戒严地域,首谋,无期徒刑;余众,三年以上十下年以下有期徒刑。

三、其余,首谋,三年以上十年以下有期徒刑;余众,七年以下有期徒刑。

第五章 暴行胁迫罪

第66条 对于上官为暴行胁迫者,依左列各款处断:

一、敌前,死刑或无期徒刑。

二、其余,五年以上有期徒刑。

第67条 伙党犯前条之罪者,依左列各款处断:

一、敌前,首谋,死刑;余众,死刑或无期徒刑。

二、其余,首谋,死刑或无期徒刑;余众,无期徒刑或七年以上有期徒刑。

第68条 对于哨兵为暴行胁迫者,依左列各款处断:

一、敌前,三年以上十年以下有期徒刑。

二、其余,七年以下有期徒刑。

第69条 伙党犯前条之罪者,依左列各款处断:

一、敌前,首谋,无期徒刑;余众,三年以上十年以下有期徒刑。

二、其余,首谋,三年以上、十年以下有期徒刑;余众,一年以上、七年以下有期徒刑。

第70条 对于上官、哨兵以外之军人,当执行职务时为暴行胁迫者,处一年以上、七年以下有期徒刑。

第71条 伙党犯前条之罪者,依左列各款处断:

一、首谋,七年以上有期徒刑。

二、余众,一年以上、七年以下有期徒刑。

第72条 多众集合为暴行胁迫者,依左列各款处断:

一、为首者,五年以上有期徒刑。

二、指挥他人或率先助势者,三年以上十年以下有期徒刑。

三、附和随行者,三年以下有期徒刑。

第73条 滥用职权为凌虐之行为者,处三年以下有期徒刑。

第74条 第六十六条至第七十二条之未遂罪,罚之。

第六章 侮 辱 罪

第75条 对于上官面加侮辱或直接以文书侮辱者,处一年以下有期徒刑。

其以图画、文书、偶像、演说或其它方法公然侮辱上官者,处三年以下有期徒刑。

第76条 对于哨兵面加侮辱者,处一年以下有期徒刑。

第七章 盗卖军用品罪

第77条 盗卖械弹者,处无期徒刑或十年以上有期徒刑;其盗卖于盗匪者,处死刑。

知其为盗卖品而买受者,处一年以上、七年以下有期徒刑。

第78条 盗卖械弹以外之军用品者,处三年以上有期徒刑。

知其为盗卖品而买受者,处五年以下有期徒刑。

第八章 私造军火罪

第79条 私制枪械、弹药者,处死刑或无期徒刑。

前项之未遂罪,罚之。

第九章 纵 火 罪

第80条 非因战事上之必要无故纵火者,处死刑。

前项之未遂罪,罚之。

第81条 以纵火恐吓人民者,按前条未遂罪处罚。

第十章 掠 夺 罪

第82条 掠取保卫团或公安局所之械弹者,处无期徒刑或七年以上有期徒刑。

第83条 抢夺财物者,处死刑、无期徒刑或十年以上有期徒刑。

第84条 结伙抢劫者,不分首从,一律处死刑。

第85条 盗取财物或强迫买卖者,处一年以上七年以下有期徒刑。

第86条 本章之未遂罪,罚之。

第十一章 强 奸 罪

第87条 强奸妇女者,处死刑。

前项之未遂罪,罚之。

第十二章 诈 伪 罪

第88条 关于军事上为虚伪之命令、通报或报告者,及诈传命令、通报或报告者,依左列各款处断:

一、敌前,死刑。

二、军中或戒严地域，七年以上有期徒刑；因而失误军机者，死刑或无期徒刑。

三、其余，五年以下有期徒刑。

第 89 条 意图免除兵役，伪为疾病，或自毁身体，或为其它诈伪之行为者，处三年以下有期徒刑。

在乡军人意图免召集而为前项之行为者，亦同。

第 90 条 意图避免从军或危险之勤务而为前条之行为者，处一年以上、七年以下有期徒刑。

第 91 条 军医伪证军人之身体强弱或其疾病者，处五年以下有期徒刑，嘱托者亦同。

第 92 条 冒用陆、海、空军制服、徽章或构造谣言以淆惑听闻者，处五年以下有期徒刑。

第十三章 逃亡罪

第 93 条 无故离去职役或不就职役者，依左列各款处断：

一、敌前，十年以上有期徒刑。

二、军中或戒严地域过三日者，五年以下有期徒刑。

三、其余过六日者，三年以下有期徒刑。

第 94 条 伙党犯前条之罪者，依左列各款处断：

一、敌前，首谋，死刑或无期徒刑；余众，十年以上有期徒刑。

二、军中或戒严地域，过三日者，首谋，十年以上有期徒刑；余众，五年以上有期徒刑。

三、其余，过六日者，首谋，三年以上十年以下有期徒刑；余众，三年以下有期徒刑。

第 95 条 犯第九十三条之罪，携带兵器、马匹或其它重要物品者，依左列各款处断：

一、敌前，死刑或无期徒刑。

二、军中或戒严地域，十年以上有期徒刑。

三、其余，七年以上有期徒刑。

第 96 条 伙党犯前条之罪者，依左列各款处断：

一、敌前，首谋，死刑；余众，死刑或无期徒刑。

二、军中或戒严地域，首谋，死刑或无期徒刑；余众，十年以上有期徒刑。

三、其余，首谋，十年以上有期徒刑；余众，五年以下有期徒刑。

第 97 条 投敌者，处死刑。

第 98 条 本章之未遂罪，罚之。

第十四章 收容逃亡罪

第 99 条 知其为逃亡之官佐、士兵，而徇情包庇，不将其送回原部队者，依左列各款处断：

一、敌前，五年以下有期徒刑。

二、军中或戒严地域，三年以下有期徒刑。

三、其余，一年以下有期徒刑。

第 100 条 收容携带兵器、马匹或其它重要物品之逃亡者，加重本刑三分之一。

第 101 条 收容逃亡在十名以上者，处三以上、十年以下有期徒刑。

第十五章 损坏军用物品罪

第 102 条 烧毁或炸毁军用仓库、工场、舰船、船坞、灯塔、飞机、汽车、电车、桥梁或其它战斗物者，处死刑或无期徒刑。

第 103 条 损坏前条所列各物或军用铁道、电线、水陆通路，或使之不堪使用者，处十年以上有期徒刑。

第 104 条 烧毁露积之兵器、弹药、粮食、被服、马匹或其它军用物品者，依左列各款处断：

一、军中或戒严地域，死刑或无期徒刑。

二、其余，十年以上有期徒刑。

第 105 条 毁弃或损伤兵器、弹药、粮食、舰船、飞机、被服、马匹或其它军用物品者，处一年以上、七年以下有期徒刑。

第 106 条 本章之未遂罪，罚之。

第十六章 违背职守罪

第 107 条 监视或护送俘虏而使之逃亡者，处三年以上、十年以下有期徒刑；出于疏忽者，处三年以下有期徒刑。

前项之未遂罪罚之。

第 108 条 在乡军人无故逾召集之期限者，依左列各款处断：

一、战时或事变之际逾五日者，一年以上、七年以有期徒刑。

二、平时逾十日者，一年以下有期徒刑。

第 109 条 欺蒙哨兵通过哨所或不服哨兵禁止者，依左列各款处断：

一、敌前，一年以上、五年以下有期徒刑。

二、军中或戒严地域，三年以下有期徒刑。

三、其余，一年以下有期徒刑。

前项之外，对于哨兵之犯哨令者，亦同。

第 110 条 对于军用仓库、工场、舰船、船坞、灯塔、飞机、枪炮或其它军器不尽保管之责，致毁损者，处一年以上、七年以下有期徒刑；因而发生危险致人于死者，处无期徒刑或十年以上有期徒刑。

第 111 条 兵舰发现敌船或盗船不跟踪追击者，其长官处一年以上、七年以下有期徒刑。

第 112 条 当商船搁浅、触礁或被盗劫或有其它危险，兵舰无故不为救援者，其长官，处五年以下有期徒刑。

第 113 条 机械人员错安军用舟、车、飞机机件，致乘驾人员陷于危害者，处三年以下有期徒刑。故意错安机件或明知机件损坏匿不报告者，处十年以下有期徒刑；因而致人于死者，处死刑。

第114条 发礼炮、号炮或其它空炮时，装填弹丸或瓦石者，处一年以下有期徒刑。

第115条 军中或戒严地域，闻急呼之号报而不集合者，处三年以下有期徒刑。

第116条 意图违背服从之义务，而结私党，或以图书、演说诱惑他人者，处五年以下有期徒刑。

第117条 违背职守而秘密结社集会者，处五年以下有期徒刑。

第118条 哨兵或卫兵无故发枪炮者，处三年以下有期徒刑。

附 则

第119条 本法自公布日施行。

对《陆海空军刑法》的修正

（1937年7月2日国民政府修正公布第2、112～122条条文）

第2条 虽非陆、海、空军军人，于战地或戒严区域犯左列各罪者，亦适用本法：

一、第十七条之罪。

二、第十八条第二款、第四款、第五款及第七款之罪。

三、第十九条第二款之罪。

四、第二十条之罪。

五、第二十一条之罪。

六、第六十八条至第七十二条之罪。

七、第七十六条之罪。

八、第七十七条第二项及第七十八条第二项之罪。

九、第八十二条至第八十四条之罪。

十、第九十一条至第九十二条之罪。

十一、第一百零二条至第一百零五条之罪。

十二、第一百零九条第一项之罪。

十三、第一百十六条之罪。

第112条 在警戒地域遗失所保管之口令、信号、识别旗、陆海空军联络符号、密码电本、无线电呼号、无线电用各种代名词者，处六月以上、三年以下有期徒刑。

因而泄漏军事上之机密者，处三年以上有期徒刑。

第113条 在接战地域遗失前条所列各件者，处一年以下有期徒刑。

因而泄漏军事上之机密者，处三年以上有期徒刑。

第114条 于前二条情形，如证明已尽其不委弃于敌之方法而不能避免者，得减轻或免除其刑。

遗失而不即具报者，不适用前项之规定。

第115条 当商船搁浅、触礁或被盗劫或有其它危险，兵舰无故不为救援者，其长官，处五年以下有期徒刑。

第 116 条 机械人员错安军用舟、车、飞机机件，致乘驾人员陷于危害者，处三年以下有期徒刑。故意错安机件或明知机件损坏匿不报告者，处十年以下有期徒刑；因而致人于死者，处死刑。

第 117 条 发礼炮、号炮或其它空炮时，装填弹丸或瓦石者，处一年以下有期徒刑。

第 118 条 军中或戒严地域，闻急呼之号报而不集合者，处三年以下有期徒刑。

第 119 条 意图违背服从之义务，而结私党或以图书、演说诱惑他人者，处五年以下有期徒刑。

第 120 条 违背职守而秘密结社集会者，处五年以下有期徒刑。

第 121 条 哨兵或卫兵无故发枪炮者，处三年以下有期徒刑。

第 122 条 本法自公布日施行。

(五)《中华民国战时军律》

《中华民国战时军律》

(1939年10月21日公布)

第一条 本军律于战时犯罪者,适用之,但无特定关系或身份之人,以犯第六条至第八条为限。

第二条 不奉命令放弃守地,致陷军事上重大损失者,处死刑。

第三条 临阵退却或托故不进者,处死刑。

第四条 敌前反抗命令或不听指挥者,处死刑。

第五条 降敌者,处死刑。

第六条 主谋要挟或指示为不利于军事上之叛乱行为者,处死刑。

第七条 意图妨害抗战,扰乱后方者,处死刑。

第八条 意图妨害抗战,而造谣惑众摇动军心者,处死刑。

第九条 纵兵殃民者,处死刑。

第十条 携带枪弹或其他重要军用物品逃亡者,处死刑。

第十一条 抢劫或强奸者,处死刑。

第十二条 浮报或冒领军实者,处死刑、无期徒刑或十年以上有期徒刑。

第十三条 有左列行为之一者,处无期徒刑或十年以上有期徒刑:

(一)无故不就指定地点或擅离配置地者。

(二)奉令前进托故迟延者。

(三)虚报敌情,致影响于指挥官之判断者。

(四)玩视敌情不为适当之处置者。

(五)捏报战绩或战斗失利不报者。

(六)对于作战或与作战计划有关之命令奉行不力,致未达成任务者。

(七)对于械弹或其他重要军用品不尽保管之责,致遗失损坏,或烧毁者。

(八)在接战地域未经当地军事指挥官允许,而迁移机关之所在地者。

犯前项之罪因而失误军机者,处死则。

第十四条 部队长官无故擅离部属者,处七年以上有期徒刑;因而发生事变或失误军机者,处死刑。

第十五条 无故遗弃伤病官兵者,处七年以上有期徒刑。

第十六条 以军用舟车、航空机供私人使用图利者,处五年以上十年以下有期徒刑。

第十七条 犯本军律之罪者,除在作战区域战区司令长官对于唯一死刑之现行犯,得为紧急处分,迳以命令处刑,事后呈报备查外,由有军法职权机关依左列程序审判,呈经中央最高军事机关核准后执行之:

(一)军人,依陆海空军审判法之规定审判之。

(二)地方团队人员及文职公务员,按其级职比照军人阶级,准用前款规定审判之。

(三)前二款以外之人犯,以军法官独任审判之。

第十八条 在作战区域犯本军律之罪,除依前条规定应组织高等军法庭会审审理案件外,其余战区司令长官得迳下宣告判决之命令,补呈卷判备核。

前项案件,中央最高军事机关得随时提审、莅审或移转管辖。

第十九条 本军律所规定之罪以外,悉照《海陆空军刑法》办理。

第二十条 刑法总则之规定,与本军律不相抵触者,适用之。

第二十一条 本军律自公布日施行。

九、《伪满刑法典》(1937年)

《伪满刑法典》*

(1937年1月4日)

第一编 总　　则

第一章 法　　例

第一条 罪与刑依法律所定。

第二条 罪分为重罪、轻罪及违警罪。

死刑、无期或者短期一年以上之徒刑或者禁锢之罪,为重罪。

未满短期一年之徒刑、禁锢或罚金之罪,为轻罪。

仅定拘役或科料之罪,为违警罪。

第三条 本法不问何人,于帝国领域内犯罪者,适用之。

于在帝国领域外之帝国船舰或者航空机内犯罪者,亦与前项同。

第四条 本法不问何人,于帝国领域外犯左列之罪者,适用之:

一、对帝室罪。

二、内乱罪。

三、背叛罪。

四、伪造通货罪。

五、伪造有价证券罪。

六、伪造文书罪中第一百六十七条至第一百七十条之罪及依

---

* 原名"刑法",为了表明其非法性质和目录的清晰明了,称为"伪满刑法典"。伪满洲国是1931年"九一八"事变后,日本侵略者扶持前清皇帝爱新觉罗·溥仪在中国东北建立的傀儡政权。其政权和法律都是非法和无效的,编者在本书中编入伪满刑法典只是出于学术研究目的。——编者注

其例之第一百七十四条之罪,并此等罪之未遂犯。

七、伪造印文罪中第一百七十六条之罪及其未遂犯并第一百七十七条之罪。

第五条 本法于帝国领域外,除前条记载之罪外,犯重罪及长期五年以上之徒刑或禁锢之轻罪并其未遂犯之帝国臣民,适用之。

前项规定犯人犯罪后丧失帝国国籍者,不妨其适用。

第六条 本法于帝国领域外对于帝国臣民犯前条所定之罪之外国人适用之,但依行为地之法令不应处罚者不在此限。

前项规定犯人犯罪后虽取得帝国国籍者,不妨其适用。

第七条 虽受外国之确定裁判者,不妨因同一之行为更行处罚,但犯人于外国已受宣告刑之全部或一部之执行者,得免除刑之全部或一部之执行。

第八条 犯罪后法律有变更者,适用新法,但不得较重旧法之所定处断。

第九条 本法总则于其他法令有刑者,亦适用之。但有特别规定者,不在此限。

第二章 犯 罪

第十条 依法令之行为、因正当业务之行为或其他法律上所容认之行为,不为罪。超过其程度者,因情状得减轻或者免除其刑。

第十一条 对急迫不正之侵害,为防卫自己或他人之权利,出于不得已之行为,不为罪。防卫行为超过必要程度者,因情状得减轻或者免除其刑。

第十二条 为避免自己或他人之生命、身体、自由、财产之急迫危难,出于不得已之行为,因其行为所生之害限于不超过其所欲避免之害之程度者,不为罪。

避难行为超过前项程度者,因情状得减轻或者免除其刑。

前二项规定,于业务上有应冒危难之义务者,不适用之。

第十三条 无故意或过失而犯罪者,不罚。

因过失犯罪者,除有特别规定外,不罚。

第十四条 不知应为罪之事实而犯者,不得为有故意。

罪本应重者而犯时不知者,不得为有犯重之罪之故意。

第十五条 认识有法律上应为妨碍犯罪成立之原由之事实而犯者,不得为有故意。

第十六条 不得以不知法律为无故意,但因情状得减轻或者免除其刑。

第十七条 不得避免非因不注意而使发生应为罪之事实,不得为有过失。

第十八条 因未预见结果之发生以加重之刑处断者,以能预见结果之发生者为限。

第十九条 未满十四岁人犯罪者,不罚。

未满十八岁或七十岁以上之人犯罪者,得减轻其刑。

第二十条 因精神障碍无辨别事理之能力或随事理之辨别为行为之能力犯罪时,不罚;能力耗弱者犯罪时,得减轻其刑。

第二十一条 罪之轻重,依其刑之轻重,刑无轻重者,依犯情。

第三章　未遂犯及预备犯

第二十二条　开始犯罪之实行而未遂者,为未遂犯。

重罪之未遂犯,罪之。轻罪之未遂犯,除有特别规定外,不罚。

第二十三条　未遂犯之刑与既遂犯之刑相同,但得减轻。

因己之意思中止犯罪之实行或防止其结果之发生者,减轻或免除其刑。

第二十四条　以犯罪之目的为其准备,未至开始实行者,为预备犯。

预备犯,除有特别规定外,不罚。

第二十五条　对于他人教唆犯罪,被教唆人未至犯罪时,准预备犯论。

第二十六条　为犯罪准备后,抛弃实行开始之意图者,免除其刑。

第四章　共　　犯

第二十七条　二人以上加功于罪之成立者,为共犯。

共犯皆照各本条处断。

第二十八条　共犯中在附随之地位及为影响轻微之行为者,得减轻其刑。

第二十九条　加功于以身份为要件之罪之成立者,虽无身份仍为共犯。

因身份致刑之轻重或免除,其效力不及于无身份者。

第五章　刑

第三十条　左列之刑为主刑:

一、死刑。

二、徒刑。

三、禁锢。

四、罚金。

五、拘留。

六、科料。

没收及毁灭效用为从刑。

第三十一条　主刑之轻重,依前条第一项记载之顺序。但无期禁锢与无期徒刑,以禁锢为重;有期禁锢之长期超过有期徒刑之长期的,以禁锢为重。

同种之刑,以长期之较长或多额之较多者为重;长期或者多额相同者,以其短期之较长者或寡额之较多者为重。

第三十二条　死刑,于监狱内绞首执行之。

第三十三条　徒刑为无期及有期。有期徒刑为一月以上、十五年以下,但有特别规定者,其长期得至二十年。徒刑拘置于徒刑监,使其服定役。

第三十四条　禁锢为无期及有期。有期禁锢为一月以上、十五年以下,但有特别规定者,其长期得至二十年。禁锢拘置于禁锢监。

第三十五条 罚金为二十元以上。

第三十六条 拘留为一日以上、六十日以下。

拘留拘置于拘留场,但依特别规定得使服作业。

第三十七条 科料为五角以上、五十元以下。

第三十八条 不能完纳罚金者,以一日以上、二年以下之期间留置于劳役场。

不能完纳罚金者,以一日以上、五十日以下之期间留置于劳役场。

第三十九条 被科罚金或科料者已纳其一部时,按罚金或科料之全额与留置日数之比例,由留置日数扣除其已纳金额之相当日数。

依前项之比例不满一日之金额,不得缴纳。

第四十条 左列之物得没收之:

一、供犯罪用或者拟供犯罪用之物;

二、由犯罪所生或因犯罪所得之物。

没收以其物不属于犯人以外者为限。

第四十一条 由伪造通货、有价证券、文书或者印文之罪所生者,虽不没收时,毁灭其效用。

第四十二条 从刑虽对于犯人不为主刑之宣告或追诉时,仍得科之。

第四十三条 过失犯及违警罪,除有特别规定外,不科从刑。

第六章 累 犯

第四十四条 从徒刑执行终了或已得免除其执行后,五年以内更犯罪应处有期徒刑者,为累犯。

徒刑执行中被假释放者,更犯罪应处有期徒刑者,亦与前项同。

第四十五条 累犯之刑为就其罪所定徒刑之长期之二倍以下,但不得逾二十年。

第四十六条 裁判确定后发觉为累犯者,依前条规定更定其刑。但刑之执行终了或已得免除其执行后,不在此限。

第七章 竞 合 犯

第四十七条 未经确定裁判之数罪为竞合犯。

某罪有确定裁判者,只以其罪与其裁判确定前所犯之罪为竞合犯。

第四十八条 竞合犯中之一罪科死刑者,不科他刑,但从刑不在此限。

科无期徒刑者,不科无期禁锢。

科无期之徒刑或禁锢者,不科他刑,但罚金、科料及从刑不在此限。

第四十九条 竞合犯中有数罪应处有期之徒刑或禁锢者,以于其最重刑长期加其半数者为长期,以各刑短期之最长者为短期,但其长期不得逾合算各刑之长期者并逾二十年。

第五十条 罚金、居留或科料与他刑并科之,但于第四十八条之情形不在此限。

数个之罚金、拘留、科料或从刑,并科之。

并科罚金或并科罚金与科料者,留置于劳役场之期间不得逾三年;并科科料者,不得逾七十日。

第五十一条 竞合犯中有已经裁判之罪与未经裁判之罪者,就未经裁判之罪处断。

第五十二条 竞合犯有数个裁判者,依左列之例执行其刑:

一、应执行死刑者,不执行从刑外以外之刑。

二、应执行无期徒刑者,不执行无期禁锢。

三、应执行无期之徒刑或禁锢者,不执行罚金、科料或者从刑以外之刑。

四、有期之徒刑或禁锢并执行之,但其执行不得逾最重之罪所定刑之长期加其半数者并逾二十年。

五、留置于劳役场不得逾第五十条第三项之期间。

六、除前各款者外,竞合犯之罪并执行之。

第五十三条 竞合犯已被处断者于一罪受恩赦时,于未受恩赦之罪更定其刑,于此情形已执行刑之日数通算之。

第五十四条 一个行为有触数个罪名者,或犯罪之手段或结果之行为有触他罪名者,依本章之例。

连续之数个行为虽有触同一罪名而侵害数个法益者,亦与前项同。

第八章 刑之适用

第五十五条 刑之适用应斟酌犯罪之目的、动机、手段、结果,犯人与被害人之关系,犯人之年龄、性行、智能、境遇、经历,及犯罪后之情况。

第五十六条 就同一罪定有徒刑及禁锢者,以所犯出于道义上或公益上动机应有恕者为限,科禁锢。

就仅定徒刑之罪,所犯出于道义上或公益上动机应特宥恕者,得科禁锢。于此情形,其期间与徒刑之期间同。

第五十七条 犯罪于官宪发觉前自首者,得减轻其刑。

亲告罪或反被害人明示之意思不得论之罪,首服于告诉权人时,亦与前项同。

第五十八条 犯罪之情状可悯恕者,得酌量减轻其刑。

第五十九条 有数个法律上应为减轻刑之事由竞合者,减轻以一次为限。于为法律上减轻者,仍得为酌量减轻。

第六十条 应为刑之减轻时,于各本条有二个以上之刑名者,先定应适用之刑,减轻其刑。

第六十一条 刑之减轻,依左列之例:

第四、死刑应减轻者,为无期或十年以上、二十年以上之徒刑或禁锢。

第五、无期之徒刑或禁锢应减轻者,为七年以上、二十年以下有期之徒刑或禁锢。

第六、有期之徒刑或禁锢应减轻者,减其刑期二分之一。

第七、罚金应减轻者,减其金额二分之一。

第八、拘留应减轻者，减其长期二分之一。

第九、科料应减轻者，减其多额二分之一。

第六十二条 刑应加重、减轻之事由竞合者，依左列顺序：

第十七条 累犯加重。

第十八条 法律上减轻。

第十九条 竞合犯加重。

第二十条 酌量减轻。

第六十三条 裁判确定前之拘禁日数，以其全部或一部得算入于有期之徒刑或禁锢、罚金、拘留或科料。

前项之算入，以拘禁日数一日抵算刑期一日或金额五角以上、五元以下。

第九章 刑之执行犹豫

第六十四条 有左列情形之一者，于科三年以下之徒刑或禁锢时，因情状自裁判确定之日起，于一年以上、五年以下之期间，得犹豫其刑之执行：

一、以前未因故意犯被处禁锢以上之刑者。

二、以前因故意犯被处禁锢以上之刑，执行终了或得免除其执行后至犯罪时止，经过五年以上者。

科五百元以下罚金者，因情形自裁判确定之日起，于六月以上、三年以下之期间，得犹豫其刑之执行。但于其犯罪前三年以内曾被处罚金以上之刑者，不在此限。

第六十五条 并科刑时，仅对其一亦得犹豫刑之执行。

第六十六条 犹豫期间内因故意犯被处禁锢以上之刑者，宣告徒刑或禁锢之执行，犹豫失其效力。

犹豫期间内因故意犯被处罚金以上之刑者，宣告罚金之执行犹豫失其效力。

犹豫期间内发觉不应犹豫刑之执行者，应撤销执行犹豫之宣告。

第六十七条 执行犹豫之宣告不失其效力或未被撤销而经过犹豫期间者，刑之宣告向将来失其效力。

第十章 假释放

第六十八条 受徒刑或禁锢之执行，有显著悛悔之情者，无期刑经过十年、有期刑经过刑期三分之一后，得假释放之。

第六十九条 假释放中就他罪应执行禁锢以上之刑者，假释放处分失其效力。

前项之外，假释放中就他罪应执行禁锢以上之刑者，得撤销假释放处分。

违反假释放取缔规则者，亦与前项同。

第七十条 假释放处分失其效力或被撤销者，释放中之日数不算入刑期。

第七十一条 假释放处分不失其效力或未被撤销，自释放之日起，经过左列期间者，免除残刑之执行：

一、无期刑，十五年。

二、有期刑，残余刑期。

第十一章 时 效

第七十二条 时效完成者，免除刑之执行。

第七十三条 时效于裁判确定后因未受刑之执行，经过左列期间完成：

一、死刑，三十年。

二、无期之徒刑或禁锢，二十年。

三、有期之徒刑或禁锢十年以上者，十五年；三年以上者，十年；未满三年者，五年。

四、罚金，三年。

五、拘留、科料或从刑，一年。

第七十四条 时效因刑之执行之犹豫停止、假释放或其他事由法律上不得执行刑之期间内，不进行。

因一刑之执行中不得执行他刑者，亦与前项同。

第七十五条 时效因开始刑之执行中断。时效除前项外，因执行死刑、自由刑、逮捕被处刑者或执行财产刑已为强制处分中断。

第十二章 刑之时效

第七十六条 以月或年定期间者，从历计算。

第七十七条 刑期自裁判确定之日起算。

未被拘禁之日数，虽裁判确定后，不算入刑期。

第七十八条 受刑之初日，不论时间以一日计算。时效期间之初日，亦同。

前项规定于留置劳役场之执行，准用之。

第二编 分 则

第一章 对帝室罪

第七十九条 对皇帝或帝后加危害或拟加危害者，处死刑。

第八十条 对皇帝或帝后有不敬行为者，处一年以上、十年以下徒刑。

第八十一条 无故侵入帝宫或行在者，处一年以上、十年以下徒刑。

第二章 内 乱 罪

第八十二条 以颠覆政府、僭窃邦土、其他紊乱国宪之目的为暴动者，依左列区别处断：

一、首魁，处死刑。

二、参与谋议或指挥群众者，处死刑或无期之徒刑或禁锢；其他掌理诸般要务者，处无期或五年以下之徒刑或禁锢。

三、前二款以外关于暴动者,处十年以下之徒刑或禁锢。

第八十三条 以犯前条之罪之目的而团结者,依左列区别处断:

一、首魁,处死刑或无期之徒刑或禁锢。

二、参与、枢机、统率群众、其他掌理诸般要务者,处无期或三年以上之徒刑或禁锢。

三、前二款以外者,处五年以下之徒刑或禁锢。

第八十四条 前条以外,以犯第八十二条之罪之目的,为其预备或阴谋者,处一年以上有期之徒刑或禁锢。

第八十五条 供给兵器、金谷或以其他方法帮助第八十二条或第八十三条之罪者,处无期或一年以上之徒刑或禁锢;帮助前条之罪者,处十年以下之徒刑或禁锢。

第八十六条 犯前三条之罪,于暴动前自首,减轻或免除其刑。

第三章 背 叛 罪

第八十七条 通谋外国使对帝国开战端或与敌国抗敌帝国者,处死刑。

第八十八条 将军队、船舶、航空机、要塞、其他供军用之处所、建造物或施设委付敌国者,处死刑。

将兵器、其他供军用之物品交付敌国者,处死刑或无期徒刑。

第八十九条 为利敌国,将供军用之处所、施设或其他物品损坏或致不能使用者,处死刑或无期徒刑。

第九十条 为敌国从事间谍或帮助敌国之间谍者,处死刑、无期或五年以上之徒刑。

将军事上之机密泄露于敌国者,亦与前项同。

第九十一条 前四条以外,与敌国以军事上之利益或害帝国军事上之利益者,处无期或三年以上之徒刑。

第九十二条 以犯前五条之罪之目的,为其预备或阴谋者,处一年以上有期徒刑。

第九十三条 关于本章之罪,外国人团体,视为外国;与帝国战争之危机急迫之外国,视为敌国。

第九十四条 泄露国防上机密者,处无期或二年以上之徒刑。以泄露之目的探知国防上机密者,亦同。

第九十五条 本章规定,对攻守同盟国之行为,亦适用之。

第四章 危害国交罪

第九十六条 加伤害、暴行或胁迫于滞在帝国之外国元首者,处无期或二年以上之徒刑或禁锢。

诽谤或侮辱滞在帝国之外国元首者,处十年以下之徒刑或禁锢。

第九十七条 加伤害、暴行或胁迫于派遣帝国之外国使节者,处一年以上有期之徒刑或禁锢。

诽谤或侮辱派遣帝国之外国使节者,处七年以下徒刑或禁锢。

第九十八条 以对外国加侮辱之目的，损坏供其公用之国旗或其他国章，或以其他方法侮辱之者，处五年以下之徒刑或禁锢或一千元以下罚金。

第九十九条 对外国私为战斗者，依左列区别处断：

一、首魁，处死刑或无期或十年以上之禁锢。

二、前款以外者，处无期或一年以上之禁锢。

以犯前项罪之目的，为其预备或阴谋者，处十年以下禁锢。

第一百条 于外国交战之际，违背局外中立之命令者，处七年以下之徒刑或禁锢或五千元以下罚金。

前项之徒刑或禁锢与罚金，得并科之。

第一百零一条 第九十六条第二项及第九十八条之罪，以外国政府之请求乃论。第九十七条第二项之罪，以被害人之请求乃论。

第五章 渎 职 罪

第一百零二条 公务员滥用其职权，使人行无义务之事或妨害行使权力者，处七年以下之徒刑或禁锢或两千元以下罚金。

第一百零三条 行审判、检察或警察之职务或辅助之者，滥用其职权逮捕或监禁人者，处十年以下之徒刑或禁锢。

第一百零四条 前条人员当行其职务，对犯人或其他之人为暴行或凌虐之行者，处七年以下之徒刑或禁锢。

看守或护送因法令被拘禁者之人，对被拘禁人为暴行或凌虐之行为时，亦与前项同。

第一百零五条 公务员违背其职务上义务故为不正行为者，处五年以下之徒刑或禁锢。

第一百零六条 公务员或曾为公务员者，将依法令应默秘职务上之机密不正泄露者，处五年以下之徒刑或禁锢。

第一百零七条 公务员或仲裁人关于其职务收受贿赂其他不正之利益，或使供与于他人者，处三年以下徒刑。为要求或期约者，亦同。

受请托而犯前项之罪者，处七年以下徒刑。

第一百零八条 犯前条之罪，因而为不正之行为或关于其所为之不正行为犯前条之罪者，处一年以上有期徒刑。

第一百零九条 将为公务员或仲裁人者，关于其应担当之职务受请托收受贿赂其他不正之利益或使供与于他人，或为要求、期约后为公务员或仲裁人者，处五年以下徒刑。

第一百十条 曾为公务员或仲裁人者，对于其在职中受请托之职务上行为或对于职务之不正行为，收受贿赂其他不正之利益或为要求、期约者，处三年以下徒刑。

第一百十一条 供与第一百零七条第一项及前二条之贿赂、其他不正之利益，或为其要约、期约者，处一年以下徒刑或两千元以下罚金。

供与第一百零七条第二项及第一百零八条之贿赂、其他不正之利益，或为其要约、期约者，处五年以下徒刑或三千元以下罚金。

犯前二项之罪自首者,减轻或免除其刑。

第一百十二条 犯前五条之罪者,之间所收受之贿赂,没收之。其全部或一部不能没收者,向享利者追征其价额。

第六章 妨害公务罪

第一百十三条 对于职务执行中之公务员加暴行或胁迫者,处十年以下之徒刑或禁锢或二千元以下罚金。为使公务员为某处分,或不为某处分,或为使其辞职,而加暴行或胁迫者,亦与前相同。

第一百十四条 聚众犯前条之罪者,处一年以上有期徒刑之徒刑或禁锢。

第一百十五条 损坏公务员所施之封印或强制处分之标示,或以其他方法使之无效者,处五年以下之徒刑或禁锢或一千元以下罚金。

第一百十六条 损坏或毁弃或藏匿供公务所使用之建造物、文书或其它物品者,处十年以下之徒刑或禁锢或五千元以下罚金。

第七章 脱逃及藏匿罪

第一百十八条 已决、未决之囚人脱逃者,处三年以下徒刑于天灾、事变之际依法令被解放之囚人,违背投到命令者,亦与前项同。

第一百十九条 已决、未决之囚人或受勾引票之执行者,为暴行、胁迫或损坏拘禁处所而脱逃者,处七年以下徒刑。

二人以上共同犯前项之罪者,处一年以上有期徒刑。

第一百二十条 夺取依法令被拘禁者或使之脱逃者,处七年以下徒刑。

为暴行、胁迫或损坏拘禁处所而犯前项之罪者,处一年以上、十年以下徒刑。

二人以上共同犯前项之罪者,处二年以上有期徒刑。

第一百二十一条 看守或护送被拘禁人使之脱逃者,处一年以上有期徒刑;因重大过失犯前项之罪者,处三年以下禁锢或一千元以下罚金。

第一百二十二条 以使被拘禁人脱逃之目的,给予器具、其他为使之易于脱逃之行为者,处三年以下徒刑。

第一百二十三条 将重罪或轻罪之犯人、被告人或被疑人或于拘禁中脱逃或被夺取者藏匿或使之隐蔽者,处五年以下徒刑或一千元以下罚金。

第一百二十四条 第一百十九条第一项及第一百二十条第一项罪之未遂犯,罚之。

第八章 伪证及湮灭证凭罪

第一百二十五条 依法律之证人为虚伪之供述者,处十年以下徒刑。

未宣誓之证人犯前项之罪者,减轻或免除其刑。

第一百二十六条 依法律被命令鉴定、通译或翻译,为虚伪之鉴定、通译或翻译者,区别宣誓之有无,依前条之例。

第一百二十七条 以陷人于重罪之目的犯前二条罪者,处一年以上徒刑。未宣誓者,处七年以下徒刑。

第一百二十八条 关于他人刑事事件,湮灭、藏匿、伪造或变造证据,或使用伪造、变造之证据者,处十年以下徒刑。

关于他人刑事事件藏匿证人或使隐蔽者,亦与前项同。

以陷人于重罪之目的犯前二项之罪者,处一年以上有期徒刑。

第一百二十九条 犯第一百二十五条或第一百二十六条之罪,于为证言、鉴定、通译或翻译之事件之裁判确定前自白者,得减轻或免除其刑。

第一百三十条 未免自己之刑事处分犯本章之罪者,减轻或免除其刑。亲属为本人之利益犯本章之罪者,亦同。

第九章 诬 告 罪

第一百三十一条 以使人有受刑事或惩戒处分之虞之虚伪事实,向该管公务所或公务员申告者,处十年以下徒刑。

前项申告事实合于重罪者,处一年以上有期徒刑

第一百三十二条 犯前条之罪者,于所申告事件之裁判或惩戒处分确定前自白者,得减轻或免除其刑。

第十章 危害公安罪

第一百三十三条 聚众为暴行或胁迫者,处十年以下之徒刑或禁锢或一千元以下罚金。

第一百三十四条 以暴行或胁迫之目的聚众,受该案公务员解散命令及于三次仍不解散者,处五年以下之徒刑或禁锢或一千元以下罚金。

第一百三十五条 以犯重罪之目的而团结者,处十年以下徒刑

以犯长期七年以上徒刑之轻罪之目的而团结者,处五年以下徒刑。

第一百三十六条 对于群众奖励或煽动犯罪者,处五年以下之徒刑或禁锢或一千元以下罚金。

第一百三十七条 以紊乱安宁秩序或扰乱金融之目的流布虚说或用伪计者,处七年以下徒刑或五千元以下罚金。

于天灾、事变之际犯前项之罪者,处一年以上十年以下徒刑。

第十一章 危 险 物 罪

第一百三十八条 以妨害治安或使生公共危险之目的使用爆炸物者,处死刑或无期或六年以上之徒刑或禁锢。

第一百三十九条 以犯前条之罪之目的为其预备或阴谋者,处十年以下之徒刑或禁锢。

犯前项之罪,使用爆发物前自首者,减轻或免除其刑。

第一百四十条 使用爆发物或使气罐或其他激发物破裂而损坏建造物、船车或其他之

物者,依放火之例。

第一百四十一条 使瓦斯、电气或蒸汽漏逸或遮断之,而妨害治安或使生公共危险者,处二年以上有期徒刑。

第一百四十二条 因过失犯第一百四十条之罪者,依失火之例。

因过失犯前条之罪者,处一千元以下罚金。

因业务上过失或重大过失犯前项之罪者,处三年以下禁锢或二千元以下罚金。

第十二章 放火及决水罪

第一百四十三条 放火烧毁现供人之住居或现有人之建造物、船车或矿坑者,处无期或五年以上徒刑。

放火烧毁前项以外之物,使生公共危险者,处一年以上有期徒刑。

第一百四十四条 决水侵害现供人之住居或现有人之建造物、船车或矿坑者,处无期或五年以上之徒刑。

决水侵害前项以外之物,使生公共危险者,处一年以上有期徒刑。

第一百四十五条 犯第一百四十三条第一项或前条第一项之罪而致人于死者,处死刑或无期徒刑。

第一百四十六条 水火灾之际藏匿或损坏供救火或防水用之物,或以其他方法妨害镇火或防水者,处一年以上十年以下徒刑。

第一百四十七条 犯第一百四十三条第一项或第一百四十四条第一项罪之预备犯者,处七年以下徒刑。

第一百四十八条 失火烧毁第一百四十三条第一项之物者,或烧毁其他之物,使生公共危险者,处一千元以下罚金。

因过失溢水侵害第一百四十四条第一项之物者,或浸害其他之物,使生公共危险者,处一千元以下罚金。

因业务上过失或重大过失犯前二项之罪者,处三年以下禁锢或三千元以下罚金。

第一百四十九条 决溃堤防、破坏水闸或以其他方法妨害水利者,处五年以下徒刑或一千元以下罚金。

前项罪之未遂犯,罚之。

第十三章 妨害交通罪

第一百五十条 损坏、堵塞陆路、水路或桥梁或以其他方法妨害交通者,处七年以下徒刑或一千元以下罚金。

第一百五十一条 损坏轨道、灯台或标识,或以其他方法使生船车或航空机交通之危险者,处二年以上有期徒刑。

犯前项之罪,因而使船车或航空机覆没、脱轨、坠落或破坏者,处无期或三年以上之徒刑。

第一百五十二条 覆没、脱轨、坠落或破坏现有人之船车或航空机者,处无期或三年以上之徒刑。

犯前项之罪,而致人于死者,处死刑或无期徒刑。

第一百五十三条 因过失犯第一百五十一条第一项或前条第一项之罪者,处两千元以下罚金。

因业务上过失或重大过失犯前项之罪者,处三年以下禁锢或三千元以下罚金。

第十四章　污毒饮料水罪

第一百五十四条 污染供人饮料之净水使至不能使用之者,处三年以下徒刑或五千元以下罚金。

于前项净水混入毒物其他能害健康之物者,处十年以下徒刑。

前二项罪之未遂犯,罚之。

第一百五十五条 污染依水道供给公众之净水或其水源使至不能使用之者,处一年以上十年以下徒刑。

于前项净水或水源混入毒物其他能害健康之物者,处无期或二年以上之徒刑。

犯前项之罪,因而致人于死者,处死刑或无期或五年以上之徒刑;杀人者,处死刑或无期徒刑。

第一百五十六条 损坏或堵塞依水道供给公众净水之水源、水路或其他之施设者,处一年以上有期徒刑。

第十五章　伪造通货罪

第一百五十七条 以行使之目的,伪造或伪造通用之货币、纸币或银行券者,处无期或五年以上之徒刑。对流通于帝国内之外国货币、纸币或银行券,亦同。

行使伪造或变造之货币、纸币或银行券,或以行使之目的交付于人或输入之者,亦与前项同。

第一百五十八条 以行使之目的,收受伪造或变造之货币、纸币或银行券者,处十年以下徒刑。

前项罪之未遂犯,罚之。

第一百五十九条 收受货币、纸币或银行券后,知其伪造或变造而行使之,或以行使之目的交付于人者,处三年以下徒刑或一千元以下罚金。

第一百六十条 犯第一百五十七条第一项罪之预备犯者,处七年以下徒刑。

第十六章　伪造有价证券罪

第一百六十一条 以行使之目的,伪造或变造帝国或外国之公债证书、公司股票或其他有价证券者,处一年以上有期徒刑。

以行使之目的,于有价证券为虚伪之背书或其他之记入者,亦与前项同。

第一百六十二条 诈称为他人事务处理人之资格,以行使之目的,作成有价证券或于有价证券为虚伪之背书或其他之记入者,亦与前项同。

第一百六十三条 行使前二条之有价证券,或以行使之目的交付于人或输入之者,处一年以上有期徒刑。

第一百六十四条 以行使之目的,伪造或变造收入印纸或由帝国政府或与帝国为交换邮件之外国政府所发行之邮票或其他表明邮费之证票者,处十年以下徒刑。

行使伪造或变造之前项印纸或证票,或以行使之目的交付于人或输入之者,亦与前项同。前项罪之未遂犯,罚之。

第一把六十五条 再使用已使用之前条印纸或证票,或以行使之目的交付于人者,处三年以下徒刑或五百元以下罚金。

第一百六十六条 犯第一百六十一条或第一百六十二条罪之预备犯者,处三年以下徒刑。

第十七章 伪造文书罪

第一百六十七条 以行使之目的,伪造或变造诏书或皇帝之其他文书者,处无期或三年以上之徒刑。

第一百六十八条 以行使之目的伪造或变造公文书者,处一年以上有期徒刑。

诈称资格,以行使之目的作成公文书者,亦与前项同。

第一百六十九条 公务员以行使之目的,关于其职务作成虚伪之文书或变造其所发出之文书者,处一年以上有期徒刑。

第一百七十条 对于公务员为虚伪之申述,使于公文、证书之原本为不实之记述者,处十年以下徒刑或三千元以下罚金。

对于公务员为虚伪之申述,使于免照旅券或其他证明书为不实之记述,受其交付者,处三年以下徒刑或五百元以下罚金。

前二项罪之未遂犯,罚之。

第一百七十一条 以行使之目的,伪造或变造关于权利、义务或此事实之证明之私文书者,处七年以下徒刑或二千元以下罚金。

诈称资格,以行使之目的作成私文书者,亦与前项同。

第一百七十二条 以行使之目的,变造自已所发出之私文书者,处五年以下徒刑或一千元以下罚金。

第一百七十三条 以行使之目的,于业务上作成之证明书或报告书为虚伪之记述者,处五年以下徒刑或一千元以下罚金。

第一百七十四条 行使前七条之文书者,依伪造、变造或作成或使作成其文书者之例。

行使前四条文书罪之未遂犯,罚之。

第一百七十五条 本章规定,对于图书之行为,亦通用之。

第十八章 伪造印文罪

第一百七十六条 以行使之目的伪造御玺、国玺或御名者，处二年以上有期徒刑。冒用御玺、国玺或御名者，亦同。

行使伪造或冒用之御玺、国玺或御名者，亦与前项同。

第一百七十七条 以行使之目的，伪造公之印章、记号、印文、署名或记名者，处十年以下徒刑。冒用公之印章、记号、印文、署名或记名者，亦同。

行使伪造或冒用之公之印文、署名或记名者，亦与前项同。

第一百七十八条 以行使之目的，伪造他人之印章、记号、印文、署名或记名者，处五年以下徒刑或一千元以下罚金。冒用他人之印章记号印文署名或记名者，亦同。

行使伪造或冒用之他人之印文、署名或记名者，亦与前项同。

第十九章 亵渎礼拜处所及坟墓罪

第一百七十九条 对于神社、坛庙、寺观、墓所或其他礼拜处所公然为不敬之行为者，处三年以下徒刑或禁锢或五百元以下罚金。

妨害祭祀、葬礼、说教或礼拜者，亦与前项同。

第一百八十条 将尸骨、遗骨、遗发或殓物损坏、遗弃、藏匿或收得者，处五年以下徒刑。

公然侮辱尸骨、遗骨或遗发者，处三年以下徒刑或五百元以下罚金。

第一百八十一条 发掘坟墓者，处七年以下徒刑。

第一百八十二条 发掘坟墓而将尸骨、遗骨、遗发或殓物损坏、遗弃、污辱或收得者，处一年以上有期徒刑。

第一百八十三条 第一百八十条第一项及第一百八十一条罪之未遂犯，罚之。

第二十章 风 纪 罪

第一百八十四条 有夫之妇与人通奸者，处二年以下徒刑。其相奸者，亦同。

前项之罪，俟夫之告诉乃论。但夫宽容或宥恕其通奸或以恶意遗弃其妻者，其告诉为无效。

第一百八十五条 有配偶而重为婚姻者，处二年以下徒刑。其相婚者，亦同。

第一百八十六条 直系血亲或三亲等内之旁系血亲相奸者，处三年以下徒刑。

第一百八十七条 劝诱无淫行常习之妇女使与人奸淫而图利者，处三年以下徒刑及一千元以下罚金。

第一百八十八条 散布、贩卖或公然展示猥亵之文书图画或其他之物者，处二年以下徒刑或二千元以下罚金。

以散布、贩卖或公然展示之目的，制造、持有或输入猥亵物者，亦与前项同。

第一百八十九条 公然为猥亵之行为者，处一年以下徒刑或五百元以下罚金。

第二十一章 赌 博 罪

第一百九十条 以财物为赌博者，处二千元以下罚金。但不超过娱乐之程度者，不在此限。

以犯前项之罪为常习者，处三年以下徒刑。

第一百九十一条 开设赌博场所或结合赌徒而图利者，处五年以下徒刑及三千元以下罚金。

第一百九十二条 发卖私彩票者，处五年以下徒刑及三千元以下罚金。

为发卖私彩票之媒介者，处三年以下徒刑或二千元以下罚金。

前二项以外授受私彩票者，处一千元以下罚金。

第二十二章 杀 人 罪

第一百九十三条 杀人者，处死刑或无期或六年以上之徒刑。

惨杀或毒杀人者，处死刑或无期徒刑。杀人后有残忍之所为者，亦同。

第一百九十四条 杀自已或配偶者之直系尊亲属者，处死刑或无期徒刑。

第一百九十五条 分娩之际，母杀其婴儿者，处一年以上十年以下徒刑。

第一百九十六条 受人之嘱托或得其承诺而杀之者，处十年以下徒刑。

教唆或帮助人使之自杀者，亦与前项同。

前二项罪之未遂犯，罚之。

用伪计，使为嘱托或承诺而杀人者，或使至自杀者，依第一百九十三条第一项之例。

第一百九十七条 犯第一百九十三条或第一百九十四条罪之预备犯者，处十年以下徒刑。

第二十三章 伤害及暴行罪

第一百九十八条 伤害人者，处十年以下徒刑或三千元以下罚金。

犯前项之罪因而致人死者，处三年以上有期徒刑。

第一项罪之未遂犯，罚之。

第一百九十九条 对自已或配偶者之直系尊亲属犯前条第一项之罪者，处一年以上有期徒刑；犯第二项罪者，处无期或五年以上之徒刑。

第二百条 加暴行于人者，处三年以下徒刑或一千元以下罚金。

前项之罪告诉乃论。

第二百零一条 犯前条之罪，因而致人死伤者，依第一百九十八条及第一百九十九条之例。

第二百零二条 二人以上加暴行致人于死伤，使生其结果者不明时，虽非共同者，依共犯之例。

第二百零三条 因过失伤害人者，处五百元以下罚金。

因业务上过失或重大过失犯前项罪者,处一年以下禁锢或一千元以下罚金。

第一项之罪告诉乃论。

第二百零四条 因过失致人死者,处二千元以下罚金。

因业务上过失或重大过失犯前项之罪者,处三年以下禁锢或三千元以下罚金。

第二百零五条 对于生命或身体犯足以生危害之罪,因而致人死伤者,除有特定规定外,比较其罪与伤害之罪,从重处断。

第二十四章 堕 胎 罪

第二百零六条 怀胎妇女用药物或以其他方法堕胎者,处一年以下之徒刑或三百元以下罚金。

第二百零七条 受妇女之嘱托或得其承诺使之堕胎者,处二年以下徒刑或五百元以下罚金。

以犯前项之罪为业者,处五年以下徒刑及二千元以下罚金。

第二百零八条 医师、助产士、药师或药商受妇女之嘱托或得其承诺使之堕胎者,处五年以下徒刑及二千元以下罚金。

第二百零九条 犯第二百零七条第一项之罪或为使堕胎之行为,因而致妇女死伤者,处五年以下徒刑。

犯第二百零七条第二项或前条之罪或为使堕胎之行为,因而致妇女死伤者,处七年以下徒刑及三千元以下罚金。

第二百一十条 未受妇女之嘱托或未得妇女之承诺使之堕胎者,处一年以上有期徒刑。

犯前项之罪因而致妇女死者,处无期或三年以上徒刑。

第二十五章 遗 弃 罪

第二百十一条 遗弃老幼、残疾或疾病需要扶助者,处二年以下徒刑。

犯前项之罪使生生命危险者,处五年以下徒刑。

第二百十二条 有保护责任而遗弃老幼、残疾或疾病需要扶助者,或不为其生存必要之保护者,处七年以下徒刑。

犯前项之罪使生生命危险者,处十年以下徒刑。

第二百十三条 虐待自己应监护者,处二年以下徒刑或五百元以下罚金。

第二十六章 私捕及私禁罪

第二百十四条 私捕或私禁人者,处七年以下徒刑。

前项罪之未遂犯,罚之。

第二百十五条 因私捕或私禁而为暴行或凌虐之行为者,处十年以下徒刑。

第二十七章　略取及诱拐罪

第二百十六条　略取或诱拐人者，处十年以下徒刑或三千元以下罚金。

第二百十七条　以猥亵之目的略取或诱拐人者，处一年以上有期徒刑。

以营利之目的略取或诱拐人者，处一年以上有期徒刑及三千元以下罚金。

第二百十八条　以移送于帝国外之目的略取、诱拐或买卖人者，处无期或三年以上之徒刑。

将被拐取者或被卖者移送于帝国外者，亦与前项同。

于前二项情形，得并科五千元以下罚金。

第二百十九条　以猥亵之目的收受被拐取者或被卖者，处一年以上有期徒刑。

以营利之目的收受被拐取者或被卖者，处一年以上有期徒刑及三千元以下罚金。

第二百二十条　以庇护犯第二百十六条罪者之目的，藏匿被拐取者或使之隐蔽者，处七年以下徒刑或二千元以下罚金。

以庇护犯前三条罪者之目的，藏匿被拐取者或被卖者或使之藏匿者，处一年以上有期徒刑。

第二百二十一条　第二百十六条及前条第一项罪之未遂犯，罚之。

第二百二十二条　第二百十六条及第二百二十条第一项罪并其未遂犯，俟告诉乃论。

第二十八章　奸　淫　罪

第二百二十三条　以暴行、胁迫其他之方法，使妇女不能抗拒或乘其不能抗拒，奸淫之者，处五年以上有期徒刑。

奸淫未满十四岁之妇女者，亦与前项同。

犯前二项罪因而致妇女死伤者，处死刑或无期或七年以上之徒刑；杀妇女者，处死刑。

第二百二十四条　以暴行、胁迫、其他之方法，使人不能抗拒或乘其不能抗拒，对之为猥亵行为者，处一年以上、十年以下徒刑。

对于未满十四岁之男女为猥亵行为者，亦与前项同。

犯前二项之罪，因而致人死伤者，处无期或二年以上之徒刑。

第二百二十五条　用诈术欺骗无淫行常习之妇女而奸淫之者，处七年以下徒刑。

滥用业务、雇佣、其他之监护关系，奸淫未成年之妇女者，亦与前项同。

第二百二十六条　本章之罪，俟告诉乃论。但第二百二十三条第三项及第二百二十四条第三项之罪，不在此限。

第二十九章　胁迫及强制罪

第二百二十七条　胁迫人者，处三年以下徒刑或一千元以下罚金。

第二百二十八条　胁迫人使行为义务之事或妨害行使权利者，处七年以下徒刑或二千元以下罚金。

前项罪之未遂犯，罚之。

第三十章 侵入住居罪

第二百二十九条 无故侵入人之住居或人所看守之邸宅、建造物、船舰或房室者，处三年以下徒刑或五百元以下罚金。受要求而无故不退去者，亦同。

第二百三十条 以暴行或胁迫犯前条之罪者，处五年以下徒刑。夜间犯前条之罪者，亦同。

第二百三十一条 前二条罪之未遂犯，罚之。

第三十一章 毁损名誉罪

第二百三十二条 公然指摘足以毁损人之名誉之事实者，处五年以下之徒刑或禁锢或二千元以下罚金。

依出版物犯前项之罪者，处七年以下之徒刑或禁锢或五千元以下罚金。

于前二项情形，其行为为公益所为，所指摘之事实关于公共利害且非虚伪者，不罚。

第二百三十三条 公然指摘足以毁损死者之名誉之虚伪事实者，处三年以下徒刑或一千元以下罚金。

依出版物犯前项之罪者，处五年以下徒刑或二千元以下罚金。

第二百三十四条 公然侮辱人者，处二年以下之徒刑或禁锢或五百元以下罚金。

第二百三十五条 第二百三十二条之罪，不得反被害人所明示之意思而论之。

前二条之罪，俟告诉乃论。

第三十二章 妨害信用及业务罪

第二百三十六条 流布足以毁损人之信用之虚说者，处五年以下徒刑或三千元以下罚金。

以毁损人之信用为目的用伪计者，亦与前同。

第二百三十七条 流布虚说或用伪计或威力妨害人之业务者，处五年以下徒刑或三千元以下罚金。

第三十三章 侵害秘密罪

第二百三十八条 无故开拆封缄之书信、其他之文书或图书者，处三年以下徒刑或一千元以下罚金。

第二百三十九条 医师、药师、药商、助产士、律师、辩护人、公证人、辩理士、会计士或曾在此等之职者，无故泄漏其业务上知悉之秘密者，处三年以下徒刑或三千元以下罚金。

在宗教或祈祷之职或曾在此等之职者，无故泄漏其业务上知悉之秘密者，亦与前项同。

第二百四十条 因关于人之业务而知悉之企业上秘密，无故泄漏者，处三年以下徒刑或三千元以下罚金。

第二百四十一条 本章之罪，俟告诉乃论。

第三十四章 窃 盗 罪

第二百四十二条 窃取人之财物者，处七年以下徒刑。

携带凶器，或夜间侵入人之住居，或二人以上共同犯前项之罪者，处六月以上、十年以下徒刑。

第二百四十三条 窃用他人财产上之利益者，处三年以下徒刑或一千元以下罚金。

第二百四十四条 窃取他人占有之自己财物者，处五年以下徒刑或一千元以下罚金。

第二百四十五条 本章罪之未遂犯，罚之。

第二百四十六条 于直系亲属或配偶者间犯本章罪者，免除其刑。于其他亲属间犯本章罪者，俟告诉乃论。

第三十五章 强盗及勒赎罪

第二百四十七条 以暴行、胁迫、其他之方法抑制人之抵抗，强取财物或得财产上不法之利益者，处五年以上有期徒刑。

以前项方法使第三人得财物或财产上不法之利益者，亦同。

第二百四十八条 以犯前条之罪为常习者，处无期或七年以上之徒刑。

第二百四十九条 强取他人占有之自己财物者，处二年以上十年以下徒刑。

第二百五十条 窃盗，为抗拒取还赃物、避免逮捕或湮灭罪证，为暴行或胁迫者，以强盗罪。

第二百五十一条 强盗伤害人者，处死刑或无期或七年以上之徒刑。

强盗致人死者，处死刑或无期徒刑；杀人者，处死刑。

第二百五十二条 强盗放火或强奸者，处死刑或无期或十年以上之徒刑；因而致人死者，处死刑。

第二百五十三条 掳人勒赎者，处死刑或无期或五年以上之徒刑。

犯前项罪致人死伤或强奸者，处死刑或无期徒刑；杀人者，处死刑。

第二百五十四条 犯第二百四十七条、第二百四十八条或第二百五十三条第一项罪之预备犯者，处十年以下徒刑。

第三十六章 诈欺及恐吓罪

第二百五十五条 欺罔人骗取财物或得财产上不法利益者，处十年以下徒刑。

以前项方法使第三人得财物或财产上不法利益者，亦同。

第二百五十六条 胁迫人吓取财物或得财产上不法利益者，处十年以下徒刑。

以前项方法使第三人得财物或财产上不法得益者，亦同。

第二百五十七条 骗取或吓取他人占有之自己财物者，处五年以下徒刑或一千元以下罚金。

第二百五十八条 本章罪之未遂犯,罚之。

第二百五十九条 第二百四十六条之规定,于本章罪准用之。

第三十七章 侵占及背任罪

第二百六十条 侵占自己占有之他人财物或财产上之利益者,处五年以下徒刑或二千元以下罚金。

第二百六十一条 侵占业务上自己所占有之他人财物或财产上利益者,处十年以下徒刑。

第二百六十二条 处理他人事务,并非专图本人之利益,为违背其任务之行为,加财产上损害于本人者,处十年以下徒刑或五千元以下罚金。

第二百六十三条 侵占遗失物、漂流物、其他离他人占有之财物者,处二年以下徒刑或五百元以下罚金。

第二百六十四条 第二百六十条至第二百六十二条罪之未遂犯,罚之。

第二百六十五条 第二百四十六条之规定于本章之罪,准用之。

第三十八章 赃 物 罪

第二百六十六条 收受赃物者,处三年以下徒刑或一千元以下罚金。

第二百六十七条 搬运、寄藏、故买或牙保赃物者,处十年以下徒刑及三千元以下罚金。

前项罪之未遂犯,罚之。

第二百六十八条 于直系亲属或配偶者间犯前二条之罪者,减轻或免除其刑。

犯前二条之罪者与本犯之被害人有前项身份关系时,亦同。

第三十九章 损 坏 罪

第二百六十九条 损坏或毁弃他人之物,或以其他方法害其效用者,处三年以下徒刑或一千元以下罚金。

损坏他人建造物、船舰或航空机者,处七年以下徒刑或三千元以下罚金。

第二百七十条 损坏、移动或除去标识,或以其他方法使土地之境界不能认识者,处五年以下徒刑或一千元以下罚金。

第二百七十一条 损坏或毁弃属于他人占有或负担抵押权之自己之物,或以其他方法害其效用者,处三年以下徒刑或一千元以下罚金。

以避免强制执行之目的,隐匿、让与或损坏财产者,亦与前项同。

第二百七十二条 第二百六十九条第一项及前条之罪,俟告诉乃论。

附 则

本法旅行施行日期以敕令定之。

Ⅳ. 共产党革命根据地时期的刑法立法文献

一、《中华苏维埃共和国中央执行委员会训令——关于惩治贪污浪费行为》(1933 年)

《中华苏维埃共和国中央执行委员会训令——关于惩治贪污浪费行为》

(1933 年 12 月 15 日)

为了严格惩治贪污及浪费行为,特规定惩罚办法如下:

一、凡苏维埃机关、国营企业及公共团体的工作人员,利用自己地位贪污公款以图私利者,依下列各项办理之:

甲.贪污公款在五百元以上者,处以死刑。

乙.贪污公款在三百元以上、五百元以下者,处以三年以上、五年以下的监禁。

丙.贪污公款在一百元以上、三百元以下者,处以半年以上、二年以下的监禁。

丁.贪污公款在一百元以下者,处以半年以下的强迫劳动。

二、凡犯第一条各项之一者,除第一条各项规定的处罚外,得没收其本人家产之全部或一部,并追回其贪污之公款。

三、凡挪用公款为私人营利者,以贪污论罪,照第一、第二条两条处治之。

四、苏维埃机关、国营企业及公共团体的工作人员,因玩忽职守而浪费公款,致使国家受到损失者,依其浪费程度,处以警告、撤销职务以至于一个月以上、三年以下的监禁。

二、《湘赣省苏区惩治反革命犯暂行条例》(1932 年)

《湘赣省苏区惩治反革命犯暂行条例》*

(1932 年 4 月 8 日公布)

第一条 凡公开的或秘密的加入一切反革命组织,企图破坏革命,颠覆苏维埃的反革命分子,均受本条例制裁。

第二条 裁判反革命分子,分下列等级处理:

一、死刑,没收其本人的土地、财产。

二、监禁或发苦工。

三、剥夺公权,监视其劳动。

四、警告。

五、劝告。

第三条 凡有下列情事之一者,依本条例第二条第一项处理之:

一、阶级异己分子为反革命首领,工作显巨者。

二、豪绅地主子弟加入反革命组织者。

三、富农、流氓、资本家及其他剥削分子加入反革命组织,参加反革命活动者。

四、经常与敌人暗通消息或隐藏反革命侦探,及反革命家属与反革命犯同谋反动者。

五、自新后重新参加反革命活动者。

第四条 凡有下列情事之一者,依本条例第二条第二项处理之:

一、加入反革命组织担任反革命职务而无工作者。

二、经逮捕之后不忠实报告反动企图,保存秘密者。

三、诬害贫苦工农分子为反革命者。

---

* 1931 年 10 月 17 日,湘赣省苏维埃第一次工农兵代表大会在江西省莲花县花塘村召开,选举成立湘赣省苏维埃政府。——编者注。

第五条 凡有下列情事之一者,依本条例第二条第三项处理之:

一、凡贫苦工农被欺骗加入反革命组织,到会有三次以上者。

二、商人、富农、学生、教员加入反革命组织无反革命事实,而自动出来自首,忠实地报告反动组织者。

第六条 凡有下列情事之一者,依本条例第二条第四项处理之:

一、贫苦工农被欺骗加入反革命组织,到三次会而无反动事实者。

二、贫苦工农被欺骗加入反革命组织,自动出来自首者。

第七条 凡有下列情事之一者,依本条例第二条第五项处理之:

一、贫苦工农被欺骗加入反动组织而未到过会者。

二、因感情作用,被反革命所利用(替反革命送过一次普通文件)而不知道者。

第八条 监禁、发苦工、剥夺公权时间的长短,依犯罪的轻重判处之,但剥夺公权期间,最少为三个月。

第九条 凡经处罚的人犯,工作积极表现,已脱离反动组织关系者,仍得随时斟酌情形,予以缩减;不好者,亦将延长其处罚。

第十条 未长成(十六岁以下)之男女加入反革命组织者,准其自新自首,不加追究。

第十一条 妇女犯,判与男子减轻一等处罚。

第十二条 本条例公布发生效力后,一九三一年十月所颁布之《惩治反革命犯暂行条例》宣布作废。

第十三条 本条例自公布之日发生效力。

三、《赣东北特区苏维埃暂行刑律》(1932年)

《赣东北特区苏维埃暂行刑律》*

(1932年5月19日)

目　录

---

* 1930年10月,中共中央决定将全国所有红色区域划分为赣西南、湘鄂赣、赣东北、鄂豫皖、湘鄂边(即湘鄂西)、闽粤赣等特区,并要求各特区都要成立中共特区委,以领导各特区的斗争。

第一编　总　　则

第一章　本法的效力

第一条　在中央为刑律以前,本律有绝对的效力。

第二条　本律于凡犯罪在本律颁行以后者,适用之。

第三条　本律于凡在赣东北区内犯罪者,不问何人,适用之。

第二章　不　为　罪

第四条　凡未满十二岁人之行为,不为罪,但因其情节,得施以感化教育。

第五条　精神病人之行为,不为罪,但因其情节,得施以监禁处分。

第六条　非故意之行为,不为罪,但应以过失论者,不在此限。不知法令,不得为非故意,但因其情节,得减本刑一等或二等。

第七条　对现在不正当之侵害,而出于防卫自己或他人之权利的行为不为罪,但逾防卫行为过当者,得减本刑一等至二等。

第八条　避不能抗拒之危难、强制,而出于不得已之行为,不为罪,但加过当之行为的,得减本刑一等至二等。

第三章　未　遂　罪

第九条　犯罪已着手,而因意外之障碍不遂者,为未遂犯。其不能生犯罪之结果者,亦同。未遂罪之刑,得减既遂罪之刑一等或二等。

第十条 犯罪已着手,而因己意中止者,准未遂罪犯论,得免刑或减轻本刑。

第四章 累 犯 罪

第十一条 已受徒刑之执行,更犯徒刑以上之罪者,为再犯,加本刑一等。但有期徒刑执行完毕、无期徒刑或有期徒刑执行一部而免后,逾五年而再犯者,不在加重之限。

第十二条 三犯以上者,加本刑二等,仍适用前条之例。

第十三条 凡审判确定后,于执行其刑之时,发觉为累犯者,依前两条之例。

第五章 俱 发 罪

第十四条 确定审判前犯数罪者为俱发罪。各科其刑,而依下列定其应执行者:

一、科死刑者,不执行他刑;科多数之死刑者,执行其一。

二、科多数之有期徒刑,于各刑合并之刑期以下、其中最长之刑期以上定其刑期,但不得过十年。

三、科多数之拘役,照前款之例定其刑期。

四、剥夺公权及没收,并执行之。

第十五条 一罪先发,已经确定审判,余罪后发,或数罪各别经确定审判者,从前条之例,更定其刑。其较重刑消灭,仍余数罪者,亦同。

第十六条 俱发与累犯互合者,其俱发罪依前二条之例处断,与累犯之刑并执行。

第十七条 以犯一罪之方法或其结果而生他罪者,从一重处断,但于分则有特殊规定者,不在此限。

第十八条 凡连续犯罪者,以一罪论。

第六章 共 犯 罪

第十九条 二人以上共同实施犯罪之行为者,皆为正犯,各科其刑。在实施犯罪行为之际,帮助正犯者,准正犯论。

第二十条 教唆他人使之实施犯罪之行为者,为造意犯,依正犯之例处断。

第二十一条 在实施犯罪行为以前,帮助正犯者,为从犯,得减正犯之刑一等或二等。

教唆或帮助从犯者,准从犯论。

第二十二条 在前教唆或帮助其后,加入实施犯罪之行为者,从其所实施者处断。

第二十三条 值人故意犯罪之际,因过失而助成其结果者,准过失共同正犯论,但以其罪应论过失者为限。

第七章 刑 名

第二十四条 刑分为主刑及从刑。

主刑之种类及重轻之次序如下:

第一、死刑。

第二、有期徒刑。

一、一等有期徒刑:五年以上、三年半以上。

二、二等有期徒刑:三年半未满、二年以上。

三、三等有期徒刑:二年未满、一年以上。

四、四等有期徒刑:一年未满、半年以上。

五、五等有期徒刑:半年未满、一月以上。

第三、拘役:一月未满、一日以上。

从刑之种类如下:

第一,剥夺公权。

第二,没收财产。

第二十五条 凡执行死刑,非经特区苏维埃人民委员会批准,不得执行。

第二十六条 剥夺公权者,终身夺其下列资格之全部或一种:

一、参加政权的资格。

二、参加一切群众组织的资格。

三、选举资格。

四、充当红军的资格。

第二十七条 在分则中,有剥夺公权之规定者,得剥夺现在之地位,或于一定期间内,剥夺前条所列资格之全部或一部,但以应科徒刑以上之刑者为限。

第二十八条 没收之物如下:

一、违禁私造、私有之物。

二、供犯罪所用及预备之物。

三、因犯罪所夺之物。

第八章 宥　减

第二十九条 聋哑人,或未满十二岁或满八十岁人犯罪者,得减本刑一等或二等。

第九章 自　首

第三十条 犯罪未发觉而自首,于审判机关受审判者,得减本刑一等。

第三十一条 一罪既发觉,而自首未发觉余罪者,得减所首余罪之刑一等。

第三十二条 预备或阴谋犯分则特定各条之罪,未至实行而自首,于审判机关受审者,得免除或减轻其刑,但没收不在免除之限。

第十章 酌　减

第三十三条 审按犯人之心术及犯罪之事实,其情轻者,得减本刑一等或二等。

依法律加重或减轻,仍得依前条之例,减轻其刑。

第十一章　加　减　刑

第三十四条　死刑、徒刑、拘役依第二十四条所列次序按等加减之。徒刑不得加至死刑，拘役不得减至免除。

第三十五条　分则定有二种以上主刑，应加减者，依第二十四条所列次序按等加减之。最重主刑是死刑，应加重者，只加重其徒刑；最重主刑是一等有期徒刑，应加重者，只加重二等以下的有期徒刑。最轻主刑系拘役，应减轻者，只减轻其徒刑；徒刑减尽者，只处拘役。

第三十六条　有二种以上应减者，得累减之。

第三十七条　从刑不随主刑加重、减轻。

第十二章　假　　释

第三十八条　受徒刑之执行，而有悛悔之实据者，有期徒刑逾二分之一后，由系审判机关报告特区审判机关，许假释出狱。但有期徒刑之执行未满半年者，不在此限。

第三十九条　假释出狱，而有下列情形之一者，撤销其假释，其出狱日数，不算入刑期以内：

一、假释期限内，更犯罪受拘役之宣告者。

二、未经撤销假释者，其出狱日数算入刑期之内。

第十三章　时　　效

第四十条　提起诉讼权之时效期限，依下列定之：

一、系死刑者，十五年。

二、系二等有期徒刑者，七年。

三、系三等有期徒刑者，三年。

四、系四等有期徒刑者，一年。

前项期限自犯罪行为完毕之日起算，逾期不起诉者，其起诉权消灭。

第四十一条　二罪以上之起诉权的时效期限，据最重刑，依前条之例定之。

第十四章　时　　例

第四十二条　时期以日计者，阅二十四小时；以月计者，阅三十日；以年计者，阅十二月。

第四十三条　刑期自审判确定之日起算。

第四十四条　未决期内，羁押之日，得以二日抵徒刑、拘役一日。

第二编　分　　则

第一章　藏匿罪人及湮灭证据罪

第四十五条　藏匿被追犯人或脱逃之逮捕、监禁人者，处一等至二等有期徒刑。

第四十六条 湮灭关系他人刑事被告事件之证据，或伪造或行使伪造之证据者，处四等一下有期徒刑或拘役。

第四十七条 犯本章之罪者，得褫夺公权。

第二章 伪证及诬告罪

第四十八条 依法令在审判机关或政府为证人，而为虚伪之陈述者，处二等至四等有期徒刑。

第四十九条 意图他人受刑事处分、惩戒处分而为虚伪之告发者，处二等至五等有期徒刑。

第三章 放火、决水及妨害水利罪

第五十条 放火烧毁下列各物件之一者，处死刑或一等有期徒刑：

一、在城镇及其他人烟稠密处所之建筑物。

二、图书馆。

三、储藏军用品之建筑物。

四、矿坑、学校、兵营、病院、工厂、狱舍及其他建筑物。

第五十一条 放火烧毁他人所有之建筑物者，处二等至四等有期徒刑。

第五十二条 决水侵害第五十条所列建筑物，或他人所耕种田圃及其他利用之地者，处死刑至一等有期徒刑。

第五十三条 决水侵害自己所有之地，致因有前条损害之危险者，处二等至四等有期徒刑；实有损害者，其刑与前条同。

第五十四条 因过失决水而致有五十二条之损害者，处五等有期徒刑或拘役。

第五十五条 妨害灌溉田亩之水利者，处四等以下有期徒刑或拘役。

第五十六条 犯第五十条至五十二条之罪者，褫夺公权。

第四章 危 险 物 罪

第五十七条 意图为犯罪之用，而制造、收藏炸药、火药及此类之爆裂物者，处二等或三等有期徒刑。

第五章 妨害交通罪

第五十八条 损坏、堵塞陆路、水路、桥梁，因而致有来往之危险者，处四等以下有期徒刑或拘役。

第五十九条 以强暴、胁迫或诈术妨害邮件、电信之运送、收发者，处四等以下有期徒刑或拘役。

第六章　伪造货币罪

第六十条　伪造通用货币者，处死刑或一等有期徒刑。行使自己伪造之通用货币，或意图行使而交付与人者，亦同。

第六十一条　意图行使而收受他人伪造之通用货币者，处死刑其行使，或意图行使而交付与人或自苏区外贩运者，亦同。

第六十二条　犯本章之罪者，褫夺公权。

第七章　伪造文书及印文罪

第六十三条　伪造公文书或图样者，处死刑。

行使伪造公文书或图样，或意图行使而交付于人者，亦同。

第六十四条　公务人员明知伪造之事实而据以制作所掌文书、图样，或行使此种文书、图样，或意图行使而交付于人者，亦同。

第六十五条　伪造私文书、图样是以证明他人权利义务之事实者，处三等至五等有期徒刑。行使伪造之他人私文书、图样，或意图行使而交付于他人者，亦同。

第六十六条　于自己私文书、图样为虚伪之登记，足以证明对于他人之权利、义务之事实，或意图行使而交付于人者，依前条之例处断。

第六十七条　医师、检验吏于出具他人之诊断书、检案书、死亡证书为虚伪之登记者，处四等以下有期徒刑或拘役。

第六十八条　伪造公私印文、署押或盗用者，依伪造公私文书各条之例处断。

第六十九条　伪造公印者，处死刑。

第七十条　伪造私印者，处四等以下有期徒刑或拘役。

第七十一条　犯本章之罪，宣告二等有期徒刑以上之刑者，褫夺公权；其余，得褫夺之。

第八章　伪造度量衡罪

第七十二条　意图行使、贩运而制作违背定程之度量衡，或变更其度量衡之定程者，亦同。

第七十三条　行使不平之度量衡而得利者，以欺诈取财论。

第七十四条　犯七十三条之罪者，得褫夺公权。

第九章　鸦 片 烟 罪

第七十五条　制造鸦片烟，或贩卖，或意图贩卖而私藏，或自苏区外贩运者，处死刑至三等有期徒刑。

第七十六条　制造吸食鸦片烟之器具，或贩卖，或意图贩卖而收藏，或自苏区外贩运者，处四等以下有期徒刑。

第七十七条　开设馆舍供人吸食鸦片者，处死刑至三等有期徒刑。

第七十八条 意图制造鸦片烟而栽种罂粟者,处死刑至三等有期徒刑。

第七十九条 吸食鸦片烟者,处一等至三等有期徒刑。

第八十条 犯本章之罪者,褫夺公权。

第十章 赌博罪

第八十一条 以赌博为常业者,处一等至二等有期徒刑。

第八十二条 聚众开设赌博以盈利者,处一等至二等有期徒刑。

第八十三条 聚众赌博者,处二等至五等有期徒刑。

第八十四条 发行彩票者,处死刑至二等有期徒刑。

第八十五条 造赌具者,处死刑至二等有期徒刑。

第八十六条 犯八十一条及八十二条、八十四条、八十五条之罪者,褫夺公权。

第十一章 奸非罪

第八十七条

一、对未满十二岁之男女为猥亵之行为者,处三等至五等有期徒刑。

二、以强暴、胁迫、药剂、催眠术或其他法,致使不能抗拒,而为猥亵之行为者,处二等至三等有期徒刑。

第八十八条 对十二岁以上男女,以强暴、胁迫、药剂、催眠术或其他法,致使不能抗拒,而为猥亵之行为者,处三等至五等有期徒刑。

第八十九条 对妇女以强暴、胁迫、药剂、催眠术或其他法,致使不能抗拒,而奸淫之者为强奸,处一等至二等有期徒刑。

奸未满十二岁幼女者,处死刑至二等有期徒刑。

第九十条 乘人精神丧失或不能抗拒而为猥亵之行为或奸淫者,依第八十七条第二项及第八十九条之例处断。

第九十一条 因犯前四条罪致人死伤者,依下例处断:

一、致死者,处死刑或一等有期徒刑。

二、致残疾者,处一等有期徒刑至二等以上有期徒刑。

三、致被害人羞忿自杀或意图自杀而伤害者,依前项之例处断。

第九十二条 引诱妇女卖淫以盈利者,处五等有期徒刑或拘役。

第九十三条 第八十七条至九十条之未遂犯,罪之。

第九十四条 犯本章之罪,宣告二等有期徒刑以上之刑者,褫夺公权;其余得褫夺之。

第十二章 妨害饮料水罪

第九十五条 污染供人所饮之净水,因而致不能饮者,处五等有期徒刑或拘役。

第九十六条 污染由水道以供公众所饮之净水或其水源,因而不能饮者,处三等至五等有期徒刑。

第九十七条 以有害卫生之物,混入供人所饮之净水内者,处四等以下有期徒刑或拘役。

第九十八条 损坏、堵塞水道、水源,以杜绝供公众所饮之净水至二日以上者,处二等至三等有期徒刑。

第九十九条 第九十五条至第九十六条之未遂犯,罪之。

第一百条 犯本章之罪,宣告二等有期徒刑以上之刑者,褫夺公权;其余,得褫夺之。

第十三章 妨害卫生罪

第一百零一条 知贩卖有害卫生之饮食物、饮食用器具或孩童玩具者,处其卖价二倍以下、卖价以上罚金;若二倍之数未满五十元,处五十元以下、卖价以上罚金。

第一百零二条 未受政府之允准,以医为常业者,处三等以下有期徒刑,百元以下之罚金。

第十四章 杀 伤 罪

第一百零三条 杀人者,处死刑或一等有期徒刑。

第一百零四条 伤人者,依下例处断:

一、致死或笃疾者,处二等以上有期徒刑。

二、致废疾者,处一等之三等有期徒刑。

三、致轻微伤害者,处四等以下有期徒刑。

第一百零五条 犯前二条之罪,当场助势而未下手者,以从犯论罪。

第一百零六条 二人以上同时下手杀害一人者,皆以共同正犯论。

同时伤害二人以上者,以最重之伤害为标准,皆以共同正犯论,其当场助势而下手未明者,以前二项之从犯论。

第一百零七条 决斗者,处四等以下有期徒刑或拘役。

因而杀伤人者,依故意杀伤罪各条之例处断。

第一百零八条 教唆他人使之自杀或得其承诺而杀之者,处死刑至三等有期徒刑。帮助他人使之自杀或受其嘱托而杀之者,处三等至五等有期徒刑。

谋为同死,而犯本条之例之罪者,得免除其刑。

第一百零九条 教唆他人使之自伤或得其承诺而伤之者,依下例处断:

一、致死或笃疾者,处三等至五等有期徒刑。

二、致废疾者,处四等以下有期徒刑或拘役。

三、致轻微伤害者,处五等有期徒刑或拘役。

第一百一十条 帮助他人使之自伤或受其嘱托而伤之者,依下例处断:

一、致死或笃疾者,处四等以下有期徒刑或拘役。

二、致废疾者,处五等有期徒刑或拘役。

三、致轻微伤害者,处拘役。

第一百一十一条 因过失致人死伤者,处四等以下有期徒刑或拘役。

第一百一十二条 因玩忽业务上必要之注意,致人死伤者,处二等至四等有期徒刑。

第十五章 堕胎罪

第一百一十三条 怀胎妇女服药或以他法堕胎者,处五等有期徒刑或拘役。

第一百一十四条 受妇女之嘱托或得其承诺使之堕胎者,处四等以下有期徒刑或拘役。

第一百一十五条 有下列行为之一者,处死刑至四等有期徒刑:

一、以强暴、胁迫或诈术,使妇女自行堕胎者。

二、以强暴、胁迫或诈术,而受妇女之嘱托或得其承诺而使之堕胎者。

三、未得妇女之承诺,以强暴、胁迫或诈术使之堕胎者。

四、知为怀胎妇女而施以强暴、胁迫,致使小产者。

第一百一十六条 犯本章之罪者,得褫夺公权。

第十六章 遗弃罪

第一百一十七条 依法令、契约担负扶助、养育、保护老幼、残废、病人之义务,而遗弃之者,处三等至五等有期徒刑。

第一百一十八条 于自己经管地内发现被遗弃之老幼、残废、病人而不与以相当之保护者,处五等有期徒刑。

第一百一十九条 犯一百一十七条之罪者,褫夺公权;其余,得褫夺之。

第十七章 略诱及和诱罪

第一百二十条 以强暴、胁迫或诈术拐取妇女或未满二十岁之男子者,为略诱罪,处二等至三等有期徒刑。和诱者,处五等有期徒刑或拘役。

和诱未满十六岁之男女者,以略诱论。

第一百二十一条 移送自己略诱之妇女或未满二十岁之男子于苏区外者,处二等以上有期徒刑。

系和诱者,处二等有期徒刑。

第一百二十二条 意图营利,略诱妇女或未满二十岁之男子者,处二等以上有期徒刑。和诱者,处二等至三等有期徒刑。

第二百二十三条 意图营利,移送自己略诱之妇女、未满二十岁之男子于苏区外者,处死刑或一等有期徒刑。

第一百二十四条 预谋收受、藏匿被略诱、和诱之人者,依前四条之例处断。

未预谋者,依下例处断:

一、收受、藏匿第一百二十条、第一百二十一条第二项及第一百二十二条第二项之被略诱、和诱之人者,处三等至五等有期徒刑。

二、收受、藏匿第一百二十一条第一项,第一百二十二条第一项及第一百二十三条之被略诱、和诱之人者,处一等至三等有期徒刑。

第一百二十五条 本章之未遂犯,罪之。

第一百二十六条 意图盈利犯本章之罪者,褫夺公权;其余得褫夺之。

第十八章 窃盗及强盗罪

第一百二十七条 意图为自己或第三人之所有,而窃取他人所有物者,为窃盗罪,处五等有期徒刑或拘役。

第一百二十八条 窃盗有下列行为之一者,处三等至五等有期徒刑:

一、侵入现有人居住或看守之第宅、建筑物、矿坑、船舶内者。

二、结伙三人以上者。

第一百二十九条 意图为自己或第三人之所有,而以强暴、胁迫强取他人物者,为强盗罪,处三等至五等有期徒刑。

以药剂、催眠术或他法使人不能抗拒而强取者,亦同。

第一百三十条 窃盗,因防护赃物、脱免逮捕而当场施以强迫者,处五等有期徒刑。

第一百三十一条 强盗有下列行为之一者,处四等以上有期徒刑:

一、侵入现有人居住或看守之第宅、建筑物、矿坑、船舰内者。

二、结伙三人以上者。

三、伤害人尚未致死及笃疾者。

第一百三十二条 强盗有下列行为之一者,处死刑或一等有期徒刑:

一、结伙三人以上在途行劫者。

二、致人死或笃疾,或伤害至二人以上者。

三、于盗所强奸妇女者。

第一百三十三条 犯强盗之罪故意杀人者,处死刑或一等有期徒刑。

第一百三十四条 犯第一百二十八条至第一百三十三条之罪者,褫夺公权;其余得褫夺之。

第十九章 诈欺取财罪

第一百三十五条 意图为自己或第三人之所有,以欺骗、恐吓,使人将所有物交付于已者,为诈欺取财罪,处五等有期徒刑或拘役。

第一百三十六条 乘人未满十六岁或精神错乱之际,使将本人或第三人之物交付于已,或因得财产上不法之利益或使第三人得之,或损害本人之财产者,依前条之例处断。

第一百三十七条 三人以上共犯前二条之罪者,处二等或三等有期徒刑。

第一百三十八条 本章之未遂犯,罪之。

第二十章 毁弃损坏罪

第一百三十九条 毁弃关系他人权利、义务之文书者,处三等有期徒刑或拘役。

第一百四十条 损坏建筑物、矿坑、船舰者,处三等至五等有期徒刑。损坏第五十条之建筑物、矿坑、船舰者,处二等至三等有期徒刑。因犯本条之罪致人死伤者,援用伤害各条,依第十四章之例处断。

第一百四十一条 凡有下列行为之一者,处四等以下有期徒刑或拘役:

一、毁弃、损坏前条所列以外之他人所有物者。

二、纵逸他人所有之动物致令丧失者。

第二十一章 私擅逮捕监禁罪

第一百四十二条 私擅逮捕或监禁人者,处三等至五等有期徒刑。

第一百四十三条 因犯本章之罪致人死伤者,援用伤害各条,依第十四章之例处断。

第一百四十四条 犯本章之罪者,得褫夺公权。

第一百四十五条 捕捉或暂押反动分子,不为罪。

第二十二章 骚 扰 罪

第一百四十六条 聚众意图为强暴、胁迫,已受该管理政府解散之命令仍不解散者,处四等以下有期徒刑或拘役。

附和随行仅止助势者,处拘役。

第一百四十七条 聚众为强暴、胁迫者,依下例处断:

一、首魁,处二等以上有期徒刑。

二、执重要事务者,处二等至三等有期徒刑。

三、附和随行仅止助势者,处四等以下有期徒刑或拘役。

第一百四十八条 于前条所列情形内,犯杀伤、放火、决水,损坏其他各罪者,援用所犯各条,分别首魁、教唆、实施,依第十四章之例处断。

第一百四十九条 犯第一百四十七条之罪,宣告二等有期徒刑以上之刑者,褫夺公权;其余,得褫夺之。

四、《中华苏维埃共和国惩治反革命条例》(1934 年)

《中华苏维埃共和国惩治反革命条例》

(1934 年 4 月 8 日中华苏维埃共和国中央执行委员会
中字第 6 号命令公布)

第一条 凡犯本条例所列各罪者,不论是中国人、外国人,不论在中华苏维埃共和国领土内或在领土外,均适用本条例以惩治之。

第二条 凡一切图谋推翻或破坏苏维埃政府及工农民主革命所得到的权利,意图保持或恢复豪绅、地主、资产阶级的统治者,不论用何种方式,都是反革命行为。

第三条 凡组织反革命武装军队及团匪、土匪侵犯苏维埃领土者,或煽动居民在苏维埃领土内举行反革命暴动者,处死刑。

第四条 凡勾结帝国主义、国民党军阀,以武力来进攻苏维埃领土,或抵抗苏维埃红军的行动者,处死刑。

第五条 组织各种反革命团体,实行反对和破坏苏维埃,意图维持或恢复豪绅、地主资产阶级统治者,处死刑;其情形较轻者,处三年以上的监禁。

第六条 组织或煽动居民拒绝纳税或不履行其他义务,企图危害苏维埃者,处死刑;其情形较轻者,处一年以上的监禁。

第七条 以反革命为目的,故意反对或破坏苏维埃的法令及其所经营的各种事业者,处死刑;其情形较轻者,处一年以上的监禁。

第八条 以反革命为目的,混入苏维埃机关或苏维埃经营的事业,意图窃取或破坏苏维埃政权及其事业者,处死刑;其情形较轻者,处二年以上的监禁。

第九条 以反革命为目的,暗杀或谋害苏维埃政府、红军、革命团体的工作人员及其他革命分子,不论用何种方法,其指使者以及其执行者,均处死刑。

第十条 以反革命为目的或企图取得报酬，为反革命服务，进行各种间谍行为，或传达、盗窃、收集各种有关国家秘密性质的材料或军事秘密者，处死刑。

因玩忽政务，不感觉其行动所能发生的结果，泄漏上项秘密者，处一年至五年的监禁。

第十一条 在反动统治方面曾担任过重要责任，对工农利益及革命运动作积极反对行为者，处死刑。但遇特种情形时，得减轻其刑。

第十二条 以反革命为目的，用反动的文字、图画、讲演及谈话，对于居民或红色战士进行宣传鼓动或制造、散布谣言，使社会发生恐慌，破坏苏维埃及红军信仰者，处死刑；其情形较轻者，处六个月以上的监禁。

第十三条 制造或保存各项反动煽惑的文字、图画，以便作反革命的宣传鼓动者，处一至五年的监禁。

第十四条 以反革命为目的，利用宗教迷信，煽惑居民，破坏苏维埃及其法令者，处死刑；其情形较轻者，处六个月以上的监禁。

第十五条 投降反革命，并向反革命报告中华苏维埃共和国的各种秘密或帮助反革命积极反对苏维埃红军者，处死刑。

第十六条 携带枪械或其他军用品投敌者，教唆或组织他人投敌者，均处死刑。

第十七条 以反革命为目的，混入革命武装部队，企图夺取或破坏这种部队，以帮助敌人者，处死刑。

第十八条 领导和组织红色战士逃跑，或红色战士逃跑至五次以上者，均处死刑。有特殊情形者，得减轻其处罚。

第十九条 以反革命为目的，故意破坏或抛弃枪支及其他军用物品者，或偷卖军用品于敌人者，均处死刑；其情形较轻者，处一年以上的监禁。

第二十条 以反革命为目的，故意违抗上级指挥员的命令，意图破坏某种战斗任务，或在战线上故意向自己部队打枪，或乘机扰乱战线者，均处死刑。

第二十一条 以反革命为目的，杀害革命民众或故意破坏与抢夺革命民众的财物，致损害苏维埃与红军在群众中的威信者，处死刑；其情形较轻者，处六个月以上的监禁。

第二十二条 藏匿军火，意图达到其反革命目的者，处死刑。

第二十三条 以反革命为目的，组织秘密机关，破坏水陆交通、公共仓库、国营企业及各项建筑物者，处死刑；其情形较轻者，处六个月以上的监禁。

第二十四条 以反革命为目的，放火焚烧房屋或山林，致国家及居民遭受重大损失者，处死刑；其情形较轻者，处六个月以上的监禁。

第二十五条 以破坏中华苏维埃共和国经济为目的，制造或输入假的苏维埃货币、公债票及信用券者，或煽动居民拒绝使用苏维埃的各种货币或抑低苏维埃各种货币的价格，引起市面恐慌者，或煽动居民向苏维埃银行挤兑者，或藏匿大批现金，故意扰乱苏维埃金融者，均处死刑；其情形较轻者，处六个月以上的监禁。

第二十六条 以反革命为目的，阻止或破坏苏维埃共和国的贸易，使国家企业、合作社及居民受到重大损失者，或故意停闭企业造成经济恐慌者，均处死刑；其情形较轻者，处一年以上的监禁。

第二十七条 假冒苏维埃红军或革命团体的名义，或假造苏维埃红军或革命团体的公私印章、文件，以进行反革命的活动者，处死刑；其情形较轻者，处六个月以上的监禁。

第二十八条 凡以反革命为目的，混入苏维埃机关，对于反革命分子或地主、资产阶级之任何犯罪分子，故意纵容或唆使逃跑或重罪轻罚，对于革命分子则加以冤枉或施以非刑或压制其对于反革命分子控告与揭发者，处以死刑；其情形较轻者，处二年以上的监禁。

第二十九条 被苏维埃驱逐出境又秘密进入苏维埃内，意图进行反革命活动者，处死刑。

第三十条 凡藏匿与协助本条例第三条者，与各该条之罪犯至二十九条所规定的各种罪犯同罪。

第三十一条 凡犯本条例第三条至第三十条所列举各罪之一项或一项以上，经法庭判处监禁又再犯本条例所举各罪之一项或一项以上者，加重其处罚。

第三十二条 虽有本条例规定的犯罪行为之企图而未达到目的者（未遂罪），或为该项犯罪行为所附和者，得减轻其处罚。

第三十三条 凡被他人胁迫，非本人愿意犯法，避免其胁迫因而犯罪者，或察觉该项犯罪行为为最终目的者，或与实施该项犯罪行为无关系者，均得按照各该条文的规定减轻或免其处罚。

第三十四条 工农分子犯罪，而不是领导的或重要的犯罪行为者，得依照本条例各项条文的规定，比较地主、资产阶级分子有同等犯罪行为者，酌情减轻其处罚。

第三十五条 凡对于苏维埃有功绩的人，其犯罪行为得按照本条例各该条文的规定减轻处罚。

第三十六条 凡犯本条例所列各罪之一，未发觉而自己向苏维埃报告者（自首分子），或既发觉而悔过，忠实报告其犯罪内容，帮助肃反机关破获其他同谋犯罪者（自新分子），得按照各项条文的规定，减轻处罚。

第三十七条 年龄在十六岁以下的未成年人，犯本条例所举各罪者，得按照该条文的规定减轻处罚；如为十四岁以上的幼年人，得交教育机关实施感化教育。

第三十八条 凡本条例所未包括的反革命犯罪行为，得按照本条例相似的条文处罚之。

第三十九条 凡犯本条例各罪之一者，除按照该条文上的规定科刑外，得没收其本人的财产全部或一部，并得剥夺其公民权一部或全部。

第四十条 本条例所规定的监禁期限，以十年为最高限度。

第四十一条 本条例自公布之日起发生效力。

五、《陕甘宁边区惩治贪污暂行条例》(1938年)

《陕甘宁边区惩治贪污暂行条例》*

(1938年8月15日)

第一条 边区所属之行政机关、武装部队及公营企业之人员犯本条例之罪者,依本条例处断。

凡群众组织及社会公益事务团体之人员犯本条例之罪,经所属团体控告者,亦依本条例处理。

第二条 有下列行为之一者,以贪污论罪:

(一)克扣或截留应行发给或缴纳之财物者;

(二)买卖公用物品从中舞弊者;

(三)盗窃、侵吞公有财物者;

(四)强占、强征或强募财物者;

(五)意在图利贩运违禁或漏税物品者;

(六)擅移公款作为私人营利者;

(七)违法收募税捐者;

(八)仿造或虚报收支账目者;

(九)勒索敲诈,收受贿赂者;

(十)为私人利益而浪费公有之财物者。

第三条 犯第二条之罪者,以其数目之多少,及发生影响之大小,依下列之规定惩治之:

(一)贪污数目在五百元以上者,处死刑或五年以上之有期徒刑;

(二)贪污数目在三百元以上、五百元以下者,处三年以上、五年以下之有期徒刑;

---

* 1935年10月,中央红军主力长征到达陕北后,建立了中华苏维埃人民共和国中央政府西北办事处,使陕北成为革命的中心根据地。1937年9月6日,根据国共两党关于国共合作的协议,中国共产党将陕甘苏区改名为陕甘宁边区,并成立了边区政府。1938年11月,将边区议会改为边区参议会。——编者注。

（三）贪污数目在一百元以上、三百元以下者，处一年以上、三年以下之有期徒刑；

（四）贪污数目在一百元以下者，处一年以上之有期徒刑或苦役。

第四条 前第三条之未遂罪，罚之。

第五条 犯本条例之罪，除依照第三条之规定处罚外，应追缴其贪污所得之财物，如属于私人者，视其性质，分别发还受害人全部或一部分。无法追缴时，得没收犯罪人财产抵偿。

第六条 犯本条例之罪，于发觉前自首者，除依第五条之规定令其缴出所得财物外，得减轻或免除其处罚。

第七条 犯本条例之罪者，由地方法庭审判，呈边区高等法院核准后执行之。

第八条 本条例解释之权属于边区政府。

第九条 本条例自公布之日施行。

六、《陕甘宁边区惩治贪污条例(草案)》(1939年)

《陕甘宁边区惩治贪污条例（草案）》

（1939年）

第一条 边区所属之机关部队，及公营企业之人员，犯本条例之罪者，依本条例处断之。凡群众组织及社会公益事务团体之人员，犯本条例之罪，经所属团体控告者，亦依本条例办理。

第二条 有下列行为之一者，即以贪污论罪：

一、克扣或截留应行发给或缴纳财物者。

二、买卖公物，从中舞弊者。

三、盗窃、侵吞公有财物者。

四、强占、强征或强募财物者。

五、意图盈利，贩运违禁或漏税物品者。

六、擅移公款，作为私人盈利者。

七、违法收募税捐者。

八、伪造或虚报收支账目者。

九、勒索、敲诈、收受贿赂者。

十、为私人利益而浪费公有之财物者。

第三条 犯第二条之罪者，以其数目之多少及发生影响之大小，依下列之规定惩治之：

一、贪污数目在一千元以上者，处死刑。

二、贪污数目在五百元以上者，处五年以上之有期徒刑或死刑。

三、贪污数目在三百元以上、五百元以下者，处三年以上、五年以下之有期徒刑。

四、贪污数目在一百元以上、三百元以下者，处一年以上、三年以下之有期徒刑。

五、贪污数目在一百元以下者，处一年以下之有期徒刑或苦役。

第四条 前第二条之未遂罪,罚之。

第五条 犯本条例之罪,于发觉前自首者,除依第六条之规定令其缴出所得财物外,得减轻或免除其刑。

第六条 犯本条例之罪,除依照第三条之规定处罚外,应追缴其贪污所得之财物,无法追缴时,得没收其犯罪人财产抵偿。

第七条 贪污之财物,如属于私人者,视其性质分别发还受损失者全部或一部分。

第八条 犯本条例之罪者,由司法机关审理执行。

第九条 本条例修改之权,属于边区参议会。

第十条 本条例解释之权,属于边区政府。

第十一条 本条例经边区参议会通过后,由边区政府颁布施行。

七、《陕甘宁边区抗战时期惩治汉奸条例（草案）》（1939 年）

《陕甘宁边区抗战时期惩治汉奸条例（草案）》

（1939 年 4 月）

第一条 本条例为彻底肃清汉奸，保障抗战胜利、巩固边区而制定之。

第二条 本条例所列举之犯罪行为，无论任何人民，凡在边区以内者均适用之。

第三条 凡有下列行为之一者，即以汉奸论罪：

一、企图颠覆国民政府所属各级政府，阴谋建立傀儡伪政权者。

二、破坏人民抗日运动或抗战动员者。

三、进行各种侦探，及一切秘密特务工作者。

四、组织及领导土匪活动扰乱者。

五、施放信号，显示敌人轰炸或射击目标者。

六、组织、领导军队叛乱或逃跑者。

七、宣传煽惑人民，组织领导叛乱者。

八、谋害党政军及人民团体之领袖，或其负责者。

九、诱逼人民以供敌人使用，侮辱、凌虐或毒害人民生命者。

十、拖枪逃跑哗变投降敌人者。

十一、藏匿、贩运及买卖军火意图叛乱者。

十二、以粮食、军器资送敌人者。

十三、破坏交通、妨碍交通运输者。

十四、破坏货币、紊乱金融财政者。

十五、捏造或散布谣言者。

十六、乘机纵火抢劫者。

十七、以文字、图画、书报宣传，或以宗教迷信破坏抗战者。

十八、有意放纵汉奸分子逃跑者，或诬蔑别人为汉奸者。

第四条 犯第三条各款之罪者，视情节之轻重，判其有期徒刑或死刑，并没收本犯之全部财产或处以罚金。

第五条　教唆、放纵或协助犯第三条各款之罪者，与本犯同罪。

第六条　第三条之未遂罪，罚之。

第七条　犯第三条各款之罪，经政府认为确实是被威迫而构成从犯者，得减刑。

第八条　犯第三条各款之罪，未经发觉而自首者，得减刑。自首条例另定之。

第九条　犯第三条各款之罪，在事先告发，能防止或破获者，得减刑或免除其刑。

第十条　犯第三条各款之罪，年龄在十四岁以下、八十岁以上者，得减刑或免除其刑。

第十一条　本条例解释之权属于边区政府。

第十二条　本条例修改之权属于边区参议会。

第十三条　本条例经边区参议会通过后由边区政府颁布施行。

八、《陕甘宁边区抗战时期惩治盗匪条例(草案)》(1939 年)

《陕甘宁边区抗战时期惩治盗匪条例(草案)》

(1939 年 4 月)

第一条 本条例为肃清盗匪,巩固后方治安,保护人民利益而制定之。

第二条 凡以抢劫目的,有下列行为之一者,即以盗匪论罪:

一、聚众持械抢劫者。

二、以暴力强夺他人财物者。

三、掳人勒赎者。

四、藏匿、贩运及买卖军火者。

五、窝藏或私分赃物者。

六、伤毙人命者。

七、乘机强奸妇女者。

八、纵火焚毁房屋者。

九、破坏、阻塞交通者。

十、袭击或抗拒军队者。

十一、抢夺军队或自卫军武器者。

十二、勾引军队为匪者。

第三条 犯第二条各款之罪者,视情节轻重判处以有期徒刑或死刑,并没收本犯之全部财产或罚金。

第四条 凡教唆、庇纵或协助犯第二条各款之罪者,与本犯同罪。

第五条 第二条之未遂罪,罚之。

第六条 犯第二条各款之罪,经政府认为确实是被威迫而构成从犯者,得减刑。

第七条 犯第二条各款之罪,未经发觉而自首者,得减刑。

第八条 犯第二条各款之罪,在事先告发,能防止或破获者,得减刑或免除其刑。

第九条 犯第二条各款之罪,年龄在十四岁以下、八十岁以上者,得减刑。

第十条 本条例解释之权属于边区政府。

第十一条 本条例修改之权属于边区参议会。

第十二条 本条例经边区参议会通过后,由边区政府颁布施行。

九、《陕甘宁边区处置破坏抗战分子暂行条例》(1941 年)

《陕甘宁边区处置破坏抗战分子暂行条例》

(1941 年)

第一条 本条例根据《边区施政纲领》第七条之原则,为维护民族抗战,建立革命秩序而制定之。

第二条 凡以破坏抗战为目的,进行各种破坏行动有实据者,即以破坏抗战论罪。

第三条 凡破坏抗战分子,无论逮捕与否,如能诚意改悔而有具体表现者,不论其过去罪恶如何,一律实行宽大政策,争取感化转变,并给以政治上、生活上之出路。

第四条 对绝对不愿改悔之破坏抗战分子,按其犯罪行为,依下列各款分别处置:

一、以武装袭击抗日政府机关及人民团体者,首犯,处死刑或十年以下、五年以上有期徒刑;从犯,处七年以下、三年以上有期徒刑。

二、用种种方法瓦解抗日部队、组织拖枪逃跑、领导哗变暴动者,首犯,处死刑或十年以下、五年以上有期徒刑;从犯,处七年以下、三年以上有期徒刑。

三、组织盗匪侵扰抗日根据地,破坏治安秩序、杀人抢掠、纵火强奸者,首犯,处死刑或十年以下、五年以上有期徒刑;从犯,处七年以下、三年以上有期徒刑。

四、潜入抗日党政军民机关团体窃取机密者,刺探消息收集情报者,首犯,处死刑或十年以下、五年以上有期徒刑;从犯,处七年以下、一年以上有期徒刑。

五、组织或参加反动的秘密团体进行破坏活动,图谋放毒、行刺、绑架、劫夺者,首犯,处死刑或十年以下、五年以上有期徒刑;从犯,处五年以下、一年以上有期徒刑。

六、制造谣言,颠倒是非,挑拨离间,作破坏抗战团结之宣传,阻碍抗日政策法令之执行者，首犯，处十年以下、五年以上有期徒刑；从犯，处五年以下、一年以上有期徒刑。

七、隐藏在抗日根据地内，甘充敌探奸细，破坏交通、勾引落后分子，叛变或响应敌人进攻者，首犯，处十年以下、五年以上有期徒刑；从犯，处五年以下、一年以上有期徒刑。

八、利用公开工作地位，进行破坏抗战建设者，首犯，处十年以下、五年以上有期徒刑；从犯，处五年以下、一年以上有期徒刑。

九、用种种方法占领抗日根据地之领土，企图推翻抗日政权及欺压人民侵犯人民利益者，首犯，处十年以下、五年以上有期徒刑；从犯，处五年以下、一年以上有期徒刑。

十、违抗命令，破坏抗战动员，逃避抗战工作者，首犯，处七年以下、三年以上有期徒刑；从犯，处三年以下、半年以上有期徒刑。

第五条 破坏抗战行为，如有在本条例未规定者，得参照第四条各款之规定酌量处刑。

第六条 凡有第四条各款之犯罪行为，如证明确系被迫协从者，得减刑或免刑。

第七条 凡教唆、帮助或庇纵、窝藏破坏抗战分子者，与正犯同罪。

第八条 破坏抗战分子未遂，犯有实据者，得按既遂犯之刑减轻之。

第九条 如已判罪之破坏抗战分子，在争取教育过程中，而能悔悟转变有具体表现者，得减刑或免刑。

第十条 破坏抗战分子经争取教育悔悟自新后，又复进行破坏行为而有实据者，照原律加重论罪。

第十一条 本条例之解释权属于边区政府。

第十二条 本条例经边区政府颁布后即施行，再交边区参议会通过承认。

十、《陕甘宁边区破坏边区治罪条例》(1941 年)

《陕甘宁边区破坏边区治罪条例》

(1941 年)

第一条 本条例为保卫边区安宁秩序、维护长期抗战政策、争取最后胜利,依据《陕甘宁边区施政纲领》而制定。

第二条 凡以破坏边区为目的之行为,按之情节,照本条例规定各条办理之。

第三条 凡以破坏边区为目的,如下列各款之一者,予以三年以上、五年以下之长期教育,使之改变其恶意:

一、指挥武装部队或组织土匪袭击边区陆军,捣毁边区各级政权机关者。

二、实行杀害边区公务员或边区民众者。

三、煽惑边区军队或民众实行叛乱而有显著事实者。

四、组织各种秘密团体,实行聚众为反对边区政权者。

五、实行破坏边区交通、仓库、工厂、各项经济建设者。

第四条 以破坏边区为目的,犯下列各款之一者,予以两月以上、三年以下之特定教育,使之改变此错误:

一、冒充边区军队或机关团体人员进行破坏活动者。

二、实行破坏边区居民之各种抗战动员者。

三、刺探军事情报者。

第五条 犯前两条规定之事实者,系从犯,得减少其教育期间。

第六条 未经觉悟而自首者,得减少其教育期间。

第七条 主犯,将剥夺公权一年至五年。

第八条 本条例经陕甘宁边区参议会通过后,由陕甘宁边区政府颁布施行。

十一、《陕甘宁边区破坏金融法令惩罚条例》(1941 年)

《陕甘宁边区破坏金融法令惩罚条例》

(1941 年 12 月 18 日公布)

第一条 本条例依据本府一九四一年十二月一日坚字第七二号颁布巩固金融法令制定之,凡违背该法令所规定之条款者,依本条例惩罚之。

第二条 凡在边区境内买卖,不以边币交换、作价者,以破坏金融论罪,其钱货没收之。

第三条 在边区境内故意拒用边币者,按其情节轻重,处以一月以上、六月以下之劳役或科以一千元以上、一万元以下罚金。

第四条 凡在货币交换所以外,为私行交换货币之营业者,其货币全部没收之。

第五条 意图破坏边区金融进行货币投机事业以牟利者,其货币全部没收,处以一年以上、二年以下之有期徒刑,并科以五千元以上、十万元以下之罚金。

第六条 如恃强胁迫兑换法币,或以不正当之手续借故没收法币,及故意提高法币者,一经告发,除依法赔偿被害人损失外,得视其情节,处以三月以上、一年以下之有期徒刑。

第七条 犯本条例之罪者,得由当地公安机关负责查获,移交司法机关处理之。

第八条 犯本条例之罪者,凡商民人等均得据实报告、告发或扭送公安机关或司法机关,其没收之款提十分之三奖励报告人,十分之三奖励查获人,所余之数报解边府充公。

第九条 如有挟嫌诬告者,以诬告论罪,处以二月以上、一年以下之有期徒刑。

第十条 因犯本条例之罪涉及其他刑事责任者,按数罪并科论。

第十一条 本条例自公布之日起即发生效力。

十二、《陕甘宁边区刑法总、分则草案》（1942 年）

《陕甘宁边区刑法总、分则草案》

（1942 年）

说　明

一、世界新的刑法，以教育感化为主，使受刑人能在受刑期内得到适当教育，转恶习化为社会上善良分子，本草案采此立法例，并将刑法目的及教育方法，明定于总则内，以示方针。

二、中国历来刑法上所用徒刑名称，沿用旧名，带有旧时代刑法重在威吓、痛苦作用，不能代表新刑法重在教育、感化的新意义，故本草案将刑名之徒刑一项，改为拘束自由的强制教育，藉正观念。

三、公私利益，在法律上固然均在保护之列，但公益应较私益为重，公私观念未可混而为一。资产阶级的旧刑法将妨害公家财与语妨害私人财物同一规定，致有“假公保私”的诟病。本草案是采公私利益分别规定的立法例，对于纠正“轻公重私”的流弊诚有必要。

四、新时代的社会组织至为重要，对于社会组织部门的保护，法律自应予以明定，因此本草案将社会组织的公共团体，如工农组织以及政治、经济、文化、卫生、生产劳力各组合，与国家机关企业，同列于公的性质范围之内，为同一之保护，以期社会的繁荣。

五、现阶段的社会生活，既有贫富阶级的不同，因此财物如遇到侵害，在痛苦上也当然有轻重的不同，富者财物被害，痛苦程度当不甚大，贫者损失财物，即有危及必要生活基础之虞。又贫者因迫于生计而犯的罪，亦不可不予以悯恤的同情，方为合理。世界进步的刑法，均有此分别规定，故本草案采之。

六、旧刑法对于刑的加减事例，有“先加后减”、“递加递减”诸程序，在实际应用上，殊感繁杂，新的立法例则以刑的范围明定于分则各条，在事态上，何者应轻、何者应重，由裁判人员依照法定的标准，在法定刑的范围内，自由酌定，情节重者就法定的高度拟刑，情节轻者，就法定刑的低度，可损却加减形式和手续的繁难，于应用上较为简捷，本草案亦采之。

七、旧刑法有身份加重之特殊规定，此为旧时代的遗留，现在新立法例，将各项罪刑范围规定较广，已具有较大的伸缩性，情节较重者，自可从法定刑范围内的高度拟刑，则此项身份加重的特殊规定，可以无庸赘设，故本草案从之。

八、旧刑法有亵渎祀典之规定，亦为旧社会所遗传，迹近迷信，无继承此项之规定之要，故本案不予采用。

九、其他说明从略。

目　　录*

* 目录为编者所加，以方便查阅。原文没有目录。

第三目　冒充公务员罪

第四目　妨害公文书印章罪

第五目　脱逃藏匿人犯及湮灭证据罪

第六目　妨害选举投票罪

第七目　伪造度量衡罪

第三节　违反国民义务罪

第一目　违反兵役义务罪

第二目　违反粮税义务罪

第三目　拒绝作证义务及伪证罪

第四目　违反其他义务罪

第四节　违反公共纪律罪

第一目　重利罪

第二目　诬告罪

第三目　奸亵罪

第四目　妨害婚姻罪

第五目　赌博罪

第五节　破坏经济金融罪

第一目　破坏经济罪

第二目　妨害农工商罪

第三目　妨害金融罪

第六节　损害公家财物罪

第一目　侵占公物罪

第二目　毁损公物罪

第三目　强抢公物罪

第四目　盗窃公物罪

第七节　违背职务罪

第八节　妨害公共卫生罪

第二章　妨害私人利益之罪

第一节　妨害个人生命罪

第二节　妨害私人身体罪

第三节　妨害私人自由罪

第四节　妨害家庭安宁罪

第五节　妨害私人名誉罪

第六节　妨害私人信用罪

第七节　妨害秘密罪

第八节　妨害私人财物罪

第一目　强抢私人财物罪

第二目　窃盗私人财物罪

第一编　总　　则

第一章　刑事政策及刑罚目的

第一条　刑事政策以感化教育为主，不采威吓报复与毁损人格及痛苦身体诸手段。

第二条　刑罚目的如下：

一、巩固民主政权及维持法律秩序。

二、教育人犯转变恶习，不至再犯罪，训化为社会共同生活关系的善良分子。

三、教育大众，使社会上意识薄弱之人，有所观感与警觉，从而减少社会上犯罪事件。

第三条　对犯人的教育方法如下：

一、政治教育（民主政治常识、社会生活知识）。

二、生活教育（增进其生活技能，养成其劳作习惯）。

三、文化教育（分识字、阅书及写作）。

四、治疗教育（分医治及安置适当处所）。

第二章　刑 法 效 力

第四条　必须行为时之法律有处罚明文者，方为犯罪行为。行为后法律有变更，重于行为时之法律者，适用行为时之法律；如相等或较轻者，适用裁判时之法律。裁判确定后未执行或执行未完毕，而法律有变更不处罚者，免其刑执行。

第三章　刑法施行范围

第五条　本法在民主政权区域内适用之。区域外之犯罪行为，而其结果在本区域内者，以本区域内犯罪论；行为在本区域内，而其结果在本区域外者，亦同。

本区域外之人民在本区域外犯罪，藏匿在本区域内者，适用本法。

第四章　刑 事 责 任

第六条　刑法上应负责任之行为如下：

一、故意行为。即自己明知其行为足以构成犯罪，而并希望其发生者，为故意行为。行为人对于构成犯罪之事实，预见其发生，而其发生之结果合于其所预见之本意者，以故意论。

二、过失行为。即虽非故意，但得预料自己之行为将发生危险之结果，而未为预料者，为过失（即应注意而不注意之行为）。

行为人对于构成过失之行为，虽预料其能发生而确信其不发生者，以过失论。过失行为，以分则各条有明文规定者为限。

第七条　下列行为不予处罚：

一、未满十四岁人之行为。

二、心神丧失人之行为。

三、依法令之行为。

四、依所属上级公务员命令之职务上行为(但明知其命令之违法者,不在此限)。

五、业务上之正当行为。

六、因自己或他人权利现有不法侵害,而出于防卫之行为(但此项防卫行为不得超过必要范围)。

七、因自己或他人生命、身体有紧急危难,在当时状态下,无其他手段可施,而出于不得已之避难行为(但避难行为不得过当,其结果以较可以预料之损害为小者为限)。在公务上或业务上有特别义务者,不适用避难行为之规定。

八、因预防破坏民主政权之必要行为。

九、非出于故意或过失之行为。

第八条 下列之行为,得按其情节减轻或免除其刑:

一、十四岁以上、未满十八岁人之行为。

二、满八十岁人之行为。

三、精神耗弱人之行为。

四、聋哑人之行为。

五、防卫过当之行为。

六、避难过当之行为。

七、基于义愤之行为。

八、以己意中止犯罪或阻止其危险结果使不发生者。

九、将自己尚未发觉之犯罪行为自首者。

第五章 共 犯

第九条 二人以上共同与谋,实施犯罪之行为或分担犯罪行为之部分任务者,皆为正犯。事前劝告、指示、供给手段,或临时援助他人犯罪之实行者,为从犯。事后隐匿犯人或湮灭犯罪证据者,以帮助犯论(亦为从犯)。

从犯得按正犯之刑减轻之。

第十条 诱导他人犯罪者为教唆犯,处罚其所教唆之罪。被教唆人虽未依其教唆实行犯罪,仍应处罚教唆人未遂之罪。

第六章 数罪并发

第十一条 在判决前发觉犯数罪,或一行为犯数罪,或犯一罪其结果触犯他罪者,就其中各罪中最重之一罪处罚之。

判决后发觉其犯数罪,未判决之罪较已判决之罪为重者,更为判决,执行后判决之刑;如较轻或相等者,执行前判决之刑。

数罪并发,有二裁判以上者,按照前后判决中较重一罪之刑执行之。

第七章 未 遂 犯

第十二条 具犯罪之目的,已着手实行,其结果未达其目的者,为未遂犯。

第十三条 未遂罪之处罚,按照既遂犯之法定刑范围内,从低度处刑。

第十四条 未遂罪之处罚,以分则各条有明文规定者为限。

第八章 累 犯

第十五条 犯六月以上强制教育执行完毕,五年内再犯六月以上强制教育之罪者,为累犯。就其所犯罪名之法定刑范围内,从高度科刑。

第十六条 裁判确定后发觉为累犯者,依前条规定更定其刑。如前判刑已执行完毕或赦免后发觉者,免论。

第十七条 前犯之罪如是依军法或于外国法院判决者,不适用累犯之规定。

第九章 刑之种类

第十八条 刑分为主刑从刑。

一、主刑之种类如下:

(一)死刑。

(二)拘束自由之强制教育:六月以上、十年以下。

(三)不拘束自由之指定劳役:一日以上、六月以下。

(四)罚金:一元以上。由裁判员就本法分则各条规定罚金范围内,依受刑人之资产状况定之。

(五)训诫。在法庭公开训诫之。

二、从刑之种类如下:

(一)褫夺公权:一年以上、五年以下。

(二)没收。没收其犯罪所用之物及其所得不法之利益。

第十九条 从刑与主刑并宣告之。

第二十条 宣告一年以上强制教育之刑者,得宣告褫夺公权。

第二十一条 褫夺公权之种类如下:

(一)褫夺选举权、被选举权。

(二)褫夺为公务员之权。

(三)褫夺公职候选人之权。

第二十二条 褫夺公权于刑期执行完毕后行之。

第二十三条 宣告没收之物,以供犯罪所用之己有物及其所得不法之利益为限。但违禁物得单独宣告没收之。

第十章 刑之易科

第二十四条 宣告刑在一年以下之强制教育、劳役,因特殊关系执行困难时,得易科罚金。宣告罚金无力缴纳者,得易科不拘束自由之劳役。

第二十五条 受劳役、罚金之宣告,而犯罪动机有可悯恕者,得易以训诫。

第十一章 科刑轻重之标准

第二十六条 裁判人员据案定刑时,应依据事态之大小、实害之轻重、犯人之身份,慎重处之。

第二十七条 下列情形,酌重拟刑:

一、以破坏民主政权为目的之犯罪行为。

二、以利益及其他卑鄙心术之犯罪行为。

三、以特别残酷、暴虐、阴险手段之犯罪行为。

四、残酷虐待(或遗弃)手下及在自己扶养下,尤其对于幼弱及其他处于孤立无援境遇中者之犯罪行为。

五、累犯行为。

第二十八条 下列情形,酌轻拟刑:

一、为防卫破坏民主政权或防卫自己或他人权利、身体,超过正当防卫或紧急避难必要范围之行为。

二、自动中止犯罪或阻止其结果不发生者。

三、犯罪心术非基于利益、卑鄙之行为,

四、因威胁、强迫或因物质上、职务上从属地位所犯之罪。

五、因精神过于刺激所犯之罪。

六、因出于义愤所犯之罪。

七、因自己或家庭饥饿、贫穷所迫而犯之罪。

八、因无知识或偶发生事态之犯罪。

九、未成年人及妊娠中妇女之犯罪。

十、恶性不深之初犯。

十一、其他犯罪情节显可悯恕者。

第二十九条 未成年人之犯罪科刑,与成年人之比重如下列:

一、十四岁以上、十六岁未满者,减轻二分之一。

二、十六岁以上、十八岁未满者,减轻三分之一。

三、未成年人之判决,不得超过本法分则各条所定刑期范围二分之一。

第三十条 裁判人员对于中止犯之科刑,应依其准备计划、行为大小及中止动机如何定之。

第三十一条 裁判人员对于预备犯之科刑,应考虑人犯品质、危险范围、准备程度或有不至实行犯罪之可能象征等情形定之。

预备犯之处罚,以分则条文有明文规定者为限。

第三十二条 本刑法分则各条规定刑期称以上者,裁判人员得在以下科刑;称以下者,不得在以上科刑。

第三十三条 本法分则各条所列之罪无规定死刑者,不得加重至死;无规定劳役、罚金、训诫者,不得减至劳役、罚金、训诫。

第三十四条 刑期自裁判确定日起算,未判决前之羁押日数,以一日抵强制教育刑期一日或罚金(元数按当地每日工价折算之)。

未羁禁之日数,不算入刑期。

第十二章 缓刑及假释

第三十五条 裁判人员对受刑人之品质与环境认为无拘束自由之必要者,得宣告暂不执行之缓刑。

第三十六条 如在缓刑期内更犯强制教育之罪或发现其累犯者,撤销其缓刑。

过失犯罪者,不适用前项之规定。

第三十七条 缓刑期满而缓刑之宣告未撤销者,其宣告之刑失其效力。

第三十八条 受刑人在强制教育执行中对于工作、学习、品行表现进步,有悔改前失之实据者,得许可假释出狱。

第三十九条 在假释中更犯强制教育以上之罪者,撤销其假释,但过失犯罪者,不在此限。撤销假释,其出狱之日期不得算抵刑期。

第四十条 假释期满未经撤销者,视为刑之执行完毕。

第十三章 治疗教育

第四十一条 受刑人有传染病及鸦片烟瘾者,依下列规定强制治疗:

一、传染病者,送医务所治疗。

二、有烟疾者,送戒烟处所治疗。

第四十二条 受刑人有神经病或是未成年人,依下列规定为适当处置:

一、神经病者,送特殊疗养院。

二、未成年人,交付其父母或亲族或其他个人及社会,予以监护教育。

第四十三条 受刑人如是游荡成性、不务正业之惰民,非短期教育所能收效者,得送入劳动生产场所。

第十四章 时 效

第四十四条 犯罪事件经过下列所规定之时效期间未经追诉者,不再追诉:

一、应处死刑之犯罪,经过二十年者。

二、应处十年强制教育之犯罪,经过十五年者。

三、应处五年以上、十年以下之犯罪，经过十年者。

四、应处五年以下、三年以上强制教育之犯罪，经过七年者。

五、应处三年以下、一年以上强制教育之犯罪，经过五年者。

六、应处不满一年强制教育之犯罪，经过三年者。

七、应处劳役、罚金之犯罪，经过二年者。

前项所定期间自犯罪成立之日起算。有继续性之行为，以最后行为日起算。数罪之行为，以主刑最高者起算。

在时效期间内如依法进行侦查、审判者，时效停止。在此种情形时，自停止原因消灭之日起，于停止前已经过之期间，通计时效。停止原因继续存在之期间，如达第一项各款所定期间四分之一者，视为停止原因消灭。

第四十五条 在追诉时效期间内，更犯罪或于侦查、审判中逃亡者，时效中断由第二次犯罪日起算。

第四十六条 行刑权消灭之时效期间，适用追诉权时效期间。

第四十七条 行刑权时效期间，自判决确定之日起算。

行刑权时效之停止与回复，适用追诉权之规定。

第十五章 视为未犯罪

第四十八条 下列之人视为未犯罪：

一、受缓刑之人在缓刑期内未再犯较前更重之罪者。

二、受处六个月以下劳役及罚金之刑，于执行完毕后三年内未犯较前更重之罪者。

三、受六月以上、三年以下之强制教育，在执行完毕后六年内未再犯较前更重之罪者。

第十六章 释 义

第四十九条 称公务员者，谓国家机关、企业机关暨所属机关，暨法律所委任服务于有一定权限义务之机关、团体、组合之人。

第五十条 称公共团体者，凡政治、经济、文化、学术、体育、卫生、青年诸团体，农工生产运输之组合均属之。

第五十一条 称以上、以下者，俱连本数、本刑计算。

第五十二条 称公文书者，谓公务员职务上制作之文书。

第五十三条 称重伤者如下：

一、毁损一目或二目之视能。

二、毁损一耳或二耳之听能。

三、毁损语能或项能。

四、毁损一肢以上之机能。

五、毁损生殖器之机能。

六、其他于身体或健康有重大不治或难治之伤害。

第五十四条 本法分则第二章关于妨害私人利益之罪,除强抢、杀人各条规定之罪外,其他各罪如得被害人之同意,得许调解。

第二编 分 则

第一章 妨害国家利益之罪

第一节 破坏民主政权罪

第五十五条 凡企图颠覆、破坏、衰弱人民所建设之联合民主政府,或企图破坏、衰弱民主政权的经济、政治与民族利益,以及对外安全、信用之一切行动,均为破坏民主政权之罪。

第五十六条 以不利于民主政权之目的,用强暴、武力或政治阴谋,分离各民族各阶层人民团结、夺取联合民主政权者,处五年以上强制教育;情节重者,得处死刑。

第五十七条 以不利于民主政权之目的,而有下列行为之一者,处五年以上强制教育;情节较重者,得处死刑:

一、组织武装侵入民主政权区域内,肆行骚扰或占据土地者。

二、潜入民主政权区域内组织机关,煽惑民众或勾引军队,或运藏军火企图叛乱者。

三、杀害或毒害或绑架民主政权工作人员或民主政权区域内之人民者。

四、个人或结伙携带武器,抢劫民主政权区域内之公私财物者。

五、放火或决水损害民主政权内之公私建筑物者。

六、破坏、颠覆水陆交通工具及一切建筑设备者。

第五十八条 犯前两条之罪而自首者,处三年以下之强制教育;情节较轻者,得免除其刑。

第五十九条 以不利民主政权之目的,与外国政府或反动集团或其派遣之人通谋,意图该国或集团对于民主政府开战端者,处五年以上强制教育;情节重者,得处以死刑。

第六十条 以不利民主政权之目的,对于交战之敌军予以任何便利者,处五年以上强制教育。

第六十一条 以不利民主政权之目的,犯通谋或帮助外国或反动集团之罪者,处五年以上强制教育;情节重者,得处死刑。

第六十二条 民主政权区域内之人民,甘为敌军服役,或与敌军协同攻击民主政府或其同盟国者,处五年以上强制教育;情节重者,得处死刑。

第六十三条 在与敌军开战或将开战期内,以不利于民主政权之目的,而将军队或将要塞、军械、弹药、粮秣或其他军用品、军用交通器具以及关于军事之建筑物,交付敌人或毁坏致不堪使用者,处五年以上强制教育;情节重者,得处死刑。

第六十四条 以不利民主政权之目的,刺探、收集或漏泄或交付应守秘密之情报、文书、图画、物品与敌或其派遣人者,处五年以上强制教育。

第六十五条 以不利于民主政权之目的,利用政府机关、企业机关或妨害此等机关进行之方法,破坏公家工业、运输、金融信用制度者,处五年以上强制教育;情节重者,得处死刑。

第六十六条 以不利于民主政权之目的,对于铁路、公路,及交通机关、通信机关、水利、公用仓库并其他建设,或政府及公共团体之财产加以危害或破坏者,处五年以上强制教育;情节重者,得处死刑。

第六十七条 以不利于民主政权之目的,实行怠工不履行应负之义务,或即履行而出于恶意怠慢者,处一年以上、五年以下之强制教育。

第六十八条 以诱导犯以上十一条所列不利于民主政权之行为为目的,而为宣传或做成此宣传品者,处六月以上、三年以下强制教育。

第六十九条 预备犯本章各条所定之罪,而实行采取有组织行为或预备行为而参加所组织之团体,以本章各条所定之刑处罚之。

第七十条 本章各罪之未遂犯,罚之。

第二节 违反施政秩序罪

第一目 妨害公务罪

第七十一条 个人或聚众以强暴、胁迫之行为或在场助势,妨害公务员依法执行职务,或迫使不执行一定职务,或使其辞职,或将公务员拘禁者,处三年以下强制教育。因而致公务员于死者,处七年以上强制教育;情节严重者,得处死刑。因而致重伤者,处三年以上强制教育。

第七十二条 以诈术或其他非法之方法,使公务员职务上之行为发生不正确之结果者,处以一年以下强制教育、劳役或三百元以下罚金。

第七十三条 对于执行职务之官吏,当场公然加以侮辱者,处六月以下劳役或一百元以下罚金。

第七十四条 意图侮辱公务员或公署,而毁损、除去或污秽实贴公共场所之文告者,处六月以下劳役或二百元以下之罚金。

以前项之行为施之于公务员所施之封印、榜示,或为违背其效力之行为者,处一年以下强制教育、劳役或三百元以下罚金。

第二目 妨害社会秩序罪

第七十五条 以暴乱破坏社会秩序,经该管公务员之警告,仍顽强继续其行为者,处二年以下强制教育、劳役或三百元以下罚金。

第七十六条 以强暴、胁迫阻止或扰乱公众之集会者,处二年以下强制教育、劳役或三百元以下罚金。

第三目 冒充公务员罪

第七十七条 冒充公务员之名称与职权而发生危害社会之行为者,处三年以下强制教育或五百元以下罚金。

公然冒用公务员服饰、徽章或官衔为欺骗之行为者,处五百元以下罚金。

第七十八条 对争执未定之权利,轻视公署决定,任意行使专横行为者,处六月以下劳役或三百元以下罚金。

第四目 妨害公文书印章罪

第七十九条 使公众或他人受损害而伪造、变造公文书、护照、特许证及关于品行、能力、服务或其他相类之证书者,处五年以下强制教育、劳役或三百元以下罚金。

第八十条 公务员对于职务上所奉管之文书而致为不实之记载,足以损害公众或他人者,处一年以上、五年以下之强制教育。

使公务员为前项之行为者,处三年以下强制教育、劳役或五百元以下罚金。

第八十一条 知情行使前两条伪造、变造之公文书、证书及不实之记载者,依该两条所规定之刑处断。

第八十二条 伪造、盗用公印公章或公印章文或署押,足以生损害于公众或他人者,处五年以下强制教育,并没收其伪造之印章、印文、署押。

第八十三条 盗窃或毁损公文书者,处三年以下强制教育。

无权开拆或隐匿封缄之公文书者,处六月以下劳役或三百元以下罚金。

第八十四条 在纸上或物品上之文字、符号,依习惯或特约足以为公家表示其用意之证明者,概以公文论。

第五目 脱逃藏匿人犯及湮灭证据罪

第八十五条 依法拘捕不或羁押之人犯自行脱逃者,处一年以下强制教育。损毁拘禁处所、械具或加强暴、胁迫于监视人者,处三年以下强制教育。

聚众为第一项行为者,首谋及实施下手,处三年以下强制教育;其余,处二年以下强制教育。

聚众为第二项行为者,首谋及实施下手,处五年以下强制教育;其余,处三年以下强制教育。

本条之未遂犯,罚之。

第八十六条 纵放或帮助或便利被捕、被禁人犯犯前条第一项罪名者,处二年以下强制教育。

聚众为前条第一项罪名者,首谋及实施下手,处五年以下强制教育,余处三年以下强制教育;犯第二项罪名者,首谋及实施下手,处七年以下强制教育,余处五年以下强制教育。

本条之未遂犯,罚之。

配偶、三亲等内之血亲、三亲等内之姻亲,犯第一项之罪者,得减轻其刑。

第八十七条 藏匿犯人或对不法脱逃人犯使之隐避者,处一年以下强制教育、劳役或五百元以下罚金。

意图犯前项之罪而顶替者,亦同。

配偶、五亲等内之血亲、三亲等内之姻亲,犯第一项之罪者,得减轻或免除其刑。

第八十八条 伪造、变造、湮灭或隐匿关系他人刑事被告案件之证据,或使用伪造、变造之证据者,处二年以下强制教育、劳役或五百元以下罚金。

犯前项之罪,于该项刑事被告案件裁判确定前自白者,减轻或免除其刑。

配偶、五亲等内之血亲或三亲等内之姻亲,犯前项之罪者,减轻或免除其刑。

第六目 妨害选举投票罪

第八十九条 以强暴、胁迫或其他不正之方法,妨害他人行使政治上自由选举或其他投票权者,处三年以下有期徒刑。

本条之未遂犯,罚之。

第九十条 有投票权之人要求、期约或收受贿赂或其他不法利益,而履行对方之意旨者,处三年以下强制教育,得并科三千元以下罚金。

以犯前项之罪行求、期约或交付贿赂或不法利益者,处三年以下强制教育,得并科一千元以下罚金。

第一项之贿赂,没收之,或缴其价额。

本条之未遂犯,罚之。

第九十一条 妨害投票或扰乱投票者,处一年以下强制教育、劳役或五百元以下罚金。

第七目 伪造度量衡罪

第九十二条 意图供行使之用,制造或贩卖违背定程之度量衡者,处一年以下强制教育、劳役或三百元以下罚金。

第十九三条 行使违背定程之度量衡者,处三年以下劳役或三百元以下罚金。

从事业务之人关于其业务犯前项之罪者,处一年以下强制教育或一千元以下罚金。

第三节 违反国民义务罪

第一目 违反兵役义务罪

第九十四条 拒绝或逃脱兵役制义务者,处六月以下劳役。期满入伍,情节轻微者,予以训诫,即令入伍。

以毁伤身体、伪造证书、贿赂役政人员等方法,避免服兵役之义务者,处三年以下强制教育。验其身体能入伍者,送军事当局在服役中执行刑期。

第二目 违反粮税义务罪

第九十五条 拒绝、逃脱战时应缴纳粮税之义务者,处六月以上强制教育。

第九十六条 拒绝、逃脱或隐匿战时征用之军马、劳动牲口、船舶、运输工具等之义务者，处六月以上强制教育。

第九十七条 拒绝、逃脱、隐避或作弊推卸平时应缴纳粮税之义务者，处六月以下强制教育、劳役或三百元以下罚金。

第三目 拒绝作证义务及伪证罪

第九十八条 无正当理由拒绝、逃避关于侦查、审判上应作证人或鉴定人之义务者，处三月以下劳役或三百元以下罚金。

第九十九条 在侦查、审判时之证人及鉴定人，关于案情内之重要事项，为虚伪之陈述者，处五年以下强制教育或劳役。

关于案情之通译人员，亦适用前项之规定。

犯本条之罪，于该案件判决前确定前自白者，减轻或免除其刑。

第四目 违反其他义务罪

第一百条 拒绝担任具有国家意义之生产劳役者，处六个月以下劳役或三百元以下罚金。

第一百零一条 在法律上有负防止义务而不防止致一定危害之结果者，就其所生危害事实，按照分则各条所定之罪刑处罚之。

第一百零二条 遗弃依法令或契约或身份、地位应扶助、养育或保护无自救力之人，或不为其生存所必要之扶助、养育、保护者，处六月以下强制教育；因而致人于死者，处五年以上强制教育；致重伤者，处三年以上强制教育。

第一百零三条 医师知病人陷入危险状态拒绝其治疗者，处一年以下强制教育、劳役或五百元以下罚金。

第一百零四条 无正当理由拒绝陪审员义务者，处一百元以下罚金。

第一百零五条 承揽工程人或监工人营造或拆卸建筑物，违反技术规则与义务，发生危险果者，处三年以下强制教育或三千元以下罚金。

第一百零六条 与公务员或慈善团体为救济灾害缔结粮食或其他必需品之契约，而不履行或不照契约履行义务者，处五年以下强制教育或五千元以下罚金。

第四节 违反公共纪律罪

第一目 重 利 罪

第一百零七条 以金钱或其他物品贷人，收取与原本显不相当之重利者，处三年以下强制教育、劳役，或科或并科一千元以下罚金。

以犯前项之罪为常业者，处五年以下强制教育，得并科三千元以下罚金。

第二目 诬 告 罪

第一百零八条 意图他人受刑事或惩戒处分，向有权能之机关或公务员为虚伪之告诉或使用伪造、变造之证据者,处一年以下强制教育或劳役。

第一百零九条 为前条虚伪之告诉,有下列情形之一者,处五年以下一年以上之强制教育:

一、诬告为重罪事件者。

二、诬告是出于利欲之目的者。

第一百一十条 犯前条之罪,而能于该案判决确定前自白者,减轻或免除其刑。

第三目 奸 亵 罪

第一百一十一条 以强暴、胁迫、药剂、催眠术或其他方法,使妇女不能抗拒,而奸淫之者,处五年以下强制教育。乘妇女心神丧失、不能抗拒而奸淫之者,亦同。

以诈术使妇女一时错觉误信为配偶,听其奸淫者,处三年以下强制教育。

本条之未遂犯,罚之。

第一百一十二条 因强奸使被奸人自杀,或强奸发育不全之幼女,或发育已全而二人以上共同轮奸者,处八年以下强制教育。

第一百一十三条 犯强奸罪而故意杀害被奸人者,处十年强制教育或死刑。

第一百一十四条 对于因亲属监护、教养、救济、公务或业务立于从属地位之妇女而奸淫,或为变态性欲之猥亵行为者,处五年以下强制教育。

第一百一十五条 使妇女卖淫,或设立娼寮,或诱导妇女使为娼妓者,处三年以上强制教育。

第一百一十六条 意图营利,引诱或容留良家妇女与他人奸淫者,处三年以下强制教育。

第一百一十七条 对于男女以强暴、胁迫、药剂、催眠术及其他方法,致使不能抗拒,而为猥亵行为者,处五年以下强制教育。

第一百一十八条 对于男女,乘其心神丧失或其他相类似之情形不能抗拒,而为猥亵之行为者,处五年以下强制教育。

第四目 妨害婚姻罪

第一百一十九条 有配偶而重行与人结婚,或同时与二人以上结婚者,处三年以下强制教育。知情相婚者,亦同。

第一百二十条 隐蔽可以为婚姻障碍之事项,或对掌管户籍机关为虚伪之申请与登记者,处一年以下强制教育、劳役或五百元以下罚金。

第五目 赌 博 罪

第一百二十一条 影响大众持侥幸心理,以财物为孤注作输赢之互约者,为赌博罪。

犯前项之罪者,处六月以下劳役或一千元以下罚金或训诫。

第一百二十二条 以赌博为常业者,处二年以下强制教育,得并科一千元以下罚金。

第一百二十三条 意图营利,供给赌博场所或聚众赌博者,处三年以下强制教育,并科三千元以下罚金。

第一百二十四条 意图营利,办理有赌博性质之标会,或未经政府允许发行彩票者,处二年以下强制教育,得并科三千元以下罚金。

意图营利代收前项赌博性之标会,或为买卖前项彩票之媒介者,处六月以下强制教育,并科一千元以下罚金。

第五节 破坏经济金融罪

第一目 破坏经济罪

第一百二十五条 以自私自利之目的或私怨私恨及其他不正当之意气,利用政府机关、企业机关或以妨害此等机关进行之方法,破坏公家工业、运输、金融信用制度、公共团体者,处五年以下强制教育。

第一百二十六条 对政府机关、企业机关、公共团体之管理人或其代表人所委办之事业,因无诚意或不注意为不经济之行为,致使发生滥费及不能补偿之损失者,处二年以下之强制教育。损害小者,依行政处分办理之。

第一百二十七条 政府机关、企业机关、公共团体之主管者与人通谋,订立不利益之交易契约,窃取国有或公有财产者,处一年以上强制教育。

第一百二十八条 与政府机关、企业机关、公共团体所订立之契约,以恶意不履行契约上之义务者,处六月以上之强制教育。

第二目 妨害农工商罪

第一百二十九条 意图损害于他人,妨害其农事上之水利者,处五年以下强制教育、劳役或三百元以下罚金。

第一百三十条 以恶意妨害他人土地上之农作物者,处一年以下强制教育、劳役或二百元以下罚金。

第一百三十一条 以恶意破坏生产合作事业者,处二年以下强制教育、劳役或一千元以下罚金。

第一百三十二条 贩卖已失效之种子,妨害他人生产者,处六月以下强制教育、劳役或三百元以下罚金。

第一百三十三条 囤积粮食及其他公众所需之饮食、物品,操纵物价者,处五年以下强制教育,并科二千元以下罚金。

第一百三十四条 妨害、贩运工厂所需之原料,致工业生产受到不利影响者,处五年以下强制教育,并科二千元以下罚金。

第一百三十五条 官吏或商贾利用地位或金钱势力,垄断工商业,致中小工商业不能自由生存者,处五年以下强制教育,并科五千元以下罚金。

第一百三十六条 伪造或仿造他人已登记之商标、商号,妨害他人商业信用者,处二年以下强制教育、劳役或三千元以下罚金。

第一百三十七条 明知为伪造或仿造之商标、商号之货物,而陈列或秘密贩卖者,处二千元以下罚金。

第一百三十八条 违犯保护森林规定,不法砍伐林木者,其影响森林经济之损害额超过二百元者,处一年以下劳役或一百元以下罚金。其损害额至百元以下者,处六月以下劳役或一百元以下罚金。

第三目 妨害金融罪

第一百三十九条 伪造、变造通用货币、纸币、银行券、国家发行之有价证券,意图供行使之用者,处五年以下强制教育,得并科五千元以下罚金。

前项之未遂犯,罚之。

第一百四十条 知为前条伪造、变造之货币、纸币、券证,而仍行使,或意图供行使之用而收集或交付于人者,处三年以下强制教育,并得科一千元以下罚金。

第一百四十一条 伪造、变造邮票、印花票、国营火车票、轮船票、乘坐券及其他国营运送货物证书,意图行使之者,处三年以下强制教育或劳役。

涂抹票券或减损能用货币之分量者,以变造论。

第一百四十二条 前三条伪造、变造之币票券证及其所供犯罪用之器械、原料,不问属于何人,没收之。

第六节 损害公家财物罪

第一目 侵占公物罪

第一百四十三条 对于自己职务上或业务上所执管之国家政府机关、金融机关、企业机关或公共团体之财物,意图为自己或第三人不法所有而侵占之者,处一年以上、七年以下强制教育,得并科五千元以下罚金。

第一百四十四条 对自己所执管国家政府机关、企业机关或公共团体之土地,意图为自己或第三人不法所有而侵占之者,处六月以上、五年以下强制教育。停止侵占,恢复原状者,得免除其刑。

第一百四十五条 侵占公家遗失物、漂流物或其他离保管人所持管之物,而为自己或第三人不法之所有者,处五百元以下罚金。

第二目 毁损公物罪

第一百四十六条 无政治目的,放火、决水或者以其他方法,毁损公家房屋、矿坑、农场、工厂、电厂、交通设备、安全设备及其他公共建筑者,处三年以上强制教育。

前项之未遂犯,罚之。

预备犯第一项之罪者，处一年以下强制教育、劳役或五百元以下罚金。

第一百四十七条 失火、因过失决水毁损前条第一项所列之物者，处一年以下强制教育、劳役或五百元以下罚金。

第一百四十八条 毁损公家动产物者，处三年以下强制教育、劳役或五百元以下罚金。

以过失犯前项之罪者，处二百元以下罚金或训诫。

第三目 强抢公物罪

第一百四十九条 无政治目的，公然以强力抢夺政府机关、企业机关及公共团体财物者，处一年以上强制教育。

第一百五十条 犯前条之罪而有下列情形者，处五年以上强制教育；情节重者，得处死刑：

一、结伙三人以上并持有武器者。

二、因强抢而杀人或致重伤者。

第一百五十一条 无政治目的，以强暴手段绑架公务员而勒赎者，处三年以上强制教育。

因而致人于死者，处十年强制教育或死刑。

因而致重伤者，处六年以上强制教育。

第一百五十二条 前三条之未遂犯，罚之。

第一百五十三条 以强暴、胁迫防护所得之赃物，或脱免逮捕，或湮灭证据者，同强抢之罪。

第一百五十四条 预备犯强抢或绑架勒赎罪者，处二年以下强制教育。

第四目 窃盗公物罪

第一百五十五条 窃取国家机关、公共团体及所属之仓库、货车、船舶及其他贮藏所，或火车、轮船、车站、公共使用场所之动产者，处二年以下强制教育或劳役。

窃盗用公营电力者，除赔偿损害外，处二月以下之劳役或二千元以下之罚金。

前条之未遂犯，罚之。

第一百五十六条 前条所列机关、公共团体之职员及特许出入之人，犯前条第一项之罪者，处五年以下强制教育。

第一百五十七条 受雇之劳动人或勤务员窃取自己操作场所内之财物者，处六月以下劳役或训诫。

第一百五十八条 以犯本目第一条之罪具有下列情形之一者，处四年以下强制教育：

一、毁越门窗、墙垣或其他安全设备而犯之者。

二、携带凶器者。

三、结伙三人以上者。

四、累犯窃盗罪者。

五、乘水灾、火灾或其他灾变时而犯之者。

前项之未遂犯,罚之。

第一百五十九条 以犯本目第一条之罪而具备下列情形者,处六月以下劳役:

一、初犯者。

二、无结伙共谋者。

三、未用任何技术者。

四、实是因为失业不能维持自己或家庭之必要生活者。

第一百六十条 意图为自己或第三人不法之利益,窃占国家机关、公共团体之不动产者,处二年以下强制教育。停止窃占恢复原状者,得免除其刑。

第一百六十一条 知情收受、收买、寄藏公家所失之赃物者,处三年以下强制教育或劳役。

以此为常业者,处五年以下强制教育,并科三千元以下罚金。

第七节 违背职务罪

第一百六十二条 从事于国家机关或企业机关、公共团体及法律所委任之公务员,违背职务上应为或不应为,而致公家或私人或社会秩序发生损害恶果者,为违背职务罪。

第一百六十三条 公务员因利欲或其他个人目的,实行贪污,要求、期约或收受贿赂或其他不当利益而为违背职务之行为者,处二年以上强制教育,并没收所收洽贿赂或追缴其价额。

第一百六十四条 对于公务员行求贿赂或居间介绍者,处三年以下强制教育或五百元以上罚金。但行贿后即行自首者,免除其刑。

第一百六十五条 有追诉、审判职权之公务员滥用职权,使人身体自由、财产受到损害者,处五年以下强制教育;因而致人于死者,处五年以上强制教育;因而致重伤者,处三年以上强制教育。

第一百六十六条 未为公务员时预为要约者,处二年以上强制教育。

第一百六十八条 前三条之未遂罪,罚之。

第一百六十九条 有执行刑罚职权之公务员,违法执行或不执行刑罚者,处五年以下强制教育。

第一百七十条 公务员对于赋税或其他收入,明知不应征收而征收者,处五年以下强制教育。

公务员对于职务上发给之款项、物品,明知应发给而抑留不发或克扣者,同前项之处罚。

第一百七十一条 公务员对于主管或监督之事舞弊营私,直接或间接图利者,处五年以下强制教育。

第一百七十二条 公务员对于职务,无诚意或非善意使事务延宕停滞,或因怠于职务,致公家或个人或社会秩序发生损害恶果者,处三年以下强制教育。

第一百七十三条 公务员或曾任公务员,漏泄应守秘密之文书、图画、消息或物品者,处三年以下强制教育。因过失而犯之者，处一年以下强制教育、劳役或三百元以下罚金。

第一百七十四条 公务员假借职务上之权力、机会或方法，犯本章以外之罪者，照本分则各条所定刑之范围内，酌量从重科罚。

第八节 妨害公共卫生罪

第一百七十五条 无政治目的，在供公众饮料水内施放毒药或传染秽物者，处一年以上强制教育。因而致人于病或死亡者，处五年以上强制教育。

以过失犯前条之罪者，处一年以下强制教育、劳役或三百元以下罚金。

第一项之未遂犯，罚之。

第一百七十六条 任意散布传染秽物，致有妨害公共卫生之虞者，处六月以下强制教育、劳役或三百元以下罚金。

第一百七十七条 破坏公共卫生设备者，处一年以下强制教育。

第一百七十八条 违反以预防传染病为目的所特别公布之公共卫生法规者，处六月以下强制教育、劳役或三百元以下罚金。

第一百七十九条 以过失犯前二条之罪者，处三月以下劳役或二百元以下罚金；情节轻者，得予以训诫。

第一百八十条 以伪质变造冒充公众消费物品，结果损害他人之健康或有损害可能者，处一年以下强制教育或一千元以下罚金，并没收其变造冒充之物品。

第一百八十一条 制造、贩卖妨害卫生之饮食物品者，处一年以下强制教育、劳役或一千元以下罚金。

第一百八十二条 意在图利或供自已吸食，栽种鸦片烟者，处五年以下强制教育，得并科五千元以下罚金。

第一百八十三条 制造、运输、贩卖鸦片烟、高根、海洛因或其化合质料者，处五年以下强制教育，得并科三千元以下罚金。

第一百八十四条 开设烟馆供人吸食或与人施打吗啡，意在图利者，处三年以下一年以上强制教育，并科三千元以下罚金。

第一百八十五条 吸食鸦片烟，或施打吗啡，或使用高根、海洛因或其化合质料者，处二年以下强制教育、劳役或一千元以下罚金。

第一百八十六条 制造、贩卖或运输专供吸食鸦片烟之器具者，处三年以下强制教育，得并科一千元以下罚金。

第一百八十七条 意图营利或自吸用，持有鸦片烟、吗啡、高根、海洛因或其化合质料或供吸食鸦片烟器具者，处一年以下强制教育、劳役或五百元以下罚金。

第一百八十八条 犯以上六条之罪者，其鸦片烟、吗啡、高根、海洛因或其化合质料或种子、吸烟器具，无论属于何人，没收之。

第二章　妨害私人利益之罪

第一节　妨害个人生命罪

第一百八十九条　以图褫夺被害人生命之决心而杀人者，为杀人罪。

犯前项之罪而为下列情形之一者，处十年以下强制教育；情节重者，得处死刑：

一、因利欲、嫉妒及其他卑鄙心术。

二、出于特别残酷之手段。

三、用不顾多数人生命之危险方法。

四、出于隐蔽或减轻其他重罪之企图。

五、对于被害人有保辜责任者。

六、利用被害人之穷困者。

七、前曾犯杀人、伤害罪被处罚者。

第一百九十条　非因前条各款事态而杀人者，处十年以下强制教育。

第一百九十一条　以杀人之目的着手实行，其结果成伤未死者，处七年以下强制教育；伤医未愈而致死者，依前两条规定情形分别处罚。

第一百九十二条　前两条之未遂犯，罚之。

第一百九十三条　因受压迫、侮辱，其基于义愤而发作之精神激奋状态中杀死人者，处五年以下强制教育。

第一百九十四条　母于生产后杀其婴孩者，处六月以上、五年以下强制教育。

第一百九十五条　妇女服药或以其他方法堕胎者，处六月以上、五年以下强制教育。但因疾病或防止生命上危险之必要堕胎者，免除其刑。

受嘱托或承诺而与人堕胎者，处二年以下强制教育；因而致人于死者，处五年以上强制教育；致重伤者，处三年以上强制教育。

第一百九十六条　虐待物质上立于从属地位之人，使之自杀或自杀未遂者，处五年以下强制教育。

第一百九十七条　前三条之未遂犯，罚之。

第一百九十八条　因过失或因超过自卫所必要范围之行为，而致人于死者，处三年以下强制教育、劳役或一千元以下罚金。

第一百九十九条　从事业务之人，因业务犯前条之罪者，处五年以下强制教育、劳役或三千元以下罚金。

第二百条　教唆或帮助他人使之自杀，或受其嘱托或得其承诺而杀之者，处一年以上、五年以下强制教育。

第二节　妨害私人身体罪

第二百零一条　以暴行殴人之结果致伤，毁人之身体及健康者，为伤害罪。

犯前项之罪,使人受重伤、减低劳动能力者,处八年以下强制教育;因伤致死者,处十年以下强制教育。

使人受轻伤,害及健康,需相当时日始能复原者,处三年以下强制教育、劳役或一千元以下罚金。

第二百零二条 以暴行殴人未成伤者,处六月以下劳役或三百元以下罚金或训诫。

第二百零三条 因受压迫、侮辱或其他,基于义愤在精神刺激中犯前二条之伤害罪者,处三年以下强制教育。

第二百零四条 教唆或帮助他人使之自伤,或受其嘱托或得其承诺而伤害之,成重伤者,处三年以下强制教育。

第二百零五条 明知自己有花柳病或麻疯病,隐瞒而与人奸淫或为猥亵之行为者,处一年以下强制教育、劳役或五百元以下罚金。

第二百零六条 对于发育未全之幼年男女施以凌害,或以他法致妨害其身体之自然发育者,处五年以下强制教育。

意图营利而犯前项之罪者,处五年以上强制教育。

第三节 妨害私人自由罪

第二百零七条 使人为不自由之奴隶者,处一年以下强制教育。

第二百零八条 略诱妇女至不自由之环境,或与自己或他人结婚,或奸淫,或为猥亵之行为者,处五年以下强制教育。

意图营利犯前项之罪者,处一年以上、七年以下强制教育。

前二项之未遂犯,罚之。

第二百零九条 意图营利,而收受、藏匿前条被略诱人,或使之隐蔽者,处六月上、五年以下强制教育。

第二百一十条 意图营利,以诈术诱人或利用穷窘境遇至不自由之环境作奴隶役者,处三年以下强制教育。

以犯前项之罪为常业者,处五年以上强制教育。

第二百一十一条 犯前四条之罪,于裁判宣告前,送回被略诱人,或指明所在地因而寻获者,得减轻其刑。

第二百一十二条 以强力或者其他方法,私行拘禁,剥夺人之行动自由者,处三年以下强制教育、劳役或三百元以下罚金。

因而致人于死者,处十年以下、五年以上强制教育;致重伤者,处三年以上、七年以下强制教育。

第一项之未遂犯,罚之。

第二百一十三条 以强力、胁迫使人行无义务之事或妨害人行使权利者,处一年以下强制教育、劳役或三百元以下罚金。

前项之未遂犯,罚之。

第四节　妨害家庭安宁罪

第二百一十四条　有配偶而与人通奸者,处一年以下强制教育。相奸者亦同。

第二百一十五条　略诱未满十六岁之男女脱离家庭或其他有监督权之人,而为猥亵或奸淫之者,处一年以上、七年以下之强制教育。

第二百一十六条　意图营利或意图使前条被略诱人为猥亵或奸淫,而收受、藏匿或使之隐避者,同前条之处罚。

第二百一十七条　犯前两条之罪,在裁判宣告前,送回被略诱人或指明所在地因而寻获者,减轻其刑。

第二百一十八条　无故侵入他人住宅、建筑物、船舰或者其他有围护设备之土地,经受退去之要求而仍滞留者,处一年以下强制教育、劳役或三百元以下罚金或训诫。

第二百一十九条　不依法令搜索他人身体、住宅、建筑物、船舰者,处二年以下强制教育、劳役或三百元以下罚金。

第二百二十条　以加害生命、身体、名誉、财产之事恐吓他人,致生危害于安全者,处一年以下强制教育或三百元以下罚金。

第五节　妨害私人名誉罪

第二百二十一条　以言语或文书公然侮辱他人者,处三百元以下罚金或训诫。

以强暴动作侮辱他人者,处劳役或五百元以下罚金。

第二百二十二条　用指责或传述或用文字、图书,就足以损害他人名誉之事,散布于众者,为诽谤罪,处一年以下强制教育、劳役或五百元以下罚金。

以新闻、杂志或其他方法虚构事实而为诽谤者同。但对于所诽谤之事,能证明其为真实者,不罚。

因自卫、辩护、保护民主权利或其他合法权利者,不罚。

第二百二十三条　对于已死之人公然污蔑、侮辱或诽谤者,适用前二条之规定。

第六节　妨害私人信用罪

第二百二十四条　散布流言或以诈术损害他人之信用者,处一年以下强制教育、劳役或一千元以下罚金。

第二百二十五条　将使公众或他人受损害,而伪造、变造私人契约、票据、证明书、介绍书以及其他私文书者,处五年以下强制教育或劳役。

第二百二十六条　将使公众或他人受损害,而将明知不实之事实登载于业务上做成之文书者,处三年以下强制教育、劳役或五百元以下罚金。

第二百二十七条　依习惯或特约,在纸上或物品上之文字、符号,足以表示其用意证明者,以文书论。

第二百二十八条　行使前三条之私文书者,适用各该条规定之处罚。

第二百二十九条 伪造或盗用私人印章、印文或署押,使生损害于公众或他人者,处三年以下强制教育。

第七节 妨害秘密罪

第二百三十条 无故开拆或隐匿他人之封缄信函或其他封缄之私文书者,处劳役或三百元以下罚金或训诫。

第二百三十一条 因法令、契约或业务责任知悉或持有他人秘密,而无故漏泄者,处一年以下强制教育、劳役或一千元以下罚金。

第八节 妨害私人财物罪

第一目 强抢私人财物罪

第二百三十二条 以暴力或药剂、催眠术使人不能抗拒,强夺他人财物者,处五年以下强制教育。

前项之未遂犯,罚之。

第二百三十三条 犯前条之罪具有下列情形者,处五年以上强制教育:

一、结伙三人以上携有武器者。

二、以强抢为常业者。

三、伤害事主者。

四、强奸者。

五、放火者。

第二百三十四条 犯强抢罪具有下列情形之一者,处十年强制教育或死刑:

一、杀人者。

二、强奸因而致人于死者。

三、被强奸人愤而自杀者。

第二百三十五条 预备犯强抢罪者,处一年以下强制教育。

第二百三十六条 在海上犯强抢罪者,适用前四条之规定。

第二百三十七条 因防护赃物、脱免逮捕或湮没证据,当场实施强暴、胁迫,以强抢论。

第二百三十八条 以强力掳人勒赎者,处七年以下强制教育。

因而致人受重伤者,处七年以上强制教育。

因而致人于死者,处十年强制教育;情节重者,得处死刑。

预备犯第一项之罪者,处一年以下强制教育。

犯第一项之罪,未经取赎而释放被害人者,减轻其刑。

第二目 窃盗私人财物罪

第二百三十九条 秘密窃取他人动产者,为窃盗罪,处一年以下强制教育或劳役。

犯窃盗罪而具备下列情形者,处三月以下劳役或二千元以下之罚金:

一、初犯者。

二、无结伙共谋者。

三、未用任何技术者。

四、实是因穷困、失业不能维持自己或家庭之生活者。

第一项之未遂犯,罚之。

第二百四十条 窃取他人动产具有下列情形者,处六月以上强制教育:

一、毁越门窗、墙垣或其他安全设备而犯之者。

二、携带凶器者。

三、结伙三人以上者。

四、累犯窃盗罪者。

五、乘水灾、火灾或其他灾变时而犯之者。

六、致被窃人生活上陷于极端困难者。

七、窃取勤劳人之主要生产工具、运输工具以及大型牲口者。

第二百四十一条 受雇人窃取雇主财物者,处一年以下强制教育、劳役或二百元以下罚金。

第二百四十二条 意图为自己或第三人不法之利益,而窃占他人不动产者,处一年以下强制教育或劳役。停止窃占,恢复原状者,免除其刑。

第二百四十三条 窃盗私营电力者,除赔偿外,处一月以下劳役或五百元以下罚金。

第二百四十四条 知情收受、收买、寄藏私人所失之赃物者,处二年以下强制教育或劳役。

以犯前项之罪为常业者,处五年以下强制教育,得并科三千元以下罚金。

第二百四十五条 窃盗,因防护赃物、脱免逮捕或湮没证据,当场实施强暴、胁迫者,同强抢罪。

第三目　损坏私人财产罪

第二百四十六条 毁坏私人建筑物、矿坑、船舶、工厂致不堪用者,处六月以上、五年以下强制教育。

因而致人重伤者,处三年以上强制教育;致人于死者,处五年以上强制教育。

第一项之未遂犯,罚之。

第二百四十七条 毁弃或损坏私文书或致不堪用,足以生损害于公众或他人者,处三年以下强制教育、劳役或五百元以下罚金。

第二百四十八条 毁损前二条以外他人之财物或致令不堪用,足以生损害于公众或他人者,处二年以下强制教育、劳役或五百元以下罚金。

第二百四十九条 以诈术使人为财产上之处分而生损害者,处二年以下强制教育、劳役或五百元以下罚金。

第二百五十条 乘未成年人之知识浅薄或乘人之精神耗弱,使人将本人或第三者之物交付者,处五年以下强制教育、劳役或三千元以下罚金。

第二百五十一条 为他人处理事务,违背任务与信义,损害其本人之财产或其他利益者,处五年以下强制教育、劳役或三千元以下罚金。

第二百五十二条 债务人于将受强制执行之际,意图损害债权人之债权,而毁坏或隐匿或处分其财产者,处二年以下强制教育、劳役或五百元以下罚金。

第二百五十三条 毁损坛庙、寺观、教堂、坟墓、古迹或公众纪念处者,适用毁损建筑物之规定。

第二百五十四条 发掘坟墓而损坏、遗弃、污辱或盗取尸体、遗骨、遗灰者,处二年以上、五年以下强制教育。

第四目 侵占私人财物罪

第二百五十五条 侵占自己持有他人之物,而为自己或第三人不法之所有者,处三年以下强制教育、劳役或一千元以下罚金。

第二百五十六条 侵占因公益或因业务所持有之物,而为自己或第三人不法之所有者,处五年以上强制教育或五千元以下罚金。停止侵占,恢复原状者,得免除其刑。

第二百五十七条 侵占私人遗失物、漂流物或其他离本人所持有之物,处五百元以下罚金。

十三、《陕甘宁边区禁烟禁毒条例(草案)》(1942年)

《陕甘宁边区禁烟禁毒条例(草案)》

(1942年2月陕甘宁边区参议会通过)

第一条 本条例依据国民政府颁布的禁烟禁毒各种法令并参酌边区特殊情形而制定之。

第二条 本条例在陕甘宁边区范围内适用之。

第三条 本条例所称之烟毒分类如下:(1)鸦片;(2)吗啡;(3)高根;(4)海洛英;(5)各种烟毒配合或化合丸药。

第四条 凡有下列行为之一者,即以违犯禁烟禁毒条例论罪:

(一)吸食或注射烟毒者,但因治病经政府指定医生证明者不在此列;

(二)种植鸦片烟苗者;

(三)制造吸食或注射烟毒之器具者;

(四)抗拒禁烟、禁毒职务之执行者;

(五)帮助或庇护他人吸食、注射及买卖、贩运烟毒者;

(六)买卖或贩运烟毒者;

(七)设立传布烟毒之商店、机关者。

第五条 凡吸食或注射烟毒者,由政府公布登记后限期戒绝,特分别规定如下:

(一)三十岁以下者,限期登记后三个月内戒绝;

(二)四十岁以下者,限期登记后六个月内戒绝;

(三)六十岁以下者,限期登记后一年内戒绝;

(四)六十岁以上者,限期登记后二年内戒绝,倘因年老力衰经政府指定医生证明者不在此列。

第六条 凡不登记或登记后在此期限内未戒绝者,即作为违犯第四条第一款之罪,处半年以下之徒刑或苦役(六个月),并科一百元以下之罚金,仍照第五条之规定限期戒绝。

第七条 违犯第四条第二款之罪，处一年以下之徒刑或苦役，并科二百元以下罚金。

第八条 违犯第四条第四款、第五款之罪，视情节轻重，处一年以上、三年以下之有期徒刑或科二百元以上、五百元以下之罚金。

第九条 违犯第四条第六款之罪，视其买卖及贩运价值，分别定其刑罚如下：

（一）烟毒价值在十元以内者，罚一个月以下苦役，并科十元以下之罚金；

（二）烟毒价值在十元以上、五十元以下者，罚六个月以下苦役，并科一百元以下之罚金；

（三）烟毒价值在五十元以上、一百元以下者，罚一年以下有期徒刑，并科二百元以下之罚金；

（四）烟毒价值在一百元以上、三百元以下者，罚一年以上、三年以下，并科五百元以下之罚金；

（五）烟毒价值在三百元以上、五百元以下者，罚三年以上、五年以下有期徒刑，并科一千元以下之罚金；

（六）烟毒价值在五百元以上者，处死刑，并没收其家产。

第十条 违犯第四条第七款之罪，视情节轻重，处一年以上有期徒刑至死刑，并没收其全部财产。

第十一条 凡直接或间接受日寇之主使以烟毒危害民族生机者，按《惩治汉奸条例》论罪。

第十二条 违犯第四条各款之未遂罪，罚之。

第十三条 违犯第四条各款之罪，经判处罚后仍连续重犯者，即加重处罚。

第十四条 凡收受贿赂，纵容他人犯第四条各款之罪，依第六条至第十条之规定加重处罚。

第十五条 凡诬告他人违犯第四条各款之罪者，依照第六条至第十条之规定加重处罚。

第十六条 违犯本条例之罪，经法庭判决一年以上有期徒刑者，剥夺其公权。

第十七条 凡为医药所需用之烟毒，经向边区政府呈请批准者，不受本条例之限制。

第十八条 凡经查获之烟毒及器具一律没收，除供医药外，均销毁之。

第十九条 凡能协助政府禁烟禁毒政策之执行侦查，告发破获烟毒者，由政府给以奖励。

第二十条 边区各县设立戒烟所，其组织章程另规定之。

第二十一条 戒烟所将配置戒烟药丸发之。

第二十二条 本条例解释之权，属于边区政府。

第二十三条 本条例修改之权，属于边区参议会。

第二十四条 本条例经边区参议会通过后，由边区政府颁布施行。

十四、《晋冀鲁豫边区毒品治罪暂行条例》(1941 年)

《晋冀鲁豫边区毒品治罪暂行条例》*

(1941 年 7 月 15 日)

第一条 本条例所称毒品者,指吗啡、高根、海洛英及其他化合物或配合物而成之各种毒品(如俗称机器泡、金丹、料面、白面等)。

第二条 制造毒品者,处死刑,没收其财产全部或一部。

第三条 以运输毒品或包庇、运输为常业者,处死刑或无期徒刑。但确系初犯、数量极少或被胁迫、欺骗而为运输者,得减轻其刑或科三千元以下之罚金。

第四条 贩卖毒品者,处死刑或无期徒刑,并没收其财产全部或一部,或并科罚金。但被胁迫贩卖,数量极少者,得减轻其刑。贩卖毒品之经纪、介绍人,与正犯同。

第五条 吸食毒品者,勒令登记,自民国三十年九月一日开始在村公所登记。凡吸毒犯年在二十五岁以下者,限三个月内戒绝;二十五岁至四十岁者,限六个月戒绝;四十岁以上者,限九个月戒绝。过上定期限仍吸食者,处以一年以下劳役,并酌科三千元以下之罚金;三次犯,处以远地一年以上之劳役,并酌科三千元以下之罚金;三次以后再犯者,处死刑。

第六条 帮助他人犯本条例第二、第三、第四各条之罪者,按正犯之刑减轻之。帮助他人施打吗啡或吸用毒品者,不论初犯或再犯,处七年以下有期徒刑,并科一千元以下之罚金。

第七条 本条例第三至第四条之罪,而能供出毒品制造所或

---

* 晋冀鲁豫边区是中国共产党领导的敌后抗日根据地之一。1937 年 10 月由八路军一二九师首先在山西太行和太岳山区建立。1938 年 4 月,扩建为晋冀豫根据地。1941 年 1 月和冀鲁豫及鲁西根据地合并为晋冀鲁豫边区,控制范围包括山西东南、河南北部、山东西部、河北南部和西南部及江苏部分地区。晋冀鲁豫边区在行政上划分为太行行署、太岳行署、冀南行署、冀鲁豫行署等四个行署。——编者注。

其主要犯，因而破获者，得减轻其刑；未经查获而自首者，得免除其刑。

第八条 栽赃、诬陷或捏造证据诬告他人犯本条例之罪者，处以各该条之刑。

证人、鉴定人意图陷害本条例各条犯罪嫌疑之被告，而为虚伪之证言、鉴定者，亦同。

犯前二项之罪，于该案裁判确定前自首者，得减轻或免除其刑。

第九条 公务员犯本条例第二条至第五条之罪者，依各该条最高刑处断。学校教职员亦同。

第十条 公务员包庇，或要求、期约、收受贿赂而纵容他人犯本条例第二条至第六条之罪者，处死刑。

盗换、隐没查获之毒品者，亦同。

盗换、隐没扣押之财产者，以贪污论罪。故纵犯本条例各该条之罪犯脱逃者，以各该条最高刑处断。

犯本条第一项之罪者，所收受之贿赂，没收之；如全部或一部不能没收时，追缴其价额。

第十一条 本条例第二条至第六条、第八条及第十条之未遂犯，依法处罚之。

第十二条 查获毒品或专供制造毒品或吸用毒品之器具，均没收、销毁之。吗啡精、乳糖粉、鸡那素等，查明确系专供制造毒品之用者，亦同。

第十三条 犯本条例各条之罪受六个月以上有期徒刑之宣告者，褫夺公权一年以上、十年以下。

第十四条 本条例施行前所颁禁毒法规之定有罚则者，其刑罚部分，于本条例施行之日失效。

第十五条 本条例所未规定者，依其他法令之规定。

第十六条 供医药用及科学用之吗啡、高根、海洛英及其同类毒性物或化合物，依照《麻醉药品管理条例》办理，不适用本条例之规定。

第十七条 本条例自民国三十年七月十五日起施行。

十五、《晋冀鲁豫边区惩治贪污暂行办法》(1942年)

《晋冀鲁豫边区惩治贪污暂行办法》

(1942年2月11日公布)

第一条 为整饬纪律,节约物资,根绝贪污,树立廉洁政治,特制定本办法。

第二条 凡边区一切政民人员,如有贪污情事,依本办法处理之。

第三条 凡有下列行为,贪污达五百元以上者,处死刑:

一、没收、克扣公款、公粮、公产者。

二、购买军用品、器材及一切物品,从中舞弊者。

三、盗卖公粮、公物、公产以自肥者。

四、凭藉势力勒索、强占、敲诈财物者。

五、以公用舟车、马匹等运输力,装运违禁物品或漏税物品者。

六、受贿、卖放、徇私、包庇者。

贪污公粮、公物、公产之价值,以时价折算。

第四条 贪污不足五百元者,处以下列徒刑或劳役:

一、三百元以上、未满五百元者,处五年以上、十年以下之徒刑。

二、二百元以上、未满三百元者,处三年以上、五年以下之徒刑。

三、百元以上、未满二百元者,处一年以上、三年以下之徒刑。

四、五十元以上、未满百元者,处六个月以上、一年以下之徒刑。

五、不满五十元者,酌处六个月以下之徒刑或劳役。

第五条 未经上级同意,浮派粮款,擅自增加人民负担者,依第三、第四两条之规定,其将浮派粮款贪污中饱者,得将两罪合并惩处之。

第六条 凡第三条、第四条、第五条之未遂罪,按本刑减轻惩治之。

第七条 各级政民人员发生贪污情事,依法惩处时,其直接上级须受连带处分。

第八条 教唆或帮助他人贪污者,以从犯论。

第九条 诬陷或诬告他人犯本办法第三、第四、第五各条之罪者,依刑法之规定从重处理。

第十条 犯本办法之罪者,其所得之赃款、赃物,除属于公有者应予追缴外,并应依其情形,分别予以没收或发还受害人。赃款、赃物之全部或一部无法缴还,还得没收其财产抵偿,但其财产价值无论是否足够抵偿其应追惩之价额,均应酌留其家属必须之生活费。

第十一条 依本办法例外处理之案件,非经边区高等法院或该院明确委托代核之机关核准,不得执行。

第十二条 连续贪污之行为,以一罪论,其贪污数目合并计算之。

第十三条 在抗日政府成立前之贪污行为,不得追诉。

第十四条 本办法经临时参议会通过后,由边区政府颁布之。

第十五条 本办法自颁布之日起施行之,凡在本办法颁布前之各种临时惩治贪污之规定均属无效,惟其与刑法及刑事诉讼法不相抵触者,得适用刑法及刑事诉讼法规定。

十六、《晋冀鲁豫边区危害军队及妨害军事工作治罪暂行条例》(1942 年)

《晋冀鲁豫边区危害军队及妨害军事工作治罪暂行条例》

(1942 年 10 月 31 日公布)

第一条 有下列行为之一者,处死刑、无期徒刑或五年以上有期徒刑:

一、捕杀抗日军人及其家属者。

二、煽惑抗日军人逃叛通敌者。

三、组织暴动、捣毁机关、抢劫军用品、公用物者,或杀伤抗日军人者。

四、乘战争混乱迫害军队伤病员者。

五、组织、鼓动群众进行破坏军事,实施有据而情节严重者。

六、解除抗日军人之武装及破坏军用品者,但如因抗日军人违反抗日戒严之规定,或有持械非法行为而依法解除其武装者,不在此限。

七、经常制造有利于敌之谣言,破坏抗日军威信及抗日秩序与主动挑拨离间军民关系者。

八、勾结敌伪陷害抗日军人有据者。

第二条 有下列行为之一者,处一年以上、五年以下之徒刑:

一、殴打、辱骂抗日军人或恶意毁谤军事或政工人员者。

二、乘危急状况下对军人作非法要挟者。

三、故意传播谣言者。

四、偷盗军用品及军用材料者。

第三条 凡犯本条例第一、第二各条之罪行,得视为现行犯,不论军民,均可随时随地拘捕之,但须送交县政府处理。

第四条 对违犯本条例之行为的治罪,得适用刑法总则之规定。

第五条 本条例自颁布之日起施行。

十七、《晋冀鲁豫边区妨害公务违抗法令暂行治罪条例》（1942 年）

《晋冀鲁豫边区妨害公务违抗法令暂行治罪条例》

（1942 年 12 月 10 日公布）

第一条　妨害公务有下列行为之一者，处死刑、无期徒刑或五年以上之徒刑：

一、聚众骚扰、捣毁政府机关者。

二、绑架、杀害公务人员及其家属者。

三、对公务员执行职务时，聚众施行强暴、胁迫而致公务员于死或重伤者。

四、窃盗政府机关机密文件或印信者。

第二条　妨害公务违抗法令有下列行为之一者，处五年以下、三年以上之徒刑或者两千元以下、千元以上之罚金：

一、以强暴、胁迫或诈术，阻止公务员执行职务，或煽动公务员弃职逃亡者。

二、以强暴、胁迫或者诈术，阻止扰乱政府之集会者。

三、毁坏或窃盗公文书或重要公务者。

四、冒充公务人员骗征粮款或敲诈人民者。

五、恶意造谣、曲解、破坏或抵抗法令超过违警行为者。

第三条　妨害公务违抗法令有下列行为之一者，处三年以下、一年以上之徒刑或者千元以下、三百元以上之罚金：

一、冒充公务员招摇撞骗者。

二、制造行政纠纷或挑唆他人词讼者。

三、以声色、货利诱惑公务员腐化堕落贻误职务者。

四、减租减息后故意不退还文约者。

第四条　第一、二两条之未遂犯，罚之。

第五条　第一条至第三条之累犯，加重处罚。

第六条　本条例经晋冀鲁豫边区临时参议会通过后，由晋冀鲁豫边区政府公布施行。

十八、《晋冀鲁豫边区妨害婚姻治罪暂行条例》(1943 年)

《晋冀鲁豫边区妨害婚姻治罪暂行条例》

(1943 年 1 月 5 日)

第一条 本条例依据《中华民国刑法》妨害婚姻罪之原则制定之。

第二条 有下列行为之一者,处五年以下、一年以上之徒刑,得并科一千元以下之罚金:

一、贩卖妇女者。

二、霸占他人妻女者。

三、煽动抗战军人家属离婚或退婚成为事实者。

四、勒索财物,妨害寡妇再嫁者。

五、虐待妇女有据者。

六、抢亲者。

七、蓄婢或纳妾者。

八、重婚者。

第三条 有下列行为之一者,处一年以下有期徒刑,得并科三百元以下之罚金:

一、买卖婚姻者。

二、勒索财物妨害婚姻者。

三、妨害寡妇再嫁者。

四、挑拨他人夫妇不和而鼓动离婚者。

五、与有配偶之人通奸者。

六、租妻或合伙娶妻者。

七、强迫不到结婚或订婚年龄之男女结婚或订婚者。

八、不经本人同意,而强迫其结婚或订婚。

九、妨害成年男女自愿结婚或订婚者。

第四条 第三条第五款非其配偶不得告诉,但其配偶纵容、原宥或自知悉之日起逾六个月,无告诉权。

第五条 本条例自《晋冀鲁豫边区婚姻条例》颁布之日起发生效力,不溯及既往。

第六条 本条例经晋冀鲁豫边区临时参议会通过后,由晋冀鲁豫边区政府颁布施行。

十九、《晋冀鲁豫边区冀鲁豫行署查禁假鲁钞暂行办法》（1943 年）

《晋冀鲁豫边区冀鲁豫行署查禁假鲁钞暂行办法》

（1943 年 5 月 26 日公布）

第一条 本办法为适应抗战需要，粉碎敌伪以大量假鲁钞（简称假票）破坏我根据地金融制定之。

第二条 凡制造、贩卖或明知为假票而行使者，均以本办法治罪。

第三条 凡制造假票者，处死刑，并得按其情节之轻重没收财产之一部或全部。

第四条 凡贩卖假票或明知其为假票而行使者，依下列之例处断：

一、千元以上者，处死刑、无期徒刑或十年以上有期徒刑，得并科三倍至五倍之罚金。

二、五百元以上、千元未满者，处五年以下、三年以上有期徒刑，得并科三倍至五倍之罚金。

三、百元以上、五百元未满者，处三年以下有期徒刑，得并科或易科一倍至三倍之罚金。

四、不满百元者，得斟酌情形进行教育或予以轻微之处罚。

第五条 犯前条之罪自首者，得减轻其刑；因自首而破获制造、贩卖之机关或人犯者，减轻或免除其刑。

第六条 凡知有制造、贩卖或行使假票之机关或人犯，向政府或银行及工商管理局告发因而破获者，依下列规定予以奖励：

一、破获制造假票机关或人犯者，予以特殊之奖励。

二、查获假票在五百元以上者，予以百分之五至百分之十之奖金。

三、查获假票在百元以上者，予以百分之五之奖金。

第七条 凡查获之假票,不论属于何人,一律没收烧毁。

第八条 本办法如有未尽事宜,由本署修正之。

第九条 本办法自颁发之日施行。

二十、《晋冀鲁豫边区惩治贪污条例》(1948年)

《晋冀鲁豫边区惩治贪污条例》

(1948年1月10日公布)

第一条 为维护人民利益,根绝贪污,整顿纪律,特制定本条例。

第二条 本边区各级机关、团体、工厂、学校、公私合作社,及其他受政府领导或指导办理公营或公益事业的一切人员,犯有本条例各罪的,都按本条例治罪。

第三条 凡有下列行为之一的,为贪污罪:

1. 在土地改革中,侵占或者窃取群众斗争果实及依法应行交公之古董、图书等物者。

2. 缴获敌人物资应交公而私行留用者。

3. 凭借政治地位或职权,勒索、强占、敲诈或受贿者。

4. 吞没或盗卖公物、公粮、公产者。

5. 买卖公物从中舞弊者。

6. 浮报、冒领、克扣、截留应发给或解交的财物、粮款者。

7. 挪用公有财物供私人营利或享受者。

8. 其它利用职权对公有财物营利舞弊者。

第四条 犯本条例各罪,依贪污数目多少、影响之大小,照下列规定办理:

1. 贪污数目相当于七千斤小米市价以上的,处死刑、无期徒刑或十年以上、十五年以下的有期徒刑。

2. 贪污数目相当于五千斤小米市价以上、不满七千斤的,处五年以上、十年以下的有期徒刑。

3. 贪污数目相当于一千二百斤小米市价以上、不满五千斤的,处三年以上、五年以下的有期徒刑。

4. 贪污数目相当于七百斤小米市价以上、不满一千二百斤的,处三月以上、半年以下的劳役或撤职记过。

5. 不贪污数目相当于一百斤小米市价以上、不满七百斤的，处五年以上、十年以下的有期徒刑。

6. 贪污数目不满一百斤小米市价的，撤职记过。

7. 贪污实物或现款，均以发生贪污行为时当时当地的小米市价计算。

上列各项处分，得按情节轻重，酌量加重或减轻。

第五条 教唆他人贪污，照正犯治罪；帮助他人贪污，照从犯治罪。

第六条 集体贪污，以其负责人为主犯，其余，依情节分别照正犯或从犯治罪。

第七条 犯本条例各罪的人，所贪得之财物，其属于公有者，追缴归公；属于群众者，缴还群众；属于私人者，发还受害人。无法追缴的，按贪污数目多少及其家庭生活情况，没收其财产全部或一部以为抵偿。

第八条 凡在本条例公布以前之贪污行为，于本条例公布后三个月内坦白自首者，除按第七条酌情追缴其贪污财物外，得减免其刑。

第九条 犯本条例各罪的贪污人员，应由发生贪污所在地之县级人民法庭审判，但在土改期间得由犯罪所在地之区村临时人民法庭审理。被告人如对判决不服，准许上诉，经二审判决后，不得再行上诉。

第十条 在土地改革期间，区村临时人民法庭判处死刑，须报请行署区人民法庭批准；判处徒刑，须报请该管县级人民法庭批准，始得执行。违犯上项规定擅自执行者，依情节由具有该案批准权之人民法庭议处。

第十一条 军人犯贪污罪，除侵占或窃取群众斗争果实应交人民法庭依本条例处办外，其余由军事法庭依军法处理。

第十二条 任何人均有权揭发、报告贪污人员，但栽赃诬陷的，以诬告罪处罚。

第十三条 本条例颁布施行后，所有本府及所属各级政府以前颁行的惩治贪污法令一律作废。

第十四条 本条例有未尽事宜，得随时修改之。

第十五条 本条例自公布之日施行。

二十一、《晋察冀边区惩治贪污条例》(1942年)

《晋察冀边区惩治贪污条例》*

(1942年10月12日通过,1942年10月15日公布施行)

第一条 本条例依据《中华民国刑法》及《中华民国惩治贪污条例》之立法精神,并参合边区实际情况制定之。

第二条 边区各部队及各级机关团体之工作人员犯本条例之罪者,依本条例处断之。受政府领导或者指导办理社会公益事业之人员犯本条例之罪者,亦同。

第三条 有下列行为之一者,为贪污罪:

一、克扣或截留应行发给或解交财物、粮饷供私用者。

二、买卖公物从中舞弊者。

三、盗窃、侵吞公有财物、粮饷者。

四、侵占、私征或强募人民财物者。

五、挪用公有财物供私人营利者。

六、擅自动用或处分所保管之公有财物者。

七、浪费公有财物供私人挥霍享乐者。

八、伪造或虚报收支账目者。

九、勒索、敲诈、收受贿赂者。

第四条 犯第三条之罪者,以其贪污数目之多少及发生影响之大小,依下列之规定惩治之:

一、贪污数目在五百斤小米市价以上者,处死刑或十年以上之有期徒刑。

二、贪污数目在三百斤小米市价以上、五百斤小米未满者,处死刑或七年以上之有期徒刑。

---

* 1937年10月,聂荣臻率八路军一一五师部分在河北省保定市阜平县开辟晋察冀根据地。11月成立晋察冀军区,1938年1月成立晋察冀边区行政委员会。后发展为包括山西、河北、察哈尔、热河、辽宁等省各一部的广大地区,成为非常重要的抗日根据地。——编者注。

三、贪污数目在一百斤小米市价以上、三百斤小米未满者，处七年以下、一年以上之有期徒刑，得并科五百斤以下之小米折价的罚金。

四、贪污数目未满一百斤小米市价者，处一年以下之有期徒刑、拘役，得并科或专科三百斤以下之小米折价的罚金。

贪污实物以发生贪污行为时当地之市价计算。

第五条 前二条之未遂罪，罚之。

第六条 犯本条例之罪者，其所得之财物属于公有者，应予追缴；属于私人者，视其性质分别予以没收或发还受害人。一部或全部无法追缴时，没收其财产抵偿。但财产不及或仅及应追缴之价额时，应酌留其家属之生活费。

第七条 诬告或陷害他人犯本条例之罪者，依刑法之规定从重处断。

第八条 犯本条例之罪于发觉前自首者，除以第六条之规定追缴贪污财物外，得减轻或免除其刑。

第九条 犯本条例之罪者，由有军法职权之机关审判，呈请晋察冀边区行政委员会核准执行之。

第十条 刑法总则、刑事诉讼法之规定，与本条例不相抵触者，适用之。

第十一条 本条例解释及修改之权属晋察冀边区行政委员会。

第十二条 本条例自公布之日施行。

二十二、《晋西北惩治贪污暂行条例》(1941 年)

《晋西北惩治贪污暂行条例》*

(1941 年 9 月公布)

第一条 凡游击区之各机关、群众团体及办理公营企业或社会公益事务人员，犯本条例之罪者，以本条例处断。

第二条 凡有下列行为之一者，即以贪污论罪：

(一)克扣或截留应行发给或交纳之财物者。

(二)买卖公物、建筑工程、经收款及征用民夫、牲畜、财物，从中舞弊者。

(三)盗卖、侵占或窃取公有财物者。

(四)偷损或擅提公有财物者。

(五)擅自没收他人财物者。

(六)藉势或藉端勒索、勒征、强占、强募或向民众摊派财物者。

(七)以公用舟车、马匹、驮兽装运违禁或漏税物品者。

(八)违背法令收募捐税、公债者。

(九)擅挪公款而供私人使用或营利者。

(十)伪造、变造或捏报收支账簿款项者。

(十一)图私人便利而浪费公有财物者。

(十二)于第二款以外，对于主管或监督之事务直接或间接图谋私利者。

第三条 凡第二条所举罪状中之任何一项或一项以上者，以其数目之多少及情节之轻重，依下列之规定惩治之：

(一)贪污数目(或物品之相当价格数目——下同)在一千元

---

* 1937 年冬，八路军 120 师进入晋西北，创立了晋西北根据地。同年 8 月，120 师一部和地方武装组成大青山支队，挺进绥远北部，开辟了大青山抗日根据地。1940 年 1 月 15 日，正式建立晋西北民主政权，称山西省第二游击行政公署，1941 年 8 月 1 日改为晋西北行政公署，1943 年 11 月改为晋绥边区行政公署。——编者注。

以上者,处死刑。

(二)贪污数目在一千元未满、五百元以上者,处五年以上之有期徒刑。

(三)贪污数目在五百元未满、一百元以上者,处五年以下、三年以上之有期徒刑。

(四)贪污数目在一百元未满、五十元以上者,处三年以下、一年以上之有期徒刑。

(五)贪污数目未满五十元以上者,处一年以上之有期徒刑。

第四条 前两条之未遂罪(即预备谋犯第二条之罪已经证明者),处一年以下有期徒刑,或按其情节轻重罚以苦役或予以其他处分。

第五条 此前二条各罪犯,如有情节特殊者,得提高一、二等或降低一、二等处治。

第六条 犯本条例之罪,于发觉前自首者,得减轻或免除其刑。

第七条 犯本条例之罪者,其所得之赃款、赃物,均应予以追缴,于缴出后发还该款物之原主或应有者。赃款、赃物之一部或全部无法追缴原属品质时,须得以其他品质之款项或物品抵扣补偿。如无任何力量缴纳,得没收其家产补偿之。惟当其全部家产不及应缴纳之价额时,得酌留其直系家属最低之生活必需费。

第八条 诬陷或诬告他人犯本条例之罪者,依刑法之规定从重处断。

第九条 犯本条例之罪者,由司法机关依法审理。

第十条 本条例未规定者,得依其他法令之规定执行之。

第十一条 本条例自公布之日施行。

二十三、《晋西北禁烟治罪暂行条例》(1941年)

《晋西北禁烟治罪暂行条例》

(1941年11月1日)

第一条 为肃清烟毒,抵制敌人毒化政策,保卫民众健康,特制定本条例。

第二条 本条例称烟毒者,系指鸦片、罂粟及罂粟种子。但供医药及科学使用之鸦片,经专署以上政府证明者,不在此限。

第三条 意图制造鸦片而栽种罂粟者,处死刑,但在敌占区种植者,得酌情处以罚金。

第四条 运输、贩卖或者意图运输、贩卖而持有鸦片者,处二年以上、十年以下有期徒刑,得并科五千元以下之罚金;其数量在二百两以上者,处死刑。但持有专署以上政府发给之解运执照者,不在此限。

第五条 运输、贩卖或意图运输、贩卖而持有罂粟种子者,处三年以上、十年以下有期徒刑,得并科五千元以下之罚金。

第六条 意图营利设所以鸦片及烟具供人吸食者,处二年以上、十年以下有期徒刑,得并科三千元以下之罚金。

第七条 吸食鸦片者,准予在本条例颁布后一年内服食戒烟药丸戒绝之,在戒烟期内仍吸食鸦片,或逾期仍未戒绝者,处三年以下有期徒刑。但年在二十五岁以上之吸食者,其戒烟期限得延长至二年;五十岁以上者,得延长至三年。

第八条 帮助他人犯本条例第三条、第四条、第五条、第六条、第七条之罪者,处五年以下有期徒刑。

第九条 犯本条例第三条、第四条、第五条、第六条之未遂犯,罚之。

第十条 军政民工作人员、办理公营事业及学校教职员犯本条例第四条、第五条、第六条、第八条之罪者,加倍处罚。

第十一条 犯本条例各条之罪,其鸦片、罂粟种子或吸食鸦片之器具,均没收之,并解交行署处理。

第十二条 犯本条例各条之罪受六月以上有期徒刑之宣告者,褫夺公权一年以上、十年以下;宣告死刑者,褫夺公权终身。

第十三条 本条例所未规定者,依其他法令之规定。

第十四条 本条例自公布之日施行。

二十四、《晋西北修正扰乱金融惩治暂行条例》(1941 年)

《晋西北修正扰乱金融惩治暂行条例》

(1941 年 11 月 1 日施行)

第一条 为了巩固根据地,稳定金融,增加本区人民利益,特制定本条例。

第二条 凡在本区域而犯本条例之罪者,不论机关、部队、团体、民商,一律依本条例处理。

第三条 西北农民银行所发行之纸币,为本区(根据地内及游击区)唯一合法之本位币,其他货币(包括银洋、现金银及其他非本位货币)除准储蓄保存外,一律禁止在市面行使。

第四条 为便于对外贸易,防止敌伪夺取外汇,对法币采取保护办法。在一定时期以前,暂准周使,但不得贩卖之。停止周使之时期,以命令行之。

第五条 携带银洋、法币出境,须依本区《管理对外贸易办法》及《管理外汇办法》之规定履行手续,取得银行之证明文件。

第六条 原有之银洋及其他非本位货币,在准备使用前,必须持向就近之银行(无银行之处委托贸易局,无贸易局之处委托县级以上政权机关负责),依该行挂牌价格兑换为农币使用之。

第七条 凡贩运或意图贩运而持有银洋(银锭、金银条在内)者,依下列规定处理:

(一)五十元未满,处一年以下有期徒刑,或科二倍以下之罚金。

(二)五十元以上、三百元未满,处二年以下有期徒刑,得并科五倍以下之罚金。

(三)三百元以上、五百元未满,处三年以下有期徒刑,得并科七倍以下之罚金。

(四)五百元以上、千元未满,处五年以下有期徒刑,得并科十倍以下之罚金。

（五）千元以上者，处死刑。

第八条 大量贩运法币（或与西北农民银行通汇之各行钞票，如晋察冀边钞、陕甘宁边钞、冀南银行及渤海银行钞票）者，依下列规定处理：

（一）五百元以上、千元未满者，科以二倍以上、五倍以下之罚金。

（二）千元以上、三千元未满者，科以三倍以上、七倍以下之罚金。

（三）三千元以上者，处二年以下有期徒刑，得并科五倍以上、十倍以下之罚金（法币等数目应依黑市变化，重行酌定，约计原法币一千元者，今应为五万元）。

第九条 贩运或意图贩运银洋、法币往敌占区，或携带银洋、法币到敌占区购货，不履行贸易局及银行之手续者，依前两条之规定加重其刑罚一倍。但法币在五百元以下者，科以四倍以上、十倍以下之罚金；银洋在五百元以上、法币在八千元以上者，处死刑。

第十条 在根据地内行使银洋或意图行使而持有银洋者，除在五十元以内全数没收外，依下列规定处理：

（一）五十元以上、百元未满，处一年以下有期徒刑，或科以二倍以下之罚金。

（二）一百元以上、五百元未满，处一年以上、二年以下有期徒刑，得并科二倍以上、五倍以下之罚金。

（三）五百元以上、一千元未满，处二年以上、三年以下有期徒刑，得并科三倍以上、七倍以下之罚金。

（四）一千元以上、二千元未满，处三年以上、五年以下有期徒刑，得并科五倍以上、十倍以下之罚金。

（五）二千元以上者，处死刑。

第十一条 前列第七、八、九、十条之未遂犯，依同条之规定处理之。

第十二条 在根据地内为保存或到银行兑换而移动银洋者，在五元以下，领取村公所证明，十五元以下区公所证明，十五元以上县政府证明，百元以上专署或行署银行分行或总行证明。无证明者，以行使论。干部如有为袒护行使而书具转动证者，以贪污论罪。在游击区内移动者，暂可不取具证明。

第十三条 在根据地内，绝对禁止敌伪货币及其票据之行使与私藏，违者，除在五十元以下处二年以下有期徒刑、四倍以下之罚金外，均依第十条之规定加重二倍处罚；其数额在五百元以上者，处死刑。如系贩运，依第七条加重二倍处罚，其数额在三百元以上者，处死刑。

在游击区禁止敌伪货币及其票据行使与贩运，惟在二月一日以前准其向银行要求出卖或存入，其愿往敌占区购货者，得准予取得贸易局之许可，向银行请发证明文件携带出境；二月一日以后，依前项办法处理之。

第十四条 犯本条例之规定治罪者，其所贩运、行使或私藏之货币（系伪币），全数没收之。

第十五条 因报告而查获时，除为报告人保守秘密外，并依下列规定奖励之：

（一）报告人如系民商，奖没收款百分之二十四；如系工作人员时，奖百分之十二。

(二)查获人奖百分之八,如无报告人时,查获人奖百分之十五。

(三)执行人奖百分之八。

第十六条 本条例所指罚金及奖金,均系按当时银行挂牌价格折算。

第十七条 故意抬高市价,造谣惑众,扰乱金融者,得按情节轻重予以处罚。

第十八条 本条例之执行限于行署、专署、县政府,其出外查验人员必须携带政府制发之查验证,其他机关、部队与团体有协助之义务,无执行权。

第十九条 凡查验人员徇情受贿或者私自吞没者,以贪污论罪,其他军政民无查验证而私行查验甚至受贿、吞没者,依诈财论。

第二十条 本条例所未规定者,依其他法令之规定。

第二十一条 本条例公布施行后,前颁发之《扰乱金融惩治暂行条例》即行失效。

第二十二条 本条例自本年十一月一日施行。

二十五、《晋绥边区修正扰乱金融惩治暂行条例补充办法》（1942年）

《晋绥边区修正扰乱金融惩治暂行条例补充办法》*

（1942年2月15日施行）

一、凡法币以外之其他非本币（无论任何地方银行纸币），在本根据地内，一律禁止周使。凡商民、机关、部队、团体，如有旧存者，限公布后十五日内，向银行按照挂牌价兑换本币，逾期仍有周使者，其在一千元以下者，予以没收；一千元以上者，依照《修正扰乱金融惩治暂行条例》第八条规定之处罚处办之。

二、凡未经银行按照《对外汇兑办法》允准，亦未取得证明在文件，而私行将非本币输出或输入本根据地者，经查获后，依照下列规定处理：

甲、法币除在十元以内者不究外，五十元以上、一千元以下者，一律没收。

乙、法币在一千元以上、五千元以下者，除没收外，得并科以三倍以下之罚金。

丙、法币在五千元以上、一万元以下者，除没收外，得并科以七倍以下之罚金，并得处以二年以下之徒刑。

丁、法币在一万元以上、二万元以下者，除没收外，得并科以二倍以上、十倍以下之罚金，并处以二年以上、五年以下之徒刑。

戊、法币在二万元以上者，除没收外，并处以死刑。

己、所有生金银及银洋以外之其他非本币，均依照法币论处。

庚、所有汇票、汇信，均视同现款处理之。

（法币等，均应依黑市变化，重行酌定其数目，约计一千元者，

---

* 晋绥边区是抗日战争时期我党领导的革命根据地之一，包括山西省西北部和绥远省东南部广大地区。——编者注。

现在应为五万元)。

三、凡民商、机关、团体、部队人员,一切交易,必须完全以本币为计算标准,如有法币之交易与债权债务等关系而发生纠葛者,得一律按银行挂牌价格折付本币,违者以扰乱金融论罪。

四、在征收田赋、村款期间,如有奸商乘机以本币在乡村收买银洋者,以贩卖银洋论罪,严予处罚。如有行政干部与征收人员私自接收银洋,代为兑换本币者,不论其理由如何,一律以贪污论。

二十六、《山东省惩治贪污暂行条例》(1940 年)

《山东省惩治贪污暂行条例》

(1940 年 12 月 23 日公布施行)

第一条 本省所属之行政机关、武装部队及公营企业之人员,触犯本条例规定之罪者,依本条例处断之。

群众团体及社会公益团体之人员,触犯本条例之罪者,亦依本条例处断之。

第二条 有下列行为之一者,以贪污论罪:

一、买卖公共用品从中舞弊者。

二、克扣或截留应行发给或交纳财物者。

三、盗窃或侵吞公家财物者。

四、强占、强征或强募财物者。

五、意在图利,贩运违禁或漏税物品者。

六、擅移公款作为私人营利者。

七、违法收募税捐者。

八、伪造或虚报收支账目者。

九、勒索、敲诈、招摇撞骗、收受贿赂者。

十、为私利浪费公用财物者。

第三条 犯第二条各款之罪者,以其数目之多少及发生影响之大小,依下列之规定惩治之:

一、贪污财物在五百元以上者,处死刑或五年以上之有期徒刑;

二、贪污财物在三百元以上、五百元以下者,处三年以上、五年以下有期徒刑;

三、贪污财物在一百元以上、三百元以下者,处一年以上、三年以下之有期徒刑;

四、贪污财物在一百元以下者,处一年以下之有期徒刑或苦役。

第四条 第二条之未遂罪,不得按第三条之规定处罚之。

第五条 触犯本条例规定之罪者,除照第三条各款之规定处罚外,应追缴其财物,视其性质分别发还受害人全部或一部。如无法追缴时,追缴其价。

第六条 触犯本条例之罪,于发觉前自首者,除依第五条之规定令其缴出所得财物外,得减轻或免除其刑。

第七条 犯本条例之罪者,由所属机关之主管人员送交审判机关审判之。

第八条 本条例解释、修改之权,属于山东省临时参议会。

第九条 本条例自山东省临时参议会通过后公布施行之。

二十七、《山东省惩治盗匪暂行条例》(1942 年)

《山东省惩治盗匪暂行条例》

(1942 年 9 月 6 日参议会通过,同年 9 月 10 日
战工会*公布施行)

第一条 为消灭匪患,安定社会秩序,特依据《山东省战时施政纲领》制定本条例。

第二条 有下列行为之一者,为匪盗,处死刑:

一、掳人勒赎者;

二、于盗所强奸妇女者。

三、持有枪械或其他武器,在陆地或水上聚众抢劫者。

四、抢劫或行劫而杀人,或伤人致死,或致笃疾,或伤害二人以上者。

五、勾通或窝藏盗匪,分赃有据者。

六、帮助抢劫勒赎,或窝藏被掳人得赃者。

七、破坏公营事业或军事政治设施,情节重大者。

八、因看守赃物或脱逃而持械伤人者。

九、抢劫囚犯,或持众胁迫脱逃之首谋及教唆者。

十、现役军人或其他工作人员有盗匪行为或依其他方法帮匪者。

第三条 说票者,按其情节轻重,处死刑、无期徒刑或五年以

---

* 全称"山东省战时工作推进委员会"。1938 年,八路军 115 师等部陆续挺进山东,当年 12 月,中央决定组建八路军山东纵队,为山东抗日根据地的开辟和山东抗日民主政权的建立奠定了基础。在中共山东分局的领导下,到 1940 年 7 月,山东抗日根据地建立了一个行政主任公署,10 个专员公署,66 个县级抗日民主政府。1940 年 7 月—8 月,山东省各界救国联合会成立大会在沂蒙山区沂南县召开,大会否决了国民党圈定的所谓山东出席国大的代表,选举徐向前、罗荣桓等 61 人为真正代表山东民意的国大代表。大会通过了《山东省临时参议会组织条例》,颁布了《山东省战时施政纲领》,成立了全省统一的民意机关——山东省临时参议会,大会制定了《山东省战时工作推行委员会组织大纲》,选举成立了全省统一的行政权力机关——山东战时工作推行委员会(简称战工会)。

上有期徒刑。

第四条 有下列情形之一者,处三年以上有期徒刑;

一、犯第二条各款之一,在未发觉前自首者;

二、窝藏匪犯或帮助匪犯脱逃者。

三、窝藏被掳人者。

第五条 有下列情形之一者,处一年以上、三年以下有期徒刑:

一、犯罪人之行为,确系情有可原者。

二、从他人为匪,未得赃者。

三、掳人勒赎,未得赃亦未加害而释放被掳人者。

四、已着手于犯罪行为之实行而不遂,或其行为不能发生犯罪之结果,又无危害或意识转变中止者。

五、藏匿盗匪、纵匪脱逃者。

第六条 民众能自动捕获盗匪,举发盗匪巢穴,或指引盗匪踪迹,因而破获者,得酌予奖励。

第七条 人民遭遇盗匪绑劫时,其家属或其他关系人,必须立即向当地政府报告,不得隐蔽或暗用金钱赎回。

第八条 凡盗匪案件概归政府处理,惟现役军人有触犯本条例各罪之规定时,送由各该军法机关处理。

第九条 依本条例判处之罪行,由该审理盗匪案件机关具备案由,报告战工会或所属主任公署或直辖专署核准后执行。

第十条 凡盗匪案件,除适用本条例外,如有未尽事宜,适用刑法之规定。

第十一条 死刑之执行用枪毙。

第十二条 本条例之制定与修正权,属于山东省临时参议会。

第十三条 本条例施行期间暂为一年。

第十四条 本条例自山东省临时参议会通过后公布施行之。

二十八、《山东省禁毒治罪暂行条例》(1943 年)

《山东省禁毒治罪暂行条例》

(1943 年 4 月 2 日公布,同年 5 月 1 日施行)

第一条 本条例根据国民政府《禁毒治罪条例》,参照山东省实际情形制定之。

第二条 本条例所称毒品者,系指吗啡、高根、海洛因及其化合物或配合而成之各色毒丸。

第三条 制造或运输毒品者,处死刑。

第四条 贩卖或意图贩卖而持有毒品者,处死刑或无期徒刑。

第五条 意图营利为他人施打吗啡或设所供人吸用毒品者,处死刑或无期徒刑。

第六条 施打吗啡或吸用毒品者,处一年以上、三年以下有期徒刑,有瘾者限期戒绝;再犯者,处死刑。其自行投戒者,免除其刑,但以一次为限。

第七条 制造、贩卖或意图贩卖而持有专供施打或吸用毒品之器具者,处七年以下有期徒刑,得并科三千元以下罚金。

第八条 帮助他人犯以前各条之罪者,处五年以上、十年以下有期徒刑。

第九条 犯本条例第三条、第四条、第五条之罪,而能供出毒品制造所或其主要犯人而破获者,得减轻其刑。

第十条 栽赃诬陷或捏造证据,诬告他人犯本条例各条之罪者,处以各该条之罪。

第十一条 公务员包庇或收受贿赂者,纵容他人犯前条各罪或故纵本条例各条罪犯脱逃者,处死刑或无期徒刑。

第十二条 查获毒品,须将原物呈交司法机关,匿报、掺假者,处死刑或无期徒刑。

第十三条 本条例修正、解释之权,属于山东省临时参议会。

第十四条 本条例经山东省临时参议会通过,由山东省战时工作推进委员会公布施行之。

第十五条 本条例施行日期由山东省战时工作推行委员会另以命令定之。

二十九、《山东省惩治贪污公粮暂行条例》(1943 年)

《山东省惩治贪污公粮暂行条例》

(1943 年 8 月 1 日施行)

第一条 为节约粮食,减轻人民负担,特制定本条例。

第二条 凡本省政权机关、部队、团体及公营事业之人员,有贪污公粮之行为者,悉依本条例处理之,但以直接贪污之人员为限。

第三条 有下列行为之一者,为贪污:

一、盗卖或侵吞公粮者。

二、擅行群众募集加征,或以其他不正当方法没收自肥者。

三、伪造或私自涂改粮票者。

四、以粮票交换物品自肥者。

五、查获偷运之粮食,不据实报告者。

六、浮报、浮支及伪造账簿、单据自肥者。

七、以其他任何方式冒领或克扣公粮自肥者。

第四条 违犯第三条各款之一者,依下列之规定惩处之:

一、贪污公粮在五百斤以上者,处死刑、无期徒刑或十年以上有期徒刑。

二、贪污公粮在三百斤以上、不满五百斤者,处五年以上、十年以下有期徒刑。

三、贪污公粮不满三百斤者,处五年以下有期徒刑,或按其贪污粮食数目二倍处罚。

第五条 贪污公粮,除依第四条各款之规定处理外,并追缴其贪污之公粮或依价赔偿之。

第六条 贪污公粮自首者,除追缴其贪污之公粮外,减轻其刑。

第七条 凡违反本条例第三条之规定者,无论系人民告发或经粮食部门与当事机关之察觉,概归司法机关审理之。

第八条 本条例施行前有贪污粮食行为者,不适用本条例。

第九条 本条例如有未尽事宜,得随时修正之。

第十条 本条例经山东省临时参议会通过,由山东省战时工作推行委员会公布施行。

三十、《修正山东省惩治贪污暂行条例》(1945 年)

《修正山东省惩治贪污暂行条例》

(1945 年 3 月 10 日公布施行)

第一条 凡本省各级行政机关公营企业所有工作人员,有犯贪污行为者,均依本条例处理之。

第二条 有下列行为之一者,以贪污论罪:

一、买卖公共用品从中舞弊者。

二、克扣公交财物自肥者。

三、伪造或虚报收支账目者。

四、擅移公款作为私人营利者。

五、假借公家名义私收捐税或私募资财者。

六、勒索、敲诈、收受贿赂者。

第三条 犯第二条各款之一者,按其数目之多少及所发生影响之大小,依下列各款之规定惩治之:

一、贪污财物在二千元以上者,处死刑或十年以上之有期徒刑;

二、贪污财物在一千五百元以上、不满二千元者,处五年以上之有期徒刑;

三、贪污财物在一千元以上、不满一千五百元者,处三年以上、十年以下之有期徒刑;

四、贪污财物在五百元以上、不满一千元者,处一年以上、五年以下之有期徒刑。

五、贪污财物在五百元以下者,处三年以下之有期徒刑或拘役。

第四条 犯多次贪污行为者,审理时将其贪污数目合并论罪,其判决后,再犯贪污行为者,按累犯处理之。

第五条 贪污犯,除按第三条各款之规定处罚外,并追还其财物;如实物已不存在,得追缴物之所值。

第六条 贪污犯在被发觉前自动坦白,声明悔过,并将所贪污之财物交出者,得免予处罚。在坦白后再犯贪污行为者,以累犯论罪。

第七条 本条例由山东省临时参议会修正通过,山东省战时行政委员会公布施行。

第八条 自本条例公布之日起,前山东省战时工作推行委员会民国二十九年十二月二十三日公布之《惩治贪污暂行条例》即行废止。

三十一、《山东省惩治战争罪犯及汉奸暂行条例》(1945 年)

《山东省惩治战争罪犯及汉奸暂行条例》

(1945 年 8 月公布)

第一条 为保障民族战争彻底胜利,巩固世界和平事业,予战争罪犯及汉奸以应有的惩罚,特制定本条例。

第二条 有下列行为之一者,处死刑或十年以上有期徒刑,褫夺公权终身,其财产处理办法另定:

(一)在战争期间自始至终效忠于日本军国主义,罪大恶极,为人民所痛恨者。

(二)日本军部、特务机关、联络部、宪兵队之主官或主谋者。

(三)于日本宣布投降后,组织拒降,坚决抵抗或残杀人民者。

(四)在战争混乱期间乘机烧杀,制造内战者。

(五)伪军、伪警、伪政权组织之主官或主谋,并积极破坏民族解放事业者。

(六)残杀、虐待战争俘虏者。

(七)主谋、主使组织封建会门、迷信团体为敌效劳,积极破坏民族解放事业者。

(八)组织破坏我方之军事、政治、经济、文化及交通设备发生损害者。

(九)组织破坏我方之前线或后方而发生损害,有人为证查实者。

(十)组织叛变投敌或叛变投敌,积极破坏民族解放事业者。

(十一)制造惨案屠杀人民者。

(十二)偷窃国家军政秘密,破坏抗日战争之主谋、主使者。

(十三)为敌捕捉壮丁、招募劳工之主谋、主使者。

(十四)为敌掠夺军事器材、资财、粮食之主谋、主使者。

(十五)通缉在逃之战争罪犯、卖国奸贼而拒捕者。

第三条 有下列行为之一者,处一年以上、十年以下有期徒刑,褫夺公权期间与刑期同。

(一)前条第三、七、八、九、十各款之从犯。

(二)前条第二、三、四、五、六、七、八、九、十、十一、十二、十三、十四各款之未遂犯。

(三)除前条各款所列举以外,通敌或帮助敌人破坏抗战之汉奸。

第四条 包庇、隐匿、纵容第二条所举之罪犯者,处二年以上、十年以下之有期徒刑;包庇、隐匿、纵容第三条所举之罪犯者,处三年以下之有期徒刑。

第五条 凡上列各条所举之罪犯,任何人均有报告、检举、逮捕以归案法办之权。

第六条 本条例之解释、修正权,属于山东省参议会。

第七条 本条例自公布之日施行。

三十二、《渤海区惩治贪污暂行办法》(1943年)

《渤海区惩治贪污暂行办法》*

(1943年7月2日通过)

第一条 本区所属之行政机关、武装部队及公营企业之人员,触犯本办法规定者,依本办法处断之。

第二条 有下列行为之一者,以贪污论罪:

一、克扣或截留应行发给或交割之粮食或其他财物者。

二、收支公粮或买卖公物用品,从中舞弊者。

三、窃盗、侵吞公粮或其他财物者。

四、违法强征、强募粮食或其他财物者。

五、意在图利,违法偷运粮食,或贩运违禁及漏税物品者。

六、擅移公粮、公款作为私人营利者。

七、违法收募税捐者。

八、勒索、敲诈、招摇撞骗、收受贿赂者。

九、伪造或虚报收支账目者。

十、为私利浪费公粮或其他公用财物者。

第三条 犯第二条各款之罪者,依其数目之多少及发生影响之大小,依下列之规定惩治之:

一、贪污粮食在五百斤以上或其他财物在二千五百元以上者,处死刑、无期徒刑或五年以上之有期徒刑。

二、贪污粮食在三百斤以上、不满五百斤或者其他财物在一千五百元以上、不满两千五百元者,处三年以上、五年以下有期徒刑。

三、贪污粮食在一百斤以上、不满三百斤或者其他财物在五

* 1943年3月,山东军区与第一一五师合并,成立新的山东军区。下辖鲁中、鲁南、滨海、胶东、清河、冀鲁边等六个军区。山东抗日根据地相应地划分为鲁中、鲁南、滨海、胶东、清河、冀鲁边等六个区,建立行政公署。1944年1月,清河军区与冀鲁边军区合并为渤海军区,清河区与冀鲁边区合并为渤海区。

百元以上、不满一千五百元者,处一年以上、三年以下之有期徒刑。

四、贪污粮食不满一百斤或者其他财物不满五百元者,处一年以下之有期徒刑或劳役。

所谓以上、以下者,俱连本数或本刑计算。

第四条 第二条之未遂罪,不得按第三条之规定处罚之。

第五条 浪费公粮或公款,依第三条之规定,按实际情况减轻处罚之。

所谓浪费者,指不按制度与公务上需要,不应开支而开支,或应少开支而多开支而言。

第六条 犯本办法规定之罪者,除照第三条之规定处罚外,并追缴原物发还原主。全部或一部无法追缴时,追缴其价额。

第七条 犯本办法之罪,于发觉前自首者,除依第六条之规定令其交出粮食、财物外,得减轻或免除其刑。

第八条 犯本办法规定之罪者,由所属机关主管人员送交审判机关审判之。

第九条 本办法由渤海区临时参议会公布施行,解释、修正权,属于渤海区临时参议会。

三十三、《山东省胶东区行政公署司法处关于“褫夺公权”的几个问题》(1947年)

《山东省胶东区行政公署司法处关于“褫夺公权”的几个问题》

(1947年4月29日公布)

一、“褫夺公权”的认识

公权,是民主社会里,在政治上、法律上一律平等原则下,人民对国家所具有的民主权利。例如选举权、罢免权、诉讼权、教育权、公务工作权等,故公权的范围是极广泛的。但我们对于犯罪者宣告褫夺的“公权”,应该是指人民所公认最荣誉或最重要的资格而言,也就是应该指明哪几种权利不准行使,不然在执行上因认识上的不一致,易发生某些偏差(例如有的被“褫夺公权”后,误认为其公民资格已全被取消,连生活上的一切权利都受到限制,这是极不正确的)。对犯罪者应予褫夺“公权”的范围,我现行民主法令虽无明文规定,但一般的解释上,不外下列的几种:

1. 选举权与被选举权。

2. 罢免权。

3. 创制权与复决权。

4. 公职候选人资格。

5. 为公务人员的资格。

6. 学校教员的资格。

7. 其他人民所公认最荣誉的资格。

二、宣告“褫夺公权”的运用问题

1. 褫夺公权本属“徒刑”之一种,通常应该是随着“主刑”(如死刑、徒刑、罚金……等)同时宣告的,但按今天民主生活里的实际需要,在某种特殊情况下有单独宣告褫夺公权之必要时,亦可专科褫夺公权,但在判徒刑或罚金的情况下,应斟酌犯罪的性质及实际上是否有褫夺公权的必要而定，例如对奸特恶霸等政治犯，一般的应该是宣告夺权，如普通刑事犯，估计到如准其行使公权，尚不至危害群众利益者，一般的可不必宣告夺权。

2. 其次，宣告"褫夺公权"时，就实际需要，亦可单独褫夺其某一部分的权利。例如，对军属犯，褫夺其优待权；对贪污犯，褫夺其为公务员的权利……之类。

3. 褫夺公权的期限问题，过去多与徒刑刑期相同或少于徒刑刑期，总之宣告的期限一般的都是失之过长。今后的标准，如系单独宣告褫夺公权者，一般的不超过二年，判处徒刑而宣告夺权者，一般不超过五年。

4. 褫夺公权开始执行期间，单独宣告褫夺公权者，应自判决确定时起开始计算；判处徒刑宣告褫夺公权者，应自徒刑执行完毕时开始计算；经假释者，应于假释期满时开始计算。

5. 徒刑执行期内(经假释者，余刑期内)认为是当然不能行使公权期间。

6. 褫夺公权未满期前，表现好者，得由村政府请求县政府批准复权，并应召集宣告复权大会。

7. 褫夺公权须经司法机关之宣告，群众为保卫公共利益，对于坏分子，认为有限其公权行使之必要者，得呈请县府单独宣告褫夺公权。

三十四、《修正淮海区惩治贪污暂行条例》(1941 年)

《修正淮海区惩治贪污暂行条例》*

(1941 年 11 月)

第一条 本地区所属机关、部队及公营企业职人员触犯本条例规定之罪者,悉依本条例处断之。

第二条 有下列行为之一者,以贪污论罪:

一、克扣或截留应行发给或交纳之财物者。

二、买卖公用品从中舞弊者。

三、盗窃或侵吞公家财物者。

四、强占、强征、强募财物者。

五、意在图利,贩运违禁或漏税物品者。

六、挪移公款,作为私人营利者。

七、违法收募税捐者。

八、伪造或虚报收支账目者。

九、为私利浪费公用财物者。

第三条 犯前条各款之罪者,以其数目多少及发生影响之大小,依下列规定惩处之:

一、贪污财物在抗币一千元(抗币一元合法币五十元)以上者,处死刑或七年以上之有期徒刑。

二、贪污财物在抗币一千元以下、五百元以上者,处十年以下、五年以上之有期徒刑。

三、贪污财物在抗币五百元以下、三百元以上者,处五年以下、三年以上之有期徒刑。

---

* 淮海抗日根据地是苏北抗日根据地的重要组成部分,1940 年 5 月,八路军主力一部南下豫皖苏地区,8 月下旬,主力部队东渡运河开辟淮海抗日根据地。1940 年 9 月 18 日,苏皖区党委在沭阳钱集召开士绅和各界代表会议,决定成立淮海专员公署。1941 年 5 月,苏皖区党委改称淮海区党委。1942 年 3 月,淮海专属改为淮海行署。——编者注。

四、贪污财物在抗币三百元以下者,处三年以下之有期徒刑。

第四条 贪污之未遂犯,减处之。

第五条 犯本条例之罪,除依第三条处断外,应追赔贪污所得之财物或相等代价。

第六条 犯本条例之罪,于发觉前自首者,并缴出所贪污之财物或代价者,得减免其刑。

第七条 在侦查、审判中自白者,得减轻其刑。

第八条 本条例未规定者,依照刑法之规定。

第九条 本条例公布后,前颁《淮海区惩治贪污条例》废止之。

第十条 本条例施行前审理未结之贪污案件,自施行之日起依本条例处断之。

第十一条 本条例经淮海区参议会通过,交由行政公署公布施行。其修正手续亦同。

第十二条 本条例自公布日起施行。

三十五、《淮海区惩治盗匪暂行条例》(1941 年)

《淮海区惩治盗匪暂行条例》

(1941 年 12 月)

第一条 凡有下列行为之一者,处死刑:

一、掳人勒赎者。

二、意图诈财而留恐吓信,致人受损害者。

三、意图扰害公安而制造、收藏或携带爆炸物品者。

四、聚众掠夺机关之武器、弹药、钱粮及其他军需品者。

五、煽惑人心、扰害公安而起暴动者。

六、溃兵游勇结伙抢劫,或扰害公安者。

七、聚众持械、保护走私并开枪拒捕者。

八、聚众抢劫而执持枪械者。

九、持械劫囚者。

十、囚人聚众以强暴、胁迫脱逃之首魁及教唆者。

十一、行劫而故意杀人,或伤人致死,或致笃疾,或伤害二人以上者。

十二、于盗所强奸妇女者。

十三、放火烧毁他人所有物,当有下列情形之一者:

1. 在村镇及其他人烟稠密处所之建筑物。

2. 储藏弹药或军需品之仓库、工场及其他建筑物。

3. 多众执业或止宿之兵营、学校、病院、监狱及其他建筑物。

4. 现在多数集合之场所,及其他建筑物。

第二条 有下列情形之一者,得减处七年以上有期徒刑:

一、犯前条第一款之罪,未得赃、未加害而释回被掳人者。

二、犯前条各款之罪,因意外障碍而未遂者。

三、犯罪的情形确有可原者。

第三条 犯第一条之罪而自新者,得免除其刑(自新手续另订之)。

第四条 犯罪未被发觉而自首者,得减轻或免除其刑。

第五条 在侦查、审判中自白而有改悔表现者,得减轻其刑。

第六条 兼理司法之县政府,依本条例判处死刑之案件,应附具全卷,报由淮海区法院复核批准执行。

第七条 凡在戒严区域内,犯第一条各款之罪者,依戒严条例办理之(戒严条例另订之)。

第八条 除本条例规定外,刑法及其他特别法仍适用之。

第九条 本条例经淮海区参议会通过,交由行政公署公布施行。其修正手续亦同。

第十条 本条例自公布之日起施行。

三十六、《苏皖边区惩治叛国罪犯(汉奸)暂行条例》(1945 年)

《苏皖边区惩治叛国罪犯(汉奸)暂行条例》*

(1945 年 12 月 29 日公布实施)

第一章 总 则

第一条 为发扬民族正气,整饬国家纲纪,彻底肃清敌伪残余势力,完成抗战事业,奠定建国基石,对于叛国罪犯亟应严加惩治,特制定本条例。

第二条 凡投敌、通敌、助敌及进行一切有利于敌人之行为,而危害国家民族利益者,为叛国罪犯。

第三条 前条罪犯,得按其罪恶轻重,分别首要、胁从,予以处理。

第二章 惩 罚

第四条 有下列行为之一者,处死刑、无期徒刑或五年以上有期徒刑:

一、为首组织武装,协助敌寇抗拒我抗日军队者。

二、为敌伪执役,主持屠杀我人民者。

三、充任伪军警、伪政权、伪组织主官,并积极破坏民族解放事业者。

四、为敌捕捉壮丁、招募军队及劳工而造成民族巨大损失之主谋、主动者。

五、勾引抗日军民拖枪逃跑或组织叛乱者。

---

* 1945 年 10 月 29 日,中国共产党领导下的苏中、苏北、淮南、淮北四个解放区在江苏淮安清江城(今淮阴区)召开了苏皖豫各大解放区负责人、各行政区参议会负责人、各界代表的联席会议,经过充分民主的讨论协商,决定成立苏皖边区民主政府。划分为八个行政区,管辖 72 个县市,区域东至黄海,南到长江,西及大别山,北达陇海铁路。

六、组织破坏我方之军事、政治、经济、文化、交通设备及有国防价值之建筑物,发生重大损害者。

七、主谋、主使组织各种团体,积极为敌效劳,破坏民族解放事业者。

八、偷窃或泄漏我方军政秘密,破坏抗日战争之主谋、主使者。

九、为首掠夺军用资财,供给敌人者。

十、在战争混乱期间,为首乘机抢劫、烧杀而扰乱社会治安者。

十一、向敌伪告密,破坏我抗日地下组织者。

十二、利用敌伪势力,主持囤积居奇,操纵市场,致陷民众生活于困难者。

十三、自动以枪械、弹药等大量粮草、财物资敌者。

十四、于日本宣布投降后,组织拒降,坚决抵抗或残杀人民者。

十五、利用敌伪势力强奸妇女者。

十六、残杀或严重虐待我方或盟方被俘人员者。

十七、已自新而重新投敌者。

十八、与敌伪勾结,伪造抗币票券,扰乱金融者。

第五条 前条各款之从犯、预备犯及未遂犯,处一年以下、十年以下有期徒刑。

第六条 包庇、隐匿或纵容第四条之罪犯者,得处三年以上、十年以下有期徒刑。

第七条 包庇、隐匿或纵容第五条之罪犯者,处三年以下有期徒刑。

第八条 被胁从而犯第四条之罪者,得减轻或免除其刑。

第九条 因犯本章各罪所得或供犯罪所用之物,不问属于犯人与否,均没收之。

第十条 犯本章各罪,得褫夺公权。

第三章 自 新

第十一条 犯本条例之罪,在未经检发前,具有痛改前非之决心,向我公安机关投案自首者,准予自新。但犯罪情节重大,须具有下列条件之一者,得免其刑:

一、检举其他叛国罪犯,经判决确实,或贡献重要证据确有价值者。

二、揭发叛国罪犯或间谍之阴谋策划,确实有据者。

三、献出敌方机密,确有利于人民解放事业者。

四、携带军械、资财来献者。

五、自动交出敲诈勒索所置之财富者。

六、前列各款以外之自首,事实确有利于人民解放事业者。

第十二条 在日本投降前已自新,并发有证件者,得减轻或免除其刑。

第十三条 自新人犯对其所犯罪行,未坦白彻底者,其隐瞒部分,仍得以第二章规定酌情处断。

第十四条 判处徒刑之叛国罪犯,在刑期执行二分之一以上,确实改悔有据者,得假释之。

第四章　搜索与逮捕

……

第五章　审　　判

……

第六章　财产之处置

……

第七章　附　　则

三十七、《苏皖边区危害解放区紧急治罪暂行条例》(1946年)

《苏皖边区危害解放区紧急治罪暂行条例》

(1946年6月公布施行)

第一条 为保卫解放区,镇压反动派特务暴动之破坏与捣乱,特制定本条例。

第二条 凡手持武器、爆炸物、毒药或放火危害前方战斗或后方治安者,处死刑。

第三条 凡手持武器、爆炸物、毒药或放火危害本边区党政军民生命者,处死刑。

第四条 对于第二、三两条之罪犯,本边区各机关、团体或人民均得随时随地予以逮捕,但必须立即转送就近政府或军队,依法处理。

第五条 对第二、三两条之罪犯,在情况紧急时,所在地址县区政府得立时予以处置,但有错杀时,主持人应负杀人责任。

第六条 前条所称紧急情况,系指随时可能发生战事的边沿地带或已经宣布戒严区域,对于案犯之解送、羁押已不能依照通常司法手续办理而言。

第七条 县区政府对罪犯之紧急处置,应立时呈报上级政府并转报边区政府审核备案。

第八条 非系前条紧急时,对犯本条例之罪者,仍依照通常手续办理。

第九条 本条例由苏皖边区临时参议会通过,边区政府公布施行。其修正手续亦同。

三十八、《辽吉区禁烟禁毒条例》(1946 年)

《辽吉区禁烟禁毒条例》*

(1946 年 8 月 25 日公布)

第一条 为彻底肃清烟毒,保持国民之健康,特制定本条例。

第二条 本区一律禁种鸦片与禁造各种烈性毒品,违者概处以极刑。

前项所称之烈性毒品,系指海洛英、吗啡等类型麻醉制剂而言。

第三条 凡在本区内贩运与供给人民食用鸦片与烈性毒品者,除没收其所有违禁物品外,并按下列各款处罚之:

一、贩运鸦片在一百两以下者,处三年以上、五年以下有期徒刑。

二、贩运鸦片在五百两以下者,处五年以上、十年以下有期徒刑。

三、贩运鸦片在五百两以上者,处无期徒刑或极刑。

四、设所供人食用鸦片者,无论其资本大小,一律处三年以上有期徒刑,或处以三万元以上之罚金。

五、贩运与供应烈性毒品者,不论其资本、数量大小,一律处以无期徒刑或极刑。

六、犯有前项一、二各款之一,经释放后而又重犯者,一律处以无期徒刑或极刑。

七、犯前项第四款之罪状,经释放后而又重犯者,处六年以上有期徒刑或处以六万元以上之罚金。经重犯释放后又重犯者,为累犯,处十年以上有期徒刑或极刑。

第四条 凡本区内食用鸦片者,概称为烟民,统限于中华民

---

* 1946 年 6 月,中共中央东北局及西满分局决定将长春铁路以西,长春至白城子铁路以南地区,划设辽吉行政区,将原吉江行政区和嫩江省一部分县与辽西行政区合并,建立中共辽吉省委员会,归东北局西满分局领导。

国三十五年十一月底以前向所在县政府进行登记,缮具请求书,按第六条之规定,说明本人现在之年龄,食用与逐月减少之分量,并取具二人为证明人,经县禁烟局批准后发给登记证。

第五条 食用烈性毒品者,概称为毒民,一切毒民,统限在本年十一月底以前戒绝。其因一时不能戒绝者,得改食鸦片,按第四条及第六条至规定为之。

依前项之规定,如在本年十月三十日以后仍食用烈性毒品者,一律处以无期徒刑或极刑。

第六条 凡烟民在二十岁以内者,不论吸食程度如何,均须于登记后一个月内戒除之。三十岁以下者,限三个月内戒除。四十五岁以下者,限六个月戒除。六十岁以下者,限十个月内戒除。

凡在期限内仍不能戒除者,即实行拘役戒除,并科以五千元以上之罚金,戒除后仍继续食用者,处以无期徒刑或极刑。

第七条 烟民在戒烟期间所需之鸦片,由县禁烟局按规定价格与数量供给,烟民凭登记证每月向禁烟局领取之。

第八条 烟民在戒烟期间,只准食用禁烟局所发给之定量鸦片,不得另购私烟。否则,一经查获,除贩卖者按本条例第三条各款处罚外,并处购买者五千元以上之罚金。

第九条 凡烟民、毒民逾限不向县政府登记者,一经查出,除勒令戒除外,并科以三千元至一万元罚金。

第十条 凡烟民、毒民不向所在地禁烟局登记,或期满后仍然继续吸食者,不论军民均有权检举或捉拿,送交所在地禁烟局或政府法办。

第十一条 不论任何部门查获私烟,统限五天内送交禁烟局,禁烟局得按市价百分之二十作为奖金发给之。如查获部门距离禁烟局较远,且交通不便,准交各该县区公所代收,转交县禁烟局,按规定发给奖金,不得私自扣留充作供烟民之用。

第十二条 凡军政公务人员犯本条例各条款之一者,均加倍处罚之。

第十三条 凡没收之鸦片、烈性毒品及其工具,连同证件一律转交禁烟总局,其因禁烟所为之罚金,概不作政府财政收入,完全划归地方举办公益事业,由各县组织之禁烟委员会保管分配之。

第十四条 本条例自公布之日施行,如有未尽事宜,得由各地禁烟委员会建议,由本署随时以命令修改之。

三十九、《辽北省惩治土匪罪犯暂行办法(草案)》(1948年)

《辽北省惩治土匪罪犯暂行办法（草案）》*

（1948年）

第一条 为惩治土匪罪犯，安定新民主主义社会秩序，特制定此暂行办法。

第二条 普通不持枪械，初次抢夺他人财物，价值微末者，科处三个月以上、一年以下有期徒刑。

第三条 前条之连续犯或累犯抢夺罪者，科处一年以上、三年以下之有期徒刑。

第四条 前条之罪犯，合伙三人以上而进行抢夺者，主谋及首领，科处八年以下、五年以上之有期徒刑；其余，科处五年以下、一年以上之有期徒刑。

第五条 持枪械以强暴、胁迫而抢劫他人财物，系初犯者，科处三年以上、六年以下之有期徒刑。

第六条 带枪抢劫，连续犯或累犯强盗罪者，科处五年以上、十年以下之有期徒刑；情况严重者，处死刑。

第七条 合伙三人以上，携带枪械，以强暴、胁迫方法抢劫财物者，主谋及首领，科处十五年以下、八年以上之有期徒刑；情况严重者，处死刑。其余，处八年以下、五年以上之有期徒刑。

第八条 乘水灾、火灾或其他不幸事故而抢夺他人之财物者，科处一年以上、五年以下有期徒刑；而持枪械抢劫者，科处极刑或十年以上有期徒刑。

第九条 在车站、码头、旅馆等公共场所，持枪械抢劫财物者，科处十年以上有期徒刑或死刑。

第十条 与民主政府、人民军队有敌对行动者，抢劫军用物

---

* 1946年6月，中共中央东北局及西满分局决定将长春铁路以西，长春至白城子铁路以南地区，划设辽吉行政区，将原吉江行政区和嫩江省一部分县与辽西行政区合并，建立中共辽吉省委员会，归东北局西满分局领导。

品及军火者,首领及主谋者,科处极刑;一般犯,科处五年以上有期徒刑。

第十一条 与地主勾结,专以破坏土改,杀害政府工作人员,残害农民者,首领与主谋者,处以极刑;一般犯,科处五年以上、十年以下有期徒刑。

第十二条 抢夺国家公共仓库之财物者,科处一年以上、五年以下有期徒刑;而持枪械抢劫者,科处极刑或十年以上有期徒刑。

第十三条 抢劫时放火、强奸者,处以极刑。

第十四条 全东北解放前犯二、三、四、五、六、八、九等条罪,群众不特别痛恨,向民主政府改过自新者,一律免罪。

第十五条 全东北解放前犯七条、十条之惯匪,向政府坦白,能真正改过自新者,首领及主谋者,酌予减刑,褫夺公权;其余免罪。停止抢劫但未向政府坦白者,各科处八年以下之有期徒刑。

第十六条 匪首率部向政府投降缴枪者,得从宽处理。

第十七条 全东北解放前之胡匪分子,在解放后重犯者,不管坦白与否,前罪、后罪合并论处。

第十八条 各条未遂犯,减轻处理。

第十九条 窝匪或包庇盗匪者,以胡匪科处,解放前之罪犯,按十四、十五条办理,被迫窝匪者另论。

第二十条 本办法经东北行政委员会批准后施行。

四十、《辽北省惩治关于婚姻与奸害罪暂行条例(草案)》

《辽北省惩治关于婚姻与奸害罪暂行条例(草案)》

第一条 为保护婚姻自由,禁止买卖婚姻及保护女权,特订定此条例。

一、婚　姻　罪

第二条 订婚之男女双方或其亲属,以交付或收受金钱及其他财物,作为娶亲之报酬者,各处六月以下有期徒刑、拘役或罚金。但纯系纪念品交换不在此限。

媒介人图利较大或促成买卖婚姻者,处拘役或罚金。

第三条 强迫妇女结婚,或劫夺妇女迫其结婚、同居者,科处二年以下有期徒刑。

第四条 有配偶而重婚或同时与二人以上结婚者,科处一年以下有期徒刑或罚金。

重婚者,政府与人民团体有检举权,对方有告诉权。

第五条 用诈术骗婚、拐婚者,科处二年以下有期徒刑。

二、奸　害　罪

第六条 与性机能未成熟之人性交,使之身体受伤害者,科处五年以下有期徒刑。犯此罪有强奸行为者,科处八年以下有期徒刑。

第七条 施行强暴、胁迫、恐吓、药剂、催眠术或其他办法,使对方不能抗拒的情形下,而奸淫之者,科处五年以下有期徒刑。

第八条 如二人以上犯前条之罪而共同轮奸者,科处七年以下有期徒刑。

第九条 犯三、五、六、七、八条之罪,招致被害人自杀者,或被害人身体遭受严重伤害者,科处无期徒刑,或八年以上有期徒刑。

第十条 对于在经济上、职务上立于从属地位之妇女,强迫使之发生性的关系者,科处三年以下有期徒刑。

第十一条 对于妇女乘其心神丧失,或其他相类似的情形,而奸淫之者,科处五年以下有期徒刑。

第十二条 意图营利,引诱或容留妇女与他人奸淫者,科处二年以下有期徒刑、拘役或罚金。

第十三条 直系血亲发生和奸者,科处八年以下有期徒刑。

第十四条 前各条之未遂犯,得按各本条减轻处理。

第十五条 本条例经东北行政委员会批准后施行。

四十一、《辽北省惩治窃盗犯暂行办法(草案)》

《辽北省惩治窃盗犯暂行办法（草案）》

第一条 安定和增进新民主主义社会秩序，特制定此惩治窃盗暂行办法。

第二条 凡窃盗公私财产者，以本法处罚。但有下列情形之一者，不适用本办法：

一、因窃盗而致伤人命或其他重大损失者。

二、窃盗秘密文件及军火者。

三、同居共财相窃取者。

第三条 由于贫困及失业，为了满足个人或其家属最低生活需要为目的，而初次窃取他人之财物，价值微末者，处二月以下之拘役。

第四条 合于前条情形，连续犯或累犯窃盗罪者，处六月以下有期徒刑。

第五条 出身恶劣，以小偷为常业，或窃盗较重之财物者，处六月以上、一年以下有期徒刑。累犯者，按原刑加重二分之一。

第六条 三人以上合伙窃取他人之财物者：

一、合于第三条之情形，其主谋者，处六月以上、一年以下有期徒刑；其余共犯，处六月以下有期徒刑。

二、合于第五条之情形，其主谋者，处一年以上、二年以下有期徒刑；其余共犯，处六月以上、一年半以下有期徒刑。

三、其价值较重者，按原刑加重二分之一处断。

第七条 窃取明知是被害人生存上必要之财物者，处六月以上、二年以下有期徒刑。

第八条 于车站、码头、火车、旅店中犯有前三、四、五、六、七各条之罪者，按本刑加重二分之一处断。

第九条 窃盗国家机关、公共仓库、贮藏处所、车辆或其他设备等之财物者，处三年以下有期徒刑或拘役。

第十条 施用技术方法而犯前数条之罪者,酌量情形加重其刑。

第十一条 乘火灾、水灾或其他不幸事件发生时而窃盗财物者,参照前数条处五年以下有期徒刑。

第十二条 对于国家或公共仓库及其他贮藏处所,有自由出入之特权或保护人,无论用任何方法,初次或连续数次,或与他人合谋自其中窃取财物者,按情节轻重,处五年以下有期徒刑。

第十三条 故买、收受及寄藏赃物,或为其中中介人者,处一年以下有期徒刑或罚金。

第十四条 骗取财物,与本办法有类似情形者,按窃盗论罪。

第十五条 前各条之未遂犯,得按各本条减轻处理。

第十六条 本办法经东北行政委员会批准后施行。

四十二、《东北解放区惩治贪污暂行条例》(1947年)

《东北解放区惩治贪污暂行条例》

(1947年5月6日东北行政委员会颁布)

第一条 为发扬公务人员廉洁奉公、肃清贪污腐化之行为,特制定本条例。

第二条 凡东北解放区各级政府、部队及所有公共事业部门职工作人员有关贪污惩治事项,均依本条例执行之。

第三条 凡有下列行为之一者,均以贪污论:

一、克扣或截留应行发给或解交之财物、粮秣,供私人谋利或侵吞者。

二、盗卖或窃取公有财物者。

三、经管公有财产或买卖公物、粮秣,私受贿赂、索取回扣、徇私舞弊者。

四、藉端勒索、敲诈人民财物者。

五、藉用征收、募捐等名义向人民征募财物、粮秣,自饱私囊者。

六、伪造账目,以少报多,或擅自挪用公有财物、粮秣供私人谋利者。

七、利用职权违法受贿及图谋不正利益者。

第四条 凡有第三条列举各项之一者,以其贪污数目多少、情节轻重,依下列规定惩治之:

一、贪污之值在六十万元以上者,处死刑、无期徒刑或十年以上有期徒刑。

二、贪污之值在四十万元以上、六十万元以下者,处无期徒刑或五年以上、十年以下有期徒刑。

三、贪污之值在二十万元以上、四十万元以下者,处三年以上、五年以下有期徒刑。

四、贪污之值在十万元以上、二十万元以下者,处一年以上、三年以下有期徒刑。

五、贪污之值在一万元以上、十万元以下者,处一年以下有期徒刑。

六、贪污之值在一万元以下者,处三个月以下之有期徒刑。

第五条 贪污之值以本条例公布时之物价折合实物,以东北票三十元合高粱米一斤为标准计算之。

第六条 凡犯第三条列举各项罪行者,除按第四条规定判处外,其贪污之财物属于公有者,全部追缴归公;属于对人民敲诈勒索者,追还原主;属于贿赂性质者,全部没收归公。如无法追缴、没收者,应以犯罪者之财产或折合劳役抵偿之。

第七条 犯第三条列举罪行之同谋或包庇者,得按其情节轻重分别惩治之。

第八条 对犯第三条列举各项罪行者,于其行为未被发觉前,自首坦白并告发其同谋者,得酌予减刑或免除其惩治。

第九条 凡举发他人贪污有据,经证明确实者,得根据案情轻重,予以适当之奖励,但诬告或蓄意株连、陷害他人者,得以反坐论罪。

第十条 本条例自公布之日起施行。

四十三、《东北解放区交通肇事犯罪处罚暂行条例》(1948 年)

《东北解放区交通肇事犯罪处罚暂行条例》

(1948 年 11 月 1 日东北行政委员会颁布)

第一条 车辆驾驶人因过失发生交通肇事,致人于死者,处三年以下、一年以上之有期徒刑。

第二条 车辆驾驶人因过失发生交通肇事,伤害人者,处六个月以下有期徒刑、拘役或三十万元以下罚金;致重伤者,处一年以下、六个月以上之有期徒刑。

第三条 于执行职务之公安人员或司法人员侦讯、审判本条例之案件时,证人、鉴定人、通译人于案情有重要关系事项,故为虚伪陈述者,按情节轻重分别处六个月以下之有期徒刑或拘役。

第四条 本条例所规定之过失犯罪,故意逃避者,应加重本刑二分之一。

第五条 本条例自公布之日起施行。

四十四、《华北人民政府关于重大案件量刑标准的通报》（1949 年）

《华北人民政府关于重大案件量刑标准的通报》*

（1949 年 1 月）

对于晋中行署法字一号请示并附件，经研究后认为：

甲、几点说明：

（一）法律是什么？它是怎样产生的？

法律是政权的一部分，是当权阶级用以保护本阶级的利益并统治敌对阶级的工具，所以法律不是什么神秘的东西，它是阶级社会的产物，它不能超越阶级而存在。当权的阶级变了，新的当权阶级自然要制定自己所需要的法律。现在我们已经系统化的法条诚然不够，但我们有政策原则、有政府命令可资遵循，只要我们精细地分析案情，灵活地掌握政策原则，自然就会把案件处理的很好。

（二）什么行为是犯罪的？犯罪应当怎样处罚？

凡危害新民主主义国家及由国家所制定的法律秩序，或危害个人权益致对社会有严重影响者，即为犯罪。犯罪之处罚，以危害国家、社会、人民利益的严重与否，而为科刑之标准。首要的严重的反革命犯，及首要的严重的反施政秩序犯，应处重刑。一般的反革命及反施政秩序犯，可依其危害程度的大小、主动被动而分别处以徒刑，其他犯罪之处罚亦宜视其行为对社会、人民危害程度的大小而分别论处，处罚犯罪不以报复、损毁人格及使人身

---

* 华北人民政府正式成立于 1948 年 9 月 26 日，它是根据中共中央的指示精神在原晋察冀边区政府和晋冀鲁豫边区政府的基础上建立起来的。华北临时人民代表大会选举产生的华北人民政府是全国性联合政府——中央人民政府的前身。成立初期管辖北岳、冀中、冀鲁豫、冀南、太岳、太行和晋中七个行署及石家庄、阳泉两市。1949 年 8 月建省以后管辖河北、山西、察哈尔、绥远、平原五个省和北平、天津两市。——编者注。

体痛苦为目的,而以教育改造为目的。

(三)追诉及刑之执行的时间效力。

犯罪经过一定时间后,国家对此犯罪未为追诉及审理,以后即不得再追诉,是为追诉时效。刑罚自判决确定之日起,经过一定时间未执行,即不再执行,是为刑罚之执行时效。你们对杨立志和刘福聚的犯罪从轻论处,解为"失去时效"是不对的。

"时效"是司法正常进行时期的规定,现在我们尚无此规定,将来我们规定时效时,其精神实质也与旧法不同。我们应根据犯人犯罪危害国家、危害人民的程度大小而确定时效的长短,例如首要战犯仗势横行,当时不能办他,那就不论多久,甚至逃到天涯海角也要追究。杨立志杀人至今不过一年多,且当即捕获了,有何时效可言?汉奸刘福聚仗日寇势力诈财,当时不能办,要到现在才能办,你们以刘犯原判过重,如以罪状只是诈财,判五年就够,那是可以,但与时效无关。

(四)不得援用国民党的法律。

请示中一再援用国民党的刑法,是错误的。《六法全书》是旧统治阶级统治人民、镇压人民的工具,又经蒋匪修改补充更见凶恶,和我们新民主主义司法精神根本不合,人民政府必须把它彻底打碎,禁止援用。因为我们不能一面执行着保护封建地主和官僚资产阶级的法律,一面却梦想着去推翻他们的统治与剥削。我们必须以我们自己的法令和政策,来镇压一切反革命分子与破坏分子。

乙、关于所报典型案件的意见。

(一)魏成龙案。我们认为:1. 该犯"任阎匪之伪闾长及伪民卫军分队长时,曾将我东雷家堡民兵定明路过该村,被该犯指令该村民卫军捆起送交阎伪乡公所杀死。"此种行为应明确其为反革命,不同于普通杀人。2. "经我们民主区公所决定将他霸占其叔母之财产全部退出,该犯含恨在心,意图谋杀其叔母,幸经众拉开,用刀刺伤三处,致成重伤。"这种行为是反施政的罪行,也不同于私人报复性的杀人。本案你们认为"该县判处太轻,应即更审,加重科刑。"尚无不合。

(二)杨立志杀人案。群众即已"认为血债未偿",并"对我不满",人民政府即应予以正确处理。在敌人的包庇之下,无恶不作的坏人,我们不能宽恕他们,被告杨立志受过阎匪的军官训练,担任狙击队长、治村连长,并教唆杀人,你们认为原判处刑失轻,主张加重其刑,尚无不合。

(三)周芳枝、李二、杨庚卯因奸杀人案。我们认为:1. 原县判尚属正确。因被告周芳枝与崔根槐因通奸发生冲突而起杀意,杨庚卯、李二乃先后同意,且实施杀人时,周芳枝又抓住被害人崔根槐的睾丸,杀死后又拿出绳子将死尸吊在树上,冀推卸刑事责任,是被告周芳枝宜为杀人主犯。2. 你们以李二为杀人主犯的认定,就所报材料看来,证据尚欠充足。若以李二有主谋杀人嫌疑,宜再为事实的侦查,提出证据,以便为认定的基础和论罪科刑的依据。

丙、来文最后所提三个问题,请参照本文甲段各节所说解决之,不再重叙。

上面只就我们所见提出,望你们考虑。

特此通报。

图书在版编目(CIP)数据

中国近代刑法立法文献汇编/赵秉志,陈志军编
.—北京:法律出版社,2016.9
ISBN 978 - 7 - 5197 - 0039 - 3

Ⅰ.①中… Ⅱ.①赵… ②陈… Ⅲ.①刑法—立法—文献—汇编—中国—近代 Ⅳ.①D924.02

中国版本图书馆 CIP 数据核字(2016)第 234699 号

中国近代刑法立法文献汇编 | 赵秉志 陈志军 编 | **责任编辑** 初 心 **装帧设计** 李 瞻

开本 787 毫米×1092 毫米 1/16
印张 58 **字数** 1251 千
版本 2016 年 12 月第 1 版
印次 2016 年 12 月第 1 次印刷
出版 法律出版社
编辑统筹 独立项目策划部
总发行 中国法律图书有限公司
经销 新华书店
印刷 北京京华虎彩印刷有限公司
责任印制 张建伟

法律出版社/北京市丰台区莲花池西里 7 号(100073)
网址/www.lawpress.com.cn
投稿邮箱/info@lawpress.com.cn
举报维权邮箱/jbwq@lawpress.com.cn
销售热线/010 - 63939792/9779
咨询电话/010 - 63939796

中国法律图书有限公司/北京市丰台区莲花池西里 7 号(100073)
全国各地中法图分、子公司销售电话:
统一销售客服/400 - 660 - 6393
第一法律书店/010 - 63939781/9782
西安分公司/029 - 85330678
重庆分公司/023 - 67453036
上海分公司/021 - 62071010/1636
深圳分公司/0755 - 83072995

书号:ISBN 978 - 7 - 5197 - 0039 - 3
定价:168.00 元
(如有缺页或倒装,中国法律图书有限公司负责退换)